安徽统计年鉴

ANHUI STATISTICAL YEARBOOK

2000

总第 12 期

安徽省统计局　编

中国统计出版社
China Statistics Press

（京）新登字 041 号

图书在版编目（CIP）数据

安徽统计年鉴 2000/安徽省统计局编。
—北京：中国统计出版社，2000.7
ISBN 7—5037—3212—1/C.1723
Ⅰ.安…
Ⅱ.安…
Ⅲ.社会经济统计—统计资料—安徽—2000—年鉴
Ⅳ.C832.54—54
中国版本图书馆 CIP 数据核字(2000)第 27965 号

安徽统计年鉴—2000

作　　者：安徽省统计局
责任编辑：陈悟朝、吴　敏、翟晓琴
E-mail:　yearbook@stats.gov.cn
出版发行：中国统计出版社
通信地址：北京市西城区三里河月坛南街 75 号　中国统计出版社
电　　话：(010) 63262295
印　　刷：安徽省统计局印刷厂
开　　本：889×1194 毫米
字　　数：120 万字
印　　张：黑白 40 印张　彩色 80 面
印　　数：3000 册
版　　别：2000 年 7 月第 1 版
版　　次：2000 年 7 月合肥第 1 次印刷
书　　号：ISBN 7—5037—3212—1/C.1723
定　　价：220.00 元

安徽省监察厅

1999年，安徽各级纪检监察机关认真贯彻中纪委三次全会精神和省委、省政府反腐倡廉的工作部署，坚持三项格局，深入开展反腐败斗争，加强党风廉政建设，为全省经济的快速发展创造了良好的社会环境。

党员领导干部廉洁自律工作不断深入。1999年全省制止党政机关到风景名胜区开会和借机旅游167起。停、缓建党政机关、事业单位新建、扩建、改建、装修工程项目190个，节约资金4.15亿元。全年共压缩或制止一般性出国（境）考察团组262个、863人，节约经费2053万元。

办案工作取得重要进展，突破了一批有影响的大案要案。全省共查结案件920件（不含清理违反计划生育政策案件），处分9847人，其中地厅级干部10人，县（处）级干部155人。

纠正部门和行业不正之风不断取得新的成效。通过加大监督管理力度，农民负担三年不变的政策得到较好落实。进一步加强总结涉及企业的乱收费、乱罚款，减轻企业负担。取缔无证照或证照不全的药品生产和批发企业1231个。

加大从源头上预防和惩治腐败工作的力度。全省各级政法机关已经与所办经营性企业彻底脱钩，撤销政法机关所办企业388户，移交和解除挂靠关系116户。在县级以上所有执收执罚部门全面推行"收支两条线"管理。进一步推进建立和规范有形建筑市场。政务公开已普遍推行。领导干部任期经济责任审计制度全面展开。会计委派试点工作有较大的进展。积极推行政府采购制度。

① 省监察厅厅长孙清润（右）陪同监察部副部长赵洪祝在六安调研
② 全省纪检监察法规工作会议

①

②

安徽省计划

①

②

1999年，我省人口与计划生育工作继续保持平稳发展的良好势头。全省人口出生率为15.1‰，出生人口93.8万人，自然增长率为8.6‰，出生人口政策符合率为88%，年末总人口为6237万人，与国家下达我省的计划指标比较，约少生13万人，圆满完成国家下达的年度人口计划和省委、省政府年初确定的目标。低生育水平继续稳定，各项工作取得新的进展。全年工作的主要特点是：

（一）贯彻落实省委、省政府[1998]10号文件，"三项清理"工作成效显著。全省各地把开展三项清理作为全年计划生育工作的重中之重，突出抓好党员干部计划生育的清查处理工作，各级党委、政府高度重视，各级组织、纪检、人事、财政、计生等部门密切配合、分工负责、组织得力、群众监督、全面展开。全省共清理出省委10号文件规定的重点时段内计划外生育的党员、干部7.1万人，党纪、政纪和经济处理基本到位。全省共清理、清退各类计划生育"小分队"人员3850人。

（二）抓重点、促平衡取得新进展。计生工作继续贯彻落实省委、省政府提出的"抓淮北、抓大县、抓重点难点"的战略要求，强化措施，狠抓薄弱环节，解决关键问题。根据抽样调查结果，24个三类县出生人口政策符合率达87.1%，较上年提高5个百分点，多孩率下降3个百分点。12个重点管理县的出生人口政策符合率达到82.8%，较上年提高3.7个百分点，多孩率下降4.3个百分点。

（三）基层基础建设进一步加强，"三为主"工作整体推进。经过严格验收，增加了颍州、宿松、肥东等18个县（市、区）为基本实现"三为主"县，至此全省已有84%的县（市、区）

③

生育委员会

基本实现"三为主"。开展"三项清理"、实施新《条例》、"婚育新风进万家"、"60亿人口日"和"救助贫困母亲"等一系列声势浩大、丰富多彩的宣传活动。

（四）改善目标责任制考核，注重引导务实。首次在全省开展党政领导线和流动人口线计生工作考核。

（五）队伍建设有了突破性进展，坚持用人标准，通过公开招考，竞争上岗，从专业对口的大中专毕业生中和社会上择优选配乡村计生专干。

（六）领导力度加大，齐抓共管局面进一步形成。各级党政一把手亲自抓，公安、工商、劳动、民政、建设、卫生等部门加强系统内的检查监督，形成了齐抓共管的新机制。

① 蒋作君副省长在基层检查计生工作
② 省计生委主任 陈兆钧
③ 省计生委领导班子认真研究人口与计划生育工作
④ 太湖县计生委派出的生殖健康服务小分队深入大别山腹地的罗溪乡为广大山区育龄妇女查病治病
⑤ 省计生委领导班子成员在认真学习中共中央、国务院《关于加强人口与计划生育工作稳定低生育水平的决定》
⑥ 太湖县计生委开展婚育新风进万家活动，广为散发宣传资料
⑦ 歙县郑村条例宣传活动

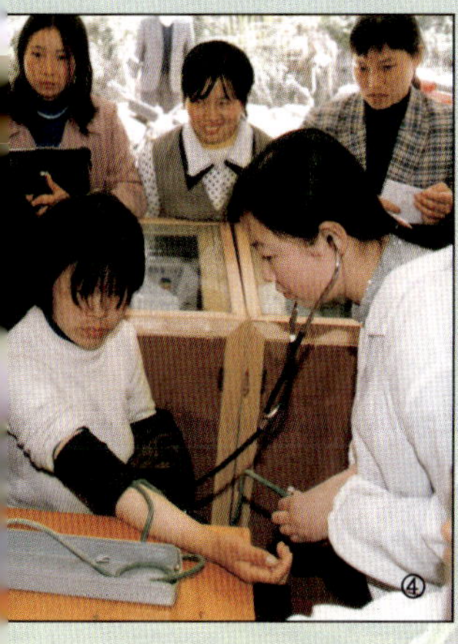

安徽省人事厅

①

1999年全省人事编制部门，顺利完成省委、省政府确定的各项任务。

清理清退工作取得明显成效。通过清理清退工作，密切了党群干群关系，优化了乡镇人员结构，提高了工作效率，节支减负6亿多元，促进了农村工作和经济发展。

机构改革准备工作和编制管理扎实进行。省政府机构改革方案已初步形成；对市地、县、乡机构改革问题提出了初步意见。机关、事业单位人员膨胀得到有效控制。1685个事业机构29765人实现了"两个过渡"，节约财政支出2亿多元；省属22所高校机构改革"三定"方案全部审批，省直8个事业单位改革试点单位工作取得突破。

公务员队伍和制度建设深入推进。全省国家行政机关公务员170298人，占全省人口的0.27%。其中大专以上95310人，占56%，35岁以下73492人，占43%。

专业技术人员队伍建设不断加强。全省国有单位专业技术人员总量814274人，占全省人口的1.3%。选拔了108名第二批跨世纪学术和技术带头人后备人选，推荐17人为国家"百千万人才工程"人选。选拔享受国务院和省政府特殊津贴专家154名，首次开展乡镇企业专业技术人员享受省贴选拔工作。组织实施15种专业技术资格、执业资格、晋升职称外语考试及计算机考核工作。各级人才服务机构举办人才集市420多场，接待求职人员23万人次，为3万多人办理人事代理，安置下岗专业技术人员近2万人。22万专业技术人员接受继续教育。

军转安置和调整工资工作顺利完成。2192名军转干部和随军家属全部妥善安置，并进行了当年转业干部培训工作。平稳组织122万机关、事业单位工作人员增资工作，10个市地开展养老保险工作。

稽察特派员试点和政府目标管理工作开拓前进。认真开展向省属国有大型企业派驻稽察特派员试点工作，《安徽省人民政府稽察特派员暂行规定》经省政府批准实施。选择稽察特派员及助理30余名。出台《安徽省人民政府目标管理考核奖惩办法》，组织进行了省政府确定的20项重点工作检查。

②

安徽省妇女联合会

安徽省妇女联合会成立于1953年1月。目前，全省17个市、地，105个县（市、区）和1891个乡（镇、街）都有妇女联合会；群众自治的村民委员会（居民委员会）基本建立妇代会。省直多数厅局和县以上党政机关、科教文卫事业单位已成立妇委会1307个。

党的十一届三中全会以来，名级妇联组织和动员全省妇女踊跃投身改革和建设，为安徽经济的快速发展作出了重要贡献。一是在全省农村妇女中广泛开展"学文化、学技术、比成绩、比贡献"活动。全省有240万妇女脱掉文盲帽子，165.3万农村妇女学会了1-2项实用科学技术。二是在城镇职工中广泛开展"巾帼建功"活动。教育广大女职工积极进行"岗位练兵"和"岗位成才"，为下岗女工再就业牵线搭桥，全省已有近20万下岗女职工实现了再就业。各级妇联积极组织妇女参加各种群众性的创建活动，全省组织了10万户家庭参与"手拉手、心连心"帮贫助困活动，评选了千幢文明楼院，评出了300万户"五好文明家庭"。1999年，省五好文明家庭创建活动协调小组荣获全国先进协调小组称号；省妇联主办的《恋爱·婚姻·家庭》杂志，被评为全国百家重点期刊。积极协助有关部门开展"打击拐卖妇女儿童的犯罪"和"禁止嫖娼卖淫"等专项斗争，查处侵害妇女儿童合法权益的重大案件。省妇联被国务院妇女儿童工作委员会授予"全国维护妇女儿童权益工作先进集体"。各级妇联开展优生、优育、优教知识宣传咨询和服务活动，已资助3万多名失学女童从返校园。1998年，省人大、省政协换届选举中新当选的女代表、女委员、分别占代表、委员总数的26.8%、18.8%。对外交往不断扩大。1995年9月，联合国在北京召开第四次世界妇女大会。我省有70多人参加了世界妇女大会的非政府组织论坛。

党和政府高度重视和支持妇女儿童事业。各级人民政府分别颁布了妇女、儿童发展纲要，成立了妇女儿童工作委员会，并从人力、财力、物力支持，使我省的妇女事业蓬勃发展，妇女运动迈向光辉的21世纪。

① 省妇联主席 高福明
② 省妇联领导班子

安徽省总工会

1999年安徽省各级工会坚持以十五届四中全会精神总揽工会工作，紧紧围绕党和国家工作大局，锐意进取，开拓创新。

各级工会领导机关和领导干部以“三讲”教育为契机，加强工会自身建设。同时坚持以“三讲”推动工作，以工作来体现“三讲”成果，推动了工会各项工作的开展。

一是坚持并深化了送温暖和再就业工程；二是坚持不懈地推行平等协商和签定集体合同制度；三是进一步发挥了企业职代会民主管理和民主监督作用；四是坚持密切联系职工，积极为职工群众排忧解难。

① 省总工会主席高前清同志在“工会法”宣传中，向过往职工递送宣传材料

② 省委书记王太华（前排中）在安徽省总工会与安徽省政府举行了第三次联合会议上讲话

③ 省总工会党组在“三讲”交流会上

④ 省总工会主席高前清与川田拓助亲切握手交换协议书

安徽省农业科学院

安徽省农科院辖水稻、作物、园艺、茶叶、烟草、棉花、植物保护、土壤肥料、畜牧兽医、水产、蚕桑、绿色食品工程、原子能应用、农业技术情报等14个专业研究所，基本覆盖全省农业需要的研究内容和方向。为适应新的农业科技革命的需要，安徽省农科院已建成国家级水稻遗传育种重点开放实验室、安徽省农业辐照中心、院农业生物工程中心等综合性科研创新机构。

该院在职职工1014人，高级专业技术人才192人，列入政府专家人才库129人，国家级和省级有突出贡献专家10人。是安徽农业科技中坚力量。

1999年，全院承担“863”、“948”，国家和安徽省攻关、重点等各类课题114项。

① 安徽省农业科学院　　程剑院长

② 稻花香里说丰年
——水稻80优121大田制种，袁隆平先生对该组合给予高度评价

③ 阳春乍落一片雪
——油菜理想的当家品种CO22隔离制种

④ 春风又绿江南岸
——采摘特早生茶树新品种茶芽

⑤ 随风潜入夜，润物细无声
——专家把农业科技知识传授给山村乡亲

⑥ 一片冰心在玉壶
——应用生物工程开展工厂化脱毒育苗

安徽省农

① 江泽民总书记在省委、省政府领导陪同下视察安徽农村
② 安徽推广水稻旱育稀植及抛秧技术成效显著
③ 王立祝主任在全省农委系统市地负责人会议上讲话
④ 安徽巢湖麻鸭的规模养殖

业委员会

③

1999年，我省农业和农村经济在宏观经济继续偏紧、自然灾害严重、农产品价格低迷等多种不利因素影响下，继续稳定发展。主要农产品生产稳定增长，实现了年初确定的"稳粮、扩油、压棉"目标，粮食总产2771.2万吨，油料总产268.1万吨，创历史最高水平；养殖业在生猪市场严重滑坡的情况下，仍然保持良好增长速度，全年肉类302万吨，禽蛋110万吨，水产品154万吨，农民人均纯收入1900元，比上年增长37.2元。

1999年，我省紧紧围绕农民增收、农村稳定两件大事，坚持"一个核心，两个大力"的指导思想，进一步解放思想，突出重点，统筹兼顾，取得了可喜成绩，主要表现在：一是农业结构调整进一步优化。全年粮食播种面积8902万亩，早稻、棉花、大豆等滞销产品，播种面积减少，油料、玉米、山芋等市场销路好的品种，播种面积增长。生猪生产基本稳定，节粮高效的草食畜禽发展迅速，禽蛋产量明显增加。二是科教兴农进一步推广。全省共推广各类适用技术达2.7亿亩次，脱毒育苗、抗虫棉、胚胎移植等一批高新技术得到迅速应用，全年农作物良种覆盖率93%，畜禽良种普及率78%。三是农业产业化建设有了新的进展。全省农业产业化主导产业、龙头企业、生产基地和中介服务组织等产业化经营要素已基本形成。四是农村改革取得新的进展。农村产权制度改革步伐加快，土地承包制度改革进一步深化，农业税费改革试点顺利展开。五是农民负担监督管理工作取得新进展。从强化监控入手，严把预算关、实施重点监控、加大检查力度，有效维护了农村稳定。六是江淮分水岭地区综合治理取得新进展。启动"把水留住"工程，开挖大中塘2067处，打井130眼。七是农业基础设施加强。争取国家投资项目74个，新建粮棉基地县4个，优质油料基地县5个，糖料基地县1个，中央投资5800万元；国债投资项目2个，中央投资2120万元；旱作农业项目4个，中央投资320万元。八是农业法制建设加强。全年共查处违法案件2000多起，查扣没收不合格种子57.8万公斤，假劣农药1万多公斤。九是农业对外开放步伐加快。争取到日援粮食增产二期项目、世行种子商业化贷款项目等。

④

蓬勃发展的

改革开放20年来，安徽乡镇企业经济总量快速增加，整体实力明显增强。拥有以建材、食品、机械、化工等为主的近40个行业，涉及"三次产业"的各个领域，在增加有效供给、丰富城乡市场、方便群众生活等方面发挥了重要作用。1999年，全省乡镇企业实现营业收入是1978年的310倍。乡镇企业实现利税总额比1978年增长145倍。规模骨干企业迅速发展。名牌产品、技术和文化含量较高的产品比重呈上升趋势，1999年，乡镇企业中有48个产品被授于安徽省名牌产品称号。外向型经济继续发展，1999年全省乡镇企业实现出口产品交货值89.1亿元，其中超过3000万元的有31家。

乡镇企业发展是农民致富奔小康的重要之路。1999年，乡镇企业职工人均工资5630元，占农民人均纯收入的29.2%。乡镇企业发展有力地推动了农村小城镇的建设，全省已有乡镇企业工业小区439个，全国乡镇企业示范区2个，东西合作示范区15个，新办企业基本集中在工业小区和小城镇，初步形成了乡镇企业与农村小城镇建设相互促进的新格局。

以农业产业化和个体私营经济为重点的乡镇企业进一步发展。1999年农村个体私营企业实现增加值占全省乡镇企业增加值总量的64.73%。农村个体私营经济的发展，大大提高了农村生产力的水平。

乡镇企业推进了我省农村精神文明建设和各项事业的发展，为兴办农村各项公益事业提供了坚强的支持。"八五"期间，用于补农、建农的资金达40.95亿元，大大改善了农业生产条件，增加了农业技术装备，有力地促进了"二高一优"农业的发展。全省乡镇企业积累的集体资产达584.1亿元，占农村集体资产的80%以上，1999年用于支农建农和农村各项公益事业的资金就达10.65亿元，推动了农村文体教育、医疗卫生等公共福利事业的发展和水利、交通、通讯等基础设施的建设。

②

① 局长 陈文浩
② 安徽省乡镇企业局办公大楼
③ 安徽省乡镇企业科技教育中心

安徽乡镇企业

③

绿色的辉煌　绿色的希望

—— 安徽林业发展五十年巡礼

新中国的安徽林业建设是在森林覆盖率只有12.5%的基础上起步的。50年来，安徽林业认真履行造林绿化这一基本国策，坚持依法治林，科技兴林，进入了快速、持续健康发展的新阶段，跨入全国林业的先进行列。完成人工造林6452万亩，封山育林1454万亩，飞播造林184万亩，先后荣获“全国造林绿化先进省”和全国“部门绿化先进省”等称号。

林木蓄积量由8700万立方米增加到1.04亿立方米，林木覆盖率升至28.9%，实现了森林资源生长量大于消耗量的良性循环。

林业生态体系框架基本构成。长江防护林、淮河和巢湖防护林、世行贷款造林、防沙治沙造林、兴林抑螺等重点林业工程稳步推进 平原林业异军突起，在江淮大地上基本构筑了绿化的生态屏障。全省各种类型自然保护区保护面积达472.5万亩，占国土总面积的2.25%。

全省已建成森林公安派出所219个、木竹检查站104个、森林植物检疫检查站115个、专业森业消防队28支、乡镇林业站1300多个，基本形成了融造林、营林、防虫、防火、林业执法等多种功能于一体的森林资源保护管理体系。同时，全省已制定林业地方性法规、规章、规范性文件30多件，林业法制体系初步确立，全省林业步入依法治理的轨道。

① 洲滩造林形成良好兴林抑螺生态环境

② 果树发展到15.4万公顷，成为全国果品产量大省之一

③ 全省公路绿化覆盖率91.4%

④ 竹海人家

⑤ 城镇绿化面积达3亿平方米，绿化覆盖率24%

⑥ 重点工程造林形成大面积后备森林资源基地

①

②

安徽省农业机械管理局

1999年，我省各级农机管理部门围绕实现由农机大省向农机强省跨越的总目标，以增加农民收入为核心，以提高农机化作业综合水平和服务能力为重点，做了大量实际、有效的工作。

——全省农机装备水平提高，机械化作业能力进一步增强。1999年，全省农机总动力达到2766.2万千瓦，拥有各种拖拉机155.8万台、配套农具308.7万部；全年完成机耕5297.4万亩、机收3517.8万亩；完成机播2999万亩。

——百万农机会战和跨区作业规模大、效果好。

——以乡镇农机站标准化建设为目标，全省农机社会化服务体系建设又上新台阶。

——新技术新机具推广应用面积扩大。

——实施"丰收计划"项目成效显著。

——科技教育下乡活动常年不断。

——农机教育培训工作取得新的成绩。

——依法管理农业机械取得新进展。

——农业机械在抗灾救灾、灾后恢复和秋种生产中发挥了重要作用。

——省政府通报授予涡阳、蒙城、濉溪、怀远，灵璧、宿州、寿县、庐江、全椒和广德为我省农机化"十强县"称号。

在"辉煌50年·安徽15大建设成就评选"活动中，"安徽农机化"以第5名入选。

① 省农机管理局局长 陈真
② 局分党组成员。（左起）纪检书记岳粹刚，副局长 葛贻荣，局长、分党组书记 陈真，副局长、分党组副书记 郭子超，副局长 余世铸
③ 陈真局长、郭子超副局长在芜湖县埭南水稻育秧工厂检查指导工作
④ 百万农机会战"三夏"

安徽农业机械化日益发展的

安徽省审计厅

全省审计工作围绕经济建设中心，坚持从安徽改革、发展和稳定的大局出发，认真履行审计职责，加大审计执法力度，深入揭露和查处当前财经领域的严重违法、违规问题和经济犯罪案件，加大对审计结果的信息披露。为维护经济秩序，加强宏观调控，促进廉政建设，保障经济发展作出了积极贡献。以提高财政运行质量为着力点，深化财政审计。严肃查处财政收支中的违纪违规问题，对规范财政收支行为，提高财政运行质量起到了积极的推动作用。加强对金融机构的审计监督工作，揭示出部分信用社特别是一些农村信用社不良资产比例过高，存贷款比例失调，竞争不够规范，抗风险能力较弱等问题，对维护财经秩序，防范和化解金融风险作出了积极的贡献。审计了扶贫资金、平垸行洪移民建镇资金、养老保险基金、林业专项资金、乡镇资金、等专项募集赈灾资金的规范管理和使用，处理和纠正了一些违法违规问题。加强投资、外资运用审计和领导干部任期经济责任审计工作。

21 世纪正在向我们走来，世纪之交的审计工作机遇与挑战并存，为使全省审计工作再上台阶，安徽审计人正豪情满怀，决心进一步弘扬“自强、拼搏、团结、进取、开放、奉献”的黄山松精神，全面落实审计法和审计工作二十字方针，为维护经济秩序，服务宏观调控，推动安徽经济建设和社会事业持续、稳定、健康发展作出新贡献。

贯彻落实审计法
促进经济健康发展

① 省委书记王太华在人大会议上与审计局负责同志交谈
② 厅党组一班人
③ 开展行政事业审计
④ 开展省级预算执行情况审计工作

安徽省地方税务局

安徽省各级地税机构于1994年8月分设成立的，1998年完成省级垂直管理。6年来，全省地税系统认真贯彻“法治、公平、文明、效率”的新时期治税思想，坚持依法治税，强化细化征管，实现了地方税收入的持续、稳定增长。全省地方税收入由1993年的20.8亿元增长到1999年的96.3亿元，全省地税收入占GDP的比重由1994年的2.15%提高到1999年的3.31%。

6年来，全省地税部门本着“坚持标准、稳步推进、因地制宜、注重实效”的原则，逐步深化税收征管改革，积极推行纳税人自行申报制度，努力为纳税人提供优质服务。目前，全省县城以上已初步建立了“以申报纳税和优化服务为基础，以计算机网络为依托，集中征收、重点稽查”的税收征管新模式。地税系统还在200个农村基层单位进行了征管改革。

6年来，全省地税系统以引入竞争机制为着力点，逐步推进干部人事制度改革。积极稳妥地开展了领导干部易地交流；多数市、地开展了竞争上岗试点工作，有些市、地已全面铺开；在税务稽查系列开展了等级制试点。经过改革，全省地税系统初步建立了充满活力的用人机制。

地址：合肥市蒙城路109号
局热线电话：0551-5100638
邮编：230001

① 沈卫国局长（右四）在基层调研。
② 地税干部走上街头宣传税法。

安徽省公安消防总队

安徽省公安消防总队，亦称武警安徽省消防总队，是公安机关的一个警种和职能部门，是一支纳入武警序列的现役部队。1999年，全省消防部队按照公安部“抓班子，带队伍，促工作，保平安”的总要求，圆满完成以防火灭火为中心的各项任务。

全省消防部队质量建设整体推进，灭火救援能力进一步巩固提高，全年各级消防部队共接警出动6620次，出动官兵74358人次，出动车辆11732辆次，抢救170人，保护物资价值210599万元。参加抗洪抢险等各类抢险救援559次，出动车辆820辆次，出动人员5162人次，解救疏散群众2142人，抢救保护财产价值6588.6万元。

各级公安消防部门大力加强消防监督管理，进一步推进全省消防社会化工作，省政府领导与各地市领导签定消防安全责任书，消防安全责任制得到进一步落实，第一部省级地方消防法规《安徽省实施〈中华人民共和国消防法〉办法》正式实施。

① 省消防总队队长屠国华、政委董福存与省市领导在火场指挥灭火。
② 消防监督人员秉公执法，认真做好防火工作。
③ 消防官兵为受灾群众送生活用水。
④ 消防官兵战斗在灭火救灾的第一线。
⑤ 消防监督人员深入社会，宣传和普及消防常识。

奋进中的安徽纺织工业

①

纺织工业是安徽经济发展的传统支柱产业，是全国纺织工业大省之一。1997年8月，全省纺织工作会议提出"外树形象，内强自身，奋斗三年，实现国有纺织企业整体扭亏为盈"目标，全行业经过两年艰苦奋斗，顽强拼搏，提前1年超额完成压锭、减员、增效突破口三大任务。国家纺织工业局授予安徽省纺织总会"完成纺织突破口任务突出贡献奖"，省政府给予通报表彰。

在纺织突破口战役中，安徽纺织重点抓了几方面工作。一是坚持以扭亏增盈为重点，明确目标，分级负责，完善措施，狠抓落实。二是坚持从安徽实际出发加快国有企业改革发展步伐，突出重点，抓住关键，把好企业做大，大企业做强，强企业做优。有70多户企业，通过联合、兼并、破产、重组、租赁等形式进行了改组、改造，组建壮大一批优势企业集团，逐步向公司制转变，对11户重点国有大中型企业进行公司制改造，在建立现代企业制度上迈出坚实的步伐，安徽华茂、淮北飞亚、芜湖裕中、铜陵华源等企业集团正在做大、做强、做优，皖维、华茂和阜阳金牛（纺织参股）已成为上市公司。四是坚持在结构调整、技术进步上做大文章，发挥比较优势，重构安徽纺织新格局。五是坚持抓优惠政策的争取和落实，有效地促进了企业扭亏脱困，加快了行业发展步伐。六是坚持围绕外树形象，内强自身，加强两个文明建设和思想政治工作，提高机关、直属单位的整体素质和工作水平。全省纺织行业决心抓住机遇，扬长避短，积极应对"入世"。一是加快国有纺织企业改革步伐，提高企业整体素质和竞争力。二是加大调整纺织经济布局力度，发挥比较优势。我省有着丰厚的纺织资源且分布各具特色，还有安庆纺织厂、淮北印染厂、安徽维尼纶厂等一批优势企业，必须从战略上调整我省纺织经济布局和结构。三是加快技术进步，加速产业升级，提高产品档次。四是加快人才培养和引进步伐，努力学习国际市场规则，培育全员"入世"意识。

②

① 省纺织突破口工作会议场景（从左至右 倪茂永、刘德华、吴子波、黄岳忠、韩翠英）
② 纺织行业职工风貌
③④ 现代纺织工业一瞥

③

④

安徽省信

①

1999年，全省电子工业实现工业总产值58.23亿元，实现工业增加值4.63亿元，实现利润2467万元，结束了长达7年全行业净亏损的局面，经济运行质量得到明显改善。通过跨地区、跨行业、跨所有制的联合兼并而重组的企业，成为行业发展的排头兵。如：合肥海尔电器公司实现工业总产值23.16亿元，滁州安康电子有限公司实现工业产值12.78亿元，芜湖电子发展公司实现工业产值8.03亿元。

国企改革取得成效：

一、各地市电子工业主管部门联系实际，积极探索适合本地区特点的改革办法。

二、针对局属企业的现状，加大了改革力度，以改革促发展。

三、加大对优势企业的扶持力度。积极促进铜峰电子股份有限公司，扩大企业规模，提高产品科技含量，使其达到上市公司的要求，并以此带动电子材料产业基地及相关产业的发展。

四、加大了对大中型企业脱困的工作力度，成立了扭亏帮扶指导组直接联系到企业。

科技成果斐然：

电子行业完成技术创新项目136项，通过各

安徽科学技术研究成果

証 书

你单位研制的

已取得成功，经审查符合省级科技成果条件，

②

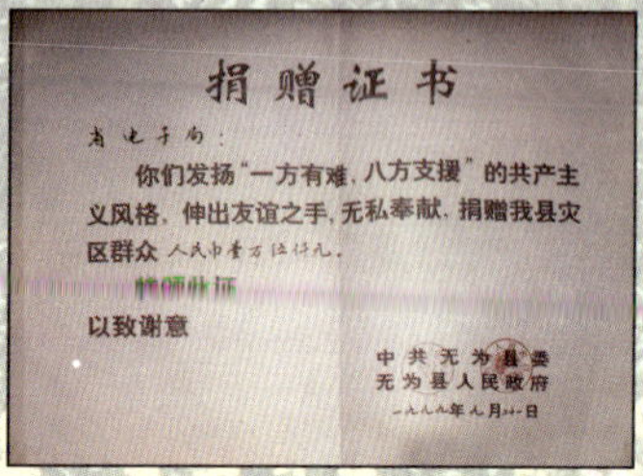
捐赠证书

你们发扬"一方有难，八方支援"的共产主义风格，伸出友谊之手，无私奉献，捐赠我县灾区群众

以致谢意

中共无为县委
无为县人民政府

息产业厅

级鉴定和企业直接投产项目125项，投产率达到90.6%。有27项新产品主要技术指标达到了国际水平或国际先进水平，有86项产品主要技术指标达到国内同类产品先进水平。电子产品的质量稳定提高率达到了95%的高水准。我省电子行业荣获国家级优秀QC小组1个；信息产业部优秀QC小组5个；优秀质量信得过班组1个；QC小组活动优秀领导和优秀和推进都各一人；安徽省优秀QC小组6个。

完善结构调整：

电子行业编制了《安徽省电子工业结构调整规划》，突出了计算机及软件、通讯和雷达、家用电子、电子基础产品以及电子应用产品等五个小行业的结构调整。

全年完成项目投资2.1亿元，有三个项目竣工验收，四个3000万元以上的项目列入国家专项资金笼子。1999年底，全省电子信息产业列入省"双高一优"项目共28项。

①④ 全省电子行业工作会议现场
② 郑世陶厅长（右一）经常深入第一线指挥
③ 厅长 郑世陶

安徽省烟草公司

安徽省烟草公司成立于1980年10月1日。隶属于国家烟草专卖局（中国烟草总公司），辖17个分、市公司，62个县公司，8家卷烟厂，2家复烤厂，1家卷烟材料厂，3个直属烟叶仓库和黄山烟草职工疗养院。

自1981年以来，全省共生产卷烟3549万箱，实现税利354.4亿元。经过"六五"、"七五"、"八五"、"九五"期间的技术改造，安徽烟草行业整体技术装备水平达到国际八十年代的水平，骨干企业已经达到国际九十年代初的水平。以"黄山"、"迎客松"、"皖烟"、"王中王"、"醉翁亭"为代表的系列名优卷烟产品在省内外享有较高的信誉。

新世纪之际，该公司决心进一步加强烟草专卖管理，深化体制改革，强化企业管理，创造更高的经济效益，为安徽的经济腾飞做出更大的贡献。

① 优美的办公环境
② 安徽烟草信息中心
③ 公司大门

中国东方航空股份有限公司安徽分公司

中国东方航空股份有限公司安徽分公司组建于1991年，是安徽省境内唯一的一家航空公司。目前该公司拥有9架享有"世界最安静"美誉的波音MD-90客机。

该公司以合肥、上海为基地，航班辐射到北京、上海、广州、大连、成都、福州、桂林、深圳、海口等50多个城市和香港地区以及日本、韩国等国家，并经常承担包机、专机任务，受到中外旅客、各界人士和外国元首的高度评价。自1994年以来，该公司曾先后获得省级"文明单位"、"安徽省优秀企业"等荣誉称号，"皖燕"乘务组荣获全国级"青年文明号"、"黄山"乘务组和合肥售票处获得省级"青年文明号"称号。

中国东方航空股份有限公司安徽分公司愿以安全优质的服务欢迎海内外各界朋友飞临安徽！

中国东方航空股份有限公司安徽分公司将倾力为安徽架起通往世界的空中金桥。

① 彭尊群党委书记
② 赵玉华总经理
③ 日益壮大的东航机群

中国铁道部

①

②

③

中铁四局紧紧抓住铁路建设大发展的历史机遇，深化改革，强化管理，1999年各项工作取得稳步发展。承揽工程226项，合同价40.09亿元。完成企业总产值40亿元，其中完成施工总产值36.3亿元，劳动生产率11.8万元/人，连续实现第七个安全年。工程质量显著提高，重点工作项目质量评比中9项获第一名，7项获第二名，51项获优质样板工程。

中铁四局将继续秉承"遵约、守信、保质、重义"的经营宗旨，与国内外各界真诚合作，共谋发展，同创美好未来。

④

第四工程局

① 党委书记　高贵平

② 局长　李中庸

③ 中铁四局承建的合肥王小郢30万立方米/日污水处理工程正在通过中国建筑工程质量最高奖—鲁班奖的评审

④ 中铁四局承建的安庆市综合体育馆，主体为三层钢筋混凝土框架结构，屋顶为大跨度空间异形螺栓球钢网架结构，建筑面积11660平方米

⑤ 中铁四局承建的芜湖长江大桥北岸（无为岸）引桥

⑥ 中铁四局承建的昆山钞票纸厂主厂房工程荣获1999年度中国建筑工程质量最高奖—鲁班奖

⑦ 中铁四局承建的京九铁路阜阳枢纽荣获中国建筑工程质量最高奖—鲁班奖

合九铁路有限责任公司

合九铁路为安徽省政府和铁道部共同投资建设的路网性Ⅰ级干线，总概算24.4438亿元，全长320公里，于1991年5月4日动工，1995年2月全线铺通，1995年6月实现过江分流；1996年10月货运与全路联网。

1997年4月1日，合九铁路公司改制规范为合九铁路有限责任公司，部、省批文明确合九公司运输按铁路分局对待，纳入全国路网，执行统一的列车运行图和货物列车编组计划，由上海铁路局集中调度指挥。

1999年，共完成货运384.7万吨、客运145.4万人次，全年运输投入17517万元。

2000年，公司以发展为目标，以改革为动力，以效益最大化为中心，推进制度创新，加强经营管理，拓展客货营销，提高企业素质，努力实现收入持续增长和安全基本稳定；推动两个文明建设协调发展。

① 安徽省人民政府前省长回良玉，铁道部副部长蔡庆华为公司成立揭牌。
② 公司开行的安庆——上海全列空调客车
③ 公司开行的安徽首趟进入深圳特区的全列空调客车

安徽省公路管理局

1999年，是我省公路建设史上投资最多、任务最重的一年。新改建公路952.6公里，其中油路351.9公里，水泥路600.7公里。到99年底，全省公路通车里程已达40857公里，新增公路1593公里，其中高速公路达404公里，一级公路211公里，二级公路6935公里，公路密度达每百平方公里29.3公里，公路桥梁231102延米/6434座，使我省公路实现了"两个突破"，即公路总里程突破4万公里，高速公路突破400公里。

县乡公路建设

县乡公路建设势头迅猛，全省共完成投资12亿元，新建县乡公路1428公里，乡乡通油路的县（市）达到60个，乡镇通公路已达99.8%。

合六路工程概况

合（肥）一六（安）公路是312国道上海——伊宁在安徽境内的重要组成路段，是我省"东进西出"的重要贯通线，全长58.891公里。改建后的合六公路为一级公路，路基宽32米，这项省重点工程1998年7月2日正式开工，1999年9月28日竣工通车。

养护管理

全省已基本扭转了过去重路面养护，轻路基养护的局面，逐步走向全面养护，全省公路年平均好路率达65.1%，国省道年平均好路率达68.7%，建成文明样板路1302公里，实施GBM工程3858公里，完成公路绿化2012公里，全省公路已绿化里程达到26490公里，公路绿化率83.9%，初步建成了贯穿全省的"万里绿色长廊"。

① 局领导班子
② 铜陵长江大桥
③ 蚌埠淮河公路大桥
④ 黄山太平湖大桥
⑤ 合宁高速公路
⑥ 国道205线泾县段

安徽省航运管理局

1999年，省航运系统克服市场疲软、自然灾害频发等不利因素的影响，深化改革，负重奋进，航运事业继续稳步健康发展。

运输生产：全年共完成港口吞吐量3480万吨，其中出口2900万吨。

规费征收：全年共完成航运规费征收12500万元。

航运建设：着重在内涵改造上下功夫，在投入产出上做文章。全年投入建设资金2483万元，其中与省交通厅签订责任状的3个重点工程池口港货场、散兵港防浪堤、大兴集铁路专用线等均已顺利竣工。其它一些主要工程如合肥新港、黄山深渡客运码头已建成投入使用，铜陵顺安港顺利开工。

水上安全：紧紧围绕年初全省水上交通安全工作会议确定的"狠抓基础，落实责任，突出重点，确保稳定"的十六字方针，以乡镇客渡船和危险品船舶为重点，加大对长江、淮河干线以及省里确定的10个重点渡口、码头、水库的监控力度，有效保持了水上交通安全形势的基本稳定。

① 繁忙的"芜湖繁昌港"一角
② 省交通系统、航运系统"文明示范窗口"马鞍山船舶证照检查站
③ 全省航运职工计算机技术比赛
④ 马鞍山船舶证照检查站"皖监8号船"在长江上检查
⑤ 安庆港装运货物出口

安徽省科学技术厅

全省科技工作认真贯彻“面向、依靠、攀高峰”的工作方针，以技术创新为主线，加强技术创新的能力和环境建设。自然科学基金培养稳住了一批科技人才，科技攻关计划解决了一批关键共性技术，星火·火炬成果推广计划面向经济建设主战场，发展高科技，实现产业化，加速科技成果向现实生产力转化，高新技术产业迅速发展，技术市场、中介服务体系日臻完善，“科教兴皖”战略深入实施，促进全省社会科技协调发展。

① 省科技厅党组成员、副主任　严洪华
② 安徽省科技成果展示交易中心
③ 全省技术创新大会全景

安徽省社会科学院

安徽省社会科学院成立于1983年，属省政府直属事业单位，现有11个研究所、7个处室、1个图书馆（藏书15万余册）、4种公开发行的刊物《江淮论坛》、《安徽史学》、《安徽年鉴》等。

1999年，省社科院科研工作取得了丰硕的成果，共出版著作16部，发表文章260余篇，完成研究报告10余份。其中，由省社科院与省委宣传部合作调研撰写的《改革是人民群众的伟大创造——小岗村农业“大包干”的启示》、由省社科院研究人员撰稿的《起点——中国农村改革发端纪实》分别获中宣部“五个一工程”理论文章奖和著作奖。《安徽年鉴》99卷再度获得全国地方年鉴一等奖，并受到省政府通报嘉奖。此外，还主编或参与编写了《农民读本》、《安徽五十年》、《安徽文字五十年》等一批精品图书。

① 院领导班子
② 首批特级研究员聘任会场
③ 院“99”年度科研成果

安徽省水利厅

1999年是安徽水利事业发展的高潮年。一是重点水利工程建设取得重大进展。全省共完成水利基建投资计划15亿元，长江南北岸重要江堤除险加固、沿江排涝泵站、淮河流域临淮岗洪水控制工程、大型灌区续建配套与节水改造规划、等重点工程前期工作取得重大进展。二是防汛抗旱斗争获得全面胜利。1999年出现典型的南洪北旱的自然灾害，经过全省受灾地区广大军民的艰苦奋战，夺取了长江防汛抗洪斗争和淮河流域抗旱新胜利。三是农田水利基本建设蓬勃发展。全省新增有效灌溉面积104万亩，改善灌溉面积274万亩；新增除涝面积38万亩，改善除涝面积299万亩；治理水土流失466平方公里；解决了39万人饮用水困难。四是水利法制与管理工作稳步推进。《安徽省实施<防洪法>办法》已于1999年8月29日由省人大审议通过。全省有12个市、地，51个县（市、区）和两个水管单位经同级政府机构编制部门批准，成立了专职水政监察队伍。

① 厅长蔡其华　② 无为大堤
③ 芜湖市防洪墙　④ 寿西淮堤建设

安徽省供销合作社联合社

全省供销社系统现有17个地、市级供销社，77个县级供销社，1505个基层社，网点3.1万个，代管合作商店1.1万个。

1999年全系统商品购进总额114.7亿元，商品销售总额129.3亿元，上缴国家税费总额2.1亿元。

全系统在做好国内农资、棉花、生活资料等销售市场的同时，还积极拓展国际市场、努力扩大出口，现有5家企业拥有进出口自营权。省茶叶进出口公司，目前是我省供销社唯一集内外贸一体，拥有进出口自营权的省级专业公司，1999年出口3000万美元，出口总额列全国同行业出口龙头企业第8位。

① 省供销社党组书记、供销社主任 刘家来
② 办公楼大门

安徽省水利水电基本建设管理局

安徽省水利水电基本建设管理局属于省水利厅的副厅级机构，主要职责是贯彻国家及本省有关水利水电基本建设的方针、政策、法规、制度，制定各项管理办法、规定及实施细则，并督促检查实施情况；贯彻国家颁布的水利水电基本建设的技术规范、规程，制定具体实施办法；负责全省水利水电定额的修订、管理及水电试验检测，省重点水利水电基本建设工程项目的施工管理工作；全省水电建设市场管理及安全生产管理。该局成立以来，大力推行基本建设体制三项制度改革，拟定了一系列管理办法、规定、实施细则和标准，主要有《安徽省水利工程建设管理办法》、《安徽省水利水电工程施工招标投标实施细则》、《安徽省水利工程建设监理管理办法》、《安徽省水利工程建设分级管理办法》近十项。为加强省直重点工程建设，该局先后成立了3个指挥部，直接负责有关工程的建设实施。

① 局长　陈立民

② 水利部部长汪恕诚（右五）在副省长张平（右三），省水利厅厅长蔡其华（右七）淮委主任宁远（右四）陪同下视察何巷枢纽。

③ 计算机操作、监控系统

④ 何巷分洪闸雄姿

⑤ 何巷分洪闸底部粉喷桩施工

⑥ 何巷分洪闸具有分洪、航运、引水灌溉和排内涝四大功能

安徽省地质矿

①

②

安徽省地质矿产勘查开发局成立于1958年4月，下属24个地勘单位，现有在职职工10258人，高、中级技术人员2000多名，资产总额8亿余元。建局以来，围绕国家和安徽省的经济建设，开展了大规模的地质勘察工作，目前，全省发现矿产138种，其中探明储量的68种，潜在价值约2万亿元，居全国第10位。该局重视科研工作，先后取得科技成果240余项，其中获国家科技进步特等奖1项，部省级奖122项。拥有以中科院院士、中国工程院院士常印佛为代表的一支力量雄厚的地质勘查科技队伍。

该局先后承担了合九铁路、铜陵长江大桥、芜湖长江大桥、黄山索道、合肥城区建设等一大批重点工程的工程地质、环境地质及水文地质勘察和评价，承接了省内外50多项高层、超高层建筑桩基工程和水库、水电站建设工程，100余项尾矿坝治理工程，找水成井2000余口。该局的辐射井深层自流排渗工艺为国内首创，水平孔角度纠偏、插板固结等技术和方法国内领先，水库大坝倒锤孔定向钻进技术达国际先进水平。该局拥有多种经营企业82家，分布在制造、加工、旅游、服务、矿产、商贸等行业，已有两个产品列为国家名牌新产品。

③

④

产勘查开发局

① 1999 年“五·一”前夕，中共安徽省委书记回良玉专程看望中国科学院、中国工程院院士常印佛，并向这位全国劳动模范，致以节日的祝贺。
② 省委常委、副省长张平（右一）在省地矿局局长胡玉贤的陪同下，视察定远县城北地下水勘查现场。
③ 在 1995 年安徽省首届珠宝交易会上，省人大副主任邵明（右二）、副省长张润霞（右三）、省地矿局局长余良弼（右一）参观局属安徽地质勘察开发公司玉石展厅。
④ 技术人员在潜山向加拿大、美国、德国等地质专家介绍大别山超高压变质带的地质特征。
⑤ 芜湖长江大桥桩基工程施工现场。
⑥ 办公大院风景一瞥。

⑤

⑥

阔步前进的安徽旅游业

安徽省旅游资源十分丰富。改革开放前，安徽丰厚的旅游资源"藏在深闺人未识"，宝贵的资源没有变成泽惠人民的财富。1979年7月，邓小平同志视察黄山，高瞻远瞩地提出"要有点雄心壮志，把黄山的牌子打出去"。伴随着中国改革开放的步伐，安徽旅游业如沐春风，步入了蓬勃发展的快车道。

"六五"是安徽旅游业启动时期。经过"七五"、"八五"打基础，"九五"步入发展的快车道。1996年11月，省委、省政府在黄山召开了全省旅游经济工作会议，决定把旅游业培育成全省的支柱产业，正式确立了旅游业的产业地位，制定出台了许多扶持政策，全省旅游业发生了前所未有的巨大变化，旅游总收入呈现跳跃式增长。1997年，全省入境游客增幅居全国第一。1999年，我省共接待入境旅游者25.1万人次，旅游创汇9016万美元，国内游客2666.4万人次旅游总收入达134.4亿元人民币。安徽国际旅游市

① 安徽饭店全景
② 新开设的农村古民居观光点——黟县南屏村杨家染坊
③ 世界文化与自然遗产地风景区——黄山
④ 文物古迹修善完美——九华山月身宝殿
⑤ 全省已有十五条观光索道缆车

场逐渐形成以港澳台、日本、东南亚、韩国为主，美国、法国、德国等为辅的市场格局。立体交通网络初步形成，合肥和黄山与全国30多个大中城市开通了航班。目前，已开通合肥、黄山至日本、香港、泰国的包机航线。我省还先后建立了9个一、二类口岸。目前全省涉外饭店已发展到198家，共有旅行社227家。全省旅游资源开发、基础设施及配套建设进展很快。景点的修复和建设、高档宾馆项目、大型游乐设施的建设等，通过引资融资，内引外联，收到了起点高、规模大、速度快的效果。

世纪之交，展望未来，安徽旅游业发展前景更加广阔。全省将大力开拓国际旅游和国内旅游市场，加大投入，进一步推进旅游产业化，实现旅游资源大省向旅游产业强省的历史性跨越。

③

④

⑤

安徽省环

①

安徽省环境保护局成立于80年代初，1983年与省基本建设委员会合并成立安徽省城乡建设环境保护委员会（后改为安徽省城乡建设环境保护厅）。"八五"期间，在省委、省政府的重视下，根据省委、省政府《关于实施省直党政机构改革方案的通知》（皖发[1994]5号）精神，经省人民政府批准设立安徽省环境保护局（正厅级建制），为省政府直属行政机构。在2000年省政府机构改革中，《省人民政府机构改革方案实施意见》（皖编[2000]7号），批准保留安徽省环境保护局，为省政府省直属机构（正厅级）。

安徽省环境保护局的主要职能是贯彻执行国家环境保护的方针、政策和法律、法规，拟订本省环境保护的地方法规并监督执行。制订全省环境保护规划和计划，管理

②

① 局长 童怀伟
② 省委书记王太华、省人大主任孟富林、国家环保总局局长解振华等领导在巢湖流域"99达标"零点行动"指挥中心现场指挥
③ 亚行贷款巢湖技援项目三方会谈现场
④ 省人大、省政府、国家环保总局及合肥市政府领导现场检查"一控双达标"工作
⑤ 鹞落坪自然保护区

境保护局

全省环境统计和信息工作，发布环境状况公报。贯彻执行环境保护国家标准及环境保护行业标准。负责全省大气、水体、土壤及自然生态等环境保护工作。组织排污申报登记与排污许可证、排污收费、环境影响评价、"三同时"等环境管理制度的实施。组织实施国家和本省环境保护技术政策，组织开发环境保护科学研究和技术引进工作；对全省环保设备的质量进行监督、认证。管理全省环境监测工作，制定环境监测制度和规范。指导全省开展公众环境宣传教育及人员培训工作。管理全省环境保护领域的国际合作和利用外资项目，组织参加国家批准的国际公约活动。

③

④

⑤

安徽省数据通信局

安徽省数据通信局是安徽省邮电管理局的直属单位，成立于1994年，主要负责全省数据通信、多媒体通信、电话声讯网络建设、业务经营、运行维护、网上应用开发等。下设综合办公室、业务经营部、工程技术部和运行维护部。

安徽省数据及多媒体通信网从无到有、从小到大，1999年已建成并开放业务的网络包括公用分组交换网（CHINAPAC）、中国公用数字数据网（CHINADDN）、中国公众多媒体通信网。2000年，ATM宽带多媒体网将建成投入运行，诸如VOD点播、远程教育、远程医疗等宽带业务也将向社会开放。

安徽省数据及多媒体业务近年来持续快速发展。截止99年12月底，各类业务总用户数达52389户。随着网络功能的进一步完善，安徽省数据通信局将为社会各界提供更多、更好的服务。

局长：杨志光
地址：安徽省合肥市桐城路33号
邮编：230022
电话：（0551）2873861
传真：（0551）2877841

① 省邮电管理局张钧安副局长视察省数据局
② 1631169并网扩容签约仪式
③ 省数据局杨志光局长在"9163业务开放新闻发布会上发言

发展中的安徽残疾人事业

安徽省残疾人联合会是将残疾人自身代表组织、社会福利团体和事业管理机构融为一体的全省性残疾人事业团体，至1999年底，全省17个市地、105个县全部成立了残疾人联合会，2050个乡镇基本上成立了残联。

经过十几年的努力，我省的残疾人状况有了明显改善。《安徽省实施<残疾人保障法>办法》于1994年8月30日经省人大八届十二次常委会通过并颁布实施。

康复　建立和完善了社会化康复服务体系，广泛开展了康复训练，使残疾人普遍得到康复服务。

教育　残疾人教育稳步发展。全省共有特教学校69所，普校附设特教班150个。

就业　建立和完善残疾人就业服务网络，全省共有残疾人就业服务机构109个。残疾人按比例就业有了突破性进展。

扶贫　开展残疾人专项扶贫，扶持残疾人发展经济，建立特困残疾人生活正常供养机制和残疾人养老保险制度，50多万农村残疾人解决了温饱。

文体活动和社会环境　残疾人参与社会生活环境得到了改善。无障碍设施建设引起各地重视，残疾人文体活动日趋活跃，在重大国内、国际比赛中取得了较好的成绩。

① 省残疾人联合会主席　邓成标
② 国务委员，国务院残工委主任司马义·艾买提在省残联慰问干部职工
③ 省残联党组书记，邓成标与中残联有关部门领导在社会力量兴办残疾人事业现场会上
④ 潘孝瞰在五届全国残运会上（上海举办）获C6级男子铅球冠军并破全国纪录

安徽日报社

《安徽日报》是中共安徽省委机关报，创刊于1952年。目前，安徽日报社除出版发行《安徽日报》外，还出版《新安晚报》、《文摘周刊》、《安徽商报》、《新闻世界》四个子报刊，总发行量约80万份，初具现代化报业集团的雏形。

近几年来，《安徽日报》加快改革创新步伐，通过公开招聘采编人员、推行干部聘任制、岗位目标管理等措施，不断强化报纸的权威性、指导性和服务性，新闻采编水平显著提高。为全国百家报纸管理先进单位和安徽省级文明单位。与此同时，安徽日报社进一步加大基础设施投入，加快技术进步，1999年投资从日本引进一台先进的报纸印刷设备，一次可印刷16版双面彩色报纸，印刷质量提高。今年4月底，《安徽日报》进行了试改版，推出A、B版设置，大量压缩专栏、专页，增加新闻信息量，除保留原有的要闻版、综合新闻版、国际、国内新闻版和经济、社会、休闲三个周刊外，新辟了焦点新闻版、市县新闻版和文体新闻版，版式编排上体现浓眉大眼、图文并重的风格。今年7月，采编网络系统将正式投入使用，安徽日报将以新的面貌迎接知识经济和网络时代的到来。

① 党委书记、总编辑张育瑄向文汇新民报业集团考察团介绍安徽日报加强内部管理、提高办报质量的情况

② 2000年，安徽日报社被省文明委授予安徽省第四届“文明单位”光荣称号，党委书记、总编辑张育瑄出席授牌仪式

③ 在精神文明创建中做到了“绿化、美化、香化”的安徽日报社宿舍区

安徽商报

由安徽日报社主管、主办的安徽商报，于2000年元旦创刊，是一张综合性的市民早报。该报以"全心全意为市民服务，诚心诚意替政府分忧"为办报宗旨，以厚重的新闻版块唱主角，抢第一时间，抓鲜活新闻；同时强调服务版块的强势组合，从最佳角度给予读者实实在在的信息服务，该报为四开十六版，版版皆新闻，既有重要新闻，又有特快新闻，既有合肥、安徽新闻，又有国内、国际新闻；既有体育、文娱新闻，又有法制、服务新闻，既有证券、财经新闻，又有特别、推荐新闻。是一份关注社会生活、服务百姓大众的都市市民报，目前是合肥地区的强势媒体之一。安徽商报为周五刊，周一至周五出版，每份零售价0.30 元。国内统一刊号CN34-0044，邮发代号25-47。

地址：合肥市金寨路206号；
邮编：230061；
电话：2845897、2833613、2812295

① 本报总编辑 温琪
② 本报记者在采访全国劳模
③ 安徽日报社领导欣喜地为读者签名赠报

安徽省公路运输管理局

全省公路运输系统紧紧围绕建立统一、竞争、开放、有序的道路运输市场的总目标，坚持依法治运，管好客运市场，开发货运市场，稳定维修市场，发展驾培市场，有力地促进了道路运输各行业和运输企业的发展。

1999年全省营运客车已达65419辆，客运班线10300条，客运等级站408个，共完成客运量5.7亿人次，客运周转量1.7 亿人公里。营运货车已达153820辆，货运经营业户78918家，各类货运站场34个，货运交易市场21个。完成货运量2.98亿吨，货物周转量223亿吨公里。1999年底，全省共有汽车维修业户7836家，主要设备57991台，全省有驾校68家，其中一类驾校25家，驾校培训质量显著提高，年培训各类驾驶员12000人次。

全省国有、集体运输企业认真开展"三改一加强"工作，在稳定运输主业的基础上，积极开辟新的经济增长点，半数以上企业基本摆脱了困境，在全省道路运输业中发挥着越来越重要的作用。

① 局长杨一新
② 岩寺汽车站
③ 含山汽车站

安徽省人民防空办公室

2000年，全省人防工作以邓小平理论和党的十五大精神以及新时期军事战略方针为指导，加强理论研究，加大改革力度，加快城市防空袭斗争准备的步伐，抓好"九五"人防建设任务的落实，深入贯彻"两法"，努力推进安徽人防建设持续、健康、快速发展。

一是加强防空指挥和通信警报建设，努力提高各项保障能力。二是抓紧完成"九五"工程建设计划任务，着力解决人防工程安全管理和平战功能转换问题。三是加大"结建"管理力度，力争人防工程建设有重大突破。四是不断探索和实践，把民防试点工作引向深入。五是采取多种形式和手段，对广大群众开展人民防空常识教育。六是依法筹集人防建设资金，强化人防财务规范化管理。七是加强防空理论研究，抓好人防建设计划、规划的编制工作。八是加大宣传和执法力度，推进"两法"的贯彻实施。

世纪之交，世界战略格局向多极化方向发展，当今世界仍不太平。人防是国防的组成部分，城市防空已成为现代战争的重点。全省人防广大干部职工，充分认清形势，增强做好新时期人防工作的忧患意识和责任意识，加强现代科技知识、市场经济知识和法律知识的学习，切实完成好党和人民赋予的重任。

① 省人防办主任张六贤陪同省人大主任孟富林视察合肥市人防地下工程，

② 南京军区司令员陈炳德中将在省军区司令员沈善文、副省长张平、省人防办主任张六贤陪同下视察合肥市人防地下工程。

③④ 利用地下工程开设西餐厅、娱乐场所

安徽房地产综合开发集团公司

安徽省房地产综合开发集团公司于1993年正式成立，集团以安徽省房地产开发公司为核心企业，全省各地市县68家开发企业为成员单位，全民所有制性质副厅级建制，壹级资质，是安徽省唯一房地产综合开发企业集团。该集团以安徽省改革开放、经济建设服务为宗旨，走出一条"一业为主、多业经营、主副互补、全面发展"的集约化经营之路，目前已形成以房地产开发投资经营为主体，集拆迁、设计、施工、监理、装饰、物业管理和物资供应为一体的房地产开发服务体系。

省房集团拥有总资产13亿元，七年来，累计完成开发投资27.35亿元，商品房施工面积777.5万平方米，竣工面积379.8万平方米，实现销售收入28.85亿元，上缴国家各种税费1.65亿元，投入市政基础设施和小区公建配套设施建设资金4.3亿元。其中，马鞍山珍珠园小区、铜陵铜庄小区均被建设部列为全国住宅示范小区。曾连续几年获全省房地产业"安居杯"竞赛先进单位、安徽省房地产"综合效益"30强企业等荣誉桂冠，并于1997年被安徽省人民政府列为"全省百家重点企业集团"之一。

展望未来，省房集团将继续巩固和发展"以人为本、以集团为中心、以服务为方向"的经营格局和企业文化内涵，统一认识、振奋精神、精心部署、扎实工作，积极推动两个文明建设再上新台阶。

地址：安徽省合肥市环城南路28号
邮编：230001
电话：2657334-2022
传真：2616868

① 董事长、总经理 宁乃礼
② 省房大厦
③ 凤阳新村小区远景

安徽省医药公司

安徽省医药公司成立于1952年。是具有行业管理职能、进出口自主权、AA级医药商业企业，承担着全省药品储备和灾情、疫情药品的供应任务，是安徽省唯一的麻醉药品中转站，安徽省医药商协会主持单位。经过五十多年的艰苦创业，安徽省医药公司初步形成以医药商贸为重点，产研相结合，中西药并重，科工贸一体的发展格局。目前公司拥有固定资产1.2亿元，流动资金1.5亿元，下设20个批发零售部门、一个中外合资企业，一个控股有限公司和一个中型制药厂。

经营：中西药品、医疗器械、化学试剂、玻璃仪器10000余个品种，与数十家国内知名制药企业建立了长期良好的合作关系，与省内近千家医疗机构开展了业务往来。

生产：莪术油注射液、葡萄糖注射液、Ve胶丸、效力肝片、Vc片、SMZ片、萘普生胶囊、脑复康片、先锋4号等六大剂型（大输液、胶丸、片剂、胶囊、粉剂、膏剂）60多个品种的西药制剂。其中莪术油注射液为全国独有产品，具有较高科技含量，系治疗小儿病毒性肺炎、心肌炎、上呼吸道感染的特效药；Ve胶丸是省内独家生产、全国产量第二；与合肥医工医药研究所联合研制、开发的国家二类新药伊贝沙坦胶囊（已获新药证书）是新一类安全有效的抗高血压药物，市场前景广阔。

自95年至今，公司连续5年被安徽省医药局评为最佳经济效益先进单位，被省政府授予安徽省纳税先进单位、安徽省首批GSP达标单位。

安徽省医药公司的服务宗旨是：质量第一，服务第一，社会效益第一，经济效益第一。

全国医药商业GSP达标企业
安徽省纳税先进单位
安徽省医药系统连续五年最佳经济效益单位
安徽省防灾救灾药品储备单位

① 安徽省五一劳动奖章获得者，总经理 强恒秒
② 团结拼搏的公司领导班子
③ 公司办公楼一瞥

安徽省国际

①

1999年，安徽国投在比较复杂的国内外宏观经济环境下顽强拼搏，开拓进取，经营业绩在连续几年快速增长的基础上再创历史最好水平。1999年实现利税3.01亿元，比上年增长38%。

公司充分发挥地方金融机构职能，不断加强、规范现有业务，积极开展、探索新型业务。全年投放信委托资金20多亿元，重点支持了省电力公司、马鞍山二电厂、芜湖长江大桥、安庆石晴纶厂、国风集团、黄山经济技术发展公司等省内一批能源交通基础项目和有发展潜力的企业，促进了全省经济结构的优化升级。公司以贯彻《证券法》为切入点，规范经营，强化服务，再创佳绩。全年公司证券代理交易量457.6亿元（比上年增长27.6%），在全国信托公司中居沪市第13位、深市第14位，在省级信托公司中居沪市第5位、深市第7位。股票承销业务充分利用国家对高科技企业不受发行额度限制的倾斜政策，积极"找米下锅"，经过艰苦努力，铜锋电子顺利通过科技部和中科院高科技认证，并于近日发行成功。公司全年承销两期国债总额5.5亿元，代理发行企业债券5000万元，并成功参与了普丰证券投资基金的发行上市工作。对省内多家企业进行了改制咨询和辅导工作，担任了飞彩股份的财务顾问，为推进省内企业转换经营机制，向现代企业制度过渡作出了积极的贡献。公司加大改革力度，对投资类企业进行综合整治，深挖内部潜力。芜湖国信大酒店社会知名度显著提高，已被评为"三星"级涉外酒店和全省旅游系统先进单位。国际金融报顺利完成扩版和属地注册工作，并加入人民日报报业集团。国信高尔夫俱乐部年底建

②

信托投资公司

成开业，填补了我省空白。黄山公司积极拓展业务范围，不断强化内部管理，充分发挥窗口公司职能，较好完成了省委省政府交办的各项任务。

1999年公司再度荣获省直机关“三优文明单位”称号；CIS建设继续向前推进，公司理念识别系统初步形成，并正在转化为广大员工的自觉行动，公司两个文明协调发展的良好局面进一步得到巩固和发展。

2000年是世纪之交、千年更替的一年，安徽国投将一如既往地坚持稳健经营方针，进一步深化改革，强化管理，开拓创新，拼搏奋进，为我省经济社会持续快速健康发展做出新的贡献！

电话：（0551）2634400
传真：（0551）2654274
邮编：230001
地址：合肥市寿春路179号国际大厦

① 公司总经理、党组书记卢继延
② 公司所属广州证券部
③ 公司办公大楼全景
④ 公司“迈向新世纪”迎新联欢会场景
⑤ 公司所属安信房产公司开发的“阳光花园”住宅小区

③

④

⑤

中信实业银行合肥支行

中信实业银行
CITIC INDUSTRIAL BANK

中信实业银行合肥支行是中信实业银行在安徽省唯一分支机构，中信合肥支行设办公室、会计部、信贷管理部、稽核部、公司业务部、国际业务部、营业部，下辖四个分理处：美屯分理处、南七分理处、瑶海分理处和长江路分理处。

中信实业银行合肥支行经营业务品种全面，涵盖存款、贷款、储蓄、出纳、国内国际结算、住房按揭、信用卡等各项业务，目前正不断加大科技投入，争取在现代商业银行管理模式不断深化的基础上，运用先进科技成果，建立现代化商业银行运营体系。

中信银行合肥支行近年来发展势头迅猛，特别是1998年以来，新一届领导班子适时调整经营策略，以"强化内部管理，提高资产质量，确保资金安全，争取最佳效益"为经营管理目标，1998年，全行存款、贷款分别为4.6亿和1.8亿，比上年增长31.7%和67.8%，实现利润309万元；1999年，存、贷款余额分别为8.8亿元和3.8亿元，比98年分别增长91%和1倍，实现利润808万元，比98年增长1.6倍。

在世纪之交的2000年，中信银行合肥支行目前各项存款已逾10亿元，贷款4.4亿元，各项资产质量也在不断提高。该行正不断加大各项工作力度，积极为合肥市乃至安徽省的经济发展做出贡献。

地址：合肥市美菱大道506号
邮编：230001
电话：2625750

①

① 中信实业银行合肥支行行长许其善与皖能集团公司总裁共商银企联谊携手发展大计并签定合作协议
② 中信实业银行合肥支行营业部
③ 营业部营业大厅
④ 美屯分理处
⑤ 南七分理处

②

③

④

⑤

中国工商银行安徽省分行

该行于1985年1月1日正式成立。目前拥有15个地市分行、1个省行营业部、61个县级支行、128个城郊支行（办事处）、836个储蓄所。截至1999年末，该行各项存款余额达538亿元，各项贷款余额达513亿元。十多年来，该行认真贯彻党和国家的经济、金融政策，千方百计筹集资金，不断改善服务手段，努力支持安徽经济发展。电子化水平在省内金融系统居领先地位，是唯一运用大型计算机处理业务的银行，该行参加了全国工行系统联网，实现了省内对公、零售业务暨牡丹灵通卡、ATM、POS通存通兑，开通资金汇划清算系统，使客户办理业务更安全、更方便、更快捷。

主要业务

资产业务：包括工商信贷、项目信贷、住房信贷、消费信贷等。

负债业务：包括零售业务（其中教育储蓄为独家开办）、对公存款业务、个人中间业务等。

外汇业务：包括外币存贷款、结售汇和国际结算业务。

中间业务：包括银行卡业务、商人银行业务、委托代理业务、代理证券资金清算业务、网络结算业务、个人消费贷款业务等。

① 副省长黄岳忠在工行安徽省分行行长朱立飞陪同下，检查工行合肥市逥龙桥储蓄所。该所为工行系统全国“十佳”储蓄所，全国妇联授予的全国“三八红旗”集体。

② 中国工商银行总行副行长谢渡扬在合肥江淮汽车制造厂考察工作。

③ 工行安徽省分行与省交通厅签定公路建设项目合作协议。

中国农业银行安徽省分行

中国农业银行安徽省分行自1979年恢复以来，经过二十年的创业奋斗、改革探索，现已成为资金实力雄厚、信誉良好的国有商业银行，为全省城乡经济建设作出了积极贡献。

安徽省分行在向商业银行转轨中，始终坚持以市场为导向，以客户为中心，以效益为目标的经营理念；坚持城乡一体、农工商兼营、本外币并举的经营特色；坚持不断改善金融服务，防范和化解金融风险，整体经营管理水平得到了明显提高。1999年在职职工14664人；拥有遍布城乡的营业机构2111个。各项存款余额346.2亿元，存款存量、增量市场份额均居全省金融系统第二位；各项贷款余额454.8亿元（含专项贷款130亿元），是恢复之初的20倍之多。

全省农行的业务范围不断得到拓宽，传统的存、贷款业务保持良好发展势头，国际业务、银行卡业务以及各种代收代付等中间业务也在稳步增长。随着计算机"新一代"综合业务处理系统的推广，网点优势正逐步转变为网络优势，为全行业务进一步发展提供强有力的技术支撑。

全省农业银行面向新世纪，将以全新的商业银行形象立足于市场，为广大客户提供快捷、优质的服务。

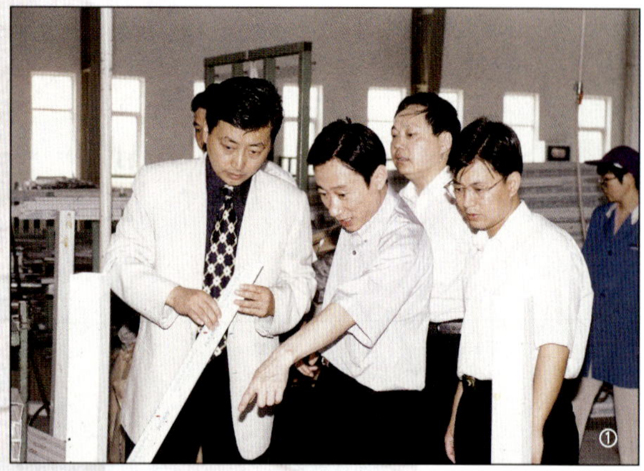

① 省农行负责同志在芜湖海螺塑料型材股份有限公司了解生产经营情况
② 中国农业银行综合应用系统在安徽分行试点成功，使"全能柜员制"更加方便快捷。
③ 农行支持的中国扬子集团（扬子皮卡汽车）
④ 农行支持的上市公司安徽安凯汽车集团
⑤ 省农行办公大楼

中国农业银行安徽省分行营业部

安徽省农行营业部（原合肥市农行）恢复成立以来，紧跟改革开放的步伐，严格管理、开拓市场，现已发展成为具有本外币存贷款、国内国际汇兑结算、信用卡、代收代付、咨询评估等多功能的国有商业银行，成为合肥地区实力最强的国有商业银行之一。

以服务于农业和农村经济的发展为宗旨，重点支持了合肥市商品粮和副食品基地建设、农业产业化经营、农村商品流通、农业基础设施建设，支持乡镇企业迅速崛起、健康发展，带动了一大批乡镇企业集团的形成。近几年来，适应国民经济结构调整和银行商业化经营的需要，省农行营业部积极调整和优化信贷结构，实施支持优势产业、优良客户的"双优"战略。积极支持国有大中型企业改制，支持了一批省市大集团、大公司、知名企业的发展，为合肥城乡经济的发展发挥了重要作用。

积极稳妥地推进农村金融体制改革，承担了办理合肥市农村商业性和政策性金融业务的双重任务，同时受人民银行的委托领导和管理农村信用社。积极支持农业发展银行及其基层机构的建立，实现了农村信用社与农业银行行政隶属关系的脱离，顺利完成了"一分一脱"的改革任务。

省农行营业部强化服务功能，全辖网点电子化覆盖率达到100%，储蓄网点通存通兑率70%以上，全行金穗卡、储蓄卡、代理卡实现三卡合一、网上运行；自动取款机（ATM）和信用卡POS系统等先进技术设备也得到了广泛的推广和运用。省农行营业部不仅开展了汽车服务、电话服务、夜市服务等特色服务，还开办了代收水电费、代收电话费、代收交通罚款、代理报刊征订等12项代收代付业务；在全省金融机构中首家推出了全能柜员制服务，实行365天为客户办理各项银行业务。先后有16家基层单位分别荣获全国及省、市、县级"青年文明号"称号。

回眸奋进崛起的成功之路，省农行营业部将以团结进取的时代风貌，在新的世纪，为全省经济的快速发展作出新的贡献。

① 省农行营业部党委书记、主任张骥同志（右一）与商之都责任有限公司"大额耐用消费品贷款业务签字仪式"，签字

② 中国农业银行安徽省分行营业部办公楼外景

中国人寿保险公司 安徽省分公司

中国人寿保险公司安徽省分公司，现有分支机构112个，其中市地分公司15个，省公司营业部1个，县级机构96个。99年末全省正式职工1565 人，大专以上学历681人，副高职称42人，中级职称451人。

1996年分业经营四年来，业务健康持续发展，年年完成总公司下达的各项经营目标。99年实现保费16.32亿元，其中意外短险保费2.24亿元，营销新单保费6.07亿元。

地址：中国安徽省合肥市寿春路90号
电话：（0551）2656316
传真：（0551）2645619
邮政编码：230001

① 总经理 陈冬至
② 省委常委、常务副省长张平（中）与公司领导合影
③ “奉献爱心，紧急助学”捐款仪式
④ 举行营销主管业务培训
⑤ 公司员工文艺晚会

安徽太平洋保险公司

中国太平洋保险公司成立于1991年，是我国第一家全国性股份制商业保险公司。1996年12月8日成立合肥分公司，在安徽省范围开办经中国保险监督管理委员会批准的一切险种。负责全省太保机构及业务发展的全面管理。

公司恪守和奉行"一流的服务质量，一流的工作效率、一流的公司信誉"的宗旨，认真贯彻总公司"改革、发展、管理、效益"的指导思想，紧紧抓住建设规范化商业保险公司这根主线，将"诚信、创新、敬业、奋进"的企业精神注入经营理念之中，不畏艰难，锐意进取，依法经营，合规竞争，竭力拓展市场。8年来，开办险种100多个，累计承担各种财产及人身风险达6500亿元，创造了人均保费、人均利润、发展增幅居全国同行之首的骄人业绩。公司积极投身社会公益事业，捐助社会公益和慈善事业80多次，总金额达200多万元。

公司圆满处理了成千上万的各种赔案，向社会提供风险补偿达数千万元，赢得美誉，为振兴和繁荣安徽经济作出了积极贡献，受到了总公司和省委、省政府的充分肯定和表扬。

① 公司表彰先进代表
② 分支机构向公司总经理虞善生立下年承包经营"军令状"
③ 太保赠送痴心扶贫的"魔芋大王"何家庆巨额人身保险。（左一，太保合肥分公司总经理虞善生，右一全国、省劳动模范，安徽大学生命科学院植物学副教授 何家庆）

开拓进取 发展壮大

安徽省

①

②

安徽省邮政局主管全省邮政行业和邮政企业，既是行政机构，又是公用企业，既负有对全省邮政行业的管理职能以维护国家利益和用户权益，又要负责统一建设和经营全省的邮政网，承担普遍服务义务。

1999年是安徽邮政自邮电分营后走上独立发展道路的第一年，也是安徽邮政发展史上不平凡的一年。全省邮政职工在省邮政局新一届领导班子的带领下，全年业务收入突破11亿元，减亏2.5亿元，使我省邮政在扭亏为盈的道路上迈出了坚实的一步。

目前，全省共有邮政营业网点1802处，电子化支局280余个，服务面积13.9万平方公里，邮路总长27181公里，与世界上137个国家和地区的229个城市直接通邮，形成通达城乡、联通世界的通信服务网络；全省设有邮政"绿卡"网点860处、ATM机225台，地、县全部联入了全国邮储"绿卡"网，绿卡用户真正实现了"一卡在手，走遍神州"；邮政综合计算机网已完成配套工程建设任务，完成了广域网设备和合肥、蚌埠中心局局域网设备的安装工作。一个现代化的安徽邮政已初具规模，初步达到了以"邮政运输网和综合信息网"为支撑的自动化、机械化和科学化的通信水平。

安徽邮政经营的主要业务有：信函、包裹、汇兑、储蓄、特快专递（EMS）、报刊发行、集邮等。为满足社会多层次的用邮需要，又陆续推出商函广告业务、邮政礼仪业务、邮购业务、直递邮件业务以及代发工资、代办保险等多项代办业务，涉及实物传

③

邮政局

递、商品销售、金融服务等多个领域。随着社会信息化以及信息技术网络化、数字化的迅猛发展，安徽邮政还将利用自身信息流、物流和资金流三流合一的优势，在我省信息服务业、电子商务业的发展过程中发挥积极的、建设性的作用。

在新的历史发展时期，安徽邮政将继续坚持"发展现代化邮政，满足社会需求"的宗旨，不断开拓进取，加快邮政通信事业建设与发展，切实履行邮政普遍服务的义务，努力为全省的经济发展和社会进步做出更大贡献。

地址：淮河路303号
邮编：230001
电话：0551-2682803

① 安徽省委书记王太华在安徽省邮政局局长孙运才（左四）的陪同下视察合肥邮政工作
② 邮政网络覆盖城乡，向社会提供普遍服务
③ 利用邮政综合计算机网建设的中国邮政电视电话会议系统开通投入使用
④ 芜湖绿卡中心机房
⑤ 城市街头的邮政报刊亭
⑥ "邮政网友俱乐部"生意红火，吸引许多"网迷"上网
⑦ 规模宏大、邮件自动化、机械化处理能力处于全国领先地位的合肥邮政枢纽

中国移动通信
CHINA MOBILE

安徽省移动通信公司

安徽省移动通信公司是根据国务院关于中国电信重组的决定，于1997年7月从原中国电信分营组建而成。目前，公司主要承担安徽省境内模拟移动电话、"全球通"数字移动电话以及上述相关的信息服务、技术开发、设备销售以及国家批准或委托的其它业务，作为独立法人公司进入电信市场运行。

公司固定资产总额50多亿元，网络覆盖全省16个地市和64个县（市）以及绝大部分乡镇、公路铁路沿线、旅游风景区，网络容量近200万户，用户总数86.6万户。GSM数字移动电话国内自动漫游已通达330多个城市、2000多个县市，与世界47个国家和地区的近百个运营商开通了国际自动漫游业务。

公司拥有先进的通信设备和科学管理技术。目前已向客户开放了主叫显示、呼叫转移、呼叫等待、数据和传真、中文短消息、信息点播等新业务，并将陆续推出移动IP电话、移动上网（WAP）等业务。

"沟通从心开始"，安徽移动通信公司愿以一流的网络、一流的服务沟通你、我、他，为安徽经济的腾飞服务。

地址：安徽省合肥市淮河路303号
电话：（0551）2681612
传真：（0551）2681613
邮编：230001

① 党组书记，总经理张道德。
② 中国移动通信集团公司筹备组组长苏金生同志（右二）来皖考察工作
③ 省人大吴昌期（左一）副主任，省政协王鹤龄（右一）副主席为公司成立揭牌
④ 省政府黄岳忠副省长出席公司GSM五期工程签字仪式

沟通从心开始

弄潮敢向涛头立

——安徽国信寻呼有限责任公司

安徽国信寻呼有限责任公司是按照现代企业制度要求，经过专业化、股份制改造组建的有限责任公司，是中国联通公司控股的国信通信集团公司所属子公司，公司于1998年10月注册成立，总资产3.3亿元，注册资本2.63亿元，下辖16个地市分公司，目前拥有本地网（127/126）、省网（129/128）、国网（199/198）三种寻呼网络，总容量达400万户，用户183.6万户，市场占有率达80%以上，是安徽省规模最大、技术层次最高、网络覆盖范围最广、服务内容最多的一家专业性无线寻呼企业。公司除经营电话寻呼外，积极推进向信息化、智能化和服务化方向发展，目前已推出网上寻呼、电子邮件到达呼、货运配载呼等新业务，并开播了天气预报、股市行情、电视节目预告、新华社快讯等，部分地区开通了农村综合信息网和股票点播信息等业务，成为广大用户最便捷、最经济的通信工具。

1999年，公司新增寻呼用户达51.3万户，实现业务收入2.8亿元，利润8200万元，综合经济效益跃居全国同行前列。在努力加快业务发展的同时，公司十分注重提高服务质量，不断加大服务的软、硬件建设的力度，实现了经济效益和社会效益的协调发展。

① 安徽国信寻呼有限责任公司 董事长 沈润生
② 安徽国信寻呼有限责任公司 总经理 魏国
③ 合肥国信寻呼人工台
④ 办公大楼

安徽省盐务管理局
安徽省盐业总公司

安徽省盐务管理局、安徽省盐业总公司为一套机构、两块牌子。省盐务局是省政府盐业行政主管部门，负责全省盐政管理、计划管理和加碘盐工作，对全省17家市地级盐业机构、65家县级盐业机构进行行业管理和行业指导；盐业总公司负责组织全省约40万吨民食工需用盐的计划运销。

为促进安徽省盐业经济健康发展，确保食盐计划完成率、碘盐覆盖率、合格碘盐食用率等盐业指标达到国家规定的要求，管理局、总公司在全省建立了碘盐质量监测网络，实现碘盐质量动态监督管理。不断加大依法治盐力度，从严惩处‘制假’、‘贩假’的盐业违法活动，严禁非碘盐、劣质盐及工业用盐流入食盐市场。全省投入改造资金数千万元，改善食用碘盐的仓储和包装条件。省盐业总公司直属企业有盐业营销公司、工贸公司及皖盐包装厂、皖味香商店、质检站等实体。

① 局领导班子
② 99年省政府副秘书长王坦亲临现场指导工作

合肥市财政局

合肥市财政局以建立社会主义市场经济条件下的公共财政为目标，认真落实积极的财政政策，深化财政体制改革，实施“乡镇财政解困工程”，推行“收支两条线”管理，加快财政支出管理改革，支持技术创新与经济结构调整，加强财源建设，服务再就业工程。1999年完成财政收入39.07亿元，比上年增长11.62%，财政收入总量位居全省第一，确保了改革、发展、稳定，有力支持了全市各项经济社会事业的发展，推动了合肥现代化大城市建设。

① 财政部副部长金立群（左一）在省政府副秘书长陈兰志（右二）、省财政厅副厅长余焰炉（右一）的陪同下来我局看望机关干部
② 合肥市产权交易中心隆重揭牌，省市领导张平（左五）、马元飞（左六）等出席了揭牌仪式
③ 市财政局年终表彰大会

在改革中奋进的安徽省新华书店

安徽省新华书店是全省最大的国有图书发行企业，全系统包括省新华书店及直属图书音像发行有限公司和下辖的16个地市新华书店、63个县级新华书店，全省新华书店在各地拥有500多个销售网点。

该店充分发挥图书发行主渠道、主阵地的作用，呈现出持续、健康发展的良好态势。连续两年入选"中国最大服务业企业"，销售、利润、固定资产合计等主要经济指标逐年增长，连续多年位居全国同行业前10名。1999年全省新华书店销售28.22亿元，实现利润8874万元，再创历史最好水平。

为适应市场经济发展需要，省新华书店转换经营机制，深化体制改革，优化生产要素组合，合理配置资源，对省店图书批销中心、音像发行所和商贸公司实行业务重组，组建了安徽省新华书店图书音像发行有限公司，建立期货、现货并举，进销存、批发配送零售一体化的业务结构。

展望未来，安徽省新华书店全体员工决心进一步解放思想，深化改革，抢抓机遇，知难而进，凝心聚力求发展，为全省"两个文明"建设做出新的贡献！

① 省新华书店领导班子全体成员
② 公司批发配送中心汇集精品图书几万种
③ 该店重点加强了县城以上中心门市的重建、扩建和改造。图为省新华书店投资筹建的安徽图书城，高26层，被省委、省政府列为精神文明建设重点工程

合肥市电信局

改革开放以来，合肥电信发生了翻天覆地的变化，通信能力迅速提高，企业规模不断扩大，网络的技术含量、技术水平大幅度提高，企业管理、通信质量和服务水平明显改善。固定电话交换机总容量由原来的4500门，发展到目前的81万门；长途交换设备也由85年以前的300门、700条（包括人工、半自动在内）出省线路，增加到现在的6万路端；固定电话用户发展到55万户。全区电话普及率达到14%，合肥市区固定电话普及率已超过了30%，基本实现了户均一部电话；合肥地区的"三县一郊"实现了村村通电话；数据通信随着国民经济信息化进程的加快，分组交换网、数字数据网、CHINANET、金融骨干网、帧中继宽带骨干网、传真存储转发网、多媒体信息网已崭露头角，并在气象预报、抗灾减灾、证券交易、银行结算、远程医疗、对外贸易和技术合作中发挥越来越重要的作用，为21世纪合肥市的经济发展提供了信息高速公路。

合肥电信局连续8次获得安徽省"最佳优质服务单位"，先后3次被授予"安徽省百万职工跨世纪赶超工程功勋集体"；并荣获全国第三届企业管理现代创新成果二等奖，省级文明单位，合肥市行风评议第一名，安徽省"计算机应用及辅助管理示范企业"等多项荣誉。

① 党委书记，局长 何俊秀
② 副局长方文胜与合肥工业大学签定共建合同
③ 省邮电管理局和合肥市政府领导为第50万个用户颁发证书和奖品
④ 合肥市电信局网管中心，大屏幕摄影系统
⑤ 职工业务技术比赛，理论考试

合肥蜀山经济开发区

合肥蜀山经济开发区1992年经合肥市人民政府批准设立，1993年7月经安徽省人民政府批准为省级开发区。

合肥蜀山经济开发区作为合肥高新技术产业开发区的配套区、支撑区，同等享受高新区以及省级开发区和蜀山镇的优惠政策，在区域整体规划中，依托城市、接受高新技术产业开发区的统一规划，区内有：工业区、商贸区、科教区、别墅住宅区、文化娱乐等五个功能区。该区引进中国三联集团、荣事达集团、润安公学、合肥丰乐、种业集团等项目单位近百家。

为促进民营企业发展，合肥蜀山经济开发区作为首批获农业部批准的全国乡镇企业科技园区之一，新设立了"民营企业创业中心"，明确凡进驻该创业中心的民营企业可同等享受高新区以及省级开发区和蜀山镇的优惠政策，为民营企业的长足发展营造一个良好外围环境。

合肥蜀山经济开发区环境优美，设施完善，政策优惠，服务配套，竭诚欢迎境内外客商前来观光、考察、洽谈投资。

地址：合肥市长江西路848号联发大厦
电话：0551-5313622

① 合肥蜀山经济开发区管委会主任：仇恒德
② 民营企业创业中心
③ 开发区一角
④ 合肥蜀山经济开发区管委会办公大楼（联发大厦）

BUICK®
来自上海通用汽车

安徽惠风汽车销售有限公司

——上海通用汽车授权销售服务中心

安徽惠风汽车销售有限公司是按现代企业制度建立的国内合资企业，成为上海通用汽车有限公司在安徽设立唯一授权销售服务中心。

公司投资逾1000万元，建成与世界水平接轨的现代化汽车展厅和现代化的办公场所。公司贯彻单层次、订单制和全国统一售价的销售原则，坚持"以顾客为中心"的销售理念，提供规范化、标准化优质服务，使客户真正领略到"世界级的品牌、世界级的体验"。

公司的销售理念与模式与国际市场接轨。硬件建设、软件构筑，在中国市场是前瞻性的。

地址：安徽省合肥市凤阳路88号
电话：(0551) 4226488/7488/8488/9488
传真：(0551) 4221919
电子信箱：huifeng@mail.hf.ah.cn
网址：www.eei.edu.cn/huifeng

别克，当代精神当代车

① 法人代表、董事长：唐永宁
② 公司办公大楼
③ 法人代表、董事长唐永宁和总经理吴志宏
④ 现代化的汽车展厅

合肥汽车客运总公司

合肥汽车客运总公司是一个以公路客、货运输为主业的中型国有企业。总公司拥有各类大中小型、高中低档营运客车583台，普通货车及特种车辆150余台，桑塔纳、夏利出租轿车524台，中、长、短途营运线路233条，日运行班次1887个，营运覆盖面遍及全国16个省、市100多个大中城市和经济开发区，成为连接华东地区和沿海开放城市的重要客、货运输枢纽。辖属合肥汽车站是安徽第一大站，曾5次祥联交通部优质运输先进集体，2次获部优文明车站称号。合肥锦湖运输有限公司是合肥汽车客运总公司与韩国锦湖集团共同投资组建，从事以豪华型凯斯鲍尔、韩国大宇等高档车为主的特快直达高速公路旅客运输，有空调豪华客车24台。

目前，"合客"公司形成以旅客运输、大件集装箱运输、零担储运为主业，集汽车保养修理、房地产开发、汽车检测、驾驶员培训学校、劳动服务公司及医疗、旅游、餐馆服务业于一体的、规模较大、设施完备和管理规范的现代化企业。

① 总经理 尹如平

② 省委书记王太华（中）、省交通厅厅长王兴尧（右）、合肥汽车客运总公司党委书记、尹如平（左）到基层考察

③ 合肥汽车站正面外景

④ 团结、战斗的总公司领导班子

蚌埠卷烟厂

CABY
蚌埠卷烟厂

①

③

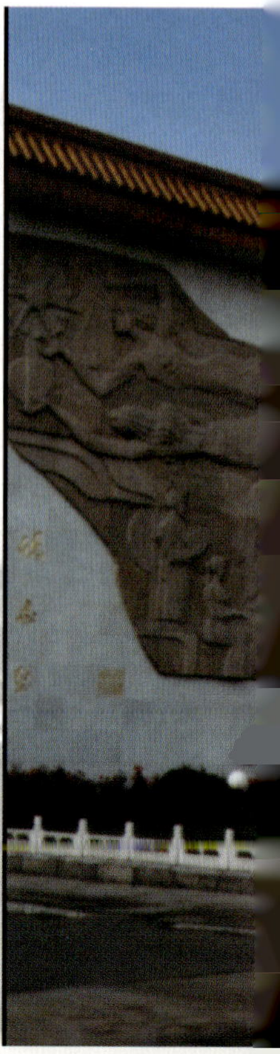

蚌埠卷烟厂原名东海烟厂，始于1942年，现有职工3000余人，固定资产13亿元的国有大型骨干企业，1995年到1999年连续五年创全省利税总额第一，是"中国明星企业"。

为实施名牌战略，相继研制出"黄山"、"丹健"、"龙人黑烟"等系列名牌卷烟，产品涵盖了高、中、低档各个层次，为广大消费者提供了更多的选择。

1998年12月获得由美、英等17个国家质量组织互认的上海质量审核中心颁发的ISO9002质量管理体系认证证书，初步实现了质量管理工作与国际接轨。1999年10月启动和实施企业形象战略，塑造了现代企业文化体系，进一步理顺和规范企业管理行为，使蚌埠卷烟厂更具竞争力。

21世纪蚌埠卷烟厂将继续以"开拓创新，艰苦奋斗，廉洁奉公，同心同德"的企业精神，以"优化自我、天天向上"的新企业形象展示在公众面前。

中国明星企业

②

④

⑤

① 国务院总理朱镕基与朱建华厂长亲切交谈
② 厂长：朱建华
③ 引进意大利先进 GDX-2 包装机组生产线
④⑤ 厂区一瞥
⑥ 厂区大型浮雕《石历志壁》

⑥

合肥卷烟厂

①

②

狠抓基础 大树形象 质量兴厂

以章管企 名牌带动 加快发展

③

④

⑤

① 厂长党委书记 王汉文
② 热心公益事业，关心下岗职工
③ 合肥卷烟厂厂貌
④ 国家烟草专卖局局长倪益瑾亲切会见王汉文同志
⑤ 具有国际领先水平的卷烟设备
⑥ 厂区一瞥

1999年，合烟企业坚持"狠抓基础，大树形象，质量兴厂，以章管企，名牌带动，加快发展"的基本思路。企业产销、收入、税费都比上年增长，实现了关键性的转折。生产卷烟200298箱，实现工业总产值4.18亿元，销售收入5.8亿元，实现了三个"突破"、六个"率先"。三个"突破"即：一是营销观念的突破，确立了市场指导下的"销售是第一车间"的全新营销理念。二是品牌意识的突破，确立了以名牌拓市场，以服务护名牌的品牌战略。三是突破合烟史上没有国内名烟的纪录。"皖烟"荣获安徽名牌产品和安徽省著名商标称号。六个"率先"即：一是率先推行企院联姻，走科技兴厂之路，国家烟草专卖局确定该厂为中国烟草科研教学实验基地；二是率先冲出国门，将要入主西非，实行跨国经营；三是率先公布销售监督电话，监督营销人员的行为规范；四是率先推行访销员制度，树立合烟新形象；五是率先面向社会公开招聘社会评吸员；六是率先进行"四个整顿、一个大讨论"的企业整风活动。

2000年，合烟坚持"一要规范、二要改革、三要创新"的工作重点，强化管理，狠抓落实，努力实现由小变到大变的目标。面对激烈的改革浪潮，扬起风帆，乘胜前进。

⑥

南方证券合肥营业部

中国南方证券有限公司合肥证券交易营业部位于合肥市美菱大道448号银河大厦北楼二～六层。营业面积3000平方米，内有自动电梯、中央空调。二楼为营业大厅，电子大屏同时显示192只沪深股票，44台划卡机既可下单又可翻阅个股走势图，使散户享受大户待遇。三楼、四楼、五楼大户室，人手一机，专业解盘、专家咨询。六楼为活动室，提供台球、乒乓球、棋牌等服务。

南方证券合肥营业部，采用了目前全国最先进的千兆网络设备系统，四台惠普和康柏服务器，618个全交换式站点，全新名牌电脑，每台工作站以100M全双工速度运行，80KV+20KV UPS不间断电源为交易行情提供了有力保障。

南方证券合肥营业部坚持"安全性、创造性、效益性"的经营方针，倡导"竭诚服务、客户至上、团结友爱、开拓进取"的企业精神。

委托电话：2888288

联系电话：2888666

① 中户室
② 电子大屏同时显示沪深股票行情
③ 营业部大楼

合肥市烟草专卖局

合肥市烟草专卖局、分公司4月中旬组建工作基本完成。新的合肥市烟草专卖局（分公司）为安徽省烟草公司的直属机构，非独立法人。市局（分公司）下辖肥东、肥西、长丰三县烟草专卖局（公司），本级下设综合、销售、专卖、财务、监审五个部门及十四个卷烟批发部（管理所）。

针对合肥市场实际情况制定了明确的阶段性工作目标，该局在具体工作中实现四个转变，即实现工作重心的转变，把工作重心转向广大卷烟零售户，实现管理理念由打击型向服务型的转变；实现管理手段由粗放型向精细型的转变；实现管理方法由以路查为主向以市场检查和路查相结合的转变。目前，合肥市局（分公司）运转流畅，决心大力弘扬"团结造氛围、吃苦求效益、务实得真谛、发展是永恒"的企业精神，同心协力，为推动烟草事业持续、稳定、健康地发展作出贡献。

地址：合肥市金寨路338号

电话：0551－2646546

① 局长、经理项建安
② 名烟专卖店

合肥奥马眼镜总店

合肥奥马眼镜总店是集工贸一体的眼镜行业龙头企业。"奥马"商标已在国家工商总局正式注册。

总店在省内率先引进全套日本佳能电脑验光机、法国百利奥全自动磨边机等先进设备。从硬件上确保验光，配镜质量。并聘请专家，技术人员对从业人员进行岗位技能培训，一线人员全部持证上岗。在经营中，总店注重实施"奥马"战略，在品牌上下功夫。

奥马总店在眼镜行业率先推出微机管理系统，为顾客免费建立视力档案，进行跟踪服务。对所售商品实行三包，严把质量关。并在各分店进行连锁服务，做到一店配镜、多店服务，优良的设备，优质的产品和服务使奥马取得良好经济效益的同时，也取得了很好的社会效益。为"97、98眼睛质量整顿合格单位"。

① 总经理张三胜在三孝口店开业仪式上祝辞
② 合肥市委副书记李培垣同志为《合肥眼镜老字号》揭牌
③ 总店三孝口店内景
④ 奥马眼镜博得外国朋友的称赞
⑤ 高级验光师李群在为顾客服务

安徽省金满楼饮食连锁有限公司

①

②

该公司，创建于1993年，现有职工1118人，拥有金满楼总店、金满楼喜门海鲜酒楼、金满楼金色年华海鲜鱼翅酒家、深圳金满楼、新世纪BNANA俱乐部、金满楼嘉年华酒楼等八个连锁企业，总资产达到1519万元。企业发展坚持走外延与内涵相结合的稳步前进之路，根据市场需求，采用新建、购并、借船下海等方式实现品牌的拓展和企业的扩张 同时重视完善内部管理体系，建立人才梯队，构建企业文化，提高企业生命张力，是公司走向多元化发展的基础。金满楼的成功还在于超前的餐饮经营观念，舒适的环境，浓郁的文化氛围，可口菜肴，真诚的服务。该公司为安徽省餐饮业著名企业，合肥市利税大户，连续五年被市政府授予“有突出贡献私营企业”。

舒适的环境 浓郁的文化氛围
可口的菜肴 真诚的优质服务

③

① 董事长张青华
② 总经理张燕华
③ 餐厅

肥西县化肥厂

①

肥西化肥厂始建于1959年，系国有中型一档企业，拥有固定资产5063万元，合成氨设计能力6万吨，厂区占地面积11 .55万平方米。我厂主要产品有："万龙牌"碳酸氢铵、"万龙牌"高效稀土复合肥、甲醇、商品液氨、塑料编织袋。

该厂为"合肥市目标责任成本管理示范企业"、"合肥市化工明星企业"、"合肥环保先进单位"、化工部"全国化肥生产先进企业"等。

肥西化肥厂全体员工将在厂长刘放垠、党委书记俞兴林同志的带领下，锐意进取，奋力拼搏，积极迎接市场的挑战，以崭新的姿态迈向二十一世纪。

奖状

安徽肥西县化肥厂：

农用碳酸氢铵 经化学工业部

优质产品审定委员会批准为一九九一年

化学工业部优质产品特发此证书

化学工业部

②

④

⑤

安徽万友汉堡包有限公司

安徽万友汉堡包有限公司创建于1992年7月，公司现辖万友食品厂、万友美食城和万友大酒店三个部门。1999年实现销售额540万元、利税45万元。万友食品厂主要生产面包、西点、裱花蛋糕和中式糕点（月饼、云片糕、四大名点），万友月饼荣获第五届中国月饼节"质量信誉产品"光荣称号。万友美食城的营业面积400平方米，主要产品有：万友小笼包、牛肉拉面、花色饮料、福建名小吃、中式快餐等。万友大酒店位于合肥市庐江路1号，有包厢八个，大厅台座十个，以粤菜和徽菜为主。

公司地址：安徽省合肥市红星路29号华商公寓
电话：0551-2675272
网址：www.ahwy.com.cn
E-mail：ahhfwy@mail.hf.ah.cn

① 万友大酒店
② 精心裱花蛋糕
③ 食品厂车间

滁州宇达物业开发有限公司

宇达物业系达辉集团（香港）控股子公司，自1997年进入滁城以来，总投资近亿元人民币，进行了大规模的旧城改造工作，围绕南湖畔近10万平方米整体开发的宇达大厦、南湖花园已掀开迷人的面纱，壮观地矗立在滁人面前。欧陆古典风格，徽派建筑神韵的南湖山庄工地一片繁忙，现已初显轮廓。更宏大的南湖广场（B16地块）展开在即，该地块位于第三中学、食品厂以南，东临市委大院，与南湖相伴，西临南谯北路，规划建筑面积近2万平方米。

新世纪之交，公司决心在市委、市政府的大力支持下，让南湖畔一改旧容，焕然一新迎接新世纪的到来。

① 滁州市何常勇副市长和宇达物业总裁周旭洲签署开发改造B16地块合同。
② 滁州宇达物业开发改造南湖花园实景。

创造跨世纪的荣华
拥抱新的时代

马鞍山三维建材集团

马鞍山三维建材集团下辖星马汽车股份有限公司、中纬复合材料有限责任公司、永立水泥制品有限责任公司等12家企业。其中星马公司通过了ISO9001质量体系论证，是省高科技企业，散装水泥车和混凝土搅拌车为省高科技名牌产品，集团主要生产、销售系列散装水泥车、混凝土搅拌车和混凝土泵车、尼龙管道、玻纤无捻粗纱、玻璃钢制品、水泥石棉瓦、预应力系列水泥电杆、系列水泥排水管、空心楼板、大型屋面板、彩色水泥瓦和新型墙体材料。1999年集团完成工业总产值17828万元，实现销售收入16133万元。

集团党委书记、董事长倪益胜和总经理刘汉如感谢各级政府及社会各界的大力支持，

①② 安徽星马汽车股份有限公司生产的5-60吨系列散装水泥车

③马鞍山长江石棉瓦公司生产的中、小波石棉瓦和中波加筋石棉瓦

④ 马鞍山市中纬复合材料公司生产的改性MC尼龙管道

⑤ 水泥电杆和石棉瓦是省优产品

马鞍山市石油分公司

马鞍山石油分公司是国有大中型石油产品销售企业，固定资产4000余万元，拥有江边石油接卸码头一座，3000吨位级趸船一艘，18000m3储油库两座，加油站十座。下设轻油公司、润滑油公司、零售公司和车队，主营汽油、柴油、煤油、润滑油百余个品种，年创利税736万元。为市最佳经济效益单位，省物价计量信得过单位，市级文明单位。

① 检验油品质量

② 马鞍山石油总公司外景

③ 慈湖石油库

④ 慈湖石油库润滑油罐区

安庆市玻璃

公司董事长、总经理 昂朝荣

安庆市玻璃有限责任公司座落于扬子江北岸、黄梅戏之乡安庆市内，创建于1956年。1997年由国有企业改制为股份合作制企业。现有总资产1.5亿元，年生产日用玻璃10万吨，民用灯泡1000万只，老厂区占地6.4万m2，新厂区占地25万m2。共辖有7个主要生产车间、二个分厂、一座容量为8000吨的燃油储运站。近几年来，企业通过技术改造，强化管理，狠抓质量，努力开拓市场，经济效益和社会效益逐年提高，使"老企业"焕发出新的青春。公司现为国家大型二档企业，安徽省技术中心企业，安徽省高新技术企业，安徽省名牌产品企业，有权自营进出口企业，ISO9001质量体系国际认证企业。公司产品主要有玻璃瓶罐包装、日用器皿、电光源三大系列，销往全国十四个省、市，部分产品打入国际市场。1999年实现销售收入10086万元，实现利锐1012万元，连续三年荣获"安徽省百家最佳经济效益企业"称号，为安徽省硅酸盐工业骨干企业之一，是全省同行业排头兵，处全国同行业先进水平。

"十五"期间，公司将加快建立现代企业制度，坚持多品种、高档次、集团化发展方向，继续提高技术创新能力，加快技术改造步伐，力争实现年生产日用玻璃20万吨，销售收入3亿元。

地　　址：安徽省安庆市华中西路334号
邮　　编：246003
电　　话：0556-5515100
传　　真：0556-5514401

有限责任公司

百 家
最佳经济效益企业
安徽省劳动竞赛委员会
一九九九年四月

CHINA
国际认可论坛
多边承认协议
(IAF/MLA)
集团承认
安庆市玻璃有限责任公司
通过质量体系认证
(GB/T19001:94-ISO9001:94) 证书注册号:1999A0789
中国方圆标志认证委员会国家认可注册号:SC19

安徽省认定
企业技术中心
安徽省经济贸易委员会 安徽省国家税务局
安徽省地方税务局 合 肥 海 关

高新技术企业认定证书
企业名称:安庆市玻璃有限责任公司
统一编号:15-11437
安徽省科学技术委员会
1999年12月20日

安徽名牌产品证书
安庆市玻璃有限责任公司:
你单位生产的 AQ牌玻璃输液瓶
被推荐为一九九八年度安徽名牌产品。
安徽省人民政府

安徽省阜阳制药厂

安徽省阜康集团阜阳制药厂是一个有三十年生产历史的大型医药化工企业，中国100家最大医药工业企业，享有自营进出口权。

该厂主要产品柠檬酸年生产能力3万吨，输液产品年产5000万瓶，片剂、胶囊年产12亿片（粒）、一搽灵脚气水年产1000万支。

1996年以来，阜阳制药厂连续三年经济效益位居全省同行业第一位，输液年产量位居全省同行业第一位，柠檬酸总产量位居亚洲第二位，主要经济技术指标多年来始终居全国内同行业领先水平。

1996年获得ISO9002国际质量体系认证。1997年评为全国医药系统先进单位、1999年6月新输液车间在全省首家通过国家GMP认证。

阜阳制药厂正致力于深化企业改革，调整产品结构，实施资产重组，提高经济运行质量和效益，推进企业发展，开创更加美好的未来。

① 党委书记、厂长　王显义
② 厂长王显义与常务副厂长吴亚辉
③ 现代化质量监测设备

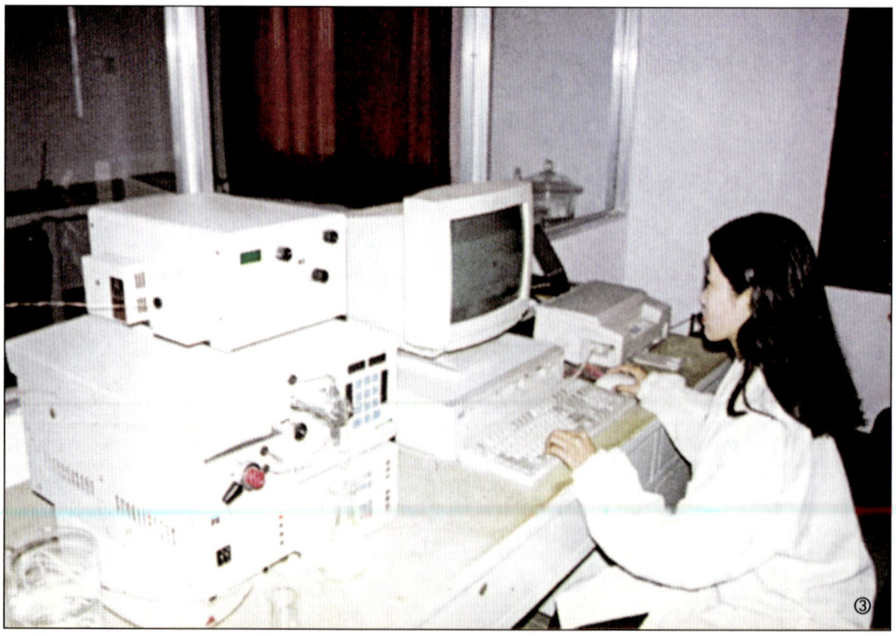

安徽双阳集团

安徽双阳集团为“安徽省文明乡镇企业”、安徽省“五十强企业”，连续七年被金融部门评为AA级信用企业。

双阳集团隶属太和县乡镇企业委员会的私营乡镇企业，属轻工行业，主要经营范围有塑料绳、塑料网、塑料捆扎绳、塑料彩条布等。公司拥有固定资产6100万元，流动资金800万元，形成以聚丙烯、聚乙烯原料到各种绳网产品的一条龙生产规模，年产各种绳网产品1.4万吨，1999年完成产值1.2亿元，利锐970万元。董事长李文斌被授予安徽省优秀共产党员、安徽省劳动模范。

电话：0558-8203017
传真：0558-8203114

① 车间一角
② 安徽双阳集团塑化股份有限公司总经理 李平
③ 省领导来该厂亲临指导

①

②

③

亳州市自来水公司

①

亳州市自来水公司在谢毅经理的率领下，内抓管理、勇于开拓、走出了一条自我发展的健康道路。1999年获全省建设系统文明单位；2000年获全市创建文明行业活动“达标单位”；全省建设系统“创最佳优质服务单位”。

谢毅同志出任公司经理以来，充分发扬民主，深入调查研究，集思广益，提出了发展公司的新战略，在新战略中，开辟新的水源地，扩大管网建设，跟上城市快节奏发展步伐，成为各项工作的重中之重。主管网建设由原来不足10公里发展到现在的60公里，日供水能力由原来不足8000立方米，发展到现在的40000立方米，

目前，公司正着手筹建第三水厂，可以坚信，在不远的将来，亳州市自来水公司将会更加富有朝气与活力。

① 公司总经理　谢毅
② 公司一瞥

②

为有源头活水来

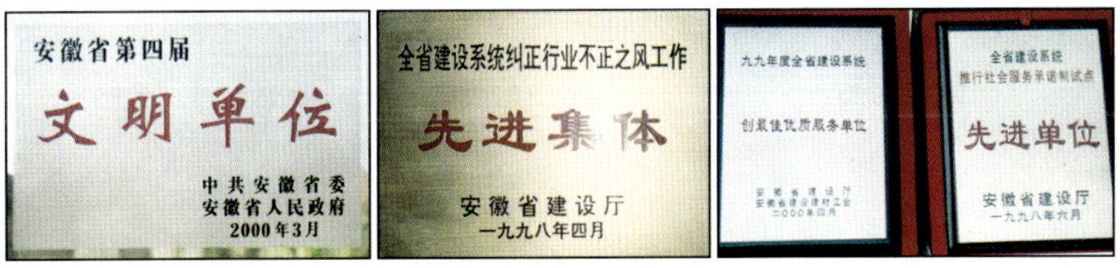

安徽省阜阳电业局

阜阳电业局大型（二档）供电企业，拥有35千伏及以上变电所34座，主变59台，总容量180.49万千伏安，配变容量6.22万千伏安，电容器18.2万千瓦，35千伏及以上开关324台，10千伏开关柜314台；35千伏安及以上高压送电线路43条，总长1272千米，配电线路6657千米。1999年度供电量25亿千瓦时，售电量24万千瓦时，销售收入6.7亿元。

该局为国家二级企业；1991年荣获全国"五一"劳动奖状，被授予"全国先进集体"称号；全国职业道德"十佳"单位；1998年被省人民政府授予依法纳税先进单位和国家技术监督局授予国家计量先进单位。

安徽省阜阳农业学校

安徽省阜阳农业学校创建于1951年，建校以来，为国家培养了各级各类农业技术人才一万余人。校园占地178亩，建筑面积3.3万平方米。拥有教学楼、实验楼、培训楼、图书办公楼、宿舍楼、餐厅、电教室、微机室等功能齐全的现代化教学生活设施。开设有农作物、畜牧兽医、农业经济管理、淡水养殖、多种经营、园艺、财务会计、市场营销、蚕桑、土地管理、乡企管理、农田水利工程、农副产品加工等13个专业，在校学生1800余人。另外，与安徽农业大学、安徽农业技术师范学院等高校联合办学，大专层次学员300余人。

该校有物理、化学、农作物、畜牧兽医、财务会计、微机等12个实验室，还有实习农场、畜牧场、兽医院、食用菌场、科技服务公司各一所。为学生专业实验实习提供了良好的条件。

书记：程东阳
校长：冯德贵
地址：阜阳市北二环路北500米
电话：0558-2622184 2622164

① 学生正在进行微机操作练习
② 阜阳农业学校校貌

亳州市土地管理局

2000年，亳州市土地管理局土地管理工作以新《土地管理法》为准绳，认真学习，积极宣传，坚决贯彻执行新《土地管理法》。重点抓好以下工作:

(一) 加强建设用地审批管理，按照要求，管好地、用好地。

(二) 当好市委、市政府的参谋，积极参与建设项目可行性研究，合理控制用地规划，节约使用耕地。

(三) 对征而未用或乡镇企业倒闭造成土地闲置荒芜的，在2000年进行一次全面治理，并与有关部门配合，依法处理。

(四) 强化土地监察，全面、主动、经常地开展土地巡回监察，坚决查处各类违法用地行为。

(五) 积极开展土地整理工作。在有条件的地方积极推进把零散居民向中心村、小集镇集中，加快高标准农田建设，积极做好废弃地、闲置地、空心村、低产农田的复垦工作，力争达到2000年内复垦土地200公顷的目标。

(六) 积极开展土地利用现状变更调查和土地利用动态监测，监督规划的实施和土地用途管制的执行情况，做好土地使用证年检工作，全面完成三证的发放。

(七) 积极推进国有土地年租制。

(八) 加强企业改制中的土地资产管理。

(九) 依法处理地籍调查中查出的无证户、非法转让户。

(十) 做好“三荒”“四边”开发整理和拍卖工作。

① 亳州市土地管理局局长 刘青山
② 执法队伍
③ 基层土地管理所
④ 土地测量
⑤ 局办公大楼

亳州市房地产交易中心

亳州市房地产交易中心是集房地产产权产籍管理，房地产交易管理，房地产抵押，房地产政策、信息咨询，经纪代理等综合服务为一体的现代化管理中心。

亳州市房地产交易中心是全省一流的房地产交易中心，配备有一台7.5平方米的彩色大屏幕，二台信息丰富的触摸屏和12台微机，2台打印机，1台NT服务器。内部已联成一个现代化的办公网络。

1995年－1997年，连续三年获"房地产产权产籍、市场管理达国家标准"荣誉称号。1999年办理房地产登记发证2000件，面积30万平方米，办理房地产转让1200起，面积15万平方米，成交额1亿元，办理房地产抵押登记1000起，面积18万平方米，收取管理费230万元。本着"强化产权产籍管理、规范市场行为，促进行业发展，服务社会各界"的宗旨，中心全体职工决心为全市的房地产产权产籍、市场管理再作新贡献。

① 中心主任：孙援利
② 改造后的新华路商业街
③ 交易中心办公楼

《安徽统计年鉴—2000》编辑委员会

《安徽统计年鉴—2000》编辑部

《安徽统计年鉴—2000》编辑部

许其善	中信实业银行合肥支行行长
李永英	省供销社副主任
王传寿	省社科院副院长
陈文浩	省乡镇企业管理局局长
高前清	省总工会主席
魏　国	省国信寻呼有限公司总经理
严洪华	省科技厅厅长
李中庸	铁道部第四工程局局长
张育瑄	安徽日报社总编
陈明新	省地税局副局长
高福明	省妇联主任
强恒妙	省医药公司总经理
沈勇铮	省航运管理局局长
陈立民	省水利水电基本建设管理局局长
项建安	省烟草公司合肥分公司总经理
张　骥	中国农业银行安徽省分行营业部主任
童怀伟	省环境保护局局长
何俊秀	合肥市电信局局长
仇恒德	合肥蜀山经济开发区管委会主任
虞善生	太平洋保险公司合肥分公司总经理
张三胜	合肥市奥马实业公司总经理
王汉文	合肥卷烟厂厂长
喻道成	安庆石油化工总厂厂长
朱建华	蚌埠卷烟厂厂长
李子鹏	阜阳市统计局局长
笪久胜	巢湖市统计局局长
胡华余	宣城行署统计局局长
孙有贵	马鞍山市统计局局长
檀宜宏	安庆市统计局局长

编 辑 说 明

一、《安徽统计年鉴—2000》是一部反映安徽省国民经济和社会发展情况的资料性年刊。本书收录了全省各市、地、县1999年经济和社会各方面大量的统计数据，以及改革开放以来主要年份和建国50年来部分主要经济指标。具有权威性、科学性、全面性、实用性的特点。

二、《安徽统计年鉴—2000》为适应改革开放和市场经济发展的需要，在保持以往可比性和实用性的基础上，新增了水资源总量、降水量、专业技术人员、国有独立科研机构概况、上市公司情况、亿元商品交易市场、旅游调查和国家级经济开发区、社会福利救济情况等内容，还设置了简明、直观的统计图，以及展示安徽各部门、企业千禧年的新风采和新形象的彩色图片。

三、全书内容共分21个篇章及附录部分，即：行政区划和自然资源；综合；国民经济核算；人口；从业人员和职工工资；固定资产投资；能源生产和消费；财政金融；物价指数；城乡人民生活；城市概况；农业；工业；建筑业；交通运输、邮电通信业；批发零售贸易和餐饮业；对外经济贸易和旅游业；教育、科学技术和文化；体育、卫生、社会福利和其他；现代企业制度、集团、企业景气调查；省级和县级主要经济指标及位次。附录部分有：安徽农村小康评价；贫困县监测情况；企事业简介。为了进一步帮助读者理解和使用有关数据，各篇章附有简要说明和主要指标解释，介绍了统计范围和统计方法。

四、本年鉴资料主要来自全省国民经济统计报表和部分抽样调查资料。

五、本年鉴中使用的度量衡单位均采用国际统一标准计量单位。

六、本年鉴中部分合计数或相对数的单位因取舍不同产生计算误差未作机械调整。

七、本年鉴符号使用说明：“…”表示该数据不足本表最小计量单位数；“空格”表示该项无统计数据；“#”表示其中的主要项。

八、本年鉴的编辑出版得到有关方面的大力支持和帮助，在此谨致谢意！

目　　录
CONTENTS

一、行政区划和自然资源
Chapter 1 Administrative and divisions and natural resources

二、综　合
Chapter 2 General survey

三、国民经济核算

Chapter 3 National accounts

四、人　口
Chapter 4 Population

五、从业人员和职工工资
Chapter 5 Employment and wages

六、固定资产投资
Chapter 6 Investment in fixed assets

七、能源生产和消费

Chapter 7 Production and consumption of energy

八、财政、金融、保险

Chapter 8 Finance, banking and insurance

九、物价指数

Chapter 9 Indices of price

十、城乡人民生活

Chapter 10 Livelihood of urban and rural people

十一、城市概况
Chapter 11 General survey of cities

十二、农　业
Chapter 12 Agriculture

十三、工　业
Chapter 13 Industry

十四、建筑业

Chapter 14 Construction

十五、交通运输、邮电通信业
Chapter 15 Transportation, post and telecommunication services

十六、批发、零售贸易和餐饮业
Chapter 16 Wholesale, retail trade and catering

十七、对外经济贸易和旅游业
Chapter 17 Foreign trade and tourism

十八、教育、科技、文化

Chapter 18 Education, Science and culture

十九、体育、卫生、社会福利和其他
Chapter 19 Sports, public health, social welfare and other

二十、现代企业制度、集团、企业景气调查
Chapter 20 Modern enterprise system, enterprise group and business survey of enterprises

二十一、省级和县级主要经济指标及位次
Chapter 21 Main economic indicators and their ranks of province and county

附　录
Appendix

安徽省统计局关于1999年国民经济和社会发展情况的统计公报

1999年,全省人民在省委、省政府的正确领导下,认真贯彻落实党的十五大和十五届三中、四中全会精神,紧紧抓住国家进一步扩大内需、促进经济增长的机遇,努力克服通货紧缩加深、有效需求不足等不利因素影响,加大宏观调控力度,切实做好各项工作,保持了国民经济持续稳定发展的势头,结构调整取得积极进展,经济运行质量有所提高,改革开放继续向前推进,各项社会事业全面发展。

一、综　　合

国民经济总体运行平稳,质量有所提高。今年以来,面对复杂的国内外环境,全省继续实施以扩大内需为主的一系列政策措施,国民经济总体上保持了平稳的增长态势,结构调整出现积极变化。据初步统计,全年国内生产总值2910亿元,按可比价格计算,比上年增长8.4%,高于全国增幅1个多百分点。其中,第一产业增加值757亿元,增长8.5 %;第二产业增加值1275亿元,增长7.0%;第三产业增加值878亿元,增长10%。国内生产总值中三次产业结构由上年的26.4:44.7:28.9调整为26.0:43.8:30.2。全年全社会劳动生产率8557元,按可比价格计算,比上年提高6.3%。

各项改革力度明显加大。国有企业改革不断深化,全省又有48户国有大中型骨干企业实行公司制改革;社会保障和再就业工作力度继续加大,国有企业下岗职工基本生活保障得到落实;住房和城镇职工基本医疗保险制度取得一定进展;农村改革继续深化,粮食流通体制改革稳步推进。

国民经济和社会发展中存在的主要问题是:物价总水平持续下降,需求不足的矛盾仍较突出;部分国有企业经营仍比较困难,下岗职工基本生活保障和社会就业压力较大;农业增产不增收,农民收入增长缓慢等。

二、农　　业

农业生产保持稳定增长。粮油喜获丰收,全年粮食总产2771.2万吨,比上年增长7%,为历史上第2个高产年。油料总产268.1万吨,增长51.9%,为历史上最好水平。棉花产量24.1万吨,下降16.9%。林业生产建设稳步发展,当年全省造林面积7.7万公顷;幼林抚育实际面积33.3万公顷。畜牧水产业继续保持稳定增长,全年肉类总产量298.7万吨,增长3.7%,水产品产量153.9万吨,增长5.3%。主要产品产量如下:

	计量单位	1999年	比上年增减%
粮　食	万吨	2771.2	7.0
棉　花	万吨	24.1	−16.9
油　料	万吨	268.1	51.9
#油菜籽	万吨	152.3	84.8
花　生	万吨	102.6	24.7
黄红麻	万吨	2.9	−32.3
甘　蔗	万吨	29.3	34.0
烤　烟	万吨	5.2	12.0
蚕　茧	万吨	2.1	−16.9
茶　叶	万吨	4.9	−1.2
水　果	万吨	96.2	16.6
肉　类	万吨	298.7	3.7
牛　奶	万吨	3.6	17.1
禽　蛋	万吨	102.4	8.1
绵羊毛	吨	199.0	0.5
水产品	万吨	153.9	5.3

农业生产条件进一步改善，农田水利建设得到加强。1999年末，全省农业机械总动力2766.2万千瓦，比上年末增长8.6%；大中型拖拉机1.2万台，增长26%；农用载重汽车3.9万辆，增长3.7%；排灌动力机械108.6万台，增长7.4%。全年化肥施用量（折纯）255.7万吨，增长0.7%。全年农村用电量43.9亿千瓦小时，增长10.5%。全省有效灌溉面积达3147千公顷，新增47千公顷，新增节水灌溉面积45千公顷。

三、工业和建筑业

工业经济稳定增长。全年全部工业增加值1135亿元，比上年增长6.3%，占国内生产总值的39%。国有和年产品销售收入500万元及以上的非国有工业企业实现增加值454.6亿元，增长8.2%。其中国有及国有控股企业294.9亿元，增长5.5%；集体企业64.5亿元，增长3.5%；外商及港澳台投资企业43.9亿元，增长17.8%。

工业结构调整有一定进展。淘汰落后生产能力取得成效，全省纺织压锭11.39万锭，关闭煤矿小井300多处，冶金、小水泥等行业的生产能力也有一定幅度的压缩。技术含量高、附加值大的产品产量增长较快；钢、钢材、水泥等投资类产品稳定增长；市场供大于求的纺织类产品、部分耐用消费品和机电产品生产下降。全年新产品产值率为8.9%，比上年提高0.6个百分点。主要工业产品产量如下：

	计量单位	1999年	比上年增减%
纱	万吨	26.2	13.8
卷　烟	万箱	179.7	－5.0
白　酒	万吨	46.5	持平
啤　酒	万吨	127.0	6.8
化学纤维	万吨	9.3	10.6
家用洗衣机	万台	145.7	－31.3
家用电冰箱	万台	138.2	14.6
彩色电视机	万部	85.9	88.8
能源生产总量	万吨（标准煤）	3376.5	2.2
原　煤	万吨	4677.7	2.3
发电量	亿千瓦时	319.3	1.0
柴　油	万吨	129.9	12.4
生　铁	万吨	494.7	0.5
钢	万吨	424.3	4.6
成品钢材	万吨	388.8	19.6
#普通中型钢材	万吨	63.6	13.7
十种有色金属	万吨	24.4	6.4
水　泥	万吨	2133.4	1.6
化学农药	万吨	2.3	33.7
合成氨	万吨	186.5	4.7
浓硝酸	万吨	12.9	4.3
汽　车	万辆	9.1	28.7
轮胎外胎	万条	405.8	91.2

工业经济效益有所改善。全省国有和年产品销售收入500万元及以上的非国有工业企业经济效益综合指数81.1，比上年上升8.2个百分点；工业产销率为97.2%，比上年提高1.87个百分点；实现销售收入1400.5亿元，比上年增长5.5%；实现利润10.6亿元，上年净亏损7.07亿元；亏损企业亏损额34.5亿元，比上年减少25.3%。主要经济效益指标如下：

	计量单位	1999年	比上年增减%
工业产品销售率	%	97.19	1.87
资金利税率	%	5.70	0.31
成本费用利润率	%	0.78	1.05
流动资产周转次数	次	1.29	慢0.03次
全员劳动生产率（按增加值计算）	元/人	26536	增加2457元
总资产贡献率	%	7.16	0.1
资本保值率	%	104.51	0.37
资产负债率	%	63.02	－2.11

建筑业快速发展。1999年，全省建筑业企业完成增加值140.1亿元，比上年增长14.2%，占国内生产总值的4.8%。四级及以上建筑企业施工工程个数2.76万个，其中投标承包工程1.2万个；房屋建筑施工面积4132.9万平方米，比上年增加536.5万平方米，其中投标承包的房屋施工面积2112.9万平方米，增加598.2万平方米；房屋竣工面积2664.9万平方米，增加806.26万平方米。

地质勘查工作又有新成绩。1999年,地质矿产部门开展各类地质(科研)项目82项,完成机械岩芯钻探工作量1.3万米,完成1:5万区域地质调查754平方公里,新发现矿产地3处,有3个矿种新增探明储量。全年完成货币工作量4.5亿元。

四、固定资产投资

固定资产投资增长较快。1999年,全省积极落实国家扩大内需的各项政策,抓住发展机遇,加大基础设施投资力度。全年全社会固定资产投资完成800亿元,比上年增长9.7%。其中,国有经济单位投资497.1亿元,增长13.9%;城乡集体单位投资122.8亿元,下降2.7%;城乡居民个人投资179.7亿元,增长14.1%。全年房地产开发投资完成71.3亿元,增长23.4%。

投资结构得到改善。在国有单位投资中,基本建设投资276.9亿元,增长9.9%;更新改造投资125.6亿元,增长14.5%,更改增幅高于基建4.6个百分点,扭转了一直低速增长的局面。基础设施、基础产业投资增长较快,全年农林牧渔水利业投资23.98亿元,比上年增长33.5%;交通运输和邮电通讯业投资93.7亿元,增长10.6%。

重点项目建设得到加强。当年国家和省安排重点基本建设项目43个,完成投资114.76亿元,比上年增长42.2%。建成或基本建成的重点项目共有12个:铜陵电厂四期工程、响洪甸抽水蓄能电站、合六公路、南照集淮河大桥、蚌埠柠檬酸及盐类扩建、安庆石化腈纶扩建工程、合肥国风注塑中心、省广播电视传输网、中央直属粮库建设项目和江淮汽车厂、美菱大容量全无氟电冰箱、安徽开元集团技改工程。临淮岗洪水控制工程下引河已正式开工,港口湾水库提前一年实现截流,芜湖长江大桥转入桥面施工。

小城镇建设成效显著。到1999年底,全省小城镇数量3041个,其中建制镇893个,农村集镇2148个。当年全省小城镇建设总投入达79.1亿元,其中县城以下建制镇为46.7亿元,一般农村集镇为32.4亿元。全省小城镇规划编制调整完善比率为91.5%。省政府确定的100个试点镇继续保持强劲发展势头,各项指标均高于全省小城镇的平均水平。

五、交通和邮电

交通运输业基本平稳,邮电通信业发展步伐继续加快。全年运输邮电业实现增加值171亿元,比上年增长11%。全省交通客货运输周转量完成情况如下:

	计量单位	1999年	比上年增减%
货物周转量	亿吨公里	880.04	-1.5
铁　路	亿吨公里	499.50	-9.2
公　路	亿吨公里	223.00	4.1
水　运	亿吨公里	157.40	21.9
航　空	亿吨公里	0.14	-17.6
旅客周转量	亿人公里	481.73	14.2
铁　路	亿人公里	165.30	-1.0
公　路	亿人公里	300.90	24.1
水　运	亿人公里	1.80	17.7
航　空	亿人公里	13.70	24.9

全年完成邮电业务总量(不含寻呼)74.6亿元,比上年增长39.8%。其中,中央国有业务总量完成69.9亿元,增长40.1%;地方国有业务总量完成4.7亿元,增长33.6%。长途电话、市内电话发展速度加快。市内电话年末到达户数为222万户,农村电话年末到达户数为118万户,移动电话年末到达户数为86.6万户,分别比上年增长16.3%、41.3%和48.6%。已通电话的行政村比重达96.74%,比上年提高1.04个百分点。电信数据通信用户达到54139户,其中计算机互联网用户达到27345户。

六、国内贸易和市场物价

市场销售稳中趋升。在国家采取的增加城镇居民收入、再次降息、开征利息税等一系列措施的启动下,市场销售由稳转活。全年社会消费品零售总额达979.1亿元,比上年增长5.9%,考虑价格因素,实际增长9.6%。分城乡看,城市消费品零售额460.8亿元,增长7.1%;县及县以下为218.7亿元和299.6亿元,分别增长5.6%和4.2%。分经济类型看,国有及国有控股企业消费品零售额191亿元,比上年下降2.7%;集体经济172.4亿元、私营经济29.1亿元、个体经济362.9亿元,分别比上年增长0.5%、72.6%、15.2%。分行业看,批发零售贸易业增长5.3%,餐饮业增长18.6%,制造业增长1.9%,农业生产者增长6.7%。城乡集市贸易平稳发展,全年商品成交额913.13亿元,比上年增长2.7%。

大型商业企业整体效益有待改善。全省统计的40多家重点零售商店全年销售收入净额33.88亿元,比上年增长8.6%;实现利润为3083.9万元;毛利率8.2%,比上年下降5.5个百分点;费用率5.0%,下降0.4个百分点。

市场物价总水平下降。商品零售价格总水平继1997年出现下降以来,已连续两年多下降,1999年降幅为3.4%。居民消费价格下降2.2%。

类别	指数(上年=100)
居民消费价格	97.8
#城市	97.6
农村	98.0
#食品	94.4
粮食	98.0
肉禽及其制品	92.0
油脂	94.3
蛋类	90.8
水产品	90.0
鲜菜	95.0
衣着	98.2
家庭设备及用品	98.5
医疗保健用品	101.4
交通和通信工具	93.7
娱乐教育文化用品	97.4
居住	101.9
服务项目	107.9
商品零售价格	96.6
#城市	96.6
农村	96.6
#食品类	95.1
饮料烟酒类	94.0
服装鞋帽类	99.0
纺织品类	97.5
中西药品类	101.3
化妆品类	99.7
书报杂志类	104.4
文化体育用品类	100.1
日用品类	98.6
家用电器类	93.3
首饰类	95.6
燃料类	98.1
建筑装璜材料类	96.3
机电产品类	95.2
农业生产资料零售价格	95.3
#化肥	92.6
农药	93.3
薄膜	87.8
工业企业能源原材料购进价格	94.5
工业品出厂价格	95.9
农副产品收购价格	85.0
固定资产投资价格	99.3

七、对外经济和旅游业

外贸进出口呈增长态势。随着国家采取的进一步提高出口退税率、加快出口退税进度等政策措施的到位,全省外贸出口由降转升。全年外贸进出口总额达26.5亿美元,比上年增长17.4%。其中,出口总额16.8亿美元,增长13.1%;进口总额9.7亿美元,增长25.5%。外商投资企业进出口仍保持较快增长,全年进出口额达8.3亿美元,比上年增长34%;其中出口2.92亿美元,占全部出口总额的比重为17.4%。一般贸易出口增长20.2%,占出口总额的比重由上年的71.4%上升到75.9%;加工贸易出口下降4.6%,比重由28.6%下降为24.1%。

实际利用外资呈恢复性增长。全年利用外资协议额8.55亿美元,比上年增长132.4%,实际利用外资6.57亿美元,下降5.2%,其中外商直接投资3.61亿美元,增长30.6%。当年全省新批“三资”企业199家,比上年减少7家。

旅游业继续保持快速增长。1999年,全省各地加大对旅游经济的投入,积极开拓国际、国内两个市场,旅游经济发展态势良好,旅游收入大幅度提高。全年旅游总收入完成141.88亿元,比上年增长19.4%。其中,旅游外汇收入9015.8万美元,增长28.1%;国内旅游收入134.4亿元,增长18.9%。接待海外游客25.12万人次,增长36.4%;接待国内游客2666.4万人次,增长12.2%。

对外承包工程和劳务合作增长迅猛。全年对外承包工程和劳务合作新签合同金额8550万美元,完成营业额9920万美元,分别比上年增长24.6%和101.4%。

八、财政、金融和保险业

财政金融态势基本平稳。全年财政收入280.8亿元,比上年增长7.2%;财政支出288.5亿元,增长19.2%,支出比收入增幅高12个百分点,财政对基建、科技、教育及社会保障等方面的支持力度明显加大。1999年末,全省金融机构各项存款余额2186.5亿元,比上年末增加253.3亿元。其中,企业存款余额652.8亿元,增加49.9亿元;城乡居民储蓄存款1302.9亿元,增加127.9亿元。金融机构各项贷款余额为2180.8亿元,比上年末增加181亿元。其中,短期贷款1674.5亿元,增加119.7亿元;中长期贷款347亿元,增加19.2亿元。

证券市场稳步发展。1999年,全省在上海、深圳证券交易所发行新股1只(A股),配股2只,共筹集资金6.4亿元。

保险事业继续发展。全年全省保险系统(中保、平安和太平洋三大保险公司合计)共承保国内各种财产总额2553.8亿元,国内保险保费收入35.35亿元,比上年增长10%,其中财产险收入占39.1%。国内业务赔款和给付15.6亿元,增长13.3%,其中财产险占51.8%。

九、科学技术和教育

科技队伍不断壮大。1999年末,全省共有各类专业技术人员94万人,比上年末增长3.3%。有县以上独立研究开发机构251个,高等院校办研究与发展机构40个,大中型工业企业办技术开发机构420多个;从事科技活动人员7.2万人,其中科学家和工程师4.3万人,均比上年增长2.1%。全省有民营科技企业3629家,从业人员6.5万人,技工贸总收入60亿元。

科技经费投入增加。全年全省科技机构、高等院校、大中型工业企业等单位用于科技活动的凯费支出为24亿元,其中用于研究与发展经费8.7亿元,分别比上年增长11.3%和12.1%。

科学研究和技术开发取得新成果。全年共取得省部级以上重大科技成果540项。主要科技成果有:KD系列汉语文语转换系统、杂交中籼新组合协优57(皖稻59)的选育与应用、重组人生长激素(rhGH)的研制与开发、多普勒天气雷达(CINRAD)系统环境与技术研究等。当年全省安排省自然科学基金项目60项,省级星火计划项目56项,火炬计划项目21项,成果推广计划项目8项,总投资6.9亿元。有国家重点实验室2个,省级重点试验室4个,省部共建实验室5个,新建省工程技术研究中心(中试基地)5

个,企业技术中心114个。

专利申请稳定发展,技术监督与质量服务工作进一步加强。全年共受理专利申请1721件,授权专利1422件。共签订各类技术合同2680项,金额4.22亿元;其中流向本省的技术1340项,金额1.78亿元。年末全省共有县以上产品质量监督检验机构75个,其中省级产品质量监督检验机构40个。

测绘事业进一步发展。全年省测绘档案资料馆为社会各界提供各种比例尺地形图7949张,大地点成果3981个(点),利用档案资料93卷(盒)。省测绘局所属生产单位完成测绘工作量87882工日,测绘产值612万元。完成的主要测绘项目有:外业控制432幅,调绘574幅,测绘各种比例尺地形图954幅,编制各种地图19幅(册),淮河流域1:1万比例尺数字化基础图更新150幅,1:1万比例尺数字高程模型190幅,初步建成全省1:25万地埋信息系统。测绘产品优良级产品率为75%,满足了社会各界对测绘的需求。

各级各类教育事业稳步发展,高校扩招成绩显著。1999年末,全省共有普通高校37所,当年招生5.17万人,较上年增加1.63万人,有在校生13.3万人。研究生培养单位17个,招生1877人,其中高校招收研究生1735人;在学研究生4495人,其中高校研究生4112人。各类普通中等职业学校1040所,在校学生72.14万人,其中普通中专学校在校生20.52万人;职业中学初、高中在校生为29.12万人和17.59万人;技工学校在校生4.91万人。普通中学3792所,在校学生339.85万人,其中高中在校生45.38万人,初中在校生294.47万人。小学25476所,在校学生641.92万人。初中阶段适龄人口入学率为96.7%,小学学龄儿童入学率为99.55%;普通初中和小学学生辍学率分别为2.31%和0.46%。成人教育和技术培训进一步发展。全年成人高等教育机构招收本专科学生3.79万人,在校学生9.33万人。成人中等专业学校在校生5.43万人,成人中、小学在校学生30.58万人,成人技术培训学校培训学员449.68万人次。全年共扫除文盲20.93万人。

十、文化、卫生和体育

文化事业发展健康有序。1999年末,全省共有艺术表演团体91个,文化馆101个,公共图书馆83个,博物馆35个。各级各类档案馆140个,档案馆馆藏档案资料533万卷册,库馆总建筑面积13万平方米。广播电台15座,中波发射台和转播台23座;电视台17座,电视发射台和转播台380座;有线电视台14座,有线电视用户达187.60万户;另有县级广播电视台50座。广播人口覆盖率为91.82%,比上年增加2.11个百分点;电视人口覆盖率为89.72%,比上年增加2.71个百分点。全年出版报纸56种54010万份,期刊(杂志)138种4423万册,图书2212种39445万册。

卫生工作得到加强。1999年末,全省共有卫生机构(含诊所、卫生所室、个体开业)6778个。其中医院、卫生院2972个,卫生防疫防治机构230个,妇幼卫生机构107个。医院、卫生院共有床位11.36万张。全省共有专业卫生技术人员15.3万人,其中医院、卫生院12.62万人,卫生防疫防治机构0.88万人,妇幼卫生机构0.23万人。在医院、卫生院专业卫生技术人员中,有医生5.34万人,护师、护士3.57万人。

体育事业蓬勃发展。1999年,我省运动员在国际和国内的重大比赛中,奋勇拼搏,共获得9枚金牌、11枚银牌和21枚铜牌。运动健将发展数为15人,一级运动员发展数为229人;国际级裁判员发展数为2人,国家级裁判员发展数为7人,一级裁判员发展数为151人;社会体育指导员已发展到4000多人,其中国家级33人,一级266人。拥有各类体育场地14046个,其中体育馆36个,标准体育场32个。全民健身活动进一步开展。全年共举办万人以上的体育健身活动60多次,参加活动人数达100万人次。

此外,残疾人运动和少数民族运动也取得较好成绩。1999年,我省残疾人运动员在国内外重大比赛中共获得16枚金牌和8枚银牌。少数民族运动员在全国第六届少数民族传统体育运动会上取得了1枚金牌、2枚银牌和3枚铜牌。

十一、环境保护

环境治理工作取得一定成效。1999年末,全省环境保护系统共有职工3872人,省市地县级环境监测站78个,国家、省级自然保护区14个。到1999年末,已在全省11个城市中建成99个烟尘控制区,面积达423.6平方公里,在9个城市中建成了68个环境噪声达标区,面积达203.4平方公里。淮河流域水污染治理成果得到巩固。巢湖污染治理工作进展良好,通过关停、治理和限排,全年削减COD排放量1.98万吨,削减率为26.7%。争取国家城市环保重点项目投资取得显著成绩,共有31个项目列入国家计划,国家追加投资6.2亿元。环保利用外资取得新进展,利用亚洲开发银行贷款治理巢湖污染项目,全年完成投资9.56亿元,占总投资44.7%。我省采取建立自然保护区、封山育林、小流域治理和生态示范区建设等多种措施,对生态环境进行保护和建设,逐步恢复生态环境良性循环机制。全省污染发展趋势基本得到控制,局部地区有所改善。

1999年全省发生火灾事故6289起,比上年增加1507起;发生交通事故8235起,比上年增加2649起。

十二、人口与人民生活

人口增长继续得到有效控制。据抽样调查,1999年全省人口出生率为15.1‰,比上年降低0.64个千分点;死亡率为6.5‰,比上年降低0.04个千分点;自然增长率8.6‰,比上年降低0.6个千分点。以此推算,年末全省常住人口为6237万人,比上年末增加53万人。

劳动力结构继续调整。年末全省从业人员3422.5万人,比上年增加43.2万人。其中,第一产业2007.4万人,占58.7%,比重比上年降低0.7个百分点;第二产业561.1万人,占16.4%,降低0.1个百分点;第三产业854万人,占24.9%,提高0.8个百分点。年末全省有职工483.6万人,比上年减少11.7万人;城乡私营企业从业人员和个体劳动者达392.5万人,比上年增加45.5万人。据劳动部门统计,1999年城镇人口登记失业率为3.5%,比上年上升0.3个百分点。

城乡居民收入继续增加,生活水平稳步提高。1999年全省职工工资总额278.5亿元,比上年增长2.7%,其中在岗职工工资总额267.1亿元,增长1.6%;在岗职工平均工资6516元,增长6.5%。据抽样调查,全省城镇居民人均可支配收入5064.6元,比上年增长6.2%,扣除物价因素,实际增长8.8%。全年农民人均纯收入1900.3元,增长2%,扣除物价因素,实际增长3.9%。城镇居民人均消费性支出3901.8元,恩格尔系数为47.3%,比上年下降2.2个百分点;农村居民人均消费性支出1302.5元。城乡居民住宅条件继续改善。全省城乡建成住宅5804.7万平方米,其中城镇建成住宅1552.8万平方米,农村建成住宅4251.9万平方米。

社会保障事业发展迅速。全省95%的国有企业职工已签订了劳动合同。已有322万职工参加基本养老保险统筹,84.5万离退休职工参加了离退休费社会统筹,5.4万职工参加了基本医疗保险。失业保险机构直接为4.29万人发放了失业救济金。

劳动就业服务体系进一步完善。年末全省劳动部门办的职业介绍机构发展到1849个,其中乡镇建立的职业介绍机构1723个,全年城镇新安排就业12万人。国有企业下岗职工基本生活保障和再就业工作扎实推进,下岗职工再就业服务中心普遍建立,全省通过多渠道分流安置国有企业下岗职工14.4万人。

社会福利事业继续发展。1999年,全省各类社会福利院床位5.2万张,收养4.3万人。全省已有45.6% 的乡镇建立了农村社会保障网络。城市(镇)社会服务网络建设也有较大进展,已建立起各种社区服务设施1.2万个,其中社区服务中心369个。

注：1. 公报中数字均为初步统计数。

2. 国内生产总值和各产业增加值按当年价格计算，增长幅度按可比价格计算。

Statistical bulletin of 1999 national economy and social development published by Anhui Statistical Bureau

In 1999, under the correct leadership of the Committee of Party of Anhui Province and Anhui Provincial Government, the whole province people carried out the spirit the Fifteenth National Congress of Communist Party of China, and the Third and the Fourth meeting of the fifteenth National Congress, seized the opportunity of enlarging domestic needs and promoted economy increasing, and overcame deeper current tighten, and insufficient of effective needs and other disadvantage factor, enlarged controlling power, and finished their work. The national economy of the whole province, had stable increased, The quantity of economy had been higher, The reform policy made progress, all social undertakings had developed.

ONE: General

The national economy general ran stable. Its quantity had some extent progress. Since 1999, facing the complex environment of national and abroad, the whole province carried out a series of policy continuously, that main included enlarging domestic needs, so that the national economy kept general stable increasing, structure adjustment came out the active change. Preliminary statistics the gross domestic product of the year was 291 billion yuan, increased by 9% compared with the previous year at the comparable price, increased more than 1 percentage point compared the growth rate of the whole country. Of the total, the value added of the primary industry was 75.7 billion yuan, increased 8.5%, the value－ added of the secondary industry was 127.5 billion yuan, increased 7%, and the value－added of tertiary industry was 87.8 billion yuan, increased 10%. In the gross domestic product, the structure of three industries had changed from 26. 4: 44. 7: 28. 9 (the previous year) to 26.0:43.8:30.2. Overall labor productivity was 8557 Yuan, it increased 6.3% compared with the previous year at comparable price.

All kinds of reform made greater progress. The reform of stake－owned enterprises made deeper conscientiously. In the whole province, 48 large and medium size core enterprises had finished company－system reform. The work of social ensure and re－employed had greater power. The fundamental life sure of the laid－off staff and workers of state－owned enterprises had been carried out. The home house and fundamental medical insure system of the staff and workers of urban made some extent progress. The reform of rural had continuing deeper. The reform of grain flowing system had stable progress.

The main problem of the nation economy and social development are that the general level of price decreased continuously, the contradiction of needs and supply was still great, some state－owned enterprises were still difficult. The pressure of the fundamental life ensure and re－employed of laid－off staff and workers was greater. The agriculture income was not add, although it added output of production. Income of farmers added slowly.

TWO: Agriculture

Agriculture product made stable increased. The grain and oil－Bearing crops made a good harvest. The output of grain was 27712 tiousand tons, increased 7% compared with the previous year. It was the second high out put year in the history year. The output of oil－bearing crops was 2681 thousand ton, increased 51.9% compared with the previous year, it was the second best harvest in the history year. The output of cotton was 241 thousand tons, decreased 16.9% compared with the previous year. Production of forestry was stable developed. The area of constructing forestry was 77 thousand hectares. The actually area of small tree forestry 333 thousand hectares. Animals husbandry and aquatic industry had stable increased. The output of meats was 2987 thousand tons, increased 3.7% compared with the previous year. The output of aquatic production was 1539 thousand tons increased 5.3% compared with the previous year. Here are output of main production:

	Unit	1999	add or cut % compared with the previous year
Grain	10000 tons	2771.2	7.0
Cotton	10000 tons	24.1	-16.9
Oil - Bearing crops	10000 tons	268.1	51.9
Rapeseeds	10000 tons	152.3	84.8
Peanuts	10000 tons	102.6	24.7
Jute and Amber	10000 tons	2.9	-32.3
Sugarcane	10000 tons	29.3	34.0
Flue - cured tobacco	10000 tons	5.2	12.0
Silkworm cocoon	10000 tons	2.1	16.9
Tea	10000 tons	4.9	-1.2
Fruits	10000 tons	96.2	16.6
Meat	10000 tons	298.7	3.7
Milk	10000 tons	3.6	17.1
Poultry Eggs	10000 tons	102.4	8.1
Sheep wool	tons	199	0.5
Aquatic product	10000 tons	153.9	5.3

The condition of agriculture production got better. The construction of water conservancy of farm was greater power. At the end of 1999, the total power of agriculture machinery reached 27662 thousand KW, increased 8.6% compared with the end of the previous year. The number of large and medium - size tractors was 12 thousand, increased 26%, The number of heavy vehicle was 39 thousand, increased 3.7% compared with the end of the previous year. The number of irrigation and drainage power was 1086 thousand units, increased 7.4%, compared with the end of the previous year. The consumption of chemical fertilizer was 2557 thousand tons (calculated with discount net approach), increased 0.7%, compared with the end of the previous year. The electricity consumed in rural areas was 4.39 billion KWH in the whole year, increased 10.5% . The areas of effective irrigation was 3147 thousand hectares, new added 47 thousand hectares, new added saving water irrigation areas was 45thousand hectares.

THREE: Industry and Construction

The industrial economy kept stable increasing. The added valued of industry reached 113.5 billion yuan in whole year, increased 9.7% compared with the previous year, the proportion of gross domestic product was 39%. The added value of enterprise of state - owned and non - state - owned above 5 million yuan sale income reached 45.46 billion yuan, increased 8.2% compared with the previous year. Of the total, among them of enterprises of state - owned and state controlled stock was 29.49 billion yuan, increased 5.5%, among them of enterprises of collective - owned was 6.45 billion yuan, increased 3.5%, among - lhem of enterprises of foreign, Hong Kong, Macao. Taiwan investment was 4.39 billion yuan increased 17.8%.

The structure of industry was adjusted on some extent. Disadvantage product ability was wiped out efficiently. More than 300 little well of coal mine was closed. The product ability of metallurgy and little cement and other industrial was cut off on some extent. Production of high technology and high added - valued were increasing quickly. Production of steel, steel product, cement and other investment type stable increased. Production of textile type of supply more than needs, part durable consumption and machinery and electricity decreased. The rate of new products value was 8.9%, added 0.6 percentage point compared with the previous year. Here are output of main Industry production:

	Unit	1999	add or cut % compared with the previous year
Yarn	10000 tons	26.2	13.8
Cigarettes	10000 cases	179.7	-5.0

Liquor	10000 tons	46.5	equal
Beer	10000 tons	127	6.8
Chemical fiber	10000 tons	9.3	10.6
Household washing machine	10000 units	145.7	-31.3
Household Refrigerator	10000 units	138.2	14.6
Color TV Set	10000 units	85.9	88.8
Total of energy	10000 tons (criterion coal)	3376.5	2.2
Coal	10000 tons	4677.7	2.3
Energy of power	100000000 kwh	319.3	1.0
Diesel	10000 tons	129.9	12.4
Pig Iron	10000 tons	494.7	0.5
Steel	10000 tons	424.3	4.6
Steel Product	10000 tons	388.8	19.6
Ordinary Roll - steel medium	10000 tons	63.6	13.7
Ten nonferrous metals	10000 tons	24.4	6.4
Cement	10000 tons	2133.4	1.6
Chemical	10000 tons	2.3	33.7
Synthetic Ammonia	10000 tons	186.5	4.7
Thick nitric acid	10000 tons	12.9	4.3
Motor vehicle	10000 units	9.1	28.7
Tires (cover)	10000 tons	405.8	91.2

The economic benefit of industry was got better on some extent. The general economic benefit index of industry enterprises of state - owned and non stated - owned above 5 million yuan sale income was 81.1, added 8.2 percentage point compared with the previous year. The rate of product and selling of industry was 97.2%, added 1.87 percentage point compared with the previous year. Selling income reached 140.05 billion yuan, increased 5.5% compared with the previous year, profits reached 1.06 billion yuan, net loss was 0.707 billion yuan. loss of loss enterprises was 3.45 billion yuan, decreased 25.3%. Here are main economic beneficial indicators:

	Unit	1999	Add or cut percentage point compared with the previous year
Rate of industry product	%	97.19	1.87
Rate of profit and tax	%	5.7	0.31
Rate of profit to total costs	%	0.78	1.05
Number of times turnover of flowing capital times	times	1.29	slow 0.03 times
Rate of overall labor productive (by value - added)	yuan/person	26536	add 2457 yuan
Rate of total capital contribution	%	7.16	0.1
Rate of capital value	%	104.51	0.37
Rate of capital debt	%	63.02	-2.11

Construction industrial was developed quickly. In 1999, Construction enterprises of the whole province have finished added value 14.01 billion yuan, increased 14.2% compared with the previous year. The proportion of gross domestic product was 4.8%. The number of construction items of enterprises above the fourth grade was 27.6 thousand. Of the total, the number of items of bid and contract was 12 thousand. Area of house construction was 41329 thousand square meters, added 5365 thousand square meters. Of the total, the Area of house construction of bid and contract was 21129 thousand square meters. Added 5982 thousand square meter. Finished areas was 26649 thousand square meters. added 8062.6 thousand square meters.

The work of geology and survey made new progress. In 1999, the department of geology and minor carried out all kinds of geology scientific research item, the number of them was 82, and finished machinery rock core drilling 13 thousand meters, and finished 1:50000 geological survey area 754 square kilometers. Three minors were newly discovered, two of them had newly increased storage. 0.45 billion yuan work amount was finished on the whole year.

FOUR: Investment of Fixed Assets

Investment of fixed assets increased quickly. In 1999, the whole province promoted actively all kinds of policy of enlarging national needing, grasped the opportunity of development, enlarged investment power of essential facilities. the total investment of fixed assets of whole social was 80 billion yuan. Increased 9.7% compared with the previous yuan. Of the total, investment of state – owned units was 49.71 billion yuan, increased 13.9%, investment of collective – owned units of urban and rural was 12.28 billion yuan, decreased 2.7%, private investment of urban and rural 17.97 billion yuan, increased 14.1%. Investment of real estate development was 7.13 billion yuan, increased 23.4%.

The structure of investment was got better. In investment of state – owned units, capital construction investment was 27.69 billion yuan, increased 9.9%. Investment in innovation and newly was 12.56 billion yuan, increased 14.5%. Add value of innovation and newly construction was 4.6 percentage point higher than it of capital construction it changed increasing with slow speed. Investment of essential facilities and essential industrials increased quickly. Investment of farming, forestry, animal husbandry, fishing and water conservancy was 2.398 billion yuan, increased 33.5%. Investment of transportation and postal and telecommunication services was 9.37 billion yuan increased 10.6%.

The construction of main items was strengthened, this year, country and province had arranged 43 main items of fundamental construction, and had finished investment 11.176 billion yuan, increased 42.2% compared with previous year. 12 main items had finished or finished nearly. Tongling Power Plant 4th project, Xianghongdiai water Power station, Hefei – Luai Highway, Bridge of Huai River in Nanzhao town, the promotion of Bengbu Citric Plant, the promotion of Anging Petroleum Polyester Chemistry Plant, the center of Plastic pouring of Hefei , Anhui Provincial Radio and TV Broadcasting network, the project Grain storehouse under direct – leadership of the state, Jianghuai Automobile factory, Meiling large volume non – fluoride refrigerator factory, and Anhui Kaiyuan Group. Flood controlling project of Linghuaigong had begun to work, Wuhu Changjiang River Bridge project had begun to work of surface of bridge.

The construction of small towns made progress. At the end of 1999, the numbers of small towns was 3041. Of the total, the number of establishment towns was 893, the number of rural towns was 2171, this year, total investment of small towns construction 7.91 billion yuan. Of the total, investment of county grade and lower grade establish towns were 4.67 billion yuan, investment of ordinary towns were 3.24 billion yuan. The work of experiment towns decided by province made primary effective. The rate of small towns adjusted, edited, perfected was 91.5%. The 100 experiment towns decided by province government kept strong development power continuously. All kinds of indicator of them were higher than them of average level of the whole province small towns.

FIVE: Transportation, Postal and Telecommunication Services

Transportation, postal and telecommunication services were stable. Postal and telecommunication were developed quickly. The added value of transportation, postal and telecommunication services was 17.1 billion yuan, increased 11% compared with the previous year. Here are statistics of turnover volume of freight and passengers:

	Units	1999	add or cut % compared with the previous year
Turnover volume of freight	100 million ton/kilometer	880.04	-1.5
Railway	100 million ton/kilometer	499.50	-9.2
Highway	100 million ton/kilometer	223.00	4.1
Water way	100 million ton/kilometer	157.40	21.9
Civil aviation	100 million ton/kilometer	0.14	-17.6
Turnover volume of passengers	100 million passenger/kilometer	481.73	14.2
Railway	100 million passenger/kilometer	165.30	-1.0
Highway	100 million passenger/kilometer	300.90	24.1

Water way	100 million passenger/kilometer	1.80	17.7
Civil aviation	100 million passenger/kilometer	13.7	24.9

The scale of postal and telecommunication services (not included call) was 7.46 billion yuan, increased 39.8% compared with previous year. Of the total, that of center of state-owned was 6.99billion yuan, increased 40.1%, that of local of state-owned was 0.47 billion yuan, increased 33.6%. the developing speed of long-distance telephone and urban telephone was very fast. The popularization of telephone raise up continuously. The number of urban telephone reached 2220 thousand units, at the end of year. The number of rural telephone reached 1180 thousand units, the number of portable telephone reached 583 thousand, increased 16.3%, 41.3%, 48.6% compared with previous year respectively. The proportion of village owned telephone was 95.7, increased 17.1 percentage point compared with that of the previous year. The number of data telecommunication services telephone reached 54139 thousand units, of the total, The number of computer internet reached 27345 thousand units.

SIX: Domestic Trade and Price

Market sale value was stable increasing. Under a series of included adding income of urban and rural citizens, decreasing interests once again, imposing interests tax, market sale changed from stable to active. The total retail sails of consumer goods reached 97.91 billion yuan, increased 5.9% compared with that of the previous year. Considering the price factor, actually increased 9.6%. By urban and rural, total of retail sails of consumer goods of urban reach 46.08 billion yuan, increased 7.1%, that of county grade and lower grade were 21.87 and 29.96 billion yuan respectively, increased 5.6% and 4.2% respectively. By economic types, the total of retail sails of consumer goods of state-owned units and state-owned controlled-stock units was 19.1 billion yuan, decreased 2.7% compared with that of the previous year, that of collective-owned units was 17.24 billion yuan, that of private-owned units was 2.91 billion yuan, that of individual-owned units was 36.29 billion yuan, decreased 0.5% and 72.6% and 15.2% compared with the previous year respectively. By industrial, them of whole sale and retail sale and catering trade and manufacturing increased 5.3% and 18.6% and 1.9% respectively, them of agricultural products increased 6.7%. Exchanging of free market of urban and rural was stable. Volume of business was 91.313 billion yuan, increased 2.7% compared with the previous year.

The whole benefit of large size commercial enterprises needs get better. The net sale income of more than 40 main retail sale store was 3.888 billion yuan, increased 8.6% compared with the previous year, the profits reached 30839 thousand yuan, raw profit rate was 8.2%, decreased 5.5 percentage point, compared with the previous year. Charge rate was 5.0%, decreased 0.4 percentage point.

The total level of price decreased. The price level of goods retail continued to decrease since 1997, and lasted more than two years. In 1999, decreased 3.4%. Price of consumption of residents decreased 2.2%.

Category	price(last year=100)
Price of consumption of residents	97.8
Urban	97.6
Rural	98.0
Food	94.4
Grain	98.0
Meat	92.0
Oil or fat	94.5
Eggs	90.8
Aquatic products	90.0
Vegetables	95.0
Clothing	98.2
Household facilities and articles	98.5

Medicine and articles	101.4
Mean of transportation and communication	93.7
Recreation, education and culture articles	97.4
Residence	101.9
Services	107.9
General retail price	96.6
Urban	96.6
Rural	96.6
Food	95.1
Beverages, tobacco and liquor	94.0
Garments, shoes	99.0
Textiles	97.5
Chinese and western medicines	101.3
Cosmetic	99.7
Newspapers and magazines	104.4
Cultural and sports goods	100.1
Articles for daily use	98.6
Household appliances	93.3
Jewelry	95.6
Fuels	98.1
Building decoration materials	96.3
Mechanical and electrical products	95.2
Retail price of materials of agricultural product	95.3
Chemical fertilizer	92.6
Agricultural pesticide	93.3
Film	87.8
Price of purchasing price of industry enterprises raw material	94.5
Price of selling of industry products out of plants	95.9
Price of purchasing price of agricultural products	85.0
Price of investment of fixed assets	99.3

SEVEN: Foreign Trade Economy and Tourism

The sum of import and export increased. As the government increased the rate of refund fax of export and fasted the refund tax of export policy, the value of export was from decreasing to increasing. The total value of import and export goods of foreign trade reached 2.65 billion US dollar in the whole year, increased 17.4% compared with that of the previous year. Of the total, the value of export were 1.68 billion US dollar, increased 13.1%, and the value of import were 0.97 billion US dollar, increased 25.5%. The total value of import and export goods of foreign－funded enterprises still kept faster increasing, reached 0.83 billion US dollar, increased 34%, of the total, export value was 0.292 billion US dollar, the proportion of total export vale was 17.4%. Normal export value increased 20.2%, the proportion of total export value was from 71.4% up 75.9% from previous year. Export of processing trade decreased 24.4%, the proportion of total export value was from 28.6% down 24.1% from previous year.

Actually utilization value of foreign capital increased in recovery. Amount of agreement utilization of foreign capital was 0.855 billion US dollar, increased 132.4% compared with the previous year, actually utilization foreign capital was 0.657 billion US dollar decreased 5.2%. Of the total, amount of foreign direct investment was 0.361 billion US dollar, increased 30.6%, the number of newly－increased "three capitals" enterprises was 208, decreased 7 compared with the previous year.

Tourism economy kept increasing quickly. In 1999, the whole province enlarged the investment in tourism economy, active developed the two markets of nation and abroad. Tourism economy developed better, the income of tourism increased in larger extent. The total income of tourism was 14.88 billion yuan in the whole year, increased 19.4% compared with that of the previous years. Of the total, foreign current income was 90.15 million US dollar, increased 28.1%. Domestic income of tourism was 13.44 billion yuan in the whole year, increased 18.9% compared with that of the previous years. the number of foreign tourists were 251.2 thousand person – times, increased 36.4%. The number of national tourists was 26.664 million person – times, increased 10.2%.

Contracted projects and labor cooperation made great progress. Amount of agreement of contracted projects and labor cooperation with foreign countries of territories were 85.5 million US dollar, and finished 99.2US dollar, increased 26.6% and 101.4% compared with that of the previous years respectively.

EIGHT: Finance Banking and Insurance

Finance and Banking were stable. Revenue of finance was 28.08 billion yuan, increased 7.2% compared with the previous yuan. Expenditure of finance was 28.85 billion yuan, increased 19.2%. Expenditure was 12 percentage point higher than that of revenue. The support of capital construction, science and technology and Education and social ensure and others from finance was larger. At the end of 1999, the remaining sum of saving of banking institutions of whole province was 218.65 billion yuan, added 25.53 billion yuan compared with that of end of previous year. Of the total, the remaining sum of saving of enterprises was 65.28 billion yuan, added 4.99 billion yuan compared with that of end of previous year. The remaining sum of saving of residents of urban and rural was 130.29 billion yuan, added 12.79 billion yuan compared with that of end of previous year. The remaining sum of loan of banking institutions of whole province was 218.08 billion yuan, added 18.1 billion yuan compared with that of end of previous year. Of the total, the sum of short period loan was 167.45 billion yuan, added 11.97 billion yuan compared with that of end of previous year. The sum of medium and long period loan was 34.7 billion yuan, added 1.92 billion yuan.

Stoke market developed stable. In 1999, 1 new securities (A stock) was issued, 2 old securities were distributed, 0.64 billion yuan was collected.

Insurance undertakings were developed continuously. In 1999, insurance system of whole province (the total of Chinese insurance company, security insurance and the Pacific insurance company) insured 255.38 billion yuan of all kinds of national property. Insurance funds income was 3.535 billion yuan, increased 10% compared with previous years. Of the total, the property insurance income was 41.6%. The whole year expenditure was 1.56 billion yuan, increased 13.3%. Of the total, the property insurance income was 55.7%.

NINE: Science, Technology, Education

The team of science and technology continuing enlarged. At the end of 1999, the number of personnel of engaged in science and technology were 940000 and increased 2.3% compared the previous year. The number of institutions of independent development and research above county was 251, the number of institutions of development and research of colleges and universities were 40, the number of institutions of technical development of large and medium – sized enterprises were more than 420. The number of personnel of engaged in scientific and technical actions were 720 thousand, of the total, the number of scientists and engineers were 43 thousand, they all increased 2.1%. The number of enterprises of private were 3629, the number of personnel of engaged were 65000, the total income of technology and trade were 6 billion yuan.

The funds of science and technology invest increased. In 1999, the funds of expenditure used scientific and technical actions, of institutions of science and technology and colleges and universities and large and medium – sized industrial enterprises, were 2.4 billion yuan. Of the total, the funds of using research and development were 0.87 billion yuan, increased 11.3% and 12.1% compared with them of the previous year respectively.

Science and technology development had gained new achievement. The useful of science and technology in economy increasing were added. In 1999, the whole province gained 540 main scientific and technical research science achievement items above province grade. Here are Main technical research science achievement items, KD series language system, useful of new grain 57 (Anhui grain 59), development of rhGD, technology and research of CINRAD, useful of Anhui grain 38, 100 tons/year VE industry experiment and so on. In 1999, the whole province arranged 60 natural science prize items, 56 province grade star project items, 21 fire project items, 8 achievement widen items, the total of investment was 0.69 billion yuan. There were 3 nation grade main labs, 4 province grade main labs and 5 province department cooperation labs. 4 province grade engineering technical research centers were newly constructed. 114 enterprise engineering technical research centers were newly constructed.

Patent application were stable developed. The work of technical checking and services were developed. 1721 patent applications were examined in the whole year, 1422 patent applications were granted. 2680 items of all kinds of technical contracts were signed, the funds were 0.422 billion yuan. Of the total, 1340 items entered our province, the funds were 0.178 billion yuan. At the end of 1999, there were 75 county grade and over institutions of production checking in the whole province. Of this total, number of province grade institution were 40.

The undertakings of survey and drawing was developed. On the whole province, the units of survey and drawing file and material supplied all kinds of proportion map, the number of maps was 7949. The number of great achievements 3981. The number of file boxes used 93. The units of the Survey and Drawing bureau of Anhui province had finished survey and drawing work 87882 work－days, the total value was 6120 thousand yuan, Here are main survey and drawing finished items: 432 outside controlling maps, 574 adjusted survey and drawing maps, 954 all kinds of proportion maps, and 19 all kinds of adapted maps, 150 maps of 1:10000 number drainage Huai river, 190 maps of 1:10000 number model. The whole province 1:25 information system was finished primarily. Excellent rate of survey and drawing products was 75%, and satisfied for the needs of social.

The education establishment by grade and type were stable developed. The work of enlarging enrollment of university and collage had made new progress. At the end of 1999, there were 37 colleges and universities in the whole province, the number of new students enrollment were 51.7 thousand, added 16.3 thousand. The number of students enrollment were 1330 thousand. There were 17 graduate units, number of graduates enrollment were 1877. Of the total, the number of new graduates enrollment of colleges and universities were 1735. The number of graduates enrollment of colleges and universities were 4495, of the total, the number of graduates enrollment of colleges and universities were 4112. The number of all type of secondary professional schools were 1040, the number of students enrollment were 72.14 thousand, of the total, the number of students enrollment of secondary specialized schools were 20.52, the number of students enrollment of profession junior and high middle schools were 29.12 thousand and 17.59 thousand. The number of students enrollment of technical worker schools were 49.1 thousand. The number of middle schools were 3792, the number of students enrollment were 3398.5 thousand, of the total, the number of students of high middle schools were 455.38 thousand, the number of students of junior schools were 2944.7 thousand. The number of primary schools were 26453, the number of pupils enrollment were 6419.2 thousand. The proportion of school－age children in junior schools were 96.7%. The proportion of school－age children in primary schools were 99.55%. The children rate of un－entering junior school－age and primary schools were 2.31% and 0.46%.

Adult education and technical training had gained much better effect. the number of new students enrollment of adult high education institutions were 37.9 thousand, the number of students enrollment were 93.3 thousand, The number of students enrollment of adult specialized middle schools were 54.3 thousand, The number of students enrollment of adult primary and middle schools were 305.8 thousand, the number of trained students of adult technical training schools were 4496.68 thousand person times, the number of illiteracy that were wiped out were 20.93 thousand.

TEN: Culture, Health and Sports

Cultural undertakings were health development. At the end of 1999, the number of groups of art performance were 91 in the whole province, the number of units of cultural were 101, the number of public libraries were 83, the number of were 35, the number of material centers were 140, the number of collecting by them of volumes of were 5.33 million, the areas were 130 thousand square meters. The number of broadcasting stations were 15, the number of medium wave emission stations and relay stations were 23, the number of TV stations were 17, the number of TV emission stations and were 380, the number of cable TV stations were 14, the number of clients of cable TV stations were 1876 thousand. The number of county grade broadcasting and TV stations were 50. The rate of listeners and viewers were 91.82%, added 2.11 percentage point compared with the previous year. In the whole year, the number of types of newspapers were 56, total number were 54010 thousand volumes. The number of types of magazines were 138, Total number were 44230 thousand volumes. The number of types of books were 2212, The number of total printing papers were 394450 thousand papers.

Health undertakings were stable developed. At the end of 1999, the number of health institutions (including health offices and individual) were 6778, Of the total, the number of hospitals and health institutions were 2972, The number of health institutions were 230, the number of women and children health institutions were 107. The number of beds of health institutions were 113.6 thousand. The number of health professional technicians were 153 thousand. Of the total, the number of them of hospitals and institutions were 12.62 thousand, the number of them of institutions were 8.8 thousand, and the number of them of women and children health institutions were 2.3 thousand. Of them of the hospitals and institutions, number of doctors were 5.34 thousand, number of nurses were 35.7thousand.

Sport undertakings gained good marks. In 1999, Under straggle hard in foreign and national competitions, athletes of Auhui Province gained 9 golden metals, 11 silver metals, 21 bronze metals. Number of new general grade athletes were 15. Number of new one grade athletes were 229, Number of new international grade judges were 2. Number of new national grade judges were 7, Number of new one grade judges were 151, Number of new social sport guides were more than 4000, of the total, number of national grade were 33, Number of new one grade guides were 266. There were 14046 all kinds of sports fields, of the total, the number of sport centers were 36, the number of stadiums were 32. Cripple and minority athletes made good scores. In 1999, they gained 16 golden metals and 8 silver metals in the large sport meeting of foreign and nation. athletes gained 1 golden metals and 2 silver metals and 3 bronze metals in the the Sixth minority sport meeting of nation and tradition sport meeting.

ELEVEN: Environment Protection

Environment protection undertakings had gained some progress. At the end of 1999, the number of staff and workers of environment protection system were 3872, the number of province, prefecture, county grade environment monitor stations were 78, the number of state, province grade natural protection regions were 14, Until the end of 1999, 95 smoke controlling regions had been established in 11 cities of whole province, the areas had reached 423.6 square kilometers. 68 environment noise standard regions had been established in 9 cities of whole province, the areas had reached 203.4 square kilometers. The projects of Huai River water pollution made stable achievement. Chao Lake pollution administration work made good progress. Through being closed stopped and limited drainage, 19.8 thousand Tons COD drainage amount were cut, cut ratio was 16.5%. Asking investment of state city main environment items had gaied good achievement. 31 items were ranked state project, 0.62 billion yuan was add up by state, foreign capital utilization of environment protection had gained new achievement. The item of Chao lake pollution administration used the Asia Development Bank had finished investment 0.965 billion yuan in the whole year, the proportion of total investment was 44.7%. Anhui province used a seris of methods to protect environment, included setting up natural protection area, closed mountains and forest, small rivers drainage area environment protection and so on, Recovered the good environment cycle system. The whole province pollution had been controlled ,some areas had become better.

In 1999, the number of fire disasters were 6289, added 1507 compared with that of previous year, the number of traffic accidents were 8235, added 2649 compared with that of previous year.

TWELVE : Population, Livelihood of People

The growth controlled of population had gained effective controlled. According to sampling survey, In 1999, the rate of birth of population was 1.51%, decreased 0.064 percentage point compared with the previous year. The rate of birth of population was 0.65%, decreased 0.004 percentage point compared with the previous year. The rate of natural growth of population was 0.86%, decreased 0.06 percentage point compared with the previous year. According to the statistics, the number of population were 62.37 million the whole province at the end of year, increased 0.53 million compared with that of the previous year.

The structure of labor force adjusted continuously. At the end of 1999, the number of employs were 34.225 million, added 0.432 million compared with the previous year. Of the total, the number of employs of the primary industry were 20.074 million, the proportion of total were 58.7%, decreased 0.7 percentage point compared with the previous year. The number of employs of the secondary industry were 5.611 million, the proportion of total were 16.4%, decreased 0.1 percentage point compared with the previous year. The number of employs of the tertiary industry were 8.54 million, the proportion of total were 24.9%, increased 0.8 percentage point compared with the previous year. At the end of 1998, the number of staff and workers were 4.836 million, decreased 0.117 million compared with the previous year. The number of staff and workers of private enterprises and individuals self－employs were 3.925 million, added 0.455 million compared with the previous year. According to statistics by labor department, in 1999, rate of registered were 3.5%, increased 0.3 percentage point compared with the previous year.

Income of residents in urban and rural were added by some extent, level of life was stable high. In 1999, the total wages of staff and workers were 27.85 billion yuan, increased 2.7% compared with that of the previous year. Of the total, wages of staff and workers were 27.85 billion yuan, increased 2.7% compared with that of the previous year. were 26.71 billion yuan, increased 1.6% compared with that of the previous year. Per capita wages of staff and workers were 6516 yuan. increased 6.5%. According to sampling survey, in 1999, per capita useable income of residents in urban were 5064.6 yuan, increased 4.4%, discounting the price factor actually increased 8.8%. Per capita pure income of peasants was 1900.3 yuan, increased 2%, discounting the price factor, actually increased 3.9%. Per capita expenditure of consumption of residents of urban was 3901.8 yuan, Engle coefficient was 49.53%, decreased 2.2 percentage point compared with the previous year. Per capita expenditure of consumption of residents of rural was 1302.5 yuan. The condition of house of residents of urban and rural got better continuously. The new construction houses of urban and rural were 58047 thousand square meters, of the total, the new construction houses of urban were 15528 thousand square meters, the new construction houses of rural were 42519 thousand square meters.

The social ensure undertakings developed quickly. In the whole province, 95% staff and workers of state－owned units signed the labor contract, 32 million staff and workers took part in fundamental old－age insurance. The number of retired staff and workers taking part in retired funds planning as a whole were 0.845 million. The number of staff and workers taking part in medical insure were 54 thousand. The institutions of unemployed insurance set relief funds for the unemployed for 42.9 thousand persons.

The system of labor service was improves. The number of profession introducing institutions of labor department were up 1849. Of the total, the number of institutions of urban were 1723, the whole year the number of newly－employed person of urban were 120 thousand. Fundamental living ensure and the work re－employed of the laid－off workers of state－owned enterprises made stable progress. The centers of re－employed were established generally. In the whole province, number of re－employed of the laid－off workers of state－owned enterprises was 0.256 million through all kind of methods.

Social welfare undertakings was developed continuously. In the whole province, the number of beds of all kinds of social warfare institutions was 5.2 thousand, the number of persons was 43 thousand. 45.6% rural towns established rural social insurance net. The construction of urban social insurance net had made larger progress. The number of institutions of social services that was established was 12 thousand. Of the total, the number of social services centers was 369.

Notes: All figures in statistical bulletin are preliminary statistics. Gross domestic products and value－added of various industry are calculated at current prices, growth rates are calculated at comparable prices.

一、行政区划和自然资源

ADMINISTRATIVE AND DIVISIONS AND NATURAL RESOURCES

简要说明

一、本篇主要包括我省行政区划、自然状况以及自然资源的开发和利用情况等内容。

二、自然状况包括地域、气象状况。自然资源包括土地、气候、林木、水资源。

1. 林木资料来自省林业厅；

2. 水资源资料由省水利厅和省水产局提供；

3. 气象资料由省气象中心整理提供。

三、1998年2月14日，经省政府批复，亳州市由省直接管辖。

1998年12月6日，经国务院批准，撤销原宿县地区，设立宿州市。

皖政秘（1999）127号文撤消巢湖地区，设立地级巢湖市。

皖政秘（1999）146号文撤消六安地区，设立地级六安市。

本篇责任编辑：吴　敏

1—1 全省行政区划(1999年末)
Administrative Divisions in Anhui (End of 1999)

单位:个 (unit)

地市名称 Names of Prefecture Or City	地市级 Number of Prefecture Or Cities			县级 Number of Counties			乡镇数 Number of Towns and Townships		
	合计 Total	地区 Prefectures	省辖市 Cities	合计 Total	县级市 Cities	县 Counties	合计 Total	镇 Towns	乡 Townships
总计 Total	**16**	**2**	**14**	**64**	**8**	**56**	**1840**	**903**	**937**
合肥市 Hefei	1		1	3		3	107	40	67
芜湖市 Wuhu	1		1	3		3	70	45	25
蚌埠市 Bengbu	1		1	3		3	73	25	48
淮南市 Huainan	1		1	1		1	40	20	20
马鞍山市 Maanshan	1		1	1		1	31	15	16
淮北市 Huaibei	1		1	1		1	32	22	10
铜陵市 Tonglin	1		1	1		1	20	9	11
安庆市 Anqin	1		1	8	1	7	204	88	116
黄山市 Huangshan	1		1	4		4	135	36	99
滁州市 Chuzhou	1		1	6	2	4	169	83	86
阜阳市 Fuyang	1		1	8	1	7	246	161	85
宿州市 Suzho	1		1	4		4	106	69	37
六安市 Luan	1		1	5		5	188	99	89
巢湖市 Chaohu	1		1	6	1	5	126	71	55
宣城地区 XuanchengPrefecture	1	1		5	1	4	168	60	108
池州地区 ChizhouPrefecture	1	1		4	1	3	96	34	62
亳州市 Bozhou					1		29	26	3

1—2 全省县以上行政区划(1999年末)
Administrative Divisions of Counties and Above in Anhui (End of 1999)

地市名称 Names of Prefecture Or City	所辖地(市)、县名称 Names of Prefecture Or City Or County Under Administative
省辖市 City Under province Administation	合肥市、芜湖市、蚌埠市、淮南市、马鞍山市、淮北市、铜陵市、安庆市、黄山市、滁州市、阜阳市、宿州市、六安市、巢湖市 Hefei, Wuhu, Bengbu, Huainan, Maanshan, Huaibei, Tonglin, Anqin, Huangshan, Chuzhou, Fuyang, Suzhou, Luan, Chaohu
地区 Prefecture	宣城地区、池州地区 Xuancheng, Chizhou
合肥市 Hefei	长丰县、肥东县、肥西县 Changfeng, Feidong, Feixi
芜湖市 Wuhu	芜湖县、繁昌县、南陵县 Wuhu, Fanchang, Nanlin
蚌埠市 Bengbu	怀远县、五河县、固镇县 Huaiyuan, Wuhe, Guzhen
淮南市 Huainan	凤台县 Fengtai
马鞍山市 Maanshan	当涂县 Dangtu
淮北市 Huaibei	濉溪县 Suixi
铜陵市 Tonglin	铜陵县 Tonglin
安庆市 Anqin	桐城市、怀宁县、枞阳县、潜山县、太湖县、宿松县、望江县、岳西县 Tongcheng, Huainin, Zongyang, Qianshan, Taihu, SuSong, Wangjiang, Yuexi
黄山市 Huangshan	歙　县、休宁县、黟　县、祁门县 Shexian, Xiunin, Yixian, Qimen
滁州市 Chuzhou	天长市、明光市、来安县、全椒县、定远县、凤阳县 Tianchang, Minguang, Laian, Quanjiao, Dingyuan, Fengyang
阜阳市 Fuyang	界首市、临泉县、太和县、涡阳县、蒙城县、阜南县、颍上县、利辛县 Jieshou, Lingquan, Taihe, Guoyang, Mengcheng, Funan, Yingshang, Lixin
宿州市 Suzhou	砀山县、萧　县、灵璧县、泗　县 Dangshan, Xiaoxian, Lingbi, Sixian
六安市 Luan	寿　县、霍邱县、舒城县、金寨县、霍山县 Shouxian, Huoqiu, Shucheng, Jinzhai, Huoshan
巢湖市 Chaohu	庐江县、无为县、含山县、和　县 Lujiang, Wuwei, Hanshan, Hexian
宣城地区 XuanchengPrefecture	宣州市、宁国市、郎溪县、广德县、泾　县、绩溪县、旌德县 Xuanzhou, Ninguo, Langxi, Guangde, Jingxian, Jixi, Jingde
池州地区 ChizhouPrefecture	贵池市、东至县、石台县、青阳县 Guichi, Dongzhi, Shitai, Qingyang
亳州市 Bozhou	

1—3 自　然　资　源
Natural Resources

项　目	Item		1999
气　候	**Temperature**		
年平均气温（℃）	Annual Average Temperature	（℃）	
淮北地区	Huaibei Area		15.94
江淮地区	JiangHuai Area		16.30
沿江江南	South Along Chand Jiang River		16.59
年平均降水量（mm）	Annual Average Precipitation	（mm）	
淮河以北	Lying North of Huai He		673.06
江淮之间	Between Chang jiang and Huai He		1011.88
长江以南	Lying South of Chang Jiang		1964.10
土地资源	**Land Resources**		
土地总面积（平方公里）	Total Land Area	（sq. km）	139427
山地（平方公里）	Mountain	（sq. km）	41162
平原（平方公里）	Plain	（sq. km）	34608
丘陵（平方公里）	Hills	（sq. km）	40448
圩区（平方公里）	Low－lying Paddy Fields	（sq. km）	12097
洼地（平方公里）	Low－lying Land	（sq. km）	5256
水面（平方公里）	Water Surface	（sq. km）	5866
耕地面积（千公顷）	Area of Cultivated Land	（1000 hectares）	4242
林业用地面积（千公顷）	Area of Afforestated Land	（1000 hectares）	4124.4
造林面积（千公顷）	Area of Afforesded Hilly Area	（1000 hectares）	77.55
果园面积（千公顷）	Area of Orchard	（1000 hectares）	82.22
茶园面积（千公顷）	Area of Tea Plantations	（1000 hectares）	110.10
林木资源	**Forests**		
活立木总蓄积量（亿立方米）	Total Standing Stock Volume	（100000000 cu. m）	1.27
森林面积（千公顷）	Forest Area	（1000 hectares）	3318.70
森林覆盖率（%）	Forest－cover Rate	（%）	27.95
水资源	**Water Resources**		
水资源总量（亿立方米）	Total Resources	（100000000 cu. m）	1029.02
淮河流域	Drainage Area of Huaihe River		168.86
长江流域	Drainage Area of Chang Jiang River		738.00
新安江流域	Drainage Area of Xing an Jiang River		122.16
地表水资源（亿立方米）	Surface Water	（100000000 cu. m）	947.75
淮河流域	Drainage Area of Huaihe River		93.21
长江流域	Drainage Area of Chang Jiang River		732.42
新安江流域	Drainage Area of Xing an Jiang River		122.12
地下水资源（亿立方米）	Shallow Qround Water	（100000000 cu. m）	192.17
淮河流域	Drainage Area of Huaihe River		89.35
长江流域	Drainage Area of Chang Jiang River		90.54
新安江流域	Drainage Area of Xing an Jiang River		12.28
水资源蕴藏量（亿立方米）	Hydropower Resources	（100000000 cu. m）	158.61
淮河流域	Drainage Area of Huaihe River		102.53
长江流域	Drainage Area of Chang Jiang River		57.85
新安江流域	Drainage Area of Xing an Jinag River		0.97
淡水面积（千公顷）	Freshwater	（1000 hectares）	1054
#养殖面积（千公顷）	Cultivated Area	（1000 hectares）	538

1—4 主要城市平均气温(1999年)
Monthly Average Temperature in Major Cities (1999)

单位：摄氏度 (℃)

城市 City		1月 Jan.	2月 Feb.	3月 Mar.	4月 Apr.	5月 May.	6月 June	7月 July	8月 Aug.	9月 Sept.	10月 Oct.	11月 Nov.	12月 Dec.	年平均 Annual Average
合肥市	Hefei	5.0	7.5	9.0	16.5	22.1	24.1	26.8	26.3	25.0	17.2	10.8	6.2	16.4
芜湖市	Wuhu	5.7	7.9	9.3	16.3	22.5	24.0	26.7	27.0	25.7	18.6	11.7	6.6	16.8
蚌埠市	Bengbu	4.2	6.8	8.7	16.2	21.7	25.0	27.2	26.2	24.6	16.5	10.2	5.1	16.0
淮南市	Huainan	5.2	7.5	9.0	16.9	22.4	24.9	27.5	26.5	25.3	17.1	10.8	6.1	16.6
马鞍山市	Maanshan	5.0	7.3	9.3	16.1	21.9	23.5	26.4	26.5	25.1	17.9	11.2	6.0	16.4
淮北市	Huaibei	3.6	6.4	8.6	16.1	21.4	25.2	26.9	25.9	24.2	15.8	9.5	4.5	15.7
铜陵市	Tonglin	5.7	8.0	9.2	16.4	21.9	23.7	26.4	26.5	25.2	18.0	11.4	6.6	16.6
安庆市	Anqin	6.5	9.1	9.6	17.1	22.4	24.5	27.0	27.2	26.1	19.0	12.2	7.2	17.3
黄山市	Huangshan	6.2	7.8	10.2	16.7	20.7	24.3	26.2	26.1	24.8	19.0	11.3	5.1	16.5
滁州市	Chuzhou	4.4	7.0	8.9	15.8	21.5	23.6	26.2	26.1	24.8	17.3	10.4	5.6	16.0
阜阳市	Fuyang	4.0	6.6	8.6	16.1	21.0	25.0	27.3	25.9	24.6	15.7	9.6	4.1	15.7
宿州市	Suzhou	3.6	6.4	8.4	15.9	21.3	25.3	27.3	26.1	24.3	16.0	9.6	4.5	15.7
六安市	Luan	5.3	7.8	8.9	16.5	22.0	23.9	26.6	26.3	24.8	17.0	10.7	6.3	16.3
巢湖市	Chaohu	5.0	7.4	9.2	16.3	22.1	23.8	26.5	26.8	25.3	17.7	11.0	5.9	16.4
宣州市	Xuanzhou	4.9	6.8	9.3	15.9	21.5	23.2	25.9	26.2	25.0	17.9	10.6	5.0	16.0
贵池市	Guichi	5.8	8.0	9.3	16.7	22.1	24.1	26.5	26.7	25.5	18.4	11.6	6.5	16.8

1—5 主要城市降水量(1999年)
Monthly Precipitation in Major Cities (1999)

单位：毫米 (millimeters)

城市 City		1月 Jan.	2月 Feb.	3月 Mar.	4月 Apr.	5月 May.	6月 June	7月 July	8月 Aug.	9月 Sept.	10月 Oct.	11月 Nov.	12月 Dec.	全年 Annual Total
合肥市	Hefei	14.9	21.9	72.2	91.3	94.8	255.5	33.5	180.8	43.9	146.7	30.5		986.0
芜湖市	Wuhu	20.1	29.6	124.6	99.1	94.3	609.9	69.0	152.0	41.4	85.0	37.2	4.3	1466.5
蚌埠市	Bengbu	11.9	15.3	55.1	49.9	36.7	71.7	173.0	112.8	200.0	151.2	152.0		712.8
淮南市	Huainan	8.1	18.2	63.6	59.3	64.0	127.7	143.7	73.5	45.3	157.5	24.6		785.5
马鞍山市	Maanshan	23.3	28.4	84.9	72.7	92.1	45.2	42.6	260.9	102.2	107.8	29.2	0.2	1296.3
淮北市	Huaibei	2.4	6.5	49.8	42.9	102.3	82.1	175.3	83.0	72.2	103.1	5.5		725.1
铜陵市	Tonglin	18.7	36.6	169.1	123.1	169.9	926.9	98.2	262.4	112.0	65.5	35.0	7.4	2024.8
安庆市	Anqin	24.6	37.9	272.1	159.1	174.1	873.2	174.1	385.6	28.1	77.6	22.0	4.7	2233.1
黄山市	Huangshan	79.2	33.3	238.4	253.5	270.4	862.9	247.4	335.3	60.8	45.4	23.8	10.1	2460.5
滁州市	Chuzhou	22.2	27.3	53.7	71.1	60.5	124.3	87.3	224.6	22.4	180.6	31.1		905.1
阜阳市	Fuyang	12.3	5.0	56.2	65.3	66.7	64.9	68.8	34.2	20.4	154.4	21.1		569.3
宿州市	Suzhou	7.8	9.1	43.3	56.8	64.8	54.7	93.5	38.8	56.1	139.6	8.1		572.6
六安市	Luan	14.5	19.0	99.4	103.8	139.3	226.7	15.7	150.6	27.0	131.7	32.7		960.4
巢湖市	Chaohu	19.5	27.3	81.1	99.1	106.1	384.8	58.2	269.7	31.0	92.2	27.0		1196.0
宣州市	Xuanzhou	26.9	37.9	183.4	100.1	136.1	837.0	210.7	329.7	55.8	88.6	38.9	5.5	2050.6
贵池市	Guichi	26.5	43.4	252.2	156.7	182.5	863.4	250.7	314.5	26.8	65.0	29.4	5.7	2216.8

1—6 水 资 源 总 量(1999年)
Water Resources (1999)

单位:亿立方米　　(100000000 cu. m)

地市 prefecture or city	计算面积(平方公里) Area (sq. km)	年降水量 Precipifion	地表水资源量 Surface Water Volume	地下水资源量 Shallow Ground Water Volume	重复计算量 Repeat Calculater Volume	总水资源量 Total Water Vesowrces	产水系数 Ratio of Water	产水模数(万 m²/km²) Water Product Volume
总计 Total	**139476**	**1855.9**	**947.75**	**192.17**	**110.90**	**1029.02**	**0.554**	**73.8**
合肥市 Hefei	7266	59.8	13.27	3.77	2.03	15.01	0.251	20.7
芜湖市 Wuhu	3317	59.1	37.31	4.16	3.73	37.74	0.639	113.8
蚌埠市 Bengbu	6012	42.2	4.81	11.70	0.57	15.94	0.378	26.5
淮南市 Huainan	2141	14.8	1.87	4.51	0.81	5.57	0.376	26.0
马鞍山市 Maanshan	1684	22.5	12.08	1.26	1.21	12.13	0.539	72.0
淮北市 Huaibei	2725	16.4	0.84	4.24	0.04	5.04	0.307	18.5
铜陵市 Tonglin	1113	21.0	13.64	2.11	1.41	14.34	0.683	128.8
安庆市 Anqin	15466	304.9	199.31	30.79	29.89	200.21	0.657	129.5
黄山市 Huangshan	9829	252.4	186.81	18.74	18.64	186.91	0.741	190.2
滁州市 Chuzhou	13328	109.9	18.11	6.15	2.64	21.62	0.197	16.2
阜阳市 Fuyang	16000	105.1	8.56	25.27	0.77	33.06	0.315	20.7
宿州市 Suzhou	9853	63.2	5.01	16.25	0.26	21.00	0.332	21.3
六安市 Luan	18445	199.0	75.27	16.53	8.90	82.90	0.417	44.9
巢湖市 Chaohu	9303	121.9	56.26	9.12	8.44	56.94	0.467	61.2
宣城地区 XuanchengPrefecture	12340	257.6	177.83	20.00	17.78	180.05	0.699	145.9
池州地区 ChizhouPrefecture	8428	192.9	136.11	14.02	13.61	136.52	0.708	162.0
亳州市 Bozhou	2226	13.2	0.66	3.55	0.13	4.08	0.309	18.3

1—7 流域分区水资源总量(1999年)
Water Resources by Area of Rivers (1999)

单位:亿立方米　　(100000000 cu. m)

流域分区 Area of River	计算面积(平方公里) Area (sq. km)	年降水量 Precipifion	地表水资源量 Surface Water Volume	地下水资源量 Shallow Ground Water Volume	重复计算量 Repeat Calculater Volume	总水资源量 Total Water Vesowrces	产水系数 Ratio of Water	产水模数(万 m²/km²) Water Product Volume
总计 Total	**139476**	**1855.9**	**947.75**	**192.17**	**110.90**	**1029.02**	**0.554**	**73.8**
淮河流域 Area of Huaihe River	66626	511.8	93.21	89.35	13.70	168.86	0.330	25.3
淮北西部 West of North of Huaihe River	20500	134.1	11.31	34.21	1.70	43.82	0.327	21.4
淮北东部 East of North of Huaihe River	16921	109.7	9.23	29.04	0.86	37.41	0.341	22.1
淮南西部 West of South of Huaihe River	20289	198.4	63.33	21.15	9.42	75.06	0.378	37.0
淮南东部 East of South of Huaihe River	8916	69.6	9.34	4.95	1.72	12.57	0.181	14.1
长江流域 Area of Changjiang River	66410	1180.1	732.42	90.54	84.96	738.00	0.625	111.1
江北西部 West of North of Changjiang River	14624	290.5	186.16	28.91	28.07	187.00	0.644	127.9
江北东部 East of North of Changjiang River	21515	248.1	104.72	13.62	12.71	105.63	0.426	49.1
江南西部 West of South of Changjiang River	9250	216.3	150.52	15.19	14.97	150.74	0.697	163.0
江南东部 East of South of Changjiang River	21021	425.2	291.02	32.82	29.21	294.63	0.693	140.2
新安江流域 Area of Xinganjiang River	6440	164.0	122.12	12.28	12.24	122.16	0.745	189.7

1—8 全 年 降 水 量(1999年)
Total Precipitation (1999)

地 市 prefectare or city	计算面积(平方公里) Area (sq. km)	年降水量 Precipitation 毫 米 0. 001 (m)	亿立方米 (100000000 cu. m)	多年平均降水量(亿立方米) Avevage Precipitation Some Years (100000000 cu. m)	与上年比较 Compared Coith Last Year (±%)	与多年平均比较 Compared With Some Years (±%)
总 计 Total	**139476**	**1330.6**	**1855.9**	**1590.3**	**-0.3**	**16.7**
合 肥 市 Hefei	7266	823.2	59.8	65.3	-20.9	-8.4
芜 湖 市 Wuhu	3317	1782.1	59.1	41.3	42.2	43.1
蚌 埠 市 Bengbu	6012	701.7	42.2	53.1	-34.6	-20.5
淮 南 市 Huainan	2141	691.7	14.8	18.8	-37.8	-21.2
马鞍山市 Maanshan	1684	1333.7	22.5	18.2	11.9	23.6
淮 北 市 Huaibei	2725	602.1	16.4	23.2	-44.0	-29.3
铜 陵 市 Tonglin	1113	1887.7	21.0	14.5	53.3	44.8
安 庆 市 Anqin	15466	1971.5	304.9	206.4	28.5	47.7
黄 山 市 Huangshan	9829	2568.2	252.4	166.2	16.3	51.9
滁 州 市 Chuzhou	13328	824.4	109.9	128.4	-25.4	-14.4
阜 阳 市 Fuyang	16000	656.6	105.1	137.8	-44.3	-23.7
宿 州 市 Suzhou	9853	641.9	63.2	84.8	-36.7	-25.5
六 安 市 Luan	18445	1078.8	199.0	213.1	-14.6	-6.6
巢 湖 市 Chaohu	9303	1309.8	121.9	102.3	8.2	19.2
宣城地区 XuanchengPrefecture	12340	2087.3	257.6	170.0	40.5	51.5
池州地区 ChizhouPrefecture	8428	2289.1	192.9	129.0	28.9	49.5
亳 州 市 Bozhou	2226	593.8	13.2	17.9	-37.4	-26.3

1—9 流域分区全年降水量(1999年)
Total Precipitation by Area of Rivers (1999)

流域分区 River Area	计算面积(平方公里) Area (sq. km)	年降水量 Precipitation 毫 米 0. 001 (m)	亿立方米 (100000000 cu. m)	多年平均降水量(亿立方米) Avevage Precipitation Some Years (100000000 cu. m)	与上年比较 Compared Coith Last Year (±%)	与多年平均比较 Compared With Some Years (±%)
总 计 Total	**139476**	**1330.6**	**1855.9**	**1590.3**	**-0.3**	**16.7**
淮河流域 Area of Huaihe River	66626	768.2	511.8	630.6	-32.8	-18.8
淮北西部 West of North of Huaihe River	20500	654.1	134.1	174.9	-43.6	-23.3
淮北东部 East of North of Huaihe River	16921	648.3	109.7	145.7	-36.9	-24.7
淮南西部 West of South of Huaihe River	20289	977.9	198.4	225.3	-20.3	-11.9
淮南东部 East of South of Huaihe River	8916	780.6	69.6	84.7	-31.2	-17.8
长江流域 Area of Changjiang River	66410	1777.0	1180.1	852.5	22.6	38.4
江北西部 West of North of Changjiang River	14624	1986.5	290.5	192.9	23.8	50.6
江北东部 East of North of Changjiang River	21515	1153.1	248.1	228.6	4.8	8.5
江南西部 West of South of Changjiang River	9250	2338.4	216.3	141.8	16.6	52.5
江南东部 East of South of Changjiang River	21021	2022.7	425.2	289.2	39.0	47.0
新安江流域 Area of Xinganjiang River	6440	2547.3	164.0	107.2	18.6	53.0

注：多年平均为1956年至1979年平均降水量。

主要统计指标解释

森林面积 指生长着乔木和竹林，郁闭度在0.3以上（不包括0.3）的林地面积，即有林地面积。它是反映森林资源总面积的重要指标。森林面积包括天然林面积和人工林面积。但不包括灌木林地和疏林地面积。

森林覆盖率 通常是指森林面积以及四旁树木的覆盖面积与土地总面积之比。森林覆盖率，是反映一个国家或地区森林资源和绿化水平的重要指标。计算公式：

$$森林覆盖率（\%）=\frac{森林面积}{土地总面积}\times 100\%$$

活立林总蓄积量 指全部土地上树木蓄积的总量。包括森林蓄积、疏林蓄积、散生木蓄积和四旁树蓄积。

森林蓄积量 指森林面积上生长着林木树干材积总量。它是反映一个国家或地区森林资源总规模和水平的重要指标。

水资源总量 指辖区内降水形成的地表、地下水量，不包括入境水量。水资源总量＝地表水资源量＋地下水资源量－重复量部分。

地表水资源量 指地表水体的动态水量，即河川径流量。

地下水资源量 指与降水、地表水有直接补排关系的动态地下水量。

降水量 指降水深度，即降水平铺在地域面积上的深度。

降水总量 即降水深度（mm）×地域面积

水资源蕴藏量 指水资源总量中可以开采的水量。

Explanatory Notes for Major Statistical Indicators

Forest Area refers to land of trees, and bamboo with canopy density above 0.3, including land of natural woods and planted woods but excluding bush land and thin forest land, which reflects the total ares of afforestation.

Forestry Cover－rate refers to the ratio of area of afforested land to total area of land(measured in percent). According to regulations of the country, when calculating Forestry Cover－rate, in addition to afforested land, bush land, forestry land inside farmland and along sides should be taken into account. This indicator reflects forestry resources and afforestation progress of a country or region. The statistics of Forestry Cover－rate in this statistical year book is calculated as follows:

$$\text{Forestry Cover} - \text{rate}(\%) = \frac{\text{Area of Forestry Land}}{\text{Area of Total Land}} \times 100\%$$

Total Standing Stock Volume refers to the total stock volume of trees growing in land, including trees in forest, tress in sparse forest, scattered trees and trees planted by the side of farm houses and along the roads, rivers and fields.

Stock Volume of Forest refers to total stock volume of wood growing in forest area, which shows the total size and level of forest resources of a country or a region.

Total Water Resources refers to surface water volume and shallow groand water volume by precipitation in the arce, not inclwed water from other area. Total water resouroes＝Surface water volume＋Shallow ground water repeat part.

Surface Water Volume refers to surface water flow. or flow volume of rivers.

Shallow Ground Water Volume refers to ground water flow, related to precipitation and surface water.

Precipitation refers to deep of precipitation, the deep of the area by precipitation.

Total Precipitation refers to deep×area.

Total Water Resources Stock Volume refers to the water volume that can be developed.

二、综　　合

GENERAL SURVEY

简要说明

一、本篇包括国民经济综合资料等内容。

二、国民经济综合资料中的“各部门机构数”统计口径同第一次基本单位普查范围；国民经济总量、速度、结构、比例和效益指标均来自本年鉴各篇。

三、国民经济综合资料由省统计局综合处整理。

本篇责任编辑：高士富

安 徽 经 济 的 发 展
ECONOMIC DEVELOPMENT OF ANHUI

		1981－1999年平均增长 1981－1999 Average Annual growth Rate
国内生产总值	Gross Domestic Products	11.2
#第三产业	Tertiary Industry	13.9
农业总产值	Gross Output Value of Agriculture	6.9
工业总产值	Gross Output Value of Industuy	16.4
货物运输量	Freight Traffic	8.0
全社会固定资产投资	Total Investment in Fixed Assets	22.1
社会消费品零售总额	Total Retail Sales of Consumer Goods	15.6
外贸出口总额	Total Value of Exports by Foreign Trade	21.8
财政收入	Financial Revenue	14.8

安 徽 的 一 天
ONE DAY IN ANHUI

国内生产总值	Gross Domestic Products	7.97	亿元	(1 billion yuan)
#第三产业	Tertiary Industry	2.43	亿元	(1 billion yuan)
农业总产值	Gross Output Value of Agriculture	3.38	亿元	(1 billion yuan)
工业总产值	Gross Output Value of Industuy	11.11	亿元	(1 billion yuan)
货物运输量	Freight Traffic	112.67	万吨	(10000 ton)
全社会住宅竣工面积	Total Floor Space of Residence Completed	16.89	万平方米	(10000 sq. m)
社会消费品零售总额	Total Retail Sales of Consumer Goods	2.68	亿元	(1 billion yuan)
财政收入	Financial Revenue	7695.00	万元	(10000 yuan)
出版报纸	Newspapers Published	171.73	万份	(10000)
实际利用外资	Foreign Capital Actually	179.89	万美元	(USD 10000)
海外旅游人数	Number Tourists Form Abroaad	688	人次	(persons)

安 徽 的 地 位
POSITION OF ANHUI IN THE COUNTRY

国内生产总值	Gross Domestic Products	占全国	13	Percentage in the country
#第三产业	Tertiary Industry	占全国	15	Percentage in the country
全社会固定资产投资总额	Gross Value of Total Investment by Fixed Assets	占全国	14	Percentage in the country
农业总产值	Gross Output Value of Agriculture	占全国	7	Percentage in the country
工业总产值	Gross Output Value of Industuy	占全国	12	Percentage in the country
社会消费品零售总额	Total Retail Sales of Consumer Goods	占全国	15	Percentage in the country
外贸进出口总额	Total Value of Imports and Exports	占全国	11	Percentage in the country
#出口总额	Total Value of Exports	占全国	11	Percentage in the country
粮食产量	Output of Grain	占全国	8	Percentage in the country
棉花产量	Output of Cotton	占全国	6	Percentage in the country
油料产量	Output of Oil－Bearing Crops	占全国	4	Percentage in the country
大学在校学生数	Students Enrollment in Institution of Higher Educatiog	占全国	16	Percentage in the country

安 徽 的 人 口
POPULATION OF ANHUI

年末人口	Population（year－end）	6205．52	万人	(10000 persons)
从业人员	Employment	3398．60	万人	(10000 persons)
#职工人数	Staff and Workers	483．70	万人	(10000 persons)
出生人数	Births	94．00	万人	(10000 persons)
死亡人数	Deaths	40．00	万人	(10000 persons)
结婚人数	Marriages	54．64	万对	(10000 pairs)
离婚人数	Divorces	3．76	万对	(10000 pairs)
人口密度	Density of Population	230	人/平方公里	(person/sq. km)
人口平均期望寿命	Life Expectancy	70．44	岁	(year)

2—1 各行业机构单位数(1999年)
Number of Grass Root Units in Various Sectors (1999)

行业类别	Industrial Category	单位数 Numbe of Units	法人单位 Legal units
合计	**Total**	**262350**	**161555**
农、林、牧、渔业	Agriculture, Forestry, Animal Husbandry, Fishery	14205	7050
农业	Agriculture	1009	695
林业	Forestry	2757	1685
畜牧业	Animal Husbandry	651	570
渔业	Fishery	1417	1174
农、林、牧、渔服务业	Services	8371	2926
采掘业	Excavation	3255	3013
煤炭采选业	Excavate Coal and Charcoal	528	460
石油和天然气开采业	Oil and Natural Gas Extract	1	
黑色金属矿采选业	Ferrous Metal Extract	172	158
有色金属矿采选业	Nonferros Metal Extract	245	226
非金属矿采选业	Nonmetal Extract	2147	2077
其他矿采选业	Other Extract	11	10
木材及竹材采运业	Timber and Banboo Extract	151	82
制造业	Manufecturing Industry	43171	40062
食品加工业	Food Processing Industry	7567	7079
食品制造业	Food Manufecturing Industry	1302	1113
饮料制造业	Beverage Manufecturing Industry	1570	1469
烟草加工业	Tobacco Processing Industry	23	22
纺织业	Textile Industry	1431	1290
服装及其他纤维制品制造业	Clothes and Other Fiber Products Industry	686	618
皮革、毛皮、羽绒及其制品业	Leather, fur and Feather Antd Their Products	402	388
木材加工及竹、藤、棕、草制品业	Limber Processing, Banboo, Cane, Palm Fiber and Grass Products	1668	1554
家具制造业	Furniture Manifecturing Industry	737	695
造纸及纸制品业	Papermaking and Paper Products Manifecturing Industry	1014	960
印刷业,记录媒介的复制业	Print, Recording Medium Reproducing Industry Manifecturing Industry	1110	978
文教体育用品制造业	Oil Processing and Cooking Industry	425	398
石油加工及炼焦业	Cultural, Educational and Sports Products	62	51
化学原料及化学制品制造业	Chemical Raw Material and Chemical Products Manufecturing Industry	1827	1639
医药制造业	Madicine Manufecturing Industry	331	303
化学纤维制造业	Chemical Fiber Manufecturing Industry	91	86
橡胶制品业	Rubber Products Manufecturing Industry	271	244
塑料制品业	Plastic Products Manufecturing Industry	1673	1560
非金属矿物制品业	Nonmetallic Ore Manufecturing Industry	11517	11085
黑色金属冶炼及压延加工业	Ferros Metal Smelt and Rolling Manufecturing Industry	259	229
有色金属冶炼及压延加工业	Nonferros Metal Smelt and Rolling Manufecturing Industry	243	233
金属制品业	Metal Manufecturing Industry	1967	1826
普通机械制造业	Common Machinary Manufecturing Industry	1872	1741
专用设备制造业	Specific Equipments Manufecture Industry	1168	1052
交通运输设备制造业	Transportation Facilities Manufecturing Industry	1227	996
电气机械及器材制造业	Electricity and Gas Machine and Equipment Manufecturing Industry	1046	919
电子及通信设备制造业	Electrinic and Telecommunication Facilities Manufecturing Industry	284	272
仪器仪表及文化、办公用机械制造业	Instrument, Meters, Cultural and Office－used Machine Manufecturing Industry	234	213
其他制造业	Other Manufecturing Industry	1161	1046

2—1 续表1　　2－1 Continued 1

行业类别	Industrial Category	单位数 Numbe of Units	法人单位 Legal units
电力、煤气及水的生产和供应业	Production and Supply of Electricity, Coal Gas and Water	1764	980
电力、蒸汽、热水的生产和供应业	Production and Supply of Electricity, Steam and Hot Water	1278	550
煤气生产和供应业	Production and Supply of Coal Gas	83	60
自来水的生产和供应业	Production and Supply of Running Water	403	370
建筑业	Construction Industry	5949	4769
土木工程建筑业	Civil Engineering	4656	3782
线路、管道和设备安装业	Line, Pipe and Equipment Installation	528	322
装修装饰业	Repairing and Decotation	765	665
地质勘探业、水利管理业	Geological Inspecting and Irrigation Management	2635	1044
地质勘探业	Eeological Inspecting	111	81
水利管理业	Irrigation Management	2524	963
交通运输、仓储及邮电通信业	Transportation, Wareuouse, Postal and Telecommunication	5831	2371
铁路运输业	Railway	260	39
公路运输业	Highway	1271	917
管道运输业	Pipe Transportation		
水上运输业	Water Transportation	352	304
航空运输业	Air Transportation	8	6
交通运输辅助业	Subsidiary of Transportation	1407	635
仓储业	Warehouse	328	208
邮电通信业	Postal and Telecommunication	2188	247
批发和零售贸易、餐饮业	Wholesale and Retail Trade and Catering	40490	18626
食品、饮料、烟草和家庭日用品批发业	Wholesale of Food, Bevearge, Tobacco and Daily Household Uses	10496	4675
能源、材料和机械电子设备批发业	Wholesale of Energy, Material, Machinary and Electrinic Equipments	4943	3727
零售业	Retailsales	17672	7105
商业经纪与代理业	Commercial Broker and Agent	98	89
餐饮业	Catering	2440	1317
金融、保险业	Finance and Insurance	10190	2890
金融业	Finance	9914	2672
中央银行	Central Bank	124	66
商业银行	Commercial Bank	4393	453
其他银行	Other Banks	254	83
信用合作社	Credit Cooperatives	4915	1959
信托投资业	Trust Investment	22	14
证券经纪与交易业	Securities Broker and Transaction	74	38
保险业	Insurance	276	218
房地产业	Real Estate	1883	1360
房地产开发与经营业	Development and Operation of Real Estate	939	860
房地产管理业	Management of Ral Estate	807	402
房地产代理与经纪业	Broker and Agent of Real Estate	137	98
社会服务业	Social Services	7925	5247
公共设施服务业	Public Facilities Services	986	744
市内公共交通业	Public Teransportation of City	203	143
园林绿化业	Gardens and Make Green Trees	144	125
自然保护区管理业	Management of Natural Protection District	21	18
环境卫生业	Envionment and Sanitation	181	136
市政工程管理业	Management of Municipal Projects	155	120
风景名胜区管理业	Management of Scenic Spots	27	22
其他公共服务业	Other Public Services	255	180
居民服务业	Resident Srevices	1276	787

2—1　续表 2　　　　2－1 Continued 2

行业类别	Industrial Category	单位数 Numbe of Units	法人单位 Legal units
旅馆业	Hotel	1730	1083
租赁服务业	Charter Business	93	62
旅游业	Tourisum	220	181
娱乐服务业	Entertaiment Services	308	207
信息、咨询服务业	Information and Consulting Services	2056	1444
广告业	Advertisment	423	382
咨询服务业	Consulting	737	529
其他类未包括的信息咨询服务业	Others	896	533
计算机应用服务业	Utinization of Computer	217	200
卫生、体育和社会福利业	Health Care, Sports and Social Welfares	20198	8650
卫　生	Health Care	18835	7972
医　院	Hospitals	14930	6011
疗养院	Sanatorium	24	15
专科防治所（站）	Prevention and Cure Station	135	83
卫生防疫站	Epidemic Prevention Stations	220	160
妇幼保健所（站）	Mother and Child Care Stations	375	118
药品检验所（室）	Madicine Inspection Stations	58	56
其他卫生	Other Health Care	3093	1529
体　育	Sports	73	58
社会福利保障业	Social Welfare Guarantee	1290	620
社会福利业	Social Welfare	1061	455
社会保险和救济业	Social Insurance and Disaster Reliefs	151	129
其他类未包括的社会福利保障业	Others	78	36
教育、文化艺术及广播电影电视业	Education, Culture, Art, Broadcasting and Film and TV	38347	15754
教　育	Education	33978	14102
高等教育	High Education	148	109
中等教育	Secondary Education	5017	3972
初等教育	Primary Education	27280	9217
学前教育	Education Before School	1027	453
特殊教育	Special Education	58	49
其他教育	Other Education	448	302
文化艺术业	Culture and Art	2224	1042
广播电影电视业	Broadcasting, Film and TV	2145	610
科学研究和综合技术服务业	Scientific Research and Gneral Technogical Services	1778	1391
科学研究业	Scientific Research	318	279
自然科学研究	Natural Scientific Research	193	180
社会科学研究	Social Scientific Research	54	37
综合技术服务业	General Technogical Services	1460	1112
气　象	Weather Forecasting	73	71
地　震	Earthquake	48	33
测　绘	Survey and Drawing	64	49
技术监督	Technical Supervision	377	237
海洋环境	Sea Enviroment	1	1
环境保护	Enviroment Prevention	198	121
技术推广和科技交流服务业	Technological Spread and Scientific and Technological Exchange	258	225
工程设计业	Projects Design	304	257
国家机关、政党机关和社会团体	Government Offices and Party Offices and Social Associations	62576	47149
基层群众自治组织	Mass Autonomy Organs	33980	33074
居民委员会	Resident' s Committees	2878	2820
村民委员会	Villager' s Committees	31102	30254

2—2 国民经济和社会发展总量与速度指标

指 标		Item		总量指标 1978	1980	1985
全省总人口	**(万人)**	**Population**	**(10000 persons)**	**4713**	**4893**	**5156**
#农业人口		Agricultural Population		4209	4337	4432
非农业人口		Non-agricultural Population		504	556	724
男性人口		Male		2439	2530	2683
女性人口		Femle		2274	2363	2473
就 业	**(万人)**	**Employment**	**(10000 persons)**			
从业人员数		Employment		1873	2002	2421
#职工人数		Staff and Workers		308.5	342.4	420.8
城镇登记失业人数		Registered Unemployed in Urban Ares				20.9
耕地面积	**(万公顷)**	**Cultivated Land**	**(10000 hecters)**	**446.9**	**444.6**	**442.2**
国民核算	**(亿元)**	**National Accounting**	**(100000000 yuan)**			
国内生产总值		Gross Domestic Product (GDP)		114.0	140.9	331.2
第一产业		Primary Industry		53.8	64.7	141.0
第二产业		Secondary Industey		40.5	50.1	117.8
第三产业		Tertiary Industry		19.7	26.1	72.4
工农业总产值	**(亿元)**	**Gross Output Value of Industry and Agriculture**	**(100000000 yuan)**	**178.2**	**214.3**	**475.5**
固定资产投资	**(亿元)**	**Investment in Fixed Assets**	**(100000000 yuan)**			
全社会固定资产投资总额		Total Investment in Fixed Assets			17.3	80.7
#基本建设投资		Investment in Capital Construction		13.1	14.6	27.1
更新改造投资		Investment in Updating and Transformation			2.3	12.6
#国有经济		State-Owned			16.9	41.7
集体经济		Collective Units			0.5	5.9
城 镇		Urban			0.5	3.7
农 村		Rural				2.2
个体经济		Individuals				33.1
财政收支	**(亿元)**	**Public Finance**	**(100000000 yuan)**			
财政收入		Revenue		22.5	20.3	30.2
#地 方		Local Governments		22.5	20.3	30.2
财政支出		Expenditures		18.2	16.7	33.9
金 融	**(亿元)**	**Finance**	**(100000000 yuan)**			
金融机构各项存款		Deposits of National Banking System		33.80	39.54	107.33
金融机构各项贷款		Loans of National Banking System		54.58	66.29	180.33
工资和福利		**Wage and Welfare**				
工资总额	(亿元)	Total Wage	(100000000 yuan)	16.77	22.68	38.66
职工平均工资	(元)	Average Wage for Stff	(yuan)	555	684	950
离休、退休、退职职工人数	(万人)	Number of Retired	(10000)			46.70
离退休、退职职工保险福利费	(亿元)	Labor Insurance and Welfare for Retired	(100000000 yuan)			3.36
物 价(上年=100)		**Price**	**(preceding year=100)**			
商品零售价格总指数		Overall Retail Price Index		100.0	103.4	106.4
农产品收购价格总指数		Overall Farm and Sideline Products Purchaging Price Index		103.0	105.3	105.2
居民消费价格指数		Overall Residents Cost of Liviing Index			104.1	107.1
利用外资	**(万美元)**	**Utilization of Foreign Capital**	**(USD 10000)**			
签订利用外资协议额		Amount of Foreign Capital for Utilization Through Signed Contracts or Agreements			114	2846
对外借款		Foreign Loans			112	903
外商直接投资		Foreign Direct Investments				785
外商其他投资		Other Foreign Investments			2	1158
能源生产与消费	**(万吨标准煤)**	**Production and Comsumption of Energy**	**(10000 tons of SCE)**			
能源生产总量		Total Energy Porduction				
能源消费总量		Total Energy Consumption				

Principal Aggregate Indicators On National Economic and Social Development and Their Related Indices and Growyh Rates

Aggregate Data				速度指标(%) Indices Growth Rates						
				指数 Index (1999 比以下各年) (1999 as Percentage of Following Years)				平均增长速度 Average Percentage Increase Rate		
1990	1995	1998	1999	1978	1980	1990	1998	1979－1999	1981－1999	1991－1999
5661	**6000**	**6152**	**6206**	**131.7**	**126.8**	**109.6**	**100.9**	**1.3**	**1.3**	**1.0**
4818	4956	4991	5001	118.8	115.3	103.8	100.2	0.8	0.8	0.4
843	1044	1161	1204	238.9	216.5	142.8	103.7	4.2	4.2	4.0
2934	3116	3191	3220	132.0	127.2	109.7	100.9	1.3	1.3	1.0
2727	2884	2961	2986	131.3	126.4	109.5	100.8	1.3	1.2	1.0
2808	3207	3379	3399	181.5	169.8	121.0	100.6	2.9	2.8	2.1
484.8	502.8	495.3	483.7	156.8	141.4	99.8	97.7	2.2	1.8	
28.7	29.9	27.6	28.0			97.6	101.4			−0.3
436.5	**429.1**	**425.2**	**424.3**	**94.9**	**95.4**	**97.2**	**99.8**	**−0.2**	**−0.2**	**−0.3**
658.0	2003.6	2805.5	2908.6	847.0	752.7	292.0	108.1	10.7	11.2	12.6
246.1	581.2	739.7	741.1	300.1	288.7	159.4	108.0	5.4	5.7	5.3
251.5	908.9	1253.5	1278.9	1641.3	1335.6	399.5	106.8	14.3	14.6	16.6
160.4	513.5	812.2	888.5	1503.0	1189.7	326.8	110.7	13.8	13.9	14.1
1041.2	**3875.9**	**5204.2**	**5290.7**	**1206.4**	**1074.0**	**381.4**	**106.5**	**12.6**	**13.3**	**16.0**
123.0	532.5	729.0	773.9		4473.4	629.2	106.2		22.1	22.7
38.6	170.0	252.0	277.4	2117.6	1900.0	718.7	110.1	15.6	16.8	24.5
23.1	96.4	109.7	124.8		5426.1	540.3	113.8		23.4	20.6
65.8	266.2	330.0	351.4		2079.3	534.0	106.5		17.3	20.5
12.2	96.5	142.0	129.0		25800.0	1057.4	90.8		33.9	30.0
4.6	18.3	24.8	25.6		5120.0	556.5	103.2		23.0	21.0
7.6	78.1	117.2	103.4			1360.5	88.2			33.6
45.0	124.8	161.0	167.8			372.9	104.2			15.7
52.9	147.0	262.1	280.8	1248.0	1383.3	530.8	107.2	12.8	14.8	20.4
52.9	83.8	159.2	174.3	774.7	858.6	329.5	109.5	10.2	12.0	14.2
61.6	135.9	242.1	288.6	1585.7	1728.1	468.5	119.2	14.1	16.2	18.7
293.44	1111.72	2004.29	2186.53	6469.0	5529.9	745.1	109.1	22.0	23.5	25.0
446.03	1279.25	2152.53	2180.85	3995.7	3289.9	488.9	101.3	19.2	20.2	19.3
86.66	228.13	271.26	278.49	1660.6	1227.9	321.4	102.7	14.3	14.1	13.8
1827	4609	5491	5767	1039.1	843.1	315.7	105.0	11.8	11.9	13.6
69.25	95.17	119.62	117.98			170.4	98.6			6.1
12.33	42.84	71.29	83.22			674.9	116.7			23.6
101.9	112.7	98.1	96.6	355.6	336.7	178.2	96.6	6.2	6.6	6.6
96.2	119.0	93.2	85.0	409.7	291.2	141.4	85.0	6.9	5.8	3.9
102.7	114.8	100.0	97.8	436.6	408.8	208.9	97.8	7.3	7.7	8.5
8721	133856	36799	85506		75005.3	980.5	232.4		41.7	28.9
6667	13216	5999	25638		22891.1	384.6	427.4		33.1	16.1
1920	120640	24300	55868			2909.8	229.9			45.4
134		6500	4000		2000倍	2985.1	61.5		49.2	45.8
	3188	3278	3354				102.3			
	4218	4558	4666				102.4			

2—2 续表1　　　　2－2 Continued 1

指标		Item		总量指标		
				1978	1980	1985
农　业		**Agriculture**				
农业总产值（当年价格）	（亿元）	Gross Output Value of Agriculture	（100000000 yuan）	71.1	84.6	198.2
农业主要产品产量		Output of Farm Products				
粮　食	（万吨）	Grain	（10000 tn）	1482.6	1453.9	2168.0
棉　花	（万吨）	Cotton	（10000 tn）	11.5	12.2	16.7
油　料	（万吨）	Oil－Bearing Crops	（10000 tn）	32.6	49.8	145.7
黄红麻	（万吨）	Fiber Crops	（10000 tn）	12.4	16.3	48.8
烤　烟	（万吨）	Tobacco	（10000 tn）	4.9	2.4	7.6
茶　叶	（万吨）	Tea	（10000 tn）	3.0	3.2	4.3
水　果	（万吨）	Fruit	（10000 tn）	9.1	10.0	13.9
猪、牛、羊肉	（万吨）	Pork, Beefand Mutton	（10000 tn）	46.9	51.8	71.4
肉猪出栏	（万头）	Sales and Slaughter of Meat Pig	（10000 heads）	693.9	692.4	879.0
水产品	（万吨）	Aquatic products	（10000 tn）	5.3	7.3	17.3
工　业		**Industry**				
工业总产值（当年价格）	（亿元）	Gross Output Value of Industry	（100000000 yuan）	107.1	129.7	277.3
工业主要产品产量		Output of Major Industrial Products				
家用电冰箱	（万台）	Household Refrigerators	（10000）			2.4
电视机	（万台）	TV Sets	（10000）	0.3	3.4	26.8
#彩　电	（万台）	Color TV Sets	（10000）			5.0
家用洗衣机	（万台）	Household Washing Machines	（10000）			13.2
纱	（万吨）	Yarn	（10000 tn）	8.5	10.8	13.5
原　煤	（万吨）	Coal	（10000 tn）	2453	2411	2905
发电量	（亿千瓦时）	Electricity	（100000000 kmh）	83.4	96.3	134.9
钢	（万吨）	Steel	（10000 tn）	89.5	136.3	194.3
成品钢材	（万吨）	Rolled Steel	（10000 tn）	70.0	79.0	140.5
建筑业		**Construction**				
建筑业企业人数	（万人）	Number of Employed Persons	（10000 persons）		27.0	33.4
建筑业总产值	（亿元）	Gross Output Value	（100000000 yuan）		9.8	21.3
施工房屋面积	（万平方米）	Floor Space of Buildings Under Construction	（10000 sq. m）		898.5	1227.5
竣工房屋面积	（万平方米）	Floor Space of Buildings Completed	（10000 sq. m）		443.5	574.6
交通运输		**Transportation**				
货物运输量	（万吨）	Volume of Freight Traffic	（10000 tn）	11776	9533	12775
#铁　路		Railways		3805	3322	4452
公　路		Highways		5978	5196	6117
水　运		Waterways		1993	1015	2206
空　运		Civil Aviation				
旅客运输量	（万人）	Volume of Passenger Traffic	（10000）	13250	18054	27212
#铁　路		Railways		2164	2572	2818
公　路		Highways		9733	13801	22926
水　运		Waterways		1353	1681	1465
空　运		Civil Aviation				3
邮电通信业		**Postal and Telecommunications Services**				
邮电业务总量(1990年不变价格)	（亿元）	Business Revenue of PTS(1990 constant prices)	（100000000 yuan）	0.91	1.02	1.55
函　件	（亿件）	Letters Delivered	（100000000）	0.88	1.00	1.42
交换机容量	（万门）	Switchboards Capacity	（10000）	5.67	11.62	18.66
城　市		Urben		5.67	6.22	9.34
农　村		Rural			5.40	9.32
电话机	（万部）	Telephonees	（10000）	5.90	6.12	8.37
城　市		Urben		3.89	4.12	6.17
农　村		Rural		2.01	2.00	2.20

2—2　续表 2　　　　2－2 Continued 2

Aggregate Data				速度指标（%）　Indices Growth Rates						
				指数　Index　（1999 比以下各年）(1999 as Percentage of Following Years)				平均增长速度 Average Percentage Increase Rate		
1990	1995	1998	1999	1978	1980	1990	1998	1979－1999	1981－1999	1991－1999
370.9	980.3	1202.3	1234.3	385.0	358.2	183.3	108.2	6.6	6.9	7.0
2520.1	2652.7	2590.5	2771.2	186.9	190.6	110.0	107.0	3.0	3.5	1.1
23.6	30.1	29.0	24.1	209.6	197.5	102.1	83.1	3.6	3.6	0.2
129.1	191.8	176.5	268.1	822.4	538.4	207.7	151.9	10.6	9.3	8.5
16.3	8.1	4.3	2.9	23.4	17.8	17.8	67.7	－6.7	－8.7	－17.5
7.5	4.3	4.7	5.2	106.1	216.7	69.3	112.0	0.3	4.2	－4.0
5.4	4.6	5.0	4.9	163.3	153.1	90.7	98.8	2.4	2.3	－1.1
27.0	52.7	82.5	96.2	1057.1	962.0	356.3	116.6	11.9	12.7	15.2
97.6	165.8	229.4	235.2	501.5	454.1	241.0	102.5	8.0	8.3	10.3
1032.7	1674.6	2239.4	2316.1	333.8	334.5	224.3	103.4	5.9	6.6	9.4
29.1	75.2	146.2	153.9	2903.8	2108.2	528.9	105.3	17.4	17.4	20.3
670.3	2895.6	4001.9	4056.4	2120.9	1801.2	488.1	106.1	15.7	16.4	19.3
34.5	150.4	120.5	138.2			400.6	114.7			16.7
72.6	79.0	75.4	93.2	31066.7	2741.2	128.4	123.6	31.4	19.0	2.8
9.0	20.3	45.5	85.9			954.4	188.8			28.5
34.0	127.7	212.2	145.7			428.5	68.7			17.5
17.5	22.3	23.1	26.2	308.2	242.6	149.7	113.4	5.5	4.8	4.6
3205	4444	4572	4677	190.7	194.0	145.9	102.3	3.1	3.5	4.3
194.2	310.3	316.2	319.3	382.9	331.6	164.4	101.0	6.6	6.5	5.7
248.1	325.5	405.8	424.3	474.1	311.3	171.0	104.6	7.7	6.2	6.1
188.3	267.6	325.0	388.8	555.4	492.2	206.5	119.6	8.5	8.7	8.4
31.7	38.8	64.6	70.0		259.3	220.8	108.4		5.1	9.2
35.0	140.1	235.6	277.3		2829.6	792.3	117.7		19.2	25.9
1075.3	1985.4	3596.4	4243.6		472.3	394.6	118.0		8.5	16.5
512.6	853.3	1858.6	2249.7		507.3	438.9	121.0		8.9	17.9
44643	40462	37288	41124	349.2	431.4	92.1	110.3	6.1	8.0	－0.9
4189	5103	5414	5856	153.9	176.3	139.8	108.2	2.1	3.0	3.8
35427	30236	27198	29894	500.1	575.3	84.4	109.9	8.0	9.6	－1.9
5027	5122	4674	5371	269.5	529.2	106.8	114.9	4.8	9.2	0.7
0.1	1.0	1.8	2.5			2500.0	138.9			43.0
39530	57881	59383	61004	460.4	337.9	154.3	102.7	7.5	6.6	4.9
2342	2537	2616	2855	131.9	111.0	121.9	109.1	1.3	0.6	2.2
35706	54153	55715	57120	586.9	413.9	160.0	102.5	8.8	7.8	5.4
1470	1098	920	882	65.2	52.5	60.0	95.9	－2.0	－3.3	－5.5
12	93	132	147			1225.0	111.4			32.1
3.40	22.65	57.33	78.92	8672.5	7737.3	2321.2	137.7	23.7	25.7	41.8
1.65	2.43	1.44	1.68	190.9	168.0	101.8	116.7	3.1	2.8	0.2
52.65	245.33	430.42	498.70	8795.4	4291.7	947.2	115.9	23.8	21.9	28.4
39.98	198.23	276.41	314.36	5544.3	5054.0	786.3	113.7	21.1	22.9	25.8
12.67	47.10	154.01	184.34		3413.7	1454.9	119.7		20.4	34.6
29.93	124.05	297.24	338.81	5742.5	5536.1	1132.0	114.0	21.3	23.5	30.9
24.90	102.96	212.19	219.24	5636.0	5321.4	880.5	103.3	21.2	23.3	27.3
5.03	21.08	85.04	119.57	5948.8	5978.5	2377.1	140.6	21.5	24.0	42.2

2—2 续表 3　　　　2－2 Continued 3

指　　标		Item		总量指标		
				1978	1980	1985
商　　业		**Domestic Ttrade**				
社会消费品零售总额	（亿元）	Total Value of Retail Sales	（101000000）	46.7	62.5	119.9
对外贸易		**Foreign Trade**				
进出口总额	（万美元）	Total Value of Imports and Exports	（USD 10000）	1062	3982	43013
出口额		Imports		1062	3982	30693
进口额		Exports				12320
国际旅游		**International Tourism**				
海外旅游人数	（万人次）	Number of Tourists from Abroad	（10000 persons）		1.27	3.87
旅游外汇收入	（万美元）	Foreing Exchange Earnings from Tourism	（USD 10000）		104.3	117.0
教　　育	**（万人）**	**Education**	**（10000）**			
专任教师数		Full－time Techers				
高等学校		Institutions of Higher Education		0.76	0.90	1.03
中等专业学校		Specialized Secondary Schools		0.3	0.4	0.6
普通中学		Regular Secondary Schools		12.2	11.8	10.2
小　学		Primary Schools		27.1	28.5	26.5
在校学生数		Students Enrollment				
高等学校		Institutions of Higher Education		2.94	3.95	5.67
中等专业学校		Specialized Secondary Schools		2.5	4.7	5.9
普通中学		Regular Secondary Schools		288.9	247.1	212.7
小　学		Primary Schools		796.2	808.0	727.9
科　　技		**Science and Technology**				
科学家、工程师数	（万人）	Number of Scientists and Engineers	（10000 persons）			
研究与发展经费支出	（万元）	Expenditures on Research and Development	（10000 yuan）			
文　　化		**Culture**				
出版数量		Publications				
图　书	（万册）	Number of Books Published	（10000 copies）	10286	12026	20708
杂　志	（万册）	Number of Magazines Issued	（10000 copies）		1118	2375
报　纸	（万份）	Number of Newspapers Issue	（10000 copies）		22956	43826
卫　　生		**Health Care**				
医院床位数	（万张）	Number of Hospital Beds	（10000）	7.1	7.6	8.4
卫生技术人员	（万人）	Number of Professional Medical Persons	（10000）	9.6	10.5	12.3
#医　生		Doctors		4.2	4.2	4.6
人民生活		**Livelihood**				
城镇住户人均可支配收入	（元）	Per Capita Disposable Income			398	634
城镇住户人均居住面积	（M^2）	Per Capita Living Areas of Urban Households	（squre meters）		5.9	8.0
农村住户人均年纯收入	（元）	Per Capita Net Income of Rural Households		113.3	184.8	369.4
农村住户人均住房面积	（M^2）	Per Capita Living Areas of Rural Households	（squre meters）	8.5	9.2	13.2
城乡居民储蓄存款年末余额	（亿元）	Year－End Surplus of Rural and Urban Household Savings	（100000000）	3.9	8.8	38.4
市政建设		**City Construction**				
自来水供应量	（万立方米）	Volume of Tap Water Supply	（10000 M^3）	20538	24243	38818
下水道长度	（公里）	Length of Sewer Pipelines	（km）	341	400	691
城市煤气供应量	（万立方米）	Volume of Coal Gas Supply in Urban Areas	（10000 cu.m）	627	1672	4238
公共汽（电）车运营总数	（辆）	Total Number of Public Buses and Trolley Buses	（unit）	584	739	1103
道路长度	（公里）	Length of Roads	（km）	670	727	1440
园林绿地面积	（公顷）	Area of Urban Gardens and Green Areas	（hectare）	2758	2761	5416
环境、灾害		**Environment and Disaster**				
治理污染完成投资额	（万元）	Funds Used for Pollution Treatment	（10000 yuan）			4456
火灾发生数	（起）	Number of Fire Disasters				
火灾损失	（万元）	Fire Loss	（10000 yuan）			
交通事故发生数	（起）	Number of Traffic Accidents				
交通事故损失	（万元）	Loss of Traffic Accidents	（10000 yuan）			

2—2　续表 4　　　　2－2 Continued 4

Aggregate Data				速度指标（%）　Indices Growth Rates						
				指数　Index　（1999 比以下各年）(1999 as Percentage of Following Years)				平均增长速度 Average Percentage Increase Rate		
1990	1995	1998	1999	1978	1980	1990	1998	1979－1999	1981－1999	1991－1999
226.5	586.5	924.8	979.1	2096.6	1566.6	432.3	105.9	15.6	15.6	17.7
73668	200739	226557	264894	24942.9	6652.3	359.6	116.9	30.1	24.7	15.3
65409	139358	148592	167657	15786.9	4210.4	256.3	112.8	27.3	21.8	11.0
8259	61381	77965	97237			1177.3	124.7			31.5
11.45	14.29	18.42	25.12		1978.0	219.4	136.4		17.0	9.1
620.0	4435.9	7036.1	9015.8		8644.1	1454.2	128.1		26.5	34.6
1.17	1.16	1.16	1.24	163.2	137.8	106.0	106.9	2.4	1.7	0.6
0.8	0.8	1.0	1.0	333.3	250.0	125.0	102.8	5.9	4.9	2.5
12.7	14.0	14.9	15.3	125.4	129.7	120.5	102.5	1.1	1.4	2.1
27.1	26.7	27.5	27.7	102.2	97.2	102.2	100.4	0.1	－0.1	0.2
6.24	8.80	10.49	13.30	452.4	336.7	213.1	126.8	7.5	6.6	8.8
8.2	12.1	16.9	20.5	820.0	436.2	250.0	121.1	10.5	8.1	10.7
218.2	281.5	322.4	339.9	117.7	137.6	155.8	105.4	0.8	1.7	5.0
633.2	606.9	648.6	641.9	80.6	79.4	101.4	99.0	－1.0	－1.2	0.2
	3.84	4.21	3.32				78.9			
	27421	77587	115224				148.5			
22117	27555	36936	34952	339.8	290.6	158.0	94.6	6.0	5.8	5.2
1825	3197	4411	4685		419.1	256.7	106.2		7.8	11.0
32258	47569	53906	62682		273.1	194.3	116.3		5.4	7.7
9.6	11.0	11.5	11.4	160.6	150.0	118.8	99.1	2.3	2.2	1.9
13.6	15.1	15.4	15.3	159.4	145.7	112.5	99.5	2.2	2.0	1.3
5.9	6.7	6.8	6.9	164.3	164.3	116.9	102.1	2.4	2.6	1.8
1355	3779	4770	5065		1272.6	373.8	106.2		14.3	15.8
10.6	11.6	13.1	13.3		225.4	125.5	101.8		4.4	2.6
539.2	1302.8	1863.1	1900.3	1676.6	1028.3	352.4	102.0	14.4	13.0	15.0
15.8	17.8	20.6	21.4	251.8	232.6	135.4	103.9	4.5	4.5	3.4
163.0	683.9	1175.1	1302.9	33407.7	14805.7	799.3	110.9	31.9	30.1	26.0
237322	192887	193767	194832	948.6	803.7	82.1	100.5	11.3	11.6	－2.2
1214	3008	3781	3998	1172.4	999.5	329.3	105.7	12.4	12.9	14.2
18607	36444	30934	27773	4429.5	1661.1	149.3	89.8	19.8	15.9	4.6
1383	3027	5160	5840	1000.0	790.3	422.3	113.2	11.6	11.5	17.4
3426	4799	5621	5774	861.8	794.2	168.5	102.7	10.8	11.5	6.0
17543	26556	30915	31317	1135.5	1134.3	178.5	101.3	12.3	13.6	6.7
12021	44948	31226	43543			362.2	139.4			15.4
1334	2012	4782	6289			471.4	131.5			18.8
1217	2946	4043	3754			308.5	92.9			13.3
7399	4137	5586	8235			111.3	147.4			1.2
949	1698	3360	3446			363.1	102.6			15.4

2—3 国民经济和社会发展比例和效益指标
Proportional and Beneficial Indicators of National Economy and Social Development

指标		Item		1985	1990	1995	1998	1999
人口		**Population**						
城乡结构	(%)	Urban and Rural Structure	(%)					
农业		Agricultural		86.0	85.1	82.6	81.1	80.6
非农业		Non－agricultural		14.0	14.9	17.4	18.9	19.4
性别结构	(%)	Sexual Structure	(%)					
男		Male		52.0	51.8	51.9	51.9	51.9
女		Female		48.0	48.2	48.1	48.1	48.1
出生率	(‰)	Brith Rate	(‰)	15.6	24.47	16.07	15.74	15.10
死亡率	(‰)	Death Rate	(‰)	5.4	6.25	6.41	6.54	6.50
自然增长率	(‰)	Natural Growth Rate	(‰)	10.2	18.22	9.66	9.20	8.60
就业		**Employment**						
三次产业从业者比例（以第一产业为 100）		Proportion of Employment by Type of Indnstry						
第一产业		Primary Industry		100	100	100	100	100
第二产业		Secondary Industry		21.0	22.7	29.5	27.8	28.1
第三产业		Tertiary Industry		17.5	21.7	35.3	40.5	41.1
国民核算		**National Accounting**						
国内生产总值产业结构	(%)	Industrial Structure	(%)					
第一产业		Primary Industry		42.5	37.4	29.0	26.4	25.5
第二产业		Secondary Industry		35.6	38.2	45.4	44.7	44.0
第三产业		Tertiary Industry		21.9	24.4	25.6	28.9	30.5
三次产业增加值比例（以第一产业为 100）		Proportion of Value－added by Type of Indnstry						
第一产业		Primary Industry		100	100	100	100	100
第二产业		Secondary Industry		83.5	102.2	156.4	169.5	172.6
第三产业		Tertiary Industry		51.3	65.2	88.4	109.8	119.9
全社会劳动生产率	(元/人)	Overall Labor Productivity	(yuan/person)	1400	2379	6332	8372	8582
第一产业		Primary Industry		798	1286	3018	3710	3691
第二产业		Secondary Industry		3729	5728	16201	22504	22773
第三产业		Tertiary Industry		2550	3883	7596	10140	10845
固定资产投资		**Investment in Fixed Assets**						
经济类型结构	(%)	Structure by Ownership	(%)					
#国有经济		State－owned		51.7	53.5	50.0	45.3	45.4
集体经济		Collective Owned		7.3	9.9	18.1	19.5	16.7
个体		Individual		41.0	36.6	23.4	22.1	21.7
资金来源结构	(%)	Structure of Funded Sources	(%)					
国家预算内资金		State Budgetary Appropriation		13.4	7.5	3.4	3.5	6.0
国内贷款		Domestic Loans		17.0	19.6	27.5	19.4	16.2
利用外资		Foreign Investment		0.2	1.1	5.5	4.3	1.8
自筹和其他投资		Fundraising		69.4	71.8	63.6	72.8	76.0
全社会固定资产投资相当于国内生产总值比例	(%)	Proportion of TIFA to GDP	(%)	24.4	18.7	26.6	26.0	26.6

2—3　续表 1　　2－3 Continued 1

指　标　Item		1985	1990	1995	1998	1999
全社会房屋建筑面积竣工率（%）	Completion Rate of Total Floor Space of Buildings Completed （%）	88.5	90.0	82.7	80.8	81.4
基本建设固定资产交付使用率（%）	Rate of Fixed Assets Transferred and in Use （%）	81.4	66.6	59.6	51.0	60.5
基本建设项目建成投产率（%）	Rate of Projects Completed and Put into Use （%）	46.3	47.7	58.7	51.2	51.1
财　政	**Finance**					
财政收入相当于国内生产总值比例（%）	Proportion of Government Revenue to GDP （%）	9.1	8.0	7.3	9.3	9.7
财政支出相当于国内生产总值比例（%）	Proportion of Government Expenditures to GDP	10.2	9.4	6.8	8.6	9.9
物价指数	**Price Index**					
工农商品综合比价指数（%）	Overall Industrial and Agricultural Products Price Parity Index （%）	97.2	107.7	95.2	106.2	112.6
利用外资	**Utilization of Foreign Capital**					
实际利用外资额相当于签订利用外资额比例（%）	Value of Foreign Actuall Used to Foreign Capital TSA （%）	65.7	57.6	57.3	188.2	76.8
能源生产与消费	**Production and Consumtion of Energy**					
每万元国内生产总值消耗的能源（吨）	Energy Consumption of 10000 yuaan GDP （tn）			2.1	1.6	1.6
农　业	**Agriculture**					
人均耕地面积（公顷）	Per Capita Cultivated Land （ha）	0.09	0.08	0.07	0.07	0.07
农业从业者人均耕地面积（公顷）	Per Capita Cultivated Land of FFAF of Labor （ha）	0.25	0.23	0.22	0.21	0.21
每公顷耕地农业机械总动力（千瓦）	Total Power of Agricultural Machinery Per ha （kw）	1.88	2.99	4.28	5.98	6.51
每公顷耕地用电量（千瓦小时）	Elctricity Consumption Per ha （kwh）	306	540	871	934	1034
每公顷耕地化肥施用量（公斤）	Chemical Fertilizer Applied Per ha （kg）	257	331	474	596	602
每公顷耕地生产的农业产值（万元）	Value of Agriculture Production Per ha （10000 yuan）	0.33	0.60	1.49	1.60	1.66
农业从业者人均农产品产量（公斤）	Output of Farm Capota （kg）					
粮　食	Grain	1242	1331	1383	1310	1391
棉　花	Cotton	10	12	16	15	12
油　料	Oil－Bering Crops	83	68	100	89	135
肉　类	Pork, Beef and Mutton	50	63	103	146	150
水产品	Aquatic Products	10	15	39	74	77
每公顷播种面积农产品产量（公斤）	Output of Farm Crops Per ha （kg）					
粮　食	Grain	3675	4035	4533	4324	4669
棉　花	Cotton	705	810	680	733	795
油　料	Oil－Bering Crops	1335	1290	1518	1440	2009
工　业	**Industrial Poduction**					
全部工业总产值结构（%）	Structure of Gross Output Value of Industrial Enterprises at Township and Higher Levels （%）					
按经济类型分	By Ownership					
国有工业	State－owned	66.5	58.2	29.6	19.9	14.5
集体工业	Collective Owned	27.4	32.0	43.9	43.5	43.7

2—3 续表 2　　　　2－3 Continued 2

指　　标	Item	1985	1990	1995	1998	1999
城乡个体工业	Individual Owned	6.0	9.3	19.4	19.8	19.8
其他经济类型工业	Other Ownership	0.1	0.5	7.1	16.8	22.0
独立核算企业效益（%）	Econmic Results of IE with Independent Accouunting System (%)					
固定资产利税率	Per－tax Profits/Fixed Assets	22.5	14.4	13.2	7.0	7.9
资金利税率	Per－tax Profits/Total Funds	22.1	13.1	9.8	5.4	6.6
产值利税率	Per－tax Profits/Gross Output	17.5	10.6	7.7	7.2	9.0
国有独立核算企业效益（%）	Econmic Results of State－owned IE with Independent Accounting System (%)					
固定资产利税率	Per－tax Profits/Fixed Assets	21.6	13.8	10.4	8.2	8.8
资金利税率	Per－tax Profits/Total Funds	22.3	13.0	8.8	7.1	8.4
产值利税率	Per－tax Profits/Gross Output	19.2	12.0	8.6	10.9	12.6
建筑业	**Construction**					
建筑业总产值结构	Structure of Gross Output Value of Construction Enterprises					
国有经济	State－owned	71.1	77.0	77.0	48.3	49.5
城镇集体经济	Collective Owned	28.9	23.0	22.1	45.2	42.5
私营经济	Private				0.3	0.9
联营经济	Joint－owned				4.8	0.1
股份制经济	Share Holding			0.7	1.0	6.7
外商投资经济	Foreign Funded					0.2
港澳台商投资经济	Funded by Entrepreneurs from Hong Kong, Macao & Taiwan				0.4	0.1
技术装备率（元/人）	Per Capita Machinery (yuan/person)		2499	4252	3800	4106
产值利税率（%）	Per－tax/Gross Output Value (%)	7.05	3.86	2.97	3.40	3.80
全员劳动生产率（按总产值计算）（元/人）	Overall Labor Productivity (by gross output value) (yuan/person)	6365	11066	36080	36498	39614
交通运输	**Transportation**					
客运量弹性系数	Elasticity of Passenger Traffic	0.01	15.00	2.20	0.26	0.33
货运量弹性系数	Elasticity of Freignt Traffic	0.22	71.86	－0.49	－0.33	1.27
铁路网密度（公里/万平方公里）	Railway Density (km/10000 sq. km)	103	110	126	155	155
公路网密度（公里/万平方公里）	Highway Density (km/10000 sq. km)	1936	2161	2524	2817	2931
邮电通信业	**Postal and Telecommuncations Services**					
邮电业务总量弹性系数	Elasticity of Postal and Teleconmmuncations Services	1.26	6.10	3.20	4.65	4.65
国内商业（%）	**Domestic Trade** (%)					
社会消费品零售总额结构	Structure of Total Value of Retail Sales					
国有商业	State－owned Trade	37.3	33.5	33.4	21.2	19.5
集体商业	Collective Owned	35.6	31.6	23.8	18.6	17.6
私营企业	Private Trade			0.5	1.8	3.0
个体经济	Individual	17.9	21.2	25.4	34.1	37.1

2—3　续表 3　　　2－3 Continued 3

指　标		Item		1985	1990	1995	1998	1999
外商投资商业		Foreign Funded Trade				0.2	0.2	0.3
港澳台商投资商业		Trade Funded by Entrepreneurs from Hong Kong, Macao & Taiwan				0.3	0.3	0.4
其他经济		Others		9.2	13.7	15.3	17.0	22.1
对外经济贸易和国际旅游		**Foreign Trade and International Tourism**						
进出口总额相当于国内生产总值比例	(%)	Total Value of I&E as Percentage of GDP	(%)	3.5	4.2	8.3	6.7	7.6
每一来华游客支出	(美元)	Per Capita Foreign Exchange Income From Tourism of Tuorists	(USD)	30	54	311	382	359
金　融	(%)	**Finance**	(%)					
金融机构存款相当于国内生产总值比例		Bank Deposits as Percentage of GDP		32.4	44.6	55.5	71.4	75.2
金融机构贷款相当于国内生产总值比例		Bank Loans asPercentage of GDP		54.4	67.8	63.8	76.7	75.0
银行现金支出相当于收入比例		Proportion of Cash Revenue and Expenditures		108.0	105.5	99.3	99.5	99.7
教　育		**Education**						
学龄儿童入学率	(%)	Rate of School－aged Children Enrollment	(%)	94.8	98.2	99.7	99.8	99.6
小学升学率	(%)	Rate of Graduates of Primary Schools Entering Junior Middle Schools	(%)	61.8	68.5	98.8	97.4	97.0
初中升学率	(%)	Rate of Graduates of Junior Middle Schools Entering Junior Middle Schools	(%)	28.3	26.6	31.6	29.3	31.9
学校教师负担学生数	(人)	Students per teacher						
高等学校		College and University		5.5	5.3	7.6	9.1	10.8
中等学校		Secondry School		20.0	16.6	19.9	21.7	22.3
小学学校		Primary School		27.5	23.4	22.7	23.6	23.2
科　技		**Science and Technology**						
科技活动经费收入结构	(%)	Structure of Funding for Scientific and Technological Expenditure	(%)					
科研单位		In Research Institutions				42.5	35.4	41.2
大中型工业企业		In Large and Medium Industrial Enterprises				49.5	54.2	51.0
高等院校		In Institutes of Higher Education				8.0	10.4	7.8
科技活动经费支出结构	(%)	Structure of Expenditures on Scientific and Telenological Activitise	(%)					
#研究与发展经费支出		Research and Development Expenses				20.5	35.9	40.8
研究与发展经费支出相当于国内生产总值比例	(%)	R&D Expenditures as Percentage of GDP	(%)			0.14	0.28	0.40

2—3 续表4 2－3 Continued 4

指标	Item	1985	1990	1995	1998	1999
文　化	**Culture**					
每万人有艺术表演团体（个）	Art performance troupps per 10000 persons	0.02	0.02	0.02	0.02	0.02
每万人有公共图书馆（个）	Public libaries per 10000 persons	0.02	0.01	0.01	0.01	0.01
每万人有博物馆（个）	Museums per 10000 persons	0.003	0.005	0.005	0.006	0.006
家　庭	**Family**					
负担少儿系数（%）	Dependancy Ratio of Chilren (%)	47.2	42.9	41.5	36.7	36.2
负担老年系数（%）	Dependancy Ratio of the Aged (%)	7.2	8.2	10.2	10.3	10.9
福　利	**Welfare**					
离退休退职相当于在职人数比例（%）	Ratio of Veveran Cadres Who Step Down and Retied to Employed S&W (%)	11.1	14.3	18.9	24.2	28.9
卫　生	**Health Care**					
医生结构（%）	Doctors by Type (%)					
中　医	Doctors of Traditional Chinese Medicine	21.4	18.4	15.6	14.0	13.6
西医师	Doctors of Western Medicine	49.0	63.4	64.2	64.4	64.9
西医士	Paramedics of Western Medicine	29.6	18.2	20.2	21.6	21.5
医院、卫生院病床结构（%）	Hospital Beds by Area (%)					
市医院	Hospitals at City Level	36.5	45.9	49.2	53.3	53.4
县医院	Hospitals at County Level	63.5	54.1	50.8	46.7	46.6
每万人医院数（个）	Hospitals Per 10000 Persons	0.6	0.6	0.5	0.5	0.5
每万人医生数（人）	Doctors Per 100000 Persons	9	11	11	11	11
医院病床使用率（%）	Utilization Rate of Hospital Beds (%)	80.6	80.9	66.2	58.0	58.9
市政建设	**City Construction**					
城市自来水普及率（%）	Percentage of Tap Water for Household Use (%)	76.8	92.9	93.3	93.6	92.8
城市用气普及率（%）	Percentage of Gas for Household Use (%)	11.4	26.8	55.6	68.3	73.2
人均绿地面积（平方米）	Public Green Areas Per Persons (M^2)	2.5	5.9	6.1	6.7	6.7
环境、灾害	**Environment and Disasters**					
治理污染完成投资结构（%）	Uses of Funds in Pollution Treatment (%)					
治理废水	Waste Water Treatment	58.1	60.2	57.3	62.4	54.9
治理废气	Waste Gas Treatment	26.6	21.8	25.8	28.0	34.2
治理固体废物	Solid Wastes Treatment	7.0	4.0	7.8	3.3	5.8
治理噪声	Noise Abatement	3.6	2.1	1.5	0.7	0.5
其　他	Others	4.7	11.9	7.6	5.6	4.6
火灾事故损失额结构（%）	Structure of Fire Losses Converted into Cash (%)					
特　大	Extraordinarily Serious Fires		18.1	10.6		3.5
重　大	Serious Fires		33.1	39.6	17.5	11.0
一　般	Ordinary Fires		48.8	49.8	82.5	85.5
交通事故损失结构（%）	Structure of Losses of Traffic Accidents Converted into Cash (%)					
特　大	Extraordinarily Serious Accidents		4.2	11.6	11.9	5.5
重　大	Serious Accidents		12.6	40.2	31.8	36.2
一　般	Ordinary Accidents		83.2	48.2	56.3	58.3

2—4　主要年份按人口平均的国民经济主要指标
Per Capital Main Indicators of National Economy in Major Years

指　标 Item	1978	1980	1985	1990	1995	1998	1999
国内生产总值 （元/人） Gross Domestic Product （Yuan）	244	291	646	1182	3357	4576	4707
工农业总产值 （元/人） Gross Output Value of Industry and Agriculture （yuan）	381	442	927	1871	6493	8488	8563
农业总产值 （元/人） Gross Output Value of Agriculture （yuan）	152	175	386	667	1642	1961	1998
工业总产值 （元/人） Gross Output Value of Industry （yuan）	229	267	541	1204	4851	6527	6565
主要农产品产量 Output of Farm Products							
粮　食 （公斤/人） Grain （kg）	317	300	423	453	444	423	448
棉　花 （公斤/人） Cotton （kg）	2.5	2.5	3.3	4.2	5.1	4.7	3.9
油　料 （公斤/人） Oil－Bearing Crops （kg）	7.0	10.3	28.3	23.2	32.0	28.8	43.4
黄红麻 （公斤/人） Fiber Crops （kg）	2.7	3.4	19.0	5.8	1.4	0.7	0.5
烤　烟 （公斤/人） Tobacco （kg）	1.1	0.5	1.5	1.4	0.7	0.8	0.8
猪、牛、羊肉 （公斤/人） Pork, Beef and Mutton （kg）	10.1	10.7	13.9	17.5	27.8	37.4	38.1
水产品 （公斤/人） Aquatic Products （kg）	1.1	1.5	3.4	5.1	12.5	23.6	24.9
主要工业产品产量 Output of Major Industrial Products							
家用电冰箱 （台/万人） Household Refrigerators （per 10000）			4.6	61.9	251.9	196.5	223.7
电视机 （台/万人） TV Sets （per 10000）	0.7	6.9	52.3	130.4	132.4	123.0	150.8
#彩色电视机 Color TV set			9.7	16.2	34.0	74.2	139.0
家用洗衣机 （台/万人） Household Washing Machines （per 10000）			25.7	61.2	214.0	346.1	235.8
纱 （公斤/人） Yarn （kg）	1.8	2.2	2.6	3.1	3.7	3.8	4.2
原　煤 （公斤/人） Coal （kg）	525.3	497.4	566.4	576.0	744.5	745.7	756.9
发电量 （千瓦时/人） Electricity （kmh）	178.5	198.7	263.0	349.0	519.9	515.7	516.8
钢 （公斤/人） Steel （kg）	17.9	19.9	37.9	44.6	54.5	66.2	68.7
基本建设投资额 （元/人） Total Investment in Capital Construction （yuan）	28.2	30.0	52.8	69.4	284.8	411.0	448.9
社会消费品零售总额 （元/人） Total Value of Retail Sales （yuan）	99.1	127.7	233.8	400.2	982.6	1508.4	1584.6
财政收入 （元/人） Government Revenue （yuan）	48.1	41.8	58.8	95.0	246.3	427.5	454.5
财政支出 （元/人） Government Expenditures （yuan）	38.9	34.4	66.0	110.7	227.3	394.9	466.8
城乡居民储蓄存款余额 （元/人） Saving Surplus of Urban and Rural Households （yuan）	8.4	18.1	74.9	289.6	1145.8	1916.7	2108.6
高等学校在校学生 （人/万人） Student Enrollment in Institutions of Higher Education （per 10000）	6.2	7.7	11.0	11.0	14.6	17.1	21.5
中等专业学校在校学生 （人/万人） Student Enrollment in Specialized Secondary Schools （per 10000）	5.4	9.6	11.4	14.8	20.2	27.6	33.2
医院床位数 （张/万人） Number of Hospital Beds （per 10000）	15.0	15.6	16.3	16.9	18.2	18.7	18.4
卫生技术人员数 （人/万人） Number of Professional Medical Persons （per 10000）	20.4	21.4	23.8	24.0	25.1	25.1	24.8

注：1. 本表价值量指标均按当年价格计算。
In value terms figures at current prices.
2. 人口按年平均人口计算。
At annual average population.

2—5 平均每天主要社会经济活动
Selected Indicators of Average Daily Social and Economy Activities

指标		Item		1985	1990	1995	1998	1999
每天创造的财富		**Daily Production**						
国内生产总值	(万元)	Gross Domestic Product	(10000 yuan)	9075	18028	54893	76862	79687
第一产业		Primary Industry		3862	6744	15924	20266	20305
第二产业		Secondary Industry		3229	6890	24901	34343	35039
#工　业		Industry		2777	6118	22527	30492	31123
建筑业		Construction		451	772	2373	3851	3916
第三产业		Tertiary Industry		1984	4394	14068	22253	24343
#运输邮电		Transportation, Postal Telecommunications Services		426	887	2524	4172	4464
商　业		Commerce		583	1204	4259	7085	7768
工农业总产值	(万元)	Gross Output Value of Industry and Agriculture	(10000 yuan)	13028	28528	106189	142581	144951
农业总产值		Gross Output Value of Industry		5431	10163	26858	32940	33817
工业总产值		Gross Output Value of Agriculture		7596	18365	79331	109641	111134
财政收入	(万元)	Government Revenue	(10000 yuan)	826	1449	4027	7181	7695
粮　食	(吨)	Grain	(tn)	59397	69044	72678	70973	75923
棉　花	(吨)	Cotton	(tn)	457	647	825	795	660
油　料	(吨)	Oil－Bearing Crops	(tn)	3992	3538	5254	4836	7345
原　煤	(万吨)	Coal	(10000 tn)	8.0	8.8	12.2	12.5	12.8
发电量	(亿千瓦时)	Electricity	(100000000 kwh)	0.37	0.53	0.85	0.87	0.87
钢	(万吨)	Steel	(10000 tn)	0.53	0.68	0.89	1.11	1.16
成品钢材	(万吨)	Rolle Steel(final products)	(10000 tn)	0.38	0.52	0.73	0.89	1.07
家用电冰箱	(台)	Household Refrigerator	(units)	66	945	4121	3301	3786
家用洗衣机	(台)	Household Washing Machines	(units)	362	932	3499	5814	3992
每天消费量		**Daily National Consumption**						
居民消费总额	(万元)	Resident consumption	(10000 yuan)	5132	10219	27290	39818	42715
农　民		Peasants Consumption		4052	7396	17598	25229	26532
非农业居民		Non－agriculturl Residents' Consumption		1080	2823	9692	14589	16183
政府消费总额	(万元)	Governmert consumption expenditure	(10000 yuan)	840	1665	4892	6493	8276
每天其他经济活动		**Other Daily Economic Activities**						
货物运输量	(万吨)	Volume of Freight Traffic	(10000 tn)	35.0	122.3	110.9	102.2	112.7
旅客运输量	(万人)	Volume of Passenger Traffic	(10000)	74.6	108.3	158.6	162.7	167.1
邮电业务总量(1990年不变价)	(万元)	Besiness Volume of Postal and Telecommunications Services (1990 constant prices)	(10000 yuan)	42	93	621	1571	2162
出版图书	(万册)	Books published	(10000)	57	61	75	101	96
出版杂志	(万册)	Magzines published	(10000)	7	5	9	12	13
出版报纸	(万份)	Newspaper published	(10000)	120	88	130	148	172
实际利用外资额	(万美元)	Foreign Capital Actually Used	(US $ 10000)	5.1	13.8	210.3	189.7	179.9
海外旅游人数	(人次)	Number of Tourists from Abroaad	(Persons)	106	314	391	505	688
每天人口变动和婚姻		**Daily Population Changes and Marriages**						
出　生	(人)	Births		2184	3666	2622	2655	2570
死　亡	(人)	Deaths		751	1036	1047	1103	1106
结　婚	(对)	Marriages	(couples)	770	1276	1670	1454	1497
离　婚	(对)	Divorces	(couples)	31	64	82	97	103

注：本表价值指标均按当年价格计算。
Figures in terms of current prices.

三、国民经济核算

NATIONAL ACCOUNTS

简要说明

一、本篇包括国民经济核算资料等内容。

二、居民消费水平是按人口平均计算的居民消费额，它综合反映一个国家（或地区）人民物质文化生活水平。居民消费额是所有常住居民在核算期内对货物和服务的全部最终消费支出。全省居民消费水平分为农业居民消费水平和非农业居民消费水平，农业居民和非农业居民人口的划分是以公安部门的户籍人口分类为基础，再将部队人数和农转非的人数归到非农业人口中。

三、国民经济核算资料主要包括国内生产总值表、资金流量表、资产负债综合表和投入产出表。

四、国民经济核算资料由省统计局国民经济核算处根据国家统计局《中国国民经济核算综合报表制度》进行核算后汇总提供。

本篇责任编辑：刘晓荣

国 内 生 产 总 值 (亿元)

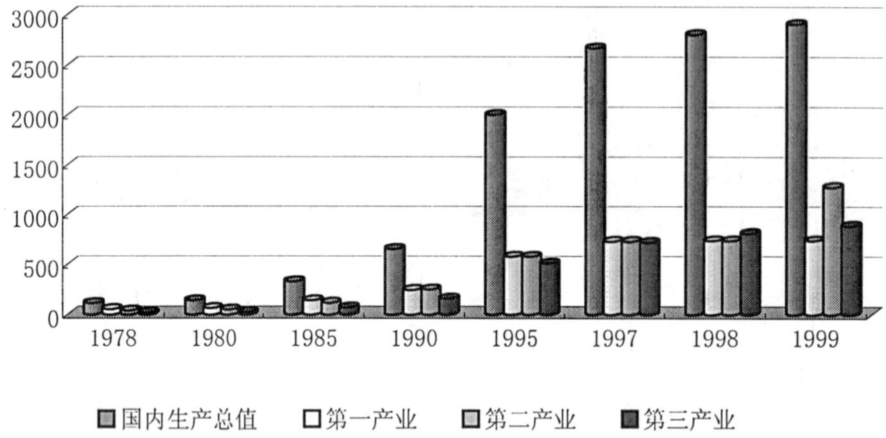

国内生产总值三次产业构成 （%）

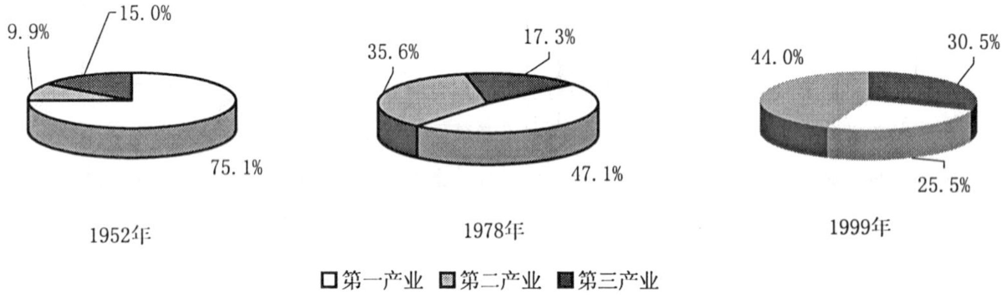

居 民 消 费 水 平 (元/人)

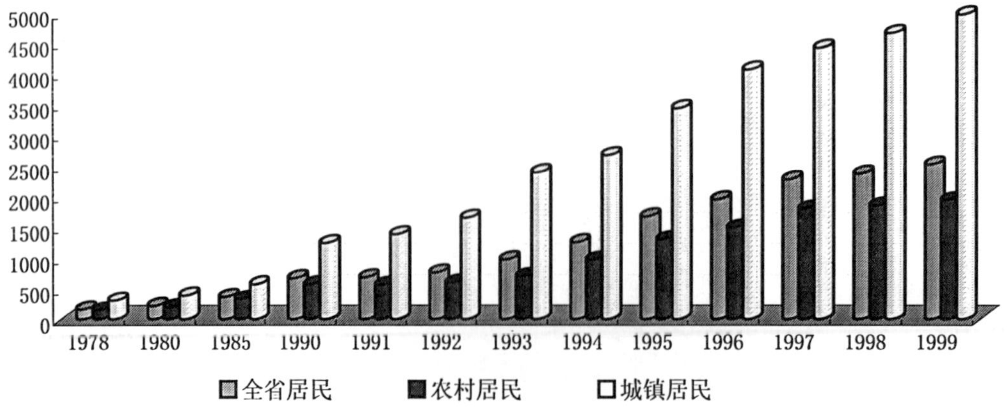

3—1 国 内 生 产 总 值
Gross Domestic Product

按当年价格计算 At current prices

年份 Year	国内生产总值（亿元）Gross Domestic Products (100000000 yuan)	第一产业 Primary Industry	第二产业 Secondary Industry			第三产业 Tertiary Industry			人均国内生产总值（元/人）Per Capita GDP (yuan)
				工业 Industry	建筑业 Construction		交通运输仓储邮电通信业 Transportation Postal and Telecommunications Services	批发和零售贸易餐饮业 Wholesale, Retail Trade and Food Services	
1952	22.88	17.18	2.27	1.77	0.50	3.43	0.70	2.15	78
1953	26.99	19.94	2.90	2.10	0.80	4.15	0.73	2.32	89
1954	27.76	20.01	3.03	2.32	0.71	4.72	0.83	2.48	89
1955	37.15	28.24	3.71	2.61	1.10	5.20	0.88	2.70	117
1956	35.27	24.69	4.55	3.29	1.26	6.03	1.05	2.81	109
1957	41.37	28.06	6.38	5.07	1.31	6.93	1.42	2.98	126
1958	51.31	29.41	13.55	10.60	2.95	8.35	2.25	3.55	152
1959	57.97	27.45	19.71	16.08	3.63	10.81	2.65	4.35	170
1960	59.76	25.60	23.00	18.31	4.69	11.16	2.90	4.09	185
1961	43.65	22.96	11.15	9.56	1.59	9.54	2.04	3.51	145
1962	39.47	22.68	7.91	7.10	0.81	8.88	1.66	3.40	129
1963	40.81	22.79	8.68	7.59	1.09	9.34	1.87	3.48	128
1964	44.97	23.64	11.32	9.78	1.54	10.01	2.19	3.59	140
1965	52.75	28.09	14.56	13.13	1.43	10.10	2.27	3.65	163
1966	59.82	32.13	17.08	15.63	1.45	10.61	2.47	3.73	179
1967	56.88	34.21	12.11	11.18	0.93	10.56	2.09	3.92	164
1968	56.09	35.17	11.28	10.42	0.86	9.64	1.29	3.63	157
1969	58.09	32.39	15.70	14.46	1.24	10.00	1.49	3.73	157
1970	71.79	40.08	20.52	18.59	1.93	11.19	2.59	3.76	186
1971	79.99	42.56	24.81	22.58	2.23	12.62	3.13	4.12	200
1972	85.88	45.98	25.97	24.06	1.91	13.93	3.31	4.66	208
1973	92.18	49.00	28.33	26.16	2.17	14.85	3.51	5.13	216
1974	91.44	50.31	25.85	23.86	1.99	15.28	3.17	5.44	210
1975	97.01	50.03	29.11	26.05	3.06	17.87	3.28	7.57	218
1976	105.77	55.27	31.39	28.02	3.37	19.11	3.40	8.30	234
1977	108.01	52.88	34.64	31.35	3.29	20.49	3.52	9.04	235
1978	113.96	53.77	40.51	36.26	4.25	19.68	3.67	7.38	244
1979	127.31	61.16	44.76	40.31	4.45	21.39	3.44	8.77	268
1980	140.88	64.68	50.06	44.09	5.97	26.14	4.98	10.30	291
1981	170.51	88.44	52.48	46.32	6.16	29.59	5.71	11.20	346
1982	187.02	89.97	59.66	51.70	7.96	37.39	7.43	13.78	375
1983	215.68	96.55	73.20	61.99	11.21	45.93	10.01	15.59	428
1984	265.74	116.26	92.83	79.30	13.53	56.65	12.19	17.58	523
1985	331.24	140.97	117.84	101.37	16.47	72.43	15.56	21.27	646
1986	382.76	155.91	137.57	117.26	20.31	89.28	20.02	24.50	738
1987	442.35	176.35	157.74	135.59	22.15	108.26	23.99	32.48	842
1988	546.94	210.53	200.95	174.27	26.68	135.46	29.90	42.46	1026
1989	616.25	225.39	227.85	205.52	22.33	163.01	30.44	54.58	1136
1990	658.02	246.17	251.48	223.31	28.17	160.37	32.36	43.94	1182
1991	663.60	190.48	280.28	245.34	34.94	192.84	44.03	50.51	1164
1992	801.16	230.51	333.00	293.01	39.99	237.65	47.96	67.28	1386
1993	1069.84	284.06	494.85	441.90	52.95	290.93	54.65	90.32	1831
1994	1488.47	336.72	744.16	680.76	63.40	407.59	77.30	120.96	2521
1995	2003.58	581.24	908.87	822.25	86.62	513.47	92.14	155.47	3357
1996	2339.25	665.44	1067.25	972.08	95.17	606.56	111.92	195.16	3881
1997	2669.95	732.37	1214.82	1102.96	111.86	722.76	137.29	232.41	4390
1998	2805.45	739.70	1253.53	1112.97	140.56	812.22	152.29	258.60	4576
1999	2908.59	741.14	1278.91	1135.98	142.93	888.54	162.94	283.55	4707

3—2 国内生产总值指数

Indices of Gross Domestic Product

按可比价格计算 （上年＝100） At comparable price (preceding year＝100)

年份 Year	国内生产总值 Gross Domestic Products	第一产业 Primary Industry	第二产业 Secondary Industry	工业 Industry	建筑业 Construction	第三产业 Tertiary Industry	交通运输仓储邮电通信业 Transportation Postal and Telecommuni－cations Services	批发和零售贸易餐饮业 Wholesale, Retail Trade and Food Services	人均国内生产总值 Per Capita GDP
1953	101.22	99.58	122.99	113.68	140.00	102.69	90.96	93.97	98.41
1954	103.14	102.04	100.64	108.56	88.89	112.54	115.53	107.67	100.32
1955	127.45	131.33	122.06	108.62	146.43	105.07	100.00	103.24	124.76
1956	86.44	81.74	116.25	123.81	106.10	106.49	110.22	95.86	85.05
1957	122.56	121.56	139.37	158.79	108.91	117.68	141.95	111.78	120.00
1958	105.61	92.24	209.55	214.53	198.15	109.97	139.18	104.68	103.28
1959	94.86	83.39	122.83	130.22	104.53	114.98	100.74	104.36	93.64
1960	94.27	84.23	116.12	114.04	122.55	98.65	103.43	88.96	99.48
1961	71.39	81.79	46.08	50.80	32.54	84.31	67.77	82.77	76.38
1962	107.03	119.16	71.74	74.27	60.38	104.02	97.20	115.28	105.50
1963	103.83	103.26	108.69	104.80	130.16	102.48	107.91	98.86	100.00
1964	116.44	115.13	131.17	127.01	149.59	110.25	124.00	108.68	115.64
1965	118.07	120.35	126.21	134.75	94.02	101.84	104.84	103.17	116.90
1966	106.12	105.84	112.96	116.32	94.80	99.85	101.28	94.53	102.65
1967	100.48	107.05	72.46	73.18	67.68	103.47	88.61	110.84	96.95
1968	99.96	102.19	95.70	96.04	93.24	92.38	63.71	93.48	96.85
1969	98.34	91.78	136.37	136.32	136.71	100.42	107.62	97.79	95.00
1970	123.01	122.93	134.78	132.41	152.30	108.84	170.42	98.69	118.42
1971	107.41	103.11	120.48	121.25	115.55	112.31	120.78	109.52	103.11
1972	104.71	104.32	103.20	106.16	83.33	109.25	103.44	110.67	101.51
1973	104.71	103.30	108.90	108.82	109.64	105.37	103.72	107.46	101.70
1974	100.28	102.61	90.99	90.73	93.19	103.61	90.38	106.29	97.91
1975	103.49	98.10	112.80	114.41	99.53	116.94	100.84	135.42	101.28
1976	108.61	108.08	109.41	102.82	172.04	109.67	107.04	113.69	106.95
1977	98.32	92.69	109.32	111.69	95.87	106.33	101.93	107.12	96.85
1978	100.39	96.89	115.47	115.87	112.79	91.79	91.46	80.21	98.78
1979	109.90	110.91	109.56	110.21	105.10	106.68	93.57	111.51	107.82
1980	102.38	93.74	112.17	109.11	133.94	118.41	144.79	111.39	100.38
1981	117.78	126.95	104.43	104.64	103.17	112.30	114.70	106.99	115.97
1982	109.37	102.61	113.83	111.21	129.21	125.89	130.04	121.78	108.03
1983	108.78	101.02	117.29	115.37	127.02	118.63	132.85	111.54	107.74
1984	120.05	116.25	125.27	127.00	117.32	121.86	118.47	110.57	119.01
1985	115.45	109.12	121.67	122.46	117.72	120.99	123.74	113.35	114.32
1986	111.09	108.01	112.74	112.90	111.96	115.07	121.77	108.99	109.94
1987	104.81	97.92	107.93	108.68	104.01	113.79	119.13	121.64	103.48
1988	105.39	96.10	115.22	116.58	107.78	107.61	120.64	103.22	103.82
1989	105.17	102.20	104.83	109.51	77.21	110.12	101.93	116.43	103.42
1990	102.87	104.43	107.04	106.39	112.50	94.88	95.63	80.20	100.17
1991	99.07	77.22	109.76	109.88	108.80	115.82	131.64	114.04	96.70
1992	116.77	116.92	118.68	117.98	124.21	113.78	104.39	119.80	115.22
1993	120.99	111.90	133.16	134.92	119.78	111.68	115.81	118.29	119.36
1994	120.65	103.00	131.99	134.30	112.19	118.29	126.49	112.43	119.40
1995	114.30	117.60	111.80	111.10	119.00	116.60	124.80	119.40	113.42
1996	114.40	107.60	117.10	118.30	106.50	115.30	120.80	114.00	113.29
1997	112.70	109.20	114.10	114.10	113.60	112.90	115.00	118.20	111.69
1998	108.50	102.60	109.30	108.90	112.90	111.70	114.30	108.10	107.57
1999	108.10	108.00	106.80	106.40	111.30	110.70	115.00	109.40	107.24

3—3 国内生产总值构成
Composition of Gross Domestic Product

按当年价格计算 (单位:%) At current prices (%)

年份 Year	国内生产总值 Gross Domestic Products	第一产业 Primary Industry	第二产业 Secondary Industry	工业 Industry	建筑业 Construction	第三产业 Tertiary Industry	交通运输仓储邮电通信业 Transportation Postal and Telecommunications Services	批发和零售贸易餐饮业 Wholesale, Retail Trade and Food Services
1952	100	75.09	9.92	7.74	2.19	14.99	3.06	9.40
1953	100	73.88	10.74	7.78	2.96	15.38	2.70	8.60
1954	100	72.08	10.92	8.36	2.56	17.00	2.99	8.93
1955	100	76.01	9.99	7.03	2.96	14.00	2.37	7.27
1956	100	70.00	12.90	9.33	3.57	17.10	2.98	7.97
1957	100	67.83	15.42	12.26	3.16	16.75	3.43	7.20
1958	100	57.32	26.41	20.66	5.75	16.27	4.39	6.92
1959	100	47.35	34.00	27.74	6.26	18.65	4.57	7.50
1960	100	42.84	38.49	30.64	7.85	18.67	4.85	6.84
1961	100	52.60	25.54	21.90	3.64	21.86	4.67	8.04
1962	100	57.46	20.04	17.99	2.05	22.50	4.21	8.61
1963	100	55.84	21.27	18.60	2.67	22.89	4.58	8.53
1964	100	52.57	25.17	21.75	3.42	22.26	4.87	7.98
1965	100	53.25	27.60	24.89	2.71	19.15	4.30	6.92
1966	100	53.71	28.55	26.13	2.42	17.74	4.13	6.24
1967	100	60.14	21.29	19.66	1.64	18.57	3.67	6.89
1968	100	62.70	20.11	18.58	1.53	17.19	2.30	6.47
1969	100	55.76	27.03	24.89	2.13	17.21	2.56	6.42
1970	100	55.83	28.58	25.89	2.69	15.59	3.61	5.24
1971	100	53.20	31.02	28.23	2.79	15.78	3.91	5.15
1972	100	53.54	30.24	28.02	2.22	16.22	3.85	5.43
1973	100	53.16	30.73	28.38	2.35	16.11	3.81	5.57
1974	100	55.02	28.27	26.09	2.18	16.71	3.47	5.95
1975	100	51.57	30.01	26.85	3.15	18.42	3.38	7.80
1976	100	52.25	29.68	26.49	3.19	18.07	3.21	7.85
1977	100	48.96	32.07	29.03	3.05	18.97	3.26	8.37
1978	100	47.18	35.55	31.82	3.73	17.27	3.22	6.48
1979	100	48.04	35.16	31.66	3.50	16.80	2.70	6.89
1980	100	45.91	35.54	31.30	4.24	18.55	3.53	7.31
1981	100	51.87	30.78	27.17	3.61	17.35	3.35	6.57
1982	100	48.11	31.90	27.64	4.26	19.99	3.97	7.37
1983	100	44.76	33.94	28.74	5.20	21.30	4.64	7.23
1984	100	43.75	34.93	29.84	5.09	21.32	4.59	6.62
1985	100	42.56	35.57	30.60	4.97	21.87	4.70	6.42
1986	100	40.73	35.94	30.64	5.31	23.33	5.23	6.40
1987	100	39.87	35.66	30.65	5.01	24.47	5.42	7.34
1988	100	38.49	36.74	31.86	4.88	24.77	5.47	7.76
1989	100	36.57	36.97	33.35	3.62	26.46	4.94	8.86
1990	100	37.41	38.22	33.94	4.28	24.37	4.92	6.68
1991	100	28.70	42.24	36.97	5.27	29.06	6.64	7.61
1992	100	28.78	41.56	36.57	4.99	29.66	5.99	8.40
1993	100	26.55	46.26	41.31	4.95	27.19	5.11	8.44
1994	100	22.62	50.00	45.74	4.26	27.38	5.19	8.13
1995	100	29.01	45.40	41.00	4.30	25.60	4.60	7.76
1996	100	28.45	45.60	41.50	4.10	25.90	4.78	8.34
1997	100	27.43	45.50	41.30	4.20	27.10	5.14	8.70
1998	100	26.40	44.70	39.70	5.00	28.90	5.43	9.22
1999	100	25.50	44.00	39.06	4.94	30.50	5.60	9.75

3—4 第三产业分行业增加值
Add－valued of The Tertiary Industry by Industrial

按当年价格计算　(单位：亿元)　　At current prices　(1 billion yuan)

年份 Year	第三产业 Tertiary Industry	交通运输仓储邮电通信业 Transportation Postal and Telecommuni－cations Services	批发和零售贸易餐饮业 Wholesale, Retail Trade and Food Services	金融保险业 Banking and Insurance	房地产业 Real Eetate Management	社会服务业 Social Services
1978	19.68	3.67	7.38	1.94	2.13	0.45
1979	21.39	3.44	8.77	1.77	2.15	0.56
1980	26.14	4.98	10.30	1.68	2.58	0.76
1981	29.59	5.71	11.20	1.96	2.97	0.96
1982	37.39	7.43	13.78	3.46	3.60	1.08
1983	45.93	10.01	15.59	4.93	4.11	1.48
1984	56.65	12.19	17.58	8.94	4.17	2.13
1985	72.43	15.56	21.27	9.66	6.14	4.60
1986	89.28	20.02	24.50	12.19	7.58	5.10
1987	108.26	23.99	32.48	14.75	8.66	5.67
1988	135.46	29.90	42.46	18.43	10.03	6.51
1989	163.01	30.44	54.58	25.19	13.22	6.47
1990	160.37	32.36	43.94	23.66	15.51	7.29
1991	192.84	44.03	50.51	27.94	17.15	8.29
1992	237.65	47.96	67.28	36.37	19.75	11.05
1993	290.93	54.65	90.32	43.17	22.44	16.83
1994	407.59	77.30	120.96	69.50	33.48	24.88
1995	513.47	92.14	155.47	100.72	42.17	31.52
1996	606.56	111.92	195.16	104.56	57.44	42.80
1997	722.76	137.29	232.41	83.42	69.57	59.74
1998	812.22	152.29	258.60	85.10	81.70	75.74
1999	888.54	162.94	283.55	89.24	93.66	86.65

年份 Year	卫生体育社会福利业 Health Care, Sports and Social Welfare	教育文艺广播电影电视业 Education, Culture, Art, Radio Film and Television	科学研究综合技术服务业 Scientific Research and Polytechnical Services	国家政党机关社会团体 Government Agencies, Party and Social Orgnizations	其他 Others
1978	0.62	1.57	0.12	1.10	0.70
1979	0.68	1.81	0.15	1.29	0.77
1980	0.81	2.29	0.18	1.65	0.91
1981	1.04	2.59	0.21	1.95	1.00
1982	1.20	3.18	0.25	2.28	1.13
1983	1.33	3.89	0.30	2.81	1.48
1984	1.59	4.45	0.37	3.51	1.72
1985	2.14	5.70	0.48	4.47	2.41
1986	2.71	7.12	1.08	6.10	2.88
1987	3.12	7.95	0.69	7.36	3.59
1988	3.57	9.81	0.88	9.33	4.54
1989	4.47	11.34	1.02	10.85	5.43
1990	4.72	12.29	1.27	14.24	5.09
1991	6.23	14.40	1.33	15.91	7.05
1992	7.67	17.48	1.85	19.50	8.74
1993	8.59	19.63	2.15	24.84	8.31
1994	11.29	26.70	3.69	29.12	10.67
1995	12.86	29.95	4.33	32.93	11.38
1996	13.02	31.57	4.40	33.83	11.86
1997	21.92	49.56	5.31	48.91	14.63
1998	26.75	63.47	5.89	47.02	15.66
1999	31.42	63.64	7.53	51.25	18.66

3—5 第三产业分行业增加值指数

Indice of Add－valued of The Tertiary Industry by Industrial

按可比价格计算　(1978＝100)　　At comparable price　(1978＝100)

年份 Year	第三产业 Tertiary Industry	交通运输仓储邮电通信业 Transportation Postal and Telecommuni－cations Services	批发和零售贸易餐饮业 Wholesale, Retail Trade and Food Services	金融保险业 Banking and Insurance	房地产业 Real Eetate Management	社会服务业 Social Services
1978	100	100	100	100	100	100
1979	106.68	93.57	111.51	91.29	100.90	123.60
1980	126.33	135.48	124.21	86.80	121.02	168.54
1981	141.87	155.39	132.89	101.12	139.34	212.36
1982	178.61	202.07	161.84	178.37	169.07	239.33
1983	211.87	268.46	180.53	244.94	174.17	303.37
1984	258.19	318.05	199.61	435.11	171.77	471.91
1985	312.39	393.57	226.25	441.57	244.74	919.10
1986	359.48	479.25	246.58	528.93	274.77	839.33
1987	409.03	570.95	299.93	584.27	299.10	862.92
1988	440.18	688.80	309.61	610.39	309.31	887.64
1989	484.71	702.07	360.46	719.10	407.21	770.79
1990	459.91	671.37	289.08	664.61	465.77	819.10
1991	532.66	883.82	329.67	739.04	507.81	886.52
1992	606.05	922.61	394.93	954.49	544.74	997.75
1993	676.86	1068.46	467.17	1022.75	603.90	1419.10
1994	800.63	1351.45	525.26	1264.61	701.20	1711.24
1995	933.50	1575.10	616.58	1516.01	809.91	2091.01
1996	1076.31	1853.11	695.59	1571.63	1075.68	2688.76
1997	1215.37	2130.29	845.26	1301.97	1251.65	3282.02
1998	1357.67	2434.44	913.49	1321.91	1439.34	3949.44
1999	1502.81	2798.76	999.01	1387.08	1599.10	4551.69

年份 Year	卫生体育社会福利业 Health Care, Sports and Social Welfare	教育文艺广播电影电视业 Education, Culture, Art, Radio Film and Television	科学研究综合技术服务业 Scientific Research and Polytechnical Services	国家政党机关社会团体 Government Agencies, Party and Social Orgnizations	其他 Others
1978	100	100	100	100	100
1979	110.38	115.30	123.81	117.46	104.88
1980	131.13	145.90	147.62	150.79	126.83
1981	167.92	165.30	166.67	178.31	139.84
1982	194.34	202.99	195.24	207.94	161.79
1983	210.38	239.18	238.10	247.09	200.81
1984	244.34	268.66	285.71	303.17	230.08
1985	312.26	327.99	357.14	367.72	302.44
1986	376.42	389.18	757.14	478.31	347.15
1987	403.77	402.99	447.62	536.51	400.00
1988	399.06	430.97	490.48	586.24	439.84
1989	441.51	428.73	504.76	604.76	464.23
1990	445.28	458.58	604.76	753.44	413.82
1991	563.21	517.54	604.76	839.68	401.63
1992	538.68	527.61	733.33	950.79	526.02
1993	648.11	576.87	871.43	685.19	589.43
1994	701.89	630.97	1080.95	855.56	634.96
1995	779.25	688.06	1238.09	953.97	658.54
1996	949.06	760.07	1423.81	1028.57	703.25
1997	1193.40	951.87	1661.90	1247.62	826.83
1998	1482.08	1210.82	1809.52	1301.06	856.91
1999	1729.24	1259.33	1961.90	1370.90	977.24

3—6 国内生产总值项目结构
Structure of Gross Domestic Product

按当年价格计算 （单位：亿元） At current prices (1 billion yuan)

年 份 Year	国内生产总值 Gross Domestic Products	劳动者报酬 Compensation of Laborers	固定资产折旧 Depreciation of Fixed Assets	生产税净额 Net Taxes on Production Net	营业盈余 Operating Surplus
1978	113.96	71.32	11.38	12.12	19.14
1979	127.31	78.96	12.41	15.46	20.48
1980	140.88	90.23	13.28	16.19	21.18
1981	170.51	115.06	14.88	18.21	22.36
1982	187.02	123.29	17.16	20.52	26.05
1983	215.68	136.63	21.17	23.51	34.37
1984	265.74	172.30	23.50	28.74	41.20
1985	331.24	210.24	31.33	37.57	52.10
1986	382.76	243.43	39.37	43.20	56.76
1987	442.35	275.45	45.38	51.42	70.10
1988	546.94	333.58	58.62	64.02	90.72
1989	616.25	373.04	67.31	83.71	92.19
1990	658.02	430.53	74.40	91.33	61.76
1991	663.60	379.28	81.92	72.38	130.02
1992	801.16	447.60	100.15	102.22	151.19
1993	1069.84	617.98	141.82	150.14	158.90
1994	1488.47	742.38	181.58	217.09	347.42
1995	2003.58	1047.52	227.87	268.94	459.25
1996	2339.25	1222.66	283.07	277.75	555.77
1997	2669.95	1360.24	298.29	324.67	686.75
1998	2805.45	1486.85	368.75	400.25	549.60
1999	2908.59	1534.20	398.73	415.50	560.16

3—7 支出法国内生产总值
Gross Domestic Product Calculated With Expenditure

按当年价格计算 （单位：亿元） At current prices (1 billion yuan)

年 份 Year	支出法国内生产总值 Gross Domestic Products by Expenditure Approach	最终消费 Final Consumption Expenditure	资本形成总额 Gross Captital Formation	货物和服务净出口 Net Export of Goods and Services	资本形成率（投资率）(%) Capital Formation Rate (%)	最终消费率（消费率）(%) Final Consumption Rate (%)
1978	113.96	88.75	24.02	1.19	21.08	78.92
1979	127.31	103.14	25.03	-0.86	19.66	80.34
1980	140.88	119.12	28.17	-6.41	20.00	80.00
1981	170.51	140.02	26.00	4.49	15.25	84.75
1982	187.02	153.54	43.02	-9.54	23.00	77.00
1983	215.68	170.73	55.02	-10.07	25.51	74.49
1984	265.74	177.90	79.81	8.03	30.03	69.97
1985	331.27	217.99	113.28		34.20	65.80
1986	382.76	259.85	134.09	-11.18	35.03	64.97
1987	442.35	298.31	149.38	-5.34	33.77	66.23
1988	546.94	360.62	182.00	4.32	33.28	66.72
1989	616.25	409.67	183.89	22.69	29.86	70.14
1990	658.02	433.77	204.70	19.55	31.11	68.89
1991	663.60	466.38	208.39	-11.17	31.40	68.60
1992	801.16	515.22	272.06	13.88	33.96	66.04
1993	1069.84	664.74	413.59	-8.49	38.66	61.34
1994	1488.47	882.64	598.87	6.96	40.23	59.77
1995	2003.58	1174.65	824.61	4.32	41.16	58.84
1996	2339.25	1368.54	976.31	-5.60	41.71	58.26
1997	2669.68	1612.22	1064.27	-6.81	39.86	60.14
1998	2805.45	1690.36	1117.86	-2.77	39.75	60.25
1999	2908.59	1861.17	1049.96	-2.54	36.10	63.90

3—8 支出法国内生产总值结构
Structure of Gross Domestic Product Calculated With Expenditure

按当年价格计算 At current prices

年份 Year	最终消费 Final Consumption Expenditure								资本形成总额 Gross Capital Formation			
	绝对数（亿元） Absolute Figure (100 million yuan)				比重 Proportion				绝对数（亿元） Absolute Figure (100 million yuan)		比重（资本形成总额=100） Proportion (Gross Capital Formation=100)	
					最终消费=100 Final Consumption Expenditure=100		居民消费=100 Household Consumption=100					
	居民消费 Household Consumption Expenditure	农村居民 Rural Households	城镇居民 Urban Households	政府消费 Government Consumption Expenditure	居民消费 Household Consumption Expenditure	政府消费 Government Consumption Expenditure	农村居民 Rural Households	城镇居民 Urban Households	固定资本形成总额 Gross Fixed Capital Formation	存货增加 Changes in Inventories	固定资本形成总额 Gross Fixed Capital Formation	存货增加 Changes in Inventoties
1978	77.17	62.03	15.14	11.58	86.95	13.05	80.38	19.62	15.85	8.17	65.99	34.01
1979	89.81	73.11	16.70	13.33	87.08	12.92	81.41	18.59	16.13	8.90	64.44	35.56
1980	106.93	85.91	21.02	12.19	89.77	10.23	80.34	19.66	18.24	9.93	64.75	35.25
1981	128.11	105.27	22.84	11.91	91.49	8.51	82.17	17.83	15.62	10.38	60.08	39.92
1982	141.26	116.65	24.61	12.28	92.00	8.00	82.58	17.42	31.91	11.11	74.17	25.83
1983	153.78	126.45	27.33	16.95	90.07	9.93	82.23	17.77	44.26	10.76	80.44	19.56
1984	158.34	127.07	31.27	19.56	89.01	10.99	80.25	19.75	65.50	14.31	82.07	17.93
1985	187.32	147.90	39.42	30.67	85.93	14.07	78.96	21.04	86.31	26.97	76.19	23.81
1986	215.94	168.47	47.47	43.91	83.10	16.90	78.02	21.98	102.99	31.10	76.81	23.19
1987	253.35	190.32	63.03	44.96	84.93	15.07	75.12	24.88	114.64	34.74	76.74	23.26
1988	312.56	230.57	81.99	48.06	86.67	13.33	73.77	26.23	127.05	54.95	69.81	30.19
1989	354.24	258.37	95.87	55.43	86.47	13.53	72.94	27.06	123.32	60.57	67.06	32.94
1990	373.01	269.95	103.06	60.76	85.99	14.01	72.37	27.63	138.18	66.52	67.50	32.50
1991	389.38	270.79	118.59	77.00	83.49	16.51	69.54	30.46	150.85	57.54	72.39	27.61
1992	440.45	291.03	149.42	74.77	85.49	14.51	66.08	33.92	200.30	71.76	73.62	26.38
1993	569.62	342.21	227.41	95.12	85.69	14.31	60.08	39.92	324.83	88.76	78.54	21.46
1994	740.27	476.40	263.87	142.37	83.87	16.13	64.35	35.65	474.00	124.87	79.15	20.85
1995	996.10	642.33	353.77	178.55	84.80	15.20	64.48	35.52	619.07	205.54	75.07	24.93
1996	1172.15	738.39	433.76	196.39	85.65	14.35	62.99	37.01	710.63	274.68	72.79	28.13
1997	1383.48	893.60	489.88	228.74	85.81	14.19	64.60	35.40	779.21	285.06	73.22	26.78
1998	1453.35	920.87	532.48	237.01	85.98	14.02	63.36	34.64	822.73	295.13	73.60	26.40
1999	1559.10	968.43	590.67	302.07	83.77	16.23	62.11	37.89	839.29	210.67	79.94	20.06

3—9　1997年投入产出基本流量表（中间使用部分）

按当年生产者价格计算（单位：亿元）

产出 Output / 投入 Input	农业 Agriculture	采掘业 Mining and Quarrying	食品制造业 Foodstuff	纺织、缝纫机及皮革产品制造业 Textile, Sewing Leather and Furs Products	其他制造业 Other Manufac-turing	电力及蒸气、热水生产和供应业 Production and Supply of Electric Power, Steam and Hot Water	炼焦、煤气及石油加工业 Coking, Gas and Petroleum Refining
总投入合计 Total Input	**1232.77**	**328.10**	**942.58**	**368.54**	**510.31**	**118.46**	**70.81**
中间投入合计 Intermediate Input	**500.39**	**206.07**	**787.26**	**292.74**	**335.49**	**95.85**	**54.61**
农业 Agriculture	185.41	4.64	335.84	42.84	14.52	0.03	
采掘业 Mining and Quarrying	2.34	50.06	5.64	1.34	17.71	40.93	32.68
食品制造业 Foodstuff	58.34	0.02	157.78	1.90	0.15	0.25	
纺织、缝纫机及皮革产品制造业 Textile, Sewing Leather and Furs Products	11.04	0.93	1.57	123.82	49.71	0.18	0.07
其他制造业 Other Manufacturing	0.77	6.38	38.91	8.57	63.74	1.35	0.22
电力及蒸气、热水生产和供应业 Production and Supply of Electric Power, Steam and Hot Water	20.08	36.33	19.64	10.41	21.57	13.67	0.43
炼焦、煤气及石油加工业 Coking, Gas and Petroleum Refining	11.23	3.93	3.52	1.27	2.67	1.43	5.80
化学工业 Chemical Industry	113.59	7.99	27.79	18.36	21.70	0.98	1.03
建筑材料及其他非金属矿物制品业 Building Materials and Non－metal Mineral Products	0.92	3.66	10.77	0.56	1.62	0.32	0.18
金属产品制造业 Metal Products	4.53	15.42	4.26	2.94	15.43	1.07	0.28
机械设备制造业 Machinery and Equipment	9.82	19.88	10.04	3.80	7.64	7.32	0.89
建筑业 Construction	0.21	0.30	0.57	0.36	0.92	0.18	0.04
运输邮电业 Transportation, Post and Telecommunications	18.63	15.09	37.51	10.82	19.06	14.10	3.87
商业饮食业 Commerce and Catering trade	34.80	14.26	65.70	30.98	31.04	4.39	4.15
公用事业及居民服务业 Public Utilities and Resident Services	9.41	7.14	14.24	5.74	13.32	2.47	0.42
金融保险业 Banking and Insurance	7.37	17.27	50.69	27.18	50.28	6.70	4.16
其他服务业 Other Services	11.91	2.76	2.81	1.86	4.41	0.49	0.36
增加值合计 Total Value－added	**732.38**	**122.03**	**155.31**	**75.80**	**174.83**	**22.60**	**16.20**
固定资产折旧 Depreciation of Fixed Assets	29.30	13.83	14.65	9.52	13.02	2.64	1.67
劳动者报酬 Compensation for Laborers	629.84	55.07	61.17	46.70	89.84	6.23	4.58
生产税净额 Net Taxes on Production	21.96	6.77	41.04	2.52	8.59	1.88	3.75
营业盈余 Operating Surplus	51.27	46.37	38.45	17.06	63.38	11.86	6.20

Intermediate Use Part of 1997 Input－output Table

Data are calculated at producers' prices of 1997 (1 billion yuan)

化学工业 Chemical Industry	建筑材料及其他非金属矿物制品业 Building Materials and Non－metal Mineral Products	金属产品制造业 Metal Products	机械设备制造业 Machinery and Equipment	建筑业 Construction	运输邮电业 Trans－portation, Post and Telecomm－unications	商业饮食业 Commerce and Catering trade	公用事业及居民服务业 Public Utilities and Resident Services	金融保险业 Banking and Insurance	其他服务业 Other Services	中间使用合计 Total Interm－ediate Use
469.46	**552.05**	**467.22**	**571.55**	**438.85**	**240.21**	**457.13**	**98.70**	**101.34**	**299.33**	**7267.41**
354.29	**394.76**	**330.94**	**398.02**	**326.99**	**111.68**	**239.53**	**42.77**	**23.24**	**102.82**	**4597.45**
2.75	0.84	0.02	0.26		0.01	0.08	0.59		0.25	588.06
29.85	56.75	61.19	2.83	38.96	0.47	0.17	0.77	0.03	0.66	342.40
6.58			0.05		2.91	0.78	0.50		0.55	229.82
8.58	3.95	0.65	1.69	0.42	5.85	2.70	0.65	0.02	0.30	212.13
12.64	27.62	8.13	8.78	11.00	6.18	7.55	2.76	0.95	7.28	212.83
25.90	62.92	39.86	11.24	4.44	2.16	16.86	1.82	0.39	3.65	291.37
21.04	34.00	8.82	5.28	5.30	22.37	3.52	9.78	0.40	0.94	141.30
160.99	28.22	15.94	26.26	4.82	1.29	2.93	2.19	0.21	19.05	453.33
2.84	34.27	4.65	4.17	89.25	0.52	2.41	3.19	0.43	0.82	160.57
7.03	25.25	90.55	130.43	127.29	0.70	1.39	1.27	0.09	0.22	428.17
9.51	13.04	23.59	110.30	20.61	19.55	24.21	5.32	1.84	9.85	297.20
0.67	2.44	2.21	1.53	0.04	1.51	2.54	1.34	0.58	17.98	33.43
15.04	32.89	17.93	22.06	4.21	27.16	14.35	2.11	1.18	7.48	263.47
22.37	26.15	29.55	32.19	1.45	3.52	8.13	1.64	0.80	3.70	314.82
5.78	11.09	7.61	10.10	9.43	2.53	31.48	5.34	1.10	4.68	141.87
20.29	31.15	16.30	26.63	8.55	11.00	110.28	1.14	11.96	5.82	406.79
2.44	4.17	3.96	4.21	1.24	3.94	10.14	2.36	3.24	19.63	79.92
115.17	**157.29**	**136.28**	**173.54**	**111.86**	**128.54**	**217.60**	**55.93**	**78.10**	**196.52**	**2669.96**
15.72	10.73	29.52	19.17	5.93	35.65	19.21	11.06	4.47	74.47	310.55
44.48	77.52	64.97	72.52	75.46	14.21	103.10	45.31	12.37	101.11	1504.46
6.96	6.39	6.24	5.86	11.86	20.67	29.62	1.97	11.92	4.06	192.06
48.01	62.65	35.56	76.00	18.61	58.01	65.67	－2.42	49.35	16.87	662.89

3—10 1997年投入产出基本流量表（最终使用部分）

按当年生产者价格计算（单位：亿元）

产出 Output / 投入 Input	最终使用 Final Use				
	最终消费 Final Consumption Expenditure				
	居民最终消费 Household Consumption Expenditure			政府消费 Government Consumption Expenditure	合计 Total Consumption
	农村居民 Rural Households	城镇居民 Urban Households	小计 Subtotal		
总投入合计 Total Input	**893.87**	**489.88**	**1383.75**	**228.74**	**1612.49**
中间投入合计 Intermediate Input	893.87	489.88	1383.75	228.74	1612.49
农业 Agriculture	202.84	62.49	265.33		265.33
采掘业 Mining and Quarrying	6.93	1.98	8.91		8.91
食品制造业 Foodstuff	228.23	169.57	397.80		397.80
纺织、缝纫机及皮革产品制造业 Textile, Sewing Leather and Furs Products	52.95	57.26	110.21		110.21
其他制造业 Other Manufacturing	46.57	16.29	62.87		62.87
电力及蒸气、热水生产和供应业 Production and Supply of Electric Power, Steam and Hot Water	10.88	10.46	21.35		21.35
炼焦、煤气及石油加工业 Coking, Gas and Petroleum Refining	10.48	10.36	20.84		20.84
化学工业 Chemical Industry	124.44	22.64	147.08		147.08
建筑材料及其他非金属矿物制品业 Building Materials and Non－metal Mineral Products	34.72	5.89	40.61		40.61
金属产品制造业 Metal Products	6.21		6.21		6.21
机械设备制造业 Machinery and Equipment	33.04	20.22	53.27		53.27
建筑业 Construction					
运输邮电业 Transportation, Post and Telecommunications	8.44	26.16	34.60		34.60
商业饮食业 Commerce and Catering trade		21.83	21.83		21.83
公用事业及居民服务业 Public Utilities and Resident Services	11.12	16.97	28.09	12.05	40.14
金融保险业 Banking and Insurance	0.75	5.64	6.39		6.39
其他服务业 Other Services	116.28	42.10	158.37	216.69	375.07

Final Use Part of 1997 Input－output Table

Data are calculated at producers' prices of 1997 (1 billion yuan)

最终使用 Final Use					总产出 Total Output
资本形成总额 Capital Formation			净出口 Net Export	最终使用合计 Total of Final Use	
固定资产形成总额 Gross Fixed Capital Formation	存货增加 Changes in Inventories	小计 Subtotal			
779.21	**285.06**	**1064.27**	**－6.80**	**2669.96**	**7267.41**
779.21	285.06	1064.27	－6.80	2669.96	7267.41
16.18	23.77	39.94	339.43	644.71	1232.77
	8.07	8.07	－31.28	－14.30	328.10
	145.49	145.49	169.46	712.75	942.58
	9.43	9.43	36.77	156.41	368.54
0.44	33.63	34.07	200.54	297.49	510.31
			－194.26	－172.91	118.46
	137.44	137.44	－228.77	－70.49	70.81
	－119.76	－119.76	－11.19	16.13	469.46
	9.63	9.63	341.23	391.48	552.05
5.97	14.76	20.73	12.12	39.05	467.22
178.86	22.59	201.45	19.64	274.36	571.55
577.76		577.76	－172.34	405.42	438.85
			－57.85	－23.25	240.21
			120.48	142.31	457.13
			－83.30	－43.17	98.70
			－311.83	－305.44	101.34
			－155.65	219.42	299.33

3—11 投入产出直接消耗系数表（1997）

产出 Output 投入 Input	农业 Agriculture	采掘业 Mining and Quarrying	食品制造业 Foodstuff	纺织、缝纫机及皮革产品制造业 Textile, Sewing Leather and Furs Products	其他制造业 Other Manufac－turing	电力及蒸气、热水生产和供应业 Production and Supply of Electric Power, Steam and Hot Water
总投入合计 Total Input	**1.0000000**	**1.0000000**	**1.0000000**	**1.0000000**	**1.0000000**	**1.0000000**
中间投入合计 Intermediate Input	**0.4059087**	**0.6280672**	**0.8352272**	**0.7943330**	**0.6574161**	**0.8091922**
农业 Agriculture	0.1503982	0.0141322	0.3562976	0.1162395	0.0284457	0.0002178
采掘业 Mining and Quarrying	0.0019014	0.1525864	0.0059802	0.0036411	0.0347028	0.3454921
食品制造业 Foodstuff	0.0473257	0.0000591	0.1673904	0.0051550	0.0003018	0.0020910
纺织、缝纫机及皮革产品制造业 Textile, Sewing Leather and Furs Products	0.0089531	0.0028345	0.0016629	0.3359829	0.0974036	0.0015558
其他制造业 Other Manufacturing	0.0006255	0.0194596	0.0412806	0.0232674	0.1248940	0.0113872
电力及蒸气、热水生产和供应业 Production and Supply of Electric Power, Steam and Hot Water	0.0162879	0.1107282	0.0208405	0.0282525	0.0422588	0.1154280
炼焦、煤气及石油加工业 Coking, Gas and Petroleum Refining	0.0091066	0.0119732	0.0037381	0.0034349	0.0052413	0.0120761
化学工业 Chemical Industry	0.0921403	0.0243416	0.0294816	0.0498150	0.0425233	0.0082578
建筑材料及其他非金属矿物制品业 Building Materials and Non－metal Mineral Products	0.0007432	0.0111588	0.0114216	0.0015179	0.0031737	0.0026727
金属产品制造业 Metal Products	0.0036786	0.0470033	0.0045206	0.0079832	0.0302379	0.0090370
机械设备制造业 Machinery and Equipment	0.0079632	0.0605802	0.0106511	0.0102999	0.0149710	0.0617741
建筑业 Construction	0.0001675	0.0009223	0.0006091	0.0009733	0.0018065	0.0015567
运输邮电业 Transportation, Post and Telecommunications	0.0151114	0.0459886	0.0397909	0.0293552	0.0373557	0.1189981
商业饮食业 Commerce and Catering trade	0.0282320	0.0434763	0.0697038	0.0840628	0.0608192	0.0370927
公用事业及居民服务业 Public Utilities and Resident Services	0.0076340	0.0217573	0.0151073	0.0155675	0.0261050	0.0208657
金融保险业 Banking and Insurance	0.0059812	0.0526466	0.0537741	0.0737485	0.0985317	0.0565756
其他服务业 Other Services	0.0096588	0.0084209	0.0029767	0.0050342	0.0086455	0.0041103
增加值合计 Total Value－added	**0.5940912**	**0.3719331**	**0.1647729**	**0.2056667**	**0.3425845**	**0.1908087**
固定资产折旧 Depreciation of Fixed Assets	0.0237692	0.0421371	0.0155396	0.0258394	0.0255065	0.0222510
劳动者报酬 Compensation for Laborers	0.5109164	0.1678561	0.0649014	0.1267052	0.1760395	0.0525573
生产税净额 Net Taxes on Production	0.0178137	0.0206257	0.0435432	0.0068416	0.0168346	0.0158935
营业盈余 Operating Surplus	0.0415921	0.1413136	0.0407887	0.0462805	0.1242038	0.1001077

Direct Input Coefficient of Input－output Table (1997)

炼焦、煤气及石油加工业 Coking, Gas and Petroleum Refining	化学工业 Chemical Industry	建筑材料及其他非金属矿物制品业 Building Materials and Non－metal Mineral Products	金属产品制造业 Metal Products	机械设备制造业 Machinery and Equipment	建筑业 Construction	运输邮电业 Trans－portation, Post and Telecomm－unications	商业饮食业 Commerce and Catering trade	公用事业及居民服务业 Public Utilities and Resident Services	金融保险业 Banking and Insurance	其他服务业 Other Services
1.0000000	**1.0000000**	**1.0000000**	**1.0000000**	**1.0000000**	**1.0000000**	**1.0000000**	**1.0000000**	**1.0000000**	**1.0000000**	**1.0000000**
0.7712024	**0.7546802**	**0.7150776**	**0.7083194**	**0.6963746**	**0.7451065**	**0.4649111**	**0.5239879**	**0.4333370**	**0.2293261**	**0.3434949**
0.0000000	0.0058495	0.0015281	0.0000330	0.0004509	0.0000000	0.0000337	0.0001820	0.0060202	0.0000178	0.0008315
0.4615536	0.0635797	0.1028074	0.1309746	0.0049488	0.0887818	0.0019603	0.0003824	0.0077719	0.0003355	0.0022052
0.0000014	0.0140231	0.0000004	0.0000105	0.0000808	0.0000000	0.0121197	0.0017048	0.0051134	0.0000345	0.0018317
0.0009871	0.0182837	0.0071525	0.0013976	0.0029591	0.0009502	0.0243675	0.0059123	0.0065399	0.0001707	0.0009905
0.0031506	0.0269185	0.0500299	0.0173913	0.0153653	0.0250701	0.0257288	0.0165238	0.0279215	0.0093349	0.0243066
0.0061373	0.0551746	0.1139677	0.0853215	0.0196660	0.0101107	0.0089808	0.0368723	0.0184475	0.0038879	0.0121777
0.0819739	0.0448252	0.0615844	0.0188689	0.0092422	0.0120736	0.0931165	0.0077064	0.0990824	0.0039609	0.0031363
0.0145878	0.3429207	0.0511215	0.0341081	0.0459528	0.0109741	0.0053861	0.0064074	0.0222185	0.0020347	0.0636244
0.0024897	0.0060510	0.0620800	0.0099488	0.0073027	0.2033652	0.0021627	0.0052784	0.0323277	0.0042648	0.0027240
0.0039993	0.0149799	0.0457388	0.1937981	0.2282089	0.2900469	0.0029228	0.0030425	0.0128711	0.0009187	0.0007246
0.0125796	0.0202466	0.0236221	0.0504795	0.1929796	0.0469653	0.0814007	0.0529638	0.0538704	0.0181922	0.0329173
0.0006228	0.0014246	0.0044281	0.0047264	0.0026834	0.0000850	0.0062836	0.0055461	0.0136239	0.0057470	0.0600605
0.0546172	0.0320278	0.0595748	0.0383737	0.0385908	0.0095892	0.1130555	0.0313986	0.0213623	0.0116893	0.0249754
0.0586603	0.0476495	0.0473618	0.0632511	0.0563193	0.0033064	0.0146466	0.0177762	0.0165823	0.0078448	0.0123564
0.0059071	0.0123169	0.0200889	0.0162772	0.0176657	0.0214884	0.0105115	0.0688642	0.0540781	0.0108950	0.0156263
0.0587987	0.0432164	0.0564303	0.0348859	0.0465857	0.0194821	0.0458114	0.2412440	0.0115905	0.1180576	0.0194351
0.0051304	0.0051913	0.0075611	0.0084724	0.0073683	0.0028167	0.0164175	0.0221826	0.0239165	0.0319448	0.0655710
0.2287976	**0.2453203**	**0.2849222**	**0.2916804**	**0.3036251**	**0.2548935**	**0.5350880**	**0.4760121**	**0.5666620**	**0.7706739**	**0.6565058**
0.0235706	0.0334790	0.0194413	0.0631743	0.0335386	0.0135126	0.1484249	0.0420264	0.1120751	0.0440673	0.2487983
0.0646747	0.0947501	0.1404179	0.1390474	0.1268740	0.1719494	0.0591371	0.2255333	0.4590630	0.1220402	0.3377959
0.0529424	0.0148340	0.0115720	0.0133459	0.0102480	0.0270252	0.0860515	0.0648010	0.0199926	0.1176066	0.0135591
0.0876127	0.1022564	0.1134911	0.0761128	0.1329653	0.0424063	0.2414744	0.1436516	−0.0244697	0.4869608	0.0563516

3—12 投入产出完全消耗系数表（1997）

产出 Output / 投入 Input	农业 Agriculture	采掘业 Mining and Quarrying	食品制造业 Foodstuff	纺织、缝纫机及皮革产品制造业 Textile, Sewing Leather and Furs Products	其他制造业 Other Manufac－turing	电力及蒸气、热水生产和供应业 Production and Supply of Electric Power, Steam and Hot Water
农业 Agriculture	0.2152138	0.0312616	0.5291778	0.2269036	0.0726049	0.0206846
采掘业 Mining and Quarrying	0.0666786	0.3275439	0.0962252	0.1003519	0.1440615	0.5725966
食品制造业 Foodstuff	0.0737473	0.0066013	0.2365490	0.0279680	0.0103756	0.0098742
纺织、缝纫机及皮革产品制造业 Textile, Sewing Leather and Furs Products	0.0284688	0.0245495	0.0339015	0.5311776	0.1837675	0.0272016
其他制造业 Other Manufacturing	0.0201542	0.0533436	0.0818288	0.0663799	0.1718582	0.0534913
电力及蒸气、热水生产和供应业 Production and Supply of Electric Power, Steam and Hot Water	0.0558487	0.2040773	0.0850060	0.1010465	0.1111372	0.2389160
炼焦、煤气及石油加工业 Coking, Gas and Petroleum Refining	0.0342621	0.0521374	0.0431333	0.0420641	0.0408400	0.0660082
化学工业 Chemical Industry	0.1906658	0.0903495	0.1599782	0.1773224	0.1276555	0.0767049
建筑材料及其他非金属矿物制品业 Building Materials and Non－metal Mineral Products	0.0074638	0.0254187	0.0245157	0.0132949	0.0150726	0.0204788
金属产品制造业 Metal Products	0.0305348	0.1350313	0.0493957	0.0580873	0.0882560	0.1127013
机械设备制造业 Machinery and Equipment	0.0444830	0.1581192	0.0746640	0.0805212	0.0837975	0.1910377
建筑业 Construction	0.0037488	0.0078294	0.0067309	0.0082714	0.0088652	0.0097081
运输邮电业 Transportation, Post and Telecommunications	0.0539645	0.1290704	0.1101373	0.1047912	0.1049619	0.2302354
商业饮食业 Commerce and Catering trade	0.0670976	0.1042723	0.1415482	0.1767593	0.1263227	0.1123731
公用事业及居民服务业 Public Utilities and Resident Services	0.0256292	0.0561254	0.0500705	0.0565223	0.0608429	0.0637550
金融保险业 Banking and Insurance	0.0626404	0.1609640	0.1661636	0.2254533	0.2226857	0.1910757
其他服务业 Other Services	0.0212676	0.0290022	0.0262281	0.0303482	0.0309591	0.0298851

Direct Input Coefficient of Input－output Table（1997）

炼焦、煤气及石油加工业 Coking, Gas and Petroleum Refining	化学工业 Chemical Industry	建筑材料及其他非金属矿物制品业 Building Materials and Non－metal Mineral Products	金属产品制造业 Metal Products	机械设备制造业 Machinery and Equipment	建筑业 Construction	运输邮电业 Trans－portation, Post and Telecomm－unications	商业饮食业 Commerce and Catering trade	公用事业及居民服务业 Public Utilities and Resident Services	金融保险业 Banking and Insurance	其他服务业 Other Services
0.0194322	0.0407165	0.0205603	0.0149105	0.0129192	0.0155637	0.0202891	0.0088428	0.0207223	0.0025911	0.0100153
0.6947624	0.2667871	0.3215543	0.3384168	0.1632462	0.3149286	0.1158594	0.0664169	0.1422330	0.0220312	0.0691983
0.0058114	0.0322166	0.0073208	0.0061245	0.0061566	0.0054329	0.0199304	0.0053858	0.0107528	0.0011978	0.0065473
0.0216417	0.0642305	0.0399973	0.0242270	0.0262995	0.0271998	0.0548854	0.0211676	0.0265620	0.0053967	0.0164670
0.0410813	0.0761270	0.0945935	0.0567514	0.0539940	0.0765777	0.0513983	0.0382353	0.0546278	0.0185713	0.0471987
0.1264526	0.1628903	0.2198260	0.1980673	0.1135409	0.1470315	0.0508454	0.0716842	0.0703489	0.0162235	0.0494227
0.1312562	0.1088823	0.1155541	0.0654492	0.0546318	0.0709531	0.1325424	0.0350097	0.1381357	0.0130497	0.0268755
0.0822079	0.5751801	0.1373245	0.1145304	0.1391766	0.1010531	0.0489390	0.0403968	0.0758096	0.0166676	0.1280769
0.0196891	0.0224181	0.0813280	0.0277684	0.0244273	0.2338969	0.0119758	0.0165185	0.0472633	0.0094108	0.0229729
0.0913820	0.0897776	0.1310165	0.3212869	0.3978088	0.4490088	0.0645785	0.0497017	0.0740963	0.0196056	0.0589988
0.1218494	0.1138255	0.1223948	0.1613427	0.3221443	0.1599478	0.1513814	0.1086409	0.1159562	0.0389614	0.0790433
0.0077961	0.0089020	0.0122424	0.0129630	0.0113147	0.0090497	0.0120363	0.0128679	0.0197544	0.0100365	0.0673652
0.1484664	0.1263660	0.1569525	0.1314920	0.1214509	0.1092200	0.1711844	0.0722433	0.0740692	0.0265771	0.0614210
0.1312066	0.1325612	0.1193362	0.1386980	0.1350671	0.0934934	0.0600631	0.0485888	0.0621191	0.0193777	0.0431233
0.0469941	0.0529022	0.0591708	0.0568060	0.0564780	0.0637539	0.0318591	0.0904888	0.0779688	0.0189671	0.0332598
0.1922752	0.1822879	0.1855896	0.1607905	0.1682433	0.1453137	0.1230744	0.3210664	0.0834278	0.1520345	0.0711640
0.0296726	0.0289162	0.0309780	0.0318155	0.0306398	0.0264736	0.0322502	0.0428407	0.0389144	0.0420534	0.0794563

3—13 资金流量表(实物交易)(1998年)

单位：亿元

交易项目 Transaction	机构部门 Institutional sector	非金融企业部门 Non-banking institutions 使用 Utilization	来源 Source
净出口	Net exports		
增加值	Value added		1508.68
劳动者报酬	Compensation of laborers	757.44	
生产税净额	Net Taxes on Production	214.12	
财产收入	Income from properties	153.29	53.05
初次分配总收入	Total Income from primary		436.88
经常转移	Current Transfer	32.78	
可支配总收入	Total disposable Income		404.1
最终消费	Final Consumption Expenditure		
居民消费	Household Consumption		
政府消费	Government Consumption		
总储蓄	Savings		404.1
资本转移	Capital Transfer		26.91
资本形成总额	Gross Capital Formation	727.61	
固定资本形成总额	Gross Fixer Capital Formation	557.97	
存货增加	Changes in Investories	169.64	
其他非金融资产获得减处置	Surplus of other non-banking capital		
净金融投资	Net finanicial Investment	-296.6	
统计误差	Statistical Discrepancy		

Flow of Funds Table (Physical Transaction, 1998)

1 billion yuan

金融机构部门 Banking institutions		政府部门 Goverments		住户部门 Households		省内合计 Regional sum		国内省外 Outside province		国外部门 Overseas	
使用 Utilization	来源 Source	使用 Utilization	来源 Source	使用 Utilization	来源 Source	使用 Utilization	来源 Source	使用 Utilization	来源 Source	使用 Utilization	来源 Source
											2.77
	35.37		143.13		1118.27		2805.45				
13.74		128.30		587.37	1486.85	1486.85	1486.85				
16.84		2.66	174.86	44.12		277.74	99.3		102.88		
143.19	143.19		10.33		89.91	153.29	153.29				
	4.79		197.36		2063.54		2702.57		102.88		2.77
2.22		31.43	264.9	133.62	29.97	200.05	294.87	94.82			
	2.57		430.83		1959.89		2797.39		8.06		2.77
		237.01		1453.35		1690.36					
				1453.35		1453.35					
		237.01				237.01					
	2.57		193.82		506.54		1107.03		8.06		2.77
		48.13	21.22			48.13	48.13				
3.86		88.13		298.26		1117.86					
3.86		88.13		172.77		822.73					
				125.49		295.13					
-1.29		78.78		208.28		-10.83		8.06		2.77	

3—14 资 产 负 债 综 合 表(1998年末)

单位：亿元

项目	Items	非金融企业部门 Non－banking institutions 使用 Utilization	来源 Source	金融机构部门 Banking institutions 使用 Utilization	来源 Source
非金融资产	**Non banking capital**	**3804.31**		**85.30**	
固定资产	Fixed assets	2619.60		78.57	
固定资产净值	Net fixed assets	2196.48		61.97	
固定资产原值	Ordinary fixed assets	3001.84		81.31	
减：累计折旧	Total depreciation	805.36		19.34	
在建工程	Constructing project	411.16		16.37	
固定资产清理	Inventory of fixed assets	4.95		0.16	
待处理固定资产净损失	Net loss of fixed assets	7.01		0.07	
存货	Goods in stock	1054.12		0.04	
#产成品和商品库存	Products and inventory	563.27			
其他非金融资产	Other non banking capital	130.59		6.69	
#无形资产	Intangible capital	70.04		1.53	
金融资产与负债	**Banking capital and debt**	**1179.76**	**2548.66**	**1767.67**	**1851.77**
国内金融资产与负债	National banking capital and debt	1179.76	2384.24	1767.67	1851.77
通货	Current in circulation	62.40		20.04	
存款	Savings deposits	592.61			1802.91
短期存款	Short period savings deposits	476.77			743.98
#财政存款	Financial savings deposits				32.26
长期存款	Long period savings deposits	115.84			1058.93
贷款	Loans		1620.04	1653.03	
短期贷款	Short period savings deposits		1235.86	1259.42	
#财政借款	Finansial savings deposits				
长期贷款	Long period savings deposits		384.18	393.61	
股票及其他股权	Stocks and other stock rights	278.76	397.80	15.36	
证券(不含股票)	Securities (not including stocks)	20.30	6.10	40.59	
短期证券	Short period secunty	9.96	2.30	9.38	
#政府债券	Government bonds	5.30		8.76	
长期证券	Long period secunty	10.34	3.80	31.21	
#政府债券	Government bonds	6.12		21.34	
保险准备金	Fonds of insurance preparation	9.34			31.51
其他	Other	216.35	360.30	38.65	17.35
国外金融资产与负债	Foreign banking capital and dbet		164.42		
短期资本	Short period capital		32.13		
长期资本	Long period capital		132.29		
资产负债差额	**Surplus of capital debt**		**2435.41**		**1.20**

Assets and Liabilities Table (end of 1998)

1 billion yuan

政府部门 Goverments		住户部门 Households		省内合计 Regional sum		国内省外 Outside province		国外部门 Overseas		总计 Total	
使用 Utilization	来源 Source	使用 Utilization	来源 Source	使用 Utilization	来源 Source	使用 Utilization	来源 Source	使用 Utilization	来源 Source	使用 Utilization	来源 Source
598.08		**2044.86**		**6532.55**						**6532.55**	
585.86		1510.03		4794.06						4794.06	
379.97		1510.03		4148.45						4148.45	
453.17		2197.16		5733.48						5733.48	
73.20		687.13		1585.03						1585.03	
205.89				633.42						633.42	
				5.11						5.11	
				7.08						7.08	
9.51		522.38		1586.05						1586.05	
		135.46		698.73						698.73	
2.71		12.45		152.44						152.44	
				71.57						71.57	
100.92	**28.87**	**1460.45**	**27.98**	**4508.80**	**4457.28**	**166.95**	**397.79**	**179.32**		**4855.07**	**4855.07**
100.92	13.97	1460.45	27.98	4508.80	4277.96	166.95	397.79			4675.75	4675.75
10.08		174.35		266.87			266.87			266.87	266.87
41.07		1175.08		1808.76	1802.91		5.85			1808.76	1808.76
38.09		234.97		749.83	743.98		5.85			749.83	749.83
32.26				32.26	32.26					32.26	32.26
2.98		940.11		1058.93	1058.93					1058.93	1058.93
	12.83		20.52	1653.03	1653.39	1.49	1.13			1654.52	1654.52
	11.74		12.18	1259.42	1259.78	1.49	1.13			1260.91	1260.91
	1.09		8.34	393.61	393.61					393.61	393.61
45.67		31.64		371.43	397.80	38.43	12.06			409.86	409.86
2.70		54.39		117.98	6.10		111.88			117.98	117.98
1.18		13.68		34.20	2.30		31.90			34.20	34.20
0.92		11.55		26.53			26.53			26.53	26.53
1.52		40.71		83.78	3.80		79.98			83.78	83.78
1.38		38.37		67.21			67.21			67.21	67.21
0.12		22.05		31.51	31.51					31.51	31.51
1.28	1.14	2.94	7.46	259.22	386.25	127.03				386.25	386.25
	14.90				179.32			179.32		179.32	179.32
	4.56				36.69			36.69		36.69	36.69
	10.34				142.63			142.63		142.63	142.63
	670.13		**3477.33**		**6584.07**		**-230.84**		**179.32**		**6532.55**

3—15 居民消费水平
Consumption Level of Residents

绝对数按当年价格计算，指数按可比价格计算　　At urrent prices, At comparable price

年份 Year	绝对数（元） Value (yuan)			城乡消费水平对比（农民=1） Urban/Rural Consump-tion Ratio (Agricul-tural House-holds=1)	指数（上年为100） Index (Preceding year=100)			指数（1978年为100） Index (1978=100)		
	全省居民 All Households	农村居民 Agricul-tural House-holds	城镇居民 Non-agricul-tural House-holds		全省居民 All Households	农村居民 Agricul-tural House-holds	城镇居民 Non-agricul-tural House-holds	全省居民 All Households	农村居民 Agricul-tural House-holds	城镇居民 Non-agricul-tural House-holds
1978	165	149	306	2.05	93.82	93.46	94.78	100.00	100.00	100.00
1979	189	172	323	1.88	113.79	115.38	106.18	113.79	115.38	106.18
1980	221	200	387	1.94	109.09	108.48	108.81	124.14	125.17	115.53
1981	260	242	397	1.64	111.62	114.80	97.83	138.56	143.71	113.02
1982	283	266	409	1.54	109.28	110.46	103.40	151.41	158.74	116.86
1983	305	286	442	1.55	103.73	103.08	104.86	157.05	163.64	122.54
1984	312	286	487	1.70	100.20	98.08	108.45	157.37	160.49	132.89
1985	365	333	570	1.71	106.77	106.75	104.90	168.03	171.33	139.40
1986	416	379	641	1.69	110.82	110.82	107.90	186.21	189.86	150.42
1987	482	425	818	1.92	107.58	104.24	117.87	200.31	197.90	177.30
1988	586	508	1031	2.03	104.85	104.06	106.69	210.03	205.94	189.15
1989	653	561	1176	2.10	103.43	101.36	108.91	217.24	208.74	206.01
1990	670	570	1236	2.17	96.68	95.48	100.16	210.03	199.30	206.34
1991	683	559	1379	2.47	117.01	103.33	124.84	245.77	205.94	257.60
1992	762	597	1646	2.76	102.81	102.21	122.55	252.66	210.49	315.69
1993	973	700	2389	3.41	105.96	103.65	100.74	267.71	218.18	318.03
1994	1251	969	2671	2.76	105.74	103.69	114.23	283.07	226.22	363.27
1995	1669	1300	3441	2.65	107.20	109.43	101.84	303.45	247.55	369.95
1996	1945	1488	4073	2.74	113.12	112.85	111.64	343.26	279.37	413.02
1997	2275	1796	4429	2.47	114.34	118.52	106.02	392.48	331.12	437.90
1998	2370	1845	4675	2.53	107.10	106.20	107.05	420.06	351.40	468.78
1999	2523	1939	4985	2.57	106.60	104.70	107.40	447.96	367.83	503.34

3—16 各地区（市、县）国内生产总值及指数（1999年）
Gross Domestic Product and Indices by Regions (city, county) (1999)

按当年价格计算　　At current prices

地区 Region		国内生产总值(亿元) Gross Domestic Products (100 million yuan)	第一产业 Primary Industry	第二产业 Secondary Industry	第三产业 Tertiary Industry	国内生产总值指数(%) Gross Domestic Products (1998=100)	第一产业 Primary Industry	第二产业 Secondary Industry	第三产业 Tertiary Industry	人均国内生产总值(元) Per Capita GDP (yuan)
合肥市	**Hefei**	**294.45**	**35.92**	**139.87**	**118.66**	**111.3**	**106.0**	**112.3**	**111.5**	**6880**
市辖区	Reigon of city	214.99	4.14	120.42	90.42	115.3	103.1	117.2	113.0	16652
长丰县	Changfeng	19.24	10.42	4.60	4.22	106.2	106.0	103.3	108.6	2020
肥东县	Feidong	29.53	11.81	7.58	10.14	106.0	100.7	104.6	112.7	2717
肥西县	Feixi	19.50	9.55	4.63	5.32	107.0	108.5	105.2	106.2	2055
芜湖市	**Wuhu**	**193.17**	**21.35**	**104.10**	**67.72**	**109.0**	**94.7**	**112.0**	**107.6**	**8954**
市辖区	Reigon of city	103.97	1.91	61.33	40.73	115.0	101.7	117.6	110.5	16456
芜湖县	Wuhu	24.69	7.08	9.71	7.90	94.5	95.3	92.5	97.3	4618
繁昌县	Fanchng	28.50	5.04	16.04	7.42	93.6	90.7	93.2	98.0	6278
南陵县	Nnlin	25.10	7.41	10.04	7.65	99.6	97.4	99.4	102.8	4673
蚌埠市	**Bengbu**	**180.25**	**42.86**	**78.53**	**58.86**	**103.2**	**106.2**	**99.8**	**108.0**	**5491**
市辖区	Reigon of city	73.89	2.77	38.56	32.56	100.5	103.0	97.0	107.4	9847
怀远县	Huaiyuan	52.41	16.84	20.93	14.64	103.1	106.3	98.8	107.9	4249
五河县	Wuhe	27.86	12.17	9.73	5.96	107.3	105.5	107.9	109.8	4113
固镇县	Guzhen	26.10	11.08	9.31	5.71	107.4	107.7	106.3	109.5	4197
淮南市	**Huainan**	**125.80**	**18.72**	**61.48**	**45.60**	**106.0**	**113.3**	**101.8**	**110.0**	**6239**
市辖区	Reigon of city	87.70	6.85	49.22	31.63	105.2	110.6	102.0	110.0	6458
凤台县	Fengtai	38.10	11.86	12.26	13.98	107.7	114.8	101.0	110.2	5786
马鞍山市	**Maanshan**	**123.65**	**12.42**	**77.44**	**33.79**	**108.3**	**106.9**	**106.7**	**113.1**	**10537**
市辖区	Reigon of city	95.65	1.36	66.15	28.14	108.4	102.4	106.6	114.2	18801
当涂县	Dangtu	28.77	11.06	10.04	7.67	107.1	107.5	106.1	108.0	4329
淮北市	**Huaibei**	**98.77**	**14.46**	**52.59**	**31.72**	**106.8**	**119.0**	**102.2**	**109.0**	**5254**
市辖区	Reigon of city	66.52	2.32	42.88	21.32	105.5	114.4	102.3	109.5	8638
濉溪县	Suixi	32.26	12.15	9.71	10.40	109.6	119.9	101.9	108.0	2906
铜陵市	**Tonglin**	**68.54**	**4.45**	**38.10**	**25.99**	**108.4**	**94.4**	**109.3**	**109.5**	**10064**
市辖区	Reigon of city	53.71	0.75	31.45	21.51	110.1	80.7	110.7	110.3	15984
铜陵县	Tonglin	15.04	3.69	6.32	5.03	101.3	97.6	101.2	104.3	4360
安庆市	**Anqin**	**248.23**	**53.98**	**112.71**	**81.54**	**103.4**	**95.3**	**104.1**	**109.6**	**4155**
市辖区	Reigon of city	66.54	1.30	35.01	30.23	102.6	100.3	99.4	108.1	11701
桐城市	Tongcheng	33.77	8.57	15.19	10.01	108.1	96.9	111.3	112.6	4374
怀宁县	Huainin	27.86	9.05	10.92	7.89	102.6	98.3	101.3	111.0	3579
枞阳县	Zongyang	23.13	8.71	7.01	7.41	92.4	92.0	88.9	98.3	2448
潜山县	Qianshan	18.30	4.71	6.74	6.85	96.2	98.9	90.3	103.6	3250

3—16 续表1　　　3－16 Continued 1

地区 Region		国内生产总值(亿元) Gross Domestic Products (100 million yuan)	第一产业 Primary Industry	第二产业 Secondary Industry	第三产业 Tertiary Industry	国内生产总值指数(%) Gross Domestic Products (1998＝100)	第一产业 Primary Industry	第二产业 Secondary Industry	第三产业 Tertiary Industry	人均国内生产总值(元) Per Capita GDP (yuan)
太湖县	Taihu	16.02	7.19	3.41	5.42	103.3	96.9	103.8	113.4	2836
宿松县	Susong	16.84	5.90	4.59	6.35	86.9	77.8	84.5	98.9	2142
望江县	Wangjiang	13.18	4.71	4.45	4.02	73.0	78.0	54.6	94.2	2215
岳西县	Yuexi	9.99	3.83	2.78	3.38	108.4	103.5	110.6	111.1	2491
黄山市	**Huangshan**	**77.87**	**18.49**	**24.52**	**34.86**	**109.0**	**104.0**	**110.1**	**110.1**	**5319**
市辖区	Reigon of city	34.13	6.21	10.37	17.55	108.2	102.9	114.6	105.8	8451
歙　县	Shexian	21.45	4.39	9.05	8.01	110.0	104.8	112.3	109.7	4264
休宁县	Xiunin	10.75	4.16	2.57	4.02	101.0	95.4	101.4	104.7	3924
黟　县	Yixian	3.62	1.37	1.13	1.12	107.9	104.8	113.5	105.7	3692
祁门县	Qimen	8.87	2.37	2.82	3.68	106.7	101.7	106.9	109.6	4804
滁州市	**Chuzhou**	**243.51**	**69.80**	**103.03**	**70.68**	**107.8**	**104.6**	**108.4**	**110.3**	**5837**
市辖区	Reigon of city	41.68	6.75	18.88	16.05	101.2	95.6	100.7	106.5	8830
天长市	Tianchang	40.05	10.62	19.11	10.32	109.3	105.9	107.6	117.6	6683
明光市	Minguang	33.61	10.31	14.20	9.10	109.3	112.8	107.1	110.0	5509
来安县	Laian	26.29	8.35	10.54	7.40	111.3	108.9	113.3	109.8	5538
全椒县	Quanjiao	31.49	9.12	13.46	8.91	104.7	104.6	104.3	105.5	7027
定远县	Dingyun	36.89	14.77	12.35	9.77	106.1	100.8	110.1	110.7	4183
凤阳县	Fengyang	33.50	9.87	14.50	9.13	106.1	104.8	105.0	110.7	4882
阜阳市	**Fuyang**	**350.56**	**156.26**	**86.50**	**107.80**	**94.1**	**108.7**	**71.4**	**105.8**	**2821**
市辖区	Reigon of city	67.85	19.11	24.67	24.07	104.0	105.5	102.1	105.1	3901
界首市	Jieshou	29.95	8.81	10.78	10.36	91.8	104.8	78.6	107.0	4157
临泉县	Lingquan	37.47	18.84	9.19	9.44	101.3	116.1	82.5	97.4	2079
太和县	Taihe	37.19	17.83	7.27	12.09	83.9	100.9	57.3	94.0	2522
涡阳县	Guoyang	40.05	18.13	10.70	11.22	96.0	102.1	97.7	85.6	3004
蒙城县	Mengcheng	37.14	18.02	8.92	10.20	94.4	105.7	79.8	94.8	3260
阜南县	Funan	32.76	18.00	5.22	9.54	95.3	104.8	69.4	101.0	2289
颍上县	Yingshang	33.70	16.34	7.45	9.91	94.1	107.4	66.5	106.2	2333
利辛县	Lixin	28.46	15.97	4.50	7.99	90.5	105.6	69.3	83.9	2118
宿州市	**Suzhou**	**197.50**	**77.94**	**58.18**	**61.38**	**108.5**	**115.8**	**102.6**	**106.7**	**3483**
市辖区	Reigon of city	56.01	21.04	12.74	22.23	101.5	117.8	83.3	106.3	3428
砀山县	Dangshan	29.31	13.43	7.73	8.15	103.8	114.6	80.7	107.8	3332
萧　县	Xiaoxian	36.46	12.92	11.89	11.65	106.8	115.4	102.1	105.6	2908

3—16 续表 2　　3－16 Continued 2

地　区	Region	国内生产总值(亿元) Gross Domestic Products (100 million yuan)	第一产业 Primary Industry	第二产业 Secondary Industry	第三产业 Tertiary Industry	国内生产总值指数(%) Gross Domestic Products (1998＝100)	第一产业 Primary Industry	第二产业 Secondary Industry	第三产业 Tertiary Industry	人均国内生产总值(元) Per Capita GDP (yuan)
灵璧县	Lingbi	30.50	17.38	6.12	7.00	104.6	108.1	89.9	110.2	2794
泗　县	Sixian	22.21	13.76	4.20	4.25	108.0	112.4	100.1	105.9	2712
六 安 市	**Luan**	**179.18**	**71.02**	**60.60**	**47.56**	**106.7**	**106.0**	**106.3**	**108.3**	**2743**
市辖区	Reigon of city	48.24	13.27	17.00	17.97	104.9	101.7	106.0	106.0	2796
寿　县	Shouxian	31.16	14.65	8.79	7.72	102.9	102.0	101.1	109.4	2515
霍邱县	Huoqiu	29.69	13.95	7.86	7.88	107.9	106.2	107.6	111.5	2049
舒城县	Shucheng	24.60	8.26	9.65	6.69	107.0	104.1	108.1	109.0	2515
金寨县	Jinzhai	15.53	5.82	5.98	3.73	101.2	100.7	100.8	102.9	2462
霍山县	Huoshan	15.64	3.81	7.98	3.85	107.1	101.3	110.6	106.8	4304
叶集区	Yeiji	4.09	1.70	0.91	1.48	107.0	107.0	103.0	111.0	2714
巢 湖 市	**Chaohu**	**208.49**	**60.01**	**86.20**	**62.22**	**105.1**	**102.4**	**103.7**	**110.7**	**4697**
市辖区	Reigon of city	57.60	8.89	27.40	21.31	107.5	103.1	106.1	112.5	6919
庐江县	Lujiang	39.32	18.39	9.51	11.42	92.9	94.3	88.3	96.1	3349
无为县	Wuwei	47.55	17.06	16.60	13.89	104.1	99.8	102.6	111.0	3500
含山县	Hanshan	22.43	7.04	9.93	5.46	103.6	103.8	102.6	104.8	5159
和　县	Hexian	21.49	8.68	6.15	6.66	83.9	**106.6**	60.3	100.2	3362
宣城地区	**XuanchengPrefecture**	**173.18**	**34.64**	**76.41**	**62.13**	**88.5**	88.0	**86.1**	**94.2**	**6320**
宣州市	Xuanzhou	53.71	9.53	21.69	22.49	98.2	86.3	99.6	102.0	6541
宁国县	Ninguo	40.26	6.87	22.15	11.24	78.6	93.5	76.4	80.2	10570
郎溪县	Langxi	10.84	3.50	3.92	3.42	68.4	57.6	66.0	90.9	3273
广德县	Guangde	28.49	5.41	10.85	12.23	91.4	98.8	91.8	87.5	5631
泾　县	Jingxian	21.49	4.18	10.61	6.70	90.1	97.9	82.7	107.8	5950
旌德县	Jingde	7.72	1.96	3.16	2.59	83.8	103.9	73.3	91.3	5078
绩溪县	Jixi	10.67	3.19	4.02	3.46	85.2	112.6	75.8	91.6	5824
池州地区	**ChizhouPrefecture**	**56.97**	**17.30**	**20.84**	**18.83**	**102.0**	**99.4**	**101.1**	**106.3**	**3726**
贵池市	Guichi	28.02	6.71	11.70	9.61	101.9	100.9	98.3	109.2	4623
东至县	Dongzhi	17.07	6.44	5.15	5.48	101.7	99.2	100.8	106.3	3218
石台县	Shitai	2.39	1.11	0.49	0.79	92.1	86.3	99.4	95.3	2146
青阳县	Qingyang	9.87	3.04	3.88	2.95	102.3	100.0	101.6	107.1	3571
亳 州 市	**Bozhou**	**57.30**	**15.40**	**21.80**	**20.10**	**106.1**	**96.5**	**109.1**	**113.0**	**4190**

注：本表按当年价格计算，指数按可比价格计算。

Absolute number at current prices, indices are based on comparable prices.

主要统计指标解释

国内生产总值（GDP）　指一个国家（或地区）所有常住单位在一定时期内收入初次分配的最终结果。一国常住单位从事生产活动所创造的增加值在初次分配中主要分配给该国的常住单位，但也有一部分以生产税及进口税（扣除生产和进口补贴）、劳动者报酬和财产收入等形式分配给非常住单位；同时，国外生产所创造的增加值也有一部分以生产税及进口税（扣除生产和进口补贴）、劳动者报酬和财产收入等形式分配给该国的常住单位，从而产生了国民生产总值的概念。它等于国内生产总值加上来自国外的初次分配收入净额。与国内生产总值不同，国民生产总值是个收入概念，而国内生产总值是个生产概念。

国民生产总值（GNP）　指一个国家（或地区）所有常住单位在一定时期内生产活动的最终成果。国内生产总值有三种表现形态，即价值形态、收入形态和产品形态。从价值形态看，它是所有常住单位在一定时期内生产的全部货物和服务价值超过同期中间投入的全部非固定资产货物和服务价值的差额，即所有常住单位的增加值之和；从收入形态看，它是所有常住单位在一定时期内创造并分配给常住单位和非常住单位的初次收入分配之和；从产品形态看，它是所有常住单位在一定时期内最终使用的货物和服务价值与货物和服务净出口价值之和。在实际核算中，国内生产总值有三种计算方法，即生产法、收入法和支出法。三种方法分别从不同的方面反映国内生产总值及其构成。

三次产业　是根据社会生产活动历史发展的顺序对产业结构的划分，产品直接取自自然界的部门称为第一产业，对初级产品进行再加工的部门称为第二产业，为生产和消费提供各种服务的部门称为第三产业。它是世界上较为通用的产业结构分类，但各国的划分不尽一致。我国的三次产业划分是：

第一产业：农业（包括种植业、林业、牧业和渔业）。

第二产业：工业（包括采掘业，制造业，电力、煤气及水的生产和供应业）和建筑业。

第三产业：除第一、第二产业以外的其他各业。由于第三产业包括的行业多、范围广，根据我国的实际情况，第三产业可分为两大部分；一是流通部门，二是服务部门。具体又可分为四个层次：

第一层次：流通部门，包括交通运输、仓储及邮电通信业，批发和零售贸易、餐饮业。

第二层次：为生产和生活服务的部门，包括金融、保险业，地质勘查业、水利管理业，房地产业，社会服务业，农、林、牧、渔服务业，交通运输辅助业，综合技术服务业等。

第三层次：为提高科学文化水平和居民素质服务的部门，包括教育、文化艺术及广播电影电视业，卫生、体育和社会福利业，科学研究业等。

第四层次：为社会公共需要服务的部门，包括国家机关、政党机关和社会团体以及军队、警察等。

支出法国内生产总值　指一个国家（或地区）所有常住单位在一定时期内用于最终消费、资本形成总额，以及货物和服务的净出口总额，它反映本期生产的国内生产总值的使用及构成。

最终消费　指常住单位在一定时期内对于货物和服务的全部最终消费支出，也就是常住单位为满足物质、文化和精神生活的需要，从本国经济领土和国外购买的货物和服务的支出；不包括非常住单位在本国经济领土内的消费支出。最终消费分为居民消费和政府消费。

居民消费　指常住住户对货物和服务的全部最终消费支出。居民消费按市场价格计算，即按居民支付的购买者价格计算。购买者价格是购买者取得货物所支付的价格，包括购买者支付的运输和商业费用。居民消费除了直接以货币形式购买货物和服务的消费之外，还包括以其他方式获得的货物和服务的消费支出，即所谓的虚拟消费支出。居民虚拟消费支出包括以下几种类型：单位以实物报酬及实物转移的形式提供给劳动者的货物和服务；住户生产并由本住户消费了的货物和服务，其中的服务仅指住户的自有住房服务；金融机构提供的金融媒介服务；保险公司提供的保险服务。

政府消费　指政府部门为全社会提供公共服务的消费支出和免费或以较低价格向住户提供的货物和服务的净支出。前者等于政府服务的产出价值减去政府单位所获得的经营收入的价值，政府服务的产出价值等于它的经常性业务支出加上固定资产折旧；后者等于政府部门免费或以较低价格向住户提供的货物和服务的市场价值减去向住户收取的价值。

资本形成总额　指常住单位在一定时期内获得的减去处置的固定资产加存货的变动，包括固定资本形成总额和存货增加。

固定资本形成总额　指常住单位购置、转入和自产自用的固定资产，扣除固定资产的销售和转出后的价值，分有形固定资产形成总额和无形固定资产形成总额。有形固定资产形成总额包括一定时期内完成的建筑工程、安装工程和设备工器具购置（减处置）价值，以及土地改良、新增役、种、奶、毛、娱乐用牲畜和新增经济林木价值。无形固定资产形成总额包括矿藏的勘探、计算机软件、娱乐和文学艺术品原件等获得减处置。

存货增加 指常住单位存货实物量变动的市场价值，即期末价值减期初价值的差额。存货增加可以是正值，也可以是负值；正值表示存货上升，负值表示存货下降。它包括生产单位购进的原材料、燃料和储备物资等存货，以及生产单位生产的产成品、在制品等存货等。

货物和服务净出口 指货物和服务出口减货物和服务进口的差额。出口包括常住单位向非常住单位出售或无偿转让的各种货物和服务的价值；进口包括常住单位从非常住单位购买或无偿得到的各种货物和服务的价值。由于服务活动的提供与使用同时发生，因此服务的进出口业务并不发生出入境现象，一般把常住单位从国外得到的服务作为进口，非常住单位从本国得到的服务作为出口。货物的出口和进口都按离岸价格计算。

劳动者报酬 指劳动者因从事生产活动所获得的全部报酬。包括劳动者获得的工资、奖金和津贴，既包括货币形式的，也包括实物形式的；还包括劳动者所享受的公费医疗和医药卫生费、上下班交通补贴和单位支付的社会保险费等。对于个体经济来说，其所有者所获得的劳动报酬和经营利润不易区分，这两部分统一作为劳动者报酬处理。

生产税净额 指生产税减生产补贴后的余额。生产税指政府对生产单位生产、销售和从事经营活动以及因从事生产活动使用某些生产要素（如固定资产、土地、劳动力）所征收的各种税、附加费和规费。生产补贴与生产税相反，指政府对生产单位的单方面收入转移，因此视为负生产税，包括政策亏损补贴、粮食系统价格补贴、外贸企业出口退税收入等。

固定资产折旧 指为弥补固定资产损耗按照核定的固定资产折旧率提取的固定资产折旧，或按国民经济核算统一规定的折旧率虚拟计算的固定资产折旧。它反映了固定资产在当期生产中的转移价值。各类企业和企业化管理的事业单位的固定资产折旧是指实际计提并计入成本费中的折旧费；不计提折旧的政府机关、非企业化管理的事业单位和居民住房的固定资产折旧是按照统一规定的折旧率和固定资产原值计算其虚拟折旧。原则上，固定资产折旧应按固定资产的重置价值计算，但是目前我国尚不具备对全社会固定资产进行重估价的基础，所以暂时只能采用上述办法。

营业盈余 指常住单位创造的增加值扣除劳动者报酬、生产税净额和固定资产折旧后的余额。它相当于企业的营业利润加上生产补贴，但要扣除从利润中开支的工资和福利等。

直接消耗系数 指某一个部门生产单位总产出需要直接消耗各部门产品和服务的数量，也称为投入系数。它反映该部门与其他部门之间直接的技术经济联系和直接依赖关系。

完全消耗系数 指增加某一个部门单位总产出需要完全消耗各部门产品和服务的数量。完全消耗系数等于直接消耗系数和全部间接消耗系数之和，它是全面揭示国民经济各部门之间技术经济的全部联系和相互依赖关系的主要指标。

机构单位 指能以自己的名义拥有资产、发生负债、从事经济活动并与其他实体进行交易的经济实体。根据机构单位在生产、消费、融资活动中所起的不同作用，资金流量核算中区分了如下四类机构单位：非金融企业、金融机构、政府单位、住户。

机构部门 将相同性质的机构单位归并在一起，就形成机构部门。资金流量核算中区分了如下几类机构部门：非金融企业部门、金融机构部门、政府部门、住户部门。

非金融企业与非金融企业部门 非金融企业指主要从事市场货物生产和提供非金融市场服务的常住企业，它主要包括各类法人企业。所有非金融企业归并在一起，就形成非金融企业部门。

金融机构与金融机构部门 金融机构指主要从事金融中介以及与金融中介密切相关的辅助金融活动的常住单位，它主要包括中央银行、商业银行和政策性银行、非银行信贷机构和保险公司。所有金融机构归并在一起，就形成金融机构部门。

政府单位与政府部门 政府单位指在我国境内通过政治程序建立的、在一特定区域内对其他机构单位拥有立法、司法和行政权的法律实体及其附属单位。政府单位的主要职能是利用征税和其他方式获得的资金向社会和公众提供公共服务。通过转移支付，对社会收入和财产进行再分配。它主要包括各种行政单位和事业单位。所有政府单位归并在一起，就形成政府部门。

住户与住户部门 住户指共享同一生活设施、部分或全部收入和财产集中使用、共同消费住房、食品和其他消费品与消费服务的常住个人或个人群体。所有住户归并在一起，就形成住户部门。

初次分配总收入 指增加值经对劳动者报酬、生产税及财产收入分配后得到的收支余额。

经常转移 包括收入税、社会保险付款、社会补助和其他经常转移。

可支配总收入 指各机构部门在初次分配总收入基础上通过经常转移后所获得的收入。这部分收入用于最终消费和储蓄。

总储蓄 指可支配总收入扣除最终消费后的余额。

资本转移 指一个部门无偿地向另一个部门支付用于资本形成的资金，是一种不从对方获取任何对应物作为回报的交易。资本转移具有不同于经常转移的两个特征，一是转移的目的是用于投资，而不是用于消费；二是资产所有权的转移，而不仅仅是使用权的转移。资本转移包括投资性补助和其他资产转移，根据我国目前的实际情况，投资性补助是指财政投资性拨款，即财政拨款中用于基本建设、更新改造和其他固定资产投资的部分。

净金融投资 指总储蓄加资本转移收入减资本转移支出减资本形成总额后的余额。

通货 指以现金形式存在于市场流通领域中的货币，包括辅币和纸币。

存款 指以各种形式存在的所有存款，包括活期存款、定期存款、住户储蓄存款、财政存款、外汇存款和其他存款。

贷款 指金融机构向非金融部门提供的各种形式的所有贷款，包括短期贷款、中长期贷款、财政贷款、外汇贷款和其他贷款。

证券 包括债券和股票。

保险准备金 指对人寿保险准备金和养恤基金的净权益、保险费预付款和未结索赔准备金。

结算资金 指银行的汇兑在途资金。

金融机构往来 指各机构之间的资金往来，包括同业存放款和同业拆借款。

准备金 指各金融机构在中央银行的存款及缴存中央银行的法定准备金。

中央银行贷款 指中央银行向各金融机构的贷款。

经常项目 包括货物、服务、收益及经常性转移。

货物 指通过我国海关进出口的货物，以海关进出口统计资料为基础，并根据国际收支统计口径的要求，出口、进口都以商品所有权变化为原则进行调整。出口和进口金额均按离岸价格统计。

服务 包括运输、旅游、通讯、建筑、保险、国际金融服务、计算机和信息服务、专有权力使用费和特许费、各种商业服务、个人文化娱乐服务以及政府服务。

收益 包括职工报酬和投资收益。投资收益包括直接投资、证券投资和其它投资的收益和支出以及直接投资收益的再投资。

经常转移 包括所有非资本转移的单方面转让，如侨汇、工人汇款、无偿捐赠、赔偿等项目。

资本项目 包括移民转移、债务减免等资本性转移。

金融项目 包括直接投资、证券投资和其它投资。

直接投资 指外国、港澳台地区在我国和我国在外国、港澳台地区以独资、合资、合作及合作勘探开发方式进行的投资。

证券投资 指外国、港澳台地区购买（或我国买回）我国（包括地方政府和企业）发行的股票、债券等有价证券和我国（政府、企业、私人）买卖外国、港澳台地区发行的股票、债券等有价证券。

其它投资 包括外国提供给我国和我国提供给外国的贸易信贷、贷款、货币和存款以及其它资产。

储备资产增减额 指我国在黄金储备、外汇储备、在国际货币基金组织的储备头寸、特别提款权、使用基金信贷等方面本年末与上年末余额之间的差额。储备资产增加用负号表示。

非金融资产 指机构单位单独或共同对其拥有所有权或处置权，并通过在核算期内持有或使用它们可从中获得经济利益的，除金融资产以外的经济资产。

固定资产 使用期限一年以上、单位价值在规定标准以上，并在使用过程中保持原有物质形态的实物资产。固定资产是净值的含义，它等于固定资产原值减去累计折，再加上在建工程。

存货 机构单位用于生产耗用、经营销售、行政管理及日常生活而储存的各种产品。包括原材料、在制品、半成品和产成品、商品库存、其他（如物资储备等)。

金融资产与负债 机构单位单独或共同其执行所有权或处置权，并通过持有或使用它们可从中获得经济利益的非金融资产以外的各种资产和负债。除货币黄金、特别提款权外，其他金融资产均表现为不同机构单位之间的债权、债务对等关系。

储备资产 指我国中央银行拥有的可以直接对国外支付的各种金融资产，包括央行的黄金储备、外汇储备、在国际货币基金组织的储备头寸、特别提款权等。

资产负债差额（资产净值） 指全部资产减去全部负债后的差额，是机构单位、机构部门或经济总体的资产净值。

Explanatory Notes for Major Statistical Indicators

Gross Domestic Product (GDP) refers to the final products of all resident units in a country (or a region) during a certain period of time. Gross domestic product is expressed in three different forms, i. e. value, income, and products respectively. The form of value refers to the total value of all products and services produced by all resident units during a certain period of time minus total value of intimidate input of materials and services of the nature of non – fixed assets or the summation of the value – added of all resident units; the form of income includes all the income created by all resident units and distributed primarily to all resident and non – resident units; the form of products refers to the value of all final goods and services for final use by all resident units plus the value of net exports of goods and services during a given period of time. In the practice of national accounting, gross domestic product is calculated with three approaches, i. e. production approach, income approach, and expenditure approach, which reflect gross domestic product and its composition from different aspects.

Gross National Product (GNP) refers to the final result of the primary distribution of the income created by all the resident units of a country (or a region) during a certain period of time. The value – added created by the resident units of a country engaged in production activities is mainly distributed to the resident units of that country while a part of it is distributed to the non – resident units in the form of production tax and import duties (minus subsidies to production and import), remuneration for the labourers and property income. At the meantime, a part of the value – added created abroad is distributed to the resident units of the country in the form of production tax and import duties (minus subsidies to production and import), remuneration for the labourers and property income. Thus the concept of gross national product is formed, which equals to gross domestic product plus net overseas income from the primary distribution. Unlike gross domestic product which is a concept of production, gross national product is a concept of income.

Three Industries Industry structure has been classified according to the historical sequence of development. Primary industry refers to extraction of natural resources; secondary industry involves processing of primary products; and tertiary industry provides services of various kinds for production and consumption. The above classification is universal although it varies to some extent form country to country. Industry in China comprises:

Primary industry: agriculture (including farming, forestry, animal husbandry and fishery).

Secondary industry: industry (including mining and quarrying, manufacturing, production and supply of electricity, water and gas) and construction.

Tertiary industry: all other industries not included in primary or secondary industry.

Due to the fact that tertiary industry involves in a large variety of industries in China, it is divided into two sectors: circulation sector and service sector and further into four levels:

The first level: circulation sector, including transportation, storage, postal and telecommunications, wholesale and retail trade, and catering trade.

The second level: service sector providing services for production and consumption, including banking, insurance, geological survey, water conservancy management, real estates, service for residents, service for agriculture, forestry, animal husbandry, fishery, subsidiary services for transportation and communications, comprehensive technical services, etc.

The third level: service sector for upgrading scientific, educational and cultural level of the people, including education, culture and arts, broadcasting, movies, television, public health, sports, social welfare and scientific research, etc.

The fourth level: sector providing services for public needs, including government agencies, political parties, social organizations, military and police service.

GDP Calculated with Expenditure Approach refers to total expenditure on final consumption, total capital formation and net export of goods and services by resident units of a country in a certain period of time. It reflects the composition of GDP by its use.

Final Consumption refers to the total expenditure of resident units on final consumption of goods and services in a certain period, namely the expenditure of the resident units for purchases of goods and services from domestic economic territory and abroad to meet the requirements of material, cultural and spiritual life. It excludes the expenditure of non – resident units on consumption in the economic territory of the country. The final consumption is classified into household consumption and government consumption.

Households consumption refers to the total expenditure of resident households on the final consumption of goods and services. The households consumption is calculated at market prices, namely the purchaser's prices which the households pay; the purchasers' prices of goods are the prices the households pay when they obtain the goods, including the transport and commercial expenses paid by the households. In addition to the consumption of goods and services bought by the households directly with money, the expenditure on goods and services obtained by the households in other ways, i. e. the so – called imputed expenditure on consumption, is also included in the households consumption. The imputation expenditure of the households on consumption includes the following types: (a) the goods and services provided to the households by the units in the form of payment in kind and transfer in kind; (b) the goods and services produced and consumed by the households themselves, in which the services refer only to the services provided by the residential buildings owned by the households; (c) the services of financial intermediary provided by the financial institutions; (d) the insurance services provided by the insurance companies.

Government Consumption refers to the expenditure on the consumption of the public services provided by the government to the whole society and the net expenditure on the goods and services provided by the government to the households at free charge or lower prices. The former equals to the output value of the government services minus the value of operating income obtained by the government departments. (The output value of the government services equals to its current operating expenditure plus depreciation of fixed assets). The latter equals to the market value of the goods and services provided by the government free of charge or at low prices to the households minus the value received by the government from the households.

Total Capital Formation refers to the fixed assets acquired minus those disposed and the change in inventory, including the total fixed assets formation and the increase in inventory.

Total Fixed Capital Formation refers to the value of fixed assets purchased, transferred in by the resident units and those produced and used by themselves deducting the value of fixed assets sold and transferred out. It can be classified into total tangible assets formation and total intangible assets formation. The total tangible assets formation include the value of the construction projects, installation projects completed and the equipment, apparatus and instruments purchased as well as the value of land improved, the value of draught animals, breeding stock, milk, wool and recreational animals and the newly increased economic forest in a certain period. The total intangible assets formation includes the prospecting of minerals, the acquisition of computer software, the originals of recreational works and works of literature and arts minus the disposal of them.

Increase in Inventory refers to the market value of the change in inventory, i.e. the difference of value between the beginning and the end of the period. The increase in inventory can be positive or negative. A positive value indicates the increase in inventory while a negative value indicates the decrease in stock. The inventory includes the raw materials, fuels and reserve materials purchased by the production units as well as the inventory of finished products, semi – finished products, work – in – progress, etc.

Net Export of Goods and Services refers to the difference of the exports of goods and services minus the imports of goods and services. The imports include the value of various goods and services sold or gratuitously transferred by the resident units to the non – resident units. The imports include the value of various goods and services purchased or gratuitously acquired by the resident units from the non – resident units. Because the provision of services and the use of them happen simultaneously, the import and export of services do not appear to have the phenomena of crossing the border of the country. The acquisition of services by the resident units from abroad is usually treated as import while the acquisition of services by non – resident units in this country is usually treated as export. The export and import of goods are calculated at FOB.

Labourers' Remuneration refers to the whole payment earned by the labourers from the productive activities they are engaged in. It includes wages, bonuses and allowances the labourers earned in monetary form and in kind. It also includes the free medical services provided to the labourers and the medicine expenses, traffic subsidies and social insurance fee paid by the labourers' working units for them. As the individual economy is concerned, since the labourers' remuneration is not easily distinguished from the operating profit, both are treated as labourers remuneration.

Net Taxes on Production refers to the residual of the taxes on production minus the subsidies on production. The taxes on production refers to the various taxes, extra charges and fees levied on the production units on their production, sale and business activities as well as on some factors of production, such as fixed assets, land and labour force, used in the production activities they are engaged in. In contrast to the taxes on production, the subsidies on production refer to the unilateral transfer of part of the government's revenue to the production units and is therefore regarded as negative taxes on production. They include subsidies on the loss due to implementation of government policies, price subsidies to the grain institutions, foreign trade corporations' receipts from drawback, etc.

Depreciation of Fixed Assets refers to the depreciation of fixed assets drawn in accordance with the stipulated depreciation rate for the purpose of compensating the wear loss of the fixed assets or the depreciation of fixed assets calculated in a fictitious way in accordance with the stipulated unified depreciation rate in the national economic accounting system. It reflects the value of transfer of the fixed assets in the production of the current period. The depreciation of fixed assets in various enterprises and institutions managed as enterprises refers to the depreciation expenses actually drawn and calculated as part of the cost. In government agencies and institutions not managed as enterprises which do not draw the depreciation expenses, as well as for the houses of residents, the depreciation of fixed assets is the imputed depreciation, which is calculated in accordance with the stipulated unified depreciation rate. In principle, the depreciation of fixed assets should be calculated on the basis of the re – purchased value of the fixed assets. However, there is no actual condition to re – evaluate all the fixed assets in China. Therefore, the above – mentioned methods are temporarily adopted at present.

Operating Surplus refers to the balance of the value added created by the resident units deducting the labourers' remuneration, net taxes on production and the depreciation of fixed assets. It is equivalent to the business profit of the enterprises plus subsidies on production, but the wages and welfare expenses paid from the profits should be deducted.

Direct Input Coefficient refers to the volume of products and services of all sectors consumed directly by a certain sector's productive units, which are needed for their total output. It is also named as technical coefficient. It represents the direct technical-economical ties and direct interdependence between the sector and other sectors.

Total Input Coefficient refers to the volume of products and services of all sectors needed for a certain sectors productive units to increase their total output. Total input coefficient is equal to the sum of direct input coefficient and total indirect input coefficient. It is a major indicator to disclose the technical – economical ties and interdependence between sectors of the national economy.

Institutional Units refer to economic entities that are in a position to own assets and incur liabilities in their own name, and to engage in economic activities and conduct transactions with other entities. Depending on their role in production, consumption and financing, 4 groups of institutional units are identified in the flow of fund tables, namely, non – financial corporations, financial institutions, governments and households.

Institutional Sectors refer groups of institutional units that are classified by their nature. Following groups (or institutional sectors) are identified in the flow of fund accounts: the sector of non – financial corporations, the sector of financial institutions, the sector of governments and the sector of households.

Non – Financial Corporations and the Sector of Non – Financial Corporations Non – financial corporations refer to resident corporations that are engaged in the production of goods and the provision of non financial services in the market, mainly covering corporate enterprises of various types. All non – financial corporations make up the sector of non – financial corporations.

Financial Institutions and the Sector of Financial Institutions Financial institutions refer to resident institutions that are engaged in the financial services or auxiliary financial activities, mainly covering central banks, commercial banks, policy – related banks, non – banking credit institutions and insurance companies. All financial institutions make up the sector of financial institutions.

Government Units and the Sector of Governments Government units refer to legal entities and their auxiliary units within the territory of China that are established through political process and are empowered with legislative, administrative or judicial rights over other institutional units in a given region. The main function of government units is to acquire funds through taxation or other means, to provide public services to the society and households, and to conduct redistribution of income and properties of the society through transfer payment. Government units cover mainly administrative and institutional units of various types. All government units make up the sector of governments.

Households and the Sector of Households Households refer to resident individuals or groups of resident individuals who share common living facilities, pool together entire or part of their income and properties at their common disposal, and share their housing, food and other consumer goods and services. All households make up the sector of households.

Total Income of Primary Distribution refers to the net sum of value – added minus compensation for labours, production taxes and net property income.

Current Transfers include 4 parts: income tax, payment to social securities, social allowances and other current transfers.

Total Disposable Income refers to income received by institutional sectors on the basis of total income of primary distribution and through current transfers. This is the income that is used for final consumption and savings.

Total Savings is the difference between total disposable income and the final consumption.

Capital Transfer refers to the free payment from one sector to another sector for capital formation, and is a transaction that seeks no return from the recipient.

The capital transfer differs from the current transfer in 2 aspects. Firstly, the objective of the transfer is investment rather than consumption. Secondly, capital transfer features the transfer of the ownership of the capital rather than the utilization right of the capital. Capital transfer includes investment subsidies and other capital transfers. Under the current situation in China, investment subsidies refer to investment allocations from government finance, i.e. the financial allocations that are used for capital construction, updating and transformation projects and other investment in fixed assets.

Net Financial Investment refers to total savings plus the net income from capital transfer minus the gross capital formation.

Currency in Circulation refers to currency that is in circulation in the market, including notes and fractional currency.

Savings Deposit refers to deposits of all types, including current deposit, fixed deposit, household savings deposit, government deposit, foreign exchange deposit and other deposits.

Loans refer to loans of all forms provided by financial institutions to non – financial sectors, including short – term loans, medium and long – term loans, government loans, foreign exchange loans and other loans.

Securities include bonds and stocks.

Insurance Reserve Funds refer to reserve fund for life insurance, the net pension fund, advance payment of premium and non – claimed reserves.

Settlement Fund refers to bank fund that is in the process of remittance.

Transactions Between Financial Institutions refer to flow of capital between financial institutions, including inter – bank deposits and loans.

Reserve Funds refer to savings of financial institutions in the central bank and designated reserves to the central bank.

Loans from the Central Bank refer to loans from the central bank to financial institutions.

Current Account includes goods, services, earnings and current transfers.

Goods refer to imported or exported goods through Chinese customs. Figures in the Yearbook are based on customs statistics, adjusted in line with the concepts and definitions of the balance of payment statistics and with the change in the ownership of commodities. Statistics on both exports and imports are valued at f. o. b. prices.

Services include transportation, tourism, communications, construction, insurance, international financial services, computer and information service, royalty for patent, trademarks and other special rights, commercial services, personal cultural and recreational services and government services.

Earnings include compensation of employees and earnings from investment (including earnings from and expenses on direct investment, security investment and other investment, as well as reinvestment of earnings from direct investment).

Current Transfers include all non – capital one – way transfers, such as remittance from overseas Chinese, remittance from overseas labours, grants, donations and reparations.

Capital Account includes capital transfers such as immigration transfer, reduction or exemption of debts, etc. .

Financial Account includes direct investment, security investment and other investments.

Direct Investment refers to investment, made in forms of exclusive investment, joint investment, contracted operation and cooperative development, by foreign investors or investors from Hong Kong, Macao and Taiwan in China, or by Chinese investors in foreign countries or in Hong Kong, Macao and Taiwan.

Security Investment refers to the purchase of stocks and securities issued by central and local governments and enterprises in China by institutions or individuals of foreign countries or from Hong Kong, Macao and Taiwan (and the re – purchase by Chinese institutions), and the purchase and selling of stocks and securities issued in foreign countries and in Hong Kong, Macao and Taiwan by Chinese governments, enterprises and individuals.

Other Investment includes trade credits, loans, currency, savings and other assets, provided by foreign countries to China and by China to foreign countries.

Reserve Assets, Net Increase refers to the net balance between the end of the reference year and the end of the previous year, in the gold reserve, foreign exchange reserve, reserve and special drawing rights in the International Monetary Fund, and the use of the Fund's credits. The increase in the reserve assets is expressed as a negative figure.

Non – financial Assets They are defined as economic assets except for financial assets, over which ownership rights or disposal rights are enforced by institutional units, individually or collectively, and from which economic benefits may be derived by their owners by helding them, or using them over a period of accouting.

Fixed Assets They are defined as physical assets that are themselves used repeatedly for more than physical forms unchanged in process of production. They that are usually recorded in net value, are identical with their original values minus accumulatcd depreciation plus work – in – progress.

Inventory They are defined as stocks of goods held by instituticnal units tnat are intended for use in production, sale, administrative management and daily life, including raw materials, work – in – progress, semifinished and finished goods, stocks of commodities, and etc. (e. g. important materials and supplies reserve).

Financial Assets And Liabilities They are defined as various assets and liabilities except for nonfinancial assets, over which ownership rights or disposal rights are enforced by institutional units, individually or collectively, and from which economic benefits may be derived by their owners by holding them, or using them over a period of accounting. Most financial assets except for monetary gold and Special Drawing Rights may reflect a relationship of claims and obligations between different instiutional units.

Reserve Assets They are defined as those external assets that are readily available to and controlled by a country's central bank for direct payment to foreigners, including monetary gold reserve, foreign currency reserve position in the IMF, SDRs, and erc.

Balancing Item In The Balance Sheet(Net Worth) It is defined as the value of all the assets owned by an institutional unit or sector less the value of all its outstanding liabilities.

四、人　　口

POPULATION

简要说明

一、本篇资料反映我省1999年及主要年份人口方面的基本情况，包括全省主要人口统计数据，主要指标有：性别比、少年儿童系数、老年系数、老少比、年龄中位数、少年儿童抚养系数、老年抚养系数、抚养系数、出生率、死亡率、自然增长率、生育率等。

二、本篇资料来源主要有以下三个方面：

1. 有关人口年龄构成、人口自然变动和抚养系数、人口受教育程度、人口在业和不在业状况、婚姻状况、妇女生育率及流动人口情况等资料，是根据1999年全省人口抽样调查资料整理的。其中，一部分为样本表，一部分为推算表。

2. 有关历史上四次人口普查资料，是根据历次人口普查资料整理的。

3. 有关户籍人口、非农业人口、农业人口，是根据省公安厅提供的1999年度户籍人口统计年报资料整理的。

三、本篇资料均由省统计局人口处整理编制。

本篇责任编辑：姚　俊、李方启

全省总人口及自然增长率

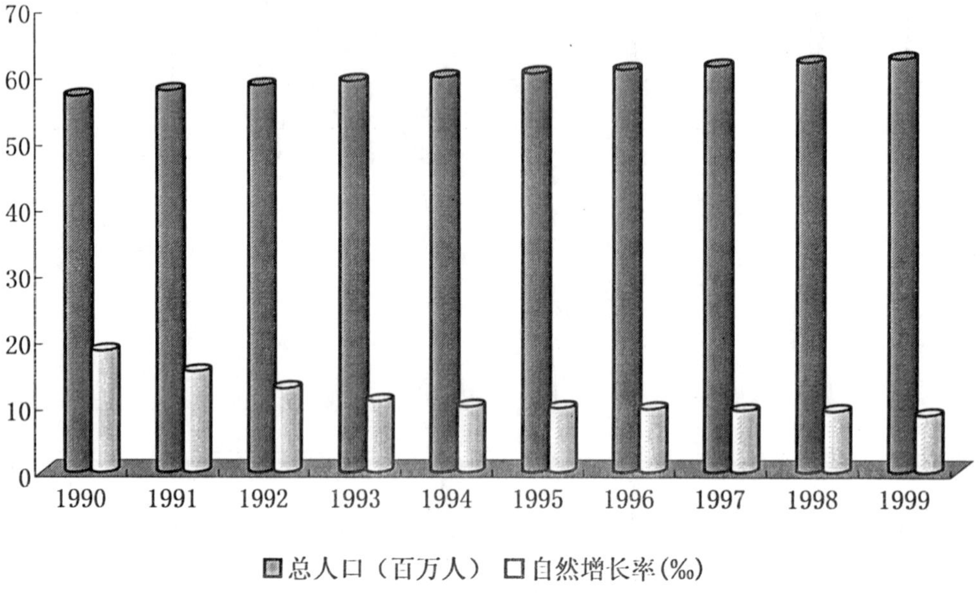

第三次、第四次人口普查人口受教育程度

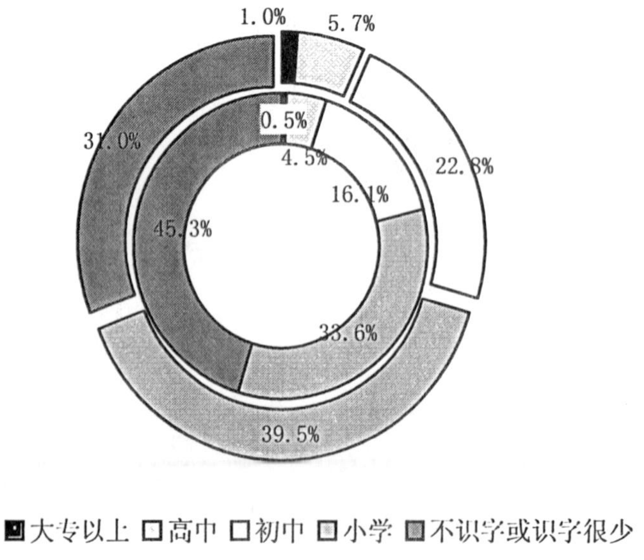

4—1 全省人口数及构成

单位：万人

年份	年底总人口	按性别分				按城乡分			
		男		女		市镇总人口		乡村总人口	
		人口数	比重（%）	人口数	比重（%）	人口数	比重（%）	人口数	比重（%）
1949	2787	1466	52.60	1321	47.40				
1950	2842	1498	52.71	1344	47.29				
1951	2914	1534	52.64	1380	47.36				
1952	2966	1561	52.63	1405	47.37				
1953	3066	1610	52.51	1456	47.49	266	8.69	2800	91.31
1954	3149	1654	52.52	1495	47.48	274	8.70	2875	91.30
1955	3201	1681	52.51	1520	47.49	282	8.81	2919	91.19
1956	3243	1704	52.54	1539	47.46	290	8.94	2953	91.06
1957	3337	1750	52.44	1587	47.56	299	8.96	3038	91.04
1958	3394	1783	52.53	1611	47.47	423	12.46	2971	87.54
1959	3427	1790	52.23	1637	47.77	470	13.72	2957	86.28
1960	3043	1563	51.36	1480	48.64	490	16.10	2553	83.90
1961	2988	1541	51.57	1447	48.43	463	15.50	2525	84.50
1962	3134	1615	51.53	1519	48.47	436	13.90	2698	86.10
1963	3232	1664	51.49	1568	48.51	423	13.10	2809	86.90
1964	3181	1644	51.68	1537	48.32	368	11.57	2813	88.43
1965	3286	1694	51.55	1592	48.45	381	11.59	2905	88.41
1966	3407	1758	51.60	1649	48.40	394	11.56	3013	88.44
1967	3523	1818	51.60	1705	48.40	408	11.58	3115	88.42
1968	3641	1886	51.80	1755	48.20	422	11.59	3219	88.41
1969	3762	1954	51.94	1808	48.06	437	11.62	3325	88.38
1970	3940	2037	51.70	1903	48.30	452	11.47	3488	88.53
1971	4073	2106	51.71	1967	48.29	468	11.49	3605	88.51
1972	4199	2165	51.56	2034	48.44	484	11.53	3715	88.47
1973	4317	2227	51.59	2090	48.41	501	11.61	3816	88.39
1974	4409	2276	51.62	2133	48.38	518	11.75	3891	88.25
1975	4492	2320	51.65	2172	48.35	536	11.93	3956	88.07
1976	4558	2356	51.69	2202	48.31	555	12.18	4003	87.82
1977	4628	2394	51.73	2234	48.27	574	12.40	4054	87.60
1978	4713	2439	51.75	2274	48.25	595	12.62	4118	87.38
1979	4803	2485	51.74	2318	48.26	623	12.97	4180	87.03
1980	4893	2530	51.71	2363	48.29	652	13.33	4241	86.67
1981	4957	2565	51.75	2392	48.25	683	13.78	4274	86.22
1982	5016	2600	51.83	2416	48.17	715	14.26	4301	85.74
1983	5056	2626	51.94	2430	48.06	744	14.72	4312	85.28
1984	5103	2653	51.99	2450	48.01	782	15.33	4321	84.67
1985	5156	2683	52.04	2473	47.96	822	15.95	4334	84.05
1986	5217	2714	52.02	2503	47.98	864	16.56	4353	83.44
1987	5287	2750	52.01	2537	47.99	908	17.17	4379	82.83
1988	5377	2795	51.98	2582	48.02	940	17.48	4437	82.52
1989	5469	2842	51.97	2627	48.03	973	17.80	4496	82.20
1990	5661	2934	51.83	2727	48.17	1016	17.94	4645	82.06
1991	5744	2977	51.83	2767	48.17	1032	17.96	4712	82.04
1992	5817	3015	51.83	2802	48.17	1059	18.20	4758	81.80
1993	5870	3044	51.86	2826	48.14	1085	18.48	4785	81.52
1994	5938	3081	51.89	2857	48.11	1115	18.78	4823	81.22
1995	6000	3116	51.93	2884	48.07	1145	19.09	4855	80.91
1996	6054	3144	51.93	2910	48.07	1314	21.71	4740	78.29
1997	6109	3171	51.91	2938	48.09	1345	22.02	4764	77.98
1998	6152	3191	51.87	2961	48.13	1374	22.33	4778	77.67
1999	6206	3220	51.59	2986	48.11	1614	26.00	4592	74.00

注：本表总人口数为公安户籍统计年报数据。

4—2 全省人口自然变动和抚养系数

年份	总人口（万人）	出生率（‰）	死亡率（‰）	自然增长率（‰）	少年儿童系数（%）	老年系数（%）	老少比（%）	年龄中位数（岁）	少年儿童抚养系数（%）	老年抚养系数（%）	抚养系数（%）
1990	5675	24.47	6.25	18.22	28.39	5.41	19.04	24.02	42.89	8.16	51.05
1991	5761	21.19	6.06	15.13	28.23	5.94	21.05	24.82	42.88	9.03	51.91
1992	5834	18.76	6.14	12.62	27.96	6.09	21.78	25.16	42.40	9.24	51.64
1993	5897	17.18	6.51	10.67	26.56	6.32	23.80	25.28	39.57	9.42	48.99
1994	5955	16.70	6.86	9.84	26.60	6.40	24.06	25.39	39.70	9.55	49.25
1995	6013	16.07	6.41	9.66	27.33	6.73	24.61	26.38	41.45	10.20	51.65
1996	6070	16.00	6.50	9.50	26.63	6.50	24.41	27.95	39.82	9.72	49.54
1997	6127	15.80	6.50	9.30	26.04	6.71	25.77	28.35	38.72	9.98	48.70
1998	6184	15.74	6.54	9.20	24.95	7.02	28.14	29.52	36.67	10.32	46.99
1999	6237	15.10	6.50	8.60	24.60	7.38	30.00	30.63	36.17	10.85	47.03

注：各年份为抽样调查推算数。

4—3 各地市接受各种教育的人口状况

（1999 年）

单位：人

地市	每十万人口中各种文化程度人口				总人口文盲率（%）
	大专以上	高中	初中	小学	
总计	**2302**	**7293**	**32622**	**36469**	**13.98**
合肥市	3668	7536	36048	32239	12.83
芜湖市	2895	9830	32615	35581	12.37
蚌埠市	3374	8898	32079	33353	14.81
淮南市	2358	8814	36553	32877	12.70
马鞍山市	5949	12540	31372	32078	11.42
淮北市	2561	8090	40172	28800	13.06
铜陵市	4639	14800	32819	30273	11.02
安庆市	1527	7206	28118	40263	15.06
黄山市	2030	7755	31751	41050	11.39
滁州市	3497	7608	30292	35625	15.25
阜阳市	1393	5169	33250	36895	15.51
宿州市	3154	7081	35821	31761	14.35
六安市	1390	5853	31823	39660	14.08
巢湖市	843	4139	30194	42955	13.77
宣城地区	1433	7144	34115	37024	14.02
池州地区	1718	6774	33385	39237	11.00
亳州市	534	3847	33395	36827	17.96

注：本表数据为 1999 年全省人口抽样调查数。

4—4　全省按性别和受教育程度分的人口

（1999 年）

单位：人

年龄组	6岁及以上人口数			不识字或识字很少			小学		
	小计	男	女	小计	男	女	小计	男	女
总计	**259285**	**132694**	**126591**	**39124**	**12256**	**26868**	**102039**	**48746**	**53293**
6—9	21689	11624	10065	1687	892	795	19997	10732	9265
10—14	26639	13928	12711	144	57	87	15363	7806	7557
15—19	19315	10205	9110	182	68	114	2294	778	1516
20—24	19174	9637	9537	251	77	174	3906	1335	2571
25—29	28614	14309	14305	757	148	609	8542	2866	5676
30—34	31209	15675	15534	1207	251	956	11091	3862	7229
35—39	21274	10841	10433	1164	156	1008	6488	2050	4438
40—44	15625	8105	7520	1928	477	1451	6846	3025	3821
45—49	18714	9728	8986	3539	954	2585	9307	4740	4567
50—54	14614	7570	7044	4377	1267	3110	6654	3723	2931
55—59	11757	6176	5581	4409	1369	3040	4243	2568	1675
60—64	10008	5260	4748	5099	1762	3337	3090	2116	974
65岁及以上	20653	9636	11017	14380	4778	9602	4218	3145	1073

年龄组	初中			高中			大专以上		
	小计	男	女	小计	男	女	小计	男	女
总计	**91275**	**54716**	**36559**	**20405**	**12525**	**7880**	**6442**	**4451**	**1991**
6—9	5		5						
10—14	10865	5930	4935	267	135	132			
15—19	12774	6959	5815	3936	2349	1587	129	51	78
20—24	11904	6522	5382	2546	1390	1156	567	313	254
25—29	15876	9239	6637	2428	1426	1002	1011	630	381
30—34	15373	9389	5984	2273	1315	958	1265	858	407
35—39	9830	6149	3681	2740	1743	997	1052	743	309
40—44	3779	2583	1196	2427	1539	888	645	481	164
45—49	4057	2785	1272	1285	864	421	526	385	141
50—54	2451	1777	674	783	535	248	349	268	81
55—59	2032	1496	536	726	477	249	347	266	81
60—64	1027	785	242	477	344	133	315	253	62
65岁及以上	1302	1102	200	517	408	109	236	203	33

注：本表数据为 1999 年人口抽样调查数。

4—5 各地市 1999—2000 学年小学初中入学率状况

单位：%

地市	初中净入学率			小学净入学率			小学辍学率			小学留级率		
	小计	男	女	小计	男	女	小计	男	女	小计	男	女
总计	**68.26**	**70.72**	**65.52**	**97.81**	**97.87**	**97.74**	**0.09**	**0.06**	**0.12**	**1.30**	**1.38**	**1.20**
合肥市	75.03	79.19	70.47	97.13	97.52	96.67	0.13	0.12	0.15	0.33	0.12	0.59
芜湖市	90.16	91.04	89.17	98.51	98.51	98.52				0.73	0.93	0.51
蚌埠市	52.37	54.29	50.14	96.03	96.67	95.32	0.18	0.11	0.27	0.90	1.19	0.54
淮南市	56.13	56.76	55.48	98.64	98.95	98.26	0.16	0.29		2.42	3.02	1.71
马鞍山市	80.21	80.56	79.76	99.28	99.54	98.98				0.64	0.58	0.70
淮北市	64.86	68.47	60.42	97.61	97.64	97.58				1.10	1.11	1.09
铜陵市	89.68	92.31	86.62	98.18	98.49	97.87	0.13	0.26		0.26		0.53
安庆市	83.15	86.43	79.58	98.16	98.42	97.89	0.03		0.06	1.25	1.14	1.36
黄山市	81.18	81.30	81.03	98.41	98.61	98.19	0.05		0.10	0.49	0.47	0.52
滁州市	69.21	72.80	65.54	97.85	98.05	97.64	0.06	0.06	0.07	1.13	1.00	1.29
阜阳市	48.33	81.83	46.80	96.99	96.71	97.32	0.13	0.07	0.21	2.39	2.52	2.24
宿州市	60.83	64.68	55.74	97.00	97.27	96.73	0.17	0.08	0.27	2.44	2.93	1.91
六安市	76.28	79.22	72.91	98.46	98.31	98.64	0.09	0.09	0.10	0.64	0.70	0.58
巢湖市	78.52	82.86	73.67	98.64	98.64	98.64	0.05		0.12	1.04	0.94	1.15
宣城地区	84.57	87.23	81.67	98.06	97.55	98.59	0.17		0.35	1.23	1.85	0.58
池州地区	88.17	92.17	83.58	98.41	98.69	98.12				1.45	1.58	1.31
亳州市	49.71	47.16	52.16	97.72	97.41	98.10				0.61	0.35	0.89

注：本表数据为 1999 年全省人口抽样调查数。

4—6 各地市分性别的 15 岁及 15 岁以上文盲半文盲人口

(1999 年)

单位：万人、%

地市	15 岁及 15 岁以上人口			文盲、半文盲人口			文盲、半文盲占 15 岁及以上比例		
	合计	男	女	合计	男	女	合计	男	女
总计	**4702.44**	**2388.30**	**2314.14**	**831.30**	**252.04**	**579.25**	**17.68**	**10.55**	**25.03**
合肥市	325.30	166.00	159.30	52.14	15.62	36.52	16.03	9.41	22.93
芜湖市	170.65	86.87	83.78	26.03	8.38	17.65	15.25	9.64	21.07
蚌埠市	246.40	125.12	121.29	45.60	15.12	30.48	18.51	12.08	25.13
淮南市	152.76	79.10	73.66	24.77	9.35	15.40	16.21	11.82	20.91
马鞍山市	92.89	47.22	45.67	12.92	3.17	9.75	13.91	6.72	21.35
淮北市	140.07	69.88	70.19	23.77	7.77	16.00	16.97	11.12	22.80
铜陵市	54.98	27.69	27.29	7.47	2.25	5.22	13.58	8.13	19.13
安庆市	451.04	227.54	223.50	87.11	21.85	65.26	19.31	9.60	29.20
黄山市	115.96	58.63	57.33	16.13	3.73	12.40	13.91	6.36	21.63
滁州市	317.09	159.91	157.18	61.32	17.45	43.87	19.34	10.91	27.91
阜阳市	908.85	462.62	446.23	182.59	56.61	125.98	20.09	12.24	28.23
宿州市	412.44	204.97	207.47	76.18	22.19	53.99	18.47	10.83	26.02
六安市	500.88	259.16	241.72	90.19	32.44	57.25	18.01	12.52	23.68
巢湖市	328.13	161.65	166.48	58.73	17.41	41.32	17.90	10.77	24.82
宣城地区	220.34	115.28	105.06	37.60	12.66	24.94	17.07	10.98	23.74
池州地区	120.71	62.51	58.21	16.41	5.69	10.71	13.59	9.11	18.40
亳州市	101.46	51.33	50.13	23.80	7.59	16.21	23.46	14.79	32.34

注：本表数据为 1999 年全省人口抽样调查推算数。

4—7　各地市分性别、就业者身份的人口

(1999 年)　　单位：万人

地市	合计			城镇单位从业人员			乡镇企业从业人员			乡村农林牧渔劳动者		
	小计	男	女	小计	男	女	小计	男	女	小计	男	女
总计	**3837.36**	**2029.99**	**1807.38**	**453.19**	**267.76**	**185.43**	**66.76**	**41.95**	**24.81**	**2925.99**	**1472.90**	**1453.09**
合肥市	267.26	141.66	125.60	34.79	20.01	14.78	7.12	4.81	2.31	185.95	91.87	94.08
芜湖市	128.23	71.04	57.20	22.44	13.25	9.19	5.67	3.43	2.24	75.06	38.00	37.06
蚌埠市	190.00	101.73	88.27	37.65	21.31	16.34	2.17	1.54	0.63	136.94	70.96	65.98
淮南市	117.97	63.70	54.27	26.55	15.75	10.80	1.55	1.09	0.46	79.65	40.46	39.18
马鞍山市	66.30	36.77	29.53	20.63	12.48	8.15	1.13	0.76	0.37	34.16	16.93	17.23
淮北市	106.06	55.94	50.12	22.73	14.75	7.98	0.94	0.63	0.31	77.45	38.05	39.40
铜陵市	40.44	22.10	18.33	15.02	8.70	6.33	2.43	1.96	0.47	18.00	8.47	9.53
安庆市	361.22	192.81	168.41	43.36	25.89	17.47	5.90	3.52	2.38	245.74	119.90	125.84
黄山市	97.53	51.02	46.51	12.93	7.56	5.37	2.21	1.13	1.08	69.80	34.53	35.27
滁州市	262.29	138.32	123.97	39.66	22.38	17.28	4.41	2.51	1.90	191.45	96.59	94.86
阜阳市	772.56	402.10	370.45	53.28	32.09	21.19	13.41	8.40	5.01	637.32	317.62	319.71
宿州市	349.72	178.99	170.73	35.49	19.85	15.64	1.65	1.02	0.63	300.61	150.94	149.66
六安市	422.15	226.96	195.18	39.45	24.00	15.45	5.80	3.79	2.01	347.27	180.49	166.77
巢湖市	280.59	143.15	137.44	13.60	8.58	5.02	4.14	2.36	1.78	238.03	115.98	122.05
宣城地区	182.97	101.77	81.20	20.21	12.19	8.01	5.92	3.41	2.51	137.70	74.93	62.77
池州地区	102.80	55.83	46.97	13.19	7.56	5.63	1.80	1.28	0.53	71.97	36.98	34.99
亳州市	89.27	46.08	43.19	2.19	1.39	0.80	0.54	0.33	0.21	78.90	40.21	38.69

地市	私营、个体雇员			私营、个体雇主			自营劳动者			其他		
	小计	男	女	小计	男	女	小计	男	女	小计	男	女
总计	**106.26**	**67.06**	**39.20**	**43.12**	**28.37**	**14.75**	**183.82**	**115.13**	**68.69**	**58.22**	**36.81**	**21.41**
合肥市	15.01	10.74	4.26	3.21	2.12	1.09	15.58	8.72	6.86	5.61	3.40	2.21
芜湖市	8.50	5.45	3.05	1.86	1.13	0.73	12.90	8.62	4.28	1.80	1.16	0.64
蚌埠市	2.71	1.49	1.22	1.17	0.71	0.46	8.41	5.12	3.29	0.95	0.61	0.34
淮南市	1.49	0.84	0.65	1.57	0.90	0.67	6.32	4.12	2.20	0.86	0.54	0.31
马鞍山市	3.33	2.07	1.25	1.21	0.91	0.30	4.45	2.78	1.67	1.39	0.83	0.56
淮北市	0.45	0.26	0.18	0.79	0.43	0.37	1.91	0.75	1.16	1.79	1.06	0.73
铜陵市	1.67	0.87	0.81	0.82	0.60	0.23	2.01	1.25	0.76	0.49	0.27	0.22
安庆市	16.93	9.76	7.17	7.15	4.92	2.23	29.77	21.33	8.44	12.36	7.48	4.88
黄山市	2.53	1.43	1.10	1.80	1.06	0.74	5.48	3.75	1.72	2.77	1.55	1.22
滁州市	7.92	4.80	3.12	2.93	1.98	0.96	12.23	7.51	4.72	3.69	2.56	1.13
阜阳市	19.99	14.47	5.52	5.28	3.53	1.75	30.93	18.38	12.55	12.34	7.61	4.73
宿州市	1.68	1.05	0.63	1.74	0.92	0.82	5.99	3.33	2.67	2.57	1.88	0.69
六安市	8.61	4.97	3.65	4.86	3.23	1.63	13.89	9.03	4.86	2.26	1.46	0.80
巢湖市	5.62	3.26	2.36	3.14	2.42	0.73	12.57	8.16	4.41	3.48	2.39	1.09
宣城地区	3.70	1.97	1.73	3.19	2.11	1.08	10.34	6.03	4.31	1.91	1.12	0.79
池州地区	5.86	3.46	2.40	1.44	0.87	0.57	4.81	2.98	1.83	3.73	2.72	1.01
亳州市	0.27	0.18	0.09	0.95	0.55	0.40	6.21	3.26	2.95	0.22	0.16	0.06

注：本表数据为1999年全省人口抽样调查推算数。

4—8 各地市15岁以上不在业人口数

(1999年)

单位：万人

地市	合计	在校学生	毕业后未找到工作	下岗离开单位	原单位破产	料理家务	离、退休	休假、学习	丧失劳动力	辞职辞退合同期满	其它
总计	**781.67**	**174.47**	**29.74**	**33.59**	**3.63**	**227.44**	**145.19**	**3.65**	**151.97**	**2.67**	**9.32**
合肥市	55.34	10.93	0.90	2.79	0.03	15.78	15.10	0.06	8.69	0.19	0.87
芜湖市	41.87	4.04	1.39	3.92	0.50	12.19	11.79	0.26	6.45	0.23	1.09
蚌埠市	52.82	9.78	3.02	3.15	0.27	13.02	14.46	0.15	7.85	0.24	0.87
淮南市	34.88	6.99	2.45	2.24	0.15	8.37	9.62	0.86	3.22	0.29	0.69
马鞍山市	25.65	2.79	1.11	2.69	0.11	6.70	9.61	0.14	2.20	0.18	0.11
淮北市	32.50	8.10	2.95	0.71	0.12	9.50	7.71	0.08	2.73	0.31	0.28
铜陵市	14.18	1.63	0.77	1.28	0.02	3.57	5.32	0.18	1.25	0.03	0.13
安庆市	84.54	11.95	2.84	4.86	0.15	27.81	14.57	0.40	20.89	0.29	0.79
黄山市	17.72	2.22	0.52	0.81	0.18	4.95	4.16	0.13	4.33	0.09	0.33
滁州市	52.77	10.15	1.77	2.76	0.28	16.94	9.63	0.20	10.30	0.22	0.52
阜阳市	127.00	50.88	5.25	2.81	0.51	29.08	10.42	0.31	26.61	0.27	0.86
宿州市	59.82	21.17	1.94	1.19	0.30	12.35	8.13	0.16	13.79	0.03	0.76
六安市	75.50	15.73	1.98	1.67	0.45	26.78	10.73	0.35	16.74	0.03	1.04
巢湖市	43.98	7.68	1.21	0.79	0.09	18.74	4.38	0.06	10.64	0.06	0.33
宣城地区	34.73	4.15	0.98	1.30	0.45	13.75	6.18	0.13	7.21	0.16	0.42
池州地区	17.04	2.39	0.33	0.59	0.02	5.12	2.54	0.17	5.68	0.02	0.20
亳州市	11.31	3.89	0.34	0.05		2.78	0.82	0.01	3.38	0.01	0.02

注：本表数据为1999年全省人口抽样调查推算数。

4—9 各地市人口年龄构成

(1999年)

单位：%

地市	0-14岁人口	15-64岁人口	15-49岁育龄妇女	60及60岁以上人口	65及65岁以上人口
总计	**24.60**	**68.01**	**26.96**	**10.96**	**7.38**
合肥市	24.67	67.56	26.31	11.52	7.77
芜湖市	21.74	70.58	27.34	11.95	7.68
蚌埠市	25.57	66.26	26.50	11.52	8.17
淮南市	24.81	67.32	26.46	11.79	7.87
马鞍山市	21.39	70.61	26.55	12.95	8.00
淮北市	25.95	67.40	27.89	9.69	6.65
铜陵市	19.89	73.02	29.26	11.14	7.09
安庆市	25.44	68.07	27.18	9.97	6.49
黄山市	21.80	69.78	28.04	12.51	8.43
滁州市	24.70	67.89	27.56	10.70	7.41
阜阳市	27.47	65.88	26.45	9.65	6.65
宿州市	27.76	64.38	26.05	10.83	7.87
六安市	24.09	69.25	26.66	10.37	6.66
巢湖市	26.82	65.25	25.39	11.93	7.93
宣城地区	20.61	71.62	27.54	11.55	7.76
池州地区	22.03	70.55	28.10	10.83	7.42
亳州市	26.49	66.08	25.95	10.88	7.43

注：本表数据为1999年全省人口抽样调查数。

4—10　各地市15岁以上人口的婚姻构成

(1999年)

地市	15岁及以上人口合计(万人)	婚姻状况构成　(%)			
		未婚	有配偶	离婚	丧偶
总计	**4702.44**	**19.07**	**74.07**	**0.66**	**6.20**
合肥市	325.30	19.22	73.56	0.84	6.38
芜湖市	170.65	17.08	75.45	1.03	6.44
蚌埠市	246.40	19.08	74.06	1.05	5.81
淮南市	152.76	19.87	73.60	1.01	5.52
马鞍山市	92.89	16.39	76.97	1.09	5.55
淮北市	140.07	20.01	74.79	0.48	4.72
铜陵市	54.98	19.68	73.93	0.64	5.75
安庆市	451.04	18.60	73.95	0.43	7.02
黄山市	115.96	19.02	72.89	0.88	7.21
滁州市	317.09	16.54	77.16	0.51	5.79
阜阳市	908.85	22.30	71.80	0.47	5.43
宿州市	412.44	20.31	73.18	0.52	5.99
六安市	500.88	19.46	73.55	0.50	6.49
巢湖市	328.13	15.28	76.93	0.46	7.32
宣城地区	220.34	20.15	72.66	0.84	6.35
池州地区	120.71	19.85	72.88	0.55	6.72
亳州市	101.46	18.36	74.87	0.65	6.12

注：本表数据为1999年全省人口抽样调查推算数。

4—11　全省15—49岁妇女生育率

(1999年)　　单位:‰

年龄组	生育率	孩次状况		
		第一孩	第二孩	三孩及以上
总计	**57.69**	**42.74**	**14.03**	**0.92**
15—19	0.32	0.32		
20—24	152.32	148.92	3.41	
20	17.44	17.44		
21	70.57	68.97	1.60	
22	155.37	155.37		
23	222.12	218.56	3.57	
24	263.66	253.27	10.40	
25—29	153.43	109.28	42.27	1.88
25	221.09	207.71	12.22	1.16
26	186.57	155.29	30.21	1.06
27	164.58	111.66	50.49	2.43
28	112.74	59.10	52.74	0.90
29	103.26	42.02	57.66	3.58
30—34	34.40	8.62	24.08	1.70
30	60.68	15.94	42.97	1.78
31	45.15	12.70	30.58	1.88
32	28.96	6.87	21.11	0.98
33	25.17	4.75	18.52	1.91
34	8.90	1.98	4.94	1.98
35—39	5.24	1.08	3.09	1.08
40—44	0.17			0.17
45—49	0.82	0.50	0.16	0.16

注：本表数据为1999年全省人口抽样调查数。

4—12 各地市按外出半年以上人口分的家庭户

（1999 年）

单位：万户

地 市	本户户籍人口中外出半年以上人口				
	合 计	0 人	一 人	二 人	三人及以上
总 计	**1702.46**	**1548.02**	**95.71**	**39.24**	**19.48**
合 肥 市	119.51	110.85	6.28	1.41	0.96
芜 湖 市	65.50	60.46	3.09	1.35	0.61
蚌 埠 市	87.22	84.35	2.05	0.51	0.32
淮 南 市	56.76	55.46	0.73	0.29	0.27
马 鞍 山 市	32.85	32.10	0.49	0.18	0.08
淮 北 市	52.58	51.65	0.57	0.24	0.12
铜 陵 市	20.49	19.80	0.45	0.16	0.08
安 庆 市	157.89	131.87	15.82	7.17	3.02
黄 山 市	44.47	40.30	2.83	1.00	0.34
滁 州 市	116.63	111.74	3.18	0.99	0.72
阜 阳 市	328.45	300.51	16.97	7.58	3.39
宿 州 市	148.51	143.93	3.26	0.92	0.40
六 安 市	179.28	160.56	12.29	4.34	2.08
巢 湖 市	128.04	94.18	18.23	9.67	5.95
宣 城 地 区	82.57	74.10	5.77	1.89	0.80
池 州 地 区	43.84	38.65	3.43	1.49	0.29
亳 州 市	37.88	37.53	0.27	0.04	0.05

地 市	其中离开本省的人口				
	合 计	0 人	一 人	二 人	三人及以上
总 计	**1702.46**	**1580.07**	**76.82**	**32.13**	**13.44**
合 肥 市	119.51	115.79	2.73	0.74	0.26
芜 湖 市	65.50	61.65	2.50	1.02	0.33
蚌 埠 市	87.22	84.88	1.71	0.44	0.20
淮 南 市	56.76	55.63	0.65	0.27	0.21
马 鞍 山 市	32.85	32.61	0.15	0.06	0.03
淮 北 市	52.58	52.01	0.39	0.14	0.04
铜 陵 市	20.49	20.05	0.33	0.09	0.03
安 庆 市	157.89	134.89	14.14	6.61	2.25
黄 山 市	44.47	41.43	2.13	0.63	0.27
滁 州 市	116.63	113.51	2.12	0.64	0.36
阜 阳 市	328.45	305.55	14.37	6.38	2.16
宿 州 市	148.51	145.12	2.60	0.56	0.23
六 安 市	179.28	162.71	10.91	4.24	1.42
巢 湖 市	128.04	100.83	14.45	7.89	4.87
宣 城 地 区	82.57	76.21	4.44	1.31	0.60
池 州 地 区	43.84	39.53	3.07	1.07	0.18
亳 州 市	37.88	37.67	0.16	0.04	0.01

注：本表数据为 1999 年全省人口抽样调查推算数。

4—13 四次全省人口普查人口基本情况

（年中数）

指　标	单位	第一次人口普查 1953年7月1日	第二次人口普查 1964年7月1日	第三次人口普查 1982年7月1日	第四次人口普查 1990年7月1日
总人口	**人**	**30663271**	**31241184**	**49665947**	**56181005**
男	人	16106644	16181690	25763836	29026412
女	人	14556627	15059494	23902111	27154593
育龄妇女（15－49岁）	人	7053844	7412103	11507636	14987773
总户数	**户**	**7131617**	**7651656**	**10522144**	**13376524**
家庭户	户			10470792	13320101
集体户	户			51352	56423
各年龄组人口					
0－6岁	人	6247323	5426677	6799411	7815199
7－14岁	人	4809567	6575789	11153620	8134356
劳动年龄人口	人	16492739	16576287	26159090	33367260
男60岁、女55岁以上人口	人			4256908	5771210
民族人口					
汉族	人	30526985	31085840	49404136	55856653
少数民族	人	136286	155275	261811	324352
民族不详	人		69		
15岁及以上人口	**人**			**31712887**	**40231450**
未婚	人			9545661	11124726
有配偶	人			19593007	26419190
丧偶	人			2372058	2477003
离偶	人			202161	210531
6岁及以上人口	**人**		**25869597**	**43914081**	**49301034**
大专以上	人		80658	202617	495885
高中	人		315385	1975047	2829793
初中	人		1206329	7070630	11219078
小学	人		6031834	14758903	19495406
不识字或识字很少	人		18235391	19906884	15260872
在业人口	**人**			**26020892**	**33465671**
不在业人口	**人**			**5691995**	**6765779**
市镇县人口					
市	人	1124648	2147093	4885043	6921432
镇	人	1537947	1467423	2197321	3102612
县	人	28000676	27626668	42583583	46156961

4—14 各地、市、县户数、人口数

（1999年）

单位：万人

地区	总户数（万户）	总人口数	男	女	户规模（人/户）	性别比例（女=100）	非农业人口	农业人口
总计	**1632.63**	**6205.52**	**3219.30**	**2986.21**	**3.80**	**107.81**	**1204.33**	**5001.18**
合肥市	**122.35**	**429.95**	**226.40**	**203.55**	**3.51**	**111.23**	**136.91**	**293.04**
市辖区	36.84	130.28	68.96	61.32	3.54	112.47	102.78	27.50
东市区	6.54	22.62	12.25	10.37	3.46	118.08	22.61	
中市区	7.47	26.36	13.48	12.88	3.53	104.71	26.36	
西市区	8.46	34.06	18.80	15.25	4.03	123.27	34.05	
郊区	14.36	47.25	24.43	22.82	3.29	107.08	19.76	27.49
长丰县	34.21	95.61	50.04	45.57	2.79	109.81	8.73	86.87
肥东县	26.31	108.84	57.25	51.60	4.14	110.96	14.37	94.47
肥西县	24.99	95.22	50.16	45.07	3.81	111.29	11.02	84.20
芜湖市	**65.94**	**216.40**	**112.86**	**103.54**	**3.28**	**109.01**	**69.99**	**146.41**
市辖区	20.95	63.56	32.82	30.74	3.03	106.78	50.23	13.33
镜湖区	5.83	16.99	8.49	8.49	2.91	99.99	16.23	0.75
马塘区	3.58	10.21	5.30	4.91	2.85	107.82	6.70	3.51
新芜区	6.72	21.74	11.29	10.45	3.23	108.03	20.86	0.87
鸠江区	4.82	14.62	7.74	6.88	3.03	112.51	6.43	8.19
芜湖县	15.05	53.56	28.06	25.50	3.56	110.02	6.16	47.40
繁昌县	13.75	45.50	23.79	21.71	3.31	109.61	7.95	37.55
南陵县	16.19	53.79	28.19	25.59	3.32	110.16	5.65	48.14
蚌埠市	**83.89**	**330.04**	**170.85**	**159.19**	**3.93**	**107.33**	**78.44**	**251.60**
市辖区	22.12	75.30	38.90	36.40	3.40	106.87	51.43	23.88
东市区	5.83	20.90	10.98	9.92	3.58	110.69	19.99	0.91
中市区	4.21	13.94	7.11	6.83	3.31	104.13	13.62	0.31
西市区	5.59	18.23	9.38	8.85	3.26	105.94	17.04	1.19
郊区	6.48	22.24	11.44	10.80	3.43	105.86	0.78	21.46
怀远县	29.41	124.09	64.77	59.32	4.22	109.19	11.96	112.13
五河县	17.05	68.13	34.99	33.14	4.00	105.57	7.81	60.32
固镇县	15.32	62.52	32.19	30.33	4.08	106.16	7.24	55.28
淮南市	**54.46**	**202.82**	**106.75**	**96.07**	**3.72**	**111.11**	**91.38**	**111.44**
市辖区	37.47	136.64	71.77	64.88	3.65	110.62	83.34	53.30
大通区	3.99	12.97	6.67	6.30	3.25	105.90	6.30	6.66
田家庵区	11.20	39.47	20.66	18.81	3.52	109.79	34.24	5.23
谢家集区	7.43	25.79	13.55	12.24	3.47	110.72	22.14	3.65
八公山区	4.45	16.31	8.66	7.65	3.67	113.20	13.40	2.91
潘集区	10.39	42.10	22.23	19.88	4.05	111.84	7.26	34.84
凤台县	17.00	66.18	34.98	31.19	3.89	112.14	8.04	58.14
马鞍山市	**35.04**	**118.14**	**61.57**	**56.56**	**3.37**	**108.86**	**49.78**	**68.36**
市辖区	16.03	51.30	26.71	24.59	3.20	108.61	40.39	10.91
金家庄区	2.19	7.41	4.12	3.29	3.39	125.38	7.40	
花山区	5.01	16.67	8.66	8.01	3.33	108.12	16.65	0.02
雨山区	3.52	12.29	6.52	5.78	3.49	112.87	12.14	0.16
向山区	5.32	14.93	7.41	7.52	2.81	98.53	4.10	10.71
当涂县	19.01	66.84	34.87	31.97	3.52	109.05	9.39	57.44

注：公安户籍年报统计数。

4—14　续表 1　　单位：万人

地　区	总户数（万户）	总人口数	男	女	户规模（人/户）	性别比例（女=100）	非农业人口	农业人口
淮北市	**51.80**	**189.87**	**96.95**	**92.93**	**3.67**	**104.33**	**71.63**	**118.24**
市辖区	22.99	77.25	40.06	37.19	3.36	107.72	58.19	19.06
杜集区	9.65	31.18	16.13	15.05	3.23	107.17	19.54	11.64
相山区	8.27	29.47	15.10	14.37	3.56	105.07	24.42	5.05
烈山区	5.07	16.60	8.83	7.77	3.28	113.71	14.23	2.37
濉溪县	28.81	112.62	56.89	55.74	3.91	102.07	13.44	99.18
铜陵市	**20.16**	**68.50**	**35.50**	**33.00**	**3.40**	**107.59**	**34.66**	**33.83**
市辖区	10.29	34.10	17.89	16.21	3.32	110.33	29.83	4.27
铜官山区	6.84	23.66	12.53	11.13	3.46	112.58	23.21	0.45
狮子山区	1.71	5.22	2.82	2.40	3.04	117.25	4.61	0.61
郊区	1.73	5.22	2.54	2.68	3.01	94.77	2.01	3.21
铜陵县	9.88	34.39	17.61	16.78	3.48	104.95	4.83	29.56
安庆市	**147.74**	**598.03**	**309.92**	**288.10**	**4.05**	**107.57**	**87.73**	**510.30**
市辖区	16.99	57.13	28.97	28.16	3.36	102.85	36.22	20.90
迎江区	4.32	14.98	7.58	7.40	3.47	102.43	14.97	0.00
大观区	5.44	17.85	9.18	8.67	3.28	105.78	17.53	0.32
郊区	7.23	24.30	12.21	12.09	3.36	101.00	3.72	20.58
怀宁县	18.92	77.94	40.04	37.90	4.12	105.65	8.08	69.86
枞阳县	23.27	94.60	49.20	45.41	4.07	108.34	8.34	86.27
潜山县	14.04	56.29	29.26	27.04	4.01	108.21	4.43	51.86
太湖县	13.13	56.45	29.49	26.96	4.30	109.37	4.83	51.62
宿松县	19.22	78.71	41.55	37.16	4.09	111.83	7.39	71.32
望江县	14.15	59.52	30.46	29.06	4.21	104.84	5.09	54.44
岳西县	9.76	40.09	21.14	18.95	4.11	111.59	3.95	36.14
桐城市	18.24	77.29	39.82	37.47	4.24	106.27	9.41	67.88
黄山市	**44.19**	**146.49**	**75.14**	**71.35**	**3.32**	**105.31**	**28.18**	**118.32**
市辖区	12.45	40.60	20.80	19.80	3.26	105.04	13.70	26.90
屯溪区	4.41	14.69	7.38	7.31	3.33	100.91	9.11	5.58
黄山区	5.11	16.21	8.43	7.78	3.17	108.36	2.98	13.22
徽州区	2.93	9.70	4.99	4.71	3.31	105.96	1.61	8.09
歙县	15.44	50.22	25.84	24.38	3.25	105.97	5.73	44.48
休宁县	7.88	27.40	14.03	13.37	3.48	104.95	3.29	24.11
黟县	3.19	9.82	5.03	4.79	3.08	105.17	1.70	8.11
祁门县	5.23	18.47	9.45	9.02	3.53	104.72	3.76	14.70
滁州市	**111.45**	**419.03**	**216.43**	**202.60**	**3.76**	**106.82**	**93.39**	**325.64**
市辖区	14.35	47.54	24.39	23.15	3.31	105.39	19.50	28.04
琅琊区	6.66	21.57	11.00	10.57	3.24	103.98	16.50	5.07
南谯区	7.70	25.97	13.40	12.57	3.37	106.59	3.00	22.97
来安县	12.98	47.63	24.47	23.17	3.67	105.62	7.73	39.90
全椒县	12.12	45.04	23.39	21.65	3.71	108.03	12.85	32.19
定远县	21.77	88.51	46.09	42.42	4.07	108.64	15.35	73.16
凤阳县	17.14	68.93	36.01	32.92	4.02	109.39	9.66	59.27
天长市	17.00	60.14	30.55	29.58	3.54	103.28	16.91	43.23
明光市	16.08	61.24	31.52	29.71	3.81	106.08	11.39	49.85

4—14 续表2 单位：万人

地　　区	总户数（万户）	总人口数	男	女	户规模（人/户）	性别比例（女=100）	非农业人口	农业人口
阜阳市	**307.32**	**1249.56**	**645.02**	**604.55**	**4.07**	**106.69**	**121.43**	**1128.14**
市辖区	44.02	174.93	90.12	84.82	3.97	106.25	33.33	141.61
颍州区	14.52	56.65	29.08	27.57	3.90	105.46	14.87	41.78
颍东区	13.34	55.70	28.81	26.90	4.17	107.09	8.68	47.02
颍泉区	16.15	62.58	32.23	30.34	3.87	106.22	9.77	52.80
临泉县	43.13	181.32	92.76	88.56	4.20	104.73	10.54	170.78
太和县	37.66	148.18	76.82	71.35	3.93	107.67	11.71	136.47
涡阳县	31.09	134.11	69.23	64.88	4.31	106.71	13.00	121.11
蒙城县	27.28	114.52	59.13	55.39	4.20	106.75	11.65	102.88
阜南县	35.03	143.90	72.95	70.95	4.11	102.83	10.20	133.70
颍上县	38.87	145.18	76.35	68.83	3.73	110.93	12.94	132.24
利辛县	31.03	135.13	70.52	64.61	4.35	109.15	7.98	127.15
界首市	19.21	72.29	37.13	35.16	3.76	105.61	10.08	62.21
宿州市	**138.73**	**570.78**	**290.52**	**280.26**	**4.11**	**103.66**	**65.93**	**504.85**
埇桥区	42.92	164.57	84.04	80.53	3.83	104.36	33.75	130.82
砀山县	22.47	88.05	44.74	43.31	3.92	103.29	8.47	79.58
萧　县	30.77	125.82	63.50	62.32	4.09	101.89	10.71	115.11
灵璧县	24.03	109.91	56.00	53.92	4.57	103.86	7.33	102.59
泗　县	18.55	82.42	42.24	40.18	4.44	105.13	5.68	76.75
六安市	**175.71**	**655.65**	**346.42**	**309.23**	**3.73**	**112.02**	**93.57**	**562.08**
市辖区	47.91	173.47	91.82	81.65	3.62	112.46	30.48	142.99
寿　县	30.85	124.27	66.18	58.09	4.03	113.94	17.10	107.17
霍邱县	41.76	160.65	84.43	76.23	3.85	110.76	18.34	142.32
舒城县	27.03	97.77	51.37	46.40	3.62	110.71	15.30	82.48
金寨县	18.22	63.10	33.56	29.54	3.46	113.60	7.49	55.61
霍山县	9.94	36.38	19.05	17.33	3.66	109.94	4.87	31.51
巢湖市	**120.14**	**445.53**	**232.67**	**212.86**	**3.71**	**109.31**	**71.38**	**374.15**
居巢区	25.38	83.74	42.57	41.18	3.30	103.38	29.03	54.72
庐江县	29.22	117.58	62.41	55.17	4.02	113.13	13.08	104.49
无为县	36.09	136.45	71.43	65.02	3.78	109.85	13.20	123.25
含山县	12.46	43.56	22.85	20.71	3.50	110.33	7.19	36.37
和　县	17.00	64.20	33.42	30.78	3.78	108.56	8.88	55.32
宣城地区	**78.64**	**274.23**	**143.28**	**130.95**	**3.49**	**109.41**	**55.93**	**218.30**
宣州市	23.61	82.75	43.11	39.64	3.51	108.74	22.79	59.96
郎溪县	9.24	33.18	17.45	15.74	3.59	110.84	4.69	28.49
广德县	14.24	50.63	26.50	24.13	3.55	109.83	5.77	44.86
泾　县	11.00	36.07	18.92	17.16	3.28	110.25	6.19	29.88
旌德县	4.23	15.20	7.94	7.26	3.59	109.36	2.12	13.08
绩溪县	5.37	18.31	9.46	8.85	3.41	106.90	3.54	14.77
宁国市	10.95	38.09	19.91	18.18	3.48	109.54	10.83	27.26
池州地区	**41.27**	**153.10**	**78.96**	**74.13**	**3.71**	**106.52**	**28.29**	**124.80**
贵池市	15.92	60.96	31.32	29.65	3.83	105.64	17.05	43.91
东至县	14.15	53.04	27.33	25.72	3.75	106.26	5.51	47.53
石台县	3.12	11.15	5.78	5.37	3.57	107.61	1.83	9.32
青阳县	8.07	27.94	14.54	13.40	3.46	108.51	3.90	24.04
亳州市	**33.80**	**137.39**	**70.05**	**67.34**	**4.06**	**104.04**	**25.72**	**111.67**

主要统计指标解释

性别比　反映两性人口间比例的指标。指在总人口中或同一年龄组人口中，男性人数与女性人数之比。通常用每100个女性人口相应有多少男性人口表示。其计算公式为：

$$性别比=\frac{男性人口}{女性人口}\times 100$$

出生率　指在一定时期内（通常为一年）一定地区的出生人数与同期平均人口数之比。它反映该地区人口的整体出生水平，一般以千分数表示。本资料中的出生率指年出生率，其计算公式为：

$$出生率=\frac{年出生人口数}{年平均人口数}\times 1000‰$$

死亡率　指一定时期内（通常为一年）一定地区的死亡人数与同期平均人口数之比。说明该时期人口的死亡强度，一般用千分数表示。本资料中的死亡率指年死亡率，其计算公式为：

$$死亡率=\frac{年死亡人口数}{年平均人口数}\times 1000‰$$

自然增长率　表示人口自然增长的趋势和程度（或速度）的指标。即一定时期内人口自然增长数（出生人数减死亡人数）与同期平均人口数（或期中人口数）之比。通常以一年为期计算，用千分数表示。计算公式为：

$$自然增长率=\frac{全年出生人数-全年死亡人数}{年平均人口数}\times 1000‰$$

或，人口自然增长率＝人口出生率－人口死亡率

少年儿童系数　指少年儿童在总人口中所占百分比。它的数值的高低可以反映出整个人口的年轻或年老的程度。少年儿童指14岁及以下人口。少年儿童系数的计算公式为：

$$少年儿童系数=\frac{14岁及以下人口数}{总人口数}\times 100\%$$

老年系数　指老年人口在总人口中所占百分比。它的数值的高低可以反映出整个人口的年老或年轻的程度。老年人口指65岁及以上人口。老年系数的计算公式为：

$$老年系数=\frac{65岁及以上人口数}{总人口}\times 100\%$$

老少比（也称老化指数）　指人口中老年人口数与少年儿童人口数之比，以百分数表示。它反映了人口中老年人口与少年儿童人口之间的对比关系。老少比计算公式为：

$$老少比=\frac{65岁及以上人口数}{14岁及以下人口数}\times 100\%$$

年龄中位数（又称中位年龄）　当把一个人口中的所有成员按年龄由小到大排序时，位于中间的年龄即为年龄中位数。它把人口分为两个数目相等的部分，一部分在年龄中位数以下，另一部分在年龄中位数以上。年龄中位数的大小可以反映人口的年老或年轻的程度。计算年龄中位数同样既可根据年龄组人数，也可根据年龄组比重。

按年龄组人数计算年龄中位数的公式为：

$$年龄中位数=年龄中位数所在年龄组的下限值+\frac{\frac{总人口}{2}-\begin{matrix}年龄中位数所在年龄组\\之前各年龄组人数累计\end{matrix}}{年龄中位数所在年龄组人口数}\times 组距$$

按年龄组比重计算年龄中位数的公式为：

$$年龄中位数=年龄中位数所在年龄组的下限值+\frac{0.5-\begin{matrix}年龄中位数所在年龄组\\之前各年龄组比重累计\end{matrix}}{年龄中位数所在年龄组的比重}\times 组距$$

少年儿童抚养系数（又称少年儿童抚养比或负担少年儿童系数）　指人口中少年儿童人数与劳动年龄人口数之比，以百分比表示。它表明，从整个社会来看，每100名劳动年龄人口负担多少少年儿童。计算公式为：

$$少年儿童抚养系数=\frac{14岁及以下人口数}{15-64岁人口数}\times 100\%$$

老年抚养系数（又称老年抚养比或负担老年系数）　指人口中老年人数与劳动年龄人口数之比，以百分比表示。它表明，从整个社会来看，每100名劳动年龄人口负担多少老年人。其计算公式为：

$$老年抚养系数=\frac{65岁及以上人口数}{15-64岁人口数}\times 100\%$$

抚养系数（又称抚养比）　指人口中非劳动年龄人口数对劳动年龄人口数之比，以百分数表示。它表明，从整个社会来看，每100名劳动年龄人口中负担多少非劳动年龄人口。抚养比的计算公式为：

$$抚养系数=\frac{14岁及以下人口数+65岁及以上人口数}{15-64岁人口数}\times 100\%$$

生育率　指按一定性别一定年龄计算的每千人生育的活婴数。

一般生育率指一定地区在一定时期内（通常为一年）

出生的活婴数与全体育龄妇女人数之比，亦称总生育率。育龄妇女，是15岁到49岁的全体妇女，不论是否结婚，是否生育，都计算在内，故一般生育率也称育龄妇女生育率，以千分数表示。其计算公式为：

$$一般生育率=\frac{一年内出生婴儿数}{育龄妇女（15-49岁）人数}\times 1000‰$$

市人口 指省辖市的全部人口（不含市辖县人口）和地辖市的街道人口（不含镇和乡人口）。

镇人口 指地辖市所辖镇内和居委会人口和县辖镇内的居委会人口（不含村委会人口）。

乡人口 指上述市、镇人口以外的所有人口。

非农业人口和农业人口 指城乡中常年从事第二、三产业的人口及其所抚养的那部分人口，包括吃国家商品粮的人口、集镇自理口粮常住人口、国营农场中的行政管理人员以及附属的独立核算的工业企业中常年不从事农业生产的国家职工、乡镇党政机关的在编人口。

农业人口指依靠从事农业生产（包括林、牧、渔业）维持生活的全部人口。亦即除非农业人口以外的人口。介乎于非农业和农业之间不好区分的人口，一般统计为农业人口。

在业人口 是指15岁及15岁以上人口中从事一定的社会劳动，并取得劳动报酬或经营收入的人。

不在业人口 是指15岁及15岁以上人口中没有从事一定的社会劳动，或虽从事一定的社会劳动但未取得劳动报酬或经营收入的人。

五、从业人员和职工工资

EMPLOYMENT AND WAGES

简要说明

一、本篇资料反映我省1999年及主要年份劳动经济方面的基本情况，包括全省及17个地、市的主要劳动统计数据，主要指标有：从业人员、城镇私营和个体从业人员、城镇登记失业人员及失业率、单位从业人员、其他从业人员、职工、在岗职工、单位从业人员增减变动情况、职工工资总额和职工平均工资等。

二、本篇资料来源主要有以下四个方面：

1.有关职工人数、工资总额、平均工资及单位从业人员增减变动情况，是根据《1999年度全省劳动统计年报》汇总整理提供的。

2.有关私营企业和个体从业人员，是根据省工商局提供的资料整理的。

3.有关城镇新就业人数、城镇登记失业人数、城镇登记失业率、职业介绍机构情况和劳动部门职业介绍工作情况，是根据省劳动厅提供的资料整理的。

4.有关从业人员情况是根据全省劳动统计年报、全省人口抽样调查资料、省统计局农业统计年报、省工商统计年报、省乡镇企业统计年报等综合编制的。

三、本篇资料均由省统计局人口处整理编制。

本篇责任编辑：何文泉

三 次 产 业 从 业 人 员 （万人）

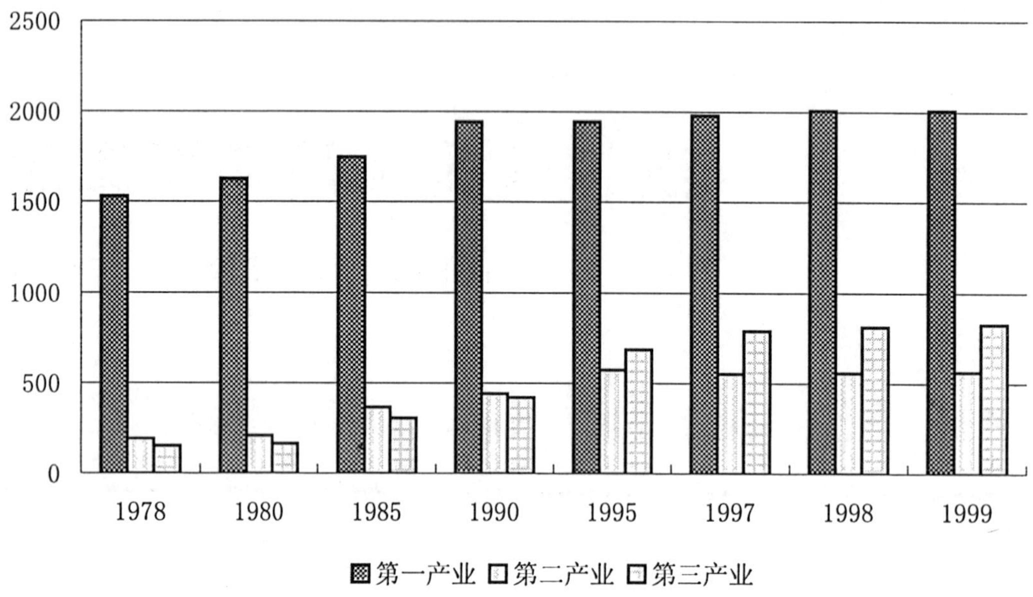

职 工 工 资 总 额 构 成 （%）

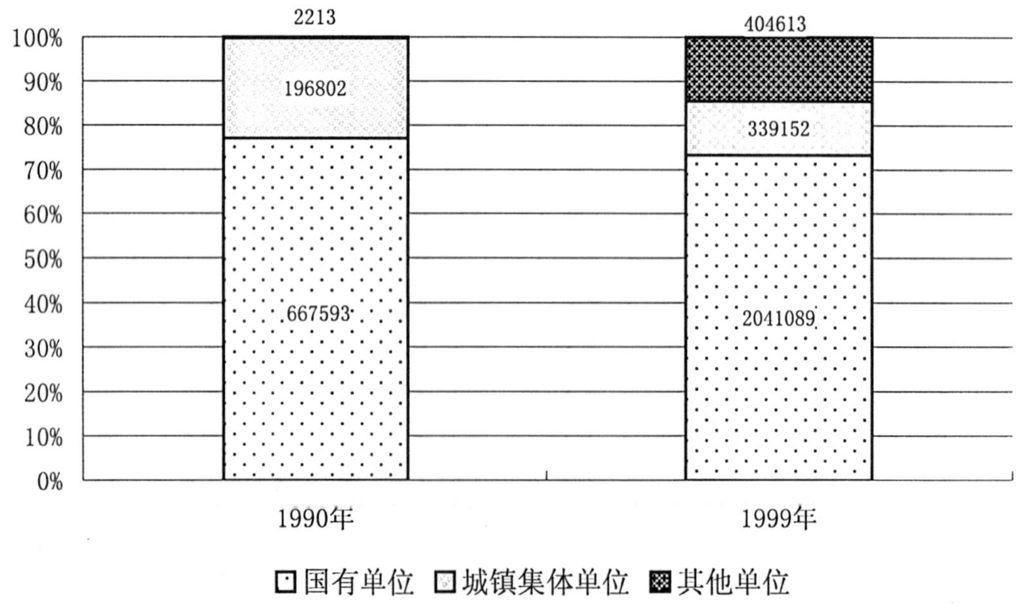

5—1 从业人员基本情况

单位：万人

项目	1978年	1980年	1985年	1990年	1995年	1998年	1999年
从业人员合计	**1873.4**	**2002.1**	**2420.6**	**2807.6**	**3206.9**	**3379.3**	**3398.6**
第一产业	1530.4	1627.5	1748.1	1943.7	1945.3	2007.8	2008.5
第二产业	192.2	210.3	366.5	442.0	574.6	559.0	564.1
第三产业	150.8	164.3	306.0	421.9	687.0	812.5	826.0
从业人员构成（合计=100）							
第一产业	81.7	81.3	72.2	69.2	60.7	59.4	59.1
第二产业	10.3	10.5	15.2	15.8	17.9	16.5	16.6
第三产业	8.0	8.2	12.6	15.0	21.4	24.1	24.3
按城乡分从业人员							
城镇从业人员	309.2	346.8	461.0	520.9	614.7	661.8	674.3
国有经济单位					380.1	344.0	330.4
城镇集体经济单位					126.3	106.6	99.1
联营经济单位					0.7	0.8	9.1
股份制经济单位					8.7	29	1.1
有限责任公司						23.3	19.8
外商投资经济单位					3.8	3.7	38.6
港澳台投资经济单位					2.8	2.4	2.6
其他经济单位					0.2	0.2	4.3
私营企业					10.1	26.2	32.8
个　体					81.9	125.0	135.7
其　他					0.1	0.6	0.8
乡村从业人员	1564.2	1655.3	1959.6	2286.7	2592.2	2717.5	2724.3
#乡镇企业	78.6	86.4	346.2	462.3	773.9	566.6	496.1
#私营企业						16.3	22.3
#个　体						179.4	201.7
职工人数	**308.5**	**342.4**	**420.8**	**484.8**	**502.8**	**495.3**	**483.7**
国有经济单位	228.0	246.6	286.5	329.4	363.7	331.9	314.9
城镇集体经济单位	80.5	95.8	134.0	154.2	123.1	104.8	94.7
其他经济单位			0.3	1.2	16.0	58.6	74.1
城镇新就业人数			**14.0**	**12.0**	**14.5**	**11.3**	**10.7**
城镇登记失业人数			**20.9**	**28.7**	**29.9**	**27.6**	**28.0**
城镇登记失业率（%）				**2.8**	**3.1**	**3.2**	**3.2**

5—2 主要年份分行业从业人员人数

单位：万人

项　　目	1978年	1980年	1985年	1990年	1995年	1998年	1999年
总　　计	**1873.4**	**2002.1**	**2420.6**	**2807.6**	**3206.9**	**3379.3**	**3398.6**
农、林、牧、渔业	1530.4	1627.5	1748.1	1943.7	1945.3	2007.8	2008.5
采掘业					39.2	37.2	35.1
制造业	154.2	166.6	284.7	331.1	372.0	335.7	336.0
电力、煤气及水的生产和供应业					7.5	8.4	8.5
建筑业	38.0	43.7	78.7	110.8	155.9	177.7	184.5
地质勘查业、水利管理业			3.1	2.7	5.0	5.5	5.2
交通运输、仓储及邮电通信业	30	30	47.3	63.7	84.4	93.0	95.9
批发和零售贸易、餐饮业	49	60.7	112.3	134.1	203.6	269.9	253.7
金融、保险业	2.5	3.3	4.8	7.5	8.7	9.7	11.5
房地产业			13.0	0.8	1.7	2.2	2.4
社会服务业				18.8	41.5	60.9	40.3
卫生、体育和社会福利业	54.7	52.7	18.4	21.4	14.9	16.2	16.8
教育、文化艺术和广播电影电视业			53.7	61.6	57.0	63.8	64.7
科学研究和综合技术服务业		1.5	3.5	4.3	4.2	3.9	3.9
国家机关、政党机关和社会团体	14.2	16.1	26.2	32.6	39.4	40.3	40.7
其他行业	0.4		26.8	74.5	226.6	247.1	290.9

5—3 分行业从业人员人数

(1999年)

单位：万人

项　　目	合　计	国有经济单位职工	城镇集体经济单位职工	其他各种经济类型单位职工	城镇个体劳动者及私营企业从业人员	其他从业人员人数	乡村从业人员	个体及私营企业从业人员
总　　计	**3398.6**	**314.9**	**94.7**	**74.1**	**168.5**	**22.1**	**2724.3**	**224.0**
农、林、牧、渔业	2008.5	14.2	0.4	0.2	2.1	0.6	1991.0	5.3
采掘业	35.1	16.7	4.3	13.3	0.4	0.4		1.7
制造业	336.0	76.5	36.7	43.8	23.9	2.9	152.2	44.4
电力、煤气及水的生产和供应业	8.5	7.6	0.1	0.6		0.2		
建筑业	184.5	15.3	10.0	2.5	1.5	2.0	153.2	1.2
地质勘查业、水利管理业	5.2	5.1	0.1					
交通运输、仓储及邮电通信业	95.9	16.7	7.3	2.8	12.6	1.9	54.6	17.9
批发和零售贸易、餐饮业	253.7	32.5	22.8	8.6	101.4	1.1	87.3	123.9
金融、保险业	11.5	6.4	2.4	0.3		2.4		
房地产业	2.4	1.8	0.2	0.3		0.1		
社会服务业	40.3	9.1	4.2	1.4	24.8	0.8		26.4
卫生、体育和社会福利业	16.8	11.0	5.1			0.7		
教育、文化艺术和广播电影电视业	64.7	57.2	0.4	0.1		7.0		
科学研究和综合技术服务业	3.9	3.7				0.2		
国家机关、政党机关和社会团体	40.7	39.2	0.4			1.1		
其他行业	290.9	1.9	0.3	0.2	1.8	0.7	286.0	3.2

5—4 各地市分行业从业人员

(1999年)

单位：万人

地市	合计	农、林、牧、渔业	采掘业	制造业	电力、煤气及水的生产和供应业	建筑业	地质勘探业、水利管理业	交通运输仓储和邮电通信业
总计	**3398.6**	**2008.5**	**35.1**	**336.0**	**8.5**	**184.5**	**5.2**	**95.9**
合肥市	232.7	118.1	0.2	30.6	0.9	18.0	1.0	7.5
芜湖市	139.3	53.4	0.1	28.9	0.5	7.7	0.3	7.1
蚌埠市	179.2	111.1		20.8	0.4	7.7	0.5	5.7
淮南市	112.9	43.8	15.8	15.7	1.2	7.9	0.2	4.5
马鞍山市	65.3	25.4	2.7	16.2	0.4	5.9	0.2	2.0
淮北市	94.4	44.0	11.7	11.0	0.6	4.6	0.3	3.4
铜陵市	40.3	11.6	1.6	12.6	0.3	2.4	0.2	1.6
安庆市	314.6	186.7	0.4	28.7	0.7	18.1	0.3	8.1
黄山市	91.4	56.1	0.2	7.4	0.2	4.0	0.1	2.5
滁州市	223.5	143.5	0.8	21.8	0.4	9.8	0.4	5.8
阜阳市	685.8	431.7	0.1	54.8	0.7	32.4	0.4	18.3
宿州市	297.9	225.4	0.2	15.6	0.5	12.1	0.1	5.3
六安市	354.3	213.9	0.1	23.0	0.7	19.6	0.6	7.5
巢湖市	238.9	143.0	0.1	19.3	0.3	16.8	0.3	6.4
宣城地区	159.1	94.3	0.7	17.7	0.3	8.0	0.1	5.7
池州地区	85.6	51.9	0.4	6.6	0.3	3.5	0.1	2.4
亳州市	78.8	54.6		5.1	0.1	3.3	0.1	2.1
其他	4.6			0.2		2.7		

地市	批发零售贸易和餐饮业	金融、保险业	房地产业	社会服务业	卫生体育和社会福利业	教育、文化艺术和广播电影电视业	科学研究和综合技术服务业	国家机关、政党机关和社会团体	其他
总计	**253.7**	**11.5**	**2.4**	**40.3**	**16.8**	**64.7**	**3.9**	**40.7**	**290.9**
合肥市	22.9	1.2	0.4	5.8	2.0	7.0	1.8	4.0	11.3
芜湖市	17.8	0.7	0.3	2.4	1.0	2.7	0.1	1.7	14.6
蚌埠市	15.3	0.8	0.1	2.3	1.3	3.3	0.4	1.9	7.6
淮南市	11.9	0.9	0.1	3.1	0.6	2.1	0.1	1.5	3.5
马鞍山市	5.2	0.6	0.1	0.9	0.4	1.3	0.2	1.0	2.8
淮北市	7.9	0.4		3.8	0.5	1.8	0.1	1.0	3.3
铜陵市	4.5	0.3	0.1	0.7	0.3	0.8	0.1	0.8	2.4
安庆市	20.6	1.0	0.2	2.4	1.7	6.4	0.2	4.2	34.9
黄山市	6.7	0.5	0.1	1.6	0.6	1.9	0.1	1.9	7.5
滁州市	15.9	0.7	0.1	1.9	1.2	4.0	0.1	3.1	14.0
阜阳市	44.4	1.6	0.2	5.7	2.2	11.2	0.2	6.1	75.8
宿州市	15.2	0.6	0.1	1.6	1.2	5.5	0.1	3.0	11.4
六安市	25.5	0.7	0.2	2.5	1.2	6.4	0.2	3.8	48.4
巢湖市	17.4	0.6	0.1	1.8	1.1	4.5	0.1	2.0	25.1
宣城地区	10.9	0.5	0.1	2.3	0.8	2.7	0.1	2.6	12.3
池州地区	4.7	0.3	0.1	0.6	0.4	1.6		1.3	11.4
亳州市	6.6	0.1	0.1	0.8	0.2	1.5		0.8	3.4
其他	0.3			0.1	0.1				1.2

5—5 城乡私营企业和个体分行业从业人数

（1999 年）

单位：人

项目	合计			私营企业从业人员			个体从业人员		
	小计	城镇	乡村	小计	城镇	乡村	小计	城镇	乡村
总计	**3924704**	**1684762**	**2239942**	**550694**	**327911**	**222783**	**3374010**	**1356851**	**2017159**
农、林、牧、渔业	74266	20884	53382	13624	3081	10543	60642	17803	42839
#农、林、牧、渔服务业	6565	1118	5447	774	195	579	5791	923	4868
采掘业	20924	3973	16951	14174	2883	11291	6750	1090	5660
制造业	682900	238824	444076	246667	104047	142620	436233	134777	301456
建筑业	26634	15100	11534	19295	12515	6780	7339	2585	4754
交通运输、仓储业	304597	125717	178880	8724	4959	3765	295873	120758	175115
#交通运输业	217095	76406	140689	5435	3326	2109	211660	73080	138580
批发和零售贸易、餐饮业	2253706	1013589	1240117	193349	154248	39101	2060357	859341	1201016
#批发零售贸易业	1558655	640700	1558655	118702	82544	36158	1439953	558156	881797
社会服务业	511652	248020	263632	46175	40744	5431	465477	207276	258201
#日用品修理业	144545	50896	93649	1641	1036	605	142904	49860	93044
旅馆业	37172	15884	21288	1235	1030	205	35937	14854	21083
娱乐服务业	36861	21161	15700	3325	2554	771	33536	18607	14929
其他行业	50025	18655	31370	8686	5434	3252	41339	13221	28118

5—6 各地市私营企业从业人员

（1999 年）

单位：户、人

地市	合计			城镇			乡村		
	户数	从业人员	投资者	户数	从业人员	投资者	户数	从业人员	投资者
总计	**37020**	**550694**	**91476**	**23891**	**327911**	**62297**	**13129**	**222783**	**29179**
合肥市	6689	87297	16653	5274	69710	14077	1415	17587	2576
芜湖市	4063	56254	9482	3156	41449	7377	907	14805	2105
蚌埠市	1626	23638	3540	953	13625	2245	673	10013	1295
淮南市	1735	22768	4652	1665	21426	4461	70	1342	191
马鞍山市	2035	18558	4193	1323	11741	3039	712	6817	1154
淮北市	1437	25358	2788	1167	18882	2275	270	6476	513
铜陵市	804	10752	2019	585	7748	1566	219	3004	453
安庆市	2253	44338	7420	1147	18726	4228	1106	25612	3192
黄山市	2005	25975	5101	1266	15169	3315	739	10806	1786
滁州市	2090	33245	5074	1054	16550	3081	1036	16695	1993
阜阳市	3500	55293	9565	1953	26057	5999	1547	29236	3566
宿州市	1204	23100	3082	654	12138	1801	550	10962	1281
六安市	1221	21326	2451	677	12063	1431	544	9263	1020
巢湖市	1862	34085	5117	796	13197	1984	1066	20888	3133
宣城地区	2469	40014	5274	849	10773	1856	1620	29241	3418
池州地区	413	6703	1122	207	3293	598	206	3410	524
亳州市	937	13904	2220	488	7278	1241	449	6626	979
省直	677	8086	1723	677	8086	1723			

5—7 各地市个体从业人员

(1999年)　　单位：户、人

地市	合计		城镇		乡村	
	户数	从业人员	户数	从业人员	户数	从业人员
总计	**1460932**	**3374010**	**611439**	**1356851**	**849493**	**2017159**
合肥市	104100	218104	46086	95748	58014	122356
芜湖市	91388	177451	50344	97129	41044	80322
蚌埠市	65442	163917	30508	73821	34934	90096
淮南市	39451	100574	27096	69701	12355	30873
马鞍山市	37442	56090	15469	20166	21973	35924
淮北市	46767	104289	39751	85282	7016	19007
铜陵市	19519	37382	11585	24107	7934	13275
安庆市	119114	309238	32461	96712	86653	212526
黄山市	51781	83841	22463	33592	29318	50249
滁州市	81847	215525	34187	88108	47660	127417
阜阳市	277902	726800	113046	255898	164856	470902
宿州市	97605	196468	28216	56657	69389	139811
六安市	137354	380142	58909	150128	78445	230014
巢湖市	106028	220586	32789	67664	73239	152922
宣城地区	102241	222751	36208	79157	66033	143594
池州地区	38876	78919	9882	19833	28994	59086
亳州市	44075	81933	22439	43148	21636	38785

5—8 单位从业人员变动情况

(1999年)　　单位：人

项目	本年增加人数							
	合计	从农村招收	从城镇招收	录用的复员转业军人	录用的大、中专、技工学校毕业生	调入	由外省、自治区、直辖市调入	其他
总计	**184214**	**28899**	**16123**	**10273**	**56896**	**40233**	**483**	**31790**
国有经济单位合计	127273	14272	8860	8463	45867	30760	398	19051
企业	63719	9801	6714	4093	16436	14811	153	11864
#地方	46394	6845	5777	2743	12273	9042	99	9714
事业	43981	3686	1727	2269	22703	8582	188	5014
#地方	42678	3624	1677	2153	22006	8322	107	4896
机关	19573	785	419	2101	6728	7367	57	2173
#地方	19178	760	340	2071	6621	7293	57	2093
城镇集体经济单位合计	**29183**	**7958**	**3064**	**828**	**4097**	**7066**	**24**	**6170**
其他各种经济类型单位合计	**27758**	**6669**	**4199**	**982**	**6932**	**2407**	**61**	**6569**

项目	本年减少人数							
	合计	离休退休退职	开除除名辞退	终止解除合同	离开本单位仍保留劳动关系	调出	调到外省、自治区、直辖市	其他
总计	**387579**	**58257**	**31832**	**63323**	**148242**	**39270**	**1314**	**46655**
国有经济单位合计	226521	39562	17554	33059	78243	28797	1049	29306
企业	161803	19393	6462	24157	76165	15762	519	19864
#地方	139794	17210	5425	19571	72239	9238	309	16111
事业	42459	14996	6057	5203	1565	7388	480	7250
#地方	40246	14070	5853	5151	1349	6984	323	6839
机关	22259	5173	5035	3699	513	5647	50	2192
#地方	21980	5056	5020	3695	510	5528	48	2171
城镇集体经济单位合计	**87032**	**10518**	**8656**	**13560**	**36065**	**6672**	**90**	**11561**
其他各种经济类型单位合计	**74026**	**8177**	**5622**	**16704**	**33934**	**3801**	**175**	**5788**

5—9 各地市单位从业人员变动情况

（1999年）

单位：人

地市	本年增加人数							
	合计	从农村招收	从城镇招收	录用的复员转业军人	录用的大、中专、技工学校毕业生	调入	由外省、自治区、直辖市调入	其他
总计	**184214**	**28899**	**16123**	**10273**	**56896**	**40233**	**483**	**31790**
合肥市	28767	6003	2316	1089	7644	4502	82	7213
芜湖市	7972	387	849	485	2514	1828	25	1909
蚌埠市	12362	1474	1150	588	3846	3512	58	1792
淮南市	15153	1546	963	494	3392	5016	25	3742
马鞍山市	6519	359	727	346	1340	2590	22	1157
淮北市	14770	1177	849	890	3321	3215	20	5318
铜陵市	11691	1481	1072	192	2930	3492	35	2524
安庆市	7030	791	642	472	3298	1341	18	486
黄山市	4743	984	569	212	1194	1285	8	499
滁州市	11010	2355	1228	843	2867	2129	25	1588
阜阳市	19449	4643	1814	1419	7004	2942	27	1627
宿州市	9842	1205	816	479	4271	2427	25	644
六安市	10668	784	418	918	4999	1611	9	1938
巢湖市	10628	2066	1413	1113	3740	1642	11	654
宣城地区	7174	2546	959	349	1873	1223	11	224
池州地区	3680	958	260	158	1350	749	5	205
亳州市	1679	122	56	155	558	556	1	232
其他	1077	18	22	71	755	173	76	38

地市	本年减少人数							
	合计	离休退休退职	开除除名辞退	终止解除合同	离开本单位仍保留劳动关系	调出	调到外省、自治区、直辖市	其他
总计	**387579**	**58257**	**31832**	**63323**	**148242**	**39270**	**1314**	**46655**
合肥市	66425	7650	2731	12867	31177	4418	243	7582
芜湖市	24758	4589	1034	3398	12608	1552	78	1577
蚌埠市	43080	6557	1147	4822	24555	3829	112	2170
淮南市	38613	4817	5915	6549	11589	4479	149	5264
马鞍山市	18048	2858	1715	1580	7819	2585	110	1491
淮北市	32745	2782	769	4124	8669	2526	99	13875
铜陵市	17979	1989	1376	1425	8805	3074	67	1310
安庆市	16283	3630	801	2124	7484	1349	74	895
黄山市	9532	1477	1445	2675	2272	1259	22	404
滁州市	19267	3453	2001	2877	7138	1773	70	2025
阜阳市	33305	4649	5624	10638	6061	3481	28	2852
宿州市	11276	3043	1240	625	3933	1872	60	563
六安市	17011	3733	1810	1765	2753	2385	46	4565
巢湖市	19912	3641	2182	3039	8064	1960	40	1026
宣城地区	11511	2029	1201	3412	2765	1547	24	557
池州地区	5546	996	739	1236	1548	663	25	364
亳州市	2095	307	70	151	1185	292		90
其他	404	57	32	16	28	226	67	45

5—10 主要年份分行业职工人数

单位：万人

年份	合计	农林牧渔业	采掘业	制造业	电力煤气及水的生产和供应业	建筑业	地质勘查业、水利管理业	交通运输仓储及邮电通信业	批发零售贸易和餐饮业
1978	308.5	21.7		129.7		31.0		25.9	43.1
1979	321.8	21.9		132.6		32.9		26.7	46.5
1980	342.3	21.9		141.9		36.6		25.9	50.4
1981	356.5	21.2		150.0		36.6		26.3	54.7
1982	372.1	21.2		156.8		37.0		26.0	59.0
1983	382.8	21.6		162.4		37.7		27.3	59.8
1984	398.3	21.5		166.0		40.5		28.6	61.1
1985	420.8	21.3		179.2		38.5	3.1	28.7	61.9
1986	437.5	20.9		189.3		39.7	2.7	30.1	61.7
1987	454.5	20.7		197.0		40.7	2.7	30.4	65.7
1988	470.7	21.3		207.2		40.8	2.6	30.2	68.4
1989	478.5	20.8		210.8		38.5	2.7	30.8	70.9
1990	484.8	20.5		214.9		36.8	2.7	31.7	70.3
1991	497.1	20.7		221.8		37.3	2.6	31.6	71.7
1992	507.6	20.7		225.4		39.6	2.5	31.1	74.0
1993	494.3	14.8	31.8	177.5	6.4	40.1	5.4	27.5	64.1
1994	492.9	15.2	36.7	174.3	6.8	35.4	4.8	28.7	64.7
1995	502.8	14.2	38.4	185.3	7.5	32.5	4.8	28.5	65.1
1996	502.5	14.5	37.8	174.6	7.6	33.8	4.8	28.5	68.4
1997	502.6	13.8	37.1	168.2	8.1	32.1	4.9	28.5	69.6
1998	495.3	13.9	35.0	163.6	8.3	30.9	5.5	27.5	66.4
1999	483.7	14.9	34.3	157.0	8.4	27.8	5.1	26.7	63.9

年份	金融保险业	房地产业	社会服务业	卫生体育和社会福利业	教育、文化艺术和广播电影电视业	科学研究和综合技术服务业	国家机关、政党机关和社会团体	其他
1978	2.5	2.4		36.5		1.4	14.2	
1979	2.9	2.8		38.6		1.9	15.0	
1980	3.3	3.4		41.3		1.5	16.1	
1981	3.6	3.5		42.2		1.6	16.8	
1982	3.7	3.5		44.6		1.7	18.6	
1983	3.8	3.5		45.9		1.7	19.1	
1984	4.1	3.5		47.7		2.1	23.1	
1985	4.5	7.9		12.8	36.3	2.8	23.9	
1986	4.8	9.1		12.7	37.9	2.7	25.9	
1987	5.5	10.4		13.0	38.9	2.8	26.7	
1988	5.9	10.3		13.5	40.6	2.8	27.3	
1989	6.8	10.7		13.3	42.0	3.0	28.4	
1990	6.6	11.5		14.1	42.8	3.2	29.8	
1991	7.0	12.1		14.6	43.4	3.3	31.0	
1992	7.5	12.5		14.7	44.8	3.2	31.7	
1993	7.8	1.3	12.0	13.6	44.7	3.3	39.7	3.5
1994	8.0	1.4	15.7	14.2	43.8	4.0	38.4	0.9
1995	8.5	1.5	12.6	14.7	45.8	4.2	38.4	0.8
1996	8.9	1.7	13.5	15.0	48.5	4.1	39.4	1.4
1997	9.5	2.0	15.2	15.8	53.2	4.1	39.0	1.8
1998	9.2	2.2	15.5	15.9	56.2	3.9	39.7	1.7
1999	9.1	2.3	14.7	16.1	57.7	3.8	39.6	2.3

5—11 主要年份全部职工人数及构成

项目	1978年	1980年	1985年	1990年	1995年	1998年	1999年
职工人数（人）	**3084615**	**3423382**	**4207839**	**4847981**	**5028419**	**4953328**	**4836547**
国有经济单位	2279506	2465841	2865292	3293384	3637269	3319195	3148607
城镇集体经济单位	805109	958541	1339377	1542148	1230813	1048498	947161
其他各种经济类型单位			3170	12449	160337	585635	740779
构　成（%）							
国有经济单位	73.9	72.0	68.1	67.9	72.3	67.0	65.1
城镇集体经济单位	26.1	28.0	31.8	31.8	24.5	21.2	19.6
其他各种经济类型单位			0.1	0.3	3.2	11.8	15.3

5—12 全部职工人数

（1999年）

单位：人

项目	合计	在岗	国有经济单位	在岗	城镇集体经济单位	在岗	其他经济单位	在岗
总计	**4836547**	**4088579**	**3148607**	**2788417**	**947161**	**718820**	**740779**	**581342**
按企业、事业、机关分组								
企业	3437147	2705566	1817131	1471669	880712	654013	739304	579884
事业	1011007	998098	947743	936271	61789	60369	1475	1458
机关	388393	384915	383733	380477	4660	4438		
按国民经济行业分组								
农、林、牧、渔业	148607	140911	141967	134553	4285	4135	2355	2223
采掘业	342505	306174	166765	154240	43247	42318	132493	109616
制造业	1569880	1139141	764978	564734	367108	238878	437794	335529
电力、煤气及水的生产和供应业	83799	82522	76462	75383	1286	1226	6051	5913
建筑业	278225	231993	153369	125620	99748	86335	25108	20038
地质勘查业、水利管理业	51008	47460	50565	47017	443	443		
交通运输、仓储及邮电通信业	267439	226116	166607	150481	72619	54678	28213	20957
批发和零售贸易、餐饮业	638646	480468	324582	248845	227979	166078	86085	65545
金融、保险业	91416	91159	64319	64188	23982	23860	3115	3111
房地产业	22581	21966	18202	17817	1623	1519	2756	2630
社会服务业	146864	137154	90993	85595	41781	38174	14090	13385
卫生、体育和社会福利业	160892	159090	109489	108717	51268	50238	135	135
教育、文化艺术和广播电影电视业	577406	573300	572482	568532	4483	4345	441	423
科学研究和综合技术服务业	37855	36881	37362	36399	377	366	116	116
国家机关、政党机关和社会团体	395536	392775	391517	388928	4019	3847		
其他行业	23888	21469	18948	17368	2913	2380	2027	1721

5—13 单位从业人员中女性人数

(1999 年)

项目	人数（人）				构成（%）			
	合计	国有经济单位	城镇集体经济单位	其他经济单位	合计	国有经济单位	城镇集体经济单位	其他经济单位
总计	**1490416**	**962883**	**316390**	**211143**	**100**	**64.60**	**21.23**	**14.17**
按企业、事业、机关分组								
企业	1037140	539582	287052	210506	100	52.03	27.68	20.29
事业	368418	340157	27624	637	100	92.33	7.50	0.17
机关	84858	83144	1714		100	97.98	2.02	
按国民经济行业分组								
农、林、牧、渔业	53600	51620	1218	762	100	96.31	2.27	1.42
采掘业	70357	33159	21622	15576	100	47.13	30.73	22.14
制造业	501332	234951	131020	135361	100	46.87	26.13	27.00
电力、煤气及水的生产和供应业	25106	22645	336	2125	100	90.20	1.34	8.46
建筑业	46094	26173	16081	3840	100	56.78	34.89	8.33
地质勘查业、水利管理业	11889	11732	157		100	98.68	1.32	
交通运输、仓储及邮电通信业	62921	39879	16510	6532	100	63.38	26.24	10.38
批发和零售贸易、餐饮业	216375	108819	72098	35458	100	50.29	33.32	16.39
金融、保险业	43060	29460	11206	2394	100	68.42	26.02	5.56
房地产业	7284	5872	666	746	100	80.62	9.14	10.24
社会服务业	64582	40326	17003	7253	100	62.44	26.33	11.23
卫生、体育和社会福利业	84974	61113	23810	51	100	71.92	28.02	0.06
教育、文化艺术和广播电影电视业	195883	193729	1908	246	100	98.90	0.97	0.13
科学研究综合技术服务业	11879	11708	134	37	100	98.56	1.13	0.31
国家机关、政党机关和社会团体	87118	85610	1508		100	98.27	1.73	
其他行业	7962	6087	1113	762	100	76.45	13.98	9.57

5—14 专业技术人员数

(1999 年)

项目	人数（人）				构成（%）			
	合计	国有经济单位	城镇集体经济单位	其他经济单位	合计	国有经济单位	城镇集体经济单位	其他经济单位
总计	**1049606**	**866266**	**100819**	**82521**	**100**	**82.53**	**9.61**	**7.86**
按企业、事业、机关分组								
企业	387361	242401	62970	81990	100	62.58	16.26	21.16
事业	620431	582824	37076	531	100	93.94	5.98	0.08
机关	41814	41041	773		100	98.15	1.85	
按国民经济行业分组								
农、林、牧、渔业	27078	25298	1346	434	100	93.43	4.97	1.60
采掘业	30223	14988	1001	14234	100	49.59	3.31	47.10
制造业	146847	79210	19889	47748	100	53.94	13.54	32.52
电力、煤气及水的生产和供应业	17561	16140	137	1284	100	91.91	0.78	7.31
建筑业	40854	27459	10462	2933	100	67.21	25.61	7.18
地质勘查业、水利管理业	11300	11278	22		100	99.81	0.19	
交通运输、仓储及邮电通信业	30750	22776	4633	3341	100	74.07	15.07	10.86
批发和零售贸易、餐饮业	55137	32033	14832	8272	100	58.10	26.90	15.00
金融、保险业	45632	35748	8820	1064	100	78.34	19.33	2.33
房地产业	5973	4676	387	910	100	78.29	6.48	15.23
社会服务业	15416	11370	2254	1792	100	73.75	14.62	11.63
卫生、体育和社会福利业	109959	76339	33581	39	100	69.42	30.54	0.04
教育、文化艺术和广播电影电视业	446263	443899	2313	51	100	99.47	0.52	0.01
科学研究综合技术服务业	20630	20480	76	74	100	99.27	0.37	0.36
国家机关、政党机关和社会团体	41823	41118	705		100	98.31	1.69	
其他行业	4160	3454	361	345	100	83.03	8.68	8.29

5—15 各地市全部职工人数

(1999年)

单位：人

地　　市	合　计	在　岗	国有经济单　位	在　岗	城镇集体经济单位	在　岗	其他各种经济类型单　位	在　岗
总　　计	**4836547**	**4088579**	**3148607**	**2788417**	**947161**	**718820**	**740779**	**581342**
合 肥 市	568936	456669	383334	326496	83760	52793	101842	77380
芜 湖 市	333672	261685	207751	172777	86851	63032	39070	25876
蚌 埠 市	336721	258362	220479	183839	79649	48145	36593	26378
淮 南 市	410447	327077	137153	119764	78797	64880	194497	142433
马鞍山市	230146	187742	115889	97678	54696	34954	59561	55110
淮 北 市	297290	273865	227796	209440	59940	56266	9554	8159
铜 陵 市	181463	148078	129356	110741	28510	21850	23597	15487
安 庆 市	391010	330583	278162	242736	70089	54748	42759	33099
黄 山 市	141101	121230	96481	85758	29047	21955	15573	13517
滁 州 市	298201	262341	197157	179106	47090	38753	53954	44482
阜 阳 市	459454	416529	334671	312965	95044	77649	29739	25915
宿 州 市	272297	233919	206278	183294	55306	41398	10713	9227
六 安 市	290180	246766	210580	189576	64215	45201	15385	11989
巢 湖 市	253067	222476	152413	140102	53226	44105	47428	38269
宣城地区	187525	170075	122262	112093	34378	29753	30885	28229
池州地区	100264	88749	64597	59240	14408	11953	21259	17556
亳 州 市	58713	56754	38188	37133	12155	11385	8370	8236
其　　他	26060	25679	26060	25679				

5—16 各地市单位从业人员中的女性人数

(1999年)

地　　市	合　计		国有经济单位		城镇集体经济单位		其他经济单位	
	人　数（人）	比　重（%）	人　数（人）	比　重（%）	人　数（人）	比　重（%）	人　数（人）	比　重（%）
总　　计	**1490416**	**100**	**962883**	**64.60**	**316390**	**21.23**	**211143**	**14.17**
合 肥 市	167012	100	112927	67.62	26472	15.85	27613	16.53
芜 湖 市	92457	100	59585	64.45	20810	22.51	12062	13.05
蚌 埠 市	104657	100	68942	65.87	22204	21.22	13511	12.91
淮 南 市	111607	100	43654	39.11	33876	30.35	34077	30.53
马鞍山市	72903	100	37655	51.65	21360	29.30	13888	19.05
淮 北 市	94052	100	60649	64.48	29761	31.64	3642	3.87
铜 陵 市	57064	100	40284	70.59	10249	17.96	6531	11.45
安 庆 市	123096	100	83005	67.43	25599	20.80	14492	11.77
黄 山 市	48117	100	31462	65.39	10393	21.60	6262	13.01
滁 州 市	100967	100	61847	61.25	17231	17.07	21889	21.68
阜 阳 市	143589	100	104134	72.52	27085	18.86	12370	8.61
宿 州 市	88344	100	67647	76.57	17131	19.39	3566	4.04
六 安 市	84047	100	61255	72.88	17077	20.32	5715	6.80
巢 湖 市	80685	100	48573	60.20	17734	21.98	14378	17.82
宣城地区	62959	100	40901	64.96	10430	16.57	11628	18.47
池州地区	33187	100	20502	61.78	5284	15.92	7401	22.30
亳 州 市	18437	100	12625	68.48	3694	20.04	2118	11.49
其　　他	7236	100	7236	100				

5—17 各地市专业技术人员数

(1999年)

地市	合计		国有经济单位		城镇集体经济单位		其他经济单位	
	人数（人）	比重（%）	人数（人）	比重（%）	人数（人）	比重（%）	人数（人）	比重（%）
总计	**1049606**	**100**	**866266**	**82.53**	**100819**	**9.61**	**82521**	**7.86**
合肥市	138748	100	115457	83.21	8007	5.77	15284	11.02
芜湖市	51518	100	43449	84.34	5382	10.45	2687	5.22
蚌埠市	68004	100	56592	83.22	7282	10.71	4130	6.07
淮南市	61572	100	38012	61.74	3765	6.11	19795	32.15
马鞍山市	44058	100	31942	72.50	4075	9.25	8041	18.25
淮北市	38880	100	34954	89.90	3232	8.31	694	1.78
铜陵市	28978	100	25643	88.49	1916	6.61	1419	4.90
安庆市	101384	100	85188	84.03	11022	10.87	5174	5.10
黄山市	35602	100	30043	84.39	3738	10.50	1821	5.11
滁州市	55293	100	45341	82.00	6063	10.97	3889	7.03
阜阳市	129626	100	109609	84.56	15441	11.91	4576	3.53
宿州市	76876	100	67701	88.07	7565	9.84	1610	2.09
六安市	76704	100	68064	88.74	7466	9.73	1174	1.53
巢湖市	44900	100	34381	76.57	5680	12.65	4839	10.78
宣城地区	50027	100	39675	79.31	6839	13.67	3513	7.02
池州地区	27442	100	21976	80.08	2676	9.75	2790	10.17
亳州市	13260	100	11505	86.76	670	5.05	1085	8.18
其他	6734	100	6734	100				

5—18 主要年份职工工资总额及指数

年份	工资总额（万元）				指数（以上年为100）			
	合计	国有单位	城镇集体单位	其他单位	合计	国有单位	城镇集体单位	其他单位
1978	167743	130345	37398			123.5		
1979	187370	146884	40486		111.7	112.7	108.3	
1980	226752	176660	50092		121.0	120.3	123.7	
1981	240071	186638	53433		105.9	105.6	106.7	
1982	260037	201926	58111		108.3	108.2	108.8	
1983	275036	213578	61458		105.8	105.8	105.8	
1984	332436	250678	81610	148	120.9	117.4	132.8	
1985	386571	290250	96109	212	116.3	115.8	117.8	143.2
1986	476896	358965	117516	415	123.4	123.7	122.3	195.8
1987	546494	411097	134883	514	114.6	114.5	114.8	123.8
1988	672304	511133	160091	1080	123.0	124.3	118.7	210.2
1989	757765	581418	174783	1564	112.7	113.8	109.2	144.8
1990	866607	667593	196802	2213	114.4	114.8	112.6	141.5
1991	947046	727796	216360	2890	109.3	109.0	109.9	130.6
1992	1121163	875070	241310	4783	118.4	120.2	111.5	165.5
1993	1338455	1079291	248184	10980	119.4	123.3	102.8	229.6
1994	1843550	1457668	306222	79660	137.7	135.1	123.4	725.5
1995	2281335	1792794	374403	114138	123.7	123.0	122.3	143.3
1996	2561976	2031093	411474	119409	112.3	113.3	109.9	104.6
1997	2737847	2121533	433653	182661	106.9	104.5	105.4	153.0
1998	2712588	2025067	362712	324809	99.1	95.5	83.6	177.8
1999	2784854	2041089	339152	404613	102.7	100.8	93.5	124.6

5—19 主要年份分行业职工工资总额

单位：万元

年份	合计	农林牧渔业	采掘业	制造业	电力煤气及水的生产和供应业	建筑业	地质勘查业、水利管理业	交通运输仓储及邮电通信业	批发零售贸易和餐饮业
1978	167743	9073		73122		18460		14952	20975
1979	187370	9989		81541		21802		15846	23869
1980	226752	11403		98479		27276		17925	29294
1981	240071	11689		103471		27939		17779	32074
1982	260037	11811		111555		29714		18785	34714
1983	275036	13071		116693		31204		20006	36516
1984	332436	14179		142326		40757		25193	44253
1985	386571	15607		166727		43610	4343	27015	47929
1986	476896	19203		206271		48831	5631	35332	57606
1987	546494	20120		241466		56080	4733	39108	66817
1988	672304	23034		301093		66702	5179	46195	82744
1989	757765	24407		350514		71468	5637	52758	91478
1990	866607	28270		405880		75363	6512	59895	99704
1991	947046	29237		449973		81641	6643	64182	107065
1992	1121163	35163		517133		101688	7783	74104	116380
1993	1338455	27287	124857	472575	4363	120019	18585	79802	117620
1994	1843550	42337	203388	594981	4538	145959	24316	112643	172230
1995	2281335	48729	271130	770064	4158	163040	25666	133097	209700
1996	2561976	58339	298036	815207	8084	172860	28124	151829	251058
1997	2737847	60626	290966	816210	7117	174538	30743	163971	276376
1998	2712588	64143	246993	761812	7866	168496	33060	154969	247006
1999	2784854	67929	234382	755637	75460	144436	32876	167374	235111

年份	金融保险业	房地产业	社会服务业	卫生体育和社会福利业	教育、文化艺术和广播电影电视业	科学研究和综合技术服务业	国家机关、政党机关和社会团体	其他
1978	1391	1318		18419		1371	8662	
1979	1710	1549		20475		1117	9473	
1980	2093	1982		25632		1078	11589	
1981	2404	2225		28357		1135	12998	
1982	2673	2288		33253		1205	14038	
1983	2732	2480		34691		1406	16237	
1984	3266	2952		38599		1889	19023	
1985	4128	6700		11280	34559	2810	21864	
1986	5435	9006		13864	42437	3265	30017	
1987	6412	11033		15493	46831	3751	34651	
1988	8602	13268		19065	61662	4611	40149	
1989	9359	15047		20799	66681	5145	44474	
1990	11167	17851		24742	76651	6650	53923	
1991	12805	21612		27300	81741	7141	57707	
1992	17440	24885		33823	106723	8919	77122	
1993	25008	3517	28357	39616	122878	11589	115786	6598
1994	47391	5960	47024	56752	171818	23168	157448	3598
1995	53754	7447	48690	72317	210465	26707	182576	3796
1996	64451	9418	61085	85889	254008	29330	215401	8857
1997	74209	11911	72784	99974	310191	31932	245628	10673
1998	76548	14588	78480	112093	364286	32239	276285	13726
1999	78253	16697	82645	126718	406683	33189	310632	16835

5—20 职 工 工 资 总 额

(1999年)

单位：万元

项目	合计	在岗	国有经济单位	在岗
总计	**2784854**	**2671105**	**2041089**	**1974191**
按企业、事业、机关分组				
企业	1755870	1646289	1050586	987621
事业	724313	721289	688648	685825
机关	304671	303528	301855	300745
按国民经济行业分组				
农、林、牧、渔业	67929	67077	64616	63792
采掘业	234382	226547	144817	141425
制造业	755637	687624	391481	351908
电力、煤气及水的生产和供应业	75460	74980	70366	69949
建筑业	144436	137672	91671	87049
地质勘查业、水利管理业	32876	32046	32635	31806
交通运输、仓储及邮电通信业	167374	161099	131315	127755
批发和零售贸易、餐饮业	235111	217205	128079	118255
金融、保险业	78253	78183	58344	58301
房地产业	16697	16556	13962	13847
社会服务业	82645	81053	56424	55375
卫生、体育和社会福利业	126718	126429	98017	97854
教育、文化艺术和广播电影电视业	406683	405521	403958	402822
科学研究和综合技术服务业	33189	32988	32877	32677
国家机关、政党机关和社会团体	310632	309666	308223	307292
其他行业	16835	16462	14306	14086

项目	城镇集体经济单位	在岗	其他经济单位	在岗
总计	**339152**	**320714**	**404614**	**376201**
按企业、事业、机关分组				
企业	301774	283566	403510	375102
事业	34562	34365	1104	1098
机关	2816	2782		
按国民经济行业分组				
农、林、牧、渔业	1941	1931	1372	1354
采掘业	16863	16771	72701	68351
制造业	112951	103357	251205	232359
电力、煤气及水的生产和供应业	435	427	4660	4604
建筑业	41244	40011	11521	10612
地质勘查业、水利管理业	241	241		
交通运输、仓储及邮电通信业	23144	21408	12915	11936
批发和零售贸易、餐饮业	71793	66709	35239	32241
金融、保险业	16970	16943	2940	2939
房地产业	877	868	1858	1842
社会服务业	17391	17019	8830	8658
卫生、体育和社会福利业	28620	28494	81	81
教育、文化艺术和广播电影电视业	2427	2404	297	295
科学研究和综合技术服务业	227	225	86	86
国家机关、政党机关和社会团体	2409	2374		
其他行业	1619	1532	909	843

5—21 主要年份分行业职工平均工资

单位：元

年份	合计	农林牧渔业	采掘业	制造业	电力煤气及水的生产和供应业	建筑业	地质勘查业、水利管理业	交通运输仓储及邮电通信业	批发零售贸易和餐饮业
1978	555	419		566		627	722	584	503
1979	593	461		622		665	757	597	527
1980	684	528		716		772	913	707	602
1981	689	543		708		773	959	687	608
1982	717	538		731		832	975	727	612
1983	733	603		736		839	1003	745	624
1984	855	666		879		1022	1111	900	745
1985	950	758		971		1181	1385	963	799
1986	1125	924		1134		1338	1567	1190	959
1987	1239	962		1275		1451	1763	1304	1042
1988	1475	1097		1515		1704	1960	1570	1239
1989	1624	1183		1716		1879	2131	1750	1325
1990	1827	1387		1940		2090	2440	1914	1444
1991	1959	1450		2105		2241	2537	2052	1528
1992	2265	1717		2360		2625	2955	2420	1630
1993	2770	1872	4098	2716	3848	3111	3440	2954	1864
1994	2793	2807	5611	3483	5161	4152	4870	3960	2712
1995	4609	3416	7115	4246	7567	5066	5254	4722	3289
1996	5175	3997	7942	4751	7727	5207	5849	5408	3765
1997	5492	4342	7891	4891	8472	5424	6219	5758	4019
1998	5491	4621	7017	4650	8351	5494	6014	5624	3723
1999	5767	4538	6885	4808	9111	5371	6396	6235	3666

年份	金融保险业	房地产业	社会服务业	卫生体育和社会福利业	教育、文化艺术和广播电影电视业	科学研究和综合技术服务业	国家机关、政党机关和社会团体	其他
1978	559	535		558	536	582	632	
1979	625	560		533	553	600	653	
1980	682	586		622	645	710	743	
1981	700	602		669	693	728	792	
1982	727	629		724	777	721	777	
1983	725	652		764	769	831	864	
1984	821	761		795	834	918	868	
1985	945	863		892	970	1037	941	
1986	1168	1016		1109	1141	1232	1188	
1987	1252	1103		1204	1227	1364	1315	
1988	1523	1317		1437	1553	1661	1504	
1989	1533	1444		1596	1616	1767	1587	
1990	1748	1598		1814	1820	2109	1844	
1991	1891	1820		1917	1918	2245	1894	
1992	2410	2042		2359	2428	2774	2474	
1993	3327	2835	2411	2996	2826	3515	2912	1919
1994	6004	4298	3035	4040	3962	5804	4134	4012
1995	6487	4947	3904	4976	4642	6358	4813	4600
1996	7259	5685	4525	5787	5308	7186	5535	6546
1997	7868	6285	5018	6398	5888	7805	6379	6071
1998	8243	6890	5142	7093	6564	8290	7027	7900
1999	8567	7484	5386	7918	7141	8788	7846	7166

5—22 各地市职工工资总额

(1999年)

单位：万元

地市	合计	在岗	国有经济单位	在岗	城镇集体经济单位	在岗	其他各种经济类型单位	在岗
总计	**2784854**	**2671105**	**2041089**	**1974191**	**339152**	**320714**	**404614**	**376201**
合肥市	393858	369577	290782	277713	28839	25677	74237	66187
芜湖市	227135	209737	163382	151826	43209	39732	20544	18179
蚌埠市	178782	169396	139697	133260	22910	21199	16175	14937
淮南市	210652	198760	93872	90689	25382	25055	91398	83016
马鞍山市	170271	163186	88864	85532	19311	16638	62096	61016
淮北市	193376	188699	168297	164150	20853	20490	4227	4059
铜陵市	113034	106501	91066	86359	11506	10624	10463	9519
安庆市	204023	195235	162061	156448	24115	22751	17847	16036
黄山市	79216	76280	59187	57311	11504	10827	8525	8143
滁州市	151630	148144	111050	108765	17745	17388	22835	21992
阜阳市	238022	235616	190407	188980	33988	33317	13628	13320
宿州市	121908	120081	101919	100319	15279	15101	4710	4662
六安市	146172	142609	119726	117333	20271	19357	6175	5920
巢湖市	132713	127967	94502	92088	18696	17821	19516	18057
宣城地区	109494	106733	77798	76025	14873	14407	16823	16302
池州地区	51897	50352	37589	36825	5433	5204	8875	8323
亳州市	38907	38580	27127	26918	5238	5126	6542	6536
其他	23764	23652	23764	23652				

5—23 主要年份职工平均工资及指数

年份	平均工资(元) 合计	国有单位	城镇集体单位	其他单位	指数(以上年为100) 合计	国有单位	城镇集体单位	其他单位
1978	555	588	465			104.4		
1979	593	640	485		106.8	108.8	104.3	
1980	684	739	541		115.3	115.5	111.5	
1981	689	750	538		100.7	101.5	99.4	
1982	717	772	575		104.1	102.9	106.9	
1983	733	791	584		102.2	102.5	101.6	
1984	855	943	664	800	116.6	119.2	113.7	
1985	950	1044	747	752	111.1	110.7	112.5	94.0
1986	1125	1243	873	982	118.4	119.1	116.9	130.6
1987	1239	1367	964	1119	110.1	110.0	110.4	114.0
1988	1475	1640	1116	1506	119.0	120.0	115.8	134.6
1989	1624	1812	1207	1634	110.1	110.5	108.2	108.5
1990	1827	2061	1318	1838	112.5	113.7	109.2	112.5
1991	1959	2201	1429	2086	107.2	106.8	108.4	113.5
1992	2265	2563	1591	2418	115.6	116.4	111.3	115.9
1993	2770	3077	1932	2732	122.3	120.1	121.4	113.0
1994	3793	4159	2488	6402	136.9	135.2	128.8	234.3
1995	4609	4994	3107	7361	121.5	120.1	124.9	115.0
1996	5175	5600	3522	7680	112.3	112.1	113.4	104.3
1997	5492	6039	3692	6139	106.1	107.8	104.8	79.9
1998	5491	6121	3461	5563	100.0	101.4	93.7	90.6
1999	5767	6509	3556	5474	105.0	106.3	102.7	98.4

5—24 职工平均工资

(1999年)

单位：元/人

项目	合计	在岗	国有经济单位	在岗	城镇集体经济单位	在岗	其他经济单位	在岗
总计	**5767**	**6516**	**6509**	**7092**	**3556**	**4409**	**5474**	**6396**
按企业、事业、机关分组								
企业	5107	6040	5794	6691	3400	4277	5470	6392
事业	7237	7302	7342	7403	5620	5727	7551	7637
机关	7825	7870	7847	7889	6030	6261		
按国民经济行业分组								
农、林、牧、渔业	4538	4699	4528	4687	4202	4293	5802	6247
采掘业	6885	7387	8645	9184	3782	3837	5665	6271
制造业	4808	5963	5103	6147	3094	4332	5717	6794
电力、煤气及水的生产和供应业	9111	9193	9305	9384	3381	3480	7870	7953
建筑业	5371	6123	6252	7211	4249	4771	4565	5240
地质勘查业、水利管理业	6396	6693	6405	6705	5421	5421		
交通运输、仓储及邮电通信业	6235	7087	7882	8494	3157	3845	4526	5622
批发和零售贸易、餐饮业	3666	4489	3947	4740	3121	3975	4056	4845
金融、保险业	8567	8584	9078	9091	7074	7099	9517	9524
房地产业	7484	7635	7753	7859	5451	5767	6903	7194
社会服务业	5386	5630	6232	6493	3559	3752	6300	6501
卫生、体育和社会福利业	7918	7994	9004	9056	5607	5702	6362	6362
教育、文化艺术和广播电影电视业	7141	7172	7155	7185	5446	5565	6748	7000
科学研究和综合技术服务业	8788	8968	8819	9000	6056	6204	7593	7593
国家机关、政党机关和社会团体	7846	7878	7865	7895	5995	6177		
其他行业	7166	7774	7695	8207	5460	6437	4697	5174

5—25 各地市职工平均工资

(1999年)

单位：元/人

地市	合计	在岗	国有经济单位	在岗	城镇集体经济单位	在岗	其他各种经济类型单位	在岗
总计	**5767**	**6516**	**6509**	**7092**	**3556**	**4409**	**5474**	**6396**
合肥市	6832	7919	7507	8372	3445	4783	7042	8143
芜湖市	6865	8060	7953	8879	4973	6283	5333	6993
蚌埠市	5278	6449	6316	7179	2870	4362	4290	5249
淮南市	5097	6020	6810	7536	3165	3767	4681	5794
马鞍山市	7387	8546	7673	8604	3512	4668	10396	10917
淮北市	6364	6747	7368	7850	3163	3285	4443	4956
铜陵市	6411	7155	7089	7764	4021	4786	5439	6172
安庆市	5231	5881	5845	6424	3454	4152	4154	4765
黄山市	5599	6262	6106	6628	3968	4955	5481	6031
滁州市	5094	5645	5618	6044	3784	4504	4302	5012
阜阳市	5222	5733	5765	6134	3550	4333	4569	5125
宿州市	4526	5180	4987	5525	2812	3680	4424	5063
六安市	5058	5783	5688	6175	3149	4278	4374	5224
巢湖市	5278	5769	6224	6587	3583	4089	4116	4698
宣城地区	5825	6247	6321	6718	4289	4805	5567	5884
池州地区	5151	5650	5806	6199	3737	4374	4120	4682
亳州市	6641	6818	7115	7271	4329	4522	7827	7948
其他	14369	14620	14369	14620				

5—26 各地市国有控股单位人数

(1999年)

单位：人

地市	单位从业人员	女性	在岗职工	专业技术人员
总计	**1807370**	**645930**	**1771165**	**292724**
合肥市	209330	74082	207171	59066
芜湖市	70263	25250	69486	11548
蚌埠市	134765	53304	131804	20458
淮南市	234382	69776	231106	33148
马鞍山市	121635	39227	120014	25267
淮北市	177673	59577	176567	9823
铜陵市	100104	37417	98773	18754
安庆市	113694	46974	110755	17887
黄山市	43475	17298	42429	7767
滁州市	86495	35140	85236	10089
阜阳市	89661	35738	86543	13622
宿州市	92592	36859	90964	12100
六安市	79610	30403	78341	14081
巢湖市	128637	42292	122563	14995
宣城地区	55781	20099	54026	10201
池州地区	36055	15366	35237	6438
亳州市	9143	1992	9132	1246
其他	24075	5136	21018	6234

5—27 各地市国有控股单位劳动报酬情况

(1999年)

地市	单位从业人员报酬（万元）	在岗职工工资总额（万元）	职工平均工资（元/人）	在岗职工平均工资（元/人）
总计	**1212271**	**1194365**	**5807**	**6693**
合肥市	176633	175442	6990	8152
芜湖市	59426	58809	6805	8295
蚌埠市	88027	86108	5240	6352
淮南市	141843	139829	5070	5978
马鞍山市	118217	117247	8577	9571
淮北市	136571	136227	7426	7807
铜陵市	75909	75044	6787	7552
安庆市	62786	61859	4633	5486
黄山市	24519	24006	4826	5553
滁州市	41996	41412	4177	4792
阜阳市	45029	43637	4206	5050
宿州市	43371	42899	3920	4755
六安市	42757	42164	4444	5334
巢湖市	74442	72243	5450	5909
宣城地区	33797	33079	5271	5902
池州地区	18726	18519	4585	5218
亳州市	7031	7028	7702	7759
其他	21193	18813	15959	16193

5—28 主要年份各县（市）职工平均工资

单位：元/人

县（市）	1978年	1980年	1985年	1990年	1995年	1998年	1999年
长丰县	522	581	797	1434	3653	5019	5427
肥东县	525	595	751	1485	3440	4614	5157
肥西县	441	448	784	1436	4079	4596	5114
芜湖县	520	627	847	1419	3794	5267	5515
繁昌县	567	726	872	1591	4135	5751	6102
南陵县	514	548	778	1512	4417	5494	5885
怀远县	486	579	817	1353	3174	4767	5048
五河县	441	601	825	1445	3182	4727	5039
固镇县	550	600	763	1437	3014	4381	4832
凤台县	523	603	759	1403	3014	6096	6284
当涂县	502	589	801	1498	3741	4772	5232
濉溪县	413	619	798	1419	4028	4265	4557
铜陵县	540	566	755	1475	4324	5086	5446
怀宁县	522	624	790	1513	3992	4863	5211
桐城市	528	584	787	1502	3245	4923	5360
枞阳县	515	619	824	1424	3924	5043	5483
潜山县	604	628	939	1422	3671	5046	5322
太湖县	517	673	835	1512	3357	5197	5611
宿松县	512	569	845	1440	3779	4674	4600
望江县	503	625	797	1415	3769	4762	4941
岳西县	514	653	845	1699	4092	4752	5122
歙县	471	615	889	1621	3920	4832	5321
休宁县	517	606	846	1528	3948	5023	5294
黟县	517	634	836	1544	3840	4396	4841
祁门县	467	592	764	1456	3573	4312	4659
徽州区	524	576	749	1535	4245	4949	5222
屯溪区	501	605	872	1543	3931	4608	4736
黄山区	458	555	835	1595	4472	5432	5996
天长市	471	594	786	1623	3813	4942	5093
明光市	462	562	756	1421	3300	3984	4540
来安县	477	578	810	1405	3678	4560	4749
全椒县	455	646	800	1700	3797	4750	4918
定远县	480	536	720	1472	3109	4372	4622
凤阳县	536	602	822	1329	3333	4427	4650
界首市	521	621	775	1390	3989	4862	5128

5—28　续表　　　　单位：元/人

县（市）	1978年	1980年	1985年	1990年	1995年	1998年	1999年
临泉县	475	604	804	1393	3289	3722	4608
太和县	469	552	793	1512	3652	4813	5062
涡阳县	444	599	835	1449	3483	4947	5220
蒙城县	418	615	795	1447	3914	5043	5278
阜南县	536	579	812	1303	3421	4279	4608
颍上县	490	638	777	1423	3347	5076	5345
利辛县	482	571	897	1450	3341	4543	4261
埇桥区	507	595	812	1370	3356	3788	3986
砀山县	514	587	857	1419	3587	4518	4672
萧县	435	629	790	1400	3194	4049	4026
灵璧县	455	582	751	1356	3814	4324	4503
泗县	470	571	850	1306	3323	3753	3841
六安市	496	597	746	1431	3532	4446	4735
寿县	472	542	714	1315	3430	4746	5403
霍邱县	479	605	770	1441	3605	4419	5136
舒城县	495	629	827	1547	3515	4252	4758
金寨县	512	627	821	1620	3223	4153	4522
霍山县	534	612	839	1618	3913	4636	4999
叶集							4902
宣州市	496	610	759	1529	4676	5609	5884
宁国市	549	611	952	1932	5514	5873	6164
郎溪县	492	585	779	1363	3377	5098	5145
广德县	532	624	822	1497	3824	5115	5577
绩溪县	467	629	870	1747	4395	5620	5594
旌德县	540	557	846	1578	4222	5040	5557
泾县	562	637	825	1582	3953	4755	5544
居巢区	484	643	856	1494	4569	4634	5180
庐江县	471	600	808	1507	3529	4404	4655
无为县	534	592	749	1431	3825	4849	4882
含山县	484	580	823	1483	4180	5008	5623
和县	492	588	744	1574	3717	4277	4680
贵池市	488	620	845	1675	3998	4910	5423
青阳县	498	561	821	1426	4142	4701	4872
东至县	512	612	790	1557	3849	4615	4863
石台县	512	643	799	1420	3897	4471	3932

5—29 各县（市）职工平均工资

（1999年）

县（市）	全部职工人数（人）	在岗职工	职工工资总额（万元）	在岗职工工资总额	平均工资（元/人）	在岗职工平均工资
长丰县	30847	27341	16976	16744	5427	6003
肥东县	39253	31319	20221	19707	5157	6306
肥西县	35894	30048	18221	18029	5114	6032
芜湖县	20008	16045	11090	10783	5515	6696
繁昌县	21380	19233	13047	12540	6102	6546
南陵县	18604	17362	10931	10641	5885	6135
怀远县	45980	42290	23314	22579	5048	5296
五河县	33645	29712	16816	16355	5039	5486
固镇县	30704	27328	14792	14658	4832	5362
凤台县	46236	41255	29373	29079	6284	7050
当涂县	27958	22335	14678	13853	5232	6158
濉溪县	38273	35545	17370	16599	4557	4698
铜陵县	22173	17989	12052	11759	5446	6418
怀宁县	25775	22594	13241	12851	5211	5769
桐城市	34015	29753	18100	17720	5360	5973
枞阳县	27448	25756	14963	14850	5483	5798
潜山县	21885	19770	11309	11042	5322	5764
太湖县	21833	19693	12139	12030	5611	6156
宿松县	37312	32759	17174	16849	4600	5041
望江县	27805	26522	13602	13431	4941	5117
岳西县	20403	19415	10132	10034	5122	5300
歙县	26913	23035	14343	13821	5321	6002
休宁县	16090	14803	8559	8389	5294	5640
黟县	9932	8509	4833	4661	4841	5416
祁门县	19528	15542	9049	8709	4659	5564
徽州区	6270	5386	3302	3225	5222	5947
屯溪区	13702	9871	6507	5720	4736	5780
黄山区	14692	13442	8763	8644	5996	6461
天长市	38750	36477	19644	19394	5093	5328
明光市	37392	31793	17111	16652	4540	5180
来安县	27479	22503	12893	12446	4749	5579
全椒县	37813	33511	18495	18093	4918	5424
定远县	41244	37651	18792	18587	4622	5015
凤阳县	33009	26558	15214	14920	4650	5646
界首市	31279	28759	15992	15847	5128	5526

5—29 续表

县（市）	全部职工人数（人）	在岗职工	职工工资总额（万元）	在岗职工工资总额	平均工资（元/人）	在岗职工平均工资
临泉县	34255	30872	16821	16749	4608	5225
太和县	44170	38137	22155	21856	5062	5794
涡阳县	50691	46155	26244	26100	5220	5702
蒙城县	38301	36830	19914	19786	5278	5562
阜南县	38007	34963	17225	16949	4608	4935
颍上县	38015	34755	20024	19906	5345	5821
利辛县	34807	32287	15060	14955	4261	5215
埇桥区	77602	63271	30826	30131	3986	4771
砀山县	45824	39227	21052	20836	4672	5412
萧县	49472	42105	19396	19282	4026	4661
灵璧县	36145	33466	16106	15783	4503	4756
泗县	30140	25816	11586	11471	3841	4450
六安市	76695	59303	36116	34764	4735	5900
寿县	45594	42079	24562	24475	5403	5740
霍邱县	44008	36283	23048	22792	5136	6132
舒城县	39080	35506	18401	17924	4758	5109
金寨县	27637	24580	12422	12110	4522	4976
霍山县	21784	18172	10637	10342	4999	5877
叶集	4073	3901	2089	2056	4902	5282
宣州市	40652	36928	23692	23028	5884	6291
宁国市	36211	33844	21713	21306	6164	6489
郎溪县	20143	18224	10440	10106	5145	5498
广德县	20179	17712	12292	11973	5577	6124
绩溪县	13575	12833	7643	7505	5594	5794
旌德县	10222	9589	5764	5692	5557	5849
泾县	26162	23409	14315	13826	5544	5977
居巢区	40486	32997	20757	19567	5180	5976
庐江县	53162	45301	24673	23847	4655	5266
无为县	55379	50973	26753	26333	4882	5214
含山县	30584	27669	17129	16670	5623	6040
和县	29966	27028	13989	13462	4680	4953
贵池市	28103	24670	15150	14790	5423	5983
青阳县	15278	13421	7643	7460	4872	5462
东至县	29202	26729	14239	13782	4863	5191
石台县	8404	7032	3380	3362	3932	4641

5—30 职业介绍机构基本情况

项目	1997年	1998年	1999年	项目	1997年	1998年	1999年
职业介绍服务机构量合计（个）	**1987**	**2214**	**1823**	**求职登记总数（万人次）**	**60.9**	**56.0**	**43.5**
劳动部门办	1667	1791	1036	本年求职登记人数	35.6	31.2	
省、自治区、直辖市	1	1		农村劳动力	21.7	19.4	
市、地	15	20		**用人登记总数（万人次）**	**32.8**	**33.3**	**29.3**
县、区	104	128		本年用人登记总数	25.7	27.9	
乡镇、街道	1547	1642		**介绍成功人数（万人次）**	**24.4**	**26.3**	**24.1**
非劳动部门办	320	423	787	失业人员	7.4	6.9	8.0
企、事业、机关	155	158	549	农村劳动力	15.6	16.9	
私人	115	205	238				

5—31 城镇登记失业人数及失业率

单位：万人

年份	本年失业人数	本年失业人员新就业人数	年末实有失业人数	女性	城镇失业率（%）
1985	20.89	14.61	5.30		
1986	24.37	15.52	8.12	5.12	
1987	22.48	13.50	8.05	5.26	2.25
1988	24.87	14.09	10.08	5.26	
1989	25.42	11.72	13.71	7.31	2.70
1990	28.71	12.01	15.25		2.80
1991	31.36	14.06	16.03	8.55	2.80
1992	32.80	15.24	15.42	7.10	
1993	31.17	14.60	15.18	7.53	
1994	30.74	14.49	14.89	6.62	
1995	29.86	14.48	14.31	6.96	3.10
1996	30.19	14.18	14.87	8.47	3.10
1997	31.72	14.28	16.30	8.91	2.91
1998	27.55	11.27	15.34	8.12	3.20
1999	28.00	10.70	17.30	9.10	3.20

5—32 按年龄分的城镇失业人员受教育程度构成

（1999年）

单位：%

年龄组	合计	不识字	小学	初中	高中	大专以上
总计	**100.00**	**0.99**	**7.88**	**54.82**	**31.82**	**4.49**
16-19	100.00	0.28	3.11	50.00	44.07	2.54
20-24	100.00	0.22	2.39	48.37	39.05	9.98
25-29	100.00	0.28	5.10	63.46	26.35	4.82
30-34	100.00	0.29	8.14	66.57	22.09	2.91
35-39	100.00	0.84	7.59	50.21	37.13	4.22
40-44	100.00	2.98	21.43	46.43	27.98	1.19
45-49	100.00	2.76	19.31	61.38	16.55	
50-54	100.00	3.13	37.50	43.75	15.63	
55-59	100.00	12.50	25.00	31.25	31.25	
60-64	100.00	25.00	25.00	50.00		
65岁及以上	100.00	50.00		25.00		25.00
男性合计	**100.00**	**0.83**	**7.17**	**55.35**	**31.26**	**5.40**
16-19	100.00	0.49	2.93	57.07	37.07	2.44
20-24	100.00	0.43	2.16	49.78	37.23	10.39
25-29	100.00		5.26	54.14	33.08	7.52
30-34	100.00		5.83	69.17	22.50	2.50
35-39	100.00		2.35	47.06	41.18	9.41
40-44	100.00	1.54	20.00	52.31	24.62	1.54
45-49	100.00	1.32	17.11	71.05	10.53	
50-54	100.00	3.70	40.74	37.04	18.52	
55-59	100.00	13.33	26.67	33.33	26.67	
60-64	100.00		33.33	66.67		
65岁及以上	100.00	33.33		33.33		33.33
女性合计	**100.00**	**1.13**	**8.48**	**54.37**	**32.29**	**3.72**
16-19	100.00		3.36	40.27	53.69	2.68
20-24	100.00		2.61	46.96	40.87	9.57
25-29	100.00	0.45	5.00	69.09	22.27	3.18
30-34	100.00	0.45	9.38	65.18	21.88	3.13
35-39	100.00	1.32	10.53	51.97	34.87	1.32
40-44	100.00	3.88	22.33	42.72	30.10	0.97
45-49	100.00	4.35	21.74	50.72	23.19	
50-54	100.00		20.00	80.00		
55-59	100.00				100.00	
60-64	100.00	100.00				
65岁及以上	100.00	100.00				

注：本表为1999年全省人口抽样调查数据。

5—33 按年龄分的城镇失业人员原因构成

（1999年）

单位：%

年龄组	合计	下岗离开单位	毕业后未找到工作	原单位破产	辞职、被辞退或合同期满	其他
总计	**100.00**	**47.07**	**35.55**	**2.93**	**3.02**	**11.43**
16－19	100.00	0.85	91.24		0.56	7.34
20－24	100.00	10.41	73.10	0.65	4.99	10.85
25－29	100.00	55.52	19.83	3.12	4.53	17.00
30－34	100.00	70.64	4.36	6.40	3.49	15.12
35－39	100.00	81.01	2.95	3.80	2.11	10.13
40－44	100.00	86.90		5.36	2.38	5.36
45－49	100.00	88.97		4.14		6.90
50－54	100.00	81.25				18.75
55－59	100.00	68.75		12.50	12.50	6.25
60－64	100.00	50.00				25.00
65岁及以上	100.00	25.00				75.00
男性合计	**100.00**	**41.12**	**41.02**	**2.80**	**3.95**	**11.11**
16－19	100.00	0.98	87.80		0.98	10.24
20－24	100.00	10.39	73.16	0.87	6.49	9.09
25－29	100.00	51.88	27.82	1.50	5.26	13.53
30－34	100.00	63.33	6.67	7.50	5.00	17.50
35－39	100.00	81.18	1.18	4.71	3.53	9.41
40－44	100.00	86.15		6.15	4.62	3.08
45－49	100.00	85.53		5.26		9.21
50－54	100.00	81.48				18.52
55－59	100.00	66.67		13.33	13.33	6.67
60－64	100.00	66.67				33.33
65岁及以上	100.00	33.33				66.67
女性合计	**100.00**	**52.03**	**31.00**	**3.03**	**2.25**	**11.69**
16－19	100.00	0.67	95.97			3.36
20－24	100.00	10.43	73.04	0.43	3.48	12.61
25－29	100.00	57.73	15.00	4.09	4.09	19.09
30－34	100.00	74.55	3.13	5.80	2.68	13.84
35－39	100.00	80.92	3.95	3.29	1.32	10.53
40－44	100.00	87.38		4.85	0.97	6.80
45－49	100.00	92.75		2.90		4.35
50－54	100.00	80.00				20.00
55－59	100.00	100.00				
60－64	100.00		100.00			
65岁及以上	100.00					100.00

注：本表为1999年全省人口抽样调查数据。

5—34 按受教育程度分的城镇失业人员失业原因构成

（1999年）

单位：%

项　　目	合　计	下岗离开单　位	毕业后未找到工作	原单位破　产	辞职、被辞退或合同期满	其　他
总　计	**100.00**	**47.07**	**35.55**	**2.93**	**3.02**	**11.43**
不识字	100.00	57.14	9.52	4.76		28.57
小　学	100.00	61.08	11.38	4.19	1.80	21.56
初　中	100.00	48.15	31.78	3.01	3.62	13.44
高　中	100.00	44.07	44.36	2.67	2.67	6.23
大专及以上	100.00	28.42	67.37	1.05	1.05	2.11
男	**100.00**	**41.12**	**41.02**	**2.80**	**3.95**	**11.11**
不识字	100.00	25.00	12.50			62.50
小　学	100.00	56.52	14.49	7.25	1.45	20.29
初　中	100.00	41.28	39.77	2.44	3.94	12.57
高　中	100.00	39.87	45.51	2.66	4.98	6.98
大专及以上	100.00	28.85	67.31	1.92	1.92	
女	**100.00**	**52.03**	**31.00**	**3.03**	**2.25**	**11.69**
不识字	100.00	76.92	7.69	7.69		7.69
小　学	100.00	64.29	9.18	2.04	2.04	22.45
初　中	100.00	53.98	25.00	3.50	3.34	14.17
高　中	100.00	47.45	43.43	2.68	0.80	5.63
大专及以上	100.00	27.91	67.44			4.65

注：本表数据为1999年全省人口抽样调查数。

5—35 按失业原因分的城镇失业人员受教育程度构成

（1999年）

单位：%

项　　目	合　计	下岗离开单　位	毕业后未找到工作	原单位破　产	辞职、被辞退或合同期满	其　他
总　计	**100.00**	**100.00**	**100.00**	**100.00**	**100.00**	**100.00**
不识字	0.99	1.20	0.27	1.61		2.48
小　学	7.88	10.23	2.52	11.29	4.69	14.88
初　中	54.82	56.07	49.00	56.45	65.63	64.46
高　中	31.82	29.79	39.71	29.03	28.13	17.36
大专及以上	4.49	2.71	8.50	1.61	1.56	0.83
男	**45.47**	**39.72**	**52.46**	**43.55**	**59.38**	**44.21**
不识字	0.38	0.20	0.13			2.07
小　学	3.26	3.91	1.33	8.06	1.56	5.79
初　中	25.17	22.07	28.15	20.97	32.81	27.69
高　中	14.21	12.04	18.19	12.90	23.44	8.68
大专及以上	2.46	1.50	4.65	1.61	1.56	
女	**54.53**	**60.28**	**47.54**	**56.45**	**40.63**	**55.79**
不识字	0.61	1.00	0.13	1.61		0.41
小　学	4.63	6.32	1.20	3.23	3.13	9.09
初　中	29.65	34.00	20.85	35.48	32.81	36.78
高　中	17.61	17.75	21.51	16.13	4.69	8.68
大专及以上	2.03	1.20	3.85			0.83

注：本表数据为1999年全省人口抽样调查数。

5—36 各地市职业介绍机构基本情况

(1999年)

单位：个

地 市	合 计	劳动部门办	非劳动部门办	企、事业、机关	私 人
总 计	**1823**	**1036**	**787**	**549**	**238**
合 肥 市	145	120	25	18	7
芜 湖 市	105	74	31	7	24
蚌 埠 市	164	79	85	21	64
淮 南 市	44	25	19	1	18
马鞍山市	11	6	5		5
淮 北 市	46	41	5	3	2
铜 陵 市	10	4	6		6
安 庆 市	262	14	248	236	12
黄 山 市	103	26	77	77	
滁 州 市	196	59	137	130	7
阜 阳 市	188	139	49	6	43
宿 州 市	87	80	7	4	3
六 安 市	140	135	5	3	2
巢 湖 市	153	133	20	4	16
宣城地区	123	66	57	39	18
池州地区	7	5	2		2
亳 州 市	39	30	9		9

5—37 各地市劳动部门职业介绍工作情况

(1999年)

单位：人次

地 市	求职登记总数	用人登记总数	介绍成功人数	失业人数
总 计	**435332**	**292626**	**241359**	**80085**
合 肥 市	41716	27566	23233	1728
芜 湖 市	51216	31826	26227	11072
蚌 埠 市	68034	55608	41309	6022
淮 南 市	19364	14672	12442	7529
马鞍山市	7685	6558	9302	2302
淮 北 市	33741	9483	9483	6439
铜 陵 市	19488	16571	14956	8099
安 庆 市	51242	30407	22008	11184
黄 山 市	9613	6289	6658	3834
滁 州 市	28529	24347	22756	2905
阜 阳 市	59729	41877	24798	10050
宿 州 市	969	1122	607	308
六 安 市	5822	1086	3148	655
巢 湖 市	21300	16137	14883	644
宣城地区	9663	1002	6630	6210
池州地区	6386	6638	2342	911
亳 州 市	835	637	577	193

5—38 劳动力资源分配与利用

单位：万人

年份	资源			分配				劳动力资源利用率（%）
	资源总数	劳动年龄内人口	当年进入劳动年龄人口	从业人员	城镇失业人员	16岁以上在校学生	家务劳动	
1978	2337.4			1873.4				80.2
1979	2437.0			1920.6				78.8
1980	2520.0			2002.1				79.4
1981	2618.6			2078.0	22.6	89.3	258.1	79.4
1982	2620.5	2250.9		2160.2	25.9	86.8	345.3	82.4
1983	2855.0	2397.1		2234.1				78.3
1984	2933.5			2311.4	14.0	73.0	308.2	78.8
1985	3151.3	2966.3		2420.6	8.1	100.7	328.3	76.8
1986	3182.7	3070.0		2495.9	8.1	141.4	269.4	78.4
1987	3281.7	3169.7		2563.3	10.3	111.0	255.0	78.1
1988	3372.5	3265.3		2665.9	23.8	80.9	294.4	79.0
1989	3467.4	3345.7	80.4	2723.9	15.3	107.3	308.9	78.6
1990	3499.4	3404.1		2807.6				80.2
1991	3586.9			2877.1				80.2
1992	3658.6			2985.8				81.6
1993	3696.9			3156.5				85.4
1994	4063.3			3119.5				76.8
1995	4128.8			3206.9				77.7
1996	4203.7			3257.7				77.5
1997	4272.3			3322.1		127.0	283.6	77.8
1998	4289.2			3379.3	58.9	118.5	251.2	78.8
1999	4389.3		93.0	3398.6	47.2	161.3	239.3	77.4

主要统计指标解释

从业人员 指从事一定社会劳动并取得劳动报酬或经营收入的全部劳动力。包括：1、全部职工；2、城镇私营企业从业人员；3、城镇个体劳动者；4、农村社会劳动者；5、其他社会劳动者。这一指标反映了一定时期内全部劳动力资源的实际利用情况，是研究我国基本国情国力的重要指标。

各单位的从业人员是指在各级国家机关、政党机关、社会团体及企业、事业单位中工作，并取得劳动报酬的全部人员。包括职工、再就业的离退休人员、民办教师以及在各单位中工作的外方人员和港、澳、台方人员。

各单位的从业人员反映了各单位实际参加生产或工作的全部劳动力。

城镇私营和个体从业人员 城镇私营从业人员指在工商管理部门注册登记，其经营地址设在县城关镇（含城关镇）以上的私营企业从业人员。包括：私营企业投资者和雇工。城镇个体从业人员指在工商管理部门注册登记，并持有城镇户口或在城镇长期居住，经批准从事个体工商经营的从业人员。包括：个体经营者和在个体工商户劳动的家庭帮工和雇工。

城镇登记失业人员及失业率 指有非农业户口，在一定的劳动年龄内，有劳动能力，无业而要求就业，并在当地就业服务机构进行求职登记的人员。城镇登记失业率指城镇登记失业人数同城镇从业人数与城镇登记失业人数之和的比。计算公式为：城镇登记失业率

$$=\frac{\text{城镇登记失业人数}}{\text{城镇从业人数}+\text{城镇登记失业人数}}\times 100\%$$

职工 指在国有经济、城镇集体经济、联营经济、股份制经济、外商和港、澳、台投资经济、其他经济单位及其附属机构工作，并由其支付工资的各类人员。

在岗职工 指在本单位工作并由单位支付工资的人员，以及有工作岗位，但由于学习、病伤产假等原因暂未工作，仍由单位支付工资的人员。

离开本单位仍保留劳动关系的职工 指由于各种原因，已经离开本人的生产或工作岗位，并已不在本单位从事其他工作，但仍与用人单位保留劳动关系的职工。

单位从业人员 指在各级国家机关、政党机关、社会团体及企业、事业单位中工作，取得工资或其它形式劳动报酬的全部人员。包括：在岗职工、再就业的离退休人员、民办教师以及在各单位中工作的外方人员和港澳台方人员、兼职人员、借用的外单位人员和第二职业者。不包括离开本单位仍保留劳动关系的职工。

专业技术人员 指从事专业技术工作的人员以及从事专业技术管理工作且已在1983年以前评定了专业技术职称或在1984年以后聘任了专业技术职务的人员。

专业技术人员具体指工程技术人员、农业技术人员、科研人员（含自然科学研究、社会科学研究及实验技术人员）、卫生技术人员、教学人员（含高等院校、中等专业学校、技工学校、中学、小学）、民用航空飞行技术人员、船舶技术人员、经济人员、会计人员、统计人员、翻译人员、图书资料、档案、文博人员、新闻、出版人员、律师、公证人员、广播电视播音人员、工艺美术人员、体育人员、艺术人员及政工人员。

专业技术管理人员具体指企业、事业单位的领导；企业、事业单位下设的职能机构、企业的生产车间和辅助车间（或附属辅助生产单位）中从事生产、技术、经济管理和政治工作的人员。

按照公务员管理或参照公务员管理的人员不统计为专业技术人员。

国有控股单位 根据国家统计局《关于印发〈关于统计上划分经济成分的规定〉的通知》（国统字［1998］204号文）精神，国有控股是指在企业的全部资本中，国家资本（股本）占较高比例，并且由国家实际控制的企业。对除集体企业、股份合作企业、港澳台商独资经营企业、外资企业、私营企业以外的各类企业（亦即对国有单位、联营单位、有限责任公司和股份有限公司）进行分组，以反映国有经济控制企业的情况。

“国有控股”可分为国有绝对控股和国有相对控股（含协议控制）两种。国有绝对控股指在企业的全部资本中，国家资本（股本）所占比例大于50%的企业。国有相对控股（含协议控制）是指企业的全部资本中，国家资本（股本）所占的比例虽未大于50%，但相对大于企业中的其他经济成分所占比例的企业（相对控股）；或者虽不大于其他经济成分，但根据协议规定，由国家拥有实际控制权的企业（协议控制）。

增加人数 指在报告期内，本单位招收、录用和调入的全部人员。

减少人数 指在报告期内，离开本单位且不再由本单位支付工资的人员。

职工工资总额 指各单位在一定时期内直接支付给本单位全部职工的劳动报酬总额。

工资总额的计算应以直接支付给职工的全部劳动报酬为依据。各单位支付给本单位全部职工的劳动报酬，不论是计入成本还是不计入成本，不论是以货币形式支付还是以实物形式支付，不论是单位自筹的资金还是上级（或政府财政部门）下拨的资金，不论是厂级单位筹集的资金还是下属车间（科室）及附属经营单位筹集的资金，均应列入工资总额计算的范围。

工资总额的统计应按国务院1989年9月30日批准、国家统计局1990年1月1日发布的《关于工资总额组成的规定》执行。

职工平均工资 指企业、事业、机关单位的职工在一定时期内平均每人所得的货币工资额。它表明一定时期职工工资收入的高低程度，是反映职工工资水平的主要指标。计算公式为：

$$\text{职工平均工资}=\frac{\text{报告期实际支付的全部职工工资总额}}{\text{报告期全部职工平均人数}}$$

六、固定资产投资

INVESTMENT IN FIXED ASSETS

简要说明

一、固定资产投资统计的范围包括：基本建设投资，更新改造投资，房地产开发投资，其他固定资产投资。从登记注册类型来看，包括内资、港澳台商投资及外商投资。

二、固定资产投资统计资料来源为：跨地区项目资料来自省直有关部门；农村个人固定资产投资资料由省农村经济抽样调查队根据乡村社会经济调查资料整理提供；除此以外固定资产投资统计资料均由省统计局投资处整理提供。

三、固定资产投资统计的调查方法，农村个人固定资产投资统计采用抽样调查方法外，其他均为全面统计报表。

四、国家制度自 1997 年起，除房地产开发投资、农村集体投资、个人投资及城镇工矿区私人建房投资外，基本建设、更新改造和其他固定资产投资的统计起点由 5 万元提高到 50 万元。本篇固定资产投资中仍包括 5 万元至 50 万元投资额。

本篇责任编辑：闵国强

全 社 会 固 定 资 产 投 资 （亿元）

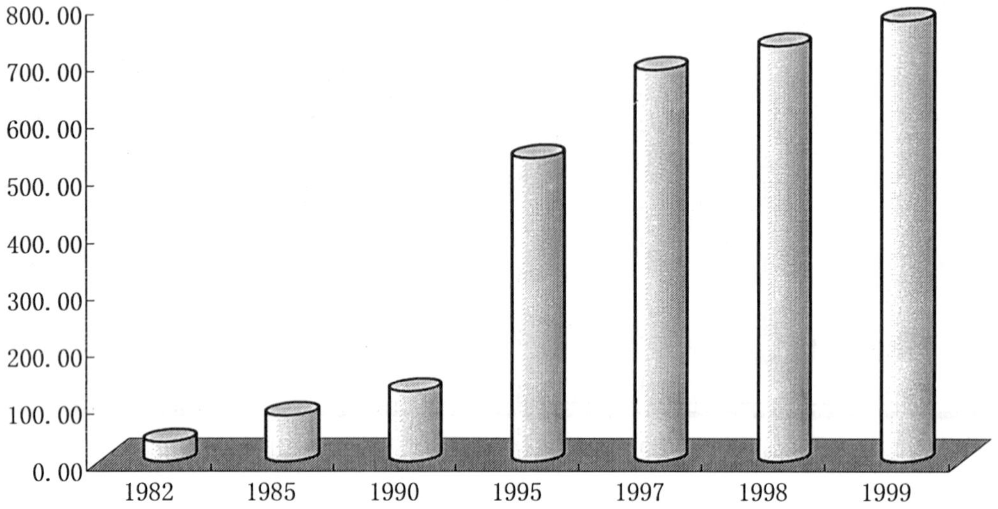

全社会固定资产投资总额构成(%)

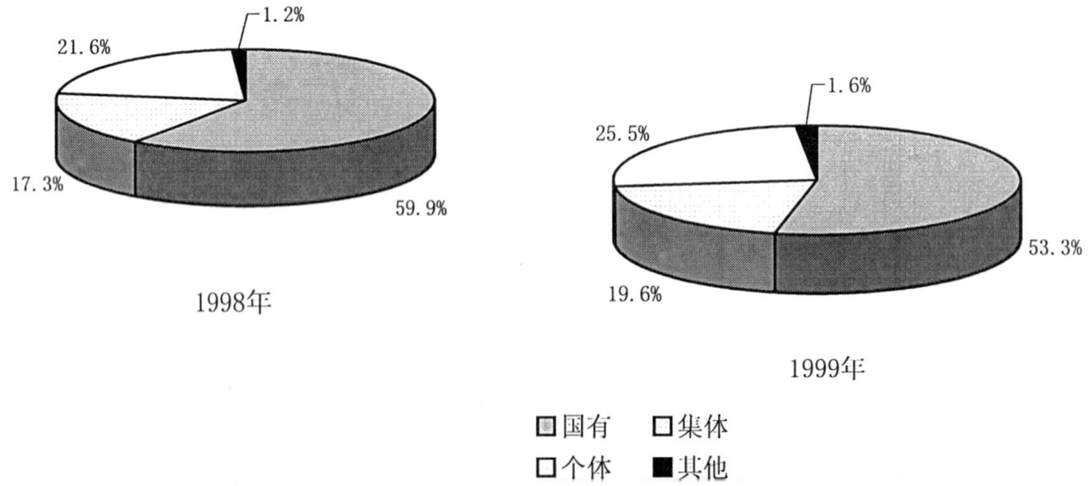

6—1 主要年份全社会固定资产投资

单位：万元

指　　标	1982年	1985年	1990年	1995年	1998年	1999年
投资总额	**339853**	**807377**	**1229788**	**5325424**	**7290313**	**7738756**
按经济类型分						
国有经济	208387	416976	657761	2661739	3300475	3514277
集体经济	46884	59305	121990	964692	1419855	1289933
城　镇	7980	36941	46200	183300	248026	255628
农　村	38904	22364	75790	781392	1171829	1034305
个体经济	84582	331096	450037	1247623	1609754	1677745
城　镇	4635	26512	32908	211548	392103	412944
农　村	79947	304584	417129	1036075	1182700	1148972
其他各种经济				451370	960229	1256801
按资金来源分						
国家预算内资金	83313	108580	91635	179033	246228	465928
国内贷款	55370	137127	240815	1482079	1387013	1254882
利用外资	120	1770	13918	306259	304671	137193
债　券				27982	65649	115264
自筹投资	195744	523193	779521	2738886	4009343	4438538
其他投资	5306	36707	103899	634816	1189306	902064
按管理渠道分						
基本建设	134812	270706	386224	1699943	2520093	2773803
更新改造	73575	126009	231089	964086	1096528	1247650
房地产开发				361015	578239	761217
其他投资	131466	410662	612475	2300380	3095453	2956086
按构成分						
建筑安装工程	273062	543647	859610	3388229	4990669	5104804
设备、工具、器具购置	46732	217506	303791	1488909	1582849	1716151
其他费用	20059	46224	66387	448286	716795	917801
全社会新增固定资产	**265143**	**704376**	**1059057**	**3608245**	**5471305**	**6087416**
房屋建筑面积（万平方米）						
施工面积	4386.3	7622.0	5673.1	8002.8	9144.1	9421.3
竣工面积	3803.0	6742.3	5107.4	6614.8	7390.4	7673.6
#住　宅	3288.4	5050.5	4452.8	4930.4	5964.7	6164.6

注：1．1995年及以后年份包括房地产开发投资额。
　　2．按资金来源分组为财务拨款数，各项相加不等于投资总额。

6—2 主要年份国有经济按各种分组的固定资产投资

单位：万元

指　　标	1995年	1996年	1997年	1998年	1999年
投资总额	**2661739**	**2995303**	**2833677**	**3300475**	**3514277**
按资金来源分					
国家预算内资金	152142	175512	210357	165495	366533
国内贷款	860996	987672	731586	861295	729490
利用外资	107274	155259	66464	83420	25490
自筹投资	1141273	1260783	1500588	1537400	1642722
其他投资	361445	382151	356874	518331	576480
按构成分					
建筑安装工程	1612483	1741674	1762445	2231458	2446899
设备、工具、器具购置	734803	844300	759424	719594	772639
其他费用	314453	409329	311808	349277	294739
按建设性质分					
#新　建	900314	974954	897351	1152600	1347061
扩　建	969167	1143321	967283	1106650	1033984
改　建	478473	480383	622170	647737	698687
按国民经济主要行业分					
#农　业	13720	9433	14639	26330	42219
工　业	1491371	1607570	1200117	1075410	1778843
#能源工业	768722	788567	576156	567521	798466
运输邮电业	308320	392276	626795	903319	941001
新增固定资产	**1819927**	**2720793**	**2579602**	**2087579**	**2266781**
房屋建筑面积（万平方米）					
施工面积	1813.81	1842.20	1702.97	1803.67	2127.77
竣工面积	886.39	944.50	932.86	903.62	1201.52
#住　宅	[illegible]	[illegible]	[illegible]	[illegible]	745.09

注：1. 按国民经济行业分和按建设性质分不含房地产开发投资，其他统计分组均含。

2. 按资金来源分组为财务拨款数，各项相加不等于投资总额。

6—3 国有经济固定资产投资的资金来源

（1999年）

单位：万元

指　　标	总　计	基本建设	更新改造	房地产开发	其他投资
资金来源合计	**3567626**	**2145014**	**954549**	**337738**	**130325**
上年末结余资金	226911	146519	30487	49805	100
本年资金来源小计	3340715	1998495	924062	287933	130225
国家预算内资金	366533	338007	21861	4150	2515
国内贷款	729490	332966	296232	73259	27033
债　券	113064	107127	2674	2663	600
利用外资	25490	18657	6833		
#外商直接投资	4257	2856	1401		
自筹资金	1642722	944661	551098	60667	86296
中央各部门自筹	134982	98695	35887		400
省自筹	124398	98630	16449		9319
地（市）自筹	268520	230794	20695		17031
县自筹	133389	108927	14886		9576
企、事业单位自有资金	956165	407615	463181	35399	49970
其他资金来源	463416	257077	45364	147194	13781
#集　资	149053	123659	11614	7191	6589

6—4 主要年份基本建设投资

单位：万元

指　　标	1978年	1980年	1985年	1990年	1995年	1998年	1999年
总　　计	**131457**	**145640**	**270706**	**386224**	**1699943**	**2520093**	**2773803**
按资金来源分							
国家预算内投资	115533	84508	103788	78251	141606	168645	413891
国内贷款		10051	53543	113781	571691	668016	584970
利用外资		17950	1591	10223	171014	208177	55480
自筹和其他投资	15924	33131	111784	183969	815632	1475255	1719462
按国民经济主要行业分							
农林牧渔业	2500	3139	2911	8561	9086	24238	32276
工　业	80408	78916	135970	220368	863773	962814	931594
建筑业	5668	3060	3866	2761	65061	85217	92537
地质勘探业和水利管理业	13818	10604	13172	27517	71162	146404	160814
交通运输、仓储和邮电通信业	14293	21425	24850	53868	282442	535211	627692
批发和零售贸易、餐饮业	4352	6443	11422	10639	69558	76072	71901
房地产业				287	3209	20831	77207
教育、文化艺术及广播电影电视业	3045	5106	15702	20492	74328	106651	152616
科研和综合技术服务业	675	1575	2521	2351	7533	8327	16598
国家行政机关和社会团体及其他	6698	15372	60292	39380	253791	554328	610568
基本建设投资新增固定资产	85272	87956	220429	257302	1012562	1286047	1678600
固定资产交付使用率（%）	64.9	60.4	81.4	66.6	59.6	51.0	60.5

6—5 基本建设投资和新增固定资产

单位：万元

年 份	基本建设投资总额	国家预算内投资	国家预算外投资	占投资总额的比重% 国家预算内投资	占投资总额的比重% 国家预算外投资	新增固定资产	固定资产交付使用率%
1949	232	232		100.0		159	68.5
1950	2193	1887	306	86.0	14.0	1460	66.6
1951	7899	7418	481	93.9	6.1	6572	83.2
1952	11478	10934	544	95.3	4.7	7344	64.0
1953	19494	17892	1602	91.8	8.2	12793	65.6
1954	17902	16162	1740	90.3	9.7	16613	92.8
1955	24921	23104	1817	92.7	7.3	15800	63.4
1956	36689	33283	3406	90.7	9.3	31773	86.6
1957	32340	28137	4203	87.0	13.0	28168	87.1
1958	74091	64801	9290	87.5	12.5	52192	70.4
1959	91871	64223	27648	69.9	30.1	58610	63.8
1960	122953	87052	35901	70.8	29.2	78014	63.5
1961	43419	26848	16571	61.8	38.2	26177	60.3
1962	23774	20064	3710	84.4	15.6	17534	73.8
1963	30348	28410	1938	93.6	6.4	29240	96.3
1964	41920	38122	3798	90.9	9.1	37524	89.5
1965	35210	31588	3622	89.7	10.3	34685	98.5
1966	36889	33142	3747	89.8	10.2	26601	72.1
1967	23216	20615	2601	88.8	11.2	14354	61.8
1968	23343	21105	2238	90.4	9.6	8094	34.7
1969	37340	34904	2436	93.5	6.5	19792	53.0
1970	66518	58553	7965	88.0	12.0	53045	79.7
1971	86673	73604	13069	84.9	15.1	41925	48.4
1972	84701	67694	17007	79.9	20.1	53460	63.1
1973	95240	79097	16143	83.1	16.9	58941	61.9
1974	91372	79458	11914	87.0	13.0	42807	46.8
1975	98703	86342	12361	87.5	12.5	53807	54.5
1976	113663	98870	14793	87.0	13.0	76465	67.3
1977	101327	83326	18001	82.2	17.8	77214	76.2
1978	131457	115533	15924	87.9	12.1	85272	64.9
1979	138027	115875	22152	84.0	16.0	95870	69.5
1980	145640	84508	61132	58.0	42.0	87956	60.4
1981	111393	66025	45368	59.3	40.7	104271	93.6
1982	134812	74646	60166	55.4	44.6	86441	64.1
1983	160077	100612	59465	62.9	37.1	122892	76.8
1984	209346	109027	100319	52.1	47.9	147663	70.5
1985	270706	103788	166918	38.3	61.7	220429	81.4
1986	351778	151931	199847	43.2	56.8	248152	70.5
1987	327170	125727	201443	38.4	61.6	214622	65.6
1988	374616	113783	260833	30.4	69.6	188626	50.4
1989	353783	108603	245180	30.7	69.3	415309	117.4
1990	386224	78251	307973	20.3	79.7	257302	66.6
1991	481104	115546	365558	24.0	76.0	264896	55.1
1992	714690	117552	597138	16.4	83.6	491831	68.8
1993	1023323	138548	884775	13.5	86.5	503753	49.2
1994	1325718	135398	1190320	10.2	89.8	867306	65.4
1995	1699943	141606	1558337	8.3	91.7	1012562	59.6
1996	1966078	163039	1803039	8.3	91.7	1763786	89.7
1997	2172761	210033	1962728	9.7	90.3	1850786	85.2
1998	2520093	163373	2356720	6.5	93.5	1286047	51.0
1999	2773803	413891	2359912	14.9	85.1	1678600	60.5

6—6　国民经济各行业基本建设施工、投产项目个数和完成投资及新增固定资产

(1999 年)

行　　业	施工项目个数(个)	建成投产项目个数(个)	本年完成投资(万元)	本年新增固定资产(万元)	固定资产交付使用率(%)
总　　计	**3241**	**1657**	**2773803**	**1678600**	**60.5**
农、林、牧、渔业	**75**	**37**	**32276**	**24554**	**76.1**
农　业	24	12	14264	11850	83.1
林　业	21	13	5817	5187	89.2
畜牧业	4	1	1090	900	82.6
农、林、牧、渔服务业	26	11	11105	6617	59.6
采掘业	**20**	**6**	**62030**	**22465**	**36.2**
煤炭采选业	10	2	54088	18497	34.2
黑色金属矿采选业	1		1996		
有色金属矿采选业	4	1	3397	1400	41.2
非金属矿采选业	3	2	2460	2460	100.0
木材及竹材采运业	2	1	89	108	121.3
制造业	**234**	**102**	**257413**	**384981**	**149.6**
食品加工业	13	7	3387	2991	88.3
食品制造业	14	5	14836	1421	9.6
饮料制造业	8	5	3453	2609	75.6
烟草加工业	7	3	4453	994	22.3
纺织业	23	9	4308	2828	65.6
服装及其他纤维制品制造业	1	1	100	100	100.0
皮革、毛皮、羽绒及其制品业	1		115	65	56.5
木材加工及竹、藤、棕、草制品业	1		1200	850	70.8
家具制造业	3	1	500	380	76.0
造纸及纸制品业	7	5	4664	3687	79.1
印刷业	4	3	419	419	100.0
文教体育用品制造业	1	1	150	150	100.0
石油加工及炼焦业	2	1	6387	11344	177.6
化学原料及化学制品制造业	20	8	54064	17417	32.2
医药制造业	4	2	1401	680	48.5
化学纤维制造业	1	1	1120	1120	100.0
橡胶制品业	2		13834	15397	111.3
塑料制品业	10	4	7472	7172	96.0
非金属矿物制品业	15	4	29329	5301	18.1
黑色金属冶炼及压延加工业	4	2	17270	269835	1562.4
有色金属冶炼及压延加工业	1		1155		
金属制品业	4	2	971	391	40.3
普通机械制造业	21	8	5789	5403	93.3
专用设备制造业	17	8	13080	12645	96.7
交通运输设备制造业	19	8	51797	9658	18.6
电气机械及器材制造业	23	9	14233	9842	69.1
电子及通信设备制造业	4	2	1260	1714	136.0
仪器仪表及文化、办公用机械制造业	1	1	402	402	100.0
其他制造业	3	2	264	166	62.9
电力、煤气及水的生产和供应业	**157**	**74**	**611991**	**177428**	**29.0**
电力、蒸汽、热水的生产和供应业	106	49	570704	151812	26.6
煤气生产和供应业	14	5	10180	8713	85.6
自来水的生产和供应业	37	20	31107	16903	54.3
建筑业	**93**	**48**	**92537**	**62661**	**67.7**
土木工程建筑业	89	46	88557	58946	66.6
线路、管道和设备安装业	4	2	3980	3715	93.3

6—6 续表

行业	施工项目个数（个）	建成投产项目个数（个）	本年完成投资（万元）	本年新增固定资产（万元）	固定资产交付使用率（%）
地质勘查业、水利管理业	**134**	**52**	**160814**	**82925**	**51.6**
地质勘查业	11	4	1750	1524	87.1
水利管理业	123	48	159064	81401	51.2
交通运输、仓储及邮电通信业	**259**	**131**	**627692**	**229171**	**36.5**
铁路运输业	7	1	187663	7159	3.8
公路运输业	42	24	131128	24516	18.7
水上运输业	4		6112	5450	89.2
交通运输辅助业	116	58	214792	121710	56.7
其他交通运输业	2	1	3123	3123	100.0
仓储业	28	14	34765	31151	89.6
邮电通信业	60	33	50109	36062	72.0
批发和零售贸易、餐饮业	**194**	**111**	**71901**	**66902**	**93.0**
食品、饮料、烟草和家庭用品批发商业	83	49	38827	40145	103.4
能源、材料和机械电子设备批发业	27	18	7303	5672	77.7
其他批发业	8	6	969	1411	145.6
零售业	65	33	17857	11262	63.1
商业经纪与代理业	1		3168	3168	100.0
餐饮业	10	5	3777	5244	138.8
金融、保险业	**79**	**34**	**40777**	**26793**	**65.7**
金融业	69	31	38376	24001	62.5
保险业	10	3	2401	2792	116.3
房地产业	**86**	**34**	**77207**	**32391**	**42.0**
房地产开发与经营业	68	28	66471	26637	40.1
房地产管理业	16	5	10036	5254	52.4
房地产代理与经纪业	2	1	700	500	71.4
社会服务业	**242**	**139**	**221640**	**142179**	**64.1**
公共服务业	165	99	185259	110124	59.4
居民服务业	13	7	3553	4190	117.9
旅馆业	45	21	23137	19594	84.7
旅行社	7	6	5360	5190	96.8
娱乐服务业	6	1	1721	291	16.9
其他社会服务业	6	5	2610	2790	106.9
卫生、体育和社会福利业	**160**	**77**	**53614**	**52015**	**97.0**
卫　生	141	68	49420	50580	102.3
体　育	11	6	3278	1069	32.6
社会福利保障业	8	3	916	366	40.0
教育、文化艺术及广播电影电视业	**704**	**372**	**152616**	**130369**	**85.4**
教　育	644	350	129654	109550	84.5
文化艺术业	32	13	12816	16949	132.2
广播电影电视业	28	9	10146	3870	38.1
科学研究和综合技术服务业	**34**	**17**	**16598**	**17242**	**103.9**
科学研究业	16	7	11837	11911	100.6
综合技术服务业	18	10	4761	5331	112.0
国家机关、政党机关和社会团体	**743**	**413**	**261285**	**205229**	**78.5**
国家机关	698	388	251795	197627	78.5
政党机关	30	19	6030	5773	95.7
社会团体	15	6	3460	1829	52.9
其他行业	**27**	**10**	**33412**	**21295**	**63.7**
其他行业	27	10	33412	21295	63.7

6—7 国民经济各行业按构成和建设性质分的基本建设投资

（1999 年）

单位：万元

行业	按构成分			按建设性质分		
	建筑安装工程	设备、工器具购置	其他费用	新建	扩建	改建
总计	**2013977**	**460248**	**299578**	**1709978**	**674697**	**233854**
农、林、牧、渔业	**25441**	**1383**	**5452**	**19890**	**3457**	**3391**
农业	13479	631	154	7180	960	631
林业	1557	13	4247	5520	207	90
畜牧业	895	190	5	960	130	
农、林、牧、渔服务业	9510	549	1046	6230	2160	2670
采掘业	**37236**	**6930**	**17864**	**31739**	**16931**	**983**
煤炭采选业	33622	6052	14414	29258	14422	
黑色金属矿采选业			1996	1996		
有色金属矿采选业	3067	196	134		534	983
非金属矿采选业	460	682	1318	485	1975	
木材及竹材采运业	87		2			
制造业	**127516**	**102500**	**27397**	**133363**	**107243**	**1271**
食品加工业	3292	86	9	521	510	99
食品制造业	5354	8656	826	2082	12754	
饮料制造业	2269	774	410	180	2408	296
烟草加工业	4002	20	431	3099	909	
纺织业	4278		30	1002	506	440
服装及其他纤维制品制造业	100				100	
皮革、毛皮、羽绒及其制品业	95		20	115		
木材加工及竹、藤、棕、草制品业	500	700		1200		
家具制造业	245	225	30	500		
造纸及纸制品业	3470	1079	115	4539	125	
印刷业	404		15	125	95	
文教体育用品制造业	150			150		
石油加工及炼焦业	2800	2711	876	205	6182	
化学原料及化学制品制造业	29519	14795	9750	7989	45465	
医药制造业	1401			761		80
化学纤维制造业	1120					
橡胶制品业	7342	6252	240	12870	964	
塑料制品业	6876	473	123	3460	3607	
非金属矿物制品业	11395	14063	3871	29018	50	50
黑色金属冶炼及压延加工业	6784	4588	5898		17246	
有色金属冶炼及压延加工业	1155			1155		
金属制品业	736	35	200	680		
普通机械制造业	5137	542	110	3017	468	
专用设备制造业	7999	5076	5	1978	9867	
交通运输设备制造业	11758	36473	3566	49845	668	218
电气机械及器材制造业	7507	5950	776	7236	5105	88
电子及通信设备制造业	1164		96	1046	214	
仪器仪表及文化、办公用机械制造业	402			402		
其他制造业	262	2		188		
电力、煤气及水的生产和供应业	**253253**	**259129**	**99609**	**455139**	**141877**	**7048**
电力、蒸汽、热水的生产和供应业	219892	254387	96425	430113	132145	1105
煤气生产和供应业	7847	1497	836	5348	2243	2275
自来水的生产和供应业	25514	3245	2348	19678	7489	3668
建筑业	**86636**	**1069**	**4832**	**45704**	**13521**	**27065**
土木工程建筑业	83202	621	4734	42723	13521	27065
线路、管道和设备安装业	3434	448	98	2981		

6—7 续表

单位：万元

行业	按构成分			按建设性质分		
	建筑安装工程	设备、工器具购置	其他费用	新建	扩建	改建
地质勘查业、水利管理业	**126221**	**4572**	**30021**	**96760**	**34018**	**26732**
地质勘查业	1671	75	4	100		319
水利管理业	124550	4497	30017	96660	34018	26413
交通运输、仓储及邮电通信业	**573814**	**22576**	**31302**	**417652**	**106119**	**94748**
铁路运输业	187460	175	28	183569		4081
公路运输业	109037	11	22080	99301	21691	9238
水上运输业	5653	163	296	6112		
交通运输辅助业	205432	2073	7287	89413	38898	79368
其他交通运输业	1445	1678		2400	723	
仓储业	30281	3398	1086	12394	21773	230
邮电通信业	34506	15078	525	24463	23034	1831
批发和零售贸易、餐饮业	**58479**	**6507**	**6915**	**42332**	**21724**	**5655**
食品、饮料、烟草和家庭用品批发商业	32435	2587	3805	22703	11229	3860
能源、材料和机械电子设备批发业	6483	101	719	4463	2246	190
其他批发业	757	32	180	150	769	
零售业	14723	1252	1882	9260	6371	1525
商业经纪与代理业	479	2400	289	3168		
餐饮业	3602	135	40	2588	1109	80
金融、保险业	**33398**	**6194**	**1185**	**33031**	**5502**	**338**
金融业	31002	6194	1180	30680	5502	338
保险业	2396		5	2351		
房地产业	**65642**	**356**	**11209**	**19541**	**33443**	**1215**
房地产开发与经营业	56003	6	10462	16244	27704	1215
房地产管理业	8949	350	737	2797	5739	
房地产代理与经纪业	690		10	500		
社会服务业	**171933**	**21391**	**28316**	**116954**	**57048**	**40965**
公共服务业	144038	15454	25767	92718	50066	36391
居民服务业	2287	1120	146	2660	331	562
旅馆业	17952	3512	1673	15755	4611	2512
旅行社	3941	1305	114	2520	1340	1500
娱乐服务业	1671		50	1021	700	
其他社会服务业	2044		566	2280		
卫生、体育和社会福利业	**43285**	**5215**	**5114**	**34073**	**17005**	**461**
卫　生	39988	5117	4315	30481	16664	294
体　育	2431	98	749	3037	241	
社会福利保障业	866		50	555	100	167
教育、文化艺术及广播电影电视业	**140117**	**7079**	**5420**	**68002**	**59744**	**5118**
教　育	121938	4341	3375	52327	54435	4482
文化艺术业	11304	1237	275	8916	2628	
广播电影电视业	6875	1501	1770	6759	2681	636
科学研究和综合技术服务业	**14046**	**1359**	**1193**	**9401**	**1686**	
科学研究业	9541	1291	1005	7861	67	
综合技术服务业	4505	68	188	1540	1619	
国家机关、政党机关和社会团体	**224075**	**13848**	**23362**	**159942**	**48632**	**18864**
国家机关	215878	13676	22241	153879	46919	18864
政党机关	5669	172	189	4577	371	
社会团体	2528		932	1486	1342	
其他行业	**32885**	**140**	**387**	**26455**	**6747**	
其他行业	32885	140	387	26455	6747	

6—8 基本建设规模和新增生产能力或效益

（1999 年）

生产能力（或效益）名称	单 位	本年施工规模	本年新开工	本年新增生产能力（或效益）
原煤开采	万吨/年	495		
铁矿石原矿开采	万吨/年	130		
连 铸	万吨/年	64		
热轧钢材	万吨/年	60		
硫铁矿开采	万吨/年	90		
发电机组容量	万千瓦	260	30	30
水力发电	万千瓦	10		
火力发电	万千瓦	250	30	30
输电线路长度（11 万伏及以上）	公里	463	141	413
变电设备能力（11 万伏及以上）	万千伏安	115	31	100
水 泥	万吨/年	90	30	
化学纤维	吨/年	20000		20000
#合成纤维	吨/年	20000		20000
家用空气调节器	万台/年	15	15	15
新建公路	公里	669	410	290
#高速公路	公里	168		
一级公路	公里	3	3	
二级公路	公里	29	29	22
改建公路	公里	1021	692	656
#高速公路	公里	1	1	
二级公路	公里	121	21	15
新建独立公路桥梁	延长米	4495	1782	3960
	座	11	6	7
新（扩）建港口码头	年吞吐量：万吨	69		4
	泊位：个	2		1
改善内河航道里程	公里	13	12	1
新（扩）建客、货运站	个	1		1
	平方米	6000		6000
造林面积	万亩	18	18	18
有效灌溉面积	万亩	87	32	28
除涝面积	万亩	248	11	243
排灌装机	万千瓦	46	46	

6—8 续表

生产能力（或效益）名称	单 位	本年施工规 模	本年新开工	本年新增生产能力（或效益）
粮食仓库	万公斤	51215	10415	33715
	平方米	176781	61238	138544
高等院校：学生席位	个	15912	8512	4862
建筑面积	平方米	59663	31463	15948
中等学校：学生席位	个	71293	61933	55039
建筑面积	平方米	214096	186186	155231
小学校：学生席位	个	55297	44797	41297
建筑面积	平方米	126156	100587	87572
其他学校：学生席位	个	3420	3160	820
建筑面积	平方米	14045	9150	6223
公共图书馆：藏书量	万册（件）	81		81
阅览室座席	个	1100		1100
建筑面积	平方米	5380		5380
影剧院：座席	个	1100	800	1100
	平方米	4450	4000	4450
医院病床	张	4364	1245	2495
疗养院、所病床	张	198		198
宾馆、旅馆、招待所客房数	间	1161	750	772
	平方米	58551	25040	46681
城市自来水供水能力	万吨/日	14	4	4
城市自来水管道长度	公里	6	4	2
城市煤气生产能力	万立方米/日	10	5	5
城市液化石油气储气能力	吨	20	20	
城市公共交通车辆购置	辆	128	128	128
城市道路扩建长度	公里	100	89	73
城市道路扩建面积	万平方米	268	165	146
城市排水管道铺设长度	公里	12	8	6
城市污水处理能力	万吨/日	46	28	
城市永久性桥梁	座	2	2	
城市防洪堤长度	公里	27		25

6—9 各地市基本建设项目个数和投资额

(1999 年)

单位：万元

地市	项目（个） 施工	项目（个） 建成投产	本年完成投资额	新增固定资产	固定资产使用率（%）
总计	**3241**	**1657**	**2773803**	**1678600**	**60.5**
合肥市	475	221	663118	382745	57.7
芜湖市	139	57	367859	104209	28.3
蚌埠市	194	111	126918	62448	49.2
淮南市	81	2	84195	42995	51.1
马鞍山市	125	72	82992	322780	388.9
淮北市	98	42	233432	32749	14.0
铜陵市	56	22	97651	21099	21.6
安庆市	284	122	199596	84841	42.5
黄山市	216	123	58848	26680	45.3
滁州市	195	127	65463	59936	91.6
阜阳市	319	206	199689	126530	63.4
宿州市	133	63	68477	65228	95.3
六安市	206	93	125007	160172	128.1
巢湖市	322	181	147429	92527	62.8
宣城地区	164	103	86302	40367	46.8
池州地区	140	65	31064	25595	82.4
亳州市	86	47	24390	24819	101.8
不分地区	8		111373	2880	2.6

6—10 各地市基本建设房屋建筑施工和竣工面积和价值

(1999 年)

地市	本年施工面积（平方米）	住宅	本年竣工面积（平方米）	住宅	本年竣工价值（万元）	住宅
总计	**14322297**	**7095943**	**8544066**	**4433922**	**629261**	**262536**
合肥市	2728625	1232450	2227831	1062393	192459	78108
芜湖市	895921	189335	304737	112494	20344	6290
蚌埠市	1476730	897984	540231	383777	32867	20121
淮南市	462412	182825	251983	117778	15726	6626
马鞍山市	883497	482332	527757	268724	52720	18437
淮北市	982211	655144	432736	373173	23877	19688
铜陵市	207506	76578	97140	44204	10153	2475
安庆市	749942	414018	516290	298460	28312	12904
黄山市	451800	221300	253161	160305	17300	8410
滁州市	560090	268269	421758	210848	31457	11203
阜阳市	1690034	901941	835396	356453	52050	17539
宿州市	410414	234445	349659	211745	21489	12449
六安市	617935	199723	451854	132469	34474	7726
巢湖市	1046263	645805	579401	371090	40218	20803
宣城地区	376071	162706	256875	133290	21463	7913
池州地区	280442	147529	163714	96537	11674	5149
亳州市	354885	56960	286785	54460	19798	3815
不分地区	147519	126599	46758	45722	2880	2880

6—11 基本建设大中型及更新

（1999年）

建设项目名称	建设地址	国民经济行业	隶属关系	建设性质	开工年月	投产年月	计划总投资
基本建设大中型项目							
合肥市王小郢污水处理厂二期工程	合肥市	市政管理业	市属	扩建	97.12		41926
合肥第二发电厂	合肥市	火力发电业	中央	新建	97.09		463900
中国科技大学同步辐射实验室二期工程	合肥市	自然科学研究	中央	扩建	97.10		11800
中国科技大学“211”工程	合肥市	高等教育	中央	改建	97.01		11300
中国科学院等离子体所	合肥市	自然科学研究	中央	新建	98.10		16500
芜湖发电厂扩建工程	芜湖市	火力发电业	中央	扩建	93.08		83679
芜湖长江大桥	芜湖市	铁路运输业	中央	新建	97.03		454649
安徽汽车零部件制造	芜湖市	汽车零部件制造业	市属	新建	97.03		250000
蚌埠机场迁建	蚌埠市	航空运输业	市属	迁建	99.12		59320
淮南矿区	淮南市	煤炭开采业	省属	扩建	96.10		1251156
洛河电厂二期工程	淮南市	火力发电业	中央	扩建	94.08		255967
安徽淮化集团有限公司	淮南市	氮肥制造业	市属	扩建	96.03		123498
马鞍山钢铁股份有限公司H型钢轧机工程	马鞍山市	炼钢业	市属	扩建	90.01		262765
马钢(集团)控股有限公司高村铁矿工程	马鞍山市	铁矿采选业	市属	新建	93.07		41500
淮北矿区	淮北市	煤炭开采业	省属	新建	92.12		247236
淮北二电厂一期工程	淮北市	火力发电业	中央	新建	97.11		294963
铜陵新桥二期扩建	铜陵市	硫铁矿采掘业	市属	扩建	97.10		66092
铜陵市电厂四期扩建	铜陵市	火力发电业	中央	扩建	96.12		147658
沪蓉公路高界段	安庆市	公路运输业	省属	新建	95.09		184426
合安高速公路路段建设	安庆市	公路运输业	省属	新建	99.10		36000
新安江姝滩综合开发工程	黄山市	水上运输业	市属	新建	91.10		12614
定远盐矿扩建工程	定远县	井盐业	县属	扩建	97.08		8483
巢湖东亚水泥厂有限责任公司	巢湖市	水泥制造业	市属	新建	98.09		70731
巢湖市污水处理厂一期工程	居巢区	市政管理业	市属	新建	98.05		14125
金寨县响蓄公司蓄能发电	金寨县	水力发电业	其他	新建	93.10		42490
宣城地区港口湾水库建设	宣城地区	水利管理业	地属	新建	98.10		110340
同马无为大堤加固	安徽境内	水利管理业	中央	扩建	83.01		100313
界史杭灌区续建配套	安徽境内	水利管理业	省属	新建	83.01		32592
京福公路合肥至西泉街段	安徽境内	汽车运输业	省属	新建	98.07		206210
怀洪新河	安徽境内	水利管理业	中央	新建	91.11		145667
淮河干流治理	安徽境内	水利管理业	中央	扩建	83.01		166040
更新改造限额以上项目							
安徽开元轮胎有限责任公司续建子午胎工程	合肥市	轮胎制造业	市属	扩建	96.09	99.08	17395
合肥钢铁公司小型连轧	合肥市	钢压延加工业	市属	扩建	93.12		25000
安徽安凯汽车集团豪华大客车及客车专用底盘	合肥市	客车制造业	省属	扩建	94.04		26730
合肥美菱股份有限公司无氟冰箱技改	合肥市	电冰箱制造业	市属	扩建	97.07	99.05	23007
合肥江淮汽车有限公司客车“九五”技改	合肥市	汽车制造业	省属	扩建	97.03		19800
合肥江淮汽车制造厂技改	合肥市	汽车制造业	省属	扩建	99.06		3820
合肥美菱注塑中心塑胶门窗	合肥市	塑料制品业	省属	扩建	98.01	99.12	4142
安徽国风塑业有限公司75万米塑胶门窗	合肥市	塑料制品业	省属	扩建	98.01	99.12	16000
合肥廉泉啤酒有限责任公司扩建啤酒生产线	合肥市	啤酒制造业	市属	扩建	98.04	99.04	3809
荣事达洗衣机中美合资	合肥市	洗衣机制造业	市属	扩建	97.01		134142
合肥电信局技改	合肥市	电信业	中央	扩建	98.01		3386
合肥电信局技改	合肥市	电信业	中央	扩建	99.01	99.12	3759
合肥电信局技改	合肥市	电信业	中央	扩建	99.12	99.12	8348
合肥江淮新发汽车有限公司一期	合肥市	客车制造业	省属	扩建	95.08		3116
合肥市煤气公司煤气技改	合肥市	煤气生产业	市属	扩建	97.10		9600

改造限额以上项目一览表

单位：万元

自开始建设至本年底止累计完成投资	新增固定资产	未完工程完成投资	本年计划投资	本年完成投资	本年新增固定资产	建设规模和新增能力(或效益) 生产能力(或效益)名称	计量单位	建设规模	累计新增	本年
10821	4256	6565	6900	6033		城市污水处理	万吨/日	15		
279813		279813	200000	200049		火力发电	万千瓦	70		
11067	9334	1733	1800	67						
9661	9661		838	838	838	重点学科公共服务体系				
1419		1419	1419	1419						
82097	81197	900	2009	2009	2009	火力发电	万千瓦	25	25	
358536		358536	160136	170434		铁路公路桥梁	延长米	5529		
96188	2680	93500	50000	46620	2680					
8429		8429	6246	6246						
850000	750000	100000	40000	14422		原煤开采	万吨/年	2650	1300	
246809	222128	24681	15000	15000	12000	火力发电	万千瓦	60	60	30
108911	16133	92778	35000	25831	9918	合成氨	万吨/年	18		
264225	264225		17000	11715	264225	连铸	万吨/年	64	64	64
42142	655	41487	2000	1996		铁矿石原矿开采	万吨/年	130	130	
158960	8042	150918	23659	19806	1449	原煤开采	万吨/年	330		
219047		75916	158598	147934		火力发电	万千瓦	120		
26778	3228	23550	13341	13500		硫铁矿开采	万吨/年	90		
139323		139323	5000	47760		火力发电	万千瓦	30		
184426			23940	23940		高速公路	公里	110	110	
7000	7000		10000	7000		高速公路	公里	153		
13432		13432	263	263						
10480	1975		1975	1975	1975	井盐开采	万吨/年	20		
20316		20316	20000	15761		水泥	万吨/年	60		
11650		11650	7552	6550		城市污水处理	万吨/日	6		
47847	38720	9127	4080	6847	38720	水力发电	万千瓦	8	8	8
35215		7192	32000	24807		水力发电	万千瓦	6		
43887			36235	5979		防御54年型洪水				
29372			3106	2248		灌溉	万亩	1026		
129747	22633	97114	60000	62454		高速公路	公里	168		
123345			26262	26262		分洪	立方米/秒	2000		
142812			6125	23789		防御54年型洪水				
16718	13058	3660	6500	5871	5715	轮胎外胎	万条/年	20	20	20
10561		10561	20000	50		热轧钢材	万吨/年	40		
20222	19183	1039	6000	5095	7079	其它汽车制造	辆/年	3500		
21859	16934	4925	8467	8467	8467	家用电冰箱	万台/年	140	140	140
7444	5940	1504	5629	4244	5704	客车制造	辆/年	22000		
2774		2774	3820	2774						
4123	4123		3200	3200	3200					
14622	14622		4824	4800	4800					
3809	3809		309	309	3809	啤酒	吨/年	40000	40000	40000
22793	22793		8111	8111	8111	家用电冰箱	万台/年	120		
2123		2123	2123	2123						
3759	3759		3759	3759	3759					
8348	8348		8348	8348	8348					
1291	122	1169	76	76						
6019	2438	3581	4300	719						

6—11 续表

建设项目名称	建设地址	国民经济行业	隶属关系	建设性质	开工年月	投产年月	计划总投资
合肥美菱股份有限公司技改	合肥市	电冰箱制造业	市属	扩建	99.01	99.12	3600
合肥ABB变压器有限公司技改	合肥市	变压器制造业	市属	扩建	99.01	99.12	3076
合肥华凌电器有限公司技改	合肥市	电冰箱制造业	市属	扩建	99.04		12000
中国联通安徽分公司技改	合肥市	电信业	中央	扩建	99.01	99.12	12230
合肥利民制药厂技改	合肥市	化学药品制剂制造业	市属	扩建	99.01		3122
合肥美菱离子水生成器有限公司技改	合肥市	其他日用电器制造业	市属	扩建	99.01		3000
安徽省华融电子工程有限公司技改	合肥市	其他电子设备制造业	省属	扩建	99.10		6061
合肥市移动通讯公司技改	合肥市	电信业	省属	扩建	99.01		10000
长丰县电信局更改	长丰县	电信业	中央	扩建	99.01		4000
安徽国丰滤纸有限公司滤纸	肥东县	机制纸及纸板制造业	其他	改建	98.01		3901
肥东县电信局农村通电话	肥东县	电信业	中央	扩建	98.01	99.12	29336
肥西县电信局电信技术改造	肥西县	电信业	中央	扩建	99.01	99.12	5600
芜湖电机厂利用瑞士政府贷款扩优技改	芜湖市	电动机制造业	市属	扩建	97.01		9300
安徽朱家桥水泥有限公司水泥	芜湖市	水泥制品业	其他	新建	98.10	99.12	22520
芜湖海螺塑料型材有限责任公司四期	芜湖市	塑料板材等制造业	其他	扩建	98.11	99.09	21242
安徽省白马山水泥厂获港水泥熟料生产线	繁昌县	水泥制造业	中央	扩建	99.09		31500
蚌埠市卷烟厂引进PROTOS、GDX26#卷接包机组5#	蚌埠市	卷烟制造业	中央	改建	99.03		4800
蚌埠市灯芯绒集团有限公司宽幅弹力免烫灯芯绒	蚌埠市	印染业	市属	改建	99.08		8137
蚌埠市神风工业用布集团公司1000吨氨纶长丝改造	蚌埠市	帘子布制造业	市属	扩建	99.03		4500
蚌埠市卷烟厂引进PROTOS、GDX26#卷接包机组6#	蚌埠市	卷烟制造业	中央	改建	99.03		4800
安徽丰原生化股份有限公司1万吨柠檬酸纳扩建	蚌埠市	柠檬酸制造业	市属	扩建	99.07	99.12	4353
安徽丰原生化股份有限公司1万吨无水柠檬酸扩建	蚌埠市	柠檬酸制造业	市属	扩建	99.07	99.12	4444
安徽丰原生化股份有限公司1万吨精品柠檬酸	蚌埠市	柠檬酸制造业	市属	扩建	99.07	99.12	4820
安徽华光玻璃集团有限公司玻璃深加工基地	蚌埠市	玻璃制品业	市属	扩建	97.12		6525
安徽华光玻璃集团有限公司高密度聚乙烯HDPE管材生产线	蚌埠市	玻璃制品业	市属	扩建	99.08		3500
蚌埠市供水总公司引进设备	蚌埠市	自来水生产业	市属	改建	96.12		4900
中国联通公司蚌埠分公司GSM二期工程	蚌埠市	电信业	中央	扩建	99.01	99.05	5000
安徽淮化集团有限公司更新改造	淮南市	氮肥制造业	市属	扩建	98.12		8885
新集国投煤炭均质化系统	凤台县	煤炭开采业	市属	扩建	99.01	99.10	56413
马鞍山钢铁股份有限公司3.5万立方米制氧机	马鞍山市	炼钢业	市属	改建	95.01	99.12	29827
马鞍山钢铁股份有限公司全连铸棒材	马鞍山市	钢压延加工业	市属	改建	96.01	99.12	58942
马鞍山钢铁股份有限公司三钢4#石灰窑	马鞍山市	炼钢业	市属	改建	97.01	99.12	5145
马钢集团控股有限公司姑山矿130万吨扩建	马鞍山市	铁矿采选业	市属	扩建	93.01	99.08	4995
马钢(集团)控股有限公司桃冲水泥厂工程	马鞍山市	水泥制造业	市属	新建	96.11	99.05	8000
青岛啤酒(马鞍山)有限公司年产10万吨啤酒	马鞍山市	啤酒制造业	市属	扩建	99.10		12196
铜陵市磷铵厂磷铵技改工程	铜陵市	磷肥制造业	市属	扩建	99.10		41475
铜陵市华源麻业有限公司高档麻纺织染整技术改造	铜陵市	苎麻纺织业	市属	改建	98.11		11800
祁门县朝阳微电机厂光伏水泵	祁门县	微电机制造业	县属	新建	99.11		9870
安徽全柴集团有限公司新系列柴油机技改	全椒县	柴油机制造业	县属	改建	98.12		18000
全椒县自来水厂第二水厂生产线	全椒县	自来水生产业	县属	扩建	99.03		5300
阜阳造纸厂“集中治污”工程	阜阳市	机制纸及纸板制造业	县属	改建	97.05		17928
涡阳县烟叶复烤厂6000kg/H打叶复烤生产线	涡阳县	烟叶复烤业	中央	扩建	99.08		8450
阜阳市公路管理局涡阳分局S307线及S202线改造	涡阳县	公路管理及养护业	市属	扩建	98.09	99.08	10000
安徽美格尔保健油业有限公司保健油饮品及设备	泗县	食用植物油加工业	其他	新建	98.11	99.12	4980
广德县自来水有限公司日供5万吨自来水扩建工程	广德县	自来水供应业	县属	扩建	99.03		5770
安徽省宁国水泥厂矿山dcs系统改造	宣城地区	水泥制造业	省属	改建	98.02		5338
宁国市中化司尔特化肥有功工有限公司三期技改	宣城地区	复合肥料制造业	县属	扩建	98.11		5900
宣城飞彩股份有限公司农用车技改	宣州市	农用运输车制造业	地属	扩建	99.01		24500

单位：万元

自开始建设至本年底止累计完成投资			本年计划投资	本年完成投资	本年新增固定资产	建设规模和新增能力(或效益)				
	新增固定资产	未完工程完成投资				生产能力(或效益)名称	计量单位	建设规模	累计新增	本年
3600	3600		3600	3600	3600					
3076	3076		3076	3076	3076					
3000	3000		3000	3000	3000	家用电冰箱	万台/年	60		
12230	12230		12230	12230	12230					
810		810	2500	810						
1100	208	892	1100	1100	208					
1420	1420		2000	1420	1420					
8732		8732	8732	8732						
5052	3878	1174	4000	5052	3878					
3596	550	3046	1891	1586	550					
26336	26336		8969	8969	8969					
5600	5600		5600	5600	5600					
14296		14296		1010						
15150	15150		2164	11510	15088					
20000	20000		19900	19900	20000					
7073		7073	8000	7073		水泥	万吨/年	90		
2800		2800	800	2800						
180		180		180		棉印染	万米/年	950		
900		900	900	900						
2800		2800	800	2800						
4500	4500		4353	4500	4500	柠檬酸纳	万吨/年	1	1	1
4500	4500		4444	4500	4500					
5000	5000		4820	5000	5000					
3067	2411	656	4762	567	567	平板玻璃	万重量箱/年	42	6	6
675	675		1884	675	675					
3000	1700	1300		230	1700					
4500	4500		5000	4500	4500					
1098		1098	7285	1098						
16047	16047			16047	16047					
29014	29014		7513	7513	29014					
61972	61972		34674	34674	61972	连铸	万吨/年	60	60	60
4391	4391		1587	1587	4391					
5840	1839	4001	500	520	820	铁矿石开采	万吨/年	130	130	
12600	12600		6762	6762	12600	水泥	万吨/年	25	25	25
200		200	3000	200		啤酒	吨/年	10		
5250	3012	2238	5000	5250	3012	磷肥	吨/年	240000		
3304		3304	2202	2004						
1800		1800	1800	1800						
735			1500	735						
220			102	220						
9550		9550		1750						
5500		5500	5000	5500						
9900	9900		8900	8900	9900					
2980	2980		3320	2980	2980					
700			3800	500						
1400	1400		1400	1400	1400					
5670	5670		4300	4050	4050					
7000	1650	5350	7000	7000	1650					

6—12 各县(市)主要年份基本建设投资

单位：万元

县(市)	1985年	1990年	1995年	1996年	1997年	1998年	1999年
合肥市辖区	36573	39626	221918	267430	295860	240224	625245
长丰县	1137	559	2757	5964	5233	12429	18948
肥东县	888	819	3237	4720	39643	72571	8323
肥西县	743	1075	6645	9733	5777	5827	10602
芜湖市辖区	11613	20852	94230	169664	184046	279463	341548
芜湖县	268	679	3387	7118	7315	7594	8352
繁昌县	410	236	8529	6130	7551	5054	6948
南陵县	225	287	2600	5453	19053	11046	11011
蚌埠市辖区	10834	14600	52414	57511	52414	78811	92875
怀远县	803	574	2189	1297	17250	17960	21976
五河县	681	503	6950	2776	3530	4226	6673
固镇县	675	925	6225	4652	3738	4430	5394
淮南市辖区	60850	80763	219027	266554	256308	252245	80061
凤台县	1349	3082	3395	2234	85744	32300	4134
马鞍山市辖区	8565	24458	138563	154864	152703	114793	75125
当涂县	562	619	3013	5025	3913	3781	7867
淮北市辖区	30785	25927	73262	72168	111904	146457	229524
濉溪县	1057	1926	2337	2956	4126	8598	3908
铜陵市辖区	9028	18940	107606	184832	92953	122518	90191
铜陵县	649	292	2859	2270	2927	4477	7460
安庆市辖区	7260	13740	197545	135150	124194	164625	133650
桐城市	636	794	2680	3595	4583	5023	15103
怀宁县	127	347	6265	4598	4443	5129	9451
枞阳县	938	757	2906	8274	9804	10029	11263
潜山县	161	644	2980	2919	3439	5297	10402
太湖县	220	741	4311	6982	6839	10186	5509
宿松县	240	510	2768	6625	9313	8225	5482
望江县	635	416	5594	3123	4201	4594	5963
岳西县	448	368	2460	4870	3203	4780	2773
黄山市辖区	2915	5636	33115	32087	33253	37794	47353
歙县	949	534	2946	2743	2965	3160	4129
休宁县	317	175	1291	2825	2674	3408	3869
黟县	280	73	846	1622	841	884	1442
祁门县	389	306	832	744	1603	2890	2055
滁州市辖区	2313	4403	13347	17493	35184	23499	33700
天长市	963	511	3494	1963	9455	8076	4663
明光市	191	1345	2164	12723	2381	2875	3761
来安县	416	2551	3201	4288	7795	3830	2683
全椒县	261	1428	1364	1266	3299	4237	4757
定远县	567	1729	1740	4983	3270	9673	12450
凤阳县	937	655	2078	2655	2212	2427	3449

6—12 续表 单位：万元

县（市）	1985年	1990年	1995年	1996年	1997年	1998年	1999年
阜阳市辖区	5046	10606	34696	36299	40269	82464	101510
界首市	225	223	2210	2500	5030	10980	9549
临泉县	876	330	6725	4560	6486	13848	11678
太和县	345	227	12840	17118	19823	23648	17360
涡阳县	935	1773	4332	4016	3763	9628	9108
蒙城县	354	426	6710	5552	6030	9674	5618
阜南县	263	259	907	1737	7034	26846	6275
颍上县	183	304	5410	10368	7823	22085	30692
利辛县	207	144	240	484	2375	5257	7899
宿州市辖区	3523	4755	61900	12715	62710	36011	32655
砀山县	307	446	4032	4058	7784	7071	7818
萧县	549	1194	8159	12637	10350	11922	7994
灵璧县	446	449	10677	5613	6515	2686	9824
泗县	420	241	4041	2883	2236	6847	10186
六安市辖区	3260	3991	8281	8880	15920	22054	31754
寿县	494	1991	7886	7568	9788	22629	25308
霍邱县	992	1656	8531	11123	18587	25474	27375
舒城县	701	723	4351	20743	19071	20592	15894
金寨县	571	716	5879	7798	17898	24858	16506
霍山县	471	518	5828	3754	9161	6322	8170
巢湖市辖区	2998	2859	14228	27826	42058	54781	79972
庐江县	645	2365	7765	11289	8896	13201	14119
无为县	539	1049	7139	11641	22122	27618	28641
含山县	256	1011	4914	11330	8619	11589	11805
和县	642	1087	3456	19148	29322	24719	12892
宣州市	2171	5069	15188	15194	6992	27878	34508
宁国市	3552	427	15814	12036	1579	14775	34181
郎溪县	330	406	1568	1150	1901	1970	1491
广德县	327	1266	1738	1735	2588	3619	6762
泾县	736	645	1666	2026	1590	3642	2971
旌德县	311	328	750	1736	4545	1098	3991
绩溪县	435	161	1734	2643	20760	2125	2398
贵池市	1625	2637	7090	11267	18326	22430	20103
东至县	656	1403	2946	4427	6100	4765	5436
石台县	295	260	753	716	1345	1336	1950
青阳县	353	1492	2047	3268	3285	3919	3575
不分地区	34475	57521	162287	99831	71493	124512	111373

6—13　城镇集体单位按构成分的固定资产投资

（1999年）　　单位：万元

行业	本年完成投资	按构成分			本年新增固定资产
		建筑安装工程	设备、工器具购置	其他费用	
合计	**104388**	**67161**	**32877**	**4350**	**92676**
农、林、牧、渔业	**943**	**508**	**370**	**65**	**811**
农业	541	326	150	65	491
畜牧业	220		220		220
渔业	50	50			
农、林、牧、渔服务业	132	132			100
采掘业	**6261**	**4591**	**1337**	**333**	**4292**
煤炭采选业	5065	3963	794	308	3212
有色金属矿采选业	250	250			250
非金属矿采选业	946	378	543	25	830
制造业	**47918**	**17488**	**28103**	**2327**	**41011**
食品加工业	1465	802	652	11	285
食品制造业	2727	967	1650	110	2692
饮料制造业	1282	174	1108		1282
烟草加工业	300	10	290		300
纺织业	4316	2699	1595	22	4410
服装及其他纤维制品制造业	1271	395	876		1219
皮革、毛皮、羽绒及其制品业	1657	670	947	40	1525
木材加工及竹、藤、棕、草制品业	307	307			125
家具制造业	785	785			250
造纸及纸制品业	635	257	353	25	505
印刷业、记录媒介的复制	633	288	345		378
文教体育用品制造业	180	180			180
化学原料及化学制品制造业	4703	1434	2746	523	4103
医药制造业	350	280	70		350
橡胶制品业	9140	341	8799		5051
塑料制品业	200	8	192		200
非金属矿物制品业	1610	650	910	50	1290
黑色金属冶炼及压延加工业	1634	514	800	320	1589
有色金属冶炼及压延加工业	314	128	153	33	314
金属制品业	5774	2599	2975	200	5704
普通机械制造业	2701	1050	1621	30	2466
专用设备制造业	1750	705	890	155	2988
交通运输设备制造业	591	434	141	16	482
电气机械及器材制造业	1296	616	540	140	1026
仪器仪表及文化、办公用机械制造业	1000	300	240	460	1000
其他制造业	1297	895	210	192	1297
电力、煤气及水的生产和供应业	**810**	**590**	**220**		**960**
电力、蒸汽、热水的生产和供应业	400	290	110		630

6—13 续表

单位：万元

行业	本年完成投资	按构成分			本年新增固定资产
		建筑安装工程	设备、工器具购置	其他费用	
煤气生产和供应业	110	60	50		110
自来水的生产和供应业	300	240	60		220
建筑业	**15277**	**15008**	**159**	**110**	**15073**
土木工程建筑业	15277	15008	159	110	15073
地质勘探业、水利管理业	**190**	**187**		**3**	**190**
水利管理业	190	187		3	190
交通运输、仓储及邮电通信业	**3809**	**2223**	**1198**	**388**	**3759**
汽车运输业	1977	1173	804		1927
水上运输业	364	110	254		364
交通运输辅助业	1468	940	140	388	1468
批发和零售贸易、餐饮业	**11454**	**10895**	**329**	**230**	**8972**
食品、饮料、烟草和家庭日用品批发业	2750	2720	30		2765
能源、材料和机械电子设备批发业	235	235			125
其他批发业	1064	1039	25		749
零售业	5077	4900		177	4663
商业经纪与代理业	50	50			
餐饮业	2278	1951	274	53	670
金融、保险业	**3121**	**2944**	**80**	**97**	**4360**
金融业	3121	2944	80	97	4360
房地产业	**2134**	**2074**		**60**	**2010**
房地产开发与经营业	2134	2074		60	2010
社会服务业	**5398**	**4428**	**294**	**676**	**4966**
公共设施服务业	3900	3375	44	481	3900
居民服务业	216	90	126		246
旅馆业	950	705	55	190	560
娱乐服务业	100	40	60		100
其他社会服务业	232	218	9	5	160
卫生、体育和社会福利业	**1112**	**1092**	**20**		**1225**
卫　生	917	897	20		1045
体　育	145	145			130
社会福利保障业	50	50			50
教育、文化艺术及广播电影电视业	**345**	**336**		**9**	**315**
教　育	345	336		9	315
国家机关、政党机关和社会团体	**2809**	**2499**	**285**	**25**	**2017**
国家机关	2524	2219	285	20	1832
政党机关	120	120			120
基层群众自治组织	165	160		5	65
其他行业	**2807**	**2298**	**482**	**27**	**2715**
其他行业	2807	2298	482	27	2715

6—14 城镇集体单位基本建设规模和新增生产能力或效益

(1999年)

生产能力(或效益)名称	单 位	本年施工规 模	本年新开工	本年新增生产能力(或效益)
水 泥	万吨/年	1.80	0.80	0.80
化学农药	吨/年	400.00	400.00	400.00
医药中间体	吨/年	1500.00	1500.00	1500.00
蒸汽锅炉制造	台/年	40.00	8.00	8.00
白 酒	吨/年	0.01	0.01	0.01
船舶购置	艘	8.00	8.00	8.00
	载重量:吨	2400.00	2400.00	2400.00
医院病床	张	176.00	80.00	176.00
宾馆、旅馆、招待所客	间	100.00		
	平方米	2500.00		
机制纸	万吨/年	0.12	0.12	0.12

6—15 各地市城镇集体单位施工和投产项目个数

(1999年)

地 市	施工项目(个)	本年新开工	投产项目(个)	本 年完成投资(万元)	本年新增固定资产(万元)
总 计	**534**	**437**	**287**	**104388**	**92676**
合 肥 市	22	21	17	4637	4907
芜 湖 市	20	17	14	2282	2045
蚌 埠 市	25	19	22	3203	5046
淮 南 市	103	91	6	13439	12858
马鞍山市	10	3	6	3280	4309
淮 北 市	62	57	48	12761	9032
铜 陵 市	11	6	7	2902	2236
安 庆 市	27	18	9	4491	4073
黄 山 市	11	9	6	827	747
滁 州 市	42	35	24	9608	6255
阜 阳 市	35	29	24	9810	8377
宿 州 市	21	20	12	6830	4686
六 安 市	32	21	29	8586	8184
巢 湖 市	31	17	22	10655	8861
宣城地区	68	64	28	9172	9155
池州地区	4	1	3	322	322
亳 州 市	10	9	10	1583	1583

6—16 各地市城镇集体单位按构成分的固定资产投资

（1999 年）

单位：万元

地市	本年完成投资	按构成分			本年新增固定资产
		建筑安装工程	设备、工器具购置	其他费用	
总计	**104388**	**67161**	**32877**	**4350**	**92676**
合肥市	4637	4159	365	113	4907
芜湖市	2282	1031	1159	92	2045
蚌埠市	3203	2022	974	207	5046
淮南市	13439	13130	196	113	12858
马鞍山市	3280	2102	832	346	4309
淮北市	12761	9236	3110	415	9032
铜陵市	2902	2439	416	47	2236
安庆市	4491	3595	656	240	4073
黄山市	827	512	308	7	747
滁州市	9608	4372	4651	585	6255
阜阳市	9810	5426	3624	760	8377
宿州市	6830	3988	2782	60	4686
六安市	9172	5810	2381	981	9155
巢湖市	8586	5755	2467	364	8184
宣城地区	10655	1785	8870		8861
池州地区	322	242	60	20	322
亳州市	1583	1557	26		1583

6—17 各地市城镇集体单位建筑房屋施工和竣工面积

（1999 年）

地市	本年施工面积（平方米）	住宅	本年竣工面积（平方米）	住宅	本年竣工价值（万元）	住宅
总计	**999836**	**498810**	**790903**	**412196**	**47697**	**23259**
合肥市	49759	20231	49759	20231	3735	1235
芜湖市	23416	11300	7236	1500	596	60
蚌埠市	42384	33637	33296	24679	2030	1583
淮南市	238002	178265	227547	175265	12554	10155
马鞍山市	36019	21871	26758	13040	2376	666
淮北市	105138	37624	70718	35624	3671	1849
铜陵市	25070	5970	19250	4950	1332	362
安庆市	83752	41949	65622	24877	3390	1197
黄山市	14877	3003	5153	1403	320	95
滁州市	66305	36935	44995	26485	2578	1295
阜阳市	106192	30450	62970	23050	3620	1306
宿州市	56130	32823	45340	24980	2505	1337
六安市	41676	9499	40470	9499	2983	673
巢湖市	76538	23158	67064	16238	4748	861
宣城地区	27598	10165	17745	8445	987	488
池州地区	4280	1930	4280	1930	172	97
亳州市	2700		2700		100	

6—18 各县（市）基本建设投资和新增固定资产

（1999年）

单位：万元

县（市）	本年完成投资	本年新增固定资产	县（市）	本年完成投资	本年新增固定资产
合肥市辖区	625245	348119	定远县	12450	12483
长丰县	18948	16722	凤阳县	3449	2169
肥东县	8323	6802	阜阳市辖区	101510	66681
肥西县	10602	11102	界首市	9549	3499
芜湖市辖区	341548	84630	临泉县	11678	9860
芜湖县	8352	6214	太和县	17360	17630
繁昌县	6948	6395	涡阳县	9108	7808
南陵县	11011	6970	蒙城县	5618	5556
蚌埠市辖区	92875	36827	阜南县	6275	3116
怀远县	21976	15806	颍上县	30692	4445
五河县	6673	6673	利辛县	7899	7935
固镇县	5394	3142	宿州市辖区	32655	37580
淮南市辖区	80061	35626	砀山县	7818	5381
凤台县	4134	7369	萧县	7994	2183
马鞍山市辖区	75125	313576	灵璧县	9824	9898
当涂县	7867	9204	泗县	10186	10186
淮北市辖区	229524	28550	六安市辖区	31754	25653
濉溪县	3908	4199	寿县	25308	19199
铜陵市辖区	90191	15918	霍邱县	27375	44051
铜陵县	7460	5181	舒城县	15894	17644
安庆市辖区	133650	39792	金寨县	16506	45789
桐城市	15103	8103	霍山县	8170	7836
怀宁县	9451	2092	巢湖市辖区	79972	43110
枞阳县	11263	9701	庐江县	14119	12556
潜山县	10402	6225	无为县	28641	15605
太湖县	5509	5084	含山县	11805	8364
宿松县	5482	5013	和县	12892	12892
望江县	5963	6001	宣州市	34508	13079
岳西县	2773	2830	宁国市	34181	12289
黄山市辖区	47353	15491	郎溪县	1491	1491
歙县	4129	2854	广德县	6762	5659
休宁县	3869	4533	泾县	2971	2961
黟县	1442	1442	旌德县	3991	2305
祁门县	2055	2360	绩溪县	2398	2583
滁州市辖区	33700	29667	贵池市	20103	16931
天长市	4663	6400	东至县	5436	4033
明光市	3761	1717	石台县	1950	657
来安县	2683	2973	青阳县	3575	3974
全椒县	4757	4527	不分地区	111373	2880

6—19 主要年份更新改造投资

单位：万元

指 标	1980年	1985年	1990年	1995年	1998年	1999年
总 计	**22869**	**126009**	**231089**	**964086**	**1096528**	**1247650**
按隶属关系分						
中央项目	2170	32776	80707	312420	326431	329697
地方项目	20699	93233	150382	651666	770097	917953
按资金来源分						
国家预算内投资		4199	2723	3157	14246	25204
国内贷款		59321	76927	284742	286761	371448
利用外资		38	2253	66932	38094	26630
债 券				65961	40499	71309
自筹投资		60184	128398	508314	667909	696374
其他投资		2267	20788	34980	49019	56685
按构成分						
建筑安装工程	11948	56402	94162	359561	414455	431267
设备工器具购置	9947	58825	120989	551474	633921	748156
#用于更新的设备		15692	40831	215358	189049	199531
其他费用	974	10782	15938	53051	48152	68227
按建设性质分						
#改 建	13607	49484	90513	401779	416396	488305
扩 建	9262	65663	122124	454349	548415	594242
新 建		5485	6493	81838	110022	142833
按用途分						
增 产	15368	48422	76238	395710	509183	575521
节约能源	659	6551	15904	41996	32933	77573
其他节约	1146	413	1104	17689	7087	8596
增加品种		17748	34217	157435	99507	78747
提高产品质量	1081	6118	20235	86103	82590	120598
三废治理	794	2019	3538	7790	25370	27188
其 他	3821	44738	79853	257363	339858	359427
新增固定资产	**11736**	**88739**	**202853**	**828023**	**847347**	**1038557**

6—20 国民经济各行业更新改造投资和新增固定资产

（1999年）

行业	施工项目个数（个）	建成投产项目个数（个）	本年完成投资（万元）	地方	本年新增固定资产（万元）	地方
合计	**2105**	**1431**	**1247650**	**917953**	**1038557**	**805119**
农、林、牧渔业	**40**	**22**	**9943**	**9943**	**9268**	**9268**
农业	21	4	6690	6690	6015	6015
林业	13	12	629	629	629	629
畜牧业	2	2	330	330	330	330
农、林、牧、渔服务业	4	4	2294	2294	2294	2294
采掘业	**54**	**26**	**105558**	**105558**	**70357**	**70357**
煤炭采选业	13	4	92032	92032	63558	63558
黑色金属矿采选业	27	19	9324	9324	4177	4177
有色金属矿采选业	10	1	2802	2802	1673	1673
非金属矿采选业	4	2	1400	1400	949	949
制造业	**1020**	**703**	**557246**	**491822**	**533354**	**506673**
食品加工业	44	31	15072	15072	15121	15121
食品制造业	21	16	23667	23667	22528	22528
饮料制造业	79	58	61293	61293	63311	63311
烟草加工业	12	2	20929		7040	
纺织业	95	62	29205	29205	20462	20462
服装及其他纤维制品制造业	6	4	796	796	500	500
皮革、毛皮、羽绒及其制品业	2	1	2357	2357	50	50
木材加工及竹、藤、棕、草制品业	4	4	1230	1230	1230	1230
家具制造业	2	2	402	402	402	402
造纸及纸制品业	31	20	14195	14195	12890	12890
印刷业、记录媒介的复制	10	8	5040	5040	6150	6150
文教体育用品制造业	1	1	660	660	660	660
石油加工及炼焦业	28	24	16757	1414	20628	6575
化学原料及化学制品制造业	99	68	42636	42636	42417	42417
医药制造业	32	18	10687	10627	9071	9011
化学纤维制造业	7	6	17582	17582	11245	11245
橡胶制品业	4	2	6184	6184	5810	5810
塑料制品业	11	8	30979	30924	31521	31521
非金属矿物制品业	52	35	42807	35554	43696	43516
黑色金属冶炼及压延加工业	193	187	65014	65014	117806	117806
有色金属冶炼及压延加工业	45	29	17777	1676	4720	1276
金属制品业	6	4	4705	4705	4624	4624
普通机械制造业	66	28	15527	15457	8715	8695
专用设备制造业	16	8	11791	11791	11218	11218
交通运输设备制造业	38	10	30047	26696	21714	19830
武器弹药制造业	1	1	223	223	325	325
电气机械及器材制造业	96	52	53747	53747	37319	37319
电子及通信设备制造业	8	4	9435	7173	5569	5569
仪器仪表及文化、办公用机械制造业	5	5	482	482	592	592
其他制造业	6	5	6020	6020	6020	6020

6—20 续表

行业	施工项目个数（个）	建成投产项目个数（个）	本年完成投资（万元）	地方	本年新增固定资产（万元）	地方
电力、煤气及水的生产和供应业	**254**	**109**	**185421**	**125528**	**116186**	**84252**
电力、蒸汽、热水的生产和供应业	226	94	171604	111711	105826	73892
煤气生产和供应业	9	6	3644	3644	2877	2877
自来水的生产和供应业	19	9	10173	10173	7483	7483
建筑业	**9**	**6**	**9280**	**8564**	**7387**	**7387**
土木工程建筑业	8	6	8180	7464	7387	7387
线路、管道和设备安装	1		1100	1100		
地质勘探业、水利管理业	**28**	**23**	**2377**	**2377**	**2209**	**2209**
水利管理业	28	23	2377	2377	2209	2209
交通运输、仓储及邮电通信业	**510**	**403**	**313101**	**110250**	**252153**	**78158**
铁路运输业	80	79	25269	350	24778	
汽车运输业	4	3	5546	5546	5146	5146
水上运输业	3	2	1539	1539	600	600
航空运输业	17	11	1300		2789	
交通运输辅助业	45	40	38763	38763	28680	28680
仓储业	1		1414	1414		
邮电通信业	360	268	239270	62638	190160	43732
批发和零售贸易、餐饮业	**26**	**17**	**5707**	**5165**	**5926**	**5369**
食品、饮料、烟草和家庭日用品批发业	14	7	2485	2485	3319	3319
能源、材料和机械电子设备批发业	2	2	444		459	
零售业	9	7	2558	2460	1928	1830
餐饮业	1	1	220	220	220	220
金融、保险业	**1**	**1**	**51**		**51**	
保险业	1	1	51		51	
房地产业	**1**		**480**	**480**	**480**	**480**
房地产管理业	1		480	480	480	480
社会服务业	**87**	**70**	**19767**	**19767**	**16677**	**16677**
公共设施服务业	74	59	13115	13115	11715	11715
旅馆业	13	11	6602	6602	4912	4912
娱乐服务业			50	50	50	50
卫生、体育和社会福利业			**356**	**356**	**356**	**356**
卫　生			356	356	356	356
教育、文化艺术及广播电影电视业	**12**	**5**	**6538**	**6538**	**2748**	**2748**
教　育	1	1	18	18	18	18
文化艺术业	3	1	468	468	300	300
广播电影电视业	8	3	6052	6052	2430	2430
科学研究和综合技术服务业			**11**	**11**	**11**	**11**
综合技术服务业			11	11	11	11
国家机关、政党机关和社会团体	**60**	**43**	**25179**	**24959**	**14759**	**14539**
国家机关	59	43	24549	24329	14759	14539
政党机关	1		630	630		
其他行业	**3**	**3**	**6635**	**6635**	**6635**	**6635**
其他行业	3	3	6635	6635	6635	6635

6—21 按投资用途和工程用途分的更新改造投资

(1999年)

单位：万元

指　　标	本年完成投资	地　方	比　重(%)	地　方
投资额	**1247650**	**917953**	**100.0**	**100.0**
按投资用途分				
增　产	575521	462958	46.1	50.4
节约能源	77573	64009	6.2	7.0
其他节约	8596	6906	0.7	0.7
增加品种	78747	78259	6.3	8.5
提高产品质量	120598	92604	9.7	10.1
三废治理	27188	22544	2.2	2.5
其　他	359427	190673	28.8	20.8

6—22 按构成和建设性质分的更新改造投资

(1999年)

单位：万元

指　　标	本年完成投资	地　方	比　重　(%)	地　方
投资额	**1247650**	**917953**	**100.0**	**100.0**
按构成分				
建筑安装工程	431267	316955	34.6	34.5
设备、工器具购置	748156	546332	59.9	59.5
其他费用	68227	54666	5.5	6.0
按建设性质分				
#新　建	142833	109896	11.5	12.0
扩　建	594242	408329	47.6	44.5
改　建	488305	381005	39.1	41.5

6—23 各地市更新改造施工和建成投产项目个数

(1999年)

单位：个

地市	本年施工项目个数	地方项目	本年新开工项目个数	地方项目	本年建成投产项目个数	地方项目
总计	**2105**	**1506**	**1523**	**1119**	**1431**	**999**
合肥市	175	131	95	66	77	58
芜湖市	82	60	57	43	59	42
蚌埠市	87	63	67	45	50	37
淮南市	97	44	17	17	30	12
马鞍山市	263	237	217	191	234	216
淮北市	55	48	38	34	36	33
铜陵市	94	52	66	35	64	37
安庆市	88	46	46	40	45	20
黄山市	97	64	81	50	68	38
滁州市	137	123	115	102	71	70
阜阳市	105	82	69	47	74	55
宿州市	110	104	97	91	72	70
六安市	110	97	92	80	72	61
巢湖市	221	155	165	117	183	122
宣城地区	209	133	175	106	146	80
池州地区	61	38	51	29	36	19
亳州市	35	29	32	26	35	29
不分地区	79		43		79	

6—24 各地市按构成和建设性质分的更新改造投资

(1999年)

单位：万元

地市	投资额	按构成分			按建设性质分		
		建筑安装工程	设备、工器具购置	其他费用	新建	扩建	改建
总计	**1247650**	**431267**	**748156**	**68227**	**142833**	**594242**	**488305**
合肥市	152093	50792	97448	3853	140	141584	5127
芜湖市	75290	16611	55386	3293	13998	44487	14253
蚌埠市	75584	24538	48755	2291		48068	27516
淮南市	89115	33464	45490	10161	1800	31625	55185
马鞍山市	101428	23487	58815	19126	16018	6180	78920
淮北市	56734	18343	31526	6865	8688	9417	37477
铜陵市	52621	23413	24312	4896	5851	30656	15286
安庆市	64012	16213	45105	2694	4150	25873	31285
黄山市	28399	10365	17427	607	7571	9952	9290
滁州市	77197	31924	43965	1308	9194	29566	36522
阜阳市	138619	54730	83190	699	2578	95150	40717
宿州市	89921	36172	50245	3504	19919	29952	38586
六安市	58976	11949	46493	534	14596	17263	27117
巢湖市	69588	25817	42125	1646	8286	32110	26580
宣城地区	55788	21431	33124	1233	15357	30591	9675
池州地区	18182	5287	12300	595	1383	6781	8957
亳州市	19184	8876	10308		13304	4987	893
不分地区	24919	17855	2142	4922			24919

6—25 更新改造建设规模和新增生产能力或效益

（1999年）

生产能力（或效益）名称	单位	本年施工规模	本年新开工	本年新增生产能力（或效益）
原煤开采	万吨/年	30.00		
洗煤	万吨/年	270.00	150.00	60.00
铁矿石原矿开采	万吨/年	130.00		
炼铁	万吨/年	3.51	3.00	2.01
连铸	万吨/年	60.00		60.00
钢材	万吨/年	1.00	1.00	1.00
冷加工钢材	万吨/年	1.00	1.00	1.00
铅锌采矿（原矿）	万吨/年	15.00		15.00
锌冶炼	吨/年	18000.00	10000.00	8000.00
#电解锌	吨/年	18000.00	10000.00	8000.00
硫铁矿开采	万吨/年	5.50		
发电机组容量	万千瓦	4.65	1.55	2.55
火力发电	万千瓦	3.00	1.40	2.40
其他发电	万千瓦	1.65	0.15	0.15
输电线路长度（11万伏及以上）	公里	433.50	384.00	120.50
变电设备能力（11万伏及以上）	万千伏安	321.90	303.15	3.55
水泥	万吨/年	128.20	103.20	53.20
平板玻璃	万重量箱/年	6.00		6.00
胶合板	万立方米/年	1.00	1.00	1.00
硫酸	吨/年	45000.00	5000.00	
合成氨	吨/年	72000.00	22000.00	72000.00
农用氮、磷、钾化学肥料	吨/年	366128.00	240120.00	128.00
氮肥	吨/年	126120.00	120.00	120.00
磷肥	吨/年	240008.00	240000.00	8.00
化学农药	吨/年	3486.00	3486.00	1186.00
塑料树脂及共聚物	吨/年	6500.00	500.00	6500.00
合成纤维聚合物	吨/年	14000.00		14000.00
轮胎外胎	万条/年	20.00		20.00
化学原料药	吨/年	180.00	130.00	180.00
化学药制剂：输液	万瓶/年	1000.00	1000.0	1000.00
胶囊剂	万粒/年	50000.00	50000.00	50000.00
中成药	吨/年	2150.00	150.00	150.00
大中型变压器	万千伏安	5600.00	5600.00	
汽车制造	辆/年	4500.00		
其它汽车制造	辆/年	4500.00		
电视机	万部/年	10.00	10.00	
彩色电视机	万部/年	10.00	10.00	
棉布织机	台	1200.00	1180.00	180.00
棉印染	万米/年	2387.00	2387.00	1257.00
丝织机	台	104.00	104.00	104.00
食用植物油	日处理原料：吨	18.00	18.00	18.00
	日精炼油：吨	0.30	0.30	0.30
肉加工品	吨/年	4025.00	25.00	25.00
糖果	吨/年	10.00	10.00	10.00

6—25 续表

生产能力（或效益）名称	单　位	本年施工规　模	本年新开工	本年新增生产能力（或效益）
酒	万吨/年	5045.50	5027.50	5032.50
啤　酒	万吨/年	45.50	27.50	32.50
白　酒	万吨/年	5000.00	5000.00	5000.00
卷　烟	箱/年	20.00	20.00	15.00
机制纸	万吨/年	4.60	4.60	4.60
合成洗涤剂	万吨/年	1.00	1.00	
塑料制品	万吨/年	0.24	0.24	0.24
日用玻璃制品	万吨/年	1.50		
灯　泡	万只/年	5000.00		5000.00
家用电冰箱	万台/年	335.00	75.00	155.00
家用洗衣机	万台/年	200.00		
移动电话机（手持机）	部/年	17300.00	17300.00	7300.00
移动通信基站设备	信道/年	40000.00	34000.00	34000.00
程控交换机	万线/年	5.06	5.06	5.06
电话单机	万部/年	15000.60	3500.60	3500.60
新建公路	公里	52.00	30.00	52.00
改建公路	公里	133.20	101.20	114.20
一级公路	公里	17.20	17.20	17.20
二级公路	公里	26.00	23.00	23.00
船舶购置	艘	9.00	9.00	9.00
	载重量：吨位	500.00	500.00	500.00
	载客量：客位	1000.00	1000.00	1000.00
	拖轮功率：千瓦	900.00	900.00	900.00
长途电缆	延长公里	425.00	275.00	425.00
新建微波电路	公里	360.00	360.00	360.00
造林面积	万亩	2.00	2.00	2.00
有效灌溉面积	万亩	1.40	0.90	0.50
除涝面积	万亩	3.40	2.02	2.18
排灌装机	万千瓦	0.12	0.04	0.03
粮食仓库	万公斤	5000.00		
	平方米	12315.00		
宾馆、旅馆、招待所客房数	间	200.00	150.00	150.00
	平方米	6000.00	3000.00	3000.00
城市自来水供水能力	万吨/日	0.65	0.35	0.65
城市自来水管道长度	公里	7.69	5.69	7.69
城市天然气储气能力	万立方米/日	5.40	5.40	5.40
城市公共交通车辆购置	辆	79.00	54.00	79.00
城市道路扩建长度	公里	1.00	1.00	1.00
城市道路扩建面积	万平方米	5.80	5.80	5.80
城市排水管道铺设长度	公里	6.00	6.00	6.00
城市污水处理能力	万吨/日	10.64	10.64	5.64
电　力	万千瓦小时/年	1.80		

6—26 各地市更新改造投资和新增固定资产

(1998年)

单位：万元

地市	本年完成投资	地方	本年新增固定资产	地方
总计	**1247650**	**917953**	**1038557**	**805119**
合肥市	152093	95957	132816	80658
芜湖市	75290	57500	68090	59970
蚌埠市	75584	50004	56391	42518
淮南市	89115	72576	68947	57511
马鞍山市	101428	88765	149182	143752
淮北市	56734	48253	39392	36934
铜陵市	52621	35880	31476	27652
安庆市	64012	29604	46571	24171
黄山市	28399	23607	16902	13614
滁州市	77197	67612	36516	31150
阜阳市	138619	104633	126084	105395
宿州市	89921	77412	61066	50801
六安市	58976	49677	51989	42690
巢湖市	69588	50870	57125	41350
宣城地区	55788	40163	43779	30345
池州地区	18182	13550	9765	6214
亳州市	19184	11890	17688	10394
不分地区	24919		24778	

6—27 各地市更新改造施工和竣工房屋面积

(1999年)

地市	本年施工面积(平方米)	住宅	本年竣工面积(平方米)	住宅	本年竣工价值(万元)	住宅
总计	**1355005**	**288998**	**960086**	**229169**	**71830**	**18315**
合肥市	193878	22400	93838	22400	10653	1726
芜湖市	62438		62438		3489	
蚌埠市	24531		19812		1654	
淮南市	20093	900	17693	900	1189	50
马鞍山市	91245	43551	87519	3982	5902	322
淮北市	106803	23835	66733	18635	5201	1480
铜陵市	27725	6645	18226	6645	1782	532
安庆市	36509	760	17963	600	1055	30
黄山市	37087	6000	11587		904	
滁州市	49536	4100	9276	200	853	20
阜阳市	134134	21800	70383	16800	4393	890
宿州市	112517	1561	109817	1561	6587	137
六安市	61552	8423	61352	8423	3453	374
巢湖市	39325		22487		1326	
宣城地区	90540	24	50240	24	2930	2
池州地区	2970		2600		132	
亳州市	115123		89123		7575	
不分地区	148999	148999	148999	148999	12752	12752

6—28 各县（市）更新改造投资和新增固定资产

（1999年）

单位：万元

县（市）	本年完成投资	本年新增固定资产	县（市）	本年完成投资	本年新增固定资产
合肥市辖区	123890	107246	凤阳县	9552	4650
长丰县	7344	6750	阜阳市辖区	51037	44404
肥东县	12165	10763	界首市	18820	18820
肥西县	8694	8057	临泉县	12612	12824
芜湖市辖区	53753	54314	太和县	6441	11882
芜湖县	6375	6375	涡阳县	21623	16951
繁昌县	11783	4022	蒙城县	15578	15458
南陵县	3379	3379	阜南县	3663	2038
蚌埠市辖区	54061	41499	颍上县	3400	
怀远县	8311	3357	利辛县	5445	3707
五河县	8377	8377	宿州市辖区	54261	33215
固镇县	4835	3158	砀山县	12213	11020
淮南市辖区	71305	51137	萧县	8815	6045
凤台县	17810	17810	灵璧县	8513	4667
马鞍山市辖区	99550	148657	泗县	6119	6119
当涂县	1878	525	六安市辖区	17524	17524
淮北市辖区	52704	36227	寿县	10584	9234
濉溪县	4030	3165	霍邱县	8414	6245
铜陵市辖区	50518	30559	舒城县	6972	6972
铜陵县	2103	917	金寨县	5365	1928
安庆市辖区	35403	26563	霍山县	10117	10086
桐城市	3458	923	巢湖市辖	35877	26990
怀宁县	5335	4014	庐江县	10112	10112
枞阳县	2081	1520	无为县	7459	6588
潜山县	2725	1140	含山县	7385	4735
太湖县	8050	7812	和县	8755	8700
宿松县	1382		宣州市	23513	16829
望江县	2698	2736	宁国市	10943	10298
岳西县	2880	1863	郎溪县	3455	3215
黄山市辖区	14497	7363	广德县	6879	5835
歙县	3100	2500	泾县	4435	6267
休宁县	2538	2104	旌德县	2390	300
黟县	2526	2526	绩溪县	4173	1035
祁门县	5738	2409	贵池市	9864	7247
滁州市辖区	24693	6721	东至县	4183	1196
天长市	7190	6760	石台县	1461	645
明光市	8064	6175	青阳县	2609	612
来安县	5765	5765	九华山区	65	65
全椒县	15097	1383	不分地区	24919	24778
定远县	6836	5062			

6—29 主要年份房地产开发情况

指　　标	1991年	1995年	1996年	1997年	1998年	1999年
实际需要总投资（万元）		**1228813**	**1360463**	**1727794**	**2053368**	**2510292**
本年完成投资	55112	361015	424172	475927	578239	761217
商品房建设投资	38365	262092	344327	400495	491552	603260
土地开发投资		45117	57493	37764	56702	78337
#土地购置费		31280	38890	44555	35511	97746
按用途分						
住　宅	31904	196623	233351	270586	368969	491312
办公楼		39915	33115	43817	44024	64423
商业营业用房		59609	95127	92190	92335	121116
其　他		64868	62579	69334	72911	84366
本年完成开发土地面积（平方米）	**1375200**	**3300600**	**2043733**	**1474333**	**2347793**	**3404384**
本年购置土地面积（平方米）	**194700**	**2813900**	**1913623**	**2114022**	**3249598**	**5865399**
本年资金来源合计（万元）		**527571**	**581290**	**672464**	**783411**	**891795**
上年末结余资金		84722	74067	118105	103675	131474
本年资金来源小计		442849	507223	554359	679736	760321
国家预算内资金		2092	1627	2254	14480	8340
国内贷款		104851	119672	137670	155774	174029
债　券		7378	3527	58	156	2663
利用外资		24462	23142	18149	20654	9133
外商直接投资		23617	21069	15753	19414	9133
对外借款		142	73	996	570	
统借统还						
自筹资金		100539	131327	146997	164051	214575
自有资金		64047	72635	72091	90050	134267
其他资金来源		203527	227928	249231	324621	351581
集　资		10172	14202	12106	14332	23086
定金及预收款		170072	196588	188419	234793	269213
商品房屋建筑、竣工、销售情况						
施工面积（平方米）	3399400	9048408	9949230	10776807	12285846	14282760
#住　宅		6111759	7089489	7354125	9257812	10633265
新开工面积（平方米）	1374944	3768112	4194792	4652678	6005751	6731662
#住　宅		2856711	3179084	3441775	4865429	5556465
竣工面积（平方米）	1478900	3524788	4060028	4934350	5541578	6546724
#住　宅	1129700	2676383	3115816	3666198	4604742	5221473
竣工价值（万元）	43629	220840	271069	338136	352997	489706
#住　宅	32097	153388	186215	228183	283239	345659
商品屋销售面积（平方米）	1009000	2204436	2536565	2722327	4051862	4594136
#销售给个人		957080	1198482	1508302	2104240	3456847
#住　宅	891100	1830974	2124419	2143816	3528869	3954882
#个　人	166200	908341	1003008	1280215	1895831	2911588
商品房屋销售额（万元）	49050	223896	255350	307805	453996	560841
#销售给个人		90851	116106	143433	227599	393496
#住　宅	40285	165252	183846	206153	351988	417333
#个　人		72668	84835	111869	102253	303391
商品房屋空置面积（平方米）		**618374**	**738861**	**1495982**	**1576628**	**1963587**
#住　宅		431717	480083	986327	922611	1205668

6—30 房地产开发投资

(1999年)

分组	企业数（个）	实际需要总投资（万元）	累计完成投资（万元）	累计新增固定资产（万元）	本年完成投资（万元）	商品房建设投资额	土地开发投资额
总　计	**847**	**2510292**	**1367779**	**759578**	**761217**	**603260**	**78337**
按经济类型分							
国有企业	282	904926	480752	306213	268852	208024	21878
集体企业	128	195726	139908	90124	77145	68926	4465
股份合作企业	36	86015	38066	18469	27169	24876	1661
联营企业	14	36211	18102	10974	13832	9173	3789
有限责任公司	130	402491	205081	127327	126022	89392	24906
股份有限公司	77	209843	99703	49633	63677	50578	6810
私营企业	90	286164	177185	87656	103237	84412	9220
其他企业	3	1613	260	192	260	223	36
港、澳、台商投资企业	60	258382	140636	45597	60307	50108	3691
外商投资企业	27	128921	68086	23393	20716	17548	1881
按隶属关系分							
中　央	15	124138	57007	41036	20146	14721	1585
省	56	351895	147979	76533	78113	47394	18595
地　区	316	949918	544986	293484	319216	253408	27696
县	227	467749	250818	166487	164003	140674	14803
乡镇企业	88	112275	82220	56560	40842	36931	2500
其　他	145	504317	284769	125478	138897	110132	13158

分组	本年新增固定资产（万元）	本年完成开发土地面积（平方米）	正在开发的土地面积（平方米）	待开发土地面积（平方米）	本年购置土地面积（平方米）
总　计	**565505**	**3404384**	**1679718**	**4034441**	**5865399**
按经济类型分					
国有企业	223770	1151987	634008	1184093	2222815
集体企业	67302	327378	195236	261593	339442
股份合作企业	14160	74251	29351	56025	85845
联营企业	10118	46470	95280	94600	65380
有限责任公司	107362	634334	224432	668444	1096326
股份有限公司	29464	233533	170021	393596	680616
私营企业	68502	758147	207404	412343	963496
其他企业	192	200	6240		220
港、澳、台商投资企业	32457	128442	110904	898923	259417
外商投资企业	12178	49642	6842	64824	151842
按隶属关系分					
中　央	13757	33240	75500	23865	61997
省	66456	401354	63320	401342	783354
地　区	228366	1361582	756281	1235607	2686173
县	130948	745719	409924	964584	1103738
乡镇企业	36359	156867	177355	235406	198700
其　他	89619	705622	197338	1173637	1031437

6—31 各地市房地产开发计划总投资和累计完成投资

(1999年)

单位：万元

地市	计划总投资	实际需要总投资	自开始建设至本年底 累计完成投资	自开始建设至本年底 累计新增固定资产	未完工程累计投资
总计	**2457877**	**2510292**	**1367779**	**759578**	**510645**
合肥市	926069	942011	486363	234141	206210
芜湖市	272889	271421	147186	65233	75461
蚌埠市	107504	124706	92179	62183	29996
淮南市	129048	130031	62963	46633	16330
马鞍山市	116944	118206	79486	36954	42482
淮北市	27848	28313	13250	3397	9567
铜陵市	109689	117248	88840	49957	29693
安庆市	99766	99605	51956	33210	13236
黄山市	101377	109632	64328	36096	25912
滁州市	98017	99654	47824	29479	5011
阜阳市	116821	113241	55592	26410	26570
宿州市	34818	33893	24957	23248	260
六安市	45103	45324	29524	22872	1817
巢湖市	79015	82297	45422	33166	11481
宣城地区	54657	55251	32112	26788	4053
池州地区	27262	28409	16864	10069	6643
亳州市	111050	111050	28933	19742	5923

6—32 各地市房地产开发按用途分的投资和新增固定资产

(1999年)

单位：万元

地市	本年完成投资	住宅	办公楼	商业营业用房	其他	本年新增固定资产
总计	**761217**	**491312**	**64423**	**121116**	**84366**	**565505**
合肥市	230055	120047	41668	30117	38223	169613
芜湖市	79116	55210	3383	16190	4333	39579
蚌埠市	57097	39571	4292	9422	3812	62183
淮南市	35906	19986	1803	2831	11286	26938
马鞍山市	47510	36671	1400	6463	2976	34890
淮北市	11155	9438	848	641	228	3397
铜陵市	53859	39199	4478	3631	6551	35315
安庆市	34553	20748	1675	9697	2433	30582
黄山市	31931	14194	1440	12188	4109	22913
滁州市	29928	21573	740	4516	3099	26931
阜阳市	36312	26409	714	7938	1251	15770
宿州市	19238	17458	35	1650	95	19191
六安市	14633	12473	234	1601	325	12131
巢湖市	29293	22949	970	4061	1313	22362
宣城地区	17110	13723	80	2036	1260	17373
池州地区	12971	10867	393	1552	159	9743
亳州市	20541	10796	270	6562	2913	16594

6—33 各地市房地产开发按构成分的投资

（1999 年）

单位：万元

地市	本年完成投资	建筑工程	安装工程	设备工器具购置	其他费用	土地购置费
总计	**761217**	**552128**	**46739**	**16918**	**145432**	**97746**
合肥市	230055	119785	30025	13760	66485	52993
芜湖市	79116	55705	5163	1290	16958	4168
蚌埠市	57097	51893	1145	40	4019	1145
淮南市	35906	24547	1250	5	10104	7568
马鞍山市	47510	37719			9791	7820
淮北市	11155	10972	34		149	
铜陵市	53859	42510	1408	634	9307	4816
安庆市	34553	29360	1996	82	3115	2297
黄山市	31931	22902	1064	581	7384	5532
滁州市	29928	25061	905	300	3662	2047
阜阳市	36312	33615	235	5	2457	1322
宿州市	19238	18442	408		388	60
六安市	14633	13645	271	4	713	507
巢湖市	29293	24239	697	115	4242	2221
宣城地区	17119	14908	584	22	1605	1426
池州地区	12971	10960	837		1174	820
亳州市	20541	15865	717	80	3879	3004

6—34 各地市房地产土地开发情况

（1999 年）

单位：平方米

地市	完成开发土地面积	正在开发土地面积	待开发土地面积	本年购置土地面积
总计	**3404384**	**1679718**	**4034441**	**5865399**
合肥市	997506	218356	1583354	2175800
芜湖市	269102	148284	212355	300249
蚌埠市	184261	134020	97000	141446
淮南市	419489	56636	339051	542254
马鞍山市	278080	182747	6766	283999
淮北市				
铜陵市	197058	206995	97635	263363
安庆市	184525	45172	182487	247402
黄山市	116236	125496	113172	172260
滁州市	93900	71467	347900	97947
阜阳市	139268	16376	75300	165498
宿州市	5050	1050	100	5350
六安市	23500	19000		42500
巢湖市	144666	203387	179405	348126
宣城地区	76467	71303	318419	351998
池州地区	72406	24529	99827	117377
亳州市	202870	154900	381670	609830

6—35 房地产开发施工、竣工房屋面积和价值

(1999年)

指标	施工面积(平方米)	新开工	竣工面积(平方米)	竣工房屋价值(万元)
房屋建筑面积合计	**14282760**	**6731662**	**6546724**	**489706**
住宅	10633265	5556465	5221473	345659
#别墅、高档公寓	148424	80667	62075	7937
安居工程	3154558	1754858	1725438	109088
办公楼	932525	287661	305720	56541
商业营业用房	2122098	710087	913470	79812
其他	594872	177449	106061	7694

6—36 各地市房地产开发施工、竣工房屋面积和价值

(1999年)

地市	施工面积(平方米)	住宅	竣工面积(平方米)	住宅	竣工面积价值(万元)	住宅
总计	**14282760**	**10633265**	**6546724**	**5221473**	**489706**	**345659**
合肥市	3190265	2081172	1145020	844164	154826	88329
芜湖市	1604336	1286548	672106	547376	38547	30643
蚌埠市	1239072	948735	645365	493701	42995	29291
淮南市	667608	559268	370145	318665	24363	20449
马鞍山市	782076	577924	365420	270050	25591	16819
淮北市	259286	229158	49086	42967	3397	2806
铜陵市	1014081	834319	495379	433896	31742	26615
安庆市	1002395	725164	562459	391713	30222	19823
黄山市	646966	351774	291243	207198	19741	12396
滁州市	616807	530169	269343	232375	18832	15107
阜阳市	623188	498321	259541	233286	13547	11845
宿州市	364590	331641	267701	245381	15295	13671
六安市	325486	250882	217558	164112	10560	8366
巢湖市	605462	479909	306857	260371	20615	16553
宣城地区	398932	353056	219664	192528	15199	13307
池州地区	352864	303331	173777	150705	8948	7833
亳州市	589346	291894	236060	189985	15286	11806

6—37 房地产开发销售面积和销售额

(1999年)

指标	实际销售(平方米)	预售(平方米)	空置(平方米)	出租(平方米)	实际销售额(万元)
房屋面积合计	**4594136**	**1560406**	**1963587**	**149548**	**560841**
#外销(租)	7280	6667			1360
个人	3456847	767575		46724	393496
住宅	3954882	1275168	1205668	30073	417333
#别墅、高档公寓	39981	19259	19196		6775
安居工程	1295322	296062	252545	13676	115363
#个人	2911588	708537		21245	303391
办公楼	137507	95647	133285	26860	25641
商业营业用房	487795	177064	583021	91533	115755
其他	13952	12527	41613	1082	2112

6—38 各地市房地产开发房屋销售及空置

(1999年)

地市	实际销售面积(平方米)	售予个人	住宅	实际销售额(万元)	售予个人	住宅	空置(平方米)	住宅
总计	**4594136**	**3456847**	**3954882**	**560841**	**393496**	**417333**	**1963587**	**1205668**
合肥市	960052	693749	844381	179748	125961	140760	732226	324683
芜湖市	478737	372670	407038	54346	41163	39514	235625	174841
蚌埠市	378521	311471	306673	64394	45601	34036	41469	19116
淮南市	215314	153876	192280	24503	17477	20042	129016	100126
马鞍山市	295223	174416	259796	36409	20813	29506	45150	15292
淮北市	47980	40917	42649	4752	4052	4103	13995	13880
铜陵市	278103	92259	250559	31131	10631	26477	85141	61741
安庆市	307080	259016	232910	33051	24212	19043	112589	70482
黄山市	214268	121760	176610	24167	11517	15577	114005	62407
滁州市	174418	132281	159411	14272	10428	12111	68313	62331
阜阳市	274445	270525	258610	18288	17858	16326	56689	49381
宿州市	102119	75899	86759	8244	6046	5820	23586	19986
六安市	199951	184305	156207	12356	11321	10320	41098	40109
巢湖市	218664	183249	192358	18817	15307	14355	63426	42756
宣城地区	191521	157708	171587	15461	12441	13509	55383	35210
池州地区	114388	100029	101237	8461	7081	7101	55468	41859
亳州市	143352	132717	115817	12441	11587	8733	90408	71468

6—39 主要年份房地产开发经营情况

指标	单位	1995年	1996年	1997年	1998年	1999年
实收资本合计	万元	345245	310346	374899	471136	531348
#国家资本	万元			151382	178364	18005
年末资产负债情况						
资产总计	万元	938082	1050281	1249192	1613204	1883580
国家资产累计折旧	万元	7994	20636	16998	28456	26116
#本年折旧	万元	2459	3895	3724	5272	4950
负债总计	万元	694211	806902	940817	1175128	1362233
所有者权益合计	万元	243871	243379	308375	438076	521347
损益情况						
经营收入总计	万元	236133	294363	331355	505641	568277
土地转让收入	万元	12674	8367	13446	13181	8940
商品房屋销售收入	万元	213621	272828	300399	464519	517673
房屋出租收入	万元	958	1745	1658	2495	4441
其他收入	万元	8880	11423	15852	25446	37223
经营成本	万元	213065	235821	267742	423676	462428
销售费用	万元		6393	6332	8540	8361
经营税金及附加	万元	13572	14311	16426	25549	26945
其他业务利润	万元		1810	1971	2191	2554
管理费用及财务费用	万元		33049	40334	56243	58597
投资净收益及主营外收入	万元		1736	1161	2063	2719
营业外支出	万元		1131	978	2051	3840
利润总额	万元	9496	7204	2675	-6164	13379

6—40 各地市房地产开发单位基本情况

(1999 年)

地市	开发单位个数(个)	实收资本合计(万元)	国家资本	年平均从业人数(人)	全年从业人员劳动报酬总计(万元)
总计	**847**	**531348**	**18005**	**25277**	**18834**
合肥市	200	230834	10007	5807	5342
芜湖市	90	54360	770	2419	1842
蚌埠市	67	44524		1571	1122
淮南市	29	17446	1955	1398	1092
马鞍山市	48	20411	567	1145	843
淮北市	19	4942		458	318
铜陵市	37	23064	1651	2019	1712
安庆市	62	29990	29	2397	1448
黄山市	46	18009		730	543
滁州市	43	14687	2276	1232	785
阜阳市	33	18551		977	555
宿州市	23	5739		908	594
六安市	19	3379		1015	672
巢湖市	59	19961	736	1558	888
宣城地区	29	10865		659	469
池州地区	30	4967	14	601	353
亳州市	13	9619		383	256

6—41 各地市房地产开发企业（单位）资产负债情况

(1999 年)

单位：万元

地市	资产总计	国家资产累计折旧	本年折旧	负债总计	所有者权益合计
总计	**1883580**	**26116**	**4950**	**1362233**	**521347**
合肥市	743457	7099	1366	499174	244283
芜湖市	216472	3122	377	161366	55106
蚌埠市	146515	2876	415	114205	32310
淮南市	71232	1188	413	53460	17772
马鞍山市	110782	1628	409	89343	21439
淮北市	31389	1450	51	28388	3001
铜陵市	93939	1072	223	71818	22121
安庆市	99120	1680	280	71436	27684
黄山市	59166	746	211	40685	18481
滁州市	55976	1106	302	43789	12187
阜阳市	61827	664	140	41206	20621
宿州市	18303	340	87	11124	7179
六安市	22149	284	79	17777	4372
巢湖市	52425	1356	265	39976	12449
宣城地区	50115	486	91	41075	9040
池州地区	22262	356	61	18062	4200
亳州市	28451	663	180	19349	9102

6—42 各地市房地产开发经营情况

(1999年)

单位：万元

地市	经营收入总计	土地转让收入	商品房屋销售收入	房屋出租收入	其他收入	经营成本
总计	**568277**	**8940**	**517673**	**4441**	**37223**	**462428**
合肥市	176034	5846	155380	1617	13191	150472
芜湖市	64914	20	54340	1529	9025	56267
蚌埠市	64480		64394	48	38	46105
淮南市	20643		20520	21	102	16302
马鞍山市	26395		25704	652	39	22279
淮北市	4952		4752	7	193	4145
铜陵市	29859		29012	150	697	23715
安庆市	37066	62	33294	12	3698	28809
黄山市	27419	752	19875	30	6762	20106
滁州市	17094	280	16626	49	139	13802
阜阳市	20910		19140	143	1627	18572
宿州市	8987		8441	46	500	6122
六安市	12580	297	12058	12	213	10444
巢湖市	19801	140	18778	55	828	15763
宣城地区	15052	411	14563	17	61	12822
池州地区	9123	9	8972	35	107	7327
亳州市	12968	1123	11824	18	3	9376

地市	销售费用	经营税金及附加	其他业务利润	管理费用及财务费用	投资净收益及主营外收入	营业外支出	利润总额
总计	**8361**	**26945**	**2554**	**58597**	**2719**	**3840**	**13379**
合肥市	3142	8568	731	18214	1799	854	-2686
芜湖市	568	3313	7	7658	2	350	-3233
蚌埠市	532	2767	109	5246	207	389	9757
淮南市	311	1044		3703	35	92	-774
马鞍山市	133	1397	22	3730	42	286	-1366
淮北市	89	286		1062	78	39	-591
铜陵市	386	1218	58	3630	-3	98	867
安庆市	980	2187	1261	2996	134	155	3334
黄山市	768	1107	26	2319	99	761	2483
滁州市	152	838	76	2137	79	24	296
阜阳市	170	766	6	1229		44	135
宿州市	247	470	107	669	149	430	1305
六安市	98	374	14	791	1	109	779
巢湖市	367	961	3	2043		28	642
宣城地区	136	652	30	1240	7	13	196
池州地区	109	565	3	1116	90	51	48
亳州市	173	432	92	805		87	2187

主要统计指标解释

全社会固定资产投资 固定资产投资额是以货币表现的建造和购置固定资产活动的工作量，它是反映固定资产投资规模、速度、比例关系和使用方向的综合性指标。全社会固定资产投资按登记注册类型可分为国有、集体、股份合作、联营、有限责任公司、股份有限公司、港澳台商、外商、个人投资等。按照我国现行计划管理体制，全社会固定资产投资总额分为基本建设、更新改造、房地产开发投资和其他固定资产投资四个部分；城乡集体投资包括城镇集体投资和农村集体投资。城乡居民个人投资包括城市、县城、镇、工矿区所辖范围内的个人建房和农村个人建房及购买生产性固定资产投资。

基本建设投资 基本建设指企业、事业、行政单位以扩大生产能力或工程效益为主要目的的新建、扩建工程及有关工作。其综合范围总投资50万元以上(含50万元)的基本建设项目。具体包括(1)列入中央和各级地方本年基本建设计划的建设项目，以及虽未列入本年基本建设计划，但使用以前年度基建计划内结转投资(包括利用基建库存设备材料)在本年继续施工的建设项目；(2)本年基本建设计划内投资与更新改造计划内投资结合安排的新建项目和新增生产能力(或工程效益)达到大中型项目标准的扩建项目，以及为改变生产力布局而进行的全厂性迁建项目；(3)国有单位既未列入基建计划，也未列入更新改造计划的总投资在50万元以上(含50万元)的新建、扩建、恢复项目和为改变生产力布局而进行的全厂性迁建项目，以及行政、事业单位增建业务用房和行政单位增建生活福利设施的项目。

更新改造投资 更新改造指企业、事业单位对原有设施进行固定资产更新和技术改造，以及相应配套的工程和有关工作(不包括大修理和维护工程)。其综合范围总投资50万元以上(含50万元)的更新改造项目。具体包括：(1)列入中央和各级地方本年更新改造计划的项目和虽未列入本年更新改造计划，但使用上年更新改造计划内结转的投资在本年继续施工的项目；(2)本年更新改造计划内投资与基本建设计划内投资结合安排的对企、事业单位原有设施进行技术改造或更新的项目和增建主要生产车间、分厂等其新增生产能力(或工程效益)未达到大中型项目标准的项目，以及由于城市环境保护和安全生产的需要而进行的迁建工作；(3)国有企、事业单位既未列入基建计划，也未列入更新改造计划，总投资在50万元以上(含50万元)的属于改建或更新改造性质的项目，以及由于城市环境保护和安全生产的需要而进行的迁建工程。

房地产开发投资 指房地产开发公司、商品房建设公司及其他房地产开发法人单位和附属于其他法人单位实际从事房地产开发或经营活动单位统一开发的包括统代建、拆迁还建的住宅、厂房、仓库、饭店、宾馆、度假村、写字楼、办公楼等房屋建筑物和配套的服务设施、土地开发工程，如道路、给水、排水、供电、供热、通讯、平整场地等基础设施工程的投资；不包括单纯的土地交易活动。

其他固定资产投资 指全社会固定资产投资中未列入基本建设、更新改造和房地产开发投资的建造和购置固定资产的活动。具体包括：

(1)国有单位规定不纳入基本建设计划和更新改造计划管理，总投资在50万元以上(含50万元)的工程(指四项费用)。

(2)城镇集体固定资产投资：指所有隶属城市、县城和建制镇所领导的集体单位(除乡镇企业局管理的除外)建造和购置固定资产计划总投资在50万元以上的项目。

(3)除国有、城镇集体以外的其他各种企、事业单位建造和购置固定资产的计划总投资在50万元以上的、未列入基本建设计划和更新改造计划的项目(含私营、个体投资)。

(4)城镇和工矿区私人建房投资和农村个人投资。城镇和工矿区私人建房包括市、县城、镇、工矿区所辖范围内的全部私人建房，不论其房主是否系本地的常住户口均应包括，农村个人投资包括农村个人建房及购置生产性固定资产的投资(采用农村抽样调查资料推算)。

固定资产投资的资金来源 根据固定资产投资的资金来源不同，分为上年末结余资金和本年资金来源。其中本年资金来源小计又分为国家预算内资金、国内贷款、债券、利用外资、自筹资金和其他资金来源六种：

(1)国家预算内资金 指国家预算、地方财政、主管部门和国家专业投资公司拨给或委托银行贷给建设单位的基本建设拨款和中央基本建设基金。拨给企业单位的更新改造拨款，以及中央财政安排的专项拨款中用于基本建设的资金。

(2)国内贷款 指报告期企、事业单位向银行及非银行金融机构借入的用于固定资产投资的各种国内借款。

(3)债券 是企业(公司)或金融机构通过发行各种债券筹集到的用于固定资产投资的资金，包括由银行代理国家专业投资公司发行的重点企业债券和重点建设债券。

(4)利用外资 指报告期收到的用于固定资产投资的国外资金。包括统建统还、自借自还的国外贷款，中外合资项目中的外资，以及对外发行债券、股票和无偿捐赠等。

(5)自筹资金 指建设单位报告期收到的，用于进行固定资产投资的上级主管部门、地方和本单位自筹资金。

(6)其他资金来源 指报告期收到的除以上各种拨款、借款、自筹资金之外，其他用于固定资产投资的资金。

固定资产投资按国民经济行业分 根据企、事业单位和建设项目按其建成投产后的主要产品种类或主要用途及社会经济活动性质来划分。基本建设按建设项目划分国民经济行业,更新改造、国有经济单位其他固定资产投资及城镇集体投资根据整个企业、事业单位所属的行业来划分。一般情况下,一个建设项目或一个企业、事业单位只能属于一种国民经济行业。为了更准确地反映国民经济各行业之间的比例关系,联合企业(总厂)所属分厂属于不同行业的,原则上按分厂划分行业。

固定资产投资按建设性质分 建设项目的性质一般分为新建、扩建、改建、迁建、恢复。基本建设按建设项目划分建设性质,更新改造、国有经济单位其他固定资产投资及城镇集体投资按整个企业、事业的建设情况确定建设性质。目前基本建设和更新改造是根据我国现行的计划管理体制区分的,所以基本建设和更新改造都可以分别按新建、扩建等划分。

(1)新建 一般是指从无到有、"平地起家"新开始建设单位。有的单位原有的基础很小,经过建设后新增固定资产价值超过原有固定资产价值(原值)三倍以上的也作为新建。

(2)扩建 一般是指为扩大原有产品的生产能力,在厂内或其他地点增建主要生产车间(或主要工程)、独立的生产线或总厂之下的分厂的企业;事业单位和行政单位在原单位增建业务用房(如学校增建教学用房、医院增建门诊部或病床用房、行政机关增建办公楼等)也作为扩建。

(3)改建 一般是指现有企业、事业单位为了技术进步,提高产品质量,增加花色品种,促进产品升级换代、降低消耗和成本,加强资源综合利用和三废治理、劳保安全等,采用新技术、新工艺、新设备、新材料等对现有设施、工艺条件进行技术改造或更新(包括相应配套的辅助性生产、生活福利设施)。有的企业为充分发挥现有生产能力,进行填平补齐而增建不增加本单位主要产品生产能力的车间,也属于改建。

固定资产投资按构成分 固定资产投资按其工作内容和实际方式分为建筑安装工程,设备、工具、器具购置,其他费用三个部分。

(1)建筑安装工程(建筑工作量) 指各种房屋、建筑物的建造工程和各种设备、装置的安装工程。在安装工作中,不包括被安装设备本身的价值。

(2)设备、工具、器具购置 指购置或自制达到固定资产标准的设备、工具、器具的价值,固定资产的标准按财务部门规定。

(3)其他费用 指除建筑安装和设备、工具、器具购置以外的各种应摊入固定资产的费用。

基本建设按大中小型划分 基本建设划分大中小型项目原则上应按照上级批准的设计任务书或初步设计所确定的总规模或总投资划分,没有正式批准设计任务书或初步设计的,按国家或省、辖市年度基本建设投资计划中所列的总规模或总投资划分。上述两条均不具备的,按本年计划施工工程的建设总规模或总投资划分。生产单一产品的工业项目,按产品的设计能力划分:生产多种产品的工业项目,按其主要产品的设计能力划分。品种繁多,难以按生产能力划分的,按全部计划投资额划分。划分标准以国家颁布的《大中小型建设项目划分标准》依据。国家曾在1958年、1962年、1972年、1977年和1979年先后五次修订《大中小型建设项目划分标准》,因此各历史时期的大中型项目数不完全可比。

施工项目 指报告期内曾进行建筑或安装工程施工活动的建设项目。包括报告期内新开工项目、报告期以前开工跨入报告期继续施工的项目以及报告期施工过并在报告期内全部建设投产或停缓建的项目。

全部建成投产项目 工业项目是指设计文件规定形成生产能力的主体工程及其相应配套的辅助设施全部建成,经负荷试运转,证明具备生产设计规定合格产品的条件,并经过验收鉴定合格或达到竣工验收标准,与生产性工程配套的生活福利设施可以满足近期正常生产的需要,正式移交生产的建设项目。非工业项目是指设计文件规定的主体工程和相应的配套工程全部建成,能够发挥设计规定的全部效益,经验收鉴定合格或达到竣工验收标准,正式移交使用的建设项目。

新增生产能力(或工程效益) 指通过固定资产投资活动而新增加的设计能力或工程效益,它是用实物形态表示的固定资产投资的成果指标。新增生产能力(或工程效益)的计算,是以能独立发挥生产能力或效益的单项工程(或建设项目)为对象。当单项工程(或项目)建成,经有关部门鉴定合格,正式移交投入生产,即可计算新增生产能力(或工程效益)。

施工和竣工房屋建筑面积 房屋建筑面积是从房屋外墙线算起的各层平面面积的总和,包括房屋结构(如柱、墙)占用的面积和地下室面积。多层建筑按各自然层面积总和计算,包括房屋内的楼隔层,突出墙面的眺望间、门斗、有柱雨罩的面积。不包括突出墙面结构的构件、艺术装饰等所占的面积,如台阶等。凹阳台、挑阳台按其水平投影面积一半计算建筑面积。

住宅建筑面积 指施工和竣工房屋建筑面积中供居住用的施工和竣工房屋建筑面积。

竣工面积 指在报告期内房屋建筑按照设计要求已全部完工,达到住人和使用条件,经验收鉴定合格,正式移交使用单位的建筑面积。

新增固定资产 指通过投资活动所形成的新的固定资产价值,包括已经建成投入生产或交付使用的工程价值和达到固定资产标准的设备、工具、器具的价值及有关应摊入的费用。它是以价值形态表示的固定资产投资成果的综合性指标,可以综合反映不同时期、不同部门、不同地区的固定资产投资成果。

固定资产交付使用率 指一定时期新增固定资产与同期完成投资额的比率。它是反映各个时期固定资产动用速度,衡量建设过程中投资效果的一个综合性指标。

七、能源生产和消费

PRODUCTION AND CONSUMPTION OF ENERGY

简要说明

一、本篇包括的主要内容有：能源生产、消费及品种构成，能源生产和消费弹性系数，近年来综合能源平衡表和电力平衡表，分行业分主要能源品种的消费量等。

二、分行业主要能源品种消费量为全部国有及年销售收入500万元以上工业企业。

三、本篇资料取自省统计局工业交通处，是按照国家统计局报表制度逐级汇总整理。

四、关于数据口径与计算的说明

1. 一次能源生产量与工业统计数据一致。

2. 行业分类采用现行统一的国民经济行业分类国家标准。

3. 能源生产与消费弹性系数分别以能源生产、消费增长速度与国内生产总值增长速度相比求得。

本篇责任编辑：陈正报

能 源 及 电 力 消 费 量 （万吨标准煤）

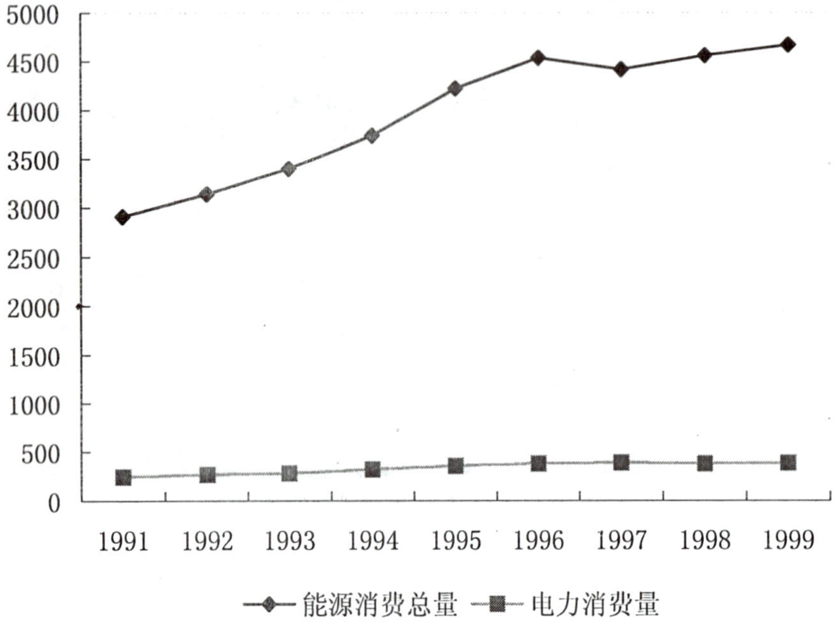

能 源 消 费 总 量 （万吨标准煤）

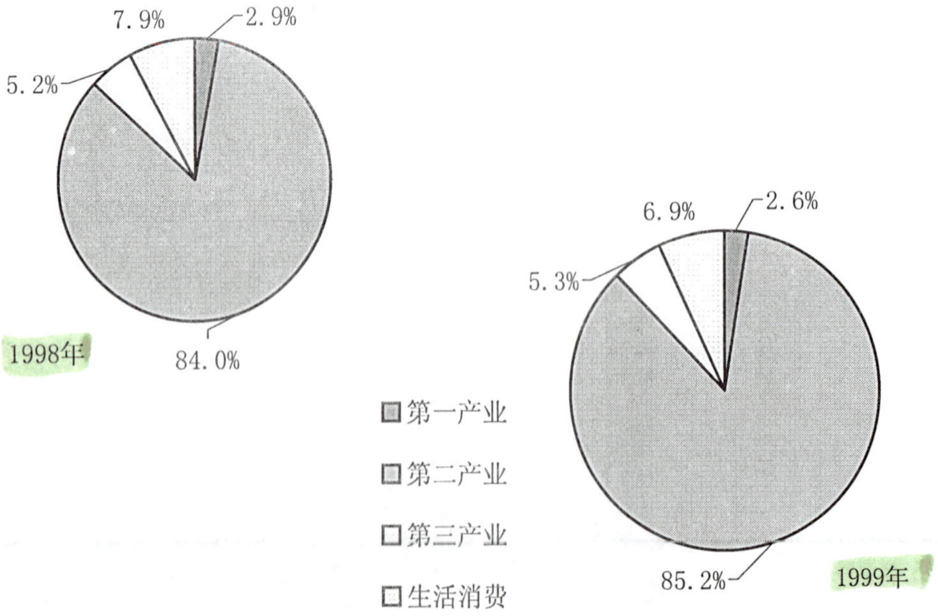

7—1 能源生产和消费总量及电力生产和消费量

单位：万吨标准煤

年份	能源生产总量	电力生产量	能源消费总量	电力消费量
1991	2221.68	264.86	2910.52	246.03
1992	2419.74	290.28	3138.28	267.09
1993	2572.99	327.71	3396.68	282.04
1994	2910.86	366.72	3738.14	320.98
1995	3188.35	380.17	4217.82	355.14
1996	3646.93	400.44	4531.32	378.65
1997	3509.49	404.74	4414.93	387.93
1998	3278.11	382.83	4557.7	379.99
1999	3354.43	388.82	4665.72	384.63

注：电力生产量为水电和火电的发电量。能源生产和消费量按当量热值计算。

7—2 综合能源平衡表

单位：万吨标准煤

项目	1995年	1996年	1997年	1998年	1999年
可供消费的能源总量					
一次能源生产量	3188.35	3646.93	3509.49	3278.11	3354.43
能源消费总量					
在总量中：					
农、林、牧、渔、水利业	112.84	118.99	125.80	130.34	119.56
工　业	3536.02	3851.57	3699.97	3787.74	3935.96
建筑业	39.25	40.22	40.28	43.10	44.46
交通运输和邮电通讯业	149.06	154.05	156.10	172.00	170.85
商业、饮食、物资供销和仓储业	30.33	34.00	36.78	39.75	44.27
其　他	22.91	23.73	27.95	26.25	29.86
生活消费	297.04	308.73	328.07	358.52	320.78
在总量中：					
终端消费	3316.52	3573.00	3507.88	3707.43	3775.1
#工　业	2665.11	2893.25	2792.92	2937.47	3045.34
加工转换损失量	870.91	958.32	907.05	850.27	890.62
#炼　焦	11.64	32.36	10.18	52.79	74.63
炼　油	7.47	32.52	24.76	40.84	18.20
损失量	30.39	29.77	29.95	29.36	29.36
平衡差额	**6.75**	**7.03**	**12.66**	**20.00**	**24.3**

注：村办工业包括在工业中（下同）。

7—3 电 力 平 衡 表

单位：亿千瓦时

项 目	1995年	1996年	1997年	1998年	1999年
可供量					
生产量	309.33	325.82	329.32	311.50	316.37
水 电	11.39	11.64	9.69	9.90	10.71
火 电	297.94	314.18	319.63	301.60	305.66
消费量	**288.97**	**308.10**	**315.65**	**309.19**	**312.96**
在消费量中					
农、林、牧、渔、水利业	23.85	24.56	23.11	20.79	21.47
工 业	190.69	229.61	228.96	220.50	220.44
建筑业	3.00	2.99	3.49	3.58	3.59
交通运输和邮电通讯业	2.96	2.94	3.32	3.75	3.79
商业、饮食、物资供销和仓储业	2.87	3.33	4.16	4.50	5.09
其 他	8.03	7.88	10.71	9.88	11.42
生活消费	32.84	36.79	41.90	46.14	47.16
在消费量中					
终端消费	264.24	283.88	291.28	309.19	312.96
#工 业	190.69	229.61	228.96	220.55	220.44
输配电损失量	24.73	24.22	24.37	23.89	22.81

7—4 能 源 生 产 弹 性 系 数

年 份	能源生产比上年增长%	电力生产比上年增长%	国民生产总值比上年增长%	能源生产弹性系数	电力生产弹性系数
1992	8.91	9.60	16.8	0.53	0.57
1993	6.33	12.89	21.0	0.30	0.61
1994	13.13	11.91	20.7	0.63	0.58
1995	9.53	3.67	14.3	0.67	0.26
1996	14.38	5.33	14.4	1.00	0.37
1997	-3.77	1.07	12.7	-0.30	0.08
1998	-6.59	-5.41	8.5	-0.78	-0.64
1999	2.33	1.56	8.1	0.29	0.19

7—5 能源消费弹性系数

年份	能源消费比上年增长%	电力消费比上年增长%	国民生产总值比上年增长%	能源消费弹性系数	电力消费弹性系数
1992	7.83	8.56	16.8	0.47	0.51
1993	8.23	5.60	21.0	0.39	0.27
1994	10.05	13.80	20.7	0.49	0.67
1995	12.83	10.64	14.3	0.90	0.74
1996	7.43	6.62	14.4	0.52	0.46
1997	-2.57	2.45	12.7		0.19
1998	3.23	-2.05	8.5	0.38	-0.24
1999	2.37	1.22	8.1	0.29	0.15

7—6 平均每天各种能源消费量

能源品种	单位	1990年	1995年	1997年	1998年	1999年
合计	**万吨标准煤**	**7.59**	**11.56**	**12.10**	**12.49**	**12.78**
原煤	万吨	10.28	13.84	14.96	14.76	14.97
焦炭	万吨	0.71	1.21	1.32	1.41	1.45
原油	万吨	0.71	0.76	0.82	0.78	0.80
燃料油	万吨	0.12	0.13	0.15	0.14	0.14
汽油	万吨	0.12	0.16	0.16	0.18	0.18
柴油	万吨	0.21	0.29	0.33	0.36	0.38
电力	亿千瓦小时	0.51	0.79	0.86	0.85	0.86

7—7 主要能源按工业行业分组消费量

(1999年)

行业	原煤(吨)	洗精煤(吨)	其他洗煤(吨)	焦炭(吨)	原油(吨)
总计	**32178975**	**3821394**	**46776**	**3400178**	**2914971**
按工业行业大类分列					
煤炭采选业	8316151			73	3
石油和天然气开采业					
黑色金属矿采选业	27116			141	
有色金属矿采选业	5993			7	
非金属矿采选业	93965				
其他矿采选业					
木材及竹材采运业					
食品加工业	161918	620		129	
食品制造业	84014				
饮料制造业	335350				
烟草加工业	50940				
纺织业	262865	837		216	3
服装及其他纤维制品制造业	5569				
皮革、毛皮、羽绒及其制品业	8950				6
木材加工及竹、藤、棕、草制品业	46968			84	3
家具制造业	462				
造纸及纸制品业	297156			1848	
印刷业	1135				
文教体育用品制造业	1423				
石油加工及炼焦业	926336	556837		45135	2874561
化学原料及化学制品制造业	2707260	303091	41626	274386	36863
医药制造业	115243				
化学纤维制造业	176776			44428	
橡胶制品业	102054			5	
塑料制品业	35630				20
非金属矿物制品业	3211820	23375	3517	13287	3211
黑色金属冶炼及压延加工业	1427665	2821308		2863263	
有色金属冶炼及压延加工业	96088		1470	68900	
金属制品业	35886			7187	16
普通机械制造业	53464	713		44269	102
专用设备制造业	11871		163	3705	
交通运输设备制造业	54520	1045		8605	183
武器弹药制造业	2605			331	
电气机械及器材制造业	38368			841	
电子及通信设备制造业	1724				
仪器仪表及文化、办公用机械制造业	1251			23	
其他制造业	2120			43	
电力、蒸汽、热水的生产和供应业	13467617				
煤气生产和供应业	10702	113568		23200	
自来水的生产和供应业				72	

7—7 续表

行业	汽油（吨）	煤油（吨）	柴油（吨）	燃料油（吨）	电力（亿千瓦时）
总计	**56302**	**5419**	**109496**	**288897**	**220.44**
按工业行业大类分列					
煤炭采选业	6026	295	8294		20.81
石油和天然气开采业					
黑色金属矿采选业	1486		6519		3.53
有色金属矿采选业	390	4	218		4.47
非金属矿采选业	181	1999	4414		2.48
其他矿采选业					0.06
木材及竹材采运业	23				0.20
食品加工业	1714	123	995	305	4.06
食品制造业	558		444	30	0.06
饮料制造业	1230	10	880	2716	1.56
烟草加工业	90	3	229		0.86
纺织业	7144	56	974	49	9.41
服装及其他纤维制品制造业	702	6	192		0.16
皮革、毛皮、羽绒及其制品业	83	2	139		0.14
木材加工及竹、藤、棕、草制品业	54	141	267		0.63
家具制造业	11				0.02
造纸及纸制品业	536	4	1536	1	2.51
印刷业	328	3	28		0.15
文教体育用品制造业	136		198		0.15
石油加工及炼焦业	297		217	44484	2.01
化学原料及化学制品制造业	12250	1148	7692	7662	41.62
医药制造业	523		91		1.32
化学纤维制造业	56		235		3.36
橡胶制品业	1456	10	467		0.49
塑料制品业	420		158		1.49
非金属矿物制品业	3102	19	19133	125880	18.52
黑色金属冶炼及压延加工业	2747	37	5700	50604	25.59
有色金属冶炼及压延加工业	2872	97	6933	38976	6.53
金属制品业	1909	21	1282	1537	2.87
普通机械制造业	2573	226	4188	12	3.36
专用设备制造业	1173	22	788		2.11
交通运输设备制造业	2624	941	2960	20	0.88
武器弹药制造业	272	8	24		0.06
电气机械及器材制造业	1055	153	1317	28	1.59
电子及通信设备制造业	384	14	326	380	0.28
仪器仪表及文化、办公用机械制造业	67	4	19		0.08
其他制造业	220	52	408		5.97
电力、蒸汽、热水的生产和供应业	1309	21	31301	16213	46.50
煤气生产和供应业	105		869		0.35
自来水的生产和供应业	196		61		3.59

注：电力消费量包括全部工业企业。

主要统计指标解释

能源生产总量 指一定时期内全国（地区）一次能源生产量的总和，是观察全国（地区）能源生产水平、规模、构成和发展速度的总量指标。一次能源生产量包括原煤、原油、天然气、水电及其他动力能（如风能、地热能等）发电量。不包括低热值燃料生产量、生物质能、太阳能等的利用和由一次能源加工转换而成的二次能源产量。

能源消费总量 指一定时期内全国（地区）物质生产部门、非物质生产部门和生活消费的各种能源的总和，是观察能源消费水平、构成和增长速度的总量指标，能源消费总量包括原煤和原油及其制品、天然气、电力。不包括低热值燃料、生物质能和太阳能等的利用。能源消费总量分为三部分，即终端能源消费量、能源加工转换损失量和损失量。

(1) 终端能源消费量 指一定时期内全国（地区）物质生产部门、非物质生产部门和生活消费的各种能源在扣除了用于加工转换二次能源消费量和损失量以后的数量。

(2) 能源加工转换损失量 指一定时期内全国（地区）投入加工转换的各种能源数量之和与产出各种能源产品之和的差额。它是观察能源在加工转换过程中损失量变化的指标。

(3) 能源损失量 指一定时期内能源在输送、分配、储存过程中发生的损失和由客观原因造成的各种损失量。不包括各种气体能源放空、放散量。

能源生产弹性系数 是研究能源生产量的增长与国民经济增长之间关系的指标。计算公式：

$$能源生产弹性系数=\frac{能源生产总量年平均增长速度}{国民经济年平均增长速度}$$

国民经济年平均增长速度，可根据不同的目的或需要，用国民生产总值，国民收入等指标来计算，本资料是采用国民生产总值指标计算的。

能源消费弹性系数 是反映能源消费增长速度与国民经济增长速度之间比例关系的指标。计算公式：

$$能源消费弹性系数=\frac{能源消费总量年平均增长速度}{国民经济年平均增长速度}$$

消费量 是指独立核算的法人企业（单位）在报告期内实际消费能源数量。

消费的核算原则 “谁消费谁统计”，即能源在哪个企业使用，就由那个企业统计消费。

消费的核算方法 能源进入第一道生产工序，改变了原来的形态或性能，或者已经实际投入使用，即作消费统计。

八、财政、金融、保险

FINANCE, BANKING AND INSURANCE

简要说明

一、本篇反映全省财政收支、金融保险业发展状况。

二、财政收支资料来源于省财政部门，资料基础为财政决算。

三、金融保险业资料有以下三个部分：一是反映金融机构、国家银行、农村信用社等信贷收支情况，资料由中国人民银行合肥中心支行提供；二是反映保险业务情况，资料由中国人民保险公司安徽省分公司、中国人寿保险公司安徽省分公司提供；三是反映股票发行及筹资情况，资料由省证券监督委员会提供。

本篇责任编辑：林谋生

财 政 收 入　（亿元）

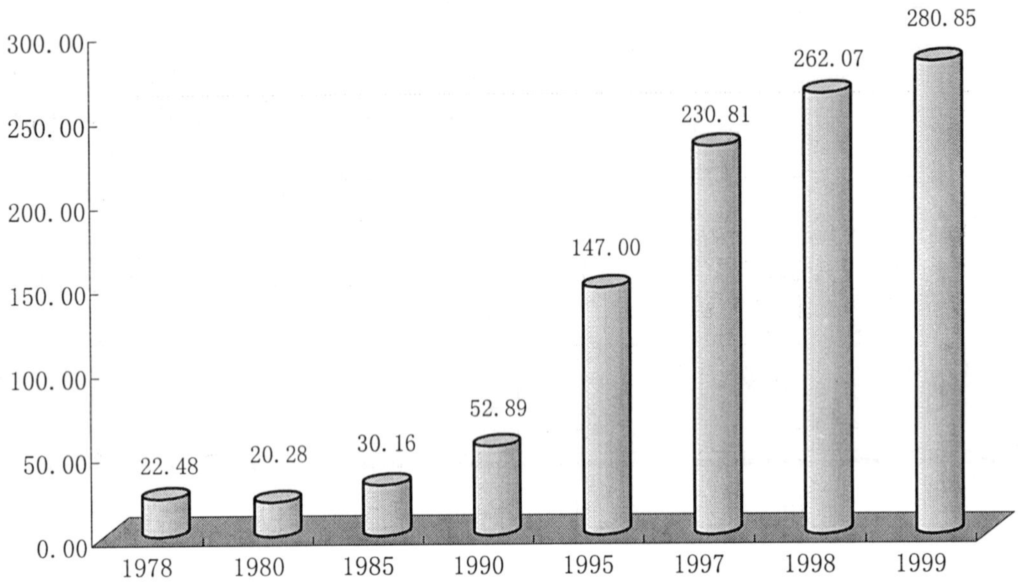

财 政 支 出　（亿元）

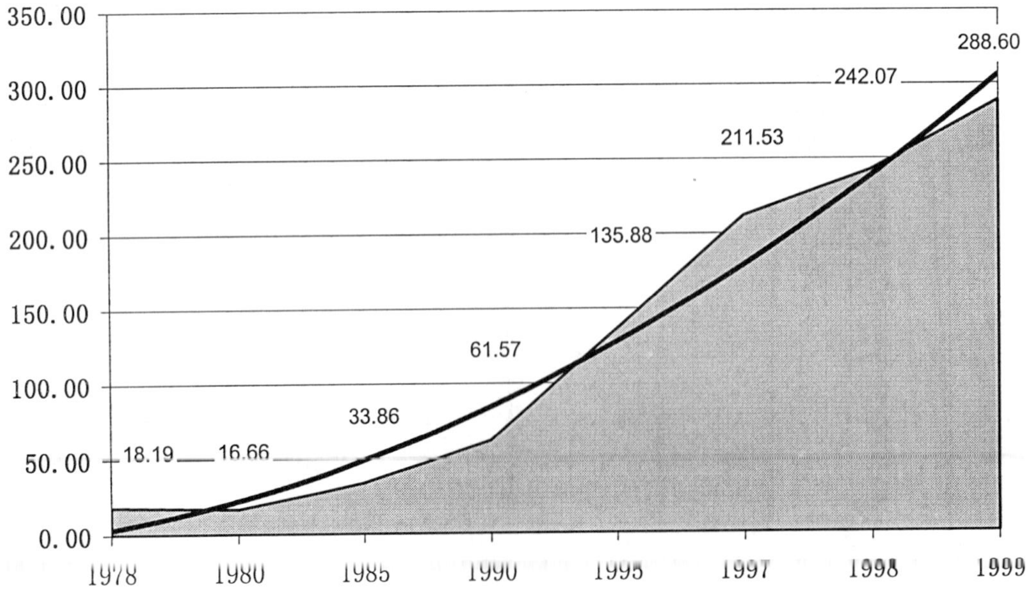

8—1 主要年份财政收支情况

单位：万元

指标	1978年	1980年	1985年	1990年	1995年	1998年	1999年
财政收入	**224802**	**202818**	**301578**	**528866**	**1469994**	**2620687**	**2808495**
#地方收入					838254	1591862	1742917
上划中央收入					631740	1028825	1065578
财政支出	**181863**	**166632**	**338757**	**615702**	**1358776**	**2420656**	**2886031**

8—2 财政收支情况

单位：万元

指标	1999年	指标	1999年
收入合计	**1742917**	**支出合计**	**2886031**
增值税	245176	基本建设支出	350633
营业税	293954	企业挖潜改造资金	132375
企业所得税	169767	地质勘探费	5213
企业所得税退税	－32794	科技三项费用	23192
个人所得税	96737	流动资金	3168
资源税	22673	支援农村生产支出	67570
固定资产投资方向调节税	145177	农业综合开发支出	47217
城市维护建设税	87593	农林水利气象等部门的事业费	98499
房产税	45407	工业交通等部门的事业费	17215
印花税	8887	流通部门事业费	3144
城镇土地使用税	30970	文体广播事业费	70807
土地增值税	3010	教育事业费	463349
车船使用和牌照税	7772	科学事业费	14462
屠宰税	17555	卫生经费	114139
筵席税	9	税务等部门的事业费	99805
农业税	112445	抚恤和社会福利救济费	71878
农业特产税	75223	行政事业单位离退休经费	146004
牧业税	1895	社会保障补助支出	105641
耕地占用税	16848	国防支出	1860
契税	17543	行政管理费	299491
国有资产经营收益	13010	外交外事支出	2968
国有企业计划亏损补贴	－36145	武装警察部队支出	1664
行政性收费收入	161695	公检法司支出	171673
罚没收入	73817	城市维护费	104764
土地和海域有偿使用收入	60301	政策性补贴支出	199275
专项收入	48641	支援不发达地区支出	44072
其他收入	55751	土地和海域开发建设支出	39061
		专项支出	45261
		其他支出	146631

8—3 各地市财政收入

(1999年)

单位：万元

地市	收入合计	增值税	营业税	企业所得税	个人所得税	固定资产投资方向调节税	城市维护建设税
合肥市	233628	40154	71602	19752	14313	14307	14946
芜湖市	84069	26074	19682	4909	4390	11626	8783
蚌埠市	91469	13996	16422	4325	4906	6755	9225
淮南市	71125	20309	13587	10310	4993	2537	5947
马鞍山市	107315	24018	13466	4004	3236	16529	10740
淮北市	61842	17181	9304	3120	2482	2170	4595
铜陵市	47932	9607	10900	2729	3717	5623	2379
安庆市	135573	20142	21943	6648	6953	7510	8528
黄山市	54030	4328	9316	8330	3336	4547	1123
滁州市	108782	12811	15477	9503	5973	10707	3818
阜阳市	224017	14051	22185	13685	9559	34062	5762
宿州市	81580	7572	9589	2462	5859	9545	1743
六安市	122562	7879	11161	4150	10560	3623	2005
巢湖市	87877	8349	15220	3018	6800	3333	2175
宣城地区	66598	9664	10977	4926	4702	7028	2070
池州地区	31229	3397	5868	2460	2157	2331	838
亳州市	37263	4262	2697	11099	2696	2934	1803

地市	农业税	农业特产税	耕地占用税	国有资产经营收益	国有企业计划亏损补贴	行政性收费收入
合肥市	5102	1927	548	168	-6129	12234
芜湖市	3094	1602	479		-17708	5466
蚌埠市	12030	1661	179	9	-847	7098
淮南市	1649	67	118	10	-1760	1194
马鞍山市	2135	1042	69	3	-666	1007
淮北市	7986	169	1267	3	-1195	2676
铜陵市	547	181	38	131	-1292	2115
安庆市	10757	4939	838	2060	-2240	14740
黄山市	1878	5319	298	1779	-46	3496
滁州市	8963	1439	510	336	-6	18914
阜阳市	15318	24817	1583	1315	-187	24949
宿州市	8670	10966	841	1606		5489
六安市	15673	10134	1848	745		32180
巢湖市	9070	2536	601	164		8350
宣城地区	5030	3431	392	571	-10	2639
池州地区	2785	1673	107	1	-11	3378
亳州市	1757	3320	95		-36	186

8—4 各地市财政支出

（1999年）

单位：万元

地市	支出合计	基本建设支出	企业挖潜改造资金	科技三项费用	支援农村生产支出
合肥市	233148	31015	14957	3596	5902
芜湖市	120507	20381	12100	1582	3426
蚌埠市	106709	801	2793	365	6833
淮南市	71604	1219	820	1040	693
马鞍山市	73259	2543	11211	1029	2498
淮北市	69716	4858	5167	340	1680
铜陵市	54869	7184	6294	512	482
安庆市	185498	4334	5517	788	4023
黄山市	73299	292	5305	676	4434
滁州市	137749	495	14600	946	3316
阜阳市	274914	19922	14519	540	7354
宿州市	106869	682	4756	528	2019
六安市	159975	4923	2587	781	5658
巢湖市	113519	899	2659	1218	2471
宣城地区	95525	3461	6923	637	2784
池州地区	46701	974	1525	151	2590
亳州市	41366	830	3278	50	604

地市	农业综合开发支出	农林水利气象等部门事业费	工业交通等部门事业费	流通部门事业费	文体广播事业费
合肥市	2667	3763	1712	193	3603
芜湖市	646	2045	399	85	1831
蚌埠市	1089	2600	288	160	2936
淮南市	797	1916	550	108	1600
马鞍山市	380	1226	135	46	1432
淮北市	1275	1630	786	75	3000
铜陵市	145	1721	177	104	1523
安庆市	2688	7897	1333	232	5884
黄山市	460	2744	335	301	2281
滁州市	1171	8600	564	67	4404
阜阳市	3708	13493	2751	462	9445
宿州市	760	4539	704	69	4365
六安市	1022	7117	723	331	4067
巢湖市	1578	4633	847	91	2808
宣城地区	607	4624	341	165	3310
池州地区	316	2930	598	302	1446
亳州市	110	2440	340		1459

8—4 续表 单位：万元

地市	教育事业费	科学事业费	卫生经费	抚恤和社会福利救济费	行政事业单位离退休经费	社会保障补助支出
合肥市	34583	298	9728	5467	619	13098
芜湖市	15074	133	5566	3854	10179	5054
蚌埠市	23477	258	5827	3935	9534	4459
淮南市	11393	160	4584	2099	6425	3530
马鞍山市	9137	150	3431	1899	5100	4050
淮北市	13130	249	3361	2011	1436	1702
铜陵市	6565	258	3660	1413	1767	3382
安庆市	47108	449	11119	9347	9683	5531
黄山市	12398	265	3838	2056	7090	1313
滁州市	31132	592	8288	4966	4046	2630
阜阳市	61488	572	9889	7520	23561	2186
宿州市	27884	280	3625	4682	10655	2292
六安市	42024	282	7609	6982	14295	3349
巢湖市	24863	163	5511	5333	9818	2362
宣城地区	19208	244	5779	4720	4197	1981
池州地区	11278	77	3030	2321	437	846
亳州市	9863	50	2739	993	3190	289

地市	行政管理费	公检法司支出	政策性补贴支出	支援不发达地区支出	城市维护费
合肥市	20439	17596	855	1089	16905
芜湖市	10608	5407	516	32	9537
蚌埠市	13393	7003	470	21	7404
淮南市	10092	6597	2110	302	5001
马鞍山市	7403	4892	1166		8221
淮北市	9409	4712	1217		6294
铜陵市	6036	3304	726		2827
安庆市	24581	9632	1245	3683	12231
黄山市	8592	4242	240	371	2928
滁州市	20053	11746	614	75	4483
阜阳市	39620	15427	283	1759	14167
宿州市	14056	7675	282	33	2828
六安市	19378	10124	792	2945	3095
巢湖市	11281	6301	357	790	3213
宣城地区	14747	4830	703	972	2992
池州地区	9103	3021	307	44	1540
亳州市	7080	2386	372	14	1027

8—5 各县（市）财政收支

单位：万元

县（市）	财政收入				财政支出			
	1996年	1997年	1998年	1999年	1996年	1997年	1998年	1999年
合肥市								
长丰县	9202	11161	11198	12238	11703	17896	18633	17714
肥东县	11732	13952	15195	16848	15783	17933	19414	23107
肥西县	12016	11659	12921	14084	15620	15620	17727	18833
芜湖市								
芜湖县	7614	8914	9177	8548	10480	11500	12070	12515
繁昌县	11213	12253	12925	11766	12936	14178	14405	13790
南陵县	6177	7469	9069	9555	7760	10040	11460	14090
蚌埠市								
怀远县	13147	13755	14645	16189	14089	16720	16381	21827
五河县	8632	9595	10772	11947	10812	12356	13016	14275
固镇县	7833	8984	11149	12098	8982	10885	12621	14931
淮南市								
凤台县	8440	9478	11056	12087	10009	11209	11950	13101
马鞍山市								
当涂县	10079	10940	11473	11639	12178	12201	12345	12494
淮北市	31399							
濉溪县	13600	14831	15403	17295	17472	20271	20088	22973
铜陵市								
铜陵县	7411	8205	8808	8819	9492	10811	11344	12010
安庆市								
桐城市	9192	13132	15410	16944	12975	16389	17694	21105
怀宁县	7901	10277	12453	13612	11296	13353	15266	18501
枞阳县	8312	12533	12926	10962	13422	16290	17634	15093
潜山县	4966	7675	9185	9517	8559	10539	12124	13888
太湖县	5350	8356	9752	10709	9207	12458	13783	16023
宿松县	6921	8460	8010	7795	9559	11177	11629	14677
望江县	7744	9842	11296	10492	9806	12143	13060	14798
岳西县	3651	4441	5051	5840	7468	8942	9505	10596
黄山市								
屯溪区	2706	3517	3788	4399	2831	3948	3962	5654
黄山区	3522	4464	5073	5462	5452	6102	7352	8272
徽州区	1365	1639	2089	2596	2053	2402	2805	3647
歙县	7587	8952	10596	12677	9055	11805	13349	17013
休宁县	4705	6318	7290	7472	5943	7781	8700	9699
黟县	1993	2317	2509	3110	3281	3724	3996	4650
祁门县	4608	5807	5388	6258	5957	7216	6857	8496
滁州市								
天长市	10165	13615	13522	14208	12156	16241	15873	16796
明光市	8458	11051	11344	12743	12076	14637	14526	16443
来安县	8041	9717	7362	9004	9818	11742	9147	10837
全椒县	9147	12473	12906	14256	10827	14497	15003	15936
定远县	11071	15251	15793	16703	12679	16281	18286	19041

8—5 续表

单位：万元

县（市）	财政收入				财政支出			
	1996年	1997年	1998年	1999年	1996年	1997年	1998年	1999年
凤阳县	9620	12144	12879	13981	11351	13922	14047	16990
阜阳市								
界首市	17127	23171	27027	28275	20547	26645	28989	30313
临泉县	13229	17460	20971	19701	16388	22354	23966	24660
太和县	12945	19518	24137	24929	13378	22730	25485	29706
涡阳县	20475	24712	26621	29236	22967	26915	29163	30335
蒙城县	18982	24745	24804	25942	20831	26043	25157	26400
阜南县	11095	15195	18469	20952	15606	17371	21850	22135
颍上县	14637	18991	21409	23732	17717	23098	25566	27503
利辛县	9130	12954	14504	13739	12800	16300	17336	18044
宿州市								
砀山县	12257	14393	14926	15139	13623	15708	17606	18150
萧县	15227	17616	17955	18553	16443	20259	18992	24524
灵璧县	11119	12604	11340	12888	13622	14753	12453	15601
泗县	10058	10593	8557	8671	11819	12366	10685	11310
六安地区								
六安市	23603	27062	28345	29657	27816	32126	32864	37310
寿县	17208	20392	22506	22623	19683	23573	24743	25508
霍邱县	16848	20587	22896	21651	19981	26062	26352	26492
舒城县	13980	15915	17550	17619	17793	20104	20200	22457
金寨县	8368	9561	10076	10420	11698	15189	14846	16383
霍山县	8227	9644	10594	11171	10510	13054	13016	14743
巢湖市								
庐江县	12568	13600	16297	17066	15591	16784	18653	21082
无为县	14164	15331	18359	19324	18176	20435	22380	27453
含山县	8823	9141	9738	10487	10754	11749	11902	12975
和县	11001	11879	12065	12211	12821	14026	12914	14403
宣城地区								
宣州市	15131	17523	19199	17999	16236	20216	20412	22161
宁国市	17492	15251	15225	15662	6694	18436	16841	19402
郎溪县	4878	5505	5563	3352	8818	7724	7270	8931
广德县	7251	8750	10125	9048	20814	10561	12151	12061
泾县	7622	9224	9968	8482	9783	11460	13023	11440
旌德县	2738	3348	3896	3428	4059	5227	5471	5355
绩溪县	5371	7146	6381	4616	7310	9444	8635	6901
池州地区								
贵池市	10439	11766	11569	11528	12858	14018	12887	15850
东至县	7181	7898	8217	8202	9706	10249	10571	11480
石台县	2515	2442	1587	1513	4492	3981	3295	3426
青阳县	4151	5117	5435	5295	6237	7302	7692	8140

8—6 金融机构存、贷款余额

单位：亿元

年份	各项存款	企业存款	地方财政存款	储蓄存款	农村存款	各项贷款	短期贷款	中长期贷款	信托类贷款
1950	0.31	0.13		0.01		0.17	0.17		
1953	1.37	0.50	0.17	0.19		1.96	1.96		
1958	7.89	2.48	0.65	0.66	1.08	18.28	18.28		
1965	8.83	2.98	1.33	0.76	1.21	21.10	21.10		
1970	16.93	5.04	3.75	1.05	1.69	33.19	33.19		
1978	33.80	8.69	3.18	2.87	4.85	54.58	54.58		
1979	36.59	10.36	3.82	4.03	5.68	59.84	59.84		
1980	39.54	12.34	3.31	5.86	6.05	66.29	66.29		
1981	41.06	14.70	3.50	7.37	6.40	80.18	77.74	2.38	
1982	47.48	16.81	5.24	9.74	7.87	92.84	88.19	4.52	
1983	59.59	19.38	8.61	12.68	9.59	101.31	95.54	5.51	
1984	101.78	35.41	9.81	28.32	6.06	143.99	119.71	12.85	
1985	107.33	40.19	5.19	38.43	6.15	180.33	140.67	19.80	
1986	141.17	52.23	5.17	55.45	7.64	236.85	185.00	27.31	
1987	175.71	58.17	4.34	75.34	8.39	279.97	209.01	36.27	
1988	202.35	63.70	5.14	90.29	9.40	322.12	239.89	41.91	
1989	231.85	63.82	8.55	119.67	8.59	358.84	298.09	45.69	7.49
1990	293.44	81.00	6.50	163.05	9.14	446.03	372.11	56.28	7.53
1991	397.01	108.53	6.83	208.86	16.02	560.79	450.77	81.06	10.64
1992	482.53	146.39	3.10	261.02	18.74	681.33	524.37	108.77	21.92
1993	612.96	170.60	7.64	348.92	20.63	828.03	627.97	142.99	26.44
1994	832.62	243.79	11.54	487.41	21.42	1036.71	765.81	209.94	22.66
1995	1111.72	308.20	11.32	683.93	28.57	1279.25	939.80	251.88	39.00
1996	1422.61	422.83	13.92	884.07	29.01	1535.84	1148.29	292.40	31.26
1997	1704.04	515.74	34.05	1036.55	32.68	1906.17	1451.74	322.39	10.93
1998	2004.29	603.17	32.27	1175.08	33.76	2152.53	1597.74	356.86	13.36
1999	2186.53	652.78	39.01	1302.88	37.01	2180.85	1674.49	347.05	10.65

注：1. 本表（1949—1983年）金融机构存、贷款余额系国家银行口径，不包括“农村信用社”统计数，其中，储蓄存款数，也不包括“农户储蓄存款数”；不包括“建设银行”统计数，因当时建行没有纳入国家信贷计划管理，属财政部门管理。

2. 本表1984年以来各年份金融机构存、贷款余额系全社会口径，包括人民银行、工商银行、建设银行、农业银行、农业发展银行、中国银行、交通银行、投资银行、中信银行、蚌埠住房银行、城市商业银行、城市信用社、农村信用社、金融信托投资公司、邮政储汇局等。

8—7 金融机构信贷收支情况

单位：万元

项目	1999年	项目	1999年
各项存款	**21865313**	**各项贷款**	**21808494**
企业存款	6527842	短期贷款	16744935
活期存款	5125795	工业贷款	4188904
定期存款	1402047	商业贷款	7150036
财政存款	407037	#收购贷款	4308209
机关团体存款	4190	建筑企业贷款	252411
储蓄存款	13028756	个体工商业贷款	143880
活期储蓄存款	2842996	乡镇企业贷款	1224326
定期储蓄存款	10185760	三资企业贷款	378115
农村存款	370059	其他短期贷款	1686434
信托存款	185111	农业贷款	1720829
委托存款	506135	中长期贷款	3470460
其他存款	836183	基本建设贷款	1383360
		技术改造贷款	1049952
		其他中长期贷款	1037148
		信托类贷款	106513
		委托贷款	548991
		逾期类贷款	324201
		中期流动资金贷款	613394

注：本表机构包括人民银行、国有独资商业银行、农业发展银行、其他商业银行、城市商业银行、邮政储汇局、城市信用社、农村信用社、信托投资公司。

8—8 国家银行信贷收支情况

单位：万元

项目	1998年	1999年	项目	1998年	1999年
各项存款	**14567298**	**16340760**	**各项贷款**	**17544390**	**18046430**
企业存款	5162480	5525069	短期贷款	13490255	13948701
#定期存款	1072203	1231708	工业贷款	3954206	4063659
财政存款	321945	404197	商业贷款	6840928	7017354
中央财政存款	45741	16816	#收购贷款	3916784	4308209
地方财政存款	253305	387122	建筑业贷款	266805	225845
财政预算外存款	22172		农业贷款	452215	450318
其他财政存款	727	259	乡镇企业贷款	630583	663150
机关团体存款	15673	4190	个体工商企业贷款	44219	58291
城镇储蓄存款	8557774	9613511	三资企业贷款	331698	370411
#定期储蓄存款	6924684	7581639	其他短期贷款	969601	1099673
农村存款	61199	65710	中长期贷款	3475289	3384600
信托存款	1188	546	基本建设贷款	1415245	1369177
其他存款	447039	727537	技术改造贷款	1197960	1048493
			其他中长期贷款	862084	966930
			信托类贷款	9003	5578
			逾期类贷款	53328	94200
			中期流动资金贷款	516515	613351

注：本表机构包括人民银行、国有独资商业银行、中信银行、农业发展银行、交通银行、邮政储汇局等。

8—9 农村信用社信贷收支情况

单位：万元

项目	1998年	1999年	项目	1998年	1999年
各项存款	**3140509**	**3348002**	**各项贷款**	**1979973**	**2230861**
			短期贷款	1923742	2190661
企业存款	24778	26473	工业贷款		
			商业贷款		
活期存款			#收购贷款		
			建筑企业贷款		
定期存款	24778	26473	农业贷款	1093215	1270479
			乡镇企业贷款	516934	554410
农村储蓄存款	2791167	2978107	三资企业贷款		
			个体工商业贷款		
活期储蓄存款	622254	696843	贴现贷款	10945	18324
			其它短期贷款	302648	347448
定期储蓄存款	2168913	2281264	中长期贷款	56231	40200
			技术改造贷款		
农村存款	276331	303774	基本建设贷款		
			其他中长期贷款	56231	40200
信托存款			逾期类贷款		
			信托类贷款		
其它存款	48233	39648	中期流动资金贷款		

8—10 城市商业银行信贷收支情况

单位：万元

项目	1998年	1999年	项目	1998年	1999年
各项存款	**568678**	**770958**	**各项贷款**	**317656**	**416407**
			短期贷款	229315	308674
企业存款	420282	564227	工业贷款	38900	63077
			商业贷款	46021	63941
活期存款	339789	488583	#商业贷款	50	
			建筑及基建企业贷款	17589	25818
定期存款	80493	75644	农业贷款		
			乡镇企业贷款	4474	4845
城镇储蓄存款	117885	156357	承包及个体贷款	16719	28101
			三资企业贷款	6693	6594
定期储蓄存款	82230	106067	其他短期贷款	98919	115938
			#贴现贷款	14242	17227
活期储蓄存款	35655	50290	中长期贷款	10551	23504
			基本建设贷款	2950	4307
农村存款	78	207	技术改造贷款	1040	1420
			其他中长期贷款	6561	17777
信托存款			信托贷款		
			逾期类贷款	77710	84186
其它存款	30433	50167	中期流动资金贷款	80	43

8—11 城市信用社信贷收支情况

单位：万元

项　　目	1998年	1999年	项　　目	1998年	1999年
各项存款	**568255**	**563076**	**各项贷款**	**379979**	**375243**
			短期贷款	297329	259291
企业存款	295710	292355	工业贷款	61631	57248
			商业贷款	77904	64533
活期存款	229723	236259	#收购贷款		
			建筑企业贷款		142
定期存款	65987	56096	农业贷款		32
			乡镇企业贷款	1204	1921
城镇储蓄存款	266262	260828	三资企业贷款		
			个体工商业贷款	62375	57488
定期储蓄存款	213403	204082	贴现贷款	2273	10076
			其它短期贷款	91942	67851
活期储蓄存款	52859	56746	中长期贷款	9838	9848
			技术改造贷款		39
农村存款	18	368	基本建设贷款	2581	166
			其他中长期贷款	7257	9643
信托存款	84		逾期类贷款	72800	106087
			信托类贷款	12	17
其它存款	6181	9525	中期流动资金贷款		

8—12 农村信用社机构、人员数

项　　目	1985年	1990年	1995年	1996年	1997年	1998年	1999年
机构数（个）	**4782**	**5752**	**5599**	**5637**	**5861**	**5500**	**5375**
独立核算机构	3444	3512	1995	2008	2063	1977	1989
农村信用社					1979	1893	1905
农村信用联社					84	84	84
非独立核算机构	1338	2240	3604	3629	3798	3523	3386
联社营业部					85	85	84
信用分社					2323	2114	2091
储蓄所					1390	1324	1211
信用代办站（个）	**6877**	**6094**	**2524**	**2366**	**1869**	**439**	**360**
信用社在职职工人数（人）	**17582**	**20650**	**24046**	**23859**	**24213**	**23260**	**23514**
固定职工	13266	12240	10566	10322	10268	9451	8999
合同职工	4316	8410	13480	13537	13945	13809	14515
信用代办站业务员人数（人）	**8560**	**10409**	**5606**	**5600**		**793**	**774**

8—13 中国人民保险公司安徽省分公司 中国人寿保险公司安徽省分公司业务经济技术指标

（1999）

单位：万元

项　　目	承保额	承保人次（人次）	保费收入	赔　款	给　付
财产保险公司	**19696000**		**115341**	**69546**	
财产险	11960000		34393	22179	
机动车辆险	4869000		72937	43843	
船舶险	163000		1349	1019	
货物运输险	2511000		5399	1707	
代理出口信用险			529		
农业险	193000		734	798	
人寿保险公司		**8869476**	**163290**	**11300**	**45721**
意外短期险类		7048724	19325	8982	
健康险类		1131631	4439	2303	
寿险类		605092	98413		43115
养老年金险类		81653	41096		2250
储金性业务		2376	17	15	356

8—14 安徽省上市公司数量

单位：个

年份	全省合计	上交所	深交所	仅发A股公司	发A、H股公司	发A、B股公司	仅发B股公司	仅发H股公司
1993	3	1	2	2	1			
1994	3	1	2	2	1			
1995	3	1	2	2	1			
1996	10	3	6	5	1	2	1	1
1997	14	4	8	8	1	3		2
1998	19	6	11	13	1	3		2
1999	20	6	12	14	1	3		2

8—15 安徽省股票发行及筹资情况

年份	股票发行股数 （万股）			股票筹资额 （万元）			
	A股	B股	H股	A股	B股	H股	配股筹资
1993	94781		173000	309194		437690	
1994							10115
1996	11319	24000	49301	67745	73640	93179	7946
1997	19500		36000	119345		88000	16040
1998	27500			148600			61886
1999	6000			39000			25074

8—16 各地市股票发行情况

（截止1999年）

地市	股票发行				总股本（万股）	流通股本（万股）
	上市公司（家）	发行股票（只）	发行股数（万股）	发行金额（万元）		
总计	20	24	441401	1376393	1192508	426082
合肥市	8	9	106320	316208	282132	90601
蚌埠市	1	1	6000	39000	14698	6000
芜湖市	1	1	36000	88000	98348	36000
马鞍山市	1	2	241781	674984	645530	241781
铜陵市	1	1	3100	16275	14000	3500
安庆市	1	1	5000	21650	17000	5000
黄山市	1	2	12000	41200	23300	12000
滁州市	1	1	6000	34080	20000	6000
阜阳市	1	1	6500	37050	19000	6500
巢湖市	1	1	5000	30750	14000	5000
宣城地区	2	2	5700	36716	21000	5700
亳州市	1	2	8000	40480	23500	8000

主要统计指标解释

财政收入 国家财政参与社会产品分配所得的收入，是实现国家职能的财力保证。财政收入所包括的内容几经变化，目前主要包括：(1) 各项税收；(2) 国有资产经营收入；(3) 行政性收费收入；(4) 国有企业计划亏损补贴等。

财政支出 国家财政将筹集起来的资金进行分配使用，以满足经济建设和各项事业的需要，主要包括：(1) 基本建设支出；(2) 企业挖潜改造资金；(3) 科技三项经费；(4) 支援农村生产支出；(5) 农林水利气象等部门的事业费用；(6) 工业交通流通等部门的事业费；(7) 文教科学卫生事业费；(8) 抚恤和社会福利救济费；(9) 行政管理费；(10) 政策性补贴支出等。

存款 企业、机关、团体或居民根据可以收回的原则，把货币资金存入银行或其他信用机构保管并取得一定利息的一种信用形式。根据存款对象的不同可划分为企业存款、财政存款、机关团体存款、基本建设存款、城镇储蓄存款、农村存款等科目。它是银行信贷资金的主要来源。

贷款 银行或其他信用机构根据必须归还的原则，按一定利率，为企业、个人等提供资金的一种信用活动形式。我国银行贷款，分流动资金贷款、固定资产贷款、城乡个体工商户贷款以及农户贷款等科目。

承保额 又叫保险金额。它是保险人对被保险人负担损失补偿或约定给付的金额。它是保险合同上的最高责任额，也是计算保费的依据。

保费 又叫保险费。是保险人根据保险合同的有关规定，为被保险人取得因约定危险事故发生所造成的经济损失补偿（或给付）权利，付给保险人的代价。包括财产险和人身险储金收入。

赔款 保险事故发生后，经查证确属保险责任范围以内的保险标的损失，保险人根据保险合同的规定履行赔偿义务，给予被保险人的款项叫做赔款。赔款可分为已决赔款和未决赔款两种。

给付 人寿保险中被保险人到达约定的退休年龄，或遇到意外伤残、死亡时，按合同规定，由保险人给付被保险人或受益人的保险金称为给付。

九、物价指数

PRICE INDICES

简要说明

一、本篇价格指数资料，反映生产、流通、消费与投资等环节的价格变动趋势和变动幅度。主要包括居民消费价格指数、商品零售价格指数、农业生产资料价格指数、农产品收购价格指数、工业品出厂价格指数（生产者价格指数）、原材料燃料动力购进价格指数、固定资产投资价格指数。

二、价格指数统计由省城市社会经济调查队组织实施，各市、县城调队依据国家统计局统一制定的价格统计调查制度向基层采集原始数据汇总后上报。

三、消费、零售价格指数都是采用分层抽样调查方法编制的，以样本推断总体。抽选出的调查市、县 20 个。编制过程有五大要素：

1. 调查地区和调查点的选择。调查地区选择的方法参照住户调查方法的第一阶段，在此基础上选定经营规模大、商品种类多的商场（包括集市）作为主要调查点。

2. 代表商品和代表规格品的选择。代表商品由国家城调总队统一规定，代表规格品由省市城调队自行确定，代表规格品确定的原则：（1）与社会生产和人民生活关系密切；（2）销售数量（金额）大；（3）市场供应保持稳定；（4）价格变动趋势有代表性。

3. 价格调查方式。采用派员直接到调查点登记调查，聘请辅助调查员协助登记调查。

4. 权数的确定。商品零售价格指数的计算权数是根据省商品零售额统计确定的，居民消费价格指数的计算权数是根据城乡居民家庭消费支出构成计算。

5. 计算公式的选择。商品零售价格指数和居民消费价格指数都是采用综合公式（$K = \Sigma P_1Q_1 / \Sigma P_0Q_1$）编制的。

四、工业品价格统计采用重点调查方法，固定资产投资价格指数采用重点调查与典型调查相结合的方法。调查范围包括抽中的各种经济类型的工业、建筑业企业及建设单位。

本篇责任编辑： 刘流古

商品零售价格指数（以上年为100）

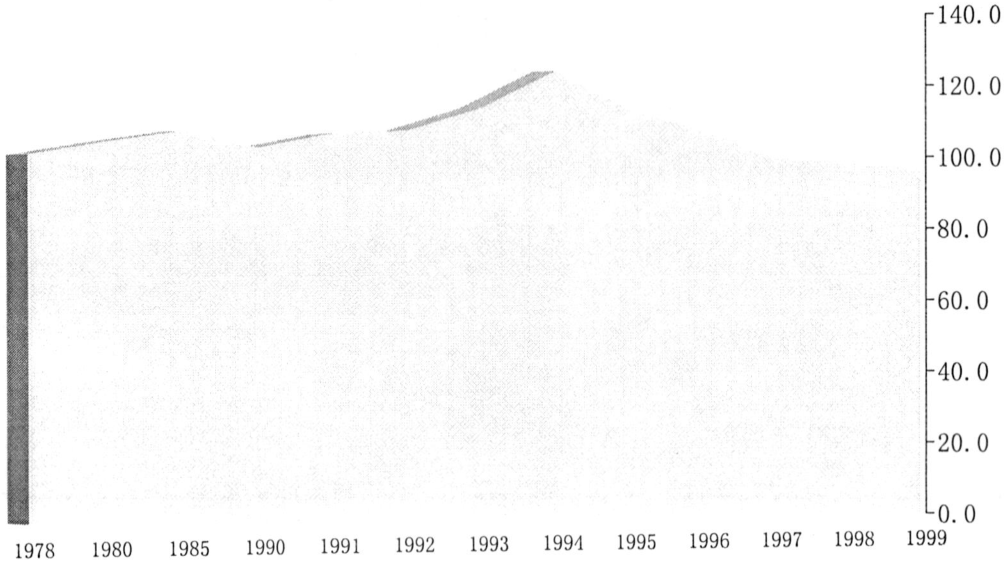

居民消费价格指数(以上年为100)

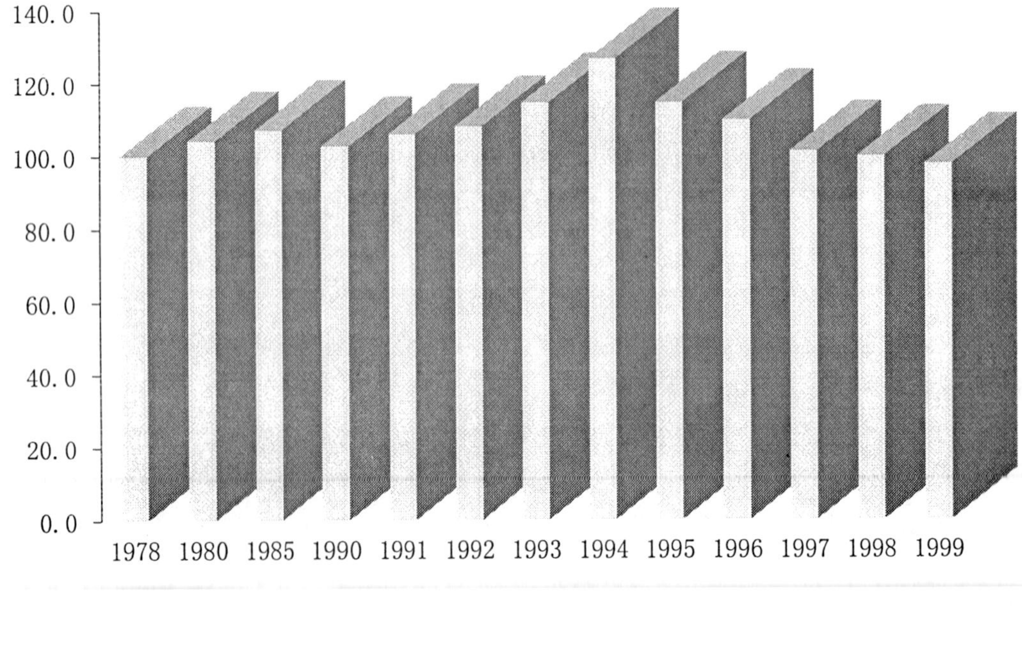

9—1 各 种 物 价 总 指 数

（以上年价格为100）

年 份	商品零售价格指数	居民消费价格指数	城市居民消费价格指数	农村居民消费价格指数	农产品收购价格指数	农村工业品零售价格指数	工农业商品综合比价指数（以农产品收购价格总指数为100）
1978	100.0				103.0		
1979	102.1	102.6	102.6		133.6	100.9	85.9
1980	103.4	104.1	104.1		105.3	100.7	97.4
1981	101.7	103.2	103.2		108.2	100.7	93.1
1982	101.0	100.1	100.1		104.9	101.7	96.9
1983	101.1	102.2	102.2		104.5	100.7	96.4
1984	102.0	102.1	102.1	102.0	101.1	102.2	101.1
1985	106.4	107.1	107.8	106.4	105.2	102.3	97.2
1986	105.2	106.2	105.8	106.5	104.6	103.3	98.8
1987	109.7	109.1	109.9	108.3	110.6	107.9	97.6
1988	121.8	120.9	121.4	119.1	125.6	115.9	92.3
1989	117.1	117.2	115.7	118.8	116.8	119.4	102.2
1990	101.9	102.7	102.6	102.8	96.2	103.6	107.7
1991	105.7	106.1	107.4	104.1	102.2	102.3	100.1
1992	106.6	108.2	108.8	108.0	98.2	104.6	106.5
1993	112.9	114.7	114.4	115.4	114.2	113.4	99.3
1994	123.2	126.9	127.4	126.3	138.7	118.8	85.7
1995	112.7	114.8	115.9	113.7	119.0	113.3	95.2
1996	107.1	109.9	110.1	109.7	100.8	105.8	105.0
1997	99.4	101.3	101.9	100.7	93.6	99.4	106.2
1998	98.1	100.0	100.3	99.9	93.2	99.0	106.2
1999	96.6	97.8	97.6	98.0	85.0	95.7	112.6

9—2 各 种 物 价 总 指 数

（以1978年价格为100）

年 份	商品零售价格指数	居民消费价格指数	城市居民消费价格指数	农产品收购价格指数	农村工业品零售价格指数
1979	102.1	102.6	102.6	133.6	100.9
1980	105.6	106.8	106.8	140.7	101.6
1981	107.4	110.2	110.2	152.2	102.3
1982	108.4	110.3	110.3	159.7	104.1
1983	109.6	112.8	112.8	166.9	104.8
1984	111.8	115.1	115.1	168.7	107.1
1985	119.0	123.3	124.1	177.5	109.6
1986	125.2	130.9	131.3	185.6	113.2
1987	137.3	143.7	144.3	205.3	122.1
1988	167.3	173.7	175.2	257.9	141.5
1989	195.8	203.5	202.7	301.2	169.0
1990	199.6	209.0	208.0	289.7	175.1
1991	210.9	221.8	223.4	296.1	179.1
1992	224.9	240.0	243.0	290.8	187.3
1993	253.9	275.3	278.0	332.1	212.4
1994	312.8	349.3	354.2	460.6	252.4
1995	352.5	401.0	410.5	548.1	285.9
1996	377.5	440.7	451.9	552.5	302.5
1997	375.2	446.4	460.5	517.1	300.7
1998	368.1	446.4	461.9	482.0	297.7
1999	355.6	436.6	450.8	409.7	284.9

9—3 居民消费价格分类指数

(以上年价格为100)

类别	全省		城市		农村	
	1998年	1999年	1998年	1999年	1998年	1999年
居民消费价格指数	**100.0**	**97.8**	**100.3**	**97.6**	**99.9**	**98.0**
食 品	**97.8**	**94.4**	**97.4**	**93.6**	**98.0**	**95.2**
粮 食	101.7	98.0	102.5	97.2	101.2	98.7
细 粮	101.7	98.1	102.6	97.2	101.2	98.7
粗 粮	101.4	96.3	97.0	96.0	103.0	96.5
淀粉及薯类	105.5	95.4	110.0	94.1	103.2	96.8
干豆类及其制品	98.7	92.0	93.9	89.7	100.6	93.6
油脂类	101.2	94.5	103.0	93.7	100.2	95.4
肉禽及其制品	89.5	92.0	88.4	91.2	90.3	92.9
蛋 类	101.0	90.8	103.1	89.5	99.5	92.3
水产品类	96.2	90.0	95.2	90.8	96.7	89.3
菜 类	108.2	95.8	107.9	93.5	108.5	98.2
鲜 菜	109.5	95.0	109.1	92.7	109.8	97.8
干 菜	95.0	106.3	90.3	109.6	97.4	103.7
菜制品	103.1	95.9	100.8	94.4	104.1	96.5
调味品	99.5	98.5	97.8	98.0	100.4	98.9
糖 类	96.7	93.8	96.7	93.2	96.7	94.1
食 糖	93.7	86.5	93.0	86.2	94.0	86.7
糖 果	98.9	99.0	98.9	97.3	98.9	100.2
烟草类	97.8	91.0	98.2	90.6	97.7	91.3
酒和饮料	96.7	95.4	95.5	93.7	97.3	96.8
干鲜瓜果类	94.7	97.4	93.9	96.7	95.3	98.2
鲜 果	94.8	98.6	94.6	97.9	95.0	99.4
干 果	94.2	92.7	91.1	92.0	96.4	93.7
糕点类	101.9	99.9	101.6	99.9	102.1	99.8
奶及奶制品	98.1	96.3	98.8	98.2	97.7	94.0
其他食品	95.1	98.4	93.1	97.7	96.3	99.1
饮食业	100.3	98.6	100.4	98.0	100.2	99.7
主 食	99.7	96.1	100.5	94.5	98.8	100.1
炒 菜	100.4	99.6	100.2	99.7	100.6	99.4
地方小吃	100.7	99.8	100.4	99.5	101.1	100.5
衣着类	**98.6**	**98.2**	**99.3**	**98.5**	**98.3**	**97.9**
服 装	98.3	97.7	99.3	98.1	97.6	97.1
衣着材料	98.9	97.0	99.4	96.6	98.6	97.2
棉 布	101.4	99.6	100.2	97.4	101.7	100.4
棉花化纤混纺布	100.3	97.8	101.1	95.0	100.1	98.8
化纤布	98.3	96.1	99.8	96.6	97.6	95.9
呢 绒	99.2	97.8	102.4	96.5	98.1	98.4
绸 缎	97.8	97.5	98.8	97.0	97.4	97.7
毛 线	98.5	96.4	97.1	97.1	98.9	96.2

9—3 续表 （以上年价格为100）

类别	全省		城市		农村	
	1998年	1999年	1998年	1999年	1998年	1999年
鞋袜帽及其他衣着	99.3	100.0	99.2	100.4	99.3	99.6
鞋类	99.0	99.9	98.8	100.2	99.1	99.6
袜子	102.4	101.1	105.7	100.7	101.3	101.3
帽子	98.8	98.7	99.6	101.8	98.6	97.0
其他衣着	99.4	100.0	99.6	102.6	99.4	98.7
家庭设备及用品	**98.4**	**98.5**	**98.8**	**99.1**	**98.1**	**98.0**
耐用消费品	97.0	97.2	97.6	98.8	96.4	95.8
家具	98.1	99.2	99.1	98.7	97.1	99.6
家庭设备	96.6	96.7	97.0	98.8	96.2	94.5
室内装饰品	99.1	97.9	100.5	96.8	98.3	99.7
床上用品	100.1	99.0	101.0	99.1	99.7	98.7
家庭日用杂品	100.7	99.4	100.7	99.0	100.7	99.8
其他日用品	98.3	100.3	98.9	101.0	97.9	99.6
医疗保健用品	**103.6**	**101.4**	**104.9**	**101.5**	**103.2**	**101.4**
医疗器具及保健用品	101.1	100.3	102.7	98.5	100.7	101.0
中药材及中成药	104.2	103.3	104.6	103.9	104.2	102.8
西药	103.6	100.0	105.5	99.8	102.7	100.1
交通和通讯工具	**96.3**	**93.7**	**97.2**	**93.7**	**95.9**	**93.8**
交通工具	97.6	95.0	98.0	96.1	97.4	94.5
通讯工具	93.5	91.8	96.0	91.6	91.5	91.9
娱乐教育文化用品	**96.8**	**97.4**	**97.2**	**98.1**	**96.6**	**96.8**
文娱用耐用消费品	90.8	92.3	90.1	93.1	91.0	91.7
教材及参考书	104.7	103.9	104.8	103.9	104.7	104.0
文化娱乐用品	101.8	102.0	101.1	102.0	102.2	102.0
文娱用品	100.7	100.8	100.8	100.9	100.8	100.7
书报杂志	103.1	103.3	101.6	103.0	103.9	103.5
居住	**102.6**	**101.9**	**105.4**	**105.0**	**101.0**	**99.4**
住房	102.7	103.1	107.5	107.7	100.6	100.3
建筑材料	97.9	96.8	99.4	95.5	97.4	97.2
房租	110.3	111.7	118.4	119.2	106.3	106.6
水电燃料	102.5	101.0	104.3	103.8	101.4	98.0
服务项目	**114.4**	**107.9**	**113.2**	**105.7**	**115.1**	**110.3**
电讯费	100.3	94.9	100.4	95.1	99.9	94.2
邮费	100.3	130.6	100.0	129.5	100.5	131.2
交通费	105.6	103.8	105.8	100.8	105.5	107.4
洗理美容费	107.1	99.9	109.5	99.6	105.5	100.2
文娱费	106.8	102.3	104.9	104.4	108.2	99.2
学杂保育费	125.8	115.4	125.1	113.5	126.3	117.3
修理及其服务费	103.0	100.6	103.3	99.8	102.7	101.6
医疗保健服务费	106.7	103.0	108.5	104.9	106.1	102.0

9—4 商品零售价格分类指数

(1999年，以上年价格为100)

类别	全省	城市	农村	类别	全省	城市	农村
商品零售价格指数	**96.6**	**96.6**	**96.6**	鞋	100.2	100.4	100.0
食品	**95.1**	**93.9**	**96.0**	其他衣着	100.2	100.9	99.8
粮食	97.7	97.1	98.1	**纺织品类**	**97.5**	**97.1**	**97.9**
细粮	98.4	98.0	98.6	棉布	99.3	97.8	100.8
粗粮	90.5	87.5	93.2	棉花化纤混纺布	97.0	94.9	98.9
油脂类	94.8	94.3	95.3	化纤布	95.7	94.8	96.3
肉禽蛋	92.1	90.8	93.2	呢绒	97.4	97.1	97.8
水产品	88.7	88.2	88.9	绸缎	98.3	98.5	97.9
鲜菜	94.8	91.7	97.5	其他纺织品	97.9	98.5	97.5
干菜	98.1	97.2	98.7	**中西药品类**	**101.3**	**101.3**	**101.3**
鲜果	98.5	97.0	99.6	中药	103.8	104.3	103.3
干果	92.8	92.7	92.8	西药	99.5	99.2	99.7
其他食品类	97.2	97.1	97.2	医疗用品	101.0	100.6	101.5
调味品	98.5	98.3	98.6	**化妆品类**	**99.7**	**100.0**	**99.3**
食糖	87.1	86.1	87.6	**书报杂志类**	**104.4**	**104.3**	**104.5**
糖果	99.3	97.1	100.8	**文化体育用品类**	**100.1**	**99.8**	**100.6**
糕点	100.1	100.4	99.9	文化用品	99.8	99.7	100.0
奶及奶制品	96.0	97.7	94.5	体育用品	100.9	100.1	101.6
罐头	98.4	97.5	98.8	**日用品类**	**98.6**	**98.5**	**98.8**
饮食业	99.6	99.2	99.9	一般日用品	98.0	98.2	97.9
主食	99.1	97.7	100.1	家具类	99.1	99.0	99.2
炒菜	99.4	99.8	99.2	日用杂品	99.9	98.7	100.8
地方小吃	101.0	99.5	102.3	**家用电器类**	**93.3**	**95.4**	**91.7**
饮料烟酒类	**94.0**	**93.3**	**94.4**	**首饰类**	**95.6**	**95.4**	**95.8**
饮料	98.9	99.1	98.7	**燃料类**	**98.1**	**100.0**	**96.3**
烟酒	92.4	91.1	93.3	**建筑装潢材料类**	**96.3**	**96.6**	**96.0**
服装鞋帽类	**99.0**	**99.6**	**98.5**	**机电产品类**	**95.2**	**96.0**	**94.4**
服装	98.0	98.9	97.3				

9—5 调查市、县居民消费价格分类指数

（1999年，以上年价格为100）

市县	居民消费价格指数	食品							
			粮食	油脂	肉禽及其制品	蛋类	水产品	菜类	酒和饮料
合肥市	97.7	93.1	99.5	96.8	89.5	88.9	95.1	89.5	90.2
淮南市	97.2	92.9	97.1	93.3	91.7	89.7	99.7	86.9	99.8
安庆市	97.3	94.6	102.1	90.4	90.8	92.6	92.0	99.9	90.6
芜湖市	97.8	93.4	96.4	89.0	88.9	89.7	83.7	96.8	94.4
蚌埠市	97.8	93.3	96.4	97.0	93.0	90.0	86.7	88.3	96.7
亳州市	96.8	94.7	87.0	92.9	97.5	88.2	84.3	93.4	98.7
淮北市	97.1	93.8	95.8	92.1	92.2	90.4	83.3	91.2	96.4
马鞍山市	98.0	94.6	92.5	93.8	89.9	88.6	95.2	108.2	91.9
铜陵市	99.1	94.1	98.9	92.1	90.1	89.0	92.8	97.8	95.6
黄山市	99.1	94.3	98.0	95.0	92.9	89.0	87.9	99.1	93.7
阜阳市	95.8	93.4	96.4	93.9	95.1	89.0	87.0	89.5	88.4
滁州市	97.3	93.6	98.4	90.6	92.2	89.3	87.3	94.4	88.2
歙县	98.0	96.0	95.8	96.6	95.4	91.7	90.6	99.2	98.5
桐城市	98.2	94.0	98.5	92.0	92.4	97.7	85.8	98.6	91.5
贵池市	96.8	93.2	102.8	92.2	94.1	94.3	82.5	92.3	91.2
宣州市	99.4	97.1	101.0	97.7	89.9	93.3	87.5	111.7	99.1
六安市	99.2	94.8	98.5	95.4	92.2	90.2	90.5	90.1	100.4
巢湖市	96.7	94.4	95.5	93.8	88.4	92.4	92.6	94.3	98.9
宿州市	96.6	94.3	99.5	97.9	91.3	82.7	91.2	98.3	94.0

市县			衣着	家庭设备及用品	医疗保健用品	交通和通讯工具	娱乐教育文化用品	居住	服务项目
	干鲜瓜果	饮食业							
合肥市	97.9	96.7	101.6	98.2	97.7	92.3	95.8	101.5	109.0
淮南市	97.4	95.8	100.4	99.8	102.5	96.6	96.2	102.9	106.2
安庆市	92.3	96.9	97.9	100.0	102.8	98.4	99.1	102.6	100.6
芜湖市	99.1	98.9	101.2	96.3	105.4	99.3	97.1	115.6	99.4
蚌埠市	90.7	100.0	94.5	98.0	102.7	93.4	97.5	107.8	114.5
亳州市	95.9	101.3	100.4	99.6	101.5	91.7	96.9	96.7	104.0
淮北市	99.1	100.0	98.6	99.9	99.4	99.1	101.0	108.4	100.9
马鞍山市	96.4	98.1	97.9	103.0	103.5	86.0	102.3	100.8	102.8
铜陵市	98.1	99.0	98.7	98.9	107.6	99.9	95.6	113.7	106.8
黄山市	91.9	100.0	98.0	98.3	99.1	93.1	96.0	106.9	108.2
阜阳市	100.7	94.0	93.4	96.3	100.6	93.4	95.5	100.3	107.7
滁州市	95.1	102.5	98.8	97.6	103.5	96.7	96.6	99.0	109.3
歙县	93.6	102.8	93.2	96.4	97.1	91.8	94.3	96.2	116.1
桐城市	100.0	100.7	99.9	96.1	103.7	95.3	98.2	101.7	114.7
贵池市	93.4	95.5	100.4	101.5	99.3	83.6	102.3	97.2	105.7
宣州市	101.6	99.5	99.3	98.7	101.2	96.9	100.6	99.6	110.2
六安市	99.4	99.1	98.3	100.2	105.3	103.9	94.4	101.9	115.2
巢湖市	101.9	99.9	98.3	98.0	101.0	90.8	95.2	99.7	99.8
宿州市	93.8	98.6	96.5	96.3	97.8	88.4	92.8	98.8	106.2

9—6 调查市、县商品零售价格分类指数

（1999年，以上年价格为100）

市　　县	商品零售价格指数	食品类	粮　食	油　脂	肉禽蛋	水产品
合肥市	96.5	94.1	99.6	96.5	89.5	91.6
淮南市	97.0	93.5	95.9	93.7	92.5	92.8
安庆市	96.6	95.4	101.9	90.4	90.9	91.6
芜湖市	96.2	92.7	95.3	89.0	88.5	83.3
蚌埠市	95.8	93.0	96.4	96.7	91.5	87.4
亳州市	97.3	94.9	93.3	93.8	95.4	85.0
淮北市	96.8	93.3	94.6	93.0	92.4	79.9
马鞍山市	97.6	94.6	92.3	93.8	90.1	88.5
铜陵市	97.2	94.4	98.4	92.1	90.0	87.4
黄山市	96.8	95.7	98.2	95.0	92.1	88.7
阜阳市	95.5	93.9	96.3	93.9	93.7	86.8
滁州市	96.8	94.2	97.8	90.5	90.6	87.8
歙　县	96.1	97.0	96.9	96.3	96.6	90.8
桐城市	96.2	95.2	98.1	92.2	92.3	85.2
贵池市	95.9	94.4	102.1	92.2	95.1	81.6
宣州市	98.4	97.6	101.6	97.7	90.4	85.4
六安市	96.6	94.1	97.3	94.7	91.4	88.8
巢湖市	96.0	95.1	93.8	92.6	91.5	92.2
宿州市	95.1	94.9	98.8	98.3	90.6	90.4

市　　县	鲜　菜	干　菜	鲜　果	干　果	其他食品	奶及奶制品	饮食业
合肥市	88.3	92.8	102.1	90.5	98.4	95.6	100.7
淮南市	85.9	96.4	96.3	100.1	92.4	94.7	97.0
安庆市	98.6	99.5	89.2	94.0	94.9	95.6	96.9
芜湖市	97.1	95.7	100.9	92.7	96.5	104.6	98.9
蚌埠市	86.1	101.4	92.1	91.0	98.1	93.1	100.0
亳州市	93.6	89.1	97.6	94.8	98.4	96.4	101.5
淮北市	89.0	99.0	98.3	94.8	107.0	100.4	100.0
马鞍山市	108.3	92.3	98.5	87.4	98.7	98.9	98.1
铜陵市	96.5	101.7	99.8	83.3	95.2	99.6	98.8
黄山市	97.8	101.0	91.1	93.8	97.0	99.4	100.0
阜阳市	88.8	90.5	101.0	93.8	99.7	102.0	93.5
滁州市	93.7	94.6	97.8	85.4	95.5	95.9	102.8
歙　县	100.5	102.5	97.7	90.8	93.3	92.5	102.5
桐城市	99.1	89.4	104.8	84.9	96.6	91.8	100.5
贵池市	90.7	97.1	88.6	92.1	95.6	91.4	95.6
宣州市	111.9	101.3	102.2	100.6	100.4	100.0	99.7
六安市	87.6	96.1	102.2	93.3	96.8	95.2	99.1
巢湖市	91.2	101.6	109.4	91.7	100.8	100.0	100.8
宿州市	96.1	105.1	93.5	91.3	95.4	92.5	98.6

9—6 续表

市 县	饮料、烟酒类	服装鞋帽类	纺织品类	中西药品类	化妆品类	书报、杂志类
合肥市	93.2	104.3	97.0	97.6	97.9	103.6
淮南市	93.7	99.9	100.6	102.6	100.7	104.1
安庆市	91.1	99.7	92.5	102.3	102.7	103.9
芜湖市	93.9	101.0	96.3	105.6	102.0	103.3
蚌埠市	92.2	94.7	100.0	102.7	98.5	104.2
亳州市	97.4	101.4	100.5	101.3	100.5	103.4
淮北市	94.9	97.7	98.5	99.3	101.7	105.0
马鞍山市	92.8	98.3	86.1	103.5	105.6	104.1
铜陵市	93.8	97.9	98.7	107.3	100.5	108.5
黄山市	91.2	98.4	99.4	99.2	102.8	103.5
阜阳市	91.1	93.6	97.7	100.4	102.5	103.2
滁州市	93.7	98.8	97.6	103.6	100.0	105.5
歙县	96.6	93.9	94.9	97.5	102.5	103.5
桐城市	87.9	101.1	96.2	103.4	98.3	104.0
贵池市	87.2	100.7	99.0	99.8	101.1	106.0
宣州市	95.6	99.8	97.7	101.2	99.7	103.2
六安市	98.1	98.8	98.4	105.4	96.3	108.0
巢湖市	97.7	100.7	99.3	100.3	102.0	106.6
宿州市	94.1	97.6	96.5	97.7	97.2	103.8

市 县	文化体育用品类	日用品类	家用电器类	首饰类	燃料类	建筑装璜材料类	机电产品类
合肥市	99.6	98.2	94.2	92.9	97.7	95.8	96.2
淮南市	98.5	100.6	93.8	94.2	100.1	96.9	97.9
安庆市	96.9	99.3	100.0	97.6	101.0	93.6	95.3
芜湖市	97.7	96.0	92.2	97.3	101.7	97.8	99.8
蚌埠市	97.4	97.6	94.2	99.6	102.6	98.5	96.9
亳州市	100.8	96.5	96.8	93.6	98.8	92.9	97.4
淮北市	101.7	102.4	97.8	96.5	100.1	99.0	96.6
马鞍山市	107.2	101.0	101.6	92.3	98.7	99.8	93.0
铜陵市	100.9	99.7	94.7	97.5	100.5	98.3	97.1
黄山市	100.3	98.0	93.4	98.0	99.1	99.6	96.3
阜阳市	96.0	96.7	93.6	97.2	99.2	97.2	92.0
滁州市	101.2	96.6	93.9	96.5	100.2	95.6	98.1
歙县	96.7	97.3	90.7	94.9	97.2	96.1	93.5
桐城市	99.3	98.3	92.3	97.7	95.8	98.9	96.8
贵池市	107.2	98.7	97.4	94.5	95.1	90.1	96.7
宣州市	100.9	99.4	96.1	93.0	97.8	105.3	97.4
六安市	99.0	101.7	89.8	99.5	99.0	94.0	97.8
巢湖市	101.8	99.4	89.5	93.1	96.7	93.2	89.1
宿州市	99.8	95.1	86.1	97.4	97.8	93.7	88.7

9—7 调查市、县服务项目价格分类指数

（1999年，以上年价格为100）

市　县	服务项目价格指数	电讯费	邮费	交通费	洗理美容费	文娱费	学杂保育费	修理及其他服务费	医疗保健服务费
合肥市	109.0	95.6	133.3	100.3	100.0	102.0	123.8	103.5	100.0
淮南市	106.2	94.3	117.5	100.0	100.0	116.1	118.7	100.0	100.0
安庆市	100.6	93.1	122.5	100.3	100.0	118.3	100.0	100.0	100.0
芜湖市	99.4	90.3	130.0	101.5	100.0	93.0	102.1	103.1	100.0
蚌埠市	114.5	94.1	130.0	104.8	100.0	100.0	137.2	100.3	100.4
亳州市	104.0	94.0	129.8	101.0	100.0	99.3	94.9	109.4	148.4
淮北市	100.9	98.3	136.1	100.0	100.0	108.7	100.0	100.0	100.0
马鞍山市	102.8	108.3	135.0	100.0	97.7	111.4	104.2	92.5	103.5
铜陵市	106.8	93.4	126.0	101.0	100.0	99.3	116.3	100.7	100.0
黄山市	108.2	93.6	131.8	103.4	100.0	109.4	115.0	100.0	127.0
阜阳市	107.7	92.3	140.7	101.7	92.9	105.0	118.0	95.9	111.1
滁州市	109.3	94.5	128.8	100.7	100.0	100.0	122.7	100.0	101.0
歙县	116.1	95.2	109.0	113.2	109.8	96.0	128.0	100.7	100.0
桐城市	114.7	91.8	148.3	99.4	103.2	102.2	129.3	98.9	100.0
贵池市	105.7	95.4	135.5	121.7	89.3	99.6	105.1	100.2	102.0
宣州市	110.2	93.7	131.7	109.8	100.0	102.1	120.5	102.0	100.0
六安市	115.2	91.3	128.5	102.4	106.0	100.0	123.8	106.4	104.7
巢湖市	99.8	92.8	127.8	99.7	92.0	94.5	99.3	105.0	102.5
宿州市	106.2	92.7	130.5	106.6	101.2	100.0	107.3	100.1	107.5

9—8 农业生产资料价格指数

（以上年价格为100）

类别	1994年	1995年	1996年	1997年	1998年	1999年
农业生产资料价格指数	**122.8**	**128.0**	**107.2**	**98.9**	**94.8**	**95.3**
小农具	124.8	122.9	112.3	102.9	101.0	97.4
饲　料	134.1	137.0	116.1	89.3	102.1	97.7
幼禽家畜	140.2	126.5	110.2	136.1	86.0	83.3
半机械化家具	116.5	110.0	107.2	101.0	99.2	97.6
机械化农具	117.1	119.8	99.4	95.8	95.6	96.2
化学肥料	126.3	138.5	108.5	93.5	90.5	92.6
农药及农药械	106.1	112.9	107.9	99.4	99.1	93.5
农机用油	129.8	107.3	104.2	106.8	92.8	106.0

9—9 农贸市场农产品成交价格指数

(以上年价格为100)

年份	农产品成交价格指数	粮食	油脂类	肉禽蛋	水产品	鲜菜	干菜	鲜果	干果
1990	94.8	80.8	98.1	98.0	97.6	85.2	96.6	103.1	92.8
1991	103.8	96.9	94.7	98.2	100.8	124.3	103.5	110.9	99.5
1992	100.3	105.7	90.0	104.0	108.0	92.3	109.4	85.7	104.3
1993	111.2	113.8	118.9	109.3	120.5	117.0	111.4	100.2	115.7
1994	134.6	161.3	169.1	141.0	119.3	127.1	111.6	114.1	119.7
1995	114.9	134.6	105.3	119.4	107.7	114.5	107.4	117.8	118.0
1996	101.2	103.7	89.1	106.1	95.7	108.9	114.8	93.5	103.7
1997	90.1	78.7	101.0	98.5	100.8	77.8	81.9	83.3	110.6
1998	91.3	103.6	102.0	88.3	92.1	96.1	79.5	93.5	87.4
1999	88.0	96.4	92.2	89.0	87.0	80.7	99.9	92.8	92.3

9—10 调查市、县农业生产资料价格指数

(1999年，以上年价格为100)

项目	总指数	小农具	饲料	幼禽家畜	半机械化农具	机械化农具	化学肥料	农药及农药械	农机用油
农业生产资料价格指数	**95.3**	**97.4**	**97.7**	**83.3**	**97.6**	**96.2**	**92.6**	**93.5**	**106.0**
歙县	95.7	100.0	97.5	68.2	97.4	96.0	95.8	92.7	104.0
桐城市	97.3	98.9	95.3	78.9	98.6	100.0	96.5	96.8	116.9
贵池市	95.1	96.7	94.3		96.7	97.1	92.0	90.6	108.0
宣州市	95.5	100.1	112.3	92.7	99.9	92.4	89.1	93.2	110.6
六安市	94.4	107.7	94.8	74.4	97.2	92.6	90.6	88.3	100.1
巢湖市	93.2	91.1	92.9	87.1	98.1	99.5	91.8	96.5	93.9
宿州市	92.1	90.1	94.6	86.9	99.8	94.4	89.5	87.9	108.5

9—11 调查市、县农贸市场农产品成交价格指数

(1999年，以上年价格为100)

项目	总指数	粮食	油脂类	肉禽蛋	水产品	鲜菜	干菜	鲜果	干果
农产品成交价格指数	**88.0**	**96.4**	**92.2**	**89.0**	**87.0**	**80.7**	**99.9**	**92.8**	**92.3**
合肥市	89.4	99.4	96.5	88.0	99.1	80.9	107.4	99.3	84.6
淮南市	86.8	91.6	92.4	87.0	93.8	77.7	123.8	93.9	98.6
安庆市	90.3	102.9	89.9	88.6	91.7	90.0	104.9	86.3	92.8
芜湖市	86.0	94.3	88.3	87.1	82.9	88.8	106.6	97.0	93.1
蚌埠市	88.3	96.6	98.1	88.6	87.2	79.2	114.9	91.7	88.6
亳州市	94.4	98.6	94.7	93.8	83.8	91.7	103.8	108.5	96.3
淮北市	91.1	94.4	91.5	88.4	107.0	89.5	102.8	86.5	91.7
马鞍山市	89.4	92.3	93.4	87.3	94.4	97.3	103.6	95.8	85.6
铜陵市	86.9	100.3	91.9	89.3	86.8	89.0	98.9	96.5	84.7
黄山市	87.8	98.7	94.9	90.9	89.2	88.4	108.0	87.1	94.4
阜阳市	88.1	97.6	92.8	91.6	84.0	82.5	94.2	97.8	95.0
滁州市	91.0	99.3	90.0	91.6	84.9	91.6	95.9	89.4	85.9

9—12 农产品收购价格分类指数

(以上年价格为100)

年份	总指数	粮食						经济作物	
			小麦	籼稻	玉米	薯干	黄豆		食用植物油及油料
1978	103.0	100.7	100.0	100.0				106.1	100.0
1979	133.6	122.3	125.8	120.3				113.2	122.8
1980	105.3	100.1	100.0	103.1				106.4	100.0
1981	108.2	105.1	100.0	100.0				100.0	100.4
1982	104.9	100.0	100.0	100.0				100.0	100.0
1983	104.5	100.0	100.0	100.0				99.9	100.0
1984	101.1	100.0						100.9	100.0
1985	105.2	100.2						101.5	103.0
1986	104.6	111.8	100.0	100.0	100.0	112.7	115.9	99.7	100.0
1987	110.6	111.0	104.5	108.6	134.6	92.4	106.3	106.0	108.5
1988	125.6	126.1	113.6	141.6	114.2	102.9	131.5	116.9	121.4
1989	116.8	126.8	120.8	122.8	136.8	183.6	102.4	113.9	128.7
1990	96.2	89.5	79.2	93.4	87.6	90.6	87.8	111.4	95.6
1991	102.2	98.1	101.7	100.6	93.0	78.2	111.4	103.3	93.1
1992	98.2	98.4	107.7	83.0	101.9	106.4	121.8	98.3	98.7
1993	114.2	115.1	110.6	125.3	133.6	108.4	130.5	113.7	114.6
1994	138.7	151.6	137.7	196.1	142.9	148.7	113.6	144.0	162.4
1995	119.0	137.7	156.0	110.9	158.0	175.6	117.3	113.4	96.5
1996	100.8	94.5	95.1	83.7	62.5	73.8	130.5	99.6	100.9
1997	93.6	85.1	90.6	92.9	112.4	79.2	100.4	97.0	114.0
1998	93.2	102.9	99.8	110.6	107.0	113.2	80.8	90.1	102.8
1999	85.0	89.7	88.2	90.2	80.0	152.9	86.8	80.8	73.7

9—12 续表

年份	棉花	麻	烟叶	茶叶	竹木材类	工业用油漆类	禽畜产品类	肉畜	肥猪	禽蛋
1978	109.7	100.0	104.5	111.0	100.0	115.0	100.9	100.9		101.6
1979	115.2	101.3	100.0	109.5	132.4	100.4	124.0	127.5		117.0
1980	110.0	115.3	100.0	100.0	100.0	103.2	101.3	100.1		106.2
1981	100.0	97.2	124.3	100.0	138.7	87.9	100.4	100.0		103.8
1982	100.0	100.0	100.0	100.0	100.0	97.4	100.0	100.0		100.2
1983	100.0	98.6	100.0	100.0	100.0	99.0	99.9	100.0		99.9
1984	100.6	105.7	100.0	100.0	100.0	98.4	100.0	100.0		100.0
1985	97.6	95.4	100.0	129.0	112.7	89.7	131.3	122.0		106.5
1986	98.7	100.0	100.0	101.9	110.5	106.4	96.1	104.6	104.6	106.0
1987	102.3	103.1	103.4	104.5	106.3	74.8	123.1	122.5	124.6	142.6
1988	112.7	139.7	100.6	120.7	149.9	117.6	124.2	144.3	151.1	120.8
1989	113.9	109.2	99.5	81.1	109.9	98.9	106.6	100.4	96.4	119.5
1990	147.0	103.6	117.2	97.0	74.2	68.3	91.5	95.0	96.8	98.9
1991	105.9	117.5	149.0	134.3	97.1	112.2	106.1	102.5	101.5	104.6
1992	102.7	290.3	77.5	89.2	109.7	92.4	98.2	107.5	100.6	89.6
1993	110.9	93.1	130.8	114.3	115.4	103.9	111.2	107.7	110.1	112.0
1994	151.4	130.2	107.7	102.4	103.0	165.6	126.4	153.4	151.5	124.5
1995	138.5	148.5	127.8	117.4	108.4	93.1	116.9	105.1	110.9	109.4
1996	100.7	117.4	80.8	99.9	107.3	157.3	106.9	105.6	104.4	118.3
1997	98.3	94.9	72.2	77.8	100.9	99.0	100.9	122.7	127.9	70.8
1998	89.4	39.9	100.0	103.9	104.2	49.2	88.4	83.4	83.4	99.4
1999	73.5	137.9	104.5	104.9	117.3	102.3	85.2	80.9	77.4	95.0

年份	鸡蛋	皮张	鬃毛	蚕茧蚕丝类	干鲜果类	干鲜菜及调味品类	鲜菜	药材类	土副产品类	水产品类
1978		100.0	100.0	100.0	108.7	108.4	91.4	100.4	102.3	100.0
1979		112.5	112.2	120.0	94.3	100.3	100.9	95.6	106.1	149.1
1980		113.5	100.0	100.0	114.0	121.6	120.5	99.8	114.7	100.0
1981		97.6	100.0	100.0	106.3	102.9	103.1	102.8	100.5	100.0
1982		98.2	100.0	100.0	100.0	92.6	95.9	100.0	103.5	100.0
1983		98.1	100.0	100.0	100.0	143.3	148.7	90.2	100.0	100.0
1984		100.0	100.0	100.0	100.0	96.8	87.5	105.1	96.7	100.0
1985		230.7	180.0	101.5	116.6	125.0	138.6	105.3	96.7	217.9
1986	103.6	103.5	72.6	100.0	105.3	107.0	110.5	109.1	108.9	87.9
1987	144.0	109.0	115.8	133.7	109.6	123.5	142.7	102.2	104.3	148.5
1988	118.8	104.8	101.3	242.1	129.6	127.7	133.1	254.8	130.1	131.3
1989	119.0	106.7	131.0	75.1	95.8	79.3	80.3	71.0	121.1	113.2
1990	100.0	96.2	85.1	100.9	81.2	93.4	92.2	99.6	90.6	91.2
1991	104.0	132.7	121.1	113.1	121.6	123.6	126.9	122.2	105.9	106.0
1992	86.1	80.7	118.0	72.0	136.2	102.1	97.7	112.2	115.5	102.3
1993	109.6	111.3	123.1	128.7	86.2	130.5	120.9	129.0	109.0	126.2
1994	113.7	104.6	97.6	158.5	109.2	107.4	125.9	97.9	151.9	112.5
1995	116.4	145.7	119.0	52.7	117.2	107.6	118.3	121.0	117.5	117.5
1996	119.2	104.6	64.5	73.0	119.5	115.2	120.3	108.0	153.2	123.6
1997	62.2	93.4	85.9	127.8	85.2	84.6	82.1	97.9	97.4	101.3
1998	103.5	90.4	92.0	85.4	94.5	104.4	110.8	106.1	60.7	95.0
1999	89.9	85.0	82.7	88.5	57.9	89.1	86.0	98.0	109.0	74.8

9—13 分行业工业品出厂价格指数

（以上年价格为100）

年份	总指数	冶金工业	电力工业	煤炭工业	石油工业	化学工业	机械工业	建筑材料工业
1992	108.72	125.61	108.22	109.19	105.41	100.93	107.94	111.53
1993	125.33	184.67	138.76	144.23	131.84	107.00	122.58	129.23
1994	120.91	96.62	134.76	119.33	108.49	117.59	113.59	123.81
1995	117.12	94.49	110.36	111.78	99.81	125.10	107.61	114.14
1996	101.53	97.57	112.59	112.75	103.54	102.34	101.78	95.21
1997	99.34	94.51	112.94	102.16	109.82	94.42	101.83	96.09
1998	96.36	93.28	110.45	92.74	93.54	93.38	98.94	93.86
1999	95.87	95.16	100.11	93.35	108.20	93.97	96.13	101.39

年份	森林工业	食品工业	纺织工业	缝纫工业	皮革工业	造纸工业	文教艺术用品工业
1992	104.48	115.29	98.72	89.32	105.34	100.73	103.77
1993	140.44	112.75	103.29	112.24	110.99	103.87	104.19
1994	108.84	125.18	139.24	119.27	143.84	114.12	102.55
1995	105.88	125.01	124.05	100.59	93.48	152.36	111.66
1996	105.61	101.83	92.46	126.74	105.19	106.41	100.61
1997	101.99	97.98	99.41	117.10	101.82	93.08	101.74
1998	97.61	96.54	96.36	103.11	103.67	89.55	94.21
1999	92.81	94.78	94.38	91.23		93.94	94.34

9—14 工业品出厂价格分类指数

（以上年价格为100）

年份	全部工业品	生产资料	采掘工业	原材料工业	加工工业	生活资料	食品类	衣着类	一般日用品	耐用消费品
1992	108.72	110.04	104.44	112.50	107.36	107.42	115.29	97.45	102.15	105.78
1993	125.33	139.95	135.10	155.28	120.42	109.03	112.75	102.94	109.50	109.01
1994	120.91	116.93	117.25	113.63	120.59	125.68	125.18	140.38	112.31	107.82
1995	117.12	113.31	116.16	108.32	118.30	121.69	125.01	121.79	117.55	109.72
1996	101.53	102.37	112.24	100.97	102.72	100.37	102.23	94.87	105.67	100.44
1997	99.34	98.55	98.61	98.49	98.63	100.48	98.77	102.94	99.93	97.60
1998	96.36	95.73	92.11	95.21	97.18	97.14	97.06	97.70	96.53	95.24
1999	95.87	96.90	94.17	97.59	96.65	94.51	95.20	92.89	94.68	95.64

9—15 原材料、燃料、动力购进价格分类指数

(以上年价格为100)

年份	全部原材料	燃料、动力类	黑色金属材料	有色金属材料和电线类	化工原料类	木材及纸浆类	建筑材料及非金属矿类	其他工业原材料及半成品类	农副产品	纺织原料类
1992	113.85	123.62	120.33	107.31	100.03	104.87	117.84		105.67	100.05
1993	128.75	129.57	169.41	127.29	120.30	122.18	145.62		103.07	112.51
1994	122.28	119.95	101.94	109.55	121.15	132.43	106.28		139.50	150.15
1995	117.90	107.39	94.40	129.34	127.71	121.11	115.21		146.01	117.46
1996	110.01	113.71	99.70	92.83	95.47	106.70	99.58		126.09	93.05
1997	101.65	106.51	95.42	100.66	97.69	104.92	99.72	95.34	100.67	96.08
1998	95.98	100.52	95.38	85.95	91.34	95.33	99.90	88.85	92.86	93.66
1999	94.47	96.89	94.84	89.01	94.83	93.35	98.70	92.50	91.88	93.76

注：1997年以后的建筑材料类为建筑材料及非金属矿类。1992—1996年建筑材料及非金属矿类中不包括非金属矿类。

9—16 固定资产投资价格指数

(以上年价格为100)

年份	固定资产投资价格指数	建筑安装工程	设备工器具购置	其他费用
1991	114.81	114.70	114.40	117.40
1992	119.83	118.90	113.00	153.21
1993	123.00	124.40	119.60	122.20
1994	120.10	119.20	120.70	124.30
1995	106.50	102.40	107.70	131.10
1996	103.43	104.32	101.81	102.10
1997	101.3	101.1	101.6	101.4
1998	100.0	100.3	99.3	99.7
1999	99.3	100.8	96.1	100.1

主要统计指标解释

商品零售价格指数 是反映城乡商品零售价格变动趋势的一种经济指数。零售物价的调整变动直接影响到城乡居民的生活支出和国家的财政收入，影响居民购买力和市场供需平衡，影响消费与积累的比例。因此，计算零售价格指数，可以从一个侧面对上述经济活动进行观察和分析。

居民消费价格指数 是反映一定时期内城乡居民所购买的生活消费品价格和服务项目价格变动趋势和程度的相对数，是对城市居民消费价格指数和农村居民消费价格指数进行综合汇总计算的结果。利用居民消费价格指数，可以观察和分析消费品的零售价格和服务价格变动对城乡居民实际生活费支出的影响程度。

城市居民消费价格指数 是反映城市居民家庭所购买的生活消费品价格和服务项目价格变动趋势和程度的相对数。城市居民消费价格指数可以观察和分析消费品的零售价格和服务项目价格变动对职工货币工资的影响，作为研究职工生活和确定工资政策的依据。

农村居民消费价格指数 是反映农村居民家庭所购买的生活消费品价格和服务项目价格变动趋势和程度的相对数。农村居民消费价格指数可以观察农村消费品的零售价格和服务项目价格变动对农村居民生活消费支出的影响，直接反映农民生活水平的实际变化情况，为分析和研究农村居民生活问题提供依据。

农产品收购价格指数 是反映国有商业、集体商业、个体商业、外贸部门、国家机关、社会团体等各种经济类型的商业企业和有关部门收购农产品价格的变动趋势和程度的相对数。农产品收购价格指数可以观察和研究农产品收购价格总水平的变化情况，以及对农民货币收入的影响，作为制订和检查农产品价格政策的依据。

农村工业品零售价格指数 是反映农村市场工业品零售价格水平变动趋势和程度的相对数。通过农村工业品零售价格指数，可以观察工业品零售价格变动对农民货币支出的影响。

工业品出厂价格指数 是反映全部工业产品出厂价格总水平的变动趋势和程度的相对数，包括工业企业售给本企业以外所有单位的各种产品和直接售给居民用于生活消费的产品。通过工业品出厂价格指数能观察出厂价格变动对工业总产值的影响。

固定资产投资价格指数 是反映固定资产投资额价格变动趋势和程度的相对数。固定资产投资额是由建筑安装工程投资完成额、设备、工器具购置投资完成额和其他费用投资完成额三部分组成的。编制固定资产投资价格指数应首先分别编制上述三部分投资的价格指数，然后采用加权算术平均法求出固定资产投资价格总指数。

编制固定资产投资价格指数可以准确地反映固定资产投资中涉及的各类商品和取费项目价格变动趋势和变动幅度，消除按现价计算的固定资产投资指标中的价格变动因素，真实地反映固定资产投资的规模、速度、结构和效益，为国家科学地制定、检查固定资产投资计划并提高宏观调控水平，为完善国民经济核算体系提供科学的、可靠的依据。

物价指数编制原则及方法 全省按等距随机原则抽选20个市、县。在被抽选的市县中选择了500多个商店和农贸市场作为代表性基层市场。

由物价专职辅助调查员，每月以消费者身份定时、定点直接调查登记价格：食品一般不少于6次，工业品一般不少于3次，按次数计算市或县月平均价格，再与上年同期价格对比计算出个体指数，最后根据年初确定的权数计算出市、县类指数和总指数。

省城调队在审核20个县、市资料后，按市、县权数加权计算出全省个体指数，最后使用省级权数加权计算出全省类指数和总指数。

居民消费价格的调查范围和内容 是居民用于日常生活消费的全部商品价格和服务项目价格，包括食品、衣着、家庭设备及用品、医疗保健、交通和通讯、娱乐教育和文化用品、居住、服务项目等八大类商品及服务项目价格。从消费渠道来讲，即包括城乡居民从商店、工厂、集市所购买商品的价格，也包括城乡居民从餐饮业购买商品的价格。

十、城乡人民生活

LIVELIHOOD OF URBAN AND RURAL PEOPLE

简要说明

一、本篇资料反映我省城乡人民生活状况。包括就业、居民收支、消费水平、住房及主要消费品拥有量、文化、教育、卫生、公用设施等。

二、本篇中有关城镇居民生活状况的数据来源于城市住户调查资料，是对城市居民家庭抽样调查汇总的结果。主要内容包括家庭人口及其构成、家庭现金收支、主要商品购买数量及支出金额、劳动就业状况、居住状况和耐用消费品的拥有量等。

城市住户调查是由省城市社会经济调查队组织实施，各市、县城调队依据国家统计局统一制定的城市住户调查方案收集资料逐级汇总上报。

城市住户调查是采用固定样本户进行连续记帐调查方式，一般连续调查3年，每年轮换三分之一。调查户是按“二阶段”、“划类选点”、“等距抽样”随机抽选的。共抽选出调查市县14个、调查户1380户。

三、有关农村居民生活的统计资料主要来源于省农村社会经济调查队的农村居民住户调查。主要内容包括农村居民家庭基本情况、人均总收入和纯收入、生活消费支出、主要消费品消费量、耐用消费品拥有量等。

省农村社会经济调查队的农村住户调查采取多阶段、随机起点、对称等距的抽样方法。抽样时一般分为省抽县、县抽村、村抽户等几个阶段。共抽中31个调查县（市），调查户3100户。

本篇责任编辑：张尚煌、李　燚

1999年城乡居民各类消费支出(元)

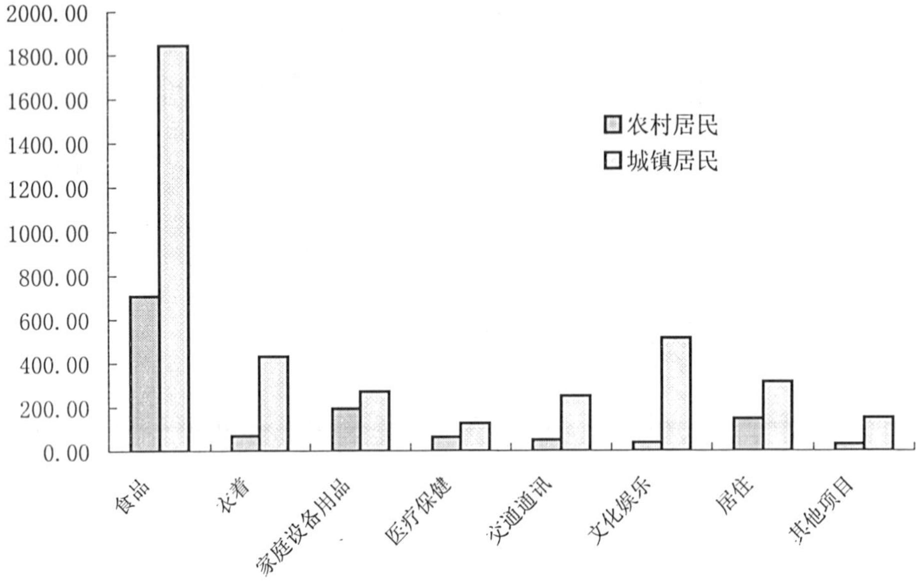

1999年城乡居民主要耐用消费品百户拥有量

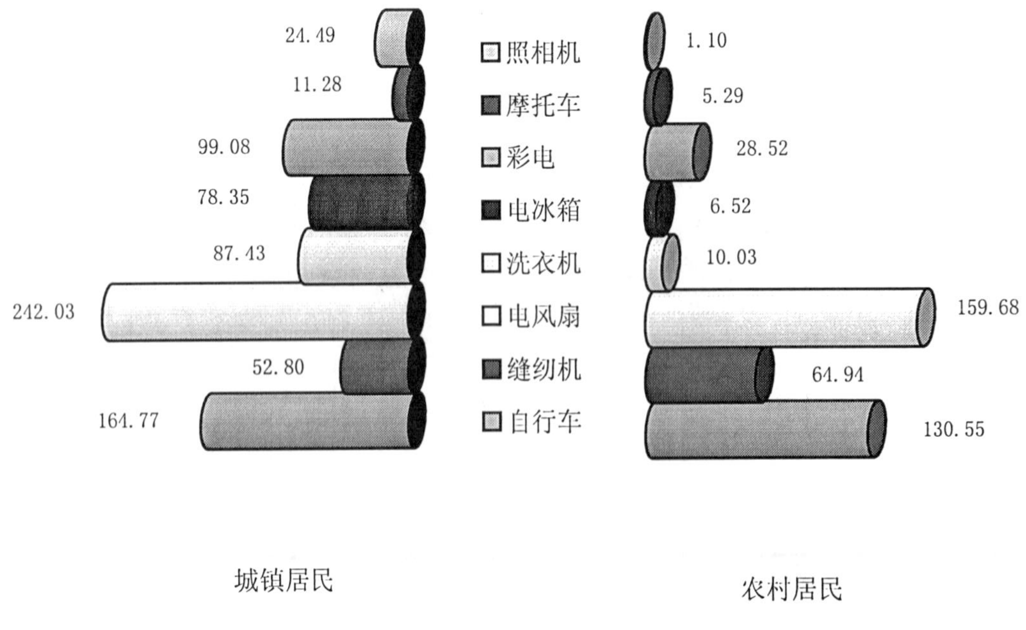

10—1 人民物质文化生活提高情况

指标	单位	1978年	1980年	1985年	1990年	1995年	1998年	1999年
就业								
每一农村劳动力负担人数	人	2.42	2.23	1.67	1.53	1.48	1.51	1.55
每一城镇就业者负担人数	人		1.85	1.80	1.68	1.71	1.67	1.65
城镇登记失业率	%				2.8	3.1	3.2	3.2
收入								
农村居民家庭人均纯收入	元	113.34	184.83	369.41	539.16	1302.82	1863.06	1900.29
城镇居民家庭人均可支配收入	元		398	634	1355	3779	4770	5065
职工年平均工资	元	555	684	950	1827	4609	5491	5767
消费水平								
全省居民	元	165	221	365	670	1669	2370	2523
农民	元	149	200	333	570	1300	1845	1939
非农业居民	元	306	387	570	1236	3441	4675	4985
储蓄								
城乡居民年底储蓄存款余额	万元	39072	87577	384292	1630469	6839300	11750779	13028756
平均每人储蓄存款余额	元	8.4	18.1	74.9	288.0	1139.9	1910.1	2099.4
住房面积								
农村平均每人住房	平方米	8.46	9.23	13.19	15.83	17.82	20.57	21.37
城市平均每人居住	平方米		5.85	8.02	10.56	11.61	13.08	13.32
交通								
城市每万人拥有公共车辆	标台	2.4	3.0	3.4	3.6	5.0	6.60	6.98
城市公用事业								
自来水普及率	%	72.9	78.1	76.8	92.9	93.3	93.60	92.80
用气普及率	%	3.0	6.6	11.4	26.8	55.6	68.30	73.20
人均拥有公共绿地面积	平方米	3.4	5.3	2.5	5.9	6.1	6.70	6.67
文化								
城镇每百户有彩色电视机	台			7.30	47.63	79.77	93.61	99.08
农村每百户有黑白电视机	台			3.90	35.03	78.43	80.68	78.68
每百人每年订报刊数	份	7.99	11.67	21.67	11.85	15.47	20.00	13.10
教育								
学龄儿童入学率	%	90.3	88.9	94.8	98.2	99.7	99.8	99.6
每万人中在校大学生数	人	6.2	7.7	11.0	11.0	14.6	17.1	21.4
卫生								
每万人有医院、卫生院病床	张	15.0	15.6	16.3	16.9	18.2	18.6	18.3
每万人有医生数	人	8.8	8.6	9.0	10.3	11.1	11.0	11.1

注：交通、城市公用事业数据由省建设厅提供，1978年为系统内口径，1980年后为22个设市城市。

10—2 全省城乡储蓄存款年末余额和年增加额

单位：万元

年份	年底余额			比上年底增加额		
	储蓄存款	城镇	农村	储蓄存款	城镇	农村
1978	39072	28699	10373	7788	4674	3114
1979	57465	40292	17173	18393	11593	6800
1980	87577	58592	28985	30112	18300	11812
1981	121911	73703	48208	34334	15111	19223
1982	163625	97365	66260	41714	23662	18052
1983	209413	126801	82612	45788	29436	16352
1984	283202	173797	109405	73789	46996	26793
1985	384292	239460	144832	101090	65663	35427
1986	554481	344400	210081	170189	104940	65249
1987	753442	476868	276574	198961	132468	66493
1988	902900	614010	288890	149458	137142	12316
1989	1196700	851100	345600	293800	237090	56710
1990	1630469	1175300	455169	433769	324200	109569
1991	2088560	1529200	559360	458091	353900	104191
1992	2610200	1938000	672200	521640	408800	112840
1993	3489200	2594800	894400	879000	656800	222200
1994	4874100	3599200	1274900	1384900	1004400	380500
1995	6839300	5124200	1715100	1965200	1525000	440200
1996	8840700	6771100	2069600	2001400	1646900	354500
1997	10365500	7888300	2477200	1524800	1117200	407600
1998	11750779	8959612	2791167	1385279	1071312	313967
1999	13028756	10050649	2978107	1277977	1091037	186940

10—3 城乡居民家庭人均收入及指数

年份	城镇居民人均可支配收入（元）	指数（1981＝100）	农村居民人均纯收入（元）	指数（1978＝100）
1978			113.34	100.0
1979			170.23	150.2
1980			184.83	163.1
1981	424.56	100	246.49	217.5
1982	452.52	106.59	269.10	237.4
1983	488.43	115.04	304.64	268.8
1984	559.11	131.69	322.97	285.0
1985	633.85	149.30	369.41	325.9
1986	814.76	191.91	396.53	349.9
1987	924.84	217.83	429.26	378.7
1988	1074.70	253.13	485.53	428.4
1989	1247.56	293.85	515.66	455.0
1990	1354.60	319.06	539.16	475.7
1991	1485.14	349.81	446.05	393.6
1992	1795.54	422.92	573.38	506.1
1993	2233.89	526.17	724.50	639.2
1994	3036.18	715.14	973.20	856.7
1995	3778.86	890.07	1302.82	1149.5
1996	4493.92	1058.49	1607.72	1418.5
1997	4599.27	1083.30	1808.75	1595.9
1998	4770.47	1123.63	1863.06	1643.8
1999	5064.60	1192.91	1900.29	1676.6

注：城镇居民可支配收入指数、农村居民纯收入指数按当年价格计算。

10—4 主要年份城镇居民家庭基本情况

指　　标	单位	1981年	1985年	1990年	1995年	1998年	1999年
调查户数	**户**	**300**	**1000**	**1100**	**1270**	**1380**	**1380**
平均每户家庭人口	**人**	**4.53**	**3.84**	**3.51**	**3.18**	**3.09**	**3.07**
平均每户就业人口	**人**	**2.45**	**2.14**	**2.09**	**1.86**	**1.85**	**1.86**
平均每户就业面	**%**	**53.12**	**55.69**	**59.54**	**58.49**	**59.87**	**60.59**
平均每一就业者负担人数	**人**	**1.85**	**1.80**	**1.68**	**1.71**	**1.67**	**1.65**
平均每人年实际收入	**元**	**425.28**	**641.65**	**1367.85**	**3796.93**	**4798.76**	**5101.77**
#国有单位职工工资	元	305.04	408.28	768.93	2223.87	2685.66	2814.88
集体单位职工工资	元	66.24	100.58	185.08	480.18	480.05	457.87
职工从工作单位得到的其他收入	元	10.32	64.99	65.13	154.07	249.09	242.67
个体经营者净收益	元		10.24	14.46	45.78	155.49	179.47
离退休人员收入	元		27.73	120.14	519.91	630.05	728.06
平均每人可支配收收入	**元**	**424.56**	**633.85**	**1354.60**	**3778.86**	**4770.47**	**5064.60**
平均每人消费性支出	**元**	**391.92**	**565.70**	**1182.12**	**3161.41**	**3777.41**	**3901.81**
食　　品	元	237.00	323.12	683.12	1697.66	1870.79	1844.78
衣　　着	元	48.96	80.58	145.41	423.32	421.49	430.29
家庭设备用品及服务	元	33.72	59.52	112.71	237.37	207.68	271.28
医疗保健	元	1.92	4.07	15.52	49.21	120.16	126.33
交通和通讯	元	4.32	5.51	11.82	167.55	237.16	250.26
娱乐教育文化服务	元	25.68	44.47	111.69	263.93	476.45	513.18
居　　住	元	16.69	25.13	41.13	212.46	300.82	314.00
杂项商品与服务	元	23.63	23.30	60.72	109.91	142.85	151.39

10—5 城镇居民家庭平均每人全年购买的主要商品数量

指　　标	单　位	1981年	1985年	1990年	1995年	1998年	1999年
粮　　食	千克	148.20	133.73	141.67	110.82	105.28	99.5
食用植物油	千克	5.58	7.14	7.58		9.90	10.0
猪　　肉	千克	16.20	16.16	19.67	21.64	22.03	22.2
牛 羊 肉	千克	0.78	1.52	2.47	2.02	2.79	2.9
家　　禽	千克	3.12	5.77	4.80	5.72	7.02	7.3
鲜　　蛋	千克	4.86	7.25	7.21	11.70	13.83	13.5
水 产 品	千克	7.38	6.62	8.04	9.67	12.30	13.0
鲜　　菜	千克	120.66	114.76	118.63	106.68	115.89	121.3
食　　糖	千克	2.22	1.94	2.35	1.72	1.19	1.2
卷　　烟	盒	37.68	42.82	41.74	25.50	29.97	30.4
酒	千克	2.94	6.09	7.65	9.02	13.77	12.2
棉　　布	米	4.04	2.39	1.22	0.88	0.24	0.3
化 纤 布	米	1.20	1.99	1.57	0.63	1.09	0.7
呢　　绒	米		0.19	2.00	0.09	0.04	
绸　　缎	米		0.28	0.40	0.11	0.04	0.1
皮　　鞋	双		0.40	0.47	0.67	0.72	0.8
煤　　炭	千克	255.36	236.21	205.96	181.27	162.60	177.1

10—6 城镇居民家庭平均每百户年底耐用消费品拥有量

指标	单位	1981年	1985年	1990年	1995年	1996年	1997年	1998年	1999年
呢大衣	件		98.70	164.39	197.38	180.78	168.57	177.03	189.08
毛毯	条		74.90	112.95	122.75	128.63	128.04	125.03	132.98
大衣柜	个	67.67	86.70	95.15	88.48	84.39	86.20	87.97	89.77
沙发	个	46.00	104.40	138.38	153.68	143.64	138.96	145.13	153.81
写字台	张	67.00	92.60	107.08	104.25	104.81	100.20	103.11	104.54
组合家具	套		1.10	9.59	25.00	29.89	31.75	33.79	41.24
沙发床	个		1.10	12.47	20.45	24.24	17.52	19.17	22.38
自行车	辆	73.67	100.60	150.02	167.55	159.67	162.23	162.90	164.77
缝纫机	台	59.33	60.90	64.61	57.26	56.20	54.20	53.51	52.80
电风扇	台	64.00	112.20	207.72	245.50	228.97	232.31	235.63	242.02
洗衣机	台	1.67	35.10	72.50	86.51	86.49	86.25	87.91	87.43
电冰箱	台	0.33	4.10	45.29	69.83	73.95	75.38	76.34	78.35
彩电	台		7.30	47.63	79.77	82.76	90.94	93.61	99.08
照相机	架	1.33	4.90	13.97	22.54	26.06	21.48	22.49	24.49
家用汽车	辆						0.14	0.10	0.28
影碟机	台						2.90	10.08	19.27
录放像机	台						15.32	13.52	14.49
家用电脑	台						1.05	2.06	3.35
摄像机	台						0.58	0.21	0.28

10—7 城镇居民家庭基本情况

指标	单位	全省		城市		县城	
		1999年	比上年增减（±%）	1999年	比上年增减（±%）	1999年	比上年增减（±%）
调查户数	户	1380		1180		1180	
平均每户家庭人数	人	3.07	-0.65	3.09	-0.96	3.09	-0.96
平均每户就业人数	人	1.86	0.54	1.87	-0.53	1.87	-0.53
平均每一就业者负担人数	人	1.65		1.65	-0.46	1.65	-0.46
平均每人全年实际收入	元	5101.77	6.31	5292.46	4.32	5292.46	4.32
平均每人全年可支配收入	元	5064.60	6.17	5261.80	4.11	5261.80	4.11
平均每人全年消费性支出	元	3901.81	3.29	4149.81	6.21	4149.81	6.21
平均每人居住面积	平方米	13.32	1.81	12.18	7.30	12.18	7.30
平均每人辅助面积	平方米	4.41	4.93	3.61	4.54	3.61	4.54
平均每户居住面积	平方米	40.88	1.12	37.67	6.60	37.67	6.60
平均每户居住间数	间	2.88	2.35	2.72	3.43	2.72	3.43
住公房户所占比重	%	20.41	-28.55	19.49	-41.69	19.49	-41.69

10—8 按收入等级分城镇居民家庭基本情况

（1999年）

指标	单位	总平均	最低收入户	困难户	低收入户
调查户数	户	1380	138	75	138
比重	%	100.00	10.00	5.00	3.50
平均每户家庭人口	人	3.07	3.29	3.29	2.13
平均每户就业人口	人	1.86	1.95	2.23	1.89
平均每户就业面	%	60.59	59.27	67.78	88.73
平均每一就业者负担人数	人	1.65	1.69	1.48	1.13
平均每人可支配收入	元	5064.60	2378.09	2133.56	3139.38
平均每人消费性支出	元	3901.81	2188.65	1967.88	2535.21

指标	单位	中等偏下户	中等收入户	中等偏上户	高收入户	最高收入户
调查户数	户	276	276	276	138	138
比重	%	3.22	3.13	2.93	2.87	2.52
平均每户家庭人口	人	2.20	2.24	2.19	2.30	2.13
平均每户就业人口	人	1.92	1.97	1.78	1.78	1.67
平均每户就业面	%	87.27	87.95	81.28	77.39	78.40
平均每一就业者负担人数	人	1.15	1.14	1.23	1.29	1.28
平均每人可支配收入	元	3910.51	4899.16	5992.39	7374.55	9823.97
平均每人消费性支出	元	3243.70	3722.07	4596.20	5366.09	6885.64

10—9 城镇居民家庭人均现金收支情况

单位：元

指标	全省			城市			县城		
	1998年	1999年	增减（±%）	1998年	1999年	增减（±%）	1998年	1999年	增减（±%）
实际收入	**4798.76**	**5101.77**	**6.31**	**5073.41**	**5292.46**	**4.32**	**4477.10**	**4874.08**	**8.87**
#可支配收入	4770.47	5064.60	6.17	5053.98	5261.80	4.11	4438.43	4535.94	2.20
国有经济单位职工收入	2911.57	3032.84	4.17	3089.93	3140.92	1.65	2702.66	2903.79	7.44
集体经济单位职工收入	503.24	482.58	-4.11	434.41	410.97	-5.40	583.84	568.10	-2.70
其他经济单位职工收入	108.33	143.85	32.79	186.69	262.66	40.69	16.56	1.96	-88.16
个体经营者收入	155.49	179.47	15.42	85.08	118.40	39.16	237.96	252.39	6.06
个体被雇者收入	24.07	29.12	20.98	29.33	22.45	-23.46	17.91	37.08	107.04
离退休再就业者收入	25.33	35.29	39.32	28.34	26.56	-6.28	21.81	45.72	109.63
其他就业者收入	5.00	3.41	-31.80	9.26	4.24	-54.21		2.41	
其他劳动收入	156.18	155.04	-0.73	174.28	161.60	-7.28	134.97	147.20	9.06
财产性收入	76.17	69.95	-8.17	93.54	97.72	4.47	55.83	36.78	-34.12
转移性收入	829.74	962.26	15.97	936.28	1032.54	10.28	704.98	878.34	24.59
#离退休金	604.72	692.77	14.56	704.68	774.31	9.88	487.65	595.41	22.10
价格补贴	0.40	1.48	270.00	0.70	0.43	-38.57		2.74	
赡养收入	39.78	42.19	6.06	32.65	29.51	-9.62	48.13	57.33	19.11
赠送收入	101.58	141.06	38.87	134.40	151.54	12.75	63.13	128.54	103.61
其他	10.37	9.21	-11.19	10.37	8.09	-21.99	15.09	10.54	-30.15
家庭副业生产收入	3.65	7.97	118.36	6.26	14.38	129.71	0.59	0.31	-47.46
储蓄借贷收入	**1207.40**	**929.77**	**-22.99**	**1234.32**	**1058.50**	**-14.24**	**1175.88**	**776.05**	**-34.00**
#提取储蓄存款	812.53	642.28	-20.95	839.51	762.31	-9.20	780.92	498.94	-36.11
提取储金会款	15.23	45.62	199.54	22.77	25.32	11.20	6.39	69.86	993.27
借入款	274.96	158.95	-42.19	259.91	168.66	-35.11	292.59	147.34	-49.64
实际支出	**4924.12**	**4853.25**	**-1.44**	**5046.71**	**5077.76**	**0.62**	**4780.55**	**4585.16**	**-4.09**
消费性支出	3777.41	3901.81	3.29	3907.16	4149.81	6.21	3625.45	3605.66	-0.55
非消费性支出	1144.12	946.96	-17.23	1139.03	922.98	-18.97	1150.08	975.59	-15.17
#赡养支出	144.21	159.07	10.30	145.80	159.06	9.09	142.36	159.07	11.74
赠送支出	349.19	424.28	21.50	338.58	397.27	17.33	361.61	456.53	26.25
家庭副业生产支出	2.60	4.48	72.31	0.52	4.97	855.77	5.03	3.90	-22.47
储蓄借贷支出	**975.28**	**994.64**	**1.99**	**1109.68**	**1068.20**	**-3.74**	**817.88**	**906.80**	**10.87**
#存入储蓄款	615.36	682.44	10.90	673.34	680.00	0.99	547.46	685.36	25.19
存入储金会款	37.63	30.60	-18.68	55.50	35.88	-35.35	16.70	24.30	45.51
归还借款	108.05	91.98	-14.87	116.03	97.79	-15.72	98.69	85.04	-13.83
借出款	49.42	29.55	-40.21	44.22	25.37	-42.63	55.51	34.54	-37.78
购买有价证券	72.39	42.33	-41.53	91.18	73.37	-19.53	50.39	5.27	-89.54
期末手存现金	**316.54**	**429.97**	**35.83**	**334.19**	**423.66**	**26.77**	**295.87**	**437.50**	**47.87**

10—10 按收入等级分的城镇居民家庭人口、就业情况

(1999 年)

指标	单位	总平均	最低收入户	困难户	低收入户
调查户数	**户**	**1380**	**138**	**75**	**138**
家庭人口数	**人**	**3.07**	**3.29**	**3.29**	**3.50**
有收入者人数	人	2.20	2.16	2.23	2.13
就业人口数	人	1.86	1.95	1.96	1.89
国有经济单位职工人	人	1.30	1.10	1.01	1.04
集体经济单位职工人	人	0.35	0.50	0.50	0.66
其他经济单位职工人	人	0.06	0.10	0.11	0.04
个体经营者人数	人	0.09	0.14	0.15	0.09
个体被雇者人数	人	0.02	0.08	0.12	0.03
离退休再就业人数	人	0.03	0.01	0.02	0.01
其他就业者人数	人	0.01	0.02	0.04	
离退休者人数	人	0.33	0.19	0.22	0.24
其他有收入者人数	人		0.03	0.05	
无收入者人数	人	0.88	1.13	1.07	1.37
期末家庭人口数	**人**	**3.07**	**3.29**	**3.29**	**3.50**
附：非经常在家用饭人数	人	0.09	0.08	0.02	0.01

指标	单位	中等偏下户	中等收入户	中等偏上户	高收入户	最高收入户
调查户数	**户**	**276**	**276**	**276**	**276**	**138**
家庭人口数	**人**	**3.22**	**3.13**	**2.93**	**2.93**	**2.52**
有收入者人数	人	2.20	2.24	2.19	2.19	2.13
就业人口数	人	1.92	1.97	1.78	1.78	1.67
国有经济单位职工人	人	1.22	1.40	1.38	1.38	1.37
集体经济单位职工人	人	0.43	0.37	0.23	0.23	0.09
其他经济单位职工人	人	0.05	0.06	0.07	0.07	0.07
个体经营者人数	人	0.17	0.08	0.06	0.06	0.04
个体被雇者人数	人	0.02	0.03			
离退休再就业人数	人	0.03	0.01	0.02	0.02	0.10
其他就业者人数	人		0.01	0.01	0.01	
离退休者人数	人	0.28	0.26	0.41	0.41	0.46
其他有收入者人数	人					
无收入者人数	人	1.02	0.89	0.75	0.75	0.39
期末家庭人口数	**人**	**3.22**	**3.13**	**2.93**	**2.93**	**2.51**
附：非经常在家用饭人数	人	0.05	0.10	0.06	0.06	0.21

10—11 按收入等级分的城镇居民家庭就业人员年均收入情况

（1999 年）

单位：元

指标	总平均	最低收入户	困难户	低收入户
国有经济单位职工收入	7162.17	3271.10	2842.27	4871.90
#奖金	598.51	161.27	68.15	243.62
集体经济单位职工收入	4232.92	2473.62	1771.86	3711.54
#奖金	181.92	81.00	76.92	81.77
其他经济单位职工收入	7360.33	2026.31	677.44	6965.00
#奖金	1116.46	117.78	2.39	758.63
个体经营者净收益	6121.92	4630.21	4782.78	4405.33
个体被雇者收入	4469.92	2436.66	2920.42	6497.17
离退休再就业者收入	3611.34	3181.43	2910.01	1904.00
其他就业者收入	1046.87	144.76	132.42	

指标	中等偏下户	中等收入户	中等偏上户	高收入户	最高收入户
国有经济单位职工收入	5611.33	7105.86	8105.95	9108.02	10913.20
#奖金	298.91	491.07	635.39	1017.07	1444.07
集体经济单位职工收入	4259.09	4696.02	5597.06	6258.32	5515.16
#奖金	173.81	217.75	234.02	545.30	479.08
其他经济单位职工收入	6790.34	7563.12	8939.01	9225.62	10481.04
#奖金	811.44	1041.25	1015.45	2629.64	2503.08
个体经营者净收益	6468.41	5838.62	5990.39	5345.38	12795.93
个体被雇者收入	6673.45	3316.76		1810.97	
离退休再就业者收入	1344.89	5871.88	5499.61	2392.15	4727.27
其他就业者收入		1549.35	2133.04		

10—12 按收入等级分的城镇居民家庭年人均现金收入情况

（1999 年）

单位：元

指　　标	总　平　均	最低收入户	困 难 户	低 收 入 户
期初手存现金	**246.32**	**134.60**	**122.33**	**212.92**
可支配收入	**5064.60**	**2378.09**	**2133.56**	**3139.38**
现金收入	**6031.55**	**2661.79**	**2429.38**	**3428.80**
实际收入	5101.77	2405.94	2161.76	3173.10
国有经济单位职工收入	3032.84	1093.68	872.55	1447.65
工资性收入	2814.88	1057.12	861.36	1375.73
#奖　金	253.44	53.92	20.92	72.39
非工资性收	217.96	36.56	11.19	71.91
集体经济单位职工收入	482.58	375.93	269.28	699.89
工资性收入	457.87	354.60	259.33	659.43
#奖　金	20.74	12.31	11.69	15.42
非工资性收入	24.71	21.33	9.96	40.46
其他经济单位职工收入	143.85	61.59	22.65	79.60
#奖　金	21.82	3.58	0.08	8.67
个体经营者的净收益	179.47	197.03	218.06	113.28
个体被雇者收入	29.12	59.25	106.52	55.69
离退休再就业者收入	35.29	9.67	17.69	5.44
其他就业者收入	3.41	0.88	1.61	3.67
其他劳动收入	155.04	236.60	277.57	191.61
财产性收入	69.95	27.56	13.21	30.25
利　息	41.32	3.27	2.64	6.65
红　利	2.81			
其他财产租金	25.82	24.29	10.57	23.60
转移性收入	962.26	337.87	354.68	542.26
离退休金	692.77	218.95	246.86	396.57
价格补贴	1.48			3.28
赡养收入	42.19	24.69	44.68	40.24
赠送收入	141.06	36.51	30.00	57.44
亲友搭伙费	37.26	26.64	4.23	6.39
记帐补贴	29.86	25.59	24.37	30.34
出售财物收入	8.43	5.36	4.54	3.86
其　他	9.21	0.14		4.15
家庭副业生产收入	7.97	5.88	7.96	3.75
借贷收入	929.77	255.85	267.62	255.70
提取储蓄存款	642.28	143.05	120.01	132.15
提取储金会款	45.62	5.02	1.21	8.29
借入款	158.95	79.62	108.59	95.43
收回借出款	44.53	20.07	32.66	12.46
收回储蓄性保险本金	2.05			
兑售有价证券	33.67	7.55	5.10	6.05
赊　购	0.18			
购买房屋从银行贷款	1.10			
其他借贷收入	1.41	0.53	0.05	1.31

10—12 续表 单位：元

指　　标	中等偏下户	中等收入户	中等偏上户	高收入户	最高收入户
期初手存现金	**182.77**	**269.62**	**243.51**	**341.78**	**441.30**
可支配收入	**3910.51**	**4899.16**	**5992.39**	**7374.55**	**9823.97**
现金收入	**4625.24**	**5804.74**	**6929.57**	**8579.12**	**13222.44**
实际收入	3940.54	4945.96	6029.50	7409.11	9875.64
国有经济单位职工收入	2126.03	3178.34	3817.82	4760.29	5932.97
工资性收入	2025.98	2992.71	3531.23	4378.54	5239.16
#奖　金	113.25	219.65	299.26	531.57	785.07
非工资性收	100.04	185.63	286.60	381.75	693.81
集体经济单位职工收入	568.76	555.12	439.36	327.09	196.97
工资性收入	536.81	533.15	420.46	306.42	183.29
#奖　金	23.21	25.74	18.37	28.50	17.11
非工资性收入	31.94	21.98	18.91	20.68	13.68
其他经济单位职工收入	105.44	144.98	213.56	128.58	291.14
#奖　金	12.60	19.96	24.26	36.65	69.53
个体经营者的净收益	341.50	149.23	122.67	37.25	203.11
个体被雇者收入	41.45	31.79	2.31	6.31	3.07
离退休再就业者收入	12.53	18.76	37.54	50.01	187.59
其他就业者收入		4.95	7.28	5.34	
其他劳动收入	137.17	113.52	97.56	130.29	308.73
财产性收入	38.50	61.13	79.79	68.46	261.75
利　息	16.84	26.34	42.76	44.35	232.35
红　利		1.47	6.70	5.09	9.26
其他财产租金	21.66	33.32	30.33	19.02	20.15
转移性收入	568.12	674.33	1205.32	1885.95	2468.37
离退休金	406.73	467.92	956.76	1306.00	1701.41
价格补贴	0.02		0.71	0.48	11.30
赡养收入	31.74	32.22	25.89	95.76	96.25
赠送收入	68.66	89.13	144.87	329.54	484.75
亲友搭伙费	25.84	31.78	23.74	111.48	83.82
记帐补贴	28.64	28.68	30.69	30.31	38.43
出售财物收入	4.00	3.41	14.44	11.30	25.32
其　他	2.50	21.18	8.21	1.09	27.09
家庭副业生产收入	1.03	13.82	6.26	9.54	21.95
借贷收入	684.70	858.78	900.08	1170.01	3346.79
提取储蓄存款	356.11	554.42	695.27	876.36	2564.66
提取储金会款	143.96	14.90	26.97	40.02	24.91
借入款	137.70	166.13	118.62	141.29	501.54
收回借出款	41.13	47.93	42.11	69.93	97.95
收回储蓄性保险本金		0.73		15.15	5.94
兑售有价证券	4.54	72.15	14.04	15.29	151.74
赊　购		0.07	0.86		
购买房屋从银行贷款				11.82	
其他借贷收入	1.25	2.45	2.20	0.17	0.05

10—13　按收入等级分的城镇居民家庭年人均现金支出情况

（1999 年）　　　　　　　　　　　　　　　单位：元

指　　标	总 平 均	最低收入户	困 难 户	低收入户
现金支出	**5847.89**	**2566.62**	**2313.24**	**3322.08**
实际支出	4853.25	2432.92	2194.24	2885.40
消费性支出	3901.81	2188.65	1967.88	2535.21
非消费性支出	946.96	242.01	222.53	346.83
贷款利息	0.03			
个人所得税	2.83			0.02
其他各种税金	0.30			0.70
各种非储蓄性保险支	1.96	2.05	1.85	3.25
赡养支出	159.07	62.92	60.06	49.88
赠送支出	424.28	163.89	146.98	213.04
购房与建房支出	341.24	7.19	7.02	74.48
其他非消费支出	17.24	5.96	6.63	5.46
家庭副业生产支出	4.48	2.26	3.83	3.36
借贷支出	994.64	133.70	119.00	436.68
存入储蓄款	682.44	58.35	51.30	250.08
存入储金会款	30.60	7.57	1.29	3.67
归还借款	91.98	30.00	37.69	118.42
借出款	29.55	4.19	0.89	9.54
储蓄性保险支出	64.29	16.58	15.74	25.60
购买有价证券	42.33	2.97	2.80	14.01
预　购				
归还购买住房银行贷款	3.45	0.09	0.03	1.71
其他借贷支出	50.00	13.95	9.26	13.66
期末手存现金	**429.97**	**229.77**	**238.46**	**319.64**

指　　标	中等偏下户	中等收入户	中等偏上户	高收入户	最高收入户
现金支出	**4443.59**	**5595.41**	**6694.33**	**8414.36**	**12973.64**
实际支出	3949.80	4619.46	5543.03	6698.35	9936.31
消费性支出	3243.70	3722.07	4596.20	5366.09	6885.64
非消费性支出	705.08	882.14	946.37	1330.90	3046.73
贷款利息		0.08	0.08		
个人所得税	0.36	2.87	5.95	2.89	9.30
其他各种税金	1.07	0.01			
各种非储蓄性保险支	1.09	1.44	2.07	3.74	1.32
赡养支出	105.96	136.54	201.98	250.39	424.36
赠送支出	280.56	380.06	545.49	758.25	873.11
购房与建房支出	297.41	347.06	174.51	282.79	1701.49
其他非消费支出	18.64	14.08	16.29	32.84	37.14
家庭副业生产支出	1.02	15.25	0.47	1.36	3.95
借贷支出	493.79	975.95	1151.30	1716.01	3037.32
存入储蓄款	306.72	715.99	730.04	1278.42	2187.67
存入储金会款	14.13	23.75	63.96	51.74	55.52
归还借款	68.11	67.65	126.28	77.68	194.26
借出款	11.19	33.53	58.95	22.16	67.50
储蓄性保险支出	47.91	68.81	64.05	121.02	147.02
购买有价证券	16.78	16.21	36.64	73.77	240.97
预　购					
归还购买住房银行贷款	2.31	5.86	2.02	0.84	13.49
其他借贷支出	26.63	44.16	69.36	90.37	130.90
期末手存现金	**364.41**	**478.95**	**478.75**	**506.55**	**690.10**

10—14 按收入等级分的城镇居民家庭年人均消费性支出情况

（1999年）

单位：元

指标	总平均	最低收入户	困难户	低收入户	中等偏下户	中等收入户	中等偏上户	高收入户	最高收入户
消费性支出	**3901.81**	**2188.65**	**1967.88**	**2535.21**	**3243.70**	**3722.07**	**4596.20**	**5366.09**	**6885.64**
食品	1844.78	1228.96	1125.28	1431.60	1703.48	1792.07	2087.66	2315.98	2613.85
粮食	206.30	191.36	183.81	183.57	197.90	202.51	212.36	225.04	252.91
细粮	203.85	189.49	182.68	181.68	195.67	200.57	209.89	221.19	248.66
粗粮	2.45	1.82	1.12	1.89	2.23	1.94	2.47	3.86	4.25
淀粉及薯类	14.44	13.26	13.78	11.62	13.32	14.27	15.64	16.77	17.77
干豆类及制品	43.31	35.89	34.50	35.51	43.55	40.47	46.16	49.68	56.45
油脂类	91.34	73.63	69.33	80.78	91.72	92.14	93.35	102.69	108.61
肉禽及制品	403.32	278.14	254.88	300.44	389.39	402.97	446.21	516.81	517.21
#猪肉	222.39	175.76	170.65	174.53	223.92	219.23	236.67	262.65	274.58
牛羊肉	35.23	20.41	16.37	29.80	30.78	37.57	42.31	40.99	44.83
鸡鸭肉	69.61	38.91	31.81	43.47	65.19	71.22	83.40	97.63	89.33
蛋类	84.85	62.04	60.11	75.01	83.37	83.94	87.05	98.01	114.26
水产品类	108.04	71.41	62.47	74.10	97.21	105.37	120.64	140.69	170.86
菜类	182.90	141.16	134.82	151.13	170.10	183.79	201.87	204.94	242.83
鲜菜	169.30	134.14	128.21	142.82	157.65	170.23	185.31	189.37	219.38
干菜	9.02	16.48	4.36	4.98	8.48	9.11	11.13	9.66	16.38
调味品	28.78	20.99	20.11	22.84	27.46	28.56	31.35	33.33	39.96
糖类	18.70	9.27	8.56	12.61	15.25	18.72	22.16	26.00	31.97
烟草类	132.18	89.74	72.16	119.59	117.63	121.93	145.17	183.98	178.66
酒和饮料	128.78	80.43	76.29	112.97	127.21	113.75	146.03	168.91	169.49
干鲜瓜果类	100.14	48.08	38.54	71.28	78.45	99.41	126.79	133.26	165.85
坚果及果仁	18.80	10.41	6.46	11.92	15.54	19.07	23.61	26.66	26.96
糕点类	37.84	15.82	15.49	23.69	31.01	37.63	45.66	55.32	66.18
奶及奶制品	41.13	16.37	13.88	21.87	32.97	41.52	51.07	60.15	75.39
其他食品	16.13	5.70	5.98	8.25	10.57	16.97	21.92	28.72	25.01
在外用餐	187.44	65.12	53.85	114.23	160.64	168.45	250.36	244.81	352.88
食品加工费	0.33	0.19	0.25	0.20	0.24	0.57	0.26	0.21	0.59
衣着支出	430.29	183.29	140.21	242.13	328.56	422.57	528.77	640.33	825.47
服装	288.83	111.46	82.52	153.71	208.99	284.95	354.05	451.82	584.81
衣着材料	28.91	14.48	10.70	19.87	23.74	23.71	37.48	44.52	48.73
鞋袜帽及其它	101.78	50.40	39.80	61.36	87.22	104.82	23.05	130.36	172.68
衣着加工费	10.77	6.95	7.19	7.19	8.61	9.09	14.20	13.62	19.26
设备用品及服务	271.28	67.19	60.76	84.82	124.90	257.44	362.15	480.97	755.73
耐用消费品	148.11	14.06	14.30	32.09	49.77	127.80	212.19	313.42	449.12
家具	24.97	1.93		4.24	9.42	25.93	21.65	33.46	119.38
住房装饰	33.67			5.50	8.88	26.32	70.41	36.67	109.51
家庭设备	89.47	12.13	14.30	22.36	31.47	75.56	120.12	243.30	220.23
室内装饰品	12.45	1.11	1.11	3.94	1.14	25.54	13.43	9.50	36.57
床上用品	9.72	2.52	1.86	3.43	6.70	8.13	13.67	13.73	25.84
家庭日用杂品	60.81	37.64	35.86	37.87	52.58	60.92	71.71	75.17	102.04
家具材料	6.60	4.65	3.75	0.20	0.98	3.27	10.24	5.97	32.96
家庭服务	33.59	7.22	3.88	7.29	13.73	31.78	40.91	63.17	109.20
医疗保健	126.33	57.80	54.17	68.97	109.71	120.30	144.20	153.18	280.87
医疗器具	0.58	2.36	4.31	0.23	0.12	0.26	0.80	0.61	0.24
保健用品	1.61	0.13	0.15	0.92	1.69	0.93	3.16	1.38	2.63

10—14 续表

单位：元

指标	总平均	最低收入户	困难户	低收入户	中等偏下户	中等收入户	中等偏上户	高收入户	最高收入户
医药费	103.94	50.82	46.95	60.98	92.06	101.10	122.29	126.91	201.68
滋补药品	7.52	1.40	0.12	1.09	5.80	5.84	10.56	11.98	20.88
医疗保健服务	11.08	3.06	2.63	5.60	9.38	11.16	6.70	12.07	42.47
其他	1.58	0.04		0.16	0.67	1.01	0.69	0.23	12.97
交通和通讯	250.56	107.14	86.14	143.64	202.00	218.97	316.24	384.46	483.90
交通	96.99	33.31	29.36	54.63	73.58	76.35	137.02	155.53	190.43
家庭交通工具	18.54	0.74	0.11	12.32	3.62	9.61	35.19	49.98	36.17
燃料充电费	3.03	0.02	0.01	1.10	4.33	0.12	5.01	3.92	7.98
交通费	62.74	27.40	24.04	33.63	54.99	56.46	78.74	86.91	120.00
交通工具维修服务费	12.68	5.15	5.20	7.57	10.63	10.16	18.09	14.71	26.27
通讯	153.37	73.83	56.78	89.01	128.42	142.62	179.22	228.93	293.48
通讯工具	18.73	7.46	2.05	1.65	14.72	13.20	29.18	28.73	45.52
电讯费	128.24	63.16	54.29	86.44	106.76	126.83	142.87	188.34	227.29
邮费	1.25	0.16	0.11	0.04	0.33	0.64	1.47	3.38	5.28
其他	5.35	3.05	0.34	0.88	6.60	1.96	5.70	8.48	15.39
娱乐文教服务	513.18	288.87	260.72	270.85	427.80	478.04	599.13	775.44	949.97
耐用消费品	92.02	31.38	29.48	20.25	25.55	86.87	105.86	170.46	332.32
教育	340.57	222.20	195.66	207.51	345.70	316.19	397.82	460.68	457.33
教材及参考书	20.36	8.25	8.03	25.63	20.79	20.93	20.79	25.80	19.14
学杂费	254.52	196.27	175.13	147.40	283.70	226.60	294.79	284.42	346.28
托幼费	9.00	4.42	1.35	6.45	9.51	11.86	6.72	14.40	9.22
成人教育	23.15	3.56	1.47	9.90	11.38	26.21	32.55	30.25	59.63
其他	33.54	9.69	9.68	18.12	20.31	30.59	42.98	105.82	23.06
文化娱乐	80.60	35.29	35.58	43.08	56.55	74.98	95.45	144.29	160.33
文娱用品	17.05	4.32	4.69	6.53	12.69	15.88	21.78	29.59	37.02
书报杂志	24.48	7.78	6.26	12.10	15.92	23.35	33.08	39.17	51.46
文娱费	39.07	23.19	24.63	24.45	27.94	35.75	40.59	75.54	71.84
居住	314.00	193.11	187.56	215.50	247.86	288.03	360.78	397.55	638.67
住房	90.69	32.49	24.69	41.22	50.94	67.70	105.54	124.50	321.32
建筑材料	43.71	5.64	1.32	4.16	9.74	24.71	38.99	62.44	272.28
房租	38.70	25.80	22.80	31.59	39.09	36.95	57.49	31.53	33.17
维修服务费	8.29	1.05	0.57	5.48	2.11	6.04	9.06	30.54	15.87
水电燃料其他	223.31	160.62	162.87	174.27	196.93	220.33	255.23	273.04	317.36
水	26.26	17.79	16.48	20.85	24.41	26.41	29.01	31.18	37.19
电	98.97	63.04	62.80	73.69	84.41	96.15	116.30	124.33	156.08
燃料	96.05	75.46	75.90	79.55	87.76	96.00	108.33	109.96	122.77
其他	1.51	4.18	7.53	0.05		1.26	0.92	6.36	0.42
自有房物业管理费	0.52	0.14	0.16	0.13	0.35	0.51	0.68	1.21	0.90
杂项商品和服务	151.39	62.28	53.04	77.70	99.38	144.66	197.27	218.20	337.18
个人消费	123.62	53.75	46.16	67.95	88.60	105.08	157.34	175.54	290.41
个人用品	28.34	8.57	7.52	13.31	21.03	22.53	32.19	42.14	83.53
理发、美容用品	25.96	12.96	12.84	13.90	20.91	21.65	32.57	38.51	53.72
旅游	30.99	8.22	4.04	7.27	12.67	21.30	50.90	49.11	97.64
服务费	38.33	24.00	21.75	33.47	33.99	39.60	41.68	45.77	55.51
其他商品	9.28	2.42	2.79	2.86	4.34	14.38	12.19	17.43	11.09
其他服务	18.49	6.11	4.09	6.88	6.45	25.20	27.74	25.23	35.68

10—15 按收入等级分的城镇居民家庭耐用消费品每百户拥有量

（1999 年）

指标	单位	总平均	最低收入户	困难户	低收入户	中等偏下户	中等收入户	中等偏上户	高收入户	最高收入户
毛皮大衣	件	55.64	28.44	27.73	43.58	39.45	61.01	63.99	64.68	90.83
呢大衣	件	189.08	153.67	126.89	181.19	180.96	187.38	194.49	203.20	227.06
毛　毯	条	132.98	104.59	99.16	119.27	127.07	136.01	134.63	171.56	138.99
地　毯	平方米	72.70	21.56		58.25	38.07	78.90	88.30	126.13	110.54
组合家具	套	41.24	30.73	21.01	33.94	33.95	39.22	66.28	35.78	33.03
沙发床	个	22.38	15.59	7.57	21.10	21.33	20.64	25.46	20.64	31.65
沙　发	个	153.81	116.98	135.30	146.33	126.61	159.87	160.32	184.86	196.33
大衣柜	个	89.77	84.86	89.91	82.57	91.29	84.40	93.81	94.01	97.25
写字台	张	104.54	95.41	97.48	97.25	103.67	102.29	106.42	118.35	109.63
摩托车	辆	11.28	1.38	1.69	5.51	12.62	10.09	13.76	17.89	15.14
自行车	辆	164.77	175.69	165.55	181.65	161.70	168.81	166.29	157.34	139.45
家用汽车	辆	0.28	0.46			0.23			0.46	1.38
缝纫机	台	52.80	44.04	43.70	43.58	52.75	51.14	57.34	67.43	50.46
洗衣机	台	87.43	76.60	72.27	91.75	81.88	86.47	93.35	88.07	94.49
电风扇	台	242.03	212.38	205.88	229.36	240.37	242.43	241.74	258.72	270.64
电冰箱	台	78.35	58.25	52.10	75.69	72.01	80.50	84.63	92.66	82.57
冰　柜	台	1.93	5.04	2.52	2.75	1.83	2.29	0.69	1.38	0.46
彩　电	台	99.08	85.78	81.51	94.04	93.58	101.38	101.83	111.93	105.50
影碟机	台	19.27	7.80	5.04	8.72	12.38	20.18	22.02	28.90	38.07
录放像机	台	14.49	7.80	4.19	11.01	15.37	15.37	15.83	16.51	16.51
家用电脑	台	3.35	0.46		0.92	1.83	4.13	3.90	4.13	8.25
组合音响	套	13.99	8.25	5.88	12.38	12.38	16.28	12.62	18.80	17.89
录音机	台	46.51	33.49	24.37	48.17	39.91	48.39	45.64	55.96	59.63
摄像机	台	0.28			0.92	0.23	0.23	0.46		
照相机	架	24.49	9.63	4.19	14.22	18.35	25.00	30.96	31.65	40.83
钢　琴	架	0.37				0.46		0.69		1.38
其他中高档乐器	件	4.50	0.46			2.29	4.13	9.17	6.88	6.42
微波炉	台	4.82			0.92	2.29	5.73	6.19	8.25	10.55
空调器	台	21.60	4.59	3.36	9.63	12.61	19.26	27.52	38.53	44.49
电饮具	台	82.11	58.72	52.94	77.98	75.68	79.82	85.55	101.38	100.91
淋浴热水器	台	37.61	13.30	11.76	19.72	30.96	38.53	46.10	50.91	61.01
抽排油烟机	台	42.25	23.39	21.01	33.49	33.94	40.14	51.14	52.75	62.38
吸尘器	台	6.19	1.83	0.84	2.29	4.36	6.19	6.19	10.55	13.76

10—16 城镇居民家庭居住情况

单位：户

指　　标	全省			城市			县城		
	1997年	1998年	1999年	1997年	1998年	1999年	1997年	1998年	1999年
总　　计	**1450**	**1380**	**1380**	**1250**	**1180**	**1180**	**200**	**200**	**200**
按居住面积分									
无房户									
4平米以下	8	3	1	8		2	1	1	
4—6平方米	62	46	34	74	58	39	4	3	3
6—8平方米	186	153	146	215	183	161	13	12	14
8—10平方米	206	196	184	231	222	200	16	18	18
10—12平方米	284	243	272	246	224	225	39	32	41
12—14平方米	213	219	208	177	196	188	31	30	28
14平方米以上	491	520	535	299	297	365	96	104	96
按房屋产权分									
公　房	602	394	282	624	395	230	59	46	43
租赁私房	32	33	23	34	32	26	3	4	2
自有房	387	585	874	139	375	651	98	109	146
部分产权私有房	429	368	201	453	378	273	40	41	9
按自来水使用情况分									
无自来水	23	24	18	4	3	4	7	7	5
独用自来水	1319	1256	1281	1180	1120	1123	172	173	180
公用自来水	108	100	81	66	57	53	21	20	15
按卫生设备拥有情况分									
无卫生设备	361	345	313	192	166	154	77	75	68
有浴室厕所	509	610	648	545	560	599	46	81	85
有厕所无浴室	498	352	359	463	403	398	61	31	34
公用卫生设备	82	73	60	50	51	29	16	13	13
按取暖设备拥有情况分									
无取暖设备	1333	1283	1239	1096	1055	1002	196	194	191
空调设备	80	71	111	104	88	135	3	5	8
暖　气	21	22	26	31	36	42			
其　他	16	4	4	19	1	1	1	1	1
按厨房使用情况分									
无厨房	121	114	89	77	54	46	23	25	19
独用厨房	1315	1255	1286	1161	1113	1132	175	174	180
公用厨房	14	11	5	12	13	2	2	1	1
按燃料使用情况分									
管道煤气	421	350	350	616	555	548		1	1
液化石油气	498	528	596	415	449	451	72	77	98
煤	526	499	430	211	171	179	128	122	100
其　他	5	3	4	8	5	2			1
按电话拥有情况分									
无电话	508	445	350	412	343	278	76	72	55
公费电话	95	94	66	73	78	45	15	14	12
自费电话	836	818	958	761	738	853	106	111	132
公用电话	11	23	6	4	21	4	3	3	1
按住宅建筑式样分									
家庭单栋配套住房	44	44	45	8	4	6	13	13	13
单元式配套住宅	939	865	897	1012	963	972	83	82	89
一居室	51	20	58	62	75	66	3	7	5
二居室	563	498	499	584	549	559	55	48	46
三居室	290	271	315	320	305	313	24	25	37
四居室及以上	34	28	25	46	34	34	1	2	1
普通楼房	128	133	103	69	69	63	27	28	20
普通平房	339	338	335	161	144	139	77	77	78

10—17 各调查市、县城镇居民家庭人口、就业情况

（1999年）

指标	全省	合肥市	淮南市	安庆市	芜湖市	蚌埠市	淮北市
调查户数（户）	**1380**	**200**	**200**	**100**	**100**	**100**	**100**
家庭人口数（人）	**3.07**	**3.01**	**3.11**	**3.04**	**3.06**	**3.09**	**3.14**
有收入者人数	2.20	2.25	2.16	2.29	2.19	2.32	2.22
就业人口数	1.86	1.76	1.72	2.01	2.07	1.60	1.91
国有经济单位职工人数	1.30	1.42	1.32	1.21	1.37	1.13	1.71
集体经济单位职工人数	0.35	0.20	0.30	0.27	0.54	0.24	0.14
其他经济单位职工人数	0.06	0.07		0.35	0.06	0.03	
个体经营者人数	0.09	0.02	0.05	0.10	0.09	0.05	0.03
个体被雇者人数	0.02		0.02	0.04		0.07	0.01
离退休再就业人数	0.03	0.04	0.01	0.04	0.01	0.07	0.01
其他就业者人数	0.01		0.03				0.01
离退休人数	0.33	0.47	0.43	0.28	0.12	0.73	0.31
其他有收入者人数		0.01					
无收入者人数	0.88	0.75	0.95	0.75	0.87	0.76	0.92
期末家庭人口数（人）	**3.07**	**3.01**	**3.11**	**3.03**	**3.05**	**3.07**	**3.13**
附：非家庭人口在家用饭人数	0.09	0.13	0.07	0.07	0.08	0.10	0.09

指标	马鞍山市	铜陵市	阜阳市	滁州市	亳州市	歙县	桐城市	宣州市
调查户数（户）	**100**	**100**	**100**	**80**	**50**	**50**	**50**	**50**
家庭人口数（人）	**3.02**	**3.14**	**3.14**	**3.28**	**3.14**	**3.02**	**2.92**	**3.14**
有收入者人数	2.34	2.29	2.14	2.31	2.04	2.10	2.06	2.38
就业人口数	1.94	1.97	1.97	2.03	1.67	1.98	1.86	1.90
国有经济单位职工人数	1.01	1.62	1.62	1.23	1.07	1.58	0.98	1.26
集体经济单位职工人数	0.41	0.31	0.20	0.56	0.26	0.36	0.76	0.22
其他经济单位职工人数	0.45		0.12	0.03				0.06
个体经营者人数		0.02	0.02	0.17	0.29	0.04	0.10	0.14
个体被雇者人数	0.01	0.01	0.01	0.03	0.03			0.08
离退休再就业人数	0.06	0.01		0.01	0.02		0.02	0.10
其他就业者人数								0.04
离退休人数	0.40	0.31	0.17	0.29	0.37	0.12	0.18	0.48
其他有收入者人数	0.01	0.01					0.02	
无收入者人数	0.68	0.85	1.00	0.97	1.10	0.92	0.86	0.76
期末家庭人口数（人）	**3.06**	**3.15**	**3.14**	**3.28**	**3.14**	**3.02**	**2.90**	**3.14**
附：非家庭人口在家用饭人数	0.02	0.10	0.05	0.05	0.02		0.16	0.21

10—18　各调查市、县城镇居民家庭年人均现金收支情况

（1999 年）

单位：元

指　　标	全　省	合肥市	淮南市	安庆市	芜湖市	蚌埠市	淮北市
期初手存现金	**246.32**	**186.77**	**230.32**	**148.65**	**253.35**	**156.87**	**203.60**
可支配收入	**5064.60**	**5812.86**	**3724.87**	**5319.41**	**5588.11**	**5286.90**	**5191.03**
现金收入	**6031.55**	**7000.59**	**4523.63**	**6366.85**	**6685.32**	**6363.90**	**6068.20**
实际收入	5101.77	5844.58	3758.53	5338.36	5606.94	5290.82	5208.83
国有经济单位职工收入	3032.84	3608.01	2234.05	2847.97	3589.20	2568.23	4099.30
工资性收入	2814.88	3287.62	2090.71	2606.54	3333.43	2339.59	3884.37
#奖　金	253.44	377.83	272.89	312.42	358.38	228.23	400.55
非工资性收入	217.96	320.39	143.33	241.43	255.77	228.64	214.93
集体经济单位职工收入	482.58	317.39	327.45	315.49	881.98	303.80	203.29
工资性收入	457.87	297.07	316.68	295.98	806.58	291.28	187.40
#奖　金	20.74	20.71	24.38	33.36	48.54	7.60	17.11
非工资性收入	24.71	20.32	10.77	19.51	75.39	12.52	15.89
其他经济单位职工收入	143.85	241.17		684.54	119.08	105.78	1.51
#奖　金	21.82	71.23		87.24	19.49	21.40	
个体经营者的净收益	179.47	33.01	94.63	248.00	301.31	96.79	43.18
个体被雇者收入	29.12	8.22	15.99	25.37		121.84	11.32
离退休再就业者收入	35.29	43.09	12.68	26.73	3.92	74.16	29.98
其他就业者收入	3.41		20.77				8.13
其他劳动收入	155.04	203.95	81.74	229.35	94.08	256.74	27.79
财产性收入	69.95	97.54	30.30	92.61	97.53	34.31	35.71
利　息	41.32	75.75	26.20	32.78	37.39	19.09	35.64
红　利	2.81	16.05					
其他租金收入	25.82	5.74	4.10	59.83	60.14	15.22	0.07
转移性收入	962.26	1289.80	939.94	868.30	519.84	1726.86	748.25
离退休金	692.77	1054.39	755.42	640.71	192.18	1362.82	588.52
价格补贴	1.48				0.02		
赡养收入	42.19	10.23	36.58	13.37	6.48	75.44	30.58
赠送收入	141.06	150.53	87.43	163.14	223.34	218.27	80.96
亲友搭伙费	37.26	38.44	22.64	16.40	34.35	62.49	25.83
记帐补贴	29.86	24.54	30.55	16.63	17.27		16.17
出售财物收入	8.43	2.13	0.86	12.36	9.43	5.11	3.44
其　他	9.21	9.55	6.47	5.70	36.78	2.73	2.74
家庭副业生产收入	7.97	2.38	0.98			2.30	0.38

10—18 续表1

单位：元

指　　标	马鞍山市	铜陵市	阜阳市	滁州市	亳州市	歙　县	桐城市	宣州市
期初手存现金	**194.30**	**101.23**	**188.02**	**600.30**	**618.69**	**145.55**	**213.64**	**130.32**
可支配收入	**6607.40**	**5511.28**	**5268.70**	**5387.25**	**4913.31**	**4535.94**	**4107.65**	**5698.37**
现金收入	**8653.29**	**6794.40**	**6448.11**	**5802.53**	**5309.51**	**5509.14**	**5236.36**	**6510.82**
实际收入	6675.06	5550.75	5295.28	5434.23	4949.31	4559.90	4162.50	5763.26
国有经济单位职工收入	2804.82	3786.20	3748.04	2450.91	2630.05	3371.56	2009.17	3559.68
工资性收入	2634.57	3518.40	3526.58	2356.87	2425.94	3075.00	1872.03	3335.95
#奖　金	278.61	250.70	302.06	191.35	93.77	171.84	121.32	383.82
非工资性收入	170.25	267.80	221.47	94.03	204.11	296.56	137.15	223.73
集体经济单位职工收入	630.26	380.17	278.24	700.70	669.15	478.87	879.50	263.26
工资性收入	591.97	362.72	272.75	683.44	634.53	460.01	848.98	235.39
#奖　金	57.52	14.69	11.38	46.33	13.40	17.83	19.61	3.41
非工资性收入	38.30	17.45	5.49	17.26	34.63	18.86	30.52	27.86
其他经济单位职工收入	1377.87		324.25	65.82				7.64
#奖　金	179.00		30.26	2.74				
个体经营者的净收益		50.70	78.76	386.73	594.77	95.43	119.04	185.57
个体被雇者收入	3.03	22.58	17.52	17.67	46.06			98.29
离退休再就业者收入	50.85	3.18		19.43	1.91		73.35	107.71
其他就业者收入				0.11			0.82	8.60
其他劳动收入	140.37	121.38	259.04	257.98	9.44	227.41	253.34	108.83
财产性收入	74.69	328.74	76.22	187.97	4.77	48.60	74.17	22.59
利　息	37.63	43.94	69.35	171.60	4.77	44.30	46.94	16.73
红　利	15.86			7.61			3.27	
其他租金收入	21.21	284.80	6.88	8.75		4.30	23.96	5.86
转移性收入	1550.17	856.31	512.36	1210.43	992.99	338.02	752.02	1401.09
离退休金	1262.51	31.00	314.05	629.63	872.47	206.94	350.68	920.12
价格补贴	4.21	690.54		1.14	10.68			
赡养收入	20.83		33.90	78.23	32.37	6.62	142.69	51.59
赠送收入	227.60	7.51	89.23	274.80	47.84	83.23	170.20	213.95
亲友搭伙费	8.30	89.85	40.03	65.11		2.98	27.65	135.54
记帐补贴	23.51	27.42	25.29	22.61	29.43	20.70	44.23	60.45
出售财物收入	2.55	36.79	9.85	123.69	0.19	10.79		0.33
其　他	0.66	1.46		15.22		6.75	16.57	19.11
家庭副业生产收入	42.99	1.49	0.86	136.49	0.17		1.10	

10—18 续表2 单位：元

指标	全省	合肥市	淮南市	安庆市	芜湖市	蚌埠市	淮北市
储蓄借贷收入	929.77	1156.01	765.10	1028.49	1078.37	1073.09	859.37
提取储蓄存款	642.28	923.59	456.69	699.12	697.30	755.81	644.31
提取储金会款	45.62	24.25	6.94	8.73	76.07	35.05	59.02
借入款	158.95	60.48	180.82	231.87	168.29	222.28	95.03
收回借出款	44.53	56.15	79.59	26.83	132.80	16.51	10.81
收回储蓄性保险本金	2.05	5.42					
兑售有价证券	33.67	86.13	41.05	61.94	0.32	41.72	41.52
赊 购	0.18				3.59		
购买房屋从银行贷款	1.10						
其他借贷收入	1.41					1.71	8.68
现金支出	**5847.89**	**6768.58**	**4309.38**	**6304.64**	**6539.47**	**6201.22**	**5855.11**
实际支出	4853.25	5353.68	3582.38	4916.67	5464.37	5308.24	4734.81
消费性支出	3901.81	4551.74	3079.70	4324.84	4643.59	3921.21	3774.48
非消费性支出	946.96	800.89	501.91	591.83	820.76	1385.59	959.76
贷款利息	0.03		0.32			0.03	
个人所得税	2.83	6.13	2.33	2.32	1.55	2.47	1.05
其他各种税金	0.30					0.03	
各种非储蓄性保险	1.96	0.60	3.53	0.26	1.24	18.00	0.27
赡养支出	159.07	104.77	114.06	141.80	123.39	218.88	218.25
赠送支出	424.28	345.55	270.32	300.38	391.11	367.86	488.15
购房与建房支出	341.24	322.67	101.46	134.03	286.50	752.87	230.20
其他非消费支出	17.24	21.17	9.87	13.03	16.98	25.45	21.84
家庭副业生产支出	4.48	1.05	0.78		0.02	1.44	0.57
储蓄借贷支出	994.64	1414.90	727.00	1387.97	1075.10	892.98	1120.30
存入储蓄款	682.44	916.92	407.54	957.66	624.51	582.46	807.09
存入储金会款	30.60	47.60	4.96	8.51	59.60	22.31	7.28
归还借款	91.98	66.78	69.12	129.29	144.78	43.55	151.19
借出款	29.55	22.54	26.47	3.62	30.06	27.13	29.90
储蓄性保险	64.29	139.24	76.08	95.37	122.30	56.53	42.71
购买有价证券	42.33	156.64	53.13	168.27	62.46	27.46	7.02
预 购							
归还购买住房银行贷款	3.45		0.27		1.91		12.62
其他借贷支出	50.00	65.18	89.77	25.25	29.48	133.53	62.49
期末手存现金	**429.97**	**418.78**	**444.57**	**210.87**	**399.20**	**319.55**	**416.69**

10—18 续表3

单位：元

指　　标	马鞍山市	铜陵市	阜阳市	滁州市	亳州市	歙县	桐城市	宣州市
储蓄借贷收入	1978.23	1243.65	1152.83	368.30	360.20	949.24	1073.86	747.56
提取储蓄存款	1632.53	831.51	847.05	227.59	339.37	628.48	799.44	254.05
提取储金会款	19.84	24.70	7.72	7.61		4.52	18.89	249.88
借入款	226.35	281.14	232.68	62.11	8.07	143.18	212.33	229.94
收回借出款	30.66	43.06	21.33	24.17	12.76	94.47	41.07	13.69
收回储蓄性保险本金	31.33		3.18					
兑售有价证券	37.53	48.29	40.86	18.69		78.54		
赊　购		0.32						
购买房屋从银行贷款				28.13				
其他借贷收入		14.64				0.05	2.13	
现金支出	**8321.64**	**6372.53**	**6498.69**	**5506.99**	**5301.84**	**5427.90**	**4956.58**	**6241.58**
实际支出	6663.89	5362.11	5728.18	4912.62	4110.54	4476.14	4468.32	5272.63
消费性支出	5227.23	4479.02	4250.23	3945.08	3293.78	3762.19	3316.48	4035.62
非消费性支出	1393.46	883.09	1477.81	955.08	815.68	710.95	1141.40	1235.51
贷款利息								
个人所得税	0.96	2.68	1.15	11.92	5.49	0.26	0.18	2.94
其他各种税金					1.91			0.68
各种非储蓄性保险	1.46	0.34	3.05	0.19		2.91		0.96
赡养支出	297.87	153.76	186.15	124.46	87.20	144.70	196.01	210.27
赠送支出	490.53	350.27	704.41	442.87	691.31	264.16	311.92	541.68
购房与建房支出	555.46	349.21	572.56	362.98	22.84	275.83	623.81	461.51
其他非消费支出	47.18	26.83	10.49	12.72	6.93	23.09	9.49	17.47
家庭副业生产支出	43.20		0.15	12.46	1.08	3.00	10.44	1.50
储蓄借贷支出	1657.75	1010.42	770.50	594.37	1191.31	951.77	488.26	968.95
存入储蓄款	1212.97	463.68	557.26	281.07	1084.82	677.02	199.81	746.33
存入储金会款	50.34	151.06	13.01	9.08			26.01	70.34
归还借款	136.24	142.37	69.02	82.11	42.74	119.79	138.34	44.27
借出款	29.87	32.66	17.26	37.17	57.09	58.28	14.02	8.28
储蓄性保险	117.45	103.60	29.99	57.39	3.01	48.81	68.32	26.75
购买有价证券	76.72	21.15	27.17	80.76		3.31	18.60	
预　购								
归还购买住房银行贷款	1.29		0.12	28.82		0.47		12.82
其他借贷支出	32.88	93.89	36.68	17.97	3.64	44.09	23.16	60.16
期末手存现金	**525.95**	**523.11**	**137.45**	**895.84**	**626.36**	**226.78**	**493.43**	**399.56**

10—19 各调查市、县城镇居民家庭年人均消费性支出情况

(1999年)

单位：元

指标	全省	合肥市	淮南市	安庆市	芜湖市	蚌埠市	淮北市
消费性支出	**3901.81**	**4551.74**	**4551.74**	**4324.80**	**4643.64**	**3921.21**	**3774.48**
食品	1844.78	2226.21	2226.21	2017.92	2113.20	1894.92	1737.17
粮食	206.30	204.44	204.44	188.16	195.60	213.51	173.29
细粮	203.85	199.92	199.92	186.12	192.60	210.44	171.38
粗粮	2.45	4.52	4.52	2.04	3.00	3.08	1.91
淀粉及薯类	14.44	14.76	14.76	13.32	14.04	22.06	21.70
干豆类及制品	43.31	47.11	47.11	34.56	45.48	40.56	34.50
油脂类	91.34	92.28	92.28	104.88	85.44	85.33	76.80
肉禽及制品	403.32	477.23	477.23	473.52	447.00	464.37	398.03
#猪肉	222.39	231.42	231.42	284.04	225.72	218.27	184.23
牛羊肉	35.23	30.57	30.57	36.00	38.04	51.53	49.26
鸡鸭肉	69.61	118.36	118.36	82.08	85.32	80.43	59.52
蛋类	84.85	98.67	98.67	70.80	83.16	91.22	96.86
水产品类	108.04	141.89	141.89	133.68	150.72	122.23	88.45
菜类	182.90	199.24	199.24	203.88	193.08	166.32	163.96
鲜菜	169.30	181.86	181.86	193.44	176.40	154.17	153.09
干菜	9.02	10.50	10.50	5.76	10.32	7.75	7.85
调味品	28.78	34.58	34.58	28.56	28.44	31.56	38.98
糖类	18.70	20.25	20.25	21.00	20.40	2.74	17.38
烟草类	132.18	163.13	163.13	167.64	138.72	77.46	105.14
酒和饮料	128.78	149.64	149.64	123.72	104.88	103.80	116.01
干鲜瓜果类	100.14	123.30	123.30	104.16	107.16	106.24	98.43
坚果及果仁	18.80	20.48	20.48	18.00	20.28	22.38	17.52
糕点类	37.84	46.50	46.50	54.24	47.28	37.08	38.93
奶及奶制品	41.13	79.97	79.97	29.76	69.48	39.62	40.17
其他食品	16.13	34.47	34.47	7.92	15.00	23.46	27.64
在外用餐	187.44	277.96	277.96	239.76	346.56	227.74	182.75
食品加工费	0.33	0.30	0.30	0.12	0.36	0.49	0.66
衣着支出	430.29	435.12	435.12	386.52	449.64	405.80	524.72
服装	288.83	262.08	262.08	254.52	306.72	272.61	349.73
衣着材料	28.91	47.40	47.40	25.44	22.08	25.90	45.33
鞋袜帽及其它	101.78	112.65	112.65	99.48	108.00	98.62	114.57
衣着加工费	10.77	12.99	12.99	7.08	12.84	8.67	15.09
设备用品及服务	271.28	445.08	445.08	426.96	219.36	229.81	280.77
耐用消费品	148.11	297.96	297.96	286.32	119.88	132.16	175.41
家具	24.97	11.37	11.37	43.56	24.72	31.83	43.99
住房装饰	33.67	135.27	135.27	118.56	2.88		17.51
家庭设备	89.47	151.33	151.33	124.32	92.16	100.33	113.90
室内装饰品	12.45	17.31	17.31	5.52	7.08	6.62	6.12
床上用品	9.72	9.13	9.13	7.08	10.56	12.73	5.90
家庭日用杂品	60.81	93.19	93.19	53.52	58.32	55.21	67.93
家具材料	6.60	0.07	0.07	0.84	6.48	5.12	12.02
家庭服务	33.59	27.41	27.41	73.80	17.04	17.98	13.39
医疗保健	126.33	108.68	108.68	122.16	195.36	139.60	139.68
医疗器具	0.58	0.90	0.90	0.36		0.62	2.29
保健用品	1.61	1.14	1.14	1.80	0.12	2.26	0.07

10—19 续表1

单位：元

指标	马鞍山市	铜陵市	阜阳市	滁州市	亳州市	歙县	桐城市	宣州市
消费性支出	**5227.20**	**4479.02**	**4250.23**	**3945.12**	**3238.90**	**3762.24**	**3316.48**	**4035.62**
食品	2221.44	1953.65	1654.66	1915.80	1596.29	1727.88	1575.15	2084.35
粮食	224.64	206.71	182.35	191.28	218.94	195.48	174.65	242.62
细粮	222.12	204.43	180.66	188.40	215.97	193.68	173.31	240.13
粗粮	2.52	2.28	1.68	2.76	2.97	1.80	1.34	2.50
淀粉及薯类	13.80	16.88	19.72	15.00	16.81	7.32	6.40	11.12
干豆类及制品	46.20	45.64	31.96	41.64	32.71	58.68	38.37	57.22
油脂类	79.92	88.72	88.78	96.84	138.66	61.32	90.46	85.44
肉禽及制品	523.92	468.21	321.97	445.20	327.58	322.68	381.71	417.78
#猪肉	260.64	278.94	156.65	185.88	151.83	205.32	273.88	254.59
牛羊肉	31.32	29.38	30.87	43.56	78.79	14.88	14.69	21.78
鸡鸭肉	110.40	85.62	48.07	101.04	64.09	33.00	38.63	83.15
蛋类	95.16	97.08	107.67	80.64	120.99	73.80	54.92	62.87
水产品类	169.92	155.78	74.06	121.56	58.66	92.40	94.44	120.85
菜类	211.92	215.03	176.31	183.00	167.78	181.08	157.11	222.95
鲜菜	198.12	202.93	166.47	174.96	160.73	154.68	147.07	206.10
干菜	7.32	6.62	7.50	6.00	5.70	20.64	6.18	8.70
调味品	34.20	26.96	29.40	32.64	32.70	22.44	20.68	29.60
糖类	17.76	16.39	14.35	32.16	14.66	20.64	16.87	22.20
烟草类	179.76	103.58	73.42	123.36	83.93	160.08	100.14	219.44
酒和饮料	119.40	127.06	94.80	165.48	128.17	114.48	132.20	234.38
干鲜瓜果类	126.24	117.74	81.68	79.56	49.62	133.80	103.65	110.28
坚果及果仁	18.24	19.11	14.93	10.92	11.41	22.92	21.37	21.12
糕点类	53.28	46.03	43.64	24.60	18.18	54.84	26.47	33.68
奶及奶制品	75.84	44.66	33.84	38.40	25.57	47.64	21.67	26.35
其他食品	33.48	23.47	12.79	10.68	2.80	11.28	5.24	24.20
在外用餐	197.04	134.42	252.91	222.84	146.66	147.24	128.11	205.69
食品加工费	0.48	0.18	0.10	0.12	0.45	0.12	0.69	0.27
衣着支出	504.00	440.88	781.32	346.08	439.24	382.68	360.24	439.43
服装	350.76	288.50	61.08	238.08	314.75	238.80	218.79	305.19
衣着材料	34.56	28.27	21.62	22.56	16.26	26.52	41.56	25.06
鞋袜帽及其它	106.32	111.66	141.95	77.28	102.38	103.20	85.10	98.27
衣着加工费	12.48	12.46	6.98	8.16	5.84	14.16	14.78	10.91
设备用品及服务	665.16	244.64	336.20	259.80	114.47	129.00	294.59	289.77
耐用消费品	250.20	151.76	196.89	116.52	68.68	38.52	137.74	193.57
家具	19.92	12.10	28.06	21.24	26.26	18.00	60.36	5.41
住房装饰	110.52	31.62	71.43	2.64	3.96		18.05	21.27
家庭设备	119.76	108.04	97.40	83.52	38.47	20.52	59.33	166.89
室内装饰品	146.04	5.30	9.07	17.64	0.41	5.40	1.05	5.22
床上用品	7.20	12.11	22.34	8.40	1.03	7.68	12.34	11.85
家庭日用杂品	76.08	49.64	56.67	80.76	38.59	55.80	53.45	68.34
家具材料	33.24	1.59	17.46	35.64			4.50	1.14
家庭服务	152.52	24.23	33.79	0.84	5.75	21.72	85.52	9.64
医疗保健	199.44	83.95	127.15	141.60	150.08	161.00	59.31	90.02
医疗器具	1.92	0.05	0.03		2.16			
保健用品	1.44	0.34	1.03	0.96		0.24	0.55	8.18

10—19 续表2

单位：元

指　　标	全　省	合肥市	淮南市	安庆市	芜湖市	蚌埠市	淮北市
医药费	103.94	76.36	76.36	93.48	130.92	125.52	123.44
滋补药品	7.52	13.82	13.82	8.88	4.08	0.42	5.63
医疗保健服务	11.08	15.75	15.75	16.56	57.24	10.28	4.24
其　他	1.58	0.22	0.22	1.08	3.00	0.50	4.01
交通和通讯	250.56	297.61	297.61	276.96	318.72	258.48	218.83
交　通	96.99	112.19	112.19	94.20	103.32	68.88	82.75
家庭交通工具	18.54	3.51	3.51	6.48	1.92	5.05	2.07
燃料充电费	3.03	0.31	0.31	2.28	2.76	0.41	0.18
交通费	62.74	99.05	99.05	73.68	81.12	53.25	76.37
交通工具维修服务费	12.68	9.33	9.33	11.64	17.52	10.17	4.12
通　讯	153.37	185.42	185.42	182.88	215.40	189.60	136.09
通讯工具	18.73	17.60	17.60	32.64	45.36	42.14	7.51
电讯费	128.24	157.35	157.35	148.56	168.84	139.82	114.02
邮　费	1.25	1.41	1.41	1.68	0.12	1.16	4.01
其　他	5.35	9.06	9.06		1.08	6.48	10.54
娱乐文教服务	513.18	570.32	570.32	493.32	715.44	469.73	445.77
耐用消费品	92.02	88.67	88.67	91.32	85.32	53.70	36.79
教　育	340.57	364.53	364.53	314.16	505.44	329.24	325.31
教材及参考书	20.36	25.13	25.13	9.84	31.92	36.16	9.75
学杂费	254.52	206.30	206.30	228.96	443.88	249.19	211.43
托幼费	9.00	23.98	23.98	14.04	11.28	11.86	8.72
成人教育	23.15	49.47	49.47	48.00	15.84	21.62	35.47
其　他	33.54	59.66	59.66	13.20	2.52	10.41	59.93
文化娱乐	80.60	117.12	117.12	87.84	124.68	86.80	8.41
文娱用品	17.05	20.03	20.03	14.76	15.12	16.49	17.52
书报杂志	24.48	34.42	34.42	24.00	47.28	20.95	37.58
文娱费	39.07	62.67	62.67	48.96	62.28	49.36	28.57
居　住	314.00	297.71	297.71	405.96	491.40	320.71	264.11
住　房	90.69	42.21	42.21	146.76	234.36	85.37	65.59
建筑材料	43.71	7.59	7.59	26.88	133.32	23.15	9.24
房　租	38.70	28.44	28.44	114.36	74.64	43.39	28.13
维修服务费	8.29	6.19	6.19	5.52	26.40	18.83	28.21
水电燃料其他	223.31	255.50	255.50	259.20	256.92	235.33	198.52
水	26.26	33.16	33.16	31.92	28.20	26.91	24.28
电	98.97	125.75	125.75	107.04	121.44	104.44	88.05
燃　料	96.05	96.28	96.28	110.52	100.44	103.99	85.88
其　他	1.51	0.31	0.31	9.84	6.84		0.31
自有房物业管理费	0.52						
杂项商品和服务	151.39	171.00	171.00	194.88	140.52	202.17	163.42
个人消费	123.62	155.47	155.47	115.56	116.04	180.09	122.51
个人用品	28.34	36.36	36.36	33.00	37.80	36.07	27.61
理发、美容用品	25.96	31.41	31.41	30.24	23.16	25.76	25.67
旅　游	30.99	43.02	43.02	28.80	19.32	64.92	40.81
服务费	38.33	44.69	44.69	23.64	35.76	53.34	28.42
其他商品	9.28	4.90	4.90	34.20	3.72	9.08	32.61
其他服务	18.49	10.63	10.63	45.12	20.64	13.00	8.30

10—19　续表3　　　　单位：元

指　　标	马鞍山市	铜陵市	阜阳市	滁州市	亳州市	歙县	桐城市	宣州市
医药费	155.16	72.29	107.05	110.76	145.89	140.76	53.38	61.65
滋补药品	31.32	3.07	3.06	0.36		11.64	1.54	13.50
医疗保健服务	7.80	0.68	14.51	18.48	2.74	8.40	3.83	6.47
其他	1.68	248.76	1.46	11.04	0.19	3.84		0.82
交通和通讯	258.00	248.76	340.16	288.00	211.41	336.36	149.73	227.76
交通	103.08	92.80	116.77	117.36	52.24	230.76	49.06	76.39
家庭交通工具	11.40	6.76	23.78	43.80	10.02	98.64	9.68	1.34
燃料充电费	1.44	0.96	4.37	1.44	1.57	19.20		0.25
交通费	71.64	77.36	72.84	62.64	31.58	80.88	31.90	61.43
交通工具维修服务费	18.48	7.72	15.79	9.48	9.07	32.04	7.48	13.36
通讯	154.92	155.96	223.39	170.64	159.17	105.48	100.67	151.37
通讯工具	0.84	6.14	9.54	16.08	24.11	10.56	2.92	28.57
电讯费	146.04	147.33	197.29	154.20	134.85	82.32	88.24	121.53
邮费	1.68	2.33	0.37		0.13	0.96	1.54	1.28
其他	6.36	0.16	16.18	0.36	0.08	11.64	7.97	
娱乐文教服务	711.60	687.14	542.57	467.76	353.75	697.44	396.19	495.47
耐用消费品	183.72	120.73	122.35	114.48	46.28	63.12	112.80	162.94
教育	417.36	495.04	322.61	270.12	259.22	551.28	227.95	244.51
教材及参考书	34.32	26.66	19.05	12.84	9.11	6.72	18.45	9.75
学杂费	240.36	376.59	203.22	168.24	216.55	447.24	197.61	192.76
托幼费	9.96	21.77	2.48	19.56	9.66			5.99
成人教育	1.08	65.45	13.71	23.88	6.06	24.48	10.88	19.75
其他	131.76	4.58	84.16	45.60	17.84	72.84	1.00	16.25
文化娱乐	110.64	71.37	97.61	83.04	48.25	83.04	55.44	88.02
文娱用品	23.04	24.58	13.58	27.48	4.76	24.12	13.18	19.38
书报杂志	37.92	21.97	25.59	23.04	20.71	27.00	13.20	20.83
文娱费	49.56	24.82	58.43	32.52	22.77	31.92	29.06	47.81
居住	392.76	639.66	260.04	387.72	267.97	195.36	362.76	264.61
住房	142.44	343.34	45.77	143.64	20.14	18.96	164.33	28.38
建筑材料	106.92	48.01	30.11	91.92	0.10	1.92	144.14	12.92
房租	34.68	292.41	13.77	25.32	14.99	14.40	13.50	15.34
维修服务费	0.84	2.91	1.88	26.40	5.06	2.64	6.68	0.12
水电燃料其他	250.32	296.33	214.27	244.08	247.83	176.40	198.43	236.23
水	38.28	31.25	33.52	23.88	22.73	20.64	21.13	32.22
电	115.08	129.64	92.43	116.88	119.53	62.76	77.54	104.88
燃料	86.52	134.27	87.47	103.08	104.20	93.12	95.72	99.01
其他		0.32	0.84	0.24	1.38		4.04	0.12
自有房物业管理费	10.32	1.16						
杂项商品和服务	274.92	180.35	208.13	138.36	104.79	128.52	118.52	143.62
个人消费	251.52	166.26	184.49	117.48	86.58	92.40	76.89	121.14
个人用品	65.40	2.75	30.07	9.36	5.71	26.76	31.17	25.80
理发、美容用品	38.52	26.96	45.76	22.92	25.13	25.92	16.72	21.63
旅游	112.68	79.62	47.97	38.40	1.19	13.20	11.25	20.16
服务费	34.92	31.17	60.69	46.92	54.54	26.52	17.75	53.55
其他商品	3.60	4.52	0.78	4.44	4.08	15.60	7.55	6.85
其他服务	19.92	9.58	22.86	16.32	14.13	20.52	34.09	15.62

10—20 各调查市、县城镇居民家庭耐用消费品每百户拥有量

(1999年)

指标	单位	全省	合肥市	淮南市	安庆市	芜湖市	蚌埠市	淮北市
毛呢大衣	件	55.64	23.50	47.00	69.00	52.00	33.00	29.00
呢大衣	件	189.08	213.00	186.50	240.00	280.00	201.00	189.00
毛毯	条	132.98	137.00	100.50	176.00	160.00	144.00	125.00
地毯	平方米	72.70	70.50	145.00	55.00	109.00	59.00	100.00
组合家具	套	41.24	37.00	44.00	43.00	42.00	22.00	46.00
沙发床	个	22.38	27.00	19.00	41.00	16.00	9.00	41.00
沙发	个	153.81	133.50	107.50	155.00	113.00	146.00	151.00
大衣柜	个	89.77	82.00	76.00	88.00	84.00	100.00	78.00
写字台	张	104.54	108.00	93.50	117.00	95.00	104.00	102.00
摩托车	辆	11.28	2.50	6.00	17.00	12.00	2.00	10.00
自行车	辆	164.77	149.00	144.50	183.00	200.00	145.00	87.00
家用汽车	辆	0.28						1.00
缝纫机	台	52.80	56.50	51.00	37.00	61.00	66.00	66.00
洗衣机	台	87.43	97.00	88.50	75.00	98.00	100.00	97.00
电风扇	台	242.03	251.00	231.00	282.00	260.00	209.00	258.00
电冰箱	台	78.35	103.50	92.50	78.00	92.00	79.00	90.00
冰柜	台	1.93	2.50	1.50	4.00	1.00	1.00	1.00
彩电	台	99.08	111.50	97.00	97.00	107.00	111.00	104.00
影碟机	台	19.27	19.00	13.50	19.00	30.00	19.00	25.00
录放像机	台	14.49	29.00	15.50	14.00	18.00	22.00	15.00
家用电脑	台	3.35	6.00	1.00	3.00	6.00	4.00	2.00
组合音响	台	13.99	15.00	10.00	9.00	12.00	20.00	14.00
录音机	套	46.51	48.50	54.50	37.00	79.00	50.00	42.00
摄像机	台	0.28	1.00	1.50				
照相机	台	24.49	37.50	15.50	25.00	29.00	29.00	25.00
钢琴	架	0.37	2.00					
其他中高档乐器	架	4.50	2.00	3.00	6.00	6.00	5.00	3.00
微波炉	件	4.82	17.00	3.50	4.00	8.00	9.00	16.00
空调器	台	21.60	49.00	17.00	27.00	23.00	21.00	36.00
电饮具	台	82.11	102.50	91.00	93.00	120.00	90.00	69.00
淋浴热水器	台	37.61	57.00	17.50	57.00	54.00	36.00	76.00
抽排油烟机	台	42.25	50.00	31.50	65.00	52.00	56.00	59.00
吸尘器	台	6.19	13.50	4.00	6.00	10.00	7.00	6.00

10—20 续表

指　　标	单　位	马鞍山市	铜陵市	阜阳市	滁州市	亳州市	歙　县	桐城市	宣州市
毛呢大衣	件	96.00	57.00	48.00	128.75	94.00	18.00	48.00	74.00
呢大衣	件	290.00	220.00	199.00	211.25	194.00	136.00	142.00	142.00
毛　毯	条	148.00	151.00	126.00	111.25	108.00	128.00	144.00	142.00
地　毯	平方米	131.00	153.00	65.00	190.00		50.00		82.00
组合家具	套	62.00	49.00	52.00	213.75	50.00	14.00	20.00	16.00
沙发床	个	16.00	23.00	48.00	21.25	18.00	20.00	20.00	16.00
沙　发	个	101.00	160.00	164.00	182.50	148.00	144.00	268.00	134.00
大衣柜	个	72.00	90.00	67.00	96.25	106.00	104.00	88.00	96.00
写字台	张	107.00	106.00	92.00	110.00	100.00	100.00	102.00	124.00
摩托车	辆	12.00	11.00	16.00	36.25	6.00	30.00	2.00	10.00
自行车	辆	215.00	124.00	169.00	227.50	204.00	174.00	176.00	126.00
家用汽车	辆			3.00	2.50				
缝纫机	台	48.00	52.00	56.00	56.25	62.00	50.00	38.00	52.00
洗衣机	台	96.00	94.00	95.00	100.00	92.00	76.00	68.00	84.00
电风扇	台	242.00	257.00	228.00	263.75	202.00	220.00	262.00	262.00
电冰箱	台	101.00	98.00	81.00	90.00	44.00	72.00	54.00	80.00
冰　柜	台	2.00	4.00	4.00	2.50	2.00	2.00		2.00
彩　电	台	114.00	99.00	88.00	108.75	88.00	94.00	90.00	98.00
影碟机	台	36.00	26.00	19.00	20.00	2.00	14.00	26.00	24.00
录放像机	台	31.00	19.00	13.00	25.00	8.00	12.00	2.00	8.00
家用电脑	台	6.00	5.00	3.00	6.25	2.00			8.00
组合音响	台	26.00	18.00	19.00	27.50	8.00	14.00	6.00	18.00
录音机	套	67.00	55.00	59.00	48.75	46.00	24.00	42.00	40.00
摄像机	台	1.00							
照相机	台	59.00	38.00	36.00	40.00	16.00	18.00	10.00	18.00
钢　琴	架	2.00		1.00	1.25				
其他中高档乐器	架	14.00	3.00	9.00	2.50			8.00	8.00
微波炉	件	8.00	5.00	4.00	6.25				2.00
空调器	台	51.00	31.00	41.00	23.75	10.00		2.00	24.00
电饮具	台	94.00	99.00	104.00	73.75	22.00	64.00	92.00	92.00
淋浴热水器	台	64.00	59.00	21.00	48.75	2.00	34.00	20.00	50.00
抽排油烟机	台	58.00	71.00	34.00	56.25	4.00	34.00	30.00	58.00
吸尘器	台	17.00	11.00	5.00	16.25		2.00	2.00	6.00

10—21 各调查市、县城镇居民家庭居住情况

（1999年）

单位：户

指　　标	合肥市	淮南市	安庆市	芜湖市	蚌埠市	淮北市	马鞍山市
总　　计	**200**	**200**	**100**	**100**	**100**	**100**	**100**
按居住面积分							
无房户							
4平米以下		1	1				
4—6平方米	9	8	8	1	2	7	
6—8平方米	47	24	29	6	16	14	7
8—10平方米	38	37	26	14	26	23	10
10—12平方米	22	39	21	31	15	27	19
12—14平方米	33	21	9	15	14	11	22
14平方米以上	51	70	6	33	27	18	42
按房屋产权分							
公　房	44	22	37	19	30	5	24
租赁私房	2	3	2	3	3	6	1
自有房	145	3	57	15	63	84	74
部分产权私有房	9	172	4	63	4	5	1
按自来水使用情况分							
无自来水	1	1					
独用自来水	195	180	98	95	98	96	98
公用自来水	4	19	2	5	2	4	2
按卫生设备拥有情况分							
无卫生设备	15	55	3	17	21	3	2
有浴室厕所	74	70	96	56	50	2	30
有厕所无浴室	98	74		26	25	88	67
公用卫生设备	13	1	1	1	4	7	1
按取暖设备拥有情况分							
无取暖设备	180	170	81	90	91	75	87
空调设备	16	8	15	10	9	18	12
暖　气	3	22	4			7	1
其　他	1						
按厨房使用情况分							
无厨房	11	4	2	8	6	5	2
独用厨房	188	196	97	92	94	95	98
公用厨房	1		1				
按燃料使用情况分							
管道煤气	103	76	55	26	94	77	98
液化石油气	69	87	44	65	6	13	2
煤	27	37	1	8		10	
其　他	1			1			
按电话拥有情况分							
无电话	34	73	32	17	12	32	19
公费电话	8	6	4	4	1	8	
自费电话	158	120	64	79	87	58	81
公用电话		1				2	
按住宅建筑式样分							
家庭单栋配套住房		1	1				
单元式配套住宅	165	143	94	79	75	90	95
一居室	4	16	11	3	14	5	6
二居室	81	90	52	68	57	42	33
三居室	75	34	29	7	4	31	52
四居室及以上	5	3	3	1		12	4
普通楼房	22	10		7	11	4	
普通平房	13	46	5	14	14	6	5

10—21 续表 单位：户

指标	铜陵市	阜阳市	滁州市	亳州市	歙县	桐城市	宣州市
总计	**100**	**100**	**80**	**50**	**50**	**50**	**50**
按居住面积分							
无房户							
4平米以下							
4—6平方米		2	2		3		
6—8平方米	6	5	7	2	8	2	2
8—10平方米	15	2	8	1	9	4	4
10—12平方米	32	10	10	10	13	11	7
12—14平方米	23	25	15	5	7	8	8
14平方米以上	24	56	38	32	10	25	29
按房屋产权分							
公房	14	8	27	11	14	11	7
租赁私房		5	1	1	1		
自有房	79	86	45	32	33	39	42
部分产权私有房	7	1	7	6	2		1
按自来水使用情况分							
无自来水		2		5			
独用自来水	100	94	69	40	43	47	50
公用自来水		4	11	5	7	3	
按卫生设备拥有情况分							
无卫生设备	3	22	13	38	9	15	6
有浴室厕所	97	76	48	9	23	18	35
有厕所无浴室		2	18	1	12	13	8
公用卫生设备			1	2	6	4	1
按取暖设备拥有情况分							
无取暖设备	77	83	68	48	50	49	44
空调设备	22	17	8	1		1	6
暖气	1		4				
其他				1			
按厨房使用情况分							
无厨房		4	4	9	6	4	
独用厨房	100	96	76	41	43	46	50
公用厨房					1		
按燃料使用情况分							
管道煤气	96	1	16			1	
液化石油气	4	20	53	2	23	29	44
煤		79	11	48	26	20	6
其他					1		
按电话拥有情况分							
无电话	13	27	19	24	12	8	11
公费电话	4	7	3	4	3	2	3
自费电话	83	65	58	22	34	40	36
公用电话		1			1		
按住宅建筑式样分							
家庭单栋配套住房			4	3	7	3	
单元式配套住宅	97	77	57	3	28	17	41
一居室	1	4	2		5		
二居室	65	45	26	2	12	7	24
三居室	31	27	23		11	10	16
四居室及以上		1	6				1
普通楼房		9		4	3	12	1
普通平房	3	14	9	40	12	18	8

10—22 农村居民家庭基本情况

指　　标	单位	1990年	1995年	1996年	1997年	1998年	1999年
调查户数	**户**	**3100**	**3100**	**3100**	**3100**	**3100**	**3100**
调查户人口							
常住人口	人	15480	13777	13860	13620	13451	13276
#职工人数	人	164	145	208	169	185	169
平均每户常住人口	人	4.99	4.44	4.47	4.39	4.34	4.28
平均每户整半劳动力	人	3.27	3.00	2.99	2.94	2.88	2.77
平均每个劳动力负担人口	人	1.53	1.48	1.49	1.49	1.51	1.55
乡村企业从业人数	**人/户**	**0.05**	**0.11**	**0.09**	**0.24**	**0.07**	**0.06**
平均每百劳力中：文盲半文盲	人	29.90	17.92	12.03	10.47	10.88	9.74
小学程度	人	32.43	33.79	34.47	32.42	32.69	32.66
初中程度	人	30.85	40.01	43.59	46.44	45.99	48.06
高中程度	人	6.23	6.83	7.79	8.32	8.06	7.50
中专程度	人	0.51	1.13	1.61	1.86	2.04	1.76
大专程度	人	0.08	0.32	0.51	0.49	0.35	0.28
平均每人年收入							
总收入	元	837.26	2016.35	2331.00	2549.89	2538.28	2524.74
纯收入	元	539.16	1302.82	1607.72	1808.75	1863.06	1900.29
现金收入	元	662.96	1550.45	1803.53	1998.48	2006.26	2012.21
按纯收入分组户数占调查户比重							
200～300元	%	7.29	0.45				0.10
300～400元	%	15.00	0.42	0.10	0.10	0.19	0.06
400～500元	%	21.55	1.42	0.29	0.16	0.35	0.29
500～600元	%	18.97	2.13	1.10	0.26	0.65	0.48
600～800元	%	23.29	9.65	4.10	2.61	3.10	2.32
800～1000元	%	8.07	14.90	10.23	6.13	4.77	4.32
1000～1200元	%		18.42	13.81	9.52	8.74	7.48
1200～1300元	%		7.58	6.94	6.19	5.32	4.32
1300～1500元	%	3.71	14.42	12.03	12.19	10.68	11.13
1500～1700元	%		8.68	12.26	11.03	11.61	11.52
1700～2000元	%	0.19	10.13	13.48	16.00	16.23	17.87
2000～2500元	%	0.06	7.06	13.97	18.84	18.45	19.55
2500～3000元	%		3.06	6.61	8.35	9.48	10.84
3000～3500元	%		0.97	3.19	4.42	5.55	5.10
3500～4000元	%		0.42	1.10	2.00	2.23	2.23
4000～4500元	%		0.19	0.35	1.13	1.39	1.03
4500～5000元	%		0.03	0.23	0.61	0.65	0.65
5000元以上	%		0.06	0.23	0.45	0.61	0.71
平均每人年支出							
总支出	元	822.37	1855.83	2073.09	2097.22	2012.59	1940.82
家庭经营费用支出	元	231.59	568.97	566.46	546.16	476.54	431.11
生活消费支出	元	514.93	1070.64	1309.35	1336.57	1333.05	1302.48
其他非生产性支出	元	13.88	53.06	40.58	29.13	25.52	35.62
现金支出	元	635.78	1421.73	1640.50	1723.83	1760.97	1814.18
生产费用	元	167.94	465.40	456.88	480.15	440.79	409.01
缴纳税金和上交集体承包提留摊派费支出等	元	43.39	94.05	94.78	123.61	130.33	124.95
生活消费支出	元	323.01	682.54	874.60	885.37	898.95	893.96
储蓄借贷支出	元	57.55	99.99	107.02	121.71	184.06	260.80

10—23 农村居民家庭平均每人总收入和纯收入

单位：元

指　　标	1990 年	1995 年	1996 年	1997 年	1998 年	1999 年
总　收　入	**837.26**	**2016.35**	**2331.00**	**2549.89**	**2538.28**	**2524.74**
基本收入	812.03	1922.74	2223.80	2471.92	2433.66	2404.67
劳动者报酬收入	77.13	234.21	346.35	405.49	457.17	470.69
集体组织劳动报酬	20.23	48.71	77.45	89.35	125.72	131.44
企业劳动报酬	20.59	177.34	250.69	295.61	290.64	277.86
#乡村企业劳动报酬	13.92	53.07	64.37	65.40	64.14	59.94
其他单位劳动报酬	36.31	8.16	18.21	20.53	40.81	61.39
家庭经营收入	734.90	1688.53	1877.44	2066.43	1976.49	1933.98
转移性和财产性收入	25.23	93.61	107.21	77.97	104.61	120.08
纯　收　入	**539.16**	**1302.82**	**1607.72**	**1808.75**	**1863.06**	**1900.29**
按收入来源分						
基本收入	519.13	1214.95	1508.24	1738.82	1768.88	1790.36
劳动者报酬收入	77.13	234.21	346.35	405.49	457.17	470.69
家庭经营纯收入	442.00	980.74	1161.89	1333.33	1311.70	1319.67
#农业收入	317.83	701.17	797.21	913.06	853.20	859.50
牧业收入	60.94	118.35	174.51	231.13	239.41	209.71
工业收入	5.10	4.63	11.93	12.35	10.85	11.66
建筑业收入	8.32	18.19	22.35	29.76	33.98	40.97
运输业收入	7.49	15.01	17.12	13.93	20.18	22.73
商业收入	8.39	19.87	19.60	29.32	24.07	30.65
饮食业收入	3.19	1.56	1.82	1.61	2.82	4.44
服务业收入	4.29	11.81	15.88	12.99	17.61	24.18
其它家庭经营收入	4.15	30.77	42.13	26.26	39.05	45.51
转移性和财产性收入	20.03	87.88	99.48	69.93	94.18	109.94
按收入性质分						
生产性纯收入	498.39	1203.14	1492.36	1725.83	1751.27	1766.17
非生产性纯收入	40.77	99.68	115.36	82.92	111.79	134.12
按家庭经营收入来源分						
家庭经营收入	442.00	980.74	1161.89	1333.33	1311.70	1319.67
第一产业收入	401.07	878.92	1031.04	1207.10	1163.15	1139.54
第二、三产业收入	40.93	101.84	130.83	126.22	148.56	180.14

10—24　农村居民家庭平均每人生活消费支出

单位：元

指　　标	1990年	1995年	1996年	1997年	1998年	1999年
生活消费支出	**514.93**	**1070.64**	**1309.35**	**1336.57**	**1333.05**	**1302.48**
食　品	298.05	625.42	746.24	755.23	732.14	708.27
#主　食	135.98	254.11	286.43	275.40	272.55	278.29
副　食	110.54	253.20	296.75	309.29	289.94	263.11
其他食品	46.40	98.44	127.76	132.73	128.27	127.38
衣　着	39.90	70.56	92.62	86.94	72.30	69.43
居　住	72.46	165.63	188.87	200.94	205.63	193.85
家庭设备用品及服务	49.79	57.23	72.82	63.93	65.45	64.73
医疗保健	14.41	34.07	48.69	43.50	52.11	51.65
交通通讯	4.07	21.29	26.74	32.68	34.54	38.10
文教娱乐用品及服务	23.98	79.45	109.45	128.53	139.92	146.33
其他商品及服务	12.27	17.00	23.93	24.82	30.95	30.12
生活消费现金支出	**323.01**	**682.54**	**874.60**	**885.37**	**898.95**	**893.96**
食　品	132.35	285.09	370.14	368.35	363.86	350.10
#主　食	14.71	24.08	26.45	19.98	21.34	22.59
副　食	68.17	145.54	184.45	183.65	177.27	164.76
其他食品	49.47	95.79	123.94	126.90	123.87	123.26
衣　着	38.88	69.87	91.98	86.34	71.63	69.15
居　住	71.17	118.54	130.85	137.22	140.65	143.79
家庭设备用品及服务	27.57	57.23	75.81	63.93	65.28	64.72
医疗保健	14.39	34.07	48.69	43.50	52.11	51.65
交通通讯	4.07	21.29	26.74	32.68	34.54	38.10
文教娱乐用品及服务	25.30	79.45	109.45	128.53	139.92	146.33
其他商品及服务	9.28	17.00	23.93	24.83	30.95	30.12

10—25 农村居民人均现金收支情况

单位：元

指标	1990年	1995年	1996年	1997年	1998年	1999年
期内现金收入合计	**662.96**	**1550.45**	**1803.53**	**1998.48**	**2006.26**	**2012.21**
基本收入	529.85	1275.29	1464.51	1695.86	1658.53	1646.49
劳动者报酬收入	76.45	233.87	345.37	404.20	455.66	470.19
集体组织劳动报酬	19.98	48.55	77.37	89.20	125.17	131.31
企业劳动报酬	20.75	177.16	249.99	294.48	290.27	277.59
集体企业劳动报酬		52.91	64.17	65.36	64.06	59.93
个体企业劳动报酬		25.54	33.28	45.14	68.29	71.91
其他企业劳动报酬		98.72	152.54	183.98	157.91	145.75
其他单位劳动报酬	35.72	8.16	18.02	20.53	40.22	61.28
家庭经营现金收入	462.58	1041.42	1119.14	1291.66	1202.86	1176.30
出售产品的现金	408.60	893.14	952.63	1112.53	999.39	939.13
出售种植业产品的现金	271.76	582.86	606.45	713.89	643.29	581.80
出售林业产品的现金	6.07	15.72	13.77	19.90	13.21	19.94
出售牧业产品的现金	106.07	265.81	303.77	348.38	317.21	306.35
出售渔业产品的现金	6.64	18.09	8.64	10.36	10.06	17.58
出售手工业产品的现金	9.62	5.64	10.48	6.08	3.46	2.57
出售采集捕猎产品的现金	1.67	2.65	2.95	2.81	3.11	2.86
出售工业产品的现金	5.65	1.01	4.18	5.74	4.46	2.84
出售其他产品的现金	1.12	1.37	2.39	5.38	4.58	5.18
工业加工费的现金收入	3.48	6.00	11.40	11.06	12.04	12.83
#粮食加工收入		2.57	6.49	7.52	7.98	8.84
建筑业的现金收入	9.18	24.23	28.44	37.48	40.20	48.05
运输业的现金收入	13.28	25.33	26.51	21.10	29.21	33.95
商业的现金收入	11.75	23.64	23.32	35.17	28.05	36.98
饮食业的现金收入	5.54	3.31	2.74	2.73	4.01	5.07
服务业现金收入	5.80	14.42	20.05	15.73	20.41	28.89
其他家庭经营的现金收入	4.95	51.35	54.06	55.86	69.56	71.41
转移性收入	20.03	71.48	90.88	90.06	106.45	131.87
#在外人口寄回或带回	3.60	27.35	40.54	37.50	45.07	57.25

10—25 续表　　单位：元

指　　标	1990年	1995年	1996年	1997年	1998年	1999年
亲友赠送收入	11.86	17.44	23.71	23.63	26.44	33.76
#农村外部亲友赠送	10.70	2.67	2.92	1.77	2.45	2.76
财产性收入	9.89	20.94	21.47	19.09	30.19	15.00
储蓄借贷现金收入	79.95	182.73	226.67	193.47	211.09	218.85
期内现金支出合计	**635.78**	**1421.73**	**1640.50**	**1723.83**	**1760.97**	**1814.18**
生产费用支出	167.94	465.40	456.88	480.15	440.79	409.01
家庭经营费用支出	150.96	399.34	396.00	420.68	395.09	363.40
种植业支出	104.13	259.10	277.39	281.47	254.20	246.71
林业支出	0.51	1.90	1.15	2.09	1.96	2.25
牧业支出	26.70	102.09	83.18	105.16	111.30	84.23
渔业支出	1.67	8.82	3.19	3.44	2.58	5.08
手工业支出	2.77	3.48	8.42	4.50	2.45	2.79
工业支出	3.51	1.76	3.21	4.50	4.08	2.51
建筑业支出	0.28	4.03	3.81	4.33	2.40	2.51
运输业支出	4.50	8.23	7.27	5.17	6.25	7.95
商业支出	2.11	1.79	1.86	2.67	1.31	2.82
饮食业支出	1.90	1.48	0.69	0.84	0.81	0.11
服务业支出	1.06	1.35	2.58	1.29	0.86	1.95
其他现金支出	1.82	5.31	3.24	5.22	6.91	4.48
购置生产性固定资产支出	16.98	66.06	60.89	59.47	45.69	45.61
缴纳税金	11.76	25.69	28.58	33.80	39.59	38.03
上交集体承包任务现金	31.63	13.25	13.12	14.54	16.40	17.09
集体提留和摊派		55.11	53.08	75.27	74.34	69.83
生活消费支出	323.01	682.54	874.60	885.37	898.95	893.96
其他非借贷支出	43.89	79.75	107.23	112.99	106.84	125.47
#寄给和带给在外人口	1.47	1.57	4.41	3.94	3.07	2.33
赠送亲友的现金	34.21	59.65	81.38	85.67	85.40	96.85
#赠送农村外部亲友	32.26	2.01	1.89	1.36	1.39	1.02
储蓄借贷现金支出	57.55	99.99	107.02	121.71	184.06	260.80

10—26 各县（市）农村居民家庭平均每人生活消费现金支出

（1999年）

单位：元

县（市）	生活消费支出合计	食品	衣着	居住	家庭设备用品及服务	医疗保健	交通和通讯	文教、娱乐用品及服务	其他商品及服务
合肥市辖区	1881.02	863.43	223.59	270.32	171.09	32.09	81.26	197.69	41.54
长丰县	806.36	289.97	46.79	206.40	53.33	42.06	26.45	123.49	17.87
肥东县	872.95	322.67	51.80	107.59	77.73	39.25	35.04	170.44	68.43
肥西县	910.64	357.07	84.06	131.28	74.78	47.15	49.83	152.48	14.00
芜湖市辖区	1866.18	690.06	218.28	305.74	151.34	69.88	136.09	239.76	55.02
芜湖县	1006.26	386.53	88.97	132.28	92.68	40.59	59.55	160.10	45.55
繁昌县	1288.12	476.47	119.17	270.94	119.12	58.97	59.00	134.05	50.41
南陵县	1203.40	381.08	90.29	221.54	105.69	61.02	104.00	174.20	65.58
蚌埠市辖区	1338.21	499.98	77.91	316.14	63.69	58.11	134.68	164.90	22.80
怀远县	1066.51	377.06	84.15	132.62	69.05	97.30	59.49	216.10	30.73
五河县	714.49	335.85	48.10	91.78	49.19	38.56	31.90	111.84	7.27
固镇县	878.66	282.33	75.60	166.36	56.17	70.85	36.04	163.74	27.58
淮南市辖区	1596.47	756.63	174.49	243.92	108.48	62.35	69.62	137.64	43.34
凤台县	817.49	420.31	78.13	70.73	66.94	45.23	35.79	79.49	20.86
马鞍山市辖区	1932.99	830.98	227.89	210.98	146.99	77.80	92.73	250.92	94.70
当涂县	1173.66	442.52	87.87	199.29	84.93	87.83	68.33	179.44	23.45
淮北市辖区	1073.34	477.87	116.60	135.33	72.58	65.64	43.54	149.10	12.67
濉溪县	646.89	263.42	53.49	83.31	54.68	44.87	27.48	97.93	21.72
铜陵市辖区	1746.44	726.14	146.74	253.83	118.52	57.59	92.11	280.17	71.34
铜陵县	1366.34	476.91	99.87	350.88	86.92	48.80	59.65	175.89	67.42
安庆市辖区	1021.54	495.60	80.25	105.71	58.40	51.76	44.89	125.99	58.93
桐城市	1031.29	375.70	48.00	146.18	66.96	59.47	91.65	206.12	37.22
怀宁县	1150.75	348.78	72.44	209.15	118.82	51.62	87.47	189.54	72.93
枞阳县	749.07	286.21	46.57	72.43	77.83	30.06	29.76	178.62	27.59
潜山县	765.25	232.59	57.00	97.20	72.88	20.48	70.55	160.26	54.29
太湖县	847.79	238.38	53.39	100.44	90.14	53.33	59.12	215.17	37.81
宿松县	796.59	295.09	43.19	60.91	65.59	51.78	54.26	180.65	45.12
望江县	798.16	276.43	51.21	120.89	66.67	40.04	60.85	148.16	33.91
岳西县	594.38	206.45	46.12	49.00	46.75	47.25	54.37	118.96	25.47
屯溪区	1332.24	490.18	94.40	321.78	109.53	98.38	88.33	78.47	51.18
黄山区	1128.98	421.40	79.21	136.13	89.60	74.07	86.38	189.84	52.35
徽州区	1243.95	497.20	66.03	226.38	70.06	71.83	88.96	183.42	40.07
歙县	1046.77	495.64	51.44	105.63	58.38	73.55	53.40	167.54	41.20
休宁县	830.55	378.00	56.29	100.46	53.35	41.85	29.25	134.88	36.47
黟县	1103.07	380.37	76.62	155.11	78.04	62.69	57.82	249.35	43.08
祁门县	944.36	307.04	79.22	111.56	67.35	67.87	43.87	183.84	83.61
琅琊区	1334.64	367.02	91.07	430.73	57.03	68.19	70.77	218.22	31.62
南谯区	745.73	322.52	67.11	76.90	56.49	39.91	33.69	119.13	29.97
天长市	861.14	341.91	80.13	101.06	71.13	42.96	55.28	144.32	24.35
明光市	766.20	273.39	87.92	107.22	59.07	31.65	25.91	99.41	81.50
来安县	870.19	341.70	61.46	165.35	62.58	47.20	22.58	155.14	14.16

10—26 续表

单位：元

县（市）	生活消费支出合计	食品	衣着	居住	家庭设备用品及服务	医疗保健	交通和通讯	文教、娱乐用品及服务	其他商品及服务
全椒县	889.23	357.05	69.86	130.10	58.42	31.51	35.11	159.86	47.31
定远县	705.24	341.43	55.05	80.80	57.93	24.20	27.53	106.54	11.76
凤阳县	975.30	439.98	101.06	117.46	93.91	50.00	29.85	123.62	19.43
颍州区	1126.91	349.43	216.07	72.22	132.97	120.54	90.25	126.21	19.24
颍东区	702.55	261.78	60.08	60.73	69.39	43.63	40.29	147.95	18.69
颍泉区	949.29	370.96	84.45	151.25	60.06	81.23	60.94	119.58	20.82
临泉县	691.56	284.31	74.83	104.37	56.98	37.13	28.20	93.91	11.84
太和县	822.45	329.55	78.43	130.49	54.58	46.69	44.75	119.81	18.16
涡阳县	942.17	336.47	89.91	194.70	63.00	55.53	51.16	113.47	37.94
蒙城县	629.36	264.41	60.37	91.92	44.02	48.88	26.36	74.65	18.74
阜南县	690.80	308.02	62.04	95.32	46.20	42.25	29.20	88.98	18.78
颍上县	826.17	379.59	69.14	118.47	53.77	51.40	39.85	90.56	23.39
利辛县	619.11	255.71	58.98	81.79	52.70	34.15	24.39	86.06	25.33
界首市	871.75	322.39	96.27	106.43	55.83	59.83	55.49	153.63	21.87
宿州市辖区	761.69	302.48	57.71	128.60	43.19	50.56	33.70	120.82	24.64
砀山县	940.77	370.54	67.05	125.32	61.29	61.92	47.86	173.20	33.58
萧县	780.55	309.73	69.63	111.00	55.95	50.93	27.69	118.90	36.71
灵璧县	583.42	261.58	38.14	71.85	36.58	37.28	19.07	107.21	11.71
泗县	719.97	276.48	41.24	89.14	67.96	59.77	15.68	128.87	40.82
六安市辖区	709.24	291.11	54.11	81.45	52.53	28.86	35.37	150.64	15.17
寿县	795.76	318.85	53.78	146.19	59.52	33.83	25.71	133.03	24.87
霍邱县	720.20	305.79	56.72	108.42	53.04	31.83	30.88	118.13	15.39
舒城县	718.36	303.23	73.85	85.87	60.34	19.37	33.41	119.63	22.67
金寨县	760.67	289.34	81.96	109.76	55.90	44.13	38.02	115.46	26.10
霍山县	676.20	257.51	49.25	95.04	51.56	35.64	44.51	121.72	20.96
巢湖市辖区	1092.10	383.91	81.58	182.91	84.23	61.69	50.91	200.24	46.62
庐江县	994.30	376.00	68.86	148.69	60.78	62.69	67.79	175.25	34.24
无为县	925.68	406.00	66.65	123.55	78.19	41.87	31.28	141.84	36.31
含山县	1129.07	470.49	92.45	150.19	79.18	66.62	49.19	193.46	27.50
和县	1140.71	350.91	88.63	299.46	81.57	87.43	50.37	162.39	19.95
宣州市	949.37	365.20	93.18	144.05	75.70	37.83	48.11	158.88	26.42
郎溪县	1175.09	377.25	97.42	177.13	80.38	82.56	97.95	198.28	64.13
广德县	950.55	349.55	83.18	189.91	106.35	39.98	38.34	126.95	16.28
宁国市	1227.31	337.79	174.21	275.16	114.88	53.21	61.62	168.05	42.38
泾县	1179.54	398.54	100.04	227.32	91.32	62.17	73.35	187.51	39.30
旌德县	1371.73	350.03	76.35	313.88	123.85	123.70	78.75	215.11	90.04
绩溪县	1210.74	333.73	78.72	196.78	102.10	72.62	71.25	236.75	118.78
贵池市	1236.42	457.96	57.69	239.24	59.72	64.49	58.48	176.66	122.18
东至县	1031.09	376.61	65.28	176.65	58.56	50.06	69.94	200.63	33.36
石台县	852.71	315.80	69.14	120.04	70.95	48.23	56.72	146.96	24.86
青阳县	851.46	331.03	65.47	138.56	78.29	22.29	49.96	132.42	33.42

10—27 农村居民家庭经营生产情况

指标	单位	1990年	1995年	1996年	1997年	1998年	1999年
经营耕地面积	市亩/人	1.58	1.46	1.44	1.45	1.49	1.51
#承包地面积	市亩/人	1.47	1.39	1.38	1.41	1.43	1.46
自留地面积	市亩/人				0.03	0.04	0.03
经营山地面积	市亩/人	0.38	0.53	0.52	0.46	0.43	0.46
#承包山地面积	市亩/人	0.24	0.34	0.36	0.30	0.30	0.30
自留山地面积	市亩/人				0.15	0.12	0.16
经营水面面积	市亩/人	0.02	0.02	0.01	0.01	0.01	0.02
年内出售肉猪头数	头/户	0.64	0.71	1.36	1.13	0.93	1.28
出售、自宰猪肉产量	公斤/户		69.66	98.11	120.41	131.89	147.41
年内出售菜羊只数	公斤/户	0.31	0.18	0.22	0.21	0.16	0.20
出售、自宰羊肉产量	公斤/户				3.89	2.70	3.67
年内出售肉牛	头/百户	4.06	5.60	12.16	13.74	9.37	11.06
出售牛肉	公斤/户				19.72	11.75	16.29
年末拥有主要固定资产							
大中型拖拉机	台/百户	0.33	1.01	0.88	0.69	0.97	0.79
小型和手扶拖拉机	台/百户	7.74	19.99	20.97	24.84	26.81	29.83
机动脱粒机	台/百户	2.41	20.73	11.42	12.21	16.72	14.62
役畜	头/百户	52.93	38.57	41.63	37.32	31.35	26.66

10—28 农村居民家庭主要农业产品生产和出售情况

指标	单位	生产量					出售量				
		1995年	1996年	1997年	1998年	1999年	1995年	1996年	1997年	1998年	1999年
粮食	公斤/人	636.64	693.99	784.27	728.38	770.24	217.62	234.13	330.70	333.00	294.46
棉花	公斤/人	9.42	6.55	7.95	7.72	6.23	7.05	3.84	6.16	4.75	3.58
油料	公斤/人	47.53	45.71	51.01	42.19	60.11	29.76	24.65	28.39	20.00	38.21
糖料	公斤/人	0.79	0.47	0.88	1.27	3.36	0.64	0.30	0.72	0.65	1.65
烟叶	公斤/人	0.94	1.14	1.05	0.48	0.92	0.78	0.89	0.81	0.38	0.69
蔬菜	公斤/人	178.92	176.71	186.77	190.78	219.81	77.49	74.85	90.33	90.62	110.98
果用瓜	公斤/人	28.50	20.70	31.17	41.89	34.64	20.68	14.15	23.62	30.81	24.66
水果	公斤/人	2.30	4.36	7.40	5.69	6.37	1.61	3.70	5.33	3.83	4.17
茶叶	公斤/人	1.23	1.29	1.18	1.41	1.40	1.02	1.12	1.01	1.16	1.17
猪肉	公斤/户	104.38	134.99	120.41	131.89	147.41	69.66	98.11	103.42	105.58	127.91
羊肉	公斤/户	3.20	3.84	3.89	2.70	3.67	2.81	3.34	3.41	2.26	3.28
家禽	公斤/户	19.45	17.61	20.59	20.36	21.92	8.36	7.60	8.94	8.85	10.21
禽蛋	公斤/户	26.51	17.61	18.95	19.34	19.82	12.25	4.43	5.43	4.94	5.34
水产品	公斤/户	8.70	8.01	7.69	8.89	11.63	6.53	4.51	5.53	5.94	8.58
兔毛	公斤/户	0.13	0.00	0.01	0.03	0.03	0.09	0.05	0.03	0.02	0.03
蚕茧	公斤/户	7.37	4.51	4.97	8.71	9.08	7.19	4.38	4.89	7.69	7.72

10—29 农村居民人均粮食收支情况

单位：公斤

指标	1990年	1995年	1996年	1997年	1998年	1999年
年初粮食结存	**349.87**	**413.56**	**347.47**	**463.88**	**542.95**	**562.32**
年内粮食收入合计	**673.37**	**662.78**	**721.97**	**810.70**	**756.13**	**799.11**
从集体统一经营中得到的	0.13	0.06	0.10	0.12	0.02	0.06
家庭经营生产的	651.20	636.64	693.99	784.27	728.38	770.24
购入	18.74	23.72	27.00	25.41	27.11	28.52
#从集市上购入	4.81	9.57	9.84	9.61	10.20	11.36
借入	1.18	1.33	0.32	0.30	0.05	
收回借出粮	1.09	0.83	0.37	0.53		
其他粮食收入	1.03	0.21	0.19	0.07	0.57	0.29
年内粮食支出合计	**651.24**	**563.02**	**575.77**	**669.36**	**660.75**	**624.31**
主食用粮	292.78	256.50	254.85	250.23	245.17	251.14
#稻谷	174.53	160.34	159.02	153.61	149.53	160.13
小麦	104.44	86.30	83.02	83.18	82.53	79.45
其他生活用粮	4.86	0.53	0.53	0.54	0.94	0.42
出售	247.46	217.62	234.13	330.70	333.00	294.46
#出售给国家的	166.58	75.59	82.97	133.39	151.86	146.92
#稻谷	113.80	46.44	46.84	75.30	100.40	87.88
小麦	44.17	23.13	32.03	50.89	45.58	55.05
种籽	30.31	13.88	14.27	12.59	12.41	11.09
饲料	65.90	72.15	71.28	71.17	66.90	64.77
借出	2.14	0.06		1.58	1.19	0.51
归还借粮	0.71	0.10	0.10	0.59	0.15	0.29
上交集体承包任务	2.05	1.21	0.39	0.64	0.72	0.73
其他粮食支出	5.02	0.97	0.22	1.32	0.27	0.90
年末粮食结存	**372.00**	**513.33**	**493.67**	**605.22**	**638.33**	**737.12**
#口粮	201.86	246.16	232.93	250.34	272.28	336.77
饲料	43.14	62.22	64.67	75.48	68.88	87.75
种籽	18.47	15.64	14.01	15.42	14.45	16.56
补充资料：生产加工用粮	7.43			0.57	2.81	0.56
#食用加工用粮	6.47			0.04	0.03	0.08
饲料加工用粮	0.95			0.48	0.68	0.47

10—30 农村居民家庭平均主要实物消费量

指 标	单 位	1990年	1995年	1996年	1997年	1998年	1999年
粮 食	公斤/人	292.78	256.50	254.86	250.23	245.17	251.14
稻 谷	公斤/人	174.53	160.34	159.02	153.61	149.53	160.13
小 麦	公斤/人	104.44	86.30	83.02	83.18	82.53	79.45
蔬 菜	公斤/人	103.04	79.41	81.07	79.70	78.76	78.67
食用油	公斤/人	5.47	5.76	6.51	6.78	6.75	6.63
植物油	公斤/人	3.80	4.38	5.10	5.58	5.37	5.23
动物油	公斤/人	1.67	1.39	1.41	1.20	1.39	1.40
肉 类	公斤/人	7.90	10.86	11.73	7.41	7.82	8.32
猪 肉	公斤/人	7.42	7.82	8.25	6.77	7.29	7.90
牛羊肉	公斤/人	0.48	0.23	0.45	0.64	0.53	0.42
牛羊奶	公斤/人	0.01	0.09	0.10	0.15	0.25	0.11
家 禽	公斤/人	1.92	2.42	2.38	2.93	2.98	2.95
蛋 类	公斤/人	1.96	3.51	3.64	4.30	4.24	4.25
鱼 虾	公斤/人	1.50	2.81	3.67	3.25	3.21	3.75
食 糖	公斤/人	1.55	1.53	1.56	1.58	1.61	1.65
卷 烟	盒/人	33.57	27.24	29.39	28.79	27.53	27.43
酒 类	公斤/人	4.15	6.12	7.20	8.07	8.96	9.26
茶 叶	公斤/人	0.22	0.22	0.19	0.21	0.17	0.19
糖果糕点	公斤/人	1.35	1.42	1.50	1.61	1.64	1.58
水 泥	公斤/户	180.89	176.30	224.43	237.56	243.86	260.25
木 材	立方米/户	0.04	0.05	0.10	0.03	0.07	0.05
钢 材	公斤/户	7.42	11.59	11.84	16.73	17.17	24.30
水泥预制件	件/户	0.41	2.08	1.92	2.61	2.41	2.29
玻 璃	平方米/户	0.12	0.19	0.15	0.09	0.14	0.31
砖 瓦	块/户	1203.90	943.68	820.00	868.75	786.11	749.55
油 毡	捆/户	0.08	0.06	0.04	0.12	0.04	0.03
棉 布	米/人	0.79	0.36	0.47	0.31	0.26	0.23
化纤布	米/人	1.72	2.43	1.59	1.57	1.34	1.31
呢 绒	米/人	0.05	0.04	0.06	0.04	0.03	0.03
绸 缎	米/人	0.02	0.01	0.02	0.02	0.02	0.01
毛线及毛线织品	公斤/人	0.28	0.12	0.15	0.12	0.12	0.12
棉布服装	件/人	0.07	0.07	0.12	0.11	0.08	0.08
化纤布服装	件/人	0.38	0.84	0.86	0.91	0.77	0.78
呢绒服装	件/人	0.02	0.02	0.04	0.02	0.02	0.01
尼龙衫裤	件/人	0.08	0.03	0.04	0.03	0.03	0.03
棉毛衫裤	件/人	0.06	0.04	0.05	0.05	0.05	0.05
卫生衫裤	件/人	0.05	0.06	0.08	0.08	0.09	0.10
皮 鞋	双/人	0.04	0.11	0.14	0.16	0.15	0.20
胶鞋球鞋	双/人	0.48	0.51	0.55	0.50	0.48	0.43
床褥单	条/人	0.05	0.04	0.04	0.04	0.04	0.04
肥 皂	块/人	3.56	1.45	1.04	0.98	0.85	0.78
洗衣粉	公斤/人	0.85	1.70	1.50	1.53	2.17	1.79
煤 炭	公斤/人	16.17	5.36	5.52	6.11	7.36	7.03
化 肥	公斤/户	740.70	771.08	766.25	780.77	734.91	701.77
饼 肥	公斤/户	14.74	5.49	9.22	5.74	4.90	7.59
农 药	公斤/户	2.56	6.60	6.85	7.81	9.11	8.03
农用簿膜	公斤/户	1.15	1.73	2.02	2.19	2.26	1.95
生产用柴油	公斤/户	12.31	21.40	30.61	32.30	30.63	38.29
生产用汽油	公斤/户	0.03	0.80	0.63	0.78	0.77	1.11
生产用煤	公斤/户	68.03	12.27	19.22	13.25	12.89	10.70

10—31 农村居民家庭平均每百户年底耐用消费品拥有量

指标	单位	1990年	1995年	1996年	1997年	1998年	1999年
自行车	辆	98.06	124.35	128.61	131.23	130.58	130.55
缝纫机	架	43.19	58.84	60.55	60.61	63.45	64.94
钟	只	36.87	73.42	80.58	84.00	83.87	86.42
手表	只	148.90	136.87	130.06	127.68	117.48	114.52
#电子表	只		20.32	23.55	31.42	30.13	33.03
电风扇	台	48.13	142.00	140.94	145.71	153.52	159.68
洗衣机	台	0.52	2.29	5.29	6.00	7.23	10.03
电冰箱	台	0.23	1.90	3.74	3.97	5.45	6.52
摩托车	辆	0.16	1.19	1.68	2.39	3.58	5.29
沙发	个		62.52	61.94	62.81	63.42	67.39
大衣柜	个		86.68	83.97	84.97	84.94	88.16
写字台	张		99.06	100.00	100.97	100.71	104.29
收音机	台		37.06	32.74	29.16	27.39	25.48
黑白电视机	台		78.45	81.16	81.71	80.68	78.68
彩色电视机	台		9.00	13.55	17.45	22.13	28.52
收录机	台	13.77	28.06	29.90	31.00	28.29	27.74
照相机	台		0.94	0.97	1.03	0.90	1.10

10—32 农民家庭房屋使用情况

指标	单位	1990年	1995年	1996年	1997年	1998年	1999年
本年新建房屋							
间数	间/户	0.28	0.19	0.17	0.21	0.18	0.14
面积	平方米/人	1.00	0.79	0.82	0.92	0.86	0.75
#砖木结构	平方米/人	0.74	0.37	0.34	0.30	0.23	0.14
钢筋混凝土结构	平方米/人	0.20	0.38	0.45	0.61	0.62	0.60
房屋价值	元/间	1481.92	3567.71	3994.24	4463.79	4523.09	5868.12
每平方米价值	元	81.40	192.21	190.79	230.18	216.84	252.02
生活用房面积	平方米/人	0.87	0.70	0.72	0.85	0.79	0.70
楼房面积	平方米/人	0.17	0.06	0.14	0.21	0.19	0.30
年末使用房屋							
间数	间/户	5.47	4.23	4.48	4.48	4.54	4.67
居住面积	平方米/人	15.83	17.82	19.46	20.05	20.57	21.37
#砖木结构	平方米/人	9.47	11.97	12.90	12.51	12.39	12.46
钢筋混凝土结构	平方米/人	0.80	2.62	3.90	4.73	5.71	6.30
房屋价值	元/间	692.42	1731.92	2361.78	2653.15	2730.54	2793.01

主要统计指标解释

城镇居民家庭就业人口 指城镇居民从事社会劳动并取得劳动报酬或经营收入的人口。就业人口包括通过国家统筹规划和指导由劳动部门介绍就业，自愿组织起来就业和自谋职业等方式，在国有制、集体所有制、中外合资、中外合作、外资在华独资的企事业单位和私营企业单位工作或从事个体劳动的有固定性职业或临时性职业的人口。被聘用和留用的离退休人员也计入就业人口。本指标可以反映城镇居民的就业情况，是计算就业面、负担系数的重要资料。

城镇居民家庭实际收入 指被调查城镇居民家庭全部的实际现金收入；不包括借贷收入，如提取银行存款、向亲友借入款、收回借出款以及其他各种暂收款。

城镇居民家庭可支配收入 指被调查的城镇居民家庭在支付个人所得税之后，所余下的实际收入。计算公式为：可支配收入＝实际收入－个人所得税－家庭副业生产支出－记帐补贴。

城镇居民家庭消费性支出 指被调查的城镇居民家庭用于日常生活的全部支出，包括食品、衣着、家庭设备用品及服务、医疗保健、交通和通讯、娱乐教育文化服务、居住、杂项商品和服务等八大类支出，均按用途划分归类。

城镇居民家庭非消费性支出 包括直接税、消费性贷款利息支出、经常性转移支出等支出。

农村居民家庭纯收入 指农村常住居民家庭总收入中，扣除从事生产和非生产经营费用支出、缴纳税款和上交承包集体任务提留和摊派金额以后剩余的，可直接用于进行生产性、非生产性建设投资、生活消费和积蓄及再分配的那一部分收入。它是反映农民家庭实际收入水平的综合性的主要指标。农民家庭纯收入，既包括从事生产性和非生产性的经营收入，又包括取自在外人口寄回带回和国家财政救济、各种补贴等非经营性收入；既包括货币，又包括自产自用的实物收入。但不包括向银行、信用社和向亲友借款等属于借贷性的收入。

农村居民家庭整半劳动力 指农村常住居民家庭成员中有劳动能力并经常参加实际劳动的人员。是生产的基本要素指标之一，是发展生产增加农民家庭收入的重要源泉。按规定，农村男 18 周岁至 50 周岁、女 18 周岁至 45 周岁为整劳动力；男 16 周岁至 17 周岁、51 周岁到 60 周岁，女 16 周岁到 17 周岁、46 周岁至 55 周岁为半劳动力。农民家庭整半劳动力，既包括在上述规定劳动年龄内和在劳动年龄以外有劳动能力产经常参加实际劳动的男女整半劳动力；也包括农民家庭常住人员中属于职工的劳动力。但不包括在劳动年龄内已丧失劳动能力的人员。

农村居民家庭生活消费支出 指农村常住居民家庭年内用于日常生活的全部开支。它是用来反映和研究农民家庭实际生活消费水平高低的重要指标。农民家庭生活消费支出，包括用于吃、穿、住、烧、用等生活消费品开支和文化、生活服务费用开支两大部分。

全省城乡储蓄存款余额 全省城乡储蓄存款，包括城镇居民储蓄存款和农民个人储蓄存款两部分。不包括居民的手存现金和工矿企业、部队、机关团体等集团存款。储蓄存款余额，是指城乡居民存入银行及农村信用社储蓄的时点数(存入数扣除取出数的余额)，如月末、季末或年末数额。

十一、城市概况

GENERAL SURVEY OF CITIES

简要说明

一、本篇资料反映我省地级城市和县级城市社会、经济发展和城市建设的规模、效益及综合水平等基本情况，主要内容：

1. 人口、劳动力及土地面积；

2. 综合经济指标；

3. 固定资产投资；

4. 教育、科技、文化、卫生情况；

5. 财政、金融情况；

6. 人民生活情况；

7. 社会福利、劳动保险；

8. 市政公用事业情况；

二、全省城市社会经济资料由省统计局综合处根据国家统计局《市、县社会经济基本情况统计报表制度》搜集、汇总整理提供。

本篇责任编辑：戴绍中、赵金宝

11—1 地级城市基本情况

（1999 年）

指标	单位	地区合计	市区合计
人口、劳动力及土地面积			
年末总人口	万人	5640.71	1310.35
#非农业人口	万人	1094.37	618.21
年末单位从业人员数	万人	383.76	218.52
城镇个体从业人员	人	1544472	774541
土地面积	平方公里	115917	17647
#建成区面积	平方公里		645
综合经济			
国内生产总值（当年价格）	万元	25899688	10682976
第一产业增加值	万元	6577416	966778
第二产业增加值	万元	10838399	5560726
#工业增加值	万元	9133466	4668452
第三产业增加值	万元	8483873	4155472
农　　业			
农林牧渔业总产值（当年价格）	万元	11227324	
蔬菜产量	吨	12621888	
水果产量	吨	887104	
猪肉产量	吨	1772897	
牛羊肉产量	吨	383858	
奶类产量	吨	33051	
禽蛋产量	吨	937969	
禽肉产量	吨	577935	
水产品产量	吨	1352608	
工　　业			
国有及销售收入 500 万元以上的非国有工业经济指标			
企 业 数	个	3423	1519
内资企业	个	3220	1373
港、澳、台商投资企业	个	103	68
外商投资企业	个	100	78
总产值（当年价格）	万元	14061389	9930263
内资企业	万元	12706232	8710932
港、澳、台商投资企业	万元	440657	379344
外商投资企业	万元	914500	839987
流动资产年平均余额	万元	9541355	7095207
固定资产净值年平均余额	万元	10358747	8194273
产品销售收入	万元	13348374	9618658
#产品销售税金及附加	万元	400882	331160
本年应交增值税	万元	695563	549220
利润总额	万元	71576	26732
销售收入 500 万元以下的非国有工业经济指标			
企 业 数	个	200166	44481
总产值（当年价格）	万元	14463967	3409250

注：地级城市固定资产完成投资口径为基建、更改、其他、城镇集体和城镇个人建房。

11—1 续表1

指　　标	单　位	地区合计	市区合计
交通运输、邮电通信、电力			
铁路客运量	万人	2612.32	2147.06
铁路货运量	万吨	4513	3656
民用汽车拥有量	辆	293570	158776
#私人汽车拥有量	辆	106237	49563
公路客运量	万人	46091.56	14158.62
公路货运量	万吨	28175	12028
水运客运量	万人	766.65	285.02
水运货运量	万吨	2758	1852
民用航空货邮运量	吨	26793	26793
民用航空客运量	人	1794694	1794694
年末邮电局（所）数	处	3048	878
邮电业务总量（1990年不变价）	万元	682922	450676
本地电话用户	万户	311	155
年末无线寻呼用户数	户	1481722	911608
年末移动电话用户数	户	863357	552507
全年用电量	万千瓦时	2609502	1705386
#工业用电	万千瓦时	1801047	1289198
城乡居民生活用电	万千瓦时	435982	201635
批发零售贸易与外经、旅游			
限额以上批发零售贸易业商品销售总额	万元	5574863	4509085
社会消费品零售总额	万元	8820196	4277182
国际旅游者人数	人	233898	226389
#外国人	人	124594	121665
华　侨	人	6054	4966
港澳台同胞	人	103250	99758
国际旅游收入	万美元	8928	7629
固定资产投资			
固定资产投资完成额	万元	4390674	2951667
#住宅建设	万元	563634	259957
房地产开发投资完成额	万元	710586	604986
#住　宅	万元	443062	373316
本年施工住宅建筑面积	万平方米	2296.95	1335.48
本年竣工住宅建筑面积	万平方米	1518.37	652.97
商品房屋销售建筑面积	万平方米	411.82	313.37
#销售给个人	万平方米	291.33	212.42
商品房屋销售额	万元	520633	449854
#销售给个人	万元	348610	291928

11—1 续表2

指 标	单 位	地区合计	市区合计
教育、科技、文化、卫生			
学校数			
高等学校	个	35	34
中等专业学校	个	149	127
普通中学	个	3383	855
小 学	个	22840	3908
专任教师数			
高等学校	人	11942	11680
中等专业学校	人	9229	8136
普通中学	人	137882	39262
小 学	人	252960	60747
在校学生数			
高等学校	人	127324	124534
中等专业学校	人	190301	167404
普通中学	万人	311.54	68.8
小 学	万人	589.22	132.97
成人高等教育学校在校学生数	人	92045	81476
各类专业技术人员数	万人	83.05	47.4
#中级技术职称以上人员数	万人	30.35	16.14
从事科技活动人员数	人	57383	46175
剧场、影剧院数	个	278	116
公共图书馆图书藏量	千册、件	6871	4920
医院、卫生院数	个	2634	596
医院、卫生院床位数	张	104582	51818
医生数	人	55928	27984
财政、金融、保险			
中央财政预算内收入	万元	991206	815676
地方财政预算内收入	万元	1511799	764612
地方财政预算内支出	万元	1781192	837441
#科学事业费支出	万元	6544	4199
教育事业费支出	万元	360687	103890
金融机构数	个	6217	2434
城乡居民储蓄年末余额	万元	11911416	6705512
人民生活			
住宅建筑面积	万平方米		9177
住宅使用面积	万平方米		6613.38
在岗职工平均人数	万人	381.48	217.2
在岗职工工资总额	万元	2451789	1564059
社会福利、劳动保险			
职工保险福利费用总额	万元	308243	260105
年末离休、退休、退职人员数	万人	110.63	74.28
离退休退职人员保险福利费用额	万元	765101	548890
社会福利院数	个	1823	318
社会福利院床位数	张	44914	11899

11—2 各地级城市市区基本情况

（1999年）

指标	单位	合肥市	芜湖市	蚌埠市	淮南市	马鞍山市	淮北市	铜陵市
人口、劳动力及土地面积								
年末总人口	万人	130.28	63.55	75.3	136.64	51.3	77.2	34.1
#非农业人口	万人	102.78	50.23	51.43	83.34	40.39	58.2	29.83
年末单位从业人员数	万人	37.31	21.35	16.22	29.11	16.84	24.18	13.21
城镇个体从业人员	人	35000	52695	35065	98223	19576	71000	23022
土地面积	平方公里	458	230	445	1091	301	326	227
#建成区面积	平方公里	120	38	47	76	37	37	32
综合经济								
国内生产总值（当年价格）	万元	2149920	1039699	738881	876981	956514	665154	537078
第一产业增加值	万元	41438	19077	27697	68526	13641	23157	7518
第二产业增加值	万元	1204266	613285	385632	492204	661456	428825	314495
#工业增加值	万元	1068261	534317	327308	323874	571420	348616	262683
第三产业增加值	万元	904216	407337	325552	316251	281417	213172	215065
工　业								
国有及销售收入500万元以上的非国有工业经济指标								
企业数	个	285	152	126	114	94	83	69
内资企业	个	241	128	122	107	87	76	63
港、澳、台商投资企业	个	19	15	3	3	2	3	3
外商投资企业	个	25	9	1	4	5	4	3
总产值（当年价格）	万元	2364383	1069284	650407	795782	1082416	713880	726299
内资企业	万元	1694556	948762	636460	671268	1061219	706693	716919
港、澳、台商投资企业	万元	71732	65761	13237	113423	1239	3653	4054
外商投资企业	万元	598095	54761	710	11091	19958	3534	5326
流动资产年平均余额	万元	1930888	609584	522814	610562	914182	583787	526013
固定资产净值年平均余额	万元	1455072	598960	398532	1456856	1306876	838685	746325
产品销售收入	万元	2266905	963445	610809	848930	972698	716630	857620
#产品销售税金及附加	万元	47359	71789	85158	6572	12589	10890	2723
本年应交增值税	万元	105287	58556	41217	58547	75933	56849	34032
利润总额	万元	41313	35576	-984	-23488	-1561	-11456	-15952
销售收入500万元以下的非国有工业经济指标								
企业数	个	1464	3065	0541	2903	1908	1179	815
总产值（当年价格）	万元	313076	350612	232022	292108	161787	532093	70408

11—2 续表1

指 标	单 位	合肥市	芜湖市	蚌埠市	淮南市	马鞍山市	淮北市	铜陵市
交通运输、邮电通信、电力								
铁路客运量	万人	363.01	162.96	386.09	132	77.71	104.3	95.25
铁路货运量	万吨	112	34	109	1310	359	1077	144
民用汽车拥有量	辆	31585	14191	13988	16107	9578	8543	6713
#私人汽车拥有量	辆	3600	1938	5557	4430	2509	5967	1950
公路客运量	万人	1249	832.62	990	1691	243	949	251
公路货运量	万吨	147	472	35	1023	240	619	1208
水运客运量	万人	1	69.9			3.24		15
水运货运量	万吨	244	676	56	10	42		291
民用航空货邮运量	吨	24768						
民用航空客运量	人	1469700	10245					
年末邮电局（所）数	处	171	27	35	91	50	38	36
邮电业务总量（1990年不变价）	万元	113234	48521	52052	37897	27333	16912	19628
本地电话用户	万户	33	15	14	16	12	6	7
年末无线寻呼用户数	户	40396	120319	176228	98643	59182	58830	44333
年末移动电话用户数	户	112163	68126	70997	57480	35846	27430	22199
全年用电量	万千瓦时	269526	87898	92635	213630	277892	132489	141214
#工业用电	万千瓦时	171722	52111	61027	188970	246029	117337	132116
城乡居民生活用电	万千瓦时	46993	15454	16124	21263	11799	7987	5561
批发零售贸易与外经、旅游								
限额以上批发零售贸易业商品销售总额	万元	2411572	314808	461235	134629	195122	62073	101661
社会消费品零售总额	万元	1129232	369904	390462	368382	248295	224456	174049
国际旅游者人数	人	31200	3921	3251	2142	3353	788	3650
#外国人	人	19900	2170	1846	320	1795	384	2400
华 侨	人	1200	4	71	254	414	140	252
港澳台同胞	人	10100	1747	1334	1568	1144	264	998
国际旅游收入	万美元	1508	139	220	156	1329	62	297
固定资产投资								
固定资产投资完成额	万元	763653	406187	170582	169857	194017	311350	143851
#住宅建设	万元	84893	7649	24004	12657	25512	25490	1840
房地产开发投资完成额	万元	227313	67845	53977	35717	39299	10008	49461
#住 宅	万元	118390	45925	37517	19797	29860	9128	36037
本年施工住宅建筑面积	万平方米	316.34	120.48	168.7	93.1	96.84	147.07	79
本年竣工住宅建筑面积	万平方米	89.32	55.81	82.43	50.89	43.49	63.95	41.5
商品房屋销售建筑面积	万平方米	90.04	36.11	34.2	21.53	22.16	4.71	23.7
#销售给个人	万平方米	63.93	25.75	28.03	15.39	11.13	4	9.1
商品房屋销售额	万元	174458	45221	61332	24503	30153	4676	27387
#销售给个人	万元	121087	32194	43024	17477	15260	3976	10544

11—2 续表2

指标	单位	合肥市	芜湖市	蚌埠市	淮南市	马鞍山市	淮北市	铜陵市
教育、科技、文化、卫生								
学校数								
高等学校	个	9	5	3	3	2	2	1
中等专业学校	个	47	8	9	9	3	4	5
普通中学	个	81	34	46	95	30	74	29
小　　学	个	242	108	143	295	47	178	62
专任教师数								
高等学校	人	5202	1847	752	809	613	583	156
中等专业学校	人	2994	515	495	730	105	333	270
普通中学	人	4507	2034	2225	4560	1720	3318	1213
小　　学	人	5381	2921	3500	7084	2437	4879	1528
在校学生数								
高等学校	人	48017	19772	11032	9746	6776	4908	2105
中等专业学校	人	63112	9726	11605	14124	1956	5210	4186
普通中学	万人	6.49	2.99	3.97	7.06	2.41	4.94	1.64
小　　学	万人	12.12	5.33	7.38	15.86	4.65	8.47	2.99
成人高等教育学校在校学生数	人	45371	7869	9090	2192	3319	2848	2538
各类专业技术人员数	万人	17.86	2.81	2.34	5.5	3.13	3.62	1.2
#中级技术职称以上人员数	万人	5.27	1.13	1.02	1.5	1.49	1.52	0.5
从事科技活动人员数	人	20164	5237	1833	3081	4004	1947	2709
剧场、影剧院数	个	22	10	5	8	15	30	3
公共图书馆图书藏量	千册、件	2661	373	272	231	215	148	242
医院、卫生院数	个	68	35	35	84	17	48	16
医院、卫生院床位数	张	8952	3926	4735	7521	2416	4585	2290
医生数	人	6188	2111	2379	2825	1653	2173	1398
财政、金融、保险								
中央财政预算内收入	万元	147533	147443	132962	54020	68451	52023	26093
地方财政预算内收入	万元	190458	54200	51235	59038	95676	44547	39104
地方财政预算内支出	万元	173494	80112	55676	58503	60765	46743	42294
#科学事业费支出	万元	225	1284	440	130	135	237	216
教育事业费支出	万元	17269	6772	8959	8283	5872	5322	3250
金融机构数	个	337	258	128	216	154	244	93
城乡居民储蓄年末余额	万元	1349804	510596	609393	736258	498423	443971	244968
人民生活								
住宅建筑面积	万平方米	1528	832	836	1111	749	763	595
住宅使用面积	万平方米	1107	567.82	608.02	782.5	554.93	535.86	448
在岗职工平均人数	万人	35.5	20.76	16.29	28.89	16.85	24.43	13.05
在岗职工工资总额	万元	315098	175774	115804	169681	149333	172100	94743
社会福利、劳动保险								
职工保险福利费用总额	万元	132636	18298	5968	25393	17998	25987	11988
年末离休、退休、退职人员数	万人	14.06	8.74	7.54	10.68	6.98	7.23	4.44
离退休退职人员保险福利费用额	万元	99736	55726	69225	73861	63710	54539	32062
社会福利院数	个	14	14	17	22	9	16	9
社会福利院床位数	张	959	607	964	902	466	498	317

11—2 续表3

指标	单位	安庆市	黄山市	阜阳市	宿州市	滁州市	六安市	巢湖市
人口、劳动力及土地面积								
年末总人口	万人	57.13	40.6	174.93	164.57	47.54	173.47	83.74
#非农业人口	万人	36.22	13.7	33.33	33.75	19.5	36.48	29.03
年末单位从业人员数	万人	13.69	5.93	13.63	6.36	7.49	5.93	7.27
城镇个体从业人员	人	26917	16854	31382	67164	116300	157000	24343
土地面积	平方公里	466	2342	1796	2868	1493	3573	2031
#建成区面积	平方公里	29	18	41	58	19	54	39
综合经济								
国内生产总值（当年价格）	万元	665436	341270	678504	560082	416779	480657	576021
第一产业增加值	万元	13039	62049	191107	210385	67534	132732	88878
第二产业增加值	万元	350062	103690	246668	127394	188744	169990	274015
#工业增加值	万元	318979	67819	195002	100014	169566	151590	229003
第三产业增加值	万元	302335	175531	240729	222303	160501	177935	213128
工业								
国有及销售收入500万元以上的非国有工业经济指标								
企业数	个	139	61	83	58	89	63	103
内资企业	个	125	58	77	56	77	60	96
港、澳、台商投资企业	个	5	1	4	1	4	3	2
外商投资企业	个	9	2	2	1	8		5
总产值（当年价格）	万元	958575	106192	446053	123163	406331	229853	257645
内资企业	万元	902185	101263	429419	116881	261347	221382	242578
港、澳、台商投资企业	万元	7209	1143	8725	2595	73580	8471	4522
外商投资企业	万元	49181	3786	7909	3687	71404		10545
流动资产年平均余额	万元	501990	62312	250166	115531	218159	130740	118479
固定资产净值年平均余额	万元	530710	54934	256121	89992	210925	109858	140427
产品销售收入	万元	953937	89041	449804	95642	364538	213646	215013
#产品销售税金及附加	万元	41456	458	31071	2231	14597	2798	1469
本年应交增值税	万元	60344	4027	16973	3976	15837	7608	10034
利润总额	万元	1065	582	15412	-4210	-16196	-573	7204
销售收入500万元以下的非国有工业经济指标								
企业数	个	2730	3350	3413	4768	1366	3475	4542
总产值（当年价格）	万元	218314	125380	171351	159610	130632	300000	351857

11—2 续表4

指 标	单 位	安庆市	黄山市	阜阳市	宿州市	滁州市	六安市	巢湖市
交通运输、邮电通信、电力								
铁路客运量	万人	27.6	109.78	368	156.68	132.88		30.8
铁路货运量	万吨	105	8	32	291	27		48
民用汽车拥有量	辆	9641	6453	15030	4857	11839	3946	6305
#私人汽车拥有量	辆	3605	3319	7184	59	5462	1588	2395
公路客运量	万人	506	706	170	1850	2700	510	1511
公路货运量	万吨	699	343	60	1815	1805	3034	528
水运客运量	万人	103	80				1.53	11.35
水运货运量	万吨	308	20		30	20	29	126
民用航空货邮运量	吨	212	1799	14				
民用航空客运量	人	23315	288159	3275				
年末邮电局（所）数	处	35	51	49	51	81	106	57
邮电业务总量（1990年不变价）	万元	27468	13034	26121	20904	17064	15886	14622
本地电话用户	万户	9	5	12	5	5	9	7
年末无线寻呼用户数	户	91340	25878	69543	39000	29953	34818	23145
年末移动电话用户数	户	33695	12597	30178	28000	16812	16000	20984
全年用电量	万千瓦时	149699	17495	75943	67667	57624	54832	66842
#工业用电	万千瓦时	95260	7291	42686	53615	42490	30506	48038
城乡居民生活用电	万千瓦时	19266	5039	11875	6447	12972	13354	7501
批发零售贸易与外经、旅游								
限额以上批发零售贸易业商品销售总额	万元	174210	68842	276410	20546	138242	47002	102733
社会消费品零售总额	万元	293578	125630	302334	169771	144437	177229	159423
国际旅游者人数	人	2144	166362	1700	807	4038	413	2620
#外国人	人	752	87890	715	160	2588	225	520
华 侨	人	26	1033	348	260	250	21	693
港澳台同胞	人	1366	77439	637	387	1200	167	1407
国际旅游收入	万美元	303	2876	150	93	339	41	116
固定资产投资								
固定资产投资完成额	万元	183852	62250	182410	85115	81680	51918	144945
#住宅建设	万元	3606	5727	17512	11977	3466	9174	26450
房地产开发投资完成额	万元	28606	24874	25243	6047	20347	4280	11969
#住 宅	万元	16154	12105	17781	4968	13092	3971	8591
本年施工住宅建筑面积	万平方米	63.2	12.17	45.56	71.9	26.03	35.41	59.68
本年竣工住宅建筑面积	万平方米	42.93	7.65	34.03	67.34	8.97	33.98	30.68
商品房屋销售建筑面积	万平方米	21.08	19.25	18.24	4.78	6.43	4.22	6.92
#销售给个人	万平方米	16.56	4.31	18.14	3.57	3.38	2.68	6.45
商品房屋销售额	万元	27215	22529	12365	3962	5966	3108	6979
#销售给个人	万元	18595	4257	12135	2325	3049	1925	6080

11—2 续表 5

指标	单位	安庆市	黄山市	阜阳市	宿州市	滁州市	六安市	巢湖市
教育、科技、文化、卫生								
学校数								
高等学校	个	2	1	1	1	1	2	1
中等专业学校	个	8	5	7	7	3	6	6
普通中学	个	29	39	88	121	30	110	49
小　　学	个	131	221	646	619	158	754	304
专任教师数								
高等学校	人	308	201	339	177	240	269	184
中等专业学校	人	524	296	528	460	231	372	283
普通中学	人	1863	1544	3624	4213	1406	4186	2849
小　　学	人	2329	1986	8306	7203	2194	7413	3586
在校学生数								
高等学校	人	3521	2805	3882	2637	2389	4391	2553
中等专业学校	人	10294	5304	10888	9414	4989	8788	7808
普通中学	万人	2.82	2.07	8.4	8.79	2.71	9.79	4.72
小　　学	万人	5.34	3.72	18.47	19.03	5.09	16.76	7.76
成人高等教育学校在校学生数	人	2040	959	2089	1520	757	616	268
各类专业技术人员数	万人	1.97	1.12	2.31	1.7	1.63	0.74	1.47
# 中级技术职称以上人员数	万人	0.74	0.4	0.76	0.41	0.56	0.49	0.35
从事科技活动人员数	人	1567	1406	1532	856	613	206	1020
剧场、影剧院数	个	3	6	2	4	2	3	3
公共图书馆图书藏量	千册、件	205	125	103		99	100	146
医院、卫生院数	个	26	42	46	44	34	51	50
医院、卫生院床位数	张	3152	1512	3694	2708	1384	2906	2037
医生数	人	1968	952	1869	1383	751	1204	1130
财政、金融、保险								
中央财政预算内收入	万元	73931	7214	44372	12404	30139	10530	8561
地方财政预算内收入	万元	49702	24513	37511	26550	27887	35402	28789
地方财政预算内支出	万元	60817	33441	65818	30346	41706	50120	37606
# 科学事业费支出	万元	265	159	272	296	389	54	97
教育事业费支出	万元	6306	4412	10277	7186	4824	8766	6392
金融机构数	个	260	60	204	63	69	280	68
城乡居民储蓄年末余额	万元	379748	232676	635614	391172	212727	257661	202501
人民生活								
住宅建筑面积	万平方米	566	277	683	311	296	386	244
住宅使用面积	万平方米	391.75	200.53	537	224.84	207.82	271	176.31
在岗职工平均人数	万人	13.71	5.97	13.09	6.32	7.47	7.62	7.25
在岗职工工资总额	万元	86430	40701	83391	30131	48454	34764	47655
社会福利、劳动保险								
职工保险福利费用总额	万元	8424	2607	4137	2144	1951	1848	726
年末离休、退休、退职人员数	万人	4.72	1.77	2.58	1.44	1.07	2.15	0.88
离退休退职人员保险福利费用额	万元	33822	11895	19181	9050	9959	9765	6359
社会福利院数	个	9	26	64	42	22	24	30
社会福利院床位数	张	370	371	2497	1260	614	318	1756

11—3 地级城市市区公用事业、环保基本情况

（1999年）

指标	单位	合计	合肥市	芜湖市	蚌埠市	淮南市	马鞍山市	淮北市
供水综合生产能力（包括自备水源）	万吨/日	894	85	73	72	61	284	61
全年供水总量	万吨	184786	18592	18326	11095	16734	44933	9239
#生活用水量	万吨	56445	12832	3913	4124	8567	4957	2610
平均每人生活用水	吨	91.30	124.85	77.90	80.19	102.80	122.73	44.85
年末实有公共汽（电）车营运车辆数	辆	5479	1344	499	404	816	428	691
平均每万人拥有公共汽（电）车	辆	8.86	13.08	9.93	7.86	9.79	10.60	11.87
全年公共汽（电）车客运总量	万人次	89176	30675	7350	11212	9570	9153	5097
年末实有出租汽车数	辆	28034	6500	2433	2453	3100	2160	1754
年末实有铺装道路面积	万平方米	5381	1157	384	388	561	300	309
平均每人拥有铺装道路面积	平方米	8.70	11.26	7.64	7.54	6.73	7.43	5.31
排水管道总长度	公里	3308	774	248	305	421	194	152
平均每万人拥有排水管道	公里	5.35	7.53	4.94	5.93	5.05	4.80	2.61
煤气（人工、天然气）供气总量	万立方米	27773	5364	1460		5440	4823	1449
#家庭用量	万立方米	19730	3977	1204		4322	3868	1247
液化石油气供气总量	吨	351557	31673	13380	20236	11968	5460	8045
园林绿地面积	公顷	29432	3069	1012	3737	2513	4089	998
#公共绿地面积	公顷	4211	770	385	357	298	349	281
平均每万人拥有园林绿地面积	公顷	47.61	29.86	20.15	72.66	30.15	101.24	17.15
建成区绿化覆盖面积	公顷	18990	3781	1307	1410	1832	1506	1167
工业废水排放总量	万吨	47936	6720	2579	3004	7151	11966	1794
工业废水处理排放达标量	万吨	19230	1184	455	943	4194	4328	372
工业废水处理量	万吨	83463	10310	4768	1005	6384	27526	2704
工业废水处理回用量	万吨	62945	8909	4132	62	2149	22886	2331
环境噪声达标面积	平方公里	268	64	19	20	34	16	17

注：本表的人均指标按市区非农业人口计算。

11—3 续表

指　　标	单　位	铜陵市	安庆市	黄山市	阜阳市	宿州市	滁州市	六安市	巢湖市
供水综合生产能力（包括自备水源）	万吨/日	63	79	12	33	22	19	16	14
全年供水总量	万吨	18434	22734	3030	6218	4886	2560	4523	3482
#生活用水量	万吨	4187	4084	1640	2905	1520	1512	2187	1407
平均每人生活用水	吨	140.36	112.76	119.71	87.16	45.04	77.54	59.95	48.47
年末实有公共汽（电）车营运车辆数	辆	218	209	80	311	98	101	191	89
平均每万人拥有公共汽（电）车	辆	7.31	5.77	5.84	9.33	2.90	5.18	5.24	3.07
全年公共汽（电）车客运总量	万人次	1969	2369	194	4047	2300	790	3450	1000
年末实有出租汽车数	辆	1488	1710	310	1281	890	950	2015	990
年末实有铺装道路面积	万平方米	234	321	163	486	311	189	308	270
平均每人拥有铺装道路面积	平方米	7.84	8.86	11.90	14.58	9.21	9.69	8.44	9.30
排水管道总长度	公里	85	215	144	143	190	143	155	139
平均每万人拥有排水管道	公里	2.85	5.94	10.51	4.29	5.63	7.33	4.25	4.79
煤气（人工、天然气）供气总量	万立方米	3419	1098				4410	310	
#家庭用量	万立方米	3276	1091				435	310	
液化石油气供气总量	吨	35639	196437	4521	3715	2400	5210	7203	5670
园林绿地面积	公顷	1541	5949	836	1821	246	2061	557	1003
#公共绿地面积	公顷	266	226	89	365	36	73	115	601
平均每万人拥有园林绿地面积	公顷	51.66	164.25	61.02	54.64	7.29	105.69	15.27	34.55
建成区绿化覆盖面积	公顷	1238	933	773	1925	499	774	768	1077
工业废水排放总量	万吨	5718	3655	196	654	358	631	1796	1714
工业废水处理排放达标量	万吨	2134	2825	56	618	358	302	1350	111
工业废水处理量	万吨	12563	3262	147	5780	949	1109	6591	365
工业废水处理回用量	万吨	10133	231	18	5163	798	738	5151	244
环境噪声达标面积	平方公里	17	14		17	28	8		14

11—4 各县级城市基本情况

(1999年)

指标	单位	亳州市	界首市	天长市	明光市
人口、劳动力和耕地面积					
年末总人口	万人	137.41	72.29	60.14	61.20
#乡村人口	万人	115.40	59.57	49.25	50.30
年末单位从业人员数	万人	5.70	3.00	3.67	3.30
城镇个体从业人员	万人	4.31	2.28	0.77	1.90
年末实有耕地面积	千公顷	128.30	41.40	59.30	56.80
综合经济指标					
国内生产总值（当年价）	亿元	57.30	29.95	40.05	33.61
第一产业增加值	亿元	15.40	8.81	10.63	10.31
第二产业增加值	亿元	21.80	10.78	19.11	14.20
#工　　业	亿元	18.00	8.77	16.76	11.94
第三产业增加值	亿元	20.10	10.36	10.32	9.10
农　　业					
农林牧渔业总产值（现价）	亿元	27.23	16.82	17.58	16.02
农林牧渔业总产值（1990年不变价）	亿元	20.78	8.23	10.42	10.18
工　　业					
全部工业总产值（现价）	亿元	67.39	28.79	61.84	38.67
全部工业总产值（1990年不变价）	亿元	53.50	21.02	56.51	36.49
国有及年销售收入500万元及以上非国有工业情况					
工业企业及生产单位数	个	48	54	73	45
#内资企业	个	46	53	71	42
#国有企业	个	6	12	8	8
集体企业	个	19	28	10	22
港、澳、台投资企业	个		1	2	
外商投资企业	个	2			3
工业总产值（1990年不变价）	亿元	15.61	11.10	23.66	6.20
工业总产值（现价）	亿元	22.80	15.35	24.20	7.29
#内资企业	亿元	12.87	15.16	24.05	7.01
#国有企业	亿元	2.21	7.18	1.27	1.76
集体企业	亿元	3.90	6.00	9.79	3.84
港、澳、台投资企业	亿元		0.19	0.15	
外商投资企业	亿元	9.93			0.28
工业增加值（当年价）	亿元	9.49	5.44	6.45	1.97
资产合计	亿元	28.83	16.43	20.61	11.64
#流动资产年平均余额	亿元	18.06	8.69	12.05	5.53
固定资产原价合计	亿元	12.60	7.58	8.84	4.95
固定资产净值年平均余额	亿元	9.60	5.73	6.25	3.45
产品销售收入	亿元	22.09	14.38	20.97	6.73
利润总额	亿元	2.57	1.02	0.47	-0.01
贸易、外经					
限额以上批发零售贸易业商品销售总额	亿元	4.59	1.35	8.59	1.57
#批发业	亿元	4.13	1.35	7.86	1.25
社会消费品零售额	亿元	21.52	12.44	9.51	7.70
外贸进出口总额	万美元	970	112	1771	216
#出口总额	万美元	970	62	1226	216

11—4 续表 1

指　　标	单　位	亳州市	界首市	天长市	明光市
财政、金融					
全部财政收入	亿元	6.45	3.49	2.09	1.67
#地方财政收入	亿元	3.73	2.83	1.42	1.27
各项税收	亿元	3.23	2.30	1.16	1.21
财政支出	亿元	4.14	3.03	1.68	1.64
#科技三项费	万元	50	218	185	29
教育事业费支出	万元	9863	4465	4893	4585
年末金融机构各项存款余额	亿元	28.81	13.77	16.92	10.20
#城乡居民储蓄存款余额	亿元	21.80	11.76	13.04	7.83
年末金融机构各项贷款余额	亿元	20.78	16.76	26.17	16.72
固定资产投资					
全社会固定资产投资完成额	亿元	16.65	7.00	5.65	5.51
#国有单位投资额	亿元	5.91	2.97	1.57	1.39
#基本建设投资完成额	亿元	2.44	0.95	0.47	0.38
更新改造投资完成额	亿元	1.92	1.88	0.72	0.81
房屋建筑施工面积	万平方米	106.22	45.53	75.94	93.58
#住　　宅	万平方米	34.89	32.70	47.07	72.83
房屋建筑竣工面积	万平方米	61.47	43.78	58.54	91.00
#住　　宅	万平方米	24.44	31.00	35.90	66.47
房地产开发投资完成额	亿元	2.05	0.13	0.33	0.21
交通、邮电和电力					
境内公路里程	公里	500	333	595	546
境内铁路里程	公里	50	17		51
公路客运量	万人	531	167	160	444
公路货运量	万吨	111	115	68	165
邮电局（所）数	个	67	31	44	58
邮电业务总量（1990 年不变价）	万元	12173	5195	8632	4628
本地电话用户	万户	6.29	3.70	5.65	3.54
全年用电量	亿千瓦时	2.38	1.71	2.19	1.00
#工业用电	亿千瓦时	0.71	1.00	1.05	0.44
城乡居民用电	亿千瓦时	1.02	0.47	0.80	0.51
人民生活					
城镇在岗职工年平均人数	万人	5.66	2.87	3.64	3.21
城镇在岗职工工资总额	亿元	3.86	1.58	1.94	1.67
#国有经济单位	亿元	2.69	1.45	1.31	1.27
在岗职工年平均工资	元	6818	5526	5328	5180
#国有经济单位	元	7271	5743	5911	5765
城镇居民家庭人均可支配收入	元	4912			
城镇居民家庭人均消费性支出	元	3293			
城镇居民人均居住面积	平方米/人	18			
农村居民人均纯收入	元	2519	2353	2396	2032
农村居民人均生活费支出	元	1334	1227	1616	1162

11—4 续表2

指　　标	单　位	宣州市	贵池市	桐城市	宁国市
人口、劳动力和耕地面积					
年末总人口	万人	82.70	61.00	77.29	38.10
#乡村人口	万人	69.60	50.20	67.05	31.70
年末单位从业人员数	万人	3.80	4.10	39.50	3.50
城镇个体从业人员	万人	0.90	1.30	1.70	0.80
年末实有耕地面积	千公顷	55.20	30.60	34.40	16.40
综合经济指标					
国内生产总值（当年价）	亿元	53.71	28.02	33.77	40.26
第一产业增加值	亿元	9.53	6.71	8.57	6.87
第二产业增加值	亿元	21.69	11.70	15.19	22.15
#工　业	亿元	19.12	9.06	13.56	21.02
第三产业增加值	亿元	22.49	9.61	10.01	11.23
农　业					
农林牧渔业总产值（现价）	亿元	17.02	10.82	13.61	10.98
农林牧渔业总产值（1990年不变价）	亿元	9.56	6.02	8.52	5.22
工　业					
全部工业总产值（现价）	亿元	76.03	19.10	53.25	68.36
全部工业总产值（1990年不变价）	亿元	77.01	15.93	52.45	66.76
国有及年销售收入500万元及以上非国有工业情况					
工业企业及生产单位数	个	53	35	69	52
#内资企业	个	52	34	65	44
#国有企业	个	14	10	4	6
集体企业	个	12	1	20	14
港、澳、台投资企业	个	1		3	2
外商投资企业	个		1	1	6
工业总产值（1990年不变价）	亿元	28.71	7.12	17.02	20.68
工业总产值（现价）	亿元	27.73	8.73	17.41	22.28
#内资企业	亿元	27.55	8.59	16.53	18.94
#国有企业	亿元	4.73	2.12	0.17	5.55
集体企业	亿元	1.46	0.14	7.92	4.29
港、澳、台投资企业	亿元	0.18		0.67	0.75
外商投资企业	亿元		0.14	0.20	2.59
工业增加值（当年价）	亿元	4.82	1.97	4.51	7.11
资产合计	亿元	27.69	14.33	11.19	42.38
#流动资产年平均余额	亿元	14.84	5.62	5.03	16.72
固定资产原价合计	亿元	12.33	9.52	6.09	28.69
固定资产净值年平均余额	亿元	8.47	6.34	4.48	17.18
产品销售收入	亿元	17.70	8.95	16.58	21.20
利润总额	亿元	0.29	-0.14	0.97	1.67
贸易、外经					
限额以上批发零售贸易业商品销售总额	亿元	6.04	6.08	2.77	6.21
#批发业	亿元	4.51	5.54	1.95	5.81
社会消费品零售额	亿元	20.00	8.59	10.74	8.55
外贸进出口总额	万美元	1436	1840	1671	4040
#出口总额	万美元	1077	1539	1606	3040

11—4 续表 3

指 标	单 位	宣州市	贵池市	桐城市	宁国市
财政、金融					
全部财政收入	亿元	2.61	2.17	2.05	2.50
#地方财政收入	亿元	1.99	1.52	1.69	1.57
各项税收	亿元	1.80	1.89	1.49	2.22
财政支出	亿元	2.40	2.21	2.11	1.94
#科技三项费	万元	210	130	495	32
教育事业费支出	万元	5796	5402	7339	3328
年末金融机构各项存款余额	亿元	33.83	22.77	21.07	14.69
#城乡居民储蓄存款余额	亿元	17.62	14.01	15.74	10.73
年末金融机构各项贷款余额	亿元	33.05	20.53	16.55	16.44
固定资产投资					
全社会固定资产投资完成额	亿元	6.49	5.97	6.98	6.76
#国有单位投资额	亿元	1.49	3.24	1.92	4.63
#基本建设投资完成额	亿元	0.88	1.70	1.51	3.42
更新改造投资完成额	亿元	0.19	0.99	0.23	1.09
房屋建筑施工面积	万平方米	7.36	51.42	132.96	14.04
#住 宅	万平方米	2.06	37.97	111.35	2.28
房屋建筑竣工面积	万平方米	6.71	29.95	128.71	5.92
#住 宅	万平方米	1.87	21.17	109.38	1.76
房地产开发投资完成额	亿元	0.62	1.05	0.09	0.16
交通、邮电和电力					
境内公路里程	公里	446	735	432	985
境内铁路里程	公里	74		53	60
公路客运量	万人	405	1000	255	2123
公路货运量	万吨	431	564	211	203
邮电局（所）数	个	51	37	50	31
邮电业务总量（1990 年不变价）	万元	8844	6845	6280	6711
本地电话用户	万户	6.96	4.41	4.25	3.46
全年用电量	亿千瓦时	2.54	2.87	1.29	2.13
#工业用电	亿千瓦时	1.39	2.22	0.41	1.53
城乡居民用电	亿千瓦时	0.64	0.26	0.46	0.33
人民生活					
城镇在岗职工年平均人数	万人	3.66	4.04	2.97	3.28
城镇在岗职工工资总额	亿元	2.30	2.48	1.77	2.13
#国有经济单位	亿元	1.72	1.79	1.42	1.00
在岗职工年平均工资	元	6291	6154	5973	6489
#国有经济单位	元	6885	6859	6475	6770
城镇居民家庭人均可支配收入	元		4522	4108	
城镇居民家庭人均消费性支出	元		4323	4468	
城镇居民人均居住面积	平方米/人		17	16	
农村居民人均纯收入	元	2324	2220	2395	2393
农村居民人均生活费支出	元	1513	1760	1480	1851

主要统计指标解释

土地面积 是指行政区划内的全部土地面积(包括水面面积)。

建成区土地面积 是指城市建筑基本连片、公用设施达到的地区，其中的水域面积（包括河流、湖泊）亦计算在内。

铺装道路 是指除土路以外，路面经过铺筑的路面宽度在3.5米以上（含3.5米）的道路。包括高级、次高级道路和普通道路，不包括土路和街道内部路面宽度不足3.5米的胡同、里弄。

道路面积只包括路面面积和与道路相通的广场、桥梁、停车场面积，不包括街心花坛、侧石、人行道和路肩的面积。

排水管道总长度 排水道是指汇集和排放污水、废水和雨水的管渠及其附属设施所组成的系统。包括干管、支管以及通往处理厂的管道。排水管道按其排水性质分为污水管、雨水管、合流管三种。

全年供水总量 是指自来水厂供出厂外的全部水量，包括有效供水量及损失水量。

生活用水量 是指居民日常生活与行政事业单位、部队营区、商业及服务行业的用水量。

煤气（人工煤气、天然气）供气总量 是指城市煤气企业向城市生产用户、家庭用户和其他用户供应的全部煤气量，包括外购及损失量。

公共汽（电）车运营车辆数 是指城市公共交通企业可参加营运的全部车辆数。包括技术完成的、在修的、待修的、长期停驶的，以及拟报废尚未经上级主管部门批准报废的运营车辆数。不包括公交企业的油罐车、货车和其他专用车等非运营车，也不包括借入、租入的客运车辆。

园林绿地面积 指用作园林和绿化的各种绿地面积。包括公共绿地、单位附属绿地、居住区绿地、生产绿地、防护绿地和风景林地的总面积。

建成区绿化覆盖面积 指城市建成区内各单位管理的一切用于绿化的乔灌木和多年生草本植物的垂直投影面积。包括园林绿地以外的道路绿化覆盖面积（即道路的隔车带、中心绿岛和林荫道及行道树的覆盖面积）和单株树木的覆盖面积。

公共绿地面积 指开放的各级各类公园和街头绿地。

工业废水排放量 是指经过工业企业厂区所有排放口排放到企业外部的全部废水总量。包括外排的生产废水和厂区生活污水，也包括外排的直接冷却水和矿区的超过排放标准的有毒有害的矿井地下水；不包括外排的间接冷却水。

工业废水排放达标量 是指全面达到国家、地方排放标准的外排废水（包括经过处理和未经过处理的）。不包括经过处理仍未达到国家排放标准的。

工业废水处理量 是指经过各种水处理装置实际处理的废水量。包括处理后外排的和处理后回用的废水量。

工业废水处理回用量 指经过各种水处理设施处理后（无论达标与否）回用的废水量。

十二、农　　业

AGRICULTURE

简要说明

一、本篇资料反映我省农业生产和农村经济的基本情况，内容主要包括乡村户数、人口与从业人员、耕地、农业机械拥有量、农林牧渔业产值、主要产品产量、水利设施与灌溉防涝、农村居民家庭拥有生产性固定资产等。

二、本篇资料来源：除农村居民家庭拥有生产性固定资产由省农村社会经济调查队提供外，其余资料均来源于省统计局农业处的农村统计调查报表制度。

农村统计调查报表制度的统计范围包括各地、市、县辖区的各种经济类型的全部农林牧渔业以及各非农行业附属的农林牧渔业生产单位。但不包括农业科学试验机构进行的农业生产。

农村统计调查报表制度是按照国家统计局统一要求，由各地、市、县统计局收集、汇总报送的。采取抽样调查、典型调查、重点调查和其他调查所取得的。部分指标及林业生产情况、渔业生产情况等指标均取自同级业务部门的统计资料。

灌溉防涝情况和水利设施资料，主要来源于省水利厅汇总的统计报表。

本篇责任编辑：汪　健、王爱兰

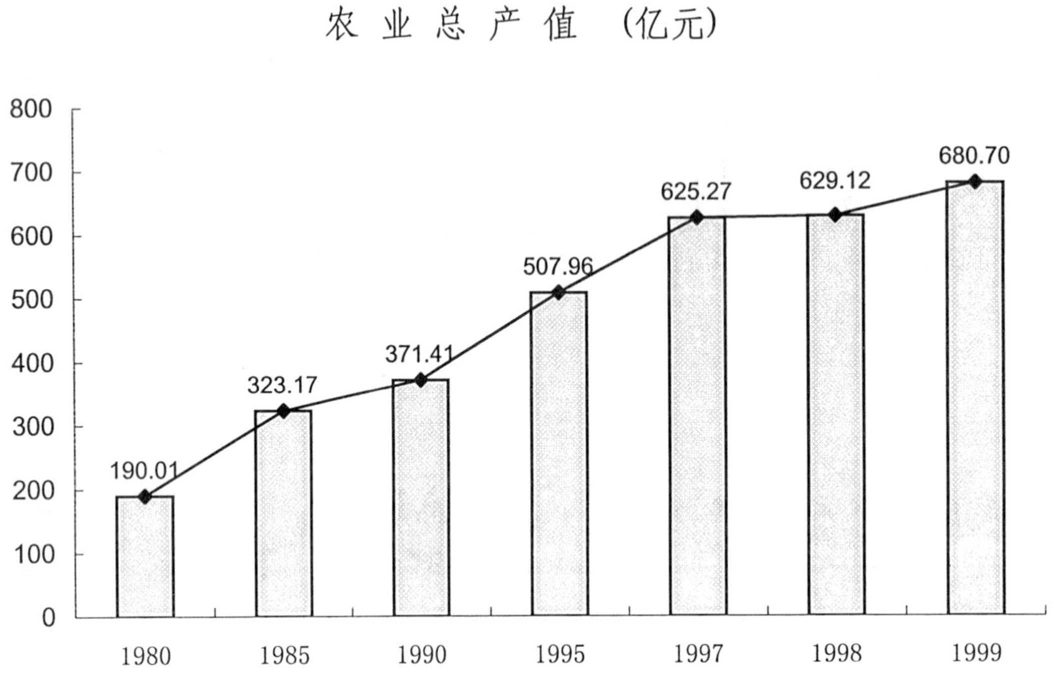

农业总产值（亿元）
800
700
600
500
400
300
200
100
0
190.01
323.17
371.41
507.96
625.27
629.12
680.70
1980
1985
1990
1995
1997
1998
1999

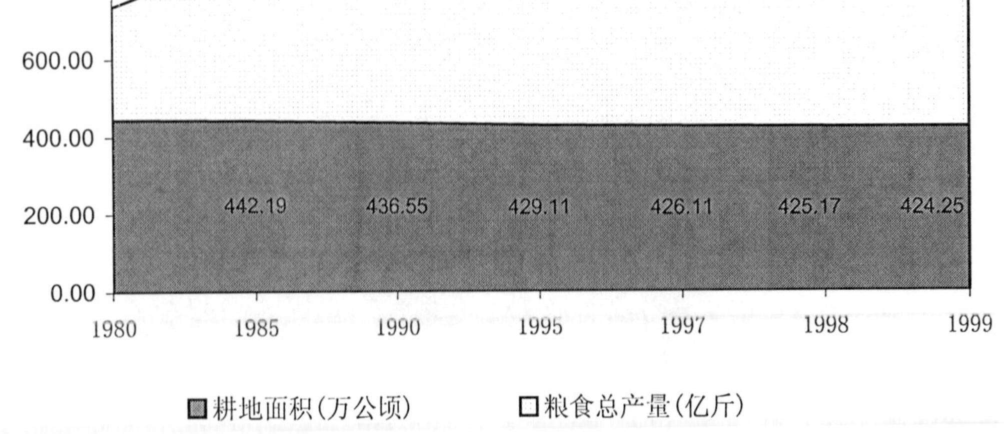

耕地面积与粮食总产量对比图
1200.00
1000.00
800.00
600.00
400.00
200.00
0.00
433.60
504.02
530.55
560.54
518.10
554.24
442.19
436.55
429.11
426.11
425.17
424.25
1980
1985
1990
1995
1997
1998
1999
耕地面积(万公顷)
粮食总产量(亿斤)

12—1　主要年份农村基层组织及农业基本情况

指　　标	单　位	1978年	1980年	1985年	1990年	1995年	1998年	1999年
一、农村基层组织情况								
乡镇个数	个	2528	3316	3407	3336	1854	1870	1840
#镇个数	个			307	404	847	898	903
村民委员会个数	个	27515	29514	31495	31681	30523	30558	30691
二、农村社会基础设施								
自来水受益村数	个					4254	5102	5520
通汽车村数	个					24790	28135	28833
通电话村数	个					10608	27339	29308
三、乡村户数、人口与从业人员								
乡村户数	万户	911.90	919.50	992.0	1200.35	1244.30	1256.47	1266.20
乡村人口数	万人	4194.40	4316.70	4475.70	4776.71	4949.45	5007.69	5028.41
乡村从业人员	万人	1580.80	1670.50	1974.00	2301.48	2592.24	2717.54	2724.29
农业从业人员	万人	1525.35	1620.76	1726.71	1923.19	1930.26	1992.92	1991.07
工业从业人员	万人			101.60	112.19	173.34	148.06	152.16
建筑业从业人员	万人			40.10	73.83	121.46	144.24	153.19
交通运输、仓储及邮电通讯业从业人员	万人			15.90	30.03	48.78	52.85	54.56
批零贸易及餐饮业从业人员	万人			20.10	37.73	61.77	78.21	87.30
其他行业从业人员	万人			69.60	123.64	256.62	301.26	286.01
四、耕地情况								
年初实有耕地面积	公顷			4429332	4372990	4302821	4261099	4251739
年内增加耕地面积	公顷			1724	863	1782	4136	2746
#新开荒面积	公顷			500	201	614	757	773
当年减少耕地面积	公顷			9147	8356	13485	13496	12007
#国家基建占地	公顷			4764	2991	5559	5433	5812
乡村集体占地	公顷			149	2234	4323	3137	2273
农民个人建房占地	公顷			70	1389	2214	2172	2992
年末实有耕地面积	公顷	4469160	4446187	4421907	4365497	4291118	4251739	4242478
水　田	公顷	1740114	1728385	1720920	1848147	1857616	1865744	1860476
旱　地	公顷	2729048	2717804	2700988	2517350	2433502	2385995	2382002
五、农业机械化情况								
农业机械总动力合计	万千瓦	542	664	833	1307	1836	2546.58	2766.17
大中型拖拉机	台	15631	17562	15938	13729	9622	9579	12102
	千瓦	554649	631630	567887	501292	363100	366313	448790
小型拖拉机	台	85231	116992	238886	567011	881200	1401770	1546076
	千瓦	745416	1025315	2000297	4682400	7038500	10873684	12056190
柴油机	台			91720	130937	201500	239291	269440
	千瓦			1015755	1147328	1698800	1912317	2055767
电动机	台			197217	334702	477100	770709	815628
	千瓦			1529943	1864766	2248200	2623410	2717214
农用水泵	台			287865	435228	669900	1025700	1116424
联合收割机	台	284	424	585	794	978	4472	6902
机动脱粒机	台	627	984	3620	169161	257692	424412	465992
农用载重汽车	辆	2869	4287	14566	25813	32943	37435	38848
农用运输车	辆				17555	20458	30436	37199
六、农村主要能源及物资消耗								
农村用电量	万千瓦时	94500	106900	135214	235637	373936	397632.65	439214.50
农用化肥施用量	吨	312500	549300	1135700	1445430	2032766	2537969	2556954
（按折纯法计算）								
氮　肥	吨	244200	400900	720800	903952	1059052	1229206	1209742
磷　肥	吨	60500	118400	259200	319464	392972	437111	446067
钾　肥	吨	7800	12700	28600	51178	137672	227961	246884
复合肥	吨		17300	127100	170836	440708	643691	654261
农用塑料薄膜使用量	吨				19585	40686	53376	58979
农药使用量	吨				31526	63257	80146	71841
七、农田水利建设情况								
有效灌溉面积	公顷	2397513	2437993	2106000	2633013	2933740	3100140	3156830
旱涝保收面积	公顷					2090710	2286870	2345300
机电排灌面积	公顷				1697333	2470600	2632570	2694210

注：表中从业人员1999年以前数据为乡村劳动力数。

12—2 农村居民家庭平均每户生产性固定资产原值

单位：元

指标	1990年	1995年	1996年	1997年	1998年	1999年
合计	**1222.93**	**2780.24**	**3573.61**	**4023.42**	**3674.22**	**3674.88**
役畜和产品畜	428.23	670.43	761.10	723.66	585.41	539.55
大中型铁木农具	101.77	212.61	287.50	281.67	276.91	287.47
农林牧渔业机械	258.55	812.95	1230.97	1626.13	1590.09	1749.32
工业机械	24.20	31.32	49.01	54.52	58.23	75.60
运输机械	103.21	206.45	150.43	159.45	144.51	163.66
生产用房	242.54	695.00	920.23	1021.82	810.17	730.21
其他	64.43	151.48	174.37	156.17	208.91	129.08

注：本表为农村住户抽样调查资料。

12—3 农村居民家庭每百户拥有生产性固定资产数量

指标	单位	1990年	1995年	1996年	1997年	1998年	1999年
汽车	辆		0.34	0.11	0.19	0.61	0.36
大中型拖拉机	台	0.03	1.01	0.88	0.69	0.97	0.79
小型及手扶拖拉机	台	0.08	19.99	20.97	24.84	26.81	29.83
机动脱粒机	台	0.02	20.73	11.42	12.21	16.72	14.62
胶轮大车	辆	0.01	0.98	1.10	2.55	2.53	2.66
胶轮手推车	辆	0.49	50.27	45.93	44.41	44.15	38.39
抽水机	台	0.02	4.80	5.11	5.55	7.06	6.72
农用水泵	台	0.04	18.98	21.70	26.05	30.19	31.34
机动船	条		0.18	0.19	0.20	0.18	0.13

注：本表为农村住户抽样调查资料。

12—4　主要年份农林牧渔业主要指标

指　　标	单　位	1980年	1985年	1990年	1995年	1998年	1999年
农、林、牧、渔业总产值（90年不变价）	万元	1900053	3231291	3714061	5079625	6291171	6807047
农、林、牧、渔业总产值（当年价）	万元	846344	1982389	3709359	9802574	12022702	12343188
农作物总播种面积	公顷	7739695	8186108	8313595	8354230	8564231	8582048
主要农产品产量							
粮食总产量	万吨	1453.90	2168.00	2520.10	2652.74	2590.50	2771.20
谷　物	万吨				2358.97	2337.74	2474.41
#稻　谷	万吨	772.97	1162.91	1379.05	1296.13	1423.92	1209.73
小　麦	万吨	340.50	605.90	606.10	757.52	631.36	948.07
豆　类	万吨				74.14	93.53	97.65
#大　豆	万吨	49.30	70.42	61.28	66.13	79.11	82.93
薯　类	万吨	212.40	209.80	281.44	219.63	266.23	277.94
油　料	吨	497990	1457010	1291328	1917584	1764781	2680737
#油菜籽	吨	272215	1079286	954400	1416022	824105	1522841
棉　花	吨	122037	166695	236004	301213	290050	241000
烤　烟	吨	24127	75964	75052	42641	46517	52066
黄红麻	吨	163073	488145	162503	81422	43424	29360
茶叶产量	吨	31995	42553	53581	45881	49507	48920
蚕　茧	吨	4488	9023	18844	40363	25450	21116
水果产量	吨	100240	139386	269937	526557	825029	961726
农产品单位面积产量							
谷　物	公斤/公顷				4908	4751	5077
#稻　谷	公斤/公顷	3450	5430	5970	6011	6557	5638
小　麦	公斤/公顷	1778	3105	2745	3802	3012	4609
豆　类	公斤/公顷				1432	1599	1749
油　料	公斤/公顷	870	1335	1290	1518	1440	2009
棉　花	公斤/公顷	375	705	810	680	733	795
烤　烟	公斤/公顷	1553	1935	1740	2207	2027	2359
黄红麻	公斤/公顷	4440	2115	2223	2556	2568	2521
大牲畜年末头数	万头	291.51	450.94	536.29	723.70	638.04	604.34
#役　畜	万头	241.34	351.37	386.83	420.68	339.91	294.98
#牛	万头	240.91	398.35	501.19	701.34	627.16	595.19
#乳牛	万头	0.51	0.98	1.40	1.44	0.90	2.24
马	万头	18.05	15.66	8.09	5.35	2.55	2.29
驴	万头	27.40	29.38	21.76	13.97	6.57	5.30
骡	万头	5.16	7.55	5.26	3.04	1.76	1.57
肉猪出栏数	万头	692.41	879.01	1032.72	1674.58	2239.41	2316.11
猪年末头数	万头	1114.11	1237.98	1284.06	1565.56	1814.77	1773.31
羊年末头数	万只	383.27	215.52	398.02	621.11	671.06	718.21
山　羊	万只	294.99	193.45	382.27	613.22	668.29	715.95
绵　羊	万只	88.28	22.07	15.75	7.90	2.77	2.26
肉类总产量	吨	554606	866310	1188848	1977542	2880008	2986480
#猪牛羊肉	吨	518422	713918	975767	1657794	2294250	2352273
猪　肉	吨	494295	669010	848076	1367103	1836500	1924597
牛　肉	吨	5962	25137	97786	238088	342623	326352
羊　肉	吨	18165	19771	29905	52603	115127	101324
禽　肉	吨	35184	151556	211998	310104	579586	627082
奶　类	吨	7199	18502	25538	24904	30472	35707
#牛　奶	吨	7176	18482	25482	24891	30472	35680
禽　蛋	吨		247047	325543	512376	946892	1023725
水产品产量	吨	72807	173113	291044	751997	1462025	1538627
造林面积	公顷	104193	138227	123702	72502	82538	77552
茶园面积	公顷	99752	118599	118730	121916	116860	110985

注：全省粮食总产量合计数1998年、1999年为国家抽中县推算数，分品种数来自农村统计改革抽样调查资料。

12—5 农林牧渔业总产值及构成

（按当年价格计算）

年份	绝对数（万元）					构成（%）				
	农林牧渔业总产值	农业	林业	牧业	渔业	农林牧渔业总产值	农业	林业	牧业	渔业
1949	172778	152256	225	19361	936	100.00	88.12	0.13	11.21	0.54
1950	183151	161186	249	20030	1686	100.00	88.01	0.14	10.93	0.92
1951	213213	190390	338	21259	1226	100.00	89.30	0.16	9.97	0.57
1952	221698	198216	342	21820	1320	100.00	89.41	0.15	9.84	0.60
1953	258775	227670	647	28905	1553	100.00	87.98	0.25	11.17	0.60
1954	260892	232611	731	25280	2270	100.00	89.16	0.28	9.69	0.87
1955	368987	342457	775	23541	2214	100.00	92.81	0.21	6.38	0.60
1956	323581	286078	1683	32002	3818	100.00	88.41	0.52	9.89	1.18
1957	352000	308035	1232	36995	5738	100.00	87.51	0.35	10.51	1.63
1958	369495	307457	1552	53577	6909	100.00	83.21	0.42	14.50	1.87
1959	350938	306544	1509	35831	7054	100.00	87.35	0.43	10.21	2.01
1960	345728	321423	1279	16111	6915	100.00	92.97	0.37	4.66	2.00
1961	296748	271228	2166	19170	4184	100.00	91.40	0.73	6.46	1.41
1962	286000	241986	2862	37726	3426	100.00	84.61	1.00	13.19	1.20
1963	293850	237877	3158	47611	5204	100.00	80.95	1.08	16.20	1.77
1964	310168	252569	3333	50134	4132	100.00	81.43	1.08	16.16	1.33
1965	377361	309996	5400	57748	4217	100.00	82.15	1.43	15.30	1.12
1966	434361	347359	7284	74669	5049	100.00	79.97	1.68	17.19	1.16
1967	461088	370326	8845	78775	3142	100.00	80.32	1.92	17.08	0.68
1968	471186	382421	11252	74687	2826	100.00	81.16	2.39	15.85	0.60
1969	428434	342685	8784	73212	3753	100.00	79.98	2.05	17.09	0.88
1970	532170	434814	9617	84018	3721	100.00	81.70	1.81	15.79	0.70
1971	572636	473913	10365	84636	3722	100.00	82.76	1.81	14.78	0.65
1972	625140	512365	14253	93896	4626	100.00	81.96	2.28	15.02	0.74
1973	662162	545725	16648	94266	5523	100.00	82.42	2.51	14.24	0.83
1974	677148	568059	15913	88300	4876	100.00	83.89	2.35	13.04	0.72
1975	678697	563930	15881	93457	5429	100.00	83.09	2.34	13.77	0.80
1976	746921	628385	15013	97996	5527	100.00	84.13	2.01	13.12	0.74
1977	695694	585566	12453	92736	4939	100.00	84.17	1.79	13.33	0.71
1978	710654	594533	11370	100700	4051	100.00	83.66	1.60	14.17	0.57
1979	793424	671357	10959	106724	4384	100.00	84.62	1.38	13.45	0.55
1980	846344	686386	21478	131543	6937	100.00	81.10	2.54	15.54	0.82
1981	1197626	980633	24162	180707	12124	100.00	81.88	2.02	15.09	1.01
1982	1289938	1048432	25630	200174	15702	100.00	81.28	1.99	15.52	1.21
1983	1370510	1114085	36849	200510	19066	100.00	81.29	2.69	14.63	1.39
1984	1621127	1264293	62774	268858	25202	100.00	77.99	3.87	16.58	1.56
1985	1982389	1453136	80407	408922	39924	100.00	73.30	4.06	20.63	2.01
1986	2219171	1663376	89891	411862	54042	100.00	74.95	4.05	18.56	2.44
1987	2553384	1878255	108838	493290	73001	100.00	73.56	4.26	19.32	2.86
1988	3152525	2149152	166331	741860	95182	100.00	68.17	5.28	23.53	3.02
1989	3415277	2363371	177763	776681	97462	100.00	69.20	5.21	22.74	2.85
1990	3709359	2608524	169704	819844	111287	100.00	70.32	4.58	22.10	3.00
1991	3172643	2062919	186563	795239	127922	100.00	65.02	5.88	25.07	4.03
1992	3900425	2623203	208206	928910	140106	100.00	67.25	5.34	23.82	3.59
1993	5191159	3570502	257472	1135955	227230	100.00	68.78	4.96	21.88	4.38
1994	7744269	5073640	347752	1985749	337128	100.00	65.52	4.49	25.64	4.35
1995	9802574	6379076	395940	2461908	565650	100.00	65.08	4.04	25.11	5.77
1996	11245106	6836552	438700	3026302	943552	100.00	60.80	3.90	26.91	8.39
1997	12265376	7010960	[illegible]	3576168	1157128	100.00	57.16	4.25	29.16	9.43
1998	12022702	6796113	585207	3357000	1284382	100.00	56.53	4.87	27.92	10.68
1999	12343188	7067959	608806	3400643	1265780	100.00	57.26	4.93	27.55	10.26

12—6　农林牧渔业总产值及指数

（按1990年不变价格计算）

年　份	绝对数（万元）					指数（上年为100）				
	农林牧渔业总产值	农业	林业	牧业	渔业	农林牧渔业总产值	农业	林业	牧业	渔业
1949	782347	583444	3182	179555	16166					
1950	833067	614892	3522	185535	29118	106.48	105.39	110.69	103.33	180.12
1951	945067	722192	4783	196918	21174	113.44	117.45	135.80	106.14	72.72
1952	972649	742637	4837	202378	22797	102.92	102.83	101.13	102.77	107.67
1953	993128	730182	8050	231579	23317	102.11	98.32	166.43	114.43	102.28
1954	1015734	762012	9096	209618	35008	102.28	104.36	112.99	90.52	150.14
1955	1303013	1080907	9268	181180	31658	128.28	141.85	101.89	86.43	90.43
1956	1102707	815183	17671	220734	49119	84.63	75.42	190.67	121.83	155.16
1957	1264190	961489	15252	242873	44576	114.64	117.95	86.31	110.03	90.75
1958	1196149	842085	16016	293082	44966	94.62	87.58	105.01	120.67	100.87
1959	996308	763611	14091	177131	41475	83.29	90.68	87.98	60.44	92.24
1960	862945	740705	11064	73703	37473	86.61	97.00	78.52	41.61	90.35
1961	681173	564072	16951	79578	20572	78.94	76.15	153.21	211.07	54.90
1962	817652	600503	25636	172021	19492	120.04	106.46	151.24	216.17	94.75
1963	872172	607999	29922	202111	32140	106.67	101.25	116.72	117.49	164.89
1964	1255282	977291	30009	220621	27361	143.93	160.74	100.29	109.16	85.13
1965	1245734	917517	45244	253479	29494	99.24	93.88	150.77	114.89	107.80
1966	1337978	941893	58417	302356	35312	107.40	102.66	129.12	119.28	119.73
1967	1430897	1001650	88101	319063	22083	106.94	106.34	150.81	105.53	62.54
1968	1446767	1034143	90250	302506	19868	101.11	103.24	102.44	94.81	89.97
1969	1316216	922781	70457	296602	26376	90.98	89.23	78.07	98.05	132.76
1970	1621332	1177398	77134	340653	26147	123.18	127.59	109.48	114.85	99.13
1971	1682686	1216844	80105	359566	26171	103.78	103.35	103.85	105.55	100.09
1972	1785504	1265196	105949	383443	30916	106.11	103.97	132.26	106.64	118.13
1973	1820508	1330648	104984	351762	33114	101.96	105.17	99.09	91.74	107.11
1974	1859265	1364951	114208	348681	31425	102.13	102.58	108.79	99.12	94.90
1975	1865545	1353952	112684	364455	34454	100.34	99.19	98.67	104.52	109.64
1976	1976376	1462976	104183	374729	34488	105.94	108.05	92.46	102.82	100.10
1977	1780060	1321924	84054	343976	30106	90.07	90.36	80.68	91.79	87.29
1978	1767967	1312496	73542	358298	23631	99.32	99.29	87.49	104.16	78.49
1979	1912351	1448415	69044	370273	24619	108.17	110.36	93.88	103.34	104.18
1980	1900053	1395632	76431	397136	30854	99.36	96.36	110.70	107.25	125.33
1981	2337464	1815404	84918	403591	33551	123.02	130.08	111.10	101.63	108.74
1982	2504164	1915386	88373	456376	44029	107.13	105.51	104.07	113.08	131.23
1983	2538109	1946961	96786	441948	52414	101.36	101.65	109.52	96.84	119.04
1984	2892687	2160516	131703	540752	59716	113.97	110.97	136.08	122.36	113.93
1985	3231291	2339345	141385	675661	74900	111.71	108.28	107.35	124.95	125.43
1986	3340396	2424570	133342	687679	94805	103.38	103.64	94.31	101.78	126.58
1987	3494473	2549920	139652	679833	125068	104.61	105.17	104.73	98.86	131.92
1988	3500209	2438027	148964	774579	138639	100.16	95.61	106.67	113.94	110.85
1989	3567588	2495272	157609	784877	129830	101.92	102.35	105.80	101.33	93.65
1990	3714061	2606244	158332	818903	130582	104.11	104.45	100.46	104.34	100.58
1991	3157879	2036119	173537	805446	142777	85.02	78.12	109.60	98.36	109.34
1992	3844427	2602113	186823	917322	138169	121.74	127.80	107.66	113.89	96.77
1993	4309404	2941272	203594	999186	165352	112.09	113.03	108.98	108.92	119.67
1994	4446276	2833304	229950	1173872	209150	103.18	96.33	112.95	117.48	126.49
1995	5079625	3160366	245429	1329409	344421	114.24	111.54	106.73	113.25	164.68
1996	5669534	3337544	283696	1528066	520228	111.61	105.61	115.59	114.94	151.04
1997	6252654	3560510	294888	1763526	633730	110.29	106.68	103.95	115.41	121.82
1998	6291171	3459332	319682	1788000	724157	100.62	97.16	108.41	101.39	114.27
1999	6807047	3834999	339892	1861308	770848	108.20	110.86	106.32	104.10	106.45

12—7 主要农业机械年末拥有量

年份	农业机械总动力（万千瓦）	农用排灌动力机械（万千瓦）	农用大中型拖拉机（台）	农用小型及手扶拖拉机（台）	联合收割机（台）	农用载重汽车（辆）	农用机动运输船		当年实际机耕地面积（千公顷）
							艘	千瓦	
1957		3.60			52				98.97
1958		5.50			71				206.99
1959		16.80			120				186.99
1960		26.80			245				307.79
1961		32.90	1446		197	60			391.11
1962		39.60	1492	10	214	103			246.63
1963		39.50	1703	12	217	170			422.66
1964		41.70	1897	14	224	213			510.77
1965		45.00	2055	25	214	213			549.07
1966		54.50	2178	156	176	196	26	1077	623.14
1967		58.30	2234	271	176	176	27	1363	458.32
1968		63.80	2319	459	167	176	25	1290	435.64
1969		74.80	2648	964	163	195	43	2188	505.86
1970		89.30	3243	2988	160	332	61	3568	641.45
1971		84.60	4365	4124	154	246	66	2444	580.80
1972		96.00	5535	6375	160	284	62	4370	618.95
1973	194.50	140.90	6952	12005	188	270	85	4458	816.78
1974	241.08	163.10	8006	17983	198	372	160	4883	863.99
1975	294.10	183.30	10199	28827	181	834	273	7136	1073.20
1976	380.10	227.60	12081	46949	202	1849	561	9941	1210.23
1977	442.80	245.20	14367	66947	212	2470	1353	15226	1224.47
1978	541.50	307.30	15631	85231	284	2869	1911	22426	1398.55
1979	617.30	346.80	16427	101434	353	3217	2816	39039	1308.61
1980	664.30	364.40	17562	116992	424	4287	3494	46503	1038.12
1981	677.60	323.80	17982	123036	473	5484	4587	49629	833.51
1982	722.70	314.50	18112	147590	494	6574	5567	57986	798.44
1983	764.50	285.40	18017	182028	540	10466	8020	83229	829.33
1984	796.90	274.30	17075	206842	540	12392	13815	13528	930.79
1985	833.00	254.70	15938	233886	585	14566	19031	20520	971.26
1986	917.20	253.10	15554	300189	536	17404	21592	23873	1116.09
1987	1036.40	259.80	15121	377459	529	21476	23104	25995	1534.03
1988	1148.20	277.80	14951	439338	619	24193	25229	29424	1425.78
1989	1224.50	285.73	14423	501657	506	25083	25751	31093	1508.47
1990	1307.32	301.30	13729	567011	639	25813	25623	31722	1945.81
1991	1380.20	316.69	12867	615099	607	26768	27013	344255	2160.58
1992	1452.10	326.67	11890	645181	640	28002	28424	344787	2372.00
1993	1552.00	342.12	11254	711300	705	28893	30126	371111	2575.05
1994	1684.00	369.49	10380	788945	833	30984	29664	414001	2696.07
1995	1836.00	394.72	9622	881200	978	32943	31468	447434	2769.72
1996	2016.95	411.88	8959	1005408	1440	35582	30089	457782	3016.62
1997	2239.62	423.79	9439	1175599	3222	35358	31205	467491	3277.05
1998	2546.58	454.65	9579	1401770	4472	37435	29341	499942	3424.10
1999	2766.17	477.30	12102	1546076	6902	38848	29170	530683	3531.58

12—8 农田水利建设

年份	农村小型水电站 个数（个）	农村小型水电站 发电能力（千瓦）	已建成水库（座）	农村用电量（亿千瓦时）	有效灌溉面积（千公顷）	旱涝保收面积（千公顷）	除涝面积（千公顷）	防洪耕地面积（千公顷）
1949			15		942.85	90.39	78.99	369.83
1950			17		971.38	97.44	112.57	278.29
1951			21		996.53	110.22	183.94	404.84
1952			33		1030.84	122.30	254.51	580.26
1953			67		1084.21	141.87	315.30	683.03
1954			89		1125.14	160.53	370.06	783.30
1955			132		1160.11	185.41	414.29	883.30
1956			193		1203.23	229.81	475.19	962.77
1957	14	359	333		1250.73	271.68	571.35	1299.79
1958	19	887	648	0.06	1305.43	335.71	728.35	1343.03
1959	24	1416	961	0.08	1340.50	376.32	782.77	1379.41
1960	26	1627	1119	0.12	1355.11	430.43	823.38	1378.37
1961	27	1733	1141	0.34	1383.63	507.13	853.72	1387.53
1962	28	1839	1238	0.68	1444.53	604.08	888.28	1540.48
1963	30	1912	1334	0.97	1498.93	671.24	930.07	1434.21
1964	32	1984	1390	1.26	1534.93	739.43	982.37	1488.63
1965	37	2166	1467	1.51	1627.01	872.19	1069.53	1689.03
1966	107	2964	1656	2.35	1685.88	992.16	1135.51	1542.27
1967	170	3220	1839	2.50	1961.57	1054.89	1175.12	1543.73
1968	210	3547	1989	2.57	2035.46	1124.83	1200.98	1678.75
1969	246	3835	2134	2.62	2173.26	1171.32	1242.08	1685.40
1970	286	4154	2311	3.24	2256.10	1330.96	1331.55	1748.92
1971	470	6181	2597	3.85	1905.39	1386.51	1354.31	1743.04
1972	881	11278	2883	4.49	1962.41	1383.87	1401.14	1747.31
1973	1081	18926	3169	5.90	2047.43	1495.42	1503.84	1872.83
1974	1247	20485	3292	5.77	2177.91	1565.91	1554.30	1917.87
1975	1344	25200	3523	5.57	2296.40	1629.27	1630.78	1935.66
1976	1449	27634	3720	7.59	2410.47	1706.49	1728.05	1965.82
1977	1477	29006	3897	6.48	2314.89	1589.99	1655.31	1917.01
1978	1604	33057	4085	9.45	2397.51	1820.32	1751.25	1989.67
1979	1716	41753	4171	9.91	2518.57	1818.53	1772.65	1972.33
1980	1773	47531	4257	10.69	2437.99	1816.85	1798.11	1955.79
1981	1792	52100	4245	9.41	2393.33	1828.56	1812.21	2025.71
1982	1672	58677	4254	9.50	2314.11	1771.51	1825.88	2079.21
1983	1506	55723	4276	11.07	2228.36	1763.49	1859.05	2184.54
1984	1406	54285	4329	13.21	2160.83	1761.01	1870.66	2273.90
1985	1282	54532	4340	13.52	2106.00	1692.01	1889.69	2281.32
1986	1142	46418	4361	15.25	2092.25	1682.07	1906.76	2322.91
1987	1063	57310	4365	16.82	2156.60	1721.15	1916.93	2327.91
1988	1019	59031	4367	19.81	2214.55	1755.17	1924.46	2330.75
1989	921	59931	4371	21.64	2303.85	1800.11	1926.83	2250.13
1990	843	66184	4533	23.56	2633.01	1852.43	1941.98	2159.95
1991	787	70833	4536	26.01	2719.39	1901.77	1939.80	2171.12
1992	823	65561	4538	29.90	2768.72	1926.94	1978.68	2244.55
1993	764	65268	4764	28.20	2818.30	1978.80	1994.74	2321.50
1994	749	109700	4781	32.21	2871.00	2027.80	2019.71	2278.00
1995	798	96892	4787	37.39	2933.74	2090.71	2048.40	2295.28
1996	449	65629	4828	36.40	2971.44	2148.27	2070.45	2294.41
1997	605	80700	4822	43.14	3048.98	2227.44	2086.84	2295.43
1998	596	93300	4825	39.76	3100.14	2286.87	2107.15	2287.59
1999	707	89983	4814	43.92	3156.83	2345.30	2129.00	2291.55

12—9 农林牧渔业总产值

(1999年)

单位：万元

指标	按1990年不变价格计算	按当年价格计算	指标	按1990年不变价格计算	按当年价格计算
农林牧渔业总产值	**6807047**	**12343188**	**二、林业产值**	**339892**	**608806**
一、农业产值	**3834999**	**7067959**	营林	52194	132010
种植业	3433419	6394010	林产品	171637	309359
主产品产值	3243930	6052832	村及村以下竹木采伐	116061	167437
粮食作物合计	1608517	3132152	**三、牧业产值**	**1861308**	**3400643**
谷物	1376306	2588446	牲畜	947359	1983680
豆类	109389	217915	大牲畜繁殖、增长、增重	100936	236245
薯类	122822	325791	牛	99814	234936
油料	392975	627268	马	355	461
棉花	172974	307779	驴	628	648
麻类	8928	12982	骡	139	200
糖类	4210	19018	骆驼		
烟叶	16577	37457	猪	801473	1633095
药材类	113408	136823	羊	41070	106532
蔬菜、瓜类	661107	1390751	其他	3880	7808
茶、桑、果	155769	220761	家禽的饲养	369915	640558
其他种植业	109465	167841	活的畜禽产品	509735	727878
#饲料作物	1142	3762	捕猎野兽、野禽	3796	5062
副产品产值	189489	341178	其他动物产品	30503	43465
粮食作物副产品	163632	284651	**四、渔业产值**	**770848**	**1265780**
#谷物副产品	139773	240385	海水产品		
其他副产品	25857	56527	#养殖		
其他农业	401580	673949	淡水产品	770848	1265780
采集野生植物	80917	119440	#养殖	552087	932443

12—10 农作物主要产品生产情况

(1999年)

指标	播种面积（千公顷）	产量（万吨）	指标	播种面积（千公顷）	产量（万吨）
农作物总播种面积	**8582.05**		二、油料合计	1334.49	268.07
一、粮食作物合计	5934.85	2771.20	#花生	274.99	102.59
#夏收粮食	2169.38	984.50	油菜籽	931.52	152.28
（一）谷物	4874.24	2474.41	芝麻	126.57	13.18
1.稻谷	2145.50	1209.73	胡麻籽	0.02	
#早稻	372.42	138.53	向日葵籽	0.08	0.01
中稻和一季晚稻	1369.00	867.29	三、棉花	303.21	24.10
晚稻	404.07	203.91	四、麻类合计	17.07	4.04
2.小麦	2057.08	948.07	#黄红麻	11.64	2.94
#春小麦			苎麻	3.10	0.52
3.玉米	588.46	286.08	大麻	1.76	0.47
#杂交玉米	572.67	282.39	亚麻		
4.谷子	0.53	0.17	五、糖料合计	7.04	29.27
5.高粱	6.38	1.88	甘蔗	7.04	29.27
6.其他谷物	76.29	28.48	甜菜		
#大麦	65.52	24.96	六、烟叶合计	23.36	5.52
（二）豆类合计	558.49	97.65	#烤烟	22.08	5.21
大豆	478.91	82.93	七、药材类合计	60.97	47.85
绿豆	37.66	5.70	八、蔬菜、瓜类	655.63	2062.02
红小豆	3.98	0.57	蔬菜（含菜用瓜）	491.59	1509.16
（三）薯类	502.12	277.94	瓜类（果用瓜）	164.04	552.87
#马铃薯	7.85	4.56	#西瓜	137.72	486.60
			甜瓜	12.86	34.43
			九、其它作物	245.43	
			#青饲料	23.44	

12—11 主要林产品生产情况

(1999年)

指 标	单 位	数 量	指 标	单 位	数 量
营林情况			板 栗	吨	34884
当年造林面积	千公顷	77.55	**村及村以下竹木采伐量**		
按造林方式分			木 材	万立方米	215.28
当年人工造林面积	千公顷	77.55	竹 材	万根	3990.86
当年飞机播种造林面积	千公顷		**年末实有茶园面积**	**千公顷**	110.99
迹地更新面积	千公顷	7.09	#本年采摘面积	千公顷	93.11
零星（四旁）植树	万株	20124.80	**茶叶合计**	**万吨**	4.89
育苗面积	千公顷	8.95	红毛茶	万吨	0.31
幼林抚育作业面积	千公顷	695.66	绿毛茶	万吨	4.40
成林抚育面积	千公顷	433.40	其他茶	万吨	0.18
当年造林面积用途分			**年末实有果园面积**	**千公顷**	82.22
用材林	千公顷	35.78	#苹果园	千公顷	24.74
#速生丰产林	千公顷	15.23	柑桔园	千公顷	1.96
经 济 林	千公顷	34.55	梨 园	千公顷	31.15
防 护 林	千公顷	6.24	葡萄园	千公顷	3.54
特种用材林	千公顷	0.74	**水果合计**	**万吨**	96.17
主要林产品			#苹 果	万吨	30.85
油桐籽	吨	3283	柑 桔	万吨	0.69
油茶籽	吨	7594	梨	万吨	49.25
乌柏籽	吨	3155	葡 萄	万吨	4.89
棕 片	吨	2042	红 枣	万吨	0.45
松 脂	吨	7756	柿 子	万吨	3.21
竹笋片	吨	12047			

12—12 畜牧业和渔业主要生产情况

(1999年)

指 标	当年出栏头数（头、只）	肉产量（吨）	指 标	数 量（吨）	指 标	产 量（吨）	指 标	面 积（千公顷）
大 牲 畜	2500652		奶类产量	35707	肉类总产量	2986480	淡水养殖面积	543.73
牛	2458523	326352	#牛奶产量	35680	水产品产量	1538627		
#黄 牛	2220376	295194	山羊毛产量	55	淡水捕捞	298627	池塘养殖	217.98
良种及改良乳牛	6774	1001	绵羊毛产量	199	鱼 类	113377		
水 牛	231373	30157	#细羊毛	15	虾蟹类	90104	湖泊养殖	168.97
马	10282	1072	半细羊毛	174	贝 类	74081		
驴	25337	2168	羊绒产量		其他类	21065	河沟养殖	72.92
骡	6510	677	蜂蜜产量	9375	淡水养殖	1240000		
猪	23161085	1924597	禽蛋产量	1023725	鱼 类	1200390	水库养殖	74.72
羊	8573832	101324	蚕茧产量	21116	虾蟹类	31380		
山 羊	8556906	101143	#桑蚕茧	21013	其他类	8230	其他养殖	9.14
绵 羊	16926	181						
家 禽（万只）	42030.29	627082						
兔（万只）	240.22	3208						

12—13 各地市农村基层组织及从业人员情况

(1999年)

地市	乡镇数(个)	镇数(个)	村民委员会数(个)	乡村户数(户)	乡村人口数(人)	乡村从业人员数(人)	农业从业人员数(人)
总计	**1840**	**903**	**30691**	**12662008**	**50284141**	**27242899**	**19910674**
合肥市	107	40	2020	725090	2912732	1575623	1174792
芜湖市	70	45	738	437176	1523988	906363	531582
蚌埠市	73	25	1662	585942	2494179	1357653	1102890
淮南市	40	20	558	267368	1089341	615017	431126
马鞍山市	31	15	367	187529	672685	383852	252651
淮北市	32	22	638	300793	1134992	534211	425772
铜陵市	20	9	222	98044	343703	185750	110481
安庆市	204	88	3213	1232551	5105959	2616785	1837537
黄山市	135	36	1169	349153	1205026	717452	554537
滁州市	169	83	2285	819697	3289181	1819662	1418431
阜阳市	246	161	5987	2681749	11154892	6083011	4300145
宿州市	106	69	2925	1183412	4797088	2626657	2241996
六安市	188	99	3431	1534442	5942682	3072510	2125261
巢湖市	126	71	2129	972872	3788612	2038120	1417301
宣城地区	168	60	1610	648067	2346212	1303888	928065
池州地区	96	34	986	347713	1329153	728181	513842
亳州市	29	26	751	290410	1153716	678164	544265

12—14 各地市农林牧渔业总产值

(1999年，按1990年不变价格计算)

单位：万元

地市	农林牧渔业	农业	林业	牧业	渔业
总计	**6807047**	**3834999**	**339892**	**1861308**	**770848**
合肥市	397041	194368	6346	147596	48731
芜湖市	186815	86656	13466	51082	35611
蚌埠市	410962	270320	5486	92474	42682
淮南市	151638	84590	1080	45548	20420
马鞍山市	97767	43315	1356	17228	35868
淮北市	144713	95134	2282	37204	10093
铜陵市	38231	19938	3524	6684	8085
安庆市	529467	234695	50679	137599	106494
黄山市	151645	77876	28477	38440	6852
滁州市	698104	379373	11255	209727	97749
阜阳市	1467526	867021	51895	477832	70778
宿州市	741542	475650	28281	219370	18241
六安市	755436	409584	47178	220271	78403
巢湖市	537916	279711	18357	129082	110766
宣城地区	326198	164407	53034	72525	36232
池州地区	150511	75854	11206	34363	29088
亳州市	207813	132671	5990	54397	14755

12—15　各地市农林牧渔业总产值

（1999年，按当年价格计算）　　单位：万元

地　市	农林牧渔业	农　业	林　业	牧　业	渔　业
总　计	**12343188**	**7067959**	**608806**	**3400643**	**1265780**
合肥市	628764	326967	13899	223960	63938
芜湖市	373952	182571	29326	94641	67414
蚌埠市	746609	463047	8679	188476	86407
淮南市	284307	164292	2241	80386	37388
马鞍山市	188904	79257	2015	32276	75356
淮北市	241736	170007	2952	57151	11626
铜陵市	72309	39883	6912	12033	13481
安庆市	883606	393104	79788	262390	148324
黄山市	287441	148652	42631	82680	13478
滁州市	1158461	655348	15877	329640	157596
阜阳市	2758974	1726738	97289	831113	103834
宿州市	1272670	843211	46046	357010	26403
六安市	1272346	660543	93260	408131	110412
巢湖市	1040717	533138	36472	235201	235906
宣城地区	579622	293754	97727	134789	53352
池州地区	273182	150047	19724	66621	36790
亳州市	272309	162914	13968	71332	24095

12—16　各地市耕地面积

（1999年）　　单位：公顷

地　市	年初实有耕地面积	年内新增耕地面积	年内减少耕地面积	国家基建占地	乡村集体基建占地	农民个人建房占地	年末实有耕地面积 合计	水田	旱地
总　计	**4251739**	**2746**	**12007**	**5812**	**2273**	**2992**	**4242478**	**1860476**	**2382002**
合肥市	266115	64	787	584	142	61	265392	182332	83060
芜湖市	93258	1	549	465	71	13	92710	81672	11038
蚌埠市	291066	120	454	405	30	16	290732	95696	195036
淮南市	98137	3	362	358	4		97778	68571	29207
马鞍山市	48321	10	69	63		1	48262	42786	5476
淮北市	136088	317	407	98	51	49	135998	1228	134770
铜陵市	24538	11	119	46	70		24430	17525	6905
安庆市	270092	80	317	182	87	48	269855	186786	83069
黄山市	52565	76	299	191	20	7	52342	45735	6607
滁州市	406870	196	680	260	316	81	406386	262749	143637
阜阳市	957559	264	1537	540	481	301	956286	89537	866749
宿州市	505361	164	421	233	90	98	505104	14901	490203
六安市	438126	468	1795	1146	264	246	436799	340865	95934
巢湖市	284791	34	2102	964	527	598	282723	222232	60491
宣城地区	163752	909	417	167	53	38	164244	145880	18364
池州地区	85232	29	165	41	29	15	85096	61981	23115
亳州市	129868		1527	69	38	1420	128341		128341

12—17 各地市农业机械化及主要能源、物资消耗情况

(1999 年)

地市	农业机械总动力（千瓦）	柴油机排灌动力（千瓦）	农用排灌机械（台）	农村用电量（万千瓦时）	农用化肥施用量（折纯量）（吨）	农用塑料薄膜使用量（吨）	农药使用量（吨）
总计	**27661712**	**2055767**	**1085847**	**439214.50**	**2556954**	**58979**	**71841**
合肥市	1169501	40753	24854	25726.53	158156	2465	3266
芜湖市	746184	35429	131212	39359.00	57337	1409	1883
蚌埠市	2843438	24875	9100	23457.50	269239	7501	3783
淮南市	1146394	20741	10114	28533.37	71954	1094	2152
马鞍山市	497590	8272	65179	9961.50	77514	326	1735
淮北市	1262676	53530	10181	9518.74	68499	1353	1548
铜陵市	262099	8099	25376	7187.00	16783	354	600
安庆市	1669108	205365	63740	38949.42	141738	4578	7843
黄山市	452640	28400	13937	8308.50	36339	1519	2008
滁州市	2647481	156490	50666	35138.00	261872	4604	5450
阜阳市	4847424	691246	221936	68432.00	459020	8829	8137
宿州市	2856300	155827	37895	22578.97	232286	7407	12228
六安市	2640025	207401	62763	29864.00	251402	4083	6802
巢湖市	1686949	110784	200523	49181.00	263470	3243	7315
宣城地区	1402161	113815	105915	20253.57	90268	7163	2797
池州地区	631978	46376	27658	12580.40	43288	625	3112
亳州市	899764	148364	24798	10185.00	57789	2426	1182

12—18 各地市农田水利情况

(1999 年)

地市	有效灌溉面积（千公顷）	旱涝保收面积（千公顷）	机电排灌面积（千公顷）	除涝面积（千公顷）	防洪耕地面积（千公顷）	已建水库座数（座）	解决农村饮水人数（万人）	水土流失治理（千公顷）	水灾成灾面积（千公顷）	旱灾成灾面积（千公顷）
总计	**3156.83**	**2345.30**	**2694.21**	**2129.00**	**2291.55**	**4814**	**600.38**	**1718.24**	**638.22**	**1118.97**
合肥市	271.99	181.12	198.35	19.86	24.65	574	10.18	15.80	10.41	58.40
芜湖市	85.01	74.35	82.60	59.13	73.91	81	11.77	28.80	71.22	
蚌埠市	176.27	137.47	222.22	211.33	274.54	42	35.61	7.50	23.14	65.30
淮南市	88.61	71.56	103.67	38.46	92.57	6	2.08	3.56	5.97	1.59
马鞍山市	48.47	44.80	48.62	44.63	48.43	13	1.30	7.10	19.22	
淮北市	68.62	50.27	69.77	119.02	109.13	5	13.81	9.40		137.40
铜陵市	24.00	18.60	17.55	11.71	18.68	40	1.60		7.06	
安庆市	245.00	201.74	148.27	105.00	174.84	522	51.63	385.85	178.44	4.54
黄山市	46.16	35.95	9.02	0.53	11.22	238	44.12	241.40	37.80	0.15
滁州市	514.95	320.47	596.08	704.59	489.29		27.53	1.00		403.03
阜阳市	317.24	192.04	322.81	342.25	371.04	83	34.49	39.61	8.00	188.06
宿州市	335.95	258.85	205.60	57.21	72.01	1053	193.94	184.77	2.00	129.96
六安市	370.73	298.79	161.17	61.48	205.63	1130	54.51	228.49	51.99	113.04
巢湖市	275.89	234.81	323.34	157.64	197.38	310	34.91	171.85	81.70	4.50
宣城地区	141.56	117.23	62.64	33.03	74.99	340	68.62	153.79	77.39	
池州地区	82.47	70.69	58.58	42.86	53.24	377	14.28	239.32	63.88	
亳州市	63.91	36.56	63.91	103.20						13.00

12—19　各地市农作物主要产品生产情况

（1999年）

地市	农作物总播种面积（公顷）	一、粮食作物合计		谷物		稻谷		小麦	
		面积（公顷）	产量（吨）	面积（公顷）	产量（吨）	面积（公顷）	产量（吨）	面积（公顷）	产量（吨）
总计	**8582048**	**5934849**	**27712000**	**4874243**	**24744100**	**2145496**	**12097300**	**2057082**	**9480688**
合肥市	502022	316893	1842172	291411	1754064	187695	1369854	72471	262802
芜湖市	221016	123240	627846	117900	608792	111011	587290	5859	17373
蚌埠市	571048	393593	2089154	315843	1818268	85997	682177	190730	939368
淮南市	190952	170588	962658	150478	911570	66918	509241	80154	386497
马鞍山市	100623	64370	378492	62397	371946	50876	334811	11279	36412
淮北市	260603	201227	832352	142351	695735	2063	18277	92747	450016
铜陵市	48346	28796	127344	27120	122540	22789	112061	3055	7070
安庆市	601484	371950	1629141	343298	1532997	289738	1433931	42390	74527
黄山市	136963	84556	385652	68615	349668	59948	338801	1551	1801
滁州市	857009	588187	3499331	519221	3213651	267742	2137267	204808	834134
阜阳市	1879978	1486844	7042305	1026273	5313936	85317	621278	721917	3645058
宿州市	932618	692562	3190332	530871	2641086	12698	106471	335154	1628890
六安市	852604	585252	3351595	545625	3222817	364820	2563733	150041	542515
巢湖市	604730	327897	1976280	306737	1887155	256648	1704659	44147	156224
宣城地区	363223	220504	990111	196984	925233	174088	863689	16700	42858
池州地区	199161	128033	571076	117321	542034	107148	520936	7632	13820
亳州市	259668	150357	811355	111798	639804			76447	441323

地市	玉米		豆类		大豆		薯类	
	面积（公顷）	产量（吨）	面积（公顷）	产量（吨）	面积（公顷）	产量（吨）	面积（公顷）	产量（吨）
总计	**588455**	**2860780**	**558486**	**976521**	**478907**	**829278**	**502120**	**2779379**
合肥市	17974	89263	13459	26319	8906	19204	12023	61789
芜湖市	686	3178	3092	6979	1459	3860	2248	12075
蚌埠市	35829	185311	48564	89846	43077	81708	29186	181040
淮南市	719	3902	15507	28209	14328	26091	4603	22879
马鞍山市	54	212	1098	2560	694	2110	875	3986
淮北市	35034	169061	46891	67664	42249	60591	11985	68953
铜陵市	1085	3061	1066	1850	672	1186	610	2954
安庆市	8440	17809	11189	17269	6696	10324	17463	78875
黄山市	6855	8723	7621	8137	6663	7201	8320	27847
滁州市	40160	218732	35913	75368	28268	61370	33053	210312
阜阳市	195663	948637	199247	324428	175035	279680	261324	1403941
宿州市	179258	893106	102008	178995	97582	171217	59683	370251
六安市	23936	93470	22512	41406	16221	31876	17115	87372
巢湖市	2989	14335	11179	28835	7049	18278	9981	60290
宣城地区	4146	14713	11839	18487	6930	11781	11681	46391
池州地区	2165	6671	6948	10187	4519	7000	3764	18855
亳州市	33462	190596	20353	49982	18559	35801	18206	121569

12—19 续表

地　市	二、油料合计		油菜籽		花生		三、棉花	
	面积（公顷）	产量（吨）	面积（公顷）	产量（吨）	面积（公顷）	产量（吨）	面积（公顷）	产量（吨）
总　计	**1334485**	**2680737**	**274985**	**1025916**	**931520**	**1522841**	**303214**	**241000**
合肥市	137521	262712	20567	57500	115805	203755	14647	10420
芜湖市	45226	88933	1694	3505	43063	84876	6012	4295
蚌埠市	96241	338452	61379	297750	25742	30387	15661	15813
淮南市	5625	12236	1925	7289	3123	4233	1241	1258
马鞍山市	27737	45536	147	279	27458	45067	3505	1652
淮北市	29693	55491	9650	34717	13009	14913	15172	14455
铜陵市	9303	16796	432	653	8675	15924	4071	2708
安庆市	91923	115170	3550	6450	83978	105793	39163	21858
黄山市	28914	32717	517	581	26714	31144	231	143
滁州市	172532	372500	47964	150618	107310	204577	23090	17146
阜阳市	116705	229992	29391	120393	29113	47652	51035	50902
宿州市	107737	319373	68259	269626	31432	41612	47731	42423
六安市	185809	290997	9368	26608	172859	261938	13307	10609
巢湖市	141610	277055	12115	31006	126033	241376	38138	36333
宣城地区	82570	139707	4013	8810	76438	128555	9021	6701
池州地区	42544	61646	1677	2874	38744	56769	11275	8541
亳州市	12795	21424	2337	7257	2024	4270	9914	10611

地　市	四、麻类合计		黄红麻		五、烤烟		六、蔬菜瓜类面积（公顷）	七、其他农作物面积（公顷）
	面积（公顷）	产量（吨）	面积（公顷）	产量（吨）	面积（公顷）	产量（吨）		
总　计	**17073**	**40435**	**11644**	**29360**	**22075**	**52066**	**655632**	**245425**
合肥市	99	401	99	401			31164	1464
芜湖市	80	288	61	189	530	1170	24701	20252
蚌埠市	1726	4650	1726	4650	5475	13339	54541	3681
淮南市	117	366	117	366			12814	556
马鞍山市	77	87	1	4			4694	97
淮北市	59	80	54	71			13882	265
铜陵市	67	78					3706	1878
安庆市	185	164	1	1			36451	61068
黄山市	57	65			72	116	13288	8461
滁州市	104	333	92	285	994	1717	59078	12670
阜阳市	3455	8609	3175	7853	5238	10942	157812	34345
宿州市	470	1261	351	1088	2965	6261	73802	5658
六安市	7903	19204	5887	14194	74	111	41217	15361
巢湖市	779	1039	1	2			48756	46011
宣城地区	1025	2217	57	185	1130	1834	25126	22357
池州地区	779	1388					11318	4491
亳州市	91	205	22	71	5597	16576	43282	6810

12—20　各地市主要林产品生产情况

（1999年）

地　　市	造林面积（公顷）	木材采伐量（立方米）	年末茶园面积（公顷）	茶叶产量（吨）	年末果园面积（公顷）	水果产量（吨）
总　计	**77552**	**2152764**	**110985**	**48920**	**82221**	**961726**
合肥市	1035	30885	147	46	1021	13310
芜湖市	1692	31437	1459	1299	1169	8574
蚌埠市	890	63130	3	2	2361	15444
淮南市	283	3265			999	5606
马鞍山市	528	2716	205	86	658	2257
淮北市	722	36840			3620	28795
铜陵市	934	8846	195	76	328	1576
安庆市	15985	167050	10774	2792	3509	6564
黄山市	6978	315954	49229	18141	4741	10095
滁州市	5881	49050	814	159	2952	23402
阜阳市	3353	382902			5669	46460
宿州市	3988	308800			43502	687444
六安市	15039	267816	15016	7893	2601	23775
巢湖市	4451	66640	2088	733	1896	13802
宣城地区	7347	235121	17176	11909	2828	10105
池州地区	8034	94311	13879	5784	2556	2573
亳州市	411	88000			1811	61944

12—21　各地市畜产品产量及渔业生产情况

（1999年）

地　　市	肉类总产量（吨）	出栏家禽（万只）	牛奶（吨）	禽蛋（吨）	蚕茧（吨）	水产品（吨）	淡水养殖面积（公顷）
总　计	**2986480**	**42030.29**	**35680**	**1023725**	**21116**	**1538627**	**543732**
合肥市	212095	5235.35	10296	76462	580	102484	23989
芜湖市	60099	1287.61	1558	36514	479	75067	23860
蚌埠市	156539	2752.10	3239	34756	20	86693	24450
淮南市	66355	786.40	12024	28753		41214	15343
马鞍山市	27687	883.59	758	5210		55483	16564
淮北市	50999	522.89	1079	23762	4	24688	8139
铜陵市	9288	292.25	120	3198	103	18415	5737
安庆市	182592	2215.42	31	84457	2896	220315	121545
黄山市	62057	271.00	20	13399	4264	17748	9875
滁州市	318882	4786.03	2003	73215	100	204842	72275
阜阳市	765943	4711.60	279	171337	233	138525	42663
宿州市	282733	3628.08	423	184995	549	37070	13413
六安市	376470	5417.22	1100	116288	4712	168950	63714
巢湖市	169645	5676.40	100	85623		164330	51635
宣城地区	105247	2020.81	260	28261	4741	72378	19881
池州地区	55451	937.43		17835	2202	77325	24772
亳州市	84398	606.11	2390	39660	233	33100	5877

12—22 各县(市)主要年份农林牧渔业总产值

(按1990年不变价格计算)

单位：万元

县（市）	1978年	1980年	1985年	1990年	1995年	1998年	1999年
合肥市辖区	13012	12939	16114	19994	30116	40633	45378
长丰县	32805	36397	67686	75500	86441	106076	110862
肥东县	36160	40424	77218	83335	77413	121736	126336
肥西县	30500	35281	64189	71725	90411	100267	114465
芜湖市辖区	5421	3819	6049	7670	12771	15743	16431
芜湖县	18552	18153	32734	35681	50584	63964	61719
繁昌县	12952	10809	21079	27761	36251	46959	46277
南陵县	24951	18016	25959	35204	46766	63500	62388
蚌埠市辖区	7813	7426	11850	17357	20853	25628	26143
怀远县	36440	44031	90290	100007	122432	153406	162136
五河县	22207	23762	55289	56438	76150	100028	112578
固镇县	15876	19033	49375	45327	74936	98363	110105
淮南市辖区	16083	15457	28565	34314	40721	50692	54817
凤台县	13883	17183	40907	44226	66487	84334	96821
马鞍山市辖区	6310	5577	6472	7906	9657	11499	11785
当涂县	35451	26764	44883	48705	62049	79856	85982
淮北市辖区	6646	7307	8708	11292	16027	21812	24938
濉溪县	28476	35052	70208	73059	102048	100432	119775
铜陵市辖区	993	796	1388	5259	5934	6786	6490
铜陵县	10419	9943	14225	18910	25379	32716	31741
安庆市辖区	8086	5466	10528	15982	17351	18134	19320
桐城市	25562	21258	34076	46111	67600	86392	85219
怀宁县	22277	21354	35391	43500	72466	82803	83566
枞阳县	28450	21899	35065	45550	51935	81437	79555
潜山县	19018	18341	30419	33660	47112	57121	55516
太湖县	17877	16754	29481	34392	53314	69386	68580
宿松县	26389	25650	39275	50953	63379	61917	49932
望江县	24135	19560	33144	34138	51558	65823	54573
岳西县	12179	11963	14460	18523	22206	32496	33206
黄山市辖区	9769	9579	13451	29065	36086	42844	44758
歙县	20334	23217	33924	33497	32362	40708	42704
休宁县	12867	11529	18283	23931	26138	31144	31577
黟县	3490	3456	5959	8766	11501	12760	13489
祁门县	9479	8629	10047	16077	17492	18377	19117
滁州市辖区	15663	18438	31558	36887	46562	60747	58150
天长市	29815	33102	60076	68342	79134	96995	104226
明光市	17717	24962	39556	52031	68116	90146	101848
来安县	20622	23313	38640	51919	55968	67037	78166
全椒县	20325	24665	44234	53338	59365	75190	79996

12—22 续表

单位：万元

县（市）	1978年	1980年	1985年	1990年	1995年	1998年	1999年
定远县	24121	35648	70556	92085	95874	153780	155186
凤阳县	17360	30176	52367	62533	96437	114775	120532
阜阳市辖区	34227	33349	69401	83740	144405	159424	168722
界首市	14421	16008	29150	35345	55672	77428	82268
临泉县	37030	36664	75909	78472	126213	147151	174506
太和县	32376	34601	71317	73679	142959	170014	176510
涡阳县	28379	36963	80828	94312	139118	167083	176587
蒙城县	25784	34779	77142	76235	129426	163962	184095
阜南县	28416	35073	65808	60400	120700	152496	166992
颍上县	28685	33796	52773	78077	139670	172358	186152
利辛县	30310	30804	72176	61456	121242	139063	151694
宿州市辖区	42472	49208	84621	92026	132764	148916	175810
砀山县	23854	28187	40942	54847	85021	121960	140773
萧县	32147	39029	56530	55434	88100	110636	128480
灵璧县	33839	40535	68779	70043	123011	147103	174861
泗县	19511	26023	48702	50468	98230	109640	124244
六安市辖区	45921	46650	84141	88810	95387	139148	136497
寿县	37540	41462	72757	91396	139764	166196	179233
霍邱县	51834	56124	98349	90884	132183	188430	197728
舒城县	33072	27346	46250	61179	73875	101295	106302
金寨县	21455	18315	25233	34128	53555	78196	81598
霍山县	14904	12377	16651	20689	31109	37502	38535
巢湖市辖区	27021	25712	44828	50160	67433	97011	100110
庐江县	38365	35601	52953	70102	96004	134095	136075
无为县	45768	44971	79519	88109	136686	168485	168736
含山县	14906	17168	25782	28732	38257	52639	55574
和县	29244	27612	46641	59057	76858	72427	77421
宣州市	25253	25558	41421	53279	85180	106060	95610
宁国市	14056	12157	19018	26854	44347	59040	52205
郎溪县	6833	9195	20338	26821	40097	56221	39375
广德县	15410	19353	29199	32644	42011	49802	49070
泾县	13531	12702	18548	24644	32501	40115	39984
旌德县	6540	6909	9575	10430	17510	23806	23135
绩溪县	6696	6602	9285	13845	21122	28106	26819
贵池市	21152	19787	30364	38479	47537	59128	60249
东至县	23014	22392	34631	43847	48910	55654	55130
石台县	5276	4992	7292	9601	10905	10334	9175
青阳县	9492	10690	14972	16998	22341	26164	25940

12—23 各县(市)农林牧渔业总产值

(1999 年，按 1990 年不变价计算)

单位：万元

县（市）	农林牧渔业	农　　业	林　　业	牧　　业	渔　　业
合肥市辖区	45378	13658	1313	22956	7451
长　丰　县	110862	63603	1553	34862	10844
肥　东　县	126336	61757	1729	45984	16866
肥　西　县	114465	55350	1751	43794	13570
芜湖市辖区	16431	9665	92	4603	2071
芜　湖　县	61719	26467	1607	21188	12457
繁　昌　县	46277	23638	5686	6390	10563
南　陵　县	62388	26886	6081	18901	10520
蚌埠市辖区	26143	16773	113	3064	6193
怀　远　县	162136	110148	2078	33873	16037
五　河　县	112578	69246	1489	25043	16800
固　镇　县	110105	74153	1806	30494	3652
淮南市辖区	54817	35508	431	14025	4853
凤　台　县	96821	49082	649	31523	15567
马鞍山市辖区	11785	7248	365	3237	935
当　涂　县	85982	36067	991	13991	34933
淮北市辖区	24938	13372	528	8191	2847
濉　溪　县	119775	81762	1754	29013	7246
铜陵市辖区	6490	4010	240	1885	355
铜　陵　县	31741	15928	3284	4799	7730
安庆市辖区	19320	8376	743	4595	5606
桐　城　市	85219	38163	4756	25910	16390
怀　宁　县	83566	41500	3297	23583	15186
枞　阳　县	79555	24904	5235	12274	37142
潜　山　县	55516	34625	6374	13001	1516
太　湖　县	68580	28317	10898	24563	4802
宿　松　县	49932	22356	4918	11717	10941
望　江　县	54573	23458	1123	15281	14711
岳　西　县	33206	12996	13335	6675	200
黄山市辖区	44758	21711	8048	9553	5446
歙　　　县	42704	24519	3900	13712	573
休　宁　县	31577	16561	6125	8274	617
黟　　　县	13489	6181	3388	3818	102
祁　门　县	19117	8904	7016	3083	114
滁州市辖区	58150	34023	1841	14408	7878
天　长　市	104226	49111	1174	30522	23419
明　光　市	101848	41367	2643	30041	27797
来　安　县	78166	47188	986	23753	6239
全　椒　县	79996	47741	1523	19108	11624

12—23　续表　　　　单位：万元

县（市）	农林牧渔业	农　业	林　业	牧　业	渔　业
定远县	155186	82755	2282	63424	6725
凤阳县	120532	77188	806	28471	14067
阜阳市辖区	168722	94654	4038	60709	9321
界首市	82268	49920	8547	21414	2387
临泉县	174506	106129	5070	60273	3034
太和县	176510	121536	7093	42201	5680
涡阳县	176587	110863	4430	58189	3105
蒙城县	184095	112758	4048	61583	5706
阜南县	166992	98301	6611	47015	15065
颍上县	186152	86146	8217	73257	18532
利辛县	151694	86714	3841	53191	7948
宿州市辖区	175810	112297	7251	45180	11082
砀山县	140773	110006	5247	24812	708
萧县	128480	84533	7650	34989	1308
灵璧县	174861	93104	4576	74395	2786
泗县	124244	75710	3557	42620	2357
六安市辖区	136497	70017	9755	36056	20669
寿县	179233	94935	3960	52024	28314
霍邱县	197728	87747	5660	82970	21351
舒城县	106302	80083	3557	18374	4288
金寨县	81598	42482	17337	19403	2376
霍山县	38535	26112	6076	5286	1061
巢湖市辖区	100110	47228	2464	29399	21019
庐江县	136075	77402	5151	27089	26433
无为县	168736	79631	4954	43773	40378
含山县	55574	30209	2684	11801	10880
和县	77421	45241	3104	17020	12056
宣州市	95610	56473	2331	18644	18162
宁国市	52205	26273	13283	11131	1518
郎溪县	39375	20115	3201	6595	9464
广德县	49070	20004	14963	10599	3504
泾县	39984	16903	10096	11673	1312
旌德县	23135	11178	4662	6129	1166
绩溪县	26819	13461	4498	7754	1106
贵池市	60249	26934	3143	13602	16570
东至县	55130	28682	3333	12711	10404
石台县	9175	5389	2090	1647	49
青阳县	25940	14836	2638	6401	2065

12—24 各县(市)农林牧渔业总产值

(1999年，按当年价格计算)

单位：万元

县（市）	农林牧渔业	农　　业	林　　业	牧　　业	渔　　业
合肥市辖区	78222	31535	2479	32782	11426
长丰县	176509	101016	3479	58303	13711
肥东县	208543	105798	4631	75755	22359
肥西县	165490	88618	3310	57120	16442
芜湖市辖区	32892	18433	144	9199	5116
芜湖县	120271	54661	3546	36356	25708
繁昌县	91696	49283	14486	12585	15342
南陵县	129093	60194	11150	36501	21248
蚌埠市辖区	44774	30136	152	5483	9003
怀远县	296942	192667	3118	65485	35672
五河县	207194	114570	2124	54316	36184
固镇县	197699	125674	3285	63192	5548
淮南市辖区	107456	71010	1110	25903	9433
凤台县	176851	93282	1131	54483	27955
马鞍山市辖区	23933	14501	547	7262	1623
当涂县	164971	64756	1468	25014	73733
淮北市辖区	39956	23713	710	12004	3529
濉溪县	201780	146294	2242	45147	8097
铜陵市辖区	12517	8297	531	3150	539
铜陵县	59792	31586	6381	8883	12942
安庆市辖区	30530	14946	1197	6847	7540
桐城市	136072	58320	8347	47861	21544
怀宁县	153620	68178	5103	56191	24148
枞阳县	134458	50307	7905	23594	52652
潜山县	74142	47542	10205	14131	2264
太湖县	111544	45191	17755	43657	4941
宿松县	95650	39284	7292	33960	15114
望江县	87870	41916	1921	24238	19795
岳西县	59720	27420	20063	11911	326
黄山市辖区	97438	50502	13564	22470	10902
歙县	67630	37088	5668	23630	1244
休宁县	64977	31438	7910	24582	1047
黟县	22232	10354	5388	6326	164
祁门县	35164	19270	10101	5672	121
滁州市辖区	98686	61571	2522	23141	11452
天长市	175781	81267	1697	46586	46231
明光市	160216	71902	3603	42145	42566
来安县	128191	82189	1351	34541	10110
全椒县	131295	79055	2343	32633	17264

12—24　续表

单位：万元

县（市）	农林牧渔业	农　业	林　业	牧　业	渔　业
定远县	262002	145344	3179	104546	8933
凤阳县	202290	134020	1182	46048	21040
阜阳市辖区	344431	206652	7790	116613	13376
界首市	158480	102871	13945	38176	3488
临泉县	328859	213785	9803	101356	3915
太和县	315169	211597	15039	82053	6480
涡阳县	329289	215153	7928	101204	5004
蒙城县	348289	220914	9478	109833	8064
阜南县	321476	201963	13796	84315	21402
颍上县	309339	162999	13934	108286	24120
利辛县	303642	190804	5576	89277	17985
宿州市辖区	333502	226351	12099	78992	16060
砀山县	195911	144896	8573	41411	1031
萧县	217961	147733	11117	57219	1892
灵璧县	305768	177853	8075	115805	4035
泗县	227174	146378	6182	71229	3385
六安市辖区	215922	111452	18295	59367	26808
寿县	288113	145671	7586	87423	47433
霍邱县	367169	169001	11374	162301	24493
舒城县	169422	121339	8220	34514	5349
金寨县	141695	61494	34169	42124	3908
霍山县	59775	36568	12692	8619	1896
巢湖市辖区	170164	82726	4189	48489	34760
庐江县	279736	145271	11176	53842	69447
无为县	324669	155605	10301	79544	79219
含山县	116617	55502	5934	26122	29059
和县	149531	94034	4872	27204	23421
宣州市	170182	96780	4147	40942	28313
宁国市	109764	55548	30497	21627	2092
郎溪县	59106	30956	6084	10174	11892
广德县	82890	37120	21945	18809	5016
泾县	69568	32122	16811	18498	2137
旌德县	35758	15880	8856	9372	1650
绩溪县	52354	25348	9387	15367	2252
贵池市	108226	54724	5190	26719	21593
东至县	100821	57601	5414	25540	12266
石台县	17184	9643	4646	2831	64
青阳县	46876	28011	4471	11527	2867

12—25 各县(市)主要年份粮食总产量

单位：吨

县（市）	1978年	1980年	1985年	1990年	1995年	1998年	1999年
合肥市辖区	91432	75566	85120	78283	72179	72338	68497
长丰县	246854	308935	505285	531990	520970	621580	662123
肥东县	301806	322664	484570	559220	390948	565951	552891
肥西县	331986	359974	478023	507352	495700	526471	558661
芜湖市辖区	25332	28006	38307	37026	36662	38027	38423
芜湖县	200810	166816	299344	255872	245888	249723	187773
繁昌县	146777	106607	151728	167884	150454	153152	133518
南陵县	241472	149086	256965	289046	287089	303585	268132
蚌埠市辖区	56200	58406	78143	103196	104252	96341	100367
怀远县	298950	369567	647203	744047	813293	877051	1017742
五河县	140572	183356	380003	427219	457533	447865	538181
固镇县	118772	169648	373416	422166	400575	350523	432864
淮南市辖区	123737	113410	194135	268202	337779	332146	383363
凤台县	148943	170606	297579	443216	501769	468606	579295
马鞍山市辖区	71301	33789	41007	39585	34424	33003	34243
当涂县	323239	239440	385970	374592	321027	336966	344249
淮北市辖区	53870	27962	57786	55647	55901	55318	69352
濉溪县	287390	336480	507972	631325	689119	458159	763000
铜陵市辖区	2069	4699	4982	35629	41018	43020	37267
铜陵县	83519	64981	92715	100174	91714	99226	90077
安庆市辖区	12261	30489	56035	77893	67504	65904	45216
桐城市	254132	189578	295107	308341	300018	321244	245835
怀宁县	248500	176433	262565	285455	319753	303881	273576
枞阳县	226746	132342	251832	267853	263189	335027	226293
潜山县	177121	144762	209580	218338	234230	224424	217877
太湖县	141261	137847	168498	175181	195120	180591	177941
宿松县	190949	170180	223314	231395	235834	202730	176207
望江县	186637	148246	203715	212982	211756	250072	179920
岳西县	95269	72296	93553	94283	90377	100677	86276
黄山市辖区	61541	56867	74468	118003	110977	120735	119237
歙县	85228	88182	118409	72508	71054	78054	79154
休宁县	74087	66520	98333	100645	93664	109531	109431
黟县	28885	26152	39081	39324	32338	32460	32877
祁门县	36296	30587	42338	43993	40017	42866	44953
滁州市辖区	126466	157492	280496	299152	222468	265245	253652
天长市	260794	292207	550405	611821	545635	568789	575006
明光市	127520	203072	286798	397471	350706	405767	423568
来安县	168048	202943	310767	387897	[illegible]	381911	[illegible]
全椒县	164902	201801	323080	365751	309447	370027	389166

注：滁州市辖区1993年前为原滁县口径，后划分为琅琊区和南谯区。

12—25　续表　　　　单位：吨

县（市）	1978年	1980年	1985年	1990年	1995年	1998年	1999年
定远县	153618	300070	485543	728631	475436	841637	847720
凤阳县	147699	251235	450298	544843	564349	598392	621321
阜阳市辖区	308275	256444	375799	473554	673119	578168	752886
界首市	136266	128593	178304	204199	331219	337366	368622
临泉县	333894	255383	420319	527900	708173	496930	749013
太和县	312069	253581	380064	441700	682376	641811	795671
涡阳县	270091	277434	526508	653655	760993	772378	936277
蒙城县	242774	299481	475636	563637	846871	894544	974663
阜南县	236973	254832	273556	476805	650089	550499	678189
颍上县	238577	263587	282004	605644	850024	827799	973495
利辛县	244624	218200	441450	466072	741096	630739	813489
宿州市辖区	357792	397699	640468	104311	948893	640229	956414
砀山县	160352	165318	220053	217537	241100	198620	213471
萧县	263565	299599	359227	388662	551122	556045	657459
灵璧县	262775	306980	527734	601565	768901	457036	747275
泗县	176987	214188	368804	398970	628304	413522	615713
六安市辖区	479725	468568	539664	584230	603638	702669	709658
寿县	377615	399416	581448	724713	870380	950450	1008829
霍邱县	449352	453008	554200	663483	950500	1034248	996287
舒城县	329553	245844	302905	366580	323109	350882	317916
金寨县	88881	89284	97118	105510	132706	149896	140153
霍山县	94101	69156	84030	90126	106506	115067	107325
巢湖市辖区	246997	219131	297301	322650	272194	316083	313609
庐江县	398795	296150	459979	574548	609657	627813	586990
无为县	464089	409269	535001	561842	448973	501102	505206
含山县	144070	163382	203113	207933	212866	213133	236192
和县	257720	239683	296234	337385	335577	308994	334283
宣州市	248498	215395	324311	340569	395811	414748	298323
宁国市	93203	77990	106927	101732	102995	107367	104532
郎溪县	76889	89898	151816	169702	167670	178002	114421
广德县	88203	135872	165213	153946	186521	197003	190968
泾县	109468	91437	132216	137185	138382	150916	150127
旌德县	53079	53870	71634	59350	65170	73650	73531
绩溪县	45263	37449	50180	45271	50627	57553	58209
贵池市	194198	140959	213740	227109	227865	246418	226897
东至县	160140	145979	166920	200846	165378	194355	190951
石台县	31776	23355	32411	31840	29305	29988	27829
青阳县	96930	82722	106438	123836	118415	136564	125379

12—26 各县(市)主要年份棉花总产量

单位：吨

县（市）	1978年	1980年	1985年	1990年	1995年	1998年	1999年
合肥市辖区	108	44	40	19	135	167	215
长丰县	2569	1824	2629	3709	8737	7443	4843
肥东县	3147	1904	2248	2742	4900	4696	2007
肥西县	1819	755	1371	1658	4454	5113	3355
芜湖市辖区					1	4	5
芜湖县	516	346	23	23	1960	2002	826
繁昌县	1416	1581	2789	2573	3912	2283	2214
南陵县	614	335	674	541	1438	1767	1250
蚌埠市辖区	8	1	22	48	32	25	36
怀远县	674	884	1645	2317	13843	14363	10693
五河县	1448	1333	2335	2694	5467	4187	2327
固镇县	215	180	297	644	2681	3926	2757
淮南市辖区	32	10	118	131	92	78	150
凤台县	402	318	267	223	278	1564	1108
马鞍山市辖区	6	9	22	115	31	74	65
当涂县	3453	2553	5170	4505	3580	2707	1587
淮北市辖区	33	16	488	582	701	453	403
濉溪县	1494	2633	4958	12654	16774	13423	14052
铜陵市辖区	6	36	19	272	414	302	174
铜陵县	1231	1026	2175	3260	2110	4003	2534
安庆市辖区	16	761	2334	2516	3634	2129	1269
桐城市	2684	1576	1584	1483	1408	2346	2082
怀宁县	2527	1273	2201	2006	2200	2268	1504
枞阳县	3130	2267	4123	4216	6882	5062	912
潜山县	51	5	20	5	1281	2010	906
太湖县	1211	1173	2737	2141	4110	4455	3248
宿松县	3834	5222	10500	17059	21948	10825	2317
望江县	6403	5790	11500	11886	22585	21018	9610
岳西县	3	1	2			9	10
黄山市辖区	2	1	1	7	8	69	33
歙县	8	6	19	15	28	70	62
休宁县					4	30	32
黟县				1	13	13	14
祁门县	2		3	7	25	37	2
滁州市辖区					3237	3839	2005
天长市	2727	1559	1795	1168	1304	2145	1024
明光市	935	450	808	761	1842	2249	1864
来安县	1320	857	1020	970	2038	2472	1701
全椒县	2302	1754	3760	2157	4465	4478	1697

12—26 续表

单位：吨

县（市）	1978年	1980年	1985年	1990年	1995年	1998年	1999年
定远县	1908	1118	1006	1474	6501	6644	4631
凤阳县	793	474	859	1410	3554	4614	4224
阜阳市辖区	2332	2053	2913	4572	11728	7816	4563
界首市	787	2145	1229	2566	8040	5657	4217
临泉县	3496	3040	1824	4197	10220	7891	7333
太和县	2010	4866	2059	4482	10332	4520	2930
涡阳县	1460	3302	2624	8225	10733	7513	7949
蒙城县	2338	3345	3951	11090	15795	19304	12897
阜南县	1249	1152	1155	1689	8569	4134	3554
颍上县	895	752	589	570	6237	3708	2116
利辛县	1843	1454	3320	5204	9147	8050	5343
宿州市辖区	2430	4295	7483	13816	18038	12338	12734
砀山县	1888	6269	9408	8500	4650	5004	3603
萧县	4046	11809	8624	13137	13382	8136	9360
灵璧县	2056	4410	4004	6742	13877	8649	8063
泗县	1442	2542	6542	10700	14991	7581	8663
六安市辖区	1050	399	687	224	1517	1292	935
寿县	3750	3066	2137	3488	7140	5896	5819
霍邱县	3509	3445	1682	2540	6026	3577	2724
舒城县	408	265	198	592	536	1151	983
金寨县	26	10				9	73
霍山县	109	62	15	8	20	18	30
巢湖市辖区	3921	2628	3732	5206	5040	3798	2129
庐江县	1122	872	605	389	159	5101	3680
无为县	5101	4561	8148	14332	35839	26180	26029
含山县	1560	1476	1211	1360	2351	4324	2732
和县	4425	3457	2409	2962	2897	3052	1763
宣州市	2376	1245	2622	3362	7775	8451	5374
宁国市	20	5	9	12	52	145	148
郎溪县	146	117	101	64	211	440	386
广德县	3	6	28	14	42	78	94
泾县	422	260	413	408	612	632	642
旌德县	1	3	4	1	20	26	25
绩溪县			3	5	11	40	32
贵池市	1973	1323	2483	2575	3274	3854	2877
东至县	4135	3545	7322	7266	8578	8209	5615
石台县	6	10	6	4	34	24	7
青阳县	33	19	10	19	56	54	42

12—27 各县(市)主要年份油料总产量

单位：吨

县（市）	1978年	1980年	1985年	1990年	1995年	1998年	1999年
合肥市辖区	2062	2677	8869	6189	8428	6307	8271
长丰县	5493	10276	48723	42363	50881	23592	47030
肥东县	24055	31204	78646	67588	76205	74050	120247
肥西县	12258	19818	69070	61095	78124	52948	87164
芜湖市辖区	1038	1591	2672	2514	4154	3664	5967
芜湖县	4166	7467	16946	15127	29768	24164	42330
繁昌县	2569	3816	12240	12785	23095	15260	24991
南陵县	3131	4733	7676	6405	8967	7833	15645
蚌埠市辖区	401	1332	1328	899	5751	1075	1657
怀远县	3536	10897	52797	18592	71998	60541	76848
五河县	5668	8691	12173	11241	46080	73192	77354
固镇县	3569	14610	33416	27286	123424	162107	182593
淮南市辖区	2412	1548	9120	4083	6954	2382	2552
凤台县	1148	2042	20350	6926	18581	10029	9684
马鞍山市辖区	875	918	1456	2282	4562	2922	6111
当涂县	10786	9940	20740	21834	28603	20816	39425
淮北市辖区	100	127	789	791	2102	1447	2553
濉溪县	2813	5160	30864	20207	33658	43123	52938
铜陵市辖区	50	117	243	774	1288	1021	1271
铜陵县	2455	2836	7643	8303	11273	9559	15525
安庆市辖区	506	1852	3558	4250	6325	5054	8144
桐城市	5799	6743	9955	9842	14040	9481	14719
怀宁县	3929	3551	9711	7449	12633	10482	19328
枞阳县	3118	3105	11051	10712	16863	12310	20130
潜山县	1564	2229	4015	3959	9053	5740	7021
太湖县	1955	2681	4726	4850	6169	5083	6661
宿松县	7427	6850	15460	24444	25854	14946	15726
望江县	7104	5828	14874	16185	20982	20000	22019
岳西县	508	666	1044	1237	2397	1452	1422
黄山市辖区	1715	1441	2918	5691	5807	5089	7869
歙县	7320	6694	9833	8039	7999	6876	8920
休宁县	1877	1855	3857	4578	5309	6010	7934
黟县	695	510	1477	2495	2397	2521	3714
祁门县	834	490	1660	2423	2763	3594	4280
滁州市辖区					20353	18318	26571
天长市	5273	7765	26963	42355	48553	33373	52675
明光市	3735	6718	15213	24831	39818	37749	41886
来安县	4458	4915	16295	23855	45443	25619	47097
全椒县	9471	17188	43523	48930	49308	39653	66834

12—27 续表

单位：吨

县（市）	1978年	1980年	1985年	1990年	1995年	1998年	1999年
定远县	8290	22577	68831	73350	98001	67200	86243
凤阳县	2395	10319	17609	23322	50776	45773	51194
阜阳市辖区	1505	4153	17048	4002	13208	9516	10865
界首市	2260	4291	10904	2729	7219	8915	14421
临泉县	6448	9129	38609	13930	30226	26538	28814
太和县	3021	5753	12018	5180	23957	16056	17213
涡阳县	2241	6712	19410	18560	19053	15420	18928
蒙城县	3316	5425	38493	17389	47550	41566	88780
阜南县	3171	10374	36845	10670	36375	23870	26196
颍上县	2264	2711	28152	7921	22589	8157	9688
利辛县	1472	9339	31373	7768	21642	15573	15087
宿州市辖区	4849	10373	30833	21199	39548	30910	54031
砀山县	2022	5040	4964	6090	10443	11566	19510
萧县	2710	5117	11270	5454	15066	12079	15878
灵璧县	3778	11983	25210	22977	69502	73130	166867
泗县	3131	6665	20164	20742	55928	53234	63087
六安市辖区	10956	14641	35481	39345	44620	33913	59589
寿县	6234	5573	34290	52819	65872	40294	104453
霍邱县	4645	3066	20505	23873	49133	45046	81489
舒城县	7781	10109	17361	19173	24717	11722	29884
金寨县	1336	755	2507	3024	2803	2892	4041
霍山县	907	1224	1737	2849	3362	2791	3851
巢湖市辖区	11314	13594	39835	33401	37505	41299	68830
庐江县	9269	14487	27293	31343	32712	30765	48772
无为县	9105	17757	48051	51859	69612	52223	67120
含山县	3651	4937	20132	16999	22155	20087	32842
和县	12116	13990	48139	44574	50895	30306	59491
宣州市	6790	9405	19923	27086	34407	28214	52982
宁国市	2525	1696	3578	5373	8501	6033	14242
郎溪县	2171	2910	10774	15201	23781	16397	25616
广德县	2629	4023	9196	10212	16278	13782	26594
泾县	2374	2367	4455	5026	6373	6216	9573
旌德县	1085	1194	2483	3515	3649	2636	4999
绩溪县	837	745	2504	3526	4655	2536	5701
贵池市	3444	3822	9937	10110	15465	14128	26375
东至县	6328	4755	11408	14160	18308	16818	21788
石台县	912	642	2204	2303	2682	2816	3666
青阳县	1970	2500	4436	4337	7514	5562	9817

12—28 各县（市）农村基本情况

（1999 年）

县（市）	乡镇个数（个）	乡村户数（户）	村民委员会个数（个）	乡村人口（人）	乡村从业人员数（人）	农业从业人员	年末耕地面积（公顷）
合肥市辖区	12	81039	164	245780	146252	70424	10978
长丰县	29	215614	552	883270	456464	385457	94174
肥东县	36	226200	742	951085	476264	331210	91222
肥西县	30	202237	562	832597	496643	387701	69018
芜湖市辖区	5	44144	78	132075	73145	18340	5205
芜湖县	24	126971	243	482596	292322	195124	31707
繁昌县	20	118489	215	405965	240194	120097	22258
南陵县	21	147572	202	503352	300702	198021	33540
蚌埠市辖区	8	65722	130	235922	131002	88234	16658
怀远县	28	251723	690	1098604	574611	462803	128946
五河县	19	145465	438	609350	335343	287694	69992
固镇县	18	123032	404	550303	316697	264159	75136
淮南市辖区	21	123333	273	511149	293230	184880	41390
凤台县	19	144035	285	578192	321787	246246	56388
马鞍山市辖区	6	36438	63	107124	64246	29514	5305
当涂县	25	151091	304	565561	319606	223137	42957
淮北市辖区	9	58242	131	213296	98543	60320	10585
濉溪县	23	242551	507	921696	435668	365452	125413
铜陵市辖区	2	11833	26	38230	21328	9642	6073
铜陵县	18	86211	196	305473	164422	100839	18357
安庆市辖区	7	55061	104	192881	113585	58403	11068
桐城市	24	161638	463	670528	343445	230751	34365
怀宁县	25	173607	359	705239	400625	246502	35740
枞阳县	26	198778	431	897421	403067	272741	41970
潜山县	29	139739	300	519268	206491	155870	23412
太湖县	25	124418	426	514689	273124	214289	21143
宿松县	21	162210	396	691142	416015	315611	51313
望江县	20	128478	362	550080	279355	201202	35512
岳西县	27	88622	372	364711	181078	142168	15332
黄山市辖区	28	80945	238	275261	159438	113287	14950
歙县	40	133592	436	452409	272869	199211	10404
休宁县	32	68654	259	247482	146318	124816	13576
黟县	11	23868	84	81038	48758	40683	5263
祁门县	24	42094	152	148836	90069	76540	8149
滁州市辖区	17	70353	175	243089	131396	105897	30136
天长市	28	131175	360	492548	289471	203757	59349
明光市	26	123444	347	502716	254034	208530	56793
来安县	18	97487	274	381691	213367	163618	47522
全椒县	17	78611	197	319060	176569	135832	41653

12—28 续表

县（市）	乡镇个数（个）	乡村户数（户）	村民委员会个数（个）	乡村人口（人）	乡村从业人员数（人）	农业从业人员	年末耕地面积（公顷）
定远县	37	182570	533	762513	419564	341038	100514
凤阳县	26	136057	399	587564	335261	259759	70419
阜阳市辖区	32	344673	690	1370760	746603	523145	102868
界首市	18	153462	255	595732	325592	193338	41397
临泉县	32	393279	825	1686337	851239	613251	115606
太和县	30	346426	786	1366599	820164	594016	117240
涡阳县	26	287545	728	1204079	631492	489085	131289
蒙城县	23	235531	572	1024299	536247	367627	123615
阜南县	30	304657	758	1323114	763558	555455	101208
颍上县	30	335107	704	1321298	724946	451018	106486
利辛县	25	281069	669	1262674	683170	513210	116577
宿州市辖区	29	310377	790	1235240	673010	572810	144810
砀山县	18	203645	395	772124	400334	347860	50856
萧县	21	283939	712	1076384	582469	461096	97196
灵璧县	20	218240	574	962221	556453	501458	120558
泗县	18	167211	454	751119	414391	358772	91684
六安市辖区	38	385882	834	1513071	834367	517439	96792
寿县	32	307605	632	1169389	617537	453021	123850
霍邱县	33	350841	682	1359447	669300	512486	124399
舒城县	30	230646	490	901103	461781	281288	42977
金寨县	28	145873	437	552752	247705	185728	22309
霍山县	24	81238	280	319159	178408	132968	17913
巢湖市辖区	24	165981	266	618928	341670	235192	48910
庐江县	32	250725	558	1037731	511928	333282	74007
无为县	35	325365	710	1259658	703927	500121	87135
含山县	14	92309	221	361169	203049	136615	22294
和县	21	138492	374	511126	277546	212091	50377
宣州市	34	193905	341	695773	389014	284025	55207
宁国市	28	89044	231	317308	185143	131766	16407
郎溪县	17	77535	176	288532	149617	109160	24813
广德县	29	118065	280	447873	260022	181582	28721
泾县	29	90913	275	315818	170394	120774	20950
旌德县	14	34649	123	130362	67212	44117	11165
绩溪县	17	43956	184	150546	82486	56641	6981
贵池市	29	127984	296	501825	281415	191204	30581
东至县	32	122453	374	479826	255768	193490	33077
石台县	15	25526	136	95861	57093	42108	4192
青阳县	19	71478	178	250659	133465	86980	17227

12—29 各地(市)、县农民人均纯收入

单位：元

地、市、县	1998年	1999年	1999年比1998年增减	
			绝对数	%
总计	**1863.03**	**1900.29**	**37.26**	**1.99**
合肥市	**1873.00**	**1918.65**	**45.65**	**2.44**
市辖区	3272.67	3422.38	149.71	4.57
长丰县	1468.00	1482.25	14.25	0.97
肥东县	1910.00	1936.33	26.33	1.38
肥西县	1897.95	1902.06	4.11	0.22
芜湖市	**2643.00**	**2532.00**	**-111.00**	**-4.20**
市辖区	3316.00	3354.00	38.00	1.15
芜湖县	2420.00	2160.00	-260.00	-10.74
繁昌县	2669.00	2547.00	-122.00	-4.57
南陵县	2676.00	2502.00	-174.00	-6.50
蚌埠市	**2102.00**	**2145.74**	**43.74**	**2.08**
市辖区	2240.13	2355.55	115.42	5.15
怀远县	2085.00	2108.69	23.69	1.14
五河县	2070.15	2183.74	113.59	5.49
固镇县	2110.54	2182.90	72.36	3.43
淮南市	**2149.58**	**2230.00**	**80.42**	**3.74**
市辖区	2335.78	2413.00	77.22	3.31
凤台县	1984.19	2068.00	83.81	4.22
马鞍山市	**2616.00**	**2675.00**	**59.00**	**2.26**
市辖区	3247.00	3343.00	96.00	2.96
当涂县	2495.00	2548.00	53.00	2.12
淮北市	**1886.69**	**2000.08**	**113.39**	**6.01**
市辖区	2250.00	2380.58	130.58	5.80
濉溪县	1801.05	1912.02	110.97	6.16
铜陵市	**2297.66**	**2310.27**	**12.61**	**0.55**
市辖区	3005.76	2970.00	-35.76	-1.19
铜陵县	2217.50	2237.00	19.50	0.88
安庆市	**1718.00**	**1705.52**	**-12.48**	**-0.73**
市辖区	2458.00	2395.00	-63.00	-2.56
桐城市	2391.00	2394.77	3.77	0.16
怀宁县	2269.00	2237.99	-31.01	-1.37
枞阳县	1368.00	1489.36	121.36	8.87
潜山县	1368.38	1349.72	-18.66	-1.36
太湖县	1360.48	1365.50	5.02	0.37
宿松县	1222.35	1104.00	-118.35	-9.68
望江县	2100.23	1595.19	-505.04	-24.05
岳西县	1222.53	1307.34	84.81	6.94
黄山市	**2083.00**	**2182.00**	**99.00**	**4.75**
屯溪区	2810.85	2974.00	163.15	5.80
黄山区	2160.68	2339.69	179.01	8.28
徽州区	2246.86	2352.00	105.14	4.68
歙县	2038.39	2129.06	90.67	4.45
休宁县	2112.00	2143.00	31.00	1.47
黟县	2024.00	2114.56	90.56	4.47
祁门县	1848.74	1906.00	57.26	3.10
滁州市	**2158.83**	**2181.00**	**22.17**	**1.03**
琅琊区	2418.50	2465.00	46.50	1.92
南谯区	2138.74	2140.00	1.26	0.06
天长市	2425.51	2396.00	-29.51	-1.22

12—29 续表 单位：元

地、市、县	1998年	1999年	1999年比1998年增减	
			绝对数	%
明光市	2030.41	2032.00	1.59	0.08
来安县	2138.08	2188.00	49.92	2.33
全椒县	2221.66	2201.00	-20.66	-0.93
定远县	2079.97	2068.00	-11.97	-0.58
凤阳县	2115.26	2151.00	35.74	1.69
阜阳市	**1867.00**	**1911.00**	**44.00**	**2.36**
颍州区	2210.00	2270.00	60.00	2.71
颍东区	1881.00	1937.00	56.00	2.98
颍泉区	1897.00	1921.00	24.00	1.27
界首市	2286.00	2353.00	67.00	2.93
临泉县	1746.00	1798.00	52.00	2.98
太和县	2210.00	2214.00	4.00	0.18
涡阳县	2102.00	2161.00	59.00	2.81
蒙城县	2067.00	2125.00	58.00	2.81
阜南县	1498.00	1553.00	55.00	3.67
颍上县	1887.00	1921.00	34.00	1.80
利辛县	1305.00	1327.00	22.00	1.69
宿州市	**1635.25**	**1744.53**	**109.28**	**6.68**
市辖区	1581.85	1843.19	261.34	16.52
砀山县	1840.16	1757.99	-82.17	-4.47
萧县	1884.59	1945.06	60.47	3.21
灵璧县	1481.72	1702.58	220.86	14.91
泗县	1354.04	1524.69	170.65	12.60
六安市	**1730.92**	**1799.25**	**68.33**	**3.95**
市辖区	1707.02	1726.45	19.43	1.14
寿县	1782.00	1823.89	41.89	2.35
霍邱县	1787.01	1831.37	44.36	2.48
舒城县	1717.98	1782.35	64.37	3.75
金寨县	1565.30	1610.74	45.44	2.90
霍山县	1693.26	1781.34	88.08	5.20
巢湖市	**2040.22**	**2068.45**	**28.23**	**1.38**
市辖区	2200.67	2241.25	40.58	1.84
庐江县	2061.54	2029.79	-31.75	-1.54
无为县	1912.00	1948.06	36.06	1.89
含山县	2141.33	2151.93	10.60	0.50
和县	2050.10	2079.57	29.47	1.44
宣城地区	**2629.47**	**2266.23**	**-363.24**	**-13.81**
宣州市	2630.02	2323.69	-306.33	-11.65
宁国市	2644.83	2393.45	-251.38	-9.50
郎溪县	2630.39	1368.36	-1262.03	-47.98
广德县	2618.99	2374.14	-244.85	-9.35
泾县	2630.84	2345.24	-285.60	-10.86
旌德县	2620.38	2353.50	-266.88	-10.18
绩溪县	2629.49	2359.60	-269.89	-10.26
池州地区	**2138.35**	**2032.67**	**-105.68**	**-4.94**
贵池市	2175.50	2220.22	44.72	2.06
东至县	2118.80	2009.98	-108.82	-5.14
石台县	1871.22	1511.39	-359.83	-19.23
青阳县	2196.47	2201.69	5.22	0.24
亳州市	**2382.00**	**2519.00**	**137.00**	**5.75**

12—30　各县（市）农业机械化及主要能源、物资消耗情况

（1999年）

县（市）	农业机械总动力（千瓦）	农用排灌机械（台）	农村用电量（万千瓦时）	农村化肥施用量（吨）	农用塑料薄膜使用量（吨）
合肥市辖区	95771	1663	4071.53	8886	429
长丰县	392569	3664	9732.00	60125	1108
肥东县	384216	9340	5500.00	44997	310
肥西县	296945	10187	6423.00	44148	618
芜湖市辖区	56854	7759	3355.00	6160	44
芜湖县	260951	45760	4766.00	19659	175
繁昌县	203514	32301	24538.00	11619	785
南陵县	224865	45392	6700.00	19899	405
蚌埠市辖区	173151	991	3954.10	10136	373
怀远县	1386015	4333	9488.40	150493	2390
五河县	655541	2006	5101.00	53718	2012
固镇县	628731	1770	4914.00	54892	2726
淮南市辖区	506980	7295	19732.37	29627	419
凤台县	639414	2819	8801.00	42327	675
马鞍山市辖区	105875	9820	2328.50	2878	149
当涂县	391715	55359	7633.00	74636	177
淮北市辖区	140079	1737	5190.63	5938	504
濉溪县	1122597	8444	4328.11	62561	849
铜陵市辖区	41078	740	2641.00	3203	54
铜陵县	221021	24636	4546.00	13580	300
安庆市辖区	168913	9583	3389.00	5454	233
桐城市	290221	15261	7587.00	12791	474
怀宁县	246074	12230	8664.00	12373	488
枞阳县	340791	12742	2619.00	12436	267
潜山县	132931	1330	3221.00	9532	579
太湖县	105119	4162	1995.60	20366	410
宿松县	152784	3199	6854.00	27020	1105
望江县	172307	5004	3257.00	31421	777
岳西县	59968	229	1362.82	10345	245
黄山市辖区	139680	4713	3445.00	7848	275
歙县	142275	3003	2138.00	16398	512
休宁县	87772	4024	1265.50	6709	352
黟县	28255	560	650.00	3535	68
祁门县	54658	1637	810.00	1849	312
滁州市辖区	234492	5960	3625.00	17983	319
天长市	487863	4525	11235.00	40035	423
明光市	320174	2784	4710.00	35056	1109
来安县	278680	10879	4089.00	33837	548
全椒县	297594	7058	3081.00	28348	745

12—30　续表

县（市）	农业机械总动力（千瓦）	农用排灌机械（台）	农村用电量（万千瓦时）	农村化肥施用量（吨）	农用塑料薄膜使用量（吨）
定远县	497050	5850	3752.00	55401	770
凤阳县	531628	13610	4646.00	51212	690
阜阳市辖区	341754	8584	7163.00	77540	903
界首市	228190	6270	4757.00	22394	508
临泉县	611621	137329	9044.00	55053	1307
太和县	550325	13895	9400.00	52442	627
涡阳县	798586	8600	7618.00	62272	519
蒙城县	838879	17160	7345.00	67043	1056
阜南县	425444	9619	6535.00	29546	1406
颍上县	437698	8778	9503.00	45169	1328
利辛县	614927	11701	7067.00	47561	1175
宿州市辖区	630421	5548	4971.37	62117	2895
砀山县	673425	8978	5300.00	38504	876
萧县	490268	7334	5025.70	32163	1149
灵璧县	565732	7040	4537.66	53795	1490
泗县	496454	8995	2744.24	45707	997
六安市辖区	523782	11962	4686.00	47897	383
寿县	724767	29074	5475.00	89120	346
霍邱县	832885	6973	6419.00	67220	1767
舒城县	337922	6750	6168.00	23033	713
金寨县	111387	3718	4833.00	8138	518
霍山县	109282	4286	1299.00	8511	142
巢湖市辖区	283000	12871	13500.00	105980	750
庐江县	524557	46258	9142.00	48575	318
无为县	424592	66869	9874.00	46002	950
含山县	170806	28054	6605.00	22186	101
和县	283994	46471	10060.00	40727	1124
宣州市	445907	47676	7555.00	38502	320
宁国市	159422	7305	1796.95	9910	428
郎溪县	165080	11666	1348.64	16047	5834
广德县	412694	18024	4450.30	10319	113
泾县	124721	10129	3240.60	6897	358
旌德县	39750	2734	813.00	3748	53
绩溪县	54587	8381	1049.08	4845	57
贵池市	231820	12066	7333.00	15711	252
东至县	205299	5884	2360.00	18022	243
石台县	63009	880	734.00	2129	17
青阳县	131850	8828	2145.40	7426	113

12—31 各县（市）农田水利情况

（1999年）

县（市）	有效灌溉面积（千公顷）	旱涝保收面积（千公顷）	机电排灌面积（千公顷）	除涝面积（千公顷）	防洪耕地面积（千公顷）	已建水库座数（座）	解决农村饮水人数（万人）	水土流失治理（千公顷）	水灾成灾面积（千公顷）	旱灾成灾面积（千公顷）
合肥市辖区	11.14	7.52	10.67	2.87	4.00	14			0.20	
长丰县	94.30	52.37	85.23	4.48	7.24	207	5.08			36.40
肥东县	100.83	80.80	74.19	4.56	4.56	231		15.80		12.00
肥西县	65.72	40.43	28.26	7.95	8.85	122	5.10		10.21	10.00
芜湖市辖区	5.78	5.50	5.87	4.55	5.83				1.65	
芜湖县	28.40	23.94	28.45	24.47	25.88		7.10		26.70	
繁昌县	19.90	17.33	22.31	16.05	19.63	26	1.87	10.80	19.07	
南陵县	30.93	27.58	25.97	14.06	22.57	55	2.80	18.00	23.80	
蚌埠市辖区	14.54	12.22	18.93	6.19	7.59	5	5.10		3.35	5.73
怀远县	84.08	70.36	93.26	88.40	128.95	2	4.34	1.00	4.67	25.30
五河县	43.38	32.97	74.82	56.35	62.86	35	26.17	6.50	13.12	14.27
固镇县	34.27	21.92	35.21	60.39	75.14				2.00	20.00
淮南市辖区	37.84	28.75	42.92	14.00	35.95	5	0.41	2.46	4.37	0.72
凤台县	50.77	42.81	60.75	24.46	56.62	1	1.67	1.10	1.60	0.87
马鞍山市辖区	5.36	5.17	5.61	2.71	3.65	3			0.82	
当涂县	43.11	39.63	43.02	41.92	44.78	10	1.30	7.10	18.40	
淮北市辖区	9.18	7.78	8.83	9.02	9.13		6.01	1.40		0.40
濉溪县	59.44	42.49	60.94	110.00	100.00	5	7.80	8.00		137.00
铜陵市辖区	5.40	2.91	5.38	0.47	1.20	1	1.60		0.83	
铜陵县	18.60	15.69	12.17	11.24	17.48	39			6.23	
安庆市辖区	7.43	5.34	10.20	5.48	7.08	2	0.50		5.20	3.40
桐城市	33.65	27.68	21.65	11.54	17.06	57	5.40	18.50	2.10	
怀宁县	33.35	26.60	21.72	14.80	17.93	78	2.31	17.10	17.40	
枞阳县	40.30	34.81	40.21	27.12	38.80	78	10.25	28.20	38.00	
潜山县	23.59	20.10	10.03	5.57	13.04	79	7.18	64.40	15.17	1.00
太湖县	20.20	15.72	4.42	2.07	2.40	85	7.44	61.50	8.67	
宿松县	42.98	32.43	20.64	12.87	41.80	44	4.89	16.50	56.44	
望江县	31.48	28.59	19.34	25.55	36.73	31	8.23	9.65	28.13	0.14
岳西县	12.02	10.47	0.06			68	5.43	170.00	7.33	
黄山市辖区	13.84	10.33	3.40	15.23	3.60	79	9.22	56.13	5.76	0.07
歙县	8.98	8.72	2.18		2.00	21	21.80	78.20	14.70	
休宁县	10.90	8.83	2.24	0.37	4.01	76	6.55	50.75	7.20	0.08
黟县	5.59	4.57	0.34		0.91	23	1.95	31.73	2.50	
祁门县	6.85	3.50	0.86		0.70	39	4.60	24.59	7.64	
滁州市辖区	28.27	23.89	13.70	3.15	4.71	150	18.71	16.70		8.30
天长市	48.18	43.64	40.87	10.52	15.67	131	21.52	2.84		
明光市	45.37	37.54	29.65	14.74	14.97	168	21.45	47.95		36.67
来安县	41.44	34.82	20.74	11.82	14.00	105	24.53	31.23		
全椒县	38.81	32.25	17.95	6.29	7.27	87	16.83	27.55	2.00	3.00

12—31 续表

县（市）	有效灌溉面积（千公顷）	旱涝保收面积（千公顷）	机电排灌面积（千公顷）	除涝面积（千公顷）	防洪耕地面积（千公顷）	已建水库座数（座）	解决农村饮水人数（万人）	水土流失治理（千公顷）	水灾成灾面积（千公顷）	旱灾成灾面积（千公顷）
定远县	77.39	45.56	37.12	1.08	1.08	303	61.92	32.00		68.66
凤阳县	56.49	41.15	45.57	9.61	14.31	109	28.98	26.50		13.33
阜阳市辖区	66.16	44.30	74.58	84.10	102.48					45.23
界首市	21.90	13.70	22.08	29.65	20.57					
临泉县	55.01	25.35	57.79	65.47	18.59		8.02			55.00
太和县	49.53	38.52	49.53	99.11	100.29					90.67
涡阳县	60.45	35.60	60.45	108.13						37.42
蒙城县	75.45	48.20	87.40	97.63	89.20					18.31
阜南县	53.70	26.64	80.82	57.14	20.00		10.35			65.30
颍上县	77.66	52.66	106.77	76.07	83.16		9.16	1.00		60.00
利辛县	55.09	35.50	56.66	87.29	55.00					31.10
宿州市辖区	87.87	50.35	91.07	81.17	85.96	29	8.89	8.30		33.00
砀山县	44.10	32.60	44.10	35.63	30.00	3				20.87
萧县	65.24	40.06	63.80	61.88	59.28	29	13.55	19.81	8.00	15.00
灵璧县	63.44	37.17	67.31	99.38	109.13	8	3.44	4.50		81.19
泗县	56.59	31.86	56.53	64.19	86.67	14	8.61	7.00		38.00
六安市辖区	90.86	55.43	32.76	7.33	8.04	438	16.30	3.60	27.50	18.70
寿县	96.00	82.32	51.95	17.07	89.15	160	6.58		1.10	27.44
霍邱县	113.25	105.99	60.19	25.97	74.95	366	10.67		0.76	53.00
舒城县	40.51	32.74	10.31	10.09	30.00	63	3.85	65.30	17.33	10.40
金寨县	16.49	13.69	3.00	0.21	1.67	48	12.06	103.26		1.00
霍山县	13.62	8.62	2.96	0.81	1.82	55	5.05	56.33	5.30	2.50
巢湖市辖区	48.65	39.35	46.51	11.05	18.12	70	3.45	52.50	14.20	
庐江县	73.18	60.04	91.77	34.92	44.64	98	14.77	46.75	18.00	1.20
无为县	82.76	73.06	109.13	66.90	69.95	27	7.01	15.00	35.49	
含山县	22.47	18.85	19.67	8.45	13.67	48	6.19	30.50	3.21	1.97
和县	48.83	43.51	56.26	36.32	51.00	67	3.49	27.10	10.80	1.33
宣州市	50.13	40.54	33.70	25.73	26.21	33	19.76	22.82	34.97	
宁国市	12.23	9.87	3.82		5.28	78	6.55	18.15	4.97	
郎溪县	22.35	19.87	14.95	8.50	11.01	41	6.80	14.40	22.00	
广德县	27.37	25.05	5.17	0.64	6.50	66	18.86	16.10	1.40	
泾县	15.25	12.75	3.05	0.16	21.40	50	5.47	41.55	8.20	
旌德县	8.22	4.55	0.73		2.00	37	4.50	18.28	4.25	
绩溪县	6.01	4.60	1.22		2.59	35	6.68	22.49	1.60	
贵池市	30.77	30.11	29.75	22.30	24.05	66	6.82	22.03	21.00	
东至县	33.22	26.96	24.86	17.78	26.11	198	2.35	172.15	28.88	
石台县	3.40	1.83	0.33		0.77	50	4.20	25.14	0.13	
青阳县	15.08	11.79	3.64	2.78	2.31	63	0.41	19.90	13.87	

12—32 各县(市)农作物播种面积和产量

(1999 年)

县(市)	农作物总播种面积(公顷)	粮食		油料	
		面积(公顷)	产量(吨)	面积(公顷)	产量(吨)
合肥市辖区	23921	10598	68497	5064	8271
长丰县	168770	122126	662123	32579	47030
肥东县	166397	99330	552891	57344	120247
肥西县	142934	84839	558661	42534	87164
芜湖市辖区	12704	5754	38423	3505	5967
芜湖县	72512	41102	187773	21770	42330
繁昌县	50532	23712	133518	11071	24991
南陵县	85268	52672	268132	8880	15645
蚌埠市辖区	30968	21635	100367	888	1657
怀远县	246000	186120	1017742	25219	76848
五河县	145979	103304	538181	22772	77354
固镇县	148101	82534	432864	47362	182593
淮南市辖区	81629	72155	383363	1388	2552
凤台县	109323	98433	579295	4237	9684
马鞍山市辖区	9418	5661	34243	2777	6111
当涂县	91205	58709	344249	24960	39425
淮北市辖区	20472	14590	69352	1294	2553
濉溪县	240131	186637	763000	28399	52938
铜陵市辖区	9698	7541	37267	815	1271
铜陵县	38648	21255	90077	8488	15525
安庆市辖区	23256	11288	45216	5208	8144
桐城市	92619	59156	245835	9596	14719
怀宁县	101811	59812	273576	13829	19328
枞阳县	91330	64028	226293	14784	20130
潜山县	59741	38870	217877	5629	7021
太湖县	52932	34285	177941	6339	6661
宿松县	77804	47393	176207	16229	15726
望江县	75661	36826	179920	19060	22019
岳西县	26330	20292	86276	1249	1422
黄山市辖区	36287	22398	119237	6614	7869
歙县	34514	21892	79154	7576	8920
休宁县	38453	23800	109431	7244	7934
黟县	10857	6425	32877	3088	3714
祁门县	16852	10041	44953	4392	4280
滁州市辖区	68984	43207	253652	14651	26571
天长市	111059	81270	575006	23742	52675
明光市	124888	88322	423568	20884	41886
来安县	93963	54890	388898	23341	47097
全椒县	82829	47801	389166	26702	66834

12—32 续表

县（市）	农作物总播种面积（公顷）	粮食		油料	
		面积（公顷）	产量（吨）	面积（公顷）	产量（吨）
定远县	220358	162774	847720	41848	86243
凤阳县	154928	109923	621321	21364	51194
阜阳市辖区	204230	166412	752886	6580	10865
界首市	87253	60765	368622	5612	14421
临泉县	236871	159982	749013	26730	28814
太和县	214145	169295	795671	8334	17213
涡阳县	262024	207724	936277	12385	18928
蒙城县	244795	185221	974663	24256	88780
阜南县	200456	157289	678189	17458	26196
颍上县	208682	187056	973495	6405	9688
利辛县	221522	193100	813489	8945	15087
宿州市辖区	269427	206293	956414	22597	54031
砀山县	94326	65441	213471	11411	19510
萧县	165492	138086	657459	8449	15878
灵璧县	231654	155246	747275	46504	166867
泗县	171719	127496	615713	18776	63087
六安市辖区	181181	122253	709658	41434	59589
寿县	236619	159522	1008829	57566	104453
霍邱县	241259	169372	996287	53781	81489
舒城县	104387	68089	317916	21999	29884
金寨县	42201	32519	140153	3445	4041
霍山县	28905	22532	107325	2753	3851
巢湖市辖区	96370	50708	313609	33024	68830
庐江县	181485	115717	586990	28663	48772
无为县	185863	84850	505206	36365	67120
含山县	43603	24943	236192	12038	32842
和县	97409	51679	334283	31520	59491
宣州市	129110	73984	298323	31272	52982
宁国市	30511	18200	104532	7817	14242
郎溪县	53974	35478	114421	14271	25616
广德县	57595	33971	190968	15330	26594
泾县	54026	34878	150127	6987	9573
旌德县	21603	13096	73531	3585	4999
绩溪县	16404	10897	58209	3308	5701
贵池市	74134	50997	226897	15525	26375
东至县	73744	41576	190951	17638	21788
石台县	10516	6464	27829	2939	3666
青阳县	40762	28992	125379	6442	9817

12—33 各县(市)主要林产品生产情况

(1999年)

县(市)	造林面积(公顷)	木材采伐量(立方米)	茶园面积(公顷)	茶叶产量(吨)	果园面积(公顷)	水果产量(吨)
合肥市辖区	74	6580	26	8	212	1914
长丰县	360	9635	17	3	195	2508
肥东县	335	10750	46	5	101	2363
肥西县	266	3920	58	30	513	6525
芜湖市辖区	20	224	1		17	261
芜湖县	229	9200	540	893	650	5538
繁昌县	525	6259	295	124	404	1725
南陵县	918	15754	623	282	98	1050
蚌埠市辖区	44	3480			393	1831
怀远县	328	22620			499	3858
五河县	268	22030	3	2	1070	4579
固镇县	250	15000			399	5176
淮南市辖区	82	1365			345	1938
凤台县	201	1900			654	3668
马鞍山市辖区	217	2041	129	45	210	486
当涂县	311	675	76	41	448	1771
淮北市辖区	237	7127			2118	23314
濉溪县	485	29713			1502	5481
铜陵市辖区	48	920	24	18	42	399
铜陵县	886	7926	171	58	286	1177
安庆市辖区	658	6043	35	2	754	627
桐城市	1465	34640	764	75	76	444
怀宁县	1196	7810	541	239	1619	2015
枞阳县	1904	27180	227	32	104	72
潜山县	3404	9100	2920	491	61	705
太湖县	1998	19250	2044	434	352	778
宿松县	1172	5000	776	115	246	1237
望江县	738	8227	54	29	297	685
岳西县	3449	49800	3413	1375		1
黄山市辖区	1783	74037	7053	2280	937	2080
歙县	1459	35870	17608	6688	2873	6046
休宁县	1902	56744	13147	5642	454	720
黟县	679	31971	2113	808	345	788
祁门县	1155	117332	9308	2723	132	461
滁州市辖区	2064	863	138	38	287	674
天长市	164	7429	40	9	27	470
明光市	622	6200	379	67	375	2512
来安县	764	4600	65	11	623	5412
全椒县	657	5500	146	25	444	1865

12—33 续表

县（市）	造林面积（公顷）	木材采伐量（立方米）	茶园面积（公顷）	茶叶产量（吨）	果园面积（公顷）	水果产量（吨）
定远县	752	21800	33	2	641	7494
凤阳县	858	2658	13	7	555	4975
阜阳市辖区	338	42000			918	1186
界首市	162	45500			814	5662
临泉县	391	41902			347	6057
太和县	314	74200			343	1194
涡阳县	388	58000			1072	4803
蒙城县	512	32900			716	3022
阜南县	464	29400			391	3525
颍上县	381	35000			151	2696
利辛县	403	24000			917	18315
宿州市辖区	621	81000			983	4534
砀山县	1249	51000			35815	599884
萧县	1113	55800			4949	70220
灵璧县	604	59000			1556	11585
泗县	401	62000			199	1221
六安市辖区	2080	87521	2011	836	670	4816
寿县	1332	21246			903	11579
霍邱县	1589	32620			247	4732
舒城县	1865	12271	4057	1715	432	1664
金寨县	4285	65510	5195	2795	95	523
霍山县	3888	47900	3714	2544	15	114
巢湖市辖区	602	8096	557	120	850	6572
庐江县	1388	20000	1010	350	515	3190
无为县	802	12794	236	159	207	1753
含山县	838	16350	216	96	197	1422
和县	821	9400	69	8	127	865
宣州市	1006	8743	3440	3659	1355	5415
宁国市	1423	90000	3907	912	77	398
郎溪县	695	3060	2717	3563	176	1014
广德县	1685	22940	1884	1709	163	677
泾县	1278	32888	2759	923	195	1185
旌德县	561	25022	794	263	449	867
绩溪县	699	52468	1675	880	413	549
贵池市	1387	20034	2853	1153	1449	606
东至县	3437	32950	6566	2983	751	1070
石台县	1599	23255	3230	1333	72	118
青阳县	1611	18072	1198	308	284	779

12—34 各县(市)畜牧业、渔业生产情况

(1999年)

县（市）	出栏家禽（万只）	禽蛋产量（吨）	水产品产量（吨）	县（市）	出栏家禽（万只）	禽蛋产量（吨）	水产品产量（吨）
合肥市辖区	1137.35	5405	16873	定远县	1099.00	13652	15160
长丰县	982.00	9197	20467	凤阳县	526.00	12106	27950
肥东县	1080.00	29800	35120	阜阳市辖区	506.30	16609	19800
肥西县	2036.00	32060	30024	界首市	257.00	7682	4285
芜湖市辖区	155.60	1070	1952	临泉县	698.00	18869	7109
芜湖县	520.00	17160	25335	太和县	287.00	12580	8500
繁昌县	177.01	3599	22763	涡阳县	660.30	27465	7057
南陵县	435.00	14685	25019	蒙城县	576.00	19367	11200
蚌埠市辖区	59.21	1286	11149	阜南县	468.00	17370	27654
怀远县	1150.15	11036	31750	颍上县	579.00	25742	37520
五河县	552.59	10450	35750	利辛县	680.00	25653	15400
固镇县	990.15	11984	8044	宿州市辖区	794.59	29170	21000
淮南市辖区	253.40	10012	9897	砀山县	185.95	20000	1700
凤台县	533.00	18741	32156	萧县	701.00	35640	2700
马鞍山市辖区	73.59	1783	2255	灵璧县	1034.77	74922	6550
当涂县	810.00	3427	53228	泗县	911.77	25263	5120
淮北市辖区	106.70	7174	7673	六安市辖区	641.83	9090	42039
濉溪县	416.19	16588	17015	寿县	1405.00	39312	61378
铜陵市辖区	119.46	994	859	霍邱县	2085.74	49543	47598
铜陵县	172.79	2204	17556	舒城县	896.00	10182	10858
安庆市辖区	124.31	3021	11316	金寨县	195.00	4320	3802
桐城市	456.00	26494	29681	霍山县	61.65	876	2425
怀宁县	331.00	16547	30400	巢湖市辖区	1060.00	20098	28120
枞阳县	355.69	4974	68138	庐江县	1098.00	14900	38000
潜山县	132.00	7020	3500	无为县	2214.00	38434	57548
太湖县	308.20	8750	10030	含山县	405.00	5530	18360
宿松县	217.50	5280	30000	和县	899.40	6661	22302
望江县	222.00	11800	36800	宣州市	871.87	11730	40804
岳西县	68.72	571	450	宁国市	379.20	5779	2550
黄山市辖区	98.00	3700	13945	郎溪县	249.73	2289	15800
歙县	82.00	4831	1458	广德县	199.50	1889	7200
休宁县	47.00	1649	1831	泾县	207.93	4349	2770
黟县	23.00	1319	232	旌德县	74.64	1048	1504
祁门县	21.00	1900	272	绩溪县	37.94	1177	1750
滁州市辖区	456.64	2740	18038	贵池市	455.29	6582	43514
天长市	573.53	20001	48290	东至县	347.56	7203	28901
明光市	514.86	10510	50526	石台县	5.20	245	110
来安县	840.00	7187	16860	青阳县	129.38	3805	4800
全椒县	776.00	7019	28018				

主要统计指标解释

农林牧渔业总产值　是指各种经济类型的农业生产单位或农户从事农业生产经济活动的总成果。包括农林牧渔业产品总量和劳务活动的总成果（即对非物质生产部门的劳务支出）两部分。

自来水受益村数　包括取水、净水、输配水三部分组成的自来水供给的，或由取水和输配水两部分组成的符合饮用卫生标准的简易自来水年末实际受益的村委会个数。

通汽车村数　指拥有乡级以上公路通过，并通达客运或货运汽车的村委会个数。

乡镇个数　指农村中经省、自治区、直辖市人民政府批准成立的乡一级行政区划的数量。不包括城关镇、城市街道办事处、工矿区。

村委会个数　指农村中经上级政府批准，按居住地区设立的基层群众性自治组织的个数。含城关镇中的村。

乡村户数　是指长期（一年以上）居住在乡镇（不包括城关镇）行政管理区域内的住户，还包括居住在城关镇所辖行政村范围内的农村住户。户口不在本地而在本地居住一年及以上的住户也包括在本地农村住户内；有本地户口，但举家外出谋生一年以上的住户，无论是否保留承包耕地都不包括在本地农村住户范围内。不包括乡村地区内的国有经济的机关、团体、学校、企业、事业单位的集体户。

乡村人口数　指乡村地区常住居民户数中的常住人口数，即经常在家或在家居住6个月以上，而且经济和生活与本户连成一体的人口。外出从业人员在外居住时间虽然在6个月以上，但收入主要带回家中，经济与本户连为一体，仍视为家庭常住人口；在家居住，生活和本户连成一体的国家职工、退休人员也为家庭常住人口。但是现役军人、中专及以上（走读生除外）的在校学生、以及常年在外（不包括探亲、看病等）且已有稳定的职业与居住场所的外出从业人员，不应当作家庭常住人口。

乡村劳动力资源数　指乡村人口中劳动年龄以上（16周岁）能够参加生产经营活动的人员。

乡村从业人员　指乡村人口中16岁以上实际参加生产经营活动并取得实物或货币收入的人员，既包括劳动年龄内经常参加劳动的人员，也包括超过劳动年龄但经常参加劳动的人员。但不包括户口在家的在外学生、现役军人和丧失劳动能力的人，也不包括待业人员和家务劳动者。从业人员年龄为16岁以上。从业人员按从事主业时间最长（时间相同按收入）分为农业从业人员、工业从业人员、建筑业从业人员、交运仓储及邮电通讯业从业人员、批零贸易及餐饮业从业人员、其它从业人员。

耕地　是指能够种植农作物、经常进行耕锄的田地。包括熟地、当年新开荒地、连续撂荒未满三年的耕地和当年的休闲地（轮歇地）。以种植农作物为主并附带种植桑树、茶树、果树和其它林木的土地及沿海、沿湖地区已围垦利用的“海涂”、“湖田”等也包括在内。但不包括专业性的桑园、茶园、果木苗圃、林地、芦苇地、天然草原等。南方小于一米、北方小于两米宽的渠、路、田埂，包括在耕地中。

（1）当年新开荒地：是指报告年度内已种上农作物的新开荒地；已开垦但尚未耕种的土地，因实际上没有利用，不计算为耕地面积。

（2）水田：是指筑有田埂（坎），可以经常蓄水、用来种植水稻或莲藕、席草等水生作物的耕地。因天旱暂时没有蓄水而改种旱地作物的，或实行水田和旱地作物轮作的（如水稻和小麦、油菜、蚕豆等轮种），仍计算为水田。

（3）旱地：是指除水田以外的耕地，不管有无灌溉设施均包括在内。

农作物总播种面积　是指全年各季各种农作物播种面积的总和。现行农业统计制度规定，全年农作物总播种面积是指应该在本日历年度内收获的农产品的作物的播种面积之和。其计算公式为：

本年农作物总播种面积＝上年秋冬播种面积＋本年春播作物面积＋本年夏播作物面积＝本年夏收作物播种面积＋本年秋收作物播种面积

农作物产量　指本年度全社会范围内生产农产品的产量，不论计划内外，数量多少，耕地上与非耕地上的农作物产量，都应统计在内。各种主要作物产量按国家的统一规定计算。作为粮食的薯类产量按五斤折一斤计算，城市郊区按蔬菜计算的薯类产量按鲜品统计。

谷物　指稻谷、小麦、玉米、谷子、高粱和其他谷物，不包括薯类和大豆。早稻是指从播种到成熟约在120天以内，中稻是为120—150天，晚稻为150—180天。

其他谷物指除稻谷、小麦、玉米、谷子、高粱以外的一些子实主要用作粮食的作物，包括大麦、元麦（青稞）、莜麦、荞麦、糜子、黍子等。

其他作物具体包括绿肥作物、饲料作物、香料作物、苇子、蒲草、莲子、席草、花卉等。

油料产量 指全部油料的生产量，包括花生、油菜籽、芝麻、向日葵籽、胡麻籽（亚麻籽）和其他油料。不包括大豆，也不包括木本油料和野生油料，花生以带壳干花生计算。

造林面积 是指报告期内在荒地、荒山、沙丘等一切可以造林的土地上，采用人工播种、植苗、飞机播种等方法新植的成片乔木林和灌木林，经过检查验收符合"造林技术规程"要求株数，成活率达85%以上的面积。四旁植树如一侧在四行以上，连续面积0.066公顷以上，应统计在造林面积内。

主要林产品产量 是指从人工栽培的竹木上，不经砍伐竹木本身而取得的各种产品数量。

当年出栏头数 指农林牧渔业生产单位饲养的，已屠宰或已出售的全部畜牧头数。包括交售给国家、集市上出售以及农民自食的部分。

大牲畜 主要指牛、马、驴、骡、骆驼。

家禽 包括鸡、鸭、鹅、及其他家禽。在上报出栏头数和肉产量时只报鸡、鸭、鹅的数量。

水产品产量 是指本年度内捕捞的水产品（包括人工养殖并捕获的水产品和捕捞天然生长的水产品）产量。

水产品养殖面积 指人工投放鱼、虾、蟹、贝、藻等苗种并经常进行饲养管理的水面面积。

猪、牛、羊肉产量 指当年出栏并已屠宰后除去头蹄下水后带肉（即胴体重）的重量。

耕地面积 指年初可以用来种植农作物、经常进行耕锄的田地，除包括熟地、当年新开荒地、连续撂荒未满三年的耕地和当年的休闲地（轮歇地）外，还包括以种植农作物为主附带种植桑树、茶树、果树和其他林木的土地，以及沿海、沿湖地区已围垦利用的"海涂"、"湖田"等面积。但不包括属于专业性的桑园、茶园、果园、果木苗圃、林地、芦苇地、天然或人工草地面积。

有效灌溉面积 指具有一定的水源，地块比较平整，灌溉工程或设备已经配套，在一般年景下当年能够进行正常灌溉的耕地面积。

农用化肥施用量 指本年内实际用于农业生产的化肥数量。包括氮肥、磷肥、钾肥和复合肥。化肥施用量要求按折纯量计算数量。折纯法化肥施用量是把氮肥、磷肥和钾肥分别按含氮、含五氧化磷、含氧化钾的百分之一百成份折算后的数量。复合肥按所含主要成分折算。

农业机械总动力 指主要用于农林牧渔业的各种动力机械的动力总和。包括耕作机械、排灌机械、收获机械、农产品加工机械、运输机械、植物保护机械、林业机械、牧业机械、渔业机械和其他农业机械〔内燃机按引擎马力折成瓦（特）计算，电动机按功率折成瓦（特）计算〕。不包括专门用于乡、镇、村、组办工业、基本建设、非农业运输、科学试验和教学等非农业生产方面的动力机械与作业机械。

十三、工　　业

INDUSTRY

简要说明

一、本篇主要包括以下几部分汇总资料：

1. 全部工业企业按经济类型、行业分组的企业单位数和工业总产值（其中1995年后工业总产值均按新规定计算）。

2. 全部国有及年产品销售收入在500万元及以上的非国有工业企业按地区和行业分组的主要经济指标和经济效益指标，主要包括工业总产值、工业增加值、资本金、流动资产、固定资产、流动负债、所有者权益、产品销售收入、销售税金及附加、销售利润、利润总额、利税总额、工业增加率、资金利税率、产值利税率、流动资产周转次数、全员劳动生产率等指标。

3. 大中型工业企业的主要经济指标。

4. 主要工业产品产量。

二、1998年、1999年工业统计范围为全部国有企业及年产品销售收入在500万元及以上非国有工业企业。

三、资料来源：由省统计局工业交通处根据国家统计局工业统计报表制度由各地、市统计局收集、汇总、整理提供。

本篇责任编辑：史渝秀

工业总产值(当年价格)(亿元)

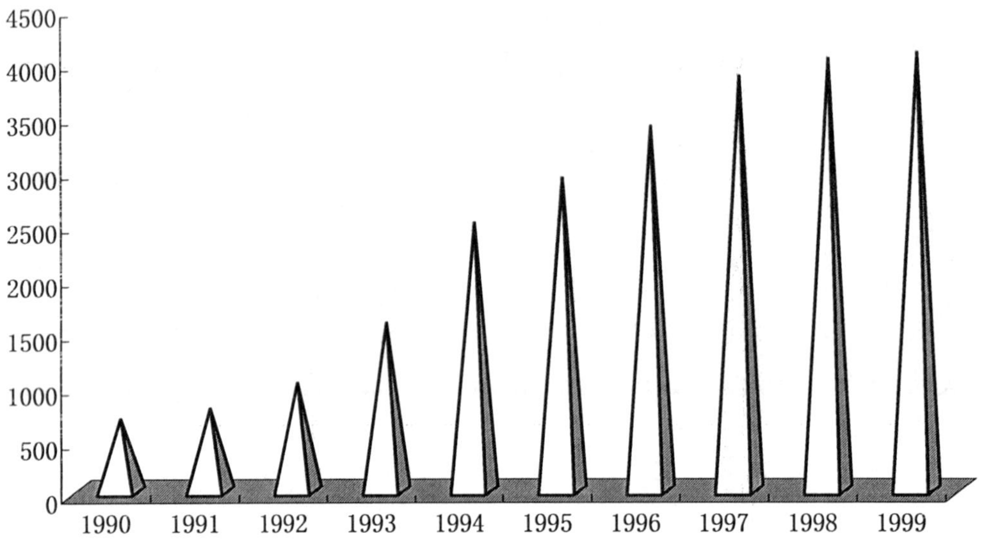

1999年工业总产值构成(%)

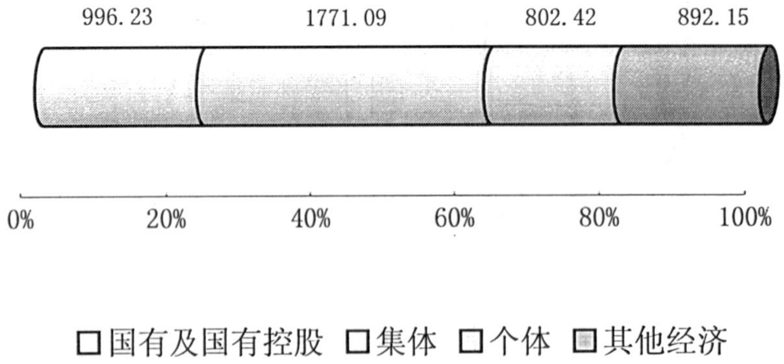

13—1　各种经济类型工业企业单位数和总产值

分　类	1994年	1995年	1996年	1997年	1998年	1999年
企业单位数（个）	**621888**	**421662**	**359484**	**362012**	**385868**	**376059**
在总计中：						
国有及国有控股企业	3280	3965	3464	2729	1651	1414
在总计中：						
集体企业	100131	86260	111342	97649	111273	111298
个体企业	518029	330552	243974	258470	260117	251752
其他经济类型企业	448	885	764	3438	11935	11938
#股份制经济	132	156	148	2267	3095	3023
外商及港澳台商投资企业	202	512	391	364	350	385
工业总产值（亿元）	**2478.22**	**2895.62**	**3376.35**	**3833.96**	**4001.89**	**4056.37**
在总计中：						
国有及国有控股企业	792.4	857.32	1062.98	1042.06	974.9	996.23
在总计中：						
集体企业	1086.47	1272.35	1569.27	1729.39	1741.38	1771.09
个体企业	452.24	561.53	592.17	778.45	790.81	802.42
其他经济类型企业	147.11	204.42	260.34	469.92	672.99	892.15
#股份制经济	106.26	103.22	120.11	189.73	302.19	283.43
外商及港澳台商投资企业	31.22	84.01	107.75	144.76	111.11	154.33

注：1. 工业总产值按当年价格计算。
2. 1995年及以前年份国有及国有控股企业为国有工业企业口径。
3. 为与以往年份可比，1998、1999年部分经济类型的数据是调整数。

13—2 工业分行业职工人数

单位：人

项　　目	1994年	1995年	1996年	1997年	1998年	1999年
总　　计	**3128403**	**3113653**	**3251768**	**3016177**	**1847896**	**1713082**
按登记注册类型分						
国　有	1459264	1526763	1516225	1159214	994719	912086
集　体	1527139	1401396	1538326	1225975	586085	522722
其　他	142000	185494	197217	630988	267092	278274
按行业分						
采掘业						
煤炭采选业	316148	302167	332788	319481	280632	271872
黑色金属矿采选业	41457	40864	42128	35423	29634	29799
有色金属矿采选业	17960	18832	19336	17748	11292	11116
非金属矿采选业	68670	74495	115618	85545	21367	17206
其他矿采选业	172	63	228	56		
木材及竹材采运业	2824	2914	2244	1642	1726	1213
制造业						
食品加工业	131388	135990	154391	150005	80899	65354
食品制造业	50901	52584	44097	42530	18866	17161
饮料制造业	87602	87180	92879	90640	69653	65706
烟草加工业	16121	16046	16353	15994	15309	16029
纺织业	393413	384329	368606	372621	236446	200773
服装及其他纤维制品制造业	68638	67831	66008	47217	24835	23689
皮革、毛皮、羽绒及其制品业	34266	36360	35386	31714	14252	16217
木材加工及竹、藤、棕、草制品业	38347	39734	41178	35746	15184	20193
家具制造业	19571	19547	20283	16028	4338	2882
造纸及纸制品业	78045	77756	81728	72198	38646	34533
印刷业	43493	33039	32943	26247	14907	13750
文教体育用品制造业	24863	23987	21337	20983	12676	12976
石油加工及炼焦业	16516	18264	18554	18674	15263	13753
化学原料及化学制品制造业	167467	185646	189715	178580	133164	117554
医药制造业	35660	39499	42454	36309	28899	27876
化学纤维制造业	10119	12426	12911	12340	8241	10118
橡胶制品业	45108	37057	31068	30751	21943	22051
塑料制品业	56233	64292	71563	67533	31456	31013
非金属矿物制品业	434504	455413	495626	458522	156335	139307
黑色金属冶炼及压延加工业	110348	113064	130439	105557	80862	76916
有色金属冶炼及压延加工业	36248	40659	42339	40397	38778	36289
金属制品业	78326	75232	74771	68504	31789	25256
普通机械制造业	162610	162994	168969	155469	98744	84569
专用设备制造业	98184	96313	94398	89509	59064	67586
交通运输设备制造业	100491	102966	107477	98453	63999	4375
电气机械及器材制造业	86164	94613	93359	93516	59769	50430
电子及通信设备制造业	31293	31797	29785	26235	22646	18728
仪器仪表及文化、办公用机械制造业	18712	20939	20592	18136	8192	6819
其他制造业	113306	67725	60885	49452	20589	16967
电力煤气及水生产供应业						
电力、蒸汽、热水的生产和供应业	55705	56949	53518	60838	56831	77737
煤气生产和供应业	5443	5634	5622	5772	5108	5007
自来水的生产和供应业	10418	12653	14434	14984	11226	12673

注：1998、1999年统计范围为全部国有及年产品销售收入在500万元及以上非国有工业企业。

13—3 工业总产值

（按当年价格计算）　　单位：亿元

年份	工业总产值	#国有及国有控股企业	#集体企业	#个体企业	#其他经济类型企业
1952	6.50	2.18	0.04	3.34	0.94
1957	15.40	10.28	2.49	2.62	0.01
1962	20.01	16.94	2.92	0.16	
1965	31.80	28.09	3.64	0.08	
1970	45.45	39.60	5.85		
1975	81.80	67.42	12.29	2.09	
1978	107.11	85.58	19.16	2.38	
1980	129.65	102.51	23.77	3.03	0.34
1985	277.27	184.34	75.94	16.58	0.41
1990	670.33	390.42	214.15	62.58	3.18
1991	765.95	437.42	249.39	74.05	5.09
1992	999.01	519.57	352.01	119.49	7.94
1993	1558.16	697.63	611.74	221.94	26.85
1994	2478.22	792.40	1086.47	452.24	147.11
1995	2895.62	857.32	1272.35	561.53	204.42
1996	3376.35	1062.98	1569.27	592.17	260.34
1997	3833.96	1042.06	1729.39	778.45	469.92
1998	4001.89	974.90	1741.38	790.81	672.99
1999	4056.37	996.23	1771.09	802.42	892.15

13—4 工业总产值指数

（按可比价格计算，以上年为100）

年份	工业总产值	#国有及国有控股企业	#集体企业	#个体企业	#其他经济类型企业
1978	108.18	107.94	106.49		109.12
1979	110.22	111.12	102.23		106.65
1980	106.84	105.68	111.74		111.62
1981	106.56	105.29	109.45		111.55
1982	111.63	111.46	114.39		112.25
1983	110.49	109.48	112.87		114.16
1984	121.27	107.64	148.11		168.71
1985	125.03	116.97	167.26	303.14	142.94
1986	114.72	108.95	122.64	136.16	125.21
1987	114.45	111.05	120.56	114.62	119.81
1988	119.57	111.34	127.93	146.54	131.63
1989	109.97	106.41	112.72	120.51	114.39
1990	107.25	104.28	108.94	115.49	110.67
1991	111.19	108.74	114.53	113.49	114.70
1992	126.38	111.32	141.21	165.74	146.87
1993	142.17	111.15	167.42	182.73	174.16
1994	137.00	103.16	152.58	151.23	159.27
1995	117.09	108.61	113.29	121.99	161.78
1996	118.90	109.64	134.73	100.80	39.56
1997	114.30	106.09	109.01	130.71	158.67
1998	109.50	100.22	104.28	116.10	122.78
1999	106.11	106.69	105.91	105.68	138.95

13—5 全部国有及规模以上非国有工业企业单位数及工业总产值

(1999年)

单位：万元

指标	企业单位数（个）	工业总产值			工业销售产值（当年价格）	
		1990年不变价格	当年价格	新产品产值		出口交货值
总计	**3784**	**13062051**	**15339013**	**1408396**	**14915918**	**1107733**
按登记注册类型分组						
内资企业	3560	11513404	13837245	1165189	13472053	907736
国有企业	1071	4312492	5907067	286175	5818596	349755
集体企业	1109	1828990	1996117	57361	1903201	210753
股份合作企业	363	595478	680858	11239	646382	41889
联营企业	40	113440	120236	142	115131	234
有限责任公司	439	2680235	2882977	489178	2814686	147395
股份有限公司	180	1492660	1738038	308565	1685941	94550
私营经济	321	450312	466847	12523	447364	55684
其他企业	37	39798	45107	6	40750	7476
港、澳、台商投资企业	110	529200	455657	74180	438887	55842
外商投资企业	114	1019447	1046111	169027	1004978	144155
按经济组织类型分组						
独资企业	2341	6821096	8524383	407970	8292880	673543
国有企业	1071	4312492	5907067	286175	5818596	349755
集体企业	1109	1828990	1996117	57361	1903201	210753
私营独资企业	124	174258	187238	5830	179807	20464
港澳台商独资经营企业	12	22960	17903	1891	18130	7458
外资企业	25	482397	416058	56714	373146	85114
合作、合伙企业	483	801548	905507	11393	858554	55207
股份合作企业	363	595478	680858	11239	646382	41889
国有联营企业	7	40738	44726	2	41891	
集体联营企业	15	32147	32304	140	31002	234
国有与集体联营企业	8	27154	30598		29995	
其他联营企业	10	13402	12608		12244	
私营合伙企业	34	30978	36142	6	34614	3448
合作经营企业（港或澳、台资）	1	434	564		538	383
中外合作经营企业	8	21420	22601		21138	1776
其他企业（内资）	37	39798	45107	6	40750	7476
股份有限公司	207	1589853	1871888	357873	1810414	97126
股份有限公司（内资）	180	1492660	1738038	308565	1685941	94550
私营股份有限公司	21	43075	22084	1455	21076	2052
港澳台商投资股份有限公司	4	12151	13176	2267	13197	524
外商投资股份有限公司	2	41966	98591	45586	90200	
有限责任公司	753	3849554	4037235	631159	3954071	281857
国有独资公司	52	1060406	1314336	187833	1291358	53091
私营有限责任公司	142	202002	221383	5233	211868	29721
合资经营企业（港或澳、台资）	93	493654	424014	70022	407022	47477
中外合资经营企业	79	473665	508862	66727	520494	57265
其他有限责任公司	387	1619828	1568641	301345	1523328	94304
国有控股企业	1414	7626524	9962283	891647	9779318	535062
农村工业	723	1118843	1251874	18663	1206374	143381
轻工业	1996	6157199	6623603	808677	6388583	736788
以农产品为原料	1474	3613813	4550850	223026	4403668	582122
以非农产品为原料	522	2543386	2072754	585652	1984915	154666
重工业	1788	6904852	8715410	599718	8527335	370945
采掘工业	137	447819	976952	363	957770	17393
原料工业	540	2603700	4025843	70654	3969435	153904
加工工业	1111	3853333	3712615	528701	3600130	199647
特大型企业	9	1453556	2644537	52031	2583278	124491
大一型企业	46	1510688	1739805	442191	1699201	65181
大二型企业	143	2606075	3084215	389069	3071855	170067
中一型企业	62	557152	502418	29784	490772	75885
中二型企业	411	1726344	1849237	129529	1783035	162020
小型企业	3113	5208236	5518802	365791	5287778	510089

注：辖区内全部国有及年产品销售收入在500万元及以上的非国有工业企业。下表同。

13—5　续表　　　　单位：万元

指　　标	企业单位数（个）	工业总产值 1990年不变价格	工业总产值 当年价格	工业总产值 新产品产值	工业销售产值（当年价格）	出口交货值
按行业大类分组						
煤炭采选业	50	287268	752488		740350	16409
黑色金属矿采选业	11	48617	102842		97450	
有色金属矿采选业	21	47767	50997		50578	779
非金属矿采选业	50	81541	89530	363	87264	205
木材及竹材采运业	6	3632	3389		3534	
食品加工业	479	735758	1074513	10565	1017845	47868
食品制造业	91	128522	148483	2577	140398	56606
饮料制造业	126	541783	861042	99004	845049	3063
烟草加工业	16	457221	533894	11036	529817	64
纺织业	330	980672	1131164	56624	1105857	228449
服装及其他纤维制品制造业	85	142944	153300	2683	145402	94081
皮革、毛皮、羽绒及其制品业	59	154747	153700	14161	147985	77659
木材加工及竹、藤、棕、草制品业	101	145731	169222	2109	163683	18503
家具制造业	15	27322	27890	277	27418	822
造纸及纸制品业	109	191018	212489	17867	202753	17350
印刷业	71	57315	63450		58460	45
文教体育用品制造业	41	62075	64440	32	61785	42460
石油加工及炼焦业	6	246097	560177	429	534332	
化学原料及化学制品制造业	304	1036066	1046321	46844	1011577	33741
医药制造业	94	343052	235413	18652	224559	21868
化学纤维制造业	21	157868	132855	8942	137886	11507
橡胶制品业	37	298059	241247	61379	226693	61005
塑料制品业	159	494393	435305	42933	420336	16893
非金属矿物制品业	369	705417	799668	28444	772473	15908
黑色金属冶炼及压延加工业	54	640397	955678	51152	943402	40182
有色金属冶炼及压延加工业	37	552754	633790	2922	623283	97605
金属制品业	125	174142	179762	6640	170865	9421
普通机械制造业	220	509563	516193	46287	504725	59077
专用设备制造业	122	533457	492327	138824	478073	12284
交通运输设备制造业	112	864577	858443	146212	852274	23451
电气机械及器材制造业	168	1211868	1062157	399523	1009360	56534
电子及通信设备制造业	51	589975	316503	179305	300542	8216
仪器仪表及文化、办公用机械制造业	22	55538	50662	1707	51151	771
其他制造业	40	70369	79276	1882	76184	34176
电力、蒸汽、热水的生产和供应业	99	413243	1023147	135	1025842	
煤气生产和供应业	14	28327	41256		43531	
自来水的生产和供应业	66	24670	63985	5	60964	

13—6 全部国有及规模以上非国有工业企业主要经济指标

（1999年）

单位：万元

指　　标	企业单位数（个）	工业总产值（当年价格）	工业增加值（当年价格）	资产总计	流动资产合计	存货	流动资产年平均余额
总　　计	**3784**	**15339013**	**4945130**	**27973611**	**11370889**	**3395842**	**10094088**
一、内资企业	3560	13837245	4542425	25811420	10498854	3068902	9275401
国有企业	1071	5907067	2221939	13292610	5196240	1227087	4089978
中央企业	44	2252019	1087355	4775315	1949351	353933	988180
地方企业	1027	3655048	1134583	8517295	3246889	873153	3101799
集体企业	1109	1996117	563049	2032230	1130515	493318	1113900
股份合作企业	363	680858	191765	662206	298569	109478	287508
联营企业	40	120236	30284	154907	51513	19601	48404
国有联营企业	7	44726	7907	107567	29673	11622	27513
集体联营企业	15	32304	9595	19746	9548	3828	9149
国有与集体联营企业	8	30598	9877	13914	8519	3139	8047
其他联营企业	10	12608	2905	13680	3773	1012	3695
有限责任公司	439	2882977	775202	5622088	2212390	687506	2117365
国有独资公司	52	1314336	341054	3411943	1263279	339492	1198212
其他有限责任公司	387	1568641	434148	2210145	949111	348014	919153
股份有限公司	180	1738038	621691	3548797	1393223	451358	1413700
私营经济	321	466847	128764	406090	175164	63875	162520
私营独资企业	124	187238	46167	200591	73497	22209	64611
私营合伙企业	34	36142	11733	20176	8468	3236	8341
私营有限责任公司	142	221383	65047	163194	83038	33949	80304
私营股份有限公司	21	22084	5818	22129	10160	4481	9265
其他企业	37	45107	9731	92492	41241	16680	42026
港、澳、台商投资企业	110	455657	110164	744882	242136	77873	224599
合资经营企业（港或澳、台资）	93	424014	101820	696171	220982	69206	202306
合作经营企业（港或澳、台资）	1	564	119	1483	466	184	513
港澳台商独资经营企业	12	17903	4971	20101	9441	5326	10076
港澳台商投资股份有限公司	4	13176	3254	27127	11246	3158	11704
外商投资企业	114	1046111	292542	1417309	629899	249067	594088
中外合资经营企业	79	508862	128247	671821	278706	101074	262920
中外合作经营企业	8	22601	8696	44422	16491	4841	14343
外资企业	25	416058	98504	546389	222036	87100	202365
外商投资股份有限公司	2	98591	57096	154677	112666	56052	114461
二、独资企业	2341	8524383	2934628	16091921	6631729	1835040	5480930
国有企业	1071	5907067	2221939	13292610	5196240	1227087	4089978
集体企业	1109	1996117	563049	2032230	1130515	493318	1113900
私营独资企业	124	187238	46167	200591	73497	22209	64611
港澳台商独资经营企业	12	17903	4971	20101	9441	5326	10076
外资企业	25	416058	98504	546389	222036	87100	202365
合作、合伙企业	483	905507	252327	975687	416749	154018	401134
股份合作企业	363	680858	191765	662206	298569	109478	287508
国有联营企业	7	44726	7907	107567	29673	11622	27513
集体联营企业	15	32304	9595	19746	9548	3828	9149
国有与集体联营企业	8	30598	9877	13914	8519	3139	8047
其他联营企业	10	12608	2905	13680	3773	1012	3695
私营合伙企业	34	36142	11733	20176	8468	3236	8341
合作经营企业（港或澳、台资）	1	564	119	1483	466	184	513
中外合作经营企业	8	22601	8696	44422	16491	4841	14343
其他企业（内资）	37	45107	9731	92492	41241	16680	42026
股份有限公司	207	1871888	687859	3752730	1527296	515049	1549129
股份有限公司（内资）	180	1738038	621691	3548797	1393223	451358	1413700
私营股份有限公司	21	22084	5818	22129	10160	4481	9265
港澳台商投资股份有限公司	4	13176	3254	27127	11246	3158	11704
外商投资股份有限公司	2	98591	57096	154677	112666	56052	114461
有限责任公司	753	4037235	1070316	7153273	2795115	891735	2662895
国有独资公司	52	1314336	341054	3411943	1263279	339492	1198212
私营有限责任公司	142	221383	65047	163194	83038	33949	80304
合资经营企业（港或澳、台资）	93	424014	101820	696171	220982	69206	202306
中外合资经营企业	79	508862	128247	671821	278706	101074	262920
其他有限责任公司	387	1568641	434148	2210145	949111	348014	919153
国有控股企业	1414	9962283	3438632	21958770	8464059	2236686	7300090
农村工业	723	1251874	358190	980708	453828	163696	416517

注：辖区内全部国有及年产品销售收入在500万元及以上的非国有工业企业，下同。

13—6 续表 1

单位:万元

指 标	企业单位数(个)	工业总产值(当年价格)	工业增加值(当年价格)	资产总计	流动资产合计	存货	流动资产年平均余额
按轻重工业分							
轻工业	1996	6623603	2113807	9112942	4473922	1542736	4318511
以农产品为原料	1474	4550850	1489084	5876024	2992232	1057248	2884323
以非农产品为原料	522	2072754	624723	3236919	1481690	485488	1434188
重工业	1788	8715410	2831323	18860669	6896968	1853106	5775577
采掘工业	137	976952	427972	4004148	876138	162552	863365
原料工业	540	4025843	1447999	8917829	3104154	695925	2122182
加工工业	1111	3712615	955352	5938692	2916676	994630	2790030
特大型企业	9	2644537	1163229	8490692	2606831	527895	1675659
大一型企业	46	1739805	601049	3796157	1561678	458660	1525515
大二型企业	143	3084215	937140	4444795	1996487	570551	1864694
中一型企业	62	502418	206827	861068	403466	102375	356961
中二型企业	411	1849237	520481	3087191	1405643	519779	1401198
小型企业	3113	5518802	1516406	7293708	3396784	1216583	3270061
按行业分							
煤炭采选业	50	752488	320591	2686267	682480	131448	679272
黑色金属矿采选业	11	102842	66420	1173676	145731	19745	139445
有色金属矿采选业	21	50997	15188	76748	23350	5774	21030
非金属矿采选业	50	89530	30719	87402	31352	8237	28934
木材及竹材采运业	6	3389	916	8527	3189	452	3365
食品加工业	479	1074513	241447	885731	392721	144082	394132
食品制造业	91	148483	37322	277100	149817	28804	118758
饮料制造业	126	861042	324026	1310588	787833	264322	723125
烟草加工业	16	533894	321848	558513	249948	65213	266441
纺织业	330	1131164	313318	1853704	953071	396247	947272
服装及其他纤维制品制造业	85	153300	54687	127278	71577	24687	64677
皮革、毛皮、羽绒及其制品业	59	153700	37985	156972	92522	41109	85946
木材加工及竹、藤、棕、草制品业	101	169222	51346	117208	45112	20113	42899
家具制造业	15	27890	7658	49608	14553	6368	14503
造纸及纸制品业	109	212489	63855	386022	154048	40543	145961
印刷业	71	63450	24685	90694	39258	11125	37162
文教体育用品制造业	41	64440	20685	35908	21673	7941	20708
石油加工及炼焦业	6	560177	138581	564223	210632	54164	226158
化学原料及化学制品制造业	304	1046321	257176	1574619	701520	199596	663420
医药制造业	94	235413	66070	340174	156184	51704	151230
化学纤维制造业	21	132855	26192	491837	84429	28893	82866
橡胶制品业	37	241247	84109	476700	163162	56199	179690
塑料制品业	159	435305	117436	541482	240676	66476	224833
非金属矿物制品业	369	799668	260044	1572976	494571	148819	479994
黑色金属冶炼及压延加工业	54	955678	291895	2246907	715324	314934	767680
有色金属冶炼及压延加工业	37	633790	118440	939649	352353	175500	329610
金属制品业	125	179762	48730	251325	117659	46780	114866
普通机械制造业	220	516193	155049	954215	535439	203864	512388
专用设备制造业	122	492327	95751	627039	367408	137337	352356
交通运输设备制造业	112	858443	201685	1285967	675469	244380	655913
电气机械及器材制造业	168	1062157	355182	1733214	968012	316463	921122
电子及通信设备制造业	51	316503	69735	297434	168519	60110	169738
仪器仪表及文化、办公用机械制造业	22	50662	19001	103556	60525	21141	54957
其他制造业	40	79276	20008	49746	29974	14294	28406
电力、蒸汽、热水的生产和供应业	99	1023147	644339	3604891	1348368	27815	333545
煤气生产和供应业	14	41256	2333	118772	34929	3718	34474
自来水的生产和供应业	66	63985	34744	271005	71364	3020	62593

13—6 续表2 单位：万元

指标	长期投资	固定资产合计	固定资产原价	生产经营用	固定资产累计折旧	本年折旧	固定资产净值年平均余额
总计	**1381323**	**13781441**	**17454120**	**15322107**	**5233527**	**767740**	**10761887**
一、内资企业	1367531	12664488	15951571	13877517	4818575	689201	9813836
国有企业	1083365	6500544	8515164	7462111	2878909	389663	4756932
中央企业	196008	2417599	3571322	3361270	1286427	190574	1329001
地方企业	887357	4082945	4943842	4100841	1592482	199089	3427931
集体企业	51104	752499	963502	806893	271389	42675	701370
股份合作企业	9488	312250	383465	318050	97368	16239	277532
联营企业	417	95101	48088	38610	8921	1720	35114
国有联营企业		73348	20664	20202	2704	718	15263
集体联营企业	122	9495	11224	10087	1875	587	8729
国有与集体联营企业	280	4565	6542	5540	2285	312	4366
其他联营企业	15	7694	9658	2783	2057	103	6756
有限责任公司	174629	2816974	3383943	2966933	881326	127142	2383332
国有独资公司	127991	1790504	2124820	1881562	565009	67748	1439239
其他有限责任公司	46638	1026470	1259123	1085371	316317	59394	944093
股份有限公司	36959	1961114	2390462	2055059	626220	99795	1462685
私营经济	8650	185335	214841	186297	38424	10788	159282
私营独资企业	2160	106832	121672	107379	20308	4570	84708
私营合伙企业	44	11048	13754	10457	2923	999	10781
私营有限责任公司	6445	57341	66131	57855	11597	3125	54034
私营股份有限公司	2	10114	13284	10606	3596	2094	9759
其他企业	2920	40671	52107	43564	16017	1180	37591
港、澳、台商投资企业	2909	462646	720008	707310	266333	35374	362231
合资经营企业（港或澳、台资）	2865	435673	682519	670609	255312	33547	343830
合作经营企业（港或澳、台资）		966	821	538	95	11	653
港澳台商独资经营企业	44	10236	15699	15295	5620	1264	10667
港澳台商投资股份有限公司		15770	20969	20868	5305	553	7082
外商投资企业	10883	654308	782541	737280	148620	43164	585819
中外合资经营企业	8217	333143	404623	372061	88977	25554	309018
中外合作经营企业	3	24013	33001	28675	9579	523	24074
外资企业	1903	262428	297754	289480	36134	14079	218349
外商投资股份有限公司	759	34724	47163	47064	13930	3009	34379
二、独资企业	1138576	7632540	9913791	8681158	3212360	452250	5772025
国有企业	1083365	6500544	8515164	7462111	2878909	389663	4756932
集体企业	51104	752499	963502	806893	271389	42675	701370
私营独资企业	2160	106832	121672	107379	20308	4570	84708
港澳台商独资经营企业	44	10236	15699	15295	5620	1264	10667
外资企业	1903	262428	297754	289480	36134	14079	218349
合作、合伙企业	12871	484050	531235	439895	134903	20672	385744
股份合作企业	9488	312250	383465	318050	97368	16239	277532
国有联营企业		73348	20664	20202	2704	718	15263
集体联营企业	122	9495	11224	10087	1875	587	8729
国有与集体联营企业	280	4565	6542	5540	2285	312	4366
其他联营企业	15	7694	9658	2783	2057	103	6756
私营合伙企业	44	11048	13754	10457	2923	999	10781
合作经营企业（港或澳、台资）		966	821	538	95	11	653
中外合作经营企业	3	24013	33001	28675	9579	523	24074
其他企业（内资）	2920	40671	52107	43564	16017	1180	37591
股份有限公司	37720	2021721	2471878	2133596	649052	105450	1513904
股份有限公司（内资）	36959	1961114	2390462	2055059	626220	99795	1462685
私营股份有限公司	2	10114	13284	10606	3596	2094	9759
港澳台商投资股份有限公司		15770	20969	20868	5305	553	7082
外商投资股份有限公司	759	34724	47163	47064	13930	3009	34379
有限责任公司	192156	3643130	4537215	4067458	1237213	189368	3090214
国有独资公司	127991	1790504	2124820	1881562	565009	67748	1439239
私营有限责任公司	6445	57341	66131	57855	11597	3125	54034
合资经营企业（港或澳、台资）	2865	435673	682519	670609	255312	33547	343830
中外合资经营企业	8217	333143	404623	372061	88977	25554	309018
其他有限责任公司	46638	1026470	1259123	1085371	316317	59394	944093
国有控股企业	1268296	11233592	14306916	12592689	4464369	620412	8448201
农村工业	14891	447931	551923	471860	126997	28508	415296

13—6　续表 3　　　　单位：万元

指　　标	长期投资	固定资产合　计	固定资产原　价	生　产经营用	固定资产累计折旧	本年折旧	固定资产净 值 年平均余额
按轻重工业分							
轻工业	241434	3918701	4717948	4144732	1224014	203114	3489277
以农产品为原料	147106	2470577	2978174	2529827	808664	118701	2215884
以非农产品为原料	94328	1448125	1739774	1614905	415350	84413	1273393
重工业	1139889	9862740	12736171	11177375	4009513	564626	7272610
采掘工业	736950	2142617	2611083	1929828	724390	93624	1838315
原料工业	238172	5119064	7038734	6620967	2353337	333524	3391829
加工工业	164767	2601059	3086354	2626581	931786	137478	2042466
特大型企业	896282	4465373	6015155	5529438	1900962	255376	2751326
大一型企业	133426	1925008	2245604	1844590	717370	116368	1511856
大二型企业	107224	2191137	2878014	2558317	943715	130585	1923314
中一型企业	14140	410547	503218	443617	156797	23590	343526
中二型企业	97897	1460834	1759969	1446756	515329	63764	1232951
小型企业	132354	3328542	4052159	3499390	999354	178057	2998915
按行业分							
煤炭采选业	40531	1728285	2236879	1701820	588279	80480	1596469
黑色金属矿采选业	687485	337764	288288	166613	108870	10162	180709
有色金属矿采选业	6195	42500	44323	31443	15037	1439	30137
非金属矿采选业	2276	49868	57275	44947	15007	2878	42017
木材及竹材采运业	478	2601	3744	1594	1248	213	2580
食品加工业	12870	424495	486736	413019	99097	14275	386895
食品制造业	2800	115985	106962	96523	25701	4036	80673
饮料制造业	11231	460276	537366	476791	140707	20700	450302
烟草加工业	13239	291875	387724	327812	113887	27364	266453
纺织业	93913	736958	915183	757065	271398	31385	644743
服装及其他纤维制品制造业	1214	36699	46693	39842	13703	2138	33544
皮革、毛皮、羽绒及其制品业	1584	54136	73568	61061	22078	2180	45122
木材加工及竹、藤、棕、草制品业	391	65103	85042	76029	22805	3718	63595
家具制造业	117	24221	25382	21736	3173	880	21875
造纸及纸制品业	7588	202359	244632	198709	77332	8924	171838
印刷业	973	47582	64912	57747	20011	3359	45366
文教体育用品制造业	655	10585	15023	12702	5379	728	9848
石油加工及炼焦业	14632	335427	553699	547603	232545	30514	60011
化学原料及化学制品制造业	26876	782493	997579	860181	356226	45474	604780
医药制造业	2749	155320	184109	164751	43771	6207	129576
化学纤维制造业	27477	358566	395301	384937	59458	17895	319522
橡胶制品业	9412	264553	298872	278636	47226	16581	203848
塑料制品业	30366	256410	284605	253547	70566	15194	213197
非金属矿物制品业	22337	942157	1182532	1043794	351984	53031	851443
黑色金属冶炼及压延加工业	20001	1406652	1723070	1671185	451062	62495	988951
有色金属冶炼及压延加工业	41743	497547	571126	501698	146198	28038	416778
金属制品业	11339	105949	130675	109916	33536	4681	94221
普通机械制造业	25588	355612	478445	389488	162325	19475	319426
专用设备制造业	10002	221731	289400	241474	100983	11252	187345
交通运输设备制造业	60513	504498	492999	413923	133131	20901	348227
电气机械及器材制造业	39992	567794	665841	632326	170388	34682	484492
电子及通信设备制造业	7626	113236	146759	127101	46736	7086	96583
仪器仪表及文化、办公用机械制造业	2966	35104	44966	33364	19594	1754	28959
其他制造业	713	17926	21238	18949	4199	782	16410
电力、蒸汽、热水的生产和供应业	138615	1925085	2993918	2847031	1161008	157615	1065983
煤气生产和供应业	1867	79469	93233	78196	20886	5742	63786
自来水的生产和供应业	2730	195091	253883	223372	71116	12919	170725

13—6 续表 4

单位：万元

指标	年末所有者权益合计	实收资本	无形及递延资产合计	无形资产	年末负债合计	长期负债	流动负债
总计	**10219716**	**7432027**	**1070792**	**623073**	**17753895**	**5663614**	**11974237**
一、内资企业	9362814	6531967	979033	561747	16448606	5304456	11044154
国有企业	4797122	3327612	309141	163223	8495488	2941021	5492600
中央企业	1855654	1161393	66547	36483	2919662	1243841	1675821
地方企业	2941468	2166219	242594	126739	5575826	1697180	3816780
集体企业	428627	430210	64664	45211	1603604	292539	1297544
股份合作企业	146121	136464	36144	30960	516086	121788	391994
联营企业	37785	30833	7560	5636	117122	50468	61480
国有联营企业	19678	16435	4531	4505	87889	47970	39919
集体联营企业	9228	7499	558	421	10518	665	9853
国有与集体联营企业	3097	2423	513	404	10817	1396	9420
其他联营企业	5781	4476	1959	305	7899	438	2288
有限责任公司	1922693	1370285	369349	162365	3699395	1330933	2354906
国有独资公司	1215312	774233	191280	13301	2196631	898583	1292348
其他有限责任公司	707380	596051	178068	149065	1502764	432350	1062558
股份有限公司	1874329	1072341	154286	127381	1674468	505524	1167860
私营经济	173897	149731	31456	22253	232194	40429	190761
私营独资企业	89849	82621	16888	10423	110742	14940	95549
私营合伙企业	6571	7637	452	377	13605	4030	9575
私营有限责任公司	70403	53504	12490	11131	92791	19548	72493
私营股份有限公司	7073	5969	1626	323	15056	1911	13145
其他企业	−17758	14493	6433	4719	110250	21753	87009
港、澳、台商投资企业	215129	240983	14424	8774	529752	178990	338103
合资经营企业（港或澳、台资）	204983	228427	14231	8652	491188	175331	314453
合作经营企业（港或澳、台资）	−698	162	51	16	2182	957	1225
港澳台商独资经营企业	7158	8224	135	106	12942	1988	10954
港澳台商投资股份有限公司	3687	4171	8		23440	715	11471
外商投资企业	641773	659077	77335	52553	775536	180168	591980
中外合资经营企业	251942	338554	33411	24679	419879	100414	318409
中外合作经营企业	19643	25193	3800	3235	24780	715	24065
外资企业	259392	271779	33596	18126	286997	78789	205875
外商投资股份有限公司	110796	23550	6528	6514	43882	250	43632
二、独资企业	5582149	4120446	424424	237088	10509773	3329278	7102522
国有企业	4797122	3327612	309141	163223	8495488	2941021	5492600
集体企业	428627	430210	64664	45211	1603604	292539	1297544
私营独资企业	89849	82621	16888	10423	110742	14940	95549
港澳台商独资经营企业	7158	8224	135	106	12942	1988	10954
外资企业	259392	271779	33596	18126	286997	78789	205875
合作、合伙企业	191663	214781	54440	44941	784024	199711	575346
股份合作企业	146121	136464	36144	30960	516086	121788	391994
国有联营企业	19678	16435	4531	4505	87889	47970	39919
集体联营企业	9228	7499	558	421	10518	665	9853
国有与集体联营企业	3097	2423	513	404	10817	1396	9420
其他联营企业	5781	4476	1959	305	7899	438	2288
私营合伙企业	6571	7637	452	377	13605	4030	9575
合作经营企业（港或澳、台资）	−698	162	51	16	2182	957	1225
中外合作经营企业	19643	25193	3800	3235	24780	715	24065
其他企业（内资）	−17758	14493	6433	4719	110250	21753	87009
股份有限公司	1995884	1106031	162448	134217	1756846	508401	1236108
股份有限公司（内资）	1874329	1072341	154286	127381	1674468	505524	1167860
私营股份有限公司	7073	5969	1626	323	15056	1911	13145
港澳台商投资股份有限公司	3687	4171	8		23440	715	11471
外商投资股份有限公司	110796	23550	6528	6514	43882	250	43632
有限责任公司	2450021	1990769	429481	206827	4703253	1626225	3060261
国有独资公司	1215312	774233	191280	13301	2196631	898583	1292348
私营有限责任公司	70403	53504	12490	11131	92791	19548	72493
合资经营企业（港或澳、台资）	204983	228427	14231	8652	491188	175331	314453
中外合资经营企业	251942	338554	33411	24679	419879	100414	318409
其他有限责任公司	707380	596051	178068	149065	1502764	432350	1062558
国有控股企业	8495733	5638594	723007	365051	13463037	4745891	8647488
农村工业	335929	250222	48396	34008	644779	164186	477027

13—6　续表 5　　　　单位：万元

指　　标	年末所有者权益合计	实收资本	无形及递延资产合计	无形资产	年末负债合计	长期负债	流动负债
按轻重工业分							
轻工业	2688690	2031976	362830	256660	6424252	1318338	5036999
以农产品为原料	1364483	1095957	200828	146290	4511541	878751	3566409
以非农产品为原料	1324207	936019	162002	110370	1912712	439588	1470590
重工业	7531026	5400051	707961	366413	11329642	4345276	6937238
采掘工业	1903920	1488436	242697	21475	2100229	965336	1131449
原料工业	3769071	2519921	256808	186869	5148757	2320329	2806419
加工工业	1858036	1391693	208456	158070	4080657	1059611	2999370
特大型企业	4188897	2584013	359712	101742	4301795	2045294	2254227
大一型企业	1549764	997521	162569	142930	2246393	811910	1434008
大二型企业	1499392	1125492	126158	92737	2945403	844545	2076068
中一型企业	292022	184411	28014	24715	569046	161386	397231
中二型企业	712094	601703	98988	67689	2375098	603080	1749542
小型企业	1977548	1938888	295352	193261	5316160	1197400	4063162
按行业分							
煤炭采选业	916028	818232	234394	17233	1770239	935265	834974
黑色金属矿采选业	934894	635324	1943	84	238782	－601	237110
有色金属矿采选业	24267	15901	4037	3256	52481	19716	32764
非金属矿采选业	31206	23547	1778	933	56195	25312	29714
木材及竹材采运业	5598	1872	637	10	2929	511	2418
食品加工业	124419	161361	41119	31291	761313	138039	613397
食品制造业	98603	38893	7814	6127	178498	37970	139670
饮料制造业	401521	208401	44057	32851	909066	149329	746198
烟草加工业	240513	136885	2055	896	318000	30925	287075
纺织业	281782	304122	52168	31918	1571922	335423	1216549
服装及其他纤维制品制造业	27543	26822	5853	4993	99735	12781	85885
皮革、毛皮、羽绒及其制品业	－2276	29102	7637	4247	159248	27332	117095
木材加工及竹、藤、棕、草制品业	43849	40045	4094	2334	73359	27583	45541
家具制造业	27812	22698	7204	6770	21796	9468	11567
造纸及纸制品业	79369	95298	21408	17692	306653	91767	209663
印刷业	30219	27867	2415	1672	60475	13647	46609
文教体育用品制造业	10724	8181	2686	2545	25184	2280	22904
石油加工及炼焦业	237939	114788	3532	3068	326284	45570	277714
化学原料及化学制品制造业	390454	316683	44565	30472	1184165	381619	791333
医药制造业	77005	70531	18736	14174	263169	64972	198156
化学纤维制造业	192152	132461	19064	14931	299685	143173	156512
橡胶制品业	212296	186998	18140	15976	264405	94025	170379
塑料制品业	217126	149993	11950	8193	324357	89729	232230
非金属矿物制品业	569215	479569	105761	89050	1003761	341212	660384
黑色金属冶炼及压延加工业	1368623	793238	99315	81738	878284	276451	601823
有色金属冶炼及压延加工业	196168	159159	44457	15717	743481	291569	451181
金属制品业	83273	93868	12980	7795	168052	41596	126301
普通机械制造业	308993	194728	31297	24632	645222	150558	493074
专用设备制造业	198213	155286	22558	19319	428826	65589	349680
交通运输设备制造业	352858	248613	40472	36158	933109	153801	778501
电气机械及器材制造业	734132	493844	116141	70495	999082	165231	831138
电子及通信设备制造业	67255	62402	7128	5463	230178	54122	175892
仪器仪表及文化、办公用机械制造业	38888	28959	4207	3369	64668	21711	42957
其他制造业	16516	12422	749	605	33230	5185	28034
电力、蒸汽、热水的生产和供应业	1429123	965978	24603	14376	2175767	1333361	834928
煤气生产和供应业	66016	61068	2446	1584	52756	20525	32231
自来水的生产和供应业	174554	110656	1366	1109	96452	50219	46220

13—6　续表6　　　单位：万元

指　　标	产品销售收入	产品销售税金及附加	产品销售利润	财务费用	营业利润	利润总额	利税总额	全部从业人员平均人数（万人）
总　　计	**14882915**	**425399**	**1502590**	**540341**	**100501**	**127829**	**1380058**	**171**
一、内资企业	13496793	406901	1384458	486984	66043	99888	1267706	164
国有企业	6423284	333411	609146	230481	－33370	－4974	746203	70
中央企业	2971627	250244	223790	86889	33667	48581	539550	13
地方企业	3451657	83167	385356	143591	－67037	－53555	206653	58
集体企业	1800747	18575	171819	67197	19923	11217	94488	30
股份合作企业	606812	7237	57952	22769	9327	10125	40591	8
联营企业	110893	1505	9614	2992	2170	1391	5897	1
国有联营企业	37600	1110	3804	2014	－94	－1239	785	
集体联营企业	28763	232	1624	428	845	1001	2066	
国有与集体联营企业	28811	80	2755	343	927	1013	1872	
其他联营企业	15720	82	1432	206	493	617	1174	
有限责任公司	2567115	26146	291705	92173	8513	21707	178821	35
国有独资公司	1178132	9033	148001	42244	963	13169	91406	20
其他有限责任公司	1388983	17113	143705	49929	7550	8538	87415	14
股份有限公司	1517146	15086	198983	58057	47637	51169	170212	15
私营经济	437224	4410	45241	10521	18133	16870	37272	5
私营独资企业	175394	2132	18670	4615	7407	7055	15379	2
私营合伙企业	33786	218	3014	706	1028	1111	3117	
私营有限责任公司	205435	1786	21580	4473	9476	8535	17729	2
私营股份有限公司	22609	275	1977	727	222	169	1048	
其他企业	33573	530	－3	2794	－6291	－7617	－5778	1
港、澳、台商投资企业	436872	1808	16157	27974	701	858	26145	3
合资经营企业（港或澳、台资）	405351	1758	14855	26974	649	1025	24938	3
合作经营企业（港或澳、台资）	538		－70	76	－183	－183	－183	
港澳台商独资经营企业	18017	33	1293	600	194	289	1123	
港澳台商投资股份有限公司	12967	17	78	325	41	－273	266	
外商投资企业	949250	16690	101976	25383	33757	27083	86207	4
中外合资经营企业	520509	1094	45849	19456	3416	－4484	20315	3
中外合作经营企业	20083	43	2019	1209	－627	－607	659	
外资企业	319844	6330	26489	6086	9684	10343	25806	1
外商投资股份有限公司	88815	9224	27619	－1368	21285	21831	39427	1
二、独资企业	8737285	360480	827418	308978	3838	23930	882999	103
国有企业	6423284	333411	609146	230481	－33370	－4974	746203	70
集体企业	1800747	18575	171819	67197	19923	11217	94488	30
私营独资企业	175394	2132	18670	4615	7407	7055	15379	2
港澳台商独资经营企业	18017	33	1293	600	194	289	1123	
外资企业	319844	6330	26489	6086	9684	10343	25806	1
合作、合伙企业	805685	9532	72526	30546	5425	4221	44303	11
股份合作企业	606812	7237	57952	22769	9327	10125	40591	8
国有联营企业	37600	1110	3804	2014	－94	－1239	785	
集体联营企业	28763	232	1624	428	845	1001	2066	
国有与集体联营企业	28811	80	2755	343	927	1013	1872	
其他联营企业	15720	82	1432	206	493	617	1174	
私营合伙企业	33786	218	3014	706	1028	1111	3117	
合作经营企业（港或澳、台资）	538		－70	76	－183	－183	－183	
中外合作经营企业	20083	43	2019	1209	－627	－607	659	
其他企业（内资）	33573	530	－3	2794	－6291	－7617	－5778	1
股份有限公司	1641537	24602	228657	57741	69184	72896	210953	16
股份有限公司（内资）	1517146	15086	198983	58057	47637	51169	170212	15
私营股份有限公司	22609	275	1977	727	222	169	1048	
港澳台商投资股份有限公司	12967	17	78	325	41	－273	266	
外商投资股份有限公司	88815	9224	27619	－1368	21285	21831	39427	1
有限责任公司	3698409	30784	373989	143076	22053	26783	241803	42
国有独资公司	1178132	9033	148001	42244	963	13169	91406	20
私营有限责任公司	205435	1786	21580	4473	9476	8535	17729	2
合资经营企业（港或澳、台资）	405351	1758	14855	26974	649	1025	24938	3
中外合资经营企业	520509	1094	45849	19456	3416	－4484	20315	3
其他有限责任公司	1388983	17113	143705	49929	7550	8538	87415	14
国有控股企业	10069915	379167	1053212	369746	37602	80501	1104322	112
农村工业	1202372	13975	121163	34641	57728	54670	107025	13

13—6　续表 7　　　　单位：万元

指　　标	产品销售收入	产品销售税金及附加	产品销售利润	财务费用	营业利润	利润总额	利税总额	全部从业人员平均人数（万人）
按轻重工业分								
轻工业	5964490	323532	522353	199901	33120	40801	651043	65
以农产品为原料	4092141	308658	341071	127054	10921	17300	524751	49
以非农产品为原料	1872348	14874	181283	72847	22199	23501	126292	17
重工业	8918425	101867	980237	340440	67381	87029	729015	106
采掘工业	944542	18023	193649	44531	-5414	-11344	83250	33
原料工业	4650473	58335	380016	170099	37125	43610	432597	32
加工工业	3323411	25509	406572	125811	35670	54763	213168	41
特大型企业	3262344	59490	328353	110251	28529	21651	349166	34
大一型企业	1592690	30401	230969	75906	53353	81004	208240	12
大二型企业	2836480	213066	303048	87043	56238	66732	445397	25
中一型企业	437250	21716	53274	15524	2492	9549	56101	6
中二型企业	1644565	44483	161248	65550	-30318	-25861	90495	27
小型企业	5109586	56242	425698	186067	-9793	-25247	230659	68
按行业分								
煤炭采选业	738989	9316	158969	38902	-8025	-15069	61394	27
黑色金属矿采选业	89957	6621	17409	2109	1563	1190	12899	3
有色金属矿采选业	47779	725	9389	2104	-991	-506	2171	1
非金属矿采选业	81160	2350	10344	2331	3113	4022	9865	2
木材及竹材采运业	2806	102	499	55	-303	-218	77	
食品加工业	912316	5881	52957	24355	1175	1533	22121	7
食品制造业	136110	1209	15951	4098	4277	4683	12125	2
饮料制造业	776750	84806	88496	16317	29904	31415	163671	7
烟草加工业	525159	206104	37683	4966	3979	9633	267550	2
纺织业	1007625	4902	74362	50782	-35422	-34675	17447	20
服装及其他纤维制品制造业	111999	533	8439	3321	204	338	5901	2
皮革、毛皮、羽绒及其制品业	164187	1143	11645	7996	109	-475	4890	2
木材加工及竹、藤、棕、草制品业	159630	1075	15374	3748	7529	7689	15080	2
家具制造业	29832	497	5139	1184	1732	1699	2934	
造纸及纸制品业	192886	1215	19512	6920	-2599	-3463	6844	3
印刷业	51113	692	7959	1705	-72	372	4664	1
文教体育用品制造业	52236	209	4908	1034	855	978	2997	1
石油加工及炼焦业	544730	36751	68516	21925	11577	10818	83082	1
化学原料及化学制品制造业	950414	5497	78722	32632	-16079	-7434	33649	12
医药制造业	192603	1002	24232	10699	-3086	-3905	6706	3
化学纤维制造业	143737	758	11674	19279	-17539	-12773	-3503	1
橡胶制品业	207111	8173	29519	7794	6443	6116	23366	2
塑料制品业	421377	3594	59141	14083	29767	29856	49422	3
非金属矿物制品业	745284	6610	82747	35804	-5306	-3286	47623	14
黑色金属冶炼及压延加工业	883748	5881	76857	23767	-482	-3095	68632	8
有色金属冶炼及压延加工业	762139	1054	68667	37949	-684	-502	18649	4
金属制品业	167158	1498	14451	5990	-697	-1538	5639	3
普通机械制造业	459274	2267	71203	23209	8632	13170	37574	8
专用设备制造业	366503	1217	40009	10676	2573	2960	14806	5
交通运输设备制造业	827903	8491	99998	29866	10017	19410	60497	7
电气机械及器材制造业	927685	3312	93408	31076	27836	18262	71963	5
电子及通信设备制造业	293646	724	23337	7324	3133	5638	16877	2
仪器仪表及文化、办公用机械制造业	48510	423	10129	1	4272	4909	7830	1
其他制造业	78007	1075	5350	1555	2897	2701	6022	2
电力、蒸汽、热水的生产和供应业	1666771	9082	91987	50119	38602	43099	219093	8
煤气生产和供应业	35971	65	-4482	1111	-8055	-4865	-3952	1
自来水的生产和供应业	57594	545	12449	2081	-152	-368	3912	1

13—7 全部国有及规模以上非国有工业企业主要经济效益指标

(1999 年)

指　　标	全员劳动生产率 (元/人年)	资产负债率 (%)	流动资产周转次数 (次/年)	每百元销售收入实现的利税 (元)	工业增加值率 (%)	每百元固定资产原价实现的利税 (%)	资金利税率 (%)	产值利税率 (%)
总　　计	**28867**	**63.47**	**1.47**	**9.27**	**27.98**	**7.91**	**6.62**	**9.00**
一、内资企业	27704	63.73	1.46	9.39	28.46	7.95	6.64	9.16
国有企业	31518	63.91	1.57	11.62	31.96	8.76	8.43	12.63
中央企业	86650	61.14	3.01	18.16	38.94	15.11	23.28	23.96
地方企业	19579	65.46	1.11	5.99	27.27	4.18	3.16	5.65
集体企业	19066	78.91	1.62	5.25	25.45	9.81	5.21	4.73
股份合作企业	24180	77.93	2.11	6.69	25.45	10.59	7.18	5.96
联营企业	35624	75.61	2.29	5.32	22.02	12.26	7.06	4.90
国有联营企业	30482	81.71	1.37	2.09	15.60	3.80	1.84	1.76
集体联营企业	40247	53.26	3.14	7.18	26.08	18.41	11.56	6.40
国有与集体联营企业	61847	77.74	3.58	6.50	27.77	28.61	15.08	6.12
其他联营企业	15083	57.74	4.25	7.47	20.05	12.16	11.24	9.31
有限责任公司	22315	65.80	1.21	6.97	23.24	5.28	3.97	6.20
国有独资公司	16808	64.38	0.98	7.76	22.41	4.30	3.47	6.95
其他有限责任公司	30051	67.99	1.51	6.29	23.93	6.94	4.69	5.57
股份有限公司	42666	47.18	1.07	11.22	31.17	7.12	5.92	9.79
私营经济	27186	57.18	2.69	8.52	24.64	17.35	11.58	7.98
私营独资企业	23752	55.21	2.71	8.77	22.34	12.64	10.30	8.21
私营合伙企业	25821	67.43	4.05	9.22	29.94	22.66	16.30	8.62
私营有限责任公司	32970	56.86	2.56	8.63	25.87	26.81	13.20	8.01
私营股份有限公司	15917	68.04	2.44	4.63	22.98	7.89	5.51	4.74
其他企业	8800	119.20	0.80	-17.21	19.54	-11.09	-7.26	-12.81
港、澳、台商投资企业	38657	71.12	1.95	5.98	20.95	3.63	4.46	5.74
合资经营企业（港或澳、台资）	40663	70.56	2.00	6.15	20.81	3.65	4.57	5.88
合作经营企业（港或澳、台资）	10051	147.08	1.05	-33.93	21.04	-22.23	-15.66	-32.40
港澳台商独资经营企业	32070	64.39	1.79	6.24	24.22	7.16	5.42	6.27
港澳台商投资股份有限公司	18180	86.41	1.11	2.05	21.24	1.27	1.42	2.02
外商投资企业	65073	54.72	1.60	9.08	24.58	11.02	7.31	8.24
中外合资经营企业	48189	62.50	1.98	3.90	21.77	5.02	3.55	3.99
中外合作经营企业	36506	55.78	1.40	3.28	34.67	2.00	1.71	2.91
外资企业	100988	52.53	1.58	8.07	21.44	8.67	6.13	6.20
外商投资股份有限公司	91986	28.37	0.78	44.39	49.02	83.60	26.49	39.99
二、独资企业	28463	65.31	1.59	10.11	29.79	8.91	7.85	10.36
国有企业	31518	63.91	1.57	11.62	31.96	8.76	8.43	12.63
集体企业	19066	78.91	1.62	5.25	25.45	9.81	5.21	4.73
私营独资企业	23752	55.21	2.71	8.77	22.34	12.64	10.30	8.21
港澳台商独资经营企业	32070	64.39	1.79	6.24	24.22	7.16	5.42	6.27
外资企业	100988	52.53	1.58	8.07	21.44	8.67	6.13	6.20
合作、合伙企业	23824	80.36	2.01	5.50	25.09	8.34	5.63	4.89
股份合作企业	24180	77.93	2.11	6.69	25.45	10.59	7.18	5.96
国有联营企业	30482	81.71	1.37	2.09	15.60	3.80	1.84	1.76
集体联营企业	40247	53.26	3.14	7.18	26.08	18.41	11.56	6.40
国有与集体联营企业	61847	77.74	3.58	6.50	27.77	28.61	15.08	6.12
其他联营企业	15083	57.74	4.25	7.47	20.05	12.16	11.24	9.31
私营合伙企业	25821	67.43	4.05	9.22	29.94	22.66	16.30	8.62
合作经营企业（港或澳、台资）	10051	147.08	1.05	-33.93	21.04	-22.23	-15.66	-32.40
中外合作经营企业	36506	55.78	1.40	3.28	34.67	2.00	1.71	2.91
其他企业（内资）	8800	119.20	0.80	-17.21	19.54	-11.09	-7.26	-12.81
股份有限公司	43712	46.82	1.06	12.85	31.97	8.53	6.89	11.27
股份有限公司（内资）	42666	47.18	1.07	11.22	31.17	7.12	5.92	9.79
私营股份有限公司	15917	68.04	2.44	4.63	22.98	7.89	5.51	4.74
港澳台商投资股份有限公司	18180	86.41	1.11	2.05	21.24	1.27	1.42	2.02
外商投资股份有限公司	91986	28.37	0.78	44.39	49.02	83.60	26.49	39.99
有限责任公司	25559	65.75	1.39	6.54	22.94	5.33	4.20	5.99
国有独资公司	16808	64.38	0.98	7.76	22.41	4.30	3.47	6.95
私营有限责任公司	32970	56.86	2.56	8.63	25.87	26.81	13.20	8.01
合资经营企业（港或澳、台资）	40663	70.56	2.00	6.15	20.81	3.65	4.57	5.88
中外合资经营企业	48189	62.50	1.98	3.90	21.77	5.02	3.55	3.99
其他有限责任公司	30051	67.99	1.51	6.29	23.93	6.94	4.69	5.57
国有控股企业	30735	61.31	1.38	10.97	29.56	7.72	7.01	11.09
农村工业	27666	65.75	2.89	8.90	25.84	19.39	12.87	8.55

13—7　续表

指　标	全员劳动生产率（元/人年）	资产负债率（%）	流动资产周转次数（次/年）	每百元销售收入实现的利税（元）	工业增加值率（%）	每百元固定资产原价实现的利税（%）	资金利税率（%）	产值利税率（%）
按轻重工业分								
轻工业	32277	70.50	1.38	10.92	28.16	13.80	8.34	9.83
以农产品为原料	30464	76.78	1.42	12.82	28.96	17.62	10.29	11.53
以非农产品为原料	37611	59.09	1.31	6.75	26.42	7.26	4.66	6.09
重工业	26757	60.07	1.54	8.17	27.84	5.72	5.59	8.36
采掘工业	13014	52.45	1.09	8.81	37.66	3.19	3.08	8.52
原料工业	45943	57.74	2.19	9.30	29.94	6.15	7.85	10.75
加工工业	23067	68.71	1.19	6.41	22.77	6.91	4.41	5.74
特大型企业	34669	50.66	1.95	10.70	35.66	5.80	7.89	13.20
大一型企业	50354	59.18	1.04	13.07	30.15	9.27	6.86	11.97
大二型企业	37712	66.27	1.52	15.70	26.39	15.48	11.76	14.44
中一型企业	35186	66.09	1.22	12.83	36.23	11.15	8.01	11.17
中二型企业	19274	76.93	1.17	5.50	24.56	5.14	3.44	4.89
小型企业	22272	72.89	1.56	4.51	24.55	5.69	3.68	4.18
按行业分								
煤炭采选业	11792	65.90	1.09	8.31	36.12	2.74	2.70	8.16
黑色金属矿采选业	22289	20.34	0.65	14.34	56.97	4.47	4.03	12.54
有色金属矿采选业	13663	68.38	2.27	4.54	26.69	4.90	4.24	4.26
非金属矿采选业	17854	64.30	2.81	12.16	32.11	17.22	13.90	11.02
木材及竹材采运业	7552	34.35	0.83	2.74	24.27	2.05	1.29	2.27
食品加工业	36945	85.95	2.31	2.42	21.02	4.54	2.83	2.06
食品制造业	21748	64.42	1.15	8.91	22.46	11.34	6.08	8.17
饮料制造业	49315	69.36	1.07	21.07	31.63	30.46	13.95	19.01
烟草加工业	200791	56.94	1.97	50.95	51.10	69.01	50.21	50.11
纺织业	15606	84.80	1.06	1.73	24.51	1.91	1.10	1.54
服装及其他纤维制品制造业	23086	78.36	1.73	5.27	32.24	12.64	6.01	3.85
皮革、毛皮、羽绒及其制品业	23423	101.45	1.91	2.98	22.24	6.65	3.73	3.18
木材加工及竹、藤、棕、草制品业	25428	62.59	3.72	9.45	27.32	17.73	14.16	8.91
家具制造业	26572	43.94	2.06	9.83	24.95	11.56	8.06	10.52
造纸及纸制品业	18491	79.44	1.32	3.55	26.59	2.80	2.15	3.22
印刷业	17953	66.68	1.38	9.13	35.01	7.19	5.65	7.35
文教体育用品制造业	15941	70.13	2.52	5.74	29.09	19.95	9.81	4.65
石油加工及炼焦业	100764	57.83	2.41	15.25	21.28	15.00	29.03	14.83
化学原料及化学制品制造业	21877	75.20	1.43	3.54	22.14	3.37	2.65	3.22
医药制造业	23702	77.36	1.27	3.48	25.06	3.64	2.39	2.85
化学纤维制造业	25887	60.93	1.73	−2.44	16.61	−0.89	−0.87	−2.64
橡胶制品业	38143	55.47	1.15	11.28	30.93	7.82	6.09	9.69
塑料制品业	37867	59.90	1.87	11.73	23.86	17.36	11.28	11.35
非金属矿物制品业	18667	63.81	1.55	6.39	28.71	4.03	3.58	5.96
黑色金属冶炼及压延加工业	37950	39.09	1.15	7.77	26.21	3.98	3.91	7.18
有色金属冶炼及压延加工业	32638	79.12	2.31	2.45	16.10	3.27	2.50	2.94
金属制品业	19294	66.87	1.46	3.37	24.11	4.32	2.70	3.14
普通机械制造业	18334	67.62	0.90	8.18	26.48	7.85	4.52	7.28
专用设备制造业	20120	68.39	1.04	4.04	17.36	5.12	2.74	3.01
交通运输设备制造业	29841	72.56	1.26	7.31	20.13	12.27	6.02	7.05
电气机械及器材制造业	70431	57.64	1.01	7.76	29.15	10.81	5.12	6.78
电子及通信设备制造业	37236	77.39	1.73	5.75	19.08	11.50	6.34	5.33
仪器仪表及文化、办公用机械制造业	27865	62.45	0.88	16.14	32.80	17.41	9.33	15.45
其他制造业	11792	66.80	2.75	7.72	22.27	28.35	13.44	7.60
电力、蒸汽、热水的生产和供应业	82887	60.36	5.00	13.14	47.25	7.32	15.65	21.41
煤气生产和供应业	4659	44.42	1.04	−10.99	4.99	−4.24	−4.02	−9.58
自来水的生产和供应业	27416	35.59	0.92	6.79	51.64	1.54	1.68	6.11

13—8 全部国有工业企业主要经济指标

(1999年)

单位：万元

指标	企业单位数(个)	工业总产值(当年价格)	工业增加值(当年价格)	资产总计	流动资产合计	存货	流动资产年平均余额
总计	**1071**	**5907067**	**2221939**	**13292610**	**5196240**	**1227087**	**4089978**
按轻重工业分							
轻工业	590	2465387	871310	4068926	1813470	515976	1750336
以农产品为原料	452	2123687	777110	3112866	1543040	441618	1466046
以非农产品为原料	138	341701	94200	956059	270430	74358	284290
重工业	481	3441680	1350628	9223684	3382770	711110	2339642
采掘工业	26	398832	201684	1963868	383861	68322	362597
原料工业	163	2118531	907951	5208940	2036310	287015	1026691
加工工业	292	924317	240994	2050876	962599	355773	950355
特大型企业	5	1540802	764628	5049883	1772502	253594	766290
大一型企业	25	727348	248376	1724937	617950	175976	616028
大二型企业	79	1544561	616834	2260859	988474	255702	936883
中一型企业	28	230349	82112	525283	239239	44273	203857
中二型企业	188	888923	260303	1729219	753811	259817	752407
小型企业	746	975085	249685	2002429	824265	237726	814514
按行业分							
煤炭采选业	6	277525	127400	730029	224760	46025	211629
黑色金属矿采选业	2	89552	61013	1157988	137256	17603	131034
有色金属矿采选业	7	22325	7801	51212	13993	2958	11631
非金属矿采选业	6	28335	10418	44584	14626	4388	13618
木材及竹材采运业	6	3389	916	8527	3189	452	3365
食品加工业	189	448970	103355	408343	190768	58796	187048
食品制造业	48	92252	23971	232757	129514	20267	98997
饮料制造业	55	531241	194863	877289	528729	157214	471773
烟草加工业	11	512992	315641	516152	227626	58345	241451
纺织业	75	456395	114851	889296	375141	114556	377065
服装及其他纤维制品制造业	5	4375	1959	6490	3105	1630	3028
皮革、毛皮、羽绒及其制品业	6	5043	1614	29285	14538	8377	13885
木材加工及竹、藤、棕、草制品业	8	2934	1100	6860	3671	1336	3314
家具制造业	1	328	129	201	199	114	180
造纸及纸制品业	11	30198	8420	70427	31968	10026	33494
印刷业	39	28570	11487	49282	22205	4886	20013
文教体育用品制造业	6	1701	673	2303	1334	648	1316
石油加工及炼焦业	93	552541	136614	556779	206966	53255	223808
化学原料及化学制品制造业	27	427510	98435	794987	317904	79885	302506
医药制造业	7	86527	17211	140098	64453	19612	63092
化学纤维制造业	3	86151	9887	376269	44606	17476	50068
橡胶制品业	17	27333	9887	75158	19414	7631	41002
塑料制品业	70	91519	28180	156012	75028	15821	82295
非金属矿物制品业	6	233581	87172	576817	192075	50085	187070
黑色金属冶炼及压延加工业	4	55693	16088	112965	51795	23362	53608
有色金属冶炼及压延加工业	16	367872	90815	742592	250975	135682	239471
金属制品业	57	11631	3091	33901	19249	6987	17612
普通机械制造业	39	103575	29542	277516	157910	75457	154152
专用设备制造业	36	77801	20530	200377	107108	41462	105855
交通运输设备制造业	3	181061	49423	382324	212911	90867	221743
电气机械及器材制造业	23	64730	13992	128401	67593	25539	62729
电子及通信设备制造业	18	45509	11175	128815	60290	26914	59143
仪器仪表及文化、办公用机械制造业	8	11715	4052	51746	27075	11563	23270
其他制造业	4	928	41	2984	2041	1342	2270
电力、蒸汽、热水的生产和供应业	86	611050	372508	3073039	1283781	25704	274501
煤气生产和供应业	11	25317	-503	101422	32716	3484	32591
自来水的生产和供应业	60	56888	32256	251427	63592	2911	55737

13—8 续表 1

单位：万元

指标	长期投资	固定资产合计	固定资产原价	生产经营用	固定资产累计折旧	本年折旧	固定资产净值年平均余额
总计	**1083365**	**6500544**	**8515164**	**7462111**	**2878909**	**389663**	**4756932**
按轻重工业分							
轻工业	133453	1984946	2358957	2037425	610313	100940	1753184
以农产品为原料	100551	1360221	1608161	1350439	454421	66434	1199903
以非农产品为原料	32902	624726	750796	686986	155892	34506	553281
重工业	949912	4515598	6156207	5424686	2268597	288723	3003748
采掘工业	701978	821273	969073	693132	336465	38688	681263
原料工业	207435	2706477	3950735	3725557	1497171	203172	1522552
加工工业	40499	987848	1236399	1005998	434961	46863	799933
特大型企业	878936	2159461	3004732	2671600	1083663	142597	1012740
大一型企业	47972	1006828	1279222	1150388	498299	65179	782060
大二型企业	30324	1172448	1641970	1469778	572401	86295	1101040
中一型企业	10337	265736	321537	292617	100400	13311	219157
中二型企业	73546	856983	1008637	818189	301177	36294	699186
小型企业	42249	1039090	1259065	1059539	322970	45986	942747
按行业分							
煤炭采选业	10935	447690	648494	511647	218548	27778	476550
黑色金属矿采选业	686704	331756	280682	159674	106439	9617	175173
有色金属矿采选业	3551	29767	27459	15558	8597	960	19644
非金属矿采选业	326	27859	28119	21247	5683	1668	20914
木材及竹材采运业	478	2601	3744	1594	1248	213	2580
食品加工业	5076	192414	221063	191129	47395	5578	174327
食品制造业	2474	95170	83004	75792	20054	2879	60760
饮料制造业	9122	305997	348499	304260	95580	12557	306906
烟草加工业	12343	273847	362039	307738	105258	25406	249696
纺织业	69239	407399	482172	384268	148149	15975	336703
服装及其他纤维制品制造业	35	2966	3752	3519	1825	130	1950
皮革、毛皮、羽绒及其制品业	49	10032	12919	7568	4021	160	8757
木材加工及竹、藤、棕、草制品业	21	2785	3643	3018	1050	63	2525
家具制造业		2	4	4	2		2
造纸及纸制品业	635	34326	43063	31991	15813	1424	25909
印刷业	832	25139	34968	30927	11843	1871	22952
文教体育用品制造业	86	816	1097	815	368	54	741
石油加工及炼焦业	14632	331673	549376	544137	231963	30356	56188
化学原料及化学制品制造业	13953	434508	558519	469036	211492	22205	346174
医药制造业	1931	68126	84530	72401	19754	2792	53620
化学纤维制造业	26910	286721	316037	307878	33495	14835	265576
橡胶制品业	537	46977	54520	51393	11669	5026	37141
塑料制品业	9510	69454	73832	65988	18095	3829	54958
非金属矿物制品业	7872	343574	440180	397674	176878	17673	284336
黑色金属冶炼及压延加工业	2221	54181	58999	53187	19644	1083	36882
有色金属冶炼及压延加工业	36676	416480	484918	431683	123999	24423	356707
金属制品业	447	13000	17792	13961	6146	571	11694
普通机械制造业	4569	105146	143968	115241	53751	3959	100594
专用设备制造业	2593	87336	126282	106007	53563	4280	74502
交通运输设备制造业	10518	151878	193051	149418	62630	6240	128143
电气机械及器材制造业	2764	51978	55814	46645	19922	2232	38035
电子及通信设备制造业	1592	62376	76904	61308	23343	2465	50895
仪器仪表及文化、办公用机械制造业	1756	20603	27551	19232	15299	1011	16744
其他制造业	4	937	1254	985	343	21	910
电力、蒸汽、热水的生产和供应业	138512	1485089	2317318	2214512	912609	122786	719969
煤气生产和供应业	1535	66850	79934	66822	20185	5110	53062
自来水的生产和供应业	2690	183558	237524	208674	65381	11873	159258

13—8 续表 2

单位：万元

指标	年末所有者权益合计	实收资本	无形及递延资产合计	无形资产	年末负债合计	长期负债	流动负债
总计	**4797122**	**3327612**	**309141**	**163223**	**8495488**	**2941021**	**5492600**
按轻重工业分							
轻工业	1094498	779681	117606	77197	2974428	769755	2172777
以农产品为原料	758918	528561	93678	58606	2353948	516940	1805125
以非农产品为原料	335580	251121	23928	18591	620480	252815	367652
重工业	3702624	2547931	191535	86026	5521060	2171266	3319823
采掘工业	1283760	906985	52196	3261	680108	161253	515765
原料工业	1940365	1262557	88099	51067	3268575	1557856	1696521
加工工业	478499	378388	51240	31698	1572377	452157	1107537
特大型企业	2511531	1499930	95198	21654	2538353	1006624	1529455
大一型企业	618348	450976	39794	35868	1106588	497984	608599
大二型企业	707829	553016	61811	38599	1553030	529546	1002584
中一型企业	184602	111578	5131	3446	340681	93306	238473
中二型企业	390287	304659	35576	18187	1338932	375276	946988
小型企业	384525	407453	71630	45469	1617904	438285	1166502
按行业分							
煤炭采选业	329025	263539	46644	518	401004	144583	256420
黑色金属矿采选业	927377	631088	1517	29	230611	－1906	230244
有色金属矿采选业	16565	7472	3246	2688	34648	14118	20530
非金属矿采选业	13270	9453	245	57	31314	18815	11683
木材及竹材采运业	5598	1872	637	10	2929	511	2418
食品加工业	26587	58100	16104	11053	381757	71568	302282
食品制造业	82469	26391	5505	4374	150289	30773	118658
饮料制造业	220131	113796	26543	17743	657158	117929	526889
烟草加工业	220233	122701	944	332	295919	29996	265923
纺织业	184983	163973	35093	19338	704314	228075	465995
服装及其他纤维制品制造业	2858	3562	355	277	3632	206	3425
皮革、毛皮、羽绒及其制品业	－4727	3468	4667	2388	34012	11680	22332
木材加工及竹、藤、棕、草制品业	－351	1313	383	285	7210	2379	4831
家具制造业	5	4			196	100	96
造纸及纸制品业	4412	16054	3470	2631	66016	12104	53536
印刷业	17501	15567	810	442	31780	8019	23642
文教体育用品制造业	617	506	67	29	1686	120	1566
石油加工及炼焦业	234630	111250	3508	3068	322149	45570	273579
化学原料及化学制品制造业	166112	104447	11031	4443	628875	208344	410191
医药制造业	23683	15257	3580	2837	116415	30948	85428
化学纤维制造业	124062	92526	16208	13115	252207	137479	114728
橡胶制品业	21642	21315	8222	8096	53516	27736	25780
塑料制品业	61497	33692	2003	1131	94515	25289	69226
非金属矿物制品业	259056	178632	32487	26413	317762	94116	223460
黑色金属冶炼及压延加工业	25422	15727	569		87543	15752	71791
有色金属冶炼及压延加工业	151845	130434	38461	12804	590747	242089	348658
金属制品业	6090	12620	1139	1132	27811	2631	25180
普通机械制造业	32216	42210	5273	2136	245300	49832	195468
专用设备制造业	52365	50215	3271	2320	148012	30155	106794
交通运输设备制造业	90469	76992	6195	4534	291855	47591	244264
电气机械及器材制造业	17340	20610	4918	2444	111062	34327	76735
电子及通信设备制造业	13943	27323	4033	2942	114872	37580	77292
仪器仪表及文化、办公用机械制造业	10118	11120	1905	1757	41628	19796	21832
其他制造业	－380	831	2		3364	129	3234
电力、蒸汽、热水的生产和供应业	1223332	782732	18630	10919	1849507	1122797	724420
煤气生产和供应业	57074	50718	260		44348	14830	29518
自来水的生产和供应业	164988	103848	1195	940	86439	48313	38114

13—8　续表3　　　　单位：万元

指　　标	产品销售收入	产品销售税金及附加	产品销售利润	财务费用	营业利润	利润总额	利税总额	全部从业人员平均人数（万人）
总　　计	**6423284**	**333411**	**609146**	**230481**	**－33370**	**－4974**	**746203**	**70**
按轻重工业分								
轻工业	2252796	272487	180507	79312	－40622	－26843	375995	25
以农产品为原料	1939309	269616	143842	50516	－12631	－2216	380414	21
以非农产品为原料	313487	2871	36666	28797	－27991	－24628	－4420	5
重工业	4170488	60924	428639	151169	7253	21869	370208	45
采掘工业	367282	9909	87300	15098	73	－3913	37750	12
原料工业	2933698	46662	235797	90730	40064	48335	313489	16
加工工业	869508	4353	105542	45341	－32885	－22554	18970	17
特大型企业	2234619	50937	217979	66924	32328	29011	258233	18
大一型企业	705859	17826	84868	36788	2283	14625	76528	6
大二型企业	1494483	200225	154068	42882	31668	42982	349451	13
中一型企业	202039	18229	23452	7758	－5042	－666	31270	3
中二型企业	803183	31385	68435	30502	－33157	－29719	40075	14
小型企业	983102	14808	60344	45627	－61449	－61207	－9354	16
按行业分								
煤炭采选业	260545	2972	66224	11850	－586	－4830	23835	8
黑色金属矿采选业	78584	6475	15414	1756	1187	808	11559	3
有色金属矿采选业	19711	162	4537	1296	－65	437	1788	1
非金属矿采选业	21785	1290	3586	1111	609	654	3648	
木材及竹材采运业	2806	102	499	55	－303	－218	77	
食品加工业	354257	2632	12006	9452	－9654	－9380	－2014	3
食品制造业	86296	465	11166	3141	2307	2660	8038	1
饮料制造业	483443	57945	41658	12693	5458	5799	91636	4
烟草加工业	505064	205993	33426	4435	1256	6842	262777	1
纺织业	436072	2114	36897	16868	－7507	－4080	19633	9
服装及其他纤维制品制造业	2652	4	212	52	－295	－247	－113	
皮革、毛皮、羽绒及其制品业	5458	12	216	502	－1199	－1195	－1044	
木材加工及竹、藤、棕、草制品业	1971	11	85	240	－445	－419	－316	
家具制造业	344	2	43	9	1	1	24	
造纸及纸制品业	27320	185	2580	1970	－1634	－1513	－381	1
印刷业	24233	186	3906	523	－896	－711	1320	1
文教体育用品制造业	1338	8	141	10	－27	－21	80	
石油加工及炼焦业	537039	36736	68101	21826	11484	10894	83012	1
化学原料及化学制品制造业	388630	934	25171	15308	－19851	－13265	669	6
医药制造业	75815	297	10112	4460	－1165	－2170	1402	1
化学纤维制造业	94653	563	3363	17553	－22227	－18166	－11639	1
橡胶制品业	24323	1414	2971	687	89	146	2478	
塑料制品业	77110	59	17538	5251	7714	7800	11688	1
非金属矿物制品业	221303	1598	32700	7609	4205	5448	23456	4
黑色金属冶炼及压延加工业	52925	212	6037	570	78	115	2481	1
有色金属冶炼及压延加工业	566254	582	52638	29708	－3821	－4431	10989	3
金属制品业	11149	69	1093	524	－1467	－1418	－881	
普通机械制造业	92584	529	13946	7250	－7456	－9122	－3394	3
专用设备制造业	70062	237	9974	4124	－4247	－3875	－790	2
交通运输设备制造业	200476	1043	25846	9172	－6013	1067	12653	3
电气机械及器材制造业	56114	248	5696	2677	－1426	－4341	－1389	1
电子及通信设备制造业	42773	207	7012	4687	－4329	－2718	－918	1
仪器仪表及文化、办公用机械制造业	10054	68	1330	－341	－936	－617	185	
其他制造业	807	8	6	192	－366	－221	－136	
电力、蒸汽、热水的生产和供应业	1489721	7516	79710	29138	35089	39583	195341	7
煤气生产和供应业	25823	65	－3865	644	－6670	－3481	－2644	
自来水的生产和供应业	51575	467	11528	2004	－70	－299	3546	1

13—9 全部国有工业企业主要经济效益指标

（1999 年）

指标	全员劳动生产率（元/人年）	资产负债率（%）	流动资产周转次数（次/年）	每百元销售收入实现的利税（元）	工业增加值率（%）	每百元固定资产原价实现的利税（%）	资金利税率（%）	产值利税率（%）
总计	**31518**	**63.91**	**1.57**	**11.62**	**31.96**	**8.76**	**8.43**	**12.63**
按轻重工业分								
轻工业	34706	73.10	1.29	16.69	31.10	15.94	10.73	15.25
以农产品为原料	37907	75.62	1.32	19.62	32.18	23.66	14.27	17.91
以非农产品为原料	20458	64.90	1.10	−1.41	24.35	−0.59	−0.53	−1.29
重工业	29754	59.86	1.78	8.88	32.54	6.01	6.93	10.76
采掘工业	17007	34.63	1.01	10.28	43.63	3.90	3.62	9.47
原料工业	55668	62.75	2.86	10.69	34.28	7.93	12.30	14.80
加工工业	13992	76.67	0.91	2.18	23.17	1.53	1.08	2.05
特大型企业	42479	50.27	2.92	11.56	38.73	8.59	14.52	16.76
大一型企业	39571	64.15	1.15	10.84	29.83	5.98	5.47	10.52
大二型企业	48580	68.69	1.60	23.38	34.77	21.28	17.15	22.62
中一型企业	25625	64.86	0.99	15.48	31.35	9.73	7.39	13.58
中二型企业	18094	77.43	1.07	4.99	26.02	3.97	2.76	4.51
小型企业	15670	80.80	1.21	−0.95	22.52	−0.74	−0.53	−0.96
按行业分								
煤炭采选业	15017	54.93	1.23	9.15	39.13	3.68	3.46	8.59
黑色金属矿采选业	23819	19.91	0.60	14.71	59.96	4.12	3.77	12.91
有色金属矿采选业	13200	67.66	1.69	9.07	31.63	6.51	5.72	8.01
非金属矿采选业	30904	70.24	1.60	16.74	33.78	12.97	10.56	12.87
木材及竹材采运业	7552	34.35	0.83	2.74	24.27	2.05	1.29	2.27
食品加工业	34872	93.49	1.89	−0.57	21.66	−0.91	−0.56	−0.45
食品制造业	21518	64.57	0.87	9.31	22.67	9.68	5.03	8.71
饮料制造业	47664	74.91	1.02	18.95	31.86	26.29	11.77	17.25
烟草加工业	236506	57.33	2.09	52.03	52.23	72.58	53.50	51.22
纺织业	12781	79.20	1.16	4.50	21.93	4.07	2.75	4.30
服装及其他纤维制品制造业	15545	55.96	0.88	−4.27	40.17	−3.01	−2.27	−2.59
皮革、毛皮、羽绒及其制品业	9761	116.14	0.39	−19.13	28.39	−8.08	−4.61	−20.70
木材加工及竹、藤、棕、草制品业	11263	105.11	0.59	−16.02	34.12	−8.67	−5.41	−10.76
家具制造业	25216	97.61	1.91	6.89	33.45	640.54	13.01	7.23
造纸及纸制品业	13293	93.74	0.82	−1.39	24.83	−0.88	−0.64	−1.26
印刷业	15223	64.49	1.21	5.45	36.09	3.78	3.07	4.62
文教体育用品制造业	9982	73.21	1.02	6.00	35.04	7.32	3.90	4.72
石油加工及炼焦业	100348	57.86	2.40	15.46	21.27	15.11	29.65	15.02
化学原料及化学制品制造业	15178	79.11	1.28	0.17	20.81	0.12	0.10	0.16
医药制造业	15737	83.10	1.20	1.85	17.66	1.66	1.20	1.62
化学纤维制造业	19413	67.03	1.89	−12.30	9.60	−3.68	−3.69	−13.51
橡胶制品业	45395	71.20	0.59	10.19	31.16	4.55	3.17	9.07
塑料制品业	46060	60.58	0.94	15.16	28.04	15.83	8.52	12.77
非金属矿物制品业	22343	55.09	1.18	10.60	32.25	5.33	4.98	10.04
黑色金属冶炼及压延加工业	25836	77.50	0.99	4.69	24.91	4.21	2.74	4.46
有色金属冶炼及压延加工业	33153	79.55	2.36	1.94	20.61	2.27	1.84	2.99
金属制品业	8193	82.04	0.63	−7.90	22.85	−4.95	−3.01	−7.57
普通机械制造业	9402	88.39	0.60	−3.67	24.67	−2.36	−1.33	−3.28
专用设备制造业	8623	73.87	0.66	−1.13	23.45	−0.63	−0.44	−1.02
交通运输设备制造业	16453	76.34	0.90	6.31	23.32	6.55	3.62	6.99
电气机械及器材制造业	13803	86.50	0.89	2.47	18.88	−2.49	−1.38	−2.15
电子及通信设备制造业	12801	89.18	0.72	−2.15	21.63	−1.19	−0.83	−2.02
仪器仪表及文化、办公用机械制造业	9245	80.45	0.43	1.84	30.37	0.67	0.46	1.58
其他制造业	866	112.73	0.36	−16.80	3.98	−10.81	−4.26	−14.60
电力、蒸汽、热水的生产和供应业	79420	60.15	5.43	13.11	49.65	8.43	19.64	23.23
煤气生产和供应业	−1041	43.73	0.79	−10.24	−1.71	−3.31	−3.09	−10.44
自来水的生产和供应业	28854	34.38	0.93	6.88	53.70	1.49	1.65	6.23

13—10　全部规模以上集体工业企业主要经济指标

（1999 年）

单位：万元

指　标	企业单位数（个）	工业总产值（当年价格）	工业增加值（当年价格）	资产总计	流动资产合计	存货	流动资产年平均余额
总　计	**1109**	**1996117**	**563049**	**2032230**	**1130515**	**493318**	**1113900**
按轻重工业分							
轻工业	609	1127954	323097	1170054	671716	329375	668325
以农产品为原料	464	801397	230546	840533	518410	273844	526630
以非农产品为原料	145	326557	92551	329521	153306	55531	141695
重工业	500	868163	239952	862177	458799	163944	445574
采掘工业	69	103733	34959	119151	68953	22470	70980
原料工业	124	208100	52116	202248	83356	32877	80815
加工工业	307	556330	152877	540778	306490	108597	293780
大一型企业	4	41696	12621	55588	23759	6323	21821
大二型企业	10	145187	40226	168509	86866	27214	78562
中一型企业	6	32098	8590	42111	22943	8316	24030
中二型企业	65	221141	56779	307590	158957	71797	166643
小型企业	1024	1555994	444834	1458433	837989	379668	822844
按行业分							
煤炭采选业	33	40454	14878	82333	50638	17793	54117
黑色金属矿采选业	8	12526	5151	15129	8150	2042	8087
有色金属矿采选业	6	18719	4895	10447	4224	1258	3870
非金属矿采选业	22	32033	10036	11242	5941	1378	4906
食品加工业	102	159296	38498	95116	35247	14652	39118
食品制造业	8	13698	3611	9755	4288	1758	4010
饮料制造业	18	26825	8013	36448	22589	8415	21631
烟草加工业	4	16665	4243	25394	15119	4061	17378
纺织业	172	311004	94642	484313	343766	204875	351623
服装及其他纤维制品制造业	28	45279	15144	32978	18303	7517	17886
皮革、毛皮、羽绒及其制品业	30	97379	25109	48919	30451	13578	26685
木材加工及竹、藤、棕、草制品业	25	34086	11967	21619	7282	3899	6982
家具制造业	3	1617	368	732	285	114	299
造纸及纸制品业	56	58269	16073	61648	27787	10803	26913
印刷业	6	7850	3315	5636	3326	1046	3319
文教体育用品制造业	6	24249	8014	9590	5872	1750	5534
石油加工及炼焦业	1	521	55	453	375	203	375
化学原料及化学制品制造业	72	106685	27316	74177	43654	16293	42714
医药制造业	22	42476	14371	33003	15028	5773	15428
化学纤维制造业	6	9608	2855	10809	2210	795	1921
橡胶制品业	10	15922	3882	19474	10858	5659	10552
塑料制品业	65	175513	51338	165510	73937	19866	67979
非金属矿物制品业	126	194114	58589	217508	83596	31809	79238
黑色金属冶炼及压延加工业	28	55444	9780	45732	26771	13874	25895
有色金属冶炼及压延加工业	11	21099	3731	12225	4906	1417	5008
金属制品业	53	84488	21279	83348	44601	17397	42326
普通机械制造业	49	100561	32311	135701	68095	29743	64897
专用设备制造业	24	45810	9599	50278	32031	15469	28125
交通运输设备制造业	19	46079	12180	49262	31242	10202	29843
电气机械及器材制造业	62	147515	39052	141668	86789	22540	85154
电子及通信设备制造业	4	4626	2072	9977	5341	1326	5329
仪器仪表及文化、办公用机械制造业	4	3885	1092	3776	1585	201	1572
其他制造业	22	38447	8777	24376	14293	5723	13396
电力、蒸汽、热水的生产和供应业	3	2724	642	2324	1853	74	1710
自来水的生产和供应业	1	652	174	1331	85	17	85

注：辖区内年产品销售收入在 500 万元及以上的集体工业企业，下同。

13—10 续表 1

单位：万元

指标	长期投资	固定资产合计	固定资产原价	生产经营用	固定资产累计折旧	本年折旧	固定资产净值年平均余额
总计	**51104**	**752499**	**963502**	**806893**	**271389**	**42675**	**701370**
按轻重工业分							
轻工业	30094	411215	513840	431899	136489	22049	379664
以农产品为原料	8666	272559	341267	282676	92449	14720	256888
以非农产品为原料	21428	138656	172574	149223	44040	7329	122776
重工业	21010	341284	449662	374994	134900	20625	321705
采掘工业	5707	39908	56276	45343	18941	2253	38483
原料工业	1870	108772	143854	125272	40885	6446	107267
加工工业	13433	192605	249532	204379	75075	11926	175956
大一型企业	11605	18766	25471	23367	7244	1123	18026
大二型企业	7913	58520	72348	59898	22399	3382	55313
中一型企业	983	16536	25486	16507	10327	1594	15373
中二型企业	7640	121277	160809	134566	49304	5197	114499
小型企业	22963	537400	679388	572556	182115	31379	498159
按行业分							
煤炭采选业	3003	25643	38040	28981	13367	1122	24271
黑色金属矿采选业	780	5796	7194	6527	2231	515	5325
有色金属矿采选业	1703	3806	5056	4736	1526	293	3600
非金属矿采选业	220	4663	5986	5099	1818	323	5287
食品加工业	312	49297	54655	50685	10963	2423	53235
食品制造业	106	4702	4927	4702	1489	194	3480
饮料制造业	419	12417	15784	12695	4331	651	11520
烟草加工业	896	9017	13909	8531	5864	1232	7455
纺织业	4720	115892	148265	123854	41641	6009	105174
服装及其他纤维制品制造业	493	11587	14100	9838	4031	543	11364
皮革、毛皮、羽绒及其制品业	783	16684	21437	17064	5667	1131	13386
木材加工及竹、藤、棕、草制品业	29	12785	14944	12965	3286	619	12584
家具制造业	15	433	518	517	106	37	385
造纸及纸制品业	749	29938	41490	31390	12601	1496	29654
印刷业	15	2040	2726	2249	686	136	2059
文教体育用品制造业	250	2913	3636	3136	799	244	2898
石油加工及炼焦业		78	123	123	52	18	78
化学原料及化学制品制造业	1096	27216	37283	31397	11215	1814	24769
医药制造业	102	16661	19448	18757	3422	568	15929
化学纤维制造业	384	7852	8900	7974	1455	423	7633
橡胶制品业	23	7823	10181	9610	2547	338	7656
塑料制品业	17319	69565	89362	78045	23716	3661	65711
非金属矿物制品业	1676	121187	159811	136354	46905	7586	119256
黑色金属冶炼及压延加工业	866	16122	21856	18604	7362	1097	14785
有色金属冶炼及压延加工业	295	5832	7584	7200	2099	403	5315
金属制品业	2312	31024	40326	30057	12811	1734	26289
普通机械制造业	2837	53253	64179	50531	20943	3034	43178
专用设备制造业	3052	13591	20452	17644	7440	1017	13184
交通运输设备制造业	270	13883	16735	14318	4076	852	12476
电气机械及器材制造业	2213	47380	58410	50064	12753	2375	41387
电子及通信设备制造业	3111	1251	1921	1630	671	89	1496
仪器仪表及文化、办公用机械制造业	540	1360	1531	1042	439	93	1106
其他制造业	516	9095	11042	9874	2623	504	8235
电力、蒸汽、热水的生产和供应业	1	470	780	701	311	39	417
自来水的生产和供应业		1246	912		145	65	795

13—10　续表2

单位：万元

指　　标	年末所有者权益合计	实收资本	无形及递延资产合计	无形资产	年末负债合计	长期负债	流动负债
总　计	**428627**	**430210**	**64664**	**45211**	**1603604**	**292539**	**1297544**
按轻重工业分							
轻工业	200518	222701	29553	18365	969535	147965	812351
以农产品为原料	85681	139346	17473	13319	754852	101270	646817
以非农产品为原料	114837	83355	12080	5045	214684	46696	165533
重工业	228108	207509	35111	26846	634069	144574	485194
采掘工业	23188	34814	3816	696	95963	13848	82115
原料工业	43314	52752	6665	5297	158934	45675	111661
加工工业	161606	119944	24631	20853	379172	85051	291417
大一型企业	26771	16861	961	254	28816	3390	24957
大二型企业	67323	30952	15199	11411	101186	25452	75733
中一型企业	15060	11632	1648	1510	27051	6978	20073
中二型企业	52236	62890	9003	8240	255354	46620	206646
小型企业	267237	307875	37853	23795	1191196	210098	970136
按行业分							
煤炭采选业	3671	22304	2474	82	78662	11513	67149
黑色金属矿采选业	7289	4057	402	40	7840	1087	6753
有色金属矿采选业	6272	4915	714	568	4175	382	3793
非金属矿采选业	5956	3538	225	6	5286	866	4420
食品加工业	36151	25624	1479	773	58965	19274	39471
食品制造业	4276	1781	659	608	5478	1342	4136
饮料制造业	3125	4743	868	560	33323	8945	24378
烟草加工业	15100	9249	360	263	10294	−468	10762
纺织业	−30062	51115	6805	5031	514375	38607	469967
服装及其他纤维制品制造业	5586	6658	2595	2440	27392	3258	24134
皮革、毛皮、羽绒及其制品业	15934	13505	899	653	32986	4737	27928
木材加工及竹、藤、棕、草制品业	9785	7932	427	293	11834	3879	7943
家具制造业	380	271			352	18	334
造纸及纸制品业	15697	14728	2966	2531	45952	17698	27853
印刷业	2897	2557	170		2738	835	1904
文教体育用品制造业	3795	2021	273	273	5795	268	5527
石油加工及炼焦业	12	37			441		441
化学原料及化学制品制造业	14364	18420	1755	852	59813	14606	45020
医药制造业	12088	7865	1212	891	20914	6575	14339
化学纤维制造业	2706	2314	362	30	8102	4415	3687
橡胶制品业	3375	5449	612	305	16100	3669	12431
塑料制品业	70123	42593	3596	3132	95387	21695	71414
非金属矿物制品业	55102	56014	9787	8443	162406	45691	115069
黑色金属冶炼及压延加工业	12211	13482	1075	691	33522	8199	25314
有色金属冶炼及压延加工业	1424	3000	1105	534	10801	3750	7052
金属制品业	25024	19830	2747	126	58324	13601	44723
普通机械制造业	38260	22558	10779	9575	97441	25339	70679
专用设备制造业	12396	10662	1516	1476	37882	7844	30038
交通运输设备制造业	17789	12947	3156	2917	31473	3640	27833
电气机械及器材制造业	47137	32781	4934	1515	94531	14748	78570
电子及通信设备制造业	1872	1446	274	264	8104	3446	4658
仪器仪表及文化、办公用机械制造业	724	724	290	274	3051	94	2958
其他制造业	7488	4425	151	68	16888	2000	14876
电力、蒸汽、热水的生产和供应业	316	446			2008	146	1862
自来水的生产和供应业	361	224			970	842	128

13—10 续表3

单位：万元

指标	产品销售收入	产品销售税金及附加	产品销售利润	财务费用	营业利润	利润总额	利税总额	全部从业人员平均人数（万人）
总计	**1800747**	**18575**	**171819**	**67197**	**19923**	**11217**	**94488**	**30**
按轻重工业分								
轻工业	1017309	10950	87783	43496	1787	−5147	39501	14
以农产品为原料	714534	6431	53889	34502	−10900	−17521	12672	11
以非农产品为原料	302775	4519	33894	8994	12687	12374	26829	3
重工业	783438	7625	84036	23701	18137	16364	54987	15
采掘工业	107288	1902	13136	1528	630	1365	8115	6
原料工业	187910	2029	13903	7186	−47	−953	8210	3
加工工业	488241	3694	56997	14987	17553	15951	38662	7
大一型企业	38502	35	5237	872	2296	2555	4146	
大二型企业	131387	422	14228	3801	5791	5784	11527	1
中一型企业	30324	302	4272	614	−113	−153	1621	
中二型企业	182047	2832	17169	9170	−3913	−3912	5718	3
小型企业	1418487	14985	130915	52740	15862	6942	71476	24
按行业分								
煤炭采选业	46846	769	5284	732	−1792	−1601	2097	4
黑色金属矿采选业	10668	140	1836	265	357	364	1250	
有色金属矿采选业	18337	449	3181	85	472	483	1423	
非金属矿采选业	31437	543	2836	445	1592	2119	3345	1
食品加工业	147070	1253	13755	3317	8675	8143	12168	1
食品制造业	13404	274	1367	158	810	805	1582	
饮料制造业	23341	1395	2265	891	385	535	2805	
烟草加工业	17673	112	4681	−7	886	1047	2325	
纺织业	246313	1166	7977	23853	−30672	−36463	−25768	5
服装及其他纤维制品制造业	37667	333	1645	858	−120	−231	1508	1
皮革、毛皮、羽绒及其制品业	107518	635	8957	2326	4150	4457	7640	1
木材加工及竹、藤、棕、草制品业	32961	383	4633	752	3369	2959	4152	1
家具制造业	1561	2	186	20	130	129	166	
造纸及纸制品业	51546	339	4412	1661	−386	−496	2022	1
印刷业	6858	360	953	142	584	585	1282	
文教体育用品制造业	21147	117	2240	585	989	879	1312	
石油加工及炼焦业	575	2	25	5	−14	−12	−2	
化学原料及化学制品制造业	88272	1046	9027	2782	2438	3202	6470	1
医药制造业	39369	442	5397	1124	2068	1874	4219	
化学纤维制造业	8876	75	1116	394	442	439	829	
橡胶制品业	12332	123	951	517	−572	−678	−85	
塑料制品业	170790	2390	19819	3537	9861	8975	16979	1
非金属矿物制品业	181650	1797	17232	8109	2811	2024	11178	4
黑色金属冶炼及压延加工业	52142	500	2870	823	−123	−240	1886	1
有色金属冶炼及压延加工业	18307	97	1338	630	312	−79	378	
金属制品业	78399	837	6976	2063	983	739	4186	1
普通机械制造业	84323	358	13259	4791	2769	3198	7709	2
专用设备制造业	37811	237	3857	1077	62	15	1582	1
交通运输设备制造业	41524	689	5582	1281	1987	1957	3656	
电气机械及器材制造业	126078	1256	14020	3134	6117	5030	13210	1
电子及通信设备制造业	4296	25	547	69	−154	−374	57	
仪器仪表及文化、办公用机械制造业	3727	13	368	119	288	261	371	
其他制造业	34910	395	3094	643	1146	1090	2422	1
电力、蒸汽、热水的生产和供应业	2658	6	87	2	33	33	52	
自来水的生产和供应业	362	18	48	14	39	47	83	

13—11　全部规模以上集体工业企业主要经济效益指标

（1999年）

指　　标	全员劳动生产率（元/人年）	资产负债率（%）	流动资产周转次数（次/年）	每百元销售收入实现的利税（元）	工业增加值率（%）	每百元固定资产原价实现的利税（%）	资金利税率（%）	产值利税率（%）
总　　计	**19066**	**78.91**	**1.62**	**5.25**	**25.45**	**9.81**	**5.21**	**4.73**
按轻重工业分								
轻工业	22803	82.86	1.52	3.88	25.91	7.69	3.77	3.50
以农产品为原料	21602	89.81	1.36	1.77	26.11	3.71	1.62	1.58
以非农产品为原料	26469	65.15	2.14	8.86	25.43	15.55	10.14	8.22
重工业	15619	73.54	1.76	7.02	24.84	12.23	7.17	6.33
采掘工业	6092	80.54	1.51	7.56	30.35	14.42	7.41	7.82
原料工业	19751	78.58	2.33	4.37	22.48	5.71	4.36	3.95
加工工业	21884	70.12	1.66	7.92	24.70	15.49	8.23	6.95
大一型企业	55161	51.84	1.76	10.77	26.19	16.28	10.41	9.94
大二型企业	35601	60.05	1.67	8.77	24.61	15.93	8.61	7.94
中一型企业	22893	64.24	1.26	5.34	23.07	6.36	4.11	5.05
中二型企业	16846	83.02	1.09	3.14	23.06	3.56	2.03	2.59
小型企业	18210	81.68	1.72	5.04	25.90	10.52	5.41	4.59
按行业分								
煤炭采选业	3435	95.54	0.87	4.48	32.14	5.51	2.68	5.18
黑色金属矿采选业	12550	51.82	1.32	11.72	36.87	17.38	9.32	9.98
有色金属矿采选业	20548	39.97	4.74	7.76	22.85	28.15	19.05	7.60
非金属矿采选业	13228	47.02	6.41	10.64	29.95	55.88	32.82	10.44
食品加工业	34642	61.99	3.76	8.27	22.29	22.26	13.18	7.64
食品制造业	27838	56.16	3.34	11.80	23.48	32.11	21.12	11.55
饮料制造业	24452	91.43	1.08	12.02	27.11	17.77	8.46	10.46
烟草加工业	27716	40.54	1.02	13.15	21.58	16.71	9.36	13.95
纺织业	19037	106.21	0.70	−10.46	27.70	−17.38	−5.64	−8.29
服装及其他纤维制品制造业	19987	83.06	2.11	4.00	30.10	10.69	5.15	3.33
皮革、毛皮、羽绒及其制品业	29526	67.43	4.03	7.11	23.25	35.64	19.07	7.85
木材加工及竹、藤、棕、草制品业	17770	54.74	4.72	12.60	32.57	27.78	21.22	12.18
家具制造业	28338	48.09	5.22	10.66	21.89	32.10	24.31	10.29
造纸及纸制品业	17915	74.54	1.92	3.92	24.53	4.87	3.57	3.47
印刷业	50614	48.59	2.07	18.69	39.37	47.02	23.84	16.33
文教体育用品制造业	31208	60.43	3.82	6.21	30.76	36.09	15.56	5.41
石油加工及炼焦业	7800	97.40	1.53	−0.31	8.83	−1.47	−0.40	−0.35
化学原料及化学制品制造业	28034	80.64	2.07	7.33	23.74	17.35	9.59	6.06
医药制造业	36688	63.37	2.55	10.72	30.29	21.70	13.46	9.93
化学纤维制造业	25814	74.96	4.62	9.34	26.16	9.31	8.67	8.62
橡胶制品业	10620	82.67	1.17	−0.69	21.84	−0.83	−0.47	−0.53
塑料制品业	39896	57.63	2.51	9.94	26.30	19.00	12.70	9.67
非金属矿物制品业	15478	74.67	2.29	6.15	27.25	6.99	5.63	5.76
黑色金属冶炼及压延加工业	15264	73.30	2.01	3.62	15.74	8.63	4.64	3.40
有色金属冶炼及压延加工业	28701	88.35	3.66	2.06	15.93	4.98	3.66	1.79
金属制品业	17663	69.98	1.85	5.34	22.44	10.38	6.10	4.95
普通机械制造业	21425	71.81	1.30	9.14	28.44	12.01	7.13	7.67
专用设备制造业	15147	75.35	1.34	4.18	18.75	7.73	3.83	3.45
交通运输设备制造业	27066	63.89	1.39	8.80	23.10	21.84	8.64	7.93
电气机械及器材制造业	37918	66.73	1.48	10.48	23.53	22.62	10.44	8.96
电子及通信设备制造业	38657	81.23	0.81	1.33	40.78	2.98	0.84	1.24
仪器仪表及文化、办公用机械制造业	25762	80.82	2.37	9.96	25.11	24.24	13.86	9.55
其他制造业	9174	69.28	2.61	6.94	20.40	21.94	11.20	6.30
电力、蒸汽、热水的生产和供应业	61740	86.39	1.55	1.95	23.13	6.65	2.44	1.91
自来水的生产和供应业	37848	72.88	4.26	22.82	24.40	9.06	9.39	12.67

13—12 外商投资港澳台投资规模以上工业企业主要经济指标

（1999年）　　单位：万元

指　　标	企业单位数（个）	工业总产值（当年价格）	工业增加值（当年价格）	资产总计	流动资产合计	存　货	流动资产年平均余额
总　计	**224**	**1501768**	**402706**	**2162191**	**872035**	**326940**	**818687**
港、澳、台商投资企业	110	455657	110164	744882	242136	77873	224599
合资经营企业（港或澳、台资）	93	424014	101820	696171	220982	69206	202306
合作经营企业（港或澳、台资）	1	564	119	1483	466	184	513
港澳台商独资经营企业	12	17903	4971	20101	9441	5326	10076
港澳台商投资股份有限公司	4	13176	3254	27127	11246	3158	11704
外商投资企业	114	1046111	292542	1417309	629899	249067	594088
中外合资经营企业	79	508862	128247	671821	278706	101074	262920
中外合作经营企业	8	22601	8696	44422	16491	4841	14343
外资企业	25	416058	98504	546389	222036	87100	202365
外商投资股份有限公司	2	98591	57096	154677	112666	56052	114461
国有控股企业	40	551203	162971	820129	297474	114064	291045
按轻重工业分							
轻工业	130	732623	207428	891803	464615	188946	435661
以农产品为原料	78	350546	132999	473577	267201	108633	258220
以非农产品为原料	52	382077	74429	418226	197414	80313	177442
重工业	94	769145	195278	1270388	407420	137994	383026
采掘工业	2	1199	378	4487	1399	159	1207
原料工业	28	186990	61272	450935	60751	9324	55121
加工工业	64	580956	133628	814967	345271	128512	326698
特大型企业	1	111904	42246	329083	26042		20757
大一型企业	2	168627	68203	183750	127002	59727	130331
大二型企业	11	234204	40834	259066	110632	39789	106887
中一型企业	4	17713	6953	33358	15970	4404	15840
中二型企业	13	77297	19592	66243	40179	15284	37863
小型企业	193	892023	224878	1290692	552210	207735	507009
按行业分							
非金属矿采选业	2	1199	378	4487	1399	159	1207
食品加工业	12	56429	13139	66546	22491	8074	24299
食品制造业	4	5218	746	5517	3921	1673	3760
饮料制造业	3	106834	58201	172358	117111	58328	119027
烟草加工业	1	4237	1965	16967	7204	2807	7613
纺织业	13	44816	11283	41741	18901	7627	17501
服装及其他纤维制品制造业	24	59052	24728	60547	33162	7394	25796
皮革、毛皮、羽绒及其制品业	9	14032	3770	53286	35871	11904	33619
木材加工及竹、藤、棕、草制品业	8	27665	7634	38386	10929	4151	9973
造纸及纸制品业	1	7003	3824	7546	4100	1426	3996
文教体育用品制造业	3	2554	666	2865	1887	682	1697
化学原料及化学制品制造业	20	73320	18258	64000	28843	10528	28207
医药制造业	10	26033	6141	69003	29870	10670	27733
化学纤维制造业	4	8047	1171	24540	5721	3666	5569
橡胶制品业	4	144716	52590	284166	92037	30399	85488
塑料制品业	22	51475	3207	104887	46444	16024	44748
非金属矿物制品业	8	27203	3599	68579	16364	4976	15479
有色金属冶炼及压延加工业	5	4902	1382	15727	5357	2362	5738
金属制品业	8	10685	2671	34961	7945	3177	8015
普通机械制造业	8	25281	4467	37155	24681	9567	24243
专用设备制造业	6	107796	24237	99810	59746	25818	56847
交通运输设备制造业	10	185727	34968	158032	72314	30193	69288
电气机械及器材制造业	13	202280	40365	273940	137847	51645	118618
电子及通信设备制造业	14	126491	23382	58865	35335	14560	36127
仪器仪表及文化、办公用机械制造业	2	15195	5771	16901	12498	5949	11796
其他制造业	4	26999	7570	5713	3468	2496	4619
电力、蒸汽、热水的生产和供应业	3	121643	43751	354316	32379	451	25804
煤气生产和供应业	3	15939	2836	17349	2213	234	1883

注：辖区内年产品销售收入在500万元及以上的外商及港澳台投资工业企业，下同。

13—12 续表 1　　　　单位：万元

指　　标	长期投资	固定资产合　计	固定资产原　价	生　产经营用	固定资产累计折旧	本年折旧	固定资产净值年平均余额
总　　计	**13792**	**1116954**	**1502549**	**1444590**	**414952**	**78538**	**948050**
港、澳、台商投资企业	2909	462646	720008	707310	266333	35374	362231
合资经营企业（港或澳、台资）	2865	435673	682519	670609	255312	33547	343830
合作经营企业（港或澳、台资）		966	821	538	95	11	653
港澳台商独资经营企业	44	10236	15699	15295	5620	1264	10667
港澳台商投资股份有限公司		15770	20969	20868	5305	553	7082
外商投资企业	10883	654308	782541	737280	148620	43164	585819
中外合资经营企业	8217	333143	404623	372061	88977	25554	309018
中外合作经营企业	3	24013	33001	28675	9579	523	24074
外资企业	1903	262428	297754	289480	36134	14079	218349
外商投资股份有限公司	759	34724	47163	47064	13930	3009	34379
国有控股企业	3231	479485	722902	711835	264309	38459	372385
按轻重工业分							
轻工业	5879	354695	448431	423032	108265	24108	331767
以农产品为原料	2524	171295	222194	202523	57653	11455	156853
以非农产品为原料	3356	183401	226237	220510	50612	12654	174914
重工业	7912	762258	1054118	1021558	306688	54430	616283
采掘工业	1	1885	2200	1763	315	83	1761
原料工业	1506	357617	579010	570999	221683	27027	274159
加工工业	6406	402756	472908	448796	84689	27320	340363
特大型企业		284269	486694	486694	202425	23296	200790
大一型企业	759	48578	63774	63774	18582	4451	46053
大二型企业	3702	123196	148278	135744	36352	7621	105270
中一型企业	327	15721	16676	14531	4766	989	12296
中二型企业	420	21921	29699	27135	8137	1566	20699
小型企业	8583	623270	757427	716712	144690	40616	562943
按行业分							
非金属矿采选业	1	1885	2200	1763	315	83	1761
食品加工业	310	39818	48532	38476	9021	1868	34090
食品制造业		1189	1791	1728	601	123	1254
饮料制造业	759	46748	61925	61875	16498	4140	46592
烟草加工业		9012	11776	11544	2765	726	9303
纺织业		21551	28413	24979	7314	1315	21366
服装及其他纤维制品制造业	625	12305	17007	15908	5202	1038	11253
皮革、毛皮、羽绒及其制品业	192	16153	25764	24355	10024	556	11891
木材加工及竹、藤、棕、草制品业		24262	30336	29136	6074	1447	24936
造纸及纸制品业	117	3329	5201	3295	1906	524	3221
文教体育用品制造业		728	961	960	251	80	744
化学原料及化学制品制造业	1201	31118	42540	41357	12480	2879	30433
医药制造业	472	33407	36626	34786	9319	1600	27172
化学纤维制造业		17396	21625	20723	4229	930	17848
橡胶制品业	3741	163302	184535	179041	21935	9015	124716
塑料制品业	88	53406	66479	62699	16657	5049	51218
非金属矿物制品业	1	46993	57681	53380	10815	3021	47246
有色金属冶炼及压延加工业	3	6933	8420	7599	1499	229	7141
金属制品业	378	21159	21629	20281	1892	965	19081
普通机械制造业		10317	15289	14081	5001	1040	10442
专用设备制造业	100	29593	36288	33299	6725	2092	24714
交通运输设备制造业	3635	74961	87164	77908	20577	4896	62100
电气机械及器材制造业	1550	109030	132221	131109	25636	7731	104966
电子及通信设备制造业	99	22057	28495	28129	8690	2693	19779
仪器仪表及文化、办公用机械制造业		3619	4863	4211	1244	390	3018
其他制造业	188	3829	4224	3700	557	123	3667
电力、蒸汽、热水的生产和供应业		300238	507266	506896	207028	23356	217375
煤气生产和供应业	332	12618	13299	11374	701	632	10724

13—12　续表2　　　　单位：万元

指　　标	年末所有者权益合计	实收资本	无形及递延资产合计	无形资产	年末负债合计	长期负债	流动负债
总　　计	**856902**	**900060**	**91759**	**61327**	**1305289**	**359158**	**930083**
港、澳、台商投资企业	215129	240983	14424	8774	529752	178990	338103
合资经营企业（港或澳、台资）	204983	228427	14231	8652	491188	175331	314453
合作经营企业（港或澳、台资）	−698	162	51	16	2182	957	1225
港澳台商独资经营企业	7158	8224	135	106	12942	1988	10954
港澳台商投资股份有限公司	3687	4171	8		23440	715	11471
外商投资企业	641773	659077	77335	52553	775536	180168	591980
中外合资经营企业	251942	338554	33411	24679	419879	100414	318409
中外合作经营企业	19643	25193	3800	3235	24780	715	24065
外资企业	259392	271779	33596	18126	286997	78789	205875
外商投资股份有限公司	110796	23550	6528	6514	43882	250	43632
国有控股企业	374569	251203	16292	14086	445560	169182	276059
按轻重工业分							
轻工业	297996	329535	48351	28737	593807	77296	500625
以农产品为原料	162868	109457	18399	14200	310710	46364	248525
以非农产品为原料	135128	220077	29951	14537	283098	30932	252100
重工业	558906	570526	43408	32590	711482	281862	429459
采掘工业	3783	3370	889	536	703	262	441
原料工业	163425	171614	8235	5715	287510	171015	116480
加工工业	391699	395542	34285	26339	423268	110585	312537
特大型企业	112517	97000	64	64	216566	136493	80073
大一型企业	124102	33500	7412	7377	59648	310	59338
大二型企业	88866	93120	8979	7569	170200	36279	132841
中一型企业	9354	10198	1340	1129	24004	10126	13839
中二型企业	26853	25512	2525	2248	39390	9853	29534
小型企业	495211	640730	71439	42941	795481	166097	614457
按行业分							
非金属矿采选业	3783	3370	889	536	703	262	441
食品加工业	19551	24873	3773	1823	46995	7423	39572
食品制造业	3028	3393	32	4	2489		2489
饮料制造业	114675	33422	7741	7098	57683	283	57400
烟草加工业	5180	4935	752	302	11787	1398	10390
纺织业	6607	6574	999	943	35134	16068	18747
服装及其他纤维制品制造业	16564	11532	2582	2088	43983	4888	38095
皮革、毛皮、羽绒及其制品业	−21717	7329	522	469	75002	5681	54820
木材加工及竹、藤、棕、草制品业	9641	13797	2310	1032	28745	14958	13787
造纸及纸制品业	2450	2540			5096	1662	3434
文教体育用品制造业	586	570	249	231	2279	544	1735
化学原料及化学制品制造业	25261	44555	2820	2427	38739	5930	32809
医药制造业	20083	27165	4826	2525	48921	13665	35255
化学纤维制造业	12703	13538	945	739	11837	1091	10746
橡胶制品业	152122	137171	5514	4894	132045	54000	78045
塑料制品业	43455	47806	4309	2178	61432	15012	46301
非金属矿物制品业	35524	45279	2748	2425	33056	11112	21944
有色金属冶炼及压延加工业	−1780	4043	13		17507	8693	8814
金属制品业	24707	28908	5143	3456	10255	1327	8863
普通机械制造业	18070	17406	1664	1518	19085	4161	14922
专用设备制造业	35064	39434	8211	7163	64746	139	64607
交通运输设备制造业	69473	58649	6438	5567	88559	15719	72840
电气机械及器材制造业	74115	158269	22440	8410	199826	30979	168835
电子及通信设备制造业	26548	21838	1096	1008	32317	68	32234
仪器仪表及文化、办公用机械制造业	11300	8236	437	291	5601		5601
其他制造业	5398	5351	168	154	4316	1909	2407
电力、蒸汽、热水的生产和供应业	135571	119728	2953	2464	218745	136493	82238
煤气生产和供应业	8941	10350	2186	1584	8408	5695	2713

13—12　续表 3

单位：万元

指　　标	产品销售收入	产品销售税金及附加	产品销售利润	财务费用	营业利润	利润总额	利税总额	全部从业人员平均人数（万人）
总　　计	**1386122**	**18498**	**118132**	**53357**	**34458**	**27941**	**112352**	**7**
港、澳、台商投资企业	436872	1808	16157	27974	701	858	26145	3
合资经营企业（港或澳、台资）	405351	1758	14855	26974	649	1025	24938	3
合作经营企业（港或澳、台资）	538		-70	76	-183	-183	-183	
港澳台商独资经营企业	18017	33	1293	600	194	289	1123	
港澳台商投资股份有限公司	12967	17	78	325	41	-273	266	
外商投资企业	949250	16690	101976	25383	33757	27083	86207	4
中外合资经营企业	520509	1094	45849	19456	3416	-4484	20315	3
中外合作经营企业	20083	43	2019	1209	-627	-607	659	
外资企业	319844	6330	26489	6086	9684	10343	25806	1
外商投资股份有限公司	88815	9224	27619	-1368	21285	21831	39427	1
国有控股企业	534737	10133	65161	19735	40175	39420	82441	2
按轻重工业分								
轻工业	648013	10883	50553	22831	20637	14463	56120	5
以农产品为原料	319105	10502	41622	10999	18009	18372	46796	3
以非农产品为原料	328908	381	8931	11832	2628	-3909	9324	2
重工业	738109	7616	67579	30526	13821	13478	56232	3
采掘工业	1242	2	121	23	-43	-25	52	
原料工业	178744	967	5738	18913	-402	332	16878	1
加工工业	558123	6646	61721	11591	14266	13172	39302	2
特大型企业	111904	875	1876	14901	2069	1871	14602	
大一型企业	146446	9209	31442	-829	23973	24487	43967	1
大二型企业	245282	22	30813	6733	9280	8960	17943	1
中一型企业	16504	15	3116	1232	386	424	1703	
中二型企业	77629	734	6904	1008	4738	4534	6877	1
小型企业	788358	7643	43981	30312	-5988	-12335	27261	5
按行业分								
非金属矿采选业	1242	2	121	23	-43	-25	52	
食品加工业	51531	133	4607	2241	-1086	-784	365	
食品制造业	5153		-76	63	-349	-385	-368	
饮料制造业	98950	9267	26810	-897	18934	19411	37475	1
烟草加工业	2422		-424	539	1837	1743	2449	
纺织业	40045	110	2048	1518	82	203	1545	
服装及其他纤维制品制造业	41186	40	3916	1394	912	1122	3182	1
皮革、毛皮、羽绒及其制品业	17317	57	-241	4204	-3781	-3847	-2977	
木材加工及竹、藤、棕、草制品业	24503	258	1800	1604	-941	-819	1300	
造纸及纸制品业	5706		1344	101	348	351	823	
文教体育用品制造业	2438		339	65	59	27	74	
化学原料及化学制品制造业	75479	93	4220	2090	48	-229	3648	
医药制造业	23819	3	2149	2258	-3173	-2519	-933	
化学纤维制造业	6799	2	274	429	-591	-965	-762	
橡胶制品业	120861	6298	15128	4179	3848	3833	15109	1
塑料制品业	66741	329	5600	2156	1450	1143	3623	
非金属矿物制品业	22895	132	-2459	-605	-4165	-3713	-2476	
有色金属冶炼及压延加工业	3378		-672	1052	-824	-256	-141	
金属制品业	9231	10	-915	361	-2508	-2553	-2178	
普通机械制造业	23540	95	2711	628	1307	1353	2046	
专用设备制造业	90701	7	7610	869	1284	1332	2524	
交通运输设备制造业	189523	28	26407	2552	11277	10335	17126	1
电气机械及器材制造业	171546	19	6638	9641	1	-7646	925	
电子及通信设备制造业	111784	29	4641	1292	4920	5515	8940	
仪器仪表及文化、办公用机械制造业	16709	13	3121	-142	2897	2968	3631	
其他制造业	31349	635	966	352	1655	1341	2937	
电力、蒸汽、热水的生产和供应业	121131	939	3086	14926	2447	2389	15721	
煤气生产和供应业	10149		-617	467	-1385	-1384	-1309	

13—13 外商投资港澳台投资规模以上工业企业主要经济效益指标

（1999年）

指标	全员劳动生产率（元/人年）	资产负债率（%）	流动资产周转次数（次/年）	每百元销售收入实现的利税（元）	工业增加值率（%）	每百元固定资产原价实现的利税（%）	资金利税率（%）	产值利税率（%）
总计	**54824**	**60.37**	**1.69**	**8.11**	**23.47**	**7.48**	**6.36**	**7.48**
港、澳、台商投资企业	38657	71.12	1.95	5.98	20.95	3.63	4.46	5.74
合资经营企业（港或澳、台资）	40663	70.56	2.00	6.15	20.81	3.65	4.57	5.88
合作经营企业（港或澳、台资）	10051	147.08	1.05	-33.93	21.04	-22.23	-15.66	-32.40
港澳台商独资经营企业	32070	64.39	1.79	6.24	24.22	7.16	5.42	6.27
港澳台商投资股份有限公司	18180	86.41	1.11	2.05	21.24	1.27	1.42	2.02
外商投资企业	65073	54.72	1.60	9.08	24.58	11.02	7.31	8.24
中外合资经营企业	48189	62.50	1.98	3.90	21.77	5.02	3.55	3.99
中外合作经营企业	36506	55.78	1.40	3.28	34.67	2.00	1.71	2.91
外资企业	100988	52.53	1.58	8.07	21.44	8.67	6.13	6.20
外商投资股份有限公司	91986	28.37	0.78	44.39	49.02	83.60	26.49	39.99
国有控股企业	73104	54.33	1.84	15.42	25.23	11.40	12.43	14.96
按轻重工业分								
轻工业	43132	66.59	1.49	8.66	25.02	12.51	7.31	7.66
以农产品为原料	40424	65.61	1.24	14.66	33.84	21.06	11.27	13.35
以非农产品为原料	48999	67.69	1.85	2.83	17.08	4.12	2.65	2.44
重工业	76993	56.01	1.93	7.62	22.02	5.33	5.63	7.31
采掘工业	23594	15.68	1.03	4.20	28.26	2.37	1.76	4.36
原料工业	116045	63.76	3.24	9.44	28.40	2.91	5.13	9.03
加工工业	67072	51.94	1.71	7.04	19.95	8.31	5.89	6.77
特大型企业	202327	65.81	5.39	13.05	32.27	3.00	6.59	13.05
大一型企业	84263	32.46	1.12	30.02	34.80	68.94	24.93	26.07
大二型企业	42880	65.70	2.29	7.32	14.84	12.10	8.46	7.66
中一型企业	51538	71.96	1.04	10.32	33.82	10.21	6.05	9.61
中二型企业	35902	59.46	2.05	8.86	22.23	23.16	11.74	8.90
小型企业	47905	61.63	1.55	3.46	22.38	3.60	2.55	3.06
按行业分								
非金属矿采选业	23594	15.68	1.03	4.20	28.26	2.37	1.76	4.36
食品加工业	64947	70.62	2.12	0.71	22.25	0.75	0.62	0.65
食品制造业	20264	45.12	1.37	-7.15	12.76	-20.57	-7.35	-7.06
饮料制造业	85893	33.47	0.83	37.87	46.05	60.52	22.63	35.08
烟草加工业	17054	69.47	0.32	101.10	33.76	20.80	14.48	57.80
纺织业	27247	84.17	2.29	3.86	23.08	5.44	3.98	3.45
服装及其他纤维制品制造业	30929	72.64	1.60	7.73	38.73	18.71	8.59	5.39
皮革、毛皮、羽绒及其制品业	12959	140.76	0.52	-17.19	24.46	-11.56	-6.54	-21.22
木材加工及竹、藤、棕、草制品业	31889	74.88	2.46	5.31	24.87	4.29	3.72	4.70
造纸及纸制品业	68415	67.53	1.43	14.43	47.54	15.83	11.41	11.76
文教体育用品制造业	11879	79.54	1.44	3.05	24.22	7.74	3.05	2.91
化学原料及化学制品制造业	65136	60.53	2.68	4.83	21.22	8.57	6.22	4.98
医药制造业	14695	70.90	0.86	-3.92	20.96	-2.55	-1.70	-3.58
化学纤维制造业	19489	48.23	1.22	-11.21	12.75	-3.52	-3.25	-9.47
橡胶制品业	64095	46.47	1.41	12.50	32.88	8.19	7.19	10.44
塑料制品业	9349	58.57	1.49	5.43	5.10	5.45	3.78	7.04
非金属矿物制品业	27747	48.20	1.48	-10.81	12.01	-4.29	-3.95	-9.10
有色金属冶炼及压延加工业	35716	111.32	0.59	-4.16	25.04	-1.67	-1.09	-2.87
金属制品业	25608	29.33	1.15	-23.59	22.21	-10.07	-8.04	-20.38
普通机械制造业	48244	51.37	0.97	8.69	16.20	13.38	5.90	8.09
专用设备制造业	257290	64.87	1.60	2.78	19.68	6.95	3.09	2.34
交通运输设备制造业	57045	56.04	2.74	9.04	15.97	19.65	13.03	9.22
电气机械及器材制造业	105832	72.95	1.45	0.54	17.64	0.70	0.41	0.46
电子及通信设备制造业	66940	54.90	3.09	8.00	15.95	31.37	15.99	7.07
仪器仪表及文化、办公用机械制造业	184374	33.14	1.42	21.73	31.74	74.67	24.51	23.90
其他制造业	18220	44.42	0.79	9.37	24.85	69.52	35.44	11.30
电力、蒸汽、热水的生产和供应业	173407	61.74	4.69	12.98	30.84	3.10	6.46	12.92
煤气生产和供应业	165854	48.46	5.39	-12.90	16.43	-9.84	-10.38	-8.21

13—14　大中型工业企业主要经济指标

（1999年）

单位：万元

指　　标	企业单位数（个）	工业总产值（当年价格）	工业增加值（当年价格）	资产总计	流动资产合计	存　货	流动资产年平均余额
总　计	**671**	**9820211**	**3428724**	**20679903**	**7974105**	**2179260**	**6824027**
一、内资企业	640	9210467	3250897	19808404	7654280	2060055	6512349
国有企业	325	4931982	1972253	11290181	4371975	989361	3275465
中央企业	30	2134599	1062094	4356318	1849846	315913	882837
地方企业	295	2797383	910159	6933863	2522130	673449	2392628
集体企业	85	440123	118215	573797	292525	113650	291056
股份合作企业	36	186046	46875	250574	104356	36937	100232
联营企业	3	38627	6080	84597	20875	11352	22476
国有联营企业	1	18093	-96	74959	16927	9194	19048
集体联营企业	1	2528	785	4865	667	246	640
国有与集体联营企业	1	18006	5391	4774	3282	1912	2789
有限责任公司	116	2117755	551009	4376581	1631334	501567	1548647
国有独资公司	25	1237248	307785	2978810	1040524	271803	976639
其他有限责任公司	91	880507	243225	1397772	590810	229765	572009
股份有限公司	66	1462146	548558	3170235	1211690	399696	1253740
私营经济	5	13647	3139	36462	11454	4177	10395
私营独资企业	3	9629	2212	26473	7666	2032	6763
私营有限责任公司	1	1825	277	4846	1991	770	1834
私营股份有限公司	1	2193	650	5143	1797	1376	1797
其他企业	4	20142	4768	25977	10071	3315	10340
港、澳、台商投资企业	14	233336	61106	457557	89394	18162	81799
合资经营企业（港或澳、台资）	14	233336	61106	457557	89394	18162	81799
外商投资企业	17	376408	116721	413942	230431	101042	229879
中外合资经营企业	12	248996	58008	239383	106679	42003	105287
中外合作经营企业	1	2564	627	2841	1723	600	1792
外资企业	3	26894	1306	18462	9633	2463	8610
外商投资股份有限公司	1	97954	56781	153256	112396	55976	114191
二、独资企业	416	5408628	2093986	11908913	4681799	1107506	3581893
国有企业	325	4931982	1972253	11290181	4371975	989361	3275465
集体企业	85	440123	118215	573797	292525	113650	291056
私营独资企业	3	9629	2212	26473	7666	2032	6763
外资企业	3	26894	1306	18462	9633	2463	8610
合作、合伙企业	44	247379	58350	363988	137025	52203	134840
股份合作企业	36	186046	46875	250574	104356	36937	100232
国有联营企业	1	18093	-96	74959	16927	9194	19048
集体联营企业	1	2528	785	4865	667	246	640
国有与集体联营企业	1	18006	5391	4774	3282	1912	2789
中外合作经营企业	1	2564	627	2841	1723	600	1792
其他企业（内资）	4	20142	4768	25977	10071	3315	10340
股份有限公司	68	1562292	605988	3328634	1325883	457048	1369728
股份有限公司（内资）	66	1462146	548558	3170235	1211690	399696	1253740
私营股份有限公司	1	2193	650	5143	1797	1376	1797
外商投资股份有限公司	1	97954	56781	153256	112396	55976	114191
有限责任公司	143	2601912	670401	5078368	1829398	562502	1737567
国有独资公司	25	1237248	307785	2978810	1040524	271803	976639
私营有限责任公司	1	1825	277	4846	1991	770	1834
合资经营企业（港或澳、台资）	14	233336	61106	457557	89394	18162	81799
中外合资经营企业	12	248996	58008	239383	106679	42003	105287
其他有限责任公司	91	880507	243225	1397772	590810	229765	572009
国有控股企业	460	8506747	3042908	18862100	7137728	1840197	6006633
农村工业	30	221731	60113	224682	90761	33387	81188

13—14 续表 1

单位：万元

指　　标	企业单位数（个）	工业总产值（当年价格）	工业增加值（当年价格）	资产总计	流动资产合计	存货	流动资产年平均余额
按轻重工业分							
轻工业	320	3532370	1264674	5196040	2599220	794324	2488751
以农产品为原料	228	2436009	893209	3587826	1800911	543927	1724126
以非农产品为原料	92	1096362	371466	1608213	798309	250397	764625
重工业	351	6287841	2164050	15483864	5374885	1384936	4335276
采掘工业	11	804834	365431	3769445	767689	130314	752571
原料工业	86	3265153	1242431	7696279	2648445	599561	1696334
加工工业	254	2217854	556188	4018139	1958752	655061	1886371
特大型企业	9	2644537	1163229	8490692	2606831	527895	1675659
大一型企业	46	1739805	601049	3796157	1561678	458660	1525515
大二型企业	143	3084215	937140	4444795	1996487	570551	1864694
中一型企业	62	502418	206827	861068	403466	102375	356961
中二型企业	411	1849237	520481	3087191	1405643	519779	1401198
按行业分							
煤炭采选业	5	697262	298894	2572984	619145	110118	612640
黑色金属矿采选业	2	89552	61013	1157988	137256	17603	131034
有色金属矿采选业	4	18019	5525	38473	11288	2593	8898
非金属矿采选业	1	22294	5863	28471	9964	3104	8680
食品加工业	30	223724	36812	221754	94311	44425	91504
食品制造业	8	71200	17937	177603	107045	12186	77242
饮料制造业	51	736079	283347	1115966	697223	227016	644858
烟草加工业	9	484630	300124	443077	186699	41952	202775
纺织业	71	668935	182105	1155066	515124	163815	520174
服装及其他纤维制品制造业	8	43603	13141	54362	25312	7066	23150
皮革、毛皮、羽绒及其制品业	6	32006	5370	37548	24400	8780	22007
木材加工及竹、藤、棕、草制品业	3	8178	3677	12836	4763	1438	4837
家具制造业	2	6115	1864	12088	4321	974	4485
造纸及纸制品业	26	109840	32464	278455	101283	24920	94488
印刷业	7	20898	7435	32130	12779	3073	12007
文教体育用品制造业	2	4867	994	7405	4599	1748	4201
石油加工及炼焦业	3	552541	136614	556779	206966	53255	223808
化学原料及化学制品制造业	71	660468	161463	1217411	501369	134432	478421
医药制造业	26	112395	28261	189279	83450	23893	81960
化学纤维制造业	4	29839	7661	92303	22495	7136	21259
橡胶制品业	10	67151	19638	157286	55055	18237	56599
塑料制品业	22	273231	79017	372335	164407	38768	152315
非金属矿物制品业	62	388302	143559	911460	276481	79277	273526
黑色金属冶炼及压延加工业	7	868695	271936	2175967	677133	295824	728026
有色金属冶炼及压延加工业	7	571990	104805	865920	324842	165910	305038
金属制品业	10	32719	8466	90771	44753	16869	46275
普通机械制造业	69	329296	101627	717098	402279	150370	383334
专用设备制造业	24	264870	38672	352656	208036	67413	201796
交通运输设备制造业	35	716436	167308	1104355	577056	205178	563303
电气机械及器材制造业	30	589773	232811	828226	495554	171493	480142
电子及通信设备制造业	13	124943	27327	166525	76580	29038	76535
仪器仪表及文化、办公用机械制造业	6	23831	8943	63367	35308	16160	31112
其他制造业	2	14402	3791	13040	7546	3406	6631
电力、蒸汽、热水的生产和供应业	19	877631	596638	3149301	1168733	23812	169300
煤气生产和供应业	4	20260	1718	68603	22756	2760	22742
自来水的生产和供应业	9	42224	25974	195079	51658	795	45408

13—14 续表 2　　　　单位：万元

指　　标	长期投资	固定资产合计	固定资产原价	生产经营用	固定资产累计折旧	本年折旧	固定资产净值年平均余额
总　　计	**1248968**	**10452899**	**13401960**	**11822717**	**4234173**	**589683**	**7762972**
一、内资企业	1243760	9959215	12656839	11094839	3963911	551760	7377865
国有企业	1041116	5461454	7256099	6402571	2555939	343677	3814184
中央企业	191508	2119323	3268308	3066449	1254606	175010	1038945
地方企业	849608	3342131	3987791	3336122	1301333	168667	2775239
集体企业	28141	215099	284115	234338	89275	11296	203211
股份合作企业	3620	122612	150096	116252	39422	5899	109427
联营企业	152	59994	6096	6045	623	202	5105
国有联营企业		54881	732	731	131	131	713
集体联营企业	82	3742	3765	3765	23	22	3219
国有与集体联营企业	70	1370	1599	1549	469	49	1173
有限责任公司	146162	2281388	2731160	2413225	700356	96462	1901256
国有独资公司	110356	1641518	1966395	1729312	520921	61100	1323067
其他有限责任公司	35805	639869	764764	683913	179435	35362	578190
股份有限公司	24511	1792734	2195923	1892376	569013	92199	1320003
私营经济	5	13942	18923	18683	5175	1921	13824
私营独资企业	5	10461	13827	13701	3366	214	9810
私营有限责任公司		1234	1300	1206	172	70	1856
私营股份有限公司		2248	3796	3776	1637	1637	2158
其他企业	54	11992	14429	11350	4109	105	10853
港、澳、台商投资企业	192	343580	561151	556605	222595	27115	253457
合资经营企业（港或澳、台资）	192	343580	561151	556605	222595	27115	253457
外商投资企业	5017	150104	183971	171273	47667	10807	131651
中外合资经营企业	4094	107910	125989	113349	30236	7430	89904
中外合作经营企业	1	1107	1841	1841	1056	68	821
外资企业	162	7486	10077	10018	2591	319	7500
外商投资股份有限公司	759	33601	46064	46064	13784	2991	33426
二、独资企业	1069424	5694500	7564117	6660629	2651171	355505	4034704
国有企业	1041116	5461454	7256099	6402571	2555939	343677	3814184
集体企业	28141	215099	284115	234338	89275	11296	203211
私营独资企业	5	10461	13827	13701	3366	214	9810
外资企业	162	7486	10077	10018	2591	319	7500
合作、合伙企业	3827	195704	172462	135489	45209	6273	126207
股份合作企业	3620	122612	150096	116252	39422	5899	109427
国有联营企业		54881	732	731	131	131	713
集体联营企业	82	3742	3765	3765	23	22	3219
国有与集体联营企业	70	1370	1599	1549	469	49	1173
中外合作经营企业	1	1107	1841	1841	1056	68	821
其他企业（内资）	54	11992	14429	11350	4109	105	10853
股份有限公司	25270	1828584	2245782	1942215	584435	96827	1355587
股份有限公司（内资）	24511	1792734	2195923	1892376	569013	92199	1320003
私营股份有限公司		2248	3796	3776	1637	1637	2158
外商投资股份有限公司	759	33601	46064	46064	13784	2991	33426
有限责任公司	150447	2734112	3419599	3084385	953358	131077	2246474
国有独资公司	110356	1641518	1966395	1729312	520921	61100	1323067
私营有限责任公司		1234	1300	1206	172	70	1856
合资经营企业（港或澳、台资）	192	343580	561151	556605	222595	27115	253457
中外合资经营企业	4094	107910	125989	113349	30236	7430	89904
其他有限责任公司	35805	639869	764764	683913	179435	35362	578190
国有控股企业	1196587	9706818	12460599	11028831	3972818	547781	7083848
农村工业	3022	106061	134441	113342	33344	8674	99451

13—14 续表 3

单位：万元

指 标	长期投资	固定资产合 计	固定资产原 价	生 产经营用	固定资产累计折旧	本年折旧	固定资产净 值 年平均余额
按轻重工业分							
轻工业	177021	2184522	2657501	2324541	748495	115481	1931471
以农产品为原料	117808	1531724	1828182	1572397	521949	76607	1353359
以非农产品为原料	59214	652798	829319	752144	226546	38874	578112
重工业	1071947	8268378	10744459	9498176	3485678	474202	5831501
采掘工业	723615	2041379	2476721	1824702	678910	88774	1747524
原料工业	213824	4431932	6189993	5921729	2116616	293924	2749663
加工工业	134508	1795067	2077746	1751745	690152	91503	1334314
特大型企业	896282	4465373	6015155	5529438	1900962	255376	2751326
大一型企业	133426	1925008	2245604	1844590	717370	116368	1511856
大二型企业	107224	2191137	2878014	2558317	943715	130585	1923314
中一型企业	14140	410547	503218	443617	156797	23590	343526
中二型企业	97897	1460834	1759969	1446756	515329	63764	1232951
按行业分							
煤炭采选业	34363	1687863	2174774	1654009	564244	78704	1558743
黑色金属矿采选业	686704	331756	280682	159674	106439	9617	175173
有色金属矿采选业	2548	21760	21265	11019	8227	453	13608
非金属矿采选业	15	18400	19425	16587	4051	1549	13597
食品加工业	4008	108429	123351	108216	20607	2594	98759
食品制造业	1803	67907	49014	46592	11420	2077	36347
饮料制造业	10180	367635	426787	377153	116043	17402	365625
烟草加工业	12788	242335	328808	275421	102070	24761	221221
纺织业	78914	517324	626461	529504	186601	19715	438555
服装及其他纤维制品制造业	1060	13535	17225	13538	4653	819	12737
皮革、毛皮、羽绒及其制品业	642	11339	17778	16275	6717	478	9970
木材加工及竹、藤、棕、草制品业	196	7598	13803	10343	7099	406	6787
家具制造业	102	7088	8221	6829	1135	293	6755
造纸及纸制品业	6566	152964	178737	152393	58091	6306	125257
印刷业	558	18242	26123	23850	8359	1559	18838
文教体育用品制造业	146	1836	3737	3338	1993	131	1825
石油加工及炼焦业	14632	331673	549376	544137	231963	30356	56188
化学原料及化学制品制造业	22851	645165	809356	698190	296889	36662	478243
医药制造业	2326	96449	113364	99634	27241	3155	74961
化学纤维制造业	23455	42985	54678	47047	14010	1791	40721
橡胶制品业	5591	84669	94106	81886	20007	6508	64316
塑料制品业	28434	172474	180555	159048	46236	8468	133751
非金属矿物制品业	15313	539819	698344	633161	224294	32516	477891
黑色金属冶炼及压延加工业	19269	1382282	1687657	1642332	436968	60948	966946
有色金属冶炼及压延加工业	30709	468391	533929	473658	137197	26436	388204
金属制品业	7612	36653	44976	38992	12497	922	32888
普通机械制造业	21548	266290	357750	296549	124708	14008	236176
专用设备制造业	6543	132306	170464	144362	65676	6140	106886
交通运输设备制造业	53351	441501	414173	347331	112622	17224	289691
电气机械及器材制造业	15924	243577	299531	285235	90774	16472	210534
电子及通信设备制造业	1535	82892	102562	89475	30911	4250	68557
仪器仪表及文化、办公用机械制造业	1746	23270	30864	22016	15898	1336	18848
其他制造业	523	4889	5244	5144	437	39	4794
电力、蒸汽、热水的生产和供应业	133600	1666500	2664478	2584689	1064367	141107	822914
煤气生产和供应业	1510	44089	51192	41578	11653	3861	31834
自来水的生产和供应业	1663	141483	191030	168329	55202	10059	129378

13—14　续表 4　　　　单位：万元

指　标	年末所有者权益合计	实收资本	无形及递延资产合计	无形资产	年末负债合计	长期负债	流动负债
总　计	**8242168**	**5493140**	**775440**	**429813**	**12437735**	**4466214**	**7911076**
一、内资企业	7880477	5233810	755121	411426	11927927	4273154	7595450
国有企业	4412597	2920159	237511	117754	6877584	2502737	4326098
中央企业	1720000	1051176	52163	24857	2636318	1134414	1501904
地方企业	2692597	1868982	185347	92897	4241266	1368323	2824194
集体企业	161390	122335	26811	21416	412407	82441	327409
股份合作企业	49291	47725	19010	18445	201283	46743	154540
联营企业	9882	10704	3576	3415	74715	44916	29799
国有联营企业	4524	6004	3150	3150	70435	44066	26369
集体联营企业	3958	4000	374	259	907		907
国有与集体联营企业	1401	700	52	6	3373	850	2523
有限责任公司	1485269	1131527	313789	120758	2891313	1136420	1748499
国有独资公司	1010956	729525	183773	12396	1967854	870361	1091893
其他有限责任公司	474313	402002	130016	108363	923459	266059	656606
股份有限公司	1742228	981644	139512	115840	1428007	455329	972544
私营经济	17872	16583	11051	9963	18590	1520	17070
私营独资企业	15464	14682	8341	8341	11009	520	10489
私营有限责任公司	2426	1790	1622	1622	2420	1000	1420
私营股份有限公司	－18	112	1088		5161		5161
其他企业	1949	3133	3859	3836	24028	3049	19491
港、澳、台商投资企业	138504	143197	4857	3511	319053	156636	162337
合资经营企业（港或澳、台资）	138504	143197	4857	3511	319053	156636	162337
外商投资企业	223187	116133	15462	14876	190755	36425	153289
中外合资经营企业	103988	85123	7955	7448	135395	34061	100294
中外合作经营企业	1178	804	10	10	1663	49	1614
外资企业	7068	6706	998	926	11394	2066	9328
外商投资股份有限公司	110953	23500	6499	6491	42303	250	42053
二、独资企业	4596519	3063881	273661	148436	7312395	2587763	4673324
国有企业	4412597	2920159	237511	117754	6877584	2502737	4326098
集体企业	161390	122335	26811	21416	412407	82441	327409
私营独资企业	15464	14682	8341	8341	11009	520	10489
外资企业	7068	6706	998	926	11394	2066	9328
合作、合伙企业	62299	62366	26456	25706	301689	94756	205445
股份合作企业	49291	47725	19010	18445	201283	46743	154540
国有联营企业	4524	6004	3150	3150	70435	44066	26369
集体联营企业	3958	4000	374	259	907		907
国有与集体联营企业	1401	700	52	6	3373	850	2523
中外合作经营企业	1178	804	10	10	1663	49	1614
其他企业（内资）	1949	3133	3859	3836	24028	3049	19491
股份有限公司	1853163	1005255	147100	122331	1475471	455579	1019758
股份有限公司（内资）	1742228	981644	139512	115840	1428007	455329	972544
私营股份有限公司	－18	112	1088		5161		5161
外商投资股份有限公司	110953	23500	6499	6491	42303	250	42053
有限责任公司	1730187	1361637	328224	133339	3348181	1328117	2012550
国有独资公司	1010956	729525	183773	12396	1967854	870361	1091893
私营有限责任公司	2426	1790	1622	1622	2420	1000	1420
合资经营企业（港或澳、台资）	138504	143197	4857	3511	319053	156636	162337
中外合资经营企业	103988	85123	7955	7448	135395	34061	100294
其他有限责任公司	474313	402002	130016	108363	923459	266059	656606
国有控股企业	7637179	4968981	618041	299442	11224920	4202749	6966897
农村工业	73250	51518	24801	21541	151432	53419	98013

13—14　续表5　　　　单位：万元

指　　标	年末所有者权益合计	实收资本	无形及递延资产合计	无形资产	年末负债合计	长期负债	流动负债
按轻重工业分							
轻工业	1803070	1140779	201182	154483	3392969	758110	2606157
以农产品为原料	1098665	669382	107016	80953	2489161	549583	1913146
以非农产品为原料	704405	471398	94166	73530	903808	208527	693010
重工业	6439098	4352360	574258	275330	9044766	3708105	5304919
采掘工业	1849406	1423233	236008	19631	1920039	923728	994037
原料工业	3382352	2139590	221586	163420	4313927	1991316	2309978
加工工业	1207340	789537	116665	92279	2810799	793060	2000904
特大型企业	4188897	2584013	359712	101742	4301795	2045294	2254227
大一型企业	1549764	997521	162569	142930	2246393	811910	1434008
大二型企业	1499392	1125492	126158	92737	2945403	844545	2076068
中一型企业	292022	184411	28014	24715	569046	161386	397231
中二型企业	712094	601703	98988	67689	2375098	603080	1749542
按行业分							
煤炭采选业	908878	786836	231613	17041	1664106	915974	748132
黑色金属矿采选业	927377	631088	1517	29	230611	－1906	230244
有色金属矿采选业	13151	5310	2878	2561	25322	9661	15661
非金属矿采选业	8074	6438	92	40	20397	14868	5530
食品加工业	43239	35236	13713	11395	178515	40201	138296
食品制造业	76166	18252	848	743	101436	23687	77749
饮料制造业	381261	164765	34873	28316	734705	117260	605111
烟草加工业	214282	115619	1207	595	228796	24810	203985
纺织业	265412	213310	32444	19911	889655	243621	632954
服装及其他纤维制品制造业	12784	10357	2837	2370	41579	7474	33105
皮革、毛皮、羽绒及其制品业	－2995	7999	1076	679	40543	6313	34229
木材加工及竹、藤、棕、草制品业	6397	4400	279	206	6439	760	5679
家具制造业	5734	5550	578	544	6355	1050	5304
造纸及纸制品业	67442	70487	17642	14799	211014	70659	140355
印刷业	16600	11720	551	460	15529	4317	11213
文教体育用品制造业	1162	2290	810	808	6243	463	5780
石油加工及炼焦业	234630	111250	3508	3068	322149	45570	273579
化学原料及化学制品制造业	320654	210487	30711	22262	896757	324352	562046
医药制造业	36369	33991	6302	4918	152910	40460	112450
化学纤维制造业	31918	23295	1544	1519	60385	27664	32721
橡胶制品业	46869	35585	11474	10719	110418	34976	75441
塑料制品业	156988	92762	5967	3479	215347	64259	148699
非金属矿物制品业	369393	267700	79524	69618	542067	196195	345872
黑色金属冶炼及压延加工业	1346906	773653	96267	79832	829060	267649	561412
有色金属冶炼及压延加工业	181150	142272	41977	14061	684770	273333	410707
金属制品业	19312	26881	1712	1097	71459	22476	48983
普通机械制造业	244621	136823	21763	17790	472477	120482	351994
专用设备制造业	123249	79595	4019	2674	229407	36979	179449
交通运输设备制造业	302511	198570	29528	27662	801845	135311	665743
电气机械及器材制造业	384524	251047	72357	54027	443702	85905	356309
电子及通信设备制造业	39236	36498	5035	3864	127289	42183	85106
仪器仪表及文化、办公用机械制造业	20087	18275	2289	2007	43281	19098	24183
其他制造业	3918	4509	82	60	9122	2102	7020
电力、蒸汽、热水的生产和供应业	1249954	834434	17974	10589	1899346	1186249	713098
煤气生产和供应业	37060	32370	248		31543	12029	19514
自来水的生产和供应业	135009	87252	181	74	60069	33085	26985

13—14　续表 6

单位：万元

指　标	产品销售收入	产品销售税金及附加	产品销售利润	财务费用	营业利润	利润总额	利税总额	全部从业人员平均人数（万人）
总　计	**9773329**	**369157**	**1076892**	**354274**	**110293**	**153076**	**1149400**	**103**
一、内资企业	9175565	358302	1002741	331229	69848	112800	1064309	101
国有企业	5440182	318602	548802	184854	28080	56233	755557	55
中央企业	2849960	240423	213622	69282	51691	67077	538926	12
地方企业	2590221	78179	335180	115572	-23611	-10844	216631	43
集体企业	382260	3590	40904	14457	4061	4275	23011	5
股份合作企业	165310	2547	16453	9315	-3479	-2992	6324	2
联营企业	34927	55	2514	1648	-868	-1272	-764	
国有联营企业	15264	9	712	1433	-1624	-2019	-1998	
集体联营企业	2005	8	103	17	1	3	68	
国有与集体联营企业	17658	38	1699	198	756	744	1167	
有限责任公司	1854538	20484	224916	68529	6237	18683	134348	27
国有独资公司	1063158	8589	138793	37469	848	12125	78810	19
其他有限责任公司	791380	11895	86122	31061	5390	6558	55537	7
股份有限公司	1273021	12850	167296	51261	37007	38991	145408	11
私营经济	11395	52	878	379	-310	-359	312	
私营独资企业	7983	46	686	150	-149	-146	438	
私营有限责任公司	1261	1	127	49	-6	-4	11	
私营股份有限公司	2151	5	66	180	-155	-208	-137	
其他企业	13933	121	978	786	-881	-759	113	
港、澳、台商投资企业	224731	980	9435	19329	1508	1846	17676	1
合资经营企业（港或澳、台资）	224731	980	9435	19329	1508	1846	17676	1
外商投资企业	373033	9876	64716	3717	38938	38430	67416	2
中外合资经营企业	260298	645	35415	4657	17381	16382	27542	1
中外合作经营企业	2596	22	284	15	-55	-30	170	
外资企业	21769		1223	423	120	40	116	
外商投资股份有限公司	88371	9209	27794	-1378	21492	22038	39588	1
二、独资企业	5852194	322239	591615	199884	32112	60401	779122	60
国有企业	5440182	318602	548802	184854	28080	56233	755557	55
集体企业	382260	3590	40904	14457	4061	4275	23011	5
私营独资企业	7983	46	686	150	-149	-146	438	
外资企业	21769		1223	423	120	40	116	
合作、合伙企业	216766	2745	20229	11764	-5282	-5053	5843	3
股份合作企业	165310	2547	16453	9315	-3479	-2992	6324	2
国有联营企业	15264	9	712	1433	-1624	-2019	-1998	
集体联营企业	2005	8	103	17	1	3	68	
国有与集体联营企业	17658	38	1699	198	756	744	1167	
中外合作经营企业	2596	22	284	15	-55	-30	170	
其他企业（内资）	13933	121	978	786	-881	-759	113	
股份有限公司	1363542	22064	195156	50063	58344	60820	184858	12
股份有限公司（内资）	1273021	12850	167296	51261	37007	38991	145408	11
私营股份有限公司	2151	5	66	180	-155	-208	-137	
外商投资股份有限公司	88371	9209	27794	-1378	21492	22038	39588	1
有限责任公司	2340828	22110	269892	92564	25120	36907	179576	29
国有独资公司	1063158	8589	138793	37469	848	12125	78810	19
私营有限责任公司	1261	1	127	49	-6	-4	11	
合资经营企业（港或澳、台资）	224731	980	9435	19329	1508	1846	17676	1
中外合资经营企业	260298	645	35415	4657	17381	16382	27542	1
其他有限责任公司	791380	11895	86122	31061	5390	6558	55537	7
国有控股企业	8610969	359563	947029	307788	93140	133351	1072220	90
农村工业	211655	4083	19832	8051	7620	6973	18707	2

13—14 续表7

单位：万元

指　　标	产品销售收入	产品销售税金及附加	产品销售利润	财务费用	营业利润	利润总额	利税总额	全部从业人员平均人数（万人）
按轻重工业分								
轻工业	3186401	289154	326243	85901	51626	74217	544875	31
以农产品为原料	2258419	281920	218770	58073	32184	47638	470079	23
以非农产品为原料	927981	7234	107473	27828	19442	26579	74796	8
重工业	6586928	80003	750650	268373	58667	78859	604525	72
采掘工业	773384	14985	170877	40447	-4778	-11844	71359	25
原料工业	3814570	52965	318187	142189	43416	48044	395023	22
加工工业	1998974	12054	261586	85737	20030	42659	138143	25
特大型企业	3262344	59490	328353	110251	28529	21651	349166	34
大一型企业	1592690	30401	230969	75906	53353	81004	208240	12
大二型企业	2836480	213066	303048	87043	56238	66732	445397	25
中一型企业	437250	21716	53274	15524	2492	9549	56101	6
中二型企业	1644565	44483	161248	65550	-30318	-25861	90495	27
按行业分								
煤炭采选业	678963	8368	152733	37764	-4761	-11331	60262	22
黑色金属矿采选业	78584	6475	15414	1756	1187	808	11559	3
有色金属矿采选业	15837	142	2730	927	-1204	-1321	-461	1
非金属矿采选业	16148	1091	2959	970	770	764	3156	
食品加工业	188716	2097	10410	7072	-1950	-835	4331	1
食品制造业	69705	406	9860	1976	4672	4767	9384	1
饮料制造业	670409	77390	83334	12136	35754	36799	156435	5
烟草加工业	481278	196923	32194	3293	157	7321	251655	1
纺织业	617547	3343	58263	24000	-3521	3778	39167	12
服装及其他纤维制品制造业	33374	95	3246	1525	75	243	1980	1
皮革、毛皮、羽绒及其制品业	29196	68	1418	2240	-2040	-2279	-1504	
木材加工及竹、藤、棕、草制品业	7241	62	1303	147	11	371	1053	
家具制造业	8158	208	360	42	-19	2	276	
造纸及纸制品业	99151	422	11143	3888	-3306	-4199	1008	2
印刷业	16719	160	3357	310	626	671	2385	
文教体育用品制造业	3401	9	232	231	-540	-435	-275	
石油加工及炼焦业	537039	36736	68101	21826	11484	10894	83012	1
化学原料及化学制品制造业	605853	3269	50713	23261	-18994	-10825	16301	8
医药制造业	96786	481	15128	6681	-2349	-2222	4069	2
化学纤维制造业	28183	37	556	1860	-3347	-114	766	
橡胶制品业	61120	1578	10939	2503	2413	2514	6843	1
塑料制品业	255894	1356	40415	8650	23516	25004	36342	1
非金属矿物制品业	374934	2904	53848	19890	3871	5903	34738	6
黑色金属冶炼及压延加工业	802903	5261	71584	22223	-1471	-4034	64492	7
有色金属冶炼及压延加工业	708042	770	64086	35237	-1472	-1405	16448	3
金属制品业	32085	120	3577	2340	-2011	-2419	-1022	1
普通机械制造业	296176	1293	49586	16108	5635	10110	26653	6
专用设备制造业	177160	449	18995	6065	1217	2577	8269	3
交通运输设备制造业	696831	7338	85926	25609	12310	22645	58319	5
电气机械及器材制造业	464595	1319	56482	12196	17290	16350	40177	2
电子及通信设备制造业	109986	257	12198	4599	-647	1116	5364	1
仪器仪表及文化、办公用机械制造业	23933	62	3926	-544	1891	2266	3580	
其他制造业	19030	620	635	313	1487	1191	1958	
电力、蒸汽、热水的生产和供应业	1389129	7763	69001	43974	37747	41469	202332	6
煤气生产和供应业	19249	56	-1832	371	-3775	-2039	-1360	
自来水的生产和供应业	37757	230	8427	1360	-221	-537	2163	1

13—15　大中型工业企业主要经济效益指标

（1999年）

指　　标	全员劳动生产率（元/人年）	资产负债率（%）	流动资产周转次数（次/年）	每百元销售收入实现的利税（元）	工业增加值率（%）	每百元固定资产原价实现的利税（%）	资金利税率（%）	产值利税率（%）
总　　计	**33217**	**60.14**	**1.43**	**11.76**	**29.82**	**8.58**	**7.88**	**11.70**
一、内资企业	32325	60.22	1.41	11.60	30.14	8.41	7.66	11.56
国有企业	36145	60.92	1.66	13.89	33.75	10.41	10.66	15.32
中央企业	89200	60.52	3.23	18.91	40.06	16.49	28.04	25.25
地方企业	21336	61.17	1.08	8.36	28.51	5.43	4.19	7.74
集体企业	23160	71.87	1.31	6.02	23.88	8.10	4.66	5.23
股份合作企业	21141	80.33	1.65	3.83	22.41	4.21	3.02	3.40
联营企业	31785	88.32	1.55	-2.19	13.42	-12.52	-2.77	-1.98
国有联营企业	-935	93.96	0.80	-13.09	-0.45	-273.00	-10.11	-11.04
集体联营企业	69504	18.65	3.13	3.38	27.35	1.80	1.75	2.68
国有与集体联营企业	69288	70.66	6.33	6.61	25.23	72.94	29.44	6.48
有限责任公司	20611	66.06	1.20	7.24	22.32	4.92	3.89	6.34
国有独资公司	15938	66.06	1.09	7.41	21.58	4.01	3.43	6.37
其他有限责任公司	32771	66.07	1.38	7.02	23.33	7.26	4.83	6.31
股份有限公司	49186	45.04	1.02	11.42	32.52	6.62	5.65	9.94
私营经济	14728	50.99	1.10	2.74	20.13	1.65	1.29	2.29
私营独资企业	14352	41.59	1.18	5.49	20.16	3.17	2.64	4.55
私营有限责任公司	14574	49.94	0.69	0.86	13.36	0.83	0.29	0.59
私营股份有限公司	16250	100.35	1.20	-6.37	25.52	-3.61	-3.46	-6.24
其他企业	12122	92.50	1.35	0.81	21.33	0.78	0.53	0.56
港、澳、台商投资企业	65663	69.73	2.75	7.87	22.60	3.15	5.27	7.58
合资经营企业（港或澳、台资）	65663	69.73	2.75	7.87	22.60	3.15	5.27	7.58
外商投资企业	67841	46.08	1.62	18.07	26.50	36.64	18.65	17.91
中外合资经营企业	61672	56.56	2.47	10.58	19.71	21.86	14.11	11.06
中外合作经营企业	6388	58.54	1.45	6.56	20.94	9.25	6.52	6.64
外资企业	20117	61.71	2.53	0.53	4.75	1.15	0.72	0.43
外商投资股份有限公司	92042	27.60	0.77	44.80	49.06	85.94	26.82	40.41
二、独资企业	34965	61.40	1.63	13.31	32.84	10.30	10.23	14.41
国有企业	36145	60.92	1.66	13.89	33.75	10.41	10.66	15.32
集体企业	23160	71.87	1.31	6.02	23.88	8.10	4.66	5.23
私营独资企业	14352	41.59	1.18	5.49	20.16	3.17	2.64	4.55
外资企业	20117	61.71	2.53	0.53	4.75	1.15	0.72	0.43
合作、合伙企业	20121	82.88	1.61	2.70	20.85	3.39	2.24	2.36
股份合作企业	21141	80.33	1.65	3.83	22.41	4.21	3.02	3.40
国有联营企业	-935	93.96	0.80	-13.09	-0.45	-273.00	-10.11	-11.04
集体联营企业	69504	18.65	3.13	3.38	27.35	1.80	1.75	2.68
国有与集体联营企业	69288	70.66	6.33	6.61	25.23	72.94	29.44	6.48
中外合作经营企业	6388	58.54	1.45	6.56	20.94	9.25	6.52	6.64
其他企业（内资）	12122	92.50	1.35	0.81	21.33	0.78	0.53	0.56
股份有限公司	51313	44.33	1.00	13.56	33.57	8.23	6.78	11.83
股份有限公司（内资）	49186	45.04	1.02	11.42	32.52	6.62	5.65	9.94
私营股份有限公司	16250	100.35	1.20	-6.37	25.52	-3.61	-3.46	-6.24
外商投资股份有限公司	92042	27.60	0.77	44.80	49.06	85.94	26.82	40.41
有限责任公司	23421	65.93	1.35	7.67	22.09	5.25	4.51	6.90
国有独资公司	15938	66.06	1.09	7.41	21.58	4.01	3.43	6.37
私营有限责任公司	14574	49.94	0.69	0.86	13.36	0.83	0.29	0.59
合资经营企业（港或澳、台资）	65663	69.73	2.75	7.87	22.60	3.15	5.27	7.58
中外合资经营企业	61672	56.56	2.47	10.58	19.71	21.86	14.11	11.06
其他有限责任公司	32771	66.07	1.38	7.02	23.33	7.26	4.83	6.31
国有控股企业	33691	59.51	1.43	12.45	30.51	8.60	8.19	12.60
农村工业	32035	67.40	2.61	8.84	23.82	13.91	10.36	8.44

13—15 续表

指　　标	全员劳动生产率（元/人年）	资产负债率（%）	流动资产周转次数（次/年）	每百元销售收入实现的利税（元）	工业增加值率（%）	每百元固定资产原价实现的利税（%）	资金利税率（%）	产值利税率（%）
按轻重工业分								
轻工业	40648	65.30	1.28	17.10	31.09	20.50	12.33	15.43
以农产品为原料	38371	69.38	1.31	20.81	31.62	25.71	15.27	19.30
以非农产品为原料	47413	56.20	1.21	8.06	29.88	9.02	5.57	6.82
重工业	30011	58.41	1.52	9.18	29.13	5.63	5.95	9.61
采掘工业	14554	50.94	1.03	9.23	38.61	2.88	2.85	8.87
原料工业	55716	56.05	2.25	10.36	31.43	6.38	8.88	12.10
加工工业	22518	69.95	1.06	6.91	21.99	6.65	4.29	6.23
特大型企业	34669	50.66	1.95	10.70	35.66	5.80	7.89	13.20
大一型企业	50354	59.18	1.04	13.07	30.15	9.27	6.86	11.97
大二型企业	37712	66.27	1.52	15.70	26.39	15.48	11.76	14.44
中一型企业	35186	66.09	1.22	12.83	36.23	11.15	8.01	11.17
中二型企业	19274	76.93	1.17	5.50	24.56	5.14	3.44	4.89
按行业分								
煤炭采选业	13584	64.68	1.11	8.88	36.24	2.77	2.78	8.64
黑色金属矿采选业	23819	19.91	0.60	14.71	59.96	4.12	3.77	12.91
有色金属矿采选业	10141	65.82	1.78	−2.91	27.67	−2.17	−2.05	−2.56
非金属矿采选业	24885	71.64	1.86	19.54	24.10	16.25	14.17	14.16
食品加工业	44740	80.50	2.06	2.29	15.42	3.51	2.28	1.94
食品制造业	32749	57.11	0.90	13.46	21.75	19.15	8.26	13.18
饮料制造业	55975	65.84	1.04	23.33	32.04	36.65	15.48	21.25
烟草加工业	247321	51.64	2.37	52.29	52.70	76.54	59.35	51.93
纺织业	15483	77.02	1.19	6.34	23.79	6.25	4.09	5.86
服装及其他纤维制品制造业	23605	76.48	1.44	5.93	27.37	11.50	5.52	4.54
皮革、毛皮、羽绒及其制品业	15344	107.98	1.33	−5.15	14.67	−8.46	−4.70	−4.70
木材加工及竹、藤、棕、草制品业	37255	50.16	1.50	14.54	39.19	7.63	9.06	12.87
家具制造业	23333	52.57	1.82	3.38	29.68	3.35	2.45	4.51
造纸及纸制品业	16717	75.78	1.05	1.02	26.18	0.56	0.46	0.92
印刷业	17041	48.33	1.39	14.27	31.46	9.13	7.73	11.41
文教体育用品制造业	5234	84.31	0.81	−8.09	18.20	−7.37	−4.57	−5.66
石油加工及炼焦业	100348	57.86	2.40	15.46	21.27	15.11	29.65	15.02
化学原料及化学制品制造业	19656	73.66	1.27	2.69	21.86	2.01	1.70	2.47
医药制造业	18013	80.79	1.18	4.20	22.21	3.59	2.59	3.62
化学纤维制造业	20392	65.42	1.33	2.72	22.16	1.40	1.24	2.57
橡胶制品业	20783	70.20	1.08	11.20	24.93	7.27	5.66	10.19
塑料制品业	66958	57.84	1.68	14.20	25.73	20.13	12.70	13.30
非金属矿物制品业	23903	59.47	1.37	9.27	31.93	4.97	4.62	8.95
黑色金属冶炼及压延加工业	40425	38.10	1.10	8.03	26.75	3.82	3.80	7.42
有色金属冶炼及压延加工业	32001	79.08	2.32	2.32	15.72	3.08	2.37	2.88
金属制品业	15480	78.72	0.69	−3.18	22.32	−2.27	−1.29	−3.12
普通机械制造业	17871	65.89	0.77	9.00	27.11	7.45	4.30	8.09
专用设备制造业	15259	65.05	0.88	4.67	13.12	4.85	2.68	3.12
交通运输设备制造业	33005	72.61	1.24	8.37	19.93	14.08	6.84	8.14
电气机械及器材制造业	93879	53.57	0.97	8.65	34.52	13.41	5.82	6.81
电子及通信设备制造业	23684	76.44	1.44	4.88	19.24	5.23	3.70	4.29
仪器仪表及文化、办公用机械制造业	21711	68.30	0.77	14.96	32.07	11.60	7.17	15.02
其他制造业	31667	69.95	3.44	10.29	21.60	37.33	18.96	13.59
电力、蒸汽、热水的生产和供应业	102259	60.31	8.21	14.57	50.88	7.59	20.39	23.05
煤气生产和供应业	5316	45.98	0.85	−7.06	7.32	−2.66	−2.49	−6.71
自来水的生产和供应业	46070	30.79	0.83	5.73	58.71	1.13	1.24	5.12

13—16　各地市工业企业单位数和工业总产值

（1999 年）　　单位：万元

地　市	企业单位数（个）		工业总产值		
	全部国有及规模以上非国有	国有及国有控股企业	全部国有及规模以上非国有		国有及国有控投企业
			1990 年不变价	当年价格	1990 年不变价
总　计	**3784**	**1414**	**13062051**	**15339013**	**7626524**
合肥市	367	171	2711001	2742280	1484178
芜湖市	231	68	1281324	1255391	656374
蚌埠市	192	126	728364	801703	598462
淮南市	143	39	517607	902307	381730
马鞍山市	125	42	750328	1120022	624046
淮北市	106	23	402240	763902	309047
铜陵市	87	42	669402	761110	567430
安庆市	448	141	1103255	1519021	534194
黄山市	147	86	289002	241835	110523
滁州市	376	143	1143475	1111422	556485
阜阳市	447	137	957072	1234715	541596
宿州市	208	125	304025	381771	208145
六安市	246	91	621287	740841	332717
巢湖市	293	63	560213	649550	183401
宣城地区	236	59	748239	740209	392564
池州地区	84	47	119166	144942	79500
亳州市	48	11	156053	227992	66132

13—17　各地市全部国有及规模以上非国有工业总产值

（1999 年，按当年价格计算）　　单位：万元

地　市	工业总产值合计（当年价）	国有及国有控股企业	集体企业	股份有限公司	外商投资企业	港澳台商投资企业	轻工业	重工业
总　计	**15339013**	**9962283**	**1996117**	**1738038**	**1046111**	**455657**	**6623603**	**8715410**
合肥市	2742280	1722346	91883	323828	601500	72218	1051320	1690960
芜湖市	1255391	766631	117187	124010	54761	66767	576233	679158
蚌埠市	801703	670447	96618	17332	710	14543	606251	195452
淮南市	902307	750908	67527	96351	11091	113423	151394	750914
马鞍山市	1120022	981957	82839	679135	19959	7562	90904	1029118
淮北市	763902	649119	46251	27386	3534	5109	203232	560671
铜陵市	761110	665707	33075	19153	15430	4053	92967	668142
安庆市	1519021	889685	317002	39377	51222	17965	592135	926886
黄山市	241835	112475	78948	30708	10286	6122	119929	121907
滁州市	1111422	551526	183677	96378	76062	77989	654619	456803
阜阳市	1234715	689541	282197	55298	31786	19725	953502	281213
宿州市	381771	246108	92422	19984	5476	2595	253721	128050
六安市	740841	433334	163533	82182	17859	21652	489082	251759
巢湖市	649550	226355	192178	24758	14827	10932	293741	355809
宣城地区	740209	384847	99005	77069	30940	14508	251457	488752
池州地区	144942	98091	12735	25090	1370	494	56113	88829
亳州市	227992	123205	39040		99299		187005	40988

注：辖区内全部国有及年产品销售收入在 500 万元及以上的非国有工业企业，下同。

13—18 各地市全部国有及规模以上非国有工业企业主要经济指标

(1999年)

单位：万元

地　　市	企业单位数(个)	工业总产值(当年价格)	工业增加值(当年价格)	资产总计	流动资产合计	存　货	流动资产年平均余额
总　　计	**3784**	**15339013**	**4945130**	**27973611**	**11370889**	**3395842**	**10094088**
合 肥 市	367	2742280	1014896	6076812	3000103	700418	1917842
芜 湖 市	231	1255391	413338	1693929	734782	276296	708907
蚌 埠 市	192	801703	306349	1301059	630173	168499	612376
淮 南 市	143	902307	286417	3083194	717599	166847	720361
马鞍山市	125	1120022	410310	3610537	869496	304141	943795
淮 北 市	106	763902	282339	1645616	643442	134472	609736
铜 陵 市	87	761110	213984	1548207	553799	221617	532951
安 庆 市	448	1519021	400308	1898657	730102	248483	735880
黄 山 市	147	241835	86775	320752	153379	55210	141821
滁 州 市	376	1111422	319900	1390852	652876	182119	631586
阜 阳 市	447	1234715	366322	1511181	825122	271461	765031
宿 州 市	208	381771	123251	694888	343917	133259	329219
六 安 市	246	740841	216849	737171	350092	109904	320284
巢 湖 市	293	649550	185474	948751	422695	154646	394250
宣城地区	236	740209	185825	993683	464536	143677	455613
池州地区	84	144942	37922	230040	100968	39830	93875
亳 州 市	48	227992	94872	288283	177810	84964	180563

地　　市	长期投资	固定资产合计	固定资产原价	生产经营用	固定资产累计折旧	本年折旧	固定资产净值年平均余额
总　　计	**1381323**	**13781441**	**17454120**	**15322107**	**5233527**	**767740**	**10761887**
合 肥 市	246492	2408348	3200117	2954626	1002186	153222	1421042
芜 湖 市	27833	876248	952457	837516	272883	43546	684535
蚌 埠 市	31425	603809	754127	650159	217042	36496	488766
淮 南 市	59162	2051632	2759825	2296418	890598	101564	1700042
马鞍山市	711410	1904979	2196231	2013251	596836	96251	1328033
淮 北 市	43875	871977	1228797	952240	434299	54964	853739
铜 陵 市	42850	881158	1048660	954871	280283	51621	765126
安 庆 市	50259	1049066	1427999	1302744	430777	70548	728197
黄 山 市	16206	138333	178251	134768	50811	6895	107717
滁 州 市	58587	623635	720213	598456	197932	33614	521531
阜 阳 市	18197	588223	721293	658120	187336	25302	566092
宿 州 市	3304	332779	397689	342900	96388	15729	297193
六 安 市	8845	355264	448269	381758	124757	18804	314132
巢 湖 市	32075	456407	562121	496154	168724	23728	412209
宣城地区	23558	425580	581248	511669	201347	22757	377231
池州地区	6261	113315	150847	114394	48413	5374	100309
亳 州 市	985	100691	125976	122064	32916	7326	95994

13—18　续表　　　　　　　　　　　　　　　　　　　　　　单位：万元

地　市	年末所有者权益合计	实收资本	无形及递延资产合计	无形资产	年末负债合计	长期负债	流动负债
总　计	**10219716**	**7432027**	**1070792**	**623073**	**17753895**	**5663614**	**11974237**
合肥市	2605815	1586727	199916	140370	3470997	1050110	2414998
芜湖市	581771	481913	43880	34962	1112158	297389	810903
蚌埠市	350100	268058	21978	10617	950959	216609	721662
淮南市	740427	752060	222136	44899	2342767	1320224	1011212
马鞍山市	2337758	1507796	117156	92308	1272779	466888	801774
淮北市	614910	521921	70989	12594	1030706	276546	729171
铜陵市	384889	358956	70399	39945	1163318	482126	681192
安庆市	557250	405075	62467	45192	1341407	364058	976225
黄山市	110495	76566	9314	7989	210258	55850	152336
滁州市	388048	369846	47727	40570	1002804	176141	813664
阜阳市	497065	288637	59847	50056	1014116	232151	775045
宿州市	48619	110323	10879	5975	646269	167847	469881
六安市	174161	139122	18051	5953	563010	165488	386921
巢湖市	241906	207722	36091	27876	706845	160534	541098
宣城地区	362664	227632	62804	52567	631019	173969	452923
池州地区	58897	58695	8364	3796	171143	44758	126139
亳州市	164941	70979	8793	7405	123342	12927	109094

地　市	产品销售收入	产品销售税金及附加	产品销售利润	财务费用	营业利润	利润总额	利税总额
总　计	**14882915**	**425399**	**1502590**	**540341**	**100501**	**127829**	**1380058**
合肥市	3107445	51663	258132	67920	51062	60650	313332
芜湖市	1123487	72802	109785	26703	28142	35967	173932
蚌埠市	736413	92815	76704	24588	-4356	-4181	135533
淮南市	892011	7760	99818	58788	-22600	-24971	48045
马鞍山市	1016242	12784	119824	43591	-222	-1671	88430
淮北市	714215	11245	110572	30808	-10765	-14688	52089
铜陵市	900604	2827	88825	49293	-19895	-16213	18249
安庆市	1471350	47070	161524	70111	364	-1035	123537
黄山市	212602	1457	22965	5989	3999	4088	14940
滁州市	966443	23595	72605	34619	-5761	1334	69117
阜阳市	1209935	51271	109822	34190	38325	43765	134429
宿州市	340009	8995	27883	19293	-9844	-9639	15299
六安市	693319	14056	63847	19452	12068	15658	54618
巢湖市	571748	5492	59807	28677	-3520	-2168	30470
宣城地区	559418	4345	65811	18488	17460	17916	47185
池州地区	146751	1866	12458	5201	-2599	-2642	6402
亳州市	220923	15356	42210	2633	28641	25658	54452

13—19 各地市国有工业企业主要经济指标

（1999 年）

单位：万元

地　　市	企业单位数（个）	工业总产值（当年价格）	工业增加值（当年价格）	资产总计	流动资产合计	存　货	流动资产年平均余额
总　　计	**1071**	**5907067**	**2221939**	**13292610**	**5196240**	**1227087**	**4089978**
合 肥 市	122	803386	525042	3027513	1421476	138588	422108
芜 湖 市	44	453157	216302	762501	328301	118106	344553
蚌 埠 市	116	612473	253619	1013002	488508	118129	472009
淮 南 市	25	293894	74838	776718	218723	52514	214038
马鞍山市	33	267482	128893	1614640	229996	43322	233822
淮 北 市	18	514201	194376	1080399	434738	94267	417701
铜 陵 市	25	471304	118568	953959	321856	154651	311753
安 庆 市	124	756686	185667	1180231	396134	118063	410347
黄 山 市	71	64046	19604	149121	63063	20624	56799
滁 州 市	92	228426	72100	355116	146833	39075	151687
阜 阳 市	119	628827	186543	902957	521787	148601	468211
宿 州 市	108	202768	57854	383529	181171	56568	173125
六 安 市	63	282013	76744	383182	175301	46374	153169
巢 湖 市	39	142671	45068	290086	109913	36080	102747
宣城地区	37	136468	49199	299630	105432	24979	104995
池州地区	29	27209	8450	71422	28780	6449	26342
亳 州 市	6	22057	9072	48605	24228	10699	26571

地　　市	长期投资	固定资产合计	固定资产原价	生产经营用	固定资产累计折旧	本年折旧	固定资产净值年平均余额
总　　计	**1083365**	**6500544**	**8515164**	**7462111**	**2878909**	**389663**	**4756932**
合 肥 市	172002	1240575	1819691	1666514	641333	88173	459355
芜 湖 市	9484	409162	480670	425057	155749	25929	335074
蚌 埠 市	22910	474539	579675	494855	165485	28724	400386
淮 南 市	46884	500173	708876	643306	325678	27789	389004
马鞍山市	694556	675162	664310	527818	212891	35001	467017
淮 北 市	16211	569388	854815	667824	326418	38635	587697
铜 陵 市	28332	561413	669145	601949	179281	32132	482263
安 庆 市	30685	721655	1006328	949826	323293	51433	423457
黄 山 市	2832	76588	99237	74278	29198	2606	51410
滁 州 市	2683	192353	224121	175987	66859	8886	159589
阜 阳 市	15541	326703	412336	364194	121572	14339	326154
宿 州 市	1390	191908	233879	198026	59172	6558	170856
六 安 市	4673	189838	241656	210388	71146	8525	164322
巢 湖 市	28065	145190	180082	157628	66753	7110	134382
宣城地区	4836	165483	263241	247815	110610	11152	153393
池州地区	2187	36514	48598	29557	17765	1505	29834
亳 州 市	93	23900	28506	27087	5769	1169	22737

13—19　续表

单位：万元

地　市	年末所有者权益合计	实收资本	无形及递延资产合计	无形资产	年末负债合计	长期负债	流动负债
总　计	**4797122**	**3327612**	**309141**	**163223**	**8495488**	**2941021**	**5492600**
合肥市	1244376	665419	38944	32657	1783137	783840	998874
芜湖市	303764	232760	10677	7116	458737	101947	356790
蚌埠市	240818	161228	14581	4098	772184	177539	581957
淮南市	145397	156278	5379	2007	631321	359902	262512
马鞍山市	1056556	764178	9807	5273	558085	219801	335992
淮北市	418571	326176	59789	6206	661828	195513	453315
铜陵市	237101	218962	42357	15968	716858	298085	418773
安庆市	355770	238606	28488	20177	824462	232667	591504
黄山市	38326	27662	4974	4092	110796	36431	72967
滁州市	78830	69155	11162	8683	276286	74510	190875
阜阳市	313268	129099	32805	26141	589689	128947	458818
宿州市	8545	51971	6084	2521	374984	89909	276838
六安市	92556	69746	10886	1959	290626	90934	199451
巢湖市	100799	89393	6791	4717	189287	53308	135978
宣城地区	128596	96263	22884	19212	171035	73954	97080
池州地区	17827	16092	3151	2383	53596	20856	32496
亳州市	16025	14628	383	13	32580	2877	28382

地　市	产品销售收入	产品销售税金及附加	产品销售利润	财务费用	利润总额	利税总额
总　计	**6423284**	**333411**	**609146**	**230481**	**－4974**	**746203**
合肥市	1310022	34661	70396	24783	14775	173434
芜湖市	441303	70040	47718	7800	19135	132001
蚌埠市	566482	91702	55799	19114	－7479	122278
淮南市	287607	1033	10003	11924	－9136	7705
马鞍山市	250400	7693	51707	19950	3705	28265
淮北市	491454	8471	85799	19920	－6917	41685
铜陵市	652781	1048	59920	33555	－7044	14011
安庆市	763296	39915	86827	45069	－14219	73799
黄山市	58260	700	5221	2195	－2506	847
滁州市	210684	16265	11088	6216	－5288	21775
阜阳市	628448	42655	52792	13267	16553	81093
宿州市	182944	7159	10946	7759	－6091	9355
六安市	270599	5110	20049	7416	－2222	12278
巢湖市	118939	664	17063	6907	－1485	6328
宣城地区	126172	1957	17285	3075	5607	15341
池州地区	32144	168	3467	870	－438	1609
亳州市	31750	4171	3069	660	－1923	4401

13—20 各地市规模以上集体工业企业主要经济指标

(1999年)

单位：万元

地　　市	企业单位数（个）	工业总产值（当年价格）	工业增加值（当年价格）	资产总计	流动资产合计	存　货	流动资产年平均余额
总　　计	**1109**	**1996117**	**563049**	**2032230**	**1130515**	**493318**	**1113900**
合 肥 市	76	91883	24668	138362	81176	36689	82229
芜 湖 市	64	117187	27810	135367	77801	32443	77815
蚌 埠 市	45	96618	28728	90531	57734	23609	54431
淮 南 市	43	67527	21403	109397	64713	24788	64910
马鞍山市	50	82839	19417	95744	51532	20324	53042
淮 北 市	34	46251	11830	64466	26234	11225	25989
铜 陵 市	20	33075	8123	43450	24268	8742	23376
安 庆 市	159	317002	81926	249126	132947	69310	135271
黄 山 市	29	78948	25343	77308	38286	12241	35409
滁 州 市	57	183677	50920	157290	91691	28246	87135
阜 阳 市	176	282197	86796	230819	123342	55948	127835
宿 州 市	67	92422	30776	133749	92264	53499	89671
六 安 市	86	163533	51782	116937	53337	23030	49272
巢 湖 市	118	192178	52556	205605	123792	51209	117786
宣城地区	57	99005	27541	134462	64585	27705	63753
池州地区	9	12735	3481	12979	8036	3318	7543
亳 州 市	19	39040	9952	36642	18777	10994	18434

地　　市	长期投资	固定资产合计	固定资产原价	生产经营用	固定资产累计折旧	本年折旧	固定资产净值年平均余额
总　　计	**51104**	**752499**	**963502**	**806893**	**271389**	**42675**	**701370**
合 肥 市	6671	43255	59936	49774	18482	2179	35198
芜 湖 市	4128	50717	67306	57373	21556	3074	49543
蚌 埠 市	1179	28107	44013	35918	16813	2651	26499
淮 南 市	2621	38126	56515	40492	19765	1637	37328
马鞍山市	2895	37728	49050	39718	16755	1693	33782
淮 北 市	1254	23322	28841	26690	7213	1050	22479
铜 陵 市	1700	15878	21709	19129	8004	1187	14028
安 庆 市	5007	99643	129052	97573	35985	6636	90292
黄 山 市	12401	24017	30950	25070	8509	1721	21816
滁 州 市	5790	54178	65839	54456	17658	2705	51075
阜 阳 市	537	90679	105411	100567	23018	4175	92877
宿 州 市	236	39394	50438	43494	14527	2366	35984
六 安 市	3328	55144	65939	54276	15388	3313	47963
巢 湖 市	309	76838	94896	85090	21216	4272	72868
宣城地区	2497	54167	65561	51912	17986	2538	48121
池州地区	548	4074	5450	3642	1867	269	3709
亳 州 市	3	17233	22595	21721	6649	1209	17808

注：辖区内年产品销售收入在500万元及以上的集体工业企业，下同。

13—20 续表

单位：万元

地　市	年末所有者权益合计	实收资本	无形及递延资产合计	无形资产	年末负债合计	长期负债	流动负债
总　计	**428627**	**430210**	**64664**	**45211**	**1603604**	**292539**	**1297544**
合肥市	36343	36767	6724	3333	102019	13837	88005
芜湖市	29792	30313	1605	991	105575	15152	90322
蚌埠市	19900	21381	2410	2249	70631	10229	60402
淮南市	5854	30928	3358	273	103542	19014	82941
马鞍山市	27507	22102	2229	1519	68237	10193	56220
淮北市	12183	11629	3440	2977	52283	8434	42811
铜陵市	9536	9475	1604	563	33914	6493	27421
安庆市	24270	47198	10188	6913	224855	47757	176470
黄山市	31655	21268	1408	1224	45653	4442	40741
滁州市	45583	26900	2652	1998	111708	22026	89682
阜阳市	83778	57433	5118	4475	147040	32264	113628
宿州市	1778	20261	1475	558	131971	12261	119445
六安市	31654	27839	4415	3288	85283	28571	55284
巢湖市	21641	32372	4555	2682	183963	24718	154393
宣城地区	29289	18418	12532	11404	105173	34805	70368
池州地区	1714	2073	321	284	11265	633	10632
亳州市	16150	13854	629	479	20492	1711	18781

地　市	产品销售收入	产品销售税金及附加	产品销售利润	财务费用	营业利润	利润总额	利税总额
总　计	**1800747**	**18575**	**171819**	**67197**	**19923**	**11217**	**94488**
合肥市	78025	501	8116	3020	－1711	－1824	1462
芜湖市	103657	936	8726	3699	－2028	－1595	3964
蚌埠市	81346	619	11212	2475	1462	1468	5704
淮南市	73232	1116	6630	1862	－2437	－2853	1957
马鞍山市	74869	329	5756	1419	－1503	－1481	1658
淮北市	38260	506	3195	1962	－1175	－1017	719
铜陵市	29456	189	3033	990	－976	－235	912
安庆市	285156	2862	23186	11682	－616	－4992	7511
黄山市	71089	314	6789	1272	2467	2737	5791
滁州市	153839	1314	16110	3985	5205	4463	11709
阜阳市	268651	5554	31475	7504	20195	18436	32480
宿州市	85073	678	5156	4727	－3484	－4533	－1384
六安市	156856	1552	16319	5266	7564	8260	13853
巢湖市	173768	1211	12023	10107	－4517	－6805	1966
宣城地区	79831	618	9275	4915	725	526	4430
池州地区	10450	27	916	520	－555	－487	105
亳州市	37190	251	3905	1792	1306	1148	

13—21 各地市外商及港澳台投资工业企业主要经济指标

(1999年)

单位：万元

地市	企业单位数（个）	工业总产值（当年价格）	工业增加值（当年价格）	资产总计	流动资产合计	存货	流动资产年平均余额
总计	**224**	**1501768**	**402706**	**2162191**	**872035**	**326940**	**818687**
合肥市	46	673718	147486	798210	361237	143209	339242
芜湖市	26	121528	12266	143290	55185	22926	50168
蚌埠市	6	15253	2968	45317	18308	5346	18006
淮南市	7	124514	45154	358710	39713	7782	33260
马鞍山市	8	27520	4781	44151	14746	4645	14699
淮北市	8	8643	2469	30348	13549	4148	8479
铜陵市	7	19484	5826	16249	8359	4408	7476
安庆市	20	69186	28447	120554	44317	14811	43065
黄山市	7	16408	8465	4483	3203	620	2923
滁州市	22	154051	36180	167203	70150	23135	63982
阜阳市	16	51511	12963	107097	53198	15369	47793
宿州市	4	8071	2948	12478	7314	1998	7001
六安市	9	39511	10713	24801	11305	5429	12409
巢湖市	17	25759	7802	37617	14768	5736	13376
宣城地区	17	45448	16523	93615	42035	10230	40368
池州地区	2	1865	530	2173	1097	309	1095
亳州市	2	99299	57184	155898	113553	56841	115347

地市	长期投资	固定资产合计	固定资产原价	生产经营用	固定资产累计折旧	本年折旧	固定资产净值年平均余额
总计	**13792**	**1116954**	**1502549**	**1444590**	**414952**	**78538**	**948050**
合肥市	6092	362541	417568	389906	71710	24786	299051
芜湖市	431	75746	89191	83487	13741	4569	73912
蚌埠市	35	25400	32425	30793	7025	1198	24879
淮南市		299020	501999	501548	205193	24334	213685
马鞍山市	162	22939	25641	24769	4166	1409	20770
淮北市		13548	18673	17373	5173	501	10530
铜陵市		7467	10677	9850	3894	554	6492
安庆市	1542	67891	86910	78894	19367	4163	67344
黄山市		1175	1886	1742	736	165	1137
滁州市	1708	86936	109336	105766	26190	7071	82473
阜阳市	301	49192	61238	59889	12603	995	42629
宿州市		4765	6764	6012	2348	443	4647
六安市	97	12282	19712	18730	7473	1370	12867
巢湖市	32	20426	25738	23151	5571	1340	20602
宣城地区	2571	31568	45404	43435	15114	2564	31140
池州地区	61	1015	1307	1103	291	60	1025
亳州市	759	35043	48081	48081	14360	3016	34867

注：辖区内年产品销售收入在500万元及以上的外商及港澳台投资工业企业，下同。

13—21　续表　　　　　　　　　　　　单位：万元

地　市	年末所有者权益合计	实收资本	无形及递延资产合计	无形资产	年末负债合计	长期负债	流动负债
总　计	**856902**	**900060**	**91759**	**61327**	**1305289**	**359158**	**930083**
合 肥 市	356134	338828	43730	22413	442076	96075	345987
芜 湖 市	74115	92883	8334	6340	69175	21336	47694
蚌 埠 市	12027	21981	1566	1105	33289	4607	28683
淮 南 市	114620	102936	1192	672	244090	142928	101162
马鞍山市	24641	31484	5350	3645	19510	5525	13984
淮 北 市	2117	6810	31	26	28231	6234	11050
铜 陵 市	-3182	3113	422	365	19431	90	19341
安 庆 市	53173	56860	5753	4195	67381	26589	40792
黄 山 市	1720	1837	104	61	2764	71	2692
滁 州 市	45294	127780	7733	7095	121909	5882	116027
阜 阳 市	6068	37224	4326	3663	101028	31463	68253
宿 州 市	3748	3491	220	183	8730	1391	7301
六 安 市	7397	8327	252	74	17404	2669	12147
巢 湖 市	7827	7752	1758	1508	29790	6010	23780
宣城地区	41444	34192	4448	3450	52171	6353	44818
池州地区	-383	537			2557	961	1596
亳 州 市	110144	24027	6541	6533	45754	974	44780

地　市	产品销售收入	产品销售税金及附加	产品销售利润	财务费用	营业利润	利润总额	利税总额
总　计	**1386122**	**18498**	**118132**	**53357**	**34458**	**27941**	**112352**
合 肥 市	598504	6571	60898	12903	21460	20839	47184
芜 湖 市	120163		2623	667	910	2345	5718
蚌 埠 市	11796	58	-108	1475	-273	-193	727
淮 南 市	124412	876	2716	16289	750	391	13813
马鞍山市	19957		-344	778	-2876	-2862	-2804
淮 北 市	4742		-962	664	-1069	-716	-270
铜 陵 市	19791	44	1327	1233	-671	-678	-83
安 庆 市	66379	139	13318	3811	4420	4294	9393
黄 山 市	9169	8	861	136	301	431	672
滁 州 市	154163	146	-2133	6114	-5753	-13528	-6684
阜 阳 市	59691	915	3307	6255	-4363	-4332	-1338
宿 州 市	6392	16	711	187	280	244	602
六 安 市	39952	291	1104	927	-83	35	2595
巢 湖 市	18934	53	1448	1432	-1123	-1458	-588
宣城地区	41201	173	5509	1601	1262	1316	3979
池州地区	1650		286	87	20	1	74
亳 州 市	89228	9209	27572	-1201	21267	21813	39363

13—22 各地市大中型工业企业主要经济指标

（1999年）

单位：万元

地市	企业单位数（个）	工业总产值（当年价格）	工业增加值（当年价格）	资产总计	流动资产合计	存货	流动资产年平均余额
总计	**671**	**9820211**	**3428724**	**20679903**	**7974105**	**2179260**	**6824027**
合肥市	81	1750681	768636	4412650	2203059	419969	1165113
芜湖市	62	908276	331760	1323403	552037	201983	538252
蚌埠市	46	551330	228770	989607	454102	99241	416661
淮南市	35	753817	246840	2783791	584969	117306	590448
马鞍山市	38	1017536	388154	3478925	809814	280857	885511
淮北市	25	649637	253133	1401909	539239	107769	515149
铜陵市	24	653962	186350	1413954	490443	200910	471473
安庆市	43	887392	247585	995234	409936	120694	415758
黄山市	19	101909	37684	152710	81491	28332	73552
滁州市	69	547886	166395	814700	378077	94372	366595
阜阳市	56	646479	197214	939055	536152	167862	481274
宿州市	30	147723	36927	237962	112219	43117	110830
六安市	43	331653	86458	409560	199042	62414	181398
巢湖市	49	247267	68959	452166	180405	71855	172200
宣城地区	35	417616	99551	595243	269407	79090	266344
池州地区	9	60496	12884	80845	41876	20571	40530
亳州市	7	146551	71425	198190	131840	62918	132940

地市	长期投资	固定资产合计	固定资产原价	生产经营用	固定资产累计折旧	本年折旧	固定资产净值年平均余额
总计	**1248968**	**10452899**	**13401960**	**11822717**	**4234173**	**589683**	**7762972**
合肥市	194719	1747524	2407614	2257441	817369	114622	871298
芜湖市	21705	713813	751615	657532	227068	34750	528462
蚌埠市	26025	482625	589097	509679	167137	30186	373237
淮南市	54496	1918280	2596837	2165596	843865	96323	1583291
马鞍山市	709882	1844426	2119762	1946446	575870	92896	1273118
淮北市	35213	751426	1068287	834764	384857	46513	738525
铜陵市	38331	819338	967842	881283	250979	48165	708233
安庆市	36096	527116	803253	760663	307752	41402	229038
黄山市	13815	52195	71155	56684	23594	2806	47002
滁州市	49570	365756	402647	316998	120278	18895	274558
阜阳市	16266	347200	436043	392433	128155	15423	343380
宿州市	870	119453	148931	131831	41183	5349	107505
六安市	4414	195045	250390	215527	73627	8641	170780
巢湖市	30078	220075	303316	261429	94885	12738	208186
宣城地区	15950	256698	359576	319080	135477	14093	220476
池州地区	591	34065	50293	42346	19122	1746	30464
亳州市	951	57864	75302	72986	22956	5136	55420

13—22　续表　　　　单位：万元

地　市	年末所有者权益合计	实收资本	无形及递延资产合计	无形资产	年末负债合计	长期负债	流动负债
总　计	**8242168**	**5493140**	**775440**	**429813**	**12437735**	**4466214**	**7911076**
合肥市	1905878	1099056	112083	92701	2506772	896809	1609963
芜湖市	453556	340325	33599	27509	869847	260781	605465
蚌埠市	305899	206406	16733	7355	683708	165546	505966
淮南市	703064	680651	202263	31500	2080726	1262058	809765
马鞍山市	2278299	1450321	108696	87448	1200626	459924	736595
淮北市	551379	442165	65830	10179	850530	232348	605148
铜陵市	361240	328712	65843	37690	1052714	457063	595651
安庆市	418280	207117	21447	17604	576954	111468	465245
黄山市	64905	37783	4569	4447	87805	12736	74600
滁州市	257849	147766	20287	16660	556850	116369	429582
阜阳市	317784	140926	38242	31776	621271	136960	483384
宿州市	15176	38590	3469	2160	222787	66309	156439
六安市	99078	74522	9799	3007	310482	77571	231287
巢湖市	108206	91314	21264	16737	343961	102316	241645
宣城地区	251914	146480	39474	35618	343329	91635	248616
池州地区	19933	19154	4310	902	60912	8470	52443
亳州市	129730	41852	7534	6519	68460	7854	59285

地　市	产品销售收入	产品销售税金及附加	产品销售利润	财务费用	营业利润	利润总额	利税总额
总　计	**9773329**	**369157**	**1076892**	**354274**	**110293**	**153076**	**1149400**
合肥市	2182990	42306	170338	44153	37294	45299	250203
芜湖市	814559	71127	92654	20643	31207	37142	162489
蚌埠市	532862	91275	59725	17011	-2436	-112	130844
淮南市	750016	6042	86800	52875	-15600	-18248	46084
马鞍山市	926554	12356	114029	41711	4148	2615	89350
淮北市	617231	10032	105579	26697	-5678	-8408	51571
铜陵市	803958	1915	79924	45392	-15823	-12663	17475
安庆市	854878	41823	116549	31229	27318	28930	123333
黄山市	93603	921	12654	1850	5621	5759	11221
滁州市	459134	19838	44048	16585	-402	14102	56825
阜阳市	604863	42309	54048	16905	12737	19746	84531
宿州市	123987	3151	9996	6238	-3720	-2541	6847
六安市	306528	10831	27023	9678	-802	2052	24866
巢湖市	214907	1523	24632	12628	-5944	-2617	9591
宣城地区	293184	2809	40808	8478	18249	19459	37512
池州地区	60258	207	5795	2207	198	135	3091
亳州市	133818	10691	32292	-4	23926	22427	43566

13—23 500万元以下非国有工业企业主要经济指标

（1999年）

指标	企业单位数（个）	工业总产值（当年价）（万元）	上交税金（万元）	实收资本（万元）	年末全部从业人员（人）
总计	**370241**	**23724737**	**406946**	**3365697**	**316094**
在总计中：轻工业	223578	13399511	217598	1869334	164393
重工业	146663	10325226	189347	1496363	151701
在总计中：集体企业	35935	6393276	168413	1333422	117704
股份制企业	2480	415257	9081	96952	8584
私营企业	62571	6126771	110410	871185	97972
联营企业	3404	305562	5859	34724	4835
个体经营	261832	10214408	105322	912524	71032
外商投资企业	161	41485	1527	51395	3931
其它企业	3858	227979	6333	65496	12037
在总计中：农村工业	244212	18932501	308140	2489013	269453

13—24 主要工业产品产量

产品	单位	1990年	1995年	1996年	1997年	1998年	1999年
原煤	万吨	3205.39	4444	5086	4897	4572	4677
洗煤	万吨					483	449
铁矿石成品矿	万吨	417	575	539	503	402	389
铜金属含量	吨	29576	43442	42265	45557	45152	42000
工业木材	万立方米	50.76	36	17.31	16.54	2.79	1.14
混合饲料	万吨		125.0	126.0	99.4	102.78	82.2
原盐	吨			215507	220100	225000	328000
大米	吨			10643090	7964067	1499981	1252000
食用植物油	吨		952678	791192	808004	287365	371000
乳制品	吨		4575	9347	3563	8313	12432
罐头	吨		126847	146132	144985	23894	25683
鲜、冻畜肉	万吨					24.3	13.5
糖果	吨					7465	4146
方便主食品	吨					22304	18161
酱油	吨					17202	19876
发酵酒精	万吨					7.7	9.8
白酒	万吨		46.1	55.86	59.25	46.54	46.50
啤酒	万吨		56.65	70	97.09	118.84	127
精制茶	吨		25296	49403	35491	15684	10718
卷烟	万箱	216.1	194.0	190.2	196.5	189.1	179.7
纱	吨	175240	223024	220492	233569	230538	262000
布	万米	67311	87501	88655	93812	64029	67518
棉布	万米	38290	50040	47680	48010	30596	32545
印染布	万米	26148	26163	21046	18463	14077	12583
绒线（毛线）	吨	3815	4496	1918	2603	1252	348
麻袋（混合数）	万条	5493	7653	4985	5677	3438	1209
丝	吨	1771	5520	5522	4509	2460	2235
丝织品	万米	3303	8928	7870	6724	4077	3733
皮棉	万吨					18.5	12.2
服装	万件	5223	24225	23207	28690	7197	5740
梭织服装	万件					3724.9	2908.0
针织服装	万件					3444.3	2744.2
锯材	立方米			1352398	988698	68243	18848
人造板	万立方米	3.8	81.2	36.0	49.2	30.3	40.8
机制纸及纸板	万吨	38.4	108.2	97.9	106.3	49.2	45.7
纸制品	吨			1033945	942963	28430	41527
单色印刷品	万令					217.9	191.1
多色印刷品	万对开色令					214.5	268.8
原油加工量	万吨			301.4	296.7	281.4	288.7
汽油	万吨	57.8	74.1	79.3	74.5	56.8	69.8
柴油	万吨	80.8	98.9	120.1	114.0	115.6	129.9

注：1998年、1999年系指辖区内全部国有及年产品销售收入在500万元及以上的非国有工业企业。

13—24 续表1

产　　品	单　位	1990年	1995年	1996年	1997年	1998年	1999年
燃料油	万吨	60.65	48.48	32.7	38.35	22.7	13.6
液化石油气	万吨					18.0	18.4
焦　炭	万吨	262.3	293.5	295.6	299.9	292.4	304.2
硫酸（折100%）	万吨	66.3	135.3	135.6	137.0	151.1	158.7
浓硝酸（折100%）	万吨	4.8	8.3	10.4	12.0	12.4	12.9
氢氧化钠（烧碱）（折100%）	万吨	7.83	11.44	11.69	10.63	8.89	13.17
碳酸钠（纯碱）	万吨	4.57	9.76	9.56	9.35	8.10	6.67
合成氨	万吨	117.3	164.2	186.4	178.0	178.0	186.5
农用氮磷钾化学肥料总计	万吨	106.6	165.7	188.3	181.8	162.0	182.2
氮肥（折含N100%）	万吨	83.7	110.9	128.3	124.1	125.0	144.4
磷　肥	万吨	22.9	54.7	59.4	57.7	36.8	40.1
化学农药	万吨	0.6	0.8	0.7	2.0	1.7	2.3
塑料树脂及共聚物	吨	29511	51434	58888	63419	39408	45898
肥　皂	吨	56171	38473	41054	31072	19483	21794
合成洗涤剂	万吨	7.5	26.4	18.25	22.2	27.7	36.0
牙膏（自然支）	万支	11837	14351	12991	13247	9071	9531
化学原料药	吨	5316	6914	5131	6961	3859	3506
中成药	吨	6688	38923	47251	69182	9246	7383
化学纤维	万吨	1.2	2.0	6.6	7.9	8.4	9.3
轮胎外胎	万条	110.4	145.0	165.0	174.1	212.3	405.8
塑料制品	吨	88560	690481	534081	512229	216312	280195
塑料簿膜	吨	25867	100923	57340	45297	50025	34987
水　泥	万吨	886	1983	2270	2311	2100	2133
大理石板材	万平方米	26.28	159.53	152.8	142.86	3.38	2.85
花岗石板材	万平方米	3.41	115.77	128.32	140.46	8.92	3.12
平板玻璃	万重量箱	157.4	242.5	262.3	262.7	180.9	181.9
生　铁	万吨	285.6	428.0	463.5	490.1	495.2	494.7
钢	万吨	248.1	325.5	361.3	385.7	405.8	424.3
普通碳素钢	万吨					278.9	276.6
普通低合金钢	万吨					69.9	97.9
合金钢	万吨					4.8	4.0
其它优质钢	万吨					52.1	45.8
成品钢材	万吨	188.3	267.6	307.7	313.0	325.0	388.8
铁道用钢材	万吨					10.3	7.6
普通中型钢材	万吨					56.0	63.6
普通小型钢材	力吨					55.8	92.8
无缝钢管	万吨					1.2	2.5
线　材	万吨	66.3	98.2	108.5	108.6	116.0	126.0
铜	万吨	5.0	8.2	8.8	14.0	20.1	21.0
铅	吨	3204	33286	30589	36610	10547	18926

13—24 续表 2

产 品	单 位	1990年	1995年	1996年	1997年	1998年	1999年
锌	吨	96	3499	2214	3056	2839	3801
铝	吨	9652	20471	17147	16446	15159	11263
铜加工材	吨	10887	25536	28946	46254	31178	37486
铝 材	吨	2337		12079	15653	8067	8772
工业锅炉	蒸吨	727	2318	1747	943	792	728
内燃机	万千瓦	191.28	442	412	302	262	234
金属切削机床	台	3743	4003	2561	2183	887	1180
锻压设备	吨		15613	10116	10268	5756	13506
起重设备	吨	15632	14291	15138	22366	2104	2560
叉 车	台	1169	4273	4434	4607	4250	4376
泵	台	206600	467846	460435	342979	86658	74399
轴 承	万套			3584	2915	2435	2595
矿山设备	吨	6773	14245	16691	15905	27560	33840
小型拖拉机	台	88523	220967	224082	208672	188043	160450
农业运输机械	辆			389057	314745	269846	254807
汽 车	辆	2837	30250	34044	35020	70748	91573
载货汽车	辆					21925	26507
公路客车	辆					47591	64944
摩托车	辆	1075	73320	63480	101828	80523	53685
自行车	万辆	70.52	105.0	57.54	25.86	5.70	0.54
交流电动机	万千瓦	85.4	208.9	174.8	106.7	96.6	97.1
变压器	万千伏安	212.7	487.0	436.1	566.2	552.3	687.3
电 线	公里	45400	367895	370359	242034	29240	36208
蓄电池	千伏安时	14692100	487745	139642	150616	82349	94951
家用洗衣机	万台	34.0	127.7	152.5	179.4	212.2	145.7
家用电冰箱	万台	34.5	150.4	109.11	109.4	120.5	138.2
电风扇	万台	117.67	134.7	86.39	31.86	32.98	18.19
房间空气调节器	万台	1.22	12.20	22.32	14.50	16.28	62.79
排油烟机	台		1931	476	11914	11156	20437
电视机	万部	72.6	79.0	45.0	59.4	45.5	85.9
#彩色电视机	万部	9.0	20.3	8.6	18.3	45.5	85.9
电话单机	部		171688	154290	92159	120134	29083
雷 达	部					345	399
微型电子计算机	部					24729	80767
电子元件	亿只					38.3	37.0
发电量	亿千瓦时	194.2	310.3	325.8	329.3	316.2	319.3
火 电	亿千瓦时	180.9	297.9	314.2	319.6	302.8	300.4
水 电	亿千瓦时	13.3	12.4	11.6	9.7	13.4	18.9
煤 气	亿立方米			86.9	89.9	92.9	86.4
自来水供应量	亿吨			10.5	11.4	8.9	9.8
供热量	万百万千焦			1495	1752	398	475

13—25 各县（市）工业总产值

（按1990年不变价格计算）

单位：万元

县（市）	1978年	1980年	1985年	1990年	1995年	1998年	1999年
长丰县	4431	4720	12904	25268	47658	37111	36641
肥东县	9168	10577	19480	39380	81006	45858	52787
肥西县	5807	6900	14772	30779	79817	29168	29671
芜湖县	5974	6925	12612	24141	90790	44150	41848
繁昌县	8022	8908	18792	42487	173125	79240	82312
南陵县	6491	5001	8031	13038	55188	23460	24418
怀远县	6507	8353	18151	29291	73813	57920	57309
五河县	3977	4397	15813	22894	63656	26027	28491
固镇县	3322	4125	9368	16494	44435	34104	34119
凤台县	5503	5503	11062	21883	61658	69798	62810
当涂县	14574	15381	34642	58927	172483	43138	43342
濉溪县	6341	7472	15761	28569	48122	31401	37995
铜陵县	5518	5141	10450	23253	80611	52340	54154
桐城市	4771	4795	12419	39793	120765	145323	170166
怀宁县	4485	5196	12459	19562	111182	67931	76073
枞阳县	5732	5007	7269	13671	41023	48177	54116
潜山县	3202	3521	7492	12320	49608	56886	65732
太湖县	2420	2625	6239	10487	21065	23616	23050
宿松县	4723	4778	11173	20494	42127	22255	19253
望江县	5791	5900	13329	22133	57602	34416	32808
岳西县	2234	2532	4266	9937	25467	41444	48047
歙县	9664	9460	18315	25258	79660	80802	92156
休宁县	4090	4376	7394	15530	45563	22434	24166
黟县	1276	1515	3733	6234	14926	9205	10006
祁门县	5552	5593	8999	14636	35484	31245	23262
天长市	7656	9471	26114	71839	235682	211779	236610
明光市	5427	6232	15515	44897	180954	57621	62028
来安县	3927	4750	13414	40448	184595	67598	77177
全椒县	6324	7271	17038	73784	257017	152280	158197
定远县	3931	4675	12060	39910	169182	66031	70127
凤阳县	5870	6562	19007	45934	175263	69159	66552
界首市	5277	6054	17206	36266	222644	120266	110982

注：1998年、1999年为辖区内全部国有及年产品销售收入在500万元及以上的非国有工业企业。

13—25 续表

单位：万元

县（市）	1978年	1980年	1985年	1990年	1995年	1998年	1999年
临泉县	4987	4845	8467	20604	153760	91721	79982
太和县	4637	4784	9509	24991	129228	118348	102496
涡阳县	7266	7283	19005	38675	124337	101938	84672
蒙城县	4574	4716	18885	34792	228575	106391	108775
阜南县	2974	3679	8228	12410	83234	50757	42034
颍上县	3671	3480	6824	12689	54077	34209	31265
利辛县	3264	3044	4739	10667	89612	90640	47003
砀山县	5110	6972	17156	30270	60454	49180	48488
萧县	7812	8801	16209	36694	106352	39751	43663
灵璧县	4009	4578	11608	27495	70620	31564	32750
泗县	4510	5421	11408	35000	44461	27233	26633
寿县	8735	7320	13089	25471	171067	88433	102956
霍邱县	8184	6419	12688	18423	150507	92743	102835
舒城县	8437	9708	18408	31147	175453	87662	96504
金寨县	5015	5431	10171	21553	104092	26012	34573
霍山县	4552	5196	8706	16117	135387	73599	88844
庐江县	11741	13139	21426	38004	123030	74475	70873
无为县	16287	16891	30436	49107	147724	138524	138958
含山县	7319	7723	14029	24691	78610	52300	52684
和县	9274	9296	14160	25206	104981	77725	77643
宣州市	13469	13277	22027	60793	293670	284736	284206
宁国市	4274	4965	15138	57166	411531	220802	206762
郎溪县	2543	3276	8069	13867	60488	34134	25319
广德县	5014	5471	10452	15853	46881	46289	34957
绩溪县	4849	4873	7776	17620	102112	61442	72627
旌德县	1457	1312	3451	8890	58011	85516	45831
泾县	10364	12117	16911	32465	112973	102157	78537
贵池市	11471	11088	18546	40954	66000	73886	71188
东至县	6332	7554	13870	24643	57503	28730	31037
石台县	910	842	2775	4392	12901	3605	3698
青阳县	2630	2926	4954	11360	35229	13358	13243

13—26 各县（市）工业企业单位数和总产值

（1999年）

单位：万元

县（市）	企业单位数（个）	工业总产值（1990年不变价）	工业总产值（当年价）	县（市）	企业单位数（个）	工业总产值（1990年不变价）	工业总产值（当年价）
合肥市辖区	285	2452659	2364383	定远县	41	70127	86611
长丰县	27	36641	50953	凤阳县	39	66552	60842
肥东县	29	52787	61095	阜阳市辖区	82	349861	432358
肥西县	27	29671	37695	界首市	54	110982	153495
芜湖市辖区	152	1132746	1069284	临泉县	39	79982	96349
芜湖县	18	41848	53506	太和县	55	102496	102952
繁昌县	45	82312	95933	涡阳县	48	84672	193258
南陵县	16	24418	36669	蒙城县	42	108775	106926
蚌埠市辖区	126	608446	650408	阜南县	38	42034	51903
怀远县	27	57309	78827	颍上县	36	31265	38382
五河县	20	28491	32886	利辛县	53	47003	59094
固镇县	19	34119	39583	宿州市辖区	71	152492	187593
淮南市辖区	114	461309	795782	砀山县	27	48488	54158
凤台县	30	62810	118004	萧县	50	43663	52671
马鞍山市辖区	93	706986	1069518	灵璧县	27	32750	44896
当涂县	32	43342	50505	泗县	33	26633	42453
淮北市辖区	83	369416	713880	六安市辖区	64	198741	231191
濉溪县	24	37995	57822	寿县	58	102956	150215
铜陵市辖区	66	615248	715436	霍邱县	32	102835	119251
铜陵县	21	54154	45674	舒城县	42	96504	106422
安庆市辖区	139	614010	958575	金寨县	24	34573	35549
桐城市	69	170166	174055	霍山县	26	88844	103935
怀宁县	61	76073	87368	巢湖市辖区	102	220056	247617
枞阳县	41	54116	61784	庐江县	45	70873	85834
潜山县	21	65732	82001	无为县	75	138958	160936
太湖县	23	23050	26901	含山县	33	52684	74941
宿松县	39	19253	29143	和县	38	77643	80222
望江县	35	32808	49915	宣州市	52	284206	272045
岳西县	20	48047	49279	宁国市	52	206762	222765
黄山市辖区	61	139413	106192	郎溪县	17	25319	29492
歙县	38	92156	81235	广德县	35	34957	32194
休宁县	20	24166	21911	泾县	26	78537	78599
黟县	15	10006	10113	旌德县	23	45831	41210
祁门县	13	23262	22385	绩溪县	31	72627	63905
滁州市辖区	89	472785	406331	贵池市	35	71188	87253
天长市	73	236610	242018	东至县	19	31037	38378
明光市	45	62028	72937	石台县	12	3698	4225
来安县	36	77177	00714	青阳县	18	13243	15086
全椒县	53	158197	153969				

注：辖区内全部国有及年产品销售收入在500万及以上的非国有工业企业。

13—27 全省主要大中型企业基本情况

(1999 年)

单位：千元

企业名称	产品销售收入	工业总产值（1990年不变价）	工业总产值（当年价）	新产品产值	工业销售产值（当年价）	出口交货值
安徽省电力公司	8318220	1550390	2948320		2948320	
马鞍山钢铁股份有限公司	6147765	4449030	6791350	501600	6698400	270840
铜陵有色金属集团公司	5535160	2962140	3537530		3479450	805120
中国石化集团安庆石油化工总厂	5164816	2285830	5319690		5060050	
淮北矿务局	2562280	1008257	2723741		2706867	164090
淮南矿业（集团）有限责任公司	2443510	879310	2389890		2292340	
蚌埠卷烟厂	1708119	1323805	1698081	110364	1708119	644
合肥江淮汽车有限公司	1621102	991296	1576677	136625	1572615	87905
合肥荣事达集团有限责任公司	1553416	1929854	1792515	1386840	1678001	36578
合肥昌河汽车有限责任公司	1541900	1902330	1587143		1646069	1190
芜湖卷烟厂	1521384	1194056	1534119		1521384	
安徽省金种子集团有限公司	1350000	630359	1197925	389620	1260405	145
合肥美菱股份有限公司	1325217	1833376	1775981	1652466	1762951	83677
合肥钢铁集团有限公司	1210034	781470	1187900	3340	1210500	
安徽淮南平圩发电有限公司	1119039	395068	1119039		1119039	
淮南田家庵发电厂	1005657	354290	1005657		1005657	
安徽飞彩（集团）有限公司	936913	1889730	1695350	1102480	1693630	19767
皖北矿务局	933175	289326	949625		946482	
芜湖恒鑫铜业有限公司	911350	1488130	1524130		1514620	114640
安徽古井贡酒股份有限公司	883709	416831	979535	455861	891739	
国投新集能源股份有限公司	806251	367557	835499		856633	
马钢（集团）控股有限公司	765711	359519	878735		837437	
安庆纺织厂	649886	355638	614390	28782	645786	96511
安徽国风集团有限公司	612311	802608	714580	222659	694857	
淮北发电厂	582457	328145	635326		635326	
合肥卷烟厂	580785	418020	606272		580785	
安徽康佳电子有限公司	580750	1278003	706733	194182	567018	
淮南洛河发电厂	573675	291757	573675		573675	
安徽马鞍山万能达发电有限责任公司	568673	152987	567131		567131	
芜湖发电厂	568462	163808	568462		568462	
铜陵市化学工业集团有限公司	566937	646016	737072	18706	690876	4858
安徽全柴集团有限公司	560401	555785	574846	136611	560482	96521
安徽全力集团	560000	495827	610000		580000	
安徽阜阳纺织集团有限公司	545124	458193	411146	15994	442713	119105
安徽安凯汽车集团有限公司	539400	658432	551813	221743	550915	
安徽省宁国水泥厂	496177	344803	478782		477091	
安徽天大企业（集团）公司	486459	481331	495603	73369	488201	18183
阜阳卷烟厂	483546	601172	496366		495948	
广东美的集团芜湖制冷设备有限公司	480410	1658587	659784	195385	614247	
安徽丰原生物化学集团有限公司	473551	472265	496812		485551	406891
安徽省蚌埠酒厂	468761	186029	520963	84060	517092	
安徽高炉酒厂	461911	248110	860380		866290	
淮北印染厂	458107	357225	440660	159867	442370	412122
安徽淮化集团有限公司	438836	392370	414264		407234	
国营芜湖造船厂	429511	213000	208640		208460	21610
中国扬子集团有限公司	421664	808944	644405	54930	615950	
滁州卷烟厂	391908	354116	391923		391923	
安徽省沙河酒厂	377781	278600	441820	2680	441800	
安徽合力股份有限公司	375011	259867	358818	36207	369480	60693

13—27 续表1

单位：千元

企业名称	产品销售收入	工业总产值（1990年不变价）	工业总产值（当年价）	新产品产值	工业销售产值（当年价）	出口交货值
合肥发电厂	360167	85900	360167		360167	
淮北市第二纺织厂	355246	272848	346678	43385	355246	10802
安徽华康集团	329438	198147	344046		328050	
芜湖海螺塑料型材有限公司	327308	348498	353063		326408	
黄山市化工总厂	323770	685868	335920	17177	323770	32244
马鞍山发电厂	315723	83620	332463		332463	
芜湖裕中产业（集团）有限公司	310457	258120	305180		318700	45050
芜湖钢铁厂	304080	185620	335680		336200	67510
安徽八一化工集团有限公司	303585	416411	266447		256690	79588
合肥四方化工集团有限公司	290004	305853	282287	57075	308102	48550
安徽迎驾酒业股份有限公司	283525	96224	339691		326443	
安徽省池州有色金属（集团）有限公司	278077	215044	269446		275602	56291
海螺集团芜湖白马山水泥厂	276291	187707	283137	617	278740	
圣泉啤酒厂	269724	216426	270928		269724	
安徽新集煤电（集团）有限公司	268348	277038	300089		309498	
安徽氯碱化工集团有限责任公司	263406	342897	278296	2260	274601	8879
安丰油脂股份有限公司	244244	137840	230921		244464	
安徽口子集团公司	239330	55006	221918		230770	
铜陵海螺水泥有限公司	236148	146790	234570		234180	
淮北第一棉纺织厂	226793	174670	212619	30541	223392	9922
铜陵市华源麻业有限公司	223083	222003	253447	38650	267895	204854
安徽省涡阳县化肥厂	222929	186698	280216		279037	
安徽六安手拖厂	220488	190577	186495		221593	2170
安徽安庆南风日化有限责任公司	216175	174780	222013	13210	216169	
亳州市白酒饮料酿造集团公司	212010	150175	220845		212010	
芜湖县金田集团有限公司	210711	191250	269420		262140	
临泉县化肥厂	209188	196946	237302		213267	
黄山金马仪表有限公司黄山仪表厂	207354	248044	207365	86664	200706	1293
铜陵车辆厂	205900	90210	191764	166208	201860	
安徽省阜阳制药厂	204731	253422	213594		208980	102649
芜湖合成洗涤剂总厂	199675	299756	297447		285982	13384
安徽巢湖水泥厂	199080	138518	222484		226395	
安徽宿州鸿鹏纺织集团有限责任公司	194759	182963	272759		293204	
马鞍山市山鹰造纸有限公司	194352	173460	200401	72823	194333	
东关水泥厂	186558	108830	196220		186020	
安徽开元轮胎有限责任公司	185113	191582	206177	206177	185662	39825
安徽天马纺织（集团）有限公司	181558	209458	182895	20903	182268	67960
安徽铜峰电子（集团）公司	179989	286180	195210		179990	
安徽省天长市仪表厂	178035	260091	259152	4353	237982	
芜湖市有色金属压延厂	176579	175660	180060		179780	
安庆帝伯格茨活塞环有限公司	175553	220450	184080	174150	175550	210
安徽阜阳化工总厂	174738	150237	175893		178522	
安徽省宁国市耐磨材料总厂	174659	209690	209690		205200	7810
安徽省爱利德纺织工艺制品有限公司	172904	73385	112900		112500	41260
芜湖光华集团有限公司	172447	194927	160369		153175	463
铜陵钢铁股份有限公司	172306	104450	174581		172424	61934
铜陵市精达铜材（集团）有限责任公司	170512	388688	301707		200930	4004
马鞍山市三维建材集团	165605	176538	174043	73953	164757	
安徽省荣兴油脂有限公司	165535	150355	172426		165535	

13—27　续表2

单位：千元

企业名称	产品销售收入	工业总产值（1990年不变价）	工业总产值（当年价）	新产品产值	工业销售产值（当年价）	出口交货值
安徽省宁国中鼎股份有限公司	164614	142532	151565		140939	33090
定远县盐矿	161480	210061	222936		214051	
蚌埠灯芯绒集团有限公司	155968	128243	161757	23785	172292	104825
芜湖威迪欧汽车仪表有限公司	152757	156573	136798		152757	
芜湖一汽扬子汽车厂	152638	162178	180928		154239	
安徽省霍邱县中华玉泉酒业有限责任公司	151609	161170	157100		151600	
安徽双津集团	151365	220088	193625	55068	186662	2910
六安纺织厂	149209	155006	153894		159907	2947
国营芜湖机械厂	148758	144880	148553		150823	
马鞍山市金星化工集团有限公司	144473	128058	143179	37765	156671	13872
太和县皮条孙镇塑料加工厂	142630	99320	152800		149600	
蚌埠热电厂	141404	48527	141430		141430	
中国长江航运集团江东船厂	141389	119637	152512		152512	55385
马鞍山市纺织厂	138873	129544	138458	33429	139062	
安徽芳草日化股份有限公司	136564	117326	140767	136309	140977	40
安徽冶山水泥有限公司	135324	122140	135716		135328	
正大（芜湖）有限公司	128476	139490	139490		138140	
安徽省朝阳微电机厂	128032	159065	139315	22816	141700	14223
国营青峰机械厂	126149	141269	135883	31660	130353	9470
安徽亚珠集团有限公司	126003	131000	130000	39000	126003	
桐城玻纤总公司	124682	126560	129180		126150	7890
安徽安利合成革有限公司	123965	306601	125669		123965	19232
安徽王冠摩托车集团有限公司	122847	250525	206976	149434	207908	
安徽蚌埠聚星酿造公司	120113	128891	126016		127781	
铜陵市焦化厂	117794	51862	108537		114761	
合肥市自来水总公司	116376	44510	127226		127226	
安徽巢湖铸造厂	116080	76181	119995	20140	125612	7672
安徽古井雪地啤酒有限责任公司	115855	86960	104039		103213	
皖北铝业公司	115707	100057	136084		115719	
安徽华光玻璃集团有限公司	115587	101675	120387		124726	15932
六安淠河化肥厂	114293	88538	117496		118783	
中外合资安庆市曙光化工有限公司	113390	98226	75115		113591	909
安徽省江坝油脂化工总厂	113215	56260	117660		114850	11690
合肥汽车制造厂	112913	105969	113033	49664	112438	
安徽文王酒厂	112385	84219	99731		113947	
安徽滁州华宇（集团）股份有限公司	111983	153103	163151		160242	65050
蚌埠神风工业用布集团有限责任公司	111571	110834	101354	300	100281	
安徽省明光酒厂	111082	100170	115046		109975	
安徽龙津啤酒厂	110410	105874	113141		113087	
无为县官镇羽绒总厂	109985	101570	110480		109980	81470
安徽省金光钢厂	109961	82370	94960		91450	
安徽金光机械股份有限公司	105394	104273	108319	8942	105394	11236
安徽省东至纺织股份有限公司	105065	112393	119642		113781	
合肥轴承总厂	104519	90528	92811	4144	94658	2169
安徽省肥东纺织厂	103632	105577	119621		123199	53348
安徽省安庆白鳍豚水泥有限公司	103037	74562	105764		105457	
马鞍山市鼎泰金属制品公司	102185	120107	96171	22100	94473	
安徽寿春水泥（集团）有限公司	102000	55100	102000		102000	
安徽省客车总厂	101818	115772	102913	56653	102276	

13—27 续表3

单位：千元

企业名称	产品销售收入	工业总产值（1990年不变价）	工业总产值（当年价）	新产品产值	工业销售产值（当年价）	出口交货值
铜陵亚邦化工有限责任公司	101431	193582	101040	3670	100310	
安徽省安庆市玻璃有限责任公司	100858	80080	93190		101080	
芜湖广夏华东玻璃制品股份有限公司	100052	95016	93660		93005	
蒙城棉麻纺织集团总公司	99373	106827	105042		102906	
安徽舒城裕达纺织集团有限公司	97976	85711	92879	5152	91612	7775
铜陵市化纤厂	97437	214636	94166	9832	100317	
安徽省天井啤酒厂	97365	109464	96801		93683	
合肥常青纺织有限责任公司	95714	124002	100585		95714	20768
安徽省电力超硬材料总公司	93210	104314	95100		93210	
安徽省皖西机械厂	92644	66085	87402	25860	91915	5865
桐城市轴瓦厂	91717	103900	106021	12820	117830	12890
安徽华星化工股份有限公司	91625	124814	100302	26701	96304	6921
华亚芜湖塑胶有限公司	90901	11101	9270		8491	
安徽省绩溪丝业有限公司	89976	142168	109389		109870	16072
来安县化肥厂	89440	91260	100898		97400	
淮北市杭淮集团	88976	76897	89746	41422	89121	73592
皖北制药厂	88948	200057	95098		93622	
安徽省蚌埠市玻璃厂	88023	76398	91682		87014	170
淮北焦化厂	87781	48496	97181		91273	
国营长安机器总厂	86498	82023	84283	33503	84329	4816
安徽豪顿啤酒厂	86276	97902	86624	1184	86624	
安徽省汽车齿轮箱总厂	85931	79493	83097		86409	
阜阳拖拉机厂	85860	75717	102459		101977	
芜湖大江啤酒厂	84980	93601	90186		85958	
淮南第三制药厂	84313	120063	73524	24442	82893	45955
皖南电机股份有限公司	83314	114228	118851		120046	8400
铜陵市三佳电子集团有限责任公司	82406	110468	92184	48088	90374	1452
蚌埠卷烟材料厂	82237	73066	75201		76140	
凤台县化肥厂	82033	70100	88666		84349	
安徽省安庆威狮啤酒有限公司	81866	85740	91796		84076	
安徽省贵池市发电厂	81548	21370	81548		81548	
安徽省阜南县化工总厂	81246	91269	84851	13770	86840	
定远县化肥厂	80709	60302	89867		80709	
安徽高森造纸集团	80481	110080	94022	70967	90466	16220
安徽省古泉啤酒厂	79138	92890	120462		106458	
蚌埠宝兴面粉有限公司	78191	68967	83716		80620	
合肥东风化工厂	78173	139827	77645		76954	10447
安庆英德利发展总公司	77800	70200	78000		77800	30000
安徽省阜南县焦陂酒厂	77732	33219	47891		67712	
合肥锻压机床股份有限公司	77590	74468	72162	43382	75677	12189
阜阳轴承股份有限公司	75356	100260	89624	190	85426	27100
巢湖棉纺厂	74526	51910	87830		86750	
飞建化工有限责任公司	73622	65773	69230	47	68418	
蚌埠滤清器总厂	73241	126001	72986	10898	71710	808
合肥东方室内装饰集团	73075	50446	50544		47610	170
铜陵市燃气总公司	72273	19993	73506		73506	
界首市天安集团	72080	90685	93342	33684	85685	
合肥廉泉啤酒有限责任公司	71524	103131	75087		75346	

13—27　续表 4　　　　单位：千元

企业名称	产品销售收入	工业总产值（1990年不变价）	工业总产值（当年价）	新产品产值	工业销售产值（当年价）	出口交货值
滁州市羽绒总厂	71300	113557	85418		84793	84793
安徽省安庆汽车钢板弹簧厂	71056	66030	72450	10520	73570	
铜陵发电厂	70608	61430	212980		212980	
淮北市热电厂	70467	13455	70467		70467	
安徽省涡阳县超伦纸业有限责任公司	70230	30706	70001		70230	
安徽东方纸业有限公司	69850	37796	41487	5843	39489	
淮南市第三玻璃厂	68412	61263	67651		57656	
安徽特酒总厂	67660	67018	75930		66731	
安徽省天岛啤酒股份有限公司	67115	57234	68371		66827	
巢湖市金猴渔具集团	66280	56150	67630		67500	21220
安徽车桥厂	66164	63711	66433		65219	
界首生物工程药业有限公司	66008	57938	81131		66007	
安徽省江北机械厂	65869	52591	68563		65731	
淮南乳品厂	65760	13164	35233		35233	
界首市碧泉纸业集团有限公司	64835	60760	71670		57040	
宿州市化纤总厂	64593	118414	79143		78207	
安徽省滁州华能人造板有限责任公司	64333	62870	70493		75298	
芜湖市益新面粉股份有限公司	64275	23415	66439	26981	50422	
淮北市啤酒厂	64058	67176	67085	22048	64058	
砀山县棉纺织厂	63700	48218	72288		71203	
安徽省东风机械总厂	63660	64190	64190	62960	64780	1450
滁州市康来油脂工业有限公司	63459	45126	62800		63500	
宣城纺织厂	63228	100205	82239		84006	
芜湖电机厂	63055	100710	78510	46840	84950	17060
淮北市玻璃厂	63028	27552	68694		61000	
江淮航空仪表厂	62908	119220	66210	7055	57852	7686
安徽新华印刷厂	62707	42197	53354		54421	
合肥神鹿集团公司	62681	53639	63006	5042	61914	948
合肥玻璃总厂	62650	75533	73313	6840	70707	
淮北市橡胶厂	62380	77568	66712		53000	
合肥美菱制冷器具有限公司	61572	84026	70920		63608	36
马鞍山市马钢合力金属制品公司	61000	55836	63084		63264	13138
安徽省红星机械厂	60699	62688	68912	25858	66601	5745
宣州市天羽有限公司	60385	61233	61233		58864	49090
界首市化肥厂	60176	52126	62390		64005	
马鞍山市海狮巾被一厂	60119	47134	62727		59628	49307
安徽省湖滨机械厂	60045	74407	73347	30217	77477	4806
安徽省无为县纺织总厂	59670	55179	56670		59300	
合肥市煤气总公司	59375	35169	58214		58731	
安徽华贝皮革服饰有限公司	59319	69172	69172		61388	19919
安徽省琅琊山矿业总公司	59203	46202	56007		54546	
芜湖县围山机械集团公司	58960	56520	61210	11362	58960	
芜湖山江化学有限公司	58790	80089	67572	1411	68111	302
凤台县水泥厂	58720	44723	60133		60508	
安徽省颍上县化肥厂	58635	56646	61736		59210	
安徽省宁国市甲路通用机械厂	58200	62276	68342		65564	
合肥美菱包装制品有限公司	57062	59696	70027		62764	
马鞍山天平纺织服装有限公司	56595	59247	98112		98112	98112

13—27　续表 5　　　　单位：千元

企业名称	产品销售收入	工业总产值（1990年不变价）	工业总产值（当年价）	新产品产值	工业销售产值（当年价）	出口交货值
宣州市硫酸厂	56316	47572	55523		54616	
滁州市扬子包装有限公司	56024	55409	57123		56020	
安徽省宿州色织印染总厂	55967	52546	60716		57807	
合肥神马电工股份有限公司	55834	75430	64035	44608	55089	
安徽省安庆市化肥厂	55564	53240	60970		56850	
安徽省蚌埠第一制药厂	55493	155770	58710	11830	61700	
亳州热电厂	55125	12356	62061		62061	
安徽省寿县化肥厂	55097	59892	64881		55097	
安徽省泾县丝织厂	54202	115037	55818		54232	
安徽省白湖阀门厂	54197	41789	57504	10847	59800	9032
金锺纸业股份有限公司	54040	50131	53320		54040	
淮南特种水泥厂	53810	39505	48907		51639	
来安县碧绿春酒业有限公司	53556	38620	61336		55909	
安徽省维尼纶厂	53523	88296	57447	1115	54135	
安徽省皖东机械有限公司	53250	78500	65100		64300	
安徽天地人集团股份有限公司	53040	48722	52610	52610	52504	
铜陵县黄狮涝金矿	52893	33033	53045		53047	
寿县棉麻工贸集团公司	52814	45282	57246		41760	
金寨县丝绸总厂	52648	129750	118094	5740	115604	
蚌埠隆华机器厂	52369	66187	56546	20959	57684	
安徽省安庆市化工总厂	52270	75214	70638		64147	
安徽电子计算机厂	52158	32157	17376		18277	1240
安徽省安庆香皂厂	52140	57140	66890	20070	65480	296
安徽新科电器电缆总厂	51980	51300	54290		51980	13180
砀山县棉花联合加工厂	51936	35130	52050		53890	
濉溪县化工工业公司	51389	59098	76799		51389	
安徽省宿州化工总厂	51279	41442	52599		56210	
安徽省三联泵业股份有限公司	51000	76510	82490	25200	82530	15590
安徽江南机械股份有限公司	50967	60990	53977	11050	50220	
芜湖市第四塑料厂	50882	110000	51310		50870	
安徽省肥西县化肥厂	50724	40188	51297		50725	
蚌埠压缩机总厂	50702	50026	55714	10700	46377	2620
安徽省舒城瓷厂	50563	51612	52133	32794	50563	25175
安徽双永装饰材料有限公司	50180	50050	51850		50180	
芜湖市三益制药有限公司	50151	103880	63680	1540	64030	
马鞍山金姿纺织装饰用品有限公司	50068	58807	63233	13104	60129	33949
安徽绿宝电缆股份有限公司	50054	85953	73772		74419	2264
芜湖轴承厂	50026	56030	54170		48660	2090
寿州富康有限责任公司	50026	50800	81600		76400	36400
安徽省怀远县化肥厂	49618	37986	47190		48430	
合肥长源液压件股份有限公司	49271	55306	50239	19693	47351	165
安徽省汽车制动器厂	48790	23723	54083	33135	50973	
马鞍山市马钢江东轧钢厂	48780	30644	61905		60944	
安徽永青集团公司	48422	55497	54570		48122	
蚌埠市供水总公司	48336	23130	43585		47210	
皖西雪莲面粉有限责任公司	47620	56930	99460		94487	
芜湖供水总公司	47456	25287	70719		55713	
泗县泗州酒厂	47093	24890	51386		46924	

13—27　续表6　　　　单位：千元

企业名称	产品销售收入	工业总产值（1990年不变价）	工业总产值（当年价）	新产品产值	工业销售产值（当年价）	出口交货值
安徽皖纸纸业有限公司	47046	35472	51046		50390	
安徽省嘉颖服饰有限公司	47004	44019	47986		46818	46588
马鞍山市黄池食品有限责任公司	46180	38608	48260		48260	
安徽省砀山县化肥厂	46058	49013	54916		54596	
蚌埠柴油机厂	45044	40760	44290	16610	45930	
蚌埠市液化气公司	44540	20516	45958		50329	
安徽皖北矿业有限公司	44415	32845	73869		44415	
繁昌县制药厂	43914	66670	45700		44820	
合肥江淮化肥总厂	43890	39271	43313	3043	42760	
安徽飞彩黄山链传动有限公司	43557	58389	43199		45298	19467
安徽全椒国光机械有限公司	43246	75864	53391		49172	1103
芜湖造纸网厂	43182	60055	62457	27943	59346	551
安徽庐江化学工业集团公司	42928	33316	46149		44992	
马鞍山市高性能磁性材料厂	42706	78187	44107	40041	41041	6860
圣泉集团滁州酿酒有限公司	42528	49001	51428		50379	
灵璧县化肥厂	42364	40766	45361		47020	
安徽宏大阀门股份有限公司	42300	66900	67650	10600	66080	42800
淮南煤矿机械厂	42260	45113	45149	3370	51600	
六安轴承厂	42105	30828	45548	707	33733	
安庆市月山铜矿	41964	40870	43350		43790	7790
安徽省粮油食品进出口集团公司	41689	40020	49650	6120	46690	40330
望江县华达纺织有限责任公司	41310	30984	44290		42610	
滁州市富爵集团有限公司	41075	80000	83500		80600	17846
芜湖仪表厂	40599	70080	50590	6700	47010	
安徽省蒙城县化肥厂	40280	31754	38359	3933	37226	
砀山县白酒厂	40186	18562	38986		40186	
六安市化肥厂	40018	47630	39678		41676	
安徽省新业纺织公司	39856	27850	41630		35010	
明光市荣兴油脂有限公司	39834	22655	47492		39834	
安徽红星宣纸股份有限公司	39820	84000	96200		60000	37540
巢湖市橡胶厂	39643	57610	55430	7330	48110	19480
芜湖县南亚集团有限公司	39567	35841	39702		37616	
繁昌县环城水泥厂	39185	34800	44350		42680	
安徽安庆变压器有限责任公司	39012	44010	45970	34680	43720	
安徽省黟县缫丝厂	39006	40953	40163		38636	8185
六安造纸厂	38972	28228	33127	18166	30930	458
安徽省涡阳县棉麻公司	38618	19552	44572		44870	
马鞍山市自来水公司	38397	15471	41460		41460	
芜湖市燃气用具总厂	38055	24362	28816		29006	25781
安徽宿州呵泉啤酒总厂	37406	48017	43245		42083	
淮南市皖淮化工厂	37403	49640	50163		45137	
淮南市第六制药厂	37092	74920	51300	28870	47480	
安徽霍山东风纸业有限公司	36929	36724	35955		36929	7210
安徽省东方面粉厂	36872	16500	39640		38550	
合肥皖安机械厂	36801	42120	38747	7114	35161	3594
安徽安庆市肉联厂	36632	47	38		36	
安徽省合肥小汽车修配厂	36272	33825	36733		36109	
安徽省肥东钢铁有限责任公司	36105	26016	40570		35800	

13—27 续表7 单位：千元

企业名称	产品销售收入	工业总产值（1990年不变价）	工业总产值（当年价）	新产品产值	工业销售产值（当年价）	出口交货值
安徽省宿州市朱仙庄纺织厂	36005	65301	57010		52648	
岳西缸套厂	35583	44776	40923		38867	
灵璧县酿酒总厂	35469	45003	47739		35911	
铜陵市供水总公司	35345	12885	42682		35342	
安徽省蚌埠安利机器厂	35294	35998	37431	1320	36806	
合肥精细化工公司	35278	60255	45167		35278	
安徽省滁州热电厂	35191	9278	40419		40346	
安徽省无为县油化厂	34790	44283	68030		35020	
来安县医药玻璃总厂	34760	38420	38070		36070	
巢湖油泵油嘴厂	34711	51605	42981		37314	
皖东水泥厂	34682	31996	35733		37083	
马鞍山市东友钢球有限公司	34601	29496	38877		33973	31502
芜湖红光针织有限公司	34254	32480	35207		32870	590
合肥三益电机电泵股份有限公司	34023	42063	39133	27988	36165	10081
寿县第一缫丝厂	34011	29350	25270		31200	11820
安徽朝阳制药厂	33949	41357	37006		35618	440
合肥开关电气有限责任公司	33748	51639	44389	33880	33713	11958
合肥万方矿山机器股份有限公司	33705	52150	44300	21229	32996	
安徽省宁国市工业泵厂	33626	44823	40709	13810	39720	9617
淮南市橡胶管带厂	33407	53219	46023		39603	
泾县茧丝绸集团公司	33298	75069	75750		72689	
淮南市供水有限公司	33155	16412	38064		38064	
芜湖电工材料厂	33057	46040	34880		35860	
安徽省安庆皖西水泥厂	33018	27467	32953	12821	31935	
三木特纸（芜湖）有限公司	32615	31340	31340	31340	32647	18263
安徽省太和县化肥厂	32332	28627	33050		35085	
安庆船用柴油机厂	32315	27606	34767	8593	33992	7196
宿州市煤矿电器厂	32164	34510	33935		33299	
蚌埠市第三棉织厂	32000	54530	33200		32900	
天龙鞋业有限公司	31862	48060	36163		33670	31303
凤阳县散热器有限公司	31724	40104	33157		32440	
安徽省含山瓷业股份有限公司	31636	30100	35200		31600	512
合肥轻工业机械厂	31570	35780	34378	654	30628	
安徽省蚌埠橡胶厂	31543	40887	37314		35000	
黄山市天目药业有限公司	31496	26464	29426	1429	34437	4682
滁州卷烟材料厂	31085	35656	28304		28754	
合肥杏花印务股份有限公司	31070	31700	36000		34000	
芜湖锅炉厂	30913	40200	46960		42950	770
当涂县棉纺织厂	30800	60094	45818		41748	
安徽东兴水泥有限公司	30786	19760	32200		31230	
安徽浩川集团	30700	33210	34970		30700	
安徽省宿州市百通集团	30660	35030	36871		33368	
皖西绿源化工有限公司	30592	26467	33957		31550	
安徽省当涂化工厂	30474	20362	32909	2799	32898	
濉溪县棉麻公司	30466	45675	66911		25502	
安徽省池州黄山岭铅锌矿	30274	27364	28655		29576	
铜陵运输机器有限现任公司	30202	31989	27377		35645	
滁州市化肥厂	30014	35295	31131		31229	

主要统计指标解释

工业　指从事自然资源的开采，对采掘品和农产品进行加工和再加工的物质生产部门。具体包括：(1) 对自然资源的开采，如采矿、晒盐、森林采伐等（但不包括禽兽捕猎和水产捕捞）；(2) 对农副产品的加工、再加工，如粮油加工、食品加工、轧花、缫丝、纺织、制革等；(3) 对采掘品的加工、再加工，如炼铁、炼钢、化工生产、石油加工、机器制造、木材加工等，以及电力、自来水、煤气的生产和供应等；(4) 对工业品的修理、翻新，如机器设备的修理、交通运输工具（包括小卧车）的修理等。

1984年以前农村的村及村以下办工业归属农业，1984年以后划归工业。

工业统计调查单位　工业统计调查单位分为两类：独立核算法人工业企业和工业活动单位。

(1) 独立核算法人工业企业：指从事工业生产经营活动的单位。独立核算法人工业企业应同时具备以下条件：①依法成立，有自己的名称、组织机构和场所，能够承担民事责任；②独立拥有和使用资产，承担负债，有权与其他单位签订合同；③独立核算盈亏，并能够编制资产负债表。

(2) 工业活动单位：指在一个场所从事一种或主要从事一种工业生产活动的经济单位。它包括独立核算工业企业按主营业务活动（即工业生产活动）划分的主营业务活动单位和非工业企业所属的工业生产活动单位（即原非独立核算工业生产单位）。工业活动单位，一般应同时具备以下三个条件：①具有一个场所，从事一种或主要从事一种工业活动；②单独组织工业生产、经营或业务活动；③单独核算收入和支出。

国有经济工业（即过去的全民所有制工业或国营工业）　指生产资料归国家所有的一种经济类型。包括中央和地方各级国家机关、部队、科研机构、学校、人民团体和国有经济企事业单位等举办的国有经济工业。1957年以前的公私合营和私营工业，后均改造为国营工业，1992年改为国有工业，这部分工业的资料不单独分列时，均包括在国有工业内。

集体经济工业　指生产资料归公民集体所有的一种经济类型，是社会主义公有制经济的组成部分。包括城乡所有使用集体投资举办的企业，以及部分个人通过集资自愿放弃所有权并依法经工商行政管理机关认定为集体所有制的企业。

其他经济类型工业　指除国有经济、集体经济、城乡个体经济以外的其他经济类型工业企业（单位）。包括私营经济、联营经济、股份制经济（股份有限公司，有限责任公司）；外商投资经济（中外合资经营、中外合作经营、外资企业）；港、澳、台投资经济（与大陆合资经营、与大陆合作经营、港、澳、台独资企业）及其他经济类型的工业。

轻工业　指主要提供生活消费品和制作手工工具的工业。按其所使用的原料不同，可分为两大类：(1) 以农产品为原料的轻工业，是指直接或间接以农产品为基本原料的轻工业；(2) 以非农产品为原料的轻工业，是指以工业品为原料的轻工业。

重工业　指为国民经济各部门提供物质技术基础的主要生产资料的工业。按其生产性质和产品用途，可以分为下列三类：(1) 采掘（伐）工业，是指对自然资源的开采；(2) 原材料工业，指向国民经济各部门提供基本材料、动力和燃料的工业；(3) 加工工业，是指对工业原材料进行再加工制造的工业。

根据上述划分原则，修理业中以重工业产品为修理作业对象的划为重工业，反之划为轻工业。

工业总产值　是以货币表现的工业企业在一定时期内生产的已出售或可供出售工业产品总量，它反映一定时期内工业生产的总规模和总水平。包括在本企业内不再进行加工，经检验、包装入库（规定不需包装的产品除外）的成品价值，对外加工费收入，自制半成品、在产品期末期初差额价值。工业总产值采用“工厂法”计算，即以工业企业作为一个整体，按企业工业生产活动的最终成果来计算，企业内部不允许重复计算，不能把企业内部各个车间（分厂）生产的成果相加。但在企业之间、行业之间、地区之间存在着重复计算。

工业增加值　指工业行业在报告期内以货币表现的工业生产活动的最终成果。

固定资产净值　指固定资产原价减去历年已提折旧额后的净额。

流动资产　指可以在一年或者超过一年的一个营业周期内变现或者耗用的资产，包括现金及各种存款、短期投资、应收及预付货款、存货等。

资产负债率　该指标既反映企业经营风险的大小，

也反映企业利用债权人提供的资金从事经营活动的能力。计算公式为：

$$资产负债率（\%）=\frac{负债总额}{资产总额}\times 100\%$$

工业成本费用利润率 指在一定时期内实现的利润与成本费用之比，是反映工业生产成本及费用投入的经济效益指标，同时也是反映降低成本的经济效益的指标。计算公式为：

$$工业成本费用利润率（\%）=\frac{利润总额}{成本费用总额}\times 100\%$$

工业增加值率 指在一定时期内工业增加值占同期工业总产值的比重，反映降低中间消耗的经济效益。计算公式为：

$$工业增加值率（\%）=\frac{工业增加值（现价）}{工业总产值（现价）}\times 100\%$$

流动资产周转次数 指在一定时期内流动资产完成的周转次数，反映流动资产的周转速度。计算公式为：

$$流动资金周转次数=\frac{产品销售收入}{全部流动资产平均余额}$$

产品销售收入 指企业销售产品的销售收入和提供劳务等主要经营业务取得的收入总额。

产品销售成本 指企业销售产品和提供劳务等主要经营业务的实际成本。

产品销售税金及附加 指企业销售产品和提供工业性劳务等主要经营业务应负担的城市维护建设税、消费税、资源税和教育费附加。

产品销售利润 指企业销售产品和提供工业性劳务等主要经营业务收入扣除其成本、费用、税金后的利润。

利润总额 指企业实现的利润。

应交增值税 指企业在报告期内应交纳的增值税额。

产品销售率 指报告期工业销售产值与同期全部工业总产值之比，是反映工业产品已实现销售的程度，分析工业产销衔接情况，研究工业产品满足社会需求程度的指标。计算公式为：

$$产品销售率（\%）=\frac{工业销售产值}{工业总产值（现价）}\times 100\%$$

全员劳动生产率 指根据产品的价值量指标计算的平均每一个从业人员在单位时间内的产品生产量，是考核企业经济活动的重要指标，是企业生产技术水平、经营管理水平、职工技术熟练程度和劳动积极性的综合表现。目前我国的全员劳动生产率是将工业企业的工业增加值除以同一时期全部从业人员的平均人数来计算的。计算公式为：

$$全员劳动生产率=\frac{工业增加值}{全部从业人员平均人数}$$

为了使各年度的全员劳动生产率数字可以比较，1990年以前各年的全员劳动生产率均按指数换算成1990年不变价格。

所有者权益 指企业投资人对企业净资产的所有权。企业净资产等于企业全部资产减去全部负债后的余额，其中包括投资者对企业的最初投入，以及资本公积金、盈余公积金和未分配利润，对股份制企业即为股东权益。

十四、建　筑　业

CONSTRUCTION

简要说明

一、本篇资料反映我省建筑业概况和发展情况。主要包括建筑业企业生产经营情况，指标有企业个数、从业人员数、建筑业总产值、建筑业增加值、房屋建筑面积、机械设备价值、资本金、资产负债、利润税金、劳动生产率、工程质量优良品率、技术装备率等。此外，还包括农村建筑队主要指标。

二、本篇中的建筑业企业资料由省统计局固定资产投资处提供。建筑业统计范围从1996年年报起由原城镇及城镇以上各种经济类型的建筑业企业扩大到凡具有建筑业资质等级四级及四级以上的各种经济类型的建筑业企业，资料来源依据国家统计局制定的“建筑业统计报表制度”收集的有关年报资料。农村建筑队主要指标的数据由乡镇企业管理局提供，资料来源依据农业部制定的“乡镇企业统计报表制度”规定收集的有关年报资料。

本篇责任编辑：周胜林

建 筑 业 总 产 值　　(亿元)

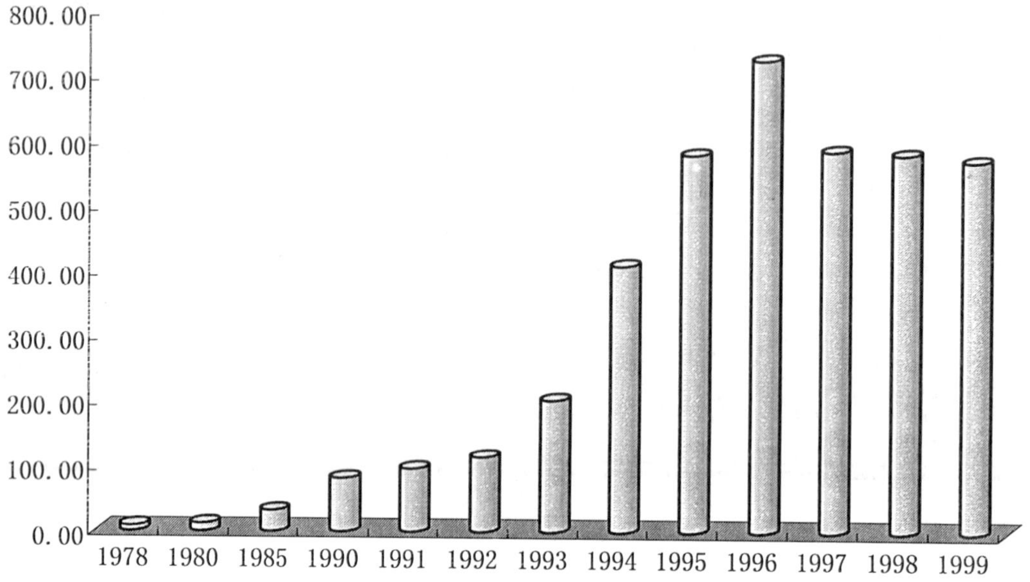

建筑业(企业资质四级以上)总产值构成(%)

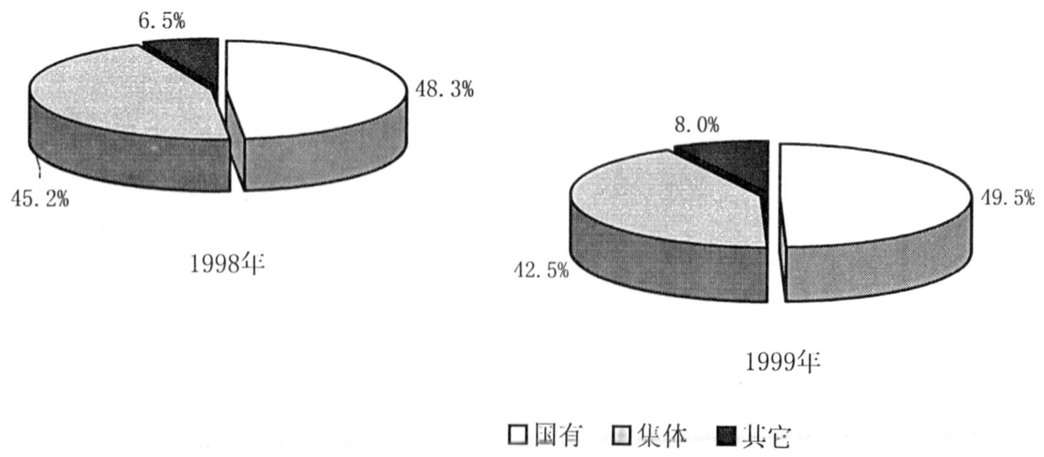

14—1 建筑业企业概况

年份	总计	施工企业	国有	城镇集体	农村建筑队
企业单位数（个）					
1978	2080	179	75	104	1901
1980	2136	204	81	125	1932
1985	3701	310	111	199	3391
1990	57797	338	125	213	57459
1991	63395	326	112	214	63069
1992	67240	329	112	217	66911
1993	77543	439	134	297	77104
1994	78323	475	148	315	77848
1995	75321	478	146	317	74843
1996	56740	763	249	484	55977
1997	47124	748	244	447	46376
1998	46431	744	239	434	45687
1999	46793	811	257	457	45982
从业人员（万人）					
1978	30.39	22.20	16.50	5.70	8.19
1980	43.08	29.50	21.90	7.60	13.58
1985	70.40	37.20	23.60	13.60	33.20
1990	104.92	35.40	24.30	11.10	69.52
1991	109.47	35.40	23.70	11.70	74.07
1992	122.32	37.10	24.80	12.30	85.22
1993	146.49	38.40	23.80	14.30	108.09
1994	160.40	39.20	25.70	13.00	121.20
1995	177.31	38.80	24.20	14.20	138.51
1996	194.46	45.82	26.08	18.89	148.64
1997	163.50	42.87	22.23	17.69	120.63
1998	140.14	41.39	21.57	17.63	98.75
1999	133.91	46.65	23.57	19.70	87.26
总产值（万元）					
1978	78821	71306	55943	15363	7515
1980	116552	100664	75873	24791	15888
1985	319386	212594	151114	61480	106792
1990	816033	350460	269692	80768	465573
1991	967340	402156	306782	95374	565184
1992	1148640	541509	414281	127228	607131
1993	2027435	759292	573265	179417	1268143
1994	4108671	1145238	913903	219322	2963433
1995	5821071	1400973	1078593	309454	4420098
1996	7281005	1580612	1111967	441744	5700393
1997	5886110	1624266	1103513	444440	4261844
1998	5837630	1690638	1136727	485558	4146992
1999	5737744	2088217	1372594	586538	3649527

注：①自1993年开始“从业人员”由“计算劳动生产率平均人数”代替。

②附营施工单位的生产活动在整个建筑生产活动中所占份额极小，加之资料不全，因而在总计中已略去。

③根据农业部的“乡镇企业统计报表制度”规定，1978年至1986年农村建筑队中的个体建筑户不作统计。

14—2 建筑业企业主要经济指标

指　　标	单　位	1980年	1985年	1990年	1995年	1998年	1999年
建筑施工企业单位个数	个	206	310	338	478	1462	1520
#亏损企业个数	个				122	294	315
计算劳动生产率的年平均人数	万人	27.00	33.40	31.67	38.83	64.56	70.01
自有固定资产原价	万元	119783	148221	215159	507546	864747	1003873
自有固定资产净价	万元	95755	111587	147220	361527	595601	689641
自有机械设备台数	台		73015	80862	91742	191244	220975
自有机械设备净价	万元			79133	165092	245283	287433
自有机械设备总功率	万千瓦		122.25	133.31	169.97	220.05	255.35
总 产 值	万元	97692	212594	350460	1400973	2356154	2773364
建筑工程	万元	87332	184060	300803	1193521	2038531	2432524
安装工程	万元	7502	20765	41181	186860	266372	282712
房屋构筑物修理	万元	2495	6752	6994	12348	42828	40373
非标准设备制造	万元	363	1017	1482	8244	8423	17755
增 加 值	万元	34076	74764	122093	400670	703797	783765
#固定资产折旧	万元		7965	11012	24803	40517	50466
主营业务应付工资	万元		39852	72363	173855	330813	364707
主营业务应付福利费	万元		3504	5516	17285	36546	37346
工程结算税金及附加	万元	300	3097	9555	38038	71354	81404
管理费用中的税金	万元				2666	7908	8214
工程结算利润	万元	3572	9622	5140	134355	185899	205693
施工个数	个	4881	13738	12778	16538	26569	29084
竣工个数	个	2681	8379	6129	7361	16369	18583
施工面积	万 M^2	898.50	1227.50	1075.30	1985.43	3596.40	4243.57
竣工面积	万 M^2	443.50	574.60	512.60	853.33	1858.64	2249.67
#住宅面积	万 M^2	203.90	253.30	212.30	389.57	1025.10	1328.46
利润总额	万元	3572	10541	4153	943	774	15905
利税总额	万元	3872	14996	13534	41646	80036	105523
全员劳动生产率							
按总产值计算	元/人	3618	6365	11066	36080	36498	39614
按增加值计算	元/人	1262	2238	3855	10319	10902	11195
技术装备率	元/人			2499	4252	3800	4106
动力装备率	千瓦/人		3.66	4.21	4.38	3.41	3.65
房屋建筑面积竣工率	%	49.36	46.81	47.67	42.98	51.68	53.01
工程质量优良品率	%	45.13	59.73	28.01	34.00	25.04	28.19
产值利润率	%	3.66	4.96	1.19	0.06	0.03	0.57
产值利税率	%	3.96	7.05	3.86	2.97	3.40	3.80

注：因1996年建筑业年报统计口径由原来的“县及县以上建筑业企业”改为“资质四级及四级以上建筑业企业”，因此，在1996年建筑业年报中增加了“资质四级及四级以上乡镇建筑业企业”的生产经营情况。

14—3 国有经济建筑业企业主要经济指标

指 标	单 位	1980年	1985年	1990年	1995年	1998年	1999年
建筑施工企业单位个数	个	81	111	125	146	239	257
#亏损企业个数	个	8	2	40	38	95	92
计算劳动生产率的年平均人数	万人	20.50	21.00	21.78	24.23	21.57	23.51
自有固定资产原价	万元	115876	136068	189013	416972	544869	592742
自有固定资产净价	万元	92817	102497	128450	291809	352346	378591
自有机械设备台数	台	18359	55475	53779	47796	55220	60984
自有机械设备净价	万元	58326	63382	70868	129661	139448	144873
自有机械设备总功率	万千瓦	109.90	111.39	115.95	137.59	125.62	132.26
总 产 值	万元	75873	151114	269692	1078593	1136727	1372594
建筑工程	万元	68199	129958	229658	910192	979136	1212078
安装工程	万元	6920	17998	36250	155217	143077	142062
房屋构筑物修理	万元	394	2299	2507	5258	9539	8708
非标准设备制造	万元	360	859	1277	7926	4975	9746
增 加 值	万元	27313	54895	98314	350522	348693	384481
#固定资产折旧	万元		7071	9230	20951	25486	32221
主营业务应付工资	万元		28323	57792	157735	140888	150857
主营业务应付福利费	万元		2438	4211	15773	18930	17790
工程结算税金及附加	万元	169	1734	7162	29677	31599	40481
管理费用中的税金	万元				1682	2875	3673
工程结算利润	万元	3368	7830	4834	116337	100150	106857
施工个数	个	1410	7788	8278	10529	9270	11334
竣工个数	个	491	4673	3560	3850	4585	6689
竣工优良单位工程	个					1965	2750
施工面积	万 M^2	480.30	622.60	602.70	1053.50	1007.20	1226.90
竣工面积	万 M^2	210.20	255.80	261.00	409.30	330.96	500.84
#住宅面积	万 M^2	108.00	97.10	85.90	148.60	180.82	290.66
利润总额	万元	3368	8336	3761	630	-21572	-11333
利税总额	万元	3537	11379	10818	31989	12902	32821
全员劳动生产率							
按总产值计算	元/人	3701	7196	12383	44515	52704	58383
按增加值计算	元/人	1332	2614	4514	14466	16167	16354
技术装备率	元/人	2845	3018	3254	5351	6465	6162
动力装备率	千瓦/人	5.36	5.30	5.32	5.38	5.82	5.63
房屋建筑面积竣工率	%	43.80	41.10	43.30	38.90	32.86	40.82
工程质量优良品率	%	66.20	70.00	42.90	53.36	42.86	41.11
产值利润率	%	4.44	5.50	1.40	0.10	-1.90	-0.83
产值利税率	%	4.66	7.50	4.00	3.00	1.13	2.39

14—4 集体经济建筑业企业主要经济指标

指标	单位	1980年	1985年	1990年	1995年	1998年	1999年
建筑施工企业单位个数	个	125	199	213	317	1064	1041
#亏损企业个数	个				80	163	178
计算劳动生产率的年平均人数	万人	6.50	12.40	9.89	14.17	37.82	39.76
自有固定资产原价	万元	3907	12153	26146	85112	273049	329739
自有固定资产净价	万元	2938	9090	18770	65977	206213	245781
自有机械设备台数	台		17540	27083	42308	117563	133630
自有机械设备净价	万元			8265	33944	90254	115120
自有机械设备总功率	万千瓦		10.86	17.36	31.10	77.85	99.16
总产值	万元	21819	61480	80768	309454	1065451	1178840
建筑工程	万元	19133	54102	71145	273710	931915	1025313
安装工程	万元	582	2767	4931	30815	106572	120885
房屋构筑物修理	万元	2101	4453	4487	4611	23841	25824
非标准设备制造	万元	3	158	205	318	3123	6818
增加值	万元	6763	19869	23779	47453	311316	335755
#固定资产折旧	万元		894	1782	3569	13072	14764
主营业务应付工资	万元		11529	14571	15120	166234	180733
主营业务应付福利费	万元		1066	1305	1372	15679	16522
工程结算税金及附加	万元	131	1363	2393	8035	34736	34027
管理费用中的税金	万元				947	4588	3711
工程结算利润	万元	204	1792	306	17542	75554	83507
施工个数	个	3471	5950	4500	5757	14796	14282
竣工个数	个	2190	3706	2569	3335	10143	9573
竣工优良单位工程	个					1838	2100
施工面积	万 M^2	418.20	604.90	472.60	905.20	2297.51	2567.27
竣工面积	万 M^2	233.30	318.80	251.60	430.60	1358.44	1511.75
#住宅面积	万 M^2	95.90	156.20	126.40	234.00	732.18	884.47
利润总额	万元	204	2205	392	1301	20768	23629
利税总额	万元	335	3617	2716	10283	60092	61367
全员劳动生产率							
按总产值计算	元/人	3357	4958	8167	21839	28175	29649
按增加值计算	元/人	1040	1602	2404	3349	8233	8445
技术装备率	元/人			836	2395	2387	2895
动力装备率	千瓦/人		0.88	1.76	2.19	2.06	2.49
房屋建筑面积竣工率	%	55.80	52.70	53.20	47.60	59.13	58.89
工程质量优良品率	%	40.40	46.80	7.40	12.89	18.12	21.94
产值利润率	%	0.90	3.60	0.50	0.40	1.95	2.00
产值利税率	%	1.50	5.90	3.40	3.30	5.64	5.21

14—5 建筑业企业主要生产指标

（1999年）

指标	单位	总计	大中型	经济类型					
				国有经济	集体经济	联营经济	股份制经济	私营经济	港澳台投资经济
建筑施工企业单位个数	个	1520	86	257	1041	2	160	48	9
#亏损企业个数	个	315	26	92	178	2	30	9	4
计算劳动生产率的年平均人数	万人	70.01	21.22	23.51	39.76	0.21	5.30	0.93	0.07
总产值	万元	2773364	1304600	1372594	1178840	3038	184521	25577	2554
建筑工程	万元	2432524	1153638	1212078	1025313	2113	166347	19117	2388
安装工程	万元	282712	141891	142062	120885	925	12579	5281	151
房屋构筑物修理	万元	40373	6093	8708	25824		4919	664	15
非标准设备制造	万元	17755	2978	9746	6818		676	515	
增加值	万元	783765	366038	384481	335755	1411	50626	8561	742
施工个数	个	29084	9772	11334	14282	35	2914	394	48
竣工个数	个	18583	5117	6689	9573	19	1950	263	30
竣工优良单位工程	个	5238	2557	2750	2100	1	292	50	6
施工面积	万 M^2	4243.57	1152.60	1226.90	2567.27	6.43	381.78	45.51	6.63
竣工面积	万 M^2	2249.67	476.33	500.84	1511.75	4.91	198.82	24.61	2.96
自有机械设备台数	台	220975	55059	60984	133630	166	22071	3219	314
自有机械设备净值	万元	287433	130822	144873	115120	200	22220	4085	112
自有机械设备总功率	万千瓦	255.35	116.31	132.26	99.16	0.21	17.41	5.16	0.91

指标	单位	外商投资经济	行业类别			资质等级			
			土木工程建筑业	线路管道设备安装业	建筑物装修装饰业	一级	二级	三级	四级
建筑施工企业单位个数	个	3	1363	115	42	75	227	519	699
#亏损企业个数	个		256	42	17	21	76	112	106
计算劳动生产率的年平均人数	万人	0.24	65.39	4.35	0.28	17.54	20.83	18.63	13.01
总产值	万元	6241	2546394	217407	9563	1154446	721363	553313	344243
建筑工程	万元	5169	2315082	109358	8083	997362	640823	488397	305943
安装工程	万元	829	178812	102648	1252	150366	60877	46164	25305
房屋构筑物修理	万元	243	38294	1930	149	2784	10229	16389	10971
非标准设备制造	万元		14206	3471	79	3934	9434	2363	2024
增加值	万元	2188	706339	74373	3054	325882	192026	159958	105900
施工个数	个	77	25397	3664	23	8564	7098	7110	6312
竣工个数	个	59	16071	2498	14	4743	4493	4708	4639
竣工优良单位工程	个	39	4375	863		2568	1212	843	615
施工面积	万 M^2	9.04	4165.64	77.92		859.28	1405.11	1175.96	803.21
竣工面积	万 M^2	5.79	2219.30	30.37		331.85	725.17	654.35	538.29
自有机械设备台数	台	591	202446	16381	2148	43598	68164	66997	42216
自有机械设备净值	万元	824	261082	24759	1592	112765	81637	61086	31945
自有机械设备总功率	万千瓦	0.24	232.55	21.52	1.27	104.03	69.72	52.20	29.40

14—6 建筑业企业主要财务指标

（1999年）

单位：万元

指　　标	总　计		经济类型					
		大中型	国有经济	集体经济	联营经济	股份制经济	私营经济	港澳台投资经济
资本金合计	728093	312664	345227	300080	1516	66268	11314	2080
#国家资本金	356133	266786	342690		242	13124		77
资产合计	2890871	1496333	1675944	964747	8170	205900	23370	5223
流动资产合计	2060210	1067739	1211897	676455	6895	142472	14281	3446
#存　货	565888	196380	253061	255219	1209	49340	5609	1232
长期投资	38619	22980	21343	13173	33	3451	84	415
固定资产合计	689641	343284	378591	245781	1238	53243	7581	988
固定资产原价合计	1003873	540883	592742	329739	1774	66452	8919	1384
#生产经营用	735805	393741	420051	248893	1041	55670	7114	716
累计折旧	314608	197931	214401	83964	535	13330	1339	396
#本年折旧	50466	29690	32221	14764	24	2728	434	100
无形及递延资产合计	25981	8340	8642	13007		3084	946	46
#无形资产	18251	5180	4670	9772		2711	833	10
年末负债合计	2081521	1160746	1308661	619051	4611	129721	11274	2909
流动负债合计	1928283	1107453	1246756	548718	4447	111025	9708	2664
长期负债合计	153238	53293	61906	70333	163	18696	1567	245
所有者权益	809350	335587	367283	345696	3559	76179	12096	2314
企业总收入	2463405	1293713	1332177	1028998	2836	179292	23684	2049
工程结算收入	2451053	1211282	1253136	995163	2807	169434	22964	2010
#工程结算成本	2163956	1069613	1105798	877629	2693	151209	20112	1714
工程结算利润	205693	102188	106857	83507	34	12437	2070	242
其他业务收入	123523	82431	79041	33835	29	9858	720	39
#其他业务利润	6930	3196	4082	2151	28	603	25	39
管理费用	175103	103630	113321	51999	226	7261	1668	261
财务费用	23010	11485	12452	7853	77	2307	158	27
利税总额合计	105523	37159	32821	61367	-94	9651	1307	52
利润总额	15905	-6071	-11333	23629	-181	3354	394	-3
工程结算税金及附加	81404	39481	40481	34027	79	5788	782	54
管理费用中的税金	8214	3749	3673	3711	8	509	131	1
应交所得税	9297	1854	1961	6285	1	941	92	3
本年应付工资总额	387960	157445	166299	186870	1248	27419	4873	306
本年应付福利费总额	40029	19623	19531	17317	28	2580	403	42
全员劳动生产率								
按总产值计算（元/人）	39614	61480	58383	29649	14467	34815	27502	36486
按增加值计算（元/人）	11195	17250	16354	8445	6719	9552	9205	10600
技术装备率（元/人）	4106	6165	6162	2895	952	4192	4392	1600
动力装备率（千瓦/人）	3.65	5.48	5.63	2.49	1.00	3.28	5.55	13.00
房屋建筑面积竣工率（%）	53.01	41.33	40.82	58.89	76.36	52.08	54.08	44.65
工程质量优良品率（%）	28.19	49.97	41.11	21.94	5.26	14.97	19.01	20.00
产值利润率（%）	0.57	-0.47	-0.83	2.00	-5.96	1.82	1.54	-0.11
产值利税率（%）	3.80	2.85	2.39	5.21	-3.09	5.23	5.11	2.03

14—6 续表

单位：万元

指标	外商投资经济	行业类别 土木工程建筑业	线路管道设备安装业	建筑物装修装饰业	资质等级 一级	二级	三级	四级
资本金合计	1610	657996	62761	7337	269436	206008	168433	84216
#国家资本金		329947	25822	363	249418	69028	30768	6919
资产合计	7517	2627824	248664	14382	1329001	756124	540543	265203
流动资产合计	4764	1880173	172104	7933	956286	538381	380355	185188
#存　货	217	535461	28558	1869	173128	178763	147901	66095
长期投资	120	31974	6446	199	20713	5743	9992	2170
固定资产合计	2219	624891	59848	4902	298127	185703	134306	71506
固定资产原价合计	2862	913583	84620	5670	479081	257320	174219	93254
#生产经营用	2321	671210	59605	4990	343458	186065	133077	73206
累计折旧	643	289069	24772	768	181172	71772	39916	21748
#本年折旧	195	45357	4940	169	27575	11399	7329	4163
无形及递延资产合计	255	22549	2370	1063	5092	12005	6278	2607
#无形资产	255	15578	1671	1002	3232	9254	4108	1657
年末负债合计	5295	1904734	169576	7211	1044043	521400	348220	167858
流动负债合计	4966	1765964	156378	5940	1001377	471954	308257	146695
长期负债合计	329	138770	13198	1270	42665	49446	39964	21164
所有者权益	2222	723090	79088	7171	284958	234724	192323	97345
企业总收入	5540	2342443	222692	9442	1150840	628454	494462	300821
工程结算收入	5539	2244476	197824	8754	1076563	608737	469554	296199
#工程结算成本	4801	1989782	166782	7392	945670	547852	413348	257086
工程结算利润	545	179904	24737	1052	95372	41730	40465	28126
其他业务收入	1	97967	24868	688	74277	19717	24908	4622
#其他业务利润	1	7854	-944	21	2596	2241	1212	881
管理费用	368	154846	19463	795	94969	36975	27782	15378
财务费用	137	21057	1864	89	10527	5071	3809	3603
利税总额合计	419	96306	8682	536	34037	22240	27484	21762
利润总额	44	13737	1961	207	-4478	1158	9726	9499
工程结算税金及附加	193	74790	6305	310	35521	19155	15741	10987
管理费用中的税金	182	7779	416	19	2994	1927	2017	1276
应交所得税	13	8369	860	68	1984	2259	2829	2225
本年应付工资总额	946	354080	32485	1394	133591	108846	88289	57235
本年应付福利费总额	127	36111	3785	133	16296	10981	8001	4750
全员劳动生产率								
按总产值计算（元/人）	26004	38942	49979	34154	65818	34631	29700	26460
按增加值计算（元/人）	9117	10802	17097	10907	18579	9219	8586	8140
技术装备率（元/人）	3433	3993	5692	5686	6429	3919	3279	2455
动力装备率（千瓦/人）	1.00	3.56	4.95	4.54	5.93	3.35	2.80	2.26
房屋建筑面积竣工率（%）	64.05	53.28	38.98		38.62	51.61	55.64	67.02
工程质量优良品率（%）	66.10	27.22	34.55		54.14	26.98	17.91	13.26
产值利润率（%）	0.71	0.54	0.90	2.16	-0.39	0.16	1.76	2.76
产值利税率（%）	6.72	3.78	3.99	5.60	2.95	3.08	4.97	6.32

14—7 各地市按经济类型分的建筑施工企业单位数

（1999 年）　　单位：个

地　　市	合　计	国有经济	集体经济	联营经济	股份制经济	私营经济	港澳台投资经济	外商投资经济
总　　计	**1520**	**257**	**1041**	**2**	**160**	**48**	**9**	**3**
合 肥 市	187	43	110	1	18	12	3	
芜 湖 市	97	11	77		6	3		
蚌 埠 市	68	27	36		5			
淮 南 市	89	14	61		7	5		2
马鞍山市	81	10	57		14			
淮 北 市	43	19	21		2	1		
铜 陵 市	67	10	46		10	1		
安 庆 市	175	17	126	1	19	11	1	
黄 山 市	62	14	42		4		2	
滁 州 市	73	13	39		19	2		
阜 阳 市	91	26	51		13	1		
宿 州 市	70	8	58		3		1	
六 安 市	131	11	109		9	2	1	
巢 湖 市	140	10	103		20	6		
宣城地区	48	2	39		4	1	1	1
池州地区	76	11	55		7	3		
亳 州 市	12	1	11					
不分地区	10	10						

14—8 各地市按经济类型分的建筑施工企业平均人数

（1999 年）　　单位：万人

地　　市	合　计	国有经济	集体经济	联营经济	股份制经济	私营经济	港澳台投资经济	外商投资经济
总　　计	**70.01**	**23.51**	**39.76**	**0.21**	**5.30**	**0.93**	**0.07**	**0.24**
合 肥 市	13.41	5.60	6.97	0.09	0.51	0.22	0.02	
芜 湖 市	4.13	0.89	3.06		0.09	0.08		
蚌 埠 市	3.05	1.48	1.27		0.30			
淮 南 市	5.73	3.64	1.78		0.19	0.09		0.03
马鞍山市	4.97	2.30	1.95		0.71			
淮 北 市	3.61	1.95	1.47		0.18	0.01		
铜 陵 市	2.38	0.68	1.23		0.45	0.01		
安 庆 市	6.83	0.96	4.77	0.12	0.66	0.30	0.02	
黄 山 市	1.39	0.57	0.77		0.05			
滁 州 市	2.04	0.63	0.90		0.49	0.03		
阜 阳 市	3.15	0.91	1.73		0.51	0.01		
宿 州 市	5.23	0.53	4.59		0.10			
六 安 市	4.19	0.56	3.40		0.20	0.03	0.01	
巢 湖 市	4.83	0.32	3.74		0.64	0.13		
宣城地区	1.50	0.13	1.05		0.09	0.02		0.20
池州地区	1.10	0.15	0.80		0.13	0.02		
亳 州 市	0.28	0.02	0.27					
不分地区	2.18	2.18						

14—9 各地市按经济类型分的建筑施工企业施工产值

（1999 年）

单位：万元

地市	合计	国有经济	集体经济	私营经济	联营经济	股份制经济	外商投资经济	港澳台投资经济
总计	**2773364**	**1372594**	**1178840**	**3038**	**184521**	**25577**	**2554**	**6241**
合肥市	558301	312496	213735	805	22803	7504	957	
芜湖市	189905	67640	115300		4727	2238		
蚌埠市	156091	85478	52741		17872			
淮南市	286112	231560	47489		4012	2324		727
马鞍山市	168386	89570	56757		22059			
淮北市	130398	73880	46406		9765	348		
铜陵市	76430	18596	35509		22025	301		
安庆市	201202	27332	139854	2233	25169	5715	900	
黄山市	42971	19762	20928		1928		353	
滁州市	86469	26878	40494		17650	1447		
阜阳市	92925	34658	48385		9517	365		
宿州市	113987	22545	89972		1379		91	
六安市	122411	24862	93364		3579	607		
巢湖市	144449	12884	112116		15447	3801	200	
宣城地区	53604	4054	40160		3374	450	53	5514
池州地区	31388	8197	19501		3215	476		
亳州市	6519	389	6131					
不分地区	311814	311814						

14—10 各地市建筑业企业生产情况

（1999 年）

地市	企业个数（个）	亏损企业	总产值（万元）				
			合计	建筑工程	安装工程	房屋建筑物修理	非标准设备制造
总计	**1520**	**315**	**2773364**	**2432524**	**282712**	**40373**	**17755**
合肥市	187	52	558301	519502	32638	4068	2093
芜湖市	97	22	189905	173720	11391	4497	297
蚌埠市	68	28	156091	145951	7029	2821	290
淮南市	89	37	286112	187442	93759	2417	2494
马鞍山市	81	20	168386	141612	21414	5161	199
淮北市	43	6	130398	113522	15995	854	27
铜陵市	67	15	76430	68265	5257	2235	673
安庆市	175	24	201202	170524	20252	8624	1802
黄山市	62	19	42971	38192	4176	506	97
滁州市	73	7	86469	74640	3767	1605	6457
阜阳市	91	20	92925	90519	1714	621	71
宿州市	70	7	113987	75212	36361	777	1637
六安市	131	10	122411	107140	10843	3378	1050
巢湖市	140	16	144449	129801	12257	1951	440
宣城地区	48	12	53604	50779	2457	308	60
池州地区	76	19	31388	28108	2684	526	70
亳州市	12		6519	5998	496	25	
不分地区	10	1	311814	311590	224		

14—10 续表

地市	建筑业增加值(万元)	竣工产值(万元)	单位工程施工个数(个)	新开工	单位工程竣工个数(个)	优良工程	房屋建筑施工面积(万平方米)	本年新开工
总计	**783765**	**2048579**	**29084**	**18952**	**18583**	**5238**	**4243.57**	**2283.66**
合肥市	147966	378962	3757	2514	2483	1090	930.10	450.19
芜湖市	40946	133099	1781	1182	1172	192	347.40	178.98
蚌埠市	35004	97525	1802	1323	1286	358	274.39	146.87
淮南市	96865	233145	2522	1359	1201	491	295.99	143.43
马鞍山市	60892	159053	2782	1814	1969	261	156.35	72.95
淮北市	47084	94877	1410	978	837	268	187.23	107.26
铜陵市	26248	49834	1008	685	692	104	146.04	88.77
安庆市	60127	158981	2716	1804	1816	375	408.86	254.41
黄山市	12147	28447	817	389	471	92	112.47	52.73
滁州市	18772	56231	1043	633	604	120	164.05	92.57
阜阳市	25132	67044	878	484	514	87	279.97	134.55
宿州市	38496	97251	1486	1026	1104	565	168.90	105.60
六安市	34233	94115	1557	1063	1108	213	239.62	149.92
巢湖市	43280	108483	1779	1260	1316	255	272.62	167.37
宣城地区	14297	37156	676	385	411	75	131.44	66.49
池州地区	9597	24644	719	453	482	51	68.87	38.97
亳州市	1801	5142	100	76	85	7	13.78	10.73
不分地区	70881	224593	2251	1524	1032	634	45.50	21.86

地市	房屋建筑竣工面积(万平方米)	优良工程	住宅	年末自有机械设备				计算建筑业劳动生产率的平均人数(万人)
				总台数(台)	总功率(万千瓦)	施工机械	净值(万元)	
总计	**2249.67**	**647.73**	**1328.46**	**220975**	**255.35**	**200.25**	**287433**	**70.01**
合肥市	431.86	176.18	268.52	36459	40.35	22.68	38063	13.41
芜湖市	202.15	48.17	111.08	20111	13.26	10.47	15672	4.13
蚌埠市	140.74	70.71	99.26	11061	16.22	14.72	15170	3.05
淮南市	114.59	34.09	75.57	15687	23.73	17.40	30682	5.73
马鞍山市	69.44	13.27	45.28	15530	22.20	18.52	26152	4.97
淮北市	82.42	36.88	52.43	12973	33.48	31.36	23753	3.61
铜陵市	74.95	16.83	56.55	6844	10.66	8.12	9233	2.38
安庆市	252.67	53.83	119.60	20939	17.05	13.49	25431	6.83
黄山市	58.90	16.03	35.88	4520	6.92	4.49	3464	1.39
滁州市	85.75	21.95	55.40	6623	5.98	5.07	6203	2.04
阜阳市	162.75	25.47	93.60	10989	8.88	7.35	10339	3.15
宿州市	90.58	24.89	48.30	12217	12.02	8.78	13767	5.23
六安市	160.11	36.89	80.26	13220	10.97	8.86	9854	4.19
巢湖市	175.35	48.18	109.83	15399	8.96	7.97	13701	4.83
宣城地区	76.05	13.52	44.55	8603	4.26	2.98	5340	1.50
池州地区	42.54	4.82	21.50	3817	2.22	1.82	3686	1.10
亳州市	10.13	1.13	4.47	1202	0.84	0.76	314	0.28
不分地区	18.71	4.88	6.39	4781	17.35	15.40	36609	2.18

14—11 各地市建筑业企业主要财务指标

（1999年）　　单位：万元

地市	资本金合计	国家资本金	流动资产合计	存货	长期投资	固定资产合计	固定资产原价合计	生产经营用
总计	**728093**	**356133**	**2060210**	**565888**	**38619**	**689641**	**1003873**	**735805**
合肥市	126931	61016	411702	104214	4902	121070	174248	118306
芜湖市	40578	12637	125753	31525	3269	40822	59693	46342
蚌埠市	36206	21136	119117	25735	1188	35594	49721	33357
淮南市	66715	46402	244406	48937	4652	63054	99704	71873
马鞍山市	64011	30864	172155	42636	5353	72328	114340	88121
淮北市	64597	48361	109118	17973	2450	63024	97221	74715
铜陵市	25931	10222	76813	11981	4549	21484	32015	23995
安庆市	48836	10830	106822	44901	1782	48516	72712	54473
黄山市	9971	4209	44938	14504	1375	9369	13710	7279
滁州市	22358	8824	58723	32489	915	16698	22679	15419
阜阳市	28794	9079	89627	43017	2068	23266	30208	23545
宿州市	32684	3743	58540	13211	761	26011	35697	31909
六安市	25615	5643	81848	28979	853	24382	31429	22099
巢湖市	33453	5349	80784	37245	353	28558	37234	30279
宣城地区	16986	2216	68153	22061	645	14619	20926	14005
池州地区	9037	3183	30952	14900	319	9912	12281	7878
亳州市	3573	602	3862	892		4071	4471	2032
不分地区	71818	71818	176896	30690	3185	66865	95586	70178

地市	累计折旧	本年	无形及递延资产合计	无形资产	资产合计	流动负债合计	长期负债合计
总计	**314608**	**50466**	**25981**	**18251**	**2890871**	**1928283**	**153238**
合肥市	53179	7880	3397	2870	563170	362534	35627
芜湖市	18871	2579	2603	1771	174345	120720	3728
蚌埠市	14127	2314	357	3	160606	115375	9834
淮南市	36650	6057	5488	4846	326464	262578	－1279
马鞍山市	42389	5145	2910	733	263611	169603	18960
淮北市	34197	4917	872	237	181229	102284	18309
铜陵市	10531	1100	696	94	105674	69009	11441
安庆市	24196	3803	1744	1286	162213	85274	15819
黄山市	4342	410	1583	1358	58522	42227	4686
滁州市	5981	834	620	564	78818	50493	3814
阜阳市	6941	1485	1648	1133	118747	70485	11481
宿州市	9686	1523	98	71	87664	40708	5525
六安市	7048	979	301	261	109365	67939	9387
巢湖市	8676	1687	1497	1289	112253	67775	6966
宣城地区	6307	1503	1613	1288	85741	64127	2951
池州地区	2369	410	493	448	42087	29075	2170
亳州市	400	69			7933	3092	193
不分地区	28721	7770	62		252429	204987	－6372

14—11 续表

单位:万元

地市	负债合计	所有者权益合计	工程结算收入	工程结算成本	工程结算税金及附加	工程结算利润	其他业务利润
总计	**2081521**	**809350**	**2451053**	**2163956**	**81404**	**205693**	**6930**
合肥市	398161	165009	490465	444292	16644	29529	5638
芜湖市	124448	49897	162072	148539	4286	9247	－14
蚌埠市	125209	35397	123102	110140	3984	8978	1194
淮南市	261299	65165	275858	241541	8924	25393	－404
马鞍山市	188563	75048	161998	139103	3973	18922	407
淮北市	120593	60636	123328	110173	3360	9795	450
铜陵市	80450	25224	68700	60953	2043	5704	1044
安庆市	101093	61120	192916	170717	6454	15745	835
黄山市	46912	11610	33390	29008	1288	3094	412
滁州市	54306	24512	60147	53660	1876	4611	207
阜阳市	81966	36781	75821	66823	2332	6666	106
宿州市	46232	41432	97620	79664	7253	10703	100
六安市	77325	32040	108999	95419	3904	9676	126
巢湖市	74741	37512	121079	106435	4193	10451	155
宣城地区	67078	18663	37594	33568	1537	2489	126
池州地区	31245	10842	28397	24127	1023	3247	225
亳州市	3286	4647	5533	4796	187	550	20
不分地区	198615	53814	284034	244996	8145	30893	－3696

地市	管理费用	税金	利润总额	利税总额	应交所得税	本年应付工资总额	本年应付福利费总额
总计	**175103**	**8214**	**15905**	**105523**	**9297**	**387960**	**40029**
合肥市	28793	1350	2787	20780	1504	85834	7290
芜湖市	7337	452	159	4897	530	22077	2274
蚌埠市	10022	648	－679	3953	445	17065	1815
淮南市	24495	847	－2832	6938	606	43614	5157
马鞍山市	19874	784	－1775	2982	558	26534	3316
淮北市	11580	701	864	4925	262	22428	3249
铜陵市	6275	350	64	2456	191	14896	2401
安庆市	10433	594	2535	9583	978	30711	3344
黄山市	2968	111	－226	1173	61	6617	505
滁州市	3553	120	1233	3229	282	10366	1249
阜阳市	4847	322	630	3284	177	13059	1025
宿州市	4314	577	5025	12855	1109	18545	913
六安市	5238	381	3263	7548	941	18203	1133
巢湖市	6007	458	2553	7204	1020	25137	1790
宣城地区	2478	304	－151	1690	154	7620	880
池州地区	2194	116	1074	2213	242	4562	307
亳州市	261	53	256	496	52	903	23
不分地区	24433	47	1125	9317	184	19790	3357

14—12 各地市国有建筑业企业生产情况

(1999年)

地　　市	企业个数(个)	亏损企业	总产值(万元) 合计	建筑工程	安装工程	房屋建筑物修理	非标准设备制造
总　计	**257**	**92**	**1372594**	**1212078**	**142062**	**8708**	**9746**
合 肥 市	43	17	312496	293814	16248	1395	1039
芜 湖 市	11	7	67640	62391	5218	31	
蚌 埠 市	27	14	85478	81783	1588	2082	25
淮 南 市	14	3	231560	140794	88289	73	2404
马鞍山市	10	5	89570	78173	10428	873	96
淮 北 市	19	4	73880	62853	10979	48	
铜 陵 市	10	2	18596	16157	1292	1100	47
安 庆 市	17	9	27332	23588	1545	2174	25
黄 山 市	14	5	19762	17127	2584	51	
滁 州 市	13	2	26878	19770	471	527	6110
阜 阳 市	26	10	34658	34253	322	83	
宿 州 市	8	2	22545	22065	355	125	
六 安 市	11	2	24862	23499	1363		
巢 湖 市	10	3	12884	12161	638	85	
宣城地区	2	2	4054	3554	500		
池州地区	11	4	8197	8134		63	
亳 州 市	1		389	370	19		
不分地区	10	1	311814	311590	224		

地　　市	建筑业增加值(万元)	竣工产值(万元)	单位工程施工个数(个)	新开工	单位工程竣工个数(个)	优良工程	房屋建筑施工面积(万平方米)	本年新开工
总　计	**384481**	**1039799**	**11334**	**7203**	**6689**	**2750**	**1226.90**	**527.87**
合 肥 市	78250	218333	1857	1252	1387	752	350.94	129.49
芜 湖 市	12428	40907	467	305	296	42	70.01	24.90
蚌 埠 市	20341	56906	1220	956	914	234	104.81	52.72
淮 南 市	78926	195201	1736	846	696	383	168.06	69.87
马鞍山市	35612	99849	848	471	575	203	55.21	18.14
淮 北 市	30478	58850	989	672	574	214	75.59	38.49
铜 陵 市	7448	11913	226	155	157	49	18.60	13.19
安 庆 市	6882	19532	318	192	188	34	60.79	26.61
黄 山 市	4513	11500	247	132	133	29	51.47	24.67
滁 州 市	6361	16893	235	125	128	24	41.70	20.45
阜 阳 市	9552	30394	317	181	215	48	75.41	35.55
宿 州 市	10505	20638	133	95	72	40	52.48	31.77
六 安 市	6467	17075	207	143	131	40	24.40	8.51
巢 湖 市	1874	8706	139	75	83	15	19.40	7.23
宣城地区	2068	1591	40	17	29	6	8.16	1.98
池州地区	1783	6529	95	53	70	3	4.39	2.44
亳 州 市	114	389	9	9	9			
不分地区	70881	224593	2251	1524	1032	634	45.50	21.86

14—12 续表

地　　市	房屋建筑竣工面积(万平方米)	优良工程	住宅	年末自有机械设备 总台数(台)	总功率(万千瓦)	施工机械	净值(万元)	计算建筑业劳动生产率的平均人数(万人)
总　计	**500.84**	**213.29**	**290.66**	**60984**	**132.26**	**102.55**	**144873**	**23.51**
合肥市	150.36	80.27	79.82	11921	16.68	8.44	15917	5.60
芜湖市	22.47	9.25	12.51	2516	4.84	3.36	4382	0.89
蚌埠市	49.27	25.51	29.62	5119	10.98	10.17	9091	1.48
淮南市	45.24	21.03	29.11	7962	16.15	11.56	21853	3.64
马鞍山市	16.49	4.95	5.51	4536	13.05	10.16	15357	2.30
淮北市	32.92	16.49	15.77	7768	27.53	25.83	16002	1.95
铜陵市	10.55	2.20	7.66	1806	4.30	2.72	2948	0.68
安庆市	28.11	10.24	18.83	1837	2.43	1.34	3631	0.96
黄山市	24.00	6.52	12.19	1355	3.47	1.92	1822	0.57
滁州市	17.38	5.42	14.01	1943	2.13	1.71	2208	0.63
阜阳市	45.86	11.31	31.02	3574	4.26	3.89	4244	0.91
宿州市	11.74	4.38	7.44	1495	3.29	1.12	2464	0.53
六安市	11.69	6.51	9.41	1914	3.34	2.84	3495	0.56
巢湖市	10.03	3.68	7.87	846	1.43	1.28	2203	0.32
宣城地区	3.61	0.34	2.32	784	0.45	0.32	1322	0.13
池州地区	2.42	0.29	1.19	718	0.31	0.31	1225	0.15
亳州市				109	0.25	0.19	98	0.02
不分地区	18.71	4.88	6.39	4781	17.35	15.40	36609	2.18

14—13　各地市国有建筑业企业主要财务指标

(1999年)

单位：万元

地　　市	资本金合计	国家资本金	流动资产合计	存货	长期投资	固定资产合计	固定资产原价合计	生产经营用
总　计	**345227**	**342690**	**1211897**	**253061**	**21343**	**378591**	**592742**	**420051**
合肥市	54215	54157	308636	72873	3009	66580	106443	72339
芜湖市	12337	12337	60633	9898	2752	17984	30887	22959
蚌埠市	21136	21136	80174	12976	1043	20633	31528	21063
淮南市	46703	46402	188183	28119	3908	49053	80144	55091
马鞍山市	30864	30864	110632	21721	3101	45403	78797	56660
淮北市	46876	46876	77567	11755	590	48494	77478	57332
铜陵市	8301	8149	17548	3017	821	6955	11812	8989
安庆市	10282	10282	29218	13168	336	12335	18281	10610
黄山市	4067	4067	21289	5735	241	4651	7277	3477
滁州市	9270	8632	17190	10858	232	6829	9627	5829
阜阳市	10423	9079	40852	12753	2029	9243	12013	10422
宿州市	3584	3584	21287	3136	6	5353	7968	6880
六安市	5620	5616	30369	5927	60	7709	9797	6825
巢湖市	5321	5281	14011	5121		5454	7606	6052
宣城地区	2216	2216	9178	90	30	2810	4601	3055
池州地区	1593	1593	8028	5224	1	1736	2340	2106
亳州市	602	602	206			506	548	184
不分地区	71818	71818	176896	30690	3185	66865	95586	70178

14—13 续表1

单位:万元

地市	累计折旧		无形及递延资产合计		资产合计	流动负债合计	长期负债合计
		本年		无形资产			
总计	**214401**	**32221**	**8642**	**4670**	**1675944**	**1246756**	**61906**
合肥市	39864	5220	1792	1573	397247	292706	22632
芜湖市	12903	1466	595	256	82917	61995	2274
蚌埠市	10895	1720	95		105391	81575	4654
淮南市	31092	4840	1579	1260	250664	211432	-3484
马鞍山市	33644	3766	1663	214	170901	118954	8027
淮北市	28984	3924	687	171	132801	79857	12515
铜陵市	4857	409	431	1	25973	8794	6821
安庆市	5946	462	23	5	43837	31763	2034
黄山市	2626	184	1143	933	27746	20393	2197
滁州市	2798	324	58	22	24680	14323	459
阜阳市	2770	535	353	236	52802	34521	6331
宿州市	2615	540			26869	21818	742
六安市	2088	234	1		39259	29102	2313
巢湖市	2152	118	6		19692	15980	274
宣城地区	1792	577	153		12171	10753	181
池州地区	613	131	1		9852	7706	295
亳州市	42	2			712	97	13
不分地区	28721	7770	62		252429	204987	-6372

地市	负债合计	所有者权益合计	工程结算收入	工程结算成本	工程结算税金及附加	工程结算利润	其他业务利润
总计	**1308661**	**367283**	**1253136**	**1105798**	**40481**	**106857**	**4082**
合肥市	315337	81910	276739	250765	9231	16743	5314
芜湖市	64269	18648	64198	58170	1458	4570	-64
蚌埠市	86229	19162	67878	59558	2069	6251	986
淮南市	207948	42716	223810	196522	7191	20097	-643
马鞍山市	126980	43921	96253	83534	1826	10893	47
淮北市	92372	40429	66917	58823	1621	6473	309
铜陵市	15615	10358	19436	17573	530	1333	501
安庆市	33797	10040	24134	22483	973	678	466
黄山市	22589	5157	13695	11892	494	1309	338
滁州市	14783	9897	21946	20009	563	1374	88
阜阳市	40852	11950	31206	27400	913	2893	101
宿州市	22560	4309	17858	13149	3825	884	83
六安市	31415	7844	22864	20538	877	1449	62
巢湖市	16254	3438	10528	10292	398	-162	32
宣城地区	10934	1237	4311	3960	144	207	
池州地区	8001	1851	6942	5809	211	922	160
亳州市	110	602	389	325	13	51	
不分地区	198615	53814	284034	244996	8145	30893	-3696

14—13 续表2 单位：万元

地市	管理费用	税金	利润总额	利税总额	应交所得税	本年应付工资总额	本年应付福利费总额
总计	**113321**	**3673**	**-11333**	**32821**	**1961**	**166299**	**19531**
合肥市	21139	885	-1183	8933	562	41184	3582
芜湖市	3945	183	-513	1129	267	4142	475
蚌埠市	6500	184	156	2410	365	8985	1042
淮南市	20507	554	-3527	4218	134	35012	4316
马鞍山市	13109	526	-3309	-956	23	14253	1910
淮北市	9282	596	47	2264	51	13473	1889
铜陵市	2438	116	-507	139	30	4046	505
安庆市	3083	190	-2439	-1276	15	4284	381
黄山市	1413	27	-366	155	1	2170	110
滁州市	1086	57	379	999	77	3409	717
阜阳市	2106	93	245	1250	88	4348	510
宿州市	716	34	185	4044	76	4974	174
六安市	1292	19	-134	762	36	3422	282
巢湖市	1126	109	-1531	-1024	15	1345	80
宣城地区	550	8	-455	-303		959	160
池州地区	556	38	484	733	35	464	43
亳州市	41	5	10	28	3	40	1
不分地区	24433	47	1125	9317	184	19790	3357

14—14 各地市集体建筑业企业生产情况

(1999年)

地市	企业个数(个)	亏损企业	总产值(万元) 合计	建筑工程	安装工程	房屋建筑物修理	非标准设备制造
总计	**1041**	**178**	**1178840**	**1025313**	**120885**	**25824**	**6818**
合肥市	110	21	213735	197602	13323	2335	475
芜湖市	77	12	115300	104851	5969	4182	297
蚌埠市	36	13	52741	46454	5306	716	265
淮南市	61	29	47489	41158	3936	2306	90
马鞍山市	57	12	56757	46514	7487	2674	83
淮北市	21	1	46406	41435	4138	806	27
铜陵市	46	12	35509	32918	1758	575	258
安庆市	126	11	139854	116135	16859	5082	1777
黄山市	42	14	20928	18923	1489	419	97
滁州市	39	4	40494	38464	1473	388	169
阜阳市	51	8	48385	47467	711	167	41
宿州市	58	5	89972	51692	36003	641	1637
六安市	109	8	93364	79643	9292	3378	1050
巢湖市	103	8	112116	101444	8642	1606	424
宣城地区	39	8	40160	38406	1628	66	60
池州地区	55	12	19501	16577	2396	458	70
亳州市	11		6131	5629	477	25	

14—14 续表

地市	建筑业增加值（万元）	竣工产值（万元）	单位工程施工个数（个）	新开工	单位工程竣工个数（个）	优良工程	房屋建筑施工面积（万平方米）	本年新开工
总计	**335755**	**853033**	**14282**	**9401**	**9573**	**2100**	**2567.27**	**1493.44**
合肥市	58823	142990	1680	1121	971	294	529.44	288.40
芜湖市	26973	86775	1160	755	757	138	259.53	141.95
蚌埠市	12626	32519	525	330	347	112	140.87	80.58
淮南市	13089	32598	666	432	415	57	108.68	64.79
马鞍山市	19243	39182	788	538	553	33	68.32	36.06
淮北市	13974	29504	371	265	229	37	89.81	52.59
铜陵市	12942	25257	605	414	426	34	93.69	53.95
安庆市	43328	109970	1902	1278	1294	237	280.50	186.64
黄山市	7154	15565	524	226	309	61	58.26	26.58
滁州市	7996	25286	488	285	273	68	76.66	45.42
阜阳市	13014	30476	427	238	223	30	173.70	87.41
宿州市	27092	74766	1325	911	1012	517	109.70	69.24
六安市	26391	73702	1269	862	927	153	205.07	135.25
巢湖市	34918	84608	1383	1018	1082	219	199.80	125.95
宣城地区	9559	29053	571	339	344	61	107.83	60.32
池州地区	6947	16028	507	322	335	42	51.65	27.57
亳州市	1687	4754	91	67	76	7	13.78	10.73

地市	房屋建筑竣工面积（万平方米）	优良工程	住宅	年末自有机械设备 总台数（台）	总功率（万千瓦）	施工机械	净值（万元）	计算建筑业劳动生产率的平均人数（万人）
总计	**1511.75**	**375.37**	**884.47**	**133630**	**99.16**	**79.66**	**115120**	**39.76**
合肥市	259.82	87.92	176.49	21524	16.98	10.54	17325	6.97
芜湖市	165.22	36.04	92.35	16483	7.89	6.60	10280	3.06
蚌埠市	79.15	41.01	60.88	5503	4.90	4.22	5810	1.27
淮南市	59.89	10.36	38.13	6332	6.95	5.28	6802	1.78
马鞍山市	36.53	5.23	27.93	8022	6.48	5.95	7171	1.95
淮北市	38.63	14.00	26.19	4694	5.51	5.10	6587	1.47
铜陵市	47.97	8.28	37.71	3387	4.36	3.65	3220	1.23
安庆市	183.68	39.18	79.94	14031	10.39	8.70	17278	4.77
黄山市	33.37	9.17	22.22	2799	3.13	2.31	1465	0.77
滁州市	44.37	10.09	26.76	2876	2.77	2.38	2596	0.90
阜阳市	99.58	11.04	48.90	5956	3.26	2.72	4663	1.73
宿州市	75.04	19.39	37.51	10309	8.43	7.41	11037	4.59
六安市	142.06	27.98	67.74	10766	6.61	5.32	5716	3.40
巢湖市	141.34	39.13	85.20	11605	6.16	5.45	9921	3.74
宣城地区	61.72	12.31	36.66	5718	3.15	2.21	3331	1.05
池州地区	33.24	3.10	15.38	2532	1.59	1.24	1703	0.80
亳州市	10.13	1.13	4.47	1093	0.60	0.58	216	0.27

14—15 各地市集体建筑业企业主要财务指标

(1999年)

单位：万元

地 市	资本金合计	集体资本金	流动资产合计	存货	长期投资	固定资产合计	固定资产原价合计	生产经营用
总 计	**300080**	**262097**	**676455**	**255219**	**13173**	**245781**	**329739**	**248893**
合肥市	49921	42836	79332	23389	1737	39669	49945	30849
芜湖市	26155	21583	60591	20181	516	20186	25596	20261
蚌埠市	12598	11877	35722	11612	143	12606	15480	10567
淮南市	14647	13397	45064	18157	741	9871	14845	12233
马鞍山市	24554	21595	44218	13100	1945	18836	25675	22702
淮北市	14802	14083	29272	5968	1859	12136	16947	14691
铜陵市	11317	9301	32821	4973	1260	9063	12299	7604
安庆市	28210	24394	52633	25458	1038	26623	41975	33795
黄山市	4722	3882	21109	8350	1079	4342	6003	3467
滁州市	8601	7773	27478	14546	304	7252	9292	6689
阜阳市	14612	13477	39228	24400	17	11773	15300	10691
宿州市	28300	25249	35837	9396	756	19970	26852	24251
六安市	18063	16940	48715	22456	773	15416	20197	14094
巢湖市	23078	18624	49694	24260	198	20164	25887	21408
宣城地区	12662	10452	53163	21411	495	9548	13295	8971
池州地区	4869	3664	17923	6670	312	4762	6229	4771
亳州市	2970	2970	3656	892		3565	3923	1848

地 市	累计折旧	本年	无形及递延资产合计	无形资产	资产合计	流动负债合计	长期负债合计
总 计	**83964**	**14764**	**13007**	**9772**	**964747**	**548718**	**70333**
合肥市	10276	1902	599	369	125675	58140	10644
芜湖市	5411	922	1933	1498	84133	53904	1265
蚌埠市	2874	469	262	3	49300	31286	4718
淮南市	4974	974	2781	2468	59114	42628	1841
马鞍山市	6844	1016	971	323	66690	39516	5758
淮北市	4811	872	185	66	43746	21727	4684
铜陵市	3236	400	158	88	43969	29604	1492
安庆市	15352	2758	1443	1034	82573	35315	10740
黄山市	1661	214	392	377	27707	20374	2189
滁州市	2040	346	172	162	36025	24396	1807
阜阳市	3528	801	1195	860	53648	31593	4287
宿州市	6882	950	68	41	58549	17702	4661
六安市	4782	690	300	261	66034	37087	6747
巢湖市	5723	1385	865	752	71536	38377	5315
宣城地区	3747	738	1194	1023	65072	47899	2369
池州地区	1468	260	489	448	23757	16177	1636
亳州市	358	67			7221	2995	181

14—15 续表

单位:万元

地　　市	负债合计	所有者权益合计	工程结算收入	工程结算成本	工程结算税金及附加	工程结算利润	其他业务利润
总　　计	**619051**	**345696**	**995163**	**877629**	**34027**	**83507**	**2151**
合 肥 市	68784	56891	183709	166753	6367	10589	271
芜 湖 市	55169	28964	92729	85700	2643	4386	51
蚌 埠 市	36004	13296	39977	36103	1416	2458	209
淮 南 市	44469	14645	38330	33858	1137	3335	209
马鞍山市	45275	21415	47168	38943	1539	6686	297
淮 北 市	26411	17336	46297	41926	1482	2890	141
铜 陵 市	31096	12873	32667	28815	1007	2846	199
安 庆 市	46054	36518	131156	114486	4246	12424	277
黄 山 市	22562	5144	17769	15376	731	1661	61
滁 州 市	26203	9822	24000	21013	842	2145	74
阜 阳 市	35879	17769	36560	32144	1150	3266	－2
宿 州 市	22363	36187	77690	64818	3229	9644	17
六 安 市	43834	22201	82046	71358	2896	7791	64
巢 湖 市	43691	27845	94489	82185	3291	9013	87
宣城地区	50268	14804	26723	23770	1164	1789	123
池州地区	17813	5944	18711	15911	714	2087	54
亳 州 市	3176	4045	5144	4471	174	499	20

地　　市	管理费用	税　金	利润总额	利税总额	应交所得税	本年应付工资总额	本年应付福利费总额
总　　计	**51999**	**3711**	**23629**	**61367**	**6285**	**186870**	**17317**
合 肥 市	5884	363	3875	10605	854	38022	3262
芜 湖 市	3146	267	642	3552	253	17116	1747
蚌 埠 市	3284	461	－855	1022	70	7005	709
淮 南 市	3198	237	65	1439	262	6777	695
马鞍山市	5998	232	1004	2775	388	8932	1063
淮 北 市	1958	70	743	2295	211	7474	1172
铜 陵 市	2655	106	230	1343	70	7541	1439
安 庆 市	5888	263	4311	8820	796	21709	2380
黄 山 市	1462	83	109	923	52	4193	361
滁 州 市	1802	49	454	1345	87	4360	274
阜 阳 市	2363	181	308	1639	68	7205	431
宿 州 市	3546	543	4722	8494	1025	13115	704
六 安 市	3696	324	3288	6508	870	14039	813
巢 湖 市	3897	289	3582	7162	892	19723	1417
宣城地区	1589	120	300	1584	145	5216	581
池州地区	1414	76	604	1394	193	3582	249
亳 州 市	220	48	246	468	49	863	22

14—16 大中型建筑施工企业主要经济指标

(1999年)　　单位：万元

名　　称	施工产值	流动资产合　计	固定资产原价合计	工程结算收　入	利税总额	劳动生产率(元/人)	资金利税率(%)
中央大中型建筑施工企业							
华东勘察基础工程总公司	53068	25943	17962	53068	488	99752	1.26
安徽送变电工程公司	272940	183820	77260	206200	13300	95768	5.52
中港二航局四公司	301707	172158	106875	301497	12902	244495	5.71
中国建筑第七工程局第二建筑公司	206931	151698	42488	192582	3896	122300	2.20
上铁总公司第一工程公司	102000	58607	27719	84137	3839	75780	5.00
中国化学工程第三建筑工程公司	648703	379400	181169	582233	21692	73666	4.39
安徽电力建设第二工程公司	388020	268769	112161	388020	13712	82910	4.05
安徽电力建设第一工程公司	348535	242060	164930	348530	15460	82240	4.32
中建四局六公司	489826	458274	65395	586004	27668	193225	5.66
中国十七冶金建设公司	475610	637120	464010	560640	－8310	34367	－0.91
中煤第七十二处	90752	66785	24626	90752	2779	63374	3.21
铜陵市有色建安公司	52266	78157	49454	49431	－4305	31260	－3.95
铜陵有色金属（集团）公司井巷公司	52147	31614	34701	69045	2472	25841	5.09
安庆石化建筑安装工程公司	44505	24873	37329	44505	－10572	28026	－22.59
铁四局一处	280080	136930	86250	246010	7610	232432	3.91
铁四局二处	420020	203060	147620	386640	10370	142815	3.39
铁四局三处	371880	217440	137850	309860	9070	89718	2.86
铁四局四处	322400	201510	108450	319480	13540	97934	4.81
铁四局六处	462100	236280	97000	450170	14990	140328	5.07
铁四局运输工程处	743640	233170	78080	755960	28300	242070	9.87
铁四局电气化处	140240	106600	46840	128560	4940	128073	3.49
铁四局建筑处	140160	65630	24880	111570	2150	167255	2.67
铁四局机械工程处	147420	70590	57480	111090	4060	196560	3.76
地方大中型建筑施工企业							
安徽省二建筑工程公司	146472	235583	57152	146472	－1176	35041	－0.45
安徽路港公司	126282	70372	37735	126282	2491	93890	2.70
安徽省机械竣工工程公司	38230	14853	32019	38230	2387	75404	5.30
安徽省公路桥梁公司	370042	383004	70453	370042	7912	97379	1.90
安徽省湖滨建筑安装公司	132414	30875	33073	132414	15186	37833	25.45
安徽省公路工程公司	109800	42420	71942	94778	4137	99818	4.71
安徽省外经建设集团公司	254958	81615	35767	232506	25596	98061	24.39
合肥建工集团	232998	377088	120768	193414	7869	63643	1.79
合肥市市政工程总公司	126911	125003	52925	65235	3000	68122	1.88
合肥市二建总公司	115090	144830	29925	93337	145	48954	0.09
合肥市公路桥梁工程有限公司	66490	33540	54410	66490	2171	99835	2.94
合肥义城建安公司	65250	7483	18043	40688	3721	38839	18.18
合肥广厦建筑集团股份有限公司	62044	45196	26902	62044	2283	45959	3.21
安徽省建筑第一工程公司	75780	126800	39950	75780	－9616	21851	－6.72
安徽省水安总公司	158056	81063	78252	158056	4231	34263	2.95
安徽三建集团公司	324447	460266	76507	324447	21189	54898	4.20
安徽省工业设备安装公司	72382	167420	58350	63520	－4290	26093	－2.20
合肥电力安装总公司	127351	68070	20147	127351	3985	73274	4.95

14—16 续表 单位：万元

名 称	施工产值	流动资产合 计	固定资产原价合计	工程结算收 入	利税总额	劳动生产率（元/人）	资金利税率（%）
合肥大兴建安公司	22620	9304	11330	22620	1012	14316	5.91
合肥市第五建筑工程公司	115687	18510	38400	88490	4753	24056	9.32
肥西县建筑工程公司	40860	17385	14267	40860	1924	30814	7.30
芜湖市安装建筑总公司	23073	65141	27556	19884	-2873	21974	-3.59
芜湖市一建公司	38413	106056	63110	38413	-3929	12164	-2.74
芜湖县第三建安公司	68547	32152	19480	57338	1936	57123	4.24
芜湖县第四建筑安装有限公司	67800	5800	15234	48317	1757	56500	9.31
安徽省疏浚工程总公司	61160	64036	40200	42687	2131	55199	2.58
安徽省水利建筑工程总公司	254010	239625	63512	254010	12955	158955	4.55
蚌埠市第七建筑安装工程总公司	120880	20807	11972	120000	4345	74251	13.76
蚌埠市第一建筑安装工程总公司	87289	126376	35484	58764	1246	31962	0.81
蚌埠市市政工程公司	28724	112455	17607	8919	345	59842	0.27
安徽两淮地质基础工程公司	46073	35628	25866	34105	545	50408	1.14
蚌埠市第五建筑安装工程公司	88600	38260	18200	88600	6980	36917	12.92
蚌埠市第二建筑安装工程总公司	94400	41775	20753	44522	792	64658	1.41
淮南国能建设工程有限责任公司	202480	281779	175967	201967	-41964	16752	-11.54
马鞍山马钢总公司建设公司	265948	325370	234090	251310	-4020	47815	-0.90
马鞍山市第一建筑安装公司	38237	40422	19642	38237	98	22492	0.20
马钢利民建筑安装公司	39680	67102	41224	51626	-2186	17252	-2.38
马鞍山市市政建设总公司	32373	37170	32358	30372	607	54226	0.97
马鞍山江东建筑安装有限责任公司	61250	84795	17297	51952	1095	21597	1.14
中煤特凿工程公司	27857	84978	163317	25136	-16198	8992	-8.89
淮北煤矿工程总公司	130673	72776	95072	130673	6049	36924	4.34
淮北市第二建筑安装有限责任公司	120001	97113	12901	120001	2733	99503	2.61
淮北市第一建筑安装公司	80000	104031	13695	80000	3177	66061	2.84
淮北市第三建筑安装公司	53000	26064	37461	53000	3356	41667	7.12
淮北市建设安装防腐保温工程公司	12307	4666	16265	12307	1073	30614	5.38
铜陵市华厦建筑安装有限责任公司	61260	60853	29128	61260	2620	44359	3.28
铜陵市政建设（集团）公司	71992	112205	23273	32063	1042	58293	0.81
铜陵营造集团股份有限公司	86024	114435	27510	79686	3348	48877	2.59
安庆市第一建筑安装工程公司	37313	34792	33998	29681	-35	38626	-0.06
黄山市建筑工程总公司	60480	52708	16660	20502	797	41227	1.33
滁州市建筑安装工程有限公司	80069	38709	40388	80069	2968	36645	4.35
阜阳市建筑工程（集团）有限责任公司	108856	110300	27874	108756	3306	46559	2.49
中煤三建公司	331062	373080	387290	267738	23005	45314	3.81
安徽宿县地区路桥工程公司	145000	141856	47274	117152	38925	63043	22.72
安徽良友建筑工程总公司	75000	42290	34740	72000	13650	68182	19.53
六安地区建筑安装工程公司	121671	72208	43180	130015	5011	56750	4.77
六安地区路桥第一工程处	56000	136685	17150	46000	2356	58947	1.54
安徽华伟建筑安装工程公司	55140	44055	19059	48113	3590	27324	6.16
巢湖地区建安公司	38490	37920	16660	9353	-3116	44652	-6.24
巢湖市建筑安装公司	46992	17800	15200	46992	1808	39160	5.95
无为县房屋建筑安装公司	35167	13608	13715	30164	1098	21748	4.31

主要统计指标解释

建筑业企业 是指从事房屋、构筑物建造和设备安装活动的独立核算的建筑施工企业，独立核算的法人建筑业企业应同时具备的条件是①依法成立，有自己的名称、组织机构和场所，能够承担民事责任；②独立拥有和使用资产，承担负债，有权与其他单位签订合同；③独立核算盈亏，能够编制资产负债表。建筑业企业的主要活动包括：①各种房屋、建筑物和构筑物的建造；②各种线路、管道和机械设备的安装；③原有房屋、建筑物和构筑物的修理；④部分非标准设备的制造。

从事建筑施工活动的还有附属于其他行业的企业、事业行政单位的附营建筑业施工单位，附营建筑业施工单位同时具备的条件是：①具有一个场所，从事或主要从事建筑安装活动；②单独组织生产经营活动；③在企业内部单独核算收支。

建筑业总产值 是指建筑业企业和附营施工单位在一定时期内所完成的以货币表现的生产总量。它是反映建筑业生产规模、发展速度、经营成果，用以计算建筑业经济效益、劳动生产率和建筑业在国民经济中所占比重的综合指标。在新的统计报表制度中，建筑业总产值与施工产值的口径、范围完全一致，建筑业总产值包括：①建筑工程产值；②设备安装工程产值；③房屋构筑物修理产值；④非标准设备制造产值。建筑业总产值的计算一般按“单价法”，为简化计算起见，也可用“部位进度法”。

建筑业增加值 是指建筑业企业和附营建筑业施工单位在报告期内以货币表现的建筑业生产经营活动的最终成果。建筑业增加值有两种计算方法：一是生产法，即建筑业总产出减去建筑业中间消耗后的余额；二是分配法（收入法），即从收入的角度出发，根据生产要素在生产过程中应得到的收入份额计算，具体构成项目有固定资产折旧、劳动者报酬、生产税净额、营业盈余。

竣工产值 指在报告期内，按照设计所规定的工程内容全部完成，达到了设计规定的竣工条件，经有关部门检查鉴定合格的单位工程价值之和。

房屋建筑施工面积 指在报告期内施工的全部房屋建筑面积，包括本期内新开工的、上期施工跨入本期继续施工、上期停建本期复工的房屋建筑面积；不包括上期开工后又停工，本期未施工的房屋建筑面积。

房屋竣工面积 指在报告期内，按照设计所规定的工程内容全部完成，达到了设计规定的交工条件，给有关部门检查验收鉴定合格的房屋建筑面积。

自有机械设备年末总台数 指本企业（或单位）所有，属于本企业固定资产的生产性机械设备年末总台数。包括施工机械、生产设备、运输设备以及其他设备。

自有机械设备年末总功率 指本企业（或单位）自有施工机械、生产设备、运输设备以及其他设备等列为在册固定资产的生产性机械设备年末功率，按设定能力或查定能力计算。包括机械本身的动力和为该机械服务的单独动力设备，如电动机等。计算单位用千瓦，动力换算可按1马力＝0.735千瓦折合成千瓦数。电焊机、变压器、锅炉不计算动力。

工程结算收入 指企业（或单位）按工程的分部分项自行完成的建筑产品价值并已与甲方在报告期内办理结算手续的工程价款收入，以及向甲方收取的除工程价款以外的按规定列作营业收入的各种款项，如临时设施费、劳动保险费、施工机械调迁费等以及向甲方收取的各种索赔款。

工程结算利润 指已结算工程实现的利润。如为亏损以“－”号表示。其计算公式为：工程结算利润＝工程结算收入－工程结算成本－工程结算税金及附加。

利润总额 是指建筑业企业在一定时期内所实现的利润。它包括工程结算利润、产品销售利润、作业销售利润、材料销售利润及其他销售利润、营业外收支差额。

劳动生产率 是指劳动者在报告期内生产出社会产品的效率。它以建筑产品产量或产值和其相适应的劳动消耗量的比值来表示。是考核企业生产效率的提高和劳动节约情况的重要指标。

资金利税率 指以报告期内固定资产净值和流动资产之和去除利税总额而求得的比率。该指标既反映了企业生产耗费的节约情况，也反映了企业资金的利用情况。

十五、交通运输、邮电通信业

TRANSPORTATION, POSTAL AND TELECOMMUNICATION SERVICES

简要说明

一、本篇资料反映我省交通运输业和邮电通信业发展的基本状况。

交通运输业资料主要包含：铁路、公路、水路、民航四种运输方式的线路里程、运输设备拥有量，各种运输方式完成的货物运输量、旅客运输量和独立核算公路、水运、港口企业财务状况等。

邮电通信业资料主要包含：全省邮电局（所）及邮路情况，邮电通信主要电路及设备拥有量，主要邮电业务完成情况，邮电通信企业主要财务指标，邮电通信发展水平等资料。

二、本篇资料由省统计局工业交通处负责整理提供。有关交通运输资料分别来源于蚌埠、南京、徐州、杭州铁路分局，合九铁路公司，省交通厅，省民航局，省公安厅及本局有关年报资料。邮电通信业资料来源于省邮电通信管理部门。

三、各部门资料调查范围及统计单位。

1. 铁路资料：包括国家、地方铁路运营情况，资料来源于有关铁路分局和合九铁路公司。

2. 公路、水运、港口资料：公路和水运线路里程为年末通车和通航里程数（不含在建和未正式投入使用的公路和航道）由省交通厅提供。民用和公路车辆拥有量分别由省公安厅和省交通厅提供。

3. 民航运输资料：民航运输统计对象为我省境内从事民用航空运输飞行和通用飞行的航空运输企业，包括省民航局直属企业和非民航局直属企业。

4. 邮电通信资料：邮电通信包括邮政和电信业务。邮电业务量按业务范围分为国内业务量和国际及港澳业务量（对台业务量统计在港澳中）。按管理体制分为中央国营业务总量和地方国营业务总量。资料来源于省邮电管理部门。

本篇责任编辑：陈正报

货 物 运 输 量 （万吨）

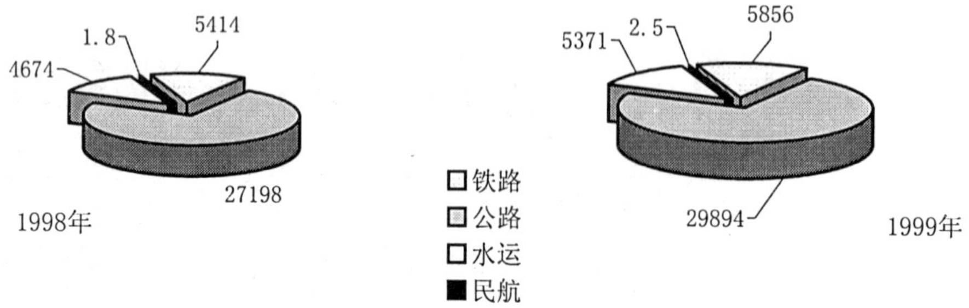

旅 客 运 输 量 （万人）

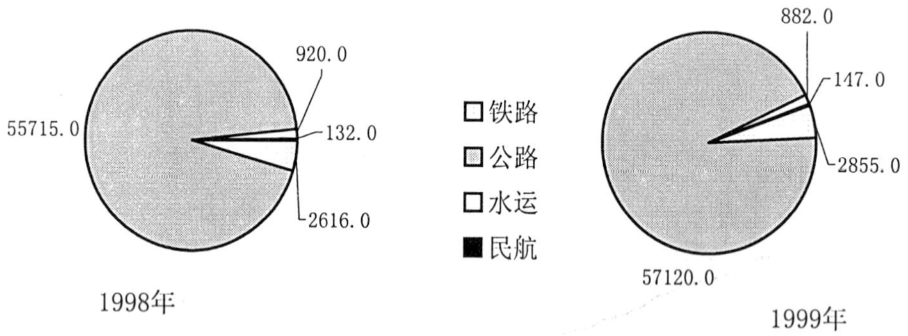

邮电业务总量 （万元）

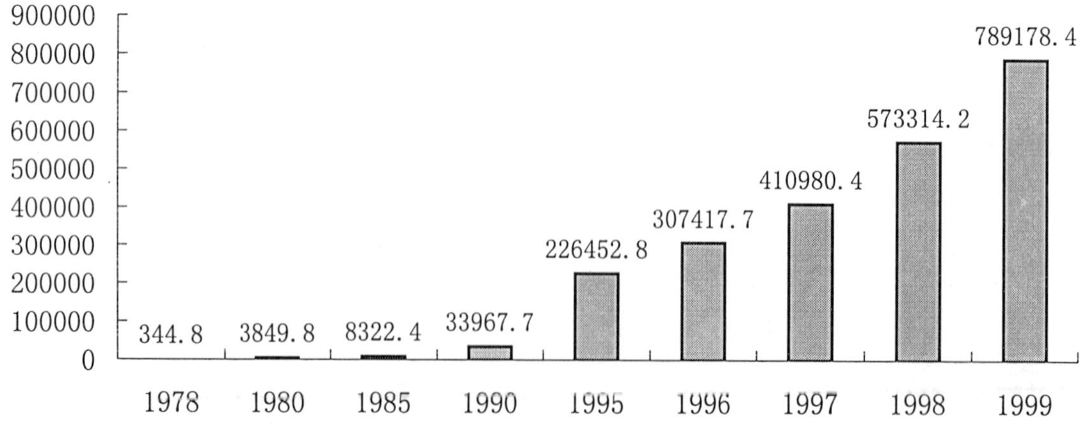

15—1 交通运输业基本情况

指　　标	单　位	1978年	1980年	1985年	1990年	1995年	1998年	1999年
运输线路长度								
铁路营业里程	公里	979	1059	1431	1540	1756	2156	2154
公　路	公里	23680	23984	26988	30126	35178	39264	40857
内　河	公里	6626	6728	5993	6652	6737	6737	6736
民　航	公里						47317	58596
#国际航线	公里						10208	12311
客运量总计	万人	13250	18054	27212	39530	57881	59383	61004
铁　路	万人	2164	2572	2818	2342	2537	2616	2855
国　家	万人	2164	2572	2818	2342	2537	2505	2710
地　方	万人						111	145
公　路	万人	9733	13801	22926	35706	54153	55715	57120
水　运	万人	1353	1681	1465	1470	1098	920	882
民　航	万人			3	12	93	132	147
旅客周转量总计	万人公里	360033	945681	1787696	2526008	3796054	4239527	5041372
铁　路	万人公里	3301	495455	921947	1117543	1498866	1668871	1859216
国　家	万人公里	3301	495455	921947	1117543	1498866	1630349	1801916
地　方	万人公里						38522	57300
公　路	万人公里	279931	384996	802243	1340964	2205313	2424848	3008870
水　运	万人公里	76801	65230	62416	61097	49231	35903	35993
民　航	万人公里			1090	6404	74218	109905	137293
货运量总计	万吨	11776	9533	12775	44643	40462	37287.8	41123.5
铁　路	万吨	3805	3322	4452	4189	5103	5414	5856
国　家	万吨	3805	3322	4452	4189	5103	5069	5471
地　方	万吨						345	385
公　路	万吨	5978	5196	6117	35427	30236	27198	29894
水　运	万吨	1993	1015	2206	5027	5122	4674	5371
民　航	万吨				0.1	1.0	1.8	2.5
货物周转量总计	万吨公里	597443	2706215	3967449	6622989	9067545	9179412	9774992
铁　路	万吨公里	17514	2146229	3076686	4339647	5605254	5502269	5748592
国　家	万吨公里	17514	2146229	3076686	4339647	5605254	5431947	5665092
地　方	万吨公里						70322	83500
公　路	万吨公里	102112	90851	241333	1220654	1909684	2141844	2229686
水　运	万吨公里	477817	469135	649412	1062644	1551569	1533558	1794261
民　航	万吨公里			18	44	1038	1741	2453
民用汽车拥有量	辆	40526	50687	90971	153655	244639	308044	325676
载客汽车辆数	辆	7326	9759	21246	45680	93088	145180	153952
载客汽车客位	客位	136520	195180	424920	913600	1207004	2544715	2069691
载货汽车辆数	辆	31583	38876	66043	101549	135548	157009	166818
#普通载货汽车	辆	31583	38876	66043	101549	135548	152344	164351
载货汽车吨位	吨	126332	155504	264172	406196	542192	669271	658639
#普通载货汽车	吨	126332	155504	264172	406196	519496	647747	642372
其他机动车	辆	5025	5705	20884	40497	63603	103897	99877
私人汽车拥有量	辆					57202	90704	143154
民用运输船舶拥有量								
机动船	艘	4155	4694	23222	31761	30700	19023	20954
驳　船	艘	5228	6062	6267	5053	4474	4240	3805
私人运输船舶拥有量								
机动船	艘					21410	10770	11291
驳　船	艘					53		190

15—2 运 输 路 线 长 度

指 标	单位	1978年	1980年	1985年	1990年	1995年	1998年	1999年
铁 路								
正线延展里程（省境内）	公里	1841	1402	1841	2091	2620	3080	3135
蚌埠铁路分局	公里	1546	1101	1127	1379	1795	1976	1976
南京铁路分局	公里	295	155	496	494	607	605	616
徐州铁路分局	公里		146	218	218	218	218	218
杭州铁路分局	公里							5
合九铁路公司	公里						281	320
营业里程（省境内）	公里	979	1059	1431	1540	1756	2156	2154
蚌埠铁路分局	公里	788	805	831	949	1083	1161	1161
南京铁路分局	公里	191	145	491	482	564	562	558
徐州铁路分局	公里		109	109	109	109	109	109
杭州铁路分局	公里							5
合九铁路公司	公里						321	321
公 路								
公路里程	公里	23680	23984	26988	30126	35178	39264	40857
干线公路	公里	9389	9692	10331	9186	9897	10193	10289
县公路	公里	13101	11264	12103	12632	12847	14325	15083
乡公路	公里		2813	4128	7967	12176	14476	15215
专用公路	公里	1190	493	426	341	258	270	270
高速公路	公里					123	294	404
一级公路	公里		6	15	28	197	152	211
二级公路	公里		715	1196	2167	4160	5548	5869
三级公路	公里		4047	4068	4626	5277	6495	6935
四级公路	公里		11851	14967	19051	22345	24362	25282
等外公路	公里		7643	6742	4254	3076	2413	2156
有路面里程	公里		20098	23790	28652	33893	37985	39701
高级及次高级	公里		6635	7903	9484	14398	19586	21119
中 级	公里		10522	11875	13664	14442	13792	14315
低 级	公里		2941	4012	5504	5053	4607	4267
在公路里程中：晴雨通车里程	公里	19350	19627	22941	27116	33403	37532	39177
绿化里程	公里	14957	15688	17188	18624	21924	24800	26490
水 运								
内河航道通航里程	公里	6626	6728	6720	6652	6737	6737	6736
长航（干线）	公里	1103	1205	1205	1125	1125	1125	1125
地方交通	公里	5523	5523	5515	5527	5612	5612	5611
民 航								
国际航线	公里						10208	12311
国内航线	公里				14061	34590	37109	46285

15—3 旅客、货物运输量、周转量

指标	单位	1978年	1980年	1985年	1990年	1995年	1998年	1999年
全省客运量总计	**万人**	**13250**	**18054**	**27212**	**39530**	**57881**	**59383**	**61004**
铁路	万人	2164	2572	2818	2342	2537	2616	2855
蚌埠铁路分局	万人	1742	2063	2194	1794	1900	1860	1965
南京铁路分局	万人	423	401	556	474	572	574	673
徐州铁路分局	万人		107	68	73	65	53	57
杭州铁路分局	万人						18	15
合九铁路公司	万人						111	145
公路	万人	9733	13801	22926	35706	54153	55715	57120
水运	万人	1353	1681	1465	1470	1098	920	882
民航	万人			3	12	93	132	147
全省旅客周转量总计	**万人公里**	**360033**	**945681**	**1787696**	**2526008**	**3796054**	**4239527**	**5041372**
铁路	万人公里	3301	495455	921947	1117543	1498866	1668871	1859216
蚌埠铁路分局	万人公里	3125	405815	726339	831262	1093000	1173481	1331089
南京铁路分局	万人公里	176	4247	27899	99964	162711	230275	224467
徐州铁路分局	万人公里		85393	167709	186317	243155	226593	246360
合九铁路公司	万人公里						38522	57300
公路	万人公里	279931	384996	802243	1340964	2205313	2424848	3008870
水运	万人公里	76801	65230	62416	61097	49231	35903	35993
民航	万人公里			1090	6404	74218	109905	137293
全省货运量总计	**万吨**	**11776**	**9533**	**12775**	**44643**	**40462**	**37287.8**	**41123.5**
铁路	万吨	3805	3322	4452	4189	5103	5414	5856
蚌埠铁路分局	万吨	3173	3286	3635	3293	4100	3988	4432
南京铁路分局	万吨	632		772	840	931	1012	958
徐州铁路分局	万吨		36	45	56	72	51	66
杭州铁路分局	万吨						18	15
合九铁路公司	万吨						345	385
公路	万吨	5978	5196	6117	35427	30236	27198	29894
水运	万吨	1993	1015	2206	5027	5122	4674	5371
民航	万吨				0.1	1.0	1.8	2.5
全省货物周转量总计	**万吨公里**	**597443**	**2706215**	**3967449**	**6622989**	**9067545**	**9179412**	**9774992**
铁路	万吨公里	17514	2146229	3076686	4339647	5605254	5502269	5748592
蚌埠铁路分局	万吨公里	17128	1771633	2464929	3165502	3943000	4047144	4273526
南京铁路分局	万吨公里	386		65072	525407	877421	732307	782745
徐州铁路分局	万吨公里		374596	546685	648738	784833	652496	608821
合九铁路公司	万吨公里						70322	83500
公路	万吨公里	102112	90851	241333	1220654	1909684	2141844	2229686
水运	万吨公里	477817	469135	649412	1062644	1551569	1533558	1794261
民航	万吨公里			18	44	1038	1741	2453

15—4 全社会客货运输(吞吐)量

(1999年)

指标	客运量(万人)	旅客周转量(万人公里)	货运量(万吨)	货物周转量(万吨公里)
总计	61004	5041372	41123.5	9774992
公路运输	57120	3008870	29894	2229686
#国有经济	15394	998183	3117	216937
个体经济	22327	1133456	16762	1009736
水上运输	882	35993	5371	1794261
#个体经济	586	10213	1726	468724
铁路运输	2855	1859216	5856	5748592
国家铁路	2710	1801916	5471	5665092
地方铁路	145	57300	385	83500
民航运输	147	137293	2.5	2453

指标	旅客吞吐量(万人)	旅客离港量	货物吞吐量(万吨)	集装箱(万标准箱)
港口合计	263.8	128.9	6862.3	1.3

15—5 主要年份公路线路年底到达数(按技术等级分)

单位:公里

年份	公路里程总计	等级路	高速	一级	二级	一般公路	等外公路
1980	23984	16341		6	715	15620	7643
1981	24999	17534		6	871	16657	7465
1982	25486	18279		7	952	17320	7207
1983	25934	18936		10	1008	17918	6998
1984	25486	18684		15	1044	17625	6802
1985	26988	20246		15	1196	19035	6742
1986	28158	21771		28	1589	20154	6387
1987	28581	22194		28	1824	20342	5152
1988	28667	23539		28	1849	21662	5128
1989	30075	25559		28	1983	23548	4516
1990	30126	25872		28	2167	23677	4254
1991	30448	26375		28	2408	23939	4073
1992	30571	26562		28	2806	23728	4009
1993	30723	26794	92	11	3052	23639	3929
1994	30876	27025	92	11	3685	23237	3851
1995	35178	32102	123	197	4160	27622	3076
1996	36182	33285	123	227	4283	28652	2897
1997	37481	34806	123	286	4878	29519	2675
1998	39264	36851	294	152	5548	30857	2413
1999	40857	38701	404	211	5869	32217	2156

15—6 主要年份公路密度及通达情况

指　　标	单　位	1985年	1990年	1995年	1998年	1999年
公路密度						
以国土面积计算	公里/百平方公里	19.36	21.61	25.24	28.17	29.31
以人口数量计算	公里/万人	5.23	5.32	5.86	6.38	6.55
公路通达						
乡镇数量	个	3407	3336	1854	1870	1840
#不通公路	个	321	93	8	4	4
不通公路乡镇所占比重	%	9.42	2.79	0.43	0.21	0.21
行政村数量	个	31495	31681	30523	30558	30691
#不通公路	个	9174	7928	5000	3291	3730
不通公路行政村所占比重	%	29.13	25.02	16.38	10.77	12.15

15—7 公路线路年底到达数（按技术等级分）

（1999年）

单位：公里

	公路里程	等级公路						等外公路
		合　计	汽车专用公路					
	总　计		高　速	一　级	二　级	三　级	四　级	
上年年底到达数	39264	36851	294	152	5548	6495	24362	2413
国　道	3050	3050	206	108	1775	493	468	
省　道	7143	7096	88	44	3412	1806	1746	47
县　道	14325	13450			306	3255	9889	875
乡　道	14476	12991			31	916	12044	1485
专用公路	270	264			24	25	215	6
本年新建数	1757	1757	110		22	80	1545	
国　道	110	110	110					
省　道	27	27			22		5	
县　道	711	711				65	646	
乡　道	909	909				15	894	
专用公路								
本年改建变更数	-164	93		59	299	360	-625	-257
国　道	1	1		59	-11	-38	-9	
省　道	-42	-10			227	-50	-187	-32
县　道	47	188			83	378	-273	-141
乡　道	-170	-86				70	-156	-84
专用公路								
本年年底到达数	40857	38701	404	211	5869	6935	25282	2156
国　道	3161	3161	316	167	1764	455	459	
省　道	7128	7113	88	44	3661	1756	1564	15
县　道	15083	14349			389	3698	10262	734
乡　道	15215	13814			31	1001	12782	1401
专用公路	270	264			24	25	215	6

15—8 民 用 航 空 基 本 情 况

指　　标	单　位	1990年	1995年	1996年	1997年	1998年	1999年
民用航空航线条数	条	22	39	40	41	49	58
#国内航线	条	22	39	40	41	40	47
民用航空线里程	公里	14061	34590	36383	37130	47317	58596
#国内航线	公里	14061	34590	35456	37130	37109	46285
民用航班飞行机场	个	2	3	3	3	4	32
民用飞机架数	架	17	18	20	18	13	9
客运量	万人	12	93	106	106	132	147
旅客周转量	万人公里	6404	74218	83731	84986	109905	137293
货（邮）运量	吨	1000	10000	14000	13800	17753	24768
货（邮）周转量	万吨公里	44	1038	1214	1198	1741	2453
总周转量	万吨公里	505	6364	7461	7088	9935	12666
#国际航线	万吨公里		16	44	312	473	701
国内航线	万吨公里	505	6348	7417	6776	7730	9028
通用飞行时间	小时	770	426	453	105		
#农林业飞行	小时	696	326	422	105		
播种造林	小时	59	73				

15—9 民 用 汽 车 拥 有 量

指　　标	单　位	1990年	1995年	1996年	1997年	1998年	1999年
民用汽车总计	**万辆**	**15.37**	**24.46**	**28.10**	**28.36**	**30.8**	**32.57**
载客汽车							
辆　数	万辆	4.57	9.31	11.38	12.73	14.52	15.40
客　位	万客位	91.36	120.70	224.84	253.33	254.47	206.91
载货汽车							
辆　数	万辆	10.15	13.55	15.31	15.05	15.7	16.68
吨　位	万吨	40.62	54.22	69.64	62.10	66.93	65.86
#普通载货汽车	万辆	10.15	13.55	14.90	14.62	15.23	16.44
其他机动车	万辆	4.05	6.36	6.94	7.07	10.39	9.99
私人汽车合计	**万辆**	**2.71**	**5.72**	**7.21**	**5.12**	**9.07**	**14.32**
载客汽车							
辆　数	万辆	0.55	2.81	4.07	2.93	5.26	6.40
客　位	万客位	9.38	36.69	81.31	55.76	67.84	78.32
载货汽车							
辆　数	万辆	2.15	2.90	3.09	2.18	3.78	7.87
吨　位	万吨	8.43	12.00	13.52		19.88	17.61

15—10 各地市民用汽车拥有量

（1999年）

地市	民用汽车总计（辆）	载客汽车辆数（辆）	普通载货汽车辆数（辆）	专用载货汽车吨位（吨）	其他机动车（辆）
总计	**325676**	**153952**	**164351**	**2467**	**99877**
合肥市	42320	23016	18211	7	4399
芜湖市	20717	10578	9815	130	3897
蚌埠市	24458	10789	12996	215	319
淮南市	19372	9341	9876	152	501
马鞍山市	15962	7501	7856	183	476
淮北市	11778	6832	4544	56	503
铜陵市	9467	4921	4277	96	266
安庆市	21843	10691	10484	252	12661
黄山市	11333	5888	5445		5728
滁州市	26485	12030	13638	402	4135
阜阳市	42603	15480	26089	388	14236
宿州市	23892	10537	12897	206	24020
六安市	6556	3654	2864	30	1991
巢湖市	18573	8830	9532		13414
宣城地区	19228	7832	11007	176	10696
池州地区	7210	3656	3341	144	1628
亳州市	3879	2376	1479	30	1007

地市	公路运输汽车					个体营运汽车				
	合计（辆）	载客汽车		载货汽车		合计（辆）	载客汽车		载货汽车	
		辆数（辆）	客位（客位）	辆数（辆）	吨位（吨）		辆数（辆）	客位（客位）	辆数（辆）	吨位（吨）
总计	**192541**	**37861**	**630934**	**154680**	**604573**	**88267**	**22023**	**270915**	**66244**	**218623**
合肥市	21773	2153	46123	19620	61264	8704	1274	22473	7430	12094
芜湖市	5318	1119	24598	4199	15924	1005	416	7120	589	1722
蚌埠市	7984	1124	26338	6860	28112	1764	397	6061	1367	5071
淮南市	7999	539	15460	7460	33280	1169	4	127	1165	3999
马鞍山市	5696	725	16149	4971	19171	911	314	5604	597	2009
淮北市	6988	2373	21339	4615	20718	3114	1423	13273	1691	6622
铜陵市	6009	2077	21770	3932	15199	3164	1645	12758	1519	3883
安庆市	19965	4695	61586	15270	44593	13913	3693	30453	10220	26026
黄山市	5045	1649	27419	3396	10558	1481	496	9249	985	2976
滁州市	10266	1376	25064	8890	34920	4418	706	9303	3712	13838
阜阳市	33505	5093	117664	28412	137745	10895	1855	33324	9040	36207
宿州市	12525	1958	39882	10567	48461	9530	1328	22141	8202	36867
六安市	22802	5183	74785	17619	60091	15340	3805	45558	11535	36921
巢湖市	6950	1688	37196	5262	19996	440	361	11240	79	428
宣城地区	10938	2388	30288	8550	35435	7023	1930	20957	5093	21163
池州地区	6573	2817	35743	3756	11354	5235	2373	21153	2862	7813
亳州市	2205	904	9530	1301	7752	161	3	121	158	984

注：分地市数字供参考。

15—11 邮 电 业 务 基 本 情 况

指　　标	单　位	1978年	1980年	1985年	1990年	1995年	1998年	1999年
邮电业务总量	**万元**	**3444.8**	**3849.8**	**8322.4**	**33967.7**	**226452.8**	**573314.2**	**789178.4**
中央国营业务总量	万元			7455.5	31126.3	207138.0	537989.5	739913.4
邮政业务总量	万元				13553.7	35946.8	55351.4	68415.5
电信业务总量	万元				17572.6	171191.2	482638.1	671497.9
地方国营业务总量	万元			866.9	2841.4	19314.8	35324.6	49265.0
国内业务总量								
函　件	万件		9974	14205.3	16495.1	24345.5	14442.1	16815.29
包　件	万件		229.1	245.8	273.3	563.2	352.6	394.97
汇　票	万张		448.2	519.7	446.2	541.0	477.1	485.21
订销报纸累计数	万份	46693.7	54384.9	79363.6	56287.3	71236.7	67858.2	74773.92
订销杂志累计数	万份	2071.7	3773.7	7927	4661.6	5785.4	5825.2	6566.66
特快专递	万件				3.9	130.8	156.3	211.91
机要文件	万件	27.1	32.3	36	32.9	34.5	24.0	22.88
集邮业务	万枚					11896.6	28860.6	29802.9
电　报	万份	457.7	513.0	677.3	851.3	429.1	135.5	106.5
传　真	万份	0.09	0.1	0.16	0.2	8.7	17.4	20.4
长途电话	万张	575.1	626.1	1051.8	2243.9	25655.5	43950.9	48914.93
年末市内电话	户	36284	41177	64571	136150	1029614	1908910	2222475
#住宅电话	户				25904	821158	1626184	1844170
年末无线寻呼电话用户	户				2035	469765	1476127	1716781
年末移动电话用户	户					59844	583030	866099
年末农村电话	户	19615	19999	22081	32607	210840	835130	1194497
邮电局所	处	2157	2160	2473	2541	2717	3422	4448
邮路及农村投递路线总长度	公里	151769	147066	182575	178575	189502	189889	202805
汽车邮路	公里	9067	7561	17293	17894	23123	24466	30093
铁路邮路	公里	2697	2779	3370	3619	2974	2871	3287
长话电路	路	704	809	1509	3306	21232	56645	97080
电报电路	路	296	293	354	441	404	297	112
邮电通信工具拥有量								
市话交换机容量	门	56700	62170	93376	399845	1982260	2764108	3143553
农话交换机容量	门		53990	93180	126673	471028	1540128	1843407
电话机	部	59010	61176	83697	299319	1240454	2972364	3388155
城市电话	部	38869	41177	61719	249042	1029614	2121937	2192438
农村电话	部	20141	19999	21978	50277	210840	850427	1195717

注：电话机总数中不含移动电话。

15—12 全省邮电局(所)数

指标	单位	1978年	1980年	1985年	1990年	1995年	1998年	1999年
邮电局所总计	**处**	**2157**	**2160**	**2473**	**2541**	**2717**	**3422**	**4448**
自办局所合计	处	1587	1593	1627	1619	1794	2688	3107
邮政局	处	1	1	1	1	233	1937	1838
电信局	处	2	2	2	1	66	751	1269
代办所合计	处	570	567	846	922	923	734	1341
邮政代办所	处	424	392	408	326	395	596	460
电信代办所	处	76	93	180	230	175	138	881
服务点								
邮政储蓄点	处				679	1518	1662	1609
信箱信筒	个	5726	5832	6345	6696	6646	6655	5965
公用电话点	处					18895	65688	83311

15—13 邮路长度和邮政主要设备

指标	单位	1978年	1980年	1985年	1990年	1995年	1998年	1999年
邮路总长度(单程长度)	**公里**	**13097**	**11591**	**36319**	**36880**	**53088**	**52791**	**60525**
一　级	公里		1325	1325	2566	15907	19005	24021
二　级	公里		9133	7880	7473	12402	9321	10501
航　空	公里					17563	17696	19970
一　级	公里					13337	15891	18165
二　级	公里					4226	1805	1805
铁　道	公里	2697	2779	3370	3619	2974	2874	3287
一　级	公里		1107	1107	2348	2351	2874	3064
二　级	公里		1672	2263	1271	623		223
自办汽车	公里	4502	4072	5442	7531	20110	21753	27066
一　级	公里		218	218	218	219	240	2792
二　级	公里		3326	3125	4193	7345	7437	8425
委托汽车邮路	公里	4565	3489	11851	10363	3013	2713	3027
一　级	公里							
二　级	公里		3472	2120	1505	195	75	
水路邮路	公里	620	659	614	665	147	52	53
一　级	公里							
二　级	公里		659	368	496			
其他邮路	公里	713	592	15042	14702	9281	7703	7122
一　级	公里							
二　级	公里		4	4	8	13	4	48
农村投递路线	**公里**	**138672**	**135475**	**146256**	**141695**	**136414**	**137098**	**142280**
邮政主要设备								
火车邮厢	辆	2	2	2	6	9	10	10
邮运汽车	辆	206	207	251	310	557	837	400
邮政装卸用车	辆		46	16	22	154	472	
商函处理作业线	套					7	14	11
信函分类理信机	套						1	1
信函分拣机	套						1	1
包裹分拣机	套	1	1		1	6	6	6
自动柜员机	台						235	283

15—14 邮电通信企业主要财务指标

单位：万元

指　　标	1978年	1980年	1985年	1990年	1995年	1998年	1999年
邮电企业合计							
业务收入	3367.2	4424.7	9562.1	28455.2	210914.6	507596.0	627298.5
业务成本	3230.6	4051.7	7809.9	24506.1	161730.7	392640.0	490759.0
营业税金及附加	101.0	132.8	304.3	907.6	6933.6	16757.0	23086.7
业务收支差额					42226.3	98316.0	51208.3
收支差额总额	86.0	231.5	1653.4	4950.4	6796.2	−2026.0	−11027.3
中央邮电企业							
业务收入	2843.0	3663.2	8296.2	25347.3	189284	453163	558011.5
业务支出	3230.6	3207.7	6761.4	19008.1	142517	328790	408494.0
业务税金	101.0	109.9	264.3	809.4	6231	14987	20299.2
利润总额	86.0	251.5	2385.6	6950.1	27725.0	17346	13770.7
固定资产原值	11667.3	10891.8	27415.5	74537.2	565301	1140118	1458119.7
流动资产原值	2548.5	1773.2	2021.1	14214.4	163651	694956	719215.1
地方邮电企业							
业务收入	524.2	761.5	1265.9	3107.9	21630.6	54433.0	69287.0
业务支出		844.0	1048.5	2498.0	19213.7	63850.0	82265.0
税　金		22.9	40.0	98.2	702.6	1770.0	2787.0
利　润		−125.2	135.2	351.2	1714.3	−19929.0	−24798.0
固定资产原值		3026.6	4953.1	9504.1	99699.5	348598.0	447096.0
流动资产原值		194.2	179.9	1165.5	9289.5	37756.0	34562.0

15—15 邮电通信水平

指　　标	单　位	1978年	1980年	1985年	1990年	1995年	1998年	1999年
全省邮电通信水平								
平均每人每年发函件数	件	1.86	2.04	2.76	2.91	4.00	2.44	2.89
平均每百人每年订报刊数	份	7.99	11.67	21.67	11.85	15.47	20.00	13.10
平均每百人拥有电话机部数	部	0.12	0.22	0.31	0.53	1.73	5.75	6.92
农村邮电通信水平								
设有邮电局、所乡（镇）的比重	%	63.7	48.9	55.1	59.9	88.7	89.61	85.52
通邮路的乡（镇）比重	%	100	100	100	100	100	100	100
通邮路的行政村比重	%	99.2	99.1	99.8	100	99.0	100	100
通电话的行政村比重	%					42.27	95.67	98

15—16 各地市交通运输、邮电通信部门职工人数

（1999年）　　单位：人

地市	公路运输业	水上运输业	邮电通信业			
			邮政	电信	移动	寻呼
总计	**108013**	**40974**	**13310**	**14488**	**2858**	**1189**
合肥市	5870	132	1915	2036	462	162
芜湖市	4496	1980	775	769	167	103
蚌埠市	6325	3014	927	763	162	88
淮南市	6292	1129	463	475	105	84
马鞍山市	3536	549	375	412	91	63
淮北市	1609		354	358	81	45
铜陵市	2437	467	276	349	70	58
安庆市	12898	3979	1186	1188	206	89
黄山市	3694	256	647	646	131	52
滁州市	10135	2614	781	940	152	56
阜阳市	12847	13669	1474	1251	238	109
宿州市	8512	508	732	817	145	52
六安市	11839	3970	966	936	165	66
巢湖市	5269	873	690	770	111	53
宣城地区	4772	615	663	703	93	57
池州地区	4678	761	406	438	61	31
亳州市	579	34	168	263	34	
其它	2225	6397	512	1374	384	21

15—17 各地市电话业务量

（1999年）　　单位：万次

地市	市话通话次数	农村通话次数	国内长途通话次数	国际长途通话次数	港澳台通话次数	移动电话通话次数
总计	**439162.54**	**107538.08**	**48743.95**	**102.88**	**68.10**	**165035.90**
合肥市	85680.94	9851.25	9968.59	63.94	30.67	26410.30
芜湖市	31632.17	6648.38	3437.88	8.70	6.21	10582.40
蚌埠市	36946.79	6937.01	3164.28	4.13	3.19	12226.80
淮南市	27317.12	1433.41	1830.26	1.52	1.12	12067.10
马鞍山市	19493.41	2006.56	1735.50	3.78	1.80	5069.30
淮北市	15098.97	1047.52	1336.39	0.56	0.86	4917.50
铜陵市	14816.81	1028.54	1478.43	1.87	1.53	5134.90
安庆市	31844.71	9803.70	3508.44	3.25	3.46	12294.20
黄山市	11578.02	1977.26	1417.07	2.30	6.43	4804.50
滁州市	25873.85	11293.10	3285.34	3.89	3.43	9500.30
阜阳市	46451.31	12388.53	4214.55	1.93	3.32	28924.90
宿州市	19389.92	7070.03	2488.64	0.50	0.83	6500.20
六安市	20347.29	10396.13	2795.15	0.81	1.34	7297.00
巢湖市	17468.70	5894.64	2683.17	1.92	1.41	9489.70
宣城地区	20918.72	15244.25	3462.55	2.37	1.29	8035.60
池州地区	6635.37	2889.32	1256.97	1.28	1.00	1781.20
亳州市	7668.44	1628.45	680.74	0.13	0.21	

注：阜阳市移动电话通话次数含亳州市。

15—18 各地市邮电业务量

(1999年)

地　　市	邮电业务总量(万元)	函件(万件)	包件(万件)	特快专递(万件)	报刊期发数(万份)
总　　计	**789178.38**	**16815.29**	**394.97**	**211.91**	**787.32**
合肥市	133861.48	4482.05	40.21	59.02	117.06
芜湖市	53495.36	704.59	8.97	15.43	72.67
蚌埠市	57189.27	1026.14	11.80	14.07	49.43
淮南市	40285.46	446.59	6.36	6.08	32.27
马鞍山市	30837.05	512.92	6.60	5.81	34.65
淮北市	24031.41	294.62	7.63	6.32	32.01
铜陵市	20392.68	354.33	3.35	4.21	15.55
安庆市	57808.08	1371.03	60.40	15.64	78.72
黄山市	20421.15	1042.20	31.00	7.09	24.49
滁州市	46575.21	878.97	11.80	7.76	38.88
阜阳市	92037.14	1528.36	106.40	33.70	62.99
宿州市	38830.03	850.16	15.33	9.21	65.05
六安市	38051.09	921.99	17.61	5.51	37.53
巢湖市	43228.38	711.77	19.02	7.84	31.57
宣城地区	33594.57	671.57	14.66	7.64	39.32
池州地区	13945.46	580.00	10.15	2.06	38.89
亳州市	6418.74	438.00	22.77	4.52	16.24
其　　它	43.38				

地　　市	集邮业务(万枚)	长途电话(万张)	年末市内电话(户)	住宅电话(户)	公用电话(部)	磁卡式
总　　计	**29803.00**	**48914.93**	**2222475**	**1844170**	**60163**	**1676**
合肥市	3841.19	10063.20	380346	278575	13470	355
芜湖市	3644.52	3452.79	176171	147154	4064	113
蚌埠市	881.30	3171.60	183060	162023	5624	97
淮南市	2146.26	1832.90	170859	147758	3474	51
马鞍山市	2797.58	1741.08	114682	100398	3322	104
淮北市	1849.46	1337.81	75597	52651	2110	74
铜陵市	459.33	1481.83	76560	60521	2076	87
安庆市	4650.47	3515.15	177615	153874	4111	86
黄山市	1127.06	1425.80	67719	53224	2106	96
滁州市	855.74	3292.66	130148	110962	2048	85
阜阳市	2738.78	4219.79	197296	170656	4658	158
宿州市	1017.70	2489.97	99031	84583	1781	45
六安市	911.79	2797.30	108772	96711	1974	47
巢湖市	955.94	2686.50	97009	84282	3976	158
宣城地区	734.29	3466.21	91511	74587	2870	59
池州地区	1044.55	1259.25	42917	35746	1331	38
亳州市	147.37	681.08	33182	30465	908	23
其　　它						

注：分地市邮电业务总量中不含无线寻呼，亳州市不含移动电话，阜阳市含亳州市移动电话。

15—19 各地市邮电局所数及邮递线路

（1999年）

地市	电信局所（处）	邮政局所（处）	提供邮政全功能服务	信筒信箱（个）	邮路及农村投递线路总长度（公里）	汽车邮路	铁路邮路
总计	**2150**	**2298**	**1315**	**5965**	**202805**	**30093**	**3287**
合肥市	154	203	101	490	37462	7358	1266
芜湖市	59	83	58	324	3706	1286	
蚌埠市	94	103	62	453	10348	1987	1798
淮南市	48	88	32	123	3139	417	
马鞍山市	53	34	24	181	1900	376	
淮北市	46	70	41	87	3947	397	
铜陵市	26	35	29	75	979	114	
安庆市	241	239	156	657	18733	2777	
黄山市	87	133	45	495	10033	1519	
滁州市	250	227	145	449	15746	1805	
阜阳市	274	257	208	536	33050	3061	223
宿州市	113	136	108	242	16833	1372	
六安市	246	208	65	189	16003	2299	
巢湖市	171	186	86	998	13671	1752	
宣城地区	168	159	78	370	8487	2466	
池州地区	79	90	48	247	5939	803	
亳州市	41	47	29	49	2829	304	

15—20 各地市邮电通信设备拥有量

（1999年）

地市	市话交换机容量（门）	农话交换机容量（门）	电话机（部）	城市电话	农村电话	移动电话
总计	**3143553**	**1843407**	**4254254**	**2192438**	**1195717**	**866099**
合肥市	591276	184788	662921	402616	117597	142708
芜湖市	254442	69472	284471	179192	49294	55985
蚌埠市	268416	100672	317575	181341	63589	72645
淮南市	214100	21632	230233	163769	18482	47982
马鞍山市	182378	50774	180007	114350	29811	35846
淮北市	109994	26624	119239	75597	15582	28060
铜陵市	110768	14632	181222	74917	9154	22234
安庆市	240136	213108	385068	175899	145044	64125
黄山市	92536	46999	112358	64828	28283	19247
滁州市	172500	183304	298274	129029	114372	54873
阜阳市	254884	232090	436011	179666	147223	109122
宿州市	138892	124394	236350	99031	83985	53334
六安市	148240	188400	278143	108378	127093	42672
巢湖市	129996	170277	239166	88221	107818	43127
宣城地区	137727	119741	204737	83447	80757	40533
池州地区	60408	72292	98200	42777	43314	12109
亳州市	36860	24208	65196	29380	14319	21497

注：电话机总数中含移动电话数。

主要统计指标解释

公路里程 也称“公路通车里程”，是指实际达到交通部制定的公路工程技术标准规定的等级的公路长度。它包括大中城市的郊区公路及通过小城镇街道的公路里程，也包括桥梁、渡口的长度，但不包括城市的街道以及厂矿、林区和农业生产用道的里程。两条或多条公路共同径由同一路段，只计算一次，不得重复计算里程长度。公路里程是反映公路建设发展规模的重要指标，也是计算运输网密度等指标的基础资料。

内河航道里程 也称“内河通航里程”，是指在枯水季节水深在0.3米及以上，能通航运输船舶及排筏的天然河流、湖泊水库及通航渠道的长度。包括全年季节性通航累计3个月以上的航道，但不包括仅供零散放竹、木排的河道。内河里程是反映内河水运网规模、水平和发展的主要指标。

货（客）运量 指运输业实际运送的货物（旅客）数量。货物按吨计算，客运按人计算。货物不论运输距离长短，货物种类，均按实际重量统计；旅客不论里程远近或票价多少，均按一人一次作为客运量统计。半价票、小孩票也按一人统计。货（客）运量是反映运输业为国民经济和人民生活服务的数量指标。也是制定和检查运输生产计划、研究运输发展规模和速度的重要指标。

货物（旅客）周转量 指运输业运送的货物（旅客）数量与其相应运输距离的乘积之总和，通常以吨公里和人公里为计算单位。计算货物周转量通常按发出站与到达站之间的最短距离，也就是按计费距离计算。它是反映运输业生产总成果的重要指标，也是编制和检查运输生产计划、计算运输效率、劳动生产率以及核算运输单位成本的主要基础资料。

民用汽车 指由公安交通监理部门所掌握的领有本地区民用车辆牌照的普通载货汽车、专用载货汽车、载客汽车、其他专用汽车、特种汽车等。不包括领有军用和武警牌照的车辆。

民用航空航线里程 指民航运输定期班机飞行的航线长度的总和。航线长度按机场之间的距离计算，通常有两种计算方法：将每条航线长度相加称为重复计算航线里程；如将两条或两条以上经过同一区段里程，只计算一次航线称为不重复计算航线里程。航线常用的是后者，它能确切反映民航运输网的规模，是表明民航事业为国民经济服务和方便人民生活程度的主要指标。

邮电通信总量 指以货币表现的邮电部门为用户传递信息和提供其他邮电服务的总量。它用各种邮电分类业务量，如函件件数、电报份数、长话张数、市内电话和农村电话的年均单位价（不变价），加总后再加上出租电路和设备的收入、代用户维护电话交换机和线路等设备的收入、其他业务收入求得。邮电业务总量综合反映了一定时期邮电工作的总成果，是研究邮电业务量构成和发展趋势的重要指标。

邮政快件 指符合准寄范围的各类书信、文件、资料、物品及汇款凭证等，由邮政部门选用快速有效的车次、航班发运并限定运行处理时限传递的邮件。

特快专递 指由专人、专车和专门的作业组织实施和特殊处理，严格按照优化选定的路线和运输工具，以最快的传递方法、最短的处理时限发运、投递的邮件。

报刊 指邮电部门发行的国内外出版的各种报纸、杂志。报刊业务量只统计订销的报刊（含特发报刊），不包括发报刊局的发报刊数量。

集邮业务 指各级集邮公司和开办集邮业务的局所，在报告期内销售集邮邮票和集邮品的数量。

邮电通信设备 包括邮政通信、长途电信、移动通信、本地电话及计算机等主要设备。其中“本地电话”是相对“长途电话”而言，本地电话设备即本地电话业务所使用的设备，包括原来的市话、农话所有设备。由于目前邮电内部农话还要单独核算，所以在进行设备统计时，本地电话暂分为“中央国有”、“地方国有”。

十六、批发、零售贸易和餐饮业

WHOLESALE, RETAIL TRADE AND CATERING

简要说明

一、本篇资料反映我省国内市场发展情况和批发零售贸易业、餐饮业商品经营情况。主要内容有批发零售贸易业商品流通，限额以上批发零售贸易企业、餐饮企业财务状况，社会消费品零售总额、国内集市贸易等。

二、本篇资料除城乡集市贸易情况和农业生产资料销售量是由省工商局和省供销社、省农机公司提供外，其余部分均是根据国家统计局的批发零售贸易、餐饮业统计报表制度进行搜集和加工整理。

本资料的调查范围：财务状况报表为各种经济类型的限额以上批发、零售贸易法人企业和餐饮业法人企业。社会消费品零售总额报表为有零售业务的各种经济类型的企业、行政事业单位以及农民。以上统计报表从基层起报，自下而上逐级综合上报，主要采取全面调查方法，局部资料有的以抽样调查推断，有的利用工商、税务等部门的有关资料推算。

本篇责任编辑：高亳州

社会消费品零售总额　(亿元)

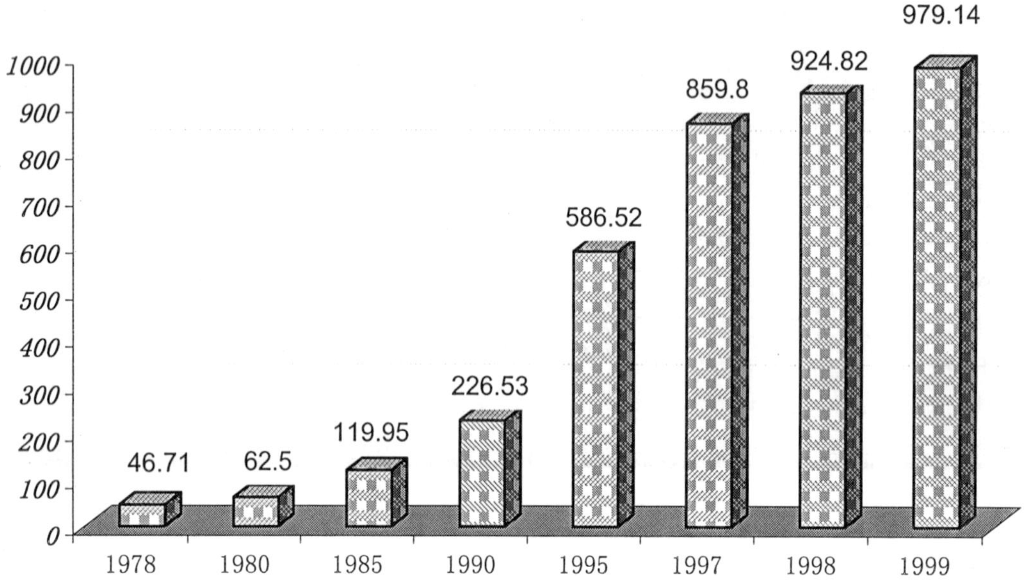

社会消费品零售总额构成（%）

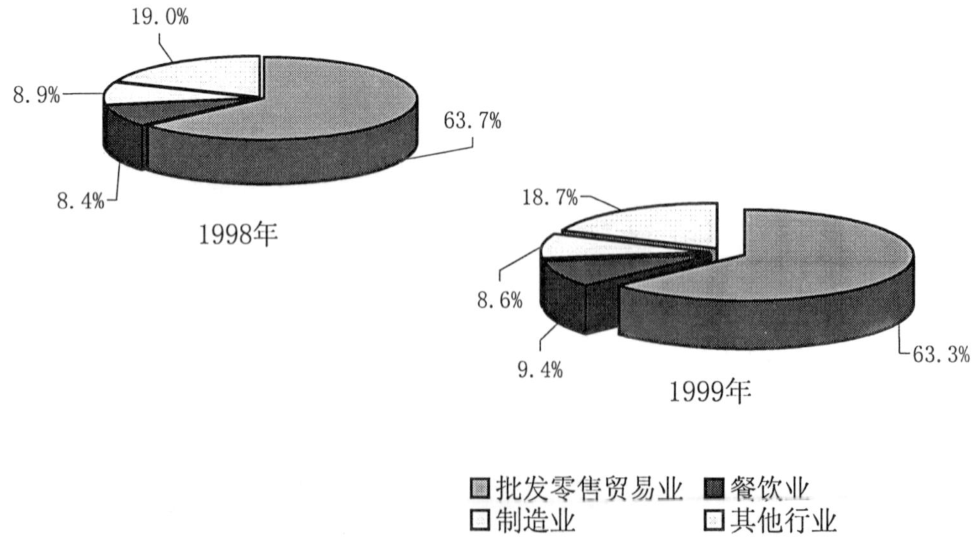

16—1 国内贸易基本情况

指标	单位	1978年	1980年	1985年	1990年	1995年	1998年	1999年
全省批发零售贸易业								
商品购进总额	**万元**	**533345**	**699772**	**1189965**	**2682827**	**10262650**	**10125190**	**10604358**
商品销售总额	**万元**	**660304**	**816145**	**1287086**	**2564718**	**10784298**	**10996852**	**10503249**
商品库存总额	**万元**	**388074**	**456632**	**704110**	**1409609**	**2266263**	**2429021**	**2256867**
社会消费品零售总额	**万元**	**467105**	**624952**	**1199476**	**2265253**	**5865189**	**9248223**	**9791390**
按地区分								
市	万元	140642	201863	424477	1011529	2837053	4301864	4607569
县	万元	95261	124183	285514	509410	1311770	2071038	2187311
县以下	万元	231202	298906	489485	744314	1716366	2875321	2996510
按经济类型分								
#国有经济	万元	228994	284905	446836	758543	1957036	1963294	1909582
集体经济	万元	216324	298103	427299	715296	1394990	1715284	1724008
个体经济	万元	1479	9018	215281	480369	1492111	3150455	3628933
按行业分								
批发零售贸易业	万元	412746	522843	911255	1566391	3865107	5889298	6200331
餐饮业	万元	14760	19389	48272	105631	364462	778632	923704
制造业	万元	16498	42627	107237	221918	598018	822853	838838
其他行业	万元	23101	40093	132712	371313	1037602	1757440	1828517
城乡集市个数	**个**	**2100**	**2301**	**3565**	**4083**	**3956**	**4200**	**4073**
城市	个			560	688	957	1034	1052
乡村	个			3005	3395	2999	3166	3021
城乡集市贸易成交额	**万元**	**75213**	**124956**	**336633**	**998774**	**4112482**	**8893372**	**9131263**
城市	万元		15079	77120	372983	2234842	4929136	5015493
乡村	万元		109877	259513	625791	1877640	3964236	4115770

注：1. 批发、零售贸易业商品购、销、存总额在1985年（含1985年）以前，为国合商业口径，1990年为社会商业口径，1995年以后为批发零售贸易业口径（不包括个体经济）。

2. 其他行业零售额，按历史口径包括农业生产者零售额。

16—2 主要年份批发零售贸易业商品购进、销售、库存总额

单位：万元

年份	商品购进总额	从生产者购进	商品销售总额			年末库存额
			合计	批发	零售	
1952	43788	43788	42817			21029
1957	149032	149032	172405			111424
1965	196204	196204	239156			140835
1970	297235	297235	324543			193635
1975	446121	446121	532922	177890	355032	321522
1978	533345	533345	660304	247558	412746	388074
1980	699772	699772	816145	293302	522843	456632
1984	999356	999356	1122012	355250	766762	637237
1985	1189965	1189965	1287086	375831	911255	704110
1986	1410706	1410706	1488230	423516	1064714	779641
1987	1818695	1818695	1944629	738639	1205990	999591
1988	2307109	2307109	2327160	844298	1482862	1109342
1989	2647448	2647448	2571456	1001743	1569713	1322922
1990	2682827	2682827	2564718	998327	1566391	1409609
1991	5131752	2668613	5549121	3822214	1726907	1433715
1992	5449433	2960426	6036801	4077156	1959645	1594289
1993	5255639	3343407	5953446	4557187	1396259	1269881
1994	8016938	4869886	8547036	6602054	1944982	1926881
1995	10262650	6262166	10784298	8481299	2302999	2266263
1996	11011647	6697200	11530288	8999788	2530500	2589383
1997	11093175	6734999	11827981	8496792	3331189	3052100
1998	10125190	6104753	10996852	7584898	3411954	2429021
1999	10604358	5190806	10503249	7299578	3203671	2256867

注：1. 1952年～1993年统计范围为国内商业企业和对外贸易企业，1994年以后为国内贸易企业、对外贸易企业和物资供销企业（不包括个体经济）。

2. 1952年～1990年商品购进总额、商品销售总额分别为国内纯购进、国内纯销售总额。

3. 1986年～1992年为社会商业口径。即除物资供销企业以外的各种商业企业，不仅包括了国内贸易企业、对外贸易企业，还包括个体商业。

16—3　限额以上批发零售贸易业商品购进、销售、库存总额

（1999 年）　　　　单位：万元

指　　标	商品购进总额	从生产者购进	商品销售总额			年末库存总额
			合　计	批　发	零　售	
总　　计	**5341143**	**2958273**	**5881843**	**4910351**	**971492**	**912601**
#国有及国有控股	4606341	2556801	5092699	4296072	796627	657115
按登记注册类型分组						
内资企业	5321901	2949278	5858512	4909279	949233	906755
国有企业	3602310	2023136	3999800	3543963	455837	555614
集体企业	413493	195271	449910	406083	43827	190319
股份合作企业	73032	36815	81804	59236	22568	15624
联营企业	38064	20705	40912	17837	23075	5147
国有联营企业	38064	20705	40912	17837	23075	5147
有限责任公司	373501	237270	396399	187718	208681	68171
国有独资企业	92133	52933	94795	85260	9535	22214
其他有限责任公司	281368	184337	301604	102458	199146	45957
股份有限公司	757779	382851	825454	644735	180719	67228
私营企业	63722	53230	64233	49707	14526	4652
私营独资企业	6561	6305	7201	7201		392
私营有限责任公司	57161	46925	57032	42506	14526	4260
港、澳、台商投资企业	18754	8507	22534	1072	21462	5215
合资经营企业（港或澳、台资）	18754	8507	22534	1072	21462	5215
外商投资企业	488	488	797		797	631
#中外合资经营企业	488	488	797		797	631
按国民经济行业分						
食品、饮料、烟草批发业	1677867	861869	1873690	1842130	31560	376207
食品、食用油批发业	343574	249396	375270	370449	4821	284392
烟草及其制品批发业	1216483	540528	1362293	1356301	5992	76307
棉、麻、土畜产品批发业	83721	61799	129872	128832	1040	148837
纺织品、服装和鞋帽批发业	194733	150636	198952	198794	158	11640
日用百货批发业	137797	133124	133712	129562	4150	19175
日用杂品批发业	1642		1688	1688		
五金、交电、化工批发业	163906	88246	172046	134407	37639	27075
药品及医疗器械批发业	243874	164438	287587	149537	138050	34772
能源批发业	736706	405009	826138	790198	35940	29939
石油及其制品批发业	690707	388653	771717	740484	31233	23074
煤炭及其制品批发业	45999	16356	54421	49714	4707	6865
化工材料批发业	117411	21556	133725	132936	789	9835
建筑材料批发业	28704	24825	29945	29622	323	1247
矿产品批发业	2253	1123	4544	4544		207
金属材料批发业	307546	207903	317521	315811	1710	8948
机械、电子设备批发业	214417	60126	217760	216012	1748	4029
汽车、摩托车及零配件批发业	179250	109622	182582	137446	45136	21206
汽车批发业	155766	102116	156917	115262	41655	16400
再生物资回收批发业	26438	16580	26460	26427	33	1801
工艺美术品批发业	6272	5710	7602	7602		115
图书报刊批发业	145827	120575	153732	148038	5694	7260
农业生产资料批发业	349830	192962	376332	374961	1371	56247
其他类未包括的批发业	52135	13570	64662	64662		1795
食品、饮料和烟草零售业	37811	18544	41719	11407	30312	8848
粮油食品零售业	6541	1616	5422	1610	3812	2605
副食品零售业	24895	14128	27969	4924	23045	3141
日用百货零售业	477052	243813	538300	31687	506613	108373
百货零售业	465565	237212	525360	31059	494301	104015
纺织品、服装和鞋帽零售业	5291	1853	7644	2469	5175	1501
日用杂品零售业	598	308	666	211	455	136
五金、交电、化工零售业	28825	12627	32230	7950	24280	7228
药品及医疗器械零售业	27871	9654	30588	9318	21270	5430
图书报刊零售业	73774	23171	69485	8411	61074	17181
其他零售业	19592	8630	22661	5689	16972	3569
汽车、摩托车及其零配件零售业	2313	244	2488	132	2356	841

16—4 限额以上批发零售贸易业商品销售类值

（1999年）

单位：万元

名称	销售合计	批发额	零售额
合计	**5881843**	**4910351**	**971492**
食品类	519604	426076	93528
饮料类	28089	18091	9998
烟酒类	1434767	1404494	30273
服装、鞋帽类	304423	184772	119651
针、纺织品类	167275	130766	36509
化妆品类	33297	13957	19340
金银珠宝类	41331	20	41311
日用品类	136400	80990	55410
五金、电料类	23053	14506	8547
体育、娱乐用品类	14077	5208	8869
书报杂志类	217131	151707	65424
电子出版物及音像制品类	3813	1893	1920
家用电器和音像器材类	288407	94812	193595
中西药品类	321281	159723	161558
文化、办公用品类	35292	24751	10541
家具类	4032	774	3258
通讯器材类	4356	1350	3006
煤炭及制品类	40378	35736	4642
木材及制品类	2150	2002	148
石油及制品类	805048	767672	37376
化工材料类	422492	421381	1111
黑色金属材料类	309469	307635	1834
有色金属材料类	44537	44537	
建筑及装璜材料类	9607	9178	429
机电产品及设备类	430516	393297	37219
种子饲料类	24946	24925	21
棉麻土畜类	111967	111724	243
其他类	104105	78374	25731

16—5 限额以上批发零售贸易业商品销售数量

（1999 年）

名称	单位	销售量合计	批发	零售
粮食	吨	2152462	2114114	38348
食用植物油	吨	40693	37715	2978
食糖	吨	47975	46247	1728
棉花	吨	56368	56367	1
电视机	台	488100	230498	257602
#彩色电视机	台	351834	102632	249202
组合音响	台	10947	2991	7956
摄像机	台	855	2	853
录像机	台	873	14	859
影碟机	台	80694	4731	75963
家用电冰箱	台	342482	188226	154256
家用洗衣机	台	315261	147212	168049
#全自动洗衣机	台	97173	33664	63509
房间空调器	台	109871	45859	64012
微波炉	台	106643	24351	82292
微型计算机	台	28		28
普通电话机	部	81044	38778	42266
移动电话机	部	1141	558	583
寻呼机	部	55368	6712	48656
煤炭	吨	1928542	1697755	230787
木材	立方米	1011	831	180
汽油	吨	1224239	1145825	78414
柴油	吨	2365535	2352056	13479
硫酸	吨	6331	6331	
纯碱	吨	47358	47358	
烧碱	吨	4781	4781	
橡胶	吨	7127	7127	
化学肥料	吨	2378370	2378370	
农用薄膜	吨	2099	2099	
化学农药	吨	17928	17928	
钢材	吨	997267	991607	5660
铜	吨	24291	24291	
铝	吨	1612	1612	
铅	吨	121	121	
锌	吨	1187	1187	
锡	吨	28	28	
铜材	吨	130	130	
铝材	吨	293	293	
水泥	吨	148414	147315	1099
汽车	辆	13739	11654	2085
#轿车	辆	4101	3165	936
摩托车	辆	28622	13697	14925
拖拉机	台	37642	37642	

16—6 各地市限额以上批发零售贸易业商品购进、销售、库存总额

(1999年)

单位：万元

地市	商品购进总额	从生产者购进	商品销售总额 合计	批发	零售	年末库存总额
总计	**5341143**	**2958273**	**5881843**	**4910351**	**971492**	**912601**
合肥市	2226560	1383799	2411572	2060571	351001	171001
芜湖市	298042	62518	342871	295178	47693	24998
蚌埠市	449136	335372	516722	461929	54793	46463
淮南市	127425	49112	145459	96421	49038	35358
马鞍山市	196925	67414	212769	148938	63831	16967
淮北市	71786	18209	80800	64640	16160	10405
铜陵市	101487	42553	120130	87487	32643	17407
安庆市	265797	133460	301480	247383	54097	102823
黄山市	81145	29112	91106	70219	20887	18372
滁州市	378761	294273	370021	330710	39311	199584
阜阳市	450279	248101	500499	393360	107139	90443
宿州市	168722	62181	203183	165212	37971	57571
六安市	90412	22107	102596	82510	20086	14960
巢湖市	155748	75508	175821	146315	29506	28710
宣城地区	162234	84106	171618	135909	35709	35855
池州地区	76202	23665	89254	82233	7021	37630
亳州市	40482	26783	45942	41336	4606	4054

16—7 各地市限额以上批发零售贸易业商品销售类值

(1999年)

单位：万元

地市	合计			食品类			饮料类		
	合计	批发额	零售额	合计	批发额	零售额	合计	批发额	零售额
总计	**5881843**	**4910351**	**971492**	**519604**	**426076**	**93528**	**28089**	**18091**	**9998**
合肥市	2411572	2060571	351001	215417	184568	30849	18678	13839	4839
芜湖市	342871	295178	47693	5989	4152	1837	1194	1186	8
蚌埠市	516722	461929	54793	6133	2644	3489	513	16	497
淮南市	145459	96421	49038	4791	3197	1594	250		250
马鞍山市	212769	148938	63831	9303	1194	8109	641	208	433
淮北市	80800	64640	16160	3192		3192	905		905
铜陵市	120130	87487	32643	1985	237	1748	194		194
安庆市	301480	247383	54097	22442	18210	4232	386	13	373
黄山市	91106	70219	20887	13835	9184	4651	634	426	208
滁州市	370021	330710	39311	135519	132247	3272	614	145	469
阜阳市	500499	393360	107139	30377	15409	14968	2243	1120	1123
宿州市	203183	165212	37971	32288	21443	10845	373	283	90
六安市	102596	82510	20086	5230	4156	1074	448	386	62
巢湖市	175821	146315	29506	4610	3478	1132	681	469	212
宣城地区	171618	135909	35709	14321	13183	1030	136		136
池州地区	89254	82233	7021	14015	13474	541	18		18
亳州市	45942	41336	4606	157		157	181		181

16—7 续表1

单位：万元

地市	烟酒类			服装、鞋帽类			针、纺织品类		
	合计	批发额	零售额	合计	批发额	零售额	合计	批发额	零售额
总计	**1434767**	**1404494**	**30273**	**304423**	**184772**	**119651**	**167275**	**130766**	**36509**
合肥市	239762	231223	8539	225477	169633	55844	133634	119865	13769
芜湖市	191876	191735	141	16217	8056	8161	4171	1944	2227
蚌埠市	277856	273784	4072	8691	2086	6605	2319	1447	872
淮南市	24290	23764	526	3700	142	3558	2254	187	2067
马鞍山市	28515	26045	2470	7346	5	7341	1569	1	1568
淮北市	30408	29433	975	726		726	405		405
铜陵市	11646	10624	1022	5453	765	4688	4242	3111	1131
安庆市	74137	73336	801	2427	132	2295	1448	126	1322
黄山市	26604	25524	1080	4720	3399	1321	439	13	426
滁州市	102955	100806	2149	2894	286	2608	2138	301	1837
阜阳市	159548	157099	2449	14359	13	14346	8387	2701	5686
宿州市	48217	45325	2892	4414	181	4233	1970	190	1780
六安市	55158	54564	594	2970		2970	1022		1022
巢湖市	48067	46353	1714	1839	72	1767	1723	870	853
宣城地区	60044	59443	601	2148	2	2146	974	10	964
池州地区	24952	24828	124	150		150	216		216
亳州市	30732	30608	124	892		892	364		364

地市	化妆品类			金银珠宝类			日用品类		
	合计	批发额	零售额	合计	批发额	零售额	合计	批发额	零售额
总计	**33297**	**13957**	**19340**	**41331**	**20**	**41311**	**136400**	**80990**	**55410**
合肥市	19315	11435	7880	14328	20	14308	81751	64690	17061
芜湖市	1005	442	563	2773		2773	8745	5791	2954
蚌埠市	1059		1059	1158		1158	2502	142	2360
淮南市	1271	53	1218	3878		3878	5420	2479	2941
马鞍山市	1172	1	1171	2899		2899	4359	8	4351
淮北市	180		180	131		131	556		556
铜陵市	940	180	760	2362		2362	1746	321	1425
安庆市	2718	1274	1444	3055		3055	7058	4098	2960
黄山市	179		179	634		634	1607	329	1278
滁州市	1307	384	923	1107		1107	3618	1362	2256
阜阳市	2031	102	1929	4937		4937	6775	254	6521
宿州市	437	16	421	322		322	6020	134	5886
六安市	421		421	630		630	617		617
巢湖市	482	62	420	958		958	3340	859	2481
宣城地区	618	8	610	1675		1675	1726	523	1203
池州地区	66		66	301		301	207		207
亳州市	96		96	183		183	353		353

16—7 续表2

单位：万元

地市	五金、电料类			体育、娱乐用品类			书报、杂志类		
	合计	批发额	零售额	合计	批发额	零售额	合计	批发额	零售额
总计	**23053**	**14506**	**8547**	**14077**	**5208**	**8869**	**217131**	**151707**	**65424**
合肥市	14572	11680	2892	8906	4780	4126	135764	128586	7178
芜湖市	900	635	265	227		227	3610	720	2890
蚌埠市	179		179	460	175	285	2897	456	2441
淮南市	694	548	146	346	12	334	6561	291	6270
马鞍山市	831	314	517	1507		1507	3632	31	3601
淮北市	82		82	76		76	5002	19	4983
铜陵市	1081	400	681	240	4	236	1029	143	886
安庆市	512	206	306	216	35	181	8382	592	7790
黄山市	502	137	365	32		32			
滁州市	841	234	607	470	195	275	8862	1173	7689
阜阳市	610		610	813		813	17154	10555	6599
宿州市	1089	6	1083	266	6	260	4460	3904	556
六安市	28		28	117		117	7069	1076	5993
巢湖市	498	3	495	132		132	4932	1490	3442
宣城地区	238		238	209	1	208	2523	290	2233
池州地区	343	343		10		10	2132	95	2037
亳州市	53		53	50		50	3122	2286	836

地市	电子出版物及音像制品			家用电器和音像器材类			中西药品类		
	合计	批发额	零售额	合计	批发额	零售额	合计	批发额	零售额
总计	**3813**	**1893**	**1920**	**288407**	**94812**	**193595**	**321281**	**159723**	**161558**
合肥市	2725	1873	852	157927	59200	98727	135571	85001	50570
芜湖市				13135	1451	11684	15724	8800	6924
蚌埠市	927	20	907	14914	1276	13638	18586	5364	13222
淮南市	12		12	13382	3767	9615	16872	2871	14001
马鞍山市	4		4	12134	50	12084	15614	2854	12760
淮北市				1986		1986	1866	343	1523
铜陵市	31		31	10409	4745	5664	9826	2105	7721
安庆市				9359	3799	5560	21013	6566	14447
黄山市				7689	4007	3682	6638	4040	2598
滁州市	4		4	2741	217	2524	6337	3057	3280
阜阳市	99		99	27584	14732	12852	55817	32272	23545
宿州市				1820	268	1552	1937	825	1112
六安市				4424	89	4335	14		14
巢湖市				6576	1209	5367	6459	398	6061
宣城地区				2876	2	2874	8164	5227	2937
池州地区				305		305	820		820
亳州市	11		11	1146		1146	23		23

16—7 续表 3

单位：万元

地市	文化、办公用品类			家具类			通讯器材类		
	合计	批发额	零售额	合计	批发额	零售额	合计	批发额	零售额
总计	**35292**	**24751**	**10541**	**4032**	**774**	**3258**	**4356**	**1350**	**3006**
合肥市	27370	22921	4449	1344	707	637	3045	1291	1754
芜湖市	762	175	587	248	29	219	62		62
蚌埠市	1331	940	391	137		137	98	59	39
淮南市	630	124	506	220		220	668		668
马鞍山市	729		729	20		20	128		128
淮北市	121		121	28		28			
铜陵市	543	43	500	57		57	47		47
安庆市	553	245	308	55		55	1		1
黄山市	201	14	187						
滁州市	715	252	463	328	6	322			
阜阳市	1018	26	992	1165		1165	135		135
宿州市	506	6	500	289	32	257			
六安市	128		128						
巢湖市	181		181	141		141	29		29
宣城地区	414	5	409				85		85
池州地区	13		13						
亳州市	77		77				58		58

地市	煤炭及制品类			木材及制品类			石油及制品类		
	合计	批发额	零售额	合计	批发额	零售额	合计	批发额	零售额
总计	**40378**	**35736**	**4642**	**2150**	**2002**	**148**	**805048**	**767672**	**37376**
合肥市	24790	21931	2859	1347	1347		239126	236266	2860
芜湖市	837	2	835	2	2		43945	39365	4580
蚌埠市	976	803	173	769	639	130	47741	47674	67
淮南市	180	180					50721	49734	987
马鞍山市							18838	18012	826
淮北市							23284	23050	234
铜陵市	2248	2183	65				39248	37242	2006
安庆市							79998	72985	7013
黄山市							13736	12826	910
滁州市				32	14	18	50810	46097	4713
阜阳市							61653	58985	2668
宿州市							59671	55433	4238
六安市	427	119	308				12016	11216	800
巢湖市	10680	10278	402				29502	27997	1505
宣城地区	240	240					15374	13566	1808
池州地区							19385	17224	2161
亳州市									

16—7 续表 4 单位：万元

地市	化工材料类			黑色金属材料类			有色金属材料类		
	合计	批发额	零售额	合计	批发额	零售额	合计	批发额	零售额
总计	**422492**	**421381**	**1111**	**309469**	**307635**	**1834**	**44537**	**44537**	
合肥市	179669	179657	12	172049	172049		35946	35946	
芜湖市	9667	9634	33	1015	1015		8481	8481	
蚌埠市	44658	44223	435	23394	23394		18	18	
淮南市	1484	1468	16	30	30		64	64	
马鞍山市	4875	4851	24	57992	57992		28	28	
淮北市				8082	8082				
铜陵市	1856	1814	42	16879	16879				
安庆市	30629	30612	17	9324	8822	502			
黄山市	9607	9592	15						
滁州市	21820	21795	25						
阜阳市	49178	48715	463						
宿州市	7627	7598	29						
六安市	8970	8970							
巢湖市	27621	27621		19970	18638	1332			
宣城地区	10083	10083		617	617				
池州地区	14748	14748		117	117				
亳州市									

地市	机电产品及设备类			种子饲料类			棉麻土畜类		
	合计	批发额	零售额	合计	批发额	零售额	合计	批发额	零售额
总计	**430516**	**393297**	**37219**	**24946**	**24925**	**21**	**111967**	**111724**	**243**
合肥市	249998	231405	18593	21150	21150		16607	16607	
芜湖市	11511	10791	720				124	124	
蚌埠市	50305	48444	1861	1628	1628		5700	5700	
淮南市	4642	4631	11						
马鞍山市	34625	31338	3287				2905	2904	1
淮北市	794	794					2918	2918	
铜陵市	2022	1263	759				2879	2879	
安庆市	721	721		9		9	22078	22078	
黄山市	1454	88	1366	585	573	12			
滁州市	11725	7515	4210	1574	1574		9488	9488	
阜阳市	35488	30673	4815				19002	19002	
宿州市	11466	11466					15893	15893	
六安市	973		973				1934	1934	
巢湖市	4493	3869	624				2890	2648	242
宣城地区									
池州地区	1857	1857					9549	9549	
亳州市	8442	8442							

16—8 各地市限额以上批发零售贸易业主要商品销售数量

（1999 年）

地市	粮食（吨）		食用植物油（吨）		食糖（吨）		棉花（吨）	电视机（台）	
	批发	零售	批发	零售	批发	零售	批发	批发	零售
总计	**2114114**	**38348**	**37715**	**2978**	**46247**	**1728**	**56367**	**230498**	**257602**
合肥市	597145	5338	28421	514	16001	362	1074	163456	117289
芜湖市					10678			166	19303
蚌埠市	9942				71	509	4208	2586	20852
淮南市	10346							802	13121
马鞍山市	5	3265	3	1056	134	96	2438	1	12170
淮北市							2602		4365
铜陵市				2		1	2399	1880	6303
安庆市	95681	2909	897	156		6	5174	2697	12866
黄山市	37094	14413		266	3486	683		6809	7806
滁州市	1016709	9782	4925	847	1831	37	7591		3304
阜阳市	51673		518		4627	1	14611	48127	20152
宿州市	114573	1	6	15	3708	28	8364	34	2651
六安市	19170				4221	2	850		3527
巢湖市	14770	63	913	4	1490		2203	3940	7144
宣城地区	73620	1800	1151	28		1			5266
池州地区	73386	777	881	90		2	4853		193
亳州市									1290

地市	彩色电视机（台）		组合音响（台）		摄像机（台）	录像机（台）		影碟机（台）	
	批发	零售	批发	零售	零售	批发	零售	批发	零售
总计	**102632**	**249202**	**2991**	**7956**	**853**	**14**	**859**	**4731**	**75963**
合肥市	38547	115938	1776	2913	647		413	324	42423
芜湖市	166	19298	28	100	65				5554
蚌埠市	2586	20610		147	45		14		1905
淮南市	802	13034	7	216	5	8	39	24	4331
马鞍山市	1	11661		537			2		4730
淮北市		4119		119	1		20		299
铜陵市	1880	6286		169	4	5	201	85	1152
安庆市	1810	11762		82			3	43	2738
黄山市	6645	7672	104	96		1	11	422	2119
滁州市		2408		69			28		253
阜阳市	48127	19884		358	77		82	3583	5371
宿州市	33	1860		12	1		9		336
六安市		3327		730			3		214
巢湖市	2035	4664	1076	2138			3	250	2705
宣城地区		5196		34	8		31		1294
池州地区		193							119
亳州市		1290		236					420

16—8 续表1

地市	家用电冰箱（台）		家用洗衣机（台）		全自动洗衣机（台）		房间空调器（台）		微波炉（台）	
	批发	零售	批发	零售	批发	零售	批发	零售	批发	零售
总计	**188226**	**154256**	**147212**	**168049**	**33664**	**63509**	**45859**	**64012**	**24351**	**82292**
合肥市	156725	86276	85508	99630	21407	30221	28410	29886	23798	60696
芜湖市	71	6084	251	5984	115	4615	1225	4081	21	3825
蚌埠市	1280	6625	1293	8261	650	3821		4390	7	5089
淮南市	596	7153	345	6827	173	2489	5942	3948	139	2149
马鞍山市	31	6395	7	10090	4	6349	60	6149	3	2173
淮北市		1443		1271		457		503		435
铜陵市	8819	5174	4426	3261	4075	1872	5303	3011	69	698
安庆市	512	6232	233	5563	232	4933	133	1795	175	1399
黄山市	7183	5444	5698	2100	3859	1183	277	802	61	323
滁州市		2651		2201		557		561		315
阜阳市	8344	6311	43938	10851	1989	2413	4290	2813	60	1844
宿州市	1164	1136	646	1964		205	22	116		377
六安市		3906		1068		122		4425		1232
巢湖市	3501	6745	4867	6115	1160	3297	124	845	18	1030
宣城地区		2250		1840		778		134		434
池州地区		62		114		49	73	428		66
亳州市		369		909		148		125		207

地市	普通电话机（部）		移动电话机（部）	寻呼机（部）	煤炭（吨）		汽油（吨）		柴油（吨）	
	批发	零售	零售	零售	批发	零售	批发	零售	批发	零售
总计	**38778**	**42266**	**583**	**48656**	**1697755**	**230787**	**1145825**	**78414**	**2352056**	**13479**
合肥市	36893	16701	429	33858	1231086	150439	362266	9666	753596	
芜湖市		2459				27399	78081	13112	95673	7402
蚌埠市		2291	7	32	39421	8044	76328	228	128789	
淮南市		2351	47	14646	10140		71598		124739	
马鞍山市		4548	92				27793	3700	42491	
淮北市							23664	743	71963	
铜陵市		820			82624	2666	63311	7905	113800	
安庆市		71					128731	713	201970	2455
黄山市		782					15268	3192	36857	
滁州市		144					61614	17384	157409	
阜阳市	1885	5534					90963	6225	257327	
宿州市		449					47736	6684	195699	
六安市		7			3721	14239	20178		25281	
巢湖市		1507			323812	28000	36590	2934	58010	2525
宣城地区		4158		120	6951		17613	2085	37465	1097
池州地区		298	8				24091	3843	50987	
亳州市		146								

16—8 续表2

地市	硫酸（吨）批发	纯碱（吨）批发	烧碱（吨）批发	橡胶（吨）批发	化学肥料（吨）批发	农用薄膜（吨）批发	化学农药（吨）批发	钢材（吨）批发
总计	**6331**	**47358**	**4781**	**7127**	**2378370**	**2099**	**17928**	**991607**
合肥市	1001	10838	2053	2657	558514	64	7746	547002
芜湖市					49180	5	641	3224
蚌埠市	1935	35895	1305	3120	128495	59	530	100086
淮南市		6	9	494	24691		279	115
马鞍山市					35910	15	901	114967
淮北市								42661
铜陵市	3395				894			79641
安庆市		57	62	131	202141	106	1073	47434
黄山市					67070	117	961	
滁州市		90	18		255478	1412	1056	
阜阳市					290947	77	251	
宿州市					88406	11	94	
六安市					154044	46	23	
巢湖市		472	1334	725	177596	17	1975	56197
宣城地区					240368	145	1209	138
池州地区					104636	25	1189	142
亳州市								

地市	水泥（吨）	汽车（辆）		轿车（辆）		摩托车（辆）		拖拉机（台）
	批发	批发	零售	批发	零售	批发	零售	批发
总计	**147315**	**11654**	**2085**	**3165**	**936**	**13697**	**14925**	**37642**
合肥市	60476	4894	220	1978	132		9	274
芜湖市		957	2	270	2	1	2	
蚌埠市	1664	2571	126	614	126	95	181	10327
淮南市		15	1		1			4506
马鞍山市		518	11	185	11	171	3270	
淮北市		13		5				
铜陵市	8551	16	14					
安庆市	76624					4487	857	
黄山市						130	2785	
滁州市			354		129	419	2567	12728
阜阳市		1788	254	24	248	8394	4817	5872
宿州市								
六安市								
巢湖市		6						
宣城地区		876	1103	89	287		437	
池州地区								
亳州市								3935

16—9 主要年份社会消费品零售总额

单位：万元

指　　标	1978年	1980年	1985年	1990年	1995年	1998年	1999年
社会消费品零售总额	**467105**	**624952**	**1199476**	**2265253**	**5865189**	**9248223**	**9791390**
按销售地区分							
市	140642	201863	424477	1011529	2837053	4301864	4607569
县	95261	124183	285514	509410	1311770	2071038	2187311
县以下	231202	298906	489485	744314	1716366	2875321	2996510
按经济类型分							
#国有经济	228994	284905	446836	758543	1957036	1963294	1909582
集体经济	216324	298103	427299	715296	1394990	1715284	1724008
私营经济					27610	168588	290983
个体经济	1479	9018	215281	480369	1492111	3150455	3628933
外商投资经济			2	93	10730	19658	25593
港澳台投资经济					15014	29450	38499
按行业分							
批发、零售贸易业	412746	522843	911255	1566391	3865107	5889298	6200331
餐饮业	14760	19389	48272	105631	364462	778632	923704
制造业	16498	42627	107237	221918	598018	822853	838838
农业生产者	20308	30926	108774	303873	872823	1512156	1612936
#农民对非农业居民零售	20308	32926	108774	303873	872823	1512156	1548559
其他行业	2793	7167	23938	67440	164779	245284	215581

16—10 各地市社会消费品零售总额

（1999 年）

单位：万元

地 市	社会消费品零售总额	按销售地区分			按经济类型分			
		市	县	县以下	国有经济	集体经济	私营经济	个体经济
总　计	**9791390**	**4607569**	**2187311**	**2996510**	**1909582**	**1724008**	**290983**	**3628933**
合肥市	1344140	1129232	76004	138904	355847	255702	17328	267608
芜湖市	659995	369904	129202	160889	74465	84256	23683	296530
蚌埠市	664676	390462	119201	155013	115777	164816	20716	273960
淮南市	420798	368382	27265	25151	67592	67068	5909	90246
马鞍山市	333365	248295	39765	45305	62647	47896	9348	134050
淮北市	299526	224456	42417	32653	77240	71621	3592	86522
铜陵市	217935	174049	17613	26273	50660	35020	17870	57278
安庆市	821627	293578	227288	300761	182889	170115	20872	262606
黄山市	259437	106373	66532	86532	50928	33627	14607	111827
滁州市	613151	221274	152990	238887	95674	105945	24126	242016
阜阳市	1391656	320457	526759	544440	269056	234693	22226	704501
宿州市	512179	110428	150741	251010	130875	90626	8448	190734
六安市	687287	177104	207642	302541	119687	116046	29797	245082
巢湖市	594424	113400	219779	261245	115407	109221	16943	212550
宣城地区	543496	175127	128036	240333	72629	67566	26309	228777
池州地区	192953	52191	50597	90165	33155	38011	5202	68222
亳州市	215173	123653		91520	21170	32880	7129	153994

地 市	按经济类型分		按行业分					
	外商投资经济	港澳台投资经济	批发零售贸易业	餐饮业	制造业	农业生产者	农民对非农业居民零售	其他
总　计	**25593**	**38499**	**6200331**	**923704**	**838838**	**1612936**	**1548559**	**215581**
合肥市	11494	8995	991033	92000	65708	190154	187638	5245
芜湖市	1385	22517	408429	54960	35839	148646	148646	12121
蚌埠市		671	401751	89499	80922	91142	91142	1362
淮南市			219273	22090	17816	151431	151431	10188
马鞍山市	830		220714	29396	14014	67226	65838	2015
淮北市			189080	24417	25665	45655	44844	14709
铜陵市			150302	13599	4981	47542	47542	1511
安庆市	383	788	565059	71307	47405	129278	127706	8578
黄山市	1265	1140	171465	34147	11890	40185	38451	1750
滁州市	599	689	379906	75437	83393	69067	68147	5348
阜阳市	9626	1747	883978	182936	186527	85672	82309	52543
宿州市			285834	33499	82808	92173	77695	17865
六安市			362115	55168	82368	178750	163270	8886
巢湖市			346080	66076	48904	98989	98943	34375
宣城地区			336366	33417	22574	133763	131373	17376
池州地区		419	129554	14211	7821	32084	25725	9283
亳州市			143592	31544	21820	12408	12408	5809

16—11 各县（市）主要年份社会消费品零售总额

单位：万元

县（市）	1978年	1980年	1985年	1990年	1995年	1998年	1999年
合肥市辖区	25860	38680	82795	236408	637504	1024184	1129232
长丰县	5249	6024	10776	15457	33942	46412	48857
肥东县	6537	9430	15708	28694	65387	85970	89913
肥西县	5400	8358	19153	21647	47569	73392	76138
芜湖市辖区	17089	22891	50594	87139	232901	344244	369904
芜湖县	3734	5333	8698	18879	58449	92609	97745
繁昌县	4007	5153	9855	20044	54606	99800	104145
南陵县	4029	5346	8421	13013	44164	83059	88201
蚌埠市辖区	15142	24206	49030	98938	223276	369237	390462
怀远县	6417	7363	15325	24690	72976	121572	130154
五河县	3701	5433	8679	18357	49262	73405	77400
固镇县	3497	4279	12052	15462	40092	62219	66660
淮南市辖区	20519	26559	51326	112142	248668	351760	368382
凤台县	4215	5425	10309	13533	34086	50037	52416
马鞍山市辖区	9902	13289	28385	62353	163829	228774	248295
当涂县	6336	7190	12782	26417	58251	80182	85070
淮北市辖区	9245	13497	27105	57962	139751	210958	224456
濉溪县	6708	8407	13494	21722	46556	70941	75070
铜陵市辖区	5643	6963	13663	37287	102792	160415	174049
铜陵县	2890	4252	5617	10416	25116	41495	43886
安庆市辖区	10327	15374	32316	61781	164090	272289	293578
桐城市	4780	6599	11720	22063	67650	100780	107350
怀宁县	4653	5742	13098	25042	62839	87239	92990
枞阳县	5441	6776	11182	11182	54470	69116	73904
潜山县	3093	4590	9042	14080	33983	57599	61340
太湖县	3010	4991	8550	13831	28821	42740	45620
宿松县	4343	6445	9899	17825	38586	60886	61824
望江县	3510	5094	7478	17476	37421	51350	52855
岳西县	2352	3136	7497	9846	23418	30290	32166
黄山市辖区	3170	5864	13501	30159	86677	116089	125630
歙县	4459	7525	14229	17147	36148	58416	63138
休宁县	1647	3327	6616	10694	24120	33208	34990
黟县	722	1539	3230	4514	7070	10071	10756
祁门县	1543	2473	4950	9317	19517	23680	24923
滁州市辖区	5452	5973	15543	43727	106288	131894	144437
天长市	4580	5826	12218	27398	61549	92591	95072
明光市	5238	6072	9687	17279	45694	72893	77948
来安县	3388	4459	8510	18771	46120	67505	73721
全椒县	3870	7351	11844	24431	57934	75062	77047

16—11 续表

单位：万元

县（市）	1978年	1980年	1985年	1990年	1995年	1998年	1999年
定远县	5294	5782	10463	24916	48746	71921	78138
凤阳县	4382	6224	11128	17602	46030	62441	66788
阜阳市辖区	12096	17087	32254	64777	177774	285187	302334
界首市	3201	5147	8401	12774	42340	111094	124420
临泉县	6563	9543	11270	18796	63200	143760	150069
太和县	6084	8810	13328	19956	58611	167039	156939
涡阳县	5786	8161	17520	26915	60397	150023	170042
蒙城县	5481	6941	12010	18857	74050	150485	155310
阜南县	5265	6790	11224	15519	53324	104372	109956
颍上县	6458	8019	12751	19515	48781	119692	126429
利辛县	5430	7059	10839	15821	40003	88560	96157
宿州市辖区	12021	16185	32892	56642	150094	182618	190271
砀山县	3894	5536	9839	17920	45488	68325	70932
萧县	6155	7909	14976	33143	91476	127698	132367
灵璧县	4492	5978	10202	21347	43100	63742	66578
泗县	3485	4292	9207	17573	39630	50351	52031
六安市辖区	10304	14901	31686	53046	121499	165787	195941
寿县	8311	10625	17089	19565	67113	115122	126379
霍邱县	8724	9977	14924	26207	99703	150206	143776
舒城县	6406	9095	15861	24854	63595	86399	93311
金寨县	4413	6034	10935	16475	48709	68073	72741
霍山县	3687	4711	8418	12743	27827	52266	55139
巢湖市辖区	7106	9804	22445	36315	103313	151963	137174
庐江县	8082	10755	21251	31438	77259	114408	118322
无为县	8519	10725	23501	34013	74210	140762	149270
含山县	3409	4688	11122	16092	39525	62727	65519
和县	6187	6414	13925	22971	66843	88006	90014
宣州市	9058	10954	18001	36285	130157	194432	200029
宁国市	4727	5472	9785	20501	64643	84434	85542
郎溪县	3147	4282	8460	15361	34860	51201	48032
广德县	4553	6458	12242	26564	65146	80697	84086
泾县	4803	5291	9879	15885	40346	60043	61844
旌德县	2020	2256	4038	7571	19805	25531	25663
绩溪县	1965	2489	4228	6731	30622	37232	38300
贵池市	5659	6580	12614	25172	61602	81736	85939
东至县	4199	5884	9745	16776	41136	55523	57466
石台县	1092	1478	2960	4670	9390	11481	11281
青阳县	2147	2709	5079	11001	23703	36875	38267

16—12 各县(市)社会消费品零售总额

(1999年)

单位：万元

县(市)	社会消费品零售总额	按销售地区分			按经济类型分			
		市	县	县以下	国有经济	集体经济	私营经济	个体经济
合肥市辖区	1129232	1129232			322354	221601	14416	192614
长丰县	48857		13981	34876	8589	11069	1067	18962
肥东县	89913		34565	55348	8739	19331		26651
肥西县	76138		27458	48680	16165	3701	1845	29381
芜湖市辖区	369904	369904			40026	28017	17442	157092
芜湖县	97745		40939	56806	8555	19136	2444	49113
繁昌县	104145		46702	57443	13204	25890	2311	40058
南陵县	88201		41561	46640	12680	11213	1486	50267
蚌埠市辖区	390462	390462			69380	84729	14687	151409
怀远县	130154		53159	76995	12145	35172		73390
五河县	77400		35988	41412	14571	28850	4923	25454
固镇县	66660		30054	36606	19681	16065	1106	23707
淮南市辖区	368382	368382			51627	59744	5909	73331
凤台县	52416		27265	25151	15965	7324		16915
马鞍山市辖区	248295	248295			51113	27935	7318	97703
当涂县	85070		39765	45305	11534	19961	2030	36347
淮北市辖区	224456	224456			49418	55210	2618	64378
濉溪县	75070		42417	32653	27822	16411	974	22144
铜陵市辖区	174049	174049			39266	20913	16994	48662
铜陵县	43886		17613	26273	11394	14107	876	8616
安庆市辖区	293578	293578			101980	57014	3297	49032
桐城市	107350		52210	55140	14016	32072	885	37477
怀宁县	92990		25845	67145	10344	22801	4670	41545
枞阳县	73904		27955	45949	12511	11569	4451	35124
潜山县	61340		26999	34341	9395	11618	3930	24223
太湖县	45620		17711	27909	9504	11669		15938
宿松县	61824		32104	29720	14178	13960	686	18460
望江县	52855		28064	24791	5965	6123	1538	26562
岳西县	32166		16400	15766	4996	3289	1415	14245
黄山市辖区	125630	106373		19257	35429	19498	7131	35483
歙县	63138		23718	39420	6913	4893	3936	38936
休宁县	34990		21192	13798	4565	6155	1558	17433
黟县	10756		6776	3980	1031	926	146	5671
祁门县	24923		14846	10077	2990	2155	1836	14304
滁州市辖区	144437	115241		29196	20108	20348	3074	56078
天长市	95072	54990		40082	19250	25474	4739	23158
明光市	77948	51043		26905	10410	13772	3460	33272
来安县	73721		35768	37953	8086	2153	667	31088
全椒县	77047		39412	37635	17045	14968	414	38414

16—12 续表 1

单位：万元

县（市）	社会消费品零售总额	按销售地区分			按经济类型分			
		市	县	县以下	国有经济	集体经济	私营经济	个体经济
定远县	78138		44520	33618	11841	15273	4051	35130
凤阳县	66788		33290	33498	8934	13957	7721	24876
阜阳市辖区	302334	242828		59506	40576	50315	1775	130513
界首市	124420	77629		46791	37508	28644	2804	55464
临泉县	150069		62079	87990	24577	26507	1218	93241
太和县	156939		116855	40084	66503	20780	60	51234
涡阳县	170042		93137	76905	35176	34263	7173	80991
蒙城县	155310		81833	73477	32738	26902	1880	70696
阜南县	109956		54817	55139	6133	5439	1595	88588
颖上县	126429		69046	57383	11183	28324	2399	78663
利辛县	96157		48992	47165	14662	13519	3322	55111
宿州市辖区	190271	110428		79843	33297	55273	5794	49083
砀山县	70932		32956	37976	17606	16617	2183	25985
萧县	132367		54191	78176	15697	11300		79551
灵璧县	66578		33675	32903	24611	22600		16235
泗县	52031		29919	22112	19484	5636	471	19880
六安市辖区	195941	177104	12402	6435	36404	36122	19980	58179
寿县	126379		63871	62508	20285	25720	1625	55859
霍邱县	143776		40315	103461	15055	13876	3486	52100
舒城县	93311		33191	60120	16340	12000	4706	40982
金寨县	72741		32811	39930	17107	16535		20543
霍山县	55139		25052	30087	14496	11793		17419
巢湖市辖区	137174	86421	358	50395	20730	15699	6732	37655
庐江县	118322		60179	58143	34059	29373		36203
无为县	149270		80048	69222	25350	37433	6523	46616
含山县	65519		31846	33673	9836	7296		36346
和县	90014		44123	45891	5475	10433	3489	54564
宣州市	200029	119106		80923	20902	20271	10704	82071
宁国市	85542	56021		29521	15676	14334	6435	35782
郎溪县	48032		22154	25878	5949	5819		24635
广德县	84086		34414	49672	6804	8417	4274	36795
泾县	61844		32849	28995	11157	11772	1081	27467
旌德县	25663		15771	9892	4424	2732	1238	9954
绩溪县	38300		22848	15452	7717	4221	2577	12073
贵池市	85939	52191		33748	16593	13896	2467	26075
东至县	57466		23061	34405	12585	18132	2038	15825
石台县	11281		7766	3515	1437	1552	60	4380
青阳县	38267		19770	18497	2540	4431	637	21942

16—12 续表2

单位：万元

县（市）	按经济类型分		按行业分					
	外商投资经济	港澳台投资经济	批发零售贸易业	餐饮业	制造业	农业生产者	农民对非农业居民零售	其他
合肥市辖区	11494	8995	881271	85358	38147	122407	120675	2049
长丰县			31981	1418	6358	8795	8011	305
肥东县			38059	1394	15452	33906	33906	1102
肥西县			39722	3830	5751	25046	25046	1789
芜湖市辖区	1385	22517	221458	38244	6762	94912	94912	8528
芜湖县			64396	6648	6796	18497	18497	1408
繁昌县			62499	4945	14019	22682	22682	
南陵县			60076	5123	8262	12555	12555	2185
蚌埠市辖区		671	250490	62243	8022	69586	69586	121
怀远县			68721	9982	42144	9247	9247	60
五河县			41471	8161	20504	6200	6200	1064
固镇县			41069	9113	10252	6109	6109	117
淮南市辖区			189824	19239	12535	139186	139186	7598
凤台县			29449	2851	5281	12245	12245	2590
马鞍山市辖区	830		168990	24372	890	52028	52028	2015
当涂县			51724	5024	13124	15198	13810	
淮北市辖区			131537	18151	23870	39833	39037	11065
濉溪县			57543	6266	1795	5822	5807	3644
铜陵市辖区			120974	9985	2852	39127	39127	1111
铜陵县			29328	3614	2129	8415	8415	400
安庆市辖区	383	498	210455	30224	15387	37512	37512	
桐城市			71028	6455	6535	22900	22900	432
怀宁县			63234	12551	3575	13630	13630	
枞阳县			53056	4597	5193	9204	9204	1854
潜山县		290	39548	7603	6062	6911	6715	1216
太湖县			30944	2744	4482	4595	4226	2855
宿松县			41744	2876	1371	15833	15829	
望江县			33425	1627	3857	12035	11032	1911
岳西县			21625	2630	943	6658	6658	310
黄山市辖区	1265	1140	75622	23172	5150	20326	19698	1360
歙县			48177	5556	947	8458	8206	
休宁县			22617	2990	4412	4971	4971	
黟县			6714	737	216	2975	2591	114
祁门县			18335	1692	1165	3455	2985	276
滁州市辖区	40	78	97098	14765	6138	23919	23521	2526
天长市	544		63384	9937	8599	11944	11843	1208
明光市			47292	9307	10990	10077	10077	282
来安县			40986	9673	14352	8110	7950	600
全椒县			48274	12639	13124	2635	2374	375

16—12 续表3

单位：万元

县（市）	按经济类型分		按行业分					
	外商投资经济	港澳台投资经济	批发零售贸易业	餐饮业	制造业	农业生产者	农民对非农业居民零售	其他
定远县	15	611	50808	12690	7549	6734	6734	357
凤阳县			32073	6426	22641	5648	5648	
阜阳市辖区	9626	386	195112	40941	32478	27733	27733	6070
界首市			58917	25737	24378	9040	6795	6348
临泉县			123908	14019	6939	4526	4526	677
太和县			116689	11928	13436	10280	10280	4606
涡阳县			97385	21973	30624	9861	9409	10199
蒙城县		1361	87112	26275	22802	9207	8679	9914
阜南县			76170	23218	4697	5392	5314	479
颍上县			73889	13808	26413	5860	5860	6459
利辛县			54796	5037	24760	3773	3713	7791
宿州市辖区			111714	6300	25433	45337	37131	1487
砀山县			28567	12716	9917	8166	6332	11566
萧县			73749	5857	23104	24845	24845	4812
灵璧县			35536	4422	19345	7275	2647	
泗县			36268	4204	4999	6560	6560	
六安市辖区			108488	16315	20344	46963	46234	3831
寿县			58380	13752	24626	29621	19621	
霍邱县			62032	6562	15923	59259	59259	
舒城县			61347	5027	11453	13785	13785	1699
金寨县			33809	8955	8980	18016	14543	2981
霍山县			38059	4557	1042	11106	9828	375
巢湖市辖区			67949	15769	14059	36620	36569	2777
庐江县			71402	11094	11614	18326	18326	5886
无为县			86192	16570	13602	23246	23246	9660
含山县			34282	6380	3390	12041	12041	9426
和县			61572	12268	1720	9941	9941	4513
宣州市			116685	9476	7752	62927	62927	3189
宁国市			61706	2858	3124	13088	12979	4766
郎溪县			22781	3166	3922	14674	12559	3489
广德县			51652	7121	3635	16190	16190	5488
泾县			44983	5958	1129	9357	9191	417
旌德县			15666	1748	931	7291	7291	27
绩溪县			22893	3090	2081	10236	10236	
贵池市			58925	4796	2990	15822	10563	3406
东至县			37473	3213	3126	8070	6970	5584
石台县			5706	812	911	3852	3852	
青阳县		419	27450	5390	794	4340	4340	293

16—13　国有商业和供销合作社农业生产资料销售量

年　　份	化学肥料（万吨）	化学农药（吨）	大中型拖拉机（台）	小四轮拖拉机（台）	手扶拖拉机（台）	农用动力机械（千瓦）	农药械（百架）
1980	263	52596	1212		13331	183150	
1985	377	20825	231	12090	18590	196296	
1990	495	20065	89	32910	47462	471060	2956
1991	475	23379	273	32408	41527	604749	3475
1992	436	18783	459	26719	35071	646034	2814
1993	394	17269	312	27218	30337	598284	2829
1994	344	15915	226	37124	60689	910775	3165
1995	453	20145	504	41913	79368	1213948	2161
1996	500	18505	539	37677	95692	1296872	3122
1997	507	20584	511	45702	75021	1762103	1790
1998	563	21123	417	25487	48927	1199860	2021
1999	546	12720	436	18981	32828	608362	1667

16—14　城乡集市贸易情况

单位：万元

指　　标	1978 年	1980 年	1985 年	1990 年	1995 年	1998 年	1999 年
集市数（个）	**2100**	**2301**	**3565**	**4083**	**3956**	**4200**	**4073**
城　市			560	688	957	1034	1052
乡　村			3005	3395	2999	3166	3021
集市贸易成交额	**75213**	**124956**	**336633**	**998774**	**4112482**	**8893372**	**9131263**
城　市		15079	77120	372983	2234842	4929136	5015493
乡　村		109877	259513	625791	1877640	3964236	4115770
主要类别商品成交额							
粮食类			49736	89021	409493	434223	549338
肉食禽蛋类			95393	308882	800109	1436449	1582017
水产品类			26041	79634	221724	422893	443915
蔬菜类			28735	110839	350373	747370	850241
干鲜果类			12408	77481	242429	330116	333243
大牲畜类					74808	91203	99178
家畜幼禽类					74536	123759	178933
工业品类					693917	1662264	1971132

16—15 亿元商品交易市场情况

(1999 年)

项目	全省商品交易市场		亿元商品交易市场		占全省比重	
	个数(个)	成交额(万元)	个数(个)	成交额(万元)	个数(%)	成交额(%)
总计	**4073**	**9131263**	**122**	**4277000**	**3.00**	**46.84**
消费品市场	**3726**	**7139347**	**109**	**3357000**	**2.93**	**47.02**
消费品综合市场	1879	2470831	26	1021000	1.38	41.32
农副产品市场	1499	2691139	56	1457000	3.74	54.14
农副产品综合市场	1098	1491303	16	669000	1.46	44.86
农副产品专业市场	401	1199836	40	788000	9.98	65.68
工业品消费品市场	330	1790906	27	879000	8.18	49.08
工业消费品综合市场	194	688341	14	520000	7.22	75.54
工业消费品专业市场	136	1102565	13	359000	9.56	32.56
其他消费品市场	18	186471				
生产资料市场	**347**	**1991916**	**13**	**920000**	**3.75**	**46.19**
生产资料综合市场	31	147846				
工业生产资料市场	220	1536366	9	841000	4.09	54.74
农业生产资料市场	59	128132				
农业生产资料综合市场	43	80411				
农业生产资料专业市场	16	47721				
其他生产资料市场	37	179572	4	79000	10.81	43.99

16—16　限额以上批发零售贸易企业财务状况

（1999年）

单位：万元

指　　　标	法人企业数（个）	亏损企业	流动资产 小计	存货	长期投资	固定资产 小计	固定资产原价	生产经营用
批发、零售贸易业总计	**679**	**319**	**2747615**	**1026467**	**137241**	**846297**	**865332**	**602932**
批发企业	**475**	**205**	**2400855**	**873875**	**127409**	**496981**	**550021**	**362171**
#其中：国有及国有控股	354	131	1977543	677472	121174	416559	452141	311428
按登记注册类型分组								
内资企业	475	205	2400855	873875	127409	496981	550021	362171
国有企业	305	112	1679056	607073	87941	321606	367210	248605
集体企业	84	55	364387	170296	5469	58384	71934	34270
股份合作企业	13	8	21586	9722	13	6882	8464	6128
联营企业	5		12827	3642	340	1456	1048	1048
国有联营企业	5		12827	3642	340	1456	1048	1048
有限责任公司	40	18	97192	37948	8507	39157	45313	32228
国有独资企业	10	3	43801	20737	4078	13997	18603	15854
其他有限责任公司	30	15	53391	17211	4429	25160	26710	16374
股份有限公司	25	10	222568	43429	24892	69269	55739	39579
私营企业	3	2	3239	1765	247	226	313	313
私营独资企业	1	1	1506	822	247	122	191	191
私营有限责任公司	2	1	1733	943		104	122	122
按国民经济行业分组								
食品、饮料、烟草批发业	159	60	1106057	494966	30982	149813	179672	118469
#粮食、食用油批发业	58	44	450410	287808	19559	60458	80123	53015
烟草及其制品批发业	70	3	600732	193752	9173	61271	69289	44776
棉、麻、土畜产品批发业	32	22	245175	142311	1693	42272	54442	24421
纺织品、服装和鞋帽批发业	11	2	75722	11368	6212	28846	29204	28891
日用百货批发业	9	5	57237	14463	2966	11905	13637	10616
日用杂品批发业	1		1297	155		157	226	224
五金、交电、化工批发业	19	12	71591	26541	1618	25699	29230	13773
药品及医疗器械批发业	34	10	124481	32657	5869	39573	42533	33520
能源批发业	54	10	179582	31387	42399	71909	92675	63641
#石油及制品批发业	45	7	155445	21501	37693	57046	76923	53128
煤炭及制品批发业	9	3	24137	9886	4706	14863	15752	10513
化工材料批发业	11	5	56563	10734	4369	7672	9899	7170
建筑材料批发业	5	2	8180	1198	197	1100	1565	1219
矿产品批发业	1	1	4327	193	291	25	28	28
金属材料批发业	16	9	91770	8912	4754	9883	12441	11234
机械、电子设备批发业	12	6	68313	7151	5664	11984	13299	9795
汽车、摩托车及零配件批发业	19	6	71052	22773	2960	16097	15435	10034
#汽车批发业	12	4	58464	17974	920	10399	9033	8636
再生物资回收批发业	5	4	8000	1737	288	1317	1845	1347
工艺美术批发业	1	1	1968	305	934	2718	3233	2978
图书报刊批发业	9		33745	6132	126	10000	6187	4381
农业生产资料批发业	73	48	164080	54051	14107	53867	39492	18734
其他类未包括的批发业	4	2	31715	6841	1980	8844	4978	1496

16—16 续表 1 单位：万元

指 标	法人企业数（个）	亏损企业	流动资产小计	存货	长期投资	固定资产小计	固定资产原价	生产经营用
零售企业	**204**	**114**	**346760**	**152592**	**9832**	**349316**	**315311**	**240761**
#国有及国有控股	135	70	263867	115580	7890	288789	259595	205158
按登记注册类型分组								
内资企业	200	112	337579	148079	9832	338036	302324	229833
国有企业	104	53	135034	55675	2433	129095	113966	68542
集体企业	32	19	22121	11541	153	21551	19072	15715
股份合作企业	14	9	12443	5929	760	12202	13951	7507
联营企业	2	1	2246	1653		1734	1747	1747
国有联营企业	2	1	2246	1653		1734	1747	1747
有限责任公司	20	10	67180	31799	573	69352	72922	68590
国有独资企业	3	2	5379	3234	1	2086	2689	1858
其他有限责任公司	17	8	61801	28565	572	67266	70233	66732
股份有限公司	22	15	94572	38849	5461	103469	79897	67054
私营企业	6	5	3983	2633	452	633	769	678
私营有限责任公司	6	5	3983	2633	452	633	769	678
港、澳、台商投资企业	3	1	7849	3937		10679	12386	10928
合资经营企业	3	1	7849	3937		10679	12386	10928
外商投资企业	1	1	1332	576		601	601	
中外合资经营企业	1	1	1332	576		601	601	
按国民经济行业分组								
食品、饮料和烟草零售业	25	15	19084	8253	1158	21085	22186	11000
#粮油食品零售业	8	6	8330	5520	4	3117	4157	2674
副食品零售业	15	9	9625	2235	1153	16915	16935	7231
日用百货零售业	99	66	262597	113409	6262	296944	256058	202798
#百货零售业	96	64	257053	109462	6258	291801	254746	202014
纺织品、服装和鞋帽零售业	6	3	2882	1467	4	4489	3537	2564
日用杂品零售业	1	1	450	136		1192	1201	1001
五金、交电、化工零售业	12	10	11304	5950	698	2112	2578	1913
药品及医疗器械零售业	20	12	18953	5584	665	7232	8742	6428
图书报刊零售业	26		25236	14817	340	11367	14723	10277
其他零售业	15	7	6254	2976	705	4895	6286	4780
#汽车、摩托车极其配件零售业	3		1066	796		111	248	248
按经营方式分组								
连锁商店	24	12	45224	19197	246	25313	25150	18312
非连锁商店	180	102	301536	133395	9586	324003	290161	222449
按零售业态分组								
百货商店	105	67	263268	113227	6152	298650	260970	207271
超级市场	15	9	11210	6395	259	9387	5675	4342
专业（专卖）店	69	31	55195	24256	2081	29511	35741	20778
其 他	15	7	17087	8714	1340	11768	12925	8370

16—16 续表2 单位：万元

指　　标	累计折旧	本年折旧	无形及递延资产小计	无形资产	资产合计	流动负债小计	长期负债小计
批发、零售贸易业总计	**192001**	**27020**	**53331**	**33239**	**3824398**	**3150896**	**250558**
批发企业	**137658**	**16196**	**33074**	**19801**	**3076201**	**2678868**	**122042**
#其中：国有及国有控股	109904	13484	25671	15963	2557356	2186283	105478
按登记注册类型分组							
内资企业	137658	16196	33074	19801	3076201	2678867	122043
国有企业	91127	10543	15360	7001	2119335	1889906	82945
集体企业	21841	1940	3996	1948	432414	420922	13989
股份合作企业	2117	189	1925	938	30406	26664	315
联营企业	302	55	345	340	14988	10797	1934
国有联营企业	302	55	345	340	14988	10797	1934
有限责任公司	11988	1486	6649	5455	153335	131190	3566
国有独资企业	6117	670	4285	4018	66675	58159	560
其他有限责任公司	5871	816	2364	1437	86660	73031	3006
股份有限公司	10188	1969	4779	4119	321992	195818	19294
私营企业	95	14	20		3732	3570	
私营独资企业	77	1			1875	1731	
私营有限责任公司	18	13	20		1857	1839	
按国民经济行业分组							
食品、饮料、烟草批发业	44552	4865	6107	2564	1305574	1159685	62274
#粮食、食用油批发业	20496	1394	3646	1011	541177	597866	46431
烟草及其制品批发业	17212	2826	1323	868	677324	501038	9963
棉、麻、土畜产品批发业	16887	1427	3865	1905	293006	330297	9329
纺织品、服装和鞋帽批发业	4384	661	1102	859	111882	137569	1144
日用百货批发业	3412	294	1018	608	73126	55856	7811
日用杂品批发业	97				1455	1341	
五金、交电、化工批发业	5142	506	857	240	100095	91198	6080
药品及医疗器械批发业	8912	1131	689	345	170823	147841	7399
能源批发业	28762	4101	9458	7755	306612	196887	9776
#石油及制品批发业	25848	3397	9275	7592	261514	168506	9239
煤炭及制品批发业	2914	704	183	163	45098	28379	538
化工材料批发业	2359	427	760		69797	54322	770
建筑材料批发业	471	50	179	179	9656	8650	25
矿产品批发业	20	4	14		4657	5611	-288
金属材料批发业	3227	473	351	96	106757	91121	2746
机械、电子设备批发业	3027	462	1007	812	86972	68646	4296
汽车、摩托车及零配件批发业	1942	414	1021	731	91259	75832	3545
#汽车批发业	1228	328	869	579	70687	62517	3605
再生物资回收批发业	724	34	47	13	9651	10028	148
工艺美术批发业	516	126			5619	16993	-1002
图书报刊批发业	1809	228	341	149	47651	31684	338
农业生产资料批发业	10577	876	5883	3545	238695	156112	4043
其他类未包括的批发业	838	117	375		42914	39195	3608

16—16 续表3

单位：万元

指　　标	累计折旧		无形及递延资产小计		资产合计	流动负债	长期负债
		本年折旧		无形资产		小计	小计
零售企业	**54343**	**10824**	**20257**	**13438**	**748197**	**472028**	**128516**
#国有及国有控股	43963	8497	15212	10380	597776	362965	96894
按登记注册类型分组							
内资企业	52636	9616	18969	13094	708487	453197	114927
国有企业	21112	2900	7064	4932	275169	200344	42065
集体企业	2473	483	1325	698	45152	29564	12756
股份合作企业	3499	302	1377	1031	26788	18624	3983
联营企业	13	7	66		4045	3400	115
国有联营企业	13	7	66		4045	3400	115
有限责任公司	9503	3122	4530	3601	141648	85963	18706
国有独资企业	642	105	104		7569	8470	92
其他有限责任公司	8861	3017	4426	3601	134079	77493	18614
股份有限公司	15898	2785	4594	2828	210600	111422	37205
私营企业	138	17	13	4	5085	3880	97
私营有限责任公司	138	17	13	4	5085	3880	97
港、澳、台商投资企业	1707	1208	1058	186	37547	16822	13589
合资经营企业	1707	1208	1058	186	37547	16822	13589
外商投资企业			230	158	2163	2009	
中外合资经营企业			230	158	2163	2009	
按国民经济行业分组							
食品、饮料和烟草零售业	3469	288	1109	649	42453	35266	5313
#粮油食品零售业	1053	59	5	5	11465	12059	356
副食品零售业	2374	209	1105	643	28801	21295	4931
日用百货零售业	41104	9415	15731	10410	602164	367280	118314
#百货零售业	40821	9287	15663	10410	591405	360129	115978
纺织品、服装和鞋帽零售业	826	39	25		7399	5000	1506
日用杂品零售业	83				1642	1459	254
五金、交电、化工零售业	466	66	21	4	14139	12188	431
药品及医疗器械零售业	1874	181	794	672	27863	21979	982
图书报刊零售业	4791	737	2076	1500	40182	21588	939
其他零售业	1730	98	501	203	12355	7268	777
#汽车、摩托车极其配件零售业	138	13	34		1211	670	28
按经营方式分组							
连锁商店	3571	734	2862	1868	74788	51135	9367
非连锁商店	50772	10090	17395	11570	673409	420893	119149
按零售业态分组							
百货商店	42169	9397	15561	10300	604264	369974	116759
超级市场	1082	260	781	158	21637	14092	4626
专业（专卖）店	8162	926	2544	2029	89728	69122	3570
其　他	2930	241	1371	951	32568	18840	3561

16—16　续表4

单位：万元

指　　标	负债合计	所有者权益合计					商品销售收入
			实收资本	国家资本	港澳台资本	外商资本	
批发、零售贸易业总计	**3401454**	**422944**	**390986**	**297006**	**2047**	**158**	**5408370**
批发企业	**2800910**	**275291**	**290265**	**233393**	**12**		**4720206**
#其中：国有及国有控股	2291761	265595	240197	221814	12		4096537
按登记注册类型分组							
内资企业	2800910	275291	290265	233393	12		4720206
国有企业	1972851	146483	180015	174907	12		3440580
集体企业	434911	-2497	40663	8605			425479
股份合作企业	26979	3427	2817	324			51194
联营企业	12731	2257	2656	2479			34072
国有联营企业	12731	2257	2656	2479			34072
有限责任公司	134756	18579	25013	15459			179613
国有独资企业	58719	7956	9884	8946			79686
其他有限责任公司	76037	10623	15129	6513			99927
股份有限公司	215112	106880	38827	31619			550788
私营企业	3570	162	274				38480
私营独资企业	1731	144	174				5950
私营有限责任公司	1839	18	100				32530
按国民经济行业分组							
食品、饮料、烟草批发业	1221959	83615	75860	71701	12		1738619
#粮食、食用油批发业	644297	-103120	45279	44817	12		356983
烟草及其制品批发业	511001	166323	17693	17653			1244962
棉、麻、土畜产品批发业	339626	-46620	21551	8678			140933
纺织品、服装和鞋帽批发业	138713	-26831	12990	11719			198045
日用百货批发业	63667	9459	7431	5013			139608
日用杂品批发业	1341	114	113				3620
五金、交电、化工批发业	97278	2817	4834	4367			156851
药品及医疗器械批发业	155240	15583	13556	12762			264941
能源批发业	206663	99949	69675	62299			762559
#石油及制品批发业	177745	83769	58669	56492			712602
煤炭及制品批发业	28917	16181	11007	5807			49957
化工材料批发业	55092	14705	8130	7700			135195
建筑材料批发业	8675	981	977	953			26900
矿产品批发业	5323	-666	68	68			4555
金属材料批发业	93867	12890	11689	10235			191532
机械、电子设备批发业	72942	14030	11499	8694			170076
汽车、摩托车及零配件批发业	79377	11882	13531	11696			178429
#汽车批发业	66122	4565	6628	4993			153575
再生物资回收批发业	10176	-525	1944				25387
工艺美术批发业	15991	-10372	838	838			7788
图书报刊批发业	32022	15629	1879	1879			137948
农业生产资料批发业	160155	78540	29862	11425			367462
其他类未包括的批发业	42803	111	3838	3366			69758

16—16 续表 5

单位：万元

指　　标	负债合计	所有者权益合计	实收资本	国家资本	港澳台资本	外商资本	商品销售收入
零售企业	**600544**	**147653**	**100721**	**63613**	**2035**	**158**	**688164**
#国有及国有控股	459859	137917	80554	60827	1500		534166
按登记注册类型分组							
内资企业	568124	140363	93634	63559			668121
国有企业	242409	32760	25030	22183			230125
集体企业	42320	2832	6986	888			39463
股份合作企业	22607	4181	4194	1410			24603
联营企业	3515	530	401	401			6447
国有联营企业	3515	530	401	401			6447
有限责任公司	104669	36979	29047	24496			177366
国有独资企业	8562	－993	1479	1478			10256
其他有限责任公司	96107	37972	27568	23018			167110
股份有限公司	148627	61973	26698	14181			176063
私营企业	3977	1108	1278				14054
私营有限责任公司	3977	1108	1278				14054
港、澳、台商投资企业	30411	7136	6771	54	2035		19246
合资经营企业	30411	7136	6771	54	2035		19246
外商投资企业	2009	154	316			158	797
中外合资经营企业	2009	154	316			158	797
按国民经济行业分组							
食品、饮料和烟草零售业	40579	1874	7584	6527			39552
#粮油食品零售业	12415	－950	2428	2379			11615
副食品零售业	26226	2575	5019	4119			26066
日用百货零售业	485594	116570	81483	48627	1978	158	505475
#百货零售业	476107	115298	79965	48201	1978	158	493771
纺织品、服装和鞋帽零售业	6506	893	870	610			7416
日用杂品零售业	1713	－71	108				666
五金、交电、化工零售业	12619	1520	2052	349			26335
药品及医疗器械零售业	22961	4902	3362	3255			28256
图书报刊零售业	22527	17655	2878	2793			60907
其他零售业	8045	4310	2384	1452	57		19557
#汽车、摩托车极其配件零售业	698	513	485	274			2155
按经营方式分组							
连锁商店	60502	14286	12956	10143			110799
非连锁商店	540042	133367	87765	53470	2035	158	577365
按零售业态分组							
百货商店	486733	117531	79539	46810	1978		505707
超级市场	18718	2919	4316	2700		158	29802
专业（专卖）店	72692	17036	11191	8586			120524
其　他	22401	10167	5675	5517	57		32131

16—16　续表6　　　　　　　　　　　　　　　　　　　　　　　　　　　单位：万元

指　　　标	商品销售收入净额	商品销售成　本	经营费用	运　杂及装卸费	商品销售税金及附　加	商品销售利　润	代购代销收　入
批发、零售贸易业总计	**5364227**	**4900213**	**211070**	**46505**	**8652**	**244292**	**4413**
批发企业	**4686653**	**4313263**	**167825**	**44293**	**5495**	**200070**	**4324**
#其中：国有及国有控股	4062999	3722268	150090	39074	5008	185633	4157
按登记注册类型分组							
内资企业	4686652	4313263	167825	44293	5495	200069	4324
国有企业	3407041	3133640	117602	29672	4562	151237	1850
集体企业	425479	403486	12505	3377	364	9124	168
股份合作企业	51179	47893	1615	321	53	1618	
联营企业	34072	32327	680	69	27	1038	
国有联营企业	34072	32327	680	69	27	1038	
有限责任公司	179613	163208	8941	4656	226	7238	39
国有独资企业	79686	69465	5546	3684	136	4539	33
其他有限责任公司	99927	93743	3395	972	90	2699	6
股份有限公司	550788	495135	25875	5841	257	29521	2267
私营企业	38480	37574	607	357	6	293	
私营独资企业	5950	5633	276	213		41	
私营有限责任公司	32530	31941	331	144	6	252	
按国民经济行业分组							
食品、饮料、烟草批发业	1738355	1583692	65217	13567	2638	86808	816
#粮食、食用油批发业	356982	344190	24322	6084	129	-11659	814
烟草及其制品批发业	1244713	1114816	34635	5720	1980	93282	2
棉、麻、土畜产品批发业	140933	128157	6922	786	237	5617	9
纺织品、服装和鞋帽批发业	198045	175589	12251	802	18	10187	99
日用百货批发业	139600	130015	4964	1496	36	4585	160
日用杂品批发业	3620	3499	54		2	65	
五金、交电、化工批发业	156806	147251	6442	1058	110	3003	234
药品及医疗器械批发业	264680	236480	11197	997	749	16254	107
能源批发业	762559	698507	25317	14787	949	37786	
#石油及制品批发业	712602	654407	22145	13514	905	35145	
煤炭及制品批发业	49957	44100	3172	1273	44	2641	
化工材料批发业	135195	128055	4494	2544	73	2573	1052
建筑材料批发业	26900	26339	470	97	1	90	3
矿产品批发业	4555	4454	112	6	6	-17	5
金属材料批发业	191532	185009	3350	1423	116	3057	4
机械、电子设备批发业	170076	160412	4503	1301	85	5076	1130
汽车、摩托车及零配件批发业	178425	173324	3351	541	59	1691	
#汽车批发业	153573	149921	2531	418	40	1081	
再生物资回收批发业	25373	24568	576	125	81	148	2
工艺美术批发业	7788	6745	913	95		130	25
图书报刊批发业	104991	92598	4188	587	233	7972	
农业生产资料批发业	367462	343503	10321	3340	58	13580	164
其他类未包括的批发业	69758	65066	3183	741	44	1465	514

16—16 续表 7

单位：万元

指标	商品销售收入净额	商品销售成本	经营费用	运杂及装卸费	商品销售税金及附加	商品销售利润	代购代销收入
零售企业	**677574**	**586950**	**43245**	**2212**	**3157**	**44222**	**89**
#国有及国有控股	526058	452054	35062	1658	2288	36654	27
按登记注册类型分组							
内资企业	657532	570533	42108	2185	3072	41819	89
国有企业	223110	189787	19441	1025	1147	12735	32
集体企业	38381	33181	3096	295	221	1883	48
股份合作企业	24603	21640	1699	63	171	1093	2
联营企业	6447	5516	400	12	8	523	
国有联营企业	6447	5516	400	12	8	523	
有限责任公司	176465	155371	8018	406	633	12443	
国有独资企业	10147	9659	653	164	6	-171	
其他有限责任公司	166318	145712	7365	242	627	12614	
股份有限公司	174502	151502	9140	364	884	12976	7
私营企业	14024	13536	314	20	8	166	
私营有限责任公司	14024	13536	314	20	8	166	
港、澳、台商投资企业	19245	15824	1016	27	71	2334	
合资经营企业	19245	15824	1016	27	71	2334	
外商投资企业	797	593	121		14	69	
中外合资经营企业	797	593	121		14	69	
按国民经济行业分组							
食品、饮料和烟草零售业	39215	35540	3276	310	388	11	14
#粮油食品零售业	11407	11025	1210	209	5	-833	
副食品零售业	26065	23023	1952	96	381	709	14
日用百货零售业	499133	433688	28046	1227	2296	35103	75
#百货零售业	487430	423645	27339	1166	2253	34193	75
纺织品、服装和鞋帽零售业	7416	6698	439	19	9	270	
日用杂品零售业	666	659	2	2	5		
五金、交电、化工零售业	26305	24824	1117	70	21	343	
药品及医疗器械零售业	28252	23348	2393	230	101	2410	
图书报刊零售业	57030	44499	6931	180	211	5389	
其他零售业	19557	17694	1041	174	126	696	
#汽车、摩托车极其配件零售业	2155	1969	119	17	6	61	
按经营方式分组							
连锁商店	110781	98455	5817	259	321	6188	2
非连锁商店	566793	488495	37428	1953	2836	38034	87
按零售业态分组							
百货商店	499756	434241	27849	1262	2341	35325	75
超级市场	29358	25750	2274	81	65	1269	
专业（专卖）店	116554	98968	10187	606	425	6974	2
其他	31906	27991	2935	263	326	654	12

16—16 续表8

单位：万元

指　　标	主营业务利润	其他业务利润	管理费用	税金	财产保险	劳动待业保险	财务费用	利息支出
批发、零售贸易业总计	**248705**	**13761**	**194027**	**8709**	**3040**	**15083**	**102798**	**89978**
批发企业	**204394**	**8465**	**146939**	**6325**	**2276**	**11441**	**89152**	**77068**
#其中：国有及国有控股	189790	7303	124102	5681	1986	9852	70328	59889
按登记注册类型分组								
内资企业	204393	8465	146939	6326	2276	11441	89153	77068
国有企业	153087	5983	104656	5209	1780	8669	61366	52170
集体企业	9292	929	17840	487	217	1190	17339	15961
股份合作企业	1618	202	1942	69	26	180	665	593
联营企业	1038	22	505	12	3	1	226	258
国有联营企业	1038	22	505	12	3	1	226	258
有限责任公司	7277	916	8667	187	130	687	4348	3857
国有独资企业	4572	643	4805	77	81	257	2624	2638
其他有限责任公司	2705	273	3862	110	49	430	1724	1219
股份有限公司	31788	402	12962	357	118	711	5128	4139
私营企业	293	11	367	5	2	3	81	90
私营独资企业	41	6	73		2		77	76
私营有限责任公司	252	5	294	5		3	4	14
按国民经济行业分组								
食品、饮料、烟草批发业	87624	2064	56649	2587	1105	4048	42840	36695
#粮食、食用油批发业	−10845	504	14309	807	131	1578	27121	26202
烟草及其制品批发业	93284	688	36933	1115	875	1858	13770	8989
棉、麻、土畜产品批发业	5626	313	12373	304	136	606	17612	13875
纺织品、服装和鞋帽批发业	10286	145	3854	72	35	211	4928	4366
日用百货批发业	4745	177	2703	83	29	381	1448	1247
日用杂品批发业	65	24	101				−22	
五金、交电、化工批发业	3237	488	3781	103	36	107	1656	1629
药品及医疗器械批发业	16361	54	12428	291	193	1423	5126	4695
能源批发业	37786	1758	25680	1929	462	2160	5339	4784
#石油及制品批发业	35145	979	22451	1637	458	1522	4974	4387
煤炭及制品批发业	2641	779	3228	293	4	638	365	397
化工材料批发业	3625	605	2631	44	26	200	1287	1281
建筑材料批发业	93	87	535	18	4	53	−360	104
矿产品批发业	−12	−1	64	4	1	9	432	432
金属材料批发业	3061	935	4043	144	17	262	1503	1416
机械、电子设备批发业	6206	680	4013	108	21	278	1879	2012
汽车、摩托车及零配件批发业	1691	134	2378	59	45	249	949	540
#汽车批发业	1081	44	1872	46	42	202	824	505
再生物资回收批发业	150	89	716	1	2	131	645	623
工艺美术批发业	155	−98	413	5	13	37	39	22
图书报刊批发业	7972	153	2971	163	15	313	−318	−326
农业生产资料批发业	13744	555	9650	369	129	779	3000	2503
其他类未包括的批发业	1979	303	1956	41	7	194	1169	1170

16—16 续表 9

单位：万元

指标	主营业务利润	其他业务利润	管理费用	税金	财产保险	劳动待业保险	财务费用	利息支出
零售企业	**44311**	**5296**	**47088**	**2384**	**764**	**3642**	**13646**	**12910**
#国有及国有控股	36681	4140	37894	1698	529	3183	10195	9724
按登记注册类型分组								
内资企业	41908	5287	45505	2305	733	3547	13030	12302
国有企业	12767	1616	16782	763	211	1674	5780	5702
集体企业	1931	404	3137	178	127	202	1422	1370
股份合作企业	1095	630	1869	78	27	74	313	257
联营企业	523	30	458	6			106	85
国有联营企业	523	30	458	6			106	85
有限责任公司	12443	577	11793	396	140	553	3163	2566
国有独资企业	－171	18	564	11	5	72	333	333
其他有限责任公司	12614	559	11229	385	135	481	2830	2233
股份有限公司	12983	1990	11258	867	225	1043	2149	2224
私营企业	166	40	208	17	3	1	97	98
私营有限责任公司	166	40	208	17	3	1	97	98
港、澳、台商投资企业	2334	9	1548	79	31	95	574	568
合资经营企业	2334	9	1548	79	31	95	574	568
外商投资企业	69		35				42	40
中外合资经营企业	69		35				42	40
按国民经济行业分组								
食品、饮料和烟草零售业	25	788	2761	58	14	368	1055	1025
#粮油食品零售业	－833	22	884	12	3	156	422	419
副食品零售业	723	729	1747	41	11	192	605	577
日用百货零售业	35178	3768	35215	1775	603	2276	11465	10797
#百货零售业	34268	3753	34692	1712	564	2221	11005	10346
纺织品、服装和鞋帽零售业	270	92	376	4	5	2	82	78
日用杂品零售业			53	8			3	3
五金、交电、化工零售业	343	65	709	174	10	37	214	207
药品及医疗器械零售业	2410	－42	2422	83	40	344	766	744
图书报刊零售业	5389	513	4448	175	77	600	－127	－107
其他零售业	696	112	1104	107	15	15	188	163
#汽车、摩托车极其配件零售业	61	27	83	3	1	2	10	10
按经营方式分组								
连锁商店	6190	549	5983	262	64	246	1640	1650
非连锁商店	38121	4747	41105	2122	700	3396	12006	11260
按零售业态分组								
百货商店	35400	4016	35503	1903	586	2316	11553	10863
超级市场	1269	118	1731	20	34	125	436	449
专业（专卖）店	6976	619	7822	409	134	992	1038	1013
其他	666	543	2032	52	10	209	619	585

16—16　续表10　　　　单位：万元

指　　标	营业利润	补贴收入	利润总额	应交所得税	应付利润	本年应付工资总额	主营业务应付工资总额
批发、零售贸易业总计	**-28096**	**40936**	**-10175**	**24280**	**10447**	**85721**	**83334**
批发企业	**-17382**	**39017**	**-2691**	**22510**	**8210**	**58213**	**56463**
#其中：国有及国有控股	7952	37948	23417	22054	8072	49324	47922
按登记注册类型分组							
内资企业	-17382	39017	-2691	22510	8210	58213	56463
国有企业	-2567	35189	11890	16805	5489	41444	40322
集体企业	-24469	990	-25516	145	42	6916	6585
股份合作企业	-737	61	-553	3		813	796
联营企业	329		124	31		225	166
国有联营企业	329		124	31		225	166
有限责任公司	-4799	2462	-2657	474	24	4122	4012
国有独资企业	-2214	2169	-289	319		2061	1982
其他有限责任公司	-2585	293	-2368	155	24	2061	2030
股份有限公司	15005	315	14165	5036	2655	4613	4502
私营企业	-144		-144	16		80	80
私营独资企业	-102		-102			33	33
私营有限责任公司	-42		42	16		47	47
按国民经济行业分组							
食品、饮料、烟草批发业	-6515	36982	17383	11635	5215	20043	19725
#粮食、食用油批发业	-49755	36561	-11537	330	2502	7610	7456
烟草及其制品批发业	44489	75	29291	11019	2554	9704	9618
棉、麻、土畜产品批发业	-23771	343	-28609	15	1	4409	4157
纺织品、服装和鞋帽批发业	1869	64	2418	1493	2671	1267	1234
日用百货批发业	1626	350	1764	1294	7	1404	1382
日用杂品批发业	11		10			28	28
五金、交电、化工批发业	-1712		-1330	225	10	2137	2137
药品及医疗器械批发业	-1097	3	-2018	537	128	5603	5440
能源批发业	9180	128	9942	2623	20	11145	10768
#石油及制品批发业	8749	113	9271	2323	20	9835	9759
煤炭及制品批发业	431	15	671	301		1310	1009
化工材料批发业	412	-26	330	185		1155	987
建筑材料批发业	5		-1	4		220	220
矿产品批发业	-508		-624			18	8
金属材料批发业	-1403	-31	-1919	298		1452	1433
机械、电子设备批发业	999	-24	1144	731		1631	1547
汽车、摩托车及零配件批发业	-1479	9	-2770	342	13	1058	992
#汽车批发业	-1549	9	-2705	315		689	682
再生物资回收批发业	-1122	665	-501	3		468	457
工艺美术批发业	-395		-3636			193	193
图书报刊批发业	5472		5624	1987	106	1530	1427
农业生产资料批发业	1889	127	1753	998	39	3744	3620
其他类未包括的批发业	-843	427	-1651	140		708	708

16—16 续表 11

单位：万元

指 标	营业利润	补贴收入	利润总额	应交所得税	应付利润	本年应付工资总额	主营业务应付工资总额
零售企业	**－10714**	**1919**	**－7484**	**1770**	**2237**	**27508**	**26871**
#国有及国有控股	－7107	1738	－4045	1615	1466	21929	21440
按登记注册类型分组							
内资企业	－10934	1871	－7722	1663	2036	26544	25925
国有企业	－8081	1251	－6378	549	62	11494	11110
集体企业	－2002	39	－2206	3	567	2181	2069
股份合作企业	－458		－370	35		927	914
联营企业	－11		－12			205	205
国有联营企业	－11		－12			205	205
有限责任公司	－1868	530	－824	211		4502	4478
国有独资企业	－992	528	154			287	288
其他有限责任公司	－876	2	－978	211		4215	4190
股份有限公司	1565	51	2166	861	1407	7110	7024
私营企业	－79		－98	4		125	125
私营有限责任公司	－79		－98	4		125	125
港、澳、台商投资企业	220	48	247	107	201	827	827
合资经营企业	220	48	247	107	201	827	827
外商投资企业			－9			137	119
中外合资经营企业			－9			137	119
按国民经济行业分组							
食品、饮料和烟草零售业	－2926	1742	－435	3	6	1875	1824
#粮油食品零售业	－2046	1308	－4			600	596
副食品零售业	－891	434	－449	1		1154	1108
日用百货零售业	－7501	115	－6934	1189	2191	19426	18936
#百货零售业	－7444	115	－6846	1188	2191	18931	18441
纺织品、服装和鞋帽零售业	－95		－40	1		435	435
日用杂品零售业	－56		－56			16	16
五金、交电、化工零售业	－495		－425	4	－22	542	542
药品及医疗器械零售业	－742	49	－752	20	2	1370	1283
图书报刊零售业	1584	11	1607	518	60	3217	3216
其他零售业	－483	2	－449	35		627	619
#汽车、摩托车极其配件零售业	－5		7	2		55	53
按经营方式分组							
连锁商店	－883	189	－822	130		2741	2688
非连锁商店	－9831	1730	－6662	1640	2237	24767	24183
按零售业态分组							
百货商店	－7409	164	－6681	1206	2168	19738	19286
超级市场	－759	6	－763			1139	1044
专业（专卖）店	－1113	963	－189	488	57	5274	5185
其 他	－1433	786	149	76	12	1357	1356

16—16 续表12

单位：万元

指标	本年应付福利费总额	主营业务应付福利费总额	本年应交增值税总额	本年进项税额	本年销项税额	连锁门店个数（个）
批发、零售贸易业总计	**11283**	**10956**	**58901**	**680260**	**659836**	**366**
批发企业	**7518**	**7285**	**44695**	**595125**	**560943**	**173**
#其中：国有及国有控股	6230	6041	42450	542872	511622	130
按登记注册类型分组						
内资企业	7519	7285	44694	595126	560942	173
国有企业	5156	5030	41013	462540	473508	130
集体企业	1025	981	972	28675	24391	43
股份合作企业	112	111	321	4275	4614	
联营企业	43	36	369	5293	5790	
国有联营企业	43	36	369	5293	5790	
有限责任公司	480	451	1744	21578	21034	
国有独资企业	239	223	826	11493	12303	
其他有限责任公司	241	228	918	10085	8731	
股份有限公司	696	669	231	66248	25043	
私营企业	7	7	44	6517	6562	
私营独资企业	4	4	6	1005	1013	
私营有限责任公司	3	3	38	5512	5549	
按国民经济行业分组						
食品、饮料、烟草批发业	2535	2506	29683	228688	242203	65
#粮食、食用油批发业	1040	1028	2435	28176	18806	
烟草及其制品批发业	1116	1109	25232	184956	209066	65
棉、麻、土畜产品批发业	664	635	-147	14749	11280	6
纺织品、服装和鞋帽批发业	228	224	-112	24419	2582	
日用百货批发业	167	163	-402	20205	6575	
日用杂品批发业	4	4	-35	109	143	
五金、交电、化工批发业	263	263	362	20847	20123	
药品及医疗器械批发业	686	648	3784	34028	33563	
能源批发业	1278	1226	7481	120355	128582	41
#石油及制品批发业	1115	1101	7066	113769	121513	41
煤炭及制品批发业	163	124	415	6586	7068	
化工材料批发业	161	135	333	10837	11383	
建筑材料批发业	35	35	21	4433	4571	
矿产品批发业	3	1	-258	457	199	
金属材料批发业	186	184	700	26944	27813	
机械、电子设备批发业	222	210	-365	23204	11566	
汽车、摩托车及零配件批发业	157	157	2430	26632	29060	18
#汽车批发业	88	88	2183	23532	25695	18
再生物资回收批发业	58	57	995	7036	7304	
工艺美术批发业	25	25		1401	108	
图书报刊批发业	191	175	637	11376	13796	
农业生产资料批发业	557	539	179	8433	5079	43
其他类未包括的批发业	98	98	-591	10972	5013	

16—16 续表 13 单位：万元

指 标	本年应付福利费总额	主营业务应付福利费总额	本年应交增值税总额	本年进项税额	本年销项税额	连锁门店个数（个）
零售企业	**3765**	**3671**	**14206**	**85135**	**98893**	**193**
#国有及国有控股	2843	2768	12586	65261	77374	138
按登记注册类型分组						
内资企业	3657	3565	13775	82262	95589	193
国有企业	1387	1330	5568	23595	28630	124
集体企业	313	297	516	4909	5312	41
股份合作企业	115	115	384	2884	3262	14
联营企业	32	32	11	397	408	
国有联营企业	32	32	11	397	408	
有限责任公司	647	643	3867	23306	27222	13
国有独资企业	29	29	34	642	676	2
其他有限责任公司	618	614	3833	22664	26546	11
股份有限公司	1152	1137	3383	24937	28500	1
私营企业	11	11	46	2234	2255	
私营有限责任公司	11	11	46	2234	2255	
港、澳、台商投资企业	89	89	417	2771	3188	
合资经营企业	89	89	417	2771	3188	
外商投资企业	19	17	14	102	116	
中外合资经营企业	19	17	14	102	116	
按国民经济行业分组						
食品、饮料和烟草零售业	193	185	563	2467	3070	109
#粮油食品零售业	47	46	47	391	479	48
副食品零售业	133	125	509	1784	2297	57
日用百货零售业	2821	2755	10403	66996	76957	31
#百货零售业	2706	2640	10129	65770	75457	27
纺织品、服装和鞋帽零售业	30	30	72	401	415	
日用杂品零售业	3	3	27	60	87	
五金、交电、化工零售业	62	62	238	4019	4230	
药品及医疗器械零售业	171	164	749	3230	4003	28
图书报刊零售业	406	394	1766	5741	7551	10
其他零售业	79	78	388	2221	2580	15
#汽车、摩托车极其配件零售业	9	9	21	346	367	
按经营方式分组						
连锁商店	363	353	2169	14843	17066	129
非连锁商店	3402	3318	12037	70292	81827	64
按零售业态分组						
百货商店	2825	2768	10614	65586	75757	33
超级市场	136	118	295	4225	4523	34
专业（专卖）店	636	623	2651	13182	15854	114
其 他	168	162	646	2142	2759	12

16—17 限额以上餐饮企业财务状况

(1999年)　　单位：万元

指标	企业法人数（个）	亏损企业	流动资产小计	存货	长期投资	固定资产小计
总计	**22**	**10**	**3444**	**436**	**22**	**9398**
#国有及国有控股	10	2	789	126		4767
按登记注册类型分组						
内资企业	20	8	2241	361	22	4288
国有企业	7	1	702	108		2347
集体企业	2					
股份合作企业	2	2	166	15		135
股份有限公司	1		284	75		1199
私营企业	8	5	1089	163	22	607
私营独资企业	2	1	110	14		187
私营有限责任公司	6	4	979	149	22	420
港澳台商投资企业	2	2	1203	75		5110
合资经营企业	2	2	1203	75		5110
按国民经济行业分组						
正餐	22	10	3444	436	22	9398

指标	固定资产原价	生产经营用	累计折旧	本年折旧	无形及递延资产小计	无形资产
总计	**11993**	**7726**	**2609**	**475**	**3942**	**2686**
#国有及国有控股	5706	1553	948	80	2846	2686
按登记注册类型分组						
内资企业	5663	4496	1389	205	3524	2685
国有企业	3400	2348	1061	93	2694	2685
集体企业						
股份合作企业	156	156	22	13	17	
股份有限公司	1361	1361	162	19	68	
私营企业	746	631	144	80	745	
私营独资企业	225	224	37	29	3	
私营有限责任公司	521	407	107	51	742	
港澳台商投资企业	6330	3230	1220	270	418	1
合资经营企业	6330	3230	1220	270	418	1
按国民经济行业分组						
正餐	11993	7726	2609	475	3942	2686

16—17 续表 1

单位：万元

指标	资产合计	流动负债小计	长期负债小计	负债合计	所有者权益合计	实收资本
总计	**17595**	**10628**	**2009**	**12637**	**4958**	**4854**
#国有及国有控股	9152	5067	993	6060	3092	1419
按登记注册类型分组						
内资企业	10114	4007	2009	6016	4098	2774
国有企业	5746	2107	773	2880	2866	1670
集体企业						
股份合作企业	322	157	91	248	74	96
股份有限公司	1550	292	935	1227	323	224
私营企业	2496	1451	210	1661	835	784
私营独资企业	330	54	210	264	66	102
私营有限责任公司	2166	1397		1397	769	682
港澳台商投资企业	7481	6621		6621	860	2080
合资经营企业	7481	6621		6621	860	2080
按国民经济行业分组						
正餐	17595	10628	2009	12637	4958	4854

指标	国家资本	港澳台资本	营业收入	营业成本	营业费用	营业销售税金及附加	经营利润
总计	**2928**	**661**	**12011**	**6899**	**4255**	**689**	**168**
#国有及国有控股	1219	200	2089	975	708	114	292
按登记注册类型分组							
内资企业	1893		9888	6180	2869	572	267
国有企业	1669		1010	388	326	66	230
集体企业							
股份合作企业			1221	939	151	67	64
股份有限公司	224		926	528	275	47	76
私营企业			6731	4325	2117	392	-103
私营独资企业			635	351	176	35	73
私营有限责任公司			6096	3974	1941	357	-176
港澳台商投资企业	1035	661	2123	719	1386	117	-99
合资经营企业	1035	661	2123	719	1386	117	-99
按国民经济行业分组							
正餐	2928	661	12011	6899	4255	689	168

16—17　续表2　　　　单位：万元

指　　标	管理费用	税　金	财产保险	劳动待业保　险	财务费用	利息支出	营业利润
总　　计	**995**	**110**	**18**	**86**	**189**	**67**	**－1017**
#国有及国有控股	424	9	4	63	63	20	－195
按登记注册类型分组							
内资企业	577	95	12	80	97	24	－408
国有企业	172	4	2	21	67	12	－11
集体企业							
股份合作企业	79				3	2	－18
股份有限公司	88	5	1	43	－17	－18	5
私营企业	238	86	9	16	44	28	－384
私营独资企业	74				21	21	－21
私营有限责任公司	164	86	9	16	23	7	－363
港澳台商投资企业	418	15	6	6	92	43	－609
合资经营企业	418	15	6	6	92	43	－609
按国民经济行业分组							
正　餐	995	110	18	86	189	67	－1017

指　　标	利润总额	应　交所得税	应付利润	本年应付工资总额	主营业务应付工资总　额	本年应付福利费总　额	主营业务应付福利费总额
总　　计	**－1001**	**2**	**－70**	**1241**	**1175**	**160**	**151**
#国有及国有控股	－173	2		420	359	81	74
按登记注册类型分组							
内资企业	－392	2	－70	1024	958	102	93
国有企业	7			199	138	25	17
集体企业							
股份合作企业	－18			107	107	12	12
股份有限公司	5	2		151	151	17	17
私营企业	－386		－70	567	562	48	47
私营独资企业	－21			96	96	4	4
私营有限责任公司	－365		－70	471	466	44	43
港澳台商投资企业	－609			217	217	58	58
合资经营企业	－609			217	217	58	58
按国民经济行业分组							
正　餐	－1001	2	－70	1241	1175	160	151

16—18 各地市限额以上批发零售贸易企业财务状况

（1999 年）

单位：万元

地市	法人企业数（个）	亏损企业	流动资产小计	存货	长期投资	固定资产小计	固定资产原价	生产经营用
总计	**679**	**319**	**2747615**	**1026467**	**137241**	**846297**	**865332**	**602932**
合肥市	120	45	910264	223848	99574	273330	278928	235656
芜湖市	30	18	182364	59356	7768	51841	54021	46542
蚌埠市	34	18	304622	107540	5335	58601	47234	26197
淮南市	22	12	71121	29619	1466	39571	40234	30188
马鞍山市	34	21	40800	15493	1552	28490	29861	23840
淮北市	16	8	41516	9600	454	16527	20507	17544
铜陵市	23	12	47456	18365	1002	47033	26395	19126
安庆市	58	27	161805	77912	2950	50966	54400	28528
黄山市	21	9	42696	19032	587	27981	32131	11852
滁州市	85	48	312473	200788	2366	54602	67574	48504
阜阳市	77	27	258218	87843	7176	64196	65866	28940
宿州市	42	21	102412	53883	2036	40804	40193	7567
六安市	23	12	48659	14532	975	17311	21601	17124
巢湖市	31	11	56112	28295	581	24244	27465	15353
宣城地区	37	18	74310	36584	1599	28808	30813	26500
池州地区	21	10	70834	39735	1413	15517	19402	10764
亳州市	5	2	21953	4042	407	6475	8707	8707

地市	累计折旧	本年折旧	无形及递延资产小计	无形资产	资产合计	流动负债小计	长期负债小计	负债合计
总计	**192001**	**27020**	**53331**	**33239**	**3824398**	**3150896**	**250558**	**3401454**
合肥市	54602	9468	16590	11393	1306637	982257	70208	1052465
芜湖市	7726	986	1128	34	262229	181670	20634	202304
蚌埠市	10036	954	1767		372721	316957	12862	329819
淮南市	8251	1662	2013	909	114898	101519	6430	107949
马鞍山市	7885	1177	1002	63	71920	53033	8628	61661
淮北市	6085	656	1017	449	59513	48682	3413	52095
铜陵市	7476	1752	265	117	96991	58986	23925	82911
安庆市	14588	1919	1935	1476	218623	188326	23057	211383
黄山市	7059	673	533	309	73069	55273	4486	59759
滁州市	19186	1803	10433	6643	379959	440811	18117	458928
阜阳市	14686	1598	5045	2964	336658	281222	22403	303625
宿州市	9897	1136	588	281	145846	113741	19636	133377
六安市	4667	317	1125	363	68069	58080	1325	59405
巢湖市	6400	1371	3756	2968	84816	66911	5136	72047
宣城地区	6339	692	5628	5047	113160	93424	8668	102092
池州地区	4886	558	289	223	89715	88198	1479	89677
亳州市	2232	298	217		29574	21806	151	21957

16—18 续表

单位：万元

地　　市	所有者权益合计		商品销售收入	商品销售收入净额	商品销售成本	经营费用	商品销售税金及附加	商品销售利润	主营业务利润
		实收资本							
总　　计	**422944**	**390986**	**5408370**	**5364227**	**4900213**	**211070**	**8652**	**244292**	**248705**
合肥市	254172	182543	2239587	2206259	2030166	72666	2716	100711	104047
芜湖市	59925	22226	339907	339637	311347	10147	293	17850	17855
蚌埠市	42902	15921	453614	450244	402221	18824	601	28598	28809
淮南市	6949	9908	125670	125491	111004	7677	328	6482	6482
马鞍山市	10259	8552	113222	112945	100708	5120	394	6723	6723
淮北市	7418	6985	70662	69973	61206	3353	132	5282	5283
铜陵市	14080	10108	104242	104193	94043	4190	235	5725	5725
安庆市	7240	23495	297292	296640	272094	12010	802	11734	11905
黄山市	13310	9698	84559	84306	77397	3759	148	3002	3002
滁州市	－78969	22061	360725	359966	335503	20708	485	3270	3287
阜阳市	33033	32406	465578	462598	416292	22852	1119	22335	22337
宿州市	12469	11343	189147	188787	169594	7895	577	10721	10826
六安市	8664	5445	102682	102248	93575	4734	178	3761	4281
巢湖市	12769	8855	165590	165134	151094	6767	222	7051	7051
宣城地区	11068	10641	166567	166480	154716	5196	242	6326	6326
池州地区	38	7828	85368	85368	79861	3486	151	1870	1900
亳州市	7617	2971	43958	43958	39392	1686	29	2851	2866

地　　市	其他业务利润	管理费用	财务费用	营业利润	利润总额			本年应付工资总额	本年应付福利费总额
						应交所得税	应付利润		
总　　计	**13761**	**194027**	**102798**	**－28096**	**－10175**	**24280**	**10447**	**85721**	**11283**
合肥市	7869	61715	27765	24440	15932	9862	6512	24389	3198
芜湖市	297	8995	3813	5386	5611	3049	401	4349	591
蚌埠市	1431	16208	10322	4298	687	3728	415	6230	787
淮南市	231	5627	2472	－1367	－856	336	80	3201	468
马鞍山市	344	6401	1846	－1096	－1052	544	213	3174	474
淮北市	110	3782	1727	34	－39	647	171	1688	246
铜陵市	351	5603	1266	－747	－696	370	33	2840	394
安庆市	774	13670	7609	－7077	－8049	1458	461	5803	833
黄山市	45	4383	1898	－2956	－816	291	62	2179	290
滁州市	352	15524	18920	－30778	－10644	263	103	8602	1068
阜阳市	303	20265	9246	－6861	－4925	636	432	8452	1195
宿州市	361	8570	4447	－609	－447	1230	327	3898	464
六安市	425	4658	1554	－1285	－1149	341	114	2071	261
巢湖市	285	6251	2180	－1094	－725	305	122	2776	331
宣城地区	178	6053	2641	－2172	－532	812	849	3048	362
池州地区	352	3849	4081	－5650	－1938	397	152	1883	263
亳州市	53	2473	1011	－562	－537	11		1138	58

16—19　重点批发零售贸易企业主要经济指标

（1999年，按商品销售收入3000万元以上排序）　　单位：万元

名　　称	商品销售收入	流动资产合计	固定资产原价	商品销售税金及附加	利税总额	资产负债率（%）	销售利润率（%）
蚌埠烟草分公司（本级）	223201	170927	1723	317	9485	78.4	4.1
芜湖烟草分公司	183140	88791	1097		7546	70.4	4.1
安徽省石油总公司	172644	39985	1370	159	2949	48.7	1.6
安徽省新华书店	113877	27809	2436	186	5192	69.6	4.4
安徽省金属材料总公司	111144	34740	1756	56	1088	82.3	0.9
安徽省粮油食品进出口（集团）公司	110132	51196	4246	9	2516	75.7	2.3
安徽省服装进出口公司股份有限公司	95310	24198	13762	10	4135	68.4	4.3
安徽省轻工业品进出口公司	92180	28221	2996	16	3752	65.8	4.1
安徽省烟草公司	90810	15039	2179	220	2187	68.6	2.2
合肥烟草分公司	80807	65876	1215	212	-3330	109.1	-4.4
安徽省技术进出口股份有限公司	80172	32112	3210	52	2175	69.8	2.6
安徽省烟草公司阜阳分公司	75770	45259	3861	244	939	85.8	0.9
合肥市百货大楼股份有限公司	72308	33611	38374	341	5405	35.1	7.0
安徽省石油总公司	68390	9296	3252	78	993	60.2	1.3
安徽商之都有限责任公司	61796	23275	13465	176	563	81.7	0.6
安徽省烟草公司滁州分公司	57152	26707	1536	128	230	92.5	0.2
安徽省化工进出口股份有限公司	56956	29068	1643	53	257	90.7	0.4
安徽省农业生产资料公司	53200	13289	3546		261	81.5	0.5
安徽省化工轻工总公司	52311	22086	1263	11	736	88.8	1.4
安徽省进出口股份有限公司	48407	18566	958	14	529	92.5	1.1
安徽物资集团汽车贸易有限公司	47841	8570	503	10	256	83.7	0.5
安徽省石油总公司合肥公司	44140	6989	4002	95	641	69.8	1.2
安徽省石油总公司芜湖公司	41452	7278	3303	45	651	70.0	1.5
合肥市医药公司	40801	10898	5858	62	363	76.0	0.7
蚌埠市石油公司	35850	6698	1395	35	1310	77.7	3.6
安徽省滁州市石油集团	35269	8247	7202	48	434	63.7	1.1
安徽省淮南石油分公司	34641	9492	6467	33	315	88.4	0.8
安徽乐普生百货有限责任公司	34362	10161	16693	180	460	68.1	0.8
合肥鼓楼商厦有限责任公司	32993	10015	14128	140	646	55.6	1.5
宁国亚夏集团	32390	4966	3088	9	391	72.9	1.2
省机械设备进出口公司	31938	18009	2005		214	82.0	0.7
安徽省粮油储运公司	31110	6669	530	10	831	54.7	2.6
安徽省畜产进出口公司	30734	16508	2634	4	-2239	286.9	-7.3
合肥中建工程机械有限责任公司	29820	1116	101	6	54	94.7	0.2
亳州市烟草经理部	28914	18984	3226	120	-513	85.5	-2.2
安徽省五交化公司	27622	7492	419	7	75	94.3	0.2
宿县地区石油公司	26959	8134	3511	40	637	73.7	2.2
铜陵市石油公司	26512	6678	8840	26	318	74.1	1.1
蚌埠市机电设备总公司	25577	21744	1395	1	-1671	103.0	-6.5
安徽省阜阳商厦股份有限公司	25284	6878	6186	90	433	84.7	1.4
安徽省土产进出口公司	24416	10456	4397	3	-6030	264.7	-24.7
安徽省医药保健品进出口股份有限公司	24010	8287	4531	8	-3110	97.3	-13.0
六安地区烟草分公司	22569	6151	961	33	249	68.5	1.0
安徽省合肥丰乐种业股份有限公司	21599	33291	4563		6461	13.4	29.9
安徽省石油公司阜阳分公司	21332	7661	1466	60	119	80.5	0.3
蚌埠市百货大楼股份有限公司	20596	4603	926	75	-1260	97.7	-6.5
安徽省合肥市医药采购供应站	20332	11322	1889	53	244	84.4	0.9
阜阳市国贸商城	18750	17974	2384	46	-419	91.4	-2.5
宿县地区烟草公司	18562	6236	2279	43	950	56.0	4.9
芜湖南京新百大厦有限公司	18425	6913	10638	43	402	78.7	1.9
宣城烟草分公司	18245	7300	969	29	858	40.1	4.5
中国土产畜产安徽茶叶进出口公司	18195	10829	1553	11	241	61.5	1.3
宁国市农业生产资料公司	18118	3100	811		59	74.3	0.3

16—19 续表 1　　　　单位：万元

名　　称	商品销售收入	流动资产合计	固定资产原价	商品销售税金及附加	利税总额	资产负债率（%）	销售利润率（%）
安徽省池州烟草公司	17669	8307	1370	27	885	50.3	4.9
省农业生产资料公司安庆分公司	17617	4239	1164	2	−80	73.5	−0.5
安徽省石油公司淮北分公司	17580	5443	3019	30	281	82.5	1.4
省丝绸进出口公司	17198	12649	4878		13	99.9	0.1
巢湖地区金属总公司	17047	2746	912	19	50	97.0	0.2
安徽省淮南市医药集团有限公司	16508	12518	6975	24	29	79.9	
安徽省再生资源公司	16312	2435	383	49	48	89.1	
安徽省燃料总公司	16192	9464	918	5	309	85.6	1.9
安徽省烟草公司淮北市公司	16105	4593	575	23	1349	31.7	8.2
安徽省石油公司马鞍山分公司	16100	3780	4898	36	361	70.4	2.0
上海汽车工业供销公司安徽联营公司	16049	4171	270	6	40	77.3	0.2
淮南市烟草公司	16017	6609	807	15	447	67.8	2.7
安徽省合肥市对外贸易五矿医保公司	15900	3015	279		5	97.9	
望江县棉麻公司	15024	24932	5261	71	−3589	108.8	−24.4
巢湖地区石油公司	14982	3349	2262	29	246	69.7	1.4
涡阳县石油公司	14383	2205	1272	12	52	77.0	0.3
铜陵市物资集团总公司建筑材料公司	14342	2778	335		36	88.8	0.2
安徽省皮革塑料工业公司	14257	4651	794	1	331	52.0	2.3
马鞍山市烟草专卖局（公司）	14210	7305	920	25	836	69.5	5.7
安徽省医药公司	14007	7181	2271	35	156	86.8	0.9
安徽省石油总公司池州公司	13525	2950	1609	11	157	77.2	1.1
涡阳县食品公司	13442	1809	881		46	80.4	0.3
马鞍山市医药总公司	13385	3721	1820	51	250	67.9	1.5
阜阳市第一医药总公司	13355	4521	889	25	4	109.4	−0.2
安徽省纺织品进出口公司	13310	8621	4254	3	412	154.7	3.1
蚌埠市化工轻工总公司	13289	6463	2819	10	−189	81.5	−1.5
安徽省糖业烟酒公司	13286	8995	2348	21	−356	86.0	−2.8
蚌埠市农机公司	12776	2066	290		10	90.2	0.1
宿松县棉麻公司	12758	21049	8430	22	−3554	117.4	−28.0
安庆市烟草专卖局（公司）	12540	6383	536	28	531	72.1	4.0
阜阳轮胎贸易中心	12487	1713					
安徽省烟草公司涡阳县分公司	12253	11099	1574	21	23	86.2	
中国化工建设安徽公司	12095	2963	356		56	78.1	0.5
广德县烟草公司	12049	1376	645	12	238	10.9	1.9
固镇县烟草公司	11993	20341	5352	37	147	89.1	0.9
枞阳烟草公司	11677	2153	370	5	263	60.2	2.2
安徽省五金矿产进出口公司	11571	4024	564	14	328	232.0	2.7
太和县烟草公司	11514	6912	1921	40	80	83.3	0.3
桐城市烟草公司	11503	2866	804	9	343	64.7	2.9
铜陵市百货（集团）公司	11502	8363	2886	147	440	86.5	2.5
巢湖地区化轻总公司	10965	1354	330	3	71	100.5	0.6
合肥市进出口公司	10867	6058	1153	3	60	95.2	0.5
安徽省电力物资总公司	10587	32970	244	17	101	92.3	0.8
寿县烟草公司	10460	2121	1643	20	388	51.1	3.5
巢湖地区烟草公司	10342	1277	1338	18	226	12.9	2.0
合肥速达燃料公司	10084	825	135	9	258	15.6	2.5
天长市铜城镇粮油公司	9971	24428	1503		−438	135.6	−4.4
蒙城县棉麻公司	9937	25115	7017	6	22	92.3	0.2
安徽阜阳药品经营公司	9911	2191	68		−167	105.7	−1.7
安徽省油品有限责任公司	9863	2814	325	20	179	71.5	1.6
安徽省机械进出口公司	9826	5172	1842	3	35	97.1	0.3
黄山市石油公司	9682	2370	858	12	252	44.4	2.5
定远县粮油食品局吴圩粮油中心站	9646	8987	1321	4	−2035	156.4	−21.1

16—19 续表2 单位：万元

名称	商品销售收入	流动资产合计	固定资产原价	商品销售税金及附加	利税总额	资产负债率（%）	销售利润率（%）
六安地区石油公司	9607	1707	2802	22	-212	88.1	-2.4
蚌埠药材采购供应站（康民）	9601	4855	2685	17	27	91.6	0.1
中国烟草总公司定远县公司	9590	1250	650	4	-25	90.4	-0.3
阜阳百货大楼（集团）股份有限公司	9346	6921	3322	58	-356	96.3	-4.4
中国包装进出口安徽公司	9268	4115	373	11	-807	96.8	-8.8
安徽省物资集团进出口贸易有限责任公司	9252	3791	79		36	72.2	0.4
霍邱县烟草公司	9146	1719	1893	17	450	37.0	4.7
阜阳市颍东区石油公司	9131	1157	2100		71	80.8	0.8
安徽省濉溪县烟草公司	9090	2876	711	10	238	55.6	2.5
芜湖市机电设备有限公司	9086	1685	540	4	-85	91.5	-1.0
无为县烟草公司	9070	1817	1311	12	264	49.8	2.8
无为县燃料公司	9006	2049	1237	1	10	66.8	0.1
合肥市百货采购供应站	8955	3295	2153	3	-782	131.9	-8.8
石油公司萧县支公司	8892	1744	834	15	86	87.2	0.8
淮南市华联商厦有限责任公司	8751	4241	784	41	42	94.1	
灵璧县烟草公司	8664	2487	1241	13	325	59.2	3.6
安徽省烟草公司黄山市公司	8660	2382	861	24	301	13.3	3.2
临泉县烟草公司	8445	1083	936	10	86	66.0	0.9
亳州市农机公司	8442	1009	610	1	54	67.4	0.6
舒城县烟草公司	8423	1565	532	6	276	54.4	3.2
五河县农资公司	8386	4601	181			109.1	
怀宁县烟草公司	8349	3920	381	9	286	70.7	3.3
阜阳市农业生产资料公司	8297	2362	375		2	82.4	
宣城地区农资公司	8261	1169	292			72.6	
安庆市医药有限公司	8250	3490	798	18	931	93.1	11.1
天长市金集镇粮油集团公司	8124	8991	383	18	-635	147.0	-8.0
安徽省进出口公司蚌埠分公司	8111	7753	3064	10	-1380	122.0	-17.1
萧县烟草公司	7928	2339	688	9	312	52.1	3.8
合肥市药品医疗器械公司	7922	2771	598	14	77	100.6	0.8
宿县地区粮库	7903	12257	6277	8	31	86.7	0.3
合肥百货大楼集团商业大厦有限责任公司	7820	1946	11744	29	-844	25.6	-11.2
安徽省工艺品进出口公司	7788	1968	3233		-3636	284.6	-46.7
宿县地区华夏商社	7784	1141	5040	24	38	103.3	0.2
安徽开元贸易公司	7727	1206	196	9	57	46.2	0.6
泗县棉麻公司	7621	4869	245	2	-146	108.6	-1.9
铜陵市对外贸易公司	7581	2238	508	1	4	95.3	
庐江县安德利贸易中心	7522	3190	2166	25	152	72.2	1.7
铜陵市烟草公司	7465	1559	984	13	243	27.1	3.1
利辛县烟草公司	7460	1721	947	12	12	74.4	
蒙城县农资公司	7447	4189	465			79.8	
定远县粮食局藕塘粮油中心站	7376	10736	1199	3	-459	133.7	-6.3
芜湖市天成轻纺进出口公司	7347	1744	144		6	96.4	0.1
安徽省合肥市轻工工艺品有限责任公司	7323	1171	408	1	52	130.7	0.7
安徽省颍上县烟草公司	7320	1270	381	6	134	64.0	1.7
宿松县烟草公司	7315	2562	738	15	349	59.3	4.6
安徽省交通物资供应公司	7246	4114	507		30	89.8	0.4
砀山县石油公司	7244	1236	1178	13	13	77.0	
当涂县烟草公司	7227	1285	510	11	214	38.3	2.8
阜南县烟草公司	7183	1620	747	8	123	65.3	1.6
芜湖百货大楼股份有限公司	7178	6501	3191	39	-429	80.3	-6.5
芜湖医药采购供应站	7150	7774	1226	23	-201	109.6	-3.1
巢湖市农业生产资料公司	7115	602	402		-35	67.8	-0.5
安庆市中百有限责任公司	7108	2528	1270	4	-387	149.9	-5.5

16—19 续表3 单位：万元

名称	商品销售收入	流动资产合计	固定资产原价	商品销售税金及附加	利税总额	资产负债率(%)	销售利润率(%)
淮南市石油集团华润商贸公司	7099	1185	258	7	29	106.2	0.3
蚌埠市金属材料总公司	7040	4135	1837	1	-1614	94.9	-22.9
合肥市新华书店	6996	3975	1922	28	331	61.7	4.3
淮北市金属材料总公司	6960	2796	1098		-467	93.4	-6.7
铜陵市医药公司	6953	4707	1077	8	11	76.8	
天长市汉涧镇粮油集团公司	6939	14235	1144		-559	143.9	-8.0
天长市烟草公司	6922	1327	598	4	86	45.2	1.2
定远县池河粮油中心站	6895	7073	1112		-394	143.7	-5.7
天长市秦楠镇粮油集团公司	6794	10091	1136	4	-330	144.2	-4.9
怀远县烟草公司	6737	2505	949	9	113	85.3	1.5
蒙城县烟草公司	6689	1169	1159	5	68	57.0	0.9
天长市市郊粮油集团公司	6638	14661	494		-521	154.6	-7.9
安徽省阜阳市新特药公司	6598	3345	47		-27	99.4	-0.4
怀远县农业生产资料公司	6525	2201	324		21	89.4	0.3
巢湖地区糖酒公司	6521	4560	378	1	14	84.9	0.2
惠州TCL电器有限公司阜阳经营部	6419	1341	31	7	-85	104.3	-1.4
庐江县烟草公司	6405	980	1467	14	153	31.7	2.2
安徽省烟草公司泗县公司	6347	2712	645	5	285	61.5	4.4
凤阳县烟草公司	6343	1759	1182	9	11	91.9	
界首市棉麻公司	6304	4275	908	1	-924	126.7	-14.7
黄山市黄山区粮食收储有限责任公司	6298	4382	1528		336	122.2	5.3
黄山市屯溪五交化站	6287	8957	8884	33	-216	68.2	-3.9
芜湖市汽车贸易有限公司	6255	2929	10	5	5	93.4	
安徽省粮油贸易公司	6234	9345	505		480	57.7	7.7
合肥市曙光商厦	6227	1458	2150	44	-2	84.8	-0.7
安徽省淮南百货有限责任公司	6222	3830	8625	22	-399	89.2	-6.8
贵池市粮食购销公司	6166	20370	4433		-1074	133.6	-17.4
安徽省农业机械公司	6108	2180	1180	5	-175	70.5	-2.9
马鞍山市通宇百货股份有限公司商业大厦	6106	637	3879	42	-529	117.2	-9.4
合肥龙图集团实业公司合肥龙图百货商场	6095	2672	4512	2	-550	94.3	-9.1
明光市烟草公司	6004	2164	700	13	14	84.8	
合肥花潮百货文化用品有限责任公司	6001	1430	503	1	-85	95.1	-1.4
巢湖地区供销社生资公司	6000	1773	699		27	78.1	0.4
东至县棉麻公司	5990	13611	346	2	-1345	110.3	-22.5
芜湖县糖酒日杂有限公司	5950	1506	191		-102	92.3	-1.7
合肥市糖业烟酒有限责任公司	5926	2540	7274	-5	23	72.6	0.5
黄山市市糖酒公司	5884	1551	855	4	-40	73.2	-0.8
安徽省烟草公司和县公司	5829	1595	1266	6	126	55.7	2.1
寿县农资公司	5749	1577	347		-30	86.3	-0.5
马鞍山市糖酒公司新亚百货大楼	5745	2267	3073	51	52	94.3	
岳西县烟草公司	5687	387	272	8	177	39.4	3.0
芜湖市化工医药保健品公司	5666	1806	260		1	95.0	
芜湖市外贸国合公司	5650	2146	1374	3	-265	78.7	-4.7
蚌埠医药采购供应站	5547	4154	2936	14	-124	75.2	-2.5
砀山县食品公司	5532	482	739	50	71	62.4	0.4
宿州市第一食品公司	5427	567	487	240	254	80.2	0.2
烟草公司宁国市分公司	5384	704	900	6	211	28.7	3.8
合肥市电子经销公司（空调世界）	5352	876	201	3	-96	104.6	-1.8
太和县医药总公司销售科	5327	910	3		5	96.5	0.1
马鞍山市华联商厦	5311	3485	3570	87	-37	96.9	-2.3
来安县烟草公司	5284	1335	488	4	33	62.6	0.6
巢湖地区燃料总公司	5274	799	171	4	26	77.8	0.4
贵池市农资公司	5254	1328	267		-76	83.8	-1.4

16—19 续表 4

单位：万元

名称	商品销售收入	流动资产合计	固定资产原价	商品销售税金及附加	利税总额	资产负债率（%）	销售利润率（%）
安徽省物资集团机电设备有限公司	5253	1128	26	1	69	79.0	1.3
阜阳华联超市有限公司	5241	1705	527	2	10	75.2	0.1
安徽省烟草公司芜湖县分公司	5211	1690	619	7	138	39.8	2.5
安徽省农业机械公司蚌埠分公司	5209	1990	564	2	3	71.1	
安徽省二轻供销公司	5205	1788	978	4	6	50.4	
砀山县宏达农机商场	5194	1345	77		-108	130.1	-2.1
马鞍山市汽车配件公司	5186	1322	712	4	19	59.1	0.3
宁国市石油公司	5163	921	784	2	33	69.4	0.6
怀远县棉麻公司	5149	10827	1430		-841	124.3	-16.3
蚌埠市金属材料供应站	5128	2013	327	4	-35	93.8	-0.8
天长市石油公司	5126	1222	609	3	203	81.3	3.9
绩溪县烟草公司	5125	877	213	8	119	22.7	2.2
黄山市农业生产资料公司	5121	2318	630		4	55.8	0.1
黄山市医药总公司	5115	3194	456	16	37	85.6	0.4
安徽省盐业公司	5105	4266	718	19	97	78.2	1.5
砀山县烟草公司	5098	1498	972	5	224	35.2	4.3
合肥钢铁集团富海经贸有限责任公司	5070	1621	227		10	72.3	0.2
明光市石油股份有限责任公司	5058	891	428	8	84	86.1	1.5
定远县粮油食品局永康分公司	5040	6316	735		-656	177.5	-13.0
宿州市第一棉麻公司	5034	26582	370	4	-980	103.2	-19.6
安徽省农资公司合肥分公司	5025	1762	1427		-123	90.8	-2.4
望江县烟草公司	5007	1828	493	6	214	51.2	4.2
固镇县石油支公司	4995	1383	1131	4	5	83.7	
安徽省蒙城县物资集团总公司	4983	1247	369	1	11	70.4	0.2
界首市烟草公司	4982	1279	604	6	39	68.0	0.7
阜南县农资公司	4953	2577	172		-25	89.9	-0.5
来安县水口粮油中心站	4897	10132	911	3	-173	142.7	-3.6
六安地区通裕实业贸易中心	4895	3634	256	1	-118	105.1	-2.4
定远县粮油食品局张桥粮油中心站	4866	7145	1007	6	-610	160.3	-12.7
安徽省烟草公司泾县烟草公司	4847	951	642	3	191	28.2	3.9
定远县粮油食品局定城中心站	4834	9967	1295	3	-363	147.3	-7.6
太湖县烟草公司	4772	1361	554	10	216	50.5	4.3
安徽省安庆医药（站）有限公司	4765	2881	517	7	9	90.6	
安庆市百货大楼股份有限公司	4759	3771	2633	51	233	35.5	3.8
全椒县古河镇中心粮站	4747	6417	1559	3	-242	135.3	-5.2
来安县农资公司	4745	2309	539		-93	92.5	-2.0
安徽省禾宜工贸公司	4728	11681	922	4	11	79.0	0.2
五河县烟草公司	4725	1761	589	7	21	82.6	0.3
池州地区农资有限责任公司	4707	2569	1276		-98	94.3	-2.1
全椒县二郎口镇中心粮站	4705	7093	1655	1	-347	126.2	-7.4
当涂县农业生产资料公司	4701	816	211			75.8	
繁昌县烟草分公司	4650	579	752	8	137	34.5	2.8
宿县地区糖酒公司	4644	2098	684	5	-141	79.0	-3.1
安徽省安庆市化工轻工有限责任公司	4622	550	661			91.5	
安徽省蚌埠市化工总公司	4618	1734	387	4	-24	91.6	-0.6
蒙城县一汽联合贸易公司	4558	2819	133	-1	6	96.0	0.1
中国冶金进出口安徽公司	4555	4327	28	6	-618	114.3	-13.7
歙县烟草公司	4553	513	290	5	165	6.8	3.5
安徽省外文书店	4539	1585	851	5	40	67.8	0.8
天长市百货公司	4520	1276	1511	2	16	97.3	0.3
南陵县烟草公司	4504	871	780	4	158	23.6	3.4
安徽古井赛特购物有限责任公司	4493	1881	5246	14	-910	94.4	-20.6
东至县烟草公司	4475	2982	797	7	107	60.5	2.2

16—19 续表5

单位：万元

名称	商品销售收入	流动资产合计	固定资产原价	商品销售税金及附加	利税总额	资产负债率（%）	销售利润率（%）
郎溪县烟草公司	4465	677	396	5	200	21.9	4.4
蚌埠市华联商厦	4455	4705	754	9	14	85.3	0.1
来安县城郊中心站	4444	6860	881	6	-101	168.3	-2.4
安徽省石油公司宣州支公司	4421	622	865	5	55	56.0	1.1
安徽省安庆市工业供销有限责任公司	4382	1310	591	1	11	127.9	0.2
铜陵县综合贸易公司	4364	2392	199	2	9	93.2	0.2
无为县农业生产资料公司	4352	1862	57		-145	82.8	-3.3
全椒县武岗镇中心粮站	4317	3517	1250	4	-258	134.3	-6.1
全椒县烟草公司	4311	1337	371	10	27	63.3	0.4
凤台县烟草公司	4295	1529	585		18	68.5	0.4
安徽省淮南市新华书店	4285	1015	1307	19	120	55.2	2.4
合肥市纺织进出口公司	4278	1125	549	0	28	94.8	0.6
东至县农资公司	4277	630	284	5	-23	9.2	-0.7
淮南市四海商业大厦（集团）有限责任公司	4246	5163	1978	8	-226	138.9	-5.5
太和县新特药公司经营部	4221	309	50		10	74.9	0.2
歙县粮食局	4208	4306	3364	1	-350	130.9	-8.3
全椒县城关中心粮站	4186	4243	1277	1	-263	165.9	-6.3
安徽省中药材公司	4177	3037	945	10	11	101.7	
淮南高科技器材公司	4111	3026	932		-71	94.4	-1.7
安徽省华电超市股份有限公司	4104	1597	396	1	-271	22.9	-6.6
涡阳县农业生产资料公司	4104	4337	135		7	98.8	0.2
桐城市食品公司	4083	318	808	284	262	125.5	-0.5
天长市国家粮食储备库	4050	6215	966		38	90.4	0.9
宿县地区新华书店	3984	1180	832	11	243	57.7	5.8
阜阳市农机供应公司	3983	1828	1127		-115	90.0	-2.9
安徽省印刷物资公司	3972	1281	583	9	50	57.0	1.0
安庆市五金交电站	3970	1240	1019	5	-480	134.2	-12.2
合肥市燃料总公司	3952	2883	5226	17	7	24.7	-0.2
合肥大伟空调器销售服务有限责任公司	3950	678	222	1	12	66.7	0.3
天长市棉麻公司	3936	2607	862	6	-30	85.5	-0.9
阜阳市新华书店	3916	4124	476	4	76	15.2	1.8
庐江县生产资料公司	3913	448	302		-66	119.9	-1.7
安徽省农业生产资料公司蚌埠分公司	3903	1098	700		-43	57.1	-1.1
涡阳县棉麻公司	3862	8228	1293		6	108.2	0.2
固镇县生资公司	3849	1628	610		5	86.1	0.1
六安地区新华书店	3822	1202	561	16	26	57.4	0.3
蒙城县石油公司	3784	1679	1141	2	7	82.5	0.1
合肥市蔬菜副食品公司	3783	1794	3919	22	21	58.9	
合肥市第一粮食仓库	3762	7722	3252		128	103.4	3.4
青阳县烟草公司	3760	1084	793	4	84	42.8	2.1
安徽华氏医药有限公司	3751	1963	332	13	49	82.0	1.0
凤阳县总铺粮站	3734	6582	1410		-441	142.9	-11.8
铜陵市机电设备公司	3732	2745	967	1	-179	104.5	-4.8
合肥市东关粮库	3724	1297	662	1	7	92.6	0.2
六安地区华侨友谊公司	3708	1397	922	6	13	93.3	0.2
安徽省糖业烟酒公司六安分公司	3702	2473	1097	4	4	87.7	
滁州市南谯区粮油食品局沙河中心粮站	3694	4336	632		-20	155.4	-0.5
合肥第二粮食库	3689	13571	2923		-214	101.7	-5.8
安徽省烟草公司旌德县公司	3683	508	384		82	24.9	2.2
天长市农资公司	3674	1847	423		-32	82.6	-0.9
来安县施官粮油中心站	3651	4420	866		-238	156.2	-6.5
砀山县芒砀商场	3644	733	72	2	-253	189.6	-7.0

16—19　续表 6

单位：万元

名　　称	商品销售收入	流动资产合计	固定资产原价	商品销售税金及附加	利税总额	资产负债率（%）	销售利润率（%）
涡阳县农业机械有限公司	3636	1223	227			102.8	
安徽省土产日杂贸易公司	3620	1297	226	2	12	92.2	0.3
枞阳棉麻公司	3591	4983	2596	10	－2691	143.1	－75.2
蒙城县物兴轻微汽车销售公司	3584	403		1	18	57.6	0.5
滁州市南谯区粮食局乌衣中心粮站	3580	6600	825	1	33	135.4	0.9
安徽省石油公司阜阳支公司	3578	409	787	1	17	83.7	0.5
安徽省淮北市副食品大楼	3570	968	945	7	48	103.8	1.1
休宁县烟草公司	3560	410	190	5	120	－7.2	3.2
巢湖市医药总公司	3556	1421	758	10	29	81.7	0.5
贵池市棉麻公司	3553	2212	858	22	76	45.0	1.5
安徽省滁州市农业生产资料公司	3552	1998	392	1	－56	95.3	－1.6
安徽百利购物城有限责任公司	3516	800	814	4	－123	94.6	－3.6
安徽华联商贸发展总公司	3516	16383	11783	73	－205	78.2	－7.9
安徽省纺织物资公司	3488	3037	1885	－1		49.0	
合肥市棉麻总公司	3486	6525	1279	16	19	94.3	0.1
宣州市粮食局粮贸公司	3475	6920	905		－208	162.3	－6.0
庐江县百货有限公司	3470	2519	2110	4	－122	124.7	－3.6
合肥市物资回收总公司	3465	1771	847	20	－373	152.9	－11.4
合肥市汽车贸易总公司	3450	4281	507	5	－378	111.5	－11.1
熊猫电子集团合肥经销公司	3437	737	2	7	－408	723.0	－12.1
黄山市屯溪商业大厦服装有限公司	3359	1102	2344	34	－157	84.1	－5.7
黄山市五交公司	3331	1798	934	3	－141	99.8	－4.3
安徽泗县石油公司	3324	1035	512	3	5	84.7	
宿县地区农资公司	3323	2385	299		－488	127.7	－14.7
宣州商业大厦股份有限公司	3322	2134	1328	31	33	71.0	
芜湖市药材站	3320	4336	2407	11	－141	99.1	－4.6
安庆市农业生产资料有限公司	3292	540	161		－88	104.6	－2.7
天长市农机公司	3292	1352	952	3	3	53.8	
安庆药业有限公司（药材采购供应站）	3277	1479	861	3	－137	134.7	－4.3
滁州市第一农业生产资料公司	3261	1285	156		－34	100.0	－1.0
含山县烟草公司	3260	800	857	5	31	50.6	0.8
霍邱县新华书店	3247	784	540	8	76	58.1	2.1
马鞍山市珍味南北货有限责任公司	3234	586	398	6	7	89.5	0.1
霍山县烟草公司	3226	807	462	4	35	23.2	1.0
六安市第一农业生产资料公司	3221	3666	1650		－599	104.2	－18.6
滁州市南谯区粮油局滁城中心粮站	3192	3639	633	7	－25	173.3	－1.0
省农贸公司芜湖分公司	3174	1209	617		－166	78.8	－5.2
宣城地区日用杂品有限公司	3134	5134	267		－90	97.0	－2.9
灵璧县石油公司	3127	340	326	2	2	107.7	
和县新桥中心粮站	3125	3781	588	1	－213	99.9	－6.9
巢湖市市捷达利电器有限公司	3120	1267	331	4	－4	71.2	－0.3
安徽省供销社科技工贸公司	3116	748	87	3	4	88.6	
马鞍山市锦华百货有限公司	3113	491	36		－3	69.7	－0.1
安庆市粮油储运公司	3104	12799	3124		－157	94.2	－5.1
蚌埠市安德大厦	3084	2814		1	3	78.9	0.1
安徽省泗县食品公司	3078	1218	552	30	31	89.2	
合肥市金属材料总公司	3066	1012	1770	1	－496	151.2	－16.2
滁州市百货大楼股份有限公司	3051	666	700	10	－59	100.7	－2.3
青阳县粮食购销有限责任公司	3037	7558	2573	3	－359	137.2	－11.9
马鞍山市糖业烟酒总公司	3009	937	1249	7	5	74.8	－0.1
阜阳华联商厦	3007	1810	440	1	－57	85.8	－1.9

主要统计指标解释

社会消费品零售总额 指各种经济类型的批发零售贸易业、餐饮业、制造业和其他行业（含农民对非农业居民零售额）对城乡居民和社会集团消费品零售的总和。这个指标反映通过各种商品流通渠道向居民和社会集团供应的生活消费品，是研究人民生活、社会消费品购买力、货币流通等问题的重要指标。对居民的消费品零售额：指售给城乡居民用于生活消费的商品。对社会集团的消费品零售额：指售给机关、团体、部队、学校、企业、事业单位和城市街道居民委员会、农村村民委员会用公款购买的用作非生产、非经营用的消费品。

批发零售贸易企业商品购进总额 指各种经济类型（不含个体）的批发零售贸易企业从本企业以外的单位和个人购进（包括从国外直接购进）作为转卖或加工后转卖的商品。本指标由从生产者购进额、从批发零售贸易业购进额、进口额和其他项目组成。这个指标反映批发零售贸易企业从国内、国外市场上购进商品的总量。

批发零售贸易企业商品销售总额 指各种经济类型（不含个体）的批发零售贸易企业对本企业以外的单位和个人出售（包括对国（境）外直接出口）的商品（包括售给本单位消费用的商品）。本指标由对生产经营单位批发、对批发零售贸易业批发、出口和对居民及社会集团商品零售额项目组成。这个指标反映批发零售贸易企业在国内市场上销售商品以及出口商品的总量。

批发零售贸易企业期末库存 指各种经济类型（不含个体）的批发零售贸易企业已取得所有权的全部商品。这个指标反映批发零售贸易企业的商品库存情况，对市场商品供应的保证程度。

批发零售贸易企业、对外贸易企业、餐饮业企业划型标准 批发零售贸易企业、餐饮企业是根据企业的全年商品销售额及从业人员指标进行划分。具体标准如下：

限额以上企业：批发企业年销售额在2000万元及以上，年末从业人员在20人及以上；零售企业年销售额在500万元及以上，年末从业人员在60人及以上；餐饮企业年销售额在200万元及以上，年末从业人员在40人及以上。现行外贸企业一律包括在批发企业中。

商品交易市场 是指为全国乡镇及以上各类经政府主管部门批准，有固定交易场所，进行经常性常年交易，并设有专职管理人员的现货商品交易市场，不包括农村集市。

十七、对外经济贸易和旅游业

FOREIGN TRADE AND TOURISM

简要说明

一、本篇资料综合反映全省对外经济贸易、利用外资、对外承包工程和劳务合作的主要年份概况数据，以及旅游情况。

二、我省进出口贸易的规模、进出口商品结构、贸易伙伴国的进出口总额以及三资企业的进出口变化情况，根据合肥海关资料加工整理。

三、利用外资资料。来源于省对外贸易委员会，是根据对外贸易经济合作部和国家统计局于 1987 年 9 月共同制订的《利用外资统计制度》加工、整理而成。该制度统计范围为我省所有的利用外资单位和部门，以及以批准在我省设立的中外合资经营企业、合作经营企业、外资企业、外商投资股份制企业、合作开发项目等具有法人资格的独立核算企业（包括港澳台地区投资企业）。

四、外商投资企业注册登记情况。资料来源于省工商行政管理局，是根据国家工商行政管理局 1994 年制订的《工商行政管理系统统计报表制度》进行统计、加工、整理而得。凡以工商行政管理机关核准注册，在我省的中外合资经营企业、中外合作经营企业、外商独资企业、中外股份公司、在华从事经营活动的外国及港澳台地区企业及外国公司在我省境内设立的分支机构均列入统计范围。

五、对外承包工程和劳务合作的发展状况。资料来源于省对外贸易经济委员会，是根据对外贸易经济合作部与国家统计局于 1993 年 10 月共同制订的《对外承包工程和劳务合作统计制度》通过全面调查方法进行加工、整理而得。

六、旅游业发展情况。入境国际旅游者（外国人、华侨、港澳同胞和台湾同胞）人数、不同经济类型的涉外饭店数量及规模情况的资料来源于省旅游局。

七、我省境内国家级旅游景点黄山、九华山风景区旅游基本情况，由省统计局汇总提供。黄山、九华山旅游区域主要经济指标由黄山市、池州行署统计局提供。

八、全省及各地市国内旅游资料，是安徽省统计局、安徽省旅游局根据国家旅游局的抽样调查方案和工作要求，组织调查取得。

本篇责任编辑：高亳州

海 关 出 口 总 额　(亿美元)

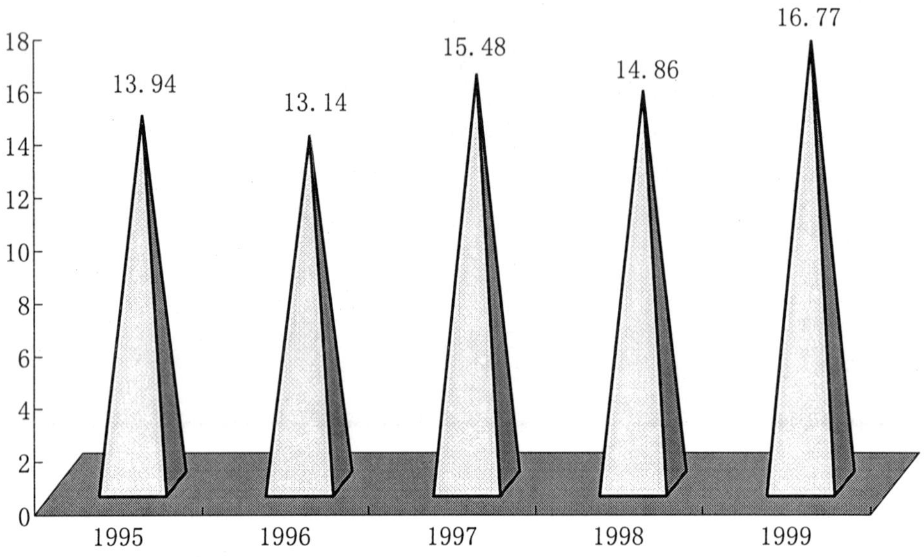

旅　游　人　数

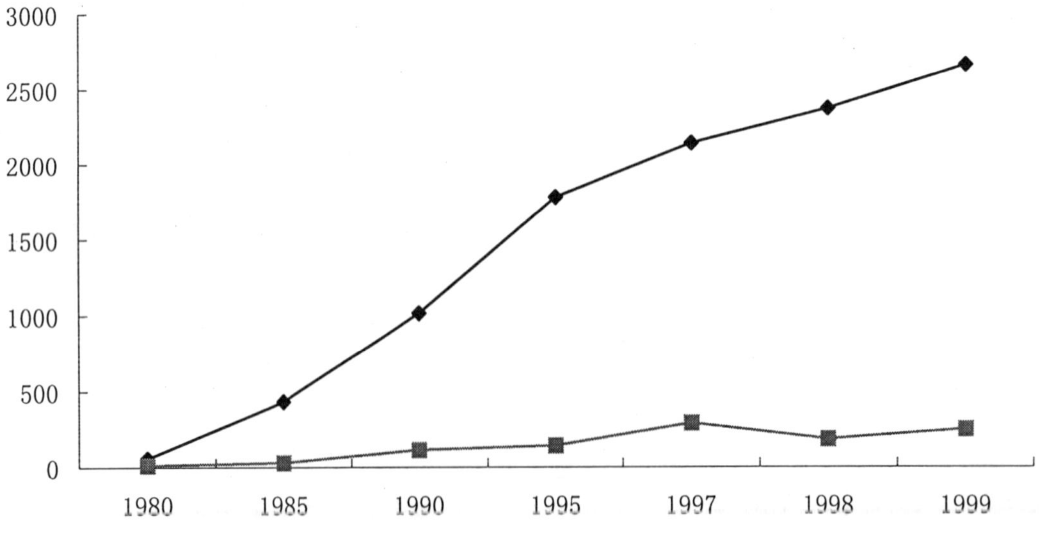

17—1 对外经济贸易和国际旅游

指标	1980年	1985年	1990年	1995年	1998年	1999年
进出口总额（海关口径）（万美元）				**200739**	**226557**	**264894**
出口总额				139358	148592	167657
进口总额				61381	77965	97237
进出口差额				+77977	+70627	+70420
对外签订利用外资协议(合同)项目(个)	**3**	**36**	**70**	**757**	**215**	**208**
对外借款	2	8	10	4	9	9
外商直接投资		18	53	753	206	199
对外签订利用外资协议(合同)金额(万美元)	**114**	**2846**	**8721**	**133856**	**36799**	**85506**
对外借款	112	903	6667	13216	5999	25638
外商直接投资		785	1920	120640	24300	55868
外商其他投资	2	1158	134		6500	4000
实际利用外资额（万美元）		**1870**	**5027**	**76749**	**69248**	**65661**
对外借款		1099	3673	28493	35075	25529
外商直接投资		163	961	48256	27673	36132
外商其他投资		608	393		6500	4000
外商投资企业基本情况						
年底登记户数（户）				2949	2737	2439
投资总额（万美元）				610297	871280	906091
注册资本（万美元）				422852	585374	582506
#外　方				232027	315734	320714
对外承包工程和劳务合作合同金额（万美元）		**20**	**3042**	**1689**	**6864**	**8550**
对外承包工程		11	2312	866	2436	6309
对外劳务合作		9	730	745	4347	2116
海外旅游人数总计（人次）	**12726**	**38671**	**114504**	**142855**	**184198**	**251183**
外国人			31282	72795	89968	138292
华　侨			1387	1831	3827	4116
港澳和台湾同胞			81835	68229	90403	108775
旅游外汇收入总额（万美元）	**104.3**	**117.0**	**620.0**	**4435.9**	**7036.05**	**9015.79**
涉外饭店个数（个）			**50**	**118**	**183**	**198**

17—2 安徽省同各国（地区）进出口总额

单位：万美元

国别（地区）	1998年			1999年		
	进出口总额	出口总额	进口总额	进出口总额	出口总额	进口总额
文莱	70	70		7	7	
缅甸	187	187		340	340	
柬埔寨	1011	731	280	566	429	137
香港	14649	13773	876	10468	9548	920
印度	2837	1373	1464	2033	1021	1012
印度尼西亚	3182	2166	1016	4792	1868	2924
伊朗	385	197	188	244	244	
伊拉克	125	125		815	815	
以色列	553	550	3	857	857	
日本	28082	18535	9547	37679	21426	16253
澳门	44	44		61	58	3
马来西亚	1748	1219	529	3321	1792	1529
菲律宾	3050	2507	543	2537	1827	710
沙特阿拉伯	2014	1862	152	2131	2076	55
新加坡	2563	2081	482	3029	2664	365
韩国	16251	9489	6762	20128	11849	8279
泰国	1111	372	739	1915	787	1128
越南	819	819		988	908	80
台湾省	5240	2293	2947	9393	4523	4870
刚果	87	87		27	27	
埃及	1593	1593		2124	2124	
肯尼亚	312	312		361	361	
马达加斯加	133	133		165	165	
尼日利亚	1097	1097		1260	1260	
南非	1382	1259	123	1790	1167	623
苏丹	156	156		279	279	
比利时	4209	3405	804	3280	2906	374
丹麦	796	604	192	1052	750	302
英国	4312	3138	1174	4051	2971	1079
德国	19639	6331	13308	21861	6641	15220
法国	3361	2226	1135	3040	2503	537
爱尔兰	81	81		216	192	24
意大利	5885	4218	1667	6404	4488	1916
卢森堡	456		456	425	3	422
荷兰	3641	3432	209	4544	3828	716

17—2 续表

单位：万美元

国别（地区）	1998年			1999年		
	进出口总额	出口总额	进口总额	进出口总额	出口总额	进口总额
希　腊	728	727	1	1490	1481	9
葡萄牙	466	453	13	625	621	4
西班牙	2556	2315	241	2456	2245	211
奥地利	421	191	230	3109	209	2900
保加利亚	76	76		218	218	
芬　兰	1170	685	485	1381	830	551
匈牙利	186	186		411	385	26
冰　岛	1	1		6	6	
马耳他	33	33		223	223	
摩纳哥				4	4	
挪　威	280	276	4	396	391	5
波　兰	1338	1273	65	1345	1344	1
罗马尼亚	387	387		933	930	3
瑞　典	915	842	73	1966	1060	906
瑞　士	480	285	195	723	267	456
爱沙尼亚	19	19		1033	515	518
乌克兰	63	63		241	240	1
南斯拉夫	27	27		44	44	
斯洛文尼亚	86	86		90	87	3
克罗地亚	1	1		35	32	3
阿根廷	751	751		888	879	9
玻利维亚	31	31		69	69	
巴　西	4179	1533	2646	3522	1619	1903
智　利	13049	1443	11606	11512	1610	9902
哥伦比亚	77	77		53	53	
古　巴	181	181		1303	1303	
墨西哥	2124	1966	158	1337	1335	2
巴拉圭	244	244		258	258	
秘　鲁	556	152	404	1849	111	1738
乌拉圭	255	212	43	260	253	7
加拿大	2633	1102	1531	2470	1453	1017
美　国	27607	22653	4954	33545	26714	6831
澳大利亚	9009	1648	7361	8502	2176	6326
斐　济	19	19		36	36	
新西兰	345	216	129	377	352	25

17—3 安徽省主要商品出口金额

单位：万美元

品　　名	1998年	1999年	品　　名	1998年	1999年
活猪（种猪除外）		62	热水瓶	460	346
鲜、冻牛肉	366	3	机电产品（包括本目录已具体列名的机电产品）	24176	26602
鲜、冻猪肉	587	55	活牛（非种用）	36	27
冻　鸡	692	512	蒜　头	265	162
水海产品	171	165	水煮竹笋罐头（8公斤以上装）	365	380
大　米	3805	8272	石　蜡	88	21
蔬　菜	2693	2624	盐水蘑菇	44	13
花生、花生仁	455	1338	泡桐原木	15	27
天然蜂蜜	542	845	泡桐板材	214	355
茶　叶	1134	1612	碳化硅	35	15
猪肉罐头	134	75	维生素C	336	517
蘑菇罐头	183	106	栗　子	149	176
猪　鬃	337	121	柴油机	853	931
填充用羽毛、羽绒	1024	988	化纤机制花边		20
药　材	2	25	芝　麻	903	2804
生　丝	237	319	薄荷脑油	111	98
氟　石	465	261	柠檬酸	3335	4773
焦炭、半焦炭	1120	67	羽绒制品	2012	2422
轮　胎	3265	5560	化纤长丝纱线	209	52
棉纱线	483	610	纺织材料制铺地制品	1610	1860
丝　绸	607	337	箱　包	2060	2747
棉坯布	424	759	纸及纸板、纸浆及其制品	1330	1362
水　泥	280	3	陶　瓷	337	323
生铁	4068	1957	塑料原料及其制品	2627	2297
钢　材	3072	2660	铁道车辆及设备	418	505
未锻造的铜及铜材	9126	10608	汽　车	44	119
#铜　材	375	351	装有发动机的车辆底盘	3	
未锻造的锌及锌合金	159	280	叉　车	582	460
锁	368	368	电冰箱	1407	1756
电　扇	210	262	洗衣机	536	431
金属加工机床	755	396	空调器	413	1149
原电池	635	503	贱金属制品	14796	16399
蓄电池	210	18	机械设备	7613	8672
彩色电视机（包括整套散件）	8	55	电器及电子产品	5724	5881
黑白电视机（包括整套散件）	821	486	运输工具	3226	3709
自行车	1296	1417	仪器仪表	353	548
船　舶	265		滚动轴承	46	59
医疗仪器及器械	23	220	成品油	2	14
家　具	46	93	电动机及发电机	363	382
服装及衣着附件	26959	28818	自行车和摩托车链条	13	17
#皮革服装	2122	1773	硅铁		3
鞋　类	6024	6985			

17—4 对外签订利用外资协议（合同）额

指标	1985年		1990年		1995年		1998年		1999年	
	项目（个）	金额（万美元）	项目（个）	金额（万美元）	项目（个）	金额（万美元）	项目（个）	金额（万美元）	项目（个）	金额（万美元）
总计	**36**	**2846**	**70**	**8721**	**757**	**133856**	**215**	**36799**	**208**	**85506**
对外借款	8	903	10	6667	4	13216	9	5999	9	25638
外国政府贷款			5	3822	1	600	8	3346	7	5358
国际金融组织贷款	6	733	4	2455	2	5076	1	2653	2	20280
外国银行商业贷款										
出口信贷	2	170	1	390	1	7540				
外商直接投资	18	785	53	1920	753	120640	206	24300	199	55868
合资经营	16	660	46	1689	538	77780	109	9393	93	30326
合作经营	2	125	1	5	43	4047	17	2639	25	11949
合作开发										
独资经营			6	226	172	38813	80	12268	81	13593
外商其他投资	10	1158	7	134				6500		4000
补偿贸易	10	1158	7	134						
加工装配								6500		4000

注：外商其他投资是指外商在开展补偿贸易和加工装配业务中作价提供的设备及融资性租赁中提供的设备。

17—5 实际利用外资额

单位：万美元

指标	1985年	1990年	1995年	1998年	1999年	以上年为100			
						1990年	1995年	1998年	1999年
总计	**1870**	**5027**	**76749**	**69248**	**65661**	**78.3**	**130.6**	**87.6**	**94.8**
对外借款	1099	3673	28493	35075	25529	66.2	131.0	194.9	72.8
外国政府贷款	320	446	10647			24.7	198.6		
国际金融组织贷款	704	2837	11073			118.5	90.9		
外国银行商业贷款	75	390	6773			55.7	166.2		
出口信贷									
外商直接投资	163	961	48256	27673	36132	201.0	130.4	74.2	130.6
合资经营	163	937	31112	13917	29458	224.2	106.4	58.8	211.7
合作经营		7	1619	2973	2835	26.9	53.7	27.5	95.4
合作开发									
独资经营		17	15525	10783	3839	50.0	327.6	217.1	35.6
外商其他投资	608	393		6500	4000	99.0		28.5	61.5
补偿贸易	577	383				96.5			
加工装配		10		6500	4000			50.8	61.5
国际租赁	31								

17—6 主要年份对外承包工程和劳务合作

单位：万美元

年份	签订合同的国家(地区)数(个)	合同数(份)	合同金额	完成营业额
总计				
1985年	4	4	20	267
1990年	7	16	3042	634
1991年	15	23	2484	778
1992年	12	21	2903	1004
1993年	17	12	607	390
1994年	9	28	3382	1329
1995年	38	93	1689	3621
1996年		84	3419	3319
1997年		129	7185	7004
1998年		134	6864	4926
1999年		73	8550	9920
对外承包工程				
1985年	1	1	11	69
1990年	4	6	2312	507
1991年	7	8	2023	719
1992年	8	15	2613	699
1993年		6	566	381
1994年		5	2575	1081
1995年	6	9	866	3180
1996年		18	1647	2231
1997年		18	4787	5336
1998年		27	2436	2800
1999年		23	6309	7114
对外劳务合作				
1985年	3	3	9	198
1990年	6	10	730	127
1991年	8	15	461	59
1992年	4	6	290	305
1993年		6	41	9
1994年		18	458	150
1995年	14	78	745	299
1996年		55	1240	814
1997年		93	1835	1416
1998年		97	4347	1852
1999年		42	2116	2654
实际咨询				
1994年		5	349	98
1995年	5	6	78	142
1996年		11	532	274
1997年		18	563	252
1998年		10	81	274
1999年		8	125	152

注：签订合同的国家（地区）是指表中所列年份同我省签订有承包工程和劳务合作的国家、地区数。

17—7 外商投资企业年末企业数、投资总额及注册资本

项目	年底登记企业数（户）		投资总额（万美元）		注册资本（万美元）			
							外方	
	1998年	1999年	1998年	1999年	1998年	1999年	1998年	1999年
总计	**2737**	**2439**	**871280**	**906091**	**585374**	**582506**	**315734**	**320714**
#中外合资	1956	1705	561813	575253	364146	348843	173181	167246
中外合作	154	146	98385	106700	47474	52089	25187	30399
外资企业	625	585	133551	143766	96222	101201	96222	101201

17—8 外国和港澳台地区直接投资（按行业）

（1999年）

指标	新签协议		实际投资（万美元）		期末实有企业数（个）	
	合同数（个）	投资额（万美元）	合计	现金		本期新增企业
总计	**199**	**55868**	**36132**	**36132**	**2439**	**171**
按投资方式分						
合资企业	93	30326	29458	29458	1705	86
合作企业	25	11949	2835	2835	146	19
外资企业	81	13593	3839	3839	585	65
按国民经济行业分						
农林牧渔业	5	354	223	223	53	2
采掘业	5	604	234	234	22	4
#煤炭采选业						
制造业	120	24226	11136	11136	1672	104
电力、煤气及水的生产和供应业	3	15606	22675	22675	22	3
建筑业	7	1482	109	109	80	5
地质勘查业、水利管理业	1	60	3	3	1	1
交通运输、仓储及邮电通讯业	2	1506	15	15	30	4
批发和零售贸易、餐饮业	4	221	133	133	60	2
金融、保险业						
房地产业	19	6396	798	798	219	17
社会服务业	32	5410	678	678	250	27
卫生、体育和社会福利业					4	
教育、文化艺术及广播电影电视业					6	
科学研究和综合技术服务业	1	3	128	128	11	2
其他行业					9	

17—9 外国和港澳台地区直接投资（按国别和地区）

（1999年）

	新签协议		客商实际投资（万美元）		期末实有企业数（个）	
	合同数（个）	客商投资额（万美元）	合计	现金		本期新增企业
合计	**199**	**55868**	**36132**	**36132**	**2439**	**171**
亚洲	140	37776	20015	20015	1855	119
#香港	72	25441	10497	10497	1122	63
澳门	2	726			25	2
台湾	33	4498	646	646	374	29
日本	13	5282	3948	3948	136	12
马来西亚	2	-611	31	31	20	2
菲律宾			12	12	10	
新加坡	7	1118	4768	4768	87	6
韩国	5	453	31	31	26	2
泰国	6	869	82	82	37	3
非洲	1	60	3	3	4	1
欧洲	9	6152	13192	13992	116	6
#比利时			100	100		
英国	2	2867	2935	2935	29	2
德国	2	206	9695	9695	23	1
法国		603	356	356	15	
意大利					14	1
荷兰	1	1300	265	265	9	1
葡萄牙	1	40			1	1
西班牙	1	544			4	
瑞士		456	612	612	3	
拉丁美洲	4	61	8	8	7	2
北美洲	42	11698	1940	1940	400	36
#加拿大	5	-779	76	76	44	4
美国	33	9301	1149	1149	348	28
大洋洲	7	121	174	174	56	7
#澳大利亚	6	111	134	134	50	6
新西兰	1	10			5	1

17—10 各地市商品进出口情况

单位：万美元

地市	1998年			1999年		
	进出口总额	出口总额	进口总额	进出口总额	出口总额	进口总额
总计	**226557**	**148592**	**77965**	**264894**	**167657**	**97237**
合肥市	124534	89124	35410	159446	106801	52645
芜湖市	18469	11187	7282	21189	10293	10896
蚌埠市	10144	7611	2533	9211	7723	1488
淮南市	2478	1846	632	2596	2225	371
马鞍山市	16047	8306	7741	11440	5495	5945
淮北市	3233	2820	413	3020	2406	614
铜陵市	27970	9826	18144	28613	10866	17747
安庆市	4620	3693	927	6892	5588	1304
黄山市	2082	1482	600	3005	1724	1281
滁州市	4660	2858	1802	5855	3443	2412
阜阳市	3938	3109	829	3331	2523	808
宿州市	397	255	142	446	303	143
六安市	2316	2059	257	3075	2598	477
巢湖市	2119	1888	231	2505	2287	218
宣城地区	2644	1630	1014	2243	1658	585
池州地区	802	794	8	1751	1448	303
亳州市	104	104		276	276	

17—11 各地市外商直接投资情况

地市	项目（个）		协议外资额（万美元）		实际利用外资额（万美元）	
	1998年	1999年	1998年	1999年	1998年	1999年
总计	**206**	**199**	**24300**	**55868**	**27673**	**36132**
合肥市	47	32	5105	6914	15248	15061
芜湖市	24	35	5038	14070	3487	8620
蚌埠市	9	9	1960	2416	1532	188
淮南市	4	5	420	7114	70	2040
马鞍山市	5	4	320	2930	1515	616
淮北市	5	1	572	1626	1391	410
铜陵市	10	14	1873	6486	168	3751
安庆市	10	9	715	997	741	192
黄山市	12	7	967	652	105	283
滁州市	13	13	723	2708	499	878
阜阳市	36	22	3751	2933	1993	2470
宿州市	9	10	1311	1607	204	250
六安市	8	9	567	1669	296	207
巢湖市	5	10	166	1998	83	778
宣城地区	6	10	615	1086	235	219
池州地区	3	3	197	131	106	7
亳州市		6		531		162

17—12 三资企业经营情况

（1999年）

单位：万元

指标	销售收入	资产总计	负债合计	应交税金及附加	利润总额
总计	**2882263**	**6976122**	**3668292**	**202244**	**25021**
按投资方式分					
合资企业	2526173	5762158	3008433	177593	19383
合作企业	59557	594970	350483	7740	5395
外资企业	296533	618994	309376	16911	243
按国民经济行业分					
农、林、牧、渔业	4346	7314	3594	160	－408
采掘业	6522	17143	9565	576	337
制造业	2567422	5099639	2522300	170522	20805
电力、煤气及水的生产和供应业	183228	1068240	662029	21027	10214
建筑业	9384	30927	11707	441	902
交通运输、仓储及邮电通信业	3719	144794	61738	751	4954
批发和零售贸易、餐饮业	27016	63069	44902	354	－39
房地产业	61554	378192	243136	6159	－1823
社会服务业	18708	159370	107356	2242	－9824
卫生、体育和社会福利业	101	5897	1138	12	－55
科学研究和综合技术服务业	263	1537	827		－12

注：马钢股份有限公司、古井股份有限公司作为外商投资股份有限公司，从1999年起列入外商企业统计。

17—13 旅游事业发展情况

指标	单位	1980年	1985年	1990年	1995年	1998年	1999年
海外旅游人数合计	**人次**	**12726**	**38671**	**114504**	**142855**	**184198**	**251183**
外国人	人次			31282	72795	89968	138292
华侨	人次			1387	1831	3827	4116
港澳和台湾同胞	人次			81835	68229	90403	108775
海外旅游人数合计	**人天**	**40788**	**99740**	**173507**	**221855**	**320909**	**401253**
外国人	人天	6754	26420	43825	121918	179017	242274
华侨	人天	133	3461	2387	2917	8914	9639
港澳和台湾同胞	人天	33901	69859	127295	97020	132978	149340
旅游外汇收入合计	**万美元**	**104.3**	**117.0**	**620.0**	**4435.9**	**7036.05**	**9015.79**
商品性收入	万美元		38.0	126.9	972.1	1919.83	1878.32
劳务性收入	万美元		79.0	493.1	2163.8	3199.72	4829.97
旅游商品出口创汇	**万美元**				**1300.0**	**1916.50**	**2307.50**
国内游客人数	**万人次**	**57.0**	**432.0**	**1015.0**	**1782.4**	**2377.25**	**2666.44**
国内旅游收入	**亿元**	**0.11**	**0.86**	**1.85**	**8.38**	**113.00**	**134.4**

17—14 接待外国旅游者人数

单位：人次

指标	1990年	1995年	1996年	1997年	1998年	1999年
外国人数合计	**31282**	**72795**	**89706**	**118029**	**89968**	**138292**
#日本	21005	18725	18543	24913	29515	38918
韩国		5578	13502	13558	3716	17233
新加坡	1160	12589	15025	22507	11383	15293
美国	1700	7060	8883	11643	12318	15113
英国	535	964	1320	1678	2665	2598
法国	497	1692	2277	2315	2379	2885
德国	617	2115	2783	4623	3559	5241
俄罗斯	261	195	407	194	389	456

17—15 旅游部门基本情况

指标	单位	1990年	1995年	1996年	1997年	1998年	1999年
旅游管理机构	个	10	42	57	57	59	60
职工人数	人	9294	28547	31319	36939	40766	44956
旅游涉外饭店（宾馆）	个	50	118	127	168	183	198
#五星级	个						
四星级	个				1	1	1
三星级	个		10	13	17	26	35
二星级	个		42	41	47	54	53
一星级	个		8	8	7	9	9
旅游涉外饭店（宾馆）							
客房	间	5943	11818	13239	16434	18741	20056
床位	张	14912	27415	29513	37316	39617	42622
客房出租率	%	54.70	52.27	4940	48.15	47.97	48.27
旅游车辆	辆		758	1030	1077	892	1013
#大型车辆	辆		142	126	170	108	109
中型车辆	辆		149	156	194	168	189
小型车辆	辆		185	444	502	392	451
经营情况							
营业收入	亿元		11.39	15.77	18.32	18.83	24.26
外汇收入	万美元	620.0	4435.9	5800.4	8205.7	7036.05	9015.79
利润总额	万元		6281.6	9962.6	6992.8		-3638.81
利润率	%		5.56	6.32	3.82		

17—16 各地市涉外饭店（宾馆）住宿设施情况

（1999 年）

地市	饭店（宾馆）（个）	四星级	三星级	二星级	一星级	客房（间）	床位（张）	客房出租率（%）
合计	**198**	**1**	**35**	**53**	**9**	**20056**	**42622**	**48.27**
合肥市	20	1	6	3		3473	6834	58.06
芜湖市	16		4	2		1255	2629	48.99
蚌埠市	10		2	1	1	1037	2136	47.63
淮南市	3			2	1	357	634	47.51
马鞍山市	11			1		1012	2225	40.38
淮北市	2		1	1		246	494	67.56
铜陵市	8		2	2		705	1425	45.12
安庆市	22		1	9	1	1970	4421	48.65
黄山市	39		10	15	3	4050	9075	38.14
滁州市	13		2	3		1213	2599	50.73
阜阳市	12		2	2		1142	2438	57.00
宿州市								
六安市	8			2		920	1990	49.33
巢湖市	6		2	2		552	1269	55.86
宣城地区	13		2	4	3	1008	2166	54.69
池州地区	13		1	3		872	1924	37.71
亳州市	2			1		244	363	62.20

注：本表星级宾馆（酒店）指 1999 年底止已得到国家旅游局或省旅游局批准的，不包括已报未批部分。

17—17 国内旅游人均花费

(1999年)

单位：元

指标	平均每人花费	交通费	住宿费	餐饮费	购物费	游览费	娱乐费	平均天(天)	平均人天花费
总花费	490.36	64.12	123.14	93.86	72.47	33.74	26.27	2.3	215.28
一日游	78.20	6.80	0.30	20.28	25.89	14.23	3.17		78.20
过夜花费	491.72	64.36	123.67	94.18	72.22	33.87	26.35	2.4	214.94
#宾馆饭店	594.92	78.88	158.95	113.97	82.02	38.48	31.92	2.4	239.62
#住亲友家	193.35	29.85	1.72	26.59	60.09	19.48	9.60	2.7	72.57

注：根据国内旅游者抽样调查统计（17—18、17—19同）。

17—18 各地市国内旅游人均花费

(1999年)

单位：元

地市	平均每人花费	交通费	住宿费	餐饮费	购物费	游览费	娱乐费	平均天(天)	平均人天花费
合肥市	746.77	114.20	215.04	144.11	116.47	16.69	73.23	3.4	221.31
芜湖市	475.62	75.85	108.18	97.48	119.24	2.99	38.63	2.1	265.73
蚌埠市	377.84	78.14	116.18	78.36	50.42	2.37	9.03	2.9	129.02
淮南市	355.88	46.55	99.42	84.95	53.45	8.20	22.80	2.1	171.61
马鞍山市	421.91	82.52	108.25	97.05	56.52	14.99	20.93	3.0	141.42
淮北市	180.46	18.15	69.27	25.11	41.68	2.11	0.38	1.4	132.32
铜陵市	225.77	32.92	98.70	71.38	4.60	2.70	6.96	1.6	138.16
安庆市	413.92	40.25	106.39	81.53	86.37	28.52	21.15	1.9	216.56
黄山市	949.60	158.41	184.41	122.32	123.99	125.39	24.55	2.5	385.05
滁州市	313.02	32.63	78.96	88.25	34.09	24.03	27.48	1.7	188.73
阜阳市	486.29	44.83	106.23	118.07	80.56	23.88	40.81	2.2	219.17
宿州市	173.61	15.94	41.14	44.65	53.38	7.58	3.22	1.1	153.33
六安市	374.14	21.02	94.53	87.05	56.54	22.98	19.84	3.0	126.47
巢湖市	442.94	23.38	125.45	127.23	20.17	17.15	31.47	2.4	188.22
宣城地区	388.91	42.16	104.55	94.27	60.79	12.44	19.63	2.4	163.84
池州地区	541.93	39.58	77.93	96.45	87.29	61.95	24.06	1.9	279.06
亳州市	419.07	41.62	148.85	61.18	54.23	32.13	21.56	2.1	202.68

17—19 各地市国内旅游主要经济指标

(1999年)

地市	人数(万人次)	总收入(万元)	一日游		过夜旅游	
			人数(万人次)	收入(万元)	人数(万人次)	收入(万元)
总计	**2666**	**1343983**	**482**	**46043**	**2184**	**1297940**
合肥市	324	242051	46	3494	278	238557
芜湖市	178	75596	36	5021	142	70575
蚌埠市	115	41669	9	355	106	41314
淮南市	79	28192	20	1519	59	26673
马鞍山市	92	24916	36	1801	56	23115
淮北市	74	19262	3	243	71	19019
铜陵市	64	13718	3	284	61	13434
安庆市	301	105392	86	7544	215	97848
黄山市	338	290751	40	2350	298	288401
滁州市	132	44784	28	2262	104	42522
阜阳市	234	154395	52	4384	182	150011
宿州市	112	26196	32	1504	80	24692
六安市	111	44360	19	1495	92	42865
巢湖市	95	40488	14	1718	81	38770
宣城地区	156	67975	10	905	146	67070
池州地区	225	108933	48	11164	177	97769
亳州市	36	15305			36	15305

17—20　国家级黄山风景区旅游事业发展情况

指　　标	单　位	1978年	1980年	1985年	1990年	1995年	1997年	1998年	1999年
接待人数	人次	98760	152849	459954	669770	831058	1078400	982741	1190855
接待海外游客	人次	4217	8172	14288	42261	41562	102400	26019	35484
国内游客	人次	94543	144677	445666	627509	789496	976000	956722	1155381
营业收入	万元	61.8	195.2	1247.1	4962.3	18382.3	32257.9	26362	46058
#游览设施	万元	16.4	58.2	322.8	1811.1	10140.0	13548.8	15121	17132
住宿设施	万元	14.4	64.3	347.8	1397.2	5248.4	11834.6	7632	9936
娱乐设施	万元				246.3	93.4			
餐饮设施	万元	16.8	52.3	289.6	982.8	2523.9	6269.8	3567	3786
商业设施	万元	14.2	20.4	286.9	524.9	376.6	604.7	42	44
外汇收入	万美元	9.2	13.91	14.54	286.73	1042.9	1198.2		
利润总额	万元	-4.8	4.8	429.1	1107.8	6111.1	7760.0	10674	11226
#管委会所属企事业利润总额	万元	-4.8	4.8	429.1	1107.8	6111.1	7760.0	10674	11226
涉外宾馆（酒店）住宿设施									
宾馆（酒店）	个	3	3	4	7	11	11	14	15
#三星级	个					4	4	4	5
二星级	个					2	2	4	4
一星级	个								
客　房	间	600	880	902	1630	1420	1510	1331	2109
床　位	张	1500	2200	4584	5050	4050	4000	3434	4106
客房出租率	%	30	31.5	26.84	51.25	48.64	85	64	68
旅游车辆	辆		10	26	45	64	181	137	188
#大型车辆	辆		2	8	19	19	27	27	29
中型车辆	辆		4	8	16	30	87	49	49
小型车辆	辆		4	10	10	15	51	61	62

17—21 国家级九华山风景区旅游事业发展情况

指标	单位	1978年	1980年	1985年	1990年	1995年	1997年	1998年	1999年
接待人数	万人天	9	17	50	65	98	134	113.87	119.23
接待海外游客	人次	36	460	970	6264	10019	13193	9093	11606
国内游客	万人天	9	16	49	64	97	131	111.39	116.84
营业收入	万元	12	26	540	1500	10940	16412	9799	10491
#游览设施	万元	1	2	60	201	1130	2314	2179	2932
住宿设施	万元	3	9	122	298	2990	3548	2539	2064
娱乐设施	万元		1	40	150	350	450	232	277
餐饮设施	万元	5	11	190	550	4010	5980	2162	2354
商业设施	万元	3	3	128	301	2460	4120	2687	2864
外汇收入	万美元	1	3	11	70	1047	573	277.60	280.60
利润总额	万元	2	7.2	71	116	288	408	301	306
#管委会所属企事业利润总额	万元	2	5.5	43	78	192	322	211	220
涉外宾馆（酒店）住宿设施									
宾馆（酒店）	个			2	2	3	3	3	3
#三星级	个						1	1	1
二星级	个			2	2	2	2	2	2
一星级	个								
客房	间	30	48	65	110	216	239	281	288
床位	张	110	144	190	280	545	598	587	576
客房出租率	%	40	40	48	53	59	59	47	50
旅游车辆	辆		5	31	57	78	106	102	60
#大型车辆	辆		1	5	12	19	27	3	
中型车辆	辆		2	16	28	37	50	59	20
小型车辆	辆		2	10	17	22	29	40	40

17—22 黄山旅游区域主要经济指标

(1999年)

指标	单位	黄山市市区	歙县	休宁县	黟县	祁门县
土地面积	平方公里	2342	2236	2125	847	2257
年末总人口	万人	40.60	50.20	27.40	9.80	18.50
#非农业人口	万人	13.70	5.73	2.70	1.70	3.80
年末从业人员数	万人	24.6	30.5	16.8	6.2	11.6
国内生产总值	万元	331725	214500	107518	36231	88737
第一产业	万元	61949	43902	41650	13684	23727
第二产业	万元	89534	90498	25660	11321	28222
第三产业	万元	180242	80100	40208	11226	36788
农业总产值(1990年不变价)	万元	44758	42704	31577	13489	19117
全社会工业总产值(1990年不变价)	万元	257583	310000	84294	56546	75435
公路通车里程	公里	887	657	556	387	472
邮电业务总量(1990年不变价)	万元	12939	3182	1668	844	1842
全社会固定资产投资额	万元	117312	34840	16313	8793	13577
#基本建设投资	万元	47353	4129	3869	1442	2055
更新改造投资	万元	14497	3100	2538	2526	5738
社会消费品零售总额	万元	125630	63138	34990	10756	24923
年末职工人数(在岗)	万人	5.90	2.69	1.67	1.00	1.95
职工工资总额(在岗)	万元	40700	14343	8787	4833	9049
财政收入(不含基金)	万元	31727	15454	8882	3909	7899
财政支出(不含基金)	万元	33441	17013	9699	4650	8701
城乡居民储蓄存款年末余额	万元	232676	135153	66962	31577	61489
农民人均纯收入	元	2368	2129	2143	2115	1906
接待旅游人数	人	3646900	386000	262000	300100	5000
#国际游客	人	144912	18500	3000		
国内游客	人	3501988	367500	259000	300100	5000
旅游营业收入	万元	121557	5968	37215	7424	1327
旅游外汇收入	万美元	2858.4	0.8	0.8		

17—23 九华山旅游区域主要经济指标

（1999年）

指标	单位	贵池市	青阳县	石台县	东至县
土地面积	平方公里	2432	1168	1403	3256
年末总人口	万人	61.0	27.6	11.2	53.0
#非农业人口	万人	17.1	3.9	1.8	5.5
年末从业人员数	万人	34.8	17.5	6.8	34.1
国内生产总值	万元	280172	98670	23882	170667
第一产业	万元	67072	30432	11068	64405
第二产业	万元	117000	38766	4900	51493
第三产业	万元	96100	29472	7914	54769
农业总产值（1990年不变价）	万元	60249	25940	9175	55130
工业总产值（1990年不变价）	万元	159344	108444	9202	71534
公路通车里程	公里	735	649	640	746
邮电业务总量（1990年不变价）	万元	6845	2766	743	3138
全社会固定资产投资额	万元	59727	31080	7255	35976
#基本建设投资	万元	17048	3575	1950	5436
更新改造投资	万元	9864	2609	1461	4183
社会消费品零售总额	万元	85939	33049	11281	57466
年末职工人数	万人	4.1	1.4	0.7	2.8
职工工资总额	万元	24847	7647	3380	14052
财政收入	万元	22693	7035	2069	11500
财政支出	万元	18089	8719	3475	12446
城乡居民储蓄存款年末余额	万元	140084	79875	26838	81358
农民人均纯收入	元	2220	2202	1511	2010
接待旅游人数	人	339200	235000	51500	105000
#国际游客	人	337700	234000	51450	104950
国内游客	人	1500	1000	50	50
旅游营业收入	万元	2695	2233	311	1155
旅游外汇收入	万美元	20	9	2	2

主要统计指标解释

利用外资　指我国各级政府、部门、企业和其他经济组织通过对外借款、吸收外商直接投资以及用其他方式筹措的境外现汇、设备、技术等。

对外借款　是我国利用外资的主要部分。包括我国通过外国政府贷款,国际金融组织贷款,外国银行商业贷款,出口信贷以及对外发行债券,股票等方式,从境外筹措的资金。

外商直接投资　是指外国企业和经济组织或个人(包括华侨、港澳台胞以及我国在境外注册的企业)按我国有关政策、法规,用现汇、实物、技术等在我国境内开办外商独资企业、与我国境内的企业或经济组织共同举办中外合资经营企业、合作经营企业或合作开发资源的投资(包括外商投资收益的再投资)以及经政府有关部门批准的项目投资总额内,企业从境外借入的资金。

对外承包工程　包括各对外承包公司以招标议标承包方式承揽的下列业务:(1)承包国外工程建设项目;(2)承包我国对外经缓项目;(3)承包我国驻外机构的工程建设项目;(4)承包我国境内利用外资进行建设的工程项目;(5)与外国承包公司合营或联合承包工程项目时我国公司分包部分;(6)以服务成果向业主收费的技术服务项目(包括承担地形地貌测绘;地质资源勘探与普查;建设区域规划;提供设计文件、图纸、生产工艺技术资料和工程技术经济咨询;工程项目的可行性考察、研究和评估;进行技术指导和培训人员等);(7)对外承包兼营的房屋开发业务。对外承包工程的营业额是以货币表现的本期内完成的对外承包工程的工作量,包括以前度签订的合同和本年度新签订的合同在报告期完成的工作量。

对外劳务合作　指以收取工资的形式向业主或承包商提供技术和劳动的活动。我国对外承包公司在境外开办的合营企业,中国公司同时又提供劳务的,其劳务部分也纳入劳务合作统计。劳务合作营业额按报告期内向雇主提交的结算数(包括工资、加班费和奖金等)统计。

旅游人数　指来我国参观、访问、旅行、探亲、访友、休养、考察、参加会议和从事经济、科技、文化、教育、体育、宗教等活动的外国人、华侨、港澳和台湾同胞的人数。不包括外国在我国的常住机构,如使领事馆、通讯社、企业办事处的工作人员;来我国常住的外国专家、留学生以及在岸逗留不过夜人员。

国际旅游(外汇)收入　指入境旅游的外国人、华侨、港澳台同胞在中国大陆旅游过程中发生的一切旅游支出,对于国家来说就是国际旅游(外汇)收入。

进出口总额　海关进出口总额指实际进出我国国境的货物金额。包括对外贸易实际进出口货物,来料加工装配进出口货物,国家间、联合国以及国际组织无偿援助物资和赠送品,华侨、港澳台同胞和外籍华人捐赠品,租赁期满归承租人所有的租赁货物,进料加工进出口货物,边境地方贸易及边境小额贸易进出口货物(边民互市贸易除外),中外合资经营企业、中外合作经营企业、外商独资经营企业进出口货物和公用物品,到、离岸价格在规定限额以上的进出口货样和广告品(无商业价值、无使用价值和免费提供出口的除外),从保税仓库提取在中国境内销售的进口货物,以及其他进出口货物。进出口总额用以观察一个国家在对外贸易方面的总规模。我国规定出口货物按离岸价格统计,进口货物按到岸价格统计。

国内游客　是指不以谋求职业、获取报酬为目的,离开惯常居住环境,到国内其他地方从事参观、游览、度假等旅游活动(包括外出探亲、疗养、考察、参加会议和从事商务、科技、文化、教育、宗教活动过程中的旅游活动),距离超过十公里,出游时间超过六小时,但不超过六个月的我国大陆居民。

十八、教育、科技、文化

EDUCATION, SCIENCE AND CULTURE

简要说明

一、本篇反映我省的教育文化事业的发展情况和科学技术活动基本情况。

二、教育部分包括高等教育（大专院校及研究生院）、中等教育（中等专业学校、技工学校、普通中学和职业中学）、初等教育（小学）、幼儿教育、特殊教育（盲聋哑和弱智儿童学校等）和各种类型的各级成人教育（成人高校、成人中等学校和初等学校）等，主要指标有各级各类学校的校数、在校学生数、招生数、毕业生数、教职工数、教师数等。

教育统计资料主要由省教委提供，资料来源是通过教委制定的教育统计报表制度搜集加工整理而成。另外，技工学校的资料来源于劳动厅。

三、文化部分主要包括艺术、图书馆、群众文化、文物、广播、电视、新闻出版等文化事业的机构、人员及业务活动情况。

1. 艺术事业、图书馆事业、群众文化事业的资料主要来自省文化厅。

2. 广播、电视资料主要来源于省广播电影电视局。

3. 新闻出版有关资料主要来自省新闻出版社。

四、科学技术部分主要包括了我省科技活动的规模、构成、布局和发展状况的资料，收录了全省有关部门1997年度的科技统计数据。

全省科技活动基本情况，综合地反映科技机构、大中型工业企业和高等学校三大科技活动主体单位的机构数、人员数和经费收支等情况，根据省科委、省教委、省国防工办、省统计局科技统计综合年报汇总。

专利申请受理量和批准量由省专利局提供。

本篇责任编辑：徐澄洲、张成美

普通高等学校在校生人数　　（万人）

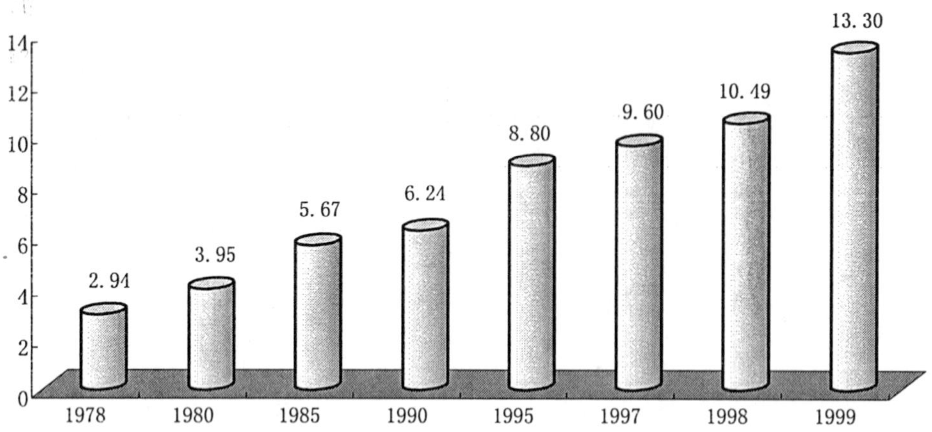

全省各类在校学生人数（万人）

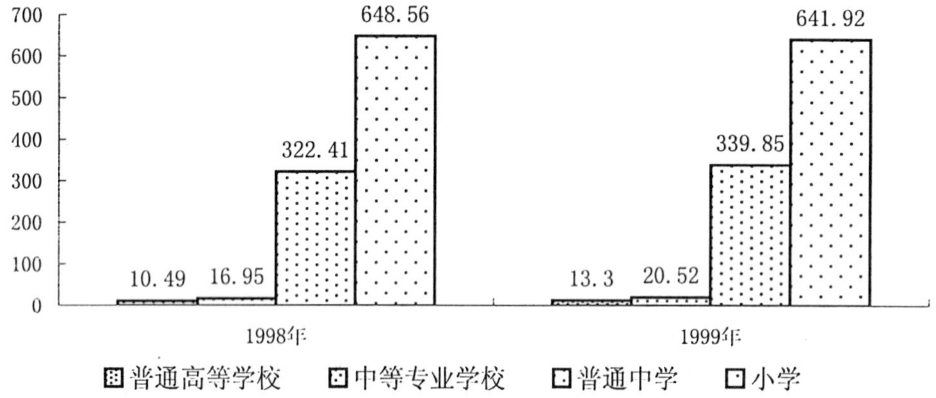

科 技 活 动 人 员　（人）

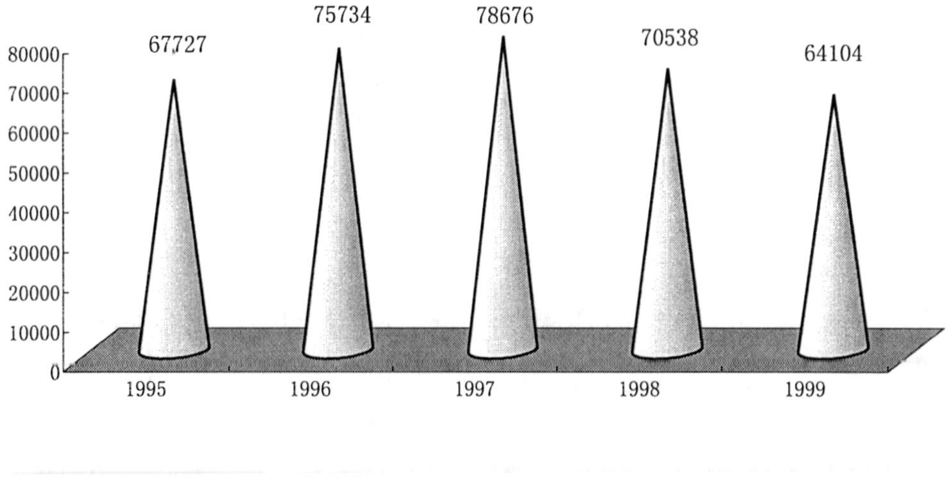

18—1 教育事业基本情况

指标	1978年	1980年	1985年	1990年	1995年	1998年	1999年
学校数（所）							
普通高等学校	21	22	36	37	35	34	37
中等学校	4004	4594	4730	5069	5059	4751	4693
#专业学校	92	105	138	135	152	160	159
普通中学	3912	4420	4180	4375	4170	3841	3792
小学	52265	44987	36940	35054	29343	26453	25476
专任教师（人）							
普通高等学校	7630	9033	10325	11691	11566	11573	12375
中等学校	125615	122594	114252	145809	165255	177999	182670
#专业学校	3254	4187	5972	7805	8480	9632	9898
普通中学	122361	117704	102477	127059	140287	149080	152890
小学	271452	285049	264708	270876	267271	275393	276616
招生数（万人）							
普通高等学校	1.23	1.18	2.02	1.98	2.94	3.54	5.17
中等学校	92.37	76.22	77.58	86.07	124.11	140.62	148.08
#专业学校	1.43	1.61	2.29	2.67	4.41	7.39	8.47
普通中学	90.94	73.87	70.59	77.13	105.23	116.60	122.87
小学	186.03	151.72	130.38	98.51	119.94	120.79	113.99
在校学生（万人）							
普通高等学校	2.94	3.95	5.67	6.24	8.80	10.49	13.30
中等学校	291.42	253.51	228.84	242.67	328.76	385.88	407.07
#专业学校	2.53	4.65	5.86	8.22	12.08	16.95	20.52
普通中学	288.89	247.14	212.73	218.18	281.53	322.41	339.85
小学	796.16	808.03	727.85	633.22	606.88	648.56	641.92
毕业生数（万人）							
普通高等学校	0.56	0.55	1.20	2.15	2.90	2.62	2.31
中等学校	64.23	82.47	56.21	69.81	81.48	115.30	118.20
#专业学校	0.91	1.27	1.56	2.38	3.20	4.46	4.80
普通中学	63.32	80.90	52.78	62.75	71.26	97.10	98.50
小学	94.93	92.36	102.51	102.99	103.24	114.95	120.02
每一教师负担学生数（人）							
普通高等学校	3.85	4.37	5.49	5.34	7.61	9.07	10.75
中等学校	23.20	20.68	20.03	16.64	19.89	21.68	22.28
小学	29.33	28.35	27.50	23.38	22.71	23.55	23.21
国家财政性教育经费支出（千元）					**4157496**	**6220854**	**6987610**
#预算内支出					2954505	4734794	5596342
#教育事业费					2743910	4190553	4875799
基建投资					38353	199795	231419

注：教育经费支出中包括中央与地方两部分。

18—2 各　级　各　类　学　校

(1999年)

单位：人

指　　标	学校数（所）	教职工数	专任教师	在校学生数	招生数	毕业生数
普通高等学校	37	27397	12375	133025	51726	23101
中等学校	4693	226802	182670	4070736	1480769	1181992
中等专业学校	159	18438	9898	205217	84723	48023
中等技术学校	118	14282	7514	167948	71707	37528
中等师范学校	41	4156	2384	37269	13016	10495
普通中学	3792	183396	152890	3398493	1228736	984954
高　中	653		26191	453806	170838	111465
初　中	3139		126699	2944687	1057898	873489
职业中学	742	24968	19882	467026	167310	149015
高　中	385		9370	175876	61003	65711
初　中	357		10512	291150	106307	83304
技工学校	139	6584	4410	49126	13492	29281
小　学	25476	293206	276616	6419167	1139910	1200173
特殊教育学校	69	1247	894	19525	2286	1859
幼儿园	3314	29683	24297	1116123	835182	

18—3 普通高等学校数、分类别专任教师和学生数

(1999年)

单位：人

指　　标	学校数（所）	专任教师数						在校研究生数	本专科学生数		
		合计	正高级	副高级	中级	初级	无职称		在校学生数	招生数	毕业生数
总　计	**37**	**12375**	**1051**	**3463**	**4416**	**2523**	**922**	**4112**	**133025**	**51726**	**23101**
#女　性		3756	105	851	1445	1020	335		42246	16808	6161
综合大学	1	798	112	259	261	77	89	335	9109	3228	1776
理工院校	7	4291	555	1332	1469	713	222	2981	39661	14209	7680
农业院校	1	586	64	186	206	103	27	147	5228	1901	886
医药院校	4	1135	126	349	357	225	78	334	12077	4372	1960
师范院校	13	3719	153	872	1330	1038	326	178	44447	18890	6634
财经院校	4	898	28	222	375	149	124	137	12574	4585	2405
职业技术学院	7	948	13	243	418	218	56		9929	4541	1760

18—4 中等专业学校分类别学校数和学生数

单位：人

指标	学校数（所）		在校学生数		招生数		毕业生数	
	1998年	1999年	1998年	1999年	1998年	1999年	1998年	1999年
总计	**160**	**159**	**169457**	**205217**	**73920**	**84723**	**44624**	**48023**
#女性			85166	111859	39426	47868	17461	20673
中等技术学校	**119**	**118**	**135639**	**167948**	**57964**	**71707**	**32650**	**37528**
工业学校	49	49	66015	80532	26612	33248	14193	18008
农业学校	13	13	14788	18551	6480	7926	3717	3992
林业学校	2	2	1985	2571	913	1107	403	496
医药学校	21	21	15764	19479	6582	8004	4384	4203
财经学校	22	20	26541	32629	12639	14758	6912	7069
政法学校	4	4	4165	4883	2287	2448	1570	1725
体育学校	3	3	2560	4056	1022	2043	539	544
艺术学校	3	4	2213	3179	700	1253	504	1031
其他学校	2	2	1608	2068	729	920	428	460
中等师范学校	**41**	**41**	**33818**	**37269**	**15956**	**13016**	**11974**	**10495**
#幼儿师范	3	3	2609	2906	1187	958	654	663

18—5 中等专业学校分类别专任教师数

单位：人

指标	合计		副高级		中级		初级		无职称	
	1998年	1999年	1998年	1999年	1998年	1999年	1998年	1999年	1998年	1999年
总计	**9632**	**9898**	**1752**	**2008**	**4134**	**4193**	**3299**	**3328**	**447**	**369**
#女性	3398	3520	557	667	1464	1499	1229	1230	148	124
中等技术学校	**7297**	**7514**	**1375**	**1596**	**3172**	**3210**	**2413**	**2436**	**337**	**272**
工业学校	3145	3366	541	657	1365	1446	1067	1094	172	169
农业学校	677	700	93	101	287	317	251	265	46	17
林业学校	124	124	12	23	70	60	42	41		
医药学校	1240	1241	318	361	563	545	321	323	38	12
财经学校	1386	1342	260	289	568	526	495	463	63	64
政法学校	217	205	23	32	85	86	104	84	5	3
体育学校	188	192	33	37	95	89	47	62	13	4
艺术学校	265	290	75	75	116	121	74	91		3
其他学校	55	54	20	21	23	20	12	13		
中等师范学校	**2335**	**2384**	**377**	**412**	**962**	**983**	**886**	**892**	**110**	**97**
#幼儿师范	169	172	23	34	66	60	69	67	11	11

18—6 初中、小学毕业生升学率情况

单位：万人

年份	初中毕业生升学率			小学毕业生升学率		
	初中毕业生数	高级中等学校招生数	升学率（%）	小学毕业生数	初级中等学校招生数	升学率（%）
1978	51.20	18.20	35.55	94.93	76.83	80.93
1980	65.65	13.74	20.93	92.36	61.65	66.75
1985	47.74	13.51	28.30	102.51	63.38	61.83
1990	56.00	14.88	26.57	102.99	70.54	68.49
1991	56.45	15.09	26.73	104.37	73.44	70.37
1992	57.68	14.83	25.71	104.84	75.84	72.34
1993	59.64	16.38	27.47	105.08	81.22	77.29
1994	61.62	17.39	28.22	101.34	92.57	91.35
1995	67.36	21.26	31.56	103.24	101.95	98.76
1996	79.02	22.15	28.04	104.98	103.18	98.28
1997	87.93	25.78	29.32	108.45	106.20	97.92
1998	93.87	27.53	29.32	114.95	112.01	97.44
1999	95.68	30.47	31.85	120.02	116.42	97.00

18—7 小学学龄儿童入学情况

单位：万人

年份	学龄儿童数	已入学学龄儿童数	入学率（%）
1978	692.25	625.22	90.32
1980	689.69	613.13	88.90
1985	522.26	495.27	94.83
1990	475.14	466.5	98.18
1991	496.03	487.9	98.36
1992	487.79	480.43	98.49
1993	509.13	500.49	98.30
1994	531.52	528.18	99.37
1995	554.98	553.28	99.69
1996	583.91	582.66	99.79
1997	614.15	612.45	99.72
1998	629.10	627.73	99.70
1999	623.91	621.13	99.55

18—8 各级各类成人学校基本情况

(1999 年)

指标	学校数（所）	毕业生数（人）	招生数（人）	在校学生数（人）	教职工数（人）	专任教师
成人高等学校（教育）	24	27512	37900	93333	4848	2427
广播电视大学	1	4542	4368	11827	1093	490
职工、农民高等学校	13	2464	3786	8572		
管理干部学校	2	1483	1298	3338	1896	1024
教育学院	8	4354	6221	13413	537	214
普通高校办函授部或夜大学、干部专修科		14669	22227	56183	1322	699
成人中等学校	**14665**	**4537120**	**3778869**	**3648669**	**18837**	**7911**
中等专业学校	158	29904	19458	54261	5976	3058
广播电视中等专业学校	8	3640	1805	7329	456	205
干部中等专业学校	22	4967	4105	11077	1225	572
职工中等专业学校	80	12591	7217	20816	2849	1517
农民中等专业学校	6	680	518	1723	53	26
函授中等专业学校	4	2409	2017	6313	155	69
教师进修学校	38	5617	3796	7003	1238	669
成人中学	39	10372	3174	5840	462	258
成人技术培训学校	14468	4496844	3756237	3588568	12399	4595
成人初等学校	**7437**	**291035**	**271841**	**299955**	**3682**	**1288**
#扫盲班	5698	209262	200222	226851	3076	1185

18—9 各级学校教师负担学生数

单位：人

年份	高等学校		中等学校		小学	
	教师数	平均每个教师负担学生数	教师数	平均每个教师负担学生数	教师数	平均每个教师负担学生数
1978	7630	3.85	125615	23.20	271452	29.33
1980	9033	4.37	123780	20.61	285049	28.35
1985	10325	5.49	116400	19.85	264708	27.50
1990	11691	5.34	145809	16.64	270876	23.38
1991	11586	5.35	149634	16.59	270066	22.86
1992	11389	5.79	152200	16.72	268443	22.52
1993	11395	7.10	154656	16.95	265947	22.60
1994	11616	7.54	159599	17.95	266486	22.72
1995	11566	7.61	165255	19.89	267271	22.71
1996	11499	7.78	170683	20.57	269859	23.09
1997	11592	8.28	174119	21.23	274667	23.41
1998	11573	9.07	177999	21.68	275393	23.55
1999	12375	10.75	182670	22.28	276616	23.21

18—10 各级各类学校女学生和女教师数

单位：万人

指标	1978年	1980年	1985年	1990年	1995年	1998年	1999年
女学生数	**422.86**	**402.67**	**372.45**	**370.87**	**423.59**	**484.79**	**493.82**
高等学校	0.69	0.69	1.07	1.52	2.17	3.10	4.22
中等专业学校	0.76	1.19	1.86	3.03	5.05	8.52	11.19
普通中学	96.63	78.79	64.22	75.31	116.23	142.74	151.95
职业中学		0.57	3.24	5.74	15.20	20.78	21.16
小学	324.78	321.43	302.06	285.27	284.94	309.65	305.30
女学生占学生总数 %	**34.75**	**37.25**	**38.70**	**42.04**	**44.85**	**46.39**	**46.49**
高等学校	23.34	17.56	18.84	24.40	24.63	29.58	31.76
中等专业学校	29.89	25.52	31.69	36.91	41.80	50.26	54.51
普通中学	33.45	31.88	30.19	34.52	41.28	44.27	44.71
职业中学		33.36	31.57	35.29	43.26	44.67	45.32
小学	40.70	39.78	41.50	45.05	46.05	47.74	47.56
女教师数	**11.02**	**9.81**	**10.53**	**12.06**	**13.16**	**14.45**	**14.87**
高等学校	0.19	0.18	0.24	0.27	0.30	0.33	0.38
中等专业学校	0.08	0.09	0.19	0.25	0.29	0.34	0.35
普通中学	2.28	2.04	2.08	2.74	3.14	3.59	3.77
职业中学		0.01	0.08	0.20	0.32	0.42	0.46
小学	8.47	7.49	7.93	8.60	9.10	9.78	9.92
女教师占教师总数 %	**27.23**	**23.55**	**27.04**	**28.30**	**29.63**	**31.08**	**31.53**
高等学校	24.61	20.00	22.96	23.12	26.00	28.52	30.35
中等专业学校	25.48	21.73	32.45	31.56	34.65	35.28	35.56
普通中学	18.60	17.30	20.33	21.03	22.38	24.06	24.65
职业中学		13.23	14.18	18.40	19.61	21.65	22.92
小学	31.19	26.29	29.96	31.77	34.06	35.51	35.86

18—11 全省研究生数情况

单位：人

年份	合计			高校			研究机构		
	在学人数	招生数	毕业生数	在学人数	招生数	毕业生数	在学人数	招生数	毕业生数
1990	1950	598	779	1720	525	693	230	73	86
1991	1675	574	597	1468	512	521	207	62	76
1992	1785	647	484	1576	578	427	209	69	57
1993	1949	784	489	1745	715	421	204	69	68
1994	2435	1049	497	2205	963	441	230	86	56
1995	2828	1051	588	2569	954	522	259	97	66
1996	3221	1195	722	2928	1087	666	293	108	56
1997	3488	1249	936	3164	1136	868	324	113	68
1998	3823	1375	996	3472	1251	918	351	124	78
1999	4495	1877	1168	4112	1735	1066	383	142	102

18—12 各地市普通中学分城乡学校数和在校学生数

(1999年)

地市	学校数(所)							
	合计	高中	城市	高中	县镇	高中	农村	高中
总计	**3792**	**653**	**488**	**210**	**400**	**186**	**2904**	**257**
合肥市	244	64	59	28	39	20	146	16
芜湖市	128	28	29	14	40	12	59	2
蚌埠市	184	35	46	16	10	8	128	11
淮南市	128	31	70	24	2	2	56	5
马鞍山市	67	19	25	13	2	2	40	4
淮北市	142	29	74	23	8	3	60	3
铜陵市	53	23	29	18	11	5	13	
安庆市	471	76	11	9	50	21	410	46
黄山市	150	19	14	6	10	7	126	6
滁州市	286	53	18	9	20	15	248	29
阜阳市	545	65	38	11	62	22	445	32
宿州市	411	45	15	6	36	12	360	27
六安市	338	57	13	5	26	16	299	36
巢湖市	240	59	17	12	25	19	198	28
宣城地区	225	29	13	8	18	12	194	9
池州地区	120	15	4	4	41	10	75	1
亳州市	60	6	13	4			47	2

地市	在校学生数(人)							
	合计	高中	城市	高中	县镇	高中	农村	高中
总计	**3398493**	**453806**	**432647**	**132382**	**471288**	**178540**	**2494558**	**142884**
合肥市	238294	41781	48345	15324	52802	17793	137147	8664
芜湖市	104886	17553	27224	8203	35599	8623	42063	727
蚌埠市	192113	23329	39725	7582	20435	10127	131953	5620
淮南市	113353	17226	54836	12719	6277	3145	52240	1362
马鞍山市	54708	10769	21572	6669	4669	2491	28467	1609
淮北市	119907	18546	49490	11158	9582	3859	60835	3529
铜陵市	32712	7090	16415	4945	6270	2145	10027	
安庆市	356414	58984	16569	6689	52161	19387	287684	32908
黄山市	69373	9982	11178	3643	10995	5073	47200	1266
滁州市	220132	33466	25133	8099	30060	12731	164939	12636
阜阳市	691125	51767	37293	13448	73815	28106	580017	10213
宿州市	357817	41177	19386	6803	44848	16771	293583	17603
六安市	318079	44782	14381	5379	39916	15751	263782	23652
巢湖市	246495	35719	13361	5901	28318	12598	204816	17220
宣城地区	134604	20989	14240	7320	19957	9499	100407	4170
池州地区	82197	14557	6862	3456	35584	10441	39751	660
亳州市	66284	6089	16637	5044			49647	1045

18—13 各地市普通中学分城乡招生数和毕业生数

(1999年)

地市	招生数(人)							
	合计	高中	城市	高中	县镇	高中	农村	高中
总计	**1228736**	**170838**	**160040**	**50011**	**173754**	**67653**	**894942**	**53174**
合肥市	87198	15969	17665	5893	19129	6535	50404	3541
芜湖市	39104	6550	9751	3018	13514	3239	15839	293
蚌埠市	70901	8618	15266	2987	7133	3431	48502	2200
淮南市	40940	6759	20582	4994	2203	1169	18155	596
马鞍山市	20735	3778	7811	2308	1805	960	11119	510
淮北市	43421	6997	18257	4271	3363	1405	21801	1321
铜陵市	11671	2427	5999	1696	2181	731	3491	
安庆市	129602	21073	6109	2430	19571	7403	103922	11240
黄山市	26331	3559	4334	1344	4006	1717	17991	498
滁州市	79129	11535	8985	2911	10758	4445	59386	4179
阜阳市	243330	21722	14277	5733	28393	11661	200660	4328
宿州市	129428	15654	7089	2453	15759	6339	106580	6862
六安市	113861	16502	5164	1915	14855	6214	93842	8373
巢湖市	87688	13945	4948	2242	10751	4984	71989	6719
宣城地区	50279	7907	4900	2425	7535	3731	37844	1751
池州地区	29876	5126	2373	1128	12798	3689	14705	309
亳州市	25242	2717	6530	2263			18712	454

地市	毕业生数(人)							
	合计	高中	城市	高中	县镇	高中	农村	高中
总计	**984954**	**111465**	**119995**	**30143**	**129949**	**45223**	**735010**	**36099**
合肥市	72091	10208	14321	3809	15522	4274	42248	2125
芜湖市	29032	3765	7731	1458	9651	2124	11650	183
蚌埠市	54784	5771	11524	1445	5893	2813	37367	1513
淮南市	35504	3705	15059	2467	1866	926	18579	312
马鞍山市	14260	2616	6092	1622	1226	690	6942	304
淮北市	33394	4499	13799	2703	2777	933	16818	863
铜陵市	10077	1744	4686	1248	1914	496	3477	
安庆市	100800	15219	4902	1590	14263	5187	81635	8442
黄山市	19259	2491	2952	815	3153	1449	13154	227
滁州市	62837	8462	6865	2082	8318	3278	47654	3102
阜阳市	206959	11034	9141	2645	18738	6162	179080	2227
宿州市	98031	10749	5328	1689	12860	4729	79843	4331
六安市	93589	11167	4184	1212	10132	3463	79273	6492
巢湖市	72502	9345	3942	1535	7874	3236	60686	4574
宣城地区	37709	4971	3673	1778	5411	2237	28625	956
池州地区	23929	4420	2000	1014	10351	3226	11578	180
亳州市	20197	1299	3796	1031			16401	268

18—14 各地市普通小学分城乡学校数和在校学生数

(1999 年)

地市	学校数(所)	城市	县镇	农村	在校学生数(人)	城市	县镇	农村
总计	**25476**	**1030**	**1595**	**22851**	**6419167**	**659359**	**598175**	**5161633**
合肥市	1582	105	245	1232	441144	72271	72502	296371
芜湖市	666	62	208	396	192559	39738	60342	92479
蚌埠市	1239	143	31	1065	362878	73791	21625	267462
淮南市	531	96	4	431	229970	81669	5780	142521
马鞍山市	275	37	5	233	112513	35057	3955	73501
淮北市	681	178	22	481	201362	84738	11943	104681
铜陵市	164	62	33	69	62398	29871	10106	22421
安庆市	3156	24	210	2922	619325	24202	68131	526992
黄山市	1107	39	31	1037	137733	13198	12735	111800
滁州市	2005	45	57	1903	440761	30856	36862	373043
阜阳市	4556	80	105	4371	1323833	58227	83888	1181718
宿州市	2285	23	111	2151	683902	23377	50397	610128
六安市	3114	36	111	2967	667172	22501	49063	595608
巢湖市	1479	24	80	1375	416558	15110	33917	367531
宣城地区	1216	26	43	1147	230259	17224	21236	191799
池州地区	847	9	299	539	137852	9173	55693	72986
亳州市	573	41		532	158948	28356		130592

地市	毕业生数(人)	城市	县镇	农村	招生数(人)	城市	县镇	农村
总计	**1200173**	**104817**	**108501**	**986855**	**1139910**	**103899**	**106430**	**929581**
合肥市	74730	10303	12274	52153	76142	11309	13584	51249
芜湖市	33073	6422	10359	16292	31025	5629	10010	15386
蚌埠市	68346	12331	4205	51810	67004	10055	4137	52812
淮南市	36628	13150	1131	22347	37167	11151	900	25116
马鞍山市	17475	4892	758	11825	19861	5468	684	13709
淮北市	38064	14451	2044	21569	33879	13318	1928	18633
铜陵市	9511	4270	1499	3742	10466	4729	1866	3871
安庆市	113589	3676	12799	97114	106943	3997	11901	91045
黄山市	23811	2117	2309	19385	22536	2299	2122	18115
滁州市	70407	5185	6696	58526	82445	6884	7259	68302
阜阳市	291941	9012	16265	266664	247783	9685	16189	221909
宿州市	119858	4997	9935	104926	133963	4069	9803	120091
六安市	129290	3445	8716	117129	104370	3272	7795	93303
巢湖市	74479	2210	5492	66777	78119	2528	6186	69405
宣城地区	43199	2378	3413	37408	34951	2544	3124	29283
池州地区	27125	1206	10606	15313	22624	1368	8942	12314
亳州市	28647	4772		23875	30632	5594		25038

18—15 各地市普通中学按城乡和主办部门分的专任教师数

(1999年)

单位：人

地市	合计	按主办部门分				按城乡分		
		教育部门办	其他部门办	集体办	民办	城市	县镇	农村
总计	**152890**	**145000**	**6783**	**156**	**951**	**27338**	**24953**	**100599**
合肥市	12083	11001	1014		68	3449	2675	5959
芜湖市	5767	5523	80		164	1802	2049	1916
蚌埠市	7826	7539	217		70	2225	1059	4542
淮南市	6199	4660	1455		84	3644	346	2209
马鞍山市	3269	2786	434	1	48	1529	225	1515
淮北市	5998	4097	1829		72	3318	503	2177
铜陵市	2331	1911	420			1213	484	634
安庆市	16941	16515	404	7	15	1006	2892	13043
黄山市	4901	4833		1	67	892	740	3269
滁州市	11531	11407	49	60	15	1424	1717	8390
阜阳市	20584	20363	79	21	121	2011	3122	15451
宿州市	15404	15244	52	61	47	1092	2199	12113
六安市	13543	13391	126	2	24	905	2006	10632
巢湖市	11506	11017	459	3	27	904	1658	8944
宣城地区	7491	7306	143		42	773	1190	5528
池州地区	4704	4668	22		14	398	2088	2218
亳州市	2812	2739			73	753		2059

18—16 各地市小学按城乡和主办部门分的专任教师数

(1999年)

单位：人

地市	合计	按主办部门分				按城乡分		
		教育部门办	其他部门办	集体办	民办	城市	县镇	农村
总计	**276616**	**231274**	**9392**	**34572**	**1378**	**31383**	**26924**	**218309**
合肥市	18796	14989	1141	2625	41	3386	3427	11983
芜湖市	9199	8703	299	165	32	2194	2783	4222
蚌埠市	14092	12035	346	1710	1	3500	934	9658
淮南市	10321	7448	2358	449	66	4131	239	5951
马鞍山市	4790	3875	837	78		1693	160	2937
淮北市	10371	6797	2060	1506	8	4879	605	4887
铜陵市	3180	2503	674	3		1528	551	1101
安庆市	25723	22253	442	3002	26	1006	3159	21558
黄山市	7512	7251	22	224	15	611	621	6280
滁州市	18995	16310	153	2532		1339	1534	16122
阜阳市	57887	45545	127	11256	959	2584	3318	51985
宿州市	25528	25126	32	259	111	1123	2057	22348
六安市	29519	25200	188	4047	84	931	2265	26323
巢湖市	17047	13328	463	3256		650	1569	14828
宣城地区	11080	9506	200	1350	24	703	967	9410
池州地区	7075	6856	17	202		327	2735	4013
亳州市	5501	3549	33	1908	11	798		4703

18—17 全省科技活动基本情况

指标	单位	1995年	1996年	1997年	1998年	1999年
科技机构	个	882	819	790	821	733
#科研单位	个	251	255	253	260	252
大中型工业企业	个	483	408	386	416	435
高等院校	个	148	156	151	145	46
科技活动人员	人	67727	75734	78676	70538	68504
#科学家、工程师	人	38364	42223	41893	42108	33188
科技活动经费收入总额	万元	153400	189995	240453	271737	330048
#科研单位	万元	65176	73872	86538	96137	136100
大中型工业企业	万元	75954	100394	132324	147342	168344
高等院校	万元	12270	15729	21591	28258	25604
科技活动经费支出总额	万元	133648	156466	215870	215870	282295
#科研单位	万元	57997	65005	74081	79857	100006
大中型工业企业	万元	64353	79529	119421	119199	157723
高等院校	万元	11298	11932	22368	16814	23951
#研究与发展经费支出	万元	27421	45618	77772	77587	115224

注：本表数据范围包括独立科学研究与技术开发机构、科技情报与文献机构、普通高等院校、大中型工业企业。1999 年高校统计口径有调整。

18—18 重大科学技术研究成果和国家科技奖励数

单位：项

项目	1990年	1995年	1997年	1998年	1999年
重大科学技术成果	445	556	500	512	540
获国家发明奖				1	
获国家科技进步奖	2	1	2		3
获国家自然科学奖			2		1

注：本表数据仅包括自然科学技术领域。

18—19 县以上政府部门属研究与开发机构及情报文献机构数、人员数

年份	合计		自然科学技术领域			社会、人文科学技术领域			科技情报和文献机构		
	机构（个）	职工（人）	机构（个）	职工（人）	科学家工程师	机构（个）	职工（人）	科学家工程师	机构（个）	职工（人）	科学家工程师
1990	206	19397	178	18652	7917	9	351	241	19	394	260
1991	199	13446	171	12697	5969	9	344	239	19	405	266
1992	197	13486	169	12749	5817	9	337	241	19	400	252
1993	200	13428	172	12694	6067	9	345	264	19	389	276
1994	198	13153	169	12386	6019	10	381	293	19	386	270
1995	196	12881	167	12127	5874	10	383	290	19	371	251
1996	195	12435	165	11674	5009	11	391	236	19	370	222
1997	193	12035	164	11276	5539	10	398	258	19	361	233
1998	198	16824	169	16042	6632	10	418	286	19	364	216
1999	190	16694	161	15917	6760	10	411	280	19	366	233

18—20 县以上政府部门属研究与开发机构及情报文献机构经费收入和支出总额

单位：万元

年份	合计		自然科学技术领域			
	经费收入总额	经费支出总额	经费收入总额	政府拨款	经费支出总额	人员费用
1990	31449	28487	30089	12907	27093	5280
1991	19275	16837	18624	6928	16230	3940
1992	26928	25624	26173	8853	24813	5229
1993	33716	35052	32883	9592	33998	7083
1994	40684	40346	38973	11283	38372	9358
1995	49598	47068	48239	12430	45784	10253
1996	56086	51581	54512	13605	50102	10791
1997	64262	60273	61955	15370	57829	12351
1998	111742	98263	108670	29516	95936	17439
1999	113140	111998	109934	50583	109065	22418

年份	社会、人文科学技术领域				科技情报和文献机构			
	经费收入总额	政府拨款	经费支出总额	人员费用	经费收入总额	政府拨款	经费支出总额	人员费用
1990	1044	1032	1082	105	306	234	312	112
1991	281	256	280	126	370	284	327	110
1992	316	290	378	217	433	301	433	153
1993	406	351	627	182	427	290	427	181
1994	1155	572	1409	316	556	387	565	281
1995	776	566	727	347	583	424	557	300
1996	837	572	771	403	737	548	708	334
1997	1338	1027	1521	772	969	693	923	404
1998	1227	808	1326	562	1795	1479	1001	489
1999	1839	1210	1712	618	1367	877	1221	591

18—21 国有独立科研机构概况

指标	合计		自然科学与技术领域	
	1998年	1999年	1998年	1999年
机构数（个）	252	244	169	161
职工总数（人）	18484	18504	16042	15917
科学家、工程师	7308	7462	6632	6760
其它科技人员	3004	2614	2641	2241
科技活动人员（人）	12294	11984	11005	10659
高级职称人员	2443	2478	2255	2285
中级职称人员	3970	3712	3681	3432
初级职称人员	2723	2988	2588	2851
专业技术干部（人）	11067	11296	10008	10228
生产经营活动人员（人）	4175	4509	3405	3639
经费收入总额（万元）	113571	118123	108670	109934
政府拨款	32463	53368	29516	50584
经费支出总额（万元）	99975	117034	95936	109065
人员费用	19191	24551	17439	22417
研究发展人员（人年）	3207	4135	2896	3816
研究发展经费支出（万元）	16693	20498	16095	19514
固定资产原值（万元）	137578	136054	134106	132305
专利授权数（件）	71	61	71	61
科技论文数（篇）	1900	1874	1472	1501
成果登记（项）	460	428	201	165
成果奖励（项）	184	143	135	117
国家级	4	8	2	6
省部级	131	75	93	64

指标	科学信息和文献机构		社会和人文科学领域		县属研究及开发机构	
	1998年	1999年	1998年	1999年	1998年	1999年
机构数(个)	19	19	10	10	54	54
职工总数(人)	364	366	418	411	1660	1810
科学家、工程师	216	233	286	280	174	189
其它科技人员	83	74	71	68	209	231
科技活动人员(人)	316	318	368	357	605	650
高级职称人员	69	72	119	121		
中级职称人员	145	144	144	136		
初级职称人员	71	76	64	61		
专业技术干部(人)	306	316	366	359	387	393
生产经营活动人员(人)	13	13	13	12	744	845
经费收入总额(万元)	1795	1367	1277	1839	1829	4983
政府拨款	1479	877	808	1210	660	697
经费支出总额(万元)	1001	1221	1326	1712	1712	5036
人员费用	489	591	561	618	702	925
研究发展人员(人年)	2	16	217	202	92	101
研究发展经费支出(万元)	4	39	478	786	116	159
固定资产原值(万元)	1511	1589	1961	2160		
专利授权数(件)						
科技论文数(篇)	48	31	380	342		
成果登记(项)	2	1	257	262		
成果奖励(项)	5	4	44	22		
国家级			2	2		
省部级	4	3	34	8		

18—22 自然科学和技术领域经费收入

(1999年)

指标	科技经费筹集额（千元）	政府资金	技术性收入	试制产品收入	银行贷款	其他收入	生产经营收入（千元）	出口创汇（千美元）
总计	**789151**	**505836**	**145082**	**28214**	**48802**	**61217**	**310189**	**481**
按隶属关系分								
省级部门属	142816	69008	42526	5111	9354	16817	14659	
地市级部门属	103175	40066	39653	2026	5068	16362	79091	481
国务院部门属	447235	309733	58043	21077	34380	24002	204799	
中国科学院	95925	87029	4860			4036	11640	
按学科领域分								
自然科学	159246	142201	6429	530	410	9676	16649	
农业科学	68566	43745	6897	2077	6265	9582	7557	
医学科学	19244	5994	9798		1607	1845	820	
工程科学与技术	538429	311513	121176	25236	40420	40084	285107	481
社会、人文科学	3666	2383	782	371	100	30	56	

18—23 自然科学和技术领域经费支出

(1999年)

指标	科技经费支出（千元）	人员费用	社会保障支出	科研业务费	公务费	资产购建支出	购置科研仪器设备	生产经营支出
总计	**757573**	**224175**	**48429**	**268686**	**40055**	**145788**	**49259**	**333078**
按隶属关系分								
省级部门属	128982	50807	7918	31574	9852	25729	7593	13920
地市级部门属	97920	35386	4501	20825	8916	22320	5016	92803
国务院部门属	454964	113592	30090	193457	18697	77902	20779	214625
中国科学院	75707	24390	5920	22830	2590	19837	15871	11730
按学科领域分								
自然科学	132655	45546	8358	45123	7713	24632	20523	19286
农业科学	65175	33498	5863	13667	4124	10721	3378	8388
医学科学	16137	5029	578	1520	1157	2556	1359	1144
工程科学与技术	541465	139218	33427	207779	26812	107800	23921	304259
社会、人文科学	2141	884	203	597	249	79	78	1

18—24 自然科学技术领域获奖成果

(1999年)　　单位：项

指标	成果奖励合计	国家级	省部级	地市级
合计	**115**	**4**	**64**	**47**
省属	34		17	17
地、市属	32		7	25
国务院部门属	45	3	37	5
中国科学院属	4	1	3	

18—25　理科高等院校研究与发展人员及经费

(1999年)

指　　标	研究与发展人员(人)	科学家工程师	高级职务	中级职务	技术员	辅助人员	支出总额(万元)
总　　计	**7639**	**7303**	**3596**	**2683**	**73**	**263**	**12991**
自然科学	2394	2288	1182	768	16	90	
工程与技术科学	2591	2443	1247	864	39	109	
医学科学	2073	2046	933	828	18	9	
农业科学	581	526	234	223		55	

18—26　理科高等院校科技经费

单位：万元

指　　标	1998年	1999年	指　　标	1998年	1999年
上年结转经费	7804	12499	其　他	160	883
当年拨入经费合计	25415	24791	当年支出经费合计	14285	18030
科研事业费	5497	6867	转拨给外单位经费	188	558
#科研人员工资	203	644	内部支出合计	14096	17472
重点学科经费	2085	1462	科技人员费	1202	1204
主管部门专项费	578	1481	业务费	7662	10210
国家计委、科委专项费	8256	2225	仪器设备费	4202	4954
国家自然科学奖金	1802	1647	#单价在5万元以上设备费	117	3966
国务院生产办公室专项费		3	上缴税金	90	87
国务院其他部门专项费	946	1196	管理费	490	604
省、市、自治区专项费	1985	926	其　他	450	413
企、事业单位委托费	5810	6295	当年结余经费总额	17635	19260
各种收入中转为当年研究与经费	346	3237	银行存款	8165	6743
贷　款		20	暂付款	5610	10301
外　资	35	11	其　他	3860	2216

18—27　理科高等院校科技课题

(1999年)

指　　标	课题数(项)	当年投入人员(人)	研究生	当年拨入经费(万元)	当年支出经费(万元)
总　　计	**2537**	**3455**	**723**	**12656**	**10380**
按活动类别分					
基础研究	880	1017	293	3671	2433
应用研究	1328	1956	363	6741	6027
实验发展	329	482	67	2244	1920
按原学学科分					
自然科学	723	919	224	3303	2240
工程与技术科学	896	1355	342	8191	7316
医学学科	735	890	132	837	583
农业科学	183	291	25	325	241

18—28 主要年份大中型工业企业技术开发基本情况

指　　标	单　位	1990年	1991年	1992年	1993年	1994年
企业数	个	382	430	458	523	580
企业技术开发人员总计	人	13262	15678	17949	26711	39486
#科学家和工程师	人	5076	6106	6535	8268	15057
技术开发经费筹集额	万元	24649	34578	50878	49378	61037
#上级拨款	万元	2033	7072	1396	1989	2294
企业自筹	万元	13796	15836	35613	30406	35341
技术开发经费支出额	万元	22087	26528	40857	37717	54056
#开发新产品用款	万元	10567	13824	15952	14853	23768
技术开发经费支出占产品销售收入的比重	%	0.86	0.84	1.05	0.65	0.86
技术开发项目数	项	950	1736	1647	953	2061
#新产品项目	项		1035	959		
新产品销售收入	万元	198116	260587	362985	294315	416883
新产品实现利税	万元	35552	40181	52935	33223	55698

指　　标	单　位	1995年	1996年	1997年	1998年	1999年
企业数	个	665	663	757	770	671
企业技术开发人员总计	人	30217	39059	42047	31376	41634
#科学家和工程师	人	10252	13520	12641	10794	13203
技术开发经费筹集额	万元	75954	100394	132324	147342	168344
#上级拨款	万元	2561	4192	5748	12171	16102
企业自筹	万元	49504	60692	88931	90580	131980
技术开发经费支出额	万元	64353	79529	119421	119199	157723
#开发新产品用款	万元	30480	48472	58722	60001	84804
技术开发经费支出占产品销售收入的比重	%	0.80	0.92	1.26	1.35	1.61
技术开发项目数	项	2975	1537	2230	2393	3303
#新产品项目	项	1833	1084	1195	1357	1926
新产品销售收入	万元	655302	578065	580178	751808	1139798
新产品实现利税	万元	70558	55519	80709	85540	133681

18—29 大中型工业企业科技活动人员和经费

（1999 年）

指标	有科技活动企业数（个）	从事科技活动人员（人）	高中级职称人员	本年经费筹集总额（万元）	内部支出总额（万元）	用于新产品开发
总计	**406**	**41634**	**13203**	**168344**	**157723**	**84804**
按经济类型分						
国有	208	20526	7411	79638	80391	42324
集体	42	2117	636	9258	8517	5458
股份合作	13	750	190	2012	1828	931
国有联营	2	77	19	23	23	20
集体联营	1	16	6	40	40	18
国有与集体联营	1	41	15	120	106	20
国有独资公司	19	4012	1538	8430	7618	5034
其他有限责任公司	54	3392	960	19618	14280	9885
股份有限公司	49	9357	2086	39805	35795	14001
私营独资	1	28	7	40	27	6
其他内资	1	45	5	18	18	
与港澳台商合资经营	7	262	86	1265	1249	558
中外合资经营	7	871	225	6129	5883	5228
外商投资股份有限公司	1	140	19	1948	1948	1321
按隶属关系分组						
中央	28	5763	2529	23226	25864	12261
省	34	6404	2541	27307	22985	12456
地、市	172	20702	5738	84211	76519	38710
县	128	5984	1531	20346	21752	15458
街道	2	26	14	111	103	5
镇	22	1115	307	4751	4637	2206
其他	20	1640	543	8392	5863	3708
按企业规模分组						
大型	156	29324	9787	128619	124408	64285
中型	250	12310	3416	39725	33315	20519
按行业分						
煤炭采选业	5	3056	1569	9024	8738	31
黑色金属矿采选业	2	443	321	1146	1143	40
有色金属矿采选业	2	36	16	237	227	202
非金属矿采选业	1	9	1	17	17	
食品加工业	6	160	35	519	469	429
食品制造业	5	222	71	1962	1864	705
饮料制造业	36	1309	407	10951	9268	5981
烟草加工业	4	248	103	1697	1668	1158
纺织业	34	1833	654	7070	6667	4672
服装及其他纤维制品制造业	3	97	25	1137	907	887
造纸及纸制品业	14	671	189	3046	7008	5797
印刷业	2	6	6	222	122	48
石油加工及炼焦业	2	289	209	2132	1708	556
化学原料及化学制品制造业	40	3143	894	11710	10881	4562
医药制造业	22	1190	266	3057	2378	1639
化学纤维制造业	2	426	107	5138	3430	2552
橡胶制品业	6	365	112	2727	2287	1597
塑料制品业	13	1878	177	10313	9315	6850
非金属矿物制品业	31	2215	457	5597	4995	3142
黑色金属冶炼及压延加工业	4	3252	674	19033	18373	1806
有色金属冶炼及压延加工业	6	2048	623	2581	2709	252
金属制品业	6	313	80	1099	619	247
普通机械制造业	53	5096	1747	8785	8352	5372
专用设备制造业	15	1341	545	6113	5996	5480
交通运输设备制造业	31	4921	1278	18810	23229	18251
电气机械及器材制造业	22	3430	882	18924	13867	9879
电子及通信设备制造业	10	471	204	1606	1625	625
仪器仪表及文化办公用机械制造业	5	672	190	820	684	656
其他制造业	5	228	127	1941	973	968
电力、蒸汽、热水的生产和供应业	12	1872	1112	10233	7512	336
煤气生产和供应业	3	237	78	311	281	74
自来水的生产和供应业	4	157	44	386	411	10

18—30 大中型工业企业研究发展人员、经费和成果、专利

(1999 年)

指　　标	研究与发展活动企业数（个）	研究与发展人员合计（人）	研究与发展经费支出（万元）	获奖成果（个）		专利申请	专利授权
					国家级		
总　　计	**243**	**10448**	**63501**	**518**	**33**	**112**	**117**
按登记注册类型分组							
国　有	122	4980	32211	280	21	45	30
集　体	25	794	3387	33	2	10	7
股份合作	7	235	1311	11	1	2	
国有联营	2	40	17				
集体联营	1	16	40			2	1
国有与集体联营	1	15	106	2			
国有独资公司	12	891	2929	38	2	10	10
其他有限责任公司	31	967	5883	61	5	13	26
股份有限公司	32	1684	8984	68	1	27	40
私营独资	1	7	3				
与港澳台商合资经营	3	119	1110	4			
中外合资经营	5	560	5572	16			
外商投资股份有限公司	1	140	1948	5	1	3	3
按隶属关系分组							
中　央	19	1993	13343	103	1	15	9
省	20	1588	11184	54	2	6	8
地、市	101	4176	24231	190	20	52	76
县	75	1620	8838	119	4	18	9
街　道	1	21	58	1			
镇	14	346	2217	23	5	12	9
其　他	13	704	3630	28	1	9	6
按企业规模分组							
大　型	96	7595	46873	349	20	77	99
中　型	147	2853	16628	169	13	35	18
按工业行业大类分组							
煤炭采选业	4	563	856	19	1	8	8
黑色金属矿采选业	1	283	157	4			
有色金属矿采选业	1	4	25				
非金属矿采选业	1	9	17				
食品加工业	4	37	265	5			
食品制造业	4	120	1004	1	1	2	2
饮料制造业	24	481	5187	35	2	17	11
烟草加工业	3	227	1044	2			
纺织业	20	457	1698	21		1	1
服装及其他纤维制品制造业	1	25	126	1			
造纸及纸制品业	8	265	1455	6			
石油加工及炼焦业	2	162	685	4			
化学原料及化学制品制造业	28	750	6377	68	6	17	11
医药制造业	16	466	996	25	3		
化学纤维制造业	1	195	2624	2			
橡胶制品业	3	82	1103	15		4	1
塑料制品业	10	299	3556	10	4	3	2
非金属矿物制品业	17	740	2209	14		1	2
黑色金属冶炼及压延加工业	1	352	1304	27		7	6
有色金属冶炼及压延加工业	4	431	1944	32		11	6
金属制品业	4	59	225	7	1	4	1
普通机械制造业	21	969	2830	38		6	4
专用设备制造业	7	418	2196	14	3	7	4
交通运输设备制造业	23	1261	13350	53	2	2	2
电气机械及器材制造业	15	760	5984	30	8	11	47
电子及通信设备制造业	4	52	468	9		1	2
仪器仪表及文化、办公用机械制造业	3	102	115	9	1	7	5
其他制造业	1	7	78	4			
电力、蒸汽、热水的生产和供应业	7	799	5325	63	1	3	2
煤气生产和供应业	1	20	118				
自来水的生产和供应业	4	53	180				

18—31 大中型工业企业科技活动项目和新产品实现经济效益

(1999 年)

指标	项目合计(项)	项目人员(人)	项目经费总额(万元)	新产品产值(万元)	新产品销售收入(万元)	新产品实现利税(万元)
总计	**3303**	**19671**	**124851**	**1188626**	**1139798**	**133681**
按登记注册类型分组						
国有	1576	10081	65021	311850	296016	53359
集体	141	1422	7283	38902	36238	6465
股份合作	46	420	1574	22789	17245	1707
国有联营	15	40	17	50	55	10
集体联营	2	16	40	900	854	45
国有与集体联营	5	15	106	800	790	15
国有独资公司	228	2132	5485	170585	108366	6629
其他有限责任公司	219	1289	12885	350261	285654	23647
股份有限公司	840	3397	23545	131042	227092	14164
私营独资	1	3	3			
其他内资	2	6	4			
与港澳台商合资经营	24	180	1249	2854	2456	-1467
中外合资经营	145	572	5691	113007	125586	11590
外商投资股份有限公司	59	98	1948	45586	39446	17517
按隶属关系分组						
中央	451	2879	22018	64323	73915	15768
省	506	3496	20466	138477	146883	11438
地、市	1530	8284	52649	811404	761962	83633
县	661	3319	20165	104495	99126	13338
街道	4	24	103	1321	1258	141
镇	62	686	3810	32129	27172	5317
其他	89	983	5640	36477	29482	4046
按企业规模分组						
大型	1978	13293	96688	977048	959298	106098
中型	1325	6378	28163	211578	180500	27583
按工业行业大类分组						
煤炭采选业	173	1886	8521	200	50	
黑色金属矿采选业	38	293	1009			
有色金属矿采选业	4	16	200	303	216	81
非金属矿采选业	1	9	17			
食品加工业	16	94	464	1392	1412	12
食品制造业	11	124	1864	727	530	74
饮料制造业	186	653	8330	98949	93223	33585
烟草加工业	28	236	1154	23336	20621	8562
纺织业	148	1048	4786	69726	62769	6528
服装及其他纤维制品制造业	5	41	907	344	157	30
家具制造业				293	275	61
造纸及纸制品业	31	409	6975	20647	13539	2238
印刷业	1	1	2	27	40	20
石油加工及炼焦业	41	269	1705	12064	12013	1802
化学原料及化学制品制造业	205	1358	8335	58279	46867	6425
医药制造业	102	595	1404	19138	15937	556
化学纤维制造业	19	426	3430	6728	6220	1199
橡胶制品业	29	173	1317	11866	12055	2446
塑料制品业	80	418	3109	44576	41957	6172
非金属矿物制品业	96	1345	4490	16500	15339	1141
黑色金属冶炼及压延加工业	268	1200	10362	50175	50973	5572
有色金属冶炼及压延加工业	79	1007	832	17770	19364	309
金属制品业	22	136	614	4759	3274	870
普通机械制造业	492	2108	6863	43379	38818	5754
专用设备制造业	103	881	4807	123668	68442	5569
交通运输设备制造业	645	1796	21556	355898	367023	35707
电气机械及器材制造业	125	1181	11990	180044	222962	2806
电子及通信设备制造业	58	233	1237	21782	20045	5100
仪器仪表及文化、办公用机械制造业	45	209	668	4068	3711	804
其他制造业	13	84	950	1900	1900	248
电力、蒸汽、热水的生产和供应业	217	1303	6362	88	66	10
煤气生产和供应业	11	68	228			
自来水的生产和供应业	11	71	363			

18—32 合肥国家高新技术产业开发区企业经营状况

(1999年)

经济类型	企业数(家)	总产值(千元)	总收入(千元)	技术性收入	利税总额(千元)	税收	出口创汇(千美元)	年末职工人数(人)	全员劳动生产率(千元/人)
总计	**133**	**8964382**	**8202919**	**164900**	**846729**	**403937**	**45511**	**37381**	**239.81**
#三资企业	37	3792344	3080206	10842	362664	203381	22880	10198	371.87
国有经济	50	2793162	2588542	61383	238764	125712	16379	14842	188.19
集体经济	6	136296	127256	1940	25538	10856		505	269.89
私营经济	11	62647	57668	342	14827	6991	70	455	137.69
联营经济	2	2282	2790	217	-63	48		22	103.73
股份制经济	25	810981	749707	27630	106054	22154	2882	1856	436.95
中外合资	17	3359676	2707631	6502	329488	175819	19605	8031	418.34
中外合作	1	520	510		-307	33		20	26.00
外资企业	3	44888	42611	1450	4207	3258	173	827	54.28
港澳台侨与大陆合资经营	11	323320	298909	2319	29857	23098	957	1148	281.64
港澳台独资企业	5	63940	30545	571	-581	1173	2145	172	371.74
其他经济	2	1366670	1596750	62546	98645	34795	3300	9503	143.81

18—33 合肥国家高新技术产业开发区研究与开发项目投资

(1999年)

单位：千元

技术领域	项目数(个)	累计经费支出	本年经费支出	累计经费筹集	本年经费筹集	政府拨款	贷款	自筹资金	其他资金
合计	**64**	**78535**	**49110**	**142297**	**101085**	**7771**	**40570**	**52720**	**24**
电子与信息	14	3978	2628	4645	3208	210		2998	
生物医药技术	14	35131	11441	56270	22250	6631	6200	9419	
新材料	5	939	839	1139	1019	100		919	
光机电一体化	23	34771	31812	75987	72018	530	34350	37114	24
新能源高效节能	2	400	390	630	590		20	570	
环境保护	1	480	120	466	120			120	
其他高技术	5	2836	1880	3160	1880	300		1580	

18—34 芜湖经济开发区主要经济指标

(1999年)

指标名称	单位	本年	本年止累计
从业人员数	人	23600	
国内生产总值	万元	267450	
#第三产业	万元	145000	
第三产业	万元	122450	
企业经营收入	万元	800000	
#外商投资企业	万元	150000	
工业总产值	万元	587000	
工业增加值	万元	135240	
财政收入	万元	59515	
税收总额	万元	58270	
#外商投资企业	万元		
固定资产投资总额	万元	105652	519391
#基础设施投资额	万元	8684	63923
开发区土地面积	平方公里		8.0
建成土地面积	平方公里	1.0	5.0
房屋开工建筑面积	万平米	17.4	111.4
房屋竣工面积	万平米	9.9	83.4
出口总额	万美元	1465	
#外商投资企业	万美元	977	
进口总额	万美元	3460	
#外商投资企业	万美元	3219	
新批准外商投资企业项目数	个	16	118
合同总投资	万美元	9638	74593
#合同外资金额	万美元	3631	35698
外商实际投资	万美元	1236	17571
新批准内资企业项目	个	98	679
投资总额	万元	141240	473258
注册资本	万元	58143	239270

18—35 主要年份省级产品监督抽查情况

年份	抽查企业(个)	合格企业数(个)	抽查产品(类)	抽查产品(种)	合格产品(种)	样品合格率(%)
1994	781	548	32	1167	877	75.2
1995	714	427	47	1083	716	66.1
1996	562	375	40	856	621	72.5
1997	552	457	27	627	521	83.1
1998	411	325	32	440	325	73.9
1999	985	818	57	1346	818	60.8

18—36 产品、商品质量监督检验情况

项目	产品质量			商品质量	
	监督检验企业数(个)	不合格产品企业所占比例(%)	批次合格率(%)	检查商业企业数(个)	批次合格率(%)
1994	9504	25.89	73.54	7939	49.40
1995	10470	24.12	76.30	10804	47.50
1996	14244	23.22	78.58	17763	61.41
1997	15447	20.79	81.45	21603	46.79
1998	15780	23.14	78.84	26645	48.45
1999	13479	23.17	78.88	24113	44.84

18—37 三种专利申请受理和授权量

单位：项

指标	1995年	1997年	1998年	1999年	指标	1995年	1997年	1998年	1999年
申请受理量合计	**1026**	**1404**	**1484**	**1729**	**授权量合计**	**574**	**637**	**933**	**1422**
发明	152	239	231	281	发明	18	19	20	48
实用新型	734	899	872	938	实用新型	469	492	631	917
外观设计	140	266	381	510	外观设计	87	126	282	457
三种专利申请中					**三种专利授权中**				
非职务	800	1059	1109	1259	非职务	411	462	645	987
职务	226	345	375	470	职务	163	175	288	435
大专院校	26	47	46	43	大专院校	14	16	34	42
科研单位	58	73	64	54	科研单位	28	30	73	69
工矿企业	112	221	264	362	工矿企业	71	119	176	320
机关团体	30	4	1	11	机关团体	50	10	5	4

18—38 文化事业机构和人员数

(1999年)

单位：机构：个 人数：人

指标	总计		文化部门			
					国有单位	
	机构数	人数	机构数	人数	机构数	人数
总计	**2332**	**15318**	**2095**	**14995**	**1819**	**13044**
艺术事业	248	7455	248	7455	201	5910
图书馆事业	83	1230	83	1230	83	1230
群众文化事业	1946	4905	1709	4582	1492	4353
教育事业	7	506	7	506	7	506
其他文化事业	48	1222	48	1222	36	1045

18—39 艺术事业机构和人员数

(1999年)

单位：机构：个 人数：人

指标	总计		文化部门			
			国有单位		集体单位	
	机构数	人数	机构数	人数	机构数	人数
艺术表演团体	**93**	**4886**	**55**	**3424**	**38**	**1394**
话剧、儿童剧、滑稽剧团	3	161	3	161		
歌剧、舞剧、歌舞剧团	1	45	1	45		
歌舞团、轻音乐团	8	794	8	794		
文工团、文宣队、乌兰牧骑	1	31	1	31		
戏曲剧团	75	3451	39	2113	36	1284
#京剧	8	366	7	360	1	6
曲艺、杂技、木偶、皮影团	5	404	3	280	2	110
艺术表演场所	**105**	**2265**	**96**	**2182**	**9**	**82**
#剧场、影剧院	104	2261	96	2182	8	79

18—40 文物、图书馆、群众文化事业机构和人员

（1999年）

指标	机构数（个）	人数（人）	指标	机构数（个）	人数（人）
文物事业	132	1316	群众文化事业	1946	4905
博物馆	35	538	群众艺术馆	14	348
文物机构	89	640	文化馆	102	1476
文物商店	8	138	文化站	1830	3081
图书馆事业	83	1223	#乡镇文化站	1749	2865

18—41 艺术表演团体演出情况

指标	1998年				1999年			
	国内演出场次（千场）	到农村演出	国内演出观众人次（千人次）	出访演出场次（场）	国内演出场次（千场）	到农村演出	国内演出观众人次（千人次）	出访演出场次（场）
总计	**10**	**3**	**9915**	**454**	**12**	**4**	**13299**	**492**
国营剧团	4	2	5016	445	5	2	8098	460
集体经营剧团	5	2	4899	9	8	2	5201	32
按剧种分								
话剧、儿童剧、滑稽剧团	…	…	21		…	…	51	
歌剧、舞剧、歌舞剧团	…	…	…		…	…	100	
歌舞团、轻音乐团	1	…	972		1	…	1869	
文工团、文宣队、乌兰牧骑	…	…	240		…	…	216	
戏曲剧团	5	3	7533	106	6	3	9046	62
#京剧	…	…	127		…	…	2721	
曲艺、杂技、木偶、皮影团	3	…	1149	348	6	…	2017	430

18—42 群众艺术馆、文化馆业务活动和经费

(1999年)

指标	单位	合计	群众艺术馆	文化馆	文化部门办文化站
单位数	个	1946	14	102	1830
举办展览	个	2924	54	466	2404
组织文艺活动	次	6183	659	1308	4216
举办训练班					
班次	次	1587	130	432	1025
结业人数	千人次	71	4	15	52
群众艺术馆、文化馆负责指导单位					
农村集镇文化中心	个	701	5	696	
文化俱乐部（室）	个	1632		1632	
图书馆	个	587		587	
文化户	户	2662	1	2661	
群众业余演出团（队）	个	626	6	620	
总支出	万元	4118.4	740.4	1933.7	1444.3
#事业费支出	万元	4007.8	716.0	1868.0	1423.8
#业务费	万元	376.0	78.9	198.8	98.3
修缮费	万元	149.4	12.7	43.2	93.5

18—43 公共图书馆基本情况

(1999年)

指标	单位	合计	省级公共图书馆	地市级公共图书馆	县级公共图书馆
公共图书馆	个	83	1	13	69
总藏量	千册	7851	2221	2600	3030
#古籍	千册	664	409	166	89
图书	千册	5777	1351	1986	2440
报刊	千册	1342	459	430	453
书架总长度	千米	178	56	72	50
发放借书证数	千个	103	3	36	64
书刊流通情况					
书刊外借人次	千人次	2603	64	854	1685
书刊外借册次	千册次	4046	123	1223	2700
为读者举办各种活动					
次数	次	1366	3	1078	285
参加人数	千人次	134		9	125
经费支出	万元	2251.8	409.8	884.3	957.7
#事业费支出	万元	2157.8	409.8	813.4	934.6
#藏量购置费	万元	373.7	142.1	141.2	90.4
本年新购藏量	千册	184	43	77	63
公用房屋建筑面积	千平方米	89	14	31	43
#书库	千平方米	25	8	9	8
阅览室	千平方米	15	1	6	8
阅览室坐席数	千个	9		3	6

18—44 图书、杂志和报纸出版数量

年份	图书 种类（种）	图书 新出版	图书 印数（万册）	图书 印张数（万印张）	杂志 种数（种）	杂志 每期平均印数（万册）	杂志 总印数（万册）	杂志 总印张数（万印张）	报纸 种数（种）	报纸 每期平均印数（万册）	报纸 总印数（万份）	报纸 总印张数（万印张）
1978	184	133	10286	35538								
1980	211	204	12026	49007	40		1118	3550	13	178	22956	21329
1985	788	702	20708	67570	88	284	2375	9342	52	422	43826	31309
1990	1514	1107	22117	75645	79	215	1825	4735	38	239	32258	22527
1991	1465	1011	21776	77806	83	219	2126	5611	40	285	37575	25362
1992	1597	1109	24004	86024	99	251	2347	6382	40	285	37680	25450
1993	1566	1122	20030	82547	113	289	2707	7336	53	356	41394	27969
1994	2007	1069	23699	96153	117	358	3290	8679	53	323	46141	46557
1995	1926	1069	27555	109340	123	347	3197	8076	52	361	47569	49024
1996	1773	944	28131	118058	126	412	4104	10284	62	383	50825	51930
1997	1970	928	31427	127303	137	393	4172	11471	60	399	51688	54480
1998	2106	1031	36936	144643	138	421	4411	11112	56	390	53906	68712
1999	2321	1121	34952	141926	147	421	4685	13075	62	406	62682	90871

18—45 广播、电视事业发展情况

指标	单位	1995 年	1998 年	1999 年	指标	单位	1995 年	1998 年	1999 年
职工人数	人	15783	16487	15168	电视台	座	45	17	17
广播电台	座	69	17	15	电视发射台、转播台	座	816	379	380
中波发射台、转播台	座	23	24	23	发射机功率	千瓦	251.6	306.2	322.4
发射机功率	千瓦	475.1	478	469	有线电视台	座	52	13	14
调频发射台、转播台	座	71	86	911	#系统内	座	39	13	14
发射机功率	千瓦	131.7	148.2	158.1	县、市有线广播站	座	27	39	50

注：调频发射台、转播台含县以下专为有线广播传输节目的小调频。

18—46 广播、电视事业职工人数

(1999年)　　单位：人

指标	合计	长期职工	正式职工	合同制职工	长期临时工	临时工
总计	**15168**	**14762**	**12906**	**1112**	**744**	**406**
省级	2144	2067	1527	166	374	77
#电台	357	333	301	32		24
电视台	658	658	431		227	
有线电视台	118	118	64	1	53	
地市级	4496	4214	3819	244	151	282
#电台	803	801	743	12	46	2
电视台	1005	968	892	45	31	37
有线电视台	1305	1093	924	133	36	212
县级	8528	8481	7560	702	219	47

18—47 广播、电视覆盖率

指标	覆盖人口（万人）				覆盖率（%）			
	1990年	1995年	1998年	1999年	1990年	1995年	1998年	1999年
广播	**4512**	**4899**	**5480**	**5649**	**82.5**	**82.5**	**89.71**	**91.82**
中央台第一套节目	3281	3563	4349	4724	60.0	60.0	71.19	76.79
省台第一套节目	2844	3088	4465	4802	52.0	52.0	73.09	78.06
地市台第一套节目	695	772	2406	3156	13.0	13.0	39.39	51.31
县级台节目			4162	3757			68.12	61.08
电视	**4321**	**4691**	**5316**	**5520**	**79.0**	**79.0**	**87.01**	**89.72**
专转中央电视台第一套节目	2024	2256	4727	5030	37.0	38.0	77.37	81.76
省电视台第一套节目	4266	4632	4598	492	78.0	78.0	75.27	80.02
地市级电视台节目	875	1188	2462	2996	16.0	20.0	40.30	48.71
县级电视台节目	227	1121	2205	3070	4.6	21.1	36.10	49.90

18—48 电视节目制作情况

(1999年)

单位：时

指标	制作电视节目合计	本年自制电视节目 小计	新闻	专题	教育	文艺	服务性
总计	**21781**	**16768**	**4755**	**2782**	**251**	**2139**	**6841**
省级	806	771	361	160		202	48
地市级	8791	6359	1624	1219	162	564	2790
县级	12184	9638	2770	1403	89	1373	4003

指标	本年加工电视节目 小计	新闻	专题	教育	文艺	服务性
总计	**5013**	**203**	**274**	**287**	**2430**	**1819**
省级	35				35	
地市级	2432	136	142	78	1185	891
县级	2546	67	132	209	1210	928

18—49 广播节目制作情况

(1999年)

单位：时

指标	制作广播节目合计	本年自制广播节目 小计	新闻	专题	教育	文艺	服务性
总计	**117227**	**95070**	**14008**	**22206**	**202**	**32814**	**25840**
省级	18051	15403	1392	1396		5794	6821
地市级	56942	50515	5339	13091		21322	10763
县级	42234	29152	7277	7719	202	5698	8256

指标	本年加工广播节目 小计	新闻	专题	教育	文艺	服务性
总计	**22157**	**828**	**1715**	**1347**	**16266**	**2001**
省级	2648	92	92	1053	1411	
地市级	6427	526	544		5233	124
县级	13082	210	1079	294	9622	1877

主要统计指标解释

普通高等学校 指按照国家规定的设置标准和审批程序批准举办，通过国家统一招生考试，招收高中毕业生为主要培养对象，实施高等教育的全日制大学、独立设置的学院和高等专科学校、短期职业大学。

成人高等学校 指按照国家有关规定审批，招收通过全国成人高教统一招生考试的具有高中毕业或同等学历的在职从业人员利用脱产、半脱产、业余或函授等多种形式对其实施高等学历教育，培养高等教育专科或本科毕业水平的专业人才，修业年限、课程设置和总学时数均按高等学历教育要求付诸实施的学校。包括广播电视大学、职工高等学校、农民高等学校、管理干部学院、教育学院、独立设置的函授学院等。

小学学龄儿童入学率 指调查范围内已入小学学习的学龄儿童占校内外学龄儿童总数（包括弱智儿童在内，但不包括盲聋儿童）的比重。计算公式：小学学龄儿童入学率＝已入学的小学学龄儿童数÷校内外小学学龄儿童总数×100％

独立研究与发展机构 指有明确的任务和研究方向，有一定学术水平的业务骨干和一定数量的研究人员，具有研究、开发、开展学术工作的基本条件，主要进行科学研究与技术开发活动，并且在行政上有独立的组织形式，财务上独立核算盈亏，有权与其他单位签订合同，在银行有单独户头的单位。包括国务院各部门、中国科学院、中国社会科学院和各省、自治区、直辖市以及地（市）以上〔含地（市）〕各部门所属的国有独立的科学研究与技术开发机构。

独立研究与开发机构职工 指在科学研究与技术开发机构工作，并由其支付工资的各种人员。包括长期职工和临时职工，不包括编制以外的离休、退休人员和停薪留职人员，但包括招聘人员。

企业办技术开发机构 是指企业自办或与外单位合办，管理上同生产系统相对独立或单独核算的技术开发机构，如企业办研究所（包括现改名为开发中心、开发部等专门技术开发机构）。

企业职能科室（如技术科），若同时兼有技术开发职能，应视其报告年内主要工作任务而定。主要任务是从事技术开发，列入统计范围，否则不予统计。

应用研究 利用基础研究发展的知识，确定研究的目标，为了明确基础研究成果的实用化的可能性，探索新方法（原理性）而进行的独创性研究，及时对已经实用化的方法探索新的应用方法（原理性）而进行的研究，实际上并不直接产生新的（或改进）产品或工艺，其成果以科学论文、科学著作和原理性模型为主。

试验发展 指利用基础研究、应用研究及实际经验所获得的知识而进行的活动，成果以实验报告、样品为主。

从事科技活动人员 指各种研究与开发课题（项目）人员；各类科技服务人员（如从事图书、情报、咨询等工作的人员）；管理人员；实验室、试验性工厂（车间）、农场的工人等。

技术开发人员 是指在报告年内从事技术开发活动（年工作量在10％以上）的工程技术人员、管理人员、工人及其人员。

科学家和工程师 指具有大学本科及以上学历和不具备上述学历但有高、中级职称的人员。

新产品 是指在产品结构、性能、材质、技术特征、化学成份等，一方面或几方面比现有产品有重大改进和提高的产品，或是从未生产过的新创产品。它是用本国或国外的新设计进行试制、投产并经鉴定合格的产品，或直接技术引进的新产品。新产品必须具有先进性、实用性和推广价值，同时必须具备下列条件之一：

1、本企业本年减免税的新产品；

2、已开发成功本年投产但未享受免税的新产品。

文化事业机构 指从事专业文化工作和为专业文化工作服务的独立建制的单独核算的单位。不包括这些单位另外举办独立核算的其他机构和各部门的业余文化组织。

艺术表演团体 指从事戏曲、音乐、舞蹈、杂技等专业艺术表演，有独立帐户，实行单独核算的团体。不包括半工半艺、半农半艺和民间职业剧团。

艺术表演观众人数（人次） 指售票、包场演出或民族地区免费演出的艺术表演观众人次数。不包括彩排审查和内部观摩演出的观看人次数。

十九、体育、卫生、社会福利和其他

SPORTS, PUBLIC HEALTH, SOCIAL WELFARE AND OTHER

简要说明

一、本篇主要反映我省体育、卫生、社会福利及其他事业发展情况。

体育：包括群众体育和竞技体育，主要内容有体育系统职工、运动员、教练员和裁判员等人数，体育场地数等。

卫生：主要内容为卫生机构、人员、床位数，医院诊疗人次及入院人数。

社会福利：主要包括社会福利事业的机构人员、社会福利救济、婚姻状况等情况。

其他：主要包括历届省人大、政协基本情况、司法情况、交通事故、火灾事故情况等。

二、上述资料分别由省体委、卫生厅、民政厅、公安厅等部门提供，是根据有关部门制定的统计报表制度进行统计、汇总整理而成的。这些统计报表制度包括体育事业统计报表制度，卫生事业统计报表制度，民政事业统计报表制度，公安统计报表制度等，一般都是逐级汇总上报。

三、环境保护统计资料由省环保局提供。统计资料是依据国家环保局制定的环境统计报表制度，由各地、市的环境统计年报汇总整理而成。主要包括“三废”排放与处理，反映各工业行业有关“三废”排放与处理的情况。

本篇责任编辑：徐澄洲

体 育 活 动 基 本 情 况

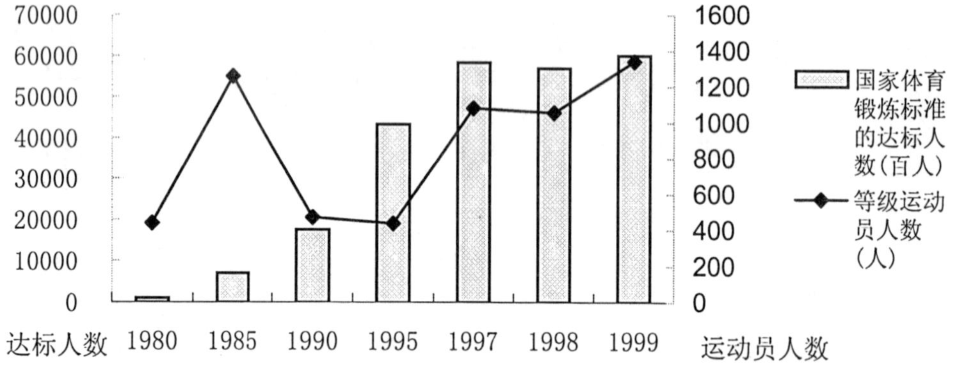

专 业 卫 生 技 术 人 员 数

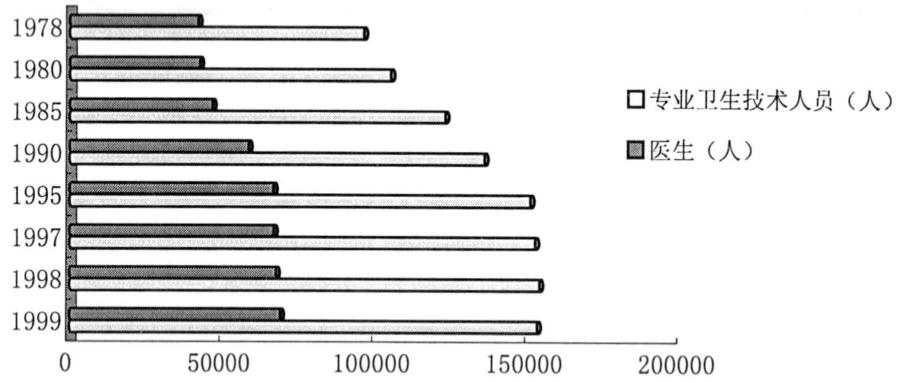

工 业 废 水 排 放 及 治 理 情 况

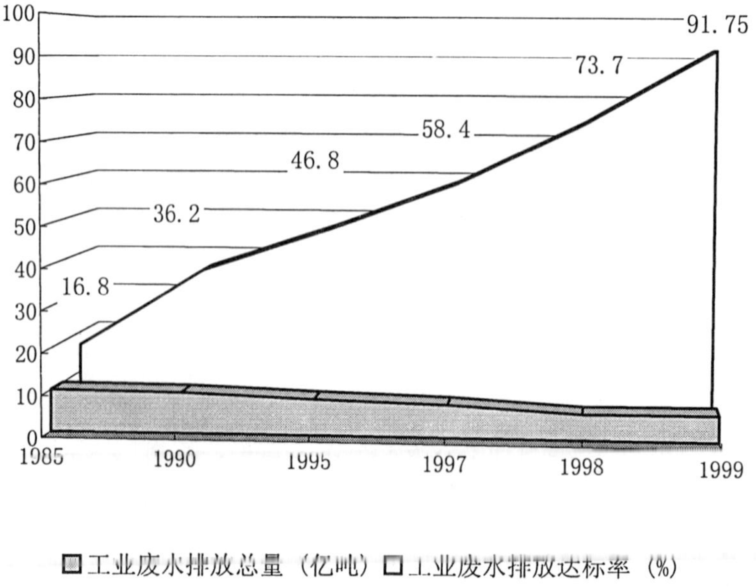

19—1 体育活动基本情况

指标	单位	1980年	1985年	1990年	1995年	1998年	1999年
《国家体育锻炼标准》达标人数	人	101478	698823	1759967	4332084	5693979	6005088
优　秀	人		76856	233372	554305	725760	746788
良　好	人		224859	601187	1332724	1699180	1883147
及　格	人		397108	925408	2445055	3269039	3375153
县以上体委举办运动会次数	次	668	613	848	514	760	731
参加运动会的运动员人数	人	136167	129371	301005	152496	234598	235382
等级运动员人数	人	437	1256	469	436	1055	1338
一级运动员	人	44	48	92	39	89	182
二级运动员	人	1	98	85	96	422	416
三级运动员	人	81	702	138	272	182	319
少年运动员	人	311	408	154	29	362	421
等级裁判员人数	人	884	1127	798	1091	961	1181
一级裁判员	人	117	52	110	101	117	241
二级裁判员	人	246	369	355	274	391	542
三级裁判员	人	521	706	333	716	453	398
在国内外比赛中获奖牌数	枚		107	107	74	39	41
金　牌	枚		38	49	28	9	9
银　牌	枚		36	38	21	17	11
铜　牌	枚		33	20	25	13	21

注：等级运动员和等级裁判员人数中不包括运动健将和国际、国家级裁判。

19—2 全省体育场地数

(1999年)

单位：个

指标	总计	体委系统	工矿系统	农业系统	学校系统	其他系统
总　计	**14065**	**426**	**1082**	**447**	**11314**	**796**
#体育场	32	19	1		12	
体育馆	37	28	6		2	1
室内外游泳池	87	47	15		15	10
有固定看台的灯光球场	114	49	55	2	3	5
运动场	136	35	6		94	1
小运动场	1709	13	28	8	1646	14
篮、排球场	11351	66	832	434	9411	608

19—3 体委系统职工人数

（1999年）

单位：人

指标	合计	优秀运动队	体育运动学校	重点业余体校	体育中学	普通业余体校	公共体育场馆	机关人员
总计	**3457**	**949**	**220**	**142**	**142**	**577**	**306**	**837**
运动员	455	455						
专职教练员	751	131	44	89	69	418		
专职文化教师	105		87		12	6		
科技人员	28	2	2				1	
医务人员	34	28	5			1		
管理人员	1261	186	43	30	20	79	148	641
其他	823	147	39	23	41	73	157	196

19—4 等级运动员、等级裁判员人数

（1999年）

单位：人

运动项目	等级运动员	运动健将	一级	二级	等级裁判员	国际、国家级	一级	二级
总计	**1345**	**7**	**182**	**416**	**1196**	**15**	**241**	**542**
田径	490		4	115	370		72	160
游泳	144	1	8	45	22	2	10	7
体操	4			2	2			1
举重	41			1	3		2	1
拳击	9		1	8	5	1	3	1
国际式摔跤	15	1	11	3	15	4	7	4
中国式摔跤	27		3	13	14		9	2
柔道	31	1	13	10	16		14	2
击剑	4		4					
赛艇					9		9	
射击	3			3	13		13	
足球	71			51	25		20	3
篮球	50			35	331	2	24	160
乒乓球	88		18	52	151	1	16	51
手球	66		52	14				
技巧	18			18	9		9	
武术	206	2	57	31	94		13	78
国际象棋	3		3					
中国象棋	6				10	2		5
围棋	41				2			
跆拳道	15	2	8	5	9		9	
其他	13			10	96	3	11	67

19—5 卫生机构数

单位：个

年份	总计	医院卫生院	县及县以上医院	疗养院、所	门诊部、所	专科防治所、站	卫生所、站	妇幼保健所、站	药品检验所、站	医学科学研究机构	其他卫生机构
1978	6466	2953	223	7	3142	50	104	106	13	7	84
1980	6639	3083	253	7	3160	54	113	113	14	9	86
1985	7113	3098	321	9	3538	57	126	116	17	7	145
1990	7336	3128	346	11	3659	66	126	110	61	10	165
1991	7359	3158	354	10	3648	67	128	109	63	10	166
1992	7035	3049	359	10	3425	67	128	109	64	11	172
1993	6637	3059	485	10	3006	66	132	109	64	15	176
1994	6585	3253	469	10	2754	66	132	109	66	15	180
1995	6593	3243	466	10	2772	68	132	109	67	15	177
1996	6261	3276	476	11	2411	66	134	111	66	15	171
1997	7911	3203	478	11	4104	67	162	108	69	15	172
1998	7515	2992	482	11	3914	67	164	108	69	15	175
1999	6778	2972	486	11	3204	66	164	107	69	15	170

注：1997年、1998年和1999年“门诊部所”中分别含个体办诊所、卫生保健所、医务室等1793个、1689个和1010个。

19—6 专业卫生技术人员数

单位：人

年份	专业卫生技术人员	医生	中医	西医师	西医士	护师护士	每万人口卫生技术人员数
1978	96030	41651	11918	13358	16375	13013	20.38
1980	104838	42169	10524	16629	15016	14518	21.43
1985	122776	46452	9936	22776	13740	21433	23.81
1990	135698	58580	10767	37170	10643	31566	23.97
1991	137868	59620	10828	37361	11431	32708	24.00
1992	142349	60046	10534	37099	12413	33439	24.47
1993	144712	62382	10397	38689	13296	33873	24.65
1994	147819	64606	10451	41198	12957	35350	24.89
1995	150619	66714	10423	42851	13440	36308	25.05
1996	152486	67009	10374	42532	14103	37301	25.12
1997	152205	66802	9709	43252	13841	38404	24.84
1998	153716	67571	9467	43500	14604	39366	24.86
1999	152988	68951	9404	44728	14819	40056	24.53

注：“中西医结合高级医师”列为“中医师”统计。

19—7 卫生机构、床位、人员数

(1999年)

指　　标	机构数(个)	床位数(张)	人员情况(人)				
			合　计	卫生技术人员	其他技术人员	管理人员	工勤人员
总　　计	**6778**	**122853**	**187653**	**152988**	**4896**	**14154**	**15615**
市	3299	65332	104359	81333	3624	8704	10698
县	3479	57521	83294	71655	1272	5450	4917
医院、卫生院合计	2972	113602	153332	126226	2821	11264	13021
市	900	60659	81654	64438	1914	6613	8689
县	2072	52943	71678	61788	907	4651	4332
县及县以上医院	486	72715	97462	76043	2165	7935	11319
综合医院	358	53708	74421	58133	1593	5967	8728
中医医院	81	7328	10035	8301	239	752	743
医学院附属医院	5	3663	5468	4262	192	408	606
传染病院	6	1270	1167	827	25	118	197
精神病院	14	3460	2468	1652	26	292	498
结核病院	1	44	72	53	5	3	11
妇幼保健院	9	1245	1897	1481	5	210	201
儿童医院	1	200	285	220	5	26	34
麻疯病院	1	150	23	12		3	8
职业医院	2	821	787	473	58	84	172
康复医院	3	534	412	295	7	38	72
口腔医院	1	4	130	98		19	13
眼科医院	1	20	18	13		3	2
骨科医院	2	228	249	200	10	12	27
其他专科医院	1	40	30	23			7
其他医院	10	272	270	234	5	23	8
卫生院	2476	40615	55600	49949	651	3306	1694
疗养院、所	11	1907	1024	569	29	156	270
门诊部	152	1089	2300	1982	33	192	93
专科防治所、站	66	4159	3239	2523	112	287	317
#结核病防治所、站	5	180	266	186	5	30	45
职业病防治所、站	6	154	312	225	18	27	42
血吸虫病防治所、站	32	3301	1957	1562	72	163	160
地方病防治所、站	14	292	535	430	10	43	52
卫生防疫站	164	80	6842	5518	240	640	444
妇幼保健所、站	107	755	2728	2250	51	286	141
药品检验所、室	69		750	554	34	90	72
医学科学研究机构	15	55	329	214	29	59	27
高等医学教育机构	5	24	2772	1307	473	477	515
中等医药卫生学校	83	171	3211	1347	866	493	505
其他卫生事业机构	82	1011	1647	1019	208	210	210
诊所、卫生保健所、医务室等	3052		9479	9479			
#个体办	1010		1635	1635			

19—8 卫生机构各类人员数

（1999 年）　　　　单位：人

指　　标	合　计	卫生部门	集　体 所有制	工业及 其他部门	个体办诊所	其　他
总　　计	**187653**	**98460**	**49965**	**37135**	**1635**	**458**
卫生技术人员	152988	76524	44966	29521	1635	342
其他技术人员	4896	3328	646	921		1
管理人员	14154	8297	2933	2888		36
工勤人员	15615	10311	1420	3805		79
卫生技术人员	**152988**	**76524**	**44966**	**29521**	**1635**	**342**
中 医 师	7313	3765	2523	858	163	4
西 医 师	44728	24844	9316	10143	336	89
中西医结合高级医师	162	48	35	77	2	
护　　师	25678	17445	2550	5578	40	65
中 药 师	2861	1684	949	220	8	
西 药 师	4605	2870	644	1079	1	11
检 验 师	4707	3305	591	799	5	7
其他技师	2967	1897	530	524	13	3
中 医 士	1619	529	786	171	131	2
西 医 士	14819	4378	7948	2157	306	30
护　　士	14378	6991	3652	3585	74	76
助 产 士	2735	759	1702	253	16	5
中药剂士	945	406	443	95	1	
西药剂士	2276	1014	730	517	1	14
检 验 士	2120	957	773	379	4	7
其他技士	1462	581	573	232	64	12
其他中医	310	76	114	39	81	
护 理 员	3413	674	1685	1038	11	5
中药剂员	549	173	329	44	3	
西药剂员	1476	297	900	273	3	3
检 验 员	874	190	547	136	1	
其他初级卫生技术人员	12991	3641	7646	1324	371	9

19—9 医院诊疗人次及入院人数

（1999 年）

指　　标	诊疗人次 （万人次）	门、急诊	入院人数 （万人）	每百诊次的 入院人数 （人）	每百门、急 诊入院人数 （人）
县及县以上医院	**3366.68**	**3148.94**	**115.17**	**3.42**	**3.66**
卫生部门	2199.99	2154.10	92.06	4.18	4.27
工业及其他部门	1083.69	913.60	19.32	1.78	2.11
集体所有制	80.73	78.99	3.23	4.00	4.09
私人开业及其他	2.28	2.25	0.56	24.56	24.89
卫生院	**4674.24**	**3672.64**	**140.32**	**3.00**	**3.82**
其他医院	**11.87**	**11.84**	**0.50**	**4.21**	**4.22**

19—10 医院病床使用情况

(1999 年)

指标	病床周转次数(次)	病床工作日(日)	病床使用率(%)	出院者平均住院日(日)
县及县以上医院	**17.09**	**214.95**	**58.89**	**12.18**
卫生部门	18.77	212.23	58.14	10.89
工业及其他部门	11.75	224.62	61.54	18.77
集体所有制	21.74	208.35	57.09	9.35
私人开业及其他	13.48	176.84	48.44	12.94
卫生院	**36.63**	**139.92**	**38.33**	**4.16**
其他医院	**42.69**	**157.80**	**43.28**	**3.65**

19—11 各地市卫生机构、床位、人员数

(1999 年)

地市	机构合计(个)	医院卫生院	床位合计(张)	医院卫生院	人员合计(人)	卫生技术人员
总计	**6778**	**2972**	**122853**	**113602**	**178174**	**152988**
合肥市	594	233	12468	11878	20864	16603
芜湖市	416	126	7160	6767	9749	8104
蚌埠市	387	111	8844	8433	13564	11064
淮南市	560	115	8550	8264	11744	10288
马鞍山市	237	49	3348	3196	5684	4979
淮北市	249	124	6738	6606	10086	8916
铜陵市	202	37	3163	2787	4448	4020
安庆市	780	405	11678	9837	14374	12673
黄山市	470	176	4143	3454	5644	4957
滁州市	405	290	7714	7426	10294	8993
阜阳市	592	364	15545	15306	23941	21084
宿州市	222	135	6693	6548	11642	9957
六安市	381	214	9216	8825	13193	11312
巢湖市	530	286	7925	6198	10208	8365
宣城地区	441	199	6176	5535	8617	7705
池州地区	312	108	3492	2542	4122	3968

19—12 各地市农村设置的医疗点

（1999 年）

单位：个

地市	行政村数	无医疗点的村数	农村设置的医疗点数	村或群众集体办	乡村医生或卫生员联合办	乡卫生院设点	个体办	其他
总计	**30404**	**1705**	**29682**	**10629**	**7431**	**1016**	**10270**	**336**
合肥市	1991	99	1907	1129	26	9	743	
芜湖市	711	10	800	504	36	27	232	1
蚌埠市	1619	200	1463	348	750	106	258	1
淮南市	575	1	603	166	88	35	314	
马鞍山市	366	8	513	156	1	8	344	4
淮北市	633	31	638	271	176	36	155	
铜陵市	222	27	203	155	5	2	41	
安庆市	3250	128	3556	1228	519	81	1707	21
黄山市	1175	210	1005	458	5	50	480	12
滁州市	2225	185	1495	562	762	62	109	
阜阳市	6640	307	6616	1918	2986	109	1449	154
宿州市	2831	77	2863	905	558	229	1140	31
六安市	3348	130	3486	1302	819	46	1228	91
巢湖市	2217	139	2039	233	505	118	1164	19
宣城地区	1643	108	1491	814	163	86	426	2
池州地区	958	45	1004	480	32	12	480	

19—13 各地市乡村医生、卫生员、接生员人数

（1999 年）

单位：人

地市	合计	乡村医生	会接生	卫生员	会接生	农村接生员
总计	**68238**	**44105**	**6188**	**24133**	**4496**	**7920**
合肥市	3394	1959	344	1435	223	76
芜湖市	1503	1282	96	221	38	112
蚌埠市	3784	2264	221	1520	105	118
淮南市	1467	1115	164	352	44	96
马鞍山市	590	533	7	57	8	35
淮北市	1592	1063	107	529	66	27
铜陵市	393	229	16	164	21	3
安庆市	7713	5788	817	1925	568	1696
黄山市	1444	1070	210	374	120	547
滁州市	5684	4324	431	1360	157	199
阜阳市	17606	8425	1617	9181	1961	2421
宿州市	5687	4128	523	1559	178	350
六安市	8477	5626	639	2851	453	919
巢湖市	4130	2700	499	1430	345	648
宣城地区	2769	1955	256	814	128	243
池州地区	2005	1644	241	361	81	430

19—14 历届全省人民代表大会代表人数

单位：人

	代表总数	女代表	占代表总数 %	少数民族代表	占代表总数 %
一 届（1954年）	448	69	15.40	8	1.79
二 届（1958年）	496	68	13.71	9	1.81
三 届（1964年）	497	96	19.32	9	1.81
五 届（1978年）	998	196	19.64	28	2.81
六 届（1983年）	813	167	20.54	34	4.18
七 届（1988年）	729	157	21.54	28	3.84
八 届（1993年）	729	164	22.50	27	3.70
九 届（1998年）	728	195	26.79	35	4.71

19—15 历届政治协商会议的委员人数

单位：人

	代表总数	中国共产党代表	占代表总数 %	少数民族代表	占代表总数 %
一 届（1955年）	171	53	30.99	6	3.51
二 届（1958年）	308	88	28.57	8	2.60
三 届（1964年）	372	108	29.03	18	4.84
四 届（1978年）	506	297	58.70	21	4.15
五 届（1983年）	724	231	31.91	30	4.14
六 届（1988年）	694	234	33.72	40	5.76
七 届（1993年）	705	245	34.75	40	5.67
八 届（1998年）	730	273	37.40	37	5.07

19—16 妇联组织及干部情况

(1999年)

单位：个

指标	合计	省级	地、市级	县级	乡、镇及基层妇代会
妇联组织数	32760	1	17	106	32636
机关及事业单位妇委会	1838	96	447	1295	
直属机关妇工委	140	1	11	128	
直属机关所属部门（单位）妇委会	1687	95	425	1167	
高等院校妇女组织	11		11		
团体会员（组织）数	4015	41	1224	2750	
女职工委员会	3930	35	1195	2700	
各类妇女组织	85	6	29	50	

注：在乡镇及基层妇代会中，乡（街）一级妇代会为2132个，不含乡镇企业及其他领域妇代会等1204个。

19—17 妇联工作情况

(1999年)

指标	单位	合计	省级	地、市级	县级
双学双比参赛情况					
实用技术培训	人	1173447	84	10324	1163039
获绿色证书人数	人	28125		211	27914
获农民技术员称号	人	15766		119	15647
先进女能手	人	85	85		
巾帼建功活动情况					
评选帼国文明示范岗数	人	879	50	139	690
帼国建功标兵数	人	2349	50	120	2179
培训下岗女工人数	人	28242		8311	19931
建立培训基地	个	21		6	15
“三、八”绿色工程情况					
建“三、八”绿色基地	个	1101	2	20	1079
基地面积	亩	50517	2100	815	47602
妇女儿童活动中心	个	35	1	7	27
家庭教育情况					
家庭教育研究会	所	94	1	47	46
家长学校	所	20241		3556	16685
家长人数	人	3999284		557846	3441438
广播电视父母学校	所	2092	1	388	1703
妇联办托幼园数	所	456		24	432
入托儿童数	人	40202		3881	36321
实施春蕾计划情况					
资助女童入学或返校人数	人	14511	1465	2557	10489
社会捐资总数	万元	378.09	62.70	65.18	250.21

19—18 主要年份婚姻登记和离婚情况

指标		1985年	1990年	1995年	1996年	1997年	1998年	1999年
准予登记结婚	（对）	280907	465834	609626	596809	580601	530729	546359
初婚	（人）	542393	910948	1202392	1174974	1140051	1039610	1068404
再婚	（人）	19421	20720	16860	18644	21151	21848	24314
离婚	（对）	11178	23325	29877	32993	35395	35447	37589
离婚率	（‰）	0.43	0.84	1.00	1.09	1.16	1.16	1.21

19—19 各地市婚姻登记和离婚情况

（1999年）

地市	准予登记结婚（对）	初婚（人）	再婚（人）	离婚（对）
总计	**546359**	**1068404**	**24314**	**12104**
合肥市	39874	75078	4670	1723
芜湖市	17429	33333	1525	769
蚌埠市	29946	58378	1514	1056
淮南市	15718	29965	1471	346
马鞍山市	9173	16997	1349	947
淮北市	18323	35931	715	492
铜陵市	6083	11434	732	260
安庆市	52013	102170	1856	950
黄山市	11064	21131	997	498
滁州市	36925	72662	1188	935
阜阳市	115025	228612	1438	710
宿州市	51786	102312	1260	739
六安市	56794	111875	1713	758
巢湖市	39800	78556	1044	670
宣城地区	20545	39445	1645	747
池州地区	13809	26965	653	352
亳州市	12052	23560	544	152

注：本表数据由省民政厅提供，离婚人数不包括法院的调解和判决离婚数。

19—20 律师、公证、基层法律服务和人民调解基本情况

指标	单位	1985年	1990年	1995年	1998年	1999年
律师工作						
律师事务所	个	95	119	265	300	317
律　师	人	820	1090	3284	3297	3663
专职律师	人	510	850	2012	1456	1657
兼职律师	人	310	240	1272	1841	2006
受聘担任常年法律顾问单位	家	1787	4458	12390	9115	8824
民事代理（民事、经济、行政案件代理）	件	3882	12013	14301	40033	42814
刑事辨护	件	4297	10118	10420	15012	15684
非诉讼法律事务	件	1010	1451	18850	21809	15613
解答法律咨询	人次	46009	107045	120808	169354	198466
代写法律文书	件				44111	38065
公证工作						
公 证 处	个	83	87	104	110	112
公证人员	人	331	472	533	544	549
办理公证文书	件	68747	174855	560614	482946	635618
基层法律服务						
基层法律服务所	个		1053	1440	1502	1580
基层法律工作者人数	人		3165	4641	4712	4946
受聘担任常年法律顾问单位	家		9944	17723	35561	37320
民事代理	件		8439	36430	48683	55306
协办公证	件		59533	243040	145441	190470
调解纠纷	起		45933	53515	46626	40619
解答法律咨询	人次		155450	282587	307983	272239
代写法律文书	件				49379	59820
人民调解工作						
专职司法助理员	人	1146	2142	2311	2606	2412
人民调解委员会	个	34519	37050	36988	38452	38254
调解人员	人	191677	218217	337279	280988	287779
调解民间纠纷	件	239915	443067	350946	282277	280606

注：原“律师工作”和“基层法律服务”中的“解答法律咨询”和“代写法律文书”是合在一起统计的，1998年分开统计。

19—21 社会福利事业、企业单位机构和人员数

指标	机构数（个）		人员数（人）	
	1998年	1999年	1998年	1999年
总计	**3758**	**3389**	**36431**	**28941**
社会福利事业单位	**2452**	**2293**	**8419**	**8366**
民政部门办	89	109	2062	1307
社会（集体）办	2363	2184	6357	7059
社会福利企业单位	**1053**	**850**	**23992**	**16507**
社会福利工厂及商业服务业	1049	845	23784	16219
假肢厂	1	1	62	63
安置农场	3	4	146	225
非收养性单位	**253**	**246**	**4020**	**4068**
#烈士纪念建筑管理单位	40	38	410	388
收容遣送站	27	28	413	348
殡葬事业单位	101	100	1835	1893

19—22 社会福利事业单位基本情况

指标	院数（个）		工作人员（人）		床位（张）		年末收养人数（人）	
	1998年	1999年	1998年	1999年	1998年	1999年	1998年	1999年
总计	**2452**	**2293**	**8419**	**8366**	**55854**	**58297**	**45036**	**47559**
民政部门办	89	109	2062	1307	6335	6920	5325	5381
社会（集体）办	2363	2184	6357	7059	49519	51377	39711	42178

19—23 社会福利救济主要费用

单位：万元

指标	1990年	1995年	1996年	1997年	1998年	1999年
总计	**20692.3**	**41792.4**	**49744.6**	**63682.5**	**69265.3**	**77903.5**
国家支出	8497.5	13482.9	14356.3	19436.2	21333.2	29291.3
集体供给	12194.8	28309.5	35388.3	44246.3	47932.1	48612.2
优抚对象补助金额	10415.3	19759.0	24217.8	32718.3	37012.6	40492.4
国家支出	6947.2	9915.0	10443.3	14553.3	15984.6	18747.6
集体供给	3468.1	9844.0	13774.5	18165.0	21028.0	21744.8
困难户得救济金额	1380.2	1386.4	1535.7	3309.1	1587.3	6147.8
国家支出	203.2	370.7	429.8	572.1	659.3	4744.7
集体供给	1177.0	1015.7	1105.9	2737.0	928.0	1403.1
社会散居孤老残幼供养金额	7054.9	15028.5	17025.5	19281.1	21182.2	22076.9
国家支出	610.5	1553.1	1569.4	1761.1	2054.2	2679.4
集体供给	6444.4	13475.4	15456.1	17520.0	19128.0	19397.5
城乡各种福利院支出	1841.9	5618.5	6965.6	8374.0	9483.2	9186.4
光荣院	149.3	357.3	454.0	550.5	583.3	652.5
国家支出	149.3	347.0	431.1	535.2	566.4	627.6
集体供给		10.3	22.9	15.3	16.9	24.9
城乡社会福利院	1692.6	5261.2	6511.6	7823.5	8899.9	8533.9
国家支出	587.3	1297.1	1482.7	2014.5	2068.7	2492.0
集体供给	1105.3	3964.1	5028.9	5809.0	6831.2	6041.9

注：1999年“困难户得救济金额”中的“国家支出”含低保救济费，比往年口径大。

19—24 享受补助、救济人员

单位：人、户

指标	1990年	1995年	1996年	1997年	1998年	1999年
农村贫困户得到救济人数		1018896	1229531	841913	718046	542528
农村散居五保户人数		194678	205410	192942	190823	198730
#得到国家定期定量救济人数		24252	23887	20568	19510	18871
#得到集体给予补助人数		170426	181523	172374	171313	179859
城镇困难户得到救济和补助人数		75567	90114	74922	126867	106603
#得到国家定期定量救济人数	41480	7338	8202	6451	8453	18174
精减退职老弱残职工得到救济人数	18724	42572	42675	42080	41545	40022
享受原工资40%救济人数	22756	17435	16997	16484	16540	16243
享受定期定量救济人数	519000	25137	25678	25596	25005	23779
本年“双扶”户数	173000	326234	278546	254098	294284	
#本年脱贫户数		72557	70296	65855	97791	

注：1999年民政统计报表中已不再对“本年‘双扶’户数”进行统计。

19—25　企业在岗职工保险福利费用构成

(1999年)　　单位：万元

项　　目	合　计	集体福利设施及集体福利事业补贴费	文　体宣传费	医　疗卫生费	其　他
总　　计	**200148**	**55033**	**10087**	**106147**	**28882**
按隶属关系分					
中　央	40521	8526	2196	23215	6585
省	58236	18463	2764	29557	7452
地区	72023	20601	3077	38367	9979
县及县以下	28494	7063	2015	14662	4754
其　他	874	381	36	346	112
按企业登记注册类型					
内资企业	196871	53895	9935	104744	28298
国有企业	146510	36736	7638	80256	21880
集体企业	22360	6515	1214	11616	3015
其他企业	28001	10645	1082	12871	3403
#国有联营企业	1428	315	331	675	107
集体联营企业	509	119	54	258	78
国有独资公司	3633	1098	141	2016	378
股份合作企业	5089	1035	253	2893	909
港澳台投资企业	803	223	36	342	201
外商投资企业	2474	914	117	1061	383

19—26　企业参加基本养老保险基金收支

(1999年)　　单位：人、万元

项　　目	总　计	国有企业	集体企业	其他企业	外商投资企业
在岗职工	3023493	2118640	635035	269818	38285
离退休退职人员	869049	645477	186558	37014	2545
工资总额	1512858	1153996	241641	117221	22953
基金收入	455050	363923	64033	27094	7113
单位缴纳	331162	255574	52439	23149	6555
个人缴纳	57987	42448	11594	3945	558
其　　他	65901	65901			
基金支出	469322	377221	73233	18868	1325

19—27　主要年份离休、退休、退职人员保险福利费

单位：万元

项　　目	1990年	1995年	1996年	1998年	1999年
总　　计	**123348**	**428421**	**511809**	**712880.3**	**832212.8**
离　休　金	11116	38991	47793	62734.9	73803.3
退　休　金	68920	283286	349270	522414.8	602993.4
退职生活费	1420	4354	5237	6357.6	9520.3
医疗卫生费	18423	59477	69620	89949.5	115500.1
丧葬抚恤救济费	3045	8654	11862		
交通费补贴	911	4216	4586		
冬季取暖补贴		1651	1778	31423.5	30395.7
其　　他	19514	27793	21664		

19—28　离退休、退职人员数、保险福利费用构成

(1999年)　　　　单位：人、千元

项　　目	合　计	离休人员	退休人员	领取定期生活费的退职人员
总　计	**1179843**	**65340**	**1087831**	**26672**
企　业	**881632**	**30657**	**828284**	**22691**
#地　方	727024	23189	683609	20226
内资企业	878836	30523	825676	22637
国有企业	577677	23958	544069	9650
集体企业	201213	3246	187273	10694
其他企业	99946	3319	94334	2293
#国有联营企业	5570	34	5508	28
集体联营企业	2378	51	2296	31
国有独资公司	13304	603	12512	189
股份合作企业	27348	837	25142	1369
港澳台投资企业	1413	89	1313	11
外商投资企业	1383	45	1295	43
事　业	**200422**	**15158**	**183117**	**2147**
#地　方	169158	12015	155107	2036
机　关	**97789**	**19525**	**76430**	**1834**
#地　方	86409	16508	68113	1788

项　　目	合　计	离休金	退休金	退职生活费	医疗卫生费	其　他
总　计	**8322128**	**738033**	**6029934**	**95203**	**1155001**	**303957**
企　业	**5505436**	**336413**	**4128861**	**82686**	**766560**	**190916**
#地　方	4355537	249312	3302488	71513	605941	126284
内资企业	5487510	334914	4116677	82550	762757	190613
国有企业	4015434	264298	2930126	32659	632377	155974
集体企业	803120	34227	666834	22476	60476	19107
其他企业	668956	36388	519716	27416	69904	15532
#国有联营企业	24998	379	21340	93	2484	702
集体联营企业	11601	552	9825	82	809	333
国有独资公司	111911	7060	70786	20659	11432	1974
股份合作企业	118954	8464	91768	3836	11869	3017
港澳台投资企业	7954	906	5311	41	1481	215
外商投资企业	9971	593	6873	95	2322	88
事　业	**1799212**	**169233**	**1311806**	**7754**	**233222**	**77196**
#地　方	1454089	133402	1087941	7082	172083	53582
机　关	**1017481**	**232387**	**589267**	**4762**	**155219**	**35846**
#地　方	853291	190638	515632	4376	114288	28358

19—29 主要年份交通和火灾事故发生情况

指标	1990年	1995年	1996年	1997年	1998年	1999年
交通事故发生数（起）	7399	4137	5424	5747	5586	8235
特大	21	51	58	67	63	51
重大	1741	2097	2388	2508	2304	2702
一般	5637	1989	2978	3172	3219	5482
交通事故损失（万元）	949	1698	2575	3040	3359.6	3446
特大	40	197	192	494	399.7	191
重大	119.6	683	923	1035	1069.1	1247
一般	789.4	818	1460	1511	1890.8	2008
火灾事故发生数（起）	1334	2012	1245	4438	4782	6289
特大	3	5	3	2		1
重大	34	72	61	4	14	10
一般	1297	1935	1181	4432	4768	6278
火灾事故损失（万元）	1217	2946	2669	4172	4042.8	3754
特大	220	312	490	274		130
重大	403	1167	1057	174	706.6	412
一般	594	1467	1122	3724	3336.2	3212

19—30 交通事故发生情况

（1999年）

指标	单位	合计	按事故发生程度分		
			特大	重大	一般
发生	起	8235	51	2702	5482
死亡	人	2952	200	2752	
受伤	人	6730	116	1513	5101
损失折款	万元	3446	191	1247	2008
平均每起事故损失	元	4185	37451	4615	3663

19—31 火灾事故发生情况

（1999年）

指标	单位	合计	按事故发生程度分		
			特大	重大	一般
发生	起	6289	1	10	6278
死亡	人	69		15	54
受伤	人	153		2	151
损失折款	万元	3754	130	412	3212
平均每起事故损失	元	5969	1300000	412000	5116

19—32 灾害情况

（1999年）

项目	自然灾害（亿元）		农作物灾害（公顷）			成灾人口（万人）
	直接经济损失	农业经济损失	受灾面积	成灾面积	绝收面积	
合计	**233.43**	**140.11**	**3694763**	**2462851**	**593746**	**2817**
旱灾	43.63	39.12	2296338	1463899	170160	1456
洪涝灾	182.52	94.24	1050759	792519	395740	1148
其他	7.28	6.75	347666	206433	27847	213

19—33 救灾情况

单位：万元

项目	财政资金投入		救灾物资投入（折款）		接受捐赠下拨	
	1998年	1999年	1998年	1999年	1998年	1999年
合计	**23400**	**15155**	**28520**	**2770**	**20900**	**7126**
中央	19800	10800	4430	310	6500	706
省级	1300	2000	12490	680	6800	4462
地市	400	435	3200	420	2100	690
县级	1900	1920	8400	1360	5500	1268

19—34 主要年份"三废"排放及治理

指　　标	单　位	1985年	1990年	1995年	1998年	1999年
废　　水						
工业废水排放总量	万吨	100959	98620	87006	61713	63616
工业废水排放达标量	万吨	16962	35662	40745	45510	50407
工业废水排放达标率	%	16.8	36.2	46.8	73.7	91.75
工业废水处理量	万吨	20485	32312	83142	133789	127526
工业废水处理率	%	20.3	41.1	72.3	91.6	92.2
工业废水处理排放达标量	万吨	9581	15551	14947	25525	26423
废　　气						
工业废气排放总量	亿标立方米	2094	2328	3559	3647	3682
工业二氧化硫排放量	万吨	31.51	37.52	35.11	37.91	36.43
烟尘排放量	万吨	55.08	30.57	26.04	30.99	32.02
工业粉尘排放量	万吨	119	29	22	58	45.09
固体废物						
工业固体废物产生量	万吨	1841	2552	2749	3047	2973.63
工业固体废物综合利用量	万吨	467	901	1522	1780	2080.6
工业固体废物综合利用率	%	25.4	35.3	55.4	58.4	69.97
工业固体废物贮存量	万吨			600.6	638.2	484.11
工业固体废物处置量	万吨	265	1449	829.7	536.5	718.96
工业固体废物排放量	万吨		116	10	46.9	36.54
工业固体废物历年贮存占地面积	万平方米	866	1772	2539	2178	1849.38
"三废"综合利用产品产值	万元	7788	19401	51373	68398	77884.1
"三废"综合利用产品利润	万元	7788	3978	12066	21987	17333.3
污染治理						
当年安排污染治理项目数	个	352		722	625	666
污染治理项目本年完成投资合计	万元	4456	12021	44948	31226	43542.7
治理废水	万元	2589	6638	25724	19489	23884.9
治理废气	万元	1186	3404	11599	8744.6	14896.6
治理固体废物	万元	312	436	3535	1021.3	2531.7
治理噪声	万元	159	233	698	210	209
治理其他	万元	210	1311	3391	1761	2020.5
排污收费						
排污费交纳单位	个	1338	2508	3932	19218	21266
排污费征收额	万元	3268	5512	10752	12540	13828

19—35　工业各行业废水排放及处理情况

(1999年)　　单位：万吨

行　业	汇总工业企业个数(个)	工业废水排放总量	工业废水排放达标量	工业废水处理量	工业废水处理回用量	工业废水处理排放达标量
总　计	**1834**	**63616.01**	**50406.77**	**127525.62**	**98726.25**	**26422.61**
采掘业	146	4221.27	4023.28	13354.29	10799.3	2471.15
食品、饮料和烟草制造业	292	4459.65	2972.64	2322.99	411.38	1660.71
纺织业	153	3806.10	1489.71	713.83	52.58	569.09
皮革、毛皮、羽绒及其制品业	17	296.40	287.36	689.93	404.49	276.55
造纸及纸制品业	113	4078.18	1874.18	4319.12	1793.07	1685.57
印刷业、记录媒介的复制	7	56.98	42.16	5.54	0.94	4.50
石油加工及其炼焦业	8	2966.31	2915.90	3000.09	83.7	2876.19
化学工业	206	14229.79	11898.56	56059.90	47789.67	7861.56
医药工业	49	1371.34	1082.53	628.74	60.82	527.56
化学纤维工业	5	943.19	740.18	707.89	132.35	520.33
橡胶制品业	20	164.83	161.77	189.74	99.38	90.37
塑料制品业	23	52.80	37.66	2.95		2.95
非金属矿物制造业	363	1427.18	1282.26	1018.59	752.69	263.10
#水泥制造业	122	841.07	810.93	879.96	730.98	148.98
黑色金属冶炼及压延加工业	32	15051.63	13141.06	24018.87	20051.88	3680.65
有色金属冶炼及压延加工业	19	2199.18	898.62	8564.33	8192.27	214.66
金属制品业	71	423.21	414.96	166.42	75.09	90.15
机械、电气、电子设备制造业	227	2402.23	2077.72	5855.87	5185.07	664.01
电力、蒸汽、热水生产和供应业	27	5076.47	4704.33	5646.72	2837.27	2709.80
其他行业	56	389.27	361.89	259.81	4.3	253.71

19—36　各地市工业废水排放及处理情况

(1999年)　　单位：万吨

地　市	汇总工业企业个数(个)	工业废水排放总量	工业废水排放达标量	工业废水处理量	工业废水处理回用量	工业废水处理排放达标量
总　计	**1834**	**63616.01**	**50406.77**	**127525.62**	**98726.25**	**26422.61**
合肥市	191	9197.86	5922.65	11174.77	9506.73	1399.42
芜湖市	103	3080.75	2086.26	5063.35	4307.83	603.34
蚌埠市	132	4461.49	3952.56	2840.84	1230.73	1610.11
淮南市	108	7729.58	7518.58	9273.06	4733.30	4498.76
马鞍山市	107	11965.96	10874.31	27525.59	22886.07	4327.61
淮北市	66	2043.54	1803.41	3683.70	3173.18	510.52
铜陵市	60	6069.51	4077.86	14439.49	11622.58	2513.20
安庆市	212	4651.92	3601.10	3844.65	395.61	3040.63
黄山市	109	687.17	48.65	563.27	259.82	43.98
滁州市	147	2324.17	1612.09	7100.49	6379.71	643.57
阜阳市	99	2002.01	2002.01	22488.88	20549.35	1939.53
宿州市	50	1067.35	1044.33	4846.62	3888.02	957.10
六安市	131	3386.77	2784.43	10535.92	8093.97	2342.11
巢湖市	99	1891.79	1556.13	2189.02	957.42	1122.70
宣城地区	162	2205.98	838.44	1277.31	671.97	283.94
池州地区	46	512.75	416.56	354.19	2.88	328.67
亳州市	12	337.41	267.41	324.48	67.06	257.41

19—37 工业各行业废气排放及处理

(1999年)

行业	汇总工业企业数（个）	工业废气排放总量（万标立方米）	燃料燃烧过程中废气排放总量（万标立方米）	经过消烟除尘的	生产工艺过程中废气排放量（万标立方米）	经过净化处理的
总计	**1834**	**36821958**	**20894277**	**18632436**	**15927681**	**13577101**
采掘业	146	489725	261812	251957	227913	218947
食品、饮料和烟草制造业	292	552730	512852	461311	39878	38806
纺织业	153	213638	213566	167476	72	72
皮革、毛皮、羽绒及其制品业	17	10984	10363	10154	621	621
造纸及纸制品业	113	236659	225751	217017	10908	8488
印刷业、记录媒介的复制	7	5447	3447	960	2000	
石油加工及其炼焦业	8	1698037	1080380	950257	617657	159321
化学工业	206	1956338	956610	939554	999728	936082
医药工业	49	96261	96261	90224		
化学纤维工业	5	171479	144202	143344	27277	27277
橡胶制品业	20	107244	106934	103509	310	310
塑料制品业	23	14617	14617	12411		
非金属矿物制造业	363	8611196	1318877	989493	7292319	6141650
#水泥制造业	122	7858667	942879	826922	6915788	6065107
黑色金属冶炼及压延加工业	32	8451098	2375647	803102	6075451	5557098
有色金属冶炼及压延加工业	19	603536	131581	126982	471955	425890
金属制品业	71	63883	63883	50919		
机械、电气、电子设备制造业	227	378363	237721	197047	140642	59839
电力、蒸汽、热水生产和供应业	27	12946668	12928418	12927688	18250	
其他行业	56	214055	211355	189031	2700	2700

行业	二氧化硫排放量（吨）	二氧化硫去除量（吨）	工业烟尘排放量（吨）	工业烟尘去除量（吨）	工业粉尘排放量（吨）	工业粉尘去除量（吨）
总计	**364298**	**490379**	**320236**	**3227888**	**450900**	**1579531**
采掘业	3945	385	2822	17371	2672	14885
食品、饮料和烟草制造业	6639	1559	9986	14228	1942	2542
纺织业	3328	241	3508	10550	11	171
皮革、毛皮、羽绒及其制品业	93	28	80	527		
造纸及纸制品业	3431	311	3278	9351	13	9
印刷业、记录媒介的复制	61		87	50		
石油加工及其炼焦业	8027	15218	3866	221980		
化学工业	19682	60106	9842	116784	522	5699
医药工业	1332	215	1084	3063		
化学纤维工业	1994		8698	48846	476	1902
橡胶制品业	946	88	1326	6074	…	15
塑料制品业	197	26	146	605		
非金属矿物制造业	95292	2246	142043	152669	413847	1135562
#水泥制造业	29357	1978	18371	142442	368413	1122194
黑色金属冶炼及压延加工业	35860	12222	5203	141065	19043	411974
有色金属冶炼及压延加工业	33201	385791	3641	17705	844	
金属制品业	4273	29	1466	996	8456	
机械、电气、电子设备制造业	2941	332	3134	7600	1611	2005
电力、蒸汽、热水生产和供应业	126566	11461	87525	2449752	1358	4724
其他行业	16490	121	32501	8663	105	43

19—38 各地市工业废气排放及处理

(1999年)

地市	汇总工业企业数（个）	工业废气排放总量（万标立方米）	燃料燃烧过程中废气排放总量（万标立方米）	经过消烟除尘的	生产工艺过程中废气排放量（万标立方米）	经过净化处理的
总计	**1834**	**36821958**	**20894277**	**18632436**	**15927681**	**13577101**
合肥市	191	2456724	1729833	1623400	726891	631670
芜湖市	103	3043059	1667875	1645915	1375184	1357672
蚌埠市	132	601972	558203	517590	43769	30102
淮南市	108	7249734	6987690	6898885	262044	78771
马鞍山市	107	8746805	3191875	1643436	5554930	5046424
淮北市	66	2213066	1991483	1964226	221583	138490
铜陵市	60	2389707	749736	746976	1639971	1601008
安庆市	212	2353214	1362973	1164207	990241	461724
黄山市	109	104649	71368	61406	33281	7552
滁州市	147	1256426	541062	497038	715364	483647
阜阳市	99	852172	513914	511254	338258	338258
宿州市	50	113952	95031	94009	18921	18921
六安市	131	592484	185267	183944	407217	398891
巢湖市	99	2517004	315495	172746	2201509	1672150
宣城地区	162	1752065	633685	619419	1118380	1054580
池州地区	46	423918	145390	136268	278528	255631
亳州市	12	155007	153397	151717	1610	1610

地市	二氧化硫排放量（吨）	二氧化硫去除量（吨）	工业烟尘排放量（吨）	工业烟尘去除量（吨）	工业粉尘排放量（吨）	工业粉尘去除量（吨）
总计	**364298**	**490379**	**320236**	**3227888**	**450900**	**1579531**
合肥市	22851	1756	27657	205208	12678	15204
芜湖市	12813	281	5507	548583	19301	106920
蚌埠市	17918	2349	18267	73594	24501	1224
淮南市	89608	5288	28583	818652	39914	17261
马鞍山市	43269	6654	11425	333260	18961	390280
淮北市	21832	1921	31170	584611	47544	23402
铜陵市	37101	427584	4263	151188	20290	409326
安庆市	14352	17020	17916	235265	49079	30517
黄山市	2255	125	1742	3101	7060	107
滁州市	12943	2192	14881	32212	59005	43561
阜阳市	17216	3760	33634	52563	7610	15111
宿州市	5705	114	32916	3245	7149	3100
六安市	14691	217	13321	8413	23057	77104
巢湖市	26016	165	30880	151355	67161	80600
宣城地区	15773	4205	7562	6783	19907	328335
池州地区	8960	14302	39109	13565	27683	37478
亳州市	995	2447	1404	6289		

19—39 工业各行业固体废物产生及处理利用

(1999 年)

行业	汇总工业企业数(个)	工业固体废物产生量(万吨)	危险废物产生量(吨)	工业固体废物综合利用量(万吨)	工业固体废物贮存量(万吨)	工业固体废物处置量(万吨)
总计	**1834**	**2973.64**	**382463**	**2080.6**	**484.11**	**718.96**
采掘业	146	1698.99	28943	969.78	347.86	651.99
食品、饮料和烟草制造业	292	48.12		47.63		0.42
纺织业	153	6.97		6.83		0.13
皮革、毛皮、羽绒及其制品业	17	19.18		6.68	12.50	
造纸及纸制品业	113	9.05	12750	7.48		1.57
印刷业、记录媒介的复制	7	0.14		0.09		
石油加工及其炼焦业	8	27.56	6	11.05	16.41	0.09
化学工业	206	162.34	323285	163.57	5.05	2.20
医药工业	49	8.83	27	8.78		0.03
化学纤维工业	5	17.45		18.45		
橡胶制品业	20	2.09		2.09		
塑料制品业	23	0.6		0.6		
非金属矿物制造业	363	64.61		63.47	1.10	0.01
#水泥制造业	122	51.05		49.93	1.10	
黑色金属冶炼及压延加工业	32	341.09	11000	302.09	38.83	0.17
有色金属冶炼及压延加工业	19	63.67	2182	60.05	2.95	58.76
金属制品业	71	3.89	1	3.53	0.01	0.04
机械、电气、电子设备制造业	227	14.5	4119	14.17	0.03	0.19
电力、蒸汽、热水生产和供应业	27	424.19		385.11	59.37	3.34
其他行业	56	60.37	150	9.15		0.03

19—40 各地市工业固体废物产生及处理利用

(1999 年)

行业	汇总工业企业数(个)	工业固体废物产生量(万吨)	危险废物产生量(吨)	工业固体废物综合利用量(万吨)	工业固体废物贮存量(万吨)	工业固体废物处置量(万吨)
总计	**1834**	**2974**	**382463**	**2080**	**484.11**	**718.96**
合肥市	191	106	3059	100	0.93	0.03
芜湖市	103	95	905	73	18.32	0.56
蚌埠市	132	38	780	34		3.35
淮南市	108	494	13187	423	70.07	1.32
马鞍山市	107	737	123014	342	105.72	273.51
淮北市	66	493		430	41.78	29.93
铜陵市	60	395	232909	196	199.67	72.16
安庆市	212	52	18	34	17.72	0.34
黄山市	109	7		4	0.09	2.58
滁州市	147	55	500	50	5.80	0.06
阜阳市	99	66		62	3.96	329.96
宿州市	50	214		214	0.20	
六安市	131	38	90	13		3.76
巢湖市	99	82	1	62	4.37	
宣城地区	162	72		32	8.38	1.41
池州地区	46	26	8000	7	7.10	0.01
亳州市	12	4		4		

主要统计指标解释

等级运动员人数 指经考核正式批准授予等级运动员称号的人数。运动员等级分为国际级运动健将、运动健将、一级运动员、二级运动员、三级运动员、少年级运动员。

等级裁判员人数 指经考核正式授予等级裁判员称号的人数。裁判员等级分为国际裁判、国家级裁判、一级裁判、二级裁判、三级裁判。

体育场 指有400米跑道（中心含足球场），有固定道牙，跑道6条以上，并有固定看台的室外田径场地。

体育馆 指有固定看台，可供篮球、排球、羽毛球、乒乓球、体操等项目训练比赛活动用的室内运动场地。

医院 指名称为医院，设有固定床位能收容病人并能为病人提供医疗、护理服务的医疗机构。按所属性质分为卫生部门、工业及其他部门、集体经济单位三类。其中县及县以上医院按业务性质分为综合医院和专科医院。

卫生技术人员 指卫生事业机构支付工资的全部固定职工和合同制职工中现任职务为卫生技术工作的专业人员。包括中医师、西医师、中西医结合高级医师、护师、中药师、西药师、检验师、其他技师、中医士、西医士、护士、助产士、中药剂士、西药剂士、检验士、其他技士、其他中医、护理员、中药剂员、西药剂员、检验员、其他初级卫生技术人员。

医生 指经卫生部门审查合格，从事医疗工作的专业人员。分为中医医生和西医医生。包括卫生技术人员中的中医师、西医师、中西医结合高级医师、中医士、西医士和其他中医。

社会福利事业单位 指集中收养社会孤老、残、幼的机构。包括由民政部门管理的社会福利院儿童福利院、精神病人福利院和城镇集体办的福利院，以及农村集体办的敬老院。

社会福利事业单位收养人数 包括民政部门管理和城镇及农村集体举办的社会福利事业单位中收养的老人、少年儿童、缺乏生活自理能力的残疾人员和精神病人。

社会福利企业单位 指以安置城镇有一定劳动能力的盲、聋、哑和肢体残疾人员就业为目的，享受国家减免税待遇的国有或集体经济性质的企业。包括福利工厂、福利商业服务业、假肢厂和安置农场等单位。

双扶户 包括被扶持的优扶户和贫困户。主要是对具有一定劳动能力且生活困难的两户给予一定的救济金以扶持其通过生产自救达到脱贫的目的。

律师 指受聘参加法律顾问处工作，担任法律顾问、刑（民）事代理人、刑事辩护人，办理非诉讼事件、解答法律询问，代写法律事务文书等主要从事律师业务的专职法律工作者和兼职律师。

公证人员 指在国家公证机关依法办理公证事务的司法人员。包括公证员、助理公证员和在公证处工作的其他人员。

调解人员 在人民调解委员会担负调解民间一般民事纠纷和轻微违法行为所引起的纠纷的工作人员。包括调解委员会的委员和调解小组的调解员。

保险福利费用 指企业、事业、机关单位在工资以外实际支付给职工和离退休、退职人员个人以及用于集体的劳动保险和福利费用。

工业废水排放总量 指经过工业企业厂区所有排放口排到企业外部的工业废水量。包括外排的直接冷却水、超标排放的矿井地下水和与工业废水混排的厂区生活污水，不包括外排的间接冷却水（清污不分流的间接冷却水应计算在内）。

工业废水排放达标量 指全面达到国家、地方排放标准的外排工业废水量，包括经过处理后达标外排的和未经处理达标外排的两部分工业废水，国家排放标准见国标（GB8978—88）。

工业废水处理量 指经过各种水处理装置净化处理后的外排工业废水量（包括虽经处理仍未达到国家或地方标准的外排工业废水量）。

废气排放总量 指燃料燃烧和生产工艺过程中排放的各种废气总量，以标准状态下每年亿标立方米表示。

燃料燃烧过程废气排放量 指燃煤、燃油、燃气锅炉、烘干炉、锻造加热炉、退火炉和其它工业炉窑在燃烧过程（燃料和物料不混合的纯加热过程）中所排废气的总量。它可以根据烟气计算公式或经验计算公式求得。

经过消烟除尘的燃料燃烧废气量 指燃料燃烧过程中排放的废气经过消烟除尘装置处理的量。

经过净化处理的生产工艺废气量 指生产工艺过程中排放的废气经过各种净化处理装置净化、处理的量。

工业粉尘排放量 指工业企业在生产工艺过程中排放的固体微粒总重量。如钢铁企业的耐火材料粉尘、焦化企业的筛焦系统粉尘、烧结机的粉尘、石灰窑的粉尘、建材企业的水泥粉尘等。不包括电厂排入大气的烟尘。

工业粉尘回收量 指经生产工艺废气净化处理装置处理回收的粉尘和尘泥量（包括干法和湿法）。不包括电厂的烟尘。通常情况下：工业粉尘产生量=工业粉尘排放量+工业粉尘回收量。

环境污染与破坏事故 指由于违反环境保护法规的经济、社会活动与行为，以及意外因素的影响或不可抗拒的自然灾害等原因，致使环境受到污染，国家重点保护的野生动植物、自然保护区受到破坏，人体健康受到危害，社会经济和人民财产受到损失，造成不良社会影响的突发性事件。

二十、现代企业制度、集团、企业景气调查

MODERN ENTERPRISE SYSTEM, ENTERPRISE GROUP AND BUSINESS SURVEY OF ENTERPRISES

简要说明

一、根据国家统计局《关于印发〈建立现代企业制度跟踪监测统计制度〉的通知》(国统字［1997］362号)和国家统计局、国家计委、国家经贸委、国家体改委《关于印发〈企业集团统计报表制度〉的通知》(国统字［1997］391号)以及国家统计局《关于印发〈企业景气调查制度〉的通知》(国统字381号)文件精神，安徽省企业调查队决定对全省建立现代企业制度试点企业、企业集团、1000户重点景气调查企业进行定期统计调查。

二、统计范围：

现代企业制度：一是国务院确定的建立现代企业制度原试点企业；二是省政府及主管部门确定的现代企业制度原试点企业；三是国家重点联系企业；四是国家试点企业集团及省政府确定的大型企业集团母公司；五是境内外上市公司。

企业集团：一是由国务院批准的国家试点企业集团；二是由国务院主管部门批准的企业集团；三是由省、自治区、直辖市人民政府批准的企业集团；四是主营业务收入和资产总计均在5亿元以上的其他各类企业集团；五是其他在册的各类企业集团。企业集团内部的统计范围包括企业集团的母公司、在中国境内和境外的全资子公司、绝对控股子公司和相对控股子公司，不包括参股企业、协作企业和子公司下属的二级公司。

企业景气调查：是适应社会主义市场经济发展的新形势，借鉴市场经济国家的经验而建立的一项统计调查制度。它是通过对部分企业家进行定期问卷调查，搜集企业家对企业经营状况及宏观经济形势的判断和预期资料，据以编制企业景气指数的一种统计调查方法。

三、本资料由安徽省企业调查队提供。

本篇责任编辑：郑福林

20—1 建立现代企业制度企业主要经济指标

(1999 年) 单位：万元

指标	单位数(个)	主营业务收入	出口额	主营业务成本	主营业务税金及附加	其他业务收入
总计	**117**	**5516188.9**	**252427.7**	**4396398.0**	**185005.1**	**293094.6**
按企业改制主管部门分						
国家经贸委	2	60677.3	3982.5	49971.2	1445.3	1278.8
国家体改委	1	614777.0	27182.5	544385.0	4482.0	
省经贸委	49	1898568.9	157319.8	1560754.2	32528.9	54967.6
省体改委	35	933529.5	56630.0	744426.0	13714.2	11099.4
企业主管部门	26	1844666.3	7312.9	1408962.7	63626.7	204915.8
其他	4	163970.0		87899.0	69208.0	20833.0
按控股情况分						
国有绝对控股	100	5093246.5	229086.2	4076229.1	178228.8	287094.2
国有相对控股	10	218874.8	19101.7	166033.0	6539.0	3417.4
集体绝对控股	1					
集体相对控股	1	155341.6	3657.8	114443.9	37.3	2504.0
其他	5	48726.0	582.0	39692.0	200.0	79.0
按企业规模分						
特大型	6	2072700.0	28944.5	1703891.0	47764.0	183520.0
大型	78	3144714.4	201645.2	2468822.3	127458.7	106548.3
中型	29	263988.5	21838.0	208986.7	8068.4	2996.5
小型	3	4819.0		3319.0	80.0	22.0
其他	1	29967.0		11379.0	1634.0	7.8
按主营行业分						
农、林、牧、渔业	1	69174.0		50747.0	3570.0	14857.0
采掘业	8	1072482.5	4560.0	828407.2	9092.6	215342.9
制造业	98	4051718.2	246585.7	3284843.9	167673.8	61044.7
电气水的生产和供应业	1	64307.0		48526.0	1177.0	8.0
建筑业	2	1273.0		2798.0	17.0	
运输邮电业						
批发零售贸易餐饮业	4	198501.3	1282.0	155938.9	658.7	1711.2
金融保险业						
房地产业						
其他	3	58733.0		25137.0	2816.0	130.8
按登记注册类型分						
国有企业	13	781193.4	5835.0	566820.3	111779.7	23922.0
国有独资企业	29	1654700.0	95950.3	1422938.0	15897.3	76176.3
其他有限责任公司	24	830405.0	24016.9	632596.3	20075.5	160639.2
股份有限公司	51	2249890.6	126625.5	1774043.5	37252.6	32357.1
其他						

20—1 续表 1　　单位：万元

指标	营业外收入	存货跌价损失和营业管理财务费用	投资收益	利润总额	应缴增值税	资产总计
总计	**16605.0**	**765488.4**	**40736.8**	**234995.7**	**328221.0**	**11877383.0**
按企业改制主管部门分						
国家经贸委	733.6	15410.2	3.0	703.1	1861.0	221041.1
国家体改委	598.0	63360.0	30.0	1285.0	55396.0	1729246.0
省经贸委	6974.3	283888.2	13839.7	63489.3	94275.2	3904794.5
省体改委	2545.0	88839.7	11296.8	103890.3	36712.5	1778602.2
企业主管部门	5746.2	305084.3	15481.4	69206.0	121462.3	4107179.2
其他	8.0	8906.0	86.0	-3578.0	18514.0	136520.0
按控股情况分						
国有绝对控股	15394.2	693677.6	37389.1	204571.9	308175.8	11071531.1
国有相对控股	659.4	27064.1	2379.3	23696.5	9301.5	424443.7
集体绝对控股	53.0	163.0	832.0	842.0		14900.0
集体相对控股	320.4	39737.7	136.4	4066.3	8653.7	297486.2
其他	178.0	4846.0		1819.0	2090.0	69022.0
按企业规模分						
特大型	4398.0	311494.0	3604.0	-1955.0	145015.0	4786969.0
大型	10635.9	413723.4	31871.8	192515.3	173959.6	6257618.3
中型	1561.9	36419.0	2417.0	24312.4	8930.4	547353.7
小型	9.0	1549.0		-164.0	316.0	12714.0
其他	0.3	2303.0	2844.0	20287.0		272728.0
按主营行业分						
农、林、牧、渔业	635.0	4924.0		11160.0	3994.0	123229.0
采掘业	3035.0	221857.0	649.0	-14903.3	71662.4	3036850.6
制造业	12311.5	505980.1	13733.4	160416.2	241599.5	7688017.9
电气水的生产和供应业	5.0	2292.0	9250.0	21466.0	7622.0	263528.0
建筑业	9.0	1698.0	580.0	-69.0		18138.0
运输邮电业						
批发零售贸易餐饮业	29.3	19312.4	519.5	14193.8	3343.1	211825.6
金融保险业						
房地产业						
其他	580.3	9425.0	16005.0	42732.0		535794.0
按登记注册类型分						
国有企业	1271.7	90689.2	3329.1	16777.4	60306.7	837206.2
国有独资企业	3839.0	262611.4	12471.6	5260.0	68465.9	4101588.5
其他有限责任公司	5339.6	150616.8	1187.4	14310.1	54014.9	1575224.1
股份有限公司	6154.7	261571.1	23748.8	198648.2	143433.6	3363364.3
其他						

20—1 续表2

单位：万元

指标	固定资产净值	累计对外投资	对境外投资	流动资产年均余额	负债合计	流动负债
总计	**5382692.0**	**617399.0**	**1228.0**	**4367105.0**	**6099705.5**	**3928646.4**
按企业改制主管部门分						
国家经贸委	73830.4	727.7		68361.0	167779.1	132756.5
国家体改委	1045364.0	280.0		588184.0	532719.0	334821.0
省经贸委	1431255.1	275957.7		1561543.4	2246068.8	1580506.8
省体改委	594025.6	79124.5		825396.5	654466.7	533576.2
企业主管部门	2185099.9	257170.1	1228.0	1241451.0	2425903.9	1284055.8
其他	53117.0	4139.0		82169.0	72768.0	62930.0
按控股情况分						
国有绝对控股	5152041.3	589999.3	1228.0	3918968.4	5755654.2	3636842.3
国有相对控股	115323.1	7780.3		269822.4	181621.5	153546.7
集体绝对控股	1379.0	11896.0		861.0	2095.0	2095.0
集体相对控股	81871.6	5710.4		145086.2	116704.8	111821.4
其他	32077.0	2013.0		32367.0	43630.0	24341.0
按企业规模分						
特大型	2797989.0	93665.0	1228.0	1428545.0	2512757.0	1284998.0
大型	2282132.7	491257.0		2619914.7	3297671.8	2407434.6
中型	161460.3	15875.0		274608.0	268844.7	219667.8
小型	5241.0	1206.0		4182.0	8322.0	4436.0
其他	135869.0	15396.0		39855.3	12110.0	12110.0
按主营行业分						
农、林、牧、渔业	25837.0	32.0		87471.0	55757.0	53918.0
采掘业	1786276.7	96355.0	1228.0	771127.6	1965598.5	892887.4
制造业	3280568.6	213872.8		3224019.1	3895094.0	2836656.7
电气水的生产和供应业	59321.0	130521.0		69770.0	36352.0	30026.0
建筑业	7704.0	1388.0		8835.0	10005.0	4565.0
运输邮电业						
批发零售贸易餐饮业	47040.7	17495.2		92383.9	85506.0	67239.2
金融保险业						
房地产业						
其他	175944.0	157735.0		113498.3	51393.0	43354.0
按登记注册类型分						
国有企业	424105.2	20763.8		322365.5	491722.5	409435.6
国有独资企业	1802412.4	288619.1		1318350.4	2701682.8	1453520.6
其他有限责任公司	701279.9	44033.9	1228.0	623005.0	843512.6	609852.7
股份有限公司	2454894.5	263982.2		2103384.1	2062787.6	1455837.5
其他						

20—1 续表 3　　单位：万元

指　　标	所有者权益	股　　本	固定资产投资完成额	研究开发费　用	从业人员年末人数（人）	在岗职工（人）
总　　计	**5777672.6**	**3198842.6**	**536098.1**	**70776.0**	**535018.0**	**519528.0**
按企业改制主管部门分						
国家经贸委	53262.0	18000.0	8271.0	960.7	6707.0	6703.0
国家体改委	1196527.0	645530.0	53238.0	18405.0	44982.0	44982.0
省经贸委	1658720.7	1010447.1	228230.3	25792.0	168420.0	156214.0
省体改委	1124135.6	439597.5	70949.5	12201.7	53581.0	52240.0
企业主管部门	1681275.3	1045799.0	172695.4	13410.6	256816.0	254912.0
其　　他	63752.0	39469.0	2714.0	6.0	4512.0	4477.0
按控股情况分						
国有绝对控股	5315872.0	2927091.2	525571.6	59149.8	515174.0	500431.0
国有相对控股	242822.2	84228.5	5807.0	6781.2	10803.0	10075.0
集体绝对控股	12805.0	12000.0	146.0		104.0	104.0
集体相对控股	180781.4	164231.9	4273.5	4798.0	5347.0	5332.0
其　　他	25392.0	11291.0	300.0	47.0	3590.0	3586.0
按企业规模分						
特大型	2274212.0	1436431.0	238710.0	28663.0	265853.0	263928.0
大　型	2959941.6	1510673.9	280311.1	41127.0	239279.0	228017.0
中　型	278509.0	108002.7	16945.0	976.0	27933.0	25891.0
小　型	4392.0	2874.0	132.0	10.0	976.0	715.0
其　他	260618.0	140861.0			977.0	977.0
按主营行业分						
农、林、牧、渔业	67472.0	19000.0			3322.0	3322.0
采掘业	1071252.1	880624.0	153364.6	8306.6	239553.0	238406.0
制造业	3792918.8	1921415.3	359438.1	62022.4	277215.0	263289.0
电气水的生产和供应业	227176.0	77301.0			3800.0	3800.0
建筑业	8133.0	5984.0			1380.0	963.0
运输邮电业						
批发零售贸易餐饮业	126319.6	30751.4	23141.5	97.0	5846.0	5846.0
金融保险业						
房地产业						
其　他	484401.0	263767.0	154.0	350.0	3902.0	3902.0
按登记注册类型分						
国有企业	345483.7	157336.7	33558.0	3003.0	27377.0	27008.0
国有独资企业	1399905.7	962691.1	207382.5	12083.2	236376.0	227912.0
其他有限责任公司	731711.5	547146.8	105329.5	16261.8	121777.0	117118.0
股份有限公司	3300571.7	1531668.0	189828.1	39428.0	149488.0	147490.0
其　　他						

20—1 续表 4

单位：万元

指标	其他从业人员人数（人）	离开本单位保留劳动关系职工人数（人）	从业人员劳动报酬	在岗职工劳动报酬	其他从业人员劳动报酬	离开本单位保留劳动关系职工生活费
总计	**15490.0**	**44560.0**	**548431.0**	**536624.0**	**11807.0**	**42218.0**
按企业改制主管部门分						
国家经贸委	4.0	125.0	7026.0	7026.0		397.0
国家体改委			46093.0	46093.0		
省经贸委	12206.0	13155.0	172223.0	162108.0	10115.0	11726.0
省体改委	1341.0	3922.0	53991.0	53068.0	923.0	2988.0
企业主管部门	1904.0	26996.0	264455.0	263723.0	732.0	26867.0
其　他	35.0	362.0	4643.0	4606.0	37.0	240.0
按控股情况分						
国有绝对控股	14743.0	43858.0	528491.0	517355.0	11136.0	41449.0
国有相对控股	728.0	578.0	11332.0	10689.0	643.0	635.0
集体绝对控股			97.0	97.0		
集体相对控股	15.0		4893.0	4869.0	24.0	
其　他	4.0	124.0	3618.0	3614.0	4.0	134.0
按企业规模分						
特大型	1925.0	24139.0	276802.0	275575.0	1227.0	24492.0
大　型	11262.0	17907.0	242338.0	232802.0	9536.0	15389.0
中　型	2042.0	2248.0	27256.0	26429.0	827.0	2120.0
小　型	261.0	266.0	1050.0	833.0	217.0	217.0
其　他			985.0	985.0		
按主营行业分						
农、林、牧、渔业			2569.0	2569.0		
采掘业	1147.0	25525.0	243808.0	242860.0	948.0	27874.0
制造业	13926.0	18896.0	287857.0	277381.0	10476.0	14288.0
电气水的生产和供应业			3556.0	3556.0		
建筑业	417.0		983.0	600.0	383.0	
运输邮电业						
批发零售贸易餐饮业		139.0	5782.0	5782.0		56.0
金融保险业						
房地产业						
其　他			3876.0	3876.0		
按登记注册类型分						
国有企业	369.0	2305.0	28007.0	27941.0	66.0	1399.0
国有独资企业	8464.0	31720.0	246669.0	240767.0	5902.0	26595.0
其他有限责任公司	4659.0	6461.0	125776.0	121552.0	4224.0	9671.0
股份有限公司	1998.0	4074.0	147979.0	146364.0	1615.0	4553.0
其　他						

20—2 省级以上企业集团基本情况

（1999年）

指　　标	单位数（个）	资本金（万元）	所属公司、企业（个）	营业收入（万元）	从业人员（人）	工资总额（万元）
总　　计	**70**	**5252515**	**542**	**6471527**	**658066**	**535657**
按审批部门分						
国务院	1	196795	16	159237	7980	7440
国务院有关部门	4	851495	36	1686892	211681	171814
省级人民政府	29	2967655	220	2480403	284908	219155
省级人民政府主管部门	13	387026	104	640557	56633	42115
其　他	23	849544	166	1504438	96864	95132
按成立时间分						
1992年	2	48363	21	94749	10047	8583
1993年	3	73427	22	59555	9537	5068
1994年	6	287812	50	350738	12569	11573
1995年	9	157236	65	422785	30859	23914
1996年	12	593836	115	1349907	104577	78010
1997年	21	1403892	129	2462283	119064	127591
1998年	17	2687950	140	1731510	371413	280917
按资本金分						
10亿元及以上	11	4109233	101	3515388	369542	351586
5—10亿元	5	329747	40	869131	43110	37915
1—5亿元	25	663783	219	1429736	187147	111701
1亿元以下	29	149752	182	657273	58267	34454
按母公司控股情况分						
国有绝对控股	55	4894471	434	6021167	625642	516064
国有相对控股	2	10171	12	26058	1211	684
集体绝对控股	6	282426	58	287354	13083	11325
集体相对控股	2	7742	14	31000	2587	1367
其　他	5	57705	24	105949	15543	6217
按母公司职能类型分						
纯粹管理型	19	1260183	190	1406373	138763	89202
混合经营型	51	3992332	352	5065154	519303	446455

20—3 省级以上企业集团主要经济指标

单位：万元

指　　　　标	1998年	1999年
年末资产总计	13225666	14396226
固定资产净值	5328635	6005330
累计对外投资	786085	1016052
#对境外投资	2102	2102
流动资产年平均余额	4664003	5189619
年末负债合计	7236789	7975490
流动负债	4453516	4940386
年末少数股东权益	838376	909789
年末股东（所有者）权益合计	5150502	5510946
股　本	3297534	3553770
主营业务收入	6128439	6471527
出口额	361456	355026
营业成本	5148115	5386616
主营业务税金及附加	109761	115480
其他业务收入	239648	254337
存货跌价损失和营业管理财务费用合计	798114	837452
投资收益	52192	60227
营业外收入	30195	21298
利润总额	114351	171401
应缴增值税	311288	397720
固定资产投资完成额	600519	527074
研究开发费用	52519	75431

20—4 省级以上企业集团劳动工资

指标	年末人数（人）		劳动报酬（万元）	
	1998年	1999年	1998年	1999年
从业人员	673025	658066	533167	535657
#在职职工	662026	646029	526788	528758
其他从业人员	10999	12037	6379	6898
离开本单位仍保留劳动关系的职工	42680	52946	9118	12337

20—5 省级以上企业集团主要业务指标

指标	单位	1998年	1999年
农林牧渔业企业总产值	万元	84431	81558
采掘业企业工业总产值	万元	686913	664877
制造业企业工业总产值	万元	4400480	4682291
电气水的生产和供应业企业总产值	万元	327770	340666
建筑业企业建筑业总产值	万元	153701	147715
交通运输业企业货运量	万吨	1848	1596
交通运输业企业客运量	万人		
批发零售贸易业企业商品销售额	万元	216291	338482
外贸企业进出口总额	万美元	14943	17648
#出口额	万美元	13138	12774

注：本次企业集团1999年鉴包括：报送国家企业调查总队的66户企业集团，以及安徽海螺集团、安徽省电力公司、中国石化安庆石化总厂和铜陵有色金属集团四家。

20—6 18家省重点企业集团基本情况

(1999年)

指标	单位数（个）	资本金（万元）	所属公司、企业（个）	营业收入（万元）	从业人员（人）	工资总额（万元）
总计	**18**	**3736826**	**137**	**4264105**	**248965**	**268795**
按审批部门分						
国务院	1	196795	16	159237	7980	7440
国务院主管部门	2	253855	18	1166116	38896	39480
省级人民政府	11	2601717	65	1765213	145319	146518
省级政府主管部门	2	90642	25	186375	13631	12340
其　他	2	593817	13	987164	43139	63017
按成立时间分						
1992年	1	41923	9	64647	6676	6484
1993年						
1994年	1	243371	12	155342	5347	6308
1995年	2	61686	23	236356	16485	14344
1996年	4	428642	44	1011710	54749	47265
1997年	6	1164529	27	1948480	71245	93652
1998年	4	1796675	22	847570	94463	100742
按资本金分						
10亿元及以上	8	3304228	74	2885447	177873	205323
5—10亿元	3	209006	14	766583	22173	23894
1—5亿元	6	217403	46	560174	46648	37816
1亿元以下	1	6189	3	51901	2271	1762
按母公司控股情况分						
国有绝对控股	17	3493455	125	4108763	243618	262487
国有相对控股						
集体绝对控股	1	243371	12	155342	5347	6308
集体相对控股						
其　他						
按母公司职能分						
纯粹管理型公司	7	1004868	66	945788	43543	42820
混合经营型公司	11	2731958	71	3318317	205422	225975

20—7 全省宏观经济景气指数

(1999 年)

单位:%

指标	一季度	二季度	三季度	四季度
总体状况	**-17.8**	**-22.4**	**-17.6**	**-14.9**
按行业门类分				
工业	-18.4	-24.3	-19.1	-15.0
采掘业	-35.2	-41.1	-38.2	-39.3
制造业	-15.4	-22.1	-15.0	-11.3
电力、煤气及水生产供应业	-27.0	-15.2	-42.5	-23.7
建筑业	-11.2	-29.9	-25.0	-20.2
交通、仓储及邮电通信业	-3.3	10.1	14.2	-8.3
批发和零售贸易、饮食业	-40.7	-44.9	-36.2	-34.3
房地产业	6.8	-1.8	-7.1	17.7
社会服务业	-3.9	7.7	7.3	16.7
按企业登记注册类型分				
国有企业	-28.6	-20.5	-20.0	-16.2
集体企业	-15.1	-14.8	-25.1	-15.7
股份合作企业	-5.0	-36.6	-27.1	-22.2
联营企业	50.0		50.0	
有限责任公司	-2.8	-16.4	-10.8	-12.5
股份有限公司	-16.9	-43.0	-19.4	-5.4
私营企业	20.0		27.3	18.2
外商及港、澳、台投资企业	-8.1	3.9	8.2	10.7
按企业规模分				
大　型	-20.5	-24.8	-24.7	-15.8
中　型	-16.8	-22.5	-17.6	-15.6
小　型	-20.6	-19.4	-12.8	11.5
附：国家重点联系企业	-33.1	-47.6	-40.3	-31.5
乡镇企业	20.1	7.9	-1.4	9.4
上市公司	15.0	-26.6	-13.4	-2.9

20—8 全省企业综合经营状况景气指数

(1999年)

单位:%

指　　标	一季度	二季度	三季度	四季度
总体状况	**2.5**	**0.5**	**-4.4**	**4.4**
按行业门类分				
工　业	6.3	3.8	-3.9	9.4
采掘业	-24.9	-28.0	-23.2	-41.1
制造业	10.6	7.5	-1.4	15.3
电力、煤气及水生产供应业	10.9	5.8	-8.1	9.2
建筑业	-19.4	-23.0	-26.7	-26.1
交通、仓储及邮电通信业	5.9	10.6	11.1	18.9
批发和零售贸易、饮食业	-12.0	-20.4	-17.8	-20.3
房地产业	14.1	21.3	15.9	15.8
社会服务业	3.9	11.8	10.9	14.8
按企业登记注册类型分				
国有企业	-3.2	-4.0	-6.6	-0.1
集体企业	6.6	9.1	-6.6	-4.3
股份合作企业	21.7	-7.6	-22.6	20.8
联营企业		50.0	50.0	
有限责任公司	0.8	-2.8	-2.3	-3.2
股份有限公司	15.5	11.3	17.2	15.5
私营企业	10.0	30.0	9.1	9.1
外商及港、澳、台投资企业	-12.3	22.0	17.0	19.9
按企业规模分				
大　型	24.6	19.6	0.5	24.8
中　型	-9.9	-9.3	-6.3	-6.8
小　型	-8.4	-12.5	-15.0	-10.0
附：国家重点联系企业	36.5	7.1	-22.7	35.6
乡镇企业	25.4	32.2	25.5	16.5
上市公司	91.1	55.6	14.7	80.2

主要统计指标解释

所属公司、企业 指企业集团的母公司、全资子公司、绝对控股子公司、相对控股子公司，不包括参股企业、协作企业和子公司的二级公司。但如果企业集团的子公司是一个纯粹管理型的公司，那么该子公司的二级控股子公司也应作为企业集团所属公司、企业进行统计。上述企业集团的各类子公司中应包括在中国境内和境外的子公司。

所属公司、企业营业收入 指企业集团所属各公司、企业在年度内从事生产经营活动所取得的营业收入，包括主营业务收入和其他业务收入。

主营业务收入 指企业（集团）从事某种主要生产、经营活动所取得的营业收入。本项指标在各行业会计制度中的名称叫法不同，但一律按各行业会计制度或报表定义的口径进行填报，其中农业企业是指“主管业务收入”；工业企业是指“产品销售收入”；交通运输企业指“主管业务收入”；建筑企业指“工程结算收入”；批发零售贸易企业指“商品销售收入”；房地产企业指“房地产经营收入”；其他企业指“经营（营业）收入”。本项指标应按企业集团各成员企业相加汇总的数据填报。

审批部门 指本企业集团由哪一级政府部门批准成立的。包括：

①国务院批准的 指由国务院批准组建的国家试点企业集团。

②国务院主管部门批准的 指由国务院授权的部门批准组建的企业集团。

③省级政府批准的 指由各省、自治区、直辖市政府批准组建的企业集团。不包括各省、自治区、直辖市政府的主管部门批准组建的企业集团。

④其他 指上述部门范围以外的部门批准组建的企业集团。

控股情况 指按所有制性质和控股状况划分的企业情况，包括：

国有绝对控股 指国有资本占全部资本份额的51%及以上；

国有相对控股 指国有资本占全部资本份额的51%以下，但实际掌握企业的控制权；

集体绝对控股 指集体资本占全部资本份额的51%及以上；

集体相对控股 指集体资本占全部资本份额的51%以下，但实际掌握企业的控制权；

其他 指国有绝对控股、国有相对控股、集体绝对控股、集体相对控股以外的控股情况。

经营组织形式 指企业的财产组织形式，分为已按《公司法》改制的有限责任公司、股份有限公司、国有独资公司和尚未按《公司法》改制的国有企业以及其他组织形式的企业。

国家重点联系企业 指经国务院批准确定的国家重点联系企业。

国家试点企业集团母公司 指国务院批准成立的国家试点企业集团的母公司（核心企业）。

企业景气指数 是根据企业景气调查资料加权平均计算得出的反映企业经济现状以及发展趋势的相对数。根据其反映对象的范围不同，分为宏观经济景气指数和企业综合经营状况景气指数。按其反映对象的时间不同，可以分为即期指数、预期指数和气候指数。

二十一、省级和县级主要经济指标及位次

MAIN ECONOMIC INDICATORS AND THEIR OF PROVINCE AND COUNTY

简要说明

一、本篇包括全国分省（市）主要年份经济指标及位次和本省县级主要经济指标及位次。

二、1998 年全国分省（市）主要经济指标均为统计部门公布的初步统计数或预计数。

三、各县资料均来自本年鉴各篇。

四、人均指标依据年平均人数计算。

本篇责任编辑：田　野

21—1　全国分省（市）主要年份年末总人口及位次

单位：万人

省（市）	1985年	位次	1990年	位次	1995年	位次	1998年	位次	1999年	位次
全国	**105851**		**114333**		**121121**		**124810**		**125909**	
北京	981.0	25	1086.0	25	1251.0	25	1246	26	1253	26
天津	804.8	26	866.3	26	894.7	26	957	27	959	27
河北	5548.0	7	6159.0	6	6437.0	6	6569	6	6614	6
山西	2673.5	19	2899.0	19	3077.3	19	3172	19	3204	19
内蒙古	2015.9	22	2162.6	22	2284.4	22	2345	23	2359	23
辽宁	3686.2	12	3919.3	12	4034.0	13	4157	13	4171	14
吉林	2298.0	20	2440.2	20	2550.9	20	2644	21	2658	21
黑龙江	3357.0	15	3543.0	15	3701.0	15	3773	15	3792	15
上海	1216.7	24	1283.4	24	1301.4	24	1464	25	1474	25
江苏	6213.5	4	6766.9	4	7066.0	4	7182	4	7213	5
浙江	4029.6	10	4234.9	11	4389.0	11	4456	11	4475	11
安徽	**5156.0**	**8**	**5661.0**	**8**	**6000.0**	**8**	**6184**	**8**	**6237**	**8**
福建	2713.1	18	2999.8	18	3164.6	18	3299	18	3316	18
江西	3509.8	13	3810.6	13	4062.5	12	4191	12	4231	12
山东	7711.0	3	8493.0	3	8705.0	3	8838	2	8881	2
河南	7847.0	2	8649.0	2	9100.0	2	9315	1	9382	1
湖北	4980.2	9	5439.3	9	5772.1	9	5907	9	5938	9
湖南	5622.5	6	6110.9	7	6352.5	7	6502	7	6535	7
广东	5655.6	5	6364.0	5	6838.0	5	7143	5	7221	4
广西	3873.0	11	4242.0	10	4543.0	10	4675	10	4712	10
海南	597.5	27	655.8	27	723.8	27	753	28	761	28
重庆							3060	20	3074	20
四川	10187.5	1	10813.4	1	11162.9	1	8493	3	8550	3
贵州	2967.9	17	3237.0	17	3419.5	17	3658	16	3714	16
云南	3418.1	14	3730.6	14	3989.6	14	4144	14	4192	13
西藏							252	31	256	31
陕西	3001.0	16	3316.0	16	3513.0	16	3596	17	3618	17
甘肃	2053.0	21	2255.0	21	2438.0	21	2519	22	2543	22
青海	407.4	29	447.7	29	481.2	29	503	30	510	30
宁夏	415.0	28	466.0	28	512.0	28	538	29	543	29
新疆	1361.0	23	1529.0	23	1661.0	23	1747	24	1775	24

21—2 全国分省（市）主要年份国内生产总值及位次

（按当年价格计算）

单位：亿元

省（市）	1985年	位次	1990年	位次	1995年	位次	1998年	位次	1999年	位次
全国	**8964**		**18548**		**58261**		**79553**		**87806.04**	
北京	257.12	14	500.82	15	1394.89	16	2010	16	2168.65	15
天津	175.71	21	310.95	23	920.11	22	1341	23	1450.10	23
河北	396.75	9	896.33	8	2849.52	7	4238	6	4556.62	6
山西	218.99	15	429.27	18	1092.48	20	1607	19	1631.37	20
内蒙古	163.83	23	319.31	22	681.92	24	1192	24	1270.94	24
辽宁	518.59	5	1061.91	5	2793.37	8	3806	7	4111.97	7
吉林	200.44	18	425.28	20	1129.20	19	1564	20	1670.58	19
黑龙江	355.04	11	715.23	12	2014.53	13	2843	13	2897.42	14
上海	466.75	6	756.45	10	2462.57	9	3688	9	4034.96	8
江苏	641.82	2	1416.50	3	5155.25	2	7201	2	7700.56	2
浙江	427.50	8	897.99	7	3524.79	5	4980	4	5350.00	4
安徽	**331.24**	**13**	**658.02**	**13**	**2003.58**	**14**	**2830**	**14**	**2925.22**	**13**
福建	200.48	17	523.30	14	2160.52	12	3330	11	3628.04	11
江西	207.89	16	428.62	19	1205.11	18	1850	17	1967.71	17
山东	680.46	1	1511.19	1	5002.34	3	7162	3	7662.27	3
河南	451.74	7	934.65	6	3002.74	6	4330	5	4580.95	5
湖北	396.26	10	824.38	9	2391.42	10	3704	8	3856.39	9
湖南	349.95	12	744.44	11	2195.70	11	3211	12	3406.75	12
广东	553.05	4	1471.84	2	5381.72	1	7937	1	8459.46	1
广西	180.97	19	449.06	17	1606.15	15	2182	15	2001.68	16
海南	43.26	27	102.49	27	364.17	27	439	28	471.67	28
重庆							1434	21	1488.49	21
四川	606.40	3	1186.22	4	3534.00	4	3580	10	3711.61	10
贵州	123.92	24	260.14	25	630.07	25	843	27	907.33	27
云南	164.96	22	451.67	16	1206.68	17	1793	18	1852.38	18
西藏										
陕西	180.87	20	374.05	21	1000.03	21	1410	22	1481.55	22
甘肃	123.39	25	242.80	26	553.35	26	870	26	909.78	26
青海	33.01	28	69.94	28	165.31	29	219	30	238.39	30
宁夏	30.27	29	64.84	29	169.75	28	228	29	242.00	29
新疆	112.24	26	274.01	24	834.57	23	1115	25	1171.20	25

21—3 全国分省（市）主要年份国内生产总值第一产业及位次

（按当年价格计算）

单位：亿元

省（市）	1985年	位次	1990年	位次	1995年	位次	1998年	位次	1999年	位次
全国	**2542**		**5017**		**11993**		**14600**		**14675.11**	
北京	17.81	26	43.88	25	81.44	25	87	26	87.50	26
天津	12.95	27	27.32	27	63.21	26	78	28	71.00	28
河北	120.34	10	227.89	9	631.34	7	790	7	805.60	6
山西	42.26	22	80.81	22	168.69	22	207	23	176.17	25
内蒙古	53.54	18	112.57	18	208.53	21	338	18	331.24	18
辽宁	74.90	14	168.57	13	292.17	13	540	13	520.00	13
吉林	55.74	17	124.99	17	303.99	17	414	16	428.00	15
黑龙江	77.06	13	160.34	15	388.15	14	470	14	375.86	17
上海	19.53	25	32.60	26	61.68	27	79	27	78.62	27
江苏	195.66	3	355.17	4	848.35	4	1019	3	1014.46	4
浙江	123.88	9	225.04	10	559.80	10	620	12	636.00	11
安徽	**140.97**	**8**	**246.17**	**8**	**581.24**	**9**	**735**	**9**	**757.00**	**8**
福建	68.13	15	148.03	16	479.42	12	624	11	640.00	10
江西	84.06	11	175.96	11	374.64	15	451	15	475.00	14
山东	235.96	1	425.29	1	1010.13	1	1230	1	1221.00	1
河南	173.43	4	325.77	5	762.99	5	1070	2	1123.80	2
湖北	144.44	7	289.45	6	619.38	8	748	8	652.39	9
湖南	147.72	6	279.09	7	685.30	6	831	6	771.03	7
广东	171.87	5	384.59	3	868.99	3	1010	4	1021.06	3
广西	77.18	12	175.61	12	488.97	11	683	10	580.25	12
海南	21.80	24	46.02	24	130.86	23	164	25	181.53	24
重庆							304	19	284.27	19
四川	224.59	2	417.71	2	976.96	2	941	5	948.79	5
贵州	50.45	20	100.10	20	227.06	20	262	22	269.70	21
云南	66.07	16	168.13	14	305.27	16	413	17	405.77	16
西藏										
陕西	53.39	19	105.56	19	227.25	19	281	21	267.03	22
甘肃	33.08	23	64.06	23	110.53	24	205	24	191.00	23
青海	8.64	29	17.67	28	38.85	28	41	30	40.32	30
宁夏	8.90	28	16.84	29	35.39	29	49	29	48.50	29
新疆	42.89	21	94.61	21	250.17	18	290	20	272.22	20

21—4 全国分省（市）主要年份国内生产总值第二产业及位次

（按当年价格计算）

单位：亿元

省（市）	1985年	位 次	1990年	位 次	1995年	位 次	1998年	位 次	1999年	位 次
全　国	**3867**		**7717**		**28173**		**38692**		**41004.46**	
北　京	153.66	12	262.39	12	615.17	15	791	18	842.93	16
天　津	114.23	16	179.51	17	501.22	19	658	20	711.76	19
河　北	184.26	9	387.52	8	1322.77	9	2075	5	2232.46	5
山　西	120.06	14	210.17	15	545.13	17	864	15	878.62	15
内蒙古	56.95	23	102.43	23	261.79	24	486	24	529.48	24
辽　宁	328.11	2	540.84	4	1390.00	8	1867	7	1959.64	7
吉　林	97.21	17	182.15	16	479.46	20	590	22	662.10	21
黑龙江	205.07	7	362.68	9	1054.77	10	1500	11	1588.86	11
上　海	325.63	3	482.68	5	1409.85	7	1847	8	1953.98	8
江　苏	339.56	1	492.59	1	2715.26	2	3639	2	3906.40	2
浙　江	198.91	8	408.18	7	1834.47	4	2720	4	2906.00	4
安　徽	**117.84**	**15**	**251.48**	**13**	**938.72**	**12**	**1330**	**13**	**1275.08**	**14**
福　建	72.56	20	174.47	18	910.56	13	1445	12	1593.46	10
江　西	76.05	19	133.56	21	451.12	21	743	19	760.66	18
山　东	293.07	4	635.98	2	2372.67	3	3457	3	3705.41	3
河　南	170.07	11	331.85	10	1420.25	6	2010	6	2090.21	6
湖　北	174.35	10	313.39	11	1030.70	11	1753	9	1887.93	9
湖　南	127.08	13	249.88	14	815.82	14	1291	14	1406.44	13
广　东	225.44	6	587.04	3	2786.05	1	3997	1	4265.93	1
广　西	54.69	24	118.45	22	605.12	16	805	17	711.22	20
海　南	9.30	29	20.12	29	78.64	27	91	29	95.23	30
重　庆							587	23	609.41	23
四　川	242.33	5	428.56	6	1486.63	5	1528	10	1549.68	12
贵　州	49.88	25	92.83	25	234.10	26	333	27	360.50	27
云　南	65.41	21	157.80	19	536.63	18	825	16	826.57	17
西　藏										
陕　西	80.09	18	157.15	20	405.53	22	592	21	633.30	22
甘　肃	58.81	22	98.33	24	258.51	25	382	26	401.01	26
青　海	13.39	27	26.89	27	65.46	29	87	30	97.42	29
宁　夏	12.12	28	25.34	28	74.14	28	94	28	101.30	28
新　疆	40.50	26	83.50	26	302.56	23	438	25	461.27	25

21—5 全国分省（市）主要年份国内生产总值第三产业及位次

（按当年价格计算）

单位：亿元

省（市）	1985年	位次	1990年	位次	1995年	位次	1998年	位次	1999年	位次
全国	**2556**		**5814**		**18094**		**26104**		**32126.47**	
北京	85.65	10	194.55	13	698.28	12	1132	11	1238.22	11
天津	48.53	19	104.10	23	335.68	21	605	18	667.34	18
河北	92.15	9	280.00	6	895.41	8	1373	7	1518.56	7
山西	56.67	16	138.39	17	378.66	18	536	23	576.58	23
内蒙古	53.34	17	104.31	22	211.60	24	369	25	410.22	25
辽宁	115.58	6	353.33	4	1011.22	6	1398	6	1632.33	6
吉林	47.49	21	118.14	20	345.75	22	561	19	580.48	22
黑龙江	72.91	13	192.21	14	571.61	14	873	14	932.70	14
上海	121.59	4	241.17	9	991.04	7	1763	4	2002.36	4
江苏	116.60	5	368.74	3	1591.64	3	2543	2	2779.70	2
浙江	104.71	8	264.77	8	1130.52	4	1640	5	1808.00	5
安徽	**72.43**	**14**	**160.37**	**15**	**483.62**	**16**	**765**	**15**	**893.14**	**15**
福建	59.79	15	200.80	12	770.54	10	1261	8	1394.58	8
江西	47.78	20	119.10	19	379.35	17	656	17	732.05	16
山东	151.43	2	449.92	2	1619.54	2	2475	3	2735.86	3
河南	108.24	7	277.03	7	819.50	9	1250	9	1366.94	9
湖北	77.47	11	221.54	10	741.34	11	1203	10	1316.07	10
湖南	75.15	12	215.37	11	694.58	13	1089	13	1229.28	12
广东	155.74	1	500.21	1	1726.28	1	2930	1	3172.47	1
广西	49.10	18	155.00	16	512.06	15	694	16	710.21	17
海南	12.16	27	36.35	27	154.67	27	184	28	194.91	28
重庆							543	21	594.81	20
四川	139.48	3	339.96	5	1070.41	5	1111	12	1213.14	13
贵州	23.59	26	67.21	26	168.91	26	248	27	277.13	27
云南	33.48	23	125.74	18	364.78	20	555	20	620.04	19
西藏										
陕西	46.59	22	111.34	21	367.25	19	537	22	581.22	21
甘肃	31.50	24	80.41	25	184.31	25	283	26	317.77	26
青海	10.98	28	25.38	28	61.00	29	91	29	100.65	29
宁夏	9.25	29	22.66	29	60.22	28	85	30	92.00	30
新疆	28.85	25	95.89	24	281.84	23	387	24	437.71	24

21—6 全国分省（市）主要年份人均国内生产总值及位次

（按当年价格计算）

单位：元

省（市）	1985年	位 次	1990年	位 次	1995年	位 次	1998年	位 次	1999年	位 次
全 国	**855**		**1638**		**4754**		**6404**		**7004**	
北 京	2704	2	3224	3	13073	2	16189	2	17356	2
天 津	2198	3	3621	2	10308	3	14049	3	15137	3
河 北	719	19	1465	18	4444	13	6473	11	6913	11
山 西	838	11	1528	16	3569	16	5090	17	5117	18
内蒙古	809	13	1478	17	3013	26	5104	16	5404	16
辽 宁	1413	4	2698	4	6880	8	9177	8	9875	8
吉 林	868	10	1746	12	4414	14	5935	14	6302	14
黑龙江	1062	6	2028	8	5465	10	7557	10	7660	10
上 海	3855	1	5910	1	18943	1	25253	1	27467	1
江 苏	1053	7	2103	7	7299	6	10050	7	10699	7
浙 江	1063	5	2122	6	8074	4	11202	4	11981	4
安 徽	**646**	**20**	**1182**	**23**	**3357**	**20**	**4597**	**22**	**4710**	**21**
福 建	741	16	1788	11	6965	7	10120	6	10969	6
江 西	597	25	1128	24	3080	24	4436	23	4673	23
山 东	887	9	1815	9	5758	9	8130	9	8649	9
河 南	580	26	1091	27	3313	22	4667	21	4900	19
湖 北	808	15	1556	15	4162	15	6289	13	6511	13
湖 南	646	21	1228	21	3445	18	4953	18	5226	17
广 东	982	8	2395	5	7973	5	11184	5	11779	5
广 西	471	28	1066	28	3543	17	4688	20	4265	27
海 南	729	18	1589	13	5225	11	5869	15	6231	15
重 庆							4700	19	4853	20
四 川	599	24	1105	25	3201	23	4231	27	4356	26
贵 州	420	29	810	29	1853	29	2320	30	2462	30
云 南	486	27	1224	22	3044	25	4353	25	4444	25
西 藏										
陕 西	608	23	1244	20	2843	27	3935	28	4107	28
甘 肃	608	22	1099	26	2288	28	3471	29	3595	29
青 海	808	14	1558	14	3430	19	4376	24	4707	22
宁 夏	727	17	1393	19	3320	21	4270	26	4477	24
新 疆	820	12	1799	10	4819	12	6449	12	6651	12

21—7 全国分省（市）主要年份固定资产投资及位次

单位：亿元

省（市）	1985年	位次	1990年	位次	1995年	位次	1998年	位次	1999年	位次
全国	**2543.19**		**4516.97**		**20019.26**		**28406.17**		**29854.71**	
北京	94.51	12	196.53	9	864.85	9	1124.62	10	1171.16	10
天津	66.95	16	88.65	19	396.55	17	571.05	17	576.45	19
河北	113.12	8	183.70	10	907.75	6	1591.76	6	1770.47	6
山西	88.56	13	121.58	14	270.64	23	454.93	22	477.57	23
内蒙古	51.20	20	65.58	24	251.32	24	316.76	25	348.22	26
辽宁	139.02	5	228.76	6	865.49	8	1057.70	11	1119.47	11
吉林	62.90	17	93.22	18	320.29	20	431.78	23	500.02	22
黑龙江	110.53	9	164.02	11	517.62	14	770.05	14	751.66	15
上海	118.77	7	359.76	2	1597.89	3	1966.38	3	1855.76	5
江苏	149.98	3	262.57	4	1764.76	2	2450.37	2	2441.88	2
浙江	105.45	10	262.99	5	1482.62	4	1801.74	5	1958.05	4
安徽	**80.51**	**15**	**125.32**	**13**	**476.10**	**15**	**722.61**	**15**	**773.88**	**14**
福建	55.00	19	112.98	16	683.02	12	1053.01	12	1084.66	12
江西	43.73	23	71.63	22	282.54	22	400.60	24	454.44	24
山东	193.42	2	338.53	3	1308.62	5	1935.58	4	2220.57	3
河南	126.89	6	208.16	8	783.14	11	1289.70	7	1206.83	9
湖北	101.64	11	142.81	12	785.09	10	1156.76	8	1239.14	7
湖南	80.78	14	121.24	15	523.00	13	796.89	13	883.94	13
广东	196.59	1	417.11	1	2315.83	1	2644.13	1	2937.02	1
广西	42.07	24	68.84	23	403.15	16	562.32	18	578.76	18
海南	15.31	28	43.33	27	182.08	25	173.37	28	194.78	28
重庆							492.97	21	525.26	21
四川	144.66	4	224.96	7	901.42	7	1145.33	9	1224.40	8
贵州	33.13	25	45.96	26	161.79	26	278.41	27	311.93	27
云南	48.36	21	83.18	21	390.45	18	660.43	16	663.97	16
西藏	7.09	30	9.59	30	35.13	30	41.26	31	53.56	31
陕西	56.95	18	101.11	17	310.18	21	517.57	19	587.79	17
甘肃	32.61	26	57.00	25	145.76	27	301.45	26	355.51	25
青海	16.13	27	21.40	28	53.11	29	108.78	29	117.15	30
宁夏	12.51	29	20.66	29	62.17	28	106.75	30	128.10	29
新疆	44.55	22	88.21	20	331.97	19	514.77	20	526.65	20

21—8 全国分省（市）主要年份农林牧渔业总产值及位次

（按当年价格计算）

单位：亿元

省（市）	1985年	位 次	1990年	位 次	1995年	位 次	1998年	位 次	1999年	位 次
全　　国	**3619.49**		**7662.1**		**20340.90**		**24516.70**		**24519.10**	
北　京	25.94	25	70.2	24	164.47	26	176.58	27	184.34	27
天　津	20.44	26	54.9	27	133.25	27	156.17	28	150.11	28
河　北	167.33	10	357.6	9	1147.83	6	1505.94	5	1539.77	5
山　西	62.92	21	124.8	22	299.68	22	359.15	23	305.34	24
内蒙古	73.20	19	156.9	19	373.59	20	534.39	18	532.32	18
辽　宁	118.05	11	273.8	11	761.80	12	969.79	12	977.05	12
吉　林	85.89	17	189.1	17	490.28	16	666.47	16	675.31	15
黑龙江	114.31	13	245.4	14	670.03	14	736.34	14	660.52	16
上　海	31.38	24	68.2	26	182.47	25	206.78	26	206.90	26
江　苏	288.55	3	580.5	4	1686.78	2	1849.19	2	1837.43	3
浙　江	174.05	9	336.8	10	891.71	10	1003.71	10	1005.22	11
安　徽	**198.24**	**7**	**370.9**	**8**	**980.26**	**9**	**1202.27**	**8**	**1234.32**	**7**
福　建	99.05	15	228.7	15	765.38	11	973.39	11	1010.82	10
江　西	114.50	12	255.2	12	631.71	15	734.87	15	750.29	14
山　东	335.42	1	647.5	1	1857.48	1	2174.54	1	2203.00	1
河　南	241.54	5	502.0	5	1304.25	5	1822.99	3	1906.75	2
湖　北	192.32	8	402.2	6	988.53	8	1147.51	9	1126.10	9
湖　南	198.44	6	397.4	7	1046.97	7	1232.75	7	1173.27	8
广　东	275.99	4	600.7	3	1445.48	4	1614.64	4	1653.41	4
广　西	108.02	14	252.2	13	743.50	13	865.91	13	844.78	13
海　南			68.7	25	202.10	24	242.54	25	279.23	25
重　庆							434.41	21	416.95	21
四　川	313.06	2	637.1	2	1520.26	3	1394.14	6	1376.90	6
贵　州	70.23	20	145.5	20	344.85	21	402.29	22	407.12	22
云　南	88.88	16	211.7	16	474.46	17	614.50	17	642.47	17
西　藏	10.58	29	17.2	30	35.90	30	42.34	31	48.22	31
陕　西	79.57	18	170.0	18	381.65	19	479.36	20	452.47	20
甘　肃	48.82	23	103.1	23	289.37	23	335.79	24	320.56	23
青　海	12.25	27	24.5	29	55.10	29	60.78	30	59.02	30
宁　夏	12.07	28	[illegible]	28	56.33	28	78.76	29	77.95	29
新　疆	58.50	22	144.7	21	415.19	18	498.41	19	461.15	19

21—9 全国分省（市）主要年份工业总产值及位次

（按当年价格计算） 单位：亿元

省（市）	1985年	位次	1990年	位次	1995年	位次	1998年	位次	1999年	位次
全国	**9717**		**23924**		**91894**		**119048**		**126111**	
北京	324.19	12	743.35	12	1665.43	16	2017.02	17	2195.49	17
天津	319.47	13	679.94	14	1879.67	15	2562.62	15	2751.37	15
河北	435.82	9	1123.23	8	3688.16	10	6428.49	6	6733.65	6
山西	237.51	17	538.39	17	1620.06	17	2318.49	16	2221.76	16
内蒙古	112.93	24	263.33	24	700.76	24	1136.56	24	1102.97	24
辽宁	774.60	3	1606.90	5	4889.52	5	6674.14	5	7328.53	5
吉林	256.75	16	552.36	16	1265.79	19	1708.20	18	1842.87	18
黑龙江	391.95	11	863.51	11	1978.78	14	2688.44	14	2911.76	14
上海	862.73	2	1642.75	4	4416.05	6	5847.75	8	6091.82	7
江苏	1036.67	1	2764.10	1	9807.84	1	13185.70	2	14107.91	2
浙江	550.63	5	1434.16	6	7237.33	4	11338.19	3	12202.35	3
安徽	**277.27**	**15**	**670.33**	**15**	**2895.62**	**11**	**3851.89**	**12**	**3906.38**	**12**
福建	165.33	20	406.64	20	2638.52	12	4508.62	10	5120.72	10
江西	181.10	19	425.75	19	1170.13	20	1630.92	20	1763.58	19
山东	682.78	4	2200.85	2	7661.71	3	10579.17	4	11195.46	4
河南	401.32	10	1036.73	9	4393.87	7	5829.66	9	5899.85	8
湖北	467.22	8	1008.19	10	3733.84	9	6404.55	7	5866.76	9
湖南	314.68	14	712.67	13	2254.10	13	4074.04	11	4255.14	11
广东	548.78	6	1902.25	3	8849.90	2	13574.86	1	15303.33	1
广西	139.39	21	353.43	21	1532.87	18	1697.68	19	1667.33	20
海南	16.51	29	44.32	29	176.81	27	254.50	28	254.70	28
重庆							1241.89	23	1392.06	23
四川	531.51	7	1222.95	7	3938.10	8	3688.95	13	3817.17	13
贵州	98.19	25	218.16	26	512.96	26	795.53	26	872.93	26
云南	136.26	22	345.26	22	1079.54	21	1503.23	21	1546.74	22
西藏	2.12	30	3.72	30	8.26	30	12.83	31	14.98	31
陕西	192.08	18	442.58	18	1068.71	22	1295.05	22	1583.58	21
甘肃	126.41	23	278.70	23	736.08	23	1081.39	25	963.69	25
青海	22.65	28	55.25	28	129.32	29	181.52	30	199.07	30
宁夏	24.30	27	64.75	27	173.49	28	228.45	29	252.39	29
新疆	66.78	26	219.92	25	593.43	25	707.80	27	744.34	27

注：1998年、1999年工业总产值不含非独立核算工业企业。

21—10 全国分省（市）主要年份社会消费品零售总额及位次

（按当年价格计算）

单位：亿元

省（市）	1985年	位 次	1990年	位 次	1995年	位 次	1998年	位 次	1999年	位 次
全 国	**3801**		**7250**		**20620**		**29152.50**		**31134.7**	
北 京	127.90	13	307.66	12	826.98	12	1167.23	11	1313.3	11
天 津	64.12	23	139.88	23	375.64	20	587.12	19	657.3	18
河 北	204.45	7	380.83	8	852.06	10	1332.61	9	1458.8	9
山 西	89.44	19	158.04	20	375.95	19	547.10	21	587.1	21
内蒙古	82.70	21	146.21	21	295.02	23	399.51	24	437.4	24
辽 宁	195.46	9	421.10	5	1122.00	6	1568.67	5	1696.1	5
吉 林	124.90	14	225.46	16	481.54	17	680.44	17	734.0	17
黑龙江	172.61	12	341.02	11	682.72	13	949.70	14	1016.2	14
上 海	183.16	10	353.11	10	970.04	7	1471.03	8	1590.4	8
江 苏	262.57	3	515.43	3	1650.00	2	2238.01	2	2394.1	2
浙 江	197.82	8	408.94	6	1395.70	4	1909.14	4	2075.8	4
安 徽	**119.95**	**15**	**226.53**	**15**	**586.52**	**15**	**924.82**	**15**	**979.1**	**15**
福 建	107.09	16	231.97	14	670.37	14	1132.49	12	1246.3	12
江 西	98.33	18	181.75	18	410.86	18	605.09	18	650.5	19
山 东	227.03	4	460.13	4	1442.67	3	2127.17	3	2310.1	3
河 南	220.49	5	397.43	7	906.67	9	1496.24	6	1616.0	7
湖 北	205.82	6	375.11	9	931.80	8	1481.38	7	1617.1	6
湖 南	177.30	11	294.92	13	837.40	11	1125.33	13	1229.2	13
广 东	319.73	1	732.25	1	2304.10	1	3248.51	1	3656.0	1
广 西	101.12	17	206.45	17	535.50	16	733.92	16	791.3	16
海 南	21.58	27	37.19	27	109.20	27	144.73	28	157.7	28
重 庆							553.70	20	596.3	20
四 川	274.30	2	545.34	2	1300.51	5	1298.57	10	1382.6	10
贵 州	52.25	26	85.90	26	197.60	26	289.92	27	313.8	27
云 南	84.45	20	145.59	22	369.55	21	500.09	23	539.0	23
西 藏										
陕 西	80.02	22	159.67	19	369.46	22	518.79	22	557.0	22
甘 肃	58.45	24	109.58	24	229.91	25	303.72	26	331.6	26
青 海	17.63	28	30.69	28	57.83	28	70.61	30	75.2	30
宁 夏	13.15	29	25.30	29	57.19	29	77.17	29	82.7	29
新 疆	57.38	25	104.30	25	253.65	24	327.52	25	347.4	25

21—11 全省分县（市）主要经济指标及位次

县（市）	国内生产总值（亿元）				人均国内生产总值（元）				财政收入（万元）			
	1998年		1999年		1998年		1999年		1998年		1999年	
	指标	位次	指标	位次	指标	位次	指标	位次	指标	位次	指标	位次
长丰县	19.19	46	19.24	46	2029	62	2020	63	11198	36	12238	31
肥东县	28.01	29	29.53	25	2584	50	2717	46	15195	19	16848	17
肥西县			19.50	45			2055	61	12921	26	14084	24
芜湖县	26.98	34	24.69	37	5064	12	4618	18	9177	48	8548	51
繁昌县	30.09	24	28.50	28	6650	5	6278	5	12925	25	11766	36
南陵县	25.55	36	25.10	36	4769	16	4673	16	9069	49	9555	45
怀远县	51.55	2	52.41	2	4225	23	4249	24	14645	21	16189	19
五河县	26.46	35	27.86	32	3949	29	4113	28	10772	39	11947	35
固镇县	24.74	38	26.10	35	4022	27	4197	25	11149	37	12098	33
凤台县	37.02	11	38.10	8	5696	10	5786	8	11056	38	12087	34
当涂县	27.62	32	28.77	27	4178	24	4329	21	11473	32	11639	37
濉溪县	29.70	26	32.26	19	2700	46	2906	43	15403	17	17295	14
铜陵县	15.01	53	15.04	53	4337	21	4360	20	8808	50	8819	49
桐城市	31.90	20	33.77	14	4151	25	4374	19	15410	16	16944	16
怀宁县	27.71	31	27.86	33	3571	33	3579	31	12453	29	13612	27
枞阳县	25.13	37	23.13	39	2665	49	2448	53	12926	24	10962	40
潜山县	19.45	45	18.30	47	3462	39	3250	39	9185	47	9517	46
太湖县	15.62	51	16.02	50	2759	45	2836	44	9752	45	10709	41
宿松县	19.19	47	16.84	49	2446	55	2142	58	8010	53	7795	54
望江县	18.40	48	13.18	54	3107	42	2215	56	11296	35	10492	42
岳西县	9.09	59	9.99	58	2260	60	2491	51	5051	60	5840	57
歙县	19.59	44	21.45	44	3879	31	4264	23	10596	40	12677	30
休宁县	10.96	56	10.75	56	4002	28	3924	29	7290	55	7472	55
黟县	3.47	61	3.62	62	3536	35	3692	30	2509	62	3110	62
祁门县	8.34	60	8.87	60	4504	19	4804	15	5388	59	6258	56
天长市	37.40	10	40.05	5	6279	8	6683	3	13522	23	14208	23
明光市	30.46	23	33.61	16	5026	14	5509	11	11344	33	12743	29
来安县	23.15	41	26.29	34	4900	15	5538	10	7362	54	9004	48
全椒县	29.98	25	31.49	20	6759	4	7027	2	12906	27	14256	22
定远县	34.21	14	36.89	12	3914	30	4183	26	15793	15	16703	18
凤阳县	32.01	19	33.50	17	4707	17	4882	14	12879	28	13981	25

21—11 续表1

县（市）	国内生产总值（亿元）				人均国内生产总值（元）				财政收入（万元）			
	1998年		1999年		1998年		1999年		1998年		1999年	
	指标	位次	指标	位次	指标	位次	指标	位次	指标	位次	指标	位次
界首市	31.62	21	29.95	23	4424	20	4157	27	27027	1	28275	2
临泉县	45.46	6	37.47	9	2554	51	2079	60	20971	8	19701	9
太和县	44.11	7	37.19	10	3017	43	2522	48	24137	4	24929	4
涡阳县	46.31	5	40.05	6	3493	38	3004	41	26621	2	29236	1
蒙城县	39.67	9	37.14	11	3517	37	3260	38	24804	3	25942	3
阜南县	34.17	15	32.76	18	2419	57	2289	55	18469	10	20952	8
颍上县	34.74	13	33.70	15	2424	56	2333	54	21409	7	23732	5
利辛县	33.01	16	28.46	30	2498	53	2118	59	14504	22	13739	26
砀山县	28.80	28	29.31	26	3332	40	3352	35	14926	20	15139	21
萧县	35.21	12	36.46	13	2851	44	2908	42	17955	12	18553	11
灵璧县	28.82	27	30.50	22	2673	48	2794	45	11340	34	12888	28
泗县	21.81	43	22.21	41	2697	47	2712	47	8557	51	8671	50
寿县	30.92	22	31.16	21	2505	52	2515	49	22506	6	22623	6
霍邱县	32.30	17	29.69	24	2038	61	2049	62	22896	5	21651	7
舒城县	23.50	40	24.60	38	2409	58	2515	50	17550	13	17619	13
金寨县	15.40	52	15.53	52	2450	54	2462	52	10076	43	10420	44
霍山县	14.76	54	15.64	51	4071	26	4304	22	10594	41	11171	39
庐江县	43.23	8	39.32	7	3692	32	3349	36	16297	14	17066	15
无为县	47.54	4	47.55	3	3520	36	3500	33	18359	11	19324	10
含山县	22.31	42	22.43	40	5153	11	5159	12	9738	46	10487	43
和县	27.05	33	21.49	42	4263	22	3362	34	12065	30	12211	32
宣州市	57.43	1	53.71	1	6988	2	6541	4	19199	9	17999	12
宁国市	51.00	3	40.26	4	13385	1	10570	1	15225	18	15662	20
郎溪县	16.68	50	10.84	55	5054	13	3273	37	5563	57	3352	61
广德县	32.22	18	28.49	29	6378	6	5631	9	10125	42	9048	47
泾县	23.95	39	21.49	43	6377	7	5950	6	9968	44	8482	52
旌德县	9.35	58	7.72	61	6131	9	5078	13	3896	61	3428	60
绩溪县	12.61	55	10.67	57	6878	3	5824	7	6381	56	4616	59
贵池市	27.87	30	28.02	31	4599	18	4623	17	11569	31	11528	38
东至县	17.09	49	17.07	48	3226	41	3218	40	8217	52	8202	53
石台县	2.39	62	2.39	63	2334	59	2146	57	1587	63	1513	63
青阳县	9.78	57	9.87	59	3539	34	3571	32	5435	58	5295	58

21—11 续表2

县（市）	人均财政收入（元）				财政支出（万元）				职工平均工资（元）			
	1998年		1999年		1998年		1999年		1998年		1999年	
	指标	位次	指标	位次	指标	位次	指标	位次	指标	位次	指标	位次
长丰县	118.4	58	128.5	56	18633	17	17714	25	5019	18	5427	15
肥东县	140.1	50	155.0	45	19414	14	23107	11	4614	41	5157	27
肥西县	134.9	54	148.4	47	17727	19	18833	21	4596	42	5114	32
芜湖县	172.2	34	159.9	43	12070	46	12515	47	5267	7	5515	12
繁昌县	285.6	7	259.2	8	14405	31	13790	44	5751	3	6102	3
南陵县	169.3	35	177.9	33	11460	50	14090	42	5494	6	5885	4
怀远县	120.0	57	131.3	55	16381	25	21827	16	4767	30	5048	35
五河县	160.8	40	176.4	35	13016	37	14275	41	4727	36	5039	36
固镇县	181.2	28	194.5	22	12621	41	14931	36	4381	51	4832	44
凤台县	169.3	36	183.6	29	11950	47	13101	45	6096	1	6284	1
当涂县	173.6	31	175.1	36	12345	43	12494	48	4772	29	5232	24
濉溪县	140.3	49	155.2	44	20088	13	22973	12	4265	57	4557	56
铜陵县	254.5	12	255.7	9	11344	51	12010	50	5086	11	5446	14
桐城市	200.6	19	219.4	17	17694	20	21105	17	4923	22	5360	18
怀宁县	160.5	41	174.9	37	15266	27	18501	22	4863	24	5211	26
枞阳县	137.1	52	116.0	58	17634	21	15093	35	5043	14	5483	13
潜山县	163.4	39	169.2	39	12124	45	13888	43	5046	13	5322	20
太湖县	172.5	33	189.6	25	13783	33	16023	31	5197	8	5611	7
宿松县	102.1	63	99.1	63	11629	49	14677	39	4674	38	4600	55
望江县	190.8	23	176.6	34	13060	35	14798	37	4762	31	4941	38
岳西县	125.6	56	145.4	50	9505	54	10596	55	4752	33	5122	31
歙县	209.8	17	252.0	10	13349	34	17013	26	4832	27	5321	21
休宁县	265.8	9	272.7	7	8700	56	9699	56	5023	17	5294	22
黟县	255.9	10	316.9	5	3996	62	4650	62	4396	50	4841	43
祁门县	291.4	5	338.8	3	6857	60	8496	58	4312	54	4659	49
天长市	227.0	14	237.1	13	15873	26	16796	28	4942	21	5093	33
明光市	187.2	26	208.8	20	14526	30	16443	29	3984	61	4540	57
来安县	155.8	43	189.7	24	9147	55	10837	54	4560	43	4749	46
全椒县	290.9	6	318.1	4	15003	28	15936	32	4750	34	4918	39
定远县	180.8	29	189.5	28	18286	18	19041	20	4372	52	4622	52
凤阳县	189.4	25	203.7	21	14047	32	16990	27	4427	47	4650	51

21—11 续表3

县（市）	人均财政收入（元）				财政支出（万元）				职工平均工资（元）			
	1998年		1999年		1998年		1999年		1998年		1999年	
	指标	位次	指标	位次	指标	位次	指标	位次	指标	位次	指标	位次
界首市	378.2	2	392.5	2	28989	2	30313	2	4862	25	5128	30
临泉县	117.8	59	109.3	59	23966	8	24660	9	3722	63	4608	54
太和县	165.1	38	169.1	40	25485	5	29706	3	4813	28	5062	34
涡阳县	201.8	18	219.3	18	29163	1	30335	1	4947	20	5220	25
蒙城县	219.9	16	227.7	15	25157	6	26400	7	5043	15	5278	23
阜南县	130.4	55	146.5	49	21850	10	22135	15	4279	55	4608	53
颍上县	149.4	45	164.3	42	25566	4	27503	4	5076	12	5345	19
利辛县	108.9	60	102.2	61	17336	23	18044	24	4543	44	4261	60
砀山县	172.7	32	173.1	38	17606	22	18150	23	4518	45	4672	48
萧县	145.3	46	148.4	48	18992	15	24524	10	4049	60	4026	61
灵璧县	105.2	62	118.1	57	12453	42	15601	34	4324	53	4503	59
泗县	105.7	61	105.9	60	10685	52	11310	53	3753	62	3841	63
寿县	182.4	27	182.6	30	24743	7	25508	8	4746	35	5403	17
霍邱县	144.4	47	135.5	54	26352	3	26492	6	4419	48	5136	29
舒城县	179.9	30	180.3	31	20200	12	22457	13	4252	58	4758	45
金寨县	160.4	42	165.4	41	14846	29	16383	30	4153	59	4522	58
霍山县	292.1	4	307.4	6	13016	38	14743	38	4636	39	4999	37
庐江县	139.1	51	145.3	51	18653	16	21082	18	4404	49	4655	50
无为县	135.9	53	142.2	52	22380	9	27453	5	4849	26	4882	40
含山县	224.9	15	241.2	12	11902	48	12975	46	5008	19	5623	6
和县	190.1	24	191.1	23	12914	39	14403	40	4277	56	4680	47
宣州市	233.7	13	218.0	19	20412	11	22161	14	5609	5	5884	5
宁国市	399.7	1	411.2	1	16841	24	19402	19	5873	2	6164	2
郎溪县	168.5	37	101.3	62	7270	59	8931	57	5098	10	5145	28
广德县	200.4	20	178.8	32	12151	44	12061	49	5115	9	5577	9
泾县	275.3	8	234.9	14	13023	36	11440	52	4755	32	5544	11
旌德县	255.9	11	225.5	16	5471	61	5355	61	5040	16	5557	10
绩溪县	348.1	3	251.9	11	8635	57	6901	60	5620	4	5594	8
贵池市	191.0	22	189.5	26	12887	40	15850	33	4910	23	5423	16
东至县	155.2	44	154.7	46	10571	53	11480	51	4615	40	4863	42
石台县	142.9	48	135.9	53	3295	63	3426	63	4471	46	3932	62
青阳县	194.5	21	189.5	27	7692	58	8140	59	4701	37	4872	41

21—11 续表 4

县（市）	乡及乡以上工业总产值（万元）				人均工业总产值（元）				农林牧渔业总产值（万元）			
	1998年		1999年		1998年		1999年		1998年		1999年	
	指标	位次	指标	位次	指标	位次	指标	位次	指标	位次	指标	位次
长丰县	37111	44	36641	44	392.5	53	384.7	53	106076	20	110862	23
肥东县	45858	39	52787	33	422.8	50	485.5	46	121736	16	126336	17
肥西县	29168	52	29671	52	304.6	59	312.7	59	100267	24	114465	21
芜湖县	44150	40	41848	42	828.6	31	782.9	32	63964	41	61719	41
繁昌县	79240	19	82312	16	1751.3	10	1813.0	11	46959	51	46277	50
南陵县	23460	58	24418	56	437.8	49	454.5	49	63500	42	62388	40
怀远县	57920	30	57309	30	474.7	48	464.7	48	153406	9	162136	11
五河县	26027	55	28491	53	388.4	54	420.6	51	100028	25	112578	22
固镇县	34104	48	34119	47	554.3	43	548.7	45	98363	26	110105	24
凤台县	69798	24	62810	28	1068.8	19	953.8	28	84334	30	96821	28
当涂县	43138	41	43342	40	652.6	38	652.0	36	79856	33	85982	30
濉溪县	31401	50	37995	43	286.0	61	340.9	56	100432	23	119775	20
铜陵县	52340	33	54154	31	1512.2	14	1570.1	13	32716	55	31741	56
桐城市	145323	5	170166	4	1891.3	9	2203.8	8	86392	29	85219	31
怀宁县	67931	26	76073	21	875.5	30	977.5	25	82803	31	83566	32
枞阳县	48177	37	54116	32	510.9	46	572.7	41	81437	32	79555	36
潜山县	56886	32	65732	27	1012.1	24	1168.5	20	57121	46	55516	44
太湖县	23616	57	23050	59	417.8	51	408.0	52	69386	38	68580	39
宿松县	22255	60	19253	60	283.7	62	244.9	62	61917	43	49932	48
望江县	34416	45	32808	48	581.2	41	552.2	43	65823	40	54573	46
岳西县	41444	42	48047	36	1030.3	21	1195.9	18	32496	56	33206	55
歙县	80802	18	92156	13	1600.1	13	1831.8	10	40708	52	42704	51
休宁县	22434	59	24166	57	817.9	32	881.8	29	31144	57	31577	57
黟县	9205	62	10006	62	938.8	27	1019.5	22	12760	62	13489	62
祁门县	31245	51	23262	58	1689.9	11	1259.4	15	18377	61	19117	61
天长市	211779	3	236610	2	3555.7	4	3948.1	3	96995	27	104226	26
明光市	57621	31	62028	29	950.8	25	1016.4	23	90146	28	101848	27
来安县	67598	27	77177	20	1430.7	15	1626.0	12	67037	39	78166	37
全椒县	152280	4	158197	5	3432.7	6	3530.4	4	75190	36	79996	35
定远县	66031	28	70127	25	755.9	35	795.5	31	153780	8	155186	12
凤阳县	69159	25	66552	26	1017.1	23	969.9	26	114775	17	120532	19

21—11 续表5

县（市）	乡及乡以上工业总产值（万元）				人均工业总产值（元）				农林牧渔业总产值（万元）			
	1998年		1999年		1998年		1999年		1998年		1999年	
	指标	位次	指标	位次	指标	位次	指标	位次	指标	位次	指标	位次
界首市	120266	7	110982	7	1682.9	12	1540.6	14	77428	35	82268	33
临泉县	91721	13	79982	17	515.4	45	443.8	50	147151	11	174506	8
太和县	118348	8	102496	11	809.5	33	695.2	34	170014	3	176510	6
涡阳县	101938	11	84672	15	772.9	34	635.0	38	167083	5	176587	5
蒙城县	106391	9	108775	8	943.2	26	954.9	27	163962	7	184095	3
阜南县	50757	35	42034	41	358.5	55	293.8	61	152496	10	166992	10
颍上县	34209	46	31265	50	238.7	63	216.4	63	172358	2	186152	2
利辛县	90640	14	47003	37	680.9	37	349.7	54	139063	13	151694	13
砀山县	49180	36	48488	35	569.0	42	554.4	42	121960	15	140773	14
萧县	39751	43	43663	39	321.7	58	349.2	55	110636	18	128480	16
灵璧县	31564	49	32750	49	292.7	60	300.0	60	147103	12	174861	7
泗县	27233	54	26633	54	336.5	56	325.2	58	109640	19	124244	18
寿县	88433	15	102956	9	716.8	36	830.9	30	166196	6	179233	4
霍邱县	92743	12	102835	10	585.1	40	643.5	37	188430	1	197728	1
舒城县	87662	16	96504	12	898.5	29	987.7	24	101295	22	106302	25
金寨县	26012	56	34573	46	414.1	52	548.9	44	37502	54	38535	54
霍山县	73599	23	88844	14	2029.6	8	2444.8	7	78196	34	81598	34
庐江县	74475	21	70873	24	635.8	39	603.6	39	134095	14	136075	15
无为县	138524	6	138958	6	1025.5	22	1022.8	21	168485	4	168736	9
含山县	52300	34	52684	34	1208.1	18	1212.0	17	52639	49	55574	43
和县	77725	20	77643	19	1224.8	16	1215.0	16	72427	37	77421	38
宣州市	284736	1	284206	1	3466.7	5	3442.0	5	106060	21	95610	29
宁国市	220802	2	206762	3	5796.3	1	5429.0	1	59040	45	52205	47
郎溪县	34134	47	25319	55	1034.1	20	764.8	33	56221	47	39375	53
广德县	46289	38	34957	45	916.2	28	690.8	35	49802	50	49070	49
泾县	102157	10	78537	18	2821.5	7	2174.6	9	40115	53	39984	52
旌德县	61442	29	72627	22	4036.1	3	4776.5	2	23806	60	23135	60
绩溪县	85516	17	45831	38	4665.7	2	2501.0	6	28106	58	26819	58
贵池市	73886	22	71188	23	1219.7	17	1170.5	19	59128	44	60249	42
东至县	28730	53	31037	51	542.7	44	585.5	40	55654	48	55130	45
石台县	3605	63	3698	63	324.7	57	332.3	57	10334	63	9175	63
青阳县	13358	61	13243	61	477.9	47	473.9	47	26164	59	25940	59

21—11 续表6

县（市）	人均农林牧渔业总产值（元）				年末耕地面积（公顷）				人均耕地面积（亩）			
	1998年		1999年		1998年		1999年		1998年		1999年	
	指标	位次	指标	位次	指标	位次	指标	位次	指标	位次	指标	位次
长丰县	1121.9	38	1163.9	33	94276	15	94174	15	1.50	12	1.48	13
肥东县	1122.5	37	1162.0	34	91322	17	91222	17	1.26	20	1.26	19
肥西县	1047.2	45	1206.4	29	69316	23	69018	23	1.09	27	1.09	27
芜湖县	1200.4	29	1154.6	38	32018	42	31707	42	0.90	39	0.89	40
繁昌县	1037.8	48	1019.3	50	22259	49	22258	49	0.74	48	0.74	50
南陵县	1185.1	31	1161.4	35	33595	40	33540	40	0.94	35	0.94	35
怀远县	1257.3	22	1314.7	21	128953	3	128946	2	1.59	7	1.57	7
五河县	1492.8	10	1661.8	8	69979	22	69992	22	1.57	8	1.55	8
固镇县	1598.8	6	1770.6	3	75091	19	75136	19	1.83	1	1.81	1
凤台县	1291.3	20	1470.3	15	56388	26	56388	26	1.30	18	1.28	18
当涂县	1208.0	27	1293.4	22	42991	33	42957	33	0.98	32	0.97	31
濉溪县	914.6	57	1074.6	45	125610	4	125413	3	1.72	3	1.69	3
铜陵县	945.2	54	920.3	56	18556	52	18357	52	0.80	45	0.80	46
桐城市	1124.3	36	1103.7	43	34473	39	34365	39	0.67	54	0.67	52
怀宁县	1067.2	43	1073.8	46	35740	37	35740	37	0.69	51	0.69	51
枞阳县	863.7	59	841.9	59	42000	34	41970	34	0.67	53	0.67	53
潜山县	1016.3	50	986.9	52	23426	46	23412	46	0.63	56	0.62	57
太湖县	1227.4	25	1214.0	27	21153	50	21143	50	0.56	61	0.56	61
宿松县	789.4	63	635.0	62	51313	28	51313	28	0.98	31	0.98	30
望江县	1111.5	39	918.6	57	35515	38	35512	38	0.90	38	0.90	39
岳西县	807.9	61	826.5	60	15344	56	15332	56	0.57	58	0.57	58
歙县	806.1	62	848.8	58	10520	59	10404	59	0.31	63	0.31	63
休宁县	1135.4	35	1152.2	39	13585	57	13576	57	0.74	50	0.74	49
黟县	1301.4	18	1374.3	18	5268	62	5263	62	0.81	44	0.80	45
祁门县	993.9	51	1035.0	48	8169	60	8149	60	0.66	55	0.66	54
天长市	1628.5	5	1739.1	6	59467	24	59349	24	1.50	13	1.49	12
明光市	1487.6	11	1669.0	7	56713	25	56793	25	1.40	16	1.40	15
来安县	1418.9	13	1646.8	9	47531	31	47522	31	1.51	11	1.50	10
全椒县	1694.9	3	1785.2	2	41713	35	41653	35	1.41	15	1.39	16
定远县	1760.5	1	1760.4	4	100726	13	100514	13	1.73	2	1.71	2
凤阳县	1688.0	4	1756.5	5	70503	21	70419	21	1.56	9	1.54	9

21—11　续表7

县（市）	人均农林牧渔业总产值（元）				年末耕地面积（公顷）				人均耕地面积（亩）			
	1998年		1999年		1998年		1999年		1998年		1999年	
	指标	位次	指标	位次	指标	位次	指标	位次	指标	位次	指标	位次
界首市	1083.5	41	1142.0	40	41444	36	41397	36	0.87	41	0.86	43
临泉县	826.8	60	968.3	54	115574	10	115606	10	0.97	33	0.96	32
太和县	1162.9	32	1197.2	30	117322	8	117240	8	1.20	21	1.19	20
涡阳县	1266.8	21	1324.3	20	131288	2	131289	1	1.49	14	1.48	14
蒙城县	1453.6	12	1616.1	10	123720	6	123615	6	1.65	6	1.63	6
阜南县	1077.1	42	1167.4	32	101362	12	101208	12	1.07	28	1.06	28
颍上县	1202.8	28	1288.7	23	106631	11	106486	11	1.12	25	1.11	25
利辛县	1044.6	46	1128.6	41	116997	9	116577	9	1.32	17	1.30	17
砀山县	1410.9	14	1609.7	11	50893	30	50856	29	0.88	40	0.87	41
萧县	895.4	58	1027.4	49	97165	14	97196	14	1.18	23	1.17	23
灵璧县	1364.2	15	1602.0	12	120622	7	120558	7	1.68	5	1.66	5
泗县	1354.5	16	1516.9	14	91720	16	91684	16	1.70	4	1.68	4
寿县	1347.2	17	1446.5	17	124666	5	123850	5	1.52	10	1.50	11
霍邱县	1188.7	30	1237.2	26	132955	1	124399	4	1.26	19	1.17	22
舒城县	1038.2	47	1088.0	44	43327	32	42977	32	0.67	52	0.66	55
金寨县	1244.8	24	2245.4	1	22318	47	17913	53	0.53	62	0.92	38
霍山县	1034.2	49	611.8	63	17934	53	22309	47	0.74	49	0.43	62
庐江县	1144.7	33	1158.9	36	74403	20	74007	20	0.95	34	0.95	34
无为县	1247.3	23	1242.0	25	88054	18	87135	18	0.98	30	0.96	33
含山县	1215.9	26	1278.4	24	22271	48	22294	48	0.77	46	0.77	47
和县	1141.3	34	1211.5	28	50897	29	50377	30	1.20	22	1.18	21
宣州市	1291.3	19	1157.9	37	55237	27	55207	27	1.01	29	1.00	29
宁国市	1549.9	8	1370.7	19	15762	55	16407	55	0.62	57	0.65	56
郎溪县	1703.3	2	1189.4	31	24857	45	24813	45	1.13	24	1.12	24
广德县	985.7	52	969.8	53	28768	44	28721	44	0.85	43	0.85	44
泾县	1107.9	40	1107.1	42	20972	51	20950	51	0.87	42	0.87	42
旌德县	1563.8	7	1521.5	13	11175	58	11165	58	1.10	26	1.10	26
绩溪县	1533.5	9	1463.5	16	6981	61	6981	61	0.57	59	0.57	59
贵池市	976.1	53	990.6	51	30591	43	30581	43	0.76	47	0.75	48
东至县	1051.3	44	1040.0	47	33170	41	33077	41	0.94	36	0.94	36
石台县	930.6	56	824.3	61	4209	63	4192	63	0.57	60	0.56	60
青阳县	936.1	55	928.3	55	17262	54	17222	54	0.93	37	0.92	37

21—11 续表8

县（市）	农民人均纯收入（元）				社会消费品零售总额（万元）				人均社会消费品零售总额（元）			
	1998年		1999年		1998年		1999年		1998年		1999年	
	指标	位次	指标	位次	指标	位次	指标	位次	指标	位次	指标	位次
长丰县	1468.00	56	1482.25	57	46412	53	48857	52	490.9	63	512.9	63
肥东县	1910.00	40	1936.33	39	85970	23	89913	23	792.7	50	827.0	50
肥西县	1897.95	41	1902.06	43	73392	31	76138	33	766.5	53	802.4	53
芜湖县	2420.00	12	2160.00	23	92609	17	97745	17	1738.0	5	1828.5	5
繁昌县	2669.00	2	2547.00	2	99800	16	104145	16	2205.6	3	2293.9	2
南陵县	2676.00	1	2502.00	3	83059	25	88201	24	1550.2	13	1641.9	11
怀远县	2085.00	29	2108.69	30	121572	9	130154	9	996.4	40	1055.3	39
五河县	2070.15	31	2183.74	20	73405	30	77400	31	1095.5	31	1142.5	31
固镇县	2110.54	26	2182.90	21	62219	42	66660	40	1011.3	39	1072.0	36
凤台县	1984.19	38	2068.00	33	50037	52	52416	50	766.2	54	796.0	55
当涂县	2495.00	10	2548.00	1	80182	28	85070	27	1212.9	23	1279.7	23
濉溪县	1801.05	47	1912.02	41	70941	34	75070	34	646.0	60	673.5	60
铜陵县	2217.50	17	2237.00	14	41495	55	43886	55	1198.9	26	1272.4	27
桐城市	2391.00	13	2394.77	5	100780	15	107350	15	1311.6	21	1390.3	19
怀宁县	2269.00	15	2237.99	13	87239	21	92990	21	1124.4	30	1194.9	29
枞阳县	1368.00	58	1489.36	56	69116	35	73904	35	733.0	58	782.1	57
潜山县	1368.38	57	1349.72	60	57599	46	61340	46	1024.8	38	1090.4	34
太湖县	1360.48	59	1365.50	59	42740	54	45620	54	756.1	55	807.6	52
宿松县	1222.35	63	1104.00	63	60886	43	61824	45	776.3	52	786.3	56
望江县	2100.23	28	1595.19	52	51350	49	52855	49	867.1	46	889.7	46
岳西县	1222.53	62	1307.34	62	30290	59	32166	59	753.0	56	800.6	54
歙县	2038.39	35	2129.06	27	58416	45	63138	43	1156.8	27	1255.0	28
休宁县	2112.00	25	2143.00	26	33208	58	34990	58	1210.7	24	1276.8	25
黟县	2024.00	37	2114.56	29	10071	63	10756	63	1027.1	37	1095.9	33
祁门县	1848.74	45	1906.00	42	23680	61	24923	61	1280.7	22	1349.4	22
天长市	2425.51	11	2396.00	4	92591	18	95072	19	1554.6	10	1586.4	12
明光市	2030.41	36	2032.00	34	72893	32	77948	30	1202.9	25	1277.3	24
来安县	2138.08	22	2188.00	19	67505	38	73721	36	1428.8	16	1553.2	13
全椒县	2221.66	16	2201.00	18	75062	29	77047	32	1692.0	6	1719.4	7
定远县	2079.97	30	2068.00	32	71921	33	78138	29	823.4	48	886.4	47
凤阳县	2115.26	24	2151.00	25	62441	41	66788	39	918.3	44	973.3	43

21—11 续表9

县（市）	农民人均纯收入（元）				社会消费品零售总额（万元）				人均社会消费品零售总额（元）			
	1998年		1999年		1998年		1999年		1998年		1999年	
	指标	位次	指标	位次	指标	位次	指标	位次	指标	位次	指标	位次
界首市	2286.00	14	2353.00	10	111094	13	124420	12	1554.5	11	1727.1	6
临泉县	1746.00	50	1798.00	46	143760	6	150069	5	807.8	49	832.7	49
太和县	2210.00	18	2214.00	16	167039	2	156939	3	1142.5	28	1064.5	37
涡阳县	2102.00	27	2161.00	22	150023	5	170042	2	1137.5	29	1275.2	26
蒙城县	2067.00	32	2125.00	28	150485	3	155310	4	1334.1	19	1363.4	21
阜南县	1498.00	54	1553.00	53	104372	14	109956	14	737.2	57	768.7	58
颍上县	1887.00	42	1921.00	40	119692	10	126429	10	835.3	47	875.3	48
利辛县	1305.00	61	1327.00	61	88560	19	96157	18	665.2	59	715.4	59
砀山县	1840.16	46	1757.99	49	68325	36	70932	38	790.4	51	811.1	51
萧县	1884.59	43	1945.06	38	127698	8	132367	8	1033.5	36	1058.5	38
灵璧县	1481.72	55	1702.58	50	63742	39	66578	41	591.1	62	609.9	62
泗县	1354.04	60	1524.69	54	50351	51	52031	51	622.1	61	635.3	61
寿县	1782.00	49	1823.89	45	115122	11	126379	11	933.2	43	1020.0	40
霍邱县	1787.01	48	1831.37	44	150206	4	143776	7	947.6	42	899.6	45
舒城县	1717.98	51	1782.35	47	86399	22	93311	20	885.5	45	955.0	44
金寨县	1693.26	52	1781.34	48	68073	37	72741	37	1083.7	32	1154.9	30
霍山县	1565.30	53	1610.74	51	52266	48	55139	48	1441.3	15	1517.3	14
庐江县	2061.54	33	2029.79	35	114408	12	118322	13	976.7	41	1007.7	42
无为县	1912.00	39	1948.06	37	140762	7	149270	6	1042.1	34	1098.7	32
含山县	2141.33	21	2151.93	24	62727	40	65519	42	1449.0	14	1507.2	15
和县	2050.10	34	2079.57	31	88006	20	90014	22	1386.8	17	1408.6	18
宣州市	2630.02	6	2323.69	12	194432	1	200029	1	2367.2	1	2422.5	1
宁国市	2644.83	3	2393.45	6	84434	24	85542	26	2216.5	2	2246.1	3
郎溪县	2630.39	5	1368.36	58	51201	50	48032	53	1551.2	12	1450.9	16
广德县	2618.99	9	2374.14	7	80697	27	84086	28	1597.3	9	1661.8	10
泾县	2630.84	4	2345.24	11	60043	44	61844	44	1658.3	8	1712.4	8
旌德县	2620.38	8	2353.50	9	25531	60	25663	60	1677.1	7	1687.8	9
绩溪县	2629.49	7	2359.60	8	37232	56	38300	56	2031.4	4	2090.0	4
贵池市	2175.50	20	2220.22	15	81736	26	85939	25	1349.3	18	1413.0	17
东至县	2118.80	23	2009.98	36	55523	47	57466	47	1048.8	33	1084.1	35
石台县	1871.22	44	1511.39	55	11481	62	11281	62	1033.9	35	1013.6	41
青阳县	2196.47	19	2201.69	17	36875	57	38267	57	1319.3	20	1369.4	20

附　　录

APPENDIX

简要说明

一、安徽农村小康评价资料由省农村小康监测中心提供。确定农村小康指标体系的原则：农村小康是指全面发展农村经济的基础上，使农民生活在温饱的水平上进一步提高的阶段性标志，逐步实现生活比较宽裕、精神生活比较充实、生活环境改善、人口素质提高、公益事业发展、社会治安良好。

二、贫困县监测情况由省农村贫困监测办公室提供。贫困概念是指绝对贫困，又叫生存贫困。指在一定的社会方式和生活方式下，个人家庭所得不能维持基本生存要求状况。确定贫困线的基本方法是食物份额法。

三、企业简介由企业提供。

本篇责任编辑： 翟晓琴

附录1　安徽省省级农村小康综合评价情况

指　　标	单　位	温饱值	小康值	权数	1996年评价结果		
					实际值	实际程度（%）	得　分
合　　计				**100**			**78.25**
农民人均纯收入	元	300	1100－1200	30	1607.72	58.76	17.63
基尼系数	%	20	30－40	5	27.07	70.70	3.54
恩格尔系数	%	60	≤50	6	55.41	45.90	2.75
蛋白质摄入量	克/人日	47	≥75	9	68.27	76.00	6.84
衣着消费支出	元/人年	27	≥70	3	92.62	100.00	3.00
钢混、砖木结构住房比重	%	43	≥80	7	86.33	100.00	7.00
高档机电消费品拥有量	台件/百户	11	≥200	6	290.30	100.00	6.00
人均文化生活服务消费支出占生活消费支出比重	%	2	≥10	6	13.11	100.00	6.00
人口平均预期寿命	岁	68	≥70	4	70.00	100.00	4.00
适龄青年平均受教育程度	年	6	≥9	5	7.36	68.00	3.40
已通公路行政村比重	%	50	≥85	3	94.51	100.00	3.00
已通电话行政村比重	%	50	≥70	2	53.22	76.10	1.52
安全卫生水普及率	%	50	≥90	3	90.97	100.00	3.00
用电户比重	%	50	≥95	3	98.98	100.00	3.00
享受社会保障人口比重	%	50	≥90	4	85.7	89.30	3.57
万人刑事案件立案件数	件	5	≤20	4	2.39	100.00	4.00

指　　标	单　位	1997年评价结果			1998年评价结果		
		实际值	实际程度（%）	得　分	实际值	实际程度（%）	得　分
合　　计				**82.83**			**86.80**
农民人均纯收入	元	1808.75	69.44	20.83	1863.09	73.80	22.15
基尼系数	%	27.86	78.60	3.93	27.96	79.60	3.98
恩格尔系数	%	55.19	48.10	2.87	54.92	50.80	3.05
蛋白质摄入量	克/人日	68.93	78.32	7.05	72.27	90.25	8.12
衣着消费支出	元/人年	86.94	100.00	3.00	72.30	100.00	3.00
钢混、砖木结构住房比重	%	85.96	100.00	7.00	89.20	100.00	7.00
高档机电消费品拥有量	台件/百户	290.16	100.00	6.00	303.00	100.00	6.00
人均文化生活服务消费支出占生活消费支出比重	%	11.47	100.00	6.00	11.80	100.00	6.00
人口平均预期寿命	岁	70	100.00	4.00	70.00	70.00	4.00
适龄青年平均受教育程度	年	7.52	76.00	3.80	7.40	70.00	3.50
已通公路行政村比重	%	94.87	100.00	3.00	98.10	100.00	3.00
已通电话行政村比重	%	66.40	82.00	1.64	90.00	100.00	3.00
安全卫生水普及率	%	91.29	100.00	3.00	99.19	100.00	3.00
用电户比重	%	99.23	100.00	3.00	99.26	100.00	3.00
享受社会保障人口比重	%	87.10	92.75	3.71	92.43	100.00	4.00
万人刑事案件立案件数	件	2.61	100.00	4.00	8.56	100.00	4.00

注：本表由安徽省农调队住户处提供。

附录2—1　全省农村贫困监测调查情况

	贫困户				贫困人口			
	1998年		1999年		1998年		1999年	
	绝对数（万户）	比重（%）	绝对数（万户）	比重（%）	绝对数（万人）	比重（%）	绝对数（万人）	比重（%）
总　计	**32**	**100**	**19.1**	**100**	**134**	**100**	**78.0**	**100**
贫困县	23	71.9	14.2	74.3	100	74.6	60.1	77
国家级贫困县	22	68.8	13.5	70.7	96	71.6	57.8	74
省级贫困县	1	3.1	0.7	3.6	4	3.0	2.3	3
非贫困县	9	28.1	4.9	25.7	34	25.4	18.0	23

注：本表由安徽省农调队住户处提供。

附录2—2　各地市农村贫困监测调查情况

地　市	贫困户（户）		贫困人口（人）	
	1998年	1999年	1998年	1999年
总　计	**318915**	**190694**	**1339235**	**780786**
合肥市	22182	14395	95772	61021
芜湖市	762	466	2775	1733
蚌埠市	8401	3463	35638	14430
淮南市	3085	1783	12934	7351
马鞍山市	666	259	2416	902
淮北市	1999	492	8034	1852
铜陵市	560	343	2047	1222
安庆市	93731	60912	409211	259864
黄山市	11021	5740	38991	19509
滁州市	3053	757	12117	2827
阜阳市	59028	30807	256896	133844
宿州市	17538	7799	67807	28889
六安市	49954	25956	215452	107313
巢湖市	27913	21820	113931	86941
宣城地区	7494	5881	24388	18709
池州地区	9721	8953	34029	31500
亳州市	1807	746	6003	2302

注：本表由安徽省农调队住户处提供。

附录2—3　贫　困　县　监　测　调　查　情　况

地　　市	贫　困　户　（户）		贫　困　人　口　（人）	
	1998年	1999年	1998年	1999年
合　　计	**231555**	**142200**	**1000740**	**600663**
国家级贫困县	**220042**	**135480**	**960458**	**578094**
岳西县	23762	14111	103608	60953
无为县	21501	17785	88680	71654
金寨县	18610	10675	85001	45065
太湖县	18446	10052	83422	45291
枞阳县	15986	10833	75388	49219
长丰县	15054	9982	65633	43212
潜山县	14879	10866	61038	43083
阜南县	13554	7312	59778	31589
临泉县	12626	6752	58433	30630
宿松县	12572	9563	54991	40749
利辛县	10643	6153	47090	26971
颍上县	11065	6121	46945	27438
霍邱县	8702	4244	35124	17080
舒城县	6716	3138	28873	13235
寿　县	5855	2643	25104	10985
霍山县	5396	2705	22434	10695
六安市（县级）	4675	2545	18916	10245
省级贫困县	**11513**	**6720**	**40282**	**22569**
歙　县	4815	2085	17579	7316
泾　县	2542	1429	8150	4543
绩溪县	1682	1324	6045	4823
凤台县	1067	395	4374	1611
郎溪县	1407	1487	4134	4276

注：本表由安徽省农调队住户处提供。

附录2—4 山区、库区县贫困监测调查情况

地　　市	贫　困　户　（户）		贫　困　人　口　（人）	
	1998年	1999年	1998年	1999年
合　　计	**135781**	**85865**	**567759**	**346882**
金寨县　*	18610	10675	85001	45065
太湖县　*	18446	10052	83422	45291
舒城县　*	6716	3138	28873	13235
霍山县　*	5396	2705	22434	10695
歙　县　*	4815	2085	17579	7316
石台县　*☆	4908	5587	16785	19347
黄山区　*☆	1963	749	6595	2517
桐城市　☆	3896	3123	15411	12058
东至县　☆	2700	2023	10216	7429
休宁县　☆	2705	1788	9779	6134
贵池市　☆	1236	934	4756	3446
青阳县　☆	877	409	3066	1344
宣州市　☆	797	744	2600	2347
祁门县　☆	664	468	2138	1432
徽州区　☆	525	356	1794	1192
宁国市　☆	520	225	1677	650
广德县　☆	399	529	1278	1611
黟　县　☆	306	274	981	866
旌德县　☆	147	143	504	459
屯溪区　☆	43	20	125	52
岳西县	23762	14111	103605	60953
潜山县	14879	10866	61038	43083
宿松县	12572	9563	54991	40749
六安市（县级）	4675	2545	18916	10245
泾　县	2542	1429	8150	4543
绩溪县	1682	1324	6045	4823

注：本表由安徽省农调队住户处提供。*号为库区的县（区），☆为非贫困县（区）。

附录2—5　全省分县（市）农村贫困人口监测调查结果

地　区	贫困户数　（户）		贫困人数　（人）		贫困发生率　（%）	
	1998年	1999年	1998年	1999年	1998年	1999年
全省合计	**318915**	**190694**	**1339235**	**780786**	**2.68**	**1.56**
合肥郊区						
蜀山镇						
长丰县	15054	9982	65633	43212	7.59	4.97
肥东县	4106	2603	18254	10951	1.93	1.16
肥西县	3022	1810	11885	6858	1.41	0.81
马塘区						
鸠江区	9	1	20	3	0.02	
芜湖县	320	256	1171	920	0.25	0.19
繁昌县	304	127	1087	482	0.29	0.13
南陵县	129	82	497	328	0.10	0.07
蚌埠郊区	536	348	2071	1265	0.86	0.59
怀远县	5117	2409	22030	10294	1.98	0.92
五河县	642	89	2606	406	0.44	0.07
固镇县	2106	617	8931	2465	1.63	0.45
大通区	79		235		0.36	
田家庵区	41		159		0.31	
谢家集区						
八公山区	3		14		0.05	
潘集区	1895	1388	8152	5740	2.37	1.65
凤台县	1067	395	4374	1611	0.76	0.28
向山区	53	31	180	95	0.17	0.09
当涂县	613	228	2236	807	0.39	0.14
杜集区	496	70	2020	260	1.74	0.22
相山区	81	57	353	239	0.72	0.47
烈山区	78	54	312	204	1.37	0.86
濉溪县	1344	311	5349	1149	0.55	0.12
铜陵郊区	48	24	183	83	0.56	0.26
铜陵县	512	319	1864	1139	0.62	0.39
安庆郊区	426	275	1591	1008	0.76	0.49
桐城市	3896	3123	15411	12058	2.27	1.78
怀宁县	2473	1379	8696	4815	1.25	0.69
枞阳县	15986	10833	75388	49219	8.70	5.71
潜山县	14879	10866	61038	43083	11.76	8.31
太湖县	18446	10052	83422	45291	16.06	8.77
宿松县	12572	9563	54991	40749	7.71	5.71
望江县	1291	710	5066	2688	0.93	0.49
岳西县	23762	14111	103608	60953	28.40	16.87
屯溪区	43	20	125	52	0.22	0.09
黄山区	1963	749	6595	2517	3.46	1.90
徽州区	525	356	1794	1192	2.17	1.47
歙县	4815	2085	17579	7316	3.93	1.65
休宁县	2705	1788	9779	6134	4.04	2.54
黟县	306	274	981	866	1.21	1.07
祁门县	664	468	2138	1432	1.44	0.97
琅琊区	26	17	93	63	0.18	0.12

注：本表由安徽省农调队住户处提供。

附录2—5 续表

地区	贫困户数（户）		贫困人数（人）		贫困发生率（%）	
	1998年	1999年	1998年	1999年	1998年	1999年
南谯区	443	94	1552	307	0.67	0.13
天长市	136	46	430	144	0.10	0.03
明光市	640	499	2505	1952	0.51	0.39
来安县	401	101	1451	361	0.37	0.09
全椒县	1069		4601		1.44	
定远县						
凤阳县	338	122	1485	511	0.25	0.09
颍州区	1288	613	5035	2354	1.21	0.56
颍东区	1585	512	6674	2139	1.43	0.45
颍泉区	1290	608	4919	2259	0.93	0.43
临泉县	12626	6752	58433	30630	3.46	1.79
亳州市	1807	746	6003	2302	0.54	0.21
界首市	2721	1265	10159	4644	1.64	0.75
太和县	1374	562	5665	2236	0.42	0.16
涡阳县	2373	628	10169	2497	0.85	0.21
蒙城县	509	281	2029	1087	0.20	0.11
阜南县	13554	7312	59778	31589	4.50	2.36
颍上县	11065	6121	46945	27438	3.58	2.07
利辛县	10643	6153	47090	26971	3.74	2.12
宿州市	7228	4051	26342	14433	2.03	1.10
砀山县	5011	2601	19718	9994	2.51	1.26
萧县	1218	228	4768	859	0.42	0.08
灵璧县	2715	603	11269	2448	1.11	0.24
泗县	1366	316	5710	1155	0.75	0.15
六安市	4675	2545	18916	10245	1.32	0.72
寿县	5855	2643	25104	10985	2.34	1.03
霍邱县	8702	4244	35124	17080	2.42	1.20
舒城县	6716	3138	28873	13235	3.42	1.60
金寨县	18610	10675	85001	45065	15.13	8.10
霍山县	5396	2705	22434	10695	7.03	3.39
宣州市	797	744	2600	2347	0.44	0.39
宁国市	520	225	1677	650	0.62	0.23
郎溪县	1407	1487	4134	4276	1.46	1.50
广德县	399	529	1278	1611	0.28	0.36
泾县	2542	1429	8150	4543	2.72	1.52
旌德县	147	143	504	459	0.38	0.35
绩溪县	1682	1324	6045	4823	4.07	3.27
巢湖市	2570	1465	9590	5267	1.75	0.96
庐江县	2063	1492	8641	5942	0.82	0.57
无为县	21501	17785	88680	71654	7.25	5.81
含山县	382	266	1523	1039	0.42	0.29
和县	1397	812	5497	3039	1.00	0.55
贵池市	1236	934	4756	3446	0.95	0.78
东至县	2700	2023	10216	7429	2.15	1.56
石台县	4908	3387	16785	19347	18.01	20.76
青阳县	877	409	3066	1344	1.26	0.56

主要统计指标解释

小康生活水平　是指国际上对年人均收入在600美元到2400美元之间中等收入阶段的社会生活质量的综合评价。由于各国国情不同，小康生活的内涵也有差异。所谓小康水平，是指在温饱的基础上，生活质量进一步提高，达到丰衣足食。这个要求既包括物质生活的改善，也包括精神生活的充实；既包括居民个人消费水平的提高，也包括社会福利和劳动环境的改善。

农村小康指标体系　包括（一）收入分配（1）水平：人均纯收入；(2) 差异：基尼系数；（二）物质生活(3) 消费：恩格尔系数；(4) 营养：每人每日蛋白质摄入量；(5) 衣着：人均衣着消费支出；(6) 住房：钢筋砖木结构住房比例；（三）精神生活（7）文娱：电视机普及率；(8) 服务：文化生活服务支出比重；（四）人口素质（9）健康：平均预期寿命；(10) 知识：平均受教育年限；（五）生活环境（11）饮水：农村安全卫生水普及率；(12) 用电：农村用电户比重；(13) 交通：已通公路的行政村比重；(14) 通讯：已通电话的行政村的比重；（六）保障安全（15）保障：农村享受五保人口比重；(16) 安全：农村每万人刑事案件立案件数。六个方面全面系统地反映了农村小康的特征和要求，是具有内在联系的不可分割的统一整体。收入水平是实现小康的决定因素，收入差异则体现了小康社会共同富裕的程度；物质生活的宽裕，包括消费结构、吃穿住用等方面，是小康的核心内容，精神生活的充实，则是实现小康的重要标志；人口素质，无论是健康状况的改善，还是知识水平的提高，都是小康社会实现人的全面发展的必然要求，而生活环境的改善则是实现人的全面发展的基本条件；社会保障体系的完善与否以及社会治安状况的好坏，直接影响居民能否安居乐业、安康度日。

基尼系数　是国际上通用的反映居民之间收入差异程度的比较精确的指标。其经济含义是：在全部居民收入中用于进行不平均分配的百分比。农民收入的基尼系数用来说明农民收入分配“平等”程度的指标。根据洛伦斯曲线计算收入分配平等程度的指标即基尼系数。

恩格尔系数　食品支出总额占个人消费支出总额的比重。一个家庭收入中用于购买食物的费用比例的大小，可以衡量其家庭收入状况。计算公式为：

$$恩格尔系数=\frac{食品支出总额}{生活消费品支出总额}\times 100\%$$

$$或=\frac{食品支出总额}{居民支出总额}\times 100\%$$

国外一些专家根据恩格尔系数，提出了如下数量界限：恩格尔系数在59%以上为生活贫困，50—59%为温饱，40—50%为小康水平，20—40%为富裕，20%以下为最富裕。

安徽省工程咨询研究院

单位简介：该院是1988年6月经省政府批准成立的副厅级事业单位，隶属省发展计划委员会。主要是受政府部门或建设单位委托，为投资项目、建设工程提供全过程服务。该院专业门类齐全，技术力量雄厚，拥有一批经验丰富的经济、技术、管理专家和先进的专业设备，具有高层次、多学科、跨行业的综合咨询评估能力。是国际咨询工程师联合会（FIDIC）会员协会成员、中国工程咨询协会理事单位、华东地区工程咨询协作网成员单位，是安徽省目前唯一被国家计委授予综合甲级工程咨询资格证书的工程咨询机构。

该院成立十多年来，先后完成软课题研究三十多项，其中十多项荣获国家或省科技进步一、二、三等奖；编制项目建议书、可行性研究报告近百个；咨询评估各类建设项目四百多项，涉及投资总额五百多亿元，业务涵盖安徽省国民经济各领域三十多个行业。1999年，全院共完成项目评估和论证报告115项，编制项目建议书、可行性研究报告39项，完成代理工程、设备、监理招标49项，承揽并实施了7个工程项目的监理。完成了安徽省“十五“重大工业（储备）项目、《淮河污染治理利用世界银行贷款工程项目实施计划》、《巢湖污染治理可行性研究报告》等19个项目的论证评审，推荐“双增”项目6项，“三高”项目建设书18项，完成《安徽省天然气/煤层气开发与利用规划》、《北方工业水资源利用规划》、《霍山县旅游业发展总体规划》、《舒城万佛湖旅游规模》等。

该院严格按照《关于项目咨询质量要求的暂行规定》和《关于建设项目咨询评估工作实施管理暂行办法》开展咨询评估工作，认真对委托项目进行调查研究，确定咨询的重点和难点，多渠道搜集市场信息，有针对性地聘请省内外知名专家，充分发挥专家在项目咨询评估中的作用，注重项目的多方案比选和全面系统的论证，以增强咨询结论的科学性、公正性和可靠性，使项目符合市场发展、科技进步和产业政策的要求。

在坚持为政府宏观决策做好服务的同时，积极面向市场。1999年共完成49项工程、设备、监理招标。现在，招标中心已取得了全省第一批甲级招标代理资质证书和乙级造价咨询资质证书。

新的世纪是充满挑战的世纪，该院决心“以改革促发展，以质量求生存”，按照“两为”（为省政府决策服务，为投资业主服务）、“三高”（高素质、高质量、高信誉）、“两个转变”（由事业单位转变为市场竞争主体，建立现代化企业制度；由单一的评估业务转变为面向投资建设全过程服务，并按市场机制进行运作的社会中介组织）的工作思路，加大工作力度，建立和强化一系列保证体系：一是政治工作保障体系；二是管理保证体系；三是质量保证体系；四是人才保证体系；五是信息保证体系。利用现代化的信息技术，建立一个包括宏观经济、市场供求、技术动态等实用价值高的信息服务网络。

我省福利彩票发行再创辉煌

安徽省社会福利彩票有奖募捐委员会

1999年，我省福利彩票发行工作取得了丰硕的成果，上半年全面完成1.1亿元的赈灾彩票（及时上缴赈灾资金3300万元）和1.6亿元的常规彩票销售计划，下半年又销售1.2亿元，超额完成1亿元的额度。累计销售3.8亿元（含98年下半年赈灾彩票部分）。是我省福利彩票历史上销售最多的一年。其奖组规模最大达到4000万元，日销量最高达到880万元，均创历史新高。1999年7月在昆明召开的全国福利彩票工作会上我省被授予“福利彩票赈灾专项募集贡献奖”。

加大宣传力度，体现政府行为。1998年我国长江、松花江等流域发生特大洪涝灾后，国务院决定由民政部门发行50亿赈灾彩票。我们抓住这个契机，大力宣传其重要意义，省政府为此专门下发了明传电报并召开全省电视电话会进行部署，杨多良副省长亲自过问。各级政府都把这项工作列入主要议事日程，分管领导亲自抓。马鞍山、芜湖、铜陵、蚌埠、合肥等市政府力度大，效果好，为全省作出了表率。他们把最好的地段拿出来做彩票销售现场，把最好的时机安排福利彩票销售。赈灾彩票销售大大地提高了福利彩票的声誉度。

改进发行方法，提高大奖组销售额。大奖组销售方法是我省福利彩票的主要方法，1999年采取了“两高三加大”的新的销售方法，即用高奖额，高奖群提高奖品档次，增强吸引力，加大奖组规模，加大前期投入，加大炒作力度。大奖从过去的普通桑塔纳轿车到设置现金50万元，并由桑塔纳、夏利等轿车组成高奖群，众多的大奖给彩民带来新刺激，加大投入便于充分炒作。实践证明，这种方法在一定时期内效果十分明显。无论是销售量还是销售形势，在全国都属较好水平，受到中募委领导的肯定和表扬。

积极探索新方法，发行“安徽风采”电视票。这是一种新的彩票销售方法：主要采取网点销售，电视开奖的办法，克服了大奖组的一些不安全因素和对市政卫生、交通所带来的影响。彩票在票面设计上采用我省一些人文景观、建设成就等图片作为背景，面值5元。每本套票20张共100元。在电视上公开摇奖，最大奖额可达100万元。这种彩票销售方法的问世，拓宽了我省福利彩票销售渠道。随着电脑彩票的筹备发行，将形成即开型大奖组、电视风采票和电脑票三种形式销售方法，届时我省彩票事业将有更大的发展。

合 肥 晚 报 社

单位简介：该报社现办有两报——《合肥晚报》、《江淮晨报》。《合肥晚报》是中共合肥市委机关报，创刊于1957年4月1日。编辑方针为："宣传方针政策，服务经济建设，促进改革开放，真实反映生活，传播知识信息，面向千家万户"。坚持把指导性、思想性与知识性、趣味性有机地结合起来，是一张具有鲜明晚报风格和浓厚地方特色的合肥地区的主流媒体。1987年7月，《合肥晚报》创办星期刊《逍遥津》，4开4版，1993年扩为4开8版。1993年元月，《合肥晚报》由4开4版扩为4开8版，1994年8月，每周增出一期扩大版（计16版）。1997年6月2日，正式扩为4开12版，历经4个月，再次扩为16版。2000年元月起，又扩为20版。1997年11月1日起，《合肥晚报》继人民日报（海外版）、中国日报等少数媒体之后，在安徽省报业中首家"跨"入国际互联网（Intemet）。

1999年元月，合肥晚报社与安徽省新闻出版局联合主办、由合肥晚报社独家投资创办了全省第一张彩印日报——《江淮晨报》，为综合性对开8版大报，全国发行，内容涵盖国内外热点新闻、背景报道以及生活服务、股市行情、体育文化、休闲娱乐等。办报的宗旨是：面向市场，服务市民，引导生活，亲近读者。该报为彩色印刷，版面设计更具视角冲击力。

全市发行网络基本形成，晚报的发行量近20万份，晨报在全省各市（地区）、县成立27个发行站，发行量达8万份。1999年《合肥晚报》各项广告收入突破4000万元，晨报广告收入达400万元。1999年晚报广告处又成立了报讯公司，在策划、创意上为客户提供服务。1998年5月建成新闻采编网络中心，实现了报业技术的"第二次革命"；安装2台（组）高斯SSC卷筒胶印机，提高印刷质量，满足出彩报需要。1994年7月注册成立的合肥报业经济发展有限责任公司，实行股份制。

"坚持政治办报，坚持正确的舆论导向"，合肥晚报社当好党和人民的喉舌。对现代化大城市建设、企业改革、下岗职工再就业、农村经济发展等宣传，关注老百姓的热点、难点问题，对合肥的精神文明建设、经济建设起到很大的推动作用。1997年、1998年连续获全国晚报首届、二届编校质量评比优秀奖，1998年荣膺国家新闻出版署表彰的全国百家地方报社管理先进单位称号，1999年获市级"文明单位"称号。

阜阳颍光印染有限责任公司

单位简介：该公司下辖热电厂和印染厂两个生产厂，现有固定资产4700万元，生产区占地64000平方米。现有职工562人，其中专业技术人员占10%。

公司印染厂有三条印染生产线，均可以生产纯棉、涤棉、人棉、麻棉等织物。以出口为主，产品合格率稳定在95%以上，颇受市场欢迎和客户信赖。

公司热电厂现有二炉三机，年发电能力3600万kwh，供热能力15万吨。

公司地处阜阳市颍东城区，地理位置优越，交通十分方便，环境优美，厂房标准，水、电、汽供应条件优越。

阜阳颍光印染有限责任公司热忱欢迎各地领导和企业家来我公司考察，欢迎各界客商惠顾合作。

中国农业发展银行安徽省分行营业部

业务范围：办理由国务院确定、中国人民银行安排的资金，并由财政予以贴息的粮食、棉花、油料、猪肉、食糖等主要农副产品的收购贷款及粮油调销、批发贷款和简易建仓，以及供销社棉花初加工企业的贷款；

办理中央和各级政府设立的粮食风险基金，开立专户并代理拨付；

发行金融债券；

办理业务范围内开户企事业单位的存款；

办理开户企事业单位的结算；

境外筹款；

办理国务院和中国人民银行批准的其他业务。

中国农业发展银行安徽省分行营业部主要任务是：国务院决定组建农业发展银行的主要目的，是安排解决粮棉油收购资金被企业挤占挪用、亏损挂帐增加、收购资金得不到保证的问题。对收购资金实行封闭运作管理，实现粮棉油收购封闭运作，是农业发展银行的办行宗旨。中国农业发展银行安徽省分行营业部承担着合肥地区粮棉油收购资金及时、足额供应，促进粮棉油生产和购、调、存等方面工作顺利开展，为合肥地区农业和农村经济发展服务。

安庆市物资行业管理办公室

单位简介：该单位原是安庆市物资局，其直属企业有：化工轻工材料有限责任公司、机电设备有限责任公司、建筑材料有限责任公司、物华金属材料有限责任公司、生产资料有限责任公司、燃料总公司、再生利用有限责任公司、气体有限责任公司、物资贸易中心、物资商场有限责任公司、供销公司等 12 个企业单位，职工总数 1428 人。

所属企业分别坐落在市区繁华地段的人民路、龙山路、华中路、宜城路，有门面房 3500 平方米，库房 20 多万平方米，并设有煤炭专项铁路线和专用码头两个，固定资产比较雄厚，为物资经营提供了坚实的物资基础。

物资企业走向市场后，不断深化改革、开拓进取，从转变思想、转变机制入手，较快适应了市场经济的要求。在市场下滑低迷的环境中，仍保持职工队伍不散，物资经营仍保持较好的势头。近三年来物资销售 4.5 亿元，每年减亏 25%。现有四个企业盈利，五个企业运转正常，三个企业目前较困难。但只要坚持以改革为动力，物资企业将会走出困境，再展辉煌。

安庆市胡玉美酿造食品有限公司

单位简介： 该公司始创于公元1830年（清道光十年），是我省历史最悠久的企业之一，系中国调味品协会常务理事厂，国家中型企业。企业占地面积4.7万平方米，拥有固定资产1800万元，职工420人。其中：各类专业技术人员80人。主要产品有：蚕豆辣酱、酱油、食醋、脱水蔬菜、天然果蔬饮料等五大类百余个品种。其中：部优产品6个，省优产品14个，年综合产量近万吨。部分产品常年供应我国一百多个驻外使领馆（机构），还批量出口韩国、日本、马来西亚等国家。

企业的主导产品“胡玉美振风古塔”牌蚕豆辣酱博采众家之长，以“选料精细、做工考究、风味独特”见长，为居家旅行调味之佳品。曾先后荣获巴拿马万国博览会、首届中国食品博览会等金、银奖章九枚。1995年，该产品被省技术监督局评为安徽省“质量免检”产品。

近几年来，新一代“胡玉美人”秉承历代“胡玉美人”的“一流的产品，一流的服务”的经营理念，以振兴民族传统工艺、美化大众日常生活为己任，锐意进取，勇于改革，使企业的两个文明建设硕果累累：1992—1998年，企业的产值、销售收入、利税以平均每年41.5%、40.7%和16.8%的速度增长，功能、营养型调味新品迭出：海鲜辣酱、鱼香调味酱、花生麻辣酱、草菰老抽、红烧酱油等相继问市，为“胡玉美”家族增添了新成员。企业还先后被授予市级“文明单位”、“花园式工厂”、安徽省“优秀食品企业”、“质量最佳企业”、“安徽名牌产品”、国家十部委联合授予“全国贯彻《食品卫生法》先进单位”等光荣称号。

我们将以更优的产品质量，更高的知名度为国内外广大客商服务。

马鞍山市精工机电设备有限公司

单位简介： “购精工机电、获名牌产品，买精工设备、创成功事业。”这既是精工的一句广告词，也是精工多年来经营理念的真实反映。该公司自1993年成立以来，不遗余力地致力于人才培育，经营管理，市场开拓，现已成为该市机电物资流通领域的龙头企业之一。经省、市建行批准，成为本市汽车销费信贷的特约商户；被市国税局授予“模范纳税户”称号；是市监察局、纠风办、工商联首批公布的八家“合法权益保护单位”之一。

该公司主营机电设备、汽车、金属材料、五金电器、化工、建材、燃料等。占地25亩的精工汽贸自选商城和精工办公大楼也在筹备中。现有的精工汽贸城提供轿、客、货车专卖，可提供70%银行按揭贷款，1200平方米的机电商场和仓库，提供了二万多种规格的机电商品。各商场均实行开架售货，对各公司、商行来访，公司采购，一律按批发价供应，市内免费送货。

近年来，该公司立足于马鞍山，积极拓展周边地区业务，在芜湖开发区注册成立了“安徽三联物贸公司”。并先后在南京梅山冶金工业公司、杨子石化设立了办事处。并将业务范围由机电产品贸易发展到大型钢结构制作、安装，非标设备制作及机电设备安装等业务，已取得了良好业绩。

历经风雨，才能见彩虹。经过八年的市场搏击，“精工”造就了一支懂管理、懂技术、懂业务的市场营销队伍，并将“精工细做、追求最佳、客户满意”作为宗旨；“广交朋友、互惠互利、共谋发展”作为誓言；“回报社会”作为理想；“共创美好”作为企盼，一步一个脚印向规模化发展、向集团化迈进。

安庆一枝梅日化有限公司

单位简介：该厂始建于1958年，系国内颇具盛誉的专业制造厂。1997年由原安庆香皂厂改制为现公司。企业地处人民路24号，长江之滨，交通极为便利，占地面积3.04万平方米，建筑面积2.9万平方米，固定资产3027万元。企业现已发展为拥有以“一枝梅”著名商标为核心的香皂、洗衣皂、工业甘油、香精、洗涤剂、皂粒、蚊香、塑料制品八大类产品，100多品种的综合性日化公司。1999年实现利税480万元，销售收入5200万元。系市利税大户之一，“省百家质量最佳企业”。1995年起，连续5年被授予安徽省“重合同，守信用”单位，先后开发出国家级、省部级、市级优秀新产品及科技成果50余项。产品市场占有率达6%，经济效益居安徽省制皂行业榜首。

目前，企业不断深化内部机制改革，逐渐建立起了以科技和销售为笼头的“哑铃型”管理模式，加强对生产工艺设备的技术改造，工装设备达到国际90年代先进水平，各类产品产量年生产能力达10000吨。

合肥市进出口有限公司

单位简介：本公司经中华人民共和国对外经济贸易部批准成立，是具有独立法人地位的综合性进出口公司，为全国进出口企业500强之一。

重合同、守信用、互惠互利是公司遵循的原则。

高速度、高效率、优质服务是公司的经营作风。

公司经营的进出口商品：轻工业品，机械设备，五金工具，冶金矿产，电子产品，高科技产品，化工医药，纺织服装，粮油食品，土畜产品，工艺美术品等。

公司采取多种经营方式：来样加工、来料加工、补偿贸易、合资经营、委托代理、进出结合。

本公司愿与海内外新老客户建立广泛持久的合作关系。

Our corporation is authorised to function as a general import/export business entity with status of legal representative with the approval of the Ministry of Foreign Economic relations and Trade of the P. R. C. The corp is one of the 500 largest import and export enterprises in China.

It is our principle to stand by the contract as well as be credible for the purpose of mutual benefit in conducting business.

It is our operating style to achieve high speed, high efficiency as well as offer excellent service.

Our business lines are as follows: Light industrial products, Machinery & Equipment, Metals & hand-tools, Metallurgical & Minerals, Electronic products, High - technical products, Chemicals, Pharmaceuticals, Medicines & health products, Textiles & Garments, Cereals, Oils & Foodstuffs, Native Products & Animal by - products, Arts & Crafts, ets.

Our corporation is fiexible in dealing in business by taking the following forms: processing in accordance with the samples with the materials provided by the client, compensation trade, joint venture, agency and import based on export.

Our corporation is ready to establish broad and long - term relations with either new or old customers at home and abroad.

滁州市金煌房地产有限公司

单位简介：该公司成立于1984年，固定资产1275万元，为国家二级房地产开发企业。

公司先后开发了凤凰小区、北湖小区、紫薇小区、杨子小区、来安路小区、新亚小区、金煌小区等，开发总面积约65万平方米。1995年在省建设厅评选全省房地产三十强中名列第十九位。公司始终坚持以“经济效益、社会效益、环境效益”为宗旨，加强质量管理，转换经营机制，连续多年取得较好的经济效益，并创立了“金煌”房产品牌商标。

近年来，公司在激烈的市场竞争中拓宽渠道，大力发展三产，使公司朝综合性、多元化、抗风险能力强的综合性实体发展。

拼搏与发展，金煌公司创造了良好的经济效益和辉煌的成绩。展望未来，在继续深化改革的基础上，面对机遇的挑战，“金煌”人将再次走向辉煌。

安徽大安生物制品药业有限公司

单位简介：该公司（简称大安公司）是定点血液制品的生产单位，1993年9月成立，注册资本2000万元，现有资产9000多万元。

该公司先后被定为“高新技术企业”、“安徽省高新技术产业百亿元工程第一批承担单位”，省外经贸委确认为“先进技术企业”，合肥市首家一次性通过国家药品监督管理局GMP（药品生产质量管理规范）认证现场检查，并取得国家“药品GMP证书”的生产单位。

该公司的生产严格按GMP标准设计布局，生产工艺应用国际先进的低温乙醇分层法，生产系统采用先进的全封闭微机控制分离装置和自动分装设备。质控系统使用美国、瑞士等国生产的凯氏定氮仪、气相色谱仪、高压液相色谱仪、电脉扫描仪、精密水份测定仪等精密仪器，拥有国内一流的实验动物中心。公司现有产品为人血白蛋白、静注丙球和肌注丙球等三个品种，为安徽省“高新技术产品”。

该公司实行董事会领导下的总经理负责制，具有独立的经营自主权、独立核算，自负盈亏。现有员工150人，各类专业技术人员123人，占总人数的82%。公司引入内部竞争机制，形成一套完善、高效、有序的人事管理体系，为吸引、留住和培养发展高科技产业的技术队伍创造良好的环境条件。

竭尽全力，追求优质是大安公司的最高宗旨。

合肥广齐建筑钢模租赁公司

单位简介：该公司是专门从事建筑钢模、管架、机械等租赁的服务企业。公司的发展纲要是“立足合肥、辐射全省、加强管理、提高效益、稳步发展。”已从合肥三个站点，逐步拓展。成立阜阳、亳州、淮南、芜湖、安庆、铜陵市等分公司，并占有大部份市场份额。合肥五里墩立交桥、高新技术开发区荣事达厂房、经济技术开发区佳安轮胎厂厂房、日立挖掘机厂厂房、新站开发区中洲、瑶海家具世界、合肥垃圾处理厂厂房、芜湖长江大桥等工程均使用该公司物品。

公司经营方针是“适应形势、发挥优势、灵活经营、占领市场、立于不败。”管理模式是“规范服务、强化管理、提高质量、用户至上。”1999年该公司被阜阳市技术监督局授予“质量最佳、质量信得过、质量免检”单位，被合肥市授予“重点保护单位”。

安徽省牧业开发公司

单位简介：该公司创建于1993年，现有固定资产500万元，年销售额达到3000万元。1997年安徽牧业集团联合省内十余家相关企事业单位，和17个地、市，49个县（市）畜牧兽医经营服务中心共同组建安徽省畜牧产业化服务联合体，并在宿州市设立了分公司，1998年全联合体总销售额达1.5亿元。

该公司以养殖业服务为宗旨，与20多个省市的大中型兽药生产企业创建了“名优兽药营销网”，利用与各地、市、县、乡的连锁销售网络大力推广优质名牌兽药产品，为净化安徽兽药市场，保障畜产品卫生做出了积极的贡献。

公司以科技为先导，创办安牧兽药厂和安牧科技饲料厂，与省内科研、教学单位的专家教授共同开发生产“安牧”品牌系列兽药、预混料、料精等产品，积极地将最新的科研成果转化为畜牧业生产力。

公司以信誉求生存，率先在全省推出“安牧兽药无假货”活动，严格执行进货审查，挂牌销售，为举办打假者设立重奖，并开展跟踪技术服务，在广大养殖户心目中树立了良好的企业形象。

公司以创新促发展，在现有基础上联合相关单位共同开发蚕药、鱼药新产品，并设立专家门诊，开展良种、预混料、疫病生物防治、新兽药应用和规模经营管理技术等全方位、系列化的服务。

公司以规范服务、规模经营和长期与供应商的良好合作，为给用户创造最佳效益提供保障。安牧公司，愿与朋友们携手并进，共创美好未来！

安徽曙光化工集团

单位简介：该集团是以氰化钠产品为龙头，集科、工、贸于一体的新兴企业集团，由核心企业安庆曙光化工（集团）有限公司及其控股、参股的八家企业共同组建而成，资产总额2.16亿元。年生产规模为1.4万吨高纯度固体氰化钠、1.5—2万吨液体氰化钠、30万只金属包装桶、1000吨甲基丙烯酸甲酯和1000吨有机玻璃，并具备有机玻璃深加工制品专业化生产能力。主产品氰化钠的生产规模目前在国内同行业位居首位。

“庆宜”牌氰化钠质量保持国内领先水平和国际一流水平，被评为“安徽名牌产品”，占据国内市场1/4份额，并批量出口到中亚和非洲地区，出口额位居国内同行业第一。“龙山”牌工业有机玻璃和珠光有机玻璃也分别评为省优和部优产品，被航空航天工业总公司指定为飞机舱罩定点生产企业。

该集团连续5年荣获安庆市工业企业“利税五大户”称号，连续两年荣获安徽省“百家经济效益优胜单位”称号，曾被评为安徽省“管理先进企业”和“外商投资企业销售收入、利税五十强”。

安徽英士豪制衣有限公司

单位简介：该公司是一家专业从事各类服装生产、加工的中外合资企业。自1992年创办以来，产品全部销往美国、加拿大、欧共体各国、东南亚国家、南非、日本等十几个国家和地区，产量逐年递增，创年产值3000万元。公司坐落在世界亚太经济合作（APEC）中国（合肥）高新技术产业开发区，环境优美，条件优越。生产面积2000平方米，现有员工200多人。年产各类服装30万（件）套。拥有服装CAD系统等先进设备及各类技术设计、管理人员20多人，专业技术力量雄厚，管理水平较强。还有一批从事服装出口业务的外贸人才和大批熟练机工，产品质量得到许多国家和地区广大客户的认可。具有进出口经营自主权，能承接各类服装生产订单进行加工生产，以各种方式与外商客户友好合作，并能做来样、来料加工等业务。

公司总经理刘战鹰率全体员工欢迎各位光临指导。

安 庆 市 国 家 税 务 局

单位简介：该局在省国家税务局和安庆市委、市政府的正确领导下，认真贯彻“法治、公平、文明、效率”的治税方针，锐意改革，奋力开拓，取得了令人瞩目的成效。

国税收入持续快速增长。1994年以来，该局全面加强税收征管，共组织了各项收入62.9亿元，其中“两税”提供本市可用财力达30.0亿元，占全市财政总收入的一半左右。

新税制得到全面推行。广泛宣传，做好新税制实施的准备和国税系统的组建工作，保证了新税制在我市顺利实施和新的税务机构正常运转。

税收优惠政策得到落实。认真落实了各项税收优惠政策，6年来，累计减免税款1.6亿元，促进了企业的技术改造和经济发展。

税收征管改革全面推行。严格依法治税，强化税收征管，全面推行“以申报纳税和优化服务为基础，以计算机网络为依托，集中征收，重点稽查”的新的征管模式。

基层建设取得突破性进展。全市67个基层分局已有40个分局达到规范化分局标准，基层面貌焕然一新。

干部队伍整体素质显著提高。涌现出一大批先进集体和先进个人，一批思想作风过硬、业务精通的税务干部队伍正在形成。税收服务经济建设、服务改革、服务纳税人的观念进一步增强。

展望未来，安庆国税人意气风发，决心继续拼搏，大展宏图，力争为国多聚财，为改革开放再立新功。

安 徽 省 汽 车 客 运 总 公 司

单位简介：该公司系原安徽省汽车客运公司、合肥交通饭店、安徽交通印刷厂三家企业兼并合并基础上组建而成，隶属安徽省公路运输管理局，注册资本801万元，净资产1130万元。所属单位有长途汽车站、汽车队、汽车修理厂、小汽车出租公司、合肥交通饭店、安徽交通印刷厂。该公司营运班线覆盖全省，辐射北京、上海、广东、山东、湖北、浙江、江苏、河南等周边省市，长途汽车站日发班次420多个。主营公路旅客运输、住宿、餐饮，兼营汽车维修、小汽车出租、印刷及标牌制作等。

该公司近两年励精图治，全面加强管理，着力改革劳动、人事、分配制度，实行“人事代理制”；建立和强化内部核算，实行“趟清月结”，狠抓财务管理，推行一整套企业内部管理有效规章制度。通过盘活资产、优化结构、夯实客运主业，以主业促副业，实现了优势互补，共同发展，为走规模经营迈出了坚实的步伐。目前，该公司月营收入已逐月攀升，效益彰显。1998年实现营业收入3100多万元，1999年实现营业收入3850多万元，利税分别为159.8万元和253.4万元。现该公司正在进行企业改制工作，为实行现代企业管理制度积极创造条件。

合 肥 市 服 装 鞋 帽 工 业 研 究 所

单位简介：该所地处合肥市长江中路58号，系1956年安徽省委、省政府邀请上海培罗蒙、朋街等全国驰名服装店委派名师、内迁合肥、专门组店，专业生产中高档西服制服的特级服装店。拥有固定资产800万元，各类专用多用设备150台套，中高级服装技师百余人。引进一流水准的粘合定型设备，采用进口和合资企业的辅助材料，专业化生产行业执法制服和中高档西服。

该所拥有较强阵容的专业化科研设计队伍。新潮时装在国家、省、市级服装设计大奖赛中获奖，萱麻产品单件套获轻工部二等奖，三件套民族服装被国家选送巴黎女装52届博览会获国家服装设计大奖赛荣誉奖。还承担省、市、县等地服装专业人才的培训任务，免费为下岗职工进行再就业培训，服务社会，受到各级领导的一再好评。

该所专业生产技术监督、卫生监督、商品检验、物价、城管等行业制服和中高档西服。并为工矿企业、宾馆酒店、社会团体订做劳动保护工装及职业服装。长年开办专业服装人才培训班，为社会培训多层次的专业服装人才。

中国统计出版社最新资料书简目

中国统计年鉴—2000
中国统计摘要—2000
中国城市统计年鉴—1999
中国农村统计年鉴—2000
中国劳动统计年鉴—2000
中国人口统计年鉴—2000
中国市场统计年鉴—2000
中国建筑业统计年鉴—2000
中国固定资产投资统计年鉴—2000
中国物价及城镇居民家庭
　　收支调查统计年鉴—2000
国际统计年鉴—2000
中国对外经济贸易统计年鉴—2000
中国基本单位统计年鉴—1999
中国食品工业年鉴—1999
如何使用统计年鉴
北京统计年鉴—2000
天津统计年鉴—2000
河北经济年鉴—2000
山西统计年鉴—2000
内蒙古统计年鉴—2000
辽宁统计年鉴—2000
吉林统计年鉴—2000
黑龙江统计年鉴—2000
上海统计年鉴—2000
江苏统计年鉴—2000
浙江统计年鉴—2000
安徽统计年鉴—2000
福建统计年鉴—2000
江西统计年鉴—2000
山东统计年鉴—2000
河南统计年鉴—2000
湖北统计年鉴—2000
湖南统计年鉴—2000
广东统计年鉴—2000
广西统计年鉴—2000
贵州统计年鉴—2000
云南统计年鉴—2000
海南统计年鉴—2000
四川统计年鉴—2000
重庆统计年鉴—2000
西藏统计年鉴—2000
陕西统计年鉴—2000
甘肃年鉴—2000
青海统计年鉴—2000
宁夏统计年鉴—2000
新疆统计年鉴—2000
新疆生产建设兵团统计年鉴—2000
石家庄统计年鉴—2000
唐山统计年鉴—2000
廊坊统计年鉴—2000
邯郸统计年鉴—2000
衡水统计年鉴—2000
张家口统计年鉴—2000
邢台经济统计年鉴—2000
临汾年鉴—2000
呼和浩特经济统计年鉴—2000
沈阳年鉴—2000
吉林市社会经济统计年鉴—2000
四平统计年鉴—2000
延吉统计年鉴—2000
哈尔滨统计年鉴—2000
齐齐哈尔经济统计年鉴—2000
双鸭山社会经济统计年鉴—2000
黑龙江垦区统计年鉴—2000
上海浦东新区统计年鉴—2000
宝山年鉴—2000
苏州统计年鉴—2000
无锡统计年鉴—2000
常州统计年鉴—2000
徐州统计年鉴—2000
南通统计年鉴—2000
杭州统计年鉴—2000
宁波统计年鉴—2000
绍兴统计年鉴—2000
嘉兴统计年鉴—2000
台州统计年鉴—2000
舟山统计年鉴—2000
金华统计年鉴—2000
温州统计年鉴—2000
福州年鉴—2000
厦门经济特区年鉴—2000
福州经济开发区年鉴—2000
南昌统计年鉴—2000
九江统计年鉴—2000
宜春统计年鉴—2000
济南统计年鉴—2000
青岛统计年鉴—2000
潍坊统计年鉴—2000
泰安统计年鉴—2000
德州统计年鉴—2000
日照统计年鉴—2000
郑州统计年鉴—2000
洛阳统计年鉴—2000
开封统计年鉴—2000
三门峡统计年鉴—2000
平顶山统计年鉴—2000
南阳经济统计年鉴—2000
武汉统计年鉴—2000
宜昌统计年鉴—2000
广州统计年鉴—2000
深圳统计信息年鉴—2000
惠州统计年鉴—2000
珠海统计年鉴—2000
东莞统计年鉴—2000
南宁统计年鉴—2000
南宁地区统计年鉴—2000
桂林经济社会统计年鉴—2000
柳州经济统计年鉴—2000
柳州地区统计年鉴—2000
贵阳统计年鉴—2000
海口统计年鉴—2000
成都统计年鉴—2000
广安统计年鉴—2000
攀枝花统计年鉴—2000
西安统计年鉴—2000
兰州年鉴—2000
西宁统计年鉴—2000
乌鲁木齐统计年鉴—2000
巴音郭楞统计年鉴—2000
吐鲁番统计年鉴—2000
石河子统计年鉴—2000
伊犁统计年鉴—2000
巴州年鉴—2000
河北农村统计年鉴—2000
广东农村统计年鉴—2000
福建农村统计年鉴—2000
湖北农村统计年鉴—2000
河南农村统计年鉴—2000
山东城市统计年鉴—2000
湖北工交统计年鉴—2000